ESTUDOS EM HOMENAGEM A SERGIO BERMUDES

Coordenadores
Firly Nascimento Filho,
Márcio Vieira Souto Costa Ferreira
Renato Beneduzi

ESTUDOS EM HOMENAGEM A SERGIO BERMUDES

GZ
EDITORA
Rio de Janeiro
2023

1ª edição – 2023

Diagramação: *Olga Martins*

CIP-BRASIL. CATALOGAÇÃO NA PUBLICAÇÃO
SINDICATO NACIONAL DOS EDITORES DE LIVROS, RJ

E85

Estudos em homenagem a Sergio Bermudes / coordenação Firly Nascimento Filho, Márcio Vieira Souto Costa Ferreira, Renato Beneduzi. - 1. ed. - Rio de Janeiro : GZ, 2023.
864 p. ; 24 cm.

Inclui bibliografia e índice
ISBN 978655813057-4

1. Bermudes, Sergio, 1946-. 2. Direito processual civil - Brasil. I. Nascimento Filho, Firly. II. Ferreira, Márcio Vieira Souto Costa. III. Beneduzi, Renato.

22-80624
CDU: 347.9(81)

Gabriela Faray Ferreira Lopes - Bibliotecária - CRB-7/6643

18/10/2022 24/10/2022

e-mail: contato@editoragz.com.br
www.editoragz.com.br
Estrada do Capuava, nº 1325 - Box Q - CEP 06715-410
Bairro Barro Branco - Município de Cotia - SP
Tel.: (0XX21) 99585-0737 / 99755-0737

Impresso no Brasil
Printed in Brazil

PREFÁCIO

Todos conhecem Sergio Bermudes como o grande advogado, como o orador imbatível e o exímio professor e processualista. Escrevendo em nome de todos os colegas do escritório que ele fundou há mais de 50 anos, podemos atestar também que Sergio é um sócio generoso e, acima de tudo, um amigo fiel.

Sergio nasceu em Cachoeiro do Itapemirim, em 1946. Ainda em Cachoeiro, teve seus primeiros contatos com a advocacia. Seu pai era advogado e professor de Português e Latim. Muito jovem, Sergio deixou Cachoeiro para um intercâmbio nos Estados Unidos. Morou lá no início da década de 60, em plena Guerra Fria. Veio para o Rio de Janeiro para ingressar nos bancos da Faculdade de Direito da Universidade da Guanabara, hoje Universidade do Estado do Rio de Janeiro. Certamente, uma das melhores academias jurídicas do Brasil. Não demorou muito, Sergio migrou da carteira de aluno para o tablado do professor, tendo ministrado aulas magníficas, principalmente da PUC, onde lecionou por quase meio século.

Seu talento, seu esforço e a consciência de que aqueles que ensinam devem primeiramente aprender fizeram com que ele rapidamente ganhasse notoriedade no magistério e na advocacia. Transformou-se logo num processualista de mão-cheia, o que o levou a conviver - e compartilhar da amizade - com expoentes da processualística, como Hélio Tornaghi, Egas Moniz de Aragão, José Carlos Barbosa Moreira, José Frederico Marques e Mauro Cappelletti.

Aos 26 anos, Sergio publicou seu livro sobre "Recursos" na conhecida coleção "Curso de Direito Processual Civil" da editora Borsoi. Já no ano seguinte saía do prelo a "Iniciação ao Estudo do Direito Processual Civil". A essas duas obras várias outras se seguiram, com destaque, pelo vulto e pelo fôlego, para a atualização dos Comentários ao Código de Processo Civil de Pontes de Miranda.

Em 1969, recém-formado, fundou o escritório, que festejou em 2019 cinquenta anos de existência.

Além dos advogados que hoje atuam nas fileiras de nosso escritório, Sergio formou muitos outros profissionais de renome, que seguiram suas destacadas carreiras na academia, na magistratura e principalmente na advocacia.

Em 1978, Sergio, contra a opinião de muitos, tomou certamente a decisão mais corajosa de sua vida. Desafiou o Regime Militar. Sua arma: pura técnica processual. Quem já visitou a sala dele no escritório do Rio encontrou numa de suas paredes o manuscrito da primeira minuta da petição inicial da ação declaratória do caso Herzog. Naquele processo não se postulou apenas a declaração do assassinato do Jornalista Vladimir Herzog pela Ditadura. Foi-se além: pretendeu-se eviscerar a prática da tortura pelo aparato estatal. Essa ação foi elevada pela revista Veja, em suas importantes páginas amarelas, a um "marco na história" da justiça brasileira, "com consequências que transcendem o próprio caso e adquirem caráter exemplar".

Mas o ato de maior bravura do Sergio, sem a menor sombra de dúvida, foi na luta pela vida. Vê-lo hoje no escritório depois de tão longa internação, de tamanho suplício e provação, é comovente. Após mais de um ano de hospitalização, entubação, carga desumana de medicamentos, Sergio voltou a nosso convívio, ao dia-a-dia do escritório, dos clientes e das causas, num ritmo que nos emociona. Temos certeza de que sem a sua fé inabalável em Nossa Senhora sua recuperação não teria sido a mesma.

O Brasil, conquanto carente de grandes estadistas, não pode queixar-se dos grandes advogados que teve e tem. Foram e são pessoas intrépidas e denodadas, que, muitas vezes com prejuízo pessoal, lutaram com afinco pela Democracia, pelo Estado de Direito, pelas liberdades individuais e pelos direitos de seus clientes. Sergio Bermudes, sem dúvida alguma, é um dos maiores dentre eles.

Marcelo Fontes
Fabiano Robalinho Cavalcanti
Caetano Berenguer

SOBRE OS COORDENADORES E COAUTORES

ALUISIO GONCALVES DE CASTRO MENDES

Professor Titular de Direito Processual Civil da Faculdade de Direito da Universidade do Estado do Rio de Janeiro (UERJ). Desembargador Federal. Pós-Doutor pela Universidade de Regensburg, Alemanha. Mestre e Doutor em Direito pela Universidade Federal do Paraná (UFPR). Mestre em Direito pela Johann Wolfgang Goethe Universität (Frankfurt am Main, Alemanha). Especialista em Direito Processual Civil pela Universidade de Brasília (UnB). Graduado em Direito pela Universidade do Estado do Rio de Janeiro (UERJ) e em Comunicação Social pela Pontifícia Universidade Católica do Rio de Janeiro (PUC-RJ). Membro e diretor da Academia Brasileira de Letras Jurídicas (ABLJ), do Instituto Ibero-americano de Direito Processual (IIDP) e do Instituto Brasileiro de Direito Processual (IBDP). Membro da International Association of Procedural Law (IAPL).

aluisiomendes@terra.com.br

ADRIANO PILATTI

Professor de Direito Constitucional da PUC-Rio, bacharel em Direito (UFRJ), mestre em Teoria do Estado e Direito Constitucional (PUC-Rio), doutor em Ciências Políticas (IUPERJ), com pós-doutorado em Direito Público Romano (Universidade de Roma I - La Sapienza). Traduziu O Poder Constituinte: ensaio sobre as alternativas da modernidade, de Antonio Negri, e escreveu A Constituinte de 1987-1988: progressistas, conservadores, Ordem Econômica e regras do jogo. Membro efetivo do IAB, dirigiu o Departamento de Direito da PUC-Rio.

ANNA BEATRIZ PRESGRAVE

Advogada; Professora do Curso de Graduação e do Programa de Pós-graduação em Direito da UFRN ; Doutora em Direito Constitucional pela UFPE; Mestre em Direito Processual Civil pela PUC-SP; Estágio pós-doutoral na Universidade de Münster.

ANTONIO DO PASSO CABRAL

Professor Associado de Direito Processual Civil da Universidade do Estado do Rio de Janeiro (UERJ), onde leciona na Graduação, Mestrado e Doutorado. Livre-Docente pela Universidade de São Paulo (USP). Doutor em Direito Processual pela UERJ, em cooperação com a Universidade de Munique, Alemanha (Ludwig-Maximilians-Universität). Mestre em Direito Público pela UERJ. Pós-doutorado na Universidade de Paris I (Panthéon-Sorbonne). Professor Visitante na Universidade de Passau, Alemanha (2015), na Universidade de Kiel, Alemanha (Christian-Albrechts Universität, 2016 e 2017) e na Universidade Ritsumeikan, em Quioto, Japão (2018). Senior Lecturer na Peking University, Pequim, China (2019 e 2021). Vice-Presidente da International Association of Procedural Law, Vice-diretor de Relações Internacionais do Instituto Brasileiro de Direito Processual, Membro do Instituto Iberoamericano de Direito Processual, da Associação de Juristas Brasil-Alemanha (Deutsch-Brasilianisch Juristenvereinigung) e da Wissenschaftliche Vereinigung für Internationales Verfahrensrecht. Procurador da República no Rio de Janeiro. Ex-Juiz Federal.

ARAKEN DE ASSIS

Professor Emérito da PUC/RS. Professor Titular (aposentado) da Escola de Direito da PUC/RS na Graduação e na Pós-Graduação (Cursos de Mestrado em Direito e Doutorado em Direito). Doutor em Direito pela PUC/SP. Desembargador (aposentado) do TJ/RS. Membro Efetivo do Instituto dos Advogados Brasileiros (Rio de Janeiro); do Instituto dos Advogados do Rio Grande do Sul (Titular da Comenda "Jurista Eminente"); do Instituto de Direito Privado (São Paulo); do Instituto Brasileiro de Direito Processual (Brasília); do Instituto Ibero-Americano de Direito Processual (Buenos Aires). Membro Honorário da Associação Brasileira de Direito Processual (ABDPro).

BRUNO DANTAS

Presidente do TCU. Pós-Doutorado em Direito (UERJ). Doutor e Mestre em Direito (PUC/SP). Pesquisador-visitante na Benjamin N. Cardozo School of Law (Nova York, EUA), no Max Planck Institute for Regulatory Procedural Law (Luxemburgo) e na Universidade de Paris 1 PanthéonSorbonne. Professor-Adjunto da Graduação, Mestrado e Doutorado da UERJ, do Doutorado da FGV Direito-Rio e do Mestrado e Doutorado em Direito da UNINOVE.

CAIO VICTOR RIBEIRO DOS SANTOS

Mestrando em Direito Processual pela Universidade do Estado do Rio de Janeiro (UERJ). Graduado em Direito pelo Instituto Brasiliense de Direito Público (IDP). Pós-graduado em Direito Processual Civil pelo Instituto Brasiliense de Direito Público (IDP). Professor convidado da pós-graduação lato sensu da Universidade do Estado do Rio de Janeiro (UERJ). Ex-Assessor de Ministro do Tribunal de Contas da União (TCU). Foi advogado da Empresa de Planejamento e Logística S.A – EPL. Assessor de Ministro do Superior Tribunal de Justiça – STJ

CARLOS ROBERTO BARBOSA MOREIRA

Advogado. Membro da Academia Brasileira de Direito Civil.

CAROLINA UZEDA

Doutoranda pela UFPR. Mestre pela PUC/SP. Especialista pela PUC-Rio. Advogada. carolinauzeda@aalvim.com.br.

CÁSSIO SCARPINELLA BUENO

Mestre, Doutor e Livre-Docente em Direito Processual Civil pela Faculdade de Direito da PUC-SP. Professor de Direito Processual Civil nos cursos de Graduação, Especialização, Mestrado e Doutorado da Faculdade de Direito da PUC-SP e de Processo Tributário no Mestrado da mesma Faculdade. Presidente do Instituto Brasileiro de Direito Processual (triênio 2022/2024) e membro do Instituto Iberoamericano de Direito Processual e da Associação Internacional de Direito Processual. Advogado

DANIEL MITIDIERO

Professor de Direito Processual Civil nos cursos de graduação, mestrado e doutorado da Faculdade de Direito da UFRGS desde 2011. Fez pós-doutorado na Università degli Studi di Pavia em 2013 e defendeu sua tese de doutorado na UFRGS em 2007. É membro da International Association of Procedural Law (IAPL), do Instituto Iberoamericano de Derecho Procesal (IIDP), da Associazione Italiana fra gli Studiosi del Processo Civile (AISPC), da Asociación Argentina de Derecho Procesal (AADP) e do Instituto Brasileiro de Direito Processual (IBDP).

DEBORA VIEIRA

Mestra em Direito pela Universidade Federal do Pará (UFPA). Integrante das Jovens Processualistas, uma iniciativa da Processualistas. Integrante do IBDP, da ANNEP e da ABEP. Professora da Pós-Graduação Lato Sensu em Processo Civil do Centro Universitário do Estado do Pará (CESUPA). Advogada.

DONALD FRANCIS DONOVAN

Árbitro independente afiliado à Arbitration Chambers em Nova York e Londres e Professor Adjunto da New York University School of Law, onde ele leciona direito do investimento e arbitragem internacional. Sócio aposentado de Debevoise & Plimpton LLP, foi por muitos anos o co-líder do grupo de resolução de disputas internacionais e do grupo de direito internacional público do escritório.

EDUARDO ARRUDA ALVIM

Doutor e Mestre em Direito Processual Civil pela Pontifícia Universidade Católica de São Paulo - PUC-SP. Professor dos cursos de doutorado, mestrado, especialização e bacharelado da Pontifícia Universidade Católica de São Paulo - PUC-SP e da Faculdade Autônoma de Direito - FADISP. Acadêmico titular da Cadeira

n. 20 da Academia Paulista de Direito. Membro do Instituto Brasileiro de Direito Processual. Membro do Instituto Iberoamericano de Derecho Procesal. Diretor da Revista Forense. Advogado.

FERNANDA MEDINA PANTOJA

Doutora e Mestra em Direito Processual pela Universidade Estadual do Rio de Janeiro (UERJ). Professora de Direito Processual da PUC-Rio. Visiting Researcher na Universidade de Cambridge e na Queen Mary University of London (Inglaterra). Pesquisadora do Projeto Civil Procedural Law and Justice, do Max Planck Institute (Luxemburgo). Cofundadora da Processualistas. Sócia de Galdino & Coelho Advogados.

FIRLY NASCIMENTO FILHO

Desembargador Federal do TRF2. Doutor em Direito (Puc-Rio). Professor Adjunto da Puc-Rio.

FLÁVIA PEREIRA HILL

Doutora e mestre em Direito Processual pela Uerj. Professora Associada de Direito Processual Civil e Chefe do Departamento de Direito Processual da Uerj. Professora do Mestrado e do Doutorado da Universidade Estácio de Sá. Redatora-chefe da Revista Eletrônica de Direito Processual. Professora do Mestrado e Doutorado da Universidade Estácio de Sá. Vice-Secretária-Geral do Instituto Brasileiro de Direito Processual. Pesquisadora visitante da Universidade de Turim, Itália. Tabeliã no Estado do Rio de Janeiro.

FLÁVIO LUIZ YARSHELL

Professor Titular da Faculdade de Direito da USP. Advogado e árbitro.

FRANCISCO DE GUIMARAENS

Doutor em Teoria do Estado e Direito Constitucional. Professor do curso de graduação e do Programa de Pós-Graduação em Direito da PUC-Rio. Diretor do Departamento de Direito da PUC-Rio de 2010 a 2021. Decano do Centro de Ciências Sociais da PUC-Rio.

FREDIE DIDIER JR.

Professor Titular da Faculdade de Direito da UFBA e advogado.

GABRIEL FERNANDES MEIRELES DUTRA

Advogado. Graduado em Direito pela Pontifícia Universidade Católica do Rio de Janeiro (PUC-Rio).

GUILHERME RECENA COSTA

Advogado habilitado em Nova York, no Brasil e na Inglaterra e País de Gales; LL.M., Yale Law School; doutor e mestre pela Universidade de São Paulo; graduado pela Universidade Federal do Rio Grande do Sul; membro do grupo de resolução de disputas internacionais do escritório Debevoise & Plimpton LLP em Nova York.

HERMES ZANETI JR.

Professor da Universidade Federal do Espírito Santo. Doutor e mestre em Direito Processual pela UFRGS. Doutor em Teoria e Filosofia do Direito pela UNIROMA3. Pós-Doutorado pela UNITO. Membro da IAPL, IIDP e IBDP. Diretor da Escola Nacional do Ministério Público - ENAMP/CDEMP. Dirigente do Centro de Estudos e Aperfeiçoamento Funcional do Ministério Público do Espírito Santo - CEAF. Promotor de Justiça.

HUMBERTO DALLA BERNARDINA DE PINHO

Desembargador do Tribunal de Justiça do Estado do Rio de Janeiro. Professor Titular de Direito Processual Civil na UERJ e na Estácio. Tem graduação, mestrado e doutorado na UERJ. Pós-doutorado pela University of Connecticut. Editor da Revista Eletrônica de Direito Processual (REDP) e Coordenador do Grupo de Pesquisa Observatório da Mediação e da Arbitragem (CNPQ).

HUMBERTO THEODORO JÚNIOR

Professor Titular Aposentado da Faculdade de Direito da UFMG. Desembargador Aposentado do TJMG. Membro da Academia Brasileira de Letras Jurídicas, da Academia Mineira de Letras Jurídicas, do Instituto dos Advogados Brasileiros, do Instituto dos Advogados de Minas Gerais, do Instituto de Direito Comparado Luso-Brasileiro, do Instituto Brasileiro de Direito Processual, do Instituto Ibero-Americano de Direito Processual e da International Association of Procedural Law, da Association Henri Capitant des Amis de la Culture Juridiques Française. Doutor em Direito. Advogado.

ISABELLA FRANCO GUERRA

Doutora em Direito pela UNESA, Mestre em Direito pela PUC-Rio, Professora do PPGD UNESA, Professora da PUC-Rio.

IVAN NUNES FERREIRA

Professor licenciado de Processo Civil da PUC-RJ. Presidente da Comissão Permanente de Direito Processual Civil do IAB-Instituto dos Advogados Brasileiros. Membro do TRE-RJ por 3 biênios. Coautor de vários livros sobre Arbitragem e Processo Civil. Advogado e Árbitro.

JOSÉ ROBERTO DOS SANTOS BEDAQUE

Professor titular da Faculdade de Direito da Universidade de São Paulo. Desembargador aposentado do Tribunal de Justiça. Sócio e advogado na Empresa Dinamarco, Rossi, Beraldo & Bedaque Advocacia. Membro da comissão encarregada de elaborar o anteprojeto do novo CPC.

JOSÉ ROGÉRIO CRUZ E TUCCI

Advogado. Professor titular sênior da Faculdade de Direito da Universidade de São Paulo. Membro da Academia Brasileira de Letras Jurídicas.

LEANDRO FERNANDEZ

Juiz do Trabalho da 6ª Região. Mestre e doutor em Direito pela UFBA.

LEONARDO MOREIRA LIMA

Advogado. Doutor e Mestre pela PUC-Rio. Professor de processo civil, processo constitucional e processo coletivo dos cursos de graduação e pós-graduação da PUC-Rio.

LUCIANO SABOIA RINALDI DE CARVALHO

Desembargador do Tribunal de Justiça do Estado do Rio de Janeiro. Professor de Direito Processual Civil da Escola da Magistratura do Estado do Rio de Janeiro (EMERJ). Autor do livro "Código de Processo Civil de 2015: Recursos, Tutelas Provisórias, Novos Incidentes e Temas Relevantes", publicado pela Editora Lumen Juris (2017). Autor de trabalhos jurídicos publicados em obras coletivas e revistas jurídicas especializadas.

LUCIANO VIANNA

Doutor e Mestre em Processo Civil pela PUC/SP. Professor de Direito Processual Civil nos cursos de graduação e de pós-graduação lato sensu na PUC/Rio. Advogado.

LUIZ FUX

Ministro do Supremo Tribunal Federal nomeado em 10 de fevereiro de 2011 e empossado em 3 de março de 2011, após aprovação, por unanimidade, pela Comissão de Constituição e Justiça do Senado Federal. Presidente do Supremo Tribunal Federal e do Conselho Nacional de Justiça de setembro de 2020 até setembro de 2022.

LUIZ GUILHERME MARINONI

Professor Titular da Universidade Federal do Paraná. Visiting Scholar na Columbia University. Membro Honorário do Presidium da International Association of Procedural Law.

MÁRCIO VIEIRA SOUTO COSTA FERREIRA

Professor de Direito Processual Civil e de Arbitragem do Departamento de Direito da Pontifícia Universidade Católica do Rio de Janeiro (PUC/Rio). Bacharel em Direito pela Universidade do Estado do Rio de Janeiro (UERJ) e Mestre em Direito pela Universidade de São Paulo (USP). Diretor nacional e ex-Presidente da Seccional do Rio de Janeiro do Centro de Estudos das Sociedades de Advogados (CESA). Advogado.

MATEUS ROCHA TOMAZ

Professor de Sociologia Jurídica da Faculdade de Direito da Universidade de Brasília (FD-UnB). Doutorando e Mestre em Direito, Estado e Constituição pelo Programa de Pós-Graduação em Direito da Universidade de Brasília (PPGD-UnB). Sócio do Sergio Bermudes Advogados

MELVIN BENNESBY

Mestre em Direito Tributário pela UCAM. Professor nos cursos de graduação e de pós-graduação lato sensu da PUC/Rio. Advogado.

PAULO CEZAR PINHEIRO CARNEIRO

Professor titular de Teoria Geral do Processo na Faculdade de Direito da Universidade do Estado do Rio de Janeiro – UERJ. Doutor e Livre-docente pela mesma Academia. Procurador de Justiça (aposentado) do Ministério Público do Estado do Rio de Janeiro. Membro das comissões de juristas do Senado Federal e da Câmara dos Deputados que elaboraram o novo Código de Processo Civil, do Instituto Ibero-Americano de Direito Processual e da Academia Brasileira de Letras Jurídicas. Advogado, sócio do escritório PCPC Advogados Associados.

PAULO HENRIQUE DOS SANTOS LUCON

Professor Associado de Direito Processual Civil nos Cursos de Graduação e Pós-Graduação da Faculdade de Direito da Universidade de São Paulo, instituição na qual se graduou e obteve os títulos de Mestre, Doutor e Livre Docente. Vice-Presidente do Conselho do Instituto Brasileiro de Direito Processual - IBDP, instituição da qual foi Presidente de 2016 a 2022. Conselheiro do Instituto dos Advogados de São Paulo-IASP, instituição da qual foi Vice-Presidente. Vice-Presidente e Membro do Instituto Ibero-Americano de Direito Processual Civil. Membro da International Association of Procedural Law. Integrou a Comissão Especial do Código de Processo Civil de 2015 da Câmara dos Deputados. Especializou-se em Direito Processual Civil na Faculdade de Direito da Universidade Estatal de Milão. Foi Juiz do Tribunal Regional Eleitoral de São Paulo de 2004 a 2011 na Classe Jurista (substituto e efetivo). Conselheiro (2018-2021) e Presidente (2019-2020) da Comissão de Ética da Presidência da

República. Sócio do Escritório de Lucon Advogados. Advogado inscrito em São Paulo e Brasília.

RENATO RESENDE BENEDUZI

Professor de Direito Processual Civil e Direito Romano na Pontifícia Universidade Católica do Rio de Janeiro (PUC-RIO). Doutor em Direito pela Universidade de Heidelberg. Mestre em Direito Processual pela Faculdade de Direito da Universidade de São Paulo (USP). Graduado em Direito pela Pontifícia Universidade Católica do Rio de Janeiro (PUC-RIO). Pesquisador visitante nas universidades de Oxford (2014), Florença (2016), Munique (2018) e Cambridge (2021). Advogado.

ROGÉRIA DOTTI

Doutora e mestre em Direito Processual Civil pela Universidade Federal do Paraná – UFPR Secretária-Geral do Instituto Brasileiro de Direito Processual – IBDP. Presidente da Comissão de Processo Civil da OAB/PR.

RONALDO CRAMER

Professor de Direito Processual Civil da PUC-Rio. Doutor e Mestre em Direito Processual Civil pela PUC-SP. Vice-Diretor de Ensino do IBDP - Instituto Brasileiro de Direito Processual.

SERGIO CRUZ ARENHART

Professor da UFPR. Mestre e doutor pela UFPR, com pós-doutorado na Università degli Studi di Firenze.

Procurador Regional da República.

SERGIO SHIMURA

Desembargador do Tribunal de Justiça de São Paulo. Professor Livre-Docente pela PUC/SP. Professor nos programas de pós-graduação da PUC/SP e da Escola Paulista da Magistratura. Autor de inúmeros artigos e livros

TERESA ARRUDA ALVIM

Livre docente, doutora e mestre pela PUC-SP, onde leciona nos cursos de graduação, especialização, mestrado e doutorado. Visiting Scholar em Cambridge, Inglaterra e em Lisboa, Portugal. Coordenadora da Revista de processo da Editora RT e advogada.

THEOPHILO ANTONIO MIGUEL FILHO

Doutor em Direito pela Pontifícia Universidade Católica do Rio de Janeiro, Mestre em Direito da Administração Pública pela Universidade Gama Filho,

Especialista em Direito Processual Civil e Direito Sanitário pela Universidade de Brasília, Bacharel em Teologia e Professor Adjunto da Pontifícia Universidade Católica do Rio de Janeiro (Direito Processual Civil, Direito Internacional Privado e Improbidade Administrativa), Coordenador Científico da Comissão de Direito Internacional da Escola de Magistratura Regional Federal (Emarf) do Tribunal Regional Federal - 2ª. Região, possui Curso de Extensão em Propriedade Intelectual pela PUC/RJ e é Desembargador Federal do Tribunal Regional Federal da Segunda Região.

THEREZA ALVIM

Doutora em Direito pela Pontifícia Universidade Católica de São Paulo. Professora nos cursos de Graduação e de Pós-graduação stricto sensu (Mestrado e Doutorado) da Pontifícia Universidade Católica de São Paulo. Procuradora Aposentada do Estado de São Paulo. Advogada.

HOMENAGEM DO DEPARTAMENTO DE DIREITO DA PUC-RIO

CAVALEIRO E CAVALHEIRO, *JEDI* E *MAESTRO*

Adriano Pilatti

A primeira referência ao nome de Sergio Bermudes eu li aos 17 anos, no discurso do então senador e jurista, depois ministro do STF, Paulo Brossard, sobre a histórica sentença do Caso Herzog, prolatada em 27 de outubro de 1978 pelo intrépido juiz federal Marcio José de Moraes. Como se sabe, tal decisão julgou procedente a ação declaratória proposta por Clarice Herzog e seus filhos para "declarar a existência de relação jurídica" entre eles e a ré, nada menos que a União federal, relação essa "consistente na obrigação desta indenizar aqueles pelos danos materiais e morais decorrentes da morte do jornalista Vladimir Herzog, marido e pai dos autores".

Naquela sentença pioneira e corajosa, o jovem magistrado de 32 anos (com tudo a ganhar ou perder na vida e na carreira, que transcorriam sob uma ditadura feroz que ainda dispunha do Ato Institucional nº 5 e, portanto, do poder de aposentar compulsoriamente até juízes, além do aparato de tortura e morte pelo qual Herzog foi tragado) acolheu a estratégia processual concebida por um também jovem de 32 anos, nosso querido e admirado Bermudes. No encerramento de seu discurso no Senado, depois publicado em separata como introdução ao texto integral da magistral sentença, o velho tribuno gaúcho fez questão de deixar registrados os nomes dos advogados que representaram Clarice, André e Ivo Herzog: ao lado dos nomes dos também grandes Marco Antonio Rodrigues Barbosa, Samuel Macdowel e Heleno Fragoso li pela primeira vez o nome do Sergio Bermudes (BROSSARD, 1978).

Pouco mais tarde, já estudante de Direito, voltei a le-lo muitas vezes, em seus livros dedicados ao Direito Processual Civil. Ignorante de que, entre minhas leituras da sentença e das suas lições, o bravo advogado estivera colaborando com a elaboração do projeto de lei da anistia pela qual fomos às ruas em 1979. Sempre ao lado da liberdade, dos direitos, da sensatez e da civilidade (inclusive nos bons serviços temporariamente prestados como magistrado eleitoral), não têm sido poucas nem modestas as contribuições prestadas pelo nosso homenageado a essas causas ao longo de sua brilhante e superiormente bem-sucedida carreira de lides. Quem o conhece ou lê, sabe de sua aversão a toda forma de prepotência, brutalidade, terror, obscurantismo.

No final dos anos 1980, eu já lecionava Direito Constitucional na PUC-Rio, onde há mais de uma década Sergio iluminava colegas e alunos com seu vasto saber. Nossos horários passaram a coincidir no período noturno. Pude então conhece-lo e com ele conviver, pois então chegávamos quase sempre uns vinte minutos antes de nossas aulas. Tais minutos tornaram-se para mim preciosos, e uma razão adicional para ir à nossa amada Universidade com muita alegria. Eram poucos, mas preciosíssimos minutos em que eu podia ouvi-lo sobre um denso repertório de afinidades: literatura, música, história, saberes populares, Rubem Braga. Aliás, a exemplo do saudoso Francisco Mauro Dias, outro grande mestre e conselheiro com que a PUC-Rio me presenteou, Sergio é tão orgulhoso quanto o cronista maior da Cachoeiro do Itapemirim em que eles todos nasceram. Quando há poucos anos conheci as crônicas bermudianas, constatei que os ares da mítica comuna capixaba são mesmo propensos à arte de saber contar, descrever, glosar, encantar por escrito.

Desse tão prazeroso convívio acadêmico nasceu a proximidade a partir da qual, com uma generosidade despojada, Sergio tantas vezes me ajudou a refletir e resolver questões que foram surgindo quando exerci, primeiro, a chefia da Assessoria Jurídica e, na sequência, a Direção do nosso Departamento de Direito da PUC-Rio. Foi o que se pode verdadeiramente chamar de auxílio luxuoso, graças ao qual continuei a aprender com a sabedoria jurídica, humanística e de vida de mestre Sergio, seus conselhos simples, cristalinos e certeiros. Também tem sido uma inspiração constante inclusive no que se refere ao exercício do doido ofício docente: com Sergio, aprendi como é importante tentar estimular em nossos estudantes o desejo de conhecer para além do Direito, de se aperfeiçoar culturalmente, de cultivar o hábito do estudo, da leitura e da fruição da grande arte. Além do apreço pelas liberdades e direitos de todas e todos, temos em comum também o mesmo amor pela docência, pela PUC-Rio e por Roma Roma Roma.

Singular figura de campeão das liberdades, imenso intelectual, anfitrião sem igual, Sergio combina como poucos coragem e elegância, determinação e leveza, profundidade e simplicidade, erudição e bom humor, potência e delicadeza. Cavaleiro e cavalheiro, tem formado gerações, exercitado como pouquíssimos a arte da boa conversa e se esmerado no ofício de bem viver. É uma força da natureza e da cultura, cujas contribuições à coisa pública são inegáveis. Que continue a nos esclarecer, divertir e inspirar pelos tempos afora.

Referência bibliográfica

BROSSARD, Paulo. O Caso Herzog. Brasília: Senado Federal, 1978, 65p.

O CASO HERZOG E A AÇÃO DECLARATÓRIA N. 136 / 76: UM EXEMPLO DE INTELIGÊNCIA PROCESSUAL E DE CORAGEM HUMANISTA

Francisco de Guimaraens

Certos acontecimentos trágicos transformam o rumo político e os humores sociais. O assassinato de Vladimir Herzog foi um acontecimento dessa natureza; representou um marco na história brasileira e um ponto de virada da sociedade civil em relação à ditadura inaugurada pelo golpe de 1964. O homicídio causado pela tortura de que foi vítima Herzog catalisou a indignação cidadã, até então silenciosa e, sobretudo, silenciada, e abriu um ciclo de organização social, de atos públicos e de grandes comícios responsável pela revogação do AI-5, pela campanha da anistia ampla, geral e irrestrita e pela memorável mobilização nacional pelas eleições diretas para presidente da república, mais conhecida como *Diretas Já*. Essa sequência de fatos é de conhecimento geral.

Há uma outra luta ligada à morte de Herzog que é tão relevante quanto o ciclo de grandes manifestações populares pelo fim da ditadura, mas não tão conhecida do grande público: a luta pela verdade oficial sobre as circunstâncias e sobre a autoria da morte de Vladimir Herzog. Clarice Herzog, viúva do jornalista assassinado nos porões da repressão, e seus filhos se empenharam desde abril de 1976 até 2018 na justiça brasileira, na Comissão Especial sobre Mortos e Desaparecidos Políticos, na Comissão Nacional da Verdade e na Corte Interamericana de Direitos Humanos para produzir uma versão verdadeira e minuciosa sobre o crime político cometido contra Vlado.

Em um momento marcado pelos esforços revisionistas sobre a ditadura, que alguns desejam relativizar, abrandar ou mesmo renomear, é preciso analisar e iluminar o primeiro enfrentamento judicial de Clarice Herzog e seus filhos: a ação proposta em 20 de abril de 1976 – Ação Declaratória 136/76 – em face da União Federal para declaração de existência de responsabilidade civil do Estado brasileiro pela prisão, pelas torturas sofridas e pela morte de Vladimir Herzog. Esse caso judicial, patrocinado por Sergio Bermudes, Heleno Cláudio Fragoso, Marco Antônio Rodrigues Barbosa e Samuel MacDowell de Figueiredo, simboliza um exemplo de uso da inteligência e do exercício da coragem contra a brutalidade e a covardia da tirania que se abateu sobre os brasileiros entre 1964 e 1985.

Antes de desenvolver uma investigação acerca dos elementos jurídicos que demonstram a perspicácia e os diferentes efeitos do percurso processual concebido por Sergio Bermudes, é necessário expor as circunstâncias adversas e atmosfera de medo que cercavam quem ousava exigir esclarecimento das violências praticadas pela repressão política e social na década de 1970. Em abril de 1976, quando foi proposta a ação declaratória, ainda vigorava o pavoroso AI-5, o instrumento normativo que promoveu os maiores cerceamentos à liberdade e criou condições para as mais graves ameaças à integridade física dos brasileiros de nossa história republicana. Não era rara a perseguição a parentes de vítimas da ditadura que buscassem informações sobre o paradeiro de seus entes queridos. Em 14 de abril de 1976, seis dias antes de ser protocolada a ação pelos advogados da família Herzog, a estilista Zuzu Angel faleceu em acidente de carro após cinco anos de luta para obter o corpo de seu filho, Stuart Angel Jones, assassinado pela repressão política e cujo corpo permanece desaparecido. A suspeita inicial de que o acidente fora provocado pelos agentes da "polícia política" se confirmou posteriormente e foi reconhecida pela Comissão Especial sobre Mortos e Desaparecidos Políticos em 1998.

Consideradas as circunstâncias acima expostas, é possível perceber que não se tratava de uma ação qualquer, na medida em que possuía o potencial de expor judicialmente as vísceras da repressão política e de auxiliar a construção do longo caminho da restauração da verdade e das liberdades. Em razão de os interesses envolvidos na causa extrapolarem em muito o direito da família de Vladimir Herzog de preservação de sua memória e de registro da verdade sobre seu assassinato, o processo, cuja sentença proferida em outubro de 1978 assinalaria a responsabilidade do Estado brasileiro, só foi possível pelo destemor e pela perseverança de Clarice Herzog, Sergio Bermudes, Heleno Cláudio Fragoso, Marco Antônio Rodrigues Barbosa e Samuel Mac Dowell de Figueiredo que não esmoreceram diante das intimidações que sofreram nos autos do processo[1] e fora deles.

---

1 O grau de violência e intimidação era de tal ordem naquele período histórico que o Consultor Jurídico do Ministério do Exército, Nelson Pecegueiro do Amaral, ao se pronunciar sobre a ação declaratória afirmou que os advogados pretendiam desmoralizar o poder judiciário e a autoridade militar e que cometiam ato de subversão à ordem semelhante à guerra revolucionária contra o Estado brasileiro. Ou seja, o Consultor Jurídico explicitou no processo a opinião de que os patrocinadores da causa deveriam considerados inimigos do Estado, adotando postura de criminalização da advocacia. Eis as palavras do Consultor Jurídico: "Pretende-se, com efeito, através dessa lide judicial, tornar duvidoso o que é induvidoso, acoimar de suspeito ou mesmo de criminoso o que é limpidamente verdadeiro. E com que propósito? Nitidamente verifica-se da leitura da inicial o propósito mal disfarçado de desmoralização da autoridade. Da autoridade judiciária e da autoridade militar. Pela porta ampla da ação que visa uma "declaração" de responsabilidade da União (...) desejam os obreiros da técnica destrutiva fazer entrar as armas da intimidação aos que, denodamente (sic), asseguram a ordem e a tranquilidade. Está ínsito na inicial o propósito de que a Justiça Federal venha a ter o pronunciamento frontalmente contrário ao da Justiça Militar, jogando uma contra a outra, e ambas contra o trabalho dos peritos oficiais e das autoridades militares. O objetivo será lançar o desassossego em todos quantos, para o futuro ou mesmo no passado, hajam contribuído, participado ou trabalhado em investigações ou inquéritos para apuração de atividades subversivas, ante a ameaça de serem responsabilizados por qual-

Quem não possui conhecimentos jurídicos pode se perguntar por que não se optou pela ação penal para elucidar os crimes praticados contra Vlado. O processo penal naquela oportunidade encontrava-se bloqueado por duas razões. A primeira delas, de caráter técnico-processual, envolvia a questão da legitimidade para propositura da ação penal. Como sabemos, a ação penal pública é de competência do Ministério Público, que já havia se posicionado a favor do arquivamento do IPM (Inquérito Policial Militar), segundo o qual Herzog haveria se suicidado. O arquivamento dos autos do IPM, efetuado em 08 de março de 1976 pelo Juiz Auditor José Paulo Paiva, levantara uma barreira quase intransponível à condenação criminal dos responsáveis. Além da questão de técnica processual, uma razão política certamente fulminaria qualquer tentativa de condenação dos agentes da repressão que cometeram o homicídio e as torturas. O ambiente político era extremamente refratário a qualquer atribuição de responsabilidade daqueles que perpetravam violações de direitos humanos a fim de perseguir opositores da ditadura. Seria muito improvável, senão impossível, realizar a prova da autoria dos crimes praticados no DOI/CODI contra Herzog.

A estratégia da ação declaratória, por sua vez, se explica pela exigência de Clarice Herzog de não obter qualquer ganho financeiro com a ação. Portanto, a pretensão do pedido formulado era declarar a responsabilidade da União Federal pela morte de Herzog e a consequente obrigação de indenizar sua esposa e seus filhos. No entanto, a ação declaratória guardava outros fins, que comprovam a sofisticada expertise de Sergio Bermudes ao conceber essa via processual. Além da declaração da responsabilidade civil da União Federal seria necessário, pela ação declaratória, reconstruir o discurso oficial sobre o caso. Como afirmou Raymundo Faoro,

> para julgar a ação em favor dos autores, o Judiciário teria que decidir que, realmente, Vladimir foi preso de modo arbitrário, sofreu torturas e morreu em decorrência de culpa da União, já que os danos materiais e morais sofri-

---

quer mal que aconteça a um subversivo, no período em que o tenham sob sua guarda (...) A guerra revolucionária se trava em última análise, na mente dos homens. Daí ser imperiosa a resposta à subversão, notadamente no Judiciário, cujas portas começam a ser assediadas" (BRASIL. Tribunal Regional Federal. Ação Declaratória 136/76 SP. Autores: Clarice Herzog e outros. Réu: Fazenda Nacional. São Paulo, 20 de abril de 1976, p. 104 e p. 105). A acusação intimidatória não ficou sem resposta. Na réplica (ver p. 374 e 375 do processo acima citado), os advogados da família Herzog refutaram as calúnias proferidas pelo Consultor Jurídico do Ministério do Exército e afirmaram que os verdadeiros subversivos da ordem jurídica são os que prendem arbitrariamente, torturam, matam, induzem à morte, invadem domicílios, violam a liberdade de expressão e de pensamento e os direitos do homem.

> dos por seus familiares tinham por causa eficiente esses três fatos: prisão, torturas e morte[2].

O destemperado parecer do Consultor Jurídico do Ministério do Exército em parte acima transcrito constitui a evidência de que os órgãos acumpliciados com a repressão política perceberam, desde o início da causa, os possíveis desdobramentos do procedimento cível. Ao fazer alusão à conquista das mentes dos homens pela guerra revolucionária e associar a ação declaratória a esse tipo de estratégia, revelava-se a preocupação da ditadura com o controle da verdade oficial sobre os fatos ocorridos no DOI/CODI em 25 de outubro de 1975. Dificilmente uma declaração judicial de responsabilidade da União Federal viria desacompanhada da profunda alteração da versão do IPM sobre o assunto.

No caso Herzog, a tutela de direito individual – a preservação da memória da vítima – não se dissociava da afirmação dos direitos humanos e de interesses comuns à sociedade brasileira. A investigação das circunstâncias dos fatos ocorridos no DOI/CODI certamente exporia os métodos de violação sistemática de direitos humanos implantados pela repressão política da ditadura. Trazer à tona a verdade sobre uma parte da totalidade do sistema de repressão política significava demonstrar seu modo de funcionamento em todos ou quase todos os casos. Assassinatos, execuções sumárias, torturas, prisões ilegais, investigações baseadas em informações superficiais ou mesmo incorretas, ameaças contra todos os que representassem algum tipo de risco à revelação dos expedientes torpes usados nos porões do regime: qualquer caso de violência praticada pelos órgãos de persecução político-ideológica iluminaria as trevas em que a ditadura havia arremessado o país.

O depoimento do jornalista Rodolfo Osvaldo Konder[3], que esteve preso junto com Herzog no DOI/CODI, foi a comprovação cabal de que Herzog não se suicidara. O jornalista, no dia 07 de novembro de 1975, alguns dias após o assassinato, narrou os fatos que presenciou perante os advogados Prudente de Moraes Neto, Gofredo da Silva Telles Júnior, José Carlos Dias, Maria Luiza Flores da Cunha Bierrenbach, José Roberto Leal de Carvalho, Arnaldo Malheiros Filho e do padre Olívio Caetano Zolim. Não há dúvida de que o depoimento que atestava a causa da morte de Herzog – a tortura – fortaleceu a tese dos autores e demonstrou afirmação inscrita na inicial: "Infelizmente, não se considera fato notório, que dispensaria provas, o de que, neste país, nos dias de hoje, usa-se a tortura, abusa-se dela, como meio de se obter confissões – método execrável, que é do conhecimento público"[4].

---

2 FAORO, Raymundo. "Prefácio". *In* HERZOG, Clarice. *Caso Herzog*: a sentença, íntegra do processo movido por Clarice, Ivo e André Herzog contra a União. Rio de Janeiro: Salamandra, 1978, p. 14.

3 Ação Declaratória 136/76, p. 50 a p. 60.

4 Ação Declaratória 136/76, p. 160.

Outro fato notório registrado nos autos do processo[5] foi o método fraudulento de realização dos exames de necrópsia em pessoas vitimadas pela tortura. Na medida em que o caso Herzog ganhou força na opinião pública, um dos legistas, Harry Shibata, que assinou o laudo segundo o qual Vladimir Herzog haveria se suicidado, admitiu a repórter do *Jornal do Brasil*, em agosto de 1977, que não examinara o corpo. Harry Shibata e o outro legista, Arildo de Toledo Viana, não cumpriram exigência do Código de Processo Penal, que determinava a necessidade de exames necroscópicos realizados por dois legistas. Não apenas não observaram determinação legal como fraudaram documento público ao assinarem o laudo simulando um ato inexistente.

Diante de provas inatacáveis e até da admissão de culpa de um dos peritos, em situações de normalidade institucional haveria certeza sobre o deferimento do pedido de declaração da relação jurídica de responsabilidade civil da União. No entanto, em outubro de 1978, quando a sentença foi proferida, a reinstituição das liberdades ainda residia no terreno das utopias[6]. Essa observação é importante para a adequada compreensão do valor da decisão do juiz Márcio José de Moraes.

Os exemplos de intervenção no poder judiciário durante a ditadura são fartos. Dentre diversos atos de interferência na autonomia do judiciário, as mais evidentes foram a majoração casuística do número de ministros do STF pelo AI 2 e a cassação de ministros da Suprema Corte (Evandro Lins e Silva, Hermes Lima e Victor Nunes Leal) após a edição do AI 5. Portanto, a sentença do caso Herzog, embora tecnicamente irrepreensível, representava um risco para o juiz que a proferiu, na medida em que, conforme art. 113, parágrafo 3º da Constituição de 1967, dispositivo alterado no contexto do pacote de abril de 1977 por meio da Emenda Constitucional 7, qualquer juiz poderia ser removido ou posto em disponibilidade por voto secreto de dois terços dos membros do Tribunal. Pairava sobre os magistrados a constante ameaça de remoção ou perda do cargo caso interesses do governo federal fossem afrontados, tendo em vista a profunda intervenção da ditadura na composição dos órgãos de cúpula do poder judiciário levada a cabo desde 1964.

Não obstante a insegurança de sua posição institucional, o juiz federal Márcio José de Moraes não se curvou e decidiu de modo favorável aos autores.

---

5 Ação Declaratória 136/76, p. 248 a p. 258.

6 Um trecho de texto de Raymundo Faoro sobre o caso Herzog revela que, em 1978, ainda era incerto o momento em que se vivenciaria o retorno a uma ordem constitucional capaz de garantir os meios de defesa das liberdades: "Vlado – Vladimir Herzog – "que foi mártir, mesmo não querendo ser", evocará, quando a restauração da liberdade for conquistada e narrada, o momento culminante da transição. Se não houver transição, terá havido resistência, que alimentará a renovada esperança de transformação" ("Prefácio". *In* HERZOG, Clarice. *Caso Herzog*: a sentença, íntegra do processo movido por Clarice, Ivo e André Herzog contra a União, p. 11).

Sua decisão é uma referência no processo de redemocratização, pois fulminou todos os atos contrários ao estado de direito praticados desde a prisão até a elaboração do laudo resultante do exame necroscópico.

A primeira questão de mérito enfrentada na sentença foi a prisão de Herzog. O farto material comprobatório retirado dos autos do processo dizia que Vlado fora detido, fora recolhido ao "xadrez", fora encontrado morto na cela, vestia macacão verde etc.. Mesmo o IPM mencionava tais expressões, o que tornou irrefutável a tese da prisão de Vladimir Herzog. Ao contrário da versão dos órgãos de repressão política, que diziam ter convidado a vítima a comparecer ao DOI/CODI e que ela não fora detida, os dados colhidos durante a instrução confirmaram a alegação da defesa. Como não havia inquérito, pedido de decretação de prisão dirigido à autoridade judicial e tampouco comunicação da prisão ao juízo competente, o juiz reconheceu a ilegalidade da prisão de Vladimir Herzog: "De tudo isso se vê que a prova dos autos abundante e convergentemente confirma tanto a ocorrência da prisão de Vladimir Herzog, como a ilegalidade dela"[7].

O fato de a prisão ser ilegal e de a morte haver ocorrido nas dependências do DOI/CODI, nas quais era dever do Estado adotar todas as medidas de precaução para evitar qualquer risco à integridade física dos presos, já ensejaria a possibilidade de declaração de existência de responsabilidade civil do Estado e da obrigação de indenizar os autores da ação. No entanto, a decisão em primeira instância forneceu outros argumentos para refutar a tese da União de que a morte decorreria de suicídio voluntário e à quebra da relação de causalidade entre os atos dos agentes policiais e dano, isentando a União de responsabilidade civil. Além de reconhecer a invalidade do laudo pericial de exame do corpo de Herzog[8], a sentença tomou posição nos dois temas mais delicados do caso: o abuso de autoridade e a tortura.

A mera invalidação do exame de corpo e delito seria suficiente para fundamentar, em termos jurídicos, o pedido formulado na petição inicial. No entanto, a decisão judicial de primeira instância enfrentou todos os aspectos da versão da União Federal para não deixar qualquer dúvida sobre a improcedência dos argumentos da defesa e sobre a prática da tortura e do abuso de autoridade.

---

7 MORAES, Márcio José. "A sentença". *In* HERZOG, Clarice. *Caso Herzog*: a sentença, íntegra do processo movido por Clarice, Ivo e André Herzog contra a União, p. 105.

8 "Então, embora esse juízo não possa categoricamente afirmar que o suicídio de Vladimir Herzog não ocorreu, posto que não é onisciente, o certo é que a União Federal não logrou comprová-lo nos presentes autos, quer porque os laudos periciais anteriormente referidos não têm eficácia probatória, quer porque os depoimentos mais favoráveis à sua versão não só não foram repetidos em Juízo, como se contrapõem à prova colhida sob a égide do princípio do contraditório" (MORAES, Márcio José. "A sentença". *In* HERZOG, Clarice. *Caso Herzog*: a sentença, íntegra do processo movido por Clarice, Ivo e André Herzog contra a União, p. 117).

Com base nesses fatos comprovados ao longo da instrução processual, o juiz da causa encaminhou as provas para o Ministério Público que, lamentavelmente, não atuou segundo o dever institucional que lhe cabia ao não prosseguir com as investigações ou não oferecer a denúncia. De qualquer maneira, as afirmações registradas na sentença constituíram o primeiro documento oficial de produção da verdade sobre os métodos de repressão da ditadura e sobre a violação sistemática de direitos humanos praticada por seus agentes. Conforme um trecho notável da sentença, "nos presentes autos, constata-se a prática de crime de abuso de autoridade (Lei 4898, de 09 de dezembro de 1965, artigo 4º), bem como há revelações veementes de que teriam sido praticadas torturas não só em Vladimir Herzog, como em outros presos políticos nas dependências do DOI/CODI do II Exército"[9].

A decisão de 25 de outubro de 1978 representa um acontecimento político-jurídico inestimável para a reorganização do Estado de Direito no Brasil[10] e para a produção da verdade sobre a violência praticada contra os cidadãos brasileiros que, de fato ou na imaginação paranoica dos agentes da repressão, se opunham ao regime. No que se refere ao assassinato de Herzog, foi a primeira peça de um quebra-cabeça só concluído em 2007, quando a verdade extrajudicial acerca das circunstâncias e da autoria do crime foi revelada pela Comissão Especial sobre Mortos e Desaparecidos Políticos, e em 2014, ano da publicação do relatório da Comissão Nacional da Verdade.

---

9 MORAES, Márcio José. "A sentença". *In* HERZOG, Clarice. *Caso Herzog*: a sentença, íntegra do processo movido por Clarice, Ivo e André Herzog contra a União, p. 119.

10 A ação declaratória foi mencionada pela Corte Interamericana de Direitos Humanos, em decisão tomada no ano de 2018 que condenou o Brasil por falta de condenação dos responsáveis pelo assassinato de Herzog. Eis o trecho em que as consequências jurídicas da ação declaratória foram mencionadas: "Ante os resultados fraudulentos do inquérito policial militar no. 1173-75 e a impossibilidade legal de que os órgãos do Estado investigassem efetivamente a tortura e a morte de Vladimir Herzog, seus familiares apresentaram uma ação declaratória. Apesar da natureza civil desse processo, a sentença de primeira instância (par. 132 a 134 supra) estabeleceu que i) Vladimir Herzog havia morrido de causas não naturais quando estava no DOI/CODI/SP; ii) a União não conseguiu comprovar sua tese do suicídio de Herzog; iii) a detenção de Herzog havia sido ilegal; iv) o relatório complementar da Justiça Militar não tinha valor porque foi elaborado com base no relatório de necropsia cuja falsificação foi demonstrada; v) houve crime de abuso de autoridade, além de crime de tortura praticada contra Vladimir Herzog e os demais presos políticos que estavam detidos no DOI/CODI. Finalmente, o Juiz Federal determinou que os autos do caso fossem remetidos ao Procurador da Justiça Militar. No entanto, a Procuradoria Militar não tomou nenhuma iniciativa a esse respeito. A União apelou dessa sentença de primeira instância, a qual se tornou definitiva em 27 de setembro de 1995" (CIDH. Corte Interamericana de Direitos Humanos. Caso Herzog e outros VS Brasil, 2018, p. 62).

O caso Herzog deixou muitos ensinamentos para todos os que se empenham na defesa dos direitos humanos. O primeiro deles é que a verdade, em casos de tamanha importância para revelação dos métodos violentos de governos autoritários, não vem à tona por meio de um único ato. Trata-se de um longo processo histórico que requer coragem e perseverança, virtudes que a família de Vladimir Herzog exerceu durante quatro décadas. Além disso, a verdade requer a formação da memória social sobre certos fatos, pois só assim é possível instituir um discurso coerente que se conserve pelas futuras gerações. Se é correto afirmar que "as coisas ditas uma só vez morrem inéditas"[11], a repetição e o maior detalhamento da verdade apresentada na Ação Declaratória 136/76 ocorreram em outras três ocasiões: em 2007, na Comissão Especial sobre Mortos e Desaparecidos Políticos, em 2014, na Comissão Nacional da Verdade, e em 2018, na Corte Interamericana de Direitos Humanos. As decisões desses três órgãos possuem a função de preservar viva a história da violência de Estado que assassinou Herzog e outros tantos brasileiros.

Quando os agentes públicos se recusam a cumprir o dever de defender os direitos e as liberdades, são os cidadãos que precisam lutar pelos mesmos. Dentre todos os cidadãos anônimos que se empenharam na luta pelo retorno da democracia, alguns foram agraciados pela fortuna de participarem de casos emblemáticos dessa luta e, além do auxílio da fortuna, possuíam *virtù* suficiente para aproveitar a ocasião. Foi o caso de Clarice Herzog e do grupo de advogados que aceitou o desafio de enfrentar a ditadura em juízo e de revelar seus modos arbitrários e violentos de ação. Dentre eles, o legitimamente homenageado desta obra coletiva, o processualista do grupo de patrocinadores da causa, Sergio Bermudes, autor do inteligente caminho processual pelo qual a correta versão sobre os fatos começou a nascer.

As tiranias dependem da falsidade para prosperar e conservar o medo e o ódio que as sustentam. Os tiranos precisam mentir sobre seus atos e sobre os fatos que são de seu interesse para que a servidão pareça liberdade e a tristeza se disfarce de alegria. Mas a inteligência, a coragem e a verdade sempre encontram frestas e caminhos para construir iniciativas eficientes contra a brutalidade, a covardia e as calúnias dos tiranos. Que o caso Herzog e o exemplo de todos os que dele participaram inspirem todas e todos que insistem em propagar a verdadeira história da violência praticada durante a ditadura civil-militar. Essa é a maior homenagem que os responsáveis pela Ação Declaratória 136/76 podem receber das atuais e futuras gerações.

11 A frase é de Nelson Rodrigues.

SUMÁRIO

Prefácio (Marcelo Fontes, Fabiano Robalinho Cavalcanti e Caetano Berenguer) V

Sobre os coordenadores e co-autores VII

HOMENAGEM DO DEPARTAMENTO DE DIREITO DA PUC-RIO:

Cavaleiro e cavalheiro, Jedi e maestro
Adriano Pilatti XVII

O caso Herzog e a ação declaratória n. 136 / 76: um exemplo de inteligência processual e de coragem humanista
Francisco de Guimaraens XIX

O Código de Processo Civil de 2015 e a advocacia
Aluisio Goncalves de Castro Mendes 1

Alterações nos recursos e o direito intertemporal
Ana Beatriz Ferreira Rebello Presgrave 13

Fundamentos para uma teoria da cooperação judiciária: a revolução que se avizinha
Antonio do Passo Cabral 31

O juiz intimidador: uma advertência
Araken de Assis 77

One size doesn't fit all: a preservação da autonomia individual como fundamento implícito do IRDR
Bruno Dantas / Caio Victor Ribeiro dos Santos 91

A "crise da motivação" e o julgamento ("à moda da casa") dos embargos de declaração: crônica de uma experiência frustrante
Carlos Roberto Barbosa Moreira 109

O padrão decisório do STJ na afetação e julgamento de temas repetitivos: (in)congruência entre a tese fixada, a proposta de tese e o recurso
Carolina Uzeda 123

Efeito suspensivo da apelação: uma homenagem ao professor Sergio Bermudes
Cássio Scarpinella Bueno 137

Mozart não Tinha Playback – entre o cântico das lamentações e a exaltação à luta
Daniel Mitidiero 155

INTRODUÇÃO AO PROCESSO CIVIL AMERICANO PARA CLIENTES ESTRANGEIROS
Donald Francis Donovan / Guilherme Recena Costa 177

NOVOS HORIZONTES PARA O SANEAMENTO NO PROCESSO CIVIL BRASILEIRO
Fernanda Medina Pantoja / Debora Vieira 195

A Reconvenção na fase cognitiva e o CPC de 2015
Firly Nascimento Filho 217

INCONTROVÉRSIA SOBRE PARTE DO OBJETO DO PROCESSO: A SOLUÇÃO NA ARBITRAGEM DEVE SER DIVERSA DA CONSTANTE DO CÓDIGO DE PROCESSO CIVIL?
Flávio Luiz Yarshell 237

COOPERAÇÃO JUDICIÁRIA E PROTOCOLOS INSTITUCIONAIS: O CASO DO "ATO TRABALHISTA", OU PLANO ESPECIAL DE PAGAMENTO TRABALHISTA, PARA A CENTRALIZAÇÃO DE EXECUÇÕES CONTRA ENTIDADES DESPORTIVAS
Fredie Didier Jr. / Leandro Fernandez 247

O CASE MANAGEMENT E AS EUROPEAN RULES OF CIVIL PROCEDURE: UMA ANÁLISE À LUZ DA EXPERIÊNCIA BRASILEIRA DO CÓDIGO DE PROCESSO CIVIL DE 2015
Hermes Zaneti Jr. 279

DESJUDICIALIZAÇÃO DA EXECUÇÃO CIVIL E O REGIME DE IMPUGNAÇÃO DOS ATOS DO AGENTE DE EXECUÇÃO: O NECESSÁRIO EQUILÍBRIO ENTRE EFICIÊNCIA E GARANTISMO
Humberto Dalla Bernardina de Pinho / Flávia Pereira Hill 307

PACTO MARCIANO: A AUTOTUTELA SATISFATIVA COMO IMPORTANTE INSTRUMENTO NA POLÍTICA UNIVERSAL DE SUPERAÇÃO DA CRISE VIVENCIADA PELA EXECUÇÃO CIVIL
Humberto Theodoro Júnior 327

ATUALIDADES DA AÇÃO CIVIL PÚBLICA
Isabella Franco Guerra 351

PRECEDENTES EM ARBITRAGEM
Ivan Nunes Ferreira 383

RESPONSABILIDADE DA CONTRATANTE PELAS OBRIGAÇÕES TRABALHISTAS DA CONTRATADA
José Roberto dos Santos Bedaque 391

DEVIDO PROCESSO LEGAL NO PENSAMENTO PIONEIRO DE RUY BARBOSA
José Rogério Cruz e Tucci 399

CABIMENTO DE RECURSO AOS TRIBUNAIS SUPERIORES EM CASOS DE MODIFICAÇÃO DE PRECEDENTES
Leonardo Moreira Lima 405

AMICUS CURIAE NO PROCESSO CIVIL - NOVAS POSSIBILIDADES
Luciano Saboia Rinaldi de Carvalho / Gabriel Fernandes Meireles Dutra 421

PROVIMENTO DO RECURSO PARCIAL E OS EFEITOS SOBRE A PARTE DA DECISÃO NÃO RECORRIDA
Luciano Vianna Araújo 439

REGULAÇÃO JURÍDICA DA ECONOMIA COMPARTILHADA: A ADPF N. 449/DF E AS PLATAFORMAS DIGITAIS DE TRANSPORTE INDIVIDUAL URBANO NO SUPREMO TRIBUNAL FEDERAL
Luiz Fux 461

A QUESTÃO CONSTITUCIONAL ENQUANTO QUESTÃO PREJUDICIAL
Luiz Guilherme Marinoni 487

A INCONSTITUCIONALIDADE DA PRISÃO CIVIL COMO MEDIDA COERCITIVA ATÍPICA: ALGUMAS REFLEXÕES À LUZ DAS JURISPRUDÊNCIAS DO SUPERIOR TRIBUNAL DE JUSTIÇA E DO SUPREMO TRIBUNAL FEDERAL
Márcio Vieira Souto Costa Ferreira / Mateus Rocha Tomaz 515

NOTAS SOBRE A EXPROPRIAÇÃO FORÇADA DE BEM INDIVISÍVEL TAMBÉM PERTENCENTE A TERCEIRO COPROPRIETÁRIO NÃO DEVEDOR – ART. 843 DO CPC/2015
Melvin Bennesby 537

ACESSO À JUSTIÇA. PROCEDIMENTO E JULGAMENTO COLEGIADO EM AMBIENTE ELETRÔNICO
Paulo Cezar Pinheiro Carneiro 591

PERFIL HISTÓRICO DA EXECUÇÃO CIVIL: DO DIREITO ROMANO AO CPC DE 2015
Paulo Henrique dos Santos Lucon 603

A FAVOR DO CONTRA
Renato Resende Beneduzi 705

TUTELA PROVISÓRIA NA FIXAÇÃO DE TESES EM IRDR: O COMBATE À DEMORA NO JULGAMENTO DE CASOS REPETITIVOS
Rogéria Dotti 715

SUPERPRECEDENTE
Ronaldo Cramer 733

A SÚMULA 150, DO SUPREMO TRIBUNAL FEDERAL E A PRESCRIÇÃO EXECUTIVA
Sergio Cruz Arenhart 743

A COMPETÊNCIA NA LEI DE RECUPERAÇÕES JUDICIAIS
Sergio Shimura 755

A TEORIA GERAL DOS RECURSOS NÃO É MAIS A MESMA
Teresa Arruda Alvim 769

INCIDENTE DE DESCONSIDERAÇÃO DA PERSONALIDADE JURÍDICA EM SEDE DE EXECUÇÃO FISCAL
Theophilo Antonio Miguel Filho 791

COISA JULGADA COLETIVA: UM PANORAMA DOUTRINÁRIO, JURISPRUDENCIAL E AS TENDÊNCIAS ATUAIS
Thereza Alvim / Eduardo Arruda Alvim 805

O CÓDIGO DE PROCESSO CIVIL DE 2015 E A ADVOCACIA[1]

Aluisio Gonçalves de Castro Mendes

SUMÁRIO: Breves Palavras em Homenagem a Sergio Bermudes. **1.** O Sistema Brasileiro de Precedentes. **2.** A Solução Consensual de Conflitos. **3.** Cooperação. **4.** Processo Eletrônico e Prática Eletrônica dos Atos Processuais. **5.** Especialização. **6.** Honorários Advocatícios. Considerações Finais. Referências bibliográficas.

Breves Palavras em Homenagem a Sergio Bermudes

Inicialmente, cumpre salientar a satisfação e a honra com o convite para participar da obra em homenagem a Sergio Bermudes.

O homenageado[2] bacharelou-se pela Universidade do Estado da Guanabara (UEG), atualmente Universidade do Estado do Rio de Janeiro (UERJ), em 1969. Cursou seu Doutorado em História do Processo Romano, Canônico e Lusitano, na Faculdade de Direito da Universidade de São Paulo (USP), tendo concluído o curso em 1974.

Fundou seu próprio escritório de advocacia, em 1969, que hoje conta com mais de 50 (cinquenta) anos de história e é reconhecido como uma das bancadas mais importantes do país. Além da atuação na advocacia, que marca sua vida e sua carreira, exerceu, por dois anos, o cargo de Juiz do Tribunal Regional Eleitoral do Rio de Janeiro e é um reconhecido árbitro e perito, tendo realizado várias arbitragens no Brasil e no exterior.

Sergio Bermudes iniciou a sua carreira docente em 1970, no magistério universitário, como Professor Assistente de Teoria Geral do Estado da Faculdade de Direito da Universidade do Estado da Guanabara, e como professor regente da cadeira de Direito Processual Civil da Faculdade Brasileira de Ciências Jurídicas do Rio de Janeiro, da qual se tornou titular, em 1971. Em 1978, assumiu a cadeira de Direito Processual Civil da Faculdade de Direito da Pontifícia Universidade Católica do Rio de

---

1 O presente texto, em homenagem a Sergio Bermudes, foi embasado nas ideias tratadas na palestra proferida pelo autor no IAB – Instituto dos Advogados Brasileiros, disponível em https://www.youtube.com/watch?v=FMBd224an1o&t=1s.

2 O currículo de Sérgio Bermudes foi obtido em https://sbadv.com.br/advogado/sergio-bermudes/. Acesso em 13 jan. 2022.

Janeiro, integrando, também, o Conselho de Desenvolvimento dessa Universidade.

Já ministrou inúmeras palestras no Brasil e no exterior e tem, em sua produção, obras como Curso de Direito Processual Civil (Recursos); Iniciação ao Estudo do Direito Processual Civil; Comentários ao Código de Processo Civil, vol. VII, da Coleção Revista dos Tribunais, por ele coordenada; Direito Processual Civil - Estudos e Pareceres (3 vols.); A reforma do Código de Processo Civil; dentre outras.

Este livro é, portanto, uma merecida homenagem a um advogado e palestrante gigante na sua cultura, na sua habilidade, sabedoria e inteligência.

Não poderia deixar de registrar que Sergio Bermudes e seu escritório foram fundamentais em várias causas em favor da magistratura, tendo em vista a consultoria e atuação em juízo, patrocinando causas institucionais para as associações de classe. Neste contexto, ressalto que a consultoria e representação realizadas por Sergio Bermudes e a equipe do seu escritório garantiram a vitória da prerrogativa insculpida no art. 93, inciso II, alínea *a*, que garantiu, no Supremo Tribunal Federal, a preservação da promoção do signatário deste texto, e de todos os magistrados federais, que figuram ou que venham a figurar em lista de promoção por merecimento por três vezes consecutivas. Sergio Bermudes subscreveu a petição inicial que deu início ao processo ajuizado em conjunto pela Associação dos Magistrados Brasileiros (AMB), pela Associação dos Juízes Federais do Brasil (AJUFE), pela Associação dos Juízes Federais do Rio de Janeiro e do Espírito Santo (AJUFERJES), logrando obter a liminar e, por fim, o julgamento, por unanimidade, para que se determinasse a nomeação do autor destas linhas no cargo de Desembargador Federal do Tribunal Regional Federal, em razão de preterição considerada inconstitucional ocorrida em 11 de abril de 2011. Por isso, além de todas as suas virtudes intelectuais e humanas, Sergio Bermudes merece a eterna gratidão e todas as homenagens por parte do Poder Judiciário, das associações de juízes, da magistratura e deste autor.

Nesta perspectiva, em estreita conexão com as atividades que marcam a vida do homenageado, o texto procurará abordar a importante e intensa relação entre o Código de Processo Civil e a advocacia, elegendo, para isso, 6 (seis) aspectos em que os dispositivos legais valorizaram o exercício da advocacia como função essencial à Justiça.

1. O Sistema Brasileiro de Precedentes

Com a edição do Código de Processo Civil de 2015, pode-se dizer que há um sistema de pronunciamentos qualificados[3], ou de jurisprudência e de precedentes definido legalmente, nas hipóteses indicadas nos cinco incisos do artigo 927.

A previsão do diploma processual inova em relação às experiências encontradas no direito estrangeiro e afigura-se em conformidade com a ordem constitucional brasileira, mas não deixa de representar uma ruptura com a cultura e os paradigmas estabelecidos anteriormente.

As hipóteses elencadas no artigo 927 se justificam plenamente. Em primeiro lugar, as decisões do Supremo Tribunal Federal em controle concentrado de constitucionalidade, possuem efeito *erga omnes* e caráter vinculativo para os órgãos judiciais e da Administração Pública, no âmbito federal, estadual e municipal, por determinação da própria Constituição da República, nos termos dos artigos 102, § 1º, e 103-A. Não poderia ser de outra maneira, ainda que não houvesse previsão expressa, porque o controle concentrado serve exatamente para isso, ou seja, se estabelecer uma decisão e segurança jurídica geral, e não apenas em relação às partes, quanto à constitucionalidade ou não da norma questionada. Do contrário, não haveria controle direto, concentrado e abstrato nas ações diretas de constitucionalidade e de inconstitucionalidade.

Do mesmo modo, os enunciados da súmula vinculante do Supremo Tribunal Federal prescindiriam da previsão contida no artigo 927. A sua inserção, portanto, procurou apenas consolidar o sistema, permitindo-se, assim, uma imediata visualização das hipóteses vinculativas.

Mas, o Código foi além. O inciso III trata, basicamente, de três institutos: a) recursos repetitivos; b) incidente de resolução de demandas repetitivas, *rectius* de questões comuns, (IRDR); e incidente de assunção de competência (IAC). Nas duas primeiras, adotou-se uma técnica de concentração, a partir de questões de direito comuns, com a possibilidade de suspensão dos múltiplos processos que dependam da questão prejudicial pendente de uniformização. Naturalmente, somente farão sentido os dois instrumentos (recursos repetitivos e IRDR), se a decisão proferida de modo concentrado for aplicada aos processos já

---

3 Sobre o tema: MENDES, Aluisio Gonçalves de Castro. *Incidente de Resolução de Demandas Repetitivas:* sistematização, análise e interpretação do novo instituto processual. Rio de Janeiro: Gen/Forense, 2017, pp. 97-99.

instaurados e aos casos controversos dependentes do pronunciamento estabelecido sobre a questão comum de direito.

Do mesmo modo, o incidente de assunção de competência, nos termos do artigo 947 do CPC, prevê o deslocamento para órgãos mais amplos, que devem ter a competência para a uniformização da jurisprudência, para decidir questão de direito com grande repercussão social ou prevenir, preventivamente, o julgamento divergente por órgãos judiciais de questão que possa se tornar controversa em outros processos no futuro.

No inciso IV, o legislador ampliou a abrangência para os enunciados das respectivas súmulas, desde que versando sobre matéria constitucional, as do Supremo Tribunal Federal, e de matéria infraconstitucional, para as do Superior Tribunal de Justiça, em termos de direito federal. Preservaram-se, assim, as respectivas funções jurisdicionais, procurando-se evitar a possibilidade de dupla vinculação ou de sobreposição de comandos, ainda que, na prática, possa existir certa controvérsia sobre a natureza da matéria sumulada.

Na mesma direção, o inciso V contempla uniformidade no posicionamento do Tribunal. Em vários países, esta preocupação chega a se materializar, nos julgamentos colegiados, mediante a divulgação apenas do pronunciamento da corte, não se disponibilizando os votos vencidos. Não se chegou a tanto no Brasil. No modelo estabelecido, além da coesão do tribunal, busca-se a adesão dos órgãos fracionários e vinculados, pois a manutenção do entendimento divergente somente iria protrair a duração dos processos, com a necessidade de interposição de recursos, para que se possa efetivar, no caso concreto, o posicionamento já dominante em órgão colegiado mais amplo e representativo do tribunal.

Esse sistema de precedentes possui grande repercussão na atuação da advocacia.

Em primeiro lugar, a segurança jurídica, a previsibilidade, a isonomia e duração razoável dos processos são objetivos e consequências naturais do sistema de precedentes instaurado no Brasil. Com isso, o Poder Judiciário e a advocacia têm a sua credibilidade reforçada perante a sociedade, fazendo com que os cidadãos passem a valorizar, ainda mais, a atuação dos advogados e dos juízes.

Em segundo lugar, o sistema jurídico passa a ter maior racionalidade e eficiência, considerando que o CPC-2015 foi pródigo não somente na regulação dos precedentes, mas também nas normas que regularam a gestão dos processos e a aplicação das teses fixadas. Espera-se, portanto, que as mudanças acabem diminuindo o assoberbamento do Poder

Judiciário e melhora na duração dos processos, de modo a propiciar para as partes e advogados a solução mais rápida e efetiva, além de maior estabilidade para o exercício da atividade de consultoria e contenciosa por parte dos advogados.

Surgem questões também referentes ao patrocínio do advogado perante esses procedimentos de uniformização, que passam não apenas de uma atuação voltada ao caso concreto, mas com consequências no âmbito estadual, regional ou nacional. Essa atuação acaba fortalecendo a parceria de advogados ou escritórios, repartindo funções e somando esforços. A atuação da advocacia ocorre tanto antes do julgamento como depois da tese firmada, na aplicação desta aos casos concretos.

O sistema de precedentes estabelece novos desafios para a advocacia, em termos de subsunção, distinção e superação. São operações que passam a figurar no dia a dia dos advogados, tendo o precedente como a referência central dessa realidade contemporânea.

2. A solução Consensual de Conflitos

Na atualidade, outro importante tema é o da solução consensual de conflitos. Enquanto nos Estados Unidos o percentual médio de acordos é de 90%[4], no Brasil tem-se um percentual de 10%[5]. Apesar da diferença, o Brasil vem procurando incentivar a solução consensual.

O Código de Processo Civil de 2015, em seu artigo 3º, sem prejuízo da previsão contida no artigo 5º, artigo XXXV da Constituição, assegura a solução dos conflitos não apenas restrita ao Poder Judiciário, como também através dos mecanismos considerados adequados, garantindo, de forma mais ampla, o acesso à justiça, como a mediação, a conciliação, a negociação e a arbitragem. A ideia é o estabelecimento de um sistema multiportas para os litígios, solucionando mais adequadamente as poliédricas formas do conflito[6].

---

4 Sobre o tema: EISENBERG, Theodore; LANVERS, Charlotte. What is the Settlement Rate and Why Should We Care? *Journal of Empirical Legal Studies*. Nova Iorque: Cornell Law School, vol. 3, 2009, p. 111.

5 CNJ. *Justiça em Números*. Brasília: CNJ, 2020, p. 171. Disponível em https://www.cnj.jus.br/wp-content/uploads/2020/08/WEB-V3-Justi%C3%A7a-em-N%C3%BAmeros-2020-atualizado-em-25-08-2020.pdf. Acesso em 16 jan. 2022.

6 FULLER, Lon L.; WINSTON, Kenneth I. The Forms and Limits of Adjudication. *Harvard Law Review*. Massachussets: Harvard Law School, vol. 92, nº 2, de. 1978, pp. 353-409; FISS, Owen M. The Forms of Justice. Harvard Law Review. Massachussets: Harvard Law School, vol. 93, nº 1, 1979, pp. 39-44.

O estímulo às soluções consensuais, especialmente na via extrajudicial, pode ser um nicho importante para a advocacia[7], tanto em atividades de negociação, de assessoria para empresas, bem como no próprio processo judicial, mediante a mediação e a conciliação, em que o advogado atuará com seu conhecimento jurídico para assessorar a parte. A solução de conflitos pode se tornar mais célere e delineada de acordo com a vontade das próprias partes, com o indispensável auxílio do advogado.

3. Cooperação

A cooperação,[8] positivada no artigo 6º do Código de Processo Civil, pauta a atuação de cada um dos sujeitos, respeitando os princípios éticos na atividade processual, em prol da efetividade do processo.

Em relação ao Poder Judiciário, não restrita ao juiz, a cooperação pode ser apontada[9] como: a) dever de prevenção, cabendo ao juiz apontar as inconsistências ou deficiências das postulações das partes, para que possam ser aperfeiçoadas a tempo, como ocorre na indicação do que precisa ser objeto de emenda na petição inicial ou no vício a ser sanado no recurso interposto; b) dever de esclarecimento, cabendo ao juiz apontar os aspectos que necessitariam de esclarecimentos; c) dever de consulta, cabendo ao juiz oportunizar previamente a manifestação das partes sobre questões de fato ou de direito que influenciarão o julgamento, trazendo maior previsibilidade ao julgamento; e d) dever de auxílio, cabendo ao juiz facilitar às partes a superação de eventuais dificuldades para a prática de um determinado ato processual.

A atuação da advocacia é fundamental para a efetivação da cooperação processual. De forma a colaborar para a tutela efetiva, célere e adequada, as partes, assessoradas por seus advogados, podem, por exemplo,

7 Sobre a solução consensual voltada especificamente aos procedimentos concentrados, remete-se a: MENDES, Aluisio Gonçalves de Castro; SILVA, Larissa Clare Pochmann da. A solução consensual de conflitos nos procedimentos concentrados: uma perspectiva comparada. *Revista Jurídica Luso Brasileira.* Portugal: Lisboa, vol. 15, 2021, pp. 1-15.

8 O tema foi tratado em: MENDES, Aluisio Gonçalves de Castro; SILVA, Larissa Clare Pochmann da. Normas fundamentais do Código de Processo Civil de 2015: breves reflexões. *Revista Eletrônica de Direito Processual.* Rio de Janeiro: UERJ, vol. 17, 2016, pp. 38-56.

9 THEODORO JUNIOR, Humberto. *Curso de Direito Processual Civil.* 61ª ed. Rio de Janeiro: Gen/Forense, 2021, pp. 83-84.

celebrar convenções processuais, dispostas no artigo 190 do Código de Processo Civil, sobre ônus, deveres e faculdades, que nortearão a sua própria conduta, de forma ética, no processo, bem como também a atuação do juiz, com o objetivo de solucionar o litígio.

Ademais, a previsão do calendário processual, no artigo 191 do Código de Processo Civil, em que a advocacia possui uma atuação ativa, em conjunto com o juiz, cumpre papel relevante para a prática dos atos processuais, dispensando a intimação das partes para os atos que constem no calendário e trazendo maior previsibilidade sobre a duração do processo.

4. Processo eletrônico e Prática Eletrônica dos Atos Processuais

O Código de Processo Civil de 2015 fixou, na Seção II, do Livro IV, disposições sobre a prática eletrônica dos atos processuais, já prevendo a tendência de crescente ampliação da prática dos atos processuais por meio eletrônico.

Registre-se que, no artigo 196, o Código de Processo Civil dispõe que compete ao Conselho Nacional de Justiça (CNJ), de modo geral, e aos Tribunais, supletivamente, a regulamentação da prática e da comunicação dos atos processuais por meio eletrônico, velando pela compatibilidade dos sistemas, disciplinando a incorporação progressiva de novos avanços tecnológicos e editando os atos que forem necessários para esta finalidade.

O Código também prevê a prática de atos processuais, como depoimentos e sustentação oral por videoconferência, o que permite a realização à distância das atividades postulatórias, pelos advogados, especialmente dos que se encontram em locais distantes dos tribunais ou do foro.

Houve a introdução de sistemas informatizados na gestão de processos, permitindo o acompanhamento, primeiro no Tribunal, internamente, e depois externamente. Advogados e estagiários não precisam mais ir ao fórum para verificar o acompanhamento dos atos processuais.

Esse cenário foi relevante principalmente a partir da pandemia da COVID-19[10], quando houve uma mudança abrupta na realidade, que não

10 O tema aqui tratado sintetiza as ideias desenvolvidas em MENDES, Aluisio Gonçalves de Castro. Covid-19 e o Poder Judiciário: uma perspectiva comparada. In: Alexandre Jorge Carneiro da Cunha Filho; Carmen Silvia L. de Arruda; Rafael Hamze Issa; Rafael Wallbach Schwind. (Org.). *Direito em Tempos de Crise*: Covid-19. Demo-

poderia mais se enquadrar nos moldes anteriores do trabalho presencial e dos autos físicos. O Brasil havia investido na informatização do Poder Judiciário e na digitalização dos autos processuais, criando as condições para um funcionamento virtual dos órgãos judiciais.

O sistema judicial brasileiro praticamente não parou: quase de forma imediata transformou seu funcionamento em virtual, permitindo que a advocacia contenciosa também se mantivesse ativa, mesmo nos piores momentos da crise sanitária mundial. Pelo menos, em termos de Poder Judiciário, informatização e virtualização de autos, o Brasil demonstrou que não se encontra defasado no cenário internacional, tendo até mesmo aperfeiçoando a prática de atos de forma eletrônica, seja através, por exemplo, do Balcão Virtual ou do Juízo 100% Digital, regulamentados, respectivamente, pelas Resoluções nº 372/2021 e 345/2020, ambas do Conselho Nacional de Justiça (CNJ).

Merecem também destaque as audiências e as sessões de julgamento virtuais e telepresenciais, que ocorreram de modo predominante durante a pandemia, sendo as últimas para casos mais complexos ou com requerimento de sustentação oral. Porém, mesmo após a pandemia, a tendência é a da possibilidade de manutenção das sessões telepresenciais e virtuais, para fazer frente a diversas situações, como a manutenção dos processos em pauta no caso de inviabilidade de comparecimento físico de magistrados, como, por exemplo, tratando-se de um desembargador que tenha em pauta inúmeros processos ou cuja presença seja importante para a formação do quórum para a sessão e seja acometido de uma conjuntivite ou de qualquer outra causa para o não comparecimento.

O processo eletrônico, a realização de audiências e sessões de julgamento por videoconferência e a prática dos atos de forma eletrônica otimizaram a atuação do advogado, que pode atuar em processos por diversos estados brasileiros, sem a necessidade de deslocamento, até otimizando seu tempo para reforçar a atuação na formulação de teses em prol de seus clientes.

Destaca-se, ainda, que, na ordem do dia dos serviços jurídicos, encontra-se como mais uma aliada da advocacia a jurimetria, que é a estatística aplicada ao Direito. Serviços de levantamento e processamento de dados fornecem aos escritórios de advocacia, ou são desenvolvidos *in company*, aplicativos e *softwares* que medem a taxa de sucesso de uma

cracia – Judicialização – Administrativo. 1ª ed. São Paulo: Quartier Latin, 2020, vol. 3, pp. 159-166.

demanda, bem como uma série de informações consolidadas, como suporte para as opções a serem tomadas diante de conflitos potenciais ou reais. Este serviço poderá ser muito útil no sentido de promover o incremento de soluções consensuais, evitando-se o contencioso *frívolo*.

As inovações tecnológicas são importantes aliados na atuação da advocacia e, inclusive, permitem que o advogado disponibilize ao cliente dados que permitem avaliar se deve ou não haver a judicialização da questão.

5. Especialização

Merece ainda destaque que uma cultura generalista e a estrutura, por vezes, pouco especializada dos tribunais podem gerar a falta de uniformidade e de coerência nos julgados. É desafiador para a advocacia orientar o cliente diante de posicionamentos diversos – e até mesmo antagônicos – sobre determinada questão.

O Código de Processo Civil de 2015 reforçou enormemente o papel uniformizador dos tribunais, estabelecendo mecanismos e vinculações, como os inerentes ao incidente de resolução de demandas repetitivas. Mas, parece que o escopo de construir um sistema de precedentes, de jurisprudência e de súmulas, com credibilidade, estabilidade e coerência não depende apenas da posição hierárquica dos tribunais, e sim principalmente da capacidade persuasiva dos fundamentos dos seus julgados. Esta qualidade demanda, antes de mais nada, capacidade de organização, para que os tribunais possam julgar com profunda proficiência sobre as matérias apresentadas. Para tanto, não podem ter a ilusão de querer desmedidamente conhecer de tudo um pouco. Mesmo porque a generalidade dificulta, por si só, a uniformização.

Se, em um tribunal com cem desembargadores todos julgam todas as matérias, sem especialização, qual será o órgão com capacidade real para a uniformização? A resposta talvez seja o Pleno, porque todos os órgãos fracionários terão a mesma competência para julgar, podendo, portanto, chegar a inúmeras conclusões diversas. Por sua vez, mesmo órgãos menores, mas com caráter representativo, como os Órgãos Especiais, poderão ter, na prática, dificuldades para a consecução do objetivo uniformizador. Por isso, parece que a solução mais adequada é a especialização.

A especialização permite, para a advocacia, uma maior previsibilidade nos julgamentos, com um assessoramento mais adequado aos seus clientes, e, também, uma duração razoável do processo, enquanto fruto da complexidade no âmbito do Direito, com tantos ramos, normas legais e precedentes.

6. Honorários Advocatícios

Last, but not least, destaca-se que o Código de Processo Civil valorizou também a remuneração da advocacia, com as regras de honorários advocatícios[11]. A legislação tratou, nos artigos 83 a 87, dos honorários, enquanto verba de caráter alimentar de titularidade do próprio advogado, e um dos pontos que se destaca é que o legislador racionalizou a regra da condenação da parte vencida aos honorários de advogado, dispondo, no art. 85, §11º, que eles serão majorados na medida em que forem julgados recursos interpostos no processo.

A fixação dos honorários, assim, passa a ser proporcional e correspondente com as instâncias recursais nas quais os advogados venham a ser chamados a atuar, até o fim do processo, e não mais em um único momento, que se restringia ao procedimento em primeiro grau de jurisdição.

Ademais, o artigo 85, §18 tratou do cabimento de ação autônoma para a fixação de honorários quando for omissa a decisão já transitada em julgado, assegurando que, mesmo que não haja a fixação no provimento jurisdicional transitado em julgado, haverá a remuneração pelo trabalho realizado.

O Código também previu regra específica para a condenação da Fazenda Pública ao pagamento de honorários advocatícios. A fim de evitar distorções verificadas na prática, de condenações exageradamente grandes ou aviltantemente pequenas, o Código de Processo Civil de 2015 criou, no art. 85, §3º, regra de escalonamento de honorários, que podem variar desde 10% a 20%, se a causa for de menor valor, até de 1% a 3%, se a condenação da Fazenda Pública envolver valores de maior vulto.

A definição de honorários nas diversas fases do processo, seja na fase de conhecimento, na etapa recursal ou na execução, além de faixa de honorários quando se trata de demanda em face da Fazenda Pública e a garantia de que o advogado terá uma remuneração mesmo que não

11 MENDES, Aluisio Gonçalves de Castro; ÁVILA, Henrique. *Algumas das principais alterações do novo Código de Processo Civil.* Disponível em https://www.conjur.com.br/2015-jan-31/algumas-principais-alteracoes-codigo-processo-civil. Acesso em 17 jan. 2022.

fixada no provimento transitado em julgado trazem parâmetros mais claros e valorizam o trabalho do advogado, fortalecendo sua atuação e sua posição fundamental para a garantia do acesso à justiça.

Considerações finais

O Código de Processo Civil de 2015 tratou de uma intensa interação com a atividade da advocacia, seja trazendo maior previsibilidade e segurança à atuação profissional, seja proporcionando novos nichos de atuação ou tratando das funções, poderes, possibilidades e remuneração dos advogados enquanto essenciais ao acesso à justiça.

Procurou-se eleger, no presente artigo, apenas seis aspectos dessa interação, a partir de uma temática que se mostra relevante diante da merecida homenagem a um grande advogado e professor.

Referências bibliográficas

EISENBERG, Theodore; LANVERS, Charlotte. What is the Settlement Rate and Why Should We Care?. *Journal of Empirical Legal Studies*. Nova Iorque: Cornell Law School, vol. 3, 2009, pp. 111-146.

FULLER, Lon L.; WINSTON, Kenneth I. The Forms and Limits of Adjudication. *Harvard Law Review*. Massachussets: Harvard Law School, vol. 92, nº 2, de. 1978, pp. 353-409.

FISS, Owen M. The Forms of Justice. *Harvard Law Review*. Massachussets: Harvard Law School, vol. 93, nº 1, 1979, pp. 39-44.

MENDES, Aluisio Gonçalves de Castro. Covid-19 e o Poder Judiciário: uma perspectiva comparada. In: Alexandre Jorge Carneiro da Cunha Filho; Carmen Silvia L. de Arruda; Rafael Hamze Issa; Rafael Wallbach Schwind. (Org.). *Direito em Tempos de Crise*: Covid-19. Democracia - Judicialização - Administrativo. São Paulo: Quartier Latin, v. 3, 2020.

_____; *Incidente de Resolução de Demandas Repetitivas*: sistematização, análise e interpretação do novo instituto processual. Rio de Janeiro: Gen/Forense, 2017.

_____; ÁVILA, Henrique. *Algumas das principais alterações do novo Código de Processo Civil*. Disponível em https://www.conjur.com.br/2015-jan-31/algumas-principais-alteracoes-codigo-processo--civil. Acesso em 17 jan. 2022.

_____; PORTO, José Roberto Mello. *Incidente de Assunção de Competência*. 2ª ed. Rio de Janeiro: GZ, 2021.

_____; SILVA, Larissa Clare Pochmann da. A solução consensual de conflitos nos procedimentos concentrados: uma perspectiva comparada. *Revista Jurídica Luso Brasileira*. Portugal: Lisboa, vol. 15, 2021, pp. 1-15.

_____; SILVA, Larissa Clare Pochmann da. Normas fundamentais do Código de Processo Civil de 2015: breves reflexões. *Revista Eletrônica de Direito Processual*. Rio de Janeiro: UERJ, v. 17, 2016, pp. 38-56.

NERY JUNIOR, Nelson; NERY, Rosa Maria de Andrade. *Comentários ao Código de Processo Civil*. 19ª ed. São Paulo: RT, 2020.

THEODORO JUNIOR, Humberto. *Curso de Direito Processual Civil*. 61ª ed. Rio de Janeiro: Gen/Forense, 2021.

ALTERAÇÕES NOS RECURSOS E O DIREITO INTERTEMPORAL

Ana Beatriz Ferreira Rebello Presgrave

1. Introdução

O Código de Processo Civil (CPC) aprovado em 2015 trouxe uma significativa mudança com relação ao sistema processual civil brasileiro. No que toca aos recursos, o novo código suprime recursos e hipóteses recursais, além de modificar substancialmente a sistemática recursal.

O objeto deste texto é a análise das premissas do direito intertemporal relacionadas à incidência das novas regras relacionadas aos recursos cíveis, tomando como pano de fundo alguns aspectos polêmicos sobre a transição do regime dos recursos do CPC/73 para o regime recursal previsto no CPC/15, tendo sempre em vista o aspecto temporal destas alterações[1].

A partir desse estudo, a determinação da incidência normativa de novos regramentos relacionados aos recursos nos processos cíveis poderá ser feita considerando as mesmas balizas temporais, já que relacionadas à disciplina do Direito Intertemporal Processual, e não vinculadas especificamente às alterações trazidas pelo CPC.

Assim, serão analisadas as bases do direito intertemporal no processo, estabelecendo-se os parâmetros para a aferição do direito adquirido processual, com base nos quais será realizado o estudo do direito adquirido ao recurso suprimido e às alterações legislativas relacionadas aos recursos, estabelecendo-se especificamente com relação ao CPC, quais decisões serão regidas pelo novo sistema recursal e quais as situações que determinaram a ultra-atividade do Código de 1973 para regulamentar o regime dos recursos nos processos pendentes.

1 A importância do estudo da incidência das novas leis nos processos em curso é reconhecida por diversos doutrinadores, dentre eles Sérgio Bermudes, que afirma: "É sempre recomendável, entretanto, que se rememorem, nos manuais e nos repertórios, as regras atinentes à incidência da norma processual sobre os processos em curso no momento da sua vigência." (BERMUDES, 2010, p. 10)

2. Premissas essenciais e direito intertemporal no processo

Sob a alegação de que as normas instrumentais possuem *aplicação imediata*, muitos operadores do direito são induzidos a concluir que as normas processuais novas regerão absolutamente todas as situações futuras dentro do processo, ou seja, que todos os atos processuais que forem produzidos após a entrada em vigor da lei nova serão por ela regidos[2].

Ocorre que a análise da aplicação das novas normas nos processos em curso deve respeitar os limites constitucionalmente traçados para a incidência normativa, o que leva à conclusão de que as leis – sejam elas processuais ou materiais – terão sempre incidência imediata e deverão respeitar os limites expressos na Constituição Federal (CF), em seu art. 5º., XXXVI, que destaca que "a lei não prejudicará o direito adquirido, o ato jurídico perfeito e a coisa julgada."

No âmbito infraconstitucional – mas ainda em sede de norma de superdireito[3] – está a delimitação dos conceitos de "direito adquirido", "ato jurídico perfeito" e "coisa julgada", consoante se denota do art. 6º da Lei de Introdução às Normas do Direito Brasileiro (LINDB).

Assim, muito embora o direito intertemporal[4] usualmente seja estudado unicamente com relação ao direito material, é certo que suas regras se aplicam também no âmbito processual[5], já que o direito inter-

2 v. Moacyr Amaral Santos (1991, p. 34), que afirma: "a estes (processos pendentes), principalmente, aplicam-se os princípios expostos: válidos e eficazes são os atos realizados na vigência e conformidade da lei antiga, aplicando-se imediatamente a lei nova aos atos subsequentes. Esta regra ampara até mesmo as leis de organização judiciária, as quais se aplicam de imediato aos processos pendentes".

3 Por serem normas que tratam do próprio direito, são chamadas de "normas de superdireito".

4 "O Direito Intertemporal compreende a aplicação sucessiva das normas atinentes às diferentes ordens jurídicas, tanto às civis, como às penais, processuais, constitucionais ou administrativas. (...) O Direito Intertemporal indica ao Juiz qual o sistema jurídico sôbre o qual êle deve basear a sua decisão. (..) O Direito Intertemporal fixa o alcance do império de duas normas que se seguem recìprocamente. Em suma: tem por objeto determinar os limites do domínio de cada uma dentre duas disposições jurídicas consecutivas sôbre o mesmo assunto." (CARLOS MAXIMILIANO)

5 Sobre o tema Wambier, Wambier e Medina (2005, pp. 395-396) afirmam: "Esse esquema, concebido que foi para o plano do direito material, desconsidera a divisão entre passado, presente e futuro que existe dentro do processo. Obviamente,

temporal tem por objeto definir o passado jurídico. E a divisão basilar entre passado, presente e futuro[6] não pode ser relativa ao tipo de norma com que se trata: se de direito material ou processual.

As normas processuais, como todas as normas jurídicas, regem o presente, tendo eficácia imediata. Assim, as normas de direito processual aplicam-se aos processos já em andamento[7], estando aptas a disciplinar atos presente e futuros nestes processos. É vedada à nova lei, entretanto, atingir situações devidamente aperfeiçoadas anteriormente, que geraram ato jurídico perfeito ou direito adquirido dentro do processo.

A proteção aos direitos adquiridos destacada no texto constitucional é direito fundamental que tem por objetivo assegurar às pessoas um sistema seguro e previsível, em que novas normas não venham a reduzir direitos pré-existentes e tampouco modificar situações previamente estabelecidas.

Neste contexto, as premissas necessárias para o enfrentamento do tema que se propõe neste trabalho são as seguintes: 1) a existência de direito adquirido processual; 2) a definição de "data de publicação" das decisões judiciais; e 3) os limites para a incidência imediata e a ultra-atividade da lei processual revogada.

---

a divisão entre presente, passado e futuro dentro do processo deve ser levada em conta, sob pena de, se desconsiderada, se afastarem e se desprestigiarem definitivamente os valores segurança e previsibilidade, no plano endoprocesual. Conclui-se, portanto, que, para as normas processuais, o parâmetro coisa julgada é obviamente insuficiente para desempenhar sequer o papel de ponto de partida. Claro está que o raciocínio há de ser idêntico, do ponto de vista essencial, ao que se faz no plano do direito material: dentro do processo, há um passado, um presente e um futuro. Tudo isso antes da coisa julgada."

6 Importante ressalva faz Pontes de Miranda (1971, p. 91) quando destaca que "Não se pode dividir o domínio das leis segundo a sucessão dos fatos: fatos passados, regidos pelas leis anteriores; fatos presentes, pelas leis do presente; fatos futuros, pelas leis do futuro. O que se tem de dividir é o tempo: passado, regido pela lei do passado; presente, pela lei do presente; futuro, pela lei do futuro."

7 Art. 1046, CPC/15: Ao entrar em vigor este Código, suas disposições se aplicarão (*sic*) desde logo aos processos pendentes, ficando revogada a Lei nº 5.869, de 11 de janeiro de 1973.

2.1. Direito adquirido processual

O processo, assim considerado como uma sequência de atos logicamente encadeados com vistas à solução da lide[8][9] (*atos processuais*, integrantes de uma cadeia unitária, que é o procedimento[10]), é um complexo de atos jurídicos praticados pelos sujeitos processuais.

Assim, no âmbito intraprocessual é possível se estabelecer para cada ato um momento distinto de realização, o que gera, em face de uma nova norma que entre em vigor no curso do processo, atos processuais juridicamente perfeitos e direitos adquiridos processuais.

Limongi França (1968, p. 309) define o Direito Adquirido partindo da proposta de Gabba – e adequando-a aos princípios e regras brasileiras atinentes à matéria – como "a consequência de uma lei, por via direta ou por intermédio de fato idôneo; consequência que, tendo passado a integrar o patrimônio material ou moral do sujeito, não se fez valer antes da vigência de lei nova sobre o mesmo objeto".

Note-se que a noção de direito adquirido tem relação muito estreita com o conceito de direito subjetivo, de modo que "se o direito subjetivo não foi exercido, vindo a lei nova, transforma-se em direito adquirido, porque era direito exercitável e exigível à vontade de seu titular" (SILVA, 1998, pp. 434-435).

Os dispositivos normativos explicitados no art. 5º., XXXVI, CF e art. 6º., LINDB destacam a impossibilidade de norma nova reger atos devidamente aperfeiçoados sob a vigência de normas anteriores, ainda que seus efeitos não tenham sido produzidos por falta de vontade do titular do direito.

Nestes termos, a Constituição Federal assegura a todos segurança e estabilidade nas relações jurídicas, garantindo a manutenção dos efeitos destas relações para momento posterior à entrada em vigor da nova

8 "Compor a lide é resolver o conflito segundo a ordem jurídica, restabelecendo-a. (...) Processo, portanto, é um meio ou instrumento da composição da lide. É uma operação por meio da qual se obtém a composição da lide." (SANTOS, 1991, p. 9).

9 Nas palavras de Bermudes (2019, p. 94): "Nisso consiste qualquer processo: atos ordenados, que se praticam sucessivamente, de modo que ao ocaso do anterior se siga a alvorada do posterior, até que se atinja um objetivo."

10 "Os atos interligados, em seu conjunto, são o procedimento. O conjunto de situações jurídicas ativas e passivas que autorizam ou exigem a realização dos atos é a relação jurídica processual (poderes, faculdades, deveres e ônus)." (DINAMARCO, 2002, p. 25)

lei, caso o direito haja sido adquirido sob a égide da pretérita norma, constituindo-se direito adquirido, ato jurídico perfeito ou coisa julgada.

Esses institutos têm o objetivo de salvaguardar a eficácia dos direitos e relações jurídicas constituídos em face de determinadas normas, evitando assim a insegurança que futuras alterações legislativas possam acarretar[11]. E mais, por se tratar de normas de índole constitucional, insertas no capítulo dos direitos fundamentais, atuam como limitadoras da atuação estatal, impedindo que qualquer ato do poder público - até mesmo a edição de novas leis - atinjam os direitos subjetivos já incorporados ao patrimônio do sujeito.[12]

Assim, a partir do momento em que determinado fato ensejador da aplicação de determinada norma ocorre, nasce ao titular o direito adquirido à regência daquele fato por aquela norma - nos termos do comando *tempus regit actum*.

E o direito adquirido é definido pelo art. 6º., §2º. da LINDB nos seguintes termos: "consideram-se adquiridos assim os direitos que o seu titular, ou alguém por êle, possa exercer, como aqueles cujo começo do exercício tenha termo pré-fixo, ou condição pré-estabelecida inalterável, a arbítrio de outrem".

São considerados direitos adquiridos, a partir dessa definição, aqueles que podem ser exercidos pelo seu titular, independentemente de haver termo ou condição prefixada para o seu início, desde que a exercibilidade de tal direito seja inalterável ao arbítrio de outrem - ou seja, que independa da vontade de outra pessoa.

Nas palavras de Limongi França (1994, p. 504), "(direito adquirido) é a conseqüência de uma lei, por via direta ou por intermédio de fato idôneo; conseqüência que, tendo passado a integrar o patrimônio material ou moral do sujeito, não se fez valer antes da vigência de lei nova sobre o mesmo objeto."

---

11 No mesmo sentido é a posição de Jorge, Didier Jr. e Rodrigues (2002, p. 129), que destacam que "esse dispositivo (art. 5º., XXXVI, CF) deixa nua e explícita a preocupação do ordenamento jurídico em valorar o princípio da segurança e estabilização dos direitos e situações jurídicas consolidadas sob a égide de lei anterior, na medida em que chega a ser repetitivo e redundante dizer que o direito adquirido, o ato jurídico perfeito e a coisa julgada - institutos tão próximos entre si - são protegidos contra investidas de leis posteriores."

12 Só poderá haver mitigação da proteção constitucional contra a retroatividade se no próprio texto constitucional houver exceção a esta regra. (Jorge, Didier Jr. e Rodrigues, 2002, p. 129)

Pode-se, assim, sintetizar os elementos caracterizadores do direito adquirido: (1) ter sido produzido por um fato idôneo para a sua produção; e (2) ter-se incorporado definitivamente no patrimônio do titular.

Denota-se, portanto, que existe uma relação direta entre o direito subjetivo e o direito adquirido, de modo que o direito adquirido é o direito subjetivo que não foi exercido e cuja norma em que se fundamenta tenha sido revogada. Neste mesmo sentido afirma José Afonso da Silva (1999):

> Se o direito subjetivo não foi exercido, vindo a lei nova, transforma-se em direito adquirido, porque era direito exercitável e exigível à vontade de seu titular. Incorporou-se em seu patrimônio, para ser exercido quando convier. A lei nova não pode prejudicá-lo, só pelo fato de o titular não ter exercido antes. Direito subjetivo "é a possibilidade de ser exercido, de maneira garantida, aquilo que as normas de direito atribuem a alguém como próprio." (citando Miguel Reale) Ora, essa possibilidade de exercício continua no domínio da vontade do titular em face da lei nova. Essa possibilidade de exercício do direito subjetivo foi adquirida no regime da lei velha e persiste garantida em face de lei superveniente.

Nesta esteira temos que, ainda que a lei que discipline o ato seja revogada posteriormente, caso ainda não tenham sido exercitados os direitos dela decorrentes – embora se fizessem exercíveis[13] ou estivessem condicionados a termo inicial –, continuará a lei a surtir seus efeitos com relação aos direitos que dela se ergueram enquanto estava em vigor, em atenção ao instituto do direito adquirido[14].

A delimitação da eficácia temporal da nova norma com relação aos *efeitos imediatos da lei*[15], no que tange aos *fatos pendentes*,[16] está na proteção que nosso sistema confere ao direito adquirido.

A manutenção das situações jurídicas consolidadas no passado em face da nova norma tem por objetivo assegurar a tranquilidade das relações sociais.[17] Em verdade, o direito adquirido assegura a manutenção

---

13 Neste sentido, Limongi França (1994, p. 504): "De acordo com a lei vigente, Direito Adquirido é aquele que o seu titular possa exercer."

14 É o chamado efeito ultra-ativo da lei.

15 O limite do efeito imediato é o Direito Adquirido. (FRANÇA, 1968, p. 309)

16 "A chamada eficácia imediata das leis não se refere apenas aos fatos presentes. Aliás, ao contrário, por força, mais uma vez, da influência doutrinária de Roubier, os efeitos imediatos costumam ser associados aos fatos pendentes e não aos fatos presentes." (BATALHA, 1980, p. 32)

17 Bento de Faria (1934, p. 22) ensina a necessidade de respeito aos direitos adquiridos como forma de evitar perturbação social, assim: "Por outro lado, se a mesma

de uma situação que se consolidou no passado, mas que será consumada no futuro, constituindo hipótese em que a norma já revogada continuará a produzir seus efeitos (ultra-atividade da lei revogada), de modo a possibilitar seja o ato exaurido no futuro. [18]

Na doutrina são destacados diversos sistemas e teorias acerca das possíveis maneiras de aplicação das novas normas nos processos que estão em curso. De maneira sintética, são três os principais sistemas relacionados à incidência de novas regras nos processos em curso:

> 1. *Sistema da unidade processual*: este sistema considera o processo como um todo indissolúvel, de maneira que a lei que regulamenta o início do processo deverá ser a mesma que regerá todo o curso do processo. Ou seja, de acordo com este sistema, não haverá incidência de novas normas nos processos que estiverem em curso.[19]
>
> 2. *Sistema das fases processuais*: por esta sistemática, o processo é considerado por suas distintas fases, quais sejam, a fase postulatória, instrutória, recursal, etc.[20]

(lei nova) regesse sempre todas as consequencias dos fatos anteriores havia de destruir, de modo repetido, direitos legitimamente formados sob o imperio da antiga Ordenação, prejudicando os interesses legitimos dos particulares e causando, assim, a perturbação social. A sua observancia (da lei nova), em taes condições, longe de concorrer para a segurança da ordem publica havia de ser causa de constantes prejuisos e desordens. Na necessidade de obstar semelhante instabilidade, que traduz a negação do proprio direito, é que encontra fundamento o princípio da – irretroatividade da lei." (*sic*)

---

18 Neste sentido, destaca Celso Antônio Bandeira de Mello (1981, p. 114) ao tratar sobre o direito adquirido: "Portanto, quer se investigar as hipóteses em que a simples constituição do direito no passado – sem que nele se completem seus efeitos jurídicos – é suficiente para imunizar a situação contra os mandamentos da nova lei. Este problema não se resolve com a simples noção da irretroatividade da lei, pois não se coloca a questão de seu retorno sobre o pretérito. Trata-se, isso sim, da sobrevivência dos efeitos da lei antiga, vale dizer, da persistência de seus efeitos em casos concretos, durante o império da nova lei."

19 Este sistema não é o que vige em regra no Brasil, mas foi adotado excepcionalmente quando entrou em vigor a Lei do Inquilinato (Lei 8245/91), que previu expressamente, em seu art. 76, que as normas ali prescritas não seriam aplicáveis aos processos que estivessem em curso.

20 Também não é o sistema adotado como regra, mas o novo CPC previu expressamente a aplicação deste sistema em dois momentos: art. 1046, § 1º. – "As disposições da Lei nº 5.869, de 11 de janeiro de 1973, relativas ao procedimento sumário e aos procedimentos especiais, que forem revogadas, aplicar-se-ão às ações propostas até o início da vigência deste Código, desde que ainda não tenham sido

> *3. Sistema do isolamento dos atos processuais*: Este sistema considera o processo como um conjunto de atos concatenados, sendo que cada ato poderá ser isolado para fins de incidência de novas regras. É este o sistema adotado pela ordem processual brasileira, consoante se denota pelas disposições contidas no art. 1211, CPC/73, art. 1046, NCPC e art. 5º., XXXVI, CF. Assim, as novas regras irão incidir nos processos em curso, consoante expressa previsão legal, respeitados os atos já realizados, em atenção e respeito ao direito adquirido.

O CPC de 1939 adotava o sistema das fases processuais[21]. Já o CPC de 1973 adotou o sistema do isolamento dos atos processuais[22], consoante se constata da leitura do art. 1211. O CPC atual (2015) também adotou como regra o sistema de isolamento dos atos processuais (art. 1046, *caput*[23]), já que determinou que as suas disposições se aplicam aos processos pendentes, fazendo referência expressa às exceções, em que será utilizado o sistema das fases processuais (arts. 1046, §1º.[24], 1047[25],

---

sentenciadas." E dispõe o art. 1047. "As disposições de direito probatório adotadas neste Código aplicam-se apenas às provas que tenham sido requeridas ou determinadas de ofício a partir da data de início da sua vigência."

---

21 "Art. 1.047. Em vigor este Código, as suas disposições aplicar-se-ão, desde logo, aos processos pendentes. § 1º As ações cuja instrução esteja iniciada em audiência serão processadas e julgadas, em primeira instância, de acordo com a lei anterior, salvo quanto ás nulidades. § 2º Este Código regulará a admissibilidade dos recursos, sua interposição, seu processo e seu julgamento, sem prejuízo dos interpostos de acordo com a lei anterior. Art. 1.048. Os prazos assinados correrão segundo a lei anterior; os de remessa e preparo dos feitos obedecerão, todavia, ao que dispuser este Código e do dia da sua entrada em vigor se contarão, salvo si o tempo decorrido for de mais de metade." (*sic*)

22 "Nenhuma dessas linhas prevalece, mas a do chamado isolamento dos atos processuais, pela qual a lei nova, encontrando um processo em desenvolvimento, respeita a eficácia dos atos processuais já realizados e disciplina o processo a partir de sua vigência (Amaral Santos)." (DINAMARCO, 2001, p. 41)

23 Art. 1.046. Ao entrar em vigor este Código, suas disposições se aplicarão desde logo aos processos pendentes, ficando revogada a Lei nº 5.869, de 11 de janeiro de 1973.

24 § 1º As disposições da Lei nº 5.869, de 11 de janeiro de 1973, relativas ao procedimento sumário e aos procedimentos especiais que forem revogadas aplicar-se-ão às ações propostas e não sentenciadas até o início da vigência deste Código.

25 Art. 1.047. As disposições de direito probatório adotadas neste Código aplicam-se apenas às provas requeridas ou determinadas de ofício a partir da data de início de sua vigência.

1057[26]) e o sistema unitário (art. 1054[27]).

2.2. *Publicação da decisão*

Compreendido o conceito de direito adquirido e estabelecida a regra do isolamento dos atos processuais para a incidência das novas leis nos processos em curso, resta determinar qual o momento que deve ser considerado como "presente" para fins de estabelecimento da aferição da norma que deve incidir no processo.

Nesse ponto, um dos atos processuais que merece esclarecimento é o que trata da publicação da decisão. Isso porque muitos operadores do direito confundem a data da publicação com a data da intimação, em especial pelo uso na prática processual da expressão "decisão publicada no diário oficial", que induz à ideia de publicidade da decisão.

A publicação da decisão deve ser compreendida como a disponibilização da decisão ao público, ou seja, à sua disponibilização em cartório ou nos autos eletrônicos. Assim, não há que se confundir início da contagem do prazo processual com a publicação da decisão.

Ocorre que a publicidade da decisão ocorre justamente quando ela se torna disponível ao público[28], quando o juiz já não pode mais alterá-la e a parte, por sua vez, já pode contra ela se insurgir.

A publicação no diário oficial determina apenas o início da contagem do prazo processual, e o início do prazo não se confunde com a publicidade da decisão. Esse ponto é muito importante, já que a confusão no que toca ao direito intertemporal normalmente ocorre justamente com o início da contagem do prazo processual.

Merece destaque, nesse sentido, a lição de Nery Jr. (2004, pp. 494-495), que esclarece o tema assim:

---

26 Art. 1.057. O disposto no art. 525, §§ 14 e 15, e no art. 535, §§ 7º e 8º, aplica-se às decisões transitadas em julgado após a entrada em vigor deste Código, e, às decisões transitadas em julgado anteriormente, aplica-se o disposto no art. 475-L, § 1º, e no art. 741, parágrafo único, da Lei nº 5.869, de 11 de janeiro de 1973.

27 Art. 1.054. O disposto no art. 503, § 1º, somente se aplica aos processos iniciados após a vigência deste Código, aplicando-se aos anteriores o disposto nos arts. 5º, 325 e 470 da Lei nº 5.869, de 11 de janeiro de 1973.

28 "Dia da sentença seria, em princípio, quando de sentença se tratar, a data em que foi publicada a decisão, seja em audiência, na presença das partes e/ou de seus advogados, ou em cartório, nas mãos do escrivão, ou pela imprensa oficial." (WAMBIER, WAMBIER e MEDINA, 2005, p. 397).

> Por 'dia do julgamento' deve-se entender a data em que foi efetivamente publicada a decisão impugnável. No primeiro grau a decisão é publicada quando o juiz a entrega ao escrivão, quando não mais pode alterá-la (CPC 463). O "dia da sentença" é aquele em que o juiz a publicou, quer seja em audiência, na presença das partes e seus procuradores, quer em cartório, nas mãos do escrivão.
>
> Nos tribunais, o "dia do julgamento" é aquele em que o órgão colegiado proferiu julgamento, isto é, "no momento em que o presidente de público, anuncia a decisão", conhecendo ou não conhecendo do recuso, provendo ou improvendo o recurso, ou, ainda, julgando ação de competência originária.

Nestes termos, quando se fala em "publicação da decisão" se está referindo à decisão que é tornada pública, disponível ao público, ou seja, quando é lida em audiência ou na sessão de julgamento colegiado, quando entregue em cartório pelo juiz, ou ainda quando disponibilizada nos autos eletrônicos.

A intimação das partes e a consequente deflagração da contagem do prazo processual em nada interfere na definição temporal da incidência normativa.[29] O momento relevante para fins de definição temporal de qual lei deve reger a prática de um ato processual (*tempus regit actum*) é o dia da publicação da decisão.

3. Recursos suprimidos no CPC/15

O recurso é um novo curso que o processo toma a partir da iniciativa da parte no sentido de provocar a jurisdição a proceder nova análise sobre o objeto da ação, agora levado a conhecimento do judiciário por meio da peça recursal.[30]

---

29 No mesmo sentido: "A falta de publicação da sentença ou de sua intimação às partes não são elementos que lhe dão validade; ela existe em si mesma, desde que assinada pelo seu prolator e entregue em cartório. Os atos cartorários que lhe seguem são meros elementos de certeza de sua divulgação ou de simples documentação de sua presença em cartório. Com a entrega da sentença assinada pelo juiz ao escrivão, já não poderá aquele alterá-la. Tornou-a pública já que dela outras pessoas terão, ou poderão ter, conhecimento". (Ap. 20.793, TAMG, *in* TEIXEIRA, 1993, p. 264) e ainda: "Não é necessária a intimação da sentença, para que ela se torne inalterável. Basta sua publicação, que ocorre quando o juiz a entrega em cartório (RT 605/104) ou quando é junta aos autos (RJTJESP 94/254)". (NEGRÃO, 1999, comentário ao art. 463).

30 Bermudes (2019, p. 174) destaca que, "do ângulo do interessado, o recurso é um direito subjetivo, um tanto semelhante à ação, mas direito de reinvocar a jurisdição, abstrato, porque se concebe independentemente da existência de uma deci-

O Código de 2015 apresenta muitas alterações no que concerne aos recursos. A teoria geral dos recursos sofre substanciais mudanças, especialmente com a colocação expressa do princípio da sanabilidade dos recursos (art. 932, parágrafo único[31]). Há ainda a supressão de recursos (ex.: embargos infringentes), alteração de prazo de recursos (ex.: agravo de instrumento – de 10d para 15d) e também alteração na forma de contagem de prazo (de dias corridos para dias úteis).

Com relação ao chamado "princípio da sanabilidade dos recursos[32]", tem-se a eficácia imediata com alcance dos recursos já interpostos e ainda não julgados, pois que a limitação constitucional à retroatividade da lei está inscrita nos institutos previsto no art. 5º., XXXVI da CF (coisa julgada, ato jurídico perfeito e direito adquirido).

Sabendo-se que a coisa julgada[33] somente se forma após a decisão final do mérito, o que não é o caso quando se fala em recurso pendente, e que o ato jurídico perfeito é proteção àquele que interpôs o recurso na forma prevista na lei anterior – portanto, somente pode ser invocado para proteger a parte recorrente – não são aplicáveis esses institutos para impedir a incidência do novo dispositivo legal aos recursos pendentes.

Resta, então, analisar se existe algum direito adquirido na situação que impeça o art. 932, parágrafo único de ser aplicado aos recursos já interpostos e ainda não julgados. Poderia se alegar que a parte contrária teria o direito de não ver o recurso da recorrente conhecido por ausência de algum requisito formal.

Entretanto, considerando-se que os requisitos de admissibilidade do recurso demandam atuação judicial, não há como se afirmar a existência de um "direito adquirido ao não conhecimento do recurso da parte contrária". Assim, como o limite à aplicação imediata da lei – neste caso com efeito retroativo – é o direito adquirido, entende-se que o pa-

são errônea que, efetivamente, mereça reforma ou anulação. Em outras palavras, a lei dá às pessoas o direito de recorrer, obrigando-se o Estado a um pronunciamento qualquer".

31 Art. 932. Incumbe ao relator: (...) Parágrafo único. Antes de considerar inadmissível o recurso, o relator concederá o prazo de 5 (cinco) dias ao recorrente para que seja sanado vício ou complementada a documentação exigível.

32 Na verdade esse nome foi dado pela autora do texto,

33 Apesar de não haver referência expressa à coisa julgada material no dispositivo da lei processual, é certo que a ela é que se refere (BERMUDES,2009, p. 131).

rágrafo único do art. 932 deve ser aplicado imediatamente aos processos em curso, permitindo-se a sanabilidade dos recursos pendentes de julgamento.

O agravo retido – antes genérico e cabível, em tese, contra qualquer decisão interlocutória – foi suprimido. Em seu lugar, o novo Código trouxe uma previsão geral de "não preclusão" das interlocutórias[34], e um rol taxativo de hipóteses em que o meio de impugnação adequado é o agravo de instrumento[35].

Assim, inúmeras decisões antes recorríveis por meio de agravo agora deixam de sê-lo, devendo a irresignação contra seu conteúdo ser manifestada em preliminar de apelação, nos termos do art. 1009, §1º., CPC/15[36].

Os embargos infringentes foram extintos enquanto possibilidade recursal à parte sucumbente. Em substituição, o legislador criou uma "técnica de julgamento" diferenciada para as hipóteses de decisões não unânimes proferidas no julgamento de apelação, ação rescisória e agravo de instrumento.[37] Algumas hipóteses de remessa necessária também

---

34 Art. 1.009. Da sentença cabe apelação. § 1º As questões resolvidas na fase de conhecimento, se a decisão a seu respeito não comportar agravo de instrumento, não são cobertas pela preclusão e devem ser suscitadas em preliminar de apelação, eventualmente interposta contra a decisão final, ou nas contrarrazões.

35 Art. 1.015. Cabe agravo de instrumento contra as decisões interlocutórias que versarem sobre: I - tutelas provisórias; II - mérito do processo; III - rejeição da alegação de convenção de arbitragem; IV - incidente de desconsideração da personalidade jurídica; V - rejeição do pedido de gratuidade da justiça ou acolhimento do pedido de sua revogação; VI - exibição ou posse de documento ou coisa; VII - exclusão de litisconsorte; VIII - rejeição do pedido de limitação do litisconsórcio; IX - admissão ou inadmissão de intervenção de terceiros; X - concessão, modificação ou revogação do efeito suspensivo aos embargos à execução; XI - redistribuição do ônus da prova nos termos do art. 373, § 1º; XII - (VETADO); XIII - outros casos expressamente referidos em lei. Parágrafo único. Também caberá agravo de instrumento contra decisões interlocutórias proferidas na fase de liquidação de sentença ou de cumprimento de sentença, no processo de execução e no processo de inventário.

36 Não se adentrará, neste trabalho, na polêmica da decisão do Superior Tribunal de Justiça sobre o tema 988.

37 Art. 942. Quando o resultado da apelação for não unânime, o julgamento terá prosseguimento em sessão a ser designada com a presença de outros julgadores, que serão convocados nos termos previamente definidos no regimento interno, em número suficiente para garantir a possibilidade de inversão do resultado inicial, assegurado às partes e a eventuais terceiros o direito de sustentar oralmente

foram suprimidas, de sorte que as decisões que não forem objeto de recurso voluntário deixarão de ser remetidas para o segundo grau.

Todas estas novas determinações são aplicáveis, sem sombra de dúvida, aos processos que se iniciaram após o início da vigência do CPC. E com relação aos processos em curso, cada uma das situações deve ser analisada com base nas premissas acima estabelecidas.

4. O direito adquirido ao recurso suprimido

É certo que o direito de recorrer nasce para a parte com a publicação da decisão. Assim, tendo sido publicada a decisão durante a vigência do CPC/73, o recurso cabível contra tal decisão será aquele previsto no CPC/73, ainda que o recurso seja interposto já na vigência do CPC/15.

Nesta linha, em tendo sido publicada a decisão objeto do recurso durante a vigência do CPC/73, o recurso a ser contra ela interposto deverá seguir a normatização do CPC/73, não fazendo diferença a data de início da contagem do prazo recursal ou a data da efetiva interposição do recurso.

As regras que regem o recurso são aquelas vigentes no dia em que o recurso se tornou passível de interposição, ou seja, no dia da publicação da decisão. Com relação a esta assertiva, a doutrina majoritária[38] e o Superior Tribunal de Justiça[39] estão concordes, muito embora ainda haja

suas razões perante os novos julgadores. § 1º Sendo possível, o prosseguimento do julgamento dar-se-á na mesma sessão, colhendo-se os votos de outros julgadores que porventura componham o órgão colegiado. § 2º Os julgadores que já tiverem votado poderão rever seus votos por ocasião do prosseguimento do julgamento. § 3º A técnica de julgamento prevista neste artigo aplica-se, igualmente, ao julgamento não unânime proferido em: I – ação rescisória, quando o resultado for a rescisão da sentença, devendo, nesse caso, seu prosseguimento ocorrer em órgão de maior composição previsto no regimento interno; II – agravo de instrumento, quando houver reforma da decisão que julgar parcialmente o mérito. § 4º Não se aplica o disposto neste artigo ao julgamento: I – do incidente de assunção de competência e ao de resolução de demandas repetitivas; II – da remessa necessária; III – não unânime proferido, nos tribunais, pelo plenário ou pela corte especial.

38 Neste sentido: Nery Jr. (2015), Dantas, Wambier, Didier Jr. e Talamini (2015) e Jorge, Didier Jr. e Rodrigues (2002).

39 "A Corte Especial do Superior Tribunal de Justiça firmou o entendimento de que "o recurso rege-se pela lei do tempo em que proferida a decisão, assim considerada nos órgãos colegiados a data da sessão de julgamento " (EREsp nº 649.526, MG, Relator Ministro Carlos Alberto Menezes Direito, DJ de 13.02.2006).

doutrinadores que consideram o dia do início do prazo como determinante para fins de direito intertemporal[40].

Há um ponto, entretanto, que ainda causa certo desconforto na doutrina, e que este texto apresenta divergência da maioria – na verdade, quase que unanimidade – da doutrina nacional: a norma que deve reger o processamento dos recursos.

Essa discussão de direito intertemporal processual recursal ocorreu com relação à entrada em vigor do CPC/73. Naquela oportunidade, Wellington Moreira Pimentel (1974, pp. 23 e 24) esboçou uma "sistematização" da aplicação do então novo código aos processos em curso. Algumas das regras por ele estabelecidas são:

> 1. A lei em vigor ao tempo em que o ato processual é praticado, rege-lhe a forma, a validade e a eficácia, como, de resto, ocorre com os atos jurídicos em geral. (...) 3. Desenvolvendo-se ou desdobrando-se o ato processual por partes, iniciado segundo uma lei, sob a disciplina dela se concluirá, salvo se nova lei o houver extinguido ou suprimido. (...) 6. Os prazos iniciados segundo a lei anterior, por ela continuam a fluir até o respectivo término. 7. A lei em vigor à época em que a decisão se torna impugnável, rege o recurso cabível. A lei nova seu processamento. 8. Os princípios gerais do Código novo aplicam-se aos processos pendentes, iniciados sob a lei anterior, como àqueles cujos procedimentos continuem a ser regulados por leis especiais.

Pelo que entende Pimentel, o processamento do recurso deve ser regido pela nova lei, não havendo que se falar em direitos adquiridos em razão da lei vigente no momento da publicação da decisão recorrida.

Já se disse aqui que a conclusão que se tira a partir das premissas constitucionais de preservação da segurança jurídica, isonomia e respeito ao direito adquirido levam a conclusão diversa. Nesta esteira, há direito adquirido a alguns pontos relacionados ao processamento do recurso quando se adquire o direito de recorrer, como o prazo para interposição, forma de interposição (juízo *a quo* ou *ad quem*), direito ao julgamento (impossibilidade de conversão em recurso retido), dentre outros assegurados pela lei pretérita.

Mas parece que esse posicionamento é quase solitário na doutrina[41]. No sentido oposto está o entendimento de Pimentel (1974, p. 24),

40 Neste sentido, v. Marinoni e Mitidiero (2015).

41 No mesmo sentido está Teresa Arruda Alvim Wambier, que assim destacou, em capítulo da obra *Breves Comentários à Nova Sistemática Processual Civil* (2015, p. 401)

Jorge, Didier Jr. e Rodrigues (2002, pp. 143-144), Paul Roubier[42] e Nelson Nery Junior (2004, pp. 492-493). Este último assim afirma:

> No que tange aos recursos, entretanto, é preciso particularizar-se essa regra: a lei vigente no dia em que foi preferido o julgamento é a que determina o cabimento do recurso; e a lei vigente no dia em que foi efetivamente interposto o recurso é a que regula o seu procedimento.

Com todo o respeito ao posicionamento dos autores referidos, não há como se defender a posição por eles adotada, no sentido de serem aplicadas leis diversas com relação ao direito de recorrer e à interposição dos recursos.

Isso porque a regra de aplicação de normas diferenciadas para o recurso e seu processamento pode gerar conflitos inúmeros, além de, eventualmente, ferir a isonomia no tratamento das partes no processo, como inevitavelmente ocorrerá se uma das partes interpuser o recurso antes da vigência da nova lei e a outra, somente após a entrada em vigor da nova norma.

Nesta mesma linha, é possível, ainda, considerar que o direito ao procedimento do recurso é direito adquirido condicional (depende da interposição tempestiva e regular do mesmo)[43], o que remeteria ao mesmo resultado: é direito processual adquirido.

Mas o direito ao recurso – que nasce com a publicação da decisão – e à sua forma e prazo de interposição, em nada interfere no próximo ato que se pratica na sequência do processamento do recurso, ou seja, não interfere no seu julgamento, que há de ser realizado de acordo com as normas de julgamento vigentes no momento da prática de tal ato.

---

destinado especialmente ao direito intertemporal: "Interposto o recurso no procedimento previsto pela lei vigente, é este o procedimento que deve ser seguido até o julgamento do recurso".

42 "Roubier faz distinção entre a admissibilidade e o processamento do recurso. Diz que a admissibilidade tem de ser a do dia do julgamento impugnável, mas o processamento do recurso é regido pela lei existente no dia da interposição do mesmo recurso". (*apud* Nery Jr., 2004, p. 495).

43 "Não se perca de vista que, praticado o ato jurídico (e o ato processual é espécie daquele gênero), seus efeitos são ora imediatamente produzidos, ora ficam pendentes (quando sujeitos a termo ou condição)" (PIMENTEL, 1974, p. 19).

Assim, as novas regras que tratem do julgamento do recurso deverão, como as demais, seguir a regra e incidir imediatamente no processo, já que não ofendem direitos anteriormente adquiridos.

De outra parte, se a mesma lei causar ofensa a direito adquirido (p. ex.: nova lei que torne irrecorrível a sentença terminativa, ou tornar retido determinado recurso, ou ainda estabelecer novo requisito de admissibilidade antes inexistente) não poderá ter aplicação imediata, haja vista a proteção constitucional ao direito adquirido da parte de interpor o recurso na forma estabelecida na lei anterior, direito esse que nasceu com a publicação da decisão recorrida.

Ou seja, em sendo possível à parte interpor o competente recurso – o que se dá a partir do momento em que os autos se encontrem em cartório com a sentença proferida –, não se poderá olvidar de que a lei vigente neste momento será a norma que regerá este ato processual.

A segunda razão se fundamenta em outro princípio constitucional: a isonomia. Como poderia o Direito dar tratamento diverso a duas partes de um mesmo processo? Contra uma mesma decisão, poderia a parte "A" interpor recurso no prazo de 15 dias e a parte "B" em apenas 10 dias? Parece pouco sustentável, dentro do nosso sistema, que tal situação seja admitida.

Esse *respeito*, que se deve aos atos praticados segundo os ditames da lei anterior nada mais é do que uma aplicação do princípio constitucional do respeito ao direito adquirido[44].

5. Considerações finais

A aplicação de novas normas em processos em curso é um tema bastante complexo e que demanda uma análise bastante profunda das proteções constitucionais e processuais conferidas aos litigantes.

A determinação do presente e do passado jurídico no plano processual permite a identificação do direito adquirido processual, conceito fundamental para se estabelecer a ultra-atividade da lei revogada, impedindo-se a aplicação imediata da nova lei processual aos processos em

44 Neste sentido destaca Nery Jr. (2004, pp. 492-493): "É verdade que a lei processual nova rege sempre para o futuro, mas se deve observar, no particular, o que determina a garantia constitucional fundamental do respeito ao direito adquirido e ao ato jurídico perfeito (CF 5º. XXXVI). Assim, os atos processuais já praticados sob a égide da lei antiga caracterizam-se como atos jurídicos processuais perfeitos, estando protegidos pela mencionada regra constitucional, não podendo ser atingidos pela lei nova".

curso quando houver situação que estabeleça o surgimento de direito adquirido no processo (direito subjetivo ainda não exercido).

Com relação aos recursos e o CPC/15, existem muitas situações que devem permanecer sob a regência do CPC/73, haja vista a existência de direito adquirido processual, consoante destacado neste trabalho, devendo-se considerar como momento de aferição de incidência da ultra-atividade a data da publicação da decisão a ser objeto do recurso.

Em outros casos, como ocorre com relação à possibilidade de saneabilidade dos recursos (art. 932, parágrafo único) e à majoração dos honorários advocatícios em sede recursal, a nova lei deve incidir imediatamente nos recursos pendentes, haja vista não ofenderem direito adquirido processual de qualquer das partes.

6. Referências bibliográficas

BATALHA, Wilson de Souza Campos. *Direito intertemporal.* Rio de Janeiro: Forense, 1980

BERMUDES, Sérgio. *As reformas do Código de Processo Civil.* São Paulo: Saraiva, 2010.

BERMUDES, Sérgio. Coisa Julgada Ilegal e Segurança Jurídica. *in* ROCHA, Carmen Lúcia Antunes (Coord.) *Constituição e Segurança Jurídica: direito adquirido, ato jurídico perfeito e coisa julgada – estudos em homenagem a José Paulo Sepúlvida Pertence.* Editora Fórum: Belo Horizonte, 2009.

BERMUDES, Sérgio. *Introdução ao processo civil,* 6ª ed. Rio de Janeiro: Forense, 2019.

DANTAS, Bruno; TALAMINI, Eduardo; DIDIE Jr., Fredie; WAMBIER, Teresa Arruda Alvim. *Breves comentários ao Código de Processo Civil.* São Paulo: RT, 2015.

DIDIER Jr., Fredie; CUNHA, Leonardo Carneiro da. C*urso de Direito Processual Civil,* v. III, 11ª ed. Salvador: Juspodivm, 2013.

DINAMARCO, Cândido Rangel. *A Reforma do Código de Processo Civil,* 5ª edição. São Paulo: Malheiros, 2001

DINAMARCO, Cândido Rangel. *Instituições de Direito Processual Civil,* 2º. Volume, 2ª edição. São Paulo: Malheiros, 2002.

FARIA, Bento de. *Aplicação e Retroatividade da Lei,* Rio de Janeiro: A. Coelho Branco, 1934.

FRANÇA, Rubens Limongi, *A irretroatividade das leis e o direito adquirido*, 4ª edição. São Paulo: Revista dos Tribunais, 1994.

FRANÇA, Rubens Limongi. *Direito Intertemporal Brasileiro*, 2ª edição. São Paulo: Revista dos Tribunais, 1968.

GABBA, *Delle retroativittá delle leggi*, 3ª edição. Torino: Unione, 1891.

JORGE, Flávio Cheim, DIDIER JR., Fredie e RODRIGUES, Marcelo Abelha. *A Nova Reforma Processual*. São Paulo: Saraiva, 2002.

MELLO, Celso Antônio Bandeira de. *Ato administrativo e Direitos dos Administrados*. São Paulo: RT, 1981.

MIRANDA, Pontes de. *Tratado de Direito Privado*. 1ª edição. Campinas: Bookseller, 2000.

MITIDIERO, Daniel; MARINONI, Luiz Guilherme; ARENHART, Sergio Cruz. *Novo Código de Processo Civil Comentado*. São Paulo: RT, 2015.

NEGRÃO, Theotônio. *Código de Processo Civil e legislação processual em vigor*, 30ª edição. São Paulo: Saraiva, 1999.

NERY Jr., Nelson; NERY, Rosa Maria de Andrade. *Comentários ao Código de Processo Civil - Novo CPC - Lei 13.105/2015*. São Paulo: RT, 2015.

NERY JUNIOR, Nelson.*Teoria Geral dos Recursos*. 6ª edição. São Paulo: Revista dos Tribunais, 2004.

PIMENTEL, Wellington Moreira. *A Aplicação do Novo Código de Processo Civil às Causas Pendentes*. 2ª edição. Rio de Janeiro: CEJUR, 1974.

SANTOS, Moacyr Amaral. *Primeiras Linhas de Direito Processual Civil*, 14ª edição. São Paulo: Saraiva, 1991.

SILVA, José Afonso. *Curso de direito constitucional positivo*, 16ª edição. São Paulo: Malheiros, 1998.

TEIXEIRA, Sálvio de Figueiredo, *Código de Processo Civil Anotado*. 5ª edição. São Paulo: Saraiva, 1993.

WAMBIER, Luiz Rodrigues, WAMBIER, Teresa Arruda Alvim e MEDINA, José Miguel Garcia. *Breves Comentários à Nova Sistemática Processual civil*, 3ª edição. São Paulo: RT, 2005.

FUNDAMENTOS PARA UMA TEORIA DA COOPERAÇÃO JUDICIÁRIA: A REVOLUÇÃO QUE SE AVIZINHA

Antonio do Passo Cabral

1. Introdução

Poucos temas têm um potencial tão grande de tornar-se um divisor de águas no direito processual brasileiro. A cooperação judiciária, prevista em lei nos artigos 67 a 69 do Código de Processo Civil, é um assunto que, tanto na sua dimensão jurisdicional, quanto no campo da administração e organização judiciárias, pode emprestar feições absolutamente novas ao exercício das funções que os juízes são chamados a exercer no mundo contemporâneo.

Quando escrevi a tese que apresentei para disputar o concurso de titularidade na Universidade do Estado do Rio de Janeiro, em 2017,[1] praticamente nada havia a respeito do tema no Brasil. As poucas referências existentes limitavam-se a tangenciar aspectos do direito positivo, não raramente repetindo dispositivos de lei ou regulamento.

Hoje, quatro anos depois, já há um caldo de compreensão sobre o que significa a cooperação judiciária, os sujeitos que praticam essa atividade, sua base normativa. Foram publicados muitos artigos, produzidas algumas teses acadêmicas e até editados livros enfrentando aspectos da cooperação entre juízes. Começam a surgir debates específicos sobre o tema em congressos e seminários. O Fórum Permanente de Processualistas Civis dedicou um grupo para formular enunciados a respeito da temática da cooperação judiciária, o que mostra um amadurecimento da comunidade acadêmica, dentre os especialistas em direito processual, sobre o assunto.

Mas não é apenas aos domínios do direito processual que o tema tem se limitado. O Conselho Nacional de Justiça, na sua tarefa de delinear as diretrizes da administração judiciária no país, editou a Resolução nº 350/2020, não só regulamentando aspectos relevantes da coopera-

1 CABRAL, Antonio do Passo. *Juiz natural e eficiência processual: flexibilização, delegação e coordenação de competências no processo civil.* Universidade do Estado do Rio de Janeiro: Tese apresentada ao concurso de Professor Titular de Direito Processual Civil, 2017 (versão comercial no prelo, São Paulo: RT, 2021).

ção judiciária prevista no CPC, mas sem dúvida levando a compreensão do tema a outro nível. A alteração da Lei nº 14.112/2020 à lei de falência e recuperação judicial (Lei nº 11.101/2005) expressamente introduziu a cooperação judiciária como maneira de operacionalizar de maneira mais eficiente e coordenada a recuperação judicial e a insolvência internacional.

O desafio agora é vencer o desconhecimento dos profissionais. Muitos advogados, membros do MP, defensores públicos e em especial, magistrados, de todo o país e de várias especialidades, ainda não enxergam as potencialidades do instituto, com as inúmeras aplicações práticas que podem trazer para o desempenho cotidiano de suas funções. E não o fazem simplesmente porque não tiveram contato com o assunto. Se conseguirmos superar esse obstáculo, o tema tem tudo para decolar.

E mais uma vez, deve-se destacar que o CNJ tem tido papel importante. De um lado, pelo Comitê Executivo da Rede Nacional de Cooperação Judiciária, tem buscado difundir o tema pela realização de eventos voltados à prática dos juízes e servidores. De outro ângulo, preocupou-se com a praxe ao adicionar anexos à Resolução nº 350/2020, nos quais vêm documentados modelos de atos de cooperação, a fim de que os sujeitos envolvidos, sobretudo os membros e servidores do Judiciário, possam estar mais familiarizados com as formas para sua prática.

De fato, ao perceberem como podem utilizar esse ferramental de grande relevância, com ganhos evidentes em termos de custo, celeridade e eficiência, a cooperação judiciária tornar-se-á um instrumento corrente, incorporado ao repertório de técnicas processuais que a legislação coloca à disposição das partes e dos agentes públicos para a solução dos conflitos no Judiciário.

2. O que é cooperação judiciária? O princípio da cooperação abrange as interações entre os juízes?

Cooperação judiciária ou *transjudiciária*[2] é uma atividade que consiste em interações ou práticas funcionais não hierárquicas,

2 Usaremos os qualificativos *judiciária, interjudiciária* ou *transjudiciária* para adjetivar a cooperação entre juízos e tribunais. Para qualificar a cooperação, preferimos o adjetivo "judiciária" à alternativa "judicial", este último é relevante porque a atividade cooperativa também compreende, além dos juízes, servidores públicos do Judiciário. Já o termo "jurisdicional" não nos parece correto porque, como veremos, a cooperação abrange também atos de administração judiciária (atividade

espontâneas ou provocadas, geralmente não formalizadas, entre juízos e tribunais.[3]

Sabemos que o CPC/2015 instituiu um modelo de processo cooperativo, conforme determina o seu art. 6º, que consagra o princípio da cooperação,[4] o qual impõe uma interação colaborativa que deve envolver todos os sujeitos do processo, inclusive o juiz.

Mas, dentro do quadro geral do princípio da cooperação, o tema da colaboração *entre juízos e tribunais* não tem se desenvolvido no Brasil.[5] De fato, a análise da cooperação judiciária tem sido mais frequente nos estudos sobre cooperação internacional.[6]

---

não jurisdicional portanto). De outro lado, a palavra cooperação poderia sugerir bilateralidade e mutualidade das interações, mas nem sempre é isso que ocorre. Por isso, embora o qualificativo "judiciária" seja melhor que "judicial", o termo pode não ser totalmente abrangente para descrever muitas das espécies dessa atividade. Por isso, nas interações multilaterais, usamos os termos "interjudiciária" ou "transjudiciária", preferindo este último porque abarca também formas de interação passivas, que prescindem de mutualidade.

---

3 SLAUGHTER, Anne-Marie. A typology of transjudicial communication. *University of Richmond Law Review*, vol. 29, 1994, pp. 99 ss.

4 CABRAL, Antonio do Passo. O contraditório como dever e a boa-fé processual objetiva. Revista de Processo, nº 126, ago., 2005; DIDIER JR. Fredie. O princípio da cooperação: uma apresentação. Revista de Processo, nº 127, set., 2005; MITIDIERO, Daniel. *Processo civil e colaboração.* São Paulo: RT, 2007; GOUVEIA, Lúcio Grassi de. A função legitimadora do princípio da cooperação intersubjetiva no processo civil brasileiro. Revista de Processo, ano 34, vol. 172, jun., 2009, pp. 33 ss; PEIXOTO, Ravi. Rumo à construção de um processo cooperativo. Revista de Processo, ano 38, vol. 219, mai., 2013, pp. 93 ss, 102. NUNES, Dierle José Coelho. *Processo jurisdicional democrático: uma análise crítica das reformas processuais.* Curitiba: Juruá, 2008, pp. 212 e ss, onde fala em "comparticipação".

5 A cooperação judiciária realmente não chamou a atenção da doutrina que tratou do tema. A omissão pode ser vista, por todos, em BONÍCIO, Marcelo José Magalhães. Ensaio sobre o dever de colaboração das partes previsto no projeto de novo Código de Processo Civil. Revista de Processo. ano 35, vol. 190, dez., 2010, pp. 211 ss; SOUZA, Artur César de. O princípio da cooperação no projeto do novo Código de Processo Civil. Revista de Processo, ano 38, vol. 225, nov., 2013, pp. 69 ss.

6 ZAVASCKI, Teori Albino. Cooperação jurídica internacional e a concessão de *exequatur.* Revista de Processo. ano 35, vol. 183, mai., 2010, pp. 15-17; ANDOLINA, Italo. La cooperazione Internazionale nel processo civile. Profile della esperienza europea: verso un modello d'integrazione trans-nazionale. Revista de Processo, vol. 88, out-dez, 1997, pp. 108 ss.

Vejamos, nos próximos itens, algumas das variantes dessas interações cooperativas entre órgãos jurisdicionais.

2.1. Das interações indiretas e sem mutualidade à comitologia judicial: as diversas formas da cooperação transjudiciária

As interações comunicativas entre órgãos judiciários são muito variadas e podem assumir diversas formas. Podem se dar, de um lado, por uma simples citação de outros tribunais como fundamento de decidir[7] ou pelo uso de *obiter dicta* como mecanismos para sinalizar ou alertar[8] outros tribunais sobre algum rumo da própria jurisprudência.[9] Essas

7 Muito se discute a respeito das citações de tribunais estrangeiros por tribunais nacionais. Cf. NUSSBERGER, Angelika. Wer zitiert wen? Zur Funktion von Zitaten bei der Herausbildung gemeineuropäischen Verfassungsrechts. *Juristen Zeitung*, nº 15-16, 2006, pp. 763 ss, 768-769; HARDING, Sarah K. Comparative reasoning and judicial review. *Yale Journal of International Law*, vol. 28, 2003, pp. 410-411, 424-425; SLAUGHTER, Anne-Marie. Judicial globalization. *Vanderbilt Journal of International Law*, vol. 40, 2000, pp. 1116-1119; *Idem*, A global community of courts. *Harvard International Law Journal*, vol. 44, 2003, pp. 194 ss; AHDIEH, Robert B. Between dialogue and decree: international review of national courts. *New York University Law Review*, vol. 79, dez., 2004, p. 2032; GLENN, H. Patrick. Persuasive authority. *McGill Law Journal*, nº 32, 1987, p. 294.

8 Sobre o julgamento-alerta, CABRAL, Antonio do Passo. A técnica do julgamento-alerta na mudança de jurisprudência consolidada. Revista de Processo, ano 38, nº 221, jul., 2013, pp. 13-48. Note-se que o resultado das interações judiciais podem criar parâmetros mesmo quando não são formalmente vinculantes. SCOTT, Joanne; STURM, Susan P. Courts as catalysts: rethinking the judicial role in new governance. *Columbia Journal of European Law*, vol. 13, 2006, p. 573. Alguns autores falam de um "precedente informativo" (*informative precedent*), que seria admissível em um sistema de precedentes que considere uma postura dialogal do Judiciário para os casos futuros (*future law-approach*). MESQUITA, Ethan Bueno de; STEPHENSON, Matthew. Informative precedent and intrajudicial communication. *American Political Science Review*, vol. 96, 2002, p. 757.

9 KANNAN, Phillip. Advisory opinions by Federal Courts. *University of Richmond Law Review*, vol. 32, 1999, p. 796. Na teoria dos jogos cooperativos, aplicada às interações judiciais, analisa-se como um não participante do jogo pode influenciar dialogicamente o resultado. GINSBURG, Tom; McADAMS, Richard H. Adjudicating in anarchy: an expressive theory of international dispute resolution. *William & Mary Law Review*, vol. 45, 2004, pp. 1266-1268. Lembre-se que os *obiter dicta*, embora não vinculativos, não são irrelevantes. Ao contrário, permitem prognósticos sobre como a questão abordada poderá ser enfrentada e decidida no futuro. AHDIEH, Robert B. Between dialogue and decree: international review of national courts. *New York University Law Review*, vol. 79, dez., 2004, pp. 2035, 2073-2074. Contra

formas de comunicação podem ser implementadas até mesmo quando os órgãos jurisdicionais são incompetentes para decidir, caso em que a decisão-alerta pode direcionar-se a tribunais em instâncias superiores ou que possuam competência em matéria especializada.[10]

As trocas cooperativas entre tribunais podem envolver também a aplicação de instrumentos de *soft law*, como memorandos de entendimentos, guias, diretrizes, *standards*, práticas e códigos de conduta.[11]

Como se vê, este primeiro grupo revela espécies de intercâmbio entre órgãos judiciais de característica mais monológica e passiva porque prescindem de mutualidade.[12] De fato, um tribunal pode citar outros nas suas decisões, mas nunca ser citado ou tampouco receber qualquer *feedback*. Além disso, é difícil enxergar nessas formas de interação algum compartilhamento de responsabilidades no resultado final da prestação jurisdicional.[13] Ainda assim, interações como essas permitem o aprendizado e a evolução do direito, pela crítica, reflexão e absorção de novas ideias e informações, que podem servir de fonte para outras decisões futuras.[14]

Em um segundo grupo de trocas transjudiciais, os juízos e tribunais se engajam em efetivo "diálogo de cortes", que pode assumir caráter ar-

---

o uso de *obiter dicta* para essa finalidade, argumentando que muitas vezes os *dicta* não são expostos na fundamentação com a intenção de engajar-se em um debate, MIKVA, Abner J. Why judges should not be advicegivers: a response to Professor Neal Katyal. *Stanford Law Review*, vol. 50, nº 6, jul., 1998, pp. 1826-1827.

---

10 KROTOSZYNSKI JR., Ronald J. Constitutional flares: on judges, legislatures and dialogue. *Minnesota Law Review*, vol. 83, 1998, pp. 15-16. Lembremos a referência já feita de que, pelas recomendações ou conselhos, os tribunais judiciários poderiam, por meio de *obiter dicta*, apresentar sua opinião sobre o tema mesmo em casos em que fosse incompetente (e portanto não pudesse decidir autoritativamente). É o que Katyal denomina "autoalienação" (*self-alienation*). KATYAL, Neal Kumar. Judges as advicegivers. *Stanford Law Review*, vol. 50, 1998, p. 1811.

11 LOTH, Mark A.; MAK, Elaine. The judicial domain in view: figures, trends and perspectives. *Utrecht Law Review*, nº 75, 2007, p. 88.

12 SLAUGHTER, Anne-Marie. A typology of transjudicial communication. *University of Richmond Law Review*, vol. 29, 1994, pp. 113, 126-127.

13 Sarah Harding aborda o tema, com referência a autores que consideram haver responsabilidade compartilhada. HARDING, Sarah K. Comparative reasoning and judicial review. *Yale Journal of International Law*, vol. 28, 2003, p. 437 e nota 182.

14 AHDIEH, Robert B. Between dialogue and decree: international review of national courts. *New York University Law Review*, vol. 79, dez., 2004, p. 2035, 2067; SLAUGHTER, Anne-Marie. Judicial globalization. *Vanderbilt Journal of International Law*, vol. 40, 2000, pp. 1116 ss.

gumentativo ou imperativo a depender de se estão inseridos na mesma cadeia recursal ou se os precedentes de um vinculam os demais cooperantes. Nos espaços onde convivem diversas autoridades judiciárias nacionais e internacionais, em que os tribunais dos Estados-membros e as instituições comunitárias têm competências que parcialmente se sobrepõem, nos últimos anos têm sido desenvolvidos inúmeros estudos sobre e as "relações de cooperação" e sobre o diálogo que se estabelece entre estes centros decisórios.[15]

Em um terceiro grau de intensidade, podem-se visualizar formas de interação mais diretas e ativas, como na solicitação de alguma informação ou providência, ou ainda na prática de *atos conjuntos* e a celebração de *protocolos institucionais*.[16] Nesses casos, há exercício simultâneo ou combinado de competências, uma verdadeira *comitologia judicial*.[17] São vários órgãos do Judiciário atuando concomitantemente para atingir objetivos comuns.[18]

---

15 BRANDÃO, Rodrigo. *Supremacia judicial* versus *diálogos constitucionais: a quem cabe a última palavra sobre o sentido da Constituição?* Rio de Janeiro: Lumen Juris, 2012, pp. 273 ss.

16 CABRAL, Antonio do Passo. *Convenções processuais.* Salvador: Jus Podivm, 2016, pp. 84 ss.

17 SCOTT, Joanne; STURM, Susan P. Courts as catalysts: rethinking the judicial role in new governance. *Columbia Journal of European Law*, vol. 13, 2006, p. 574.

18 Em muitos ordenamentos processuais estrangeiros, destacando-se Dinamarca, Holanda e França, tem sido observado um crescente espaço de flexibilidade das competências por cooperação transjudiciárias. Nesses países, a transferência de competência entre dois ou mais juízos pode acontecer, p. ex., por ajuste mútuo para a troca de processos. Sobre o tema, CABRAL, Antonio do Passo. *Juiz natural e eficiência processual: flexibilização, delegação e coordenação de competências no processo civil.* Universidade do Estado do Rio de Janeiro: Tese apresentada ao concurso de Professor Titular de Direito Processual Civil, 2017, pp. 514 ss; FABRI, Marco; LANGBROEK, Philip M. Is there a right judge for each case? A comparative study of case assignment in six European countries. *European Journal of Legal Studies*, vol. 1, nº 2, 2007, pp. 301-310; MAK, Elaine. Balancing Territoriality and Functionality; Specialization as a Tool for Reforming Jurisdiction in the Netherlands, France and Germany. *International Journal for Court Administration*, out., 2008, p. 6. LANGBROEK, Philip M.; FABRI, Marco. Internal case assignment and judicial impartiality: comparative analysis. *in* LANGBROEK, Philip M.; FABRI, Marco (dir.). *The right judge for each case: a study of case assignment and impartiality in six European judiciaries.* Antwerp: Intersentia, 2007, pp. 17, 22; SMITH, Eva. Case assignment in Danish courts. *in* LANGBROEK, Philip M.; FABRI, Marco (dir.). *The right judge for each case: a study of case assignment and impartiality in six European judiciaries.* Antwerp: Intersentia, 2007, pp. 100-101.

2.2. Procedimento. Iniciativa, tratativas preliminares, ajuste. Natureza consensual mas não negocial

Essas interações, quaisquer que sejam e mesmo que variem em complexidade, formam-se progressivamente. De início, quando a cooperação é idealizada por órgãos judiciários, verifica-se um procedimento de consulta e intercâmbio informacional, ou a solicitação de um ou outro juízo (art. 3º da Resolução nº 350/2020 do CNJ), seguido de diálogo judicial a respeito dos escopos comuns a serem atingidos e do planejamento das possibilidades administrativas e jurisdicionais de cada órgão.

É possível que as partes, em um processo, provoquem o juízo a iniciar uma tratativa de cooperação judiciária. Essa possibilidade está prevista no art. 8º §4º da resolução nº 350/2020 do CNJ. Mas tal requerimento ou postulação dos interessados é desnecessária, sendo até aqui mais comum que a cooperação se inicie por iniciativa oficiosa dos próprios órgãos judiciários.

As tratativas para a cooperação devem levar em conta o estágio dos processos, a alocação de custos e responsabilidades para cada juízo e a formulação de estratégias conjuntas.[19] As tratativas tendem a se desenvolver apenas entre os órgãos judiciários. Mas nos casos em que a complexidade da matéria recomendar, os juízos cooperantes poderão intimar as partes a se manifestarem acerca do ato de cooperação a ser praticado (art. 9º da resolução nº 350/2020 do CNJ). Trata-se de um interessante diálogo que pode se estabelecer para que, ouvindo-se a opinião das partes, os juízos possam melhor desenhar a cooperação e os atos a serem praticados a partir dela.

Por fim, após a fase de tratativas, segue-se um ajuste ou acerto formal a respeito dos instrumentos que servirão para implementar os resultados almejados. Esse ajuste será fundamentado e documentado, como determina (art. 5º, III e IV da Resolução nº 350/2020 do CNJ). O estabelecimento de regras pelos juízos cooperantes para normatizar os atos de cooperação também é algo natural a este ajuste, embora nem sempre seja necessário.

Note-se, portanto, que em qualquer interação (mesmo em solicitação de providências simples, ou mesmo na prática de atos conjuntos), observa-se, *grosso modo,* essa estrutura procedimental, a provocação de

19 Correto McGOVERN, Francis E. Rethinking cooperation among judges in mass tort litigation. *UCLA Law Review*, vol. 44, 1997, p. 1868.

um dos juízos, as tratativas para encontrar os mecanismos adequados, e alguma formalização de base consensual.[20]

Dizer que a cooperação judiciária tem base consensual é importante para distingui-la de outras formas de exercício combinado de competências que não seja deflagrada pelo consenso entre os juízos, p.ex. nas delegações de competência.[21]

Porém, afirmar que a cooperação judiciária é consensual não significa dizer que se desenvolverá sempre por meio de negócios jurídicos processuais.

Como afirmei, é possível que, em especial nas interações judiciais mais complexas, que haja coordenação entre os órgãos do Judiciário para a prática conjunta ou combinada de um ou mais atos processuais. Isso se dará por meio de *protocolos institucionais*, que são *convênios para a prática de atos de natureza administrativa* mas que possuem efeitos no processo (e portanto são considerados convenções processuais).[22]

---

20 Didier Jr., falando especificamente dos atos concertados afirma que estes seriam, por assim dizer, atos constitutivos da atividade cooperativa entre os juízos, que definiriam o regulamento de uma interação "permanente e duradoura". Para o autor, o ato concertado seria "fonte de normas processuais gerais, consensuais e anteriores à prática de atos de cooperação". Isso se daria porque o art. 69 §2° do CPC fala no "estabelecimento de procedimento". DIDIER JR., Fredie. *Cooperação judiciária nacional: esboço de uma teoria para o Direito brasileiro (arts.67-69, CPC).* Salvador: JusPodivm, 2020, p. 85. Não se pode concordar. Como se vê no corpo do texto, a cooperação não se materializa em um instante. Sempre haverá tratativas preliminares até a consecução da prática dos atos de cooperação. Isso não é uma exclusividade do ato concertado (compreendido como Didier Jr. como uma das formas de cooperação). Sem dúvida, nada impede que, para a prática de qualquer ato de cooperação, os juízos regulem *ex ante* seu modo e formalidades para seu exercício. Aliás, a opinião de Didier Jr. parece contrária ao próprio conceito de negócio jurídico, defendido por ele como sendo a natureza do ato concertado. Como se sabe, os negócios jurídicos podem regular e disciplinar relações *episódicas* continentes de um único ou alguns poucos atos jurídicos. O próprio Didier Jr. (p. 91) exemplifica como ato concertado, com base nos incisos IV e V do art. 69 §2°, a prática de um leilão unificado. Ora, parece que um tal leilão seria uma interação episódica, e não permanente e duradoura.

21 Sobre delegação de competências, confira-se o nosso CABRAL, Antonio do Passo. *Juiz natural e eficiência processual: flexibilização, delegação e coordenação de competências no processo civil.* Universidade do Estado do Rio de Janeiro: Tese apresentada ao concurso de Professor Titular de Direito Processual Civil, 2017, pp. 446 ss.

22 Já se afirmou tratar-se de verdadeira atividade de negociação. SLAUGHTER, Anne-Marie. A global community of courts. *Harvard International Law Journal*, vol. 44, 2003, pp. 213 ss.

Porém, quando firmados pelos juízos na sua atividade *jurisdicional*, não estamos diante de negócios jurídicos processuais: os juízes, além de não terem capacidade negocial (para dispor de interesses próprios), também não podem dispor dos interesses das partes envolvidas nos respectivos processos.[23] Então, esse ajuste é formalizado por meio de um *ato conjunto*, não uma convenção processual. Os atos conjuntos têm base consensual, mas com natureza não negocial.[24] Lembre-se ainda que, neste caso, a cooperação judiciária modifica a competência e, como veremos, o meio para controlar a assunção consensual da competência em processos jurisdicionais é o conflito de competência. Se a cooperação entre juízos tivesse natureza de negócio jurídico, não poderia ser impugnada ou questionada por conflito de competência.

3. Características da cooperação entre juízos: formação de uma comunidade judiciária, não coercitividade, informalidade e humanização

Todas essas interações de cooperação judiciária pressupõem características que unem esses juízos e tribunais de uma maneira pouco ortodoxa na teoria do direito processual.

Vejamos no detalhe cada uma dessas características.

---

23 A posição que defendemos, de que o juiz não pode ser parte de nenhum negócio processual, foi consagrada no STJ: REsp 1.738.656-RJ, rel. Min. Nancy Andrighi, j.03/12/2019.

24 Sobre o tema CABRAL, Antonio do Passo. *Convenções processuais.* Salvador: Jus Podivm, 2016, pp. 68 ss, 223 ss. Após a publicação da tese em que defendemos esta concepção a respeito da cooperação judiciária e dos atos concertados, Maria Gabriela Campos Ferreira, Gabriela Ferreira e Fredie Didier Jr. publicaram textos defendendo que o ato concertado entre juízes tem natureza de negócio jurídico, com o que não se pode concordar, pelos fundamentos aqui resumidos. FERREIRA, Maria Gabriela Silva Campos. *O compartilhamento de competências e os atos processuais concertados entre juízes.* Universidade Federal de Pernambuco: Dissertação de Mestrado, 2019, pp. 135 ss, 145-147; FERREIRA, Gabriela Macedo. O ato concertado entre juízes cooperantes: esboço de uma teoria para o Direito brasileiro. *Civil Procedure Review*, vol. 10, nº 3, set-dez., 2019, p. 27; DIDIER JR., Fredie. *Cooperação judiciária nacional: esboço de uma teoria para o Direito brasileiro (arts.67-69, CPC).* Salvador: JusPodivm, 2020, p. 84.

3.1. Ênfase na autonomia e criação de uma "comunidade judiciária". Engajamento em torno de projetos comuns

A cooperação judiciária põe ênfase na *autonomia* dos órgãos cooperantes, refletindo a ideia de uma *comunidade judiciária* independente dos respectivos governos a que vinculados.[25] Os juízos e tribunais percebem-se como membros de um mesmo grupo de instituições "coirmãs", que comungam de concepções similares sobre o que é ser juiz ou o sobre o que significa administrar um tribunal.[26] Os órgãos judiciários cooperantes enxergam-se como "servos da lei", que devem estar imunes à política para aplicar as normas de maneira neutra e justa.[27] Essa "coidentificação" fomenta o estabelecimento de relações diretas do tipo juízo-a-juízo (*court-to-court*).[28]

Por outro lado, as interações cooperativas e dialogais entre juízos estruturam arranjos para a consecução de *objetivos comuns* pela constatação de que todos enfrentam problemas parecidos.[29] A aproximação possibilitada pela colaboração insere os juízos em *projetos compartilhados* em torno da gestão do acervo e da proteção eficiente de direitos.[30] Por meio dessas interações, cria-se uma "rede judiciária" para identi-

25 SLAUGHTER, Anne-Marie. A global community of courts. *Harvard International Law Journal*, vol. 44, 2003, pp. 192-193, 213-215. No plano internacional, isso se torna ainda mais interessante porque os Estados soberanos são representados internacionalmente pelo Executivo. SLAUGHTER, Anne-Marie. Judicial globalization. *Vanderbilt Journal of International Law*, vol. 40, 2000, p. 1114. Mas a questão é relevante também quando enxergamos o Judiciário nacional num ambiente federativo.

26 A questão, embora não tratada expressamente, é esboçada em GELSI BIDART, Adolfo. Competencia y delegación. *in Scritti giuridici in memoria di Calamandrei.* Padova: Cedam, 1958, vol. II, p. 263.

27 SLAUGHTER, Anne-Marie. A typology of transjudicial communication. *University of Richmond Law Review*, vol. 29, 1994, pp. 125-126; HELFER, Laurence R.; SLAUGHTER, Anne-Marie. Toward a theory of effective supranational adjudication. *Yale Law Journal,* vol. 107, nov., 1997, pp. 369 ss.

28 SLAUGHTER, Anne-Marie. Court to court. *American Journal of International Law,* vol. 92, 1998, pp. 708-711.

29 WEILER, Joseph H. H. A quiet revolution: the European Court of Justice and its interlocutors. *Comparative Political Studies,* vol. 510, 1994, pp. 520-522.

30 SLAUGHTER, Anne-Marie. A typology of transjudicial communication. *University of Richmond Law Review*, vol. 29, 1994, p. 128; SCOTT, Joanne; STURM, Susan P. Courts as catalysts: rethinking the judicial role in new governance. *Columbia Journal of European Law*, vol. 13, 2006, p. 575.

ficar caminhos para soluções combinadas e compromissórias.[31] E, se a eficiência processual tem sido uma preocupação geral dos juízes e tribunais, a adequação da tutela jurisdicional pode representar esse projeto comum.[32]

Ademais, as várias modalidades de diálogo transjudiciário aprimoram-se quanto mais oportunidades de contato e engajamento cooperativo houver, permitindo o fortalecimento de relações de confiança pessoal.[33] Nesse contexto, quanto mais os juízos e tribunais verificam espaços para o exercício coordenado de competências, mais efetivam essas práticas e outras oportunidades se apresentarão e, num efeito "bumerangue", mais e mais órgãos se engajarão em práticas cooperativas por visualizarem os benefícios delas advindos.

Assim, a reciprocidade interjudiciária, se disseminada como prática funcional, leva a uma crescente e salutar dependência sistêmica. Os laços construídos, que eram desordenados e informais, reforçam-se mutuamente com a reiteração, adquirem modelos formais mais conhecidos dos atores envolvidos[34] e, na perspectiva dos resultados atingidos e da padronização metodológica, fomentam um ganho de escala em termos de eficiência.

Recordemos que existe uma importante relação entre as atitudes cooperativas e a eficiência da atividade judiciária.[35] Como lembra Tanja Domej, o modo pelo qual os sujeitos que participam

---

31 AHDIEH, Robert B. Between dialogue and decree: international review of national courts. *New York University Law Review*, vol. 79, dez., 2004, pp. 2051, 2071-2072.

32 SLAUGHTER, Anne-Marie. A typology of transjudicial communication. *University of Richmond Law Review*, vol. 29, 1994, pp. 132-134. A doutrina germânica, trabalhando o tema da cooperação entre juízos nacionais, mencionava que considerações de eficiência, baseadas em oportunidade, guiam a utilização dos mecanismos colaborativos. SCHÖNKE, Adolf. *Lehrbuch des Zivilprozessrechts*. Karlsruhe: C.F.Müller, 7ª ed., 1951, p. 163.

33 AHDIEH, Robert B. Between dialogue and decree: international review of national courts. *New York University Law Review*, vol. 79, dez., 2004, pp. 2090, 2098, 2100.

34 GINSBURG, Tom; McADAMS, Richard H. Adjudicating in anarchy: an expressive theory of international dispute resolution. *William & Mary Law Review*, vol. 45, 2004, pp. 1252-1253.

35 HEIRBAUT, Dirk. Efficiency: the Holy Grail of Belgian Justice? Civil Procedure in Belgium (1806-2008). *in* UZELAC, Alan; VAN RHEE, Cornelis Hendrik (org.). *Access to Justice and the Judiciary: Towards new European Standards of Affordability, Quality and Efficiency of Civil Adjudication*. Antwerp: Intersentia, 2009, p. 103.

do processo se comunicam e interagem é essencial para a eficiência processual.[36]

E este foi o sentido em que se estabeleceu o dever de cooperação no art. 2º da Resolução nº 350/2020 do CNJ. Além de afirmar que tal cooperação deve ser "recíproca", o que pressupõe que não atenda apenas a um dos juízos cooperantes, diz a resolução que a interação cooperativa deve se orientar para "incrementar mutuamente" a eficiência da atividade de todos.

3.2. Reconhecimento da alteridade e a influência como *medium* do exercício das competências. As relações não hierárquicas e não impositivas entre instâncias do Judiciário

Essa identificação mútua entre diversos juízos e tribunais se coaduna com a utilização da influência como o *medium* das interações processuais. A influência, ao contrário do poder-autoridade, reflete uma interação pautada em condicionamentos de conduta não impositivos. Um sujeito processual vê o outro não como objeto ou em relação de submissão/sujeição, mas como interlocutor, parceiro de um diálogo processual.[37]

Não é possível aqui examinar a teoria das situações jurídicas processuais. Para os fins deste estudo, interessam-nos os poderes e as sujeições. Os *poderes jurídicos* são expressão de um comando normativo. Os poderes, embora atributos da vontade, implicam domínio da vontade alheia (e de alguma forma são contrários à liberdade de outrem, que se encontra na correlata situação de sujeição). A sujeição é a "impossibilidade de querer com eficácia", que implica uma necessidade de obedecer. Curiosamente, a sujeição é uma situação jurídica passiva à qual não se relaciona nenhum ato que se deva praticar. É, portanto, apenas absorvida, sem que nada se possa fazer contra aquela posição. A sujeição corresponde à ineficácia do querer e por isso é geralmente relacionada ao poder jurídico.[38]

36 DOMEJ, Tanja. Efficiency in the relationship between the judge and the parties: a perspective on the future of Swiss Code of Civil Procedure. *in* UZELAC, Alan; VAN RHEE, Cornelis Hendrik (org.). *Access to Justice and the Judiciary: Towards new European Standards of Affordability, Quality and Efficiency of Civil Adjudication.* Antwerp: Intersentia, 2009, p. 75.

37 WEILER, Joseph H. H. A quiet revolution: the European Court of Justice and its interlocutors. *Comparative Political Studies,* vol.510, 1994, p. 516.

38 CARNELUTTI, Francesco. *Sistema del diritto processuale civile.* Padova: Cedam, vol. I, 1936, p. 51.

Pois bem, no estudo tradicional das situações jurídicas processuais, era comum que se relacionassem as situações jurídicas aos pares: aos direitos subjetivos, haveria correlatos deveres jurídicos; aos poderes jurídicos estariam relacionadas sujeições. A relação jurídica processual era retratada como um jogo de "soma zero", em que a quantidade de poder de um agente significaria sujeição em igual quantidade para os demais.[39]

Essa associação é equivocada. Há interações não simétricas entre os sujeitos processuais, e para bem situar essa questão, é relevante ressaltar o *medium* no qual essas interações se desenrolam: a influência do contraditório, que não é um condicionamento "de mão única" ou unidirecional, como sugere a teoria da relação jurídica, concebendo as situações jurídicas processuais em pares.[40] A influência se verifica em quaisquer posições ou situações jurídicas, ainda que não sejam observáveis em "pares" (direito-dever, poder-sujeição etc).

Nessa ordem de ideias, defendemos que os condicionamentos que os atos dos sujeitos processuais produzem são *difusos*, vale dizer, não são unidirecionais. Ao contrário dos vínculos contratuais,[41] os atos processuais não possuem uma "direção única".[42] Assim, as situações processuais não precisam ser dependentes ou relacionadas a outras,[43] não se colocam necessariamente em trocas hierárquicas e tampouco subsiste o mito de um formato "dual" ou "bipolar" do processo. Ou seja, não há um vetor direcional para essas interações, como direito-dever ou poder-sujeição. No processo, o exercício do poder e da influência é circulatório e cambiante,[44]

39 CABRAL, Antonio do Passo. *Nulidades no processo moderno: contraditório, proteção da confiança e validade* prima facie *dos atos processuais.* Rio de Janeiro: Forense, 2ª ed., 2010, p. 168.

40 PARSONS, Talcott. On the concept of influence. *The Public Opinion Quarterly*, vol. 47, nº 1, 1963, p. 52.

41 Também no direito privado vem sendo questionada a estrutura diádica da relação jurídica. Vale a pena conferir a exposição de Oliveira Ascensão, retratada por SILVA, Paula Costa e. *Acto e processo. O dogma da irrelevância da vontade na interpretação e nos vícios do acto postulativo.* Coimbra: Coimbra ed., 2003, pp. 91 ss.

42 FAZZALARI, Elio. *Istituzioni di Diritto Processuale.* Padova: Cedam, 8ª ed., 1996, p. 59.

43 Certo, no ponto, FALCÓN, Enrique M. Comunicación y proceso. Revista de Processo, ano 33, nº 157, mar. 2008, p. 105. Não podemos concordar com a conclusão de LENT, Friedrich. Zur Unterscheidung von Lasten und Pflichten der Parteien im Zivilprozeß. *Zeitschrift für Zivilprozeß*, vol. 67, nº 5, 1954, p. 355.

44 PARSONS, Talcott. On the concept of political power. *Sociological Theory and Modern Society.* New York: The Free Press, 1967, pp. 306 e 319-321, 337 ss.

e então o condicionamento a condutas pode ser graduado em níveis variáveis e não autoanuláveis.[45]

Portanto, o exercício de poder e influência no processo não se configura sempre com caráter correlacional, tampouco se manifesta sempre em grau e intensidade análogos a outras situações jurídicas.[46] E suas variações dependerão de inúmeros fatores: se estamos no processo civil ou penal, se a causa versa sobre direitos disponíveis ou indisponíveis, se aquele ordenamento atribui mais poderes ao juiz que às partes. Essa irregularidade é a tônica do envolvimento interativo ao qual corresponde um intercâmbio de condicionamentos em inevitável assimetria.[47]

Nesse contexto, e a partir dessas premissas, queremos chamar atenção para dois aspectos aparentemente ignorados na teoria das competências jurisdicionais.

Tradicionalmente, as discussões sobre a relação jurídica processual se colocavam no embate entre sua natureza pública ou privada[48] e na sua

---

45 PARSONS, Talcott. On the concept of influence. *The Public Opinion Quarterly*, vol. 47, nº 1, 1963, p. 61.

46 Não se ignora que existem algumas hipóteses em que simplesmente não há no processo uma "contraparte" oponente ou subserviente à situação exercida. Por vezes, a lei exige a presença "formal" de um sujeito apenas para fomentar o contraditório, sem que existam efetivos interesses materiais contrapostos. Nesses casos, já se falou num "oponente virtual". BRÜGGEMANN, Dieter. Unausgebildete Gegnerschaftsverhältnisse. *Zeitschrift für Zivilprozeß*, vol. 81, 1969, pp. 459-466. Em outros casos, o Judiciário depara-se com interesses convergentes de autor e réu, como quando celebradas convenções processuais e formulados requerimentos conjuntos. CABRAL, Antonio do Passo. *Convenções processuais.* Salvador: Jus Podivm, 2016, p. 56. Todavia, essas interações não permitem generalizações. Os condicionamentos dos sujeitos processuais são difusamente transmitidos uns aos outros, e não se pode imaginar que toda a qualquer situação jurídica tenha seu "par" vetorial. CABRAL, Antonio do Passo. *Nulidades no processo moderno: contraditório, proteção da confiança e validade* prima facie *dos atos processuais.* Rio de Janeiro: Forense, 2ª ed., 2010, pp. 166 ss.

47 GÜNTHER, Klaus. *Schuld und kommunikative Freiheit. Studien zur personalen Zurechnung strafbaren Unrechts im demokratischen Rechtsstaat.* Frankfurt am Main: Vittorio Klostermann, 2005, pp. 162-163. Contra, vemos a posição de PICARDI, Nicola. Il principio del contraddittorio. *Rivista di Diritto Processuale*, ano LII, 1998, p. 679, acompanhado de Fazzalari, que enxerga simetria, decorrente da paridade de armas, no exercício do contraditório. Evidentemente que o faz sob concepção do contraditório um pouco diversa da que sustentamos. FAZZALARI, Elio. *Istituzioni di Diritto Processuale.* Padova: Cedam, 8ª ed., 1996, pp. 83-87.

48 Josef Kohler, p. ex., imaginava a relação processual apenas entre as partes, mas não entre as partes e o juiz. KOHLER, Josef. *Der Prozeß als Rechtsverhältnis: Prolegome-*

formatação subjetiva, i.e., se a relação jurídica processual se estabelecia entre o juiz e as partes ou também as partes entre si.[49] Porém, sempre se negligenciou um relevante braço das interações envolvendo os sujeitos do processo: as situações jurídicas processuais que se estabelecem entre diferentes órgãos jurisdicionais.

O segundo aspecto da teoria da competência que se põe em evidência é o costume de pensar sempre no poder compreendido como autoridade, exercido hierárquica e impositivamente. Daí se dizer que os poderes jurídicos independem de correlatos[50] e as competências juris-

---

na zu einem System des Civilprozesses. Mannheim: Bensheimer, 1888, pp. 7-13, 62; *Idem,* Ueber processrechtliche Verträge und Creationen. *Gruchots Beiträge*, XXXI, 1887, pp. 127 ss. Bülow, posteriormente, caracterizou a relação jurídica processual como uma relação pública por englobar o Estado-juiz; por isso, diferenciava-se da relação jurídica de direito material subjacente a ela (a *res in iudicium deducta*). BÜLOW, Oskar. *Die Lehre von der Prozesseinreden und die Prozessvoraussetzungen.* Aalen: Scientia, reimpressão da original, 1969, pp. 3 ss.

---

49 Para desenvolvimento do tema e compreensão da controvérsia, confira-se DEGENKOLB, Heinrich. *Beiträge zum Zivilprozess.* Leipzig: Wilhelm Engelmann, 1905, pp. 54-58; LÜKE, Gerhard. Betrachtungen zum Prozeßrechtsverhältnis. *Zeitschrift für Zivilprozeß*, vol. 108, nº 4, 1995, pp. 428, 430-431; SAUER, Wilhelm. *Grundlagen des Prozessrechts.* Stuttgart: Ferdinand Enke, 1919, p. 177; SILVA, Paula Costa e. *Acto e processo. O dogma da irrelevância da vontade na interpretação e nos vícios do acto postulativo.* Coimbra: Coimbra ed., 2003, pp. 87, 94-95, 144, 153 ss; MÜLLER, Thomas M. *Gesetzliche und prozessuale Parteipflichten.* Zürich: Schultess, 2001, pp. 43-44; LENT, Friedrich. Zur Unterscheidung von Lasten und Pflichten der Parteien im Zivilprozeß. *Zeitschrift für Zivilprozeß*, vol. 67, nº 5, 1954, p. 346; TESHEINER, José Maria Rosa. Situações subjetivas e processo. Revista de Processo, nº 107, jul.-set. 2002, p. 23; FONTES, André. *A pretensão como situação jurídica subjetiva.* Belo Horizonte: Del Rey, 2002, pp. 90 ss; BAUMGÄRTEL, Gottfried. Treu und Glauben im Zivilprozeß. *Zeitschrift für Zivilprozeß*, vol. 86, nº 3, 1973, pp. 358-359; MARINONI, Luiz Guilherme. Da teoria da relação jurídica processual ao processo civil do Estado Constitucional. Revista dos Tribunais, ano 95, vol. 852, out. 2006, p. 13.

50 DIDIER JR., Fredie; NOGUEIRA, Pedro Henrique Pedrosa. *Teoria dos fatos jurídicos processuais.* Salvador: Jus Podivm, 2011, pp. 122-125. Essa parece ser uma contradição de Didier Jr. em sua obra de cooperação judiciária. Na "teoria dos fatos processuais", defendem Didier Jr. e Nogueira que os poderes processuais não têm correlativos, embora exponham outras teses que buscam ver na sujeição a sua situação jurídica correlata. Na obra de Didier Jr. sobre a cooperação judiciária, não fica claro se existiria uma relação jurídica entre juízes (há que pressupor que sim, levando em conta que o autor defende que juízes negociam entre si, e que há entre eles compartilhamento de competências; considerando-se ainda que o autor defende que há um dever de cooperação para o juiz solicitado exigível somente

dicionais são situações jurídicas "uniposicionais", prescindindo de atos jurídicos a serem praticados por outros indivíduos.[51]

Por outro lado, é frequente também que, aqui e ali, descrevam-se as competências como relacionais,[52] colocando frente a frente dois sujeitos: aquele que detém o poder de modificar a situação jurídica e aquele que está submetido a essa alteração.[53] A atividade dos juízes, nesse cenário, sempre foi concebida como primordialmente decisória, exercida com "supremacia", subordinando as atividades de outros.[54]

Porém, como ficam, nesse quadro, as interações processuais *colaborativas* e *entre órgãos jurisdicionais*?

De fato, os métodos de cooperação transjudiciária muito se revigoraram no mundo contemporâneo pelos instrumentos de cooperação jurídica internacional, e deveriam mostrar que há competências exercidas por trocas interativas com outros órgãos jurisdicionais, sem caráter

em alguns casos). Não há tampouco qualquer referência a qual seria o conteúdo de uma tal relação jurídica (poderes, direitos subjetivos, deveres, sujeições). Afinal, sempre na visão de Didier Jr. (com a qual não se concorda aqui), se o juiz que recebe uma carta de ordem, e *deve* "cooperar", haveria para ele dever, sujeição, ou o quê? E essa situação jurídica (qualquer que seja) seria relacionada a um poder jurídico processual ou a um direito subjetivo? As competências seriam então exercidas a partir de um direito ou um poder, afinal? E será que, de fato, os poderes processuais não possuem correlatos (como afirmam Didier Jr. e Nogueira)? São todas questões não respondidas em DIDIER JR., Fredie. *Cooperação judiciária nacional: esboço de uma teoria para o Direito brasileiro (arts.67-69, CPC).* Salvador: JusPodivm, 2020, *passim.*

51 CASTRO, Torquato. *Teoria da situação jurídica em direito privado nacional.* São Paulo: Saraiva, 1985, pp. 70-77.

52 São "correlativos" na denominação de HOHFELD, Wesley Newcomb. Some fundamental legal conceptions as applied in judicial reasoning. *in* HOHFELD, Wesley Newcomb (Org.). *Fundamental Legal Conceptions as Applied in Judicial Reasoning and other Legal Essays.* New Haven: Yale University Press, pp. 36 ss, 50 ss.

53 ROSS, Alf. *Directives and norms.* New York: Humanities Press, 1968, pp. 118-119.

54 GOLDSCHMIDT, James. *Der Prozess als Rechtslage: eine Kritik des prozessualen Denkens.* Berlin: Julius Springer, 1925, pp. 495-497. É o que está à base do sistema idealizado por Heiko Sauer, que expressamente rejeita relações cooperativas e em rede entre juízos. Cf. SAUER, Heiko. *Jurisdiktionskonflikte in Mehrebenensystemen: Die Entwicklung eines Modells zur Lösung von Konflikten zwischen Gerichten unterschiedlicher Ebenen in vernetzten Rechtsordnungen.* Berlin: Springer, 2008, pp. 81-83.

impositivo e nem sempre verticais (de cima para baixo).[55] São frequentemente interações horizontais não hierárquicas, baseadas em coexistência e reconhecimento mútuo.[56]

Mas a ausência de tratamento dogmático dessas trocas cooperativas transjudiciárias deixou sem qualquer contestação as teses partidárias da ideia de que toda competência jurisdicional é exercício impositivo de poder, ou que toda competência se exerce em um panorama dual ou bipolar porque *submete* um outro sujeito (que se encontra, portanto, em sujeição).

Trazendo essas discussões para o cerne deste estudo, a partir do *medium* da influência, baseado em trocas assimétricas e difusas de condicionamentos, pode-se concluir que, ao contrário das relações de poder como "autoridade", o exercício da competência não é um jogo de "soma zero". As formas de interação transjudicial não se amoldam ao formato poder-sujeição. Não existe sujeição, não só porque esses juízos são independentes no exercício da jurisdição – e portanto podem se recusar a engajar-se nessas interações –, mas também porque constantemente podem não se encontrar dentro de uma mesma estrutura administrativa na hierarquia judiciária (não são submetidos funcionalmente aos mesmos tribunais). Observam-se, na verdade, arranjos cooperativos *não hierárquicos*, em que um juízo *efetivamente postula* (no sentido de solicitar a outro a prática de um ato processual) ou *provoca* uma atuação concertada, sem que haja sujeição ou subordinação do juízo requerido.[57]

55 ARNST, Olga. Instrumente der Rechtsprechungskoordination als judicative Netzwerke? *in* BOYSEN, Sigrid *et alii* (org.). *Netzwerke*. Baden-Baden: Nomos, 2007, pp. 71-72.

56 SHANY, Yuval. *Regulating Jurisdictional Relations between National and International Courts*. Oxford: University Press, 2007, pp. 92 ss.

57 Note-se que o art. 67 do CPC fala em um "dever de recíproca cooperação", e a resolução nº 350/2020 do CNJ (art. 2º) afirma que tal interação se dá para "incrementar mutuamente" a eficiência da atividade dos cooperantes. Não há sujeição. E essa atividade deve ser uma via de duas mãos. Os juízos cooperam entre si para atingirem resultados ótimos, adequados. E, portanto, a cooperação se realiza com o objetivo *mútuo* de uma performance mais eficiente. Essa a razão pela qual o legislador dispõe que o dever existente não é de uma cooperação unilateral, mas sim de uma "recíproca" cooperação. Por isso, discordo de Didier Jr., que parece enxergar o dever previsto no art. 67 como uma espécie de situação jurídica que obriga o juízo solicitado a "aceitar" a cooperação e proceder tal qual "determinado" pelo juízo solicitante. O autor chega a afirmar que certas modalidades de "cooperação" seriam hierárquicas e impositivas, como aquelas das cartas de ordem, com mandados impostos de cima para baixo, em um formato de interações que temos por incompatível com a lógica da cooperação judiciária.

E, no exercício das competências, as interações colaborativas respeitam a lógica da influência. Ao contrário da delegação, que pode se resolver num formato hierárquico e impositivo de transferência de competências, na cooperação judiciária há *assunção consensual da competência* pois o juízo que transfere o exercício da prerrogativa jurisdicional (juízo derrogado) depende da *aceitação* do juízo para o qual a competência será transferida (juízo prorrogado).

Nesse cenário, a cooperação exige o reconhecimento do outro (alteridade); atua-se com base numa "reciprocidade judicial", utilizada não apenas como meio persuasivo para estimular a atuação conjunta, mas também como razão de decidir.[58] Não há sujeição de um órgão a outro, mas exercício compartilhado de competências (a própria resolução nº 350/2020 do CNJ afirma expressamente, em seus *consideranda*, esse compartilhamento das competências, e em seu art. 6º que os atos de cooperação são consensuais).[59]

Outro detalhe relevante é que essas formas cooperativas de contato entre órgãos jurisdicionais não são fundadas numa relação como aquelas da cadeia recursal (essas sim hierárquica, nas quais as instâncias superiores têm poder de reapreciar – e por vezes revogar ou anular – as decisões das instâncias inferiores). Ao contrário da lógica recursal, que é autoritativa, de formato piramidal, que se baseia na manutenção da unidade interpretativa do direito e na correção retrospectiva do erro do juízo *a quo*, as interações cooperativas são *dialogais* e *em rede*,[60] exigindo uma postura fora da lógica de poder exercido coativamente,[61] até porque muitas vezes a interação se estabelece em modo prospectivo, visando a

58 SLAUGHTER, Anne-Marie. A typology of transjudicial communication. *University of Richmond Law Review*, vol. 29, 1994, p. 117.

59 AHDIEH, Robert B. Between dialogue and decree: international review of national courts. *New York University Law Review*, vol. 79, dez., 2004, p. 2072.

60 Percebendo novas formas de interação judiciária no plano internacional fora de um formato piramidal, ARNST, Olga. Instrumente der Rechtsprechungskoordination als judicative Netzwerke? *in* BOYSEN, Sigrid *et alii* (org.). *Netzwerke*. Baden-Baden: Nomos, 2007, p. 59.

61 Essa a razão pela qual o tema tem sido muito estudado no direito internacional, em que as instâncias supranacionais dependem frequentemente da jurisdição doméstica para efetivar muitas decisões. Cf. GESDORF, Hubertus. Das Kooperationsverhältnis zwischen deutscher Gerichtsbarkeit und EuGH. *Deutsches Verwaltungsblatt*, jun., 1994, pp. 674-685.

uma atuação futura, para resolver novas questões e ultrapassar novos desafios administrativos.[62]

Além disso, se a influência é difusa (não vetorial), é possível conceber o condicionamento de condutas entre vários órgãos judiciais fora de uma dinâmica bilateral. Esse formato multidirecional viabiliza que as trocas transjudiciárias não se deem apenas "de cima para baixo", ou seja, dos tribunais superiores para a primeira instância; podem ser "de baixo para cima" ou observadas em cortes de mesma posição na hierarquia judiciária.[63] E essa forma de atuação coordenada empodera sobretudo as cortes das instâncias inferiores, que se percebem com mais prerrogativas ao atuarem em conjunto com outros tribunais.[64]

3.3. *Informalidade e humanização*

Por fim, a cooperação transjudicial proporciona interações flexíveis[65] e por vezes não formalizadas.[66] São relações "face a face" que representam maneiras de "deliberação coletiva" informal.[67] Sua vanta-

62 AHDIEH, Robert B. Between dialogue and decree: international review of national courts. *New York University Law Review*, vol. 79, dez., 2004, pp. 2051-2052.

63 SCOTT, Joanne; STURM, Susan P. Courts as catalysts: rethinking the judicial role in new governance. *Columbia Journal of European Law*, vol. 13, 2006, p. 578. Trata-se de uma característica realmente interessante, já que o Judiciário tradicionalmente, no Brasil e no estrangeiro, tem estruturação fortemente hierarquizada.

64 No direito internacional, já se observou o fenômeno de como as cortes nacionais por vezes utilizam a potencial supervisão de instâncias supranacionais como argumento para forçar os tribunais nacionais de instâncias superiores a adotarem os mesmos fundamentos. Shany chama essas interações de "alianças epistemológicas e profissionais". SHANY, Yuval. *Regulating Jurisdictional Relations between National and International Courts.* Oxford: University Press, 2007, p. 13. Comentando como a possibilidade de reenvio de questões ao Tribunal da União Europeia empoderou os juízes de primeira instância nos ordenamentos nacionais, WEILER, Joseph H. H. The transformation of Europe. *Yale Law Journal*, nº 100, 1991, p. 2426.

65 KATYAL, Neal. Judges as advicegivers. *Stanford Law Review*, vol. 50, 1998, p. 1711.

66 CAMARGO, Luiz Henrique Volpe. *A centralização de processos como etapa necessária do incidente de resolução de demandas repetitivas.* Pontifícia Universidade Católica de São Paulo: Tese de doutorado, 2017, p. 309.

67 SLAUGHTER, Anne-Marie. A typology of transjudicial communication. *University of Richmond Law Review*, vol. 29, 1994, pp. 103, 119-120, 135; AHDIEH, Robert B. Between dialogue and decree: international review of national courts. *New York University Law Review*, vol. 79, dez., 2004, pp. 2051, 2071-2072.

gem, além da simplicidade na forma, é permitir uma "humanização" do contato interjudiciário, fomentando laços de fraternidade.[68]

Entretanto, sua informalidade não significa que a cooperação não possa materializar-se em instrumentos formais, até porque uma total ausência de formas pode levar à dificuldade de implementação das medidas de cooperação transjudicial. Algum registro formal das trocas cooperativas, além de necessário e exigido pelo art. 5º III da resolução nº 350/2020 do CNJ, pode favorecer a propensão a colaborar.[69]

Quando for o caso, as interações colaborativas transjudiciais podem ser formalizadas por instrumentos também flexíveis, como os protocolos institucionais ou atos concertados. Por isso, diz-se que a informalidade dessas interações atrai também sua adaptabilidade.[70]

3.4. Fundamento normativo para a cooperação judiciária no direito brasileiro

Damaška afirma que cada ordenamento processual tem uma inclinação entre aqueles mais hierarquizados e baseados em interações com vínculos de subordinação, e aqueles mais voltados para relações horizontais de cunho cooperativo.[71]

No Brasil, existe larga base normativa para a cooperação judiciária. À luz do direito positivo brasileiro, é possível fundamentar essa troca de *inputs* entre órgãos judiciários em diversas normas, a começar pela compreensão contemporânea do juiz natural (art. 5º, XXXVII e LIII da CR), combinada com o postulado da eficiência processual (art. 37 da CR e art. 8º do CPC), que admitem mais funcionalidade no siste-

68 Essa humanização, numa perspectiva geral, sempre foi uma reivindicação da literatura processual. Por todos, SENTIS MELENDO, Santiago. Humanización del proceso. *in Estudios de Derecho Procesal.* Buenos Aires: Ejea, vol. I, 1967, pp. 219 ss; FAIRÉN GUILLÉN, Victor. La humanización del proceso: linguaje, formas, contacto entre los jueces y las partes desde Finlandia hasta Grecia. Revista de Processo, vol. 14/15, abr-set, 1979, p. 132.

69 McGOVERN, Francis E. Rethinking cooperation among judges in mass tort litigation. *UCLA Law Review*, vol. 44, 1997, pp. 1865-1866.

70 KATYAL, Neal. Judges as advicegivers. *Stanford Law Review*, vol. 50, 1998, p. 1711: "The combination of 'narrow holding + advicegiving dicta' enjoys a natural advantage over a broad holding in terms of democratic self-rule, flexibility, popular accountability, and adaptability".

71 DAMAŠKA, Mirjan R. *The Faces of Justice and State Authority. A comparative Approach to the Legal Process.* New Haven: Yale University Press, 1986, pp. 16 ss, 25-27.

ma de competências para imprimir adequação e efetividade à tutela jurisdicional.[72]

Outra norma que justifica o exercício combinado de competências jurisdicionais é o já mencionado princípio da cooperação (art. 6º do CPC),[73] que determina que todos os sujeitos do processo devem cooperar entre si, o que envolve também o juízo.[74] Se assim é, não se pode limitar a cooperação processual aos contatos entre juiz e partes e aqueles das partes entre si. As atitudes, comportamentos e interações que unem e relacionam órgãos jurisdicionais podem e devem ser abrangidas pelo

72 CABRAL, Antonio do Passo. *Juiz natural e eficiência processual: flexibilização, delegação e coordenação de competências no processo civil.* Universidade do Estado do Rio de Janeiro: Tese apresentada ao concurso de Professor Titular de Direito Processual Civil, 2017, capítulos 1 a 4. Correto, MEIRELES, Edilton. Cooperação judiciária nacional. Revista de Processo, ano 40, vol. 249, nov., 2015, pp. 61, 66, no sentido de não haver qualquer ofensa ao juiz natural. Após a publicação de nossa tese, ganhamos a adesão de LUNARDI, Thaís Amoroso Paschoal. *Coletivização da prova: técnicas de produção coletiva da prova e seus reflexos da esfera individual.* Universidade Federal do Paraná: Tese de Doutorado, 2018, pp. 185-189; e FERREIRA, Maria Gabriela Silva Campos. *O compartilhamento de competências e os atos processuais concertados entre juízes.* Universidade Federal de Pernambuco: Dissertação de Mestrado, 2019, pp. 161-162, destacando a ligação da cooperação com a eficiência processual.

73 Falando especificamente do princípio da cooperação como fundamento da cooperação transjudicial, DIDIER JR., Fredie. *Cooperação judiciária nacional: esboço de uma teoria para o Direito brasileiro (arts.67-69, CPC).* Salvador: JusPodivm, 2020, p. 62. Contra, em nosso sentir sem razão, rejeitando que a cooperação judicial seja fundada no princípio da cooperação, AVELINO, Murilo Teixeira. Breves Comentários à Cooperação Nacional no Código de Processo Civil. Revista Jurídica da Seção Judiciária de Pernambuco, nº 8, 2015, p. 188.

74 A literatura sobre o princípio da cooperação no Brasil é muito rica. Por todos, GOUVEIA, Lúcio Grassi de. A função legitimadora do princípio da cooperação intersubjetiva no processo civil brasileiro. Revista de Processo, ano 34, vol. 172, jun., 2009, p. 33; MITIDIERO, Daniel Francisco. Colaboração no processo civil como prêt-à-porter? Um convite ao diálogo para Lênio Streck. Revista de Processo, vol. 194, abr., 2011, pp. 57-64; *Idem,* A colaboração como norma fundamental do novo processo civil brasileiro. Revista do Advogado, nº 126, mai., 2015, p. 49; DIDIER JR, Fredie. *Fundamentos do princípio da cooperação no direito processual civil português.* Coimbra: Coimbra Ed., 2010, pp. 50-56; SARLET, Ingo Wolfgang; MARINONI, Luiz Guilherme; MITIDIERO, Daniel. *Curso de direito constitucional.* São Paulo: RT, 3ª ed., 2014, p. 714; THEODORO JR, Humberto. Juiz e partes dentro de um processo fundado no princípio da cooperação. Revista Dialética de Direito Processual, nº 102, set., 2011, p. 64; REDONDO, Bruno Garcia. Princípio da cooperação e flexibilização do procedimento pelo juiz e pelas partes. Revista Dialética de Direito Processual, nº 133, abr., 2014, p. 12.

princípio da cooperação. De fato, se todos os órgãos jurisdicionais são plenamente detentores dos poderes jurisdicionais, devem cooperar entre si e não apenas exigir colaboração dos demais sujeitos do processo.[75]

Especificamente em relação à cooperação judiciária, há na legislação normas que autorizam atuação conjunta e o exercício concertado de competência. Sem embargo, o CPC prevê regras que disciplinam a cooperação internacional (art. 26-41) e a carta arbitral,[76] consagrando a cooperação entre juiz e árbitro (art. 260 §3° do CPC).[77] E o Código dispõe ainda sobre o dever de colaboração entre juízos no sistema nacional (art. 67-69), dispositivos absolutamente novos, que não existiam na legislação brasileira antes do CPC/2015. Nosso sistema jurídico-processual, mais uma vez, saiu na frente, e nos oferece instrumentos poderosos para essa cooperação.[78]

Tais regras dos artigos 67-69 do CPC foram inspiradas na Recomendação nº 38/2011 do Conselho Nacional de Justiça, que foi o embrião das regras legais.[79]

---

75 GRECO, Leonardo. *Translatio iudicii* e reassunção do processo. Revista de Processo, vol. 166, 2008, p. 12.

76 CARDOSO, Oscar Valente. A cooperação judiciária nacional no novo Código de Processo Civil. Revista Dialética de Direito Processual, nº 152, nov., 2015, pp. 41-42.

77 Depois da edição do CPC, a carta arbitral também foi disciplinada no art. 22-C da Lei nº 9.307/96, na redação dada pela Lei nº 13.129/2015.

78 Mas, no Brasil e no estrangeiro, normalmente só há disposições legais para a comunicação entre os juízos por meio de cartas ou no âmbito da cooperação internacional. A pequena latitude da abrangência dessas normas por vezes dificulta sua aplicabilidade à colaboração judiciária no processo civil *nacional*, embora essa aplicação seja possível. Na Alemanha, a bibliografia a respeito é escassa, mas essa extensão das regras de cooperação internacional ao processo civil nacional já foi sustentada há muito tempo em doutrina por BARGATZKY. Anwendbarkeit der Rechtshilfevorschriften des GVG im allgemeinen inländischen Rechtshilfeverkehr mit Gerichten. *Deutsche Justiz*, ano 100, nº 19, mai., 1938, pp. 756-758. Lembre-se ainda que as cartas afeiçoam-se mais à transferência de competência *por delegação*, e não por assunção consensual.

79 O art. 13 §2° da Lei nº 9.099/95 simplificava a tramitação dos atos de comunicação processual, dentro do espírito de simplicidade e informalidade do procedimento dos Juizados Especiais Cíveis. Mas não consigo enxergar ali a semente dos atos de cooperação porque, à época, essa preocupação não existia no ordenamento brasileiro, provavelmente porque inexistia tampouco uma compreensão consolidada sobre o conteúdo normativo do princípio da cooperação. Portanto, não se pode concordar Fredie Didier Jr., de que a referida regra da Lei 9.099/95 seria um embrião da atipicidade das formas de cooperação entre juízos. DIDIER JR., Fredie. *Cooperação judiciária nacional: esboço de uma teoria para o Direito brasileiro*

Recentemente, o CNJ avançou ainda mais na regulação, e editou a Resolução nº 350/2020, que revogou a recomendação anterior e disciplinou em mais detalhes diversos aspectos da cooperação judiciária.

Não obstante, não se pode ser ingênuo em pensar que, por mais perfeito que seja, o instrumental normativo seja suficiente para operar a cooperação judiciária no âmbito nacional. Feliz ou infelizmente, as leis não podem tanto. Esse tipo de intercâmbio interativo depende, à evidência, de mudanças culturais na burocracia judiciária. O juiz, que sempre foi acostumado a atuar solitariamente, deve ser formado para aprender e praticar a cooperação.

De todo modo, a positivação desses instrumentos no Código pode chamar atenção às suas potencialidades aplicativas e funcionar como um motor propulsor dessa mudança.

4. A normativa da cooperação judiciária

Queremos trazer brevemente algumas das principais normas referentes à cooperação judiciária, diante da necessidade de emprestar maior densidade à teorização acerca do tema. Não temos pretensão de exaurir todas as questões relevantes, mas é uma oportunidade de analisar em conjunto as disposições dos artigos 67-69 do CPC e aquelas da Resolução nº 350/2020 do Conselho Nacional de Justiça. Para maiores reflexões, remetemos a obra de maior fôlego onde tratamos do tema.[80]

4.1. Preferência em relação aos mecanismos não cooperativos

A primeira diretriz principiológica sobre a cooperação judiciária é a prioridade normativa que se estabelece em favor dos instrumentos colaborativos em detrimento de outros de conotação impositiva.

Parece-nos que a lógica subjacente à resolução nº 350/2020 do CNJ é de que diante de várias maneiras de atingir um determinado resultado,

---

(arts.67-69, CPC). Salvador: JusPodivm, 2020, pp. 64-65. Em nosso entendimento, a clara inspiração dos art. 67-69 do CPC/2015 foi a citada Recomendação nº 38/2011 do CNJ.

---

80 CABRAL, Antonio do Passo. *Juiz natural e eficiência processual: flexibilização, delegação e coordenação de competências no processo civil.* Universidade do Estado do Rio de Janeiro: Tese apresentada ao concurso de Professor Titular de Direito Processual Civil, 2017, pp. 507 ss.

deve o juízo procurar manejar instrumentos de cooperação judiciária antes de suscitar conflito, ou expedir cartas. Parece, portanto, que a cooperação deve ser priorizada, ficando os instrumentos não colaborativos como subsidiários.[81]

4.2. Celeridade e unidade da jurisdição nacional

De acordo com o art. 8º §1º da resolução nº 350/2020 do CNJ, deve haver pronto atendimento aos pedidos de cooperação, que serão regidos pelo "princípio" da celeridade.[82] Trata-se de uma importante dimensão da duração razoável do processo (art. 5º, LXXVIII da Constituição), que pode ser reforçada pela rapidez no cumprimento das medidas de cooperação.

Além da celeridade, a cooperação rege-se pela ideia de *unidade da jurisdição nacional*. Como vimos, o engajamento dos juízes e o entrelaçamento de suas competências fomentam o desenvolvimento de um espírito comunitário, que atua numa "rede judiciária" que se compreende como um corpo único, inclusive nas relações entre diversas instâncias.

Esse princípio de unicidade de jurisdição nacional pode ser extraído do art. 67 do CPC, que envolve nos deveres de cooperação recíproca todas as instâncias e graus de jurisdição (inclusive os tribunais superiores), nas esferas estadual ou federal, de jurisdição especializada ou comum. E o §3º do art. 69 fortalece essa previsão, ao dispor que a cooperação relaciona indistintamente órgãos de qualquer ramo do Judiciário.[83]

Essas regras legais são reforçadas pelo disposto nos artigos 5º, I e 8º §1º, ambos da resolução nº 350/2020 do CNJ.

---

81 Isso não quer dizer, como veremos adiante, que exista uma hierarquia entre meios colaborativos típicos e atípicos.

82 A diferenciação entre regras e princípios, que produziu discussão candente no direito público, escapa aos limites deste estudo. Em doutrina, fala-se a propósito em "informalidade" como um dos princípios da cooperação transjudicial. CARDOSO, Oscar Valente. A cooperação judiciária nacional no novo Código de Processo Civil. Revista Dialética de Direito Processual, nº 152, nov., 2015, p. 39. Trata-se, em nosso sentir, de uma regra, não de um princípio.

83 MARINONI, Luiz Guilherme; ARENHART, Sérgio Cruz; MITIDIERO, Daniel. *Curso de processo civil*. São Paulo: RT, vol. 2, p. 68; CÂMARA, Alexandre Freitas. *O novo processo civil brasileiro*. São Paulo: Atlas, 2015, p. 57; WAMBIER, Luiz Rodrigues; TALAMINI, Eduardo. *Curso avançado de processo civil*. São Paulo: RT, 16ª ed., 2016, p. 185.

4.3. Instrumentalidade das formas. Concisão e informalidade da cooperação. O auxílio direto

Outra regra da atividade de cooperação é a concisão. Os atos de cooperação dispensam arrazoados extensos, prolixos e que, pela sua dispersão, antes de ajudar dificultam o atingimento dos objetivos pretendidos.

Além da concisão, como dispõe o art. 8º, *caput* e §1º da resolução nº 350/2020 do CNJ, dispõe que a instrumentalidade das formas também é um princípio da tramitação das atividades de cooperação.[84] A previsão seria despicienda, porque a compreensão funcional das formalidades é hoje reconhecida para todos os atos do processo (art. 188 e 277 do CPC), aplicável também ao processo administrativo (art. 15 do CPC).

Mas o dispositivo serve como alerta constante. De fato, a desburocratização deve ser a tônica da atividade de cooperação, para que se possa implementar agilidade na sua tramitação e, ao fim e ao cabo, contribuir para uma condução mais eficiente do processo, maximizando resultados com menos dispêndio de energia.[85]

Diante da informalidade que caracteriza este tipo de interação, a questão não é tanto de restringir ou disciplinar rigidamente a colaboração, mas sobre como otimizar os canais de comunicação e intercâmbio entre órgãos judiciários, em termos de facilitação do contato, formalização, publicidade etc.[86]

Por exemplo, pode-se solicitar por telefone a intimação de um indivíduo que esteja presente naquele momento em sessão ou audiência em outro juízo. Ainda que se trate de um local na mesma cidade, optar pela expedição e entrega de mandado por oficial de justiça poderia levar à ineficiência da medida, especialmente nas grandes conurbações,

---

84 CARDOSO, Oscar Valente. A cooperação judiciária nacional no novo Código de Processo Civil. Revista Dialética de Direito Processual, nº 152, nov., 2015, p. 39.

85 A legislação há muito tempo prevê que devem ser preferidos os meios informais e desburocratizados para a prática dos atos processuais. No âmbito da Justiça Federal, o art. 42 da Lei nº 5.010/66 dispõe que "Os atos e diligências da Justiça Federal poderão ser praticados em qualquer Comarca do Estado ou Território pelos Juízes locais ou seus auxiliares, mediante a exibição de ofício ou mandado em forma regular. §1º Somente se expedirá precatória, quando, por essa forma, fôr mais econômica e expedita a realização do ato ou diligência (...)".

86 KROTOSZYNSKI JR., Ronald J. Constitutional flares: on judges, legislatures and dialogue. *Minnesota Law Review*, vol. 83, 1998, pp. 57-60.

nas quais o deslocamento imediato encontraria obstáculos no tráfego congestionado.[87]

Não obstante a informalidade, a fim de permitir maior controle, há necessidade de registro de todas as atividades cooperativas (art. 5º, III da resolução nº 350/2020 do CNJ).

Também se deve priorizar a tramitação por meio eletrônico (art. 8º §1º da resolução nº 350/2020 do CNJ).[88] Frise-se que o "meio eletrônico" não se limita ao e-mail, abarcando também o uso de redes sociais, aplicativos de mensagem eletrônica, o uso da internet, armazenamento em nuvem etc. O malote digital, criado pelo CNJ, é um exemplo de outro meio que permite troca de informações, averbação de sentenças, cumprimento de cartas, comunicações de designações de audiência. Sempre que esses canais estiverem à disposição, devem ser considerados e utilizados porque são baratos, rápidos e efetivos para a obtenção e troca de informações.

Nesse contexto de abandono das formalidades inúteis, uma das formas mais atuais de cooperação transjudicial é o chamado *auxílio direto* (art. 69, I do CPC; art. 5º, II da resolução nº 350/2020 do CNJ). Apesar de inserido no rol legal e regulamentar, o auxílio direto é menos uma espécie de ato de cooperação que uma *maneira* de implementá-la.

A prática do auxílio direto entre órgãos judiciários começou no campo das relações internacionais, e abrange tanto atos no exercício da jurisdição quanto outras formas não jurisdicionais de cooperação (de natureza administrativa).

Para os atos jurisdicionais, o auxílio direto se apresenta como uma alternativa à vias antigas, mais formalizadas e burocratizadas, e tem se revelado muito útil quando o objetivo da interação for mais simples, como a obtenção de informações.[89] A doutrina salienta que a lógica do

87 MEIRELES, Edilton. Cooperação judiciária nacional. Revista de Processo, ano 40, vol. 249, nov., 2015, pp. 72-73.

88 Aliás, frise-se que o CPC, nos artigos 193 e seguintes, disciplina largamente os atos processuais em meio digital; e, em seu art. 263, ao disciplinar as cartas, faz do meio eletrônico a forma preferencial de comunicação. Ou seja, mesmo sendo as cartas talvez atos processuais mais relacionados à delegação de competências do que à cooperação judiciária, também neste ponto há no nosso sistema jurídico preferência pela prática dos atos processuais por meio eletrônico.

89 CÂMARA, Alexandre Freitas. *O novo processo civil brasileiro.* São Paulo: Atlas, 2015, p. 57.

auxílio direto é evitar um juízo de admissibilidade mais rigoroso a respeito das formalidades.[90]

Os art. 28 e seguintes do CPC disciplinam o auxílio direto na cooperação internacional, caso em que a competência será da Justiça Federal (art. 34).[91] Além das hipóteses do art. 30 e das previsões de tratados internacionais, é possível utilizar o auxílio direto nos casos em que a lei dispensa homologação de sentença estrangeira, como em algumas hipóteses de divórcio consensual e de decisões concessivas de medida de urgência (art. 961 §5° e 962 do CPC).

Pois no campo da cooperação *nacional*, o auxílio direto deve ser *a forma preferida de interação*.[92] Quando dois ou mais órgãos judiciais pretenderem realizar uma atividade colaborativa, sendo possível o auxílio direto, devem optar por esta via.

Além da informalidade, uma enorme utilidade prática do auxílio direto é que este não suspende o processo. Assim, se comparamos a re-

---

90 MEIRELES, Edilton. Cooperação judiciária nacional. Revista de Processo, ano 40, vol. 249, nov., 2015, p. 64.

91 MEIRELES, Edilton. Cooperação judiciária nacional. Revista de Processo, ano 40, vol. 249, nov., 2015, p. 64.

92 MARINONI, Luiz Guilherme; ARENHART, Sérgio Cruz; MITIDIERO, Daniel. *Curso de processo civil.* São Paulo: RT, vol. 2, p. 68. Não entendemos que, pela previsão de auxílio direto, outras formas mais burocráticas de interação, similares às cartas precatórias, passaram a ser forma *subsidiária*, por vários motivos. Primeiramente porque temos nos inclinado para pensar a disciplina das cartas como mais afeta à transferência de competência por delegação e não da cooperação judiciária. Repare o leitor como tanto o CPC (art. 69 §1°) quanto a resolução nº 350/2020 do CNJ (art. 5°, parágrafo único), remetem a regulação das cartas para outra sede que não a da cooperação judiciária. Mas ainda que se pense nas cartas como interações judiciárias, e mesmo nos casos em que as cartas são usadas para fins de obtenção de informações, essa subsidiariedade não parece ser clara no sistema. Isso porque não há uma relação necessária de prioridade entre os meios típicos de interação judiciária (p. ex., entre o auxílio direto e as cartas) ou entre estes e os meios atípicos. O exame deve ser de *eficiência* e *adequação*. Por exemplo, pode ser que, em determinada localidade, a opção mais eficiente seja usar as cartas porque os servidores estão mais habituados com elas, ou porque o sistema eletrônico do tribunal não prevê campo específico para o auxílio direto. Não obstante, reconheço que, pela informalidade que norteia a cooperação judiciária, é provável que o auxílio direto se torne em um futuro próximo o meio preferido na prática para qualquer tipo de interação judiciária (por delegação ou cooperação). Porém, não se pode, hoje, defender tratar-se *sempre* de um meio subsidiário, como faz DIDIER JR., Fredie. *Cooperação judiciária nacional: esboço de uma teoria para o Direito brasileiro (arts.67-69, CPC).* Salvador: Jus Podivm, 2020, p. 79.

gulação das cartas destinadas à produção de prova, a aplicação do art. 69 §2º, II tem clara vantagem em relação aos art. 313, V, "b" e §4º c/c art. 377 do CPC, que determinam a suspensão do processo quando a coleta de prova é comissionada a outro juízo por meio de cartas.

5.5. *Objeto da cooperação*

Não há restrição de objeto para a cooperação transjudicial. De acordo com o art. 68 do CPC e art. 3º da resolução nº 350/2020 do CNJ, os juízos poderão formular entre si pedido de cooperação para prática de "qualquer ato processual", o que consagra a *atipicidade* dos atos de cooperação judiciária.

No mesmo sentido, o art. 69 do CPC e o art. 6º da resolução nº 350/2020 do CNJ, ao elencarem os atos que podem ser objeto de cooperação, utilizam o termo "além de outros", evidenciando tratar-se de enunciação exemplificativa.[93] A listagem ali encontrada não exaure os atos de cooperação transjudicial tipificados em outro ponto da lei processual. O art. 69 abre espaço, portanto, para cooperação por meio de condutas atípicas.[94]

Ainda em relação ao objeto possível dos atos de cooperação, para alguns autores, as trocas transjudiciais cooperativas são somente relacionadas a atividades administrativas, não às jurisdicionais.[95] Assim não pensamos. A função do juiz não é apenas *ius dicere*, mas envolve todo o complexo de atos jurisdicionais não decisórios. A tutela processual dos direitos engloba atos de gestão do procedimento e administração da justiça.

Nessa toada, a cooperação entre juízos é um tema que transcende o exercício da jurisdição, e pode abranger também atos de administra-

---

93 MARINONI, Luiz Guilherme; ARENHART, Sérgio Cruz; MITIDIERO, Daniel. *Novo Código de Processo Civil comentado.* São Paulo: RT, 2015, p. 148.

94 MEIRELES, Edilton. Cooperação judiciária nacional. Revista de Processo, ano 40, vol. 249, nov., 2015, p. 63. Posteriormente ao depósito e publicação da nossa tese, ganhamos a adesão de DIDIER JR., Fredie. *Cooperação judiciária nacional: esboço de uma teoria para o Direito brasileiro (arts.67-69, CPC).* Salvador: JusPodivm, 2020, pp. 73-74.

95 GELSI BIDART, Adolfo. Competencia y delegación. *in Scritti giuridici in memoria di Calamandrei.* Padova: Cedam, 1958, vol. II, p. 263. No Brasil, AVELINO, Murilo Teixeira. Breves Comentários à Cooperação Nacional no Código de Processo Civil. Revista Jurídica da Seção Judiciária de Pernambuco, nº 8, 2015, p. 188.

ção e organização judiciárias.[96] Note-se como o art. 1º, I da resolução nº 350/2020 do CNJ menciona não apenas as competências, mas também as "atribuições administrativas", e o art. 6º da resolução elenca diversas providências judiciárias de natureza administrativa, inclusive prevendo movimentação temporária de servidores públicos e auxiliares da justiça.

Assim, é possível que o juiz pratique a colaboração com outros juízos no exercício da jurisdição em um processo; é possível que se dê também no exercício de atividade jurisdicional, mas atingindo vários processos (como disciplina expressamente o art. 11 da resolução nº 350/2020 do CNJ), mas é natural, e até recomendável, que a colaboração possa se desenvolver também no plano administrativo, na gestão da vara ou do gabinete, com as trocas cooperativas visando a implementar mais eficiência nas práticas organizacionais (e então o impacto também será mais alargado, atingindo vários processos).

Sem pretensão exaustiva, podemos elencar algumas das possibilidades. As interações cooperativas podem versar sobre a prática de citação, intimação ou notificação de ato processual (pense-se na comunicação conjunta por vários juízos a um litigante que é parte em diversos processos); prestação e troca de informações relevantes para a solução dos processos, reunião ou apensamento de processos (inclusive a reunião de execuções contra um mesmo devedor em um único juízo); definição do juízo competente para a decisão sobre questão comum, semelhante ou questões diversas mas que estejam de algum modo relacionadas; obtenção e apresentação de provas, produção de prova única relativa a fato comum (coleta de depoimentos de uma mesma testemunha, ou realização de perícia única); efetivação de medidas e providências para recuperação e preservação de empresas; facilitação de habilitação de créditos na falência e na recuperação judicial; disciplina da gestão dos processos repetitivos, inclusive da respectiva centralização (art. 69, § 2º, VI, do Código de Processo Civil); a realização de mutirões para a adequada tramitação de vários processos ou para a prática de um tipo de ato (conciliação, p.ex.) em diversos processos; efetivação de tutela provisória, cumprimento e execução de decisão jurisdicional; regulação de

96 Como antecipamos, essa é a razão pela qual optamos pelo termo "transjudiciária" e não apenas "transjurisdicional". Contra, abordando a cooperação apenas no viés jurisdicional, não abrangendo atividade administrativa, CAMARGO, Luiz Henrique Volpe. *A centralização de processos como etapa necessária do incidente de resolução de demandas repetitivas.* Pontifícia Universidade Católica de São Paulo: Tese de doutorado, 2017, p. 305.

procedimento expropriatório de bem penhorado ou dado em garantia em diversos processos; traslado de pessoas e transferência de presos; transferência de bens e de valores; acautelamento e gestão de bens e valores apreendidos; compartilhamento temporário de equipe de auxiliares da justiça, inclusive de servidores públicos; dentre outras possibilidades.

Sobre este tema, é fértil a exemplificação do art. 69 § 2º do CPC, mas também aquela prevista no art. 6º da resolução nº 350/2020 do CNJ, ainda mais detalhada.

Seguindo essa tendência, a alteração à lei de falência e recuperação judicial (Lei nº 11.101/2005) pela Lei nº 14.112/2020 expressamente introduziu a cooperação judiciária como maneira de operacionalizar de maneira mais eficiente e coordenada a recuperação judicial (art. 6º §7º-A e §7º-B)[97] e a insolvência internacional (art. 167-A e seguintes).

---

97 Como se sabe, o art. 6º da Lei nº 11.101/05 prevê um prazo de suspensão da prescrição, das execuções ajuizadas contra o devedor, vedando qualquer forma de retenção, arresto, penhora, sequestro, busca e apreensão e constrição judicial ou extrajudicial sobre os bens do devedor, oriunda de demandas judiciais ou extrajudiciais cujos créditos ou obrigações sujeitem-se à recuperação judicial ou à falência. Pois bem, o §7º-A do art. 6º da Lei nº 11.101/05, inserido pela Lei nº 14.112/2020, determina que, durante o prazo de suspensão do art. 6º §4º da lei, será competente o juízo da recuperação judicial para determinar a *suspensão* de atos de constrição que recaiam sobre bens essenciais à manutenção da atividade empresarial, e afirma que a competência do juízo da recuperação "será implementada mediante cooperação jurisdicional, na forma do art. 69 do CPC". Já o §7º-B do art. 6º da Lei nº 11.101/05, também inserido pela Lei nº 14.112/2020, ao afirmar que o *caput* e incisos I, III e III do art. 6º não se aplica às execuções fiscais, determina que, até o encerramento da recuperação judicial, será competente o juízo da recuperação judicial para determinar a *substituição* de atos de constrição que recaiam sobre bens essenciais à manutenção da atividade empresarial, deixando também expresso que essa competência do juízo da recuperação poderá ser compartilhada e "implementada mediante cooperação jurisdicional, na forma do art. 69 do CPC". Ou seja, o juiz da recuperação pode atuar com o juízo da execução fiscal, para otimizarem suas atividades. Em ambos os casos, a lei de falência e recuperação judicial é cautelosa em ressalvar que a cooperação judiciária não pode gerar um procedimento concursal que represente um meio mais gravoso de executar coletivamente o patrimônio do devedor. Deve-se atentar para o art. 805 do CPC.

5.6. Sujeitos da colaboração judiciária. Órgãos judiciais envolvidos. A rede nacional de cooperação judiciária. O juiz de cooperação e os núcleos de cooperação

No que se refere aos órgãos que devem ser envolvidos na cooperação judiciária, e às funções que cada um exercerá nessas interações, a literatura ainda é muito incipiente. Mas algumas linhas podem ser esboçadas.

De início, uma observação até certo ponto óbvia mas importante: quando se menciona o tema da cooperação judiciária ou transjudiciária, estamos falando sobre cooperação que envolve necessariamente órgãos *judiciários*.

De fato, a regulação dos artigos 67 a 69 do CPC sequer admitia que alguma ponta dessa cooperação incluísse entes do Executivo ou instituições particulares.[98] Note-se bem: nunca se duvidou que a Administração Pública ou sujeitos privados pudessem colaborar entre si ou com o juízo, mas a base legal para tanto é o art. 6º do CPC; a cooperação disciplinada pelos art. 67-69 do CPC é exclusivamente entre órgãos *judiciários*.

Não obstante, a questão hoje deve ser analisada pela extensão que a resolução nº 350/2020 do CNJ deu ao tema. É que, concretizando o princípio da cooperação do art. 6º do CPC (este sim não se limita à interação entre órgãos do Judiciário), a resolução, em seus artigos 1º, II e 15, disciplina a *cooperação interinstitucional*. Esta modalidade de cooperação terá, de um lado, um órgão judiciário, e de outro, entidades privadas ou órgãos estatais não necessariamente pertencentes ao Poder Judiciário, como o Ministério Público, a Ordem dos Advogados do Brasil, a Defensoria Pública e entes da Administração Pública (art. 16). Um exemplo que pode se demonstrar fértil é a cooperação com as agências reguladoras para a elaboração e adoção de estratégias para prevenção ou tratamento adequado de processos coletivos e ou repetitivos.

Focando nossa atenção na cooperação entre dois ou mais órgãos judiciários, deve ser salientado que essa interação pode englobar órgãos judiciários pertencentes a diversas instâncias ou diferentes ramos do Judiciário (Justiça Federal, Estadual, do Trabalho etc.). Podem cooperar

98 Por este motivo, não era possível concordar com a formulação de Didier Jr., que inseria no âmbito da cooperação dos artigos 67-69 do CPC a cooperação entre órgãos judiciários e outros órgãos de natureza administrativa (DIDIER JR., Fredie. *Cooperação judiciária nacional: esboço de uma teoria para o Direito brasileiro (arts.67-69, CPC).* Salvador: Jus Podivm, 2020, p. 80). Note-se, porém, que, em outro ponto de seu livro (p. 83), o autor diferencia tipos de delegação que não considera cooperativas por não haver interação "com outro órgão jurisdicional", o que sugere restrição às trocas interjudiciárias.

também juízos de diferentes instâncias,[99] independentemente da hierarquia judiciária,[100] até porque, como vimos, não são interações de natureza impositiva.[101] Nesse sentido, vemos hoje as disposições do art. 67 e 69 §3° do CPC e art. 2º e 5º, I da resolução nº 350/2020 do CNJ.

Por outro lado, a cooperação é *diretamente estabelecida pelos órgãos judici*ários (*court-to-court*), sem necessidade de presença do ente federativo a que ligados em termos orçamentários. Trata-se, como vimos, de uma rede de magistrados, que se forma em torno de objetivos e finalidades comuns, diversas daquelas da União e/ou dos Estados respectivos. Nessa linha, quando a cooperação for veiculada por meio de protocolos institucionais, na tarefa de administração judiciária, em razão da autoadministração dos tribunais, não se faz necessária uma aprovação, ratificação ou sequer a mera participação do Estado ou da União para a prática de atos de cooperação judiciária.[102]

Ademais, se for uma tratativa estabelecida entre juízos de primeira instância, não é necessária qualquer intervenção, aprovação ou participação da administração do respectivo tribunal. De fato, uma das peculiaridades da cooperação judiciária, como se viu, é o fato de que as interações cooperativas empoderam os juízos fora de uma estrutura piramidal e hierárquica.

---

99 Correto CARDOSO, Oscar Valente. A cooperação judiciária nacional no novo Código de Processo Civil. Revista Dialética de Direito Processual, nº 152, nov., 2015, p. 39. Didier Jr. afirma que não cabe "cooperação por delegação" para juízes vinculados a outro tribunal (DIDIER JR., Fredie. *Cooperação judiciária nacional: esboço de uma teoria para o Direito brasileiro (arts.67-69, CPC).* Salvador: JusPodivm, 2020, p. 81), o que parece ser estranho, com a devida vênia, já que o regulamento da cooperação judiciária no CPC expressamente admite que tal modalidade de interação se dê entre órgãos ligados a tribunais diferentes. Talvez o problema esteja na conceituação e nomenclatura usada por Didier Jr., que tenta incluir modalidades de delegação de competência dentro do fenômeno da cooperação.

100 WEILER, Joseph H. H. The transformation of Europe. *Yale Law Journal*, nº 100, 1991, p. 2426; SHANY, Yuval. *Regulating Jurisdictional Relations between National and International Courts.* Oxford: University Press, 2007, p. 13.

101 SCOTT, Joanne; STURM, Susan P. Courts as catalysts: rethinking the judicial role in new governance. *Columbia Journal of European Law*, vol. 13, 2006, p. 578.

102 Discordamos de Didier Jr. quando afirma que atos concertados poderiam "envolver entes federativos diversos". DIDIER JR., Fredie. *Cooperação judiciária nacional: esboço de uma teoria para o Direito brasileiro (arts.67-69, CPC).* Salvador: JusPodivm, 2020, p. 87. Em nosso entendimento, trata-se de articulação judiciária, não envolve os respectivos entes da Federação.

Ressalte-se que, nos casos de a cooperação envolver a prática de atos cooperativos entre juízos de ramos distintos do Poder Judiciário, alguma repercussão orçamentária pode haver, a exigir compensações financeiras entre tribunais (pense-se na criação de forças-tarefa envolvendo juízes e servidores, com pagamentos de diárias ou ajuda de custo). Nessas hipóteses, embora os juízes cooperantes sejam independentes, o potencial impacto orçamentário recomenda que o juízo mantenha contato com a administração do tribunal. Esse entendimento foi consolidado na resolução nº 350/2020 do CNJ, a qual, em seu art. 11 §5°, exige que os juízos cooperantes comuniquem a seus respectivos tribunais a cooperação envolvendo juízo de tribunal de ramo distinto (p. ex., um juízo estadual e um juízo do trabalho). A resolução nº 350/2020 do CNJ deixa claro que tal comunicação é "para conhecimento", vale dizer, os órgãos da administração do tribunal não terão que participar da cooperação.[103]

Cabe lembrar ainda que a cooperação abrange atos jurisdicionais e também de administração/gestão. Assim, é de endossar a opinião de que a cooperação transjudiciária deve envolver não só juízes, mas também servidores,[104] embora a iniciativa da cooperação normalmente seja firmada por juiz, por ser o sujeito que conduz o processo.[105] É possível que iniciativas preliminares para obtenção de cooperação sejam travadas por servidores de centros de mediação e conciliação, dos setores de distribuição e registro, das corregedorias etc.[106]

Dentro desse quadro geral dos sujeitos da cooperação judicial, os regulamentos de organização judiciária nos diversos tribunais podem estabelecer estruturas para fomentar a colaboração.[107]

---

103 Por isso, discordamos de Didier Jr., quando afirma que, nos atos concertados que "envolvem entes federativos diversos", se forem celebrados por juízos de primeira instância, os respectivos tribunais deveriam com eles anuir. DIDIER JR., Fredie. *Cooperação judiciária nacional: esboço de uma teoria para o Direito brasileiro (arts.67-69, CPC).* Salvador: JusPodivm, 2020, p. 87.

104 CARDOSO, Oscar Valente. A cooperação judiciária nacional no novo Código de Processo Civil. Revista Dialética de Direito Processual, nº 152, nov., 2015, p. 39.

105 Mas não se exclui a possibilidade de que atos de cooperação sejam praticados "de ordem" do magistrado, transferida a competência para servidores, como aliás é muito comum na prática das serventias judiciárias.

106 MEIRELES, Edilton. Cooperação judiciária nacional. Revista de Processo, ano 40, vol. 249, nov., 2015, pp. 62-63. Nos tribunais federais, são conhecidas as redes dos diretores de secretaria, que compartilham, em listas de e-mail ou aplicativos de mensagem instantânea, informações, solicitações e boas práticas.

107 Alguns regimentos internos dos Tribunais de Justiça preveem estruturas que possuem nome que pode gerar algum tipo de confusão. Em Minas Gerais, prevê-se a figura do juiz "cooperador", que não significa que aplicará técnicas colaborativas,

De outro lado, cabe destacar que a regulamentação da cooperação judiciaria instituiu no sistema jurídico brasileiro outras figuras, a fim de estruturar a Rede Nacional de Cooperação Judiciária.

O art. 12 da resolução nº 350/2020 do CNJ determina aos tribunais de todo o país disciplinem a função do "juiz de cooperação judiciária", também chamado de "ponto de contato" (à moda do que se costuma usar na cooperação internacional). Podem ser designados um ou mais magistrados para essa função, lotados na primeira ou na segunda instância, acumulando ou não com o exercício da jurisdição (art. 13 §2°), e sua atribuição geográfica pode variar. É possível que o juiz de cooperação atue em um polo judiciário, comarca, subseção, foro ou unidades especializadas, ou ainda para todo um Estado ou Região (art. 13 §1°).[108]

A instituição da figura do juiz de cooperação tem a finalidade de institucionalizar meios para dar maior fluidez e agilidade na comunicação entre órgãos jurisdicionais e também destes com outros sujeitos do processo, inclusive para o incremento e harmonização de rotinas forenses.

Dentre suas funções, o juiz de cooperação deverá fornecer as informações necessárias para a formulação dos pedidos de colaboração, bem assim estabelecer os contatos diretos e intermediar os pedidos de cooperação entre os juízos cooperantes. O juiz de cooperação pode até encaminhar ele mesmo as solicitações e provocações para que se ajuste a cooperação (art. 10 da resolução nº 350/2020 do CNJ). Deverá ainda coordenar o tratamento dos pedidos de cooperação no âmbito do respectivo tribunal, facilitar sua tramitação e identificar soluções para os problemas que surjam durante o processamento.[109]

---

mas tão somente será designado para atuar em auxílio quando houver acúmulo de serviço (confiram-se: art. 63 e parágrafo único, art. 73 §§ 1º e 2º, ambos da Lei de Organização e Divisão Judiciárias de Minas Gerais (Lei Complementar Estadual n° 59 de 18/01/2001). Na Bahia, existe previsão de que, quando houver fusão de varas, os juízes lotados nas varas anteriormente separadas passam a ter competência concorrente, funcionando em "regime de cooperação" (art. 23 da lei de organização judiciária do Estado da Bahia - Lei Estadual nº 10.845/2007). Essa figura significa, ao que parece, designação simultânea para um mesmo órgão, não tendo a ver com o tema da cooperação processual.

---

108 O art. 12 §2° da resolução n° 350/2020 do CNJ determina que cada tribunal definirá as regras para escolha dos juízes de cooperação

109 Deverá ainda comunicar ao Núcleo de Cooperação Judiciária a prática de atos de cooperação, quando os juízes cooperantes não o tiverem feito.

Interessante que o juiz de cooperação, por ser órgão de gestão judiciária, participará das comissões de planejamento estratégico do respectivo tribunal. Trata-se da finalidade de integrar a participação dos magistrados de todas as instâncias na gestão judiciária.

Mas, como entre suas funções está a intermediação dos atos concertados entre juízos cooperantes, o juiz de cooperação poderá também ter um papel relevante na *esfera jurisdicional*, participando das reuniões e tratativas entre os juízos cooperantes a respeito de processos específicos, se os magistrados concordarem e/ou solicitarem essa participação.

A recomendação nº 38/2011 do CNJ já havia criado a "Rede Nacional de Cooperação Judiciária", hoje regulamentada no art. 7º da Resolução nº 350/2020. A Rede Nacional de Cooperação Judiciária é integrada pelo seu Comitê Executivo,[110] pelos juízes de cooperação, e pelos Núcleos de Cooperação Judiciária em cada tribunal.

Os juízes de cooperação têm deveres de prestação de informação e auxílio mútuos e também de encaminhamento a outros membros da rede das solicitações que aqueles que receberam não puderem dar seguimento.[111]

Os Núcleos de Cooperação Judiciária nos tribunais são regulados nos artigos 17 a 19 da Resolução nº 350/2020 do CNJ e deverão ser criados nos tribunais, com exceção dos Tribunais Superiores e do Supremo Tribunal Federal. Os Núcleos de Cooperação serão formados por um desembargador supervisor e um juiz coordenador, es-

110 O Comitê Executivo da Rede Nacional de Cooperação Judiciária tem suas atribuições regulamentadas nos artigos 20 a 22 da resolução nº 350/2020 do CNJ, a maior parte delas de consolidação e difusão de informações, realização de encontro nacional etc. Mas dentre suas atribuições, o art. 21 da resolução define que cabe a tal Comitê Executivo dirimir conflitos de natureza administrativa entre os Núcleos de Cooperação e sanar eventuais dúvidas pertinentes à cooperação judiciária, ou seja poderá ser o Comitê Executivo solicitado a prestar esclarecimentos (função informativa) ou resolver conflitos de atribuição entre os Núcleos de Cooperação (função decisória).

111 A portaria do CNJ nº 23, de 14 de março de 2012, instituiu o Comitê Executivo da Rede Nacional de Cooperação Judiciária, nomeando seus membros. Já a portaria do CNJ nº 40, de 10 de abril de 2012, designou os primeiros membros dos Comitês Executivos Estaduais da Rede Nacional de Cooperação Judiciária para diversos Estados. A lista completa dos juízes de cooperação pode ser encontrada no site do CNJ em https://www.cnj.jus.br/programas-e-acoes/cooperacao-judiciaria/juizes-de-cooperacao/, acessada em 23.03.2020.

colhidos no dentre os juízes de cooperação, e facultativamente por servidores do Judiciário.

Os Núcleos de Cooperação Judiciária têm a função de estabelecer diretrizes gerais, rotinas e procedimentos de cooperação judiciária, registrar as atividades desenvolvidas e consolidar em um banco de dados as boas práticas junto ao respectivo tribunal. Aos Núcleos caberá ainda definir as atribuições dos juízes de cooperação (informando-as ao Comitê Executivo da Rede Nacional de Cooperação Judiciária), e também realizar reuniões periódicas entre os juízes de cooperação para incentivar a melhoria dos processos de cooperação judiciária.

6. Quem decide a discordância sobre a competência? Conflito de competência e o controle hierárquico e heterônomo da coordenação de competências

A existência de um sistema intrincado de competências, repartidas entre diversos órgãos jurisdicionais geograficamente espalhados por um vasto território, abre espaço para a concorrência de competências e para dúvidas aplicativas sobre as normas de competência. Competências podem colidir, e as disputas sobre a competência podem ocorrer também quando houver combinação de competências.

Em caso de tentativas de cooperação para assunção consensual de competências, também é possível que surja alguma disputa. E quanto maior o número de juízos envolvidos, mais difícil é coordenar cooperativamente a atividade de todos eles, surgindo potencial de discordância.[112]

Emerge, então, em todos esses casos, um "risco de desorientação" para a prestação de tutela jurisdicional, não só por uma relativa imprevisibilidade sobre o juízo que praticará os atos jurisdicionais mas também pela possibilidade de que vários centros decisórios entrem em contradição lógica e prática uns com os outros.[113] Essas disputas aumentam ainda o custo da discussão sobre a competência pela complexidade do sistema.

---

112 Nos EUA, algumas experiências de processos repetitivos tramitando em paralelo mostraram que, frustrado o diálogo, alguns juízes tentavam invocar preempção sobre as causas repetitivas por meio de preclusões ou *antisuit injunctions.* McGOVERN, Francis E. Rethinking cooperation among judges in mass tort litigation. *UCLA Law Review*, vol. 44, 1997, p. 1852, 1866.

113 KLATT, Matthias. *Die praktische Konkordanz von Kompetenzen: Entwickelt anhand der Jurisdiktionskonflikte im europäischen Grundrechtsschutz.* Tübingen: Mohr Siebeck, 2014, p. 7.

Assim, devemos nos preocupar com quais mecanismos o ordenamento oferece para resolver problemas que surjam da concorrência e da coordenação de competências. Deve-se pensar num sistema eficiente de controle das disputas sobre a competência, que as resolva de maneira simples e rápida. E, com maior flexibilidade e com o surgimento de mecanismos de coordenação de competências, os instrumentos para solucionar as controvérsias que possam surgir a partir das transferências de competência devem acompanhar essa evolução.[114]

O art. 9º, parágrafo único, da Resolução nº 350/2020 do Conselho Nacional de Justiça, dispõe que os *atos de cooperação* poderão ser impugnados pelos mecanismos previstos na legislação. Mas não é de se excluir a possibilidade de que os *instrumentos regulamentares* da cooperação judiciária, a partir do qual se pratiquem tais atos de cooperação, também venham a ser impugnados. Por exemplo, é possível utilizar o mandado de segurança para atacar um ato concertado entre dois juízos que discipline rotinas administrativas convergentes.

No caso dos atos de cooperação, como frequentemente implicam mudança de competências jurisdicionais, os interessados podem essa transferência de competência por um agravo de instrumento ou uma reclamação, ou ainda por IRDR, IAC, IDC.

Mas, no Brasil, os mecanismos mais conhecidos de solução de disputas sobre a competência são os conflitos de competência, decididos por vários tribunais a depender dos juízos em disputa. E os conflitos de competência são o instrumento adequado para resolver controvérsias de transferência de competência por cooperação judiciária.[115-116]

Um aspecto que não pode ser desconsiderado é que, apesar do consenso entre os juízos, as partes podem também não ficar satis-

114 No mesmo sentido, Cf. FABRI, Marco; LANGBROEK, Philip M. Is there a right judge for each case? A comparative study of case assignment in six European countries. *European Journal of Legal Studies*, vol. 1, nº 2, 2007, pp. 309-310; RINCK, Hans-Justus. Gesetzlicher Richter, Ausnahmegericht und Willkürverbot. *Neue Juristische Wochenschrift*, nº 36, 1964, p. 1652; KISSEL, Otto Rudolf; MAYER, Herbert. *Gerichtsverfassungsgesetz*. München: C.H.Beck, 8ª Ed., 2015, p. 474.

115 Esse é mais um argumento para rejeitar a natureza negocial dos atos de cooperação, porque o conflito de competência não pode ser usado para impugnar ou questionar efeitos de um negócio jurídico.

116 Lembre-se ainda que, se a cooperação judiciária for implementada por protocolos institucionais, de natureza administrativa, as disputas entre os cooperantes serão dirimidas por conflitos de atribuição.

feitas com a modificação da competência operada pela cooperação judiciária.

É até provável que as partes não se oponham às atitudes cooperativas dos juízos se o resultado final eliminar redundância de competências e favorecer uma maior racionalização da agenda de todos os envolvidos. A eficiência, vista e sentida por todos, reduz a tendência à impugnação. Porém, se a coordenação de competências gerar uma vantagem competitiva para um dos litigantes, os demais interessados podem rejeitá-la, a despeito do incremento em termos de eficiência.[117] Nesses casos, as formas de controle são muito relevantes.

E mais uma vez pensamos que o conflito de competência resolve o problema, porque pode ser suscitado pelas partes.

De todo modo, uma postura democrática dos juízos cooperantes parece ser fundamental. Embora a colaboração independa da concordância dos litigantes, deve-se garantir participação das partes, por meio do contraditório, mesmo em questões que independam de requerimento (art. 7º, 9º e 10 do CPC). Assim, quanto mais aberta, transparente, participativa e previsível for a cooperação, menos resistência tende a gerar,[118] até porque as partes podem se coordenar com a atividade judicial na condução do processo.

Nesse sentido, o art. 3º da Resolução nº 350/2020 do CNJ determina que, quando um juízo formular pedido de cooperação a outro, deverá em seguida intimar as partes.[119] Além disso, o art. 8º §3° dispõe que as partes poderão requerer esclarecimentos sobre a cooperação e solicitar ajustes nos atos de cooperação praticados. Embora a intimação das partes anterior à realização do ajuste entre os juízos não seja obrigatória, a Resolução nº 350/2020 do CNJ prevê a possibilidade de manifestação prévia das partes, que pode ser-lhes facultada pelos juízos cooperantes em hipóteses mais complexas de cooperação (art. 9º). Sua manifestação não é autorizativa, e mesmo que as partes discordem, os juízos poderão

117 McGOVERN, Francis E. Rethinking cooperation among judges in mass tort litigation. *UCLA Law Review*, vol. 44, 1997, p. 1868.

118 McGOVERN, Francis E. Rethinking cooperation among judges in mass tort litigation. *UCLA Law Review*, vol. 44, 1997, p. 1870.

119 Claro que essa intimação só faz sentido se a cooperação destinar-se à prática de ato jurisdicional. Se for uma cooperação que se destine à prática de atos administrativos que produzirem efeitos não direcionados a determinados processos, parece desnecessária qualquer intimação até porque inviável identificar os potenciais interessados.

ainda assim colaborar e praticar atos de cooperação, cabendo às partes impugná-los na forma da lei. Mas sem dúvida que uma maior participação dos diretamente interessados pode minimizar disputas em torno das formas de cooperação e dos atos praticados com base nelas, e com isso evitar e prevenir obstáculos à sua implementação.

7. Conclusão

Como antecipamos no início, e esperamos ter demonstrado até aqui, o tema da cooperação judiciária anuncia uma potencial revolução.

De um lado, traz uma mudança muito intensa na maneira de conceber as competências jurisdicionais, que passam a poder ser combinadas e compartilhadas, e na atividade do magistrado, que deixa de ser necessariamente um sujeito processual solitário. O juiz hoje pode somar esforços, dividir funções e atuar em conjunto com outros juízes e atores internos e externos ao Judiciário.

E, por outro ângulo, oferece alternativas mais contemporâneas para atividades administrativas de gestão e organização judiciárias, viabilizando o desenvolvimento e o aprimoramento de estruturas e unidades judiciárias.

O traço comum é a busca de eficiência, tanto no exercício da jurisdição quando na administração da Justiça, para resolver os intrincados problemas de gestão que a sociedade nos apresenta no mundo contemporâneo. Caberá aos juristas desta e das futuras gerações, preparar-se para essa nova era, e desenvolver os aspectos teóricos do tema a fim de potencializar os instrumentos de cooperação para que possam atingir os resultados práticos que deles se esperam.

8. Referências bibliográficas

AHDIEH, Robert B. Between dialogue and decree: international review of national courts. *New York University Law Review*, vol. 79, dez., 2004.

ANDOLINA, Italo. La cooperazione Internazionale nel processo civile. Profile della esperienza europea: verso un modello d'integrazione trans-nazionale. Revista de Processo, vol. 88, out-dez, 1997.

ARNST, Olga. Instrumente der Rechtsprechungskoordination als judicative Netzwerke? *in* BOYSEN, Sigrid *et alii* (org.). *Netzwerke*. Baden-Baden: Nomos, 2007.

AVELINO, Murilo Teixeira. Breves Comentários à Cooperação Nacional no Código de Processo Civil. Revista Jurídica da Seção Judiciária de Pernambuco, no 8, 2015.

BARGATZKY. Anwendbarkeit der Rechtshilfevorschriften des GVG im allgemeinen inländischen Rechtshilfeverkehr mit Gerichten. *Deutsche Justiz*, ano 100, nº 19, mai., 1938.

BAUMGÄRTEL, Gottfried. Treu und Glauben im Zivilprozeß. *Zeitschrift für Zivilprozeß*, vol. 86, nº 3, 1973.

BONÍCIO, Marcelo José Magalhães. Ensaio sobre o dever de colaboração das partes previsto no projeto de novo Código de Processo Civil. Revista de Processo. ano 35, vol. 190, dez., 2010.

BRANDÃO, Rodrigo. *Supremacia judicial* versus *diálogos constitucionais: a quem cabe a última palavra sobre o sentido da Constituição?* Rio de Janeiro: Lumen Juris, 2012.

BRÜGGEMANN, Dieter. Unausgebildete Gegnerschaftsverhältnisse. *Zeitschrift für Zivilprozeß*, vol. 81, 1969.

BÜLOW, Oskar. *Die Lehre von der Prozesseinreden und die Prozessvorausset zungen.* Aalen: Scientia, reimpressão da original, 1969.

CABRAL, Antonio do Passo. A técnica do julgamento-alerta na mudança de jurisprudência consolidada. Revista de Processo, ano 38, nº 221, jul., 2013.

_____. *Convenções processuais.* Salvador: Jus Podivm, 2016.

_____. *Juiz natural e eficiência processual: flexibilização, delegação e coordenação de competências no processo civil.* Universidade do Estado do Rio de Janeiro: Tese apresentada ao concurso de Professor Titular de Direito Processual Civil, 2017 (versão comercial no prelo, São Paulo: RT, 2021).

_____. *Nulidades no processo moderno: contraditório, proteção da confiança e validade* prima facie *dos atos processuais.* Rio de Janeiro: Forense, 2ª ed., 2010.

_____. O contraditório como dever e a boa-fé processual objetiva. Revista de Processo, nº 126, ago., 2005.

CÂMARA, Alexandre Freitas. *O novo processo civil brasileiro.* São Paulo: Atlas, 2015.

CAMARGO, Luiz Henrique Volpe. *A centralização de processos como etapa necessária do incidente de resolução de demandas repetitivas.*

Pontifícia Universidade Católica de São Paulo: Tese de doutorado, 2017.

CARDOSO, Oscar Valente. A cooperação judiciária nacional no novo Código de Processo Civil. Revista Dialética de Direito Processual, nº 152, nov., 2015.

CARNELUTTI, Francesco. *Sistema del diritto processuale civile.* Padova: Cedam, vol. I, 1936.

CASTRO, Torquato. *Teoria da situação jurídica em direito privado nacional.* São Paulo: Saraiva, 1985.

DAMAŠKA, Mirjan R. *The Faces of Justice and State Authority. A comparative Approach to the Legal Process.* New Haven: Yale University Press, 1986.

DEGENKOLB, Heinrich. *Beiträge zum Zivilprozess.* Leipzig: Wilhelm Engelmann, 1905.

DIDIER JR., Fredie. *Cooperação judiciária nacional: esboço de uma teoria para o Direito brasileiro (arts.67-69, CPC).* Salvador: JusPodivm, 2020.

_____. *Fundamentos do princípio da cooperação no direito processual civil português.* Coimbra: Coimbra Ed., 2010.

_____. O princípio da cooperação: uma apresentação. Revista de Processo, nº 127, set., 2005.

DIDIER JR., Fredie; NOGUEIRA, Pedro Henrique Pedrosa. *Teoria dos fatos jurídicos processuais.* Salvador: Jus Podivm, 2011.

DOMEJ, Tanja. Efficiency in the relationship between the judge and the parties: a perspective on the future of Swiss Code of Civil Procedure. *in* UZELAC, Alan; VAN RHEE, Cornelis Hendrik (org.). *Access to Justice and the Judiciary: Towards new European Standards of Affordability, Quality and Efficiency of Civil Adjudication.* Antwerp: Intersentia, 2009.

FABRI, Marco; LANGBROEK, Philip M. Is there a right judge for each case? A comparative study of case assignment in six European countries. *European Journal of Legal Studies*, vol. 1, nº 2, 2007.

FAIRÉN GUILLÉN, Victor. La humanización del proceso: linguaje, formas, contacto entre los jueces y las partes desde Finlandia hasta Grecia. Revista de Processo, vol. 14/15, abr-set, 1979.

FALCÓN, Enrique M. Comunicación y proceso. Revista de Processo, ano 33, nº 157, mar. 2008.

FAZZALARI, Elio. *Istituzioni di Diritto Processuale.* Padova: Cedam, 8ª ed., 1996.

FERREIRA, Gabriela Macedo. O ato concertado entre juízes cooperantes: esboço de uma teoria para o Direito brasileiro. *Civil Procedure Review*, vol. 10, nº 3, set-dez., 2019.

FERREIRA, Maria Gabriela Silva Campos. *O compartilhamento de competências e os atos processuais concertados entre juízes.* Universidade Federal de Pernambuco: Dissertação de Mestrado, 2019.

FONTES, André. *A pretensão como situação jurídica subjetiva.* Belo Horizonte: Del Rey, 2002.

GELSI BIDART, Adolfo. Competencia y delegación. *in Scritti giuridici in memoria di Calamandrei.* Padova: Cedam, 1958, vol. II.

GESDORF, Hubertus. Das Kooperationsverhältnis zwischen deutscher Gerichtsbarkeit und EuGH. *Deutsches Verwaltungsblatt,* jun., 1994.

GINSBURG, Tom; McADAMS, Richard H. Adjudicating in anarchy: an expressive theory of international dispute resolution. *William & Mary Law Review*, vol. 45, 2004.

GLENN, H. Patrick. Persuasive authority. *McGill Law Journal*, nº 32, 1987.

GOLDSCHMIDT, James. *Der Prozess als Rechtslage: eine Kritik des prozessualen Denkens.* Berlin: Julius Springer, 1925.

GOUVEIA, Lúcio Grassi de. A função legitimadora do princípio da cooperação intersubjetiva no processo civil brasileiro. Revista de Processo, ano 34, vol. 172, jun., 2009.

GRECO, Leonardo. *Translatio iudicii* e reassunção do processo. Revista de Processo, vol. 166, 2008.

GÜNTHER, Klaus. *Schuld und kommunikative Freiheit. Studien zur personalen Zurechnung strafbaren Unrechts im demokratischen Rechtsstaat.* Frankfurt am Main: Vittorio Klostermann, 2005.

HARDING, Sarah K. Comparative reasoning and judicial review. *Yale Journal of International Law,* vol. 28, 2003.

HEIRBAUT, Dirk. Efficiency: the Holy Grail of Belgian Justice? Civil Procedure in Belgium (1806-2008). *in* UZELAC, Alan; VAN RHEE,

Cornelis Hendrik (org.). *Access to Justice and the Judiciary: Towards new European Standards of Affordability, Quality and Efficiency of Civil Adjudication.* Antwerp: Intersentia, 2009.

HELFER, Laurence R.; SLAUGHTER, Anne-Marie. Toward a theory of effective supranational adjudication. *Yale Law Journal,* vol. 107, nov., 1997.

HOHFELD, Wesley Newcomb. Some fundamental legal conceptions as applied in judicial reasoning. *in* HOHFELD, Wesley Newcomb (Org.). *Fundamental Legal Conceptions as Applied in Judicial Reasoning and other Legal Essays.* New Haven: Yale University Press.

KANNAN, Phillip. Advisory opinions by Federal Courts. *University of Richmond Law Review,* vol. 32, 1999.

KATYAL, Neal Kumar. Judges as advicegivers. *Stanford Law Review,* vol. 50, 1998.

KISSEL, Otto Rudolf; MAYER, Herbert. *Gerichtsverfassungsgesetz.* München: C.H.Beck, 8ª Ed., 2015.

KLATT, Matthias. *Die praktische Konkordanz von Kompetenzen: Entwickelt anhand der Jurisdiktionskonflikte im europäischen Grundrechtsschutz.* Tübingen: Mohr Siebeck, 2014.

KOHLER, Josef. *Der Prozeß als Rechtsverhältnis: Prolegomena zu einem System des Civilprozesses.* Mannheim: Bensheimer, 1888

_____. Ueber processrechtliche Verträge und Creationen. *Gruchots Beiträge,* XXXI, 1887.

KROTOSZYNSKI JR., Ronald J. Constitutional flares: on judges, legislatures and dialogue. *Minnesota Law Review,* vol. 83, 1998.

LANGBROEK, Philip M.; FABRI, Marco. Internal case assignment and judicial impartiality: comparative analysis. *in* LANGBROEK, Philip M.; FABRI, Marco (dir.). *The right judge for each case: a study of case assignment and impartiality in six European judiciaries.* Antwerp: Intersentia, 2007.

LENT, Friedrich. Zur Unterscheidung von Lasten und Pflichten der Parteien im Zivilprozeß. *Zeitschrift für Zivilprozeß,* vol. 67, nº 5, 1954.

LOTH, Mark A.; MAK, Elaine. The judicial domain in view: figures, trends and perspectives. *Utrecht Law Review,* nº 75, 2007.

LÜKE, Gerhard. Betrachtungen zum Prozeßrechtsverhältnis. *Zeitschrift für Zivilprozeß,* vol. 108, nº 4, 1995.

LUNARDI, Thaís Amoroso Paschoal. *Coletivização da prova: técnicas de produção coletiva da prova e seus reflexos da esfera individual.* Universidade Federal do Paraná: Tese de Doutorado, 2018.

MAK, Elaine. Balancing Territoriality and Functionality; Specialization as a Tool for Reforming Jurisdiction in the Netherlands, France and Germany. *International Journal for Court Administration*, out., 2008.

MARINONI, Luiz Guilherme; ARENHART, Sérgio Cruz; MITIDIERO, Daniel. *Curso de processo civil.* São Paulo: RT, vol. 2.

_____. *Novo Código de Processo Civil comentado.* São Paulo: RT, 2015.

MARINONI, Luiz Guilherme. Da teoria da relação jurídica processual ao processo civil do Estado Constitucional. Revista dos Tribunais, ano 95, vol. 852, out. 2006.

McGOVERN, Francis E. Rethinking cooperation among judges in mass tort litigation. *UCLA Law Review*, vol. 44, 1997.

MEIRELES, Edilton. Cooperação judiciária nacional. Revista de Processo, ano 40, vol. 249, nov., 2015.

MESQUITA, Ethan Bueno de; STEPHENSON, Matthew. Informative precedent and intrajudicial communication. *American Political Science Review*, vol. 96, 2002.

MIKVA, Abner J. Why judges should not be advicegivers: a response to Professor Neal Katyal. *Stanford Law Review*, vol. 50, nº 6, jul., 1998.

MITIDIERO, Daniel. A colaboração como norma fundamental do novo processo civil brasileiro. Revista do Advogado, nº 126, mai., 2015.

_____. Colaboração no processo civil como prêt-à-porter? Um convite ao diálogo para Lênio Streck. Revista de Processo, vol. 194, abr., 2011.

_____. *Processo civil e colaboração.* São Paulo: RT, 2007.

MÜLLER, Thomas M. *Gesetzliche und prozessuale Parteipflichten.* Zürich: Schultess, 2001.

NUNES, Dierle José Coelho. *Processo jurisdicional democrático: uma análise crítica das reformas processuais.* Curitiba: Juruá, 2008.

NUSSBERGER, Angelika. Wer zitiert wen? Zur Funktion von Zitaten bei der Herausbildung gemeineuropäischen Verfassungsrechts. *Juristen Zeitung*, nº 15-16, 2006.

PARSONS, Talcott. On the concept of influence. *The Public Opinion Quarterly*, vol. 47, nº 1, 1963.

_____. On the concept of political power. *Sociological Theory and Modern Society.* New York: The Free Press, 1967.

PEIXOTO, Ravi. Rumo à construção de um processo cooperativo. Revista de Processo, ano 38, vol. 219, mai., 2013.

PICARDI, Nicola. Il principio del contraddittorio. *Rivista di Diritto Processuale*, ano LII, 1998.

REDONDO, Bruno Garcia. Princípio da cooperação e flexibilização do procedimento pelo juiz e pelas partes. Revista Dialética de Direito Processual, nº 133, abr., 2014.

RINCK, Hans-Justus. Gesetzlicher Richter, Ausnahmegericht und Willkürverbot. *Neue Juristische Wochenschrift*, nº 36, 1964.

ROSS, Alf. *Directives and norms.* New York: Humanities Press, 1968.

SARLET, Ingo Wolfgang; MARINONI, Luiz Guilherme; MITIDIERO, Daniel. *Curso de direito constitucional.* São Paulo: RT, 3ª ed., 2014.

SAUER, Heiko. *Jurisdiktionskonflikte in Mehrebenensystemen: Die Entwicklung eines Modells zur Lösung von Konflikten zwischen Gerichten unterschiedlicher Ebenen in vernetzten Rechtsordnungen.* Berlin: Springer, 2008.

SAUER, Wilhelm. *Grundlagen des Prozessrechts.* Stuttgart: Ferdinand Enke, 1919.

SCHÖNKE, Adolf. *Lehrbuch des Zivilprozessrechts.* Karlsruhe: C.F.Müller, 7ª ed., 1951.

SCOTT, Joanne; STURM, Susan P. Courts as catalysts: rethinking the judicial role in new governance. *Columbia Journal of European Law*, vol. 13, 2006.

SENTIS MELENDO, Santiago. Humanización del proceso. *in Estudios de Derecho Procesal.* Buenos Aires: Ejea, vol. I, 1967.

SHANY, Yuval. *Regulating Jurisdictional Relations between National and International Courts.* Oxford: University Press, 2007.

SILVA, Paula Costa e. *Acto e processo. O dogma da irrelevância da vontade na interpretação e nos vícios do acto postulativo.* Coimbra: Coimbra ed., 2003.

SLAUGHTER, Anne-Marie. A global community of courts. *Harvard International Law Journal*, vol. 44, 2003.

_____. A typology of transjudicial communication. *University of Richmond Law Review*, vol. 29, 1994.

_____. Court to court. *American Journal of International Law,* vol. 92, 1998.

_____. Judicial globalization. *Vanderbilt Journal of International Law*, vol. 40, 2000.

SMITH, Eva. Case assignment in Danish courts. *in* LANGBROEK, Philip M.; FABRI, Marco (dir.). *The right judge for each case: a study of case assignment and impartiality in six European judiciaries.* Antwerp: Intersentia, 2007.

SOUZA, Artur César de. O princípio da cooperação no projeto do novo Código de Processo Civil. Revista de Processo, ano 38, vol. 225, nov., 2013.

TESHEINER, José Maria Rosa. Situações subjetivas e processo. Revista de Processo, nº 107, jul.-set. 2002.

THEODORO JR, Humberto. Juiz e partes dentro de um processo fundado no princípio da cooperação. Revista Dialética de Direito Processual, nº 102, set., 2011.

WAMBIER, Luiz Rodrigues; TALAMINI, Eduardo. *Curso avançado de processo civil.* São Paulo: RT, 16ª ed., 2016.

WEILER, Joseph H. H. A quiet revolution: the European Court of Justice and its interlocutors. *Comparative Political Studies,* vol. 510, 1994.

WEILER, Joseph H. H. The transformation of Europe. *Yale Law Journal,* nº 100, 1991.

ZAVASCKI, Teori Albino. Cooperação jurídica internacional e a concessão de *exequatur.* Revista de Processo, ano 35, vol. 183, mai., 2010.

O JUIZ INTIMIDADOR: UMA ADVERTÊNCIA

Araken de Assis

SUMÁRIO: Introdução. **1.** Do processo liberal ao processo autoritário ou do juiz espectador ao juiz diretor. **2.** Do juiz diretor ao juiz intimidador. Conclusão.

Introdução

Surgiu, nos últimos tempos, o costume de as pessoas investidas na função judicante, ao julgarem recursos, lançar dura advertência à parte vencida e, particularmente, ao respectivo advogado, que a interposição de nova impugnação acarretar-lhe-á a imposição de multa pelo ato, imaginado desde logo descabido e protelatório, ou a exacerbação da multa já aplicada.

Ao nosso ver, cuida-se de sintoma de um mal mais profundo que enferma o processo civil e se prende à sua concepção dominante de visar o instrumento instituído pelo Estado precipuamente à realização do direito objetivo, satisfazendo seu fim "social", ao invés de visar à solução justa do litígio das partes. Por conseguinte, o problema se entronca na ideologia – palavra geralmente proscrita nos estudos doutrinários, posto que latente – adotada na lei processual brasileira desde o CPC de 1939, o nosso primeiro código nacional unitário, fonte primária do autoritarismo.

E há outro aspecto digno de cuidadosa, mas franca menção. A origem dessa advertência disseminada com a velocidade de uma pandemia – o exemplo vem de cima – se deve a insignes magistrados (não de todos, há de se reconhecer) que ocupam cátedras no Superior Tribunal de Justiça. Em geral, alegam que lhes cabe julgar recursos em número excessivo – realidade inconteste e notória – e, portanto, necessitam envidar esforços para coibir a recorribilidade nos Tribunais Superiores. Ora, esses magistrados se candidataram voluntariamente ao cargo, decerto cônscios do volume de serviço que lhes aguardava; entretanto, obtida a ambicionada investidura, após a competição que lhes reconheceu valiosos predicados, logo passam a reclamar das condições de trabalho desfavoráveis, contaminados por profundo e incontido amargor. Por óbvio, semelhante reclamação não tem sentido e, em boa medida, contradiz a postulação para a qual tanto se empenharam.

O motivo pelo qual esse modesto estudo enfrenta questão que, na melhor das hipóteses, granjeará simpatia silenciosa, senão desagrado de quem adota a orientação censurada, buscando desvelar o fundamento ideológico da insólita advertência mencionada, prende-se a dois fatores concorrentes. Em primeiro lugar, como revela a citação inicial do homenageado SÉRGIO BERMUDES, ninguém pode se furtar à crítica no seio da democracia,[1] incluindo os magistrados da mais elevada estatura institucional. Ademais, SÉRGIO BERMUDES sempre se destacou pela cordialidade no trato pessoal, de um lado, e na intransigente defesa das prerrogativas profissionais dos advogados, de outro lado. Essa última é o móvel do presente estudo.

Aproveitando o tom informal que sempre marcou as palestras e os trabalhos do nosso homenageado, permito-me registrar que, nesse último intento, SÉRGIO BERMUDES sempre atuou com elogiável desassombro, sem nunca ultrapassar os limites socialmente desejáveis nos seus protestos. Em certa oportunidade, não tendo sido recebido por Desembargador do Egrégio Tribunal de Justiça do Rio Grande do Sul, relator de recurso do seu interesse, não hesitou em endereçar missiva ao então Presidente da Corte, que é o *primus inter pares* e, por igual, o único corregedor concebível da atividade dos seus colegas, reclamando do que entendeu flagrante violação da sua prerrogativa. O episódio rendeu troca de correspondências até que, levado o assunto ao órgão especial, sugeri seu arquivamento, porque, entrementes, houvera solução satisfatória – chegara a notícia que o Desembargador recebera, enfim, o célebre advogado que se deslocara do Rio de Janeiro para Porto Alegre, e tudo não passara de desencontro casual.

Feito o registro de que, sem protesto, não se emendam os erros mais banais, passa-se a expor a ideologia que assoalha a advertência mencionada no início.

1. Do processo liberal ao processo autoritário ou do juiz espectador ao juiz diretor

A divisão das atividades processuais entre as partes e o órgão judicial no processo civil constitui crucial problema de política legislativa.

---

1 *"Entretanto, se, pelas funções que exercem, os juízes não se podem vergar ao clamor público, nem cortejar a popularidade, cumpre-lhes não medir esforços para se explicarem, para se justificarem, tolerando a crítica a que ninguém pode ficar imune na democracia, para transmitirem a certeza de que agem com seriedade, nutridos dos propósitos mais puros e mais elevados".* Sérgio Bermudes, Realidade e disfunções do Judiciário, p. 195. **Direito processual civil: estudos e pareceres: 3.ª série**. São Paulo: Saraiva, 2002.

Conforme se verifique o predomínio dos poderes de direção do órgão judicial, ou prevaleça o domínio das partes sobre o material de trabalho e a marcha do processo, filia-se o sistema a determinada ideologia: no primeiro caso, autoritária; no segundo, liberal.

Logo se impõe a observação que não se concebe processo sem que ao órgão judicial seja dado o mais importante poder do seu nobre e relevante ofício: o poder de decisão. Quaisquer que sejam as finalidades da jurisdição, resolver o conflito ou realizar o direito objetivo – ou melhor: concretizar os direitos fundamentais –, o órgão especialmente instituído pelo Estado para cumprir a tarefa encarregar-se-á de emitir decisão, ao cabo do itinerário programado no procedimento, e semelhante pronunciamento vinculará os litigantes. Não reside, nesse ponto, a divergência. Existem outros aspectos a considerar: a iniciativa de instaurar o processo, a formação do mérito ou objeto litigioso, os limites do futuro julgamento, o impulso nas atividades processuais, a produção dos meios de prova e a tentativa de reconciliar os desavindos.

O processo liberal, que predominou nos sistemas jurídicos de *Civil Law* até o primeiro quartel do Século XX, responderia que tudo isso integra o domínio das partes. Verdade que o processo liberal vicejava em sociedade muito diferente da contemporânea. No entanto, seus traços subsistiram às mudanças promovidas, a partir de célebre reforma do processo civil austríaco, no final do Século XIX, e que rendeu uma anômala greve de advogados em Viena, na esteira do intervencionismo estatal na economia, pelos regimes autoritários da Alemanha, de Portugal e da Itália, fontes de inspiração para o CPC brasileiro de 1939, e, subsequentemente, do CPC de 1973.

Em primeiro lugar, o processo civil liberal assegura aos particulares a iniciativa exclusiva de provocar, ou não, a intervenção do Estado para resolver a lide, buscando a satisfação do interesse privado, após medir e sopesar os riscos e as vantagens da pugna judiciária. É o chamado princípio da oportunidade: o processo civil instaura-se por iniciativa do particular, após medir a conveniência dessa atitude, e as partes assumem o custo financeiro e os riscos do vencimento da demanda em juízo. Ao mesmo tempo, o domínio das partes arranca da definição da matéria do litígio (mérito ou objeto litigioso). Até hoje se controverte se o réu contribui ou não para essa definição. Ao nosso ver, ao deduzir defesa de mérito indireta, ou seja, alegar exceções e objeções substantivas, há essa dilatação. Porém, o que importa, seja por iniciativa exclusiva, seja por iniciativa conjunta, reside na circunstância de as partes estabelecem a matéria que o órgão judicial há de julgar, vinculando-o a tais limites (princípio da congruência). Por outro lado, incumbe unicamente às partes ministrar os meios de prova que permitirão à autoridade judiciária emitir o juízo de fato, vinculando-o, portanto, também sob esse aspecto. E, por igual, a movimentação do processo para chegar à fase de julgamento subordina-se unicamente à iniciativa das partes. O chamado princípio dispositivo, nesse modelo, opera de vários modos distintos, mas convergentes: a definição do mérito, a administração das provas, o impulso processual e a congruência da decisão com o mérito e as provas efetivamente produzidas.

Embora seja dado ao órgão judicial, empregando seu largo tirocínio, conhecer, selecionar e aplicar (*iura novit curia*) a norma que incidirá na solução do conflito, o restante do seu material de trabalho imprescindível à realização dessa tarefa, que é o conhecimento dos fatos alegados, subordina-se à iniciativa das partes. Às partes caberá alegar, e, principalmente, provar os fatos que originaram o litígio, por sua conta e risco. Não se confia ao juiz, por conseguinte, a direção material do processo. Por tal entende-se: a faculdade de promover a investigação, *ex officio*, dos fatos alegados, com o fito de impedi-lo, psicologicamente, de abandonar a posição de terceiro imparcial; e, em menor medida, a possibilidade de introduzir fatos novos no processo.

Retrata o processo com essas características frisante uma autêntica luta – a reminiscência da ordália, ou "Juízo de Deus", não é casual – ou competição entre adversários formalmente iguais, um jogo de poder, de astúcia e de sorte a cargo dos advogados das partes, sob a distante e complacente fiscalização do juiz. E o órgão judiciário assume a atitude de simples espectador – esses rótulos, caricatura da maior ou menor atividade e passividade do juiz, buscam resumir a posição do juiz em cada modelo e ordenamento jurídico,[2] ressalva feita ao momento em que decidirá a causa – se e quando o processo alcançar a fase decisória por obra das partes.

Em termos gerais, a feição liberal ainda impera no *adversarial system* prevalecente no *Common Law*. Em tal esfera, sublinha-se que a apresentação da demanda e o processamento da causa constituem tarefas das partes, desempenhando o órgão judicial "*an essentially passive arbiter*".[3]

---

2 *V.g.*, Niceto Alcalá-Zamora y Castillo, El papel del juez en la direción del proceso civil mexicano n° 21, pp. 385-386. **Derecho procesal mexicano**. Vol. 1. Cidade do México: Porrúa, 1976.

3 Fleming James Jr., Geoffrey C. Hazard Jr. e John Leubsdorf, **Civil procedure**, § 1.2, p. 5. 5ª ed. Nova Iorque: Foundation Press, 2001.

A despeito de a complexidade dos litígios na sociedade pós-moderna, em especial a das ações coletivas,[4] comprometer a pureza primitiva do sistema, outorgando ao juiz papel mais ativo,[5] a forte tradição liberal nos Estados Unidos da América impediu transformações mais profundas.

No âmbito do *Civil Law*, no último quartel do Século XIX até a primeira metade do Século XX, em razão da maior intervenção do Estado na economia e nos demais os setores da vida privada, ocorreu importante mudança de rumos.[6] Os fins sociais e econômicos do processo civil modificaram-se, partindo da constatação de que o processo jamais fora bem em si mesmo, mas agasalhava o escopo de realizar o direito objetivo.[7] Para essa finalidade, o órgão judiciário precisaria assumir atitude mais participativa, abandonando a inércia do espectador indiferente, e, assim, dirigir o processo e, principalmente, intervir a favor da parte mais fraca, equilibrando a disputa. Esse arranjo distinto entre os poderes do órgão judicial e o domínio das partes caracterizou o CPC de 1939 – a exposição de motivos do então Ministro da Justiça FRANCISCO CAMPOS é elucidativa – e o CPC de 1973, nada obstante seja mais comedido na franqueza reveladora dos seus propósitos.

O órgão judicial assumiu, nesses diplomas, a direção formal e a direção material do instrumento de resolução dos conflitos como inelutável imperativo dos seus fins públicos. Passou da posição de mero espectador ao papel ativo de diretor de um processo dominado por sua autoridade – daí a designação de processo civil autoritário. Subsistiram nesse modelo: (*a*) a iniciativa da parte (não do particular, pois órgãos do Estado, a exemplo do Ministério Público, exercem o poder de iniciativa) na formação do processo; (*b*) o domínio das partes na definição do objeto litigioso; e (*c*) a vinculação do órgão judiciário ao material debatido. Fora desse espaço mínimo de liberdade, avultam os poderes de direção formal e material do processo, cujo emprego tende a criar um ambiente sufocante e hostil à liberdade.

Em termos gerais, a direção formal (*formelle Prozessleitung*) compreende os poderes de impulso do processo, retirando o andamento do

---

4 Richard D. Freer, **Civil procedure**, § 1.1, p. 6. 2ª ed. Austin: Wholters Kluwer, 2009.

5 Kevin M. Clermont, **Principles of civil procedure**, § 7.2, p. 423. Saint Paul: Thomson-West, 2005.

6 *Vide*, Juan Montero Aroca, Il processo civile "sociale" come strumento di giustizia autoritaria, n° 5, p. 564. **Rivista di Diritto Processuale**. V. 49. Pádua: Cedam, 2004.

7 Vittorio Denti, Il processo come strumento di politica sociale, n° 1, p. 53. **Processo civile e giustizia sociale**. Milão: Edizioni di Commmunità, 1973.

processo da iniciativa exclusiva das partes, conforme atualmente proclama o art. 2°, segunda parte, do CPC; a direção material (*materielle Prozessleitung*) abrange a introdução, *ex officio*, de fatos não alegados pelas partes, a exemplo dos fatos supervenientes (art. 493 do CPC), e, principalmente, a investigação oficial dos fatos, tocando ao órgão judiciário, após fixar o tema da prova, ordenar a produção de qualquer meio de prova a fim de esclarecer-se a contento (art. 370, *caput*, do CPC).[8] Não bastará ao juiz conhecer o direito para decidir a causa. Também precisará investigar os fatos para desempenhar a sua função, vedado, porém, o respectivo conhecimento privado (*v.g.*, o juiz assistiu o acidente que o caráter aleatório da distribuição lhe confiou para julgar). O uso dos poderes de instrução evitará que, no julgamento, revelando-se infrutífera a instrução, o órgão judicial utilize a orientação haurida do ônus da prova, na sua qualidade de regra de julgamento para impedir o *non liquet*. É possível dizer que esse juiz, todavia mais ideal do que real, preocupando-se em julgar bem, quer julgar informado e, para essa finalidade, empregará os meios que a lei também predispõe para as partes e perante os quais uma, ou ambas, se desinteressaram de usar por negligência ou por cálculo malicioso. Curiosamente, as pessoas investidas na função judicante em primeiro grau, no qual ordinariamente se produzem as provas (por exceção, revelando-se incompleta a instrução da causa, a prova poderá se produzir no tribunal, a teor do art. 938, § 3°, do CPC), não demonstram inclinação de determinar provas *ex officio*.

O objetivo geral de o juiz dirigir o processo nesses moldes, conforme proclama o art. 139, I, do CPC, consiste em ir além da igualdade formal e assegurar a igualdade material dos litigantes. E, justamente, nesse ponto tão caro ao sistema, o processo civil autoritário fracassou de forma rotunda. Nada mais convincente que a assunção dos riscos financeiros para demonstrar o insucesso da receita, abstraída a circunstância de a solução do litígio demorar muitíssimo mais com o processo autoritário do que ao tempo do processo liberal. Com efeito, o ingresso em juízo há de ser muito bem medido e ponderado nos sistemas processuais que não isentam as partes dos riscos financeiros. Uma demanda aventureira ou mal fundada pode arruinar financeiramente o litigante temerário. Ora, formalmente iguais, na realidade as partes talvez se situem em posições materialmente desiguais, e o acesso à Justiça talvez seja inviável ao particular desprovido de recursos. Para remediar essa

8 Hans-Joachim Musielak, **Grundkurz ZPO**, § 3°, II, d),n° 105, p. 65. 8ª Ed. Munique: C. H. Beck, 2005.

situação, desenvolveram-se no curso do Século XX diversos sistemas de *legal aid*, ou assistência judiciária, isentando a parte reconhecidamente vulnerável do custo e, principalmente, do risco financeiro do processo. Entre nós, por força de disposição constitucional, contemplam-se dois sistemas paralelos: (*a*) a assistência prestada por órgãos do Estado, ou seja, pela Defensoria Pública; (*b*) o benefício da gratuidade, conferido individualmente, em que o vulnerável será patrocinado por advogado privado. A generalização desses mecanismos de *legal aid*, por sem dúvida benéficos e necessários, representam um dos motivos do aumento exponencial no número de litígios. A concessão quase automática da gratuidade, baseando-se o órgão judicial em simples presunção da veracidade da alegação do litigante nesse sentido, quanto às pessoas naturais, estendeu a gratuidade a quem, a rigor, não precisa e dela faz uso indevido. Sem prejuízo dessa distorção, a gratuidade em si apresenta séria desvantagem: sem riscos financeiros, a contraparte pode ser acossada impunemente por ações judiciais infundadas. Os riscos do insucesso em juízo são distribuídos desigualmente: o vulnerável jamais perde, quando muito deixa de ganhar; o litigante dotado de fortuna perderá sempre, no mínimo suportando as despesas do processo e os honorários do seu próprio advogado, embora vencedor *de meritis*. É tão grave esse efeito colateral que a simples introdução do princípio da sucumbência no processo trabalhista diminuiu, significativamente, o número de litígios.

Tampouco parece difícil visualizar a ideologia que inspira o processo civil autoritário. A esse respeito, conjugaram-se duas correntes antagônicas, mas harmônicas na finalidade de incrementar a intervenção estatal: de um lado, o socialismo; de outro, o fascismo. É expressiva a influência ambivalente recebida no direito alemão desde a reforma nazista de 1933, que alterou a veneranda *Zivilprozessordenung*, e, após a reunificação, a recepção de certas particularidades do processo da chamada República Democrática. Uma piada conhecida diz que todos os alemães eram nazistas até 1945, exceto na parte oriental, onde todos eram aparentemente comunistas. A social-democracia alemã convive muito bem com essa herança comum.

O fracasso do modelo autoritário – o tempo médio de duração dos processos, na vigência do CPC italiano de 1865 (liberal), era bem menor que o do CPC italiano de 1940 (autoritário) – não esmoreceu os adeptos da receita. Chegou-se ao requinte, em outros sistemas jurídicos, de habilitar o órgão judicial de advertir a parte da insuficiência no desempenho do seu advogado, e, conforme a hipótese, substituí-lo por outro. E vai-se além, sustentando: (*a*) a simplificação da forma dos atos processuais e, conseguintemente, a flexibilidade do procedimento predeterminado, conferindo poderes discricionários ao juiz; (*b*) a direção elástica do processo, rompendo com o mito da neutralidade do órgão judiciário e outorgando-lhe poderes indeterminados de "gestão"; (*c*) a relatividade dos prazos processuais e da preclusão dos poderes das partes, pois a consumação das etapas do procedimento podem constituir obstáculo à descoberta da verdade material ou "real".[9]

Por sinal, a última meta consagra um dos maiores mitos no imaginário dos processualistas autoritários. Embora seja dever de as partes exporem ao juiz os fatos conforme à verdade (art. 77, I, do CPC), e a alteração (ao nosso ver, o ato reclama prova da intenção) dos fatos provoca sanção por dolo processual (art. 80, II, do CPC), representará flagrante ingenuidade a observância desse preceito; na realidade, cada parte expõe os fatos conforme às suas conveniências e aos seus interesses, ou seja, na sua versão mais favorável e promissora para obter êxito. Já se controverteu acerbamente sobre a conveniência de estabelecer semelhante dever,[10] porque comprometeria a equidistância do órgão judiciário. Seja como for, assentada sua subsistência nos dois últimos códigos processuais, cumpre realçar que a verdade é um problema metafísico, estranho aos domínios do processo civil. E a própria lei reconhece lisamente a impossibilidade de alcançá-la, senão acidentalmente, motivo por que o art. 504, II, do CPC declara não se tornar indiscutível em processos futuros "a verdade dos fatos, estabelecida como fundamento da sentença".

Por evidente, no processo como alhures, a intervenção estatal oprime a liberdade das partes. A estrutura do procedimento não deve comportar modificações individuais, a critério de cada órgão judicial, exigindo regime único e uniforme para causas similares. O formalismo intrínseco ao procedimento protege as partes contra o arbítrio do juiz, nada obstante as boas intenções, e lhes garante o respeito aos direitos fundamentais processuais e aplicação uniforme do mesmo direito a causas substancialmente idênticas.[11] Ocioso frisar que a dilatação dos prazos processuais peremptórios (art. 139, V, e parágrafo único, do CPC) e

9 Luigi Paolo Comoglio, Direzione del processo e responsabilità del giudice, n° 1, pp. 485-486. **Studi in onere di Enrico Tullio Liebman**. Vol. 1. Milão: Giuffrè, 1979.

10 Enrico Tullio Liebman, Il fondamento del principio dispositivo, pp. 3-17. **Problemi del processo civile**. Nápoles: Morano, 1962.

11 Fritz Baur, **La socializacion del processo**, n° 5, pp. 15-16. Salamanca: Universidad de Salamanca, 1980.

o uso de poderes executórios indeterminados (art. 139, IV, do CPC) não se harmonizam com o processo constitucionalmente justo e equilibrado. Por um lado, a dilatação dos prazos peremptórios para uma das partes, benefício negado à outra, serve para etiquetar um dos litigantes como o malvado em confronto com o virtuoso. O fato é que economicamente poderoso (*v.g.*, a empresa de banco) pode ter razão no litígio com o vulnerável (*v.g.*, o cliente). O processo não é, nem sequer legítimo transformá-lo, luta entre o bem e o mal. E, por outro lado, poderes executórios indeterminados, *a priori*, violam a cláusula do devido processo (art. 5°, LIV, da CF/1988), segundo a qual ninguém será privado dos seus bens e direitos sem roteiro prefixado na lei.

Eventual convenção da parte (art. 190 do CPC), em tese hábil a disciplinar os poderes do órgão judicial, submete-se ao seu controle prévio. É pouco crível que o órgão judiciário, a mais das vezes, abdicará do seu arsenal de poderes para retornar à posição de espectador do desenvolvimento do processo. Também parece improvável que, na pendência do processo, os advogados das partes encontrem vagares e disposição para semelhante ajuste. Os negócios jurídicos processuais se tornarão realidade quando os advogados obtiverem como regra, *v.g.*, a duplicação do prazo fixado em lei para debate oral no julgamento dos recursos nos tribunais. Então, sim, poder-se-á gabar a convenção do art. 190 como franquia contra o autoritarismo.

Aqui interessa outra faceta do processo civil autoritário: os copiosos deveres impostos às partes. De nada adiantaria constranger as partes se o descumprimento dos deveres previstos no art. 77 do CPC não viesse acompanhado de pesadas sanções pecuniárias. Assim, o art. 81 do CPC prevê a aplicação à parte desobediente de multa, "que deverá ser superior a um por cento e inferior a dez por cento do valor da causa", a par de indenizar a parte contrária pelos prejuízos sofridos e de arcar, ainda que vencedora, com os honorários advocatícios do vencido "e com todas as despesas que efetuou". Em contrapartida, o órgão judiciário somente responderá pelas custas do incidente de impedimento e de suspeição e, nesse último caso, se a suspeição for "manifesta" (art. 146, § 5°, do CPC). É tão intenso o fervor de erigir punições às partes que o art. 246, § 1°-C, do CPC, na redação da Lei 14.195/2021, instituiu outra multa de até cinco por cento sobre o valor da causa para o réu que, no prazo de três dias, não acusar o recebimento da citação por via eletrônica no endereço cadastrado para tal fim.

Fixado o panorama, no que tem de essencial, abre-se oportunidade para examinar a legalidade do ato judicial que, antecipando-se a acontecimento futuro e de teor desconhecido (a interposição de recurso), pretende intimidar o advogado da parte com sanção pecuniária.

2. Do juiz diretor ao juiz intimidador

A inaudita concentração de poderes no órgão judicial, em detrimento da liberdade das partes, suscita críticas variadas. O modelo autoritário ou social entrou em crise e, moribundo, debate-se para não sucumbir sem alguém para lhe encomendar a alma. Esse modelo de processo aumentou o tempo de duração dos litígios; incentivou a litigância irresponsável, isentando dos riscos financeiros a maioria dos litigantes; submete as partes ao subjetivismo do órgão judicial e produz decisões desiguais, escassamente motivadas e, não raro, constitucionalmente ilegítimas. Em seus fundamentos ideológicos, opera o mito do caráter público do processo, em que o juiz, para satisfazer os fins sociais do mecanismo instituído para resolver lides, há de realizar justiça, malgrado as partes, e precisa dos mais extensos poderes para desempenhar as respectivas funções.[12] Esqueceu o aspecto mais elementar e decisivo: o processo há de resolver o litígio das partes, e, não, servir de instrução de opressão pelo Estado-juiz, trocando os fins pelos meios. Não se quer o juiz escravo da lei, tampouco deseja-se o juiz dono do processo e, ainda, menos o juiz que atue como suserano a distribuir (má) justiça aos seus vassalos.

Em razão desses motivos, caudalosa corrente doutrinária, haurindo forças de sólidos subsídios da hermenêutica, propugna a troca de modelo, reestabelecendo o domínio das partes parcialmente. Vale assinalar que, vigente a atual *Ley de Enjuiciamiento Civil* espanhola, travou-se duro debate em torno do desaparecimento do poder instrução do órgão judiciário, dividindo-se as opiniões acerca do tema.[13] É justo dizer que a disposição espanhola, além de contemplar o dever de o juiz informar à parte de que a prova até então produzida não se revela suficiente para

12 Juan Montero Aroca, Il processo civile "sociale" come strumento di giustizia autoritária, n° 6, p. 567.

13 *Vide*, Giovanni Verde, Le ideologie del processo in un recente saggio, pp. 676-698. **Rivista di Diritto Processuale**. Vol. 44. Pádua: Cedam, 2002; Girolamo Monteleone, Principi e ideologie del processo civile: impressioni di un "rivisionista", pp. 574-582. **Rivista Trimestrale di Diritto e Procedura Civile**. Vol. 57. Milão: Giuffrè, 2003; Franco Cipriani, Il processo civile tra vecchi ideologie e nuovi slogan, pp. 454-466. **Rivista di Diritto Processuale**. Vol. 58. Pádua: Cedam, 2003.

atingir êxito, em que pese o aviso não representar iniciativa probatória,[14] comporta mais de uma interpretação. E há quem sustente a possibilidade de o juiz ordenar a produção de prova *ex officio*.[15] O debate envolve, no plano geral, o espaço de liberdade conferido às partes para encaminhar a solução do litígio. O contraditório assume, nesse ponto, predominância. Em outras palavras, "o processo inspirado pelo princípio do contraditório se baseia na 'verdade' de cada parte e na existência de um terceiro imparcial, que não se transforma em investigador dos fatos objetivamente existentes, mas é simples verificador dos fatos afirmados por cada uma das partes, com os elementos probatórios das partes e respeitando as regras de procedimento instituídas em garantia das partes".[16] E, realmente, transformado em investigador oficial, o juiz invade área reservada à parte e, na realidade, toma partido na causa, rompendo a promessa estatal de um processo justo e equidistante dos interesses concretos manifestados no processo. Eventual interesse público em produzir resultado justo é secundário. Em litígios envolvendo interesses disponíveis, não tem o menor cabimento a intervenção judicial. Não se trata de fazer prevalecer o coletivo sobre o individual.[17] Essa visão fatalmente conduziria à supressão dos direitos fundamentais da pessoa humana. Impende edificar uma estrada em que os usuários disponham de equipamentos equivalentes para percorrê-la na mão e na contramão.

Nada obstante esses imensos e incontroláveis poderes do órgão judicial, em nenhum momento a Constituição ou as leis processuais lhe conferiram atribuição para intimidar as partes com sanções futuras pelo que (ainda) não fizeram. A única advertência prevista e, ainda assim sem qualquer cominação e relativa a fato já acontecido, avulta no art. 772, IV, do CPC, segundo o qual cumpre ao juiz "advertir o executado de que seu procedimento constitui ato atentatório à dignidade da justiça". E as normas de direito processual são de ordem pública, e, portanto, indisponíveis para todos os sujeitos da relação processual. É muito antiga a tese de que o procedimento deve ser elástico, ou flexível, adequado ao

14 Manuel Ortells Ramos, **Derecho procesal civil**, p. 351. 6ª ed. Navarra: Thomson-Arazandi, 2005.

15 Joan Picó y Junoy, I principi del nuovo processo civile spagnolo, pp. 75-77. **Rivista di Diritto Processuale**. Vol. 58. Pádua: Cedam, 2003.

16 Juan Montero Aroca, Il processo civile "sociale" come strumento di giustizia autoritária, n° 9, p. 578.

17 Idem, ob. cit., n° 10, p. 579

objeto litigioso.[18] Mas, naquela altura, a adequação dependeria do prévio consenso das partes.[19] Se o processo civil se destina a satisfazer os interesses das partes, a elasticidade mostrar-se-á bem-vinda: a velocidade do movimento processual precisa atender as necessidades dos protagonistas. Quer dizer, o processo "deve ser movimentado agilmente se uma das partes, respeitada a defesa da outra, assim o deseja; deve andar lentamente, se às partes convêm a lentidão; e deve ser extinto, inclusive de ofício, se as partes pretendem que ele fique paralisado indefinidamente".[20] Essas modulações, como acontece com a extinção do processo em razão do abandono durante mais de um ano, necessitam de explícita previsão legal, a fim de não perder de vista a igualdade e a previsibilidade das resoluções judiciais. Fora daí, entretanto, o que não se encontra antecipadamente previsto na lei não é dado ao órgão judicial praticar.

Por outro lado, a advertência, aqui criticada, porque constitucionalmente ilegítima e exorbitante da lei processual, a despeito de ser apresentada como proteção ao vencedor, interessado em obter solução definitiva o quanto antes, tem efeito perverso e endereço certo: negar a palavra ao advogado. Nem sequer o regime militar, entre 1964 e 1985, patrocinou tal afronta à advocacia e cerceou a voz de eminentes advogados, como SOBRAL PINTO, edificante exemplo de coragem e de altivez na defesa dos perseguidos por opiniões políticas. É desalentador que, no Estado Constitucional Democrático, sobrevenha o intento de calar os advogados e de desestimulá-los de praticar atos processuais. Não raro se recorda que não se deve temer o juiz ditador, porque jamais se configurou, na história política, uma ditadura de juízes. O motivo é outro. A tirania judiciária atinge as partes e, às vezes, terceiros, por isso é subjetivamente limitada. Não se afigura menos nociva.

Se o futuro recurso será, ou não, inadmissível ou protelatório, há de se decidir, *a posteriori*, após julgá-lo conscienciosamente, ponderando seus fundamentos com serenidade e sabedoria, conforme se espera do terceiro imparcial. Então, comprovado o caráter protelatório da impugnação, e havendo previsão legal (*v.g.*, nos embargos de declaração, a multa de dois por cento sobre o valor da causa, a teor do art. 1.026, §

18 Francesco Carnelutti, Lineamenti della riforma del processo civile di cognizione, n° 41, pp. 398-401. **Studi di diritto processuale**. Vol. 4. Pádua: Cedam, 1939.

19 Idem, ob. cit., n° 41, p. 399.

20 Franco Cipriani, Il processo civile italiano tra efficienze e garanzia, n° 5, p. 1.256. **Rivista Trimestrale di diritto e procedura civile**. Vol. 46. Milão: Giuffrè, 2002.

2°, do CPC), caberá a sanção pecuniária. O que não se pode admitir é a evolução do juiz diretor para o juiz intimidador.

Fica aqui assinalada a quem interessas possa a franca advertência de sentido contrário: não integra a nobilíssima função judicante, ocupada por homens e melhores que nutrem os mais sinceros e elevados propósitos de desempenhá-la com isenção e eficiência, a intimidação prévia das partes contra a prática de determinado ato processual.

Conclusão

É intolerável, no Estado Constitucional Democrático, o juiz ditador (modelo totalitário) e o juiz diretor (modelo autoritário).[21] O meio termo, o juiz intimidador, tampouco pode ser admitido.

O problema é, sobretudo, ideológico. As leis processuais de 1939, 1973 e de 2015, sem embargo da última abrir espaço teórico ao domínio das partes no art. 190 e em disposições similares, adotaram o autoritarismo. Mas, se a Constituição vigente partiu do princípio da dignidade da pessoa humana, apresentando sua maior expressão nos direitos fundamentais, e o CC de 2002 trocou o paradigma patrimonialista para centralizar-se na pessoa humana, chegou o momento de a lei processual alterar a ênfase nos poderes do órgão judicial para o domínio das partes no processo civil, retirando poderes oficiais que se revelaram contraproducentes.

Referência bibliográfica

ALCALÁ-ZAMORA Y CASTILLO, Niceto. El papel del juez en la direción del proceso civil mexicano. **Derecho procesal mexicano**. Vol. 1. Cidade do México: Porrúa, 1976.

BAUR, Fritz. **La socializacion del processo**. Salamanca: Universidad de Salamanca, 1980.

BERMUDES, Sérgio. Realidade e disfunções do Judiciário. **Direito processual civil: estudos e pareceres: 3ª série**. São Paulo: Saraiva, 2002.

CARNELUTTI, Francesco. Lineamenti della riforma del processo civile

21 *Vide*, Luigi Paolo Comoglio, Direzione del processo e responsabilità del giudice, n° 1, p. 478.

di cognizione. **Studi di diritto processuale**. Vol. 4. Pádua: Cedam, 1939.

CIPRIANI, Franco. Franco Cipriani, Il processo civile italiano tra efficienze e garanzia. **Rivista Trimestrale di diritto e procedura civile**. Vol. 46. Milão: Giuffrè, 2002.

____. Il processo civile tra vecchi ideologie e nuovi slogan. **Rivista di Diritto Processuale**. Vol. 58. Pádua: Cedam, 2003.

CLERMONT, Kevin M. **Principles of civil procedure**. Saint Paul: Thomson-West, 2005.

COMOGLIO, Luigi Paolo. Direzione del processo e responsabilità del giudice. **Studi in onere di Enrico Tullio Liebman**. Vol 1. Milão: Giuffrè, 1979.

DENTI, Vittorio. Il processo come strumento di politica sociale. **Processo civile e giustizia sociale**. Milão: Edizioni di Commmunità, 1973.

FLEMING, James Jr.; Hazard Jr., Geoffrey C; Leubsdorf, John. **Civil procedure**. 5ª ed. Nova Iorque: Foundation Press, 2001.

FREER, Richard D. **Civil procedure**. 2ª Ed. Austin: Wholters Kluwer, 2009.

LIEBMAN, Enrico Tullio. Il fondamento del principio dispositivo. **Problemi del processo civile**. Nápoles: Morano, 1962.

MONTELEONE, Girolamo. Principi e ideologie del processo civile: impressioni di un "rivisionista". **Rivista Trimestrale di Diritto e Procedura Civile**. Vol. 57. Milão: Giuffrè, 2003.

MONTERO AROCA, Juan. Il processo civile "sociale" come strumento di giustizia autoritaria. **Rivista di Diritto Processuale**. Vol. 49. Pádua: Cedam, 2004.

MUSIELAK, Hans-Joachim. **Grundkurz ZPO**. 8ª Ed. Munique: C. H. Beck, 2005.

ORTELLS RAMOS, Manuel. **Derecho procesal civil**. 6ª ed. Navarra: Thomson-Arazandi, 2005.

PICÓ Y JUNOY, Joan. I principi del nuovo processo civile spagnolo. **Rivista di Diritto Processuale**. Vol. 58. Pádua: Cedam, 2003.

VERDE, Giovanni. Le ideologie del processo in un recente saggio. **Rivista di Diritto Processuale**. Vol. 44. Pádua: Cedam, 2002.

ONE SIZE DOESN'T FIT ALL: A PRESERVAÇÃO DA AUTONOMIA INDIVIDUAL COMO FUNDAMENTO IMPLÍCITO DO IRDR

Bruno Dantas

Caio Victor Ribeiro dos Santos

Introdução

A lei traz, e a doutrina invoca, dois fundamentos para explicar a criação do Incidente de Resolução de Demandas Repetitivas: isonomia e segurança jurídica.

O primeiro porque se duas situações jurídicas idênticas, levadas ao Poder Judiciário no mesmo período histórico, recebem soluções diversas, dessa disparidade nasce uma violação ao princípio constitucional da isonomia. O segundo porque a existência de soluções diversas para casos iguais dificulta a interpretação de um caminho seguro para o futuro, do que decorre a violação à segurança jurídica.

Este ensaio – que não revistará exaustivamente o tema – pretende explorar a hipótese de que o IRDR tem outro fundamento que não apenas a isonomia e segurança jurídica, e que esse fundamento lhe é implícito: a preservação da autonomia individual.

O artigo trabalha com a ideia de que a tutela pluri-individual é uma reação a certas experiências fracassadas da tutela coletiva norte-americana; que, do outro lado do atlântico, tendo observado a crescente documentação dos problemas de devido processo legal atrelados à *class actions for damages*, a Europa seguiu um caminho alternativo, consciente do coletivismo que pretendia evitar; e que aí se inserem o *Musterverfahren* e a *Group Litigation Order*, que serviram de inspiração para o IRDR no Brasil.

O modelo procedimental desses mecanismos é concebido para evitar, ou no mínimo mitigar, o problema do "*one size fits all*"[1]. Na tu-

1 REDISH, Martin H.; KARABA, Julie M. **One size doesn't fit all: multidistrict litigation, due process, and the dangers of procedural collectivism**. Boston University Law Review, vol. 95, 2015. Disponível em: <https://www.bu.edu/bulawreview/files/2015/02/REDISH.pdf> Acesso em: 01. fev. 2022. Trata-se do que

tela pluri-individual não se veda a ninguém a oportunidade de ajuizar sua demanda individual, com a sua respectiva definição particular e individualizada dos argumentos jurídicos e pedidos, além da escolha do seu próprio representante legal, o que, em regra, gera um nível maior de controle do processo. Tais técnicas, sendo esse também o caso do IRDR, possuem uma arquitetura procedimental que busca preservar a individualidade em meio à massa, aliando economia de escala ao direito de ação e ao devido processo legal.

Ao final, sustenta-se que a virtude do IRDR de buscar preservar a autonomia individual na tutela de massa traz consigo implicações sobre ideias tradicionais defendidas pela doutrina quanto à sua relação com as ações coletivas.

Nessa altura, defende-se que, quando estão em jogo pretensões de alto valor (aquelas suficientemente expressivas a justificar economicamente o exercício do direito de ação por seu titular), a preservação da autonomia individual recomenda que o IRDR, e não ação coletiva para a tutela de direitos individuais homogêneos, seja a rota procedimental preferencial a ser adotada para a resolução de tais lides.

1. O surgimento dos "procedimentos modelo" e "casos-piloto" como técnicas voltadas a prestigiar a autonomia da vontade em meio à massificação

A adoção, pelo Código de Processo Civil de 2015, da ferramenta do Incidente de Resolução de Demandas Repetitivas, representa um grande passo em favor da adequação da técnica processual de massa em relação às particularidades dos direitos individuais.

Nas contribuições doutrinárias que vêm sendo feitas desde antes da promulgação da versão final do código, um aspecto específico do procedimento parece ter absorvido a atenção dos estudiosos: a relação desse novo mecanismo com a aproximação entre *o civil law* e o *common law*, do que decorreria uma alteração das noções tradicionais de fonte do direito que o primeiro há muito concebia, e isso estaria expresso no art. 927 do CPC.

Não nos cabe aqui descer a fundo na discussão. Basta consignar que entendemos não dispor o CPC de um verdadeiro sistema de preceden-

Bruno Dantas denominou de "ideologia coletivizante". Cf. DANTAS, Bruno. **Jurisdição coletiva, ideologia coletivizante e direitos fundamentais**. Revista de Processo, v. 251, pp. 341-358, 2016.

tes – como tem o *common law* –, senão de "precedentes à brasileira".[2] A eficácia vinculante das decisões do art. 927 do CPC não significa necessária transmutação do sistema de *civil law*. O *common law* também tem demonstrado apreço pela escrituração de regras sem que isso signifique um necessário amálgama com o *civil law*. A recíproca é verdadeira, mas para confirmar que por detrás da mutualidade o que há é uma necessidade de racionalizar o direito com técnicas que se provaram úteis[3], e não uma sobreposição de culturas.

Particularidade que, a nosso ver, pareceu sobreposta pelo entusiasmo generalizado com a doutrina dos precedentes, foi a experiência das *class actions* no que toca à tutela massificada de direitos individuais e sua influência na adoção dos mecanismos de tutela pluri-individual, não só no Brasil, mas no mundo.

No que toca o objeto deste artigo, devemos salientar que o surgimento desse tipo de tutela é resultado de uma necessidade de conferir melhor adequação da tutela processual à particularidade dos direitos individuais em contextos de lides massificadas.

No Brasil, para dar cabo a um problema *generalizado* de litigiosidade de massa, adotamos como inspiração técnicas processuais que foram criadas para solucionar situações *específicas* de litigiosidade de massa (*Musterverfahren* e *Group Litigation Order*). No entanto, pouco nos perguntamos por que razão o direito alemão e o direito inglês, nos quais buscamos a inspiração de nossa técnica, não se valeram de suas respectivas ações coletivas, ou demais mecanismos de tutela coletivizada, para solucionar as milhares de demandas que justificaram a criação daqueles procedimentos.

---

2 ARRUDA ALVIM, Teresa; DANTAS, Bruno. **Recurso especial, recurso extraordinário e a nova função dos tribunais superiores.** 6ª ed. São Paulo: Revista dos Tribunais, 2019. p. 273.

3 Cf. FUX, Luiz. **O novo processo civil.** Rev. TST, Brasília, vol. 80, n. 4, out/dez 2014, p. 276: "Ademais, com o decorrer do tempo veio a acontecer o que Chiovenda preanunciara no primeiro quartel do século passado, vale dizer, a evolução do processo civil restaria por unir as famílias do civil law e da common law, permitindo uma interação capaz de institutos de um sistema serem úteis ao outro. Aliás, ao longo das últimas décadas, os sistemas romano-germânico e anglo-saxônico vêm emprestando um ao outro a sua experiência. Assim é que o Brasil, país de tradição legalista, vem se curvando à força dos precedentes judiciais tão íntimos do sistema anglo-saxônico, fórmula apta a fazer justiça igual para cidadãos que estão na mesma situação jurídica; ao passo que a Inglaterra, desde 1999, país de tradição dos precedentes, adotou um complexo Código de Processo Civil (Rules of Civil Procedure)."

Arriscamos o seguinte: tais ferramentas – tanto o *Musterverfahren* quanto a *Group Litigation Order* - são uma resposta direta à dificuldade das *class actions* de oferecerem uma solução massificada capaz de atender a necessidades garantísticas atreladas à autonomia individual na tutela massificada dos direitos individuais homogêneos.

Tendo, do outro lado do atlântico, observado os crescentes fracassos documentados da tutela coletiva norte-americana após a segunda metade do século XX, a doutrina alemã e inglesa procuraram caminhos alternativos, e a tutela pluri-individual, com todas as suas ferramentas, é o produto ainda não acabado resultante desse esforço.

Os fracassos a que nos referimos ficaram evidentes na experiência dos EUA com as *class actions indenizatórias*[4], da qual passamos a nos ocupar brevemente.

2. Coletivismo e supressão da autonomia da vontade nas *class actions*

A história recente das *class actions* tem como marco divisor um julgamento da Suprema Corte norte-americana de 1999: o caso *Anchem Products, Inc. v. Windsor*[5].

Já tivemos a oportunidade de dissertar com maior vagar sobre o tema em outra ocasião, mas, basicamente, o que se debateu ali foi a adequação de uma *settlement class action* aos requisitos estabulados pela *Rule* 23 *das Federal Rules of Civil Procedure*, tendo por pano de fundo um dano infligido a milhões de trabalhadores da indústria norte-americana pelo mineral amianto, o que atraía a responsabilidade de dezenas de empresas.

Na década de 1960, esses trabalhadores começaram a demandar individualmente no Judiciário reclamando indenizações de alto valor pela exposição ao mineral, que era altamente cancerígeno. Falamos de um grupo potencial de 13 a 21 milhões de pessoas.

Naturalmente, o Judiciário norte-americano teve de cogitar alternativas para solucionar o fluxo inesgotável de demandas que ingressavam diariamente nas Cortes. A aposta inicial foram as ações coletivas: modi-

4 Aqui nos referimos tanto à *class action for damages* quanto à *settlement class action*.

5 Relevante para esse cenário, assim como *Anchem Products, Inc. v. Windsor*, foi também o caso *Ortiz v. Fibreboard Corp*, decidido em 1998 e que também versava sobre o problema do amianto. No entanto, fazemos opção por não explorá-lo aqui. Basta o registro de que aponta para as mesmas conclusões.

ficou-se a Rule 23 das Federal Rules of Civil Procedure, passando a se admitir a figura das *class actions for damages* (uma espécie de ação coletiva indenizatória, que antes não era possível, já que as *class actions* eram declarativas, constitutivas ou mandamentais) e o mecanismo do *opt-out* (que vincula à decisão coletiva aqueles que não optarem por se excluir do processo, mecanismo que, por sua vez, trabalha com a inércia, aumentando a extensão da classe exponencialmente em relação a classes *opt-in*[6]).

Outra alternativa eram as *settlement class actions*, uma espécie de class action que busca a homologação de um acordo coletivo, muito utilizadas para as indenizações de massa. Outros mecanismos foram criados, como o *multidistrict litigation (MDL)* e os *bellwether trials*[7]. No entanto, pelo menos nesse primeiro momento, o carro-chefe do combate à litigiosidade eram as *class actions indenizatórias.*

Não tardou para que sérios problemas começassem a surgir, dos quais nos ocuparemos apenas de um[8]: os problemas de representação na tutela coletiva.

Pendentes as milhares de ações coletivas por todo os Estados Unidos pleiteando reparação pelos danos sofridos, foi instaurado

6 Cf. DODSON, Scott. **An opt-in Option for Class Actions.** Michigan Law Review., vol. 115., issue 2., 2016. p. 184: "Opt-out classes, which include all members who do not opt out, tend to be more inclusive than opt-in classes, which include only members who affirmatively opt in. Because of inertia, an opt-in regime would result in "drastically reduce[d]" numbers of class members. An older empirical study from 1974 suggested that an opt-in mechanism would result in class sizes from around 40–70% smaller than opt out classes. More recent studies have confirmed that an overwhelming percentage of class members– near 99%–follows the default in opt-out classes, often making for very large classes. Size matters for all kinds of reasons. The economies of scale are greater in large classes, making smaller-value claims more viable and saving all parties and the courts from duplicative litigation."

7 SANTOS, Caio Victor Ribeiro. **Bellwether trials: a experiência norte-americana com os julgamentos por amostragem.** Revista de Processo (Aceito para publicação em 27 de janeiro de 2022).

8 Para uma análise completa, ver MULLENIX, Linda S.. **Ending Class Actions as We Know Them: Rethinking the American Class Action** (June 21, 2014). 64 Emory Law Journal 399 (2014); U of Texas Law, Public Law Research Paper N° 565. Disponível em: https://ssrn.com/abstract=2457429. Acesso em: 26/04/2021. Esse artigo possui uma versão em português traduzida pelos autores deste artigo: MULLENIX, Linda. **O fim do processo coletivo tal como o conhecemos: repensando a class action norte-americana**. Trad. Bruno Dantas. São Paulo: Revista dos Tribunais, vol. 283, ano 43, set./ 2018.

um MDL para fins de consolidação das múltiplas ações em juízo único.

Uma vez consolidadas as ações, deu-se início às tratativas para se tentar chegar a um acordo global *(global settlement,* que é um acordo destinado a pôr um fim definitivo à responsabilidade do réu). As negociações foram conduzidas pelas partes e advogados nomeados como representantes do descomunal, em extensão, grupo de lesados, tanto em nome daqueles que já tinham ajuizado ações quanto daqueles em quem os efeitos do amianto ainda não tinham se evidenciado e, portanto, sequer haviam procurado o Judiciário.

Das tratativas resultou um esquema indenizatório, submetido à apreciação do Judiciário por meio de uma *settlement class action*, que dividia os elegíveis para reparação em quatro categorias: *(i) pessoas que adquiriram mesotelioma; (ii) pessoas que adquiriram câncer de pulmão; (iii) pessoas que adquiriram outros tipos de câncer (como, por ex., câncer de esôfago, estômago, etc.) e; (iv) pessoas que adquiriram "non-malignant condition" (como, por ex., asbestose).*

Também integrava os termos do acordo que (*i) pessoas que eventualmente ainda não tivessem desenvolvido qualquer doença poderiam se habilitar dentro das quatro categorias quando ela viessem a se manifestar; que (ii) o fundo criado para a indenização dos prejudicados ficaria disponível por dez anos e não seria atualizado conforme a inflação; e que (iii) aqueles que não se inserissem nas quatro categorias iriam receber um valor pré-fixado*[9].

Em primeira instância, a Corte chancelou o acordo e certificou a demanda coletiva, ao argumento de que ela satisfazia os requisitos da *Rule 23*, muito embora tenha sofrido inúmeras objeções, que alegavam a existência de um conflito de interesse entre os membros do grupo, notadamente entre aqueles em que os efeitos do amianto já haviam se manifestado e aqueles em que os efeitos ainda não haviam se manifestado.

9 KLONOFF, Robert. H; BILICH, Edward K.M; MALVEAUX, Suzette M. **Class actions and other multi-party litigation: cases and materials**. American casebook series. 2ª ed. Thomson West: 2006, p. 675: "The stipulation descibes four categories of compensable disease: mesothelioma; lung câncer; certain 'other cancers' (colon-rectal, laryngeal, esophageal, and stomach cancer); and 'mon-malignant conditions' (abestosis and bi-lateral pleural thickening). Persons with 'exceptional' medical claims – claims that do not fall within the four described diagnostic categories – may in some instances qualify for compensation, but the settlement caps the number of 'exceptional' claims CCR must cover".

A Corte de Apelações, por sua vez, entendeu que os interesses dos membros ausentes (aqueles que não haviam ainda ajuizado suas ações e aqueles que embora o tenham feito não foram devidamente considerados na negociação) não foram adequadamente representados, não atendendo ao requisito da *adequacy* da *Rule 23*, negando certificação à *class action*, que havia sido concedida em primeiro grau.

Levada a questão à apreciação da Suprema Corte, esta confirmou a decisão da Corte de Apelações, argumentando, em síntese, que "*The settling parties, in sum, achieved a global compromisse with no structural assurance of fair and adequate representation for the diverse groups and individuals affected.*[10]" E reconheceu que a *class action* não conseguiu satisfazer aos requisitos de predominância da questão comum (*predominance*) e da representação adequada (*adequacy of representation*), pois o grupo possuía inúmeras particularidades em virtude dos tipos de efeitos colaterais sofridos, do que decorriam múltiplas pretensões com interesses divergentes, como era o caso daqueles que já haviam sido afetados negativamente pelo amianto (*currently injured claimants*) e aqueles em que os efeitos ainda não haviam se evidenciado (*exposure-only claimaints*).

Ora, o primeiro grupo, mal ou bem ouvido pelos representantes que negociaram os acordos, naturalmente desejava obter as indenizações mais generosas possíveis; o segundo grupo, sem voz alguma, desejava que essa indenização fosse a mais justa possível[11] (pois era inevitável a alocação de custos que terminaria por retirar deles justas indenizações no futuro), ou que o fundo ficasse disponível por mais tempo, ou que fosse, no mínimo, corrigido monetariamente, ou que o valor pré-fixado para quem não se inserisse nas categorias indicadas pudesse ser melhor avaliado conforme cada caso.

Fato é que os negociadores do acordo coletivo entabulado na *class action*, praticamente, escolheram um time[12]. E, ao fazê-lo, ignoraram

---

10 KLONOFF, Robert., Op. cit. p. 681.

11 Ibid. p. 681:"In significant respects, the interests of those within the single class are not aligned. Most saliently, for the currently injured, the critical goal is generous immediate payments. That goal tugs against the intereset of exposure-only plantiffs in ensuring na ample, inflation-protected fund for the future."

12 Ibid, p. 681: "As the Third Circuit pointed out, named parties with diverse medical conditions sought to act on behalf of a single giant class rather than on behalf of discrete subclassses. In significant respects, the interests of those within the single class are not aligned.

inúmeras particularidades de outras pretensões individuais que teriam direito de ser melhor consideradas se não fossem coletivizadas. Não obstante, ainda que a ação coletiva fosse a julgamento, como se fosse uma *class action for damages* pura, a sentença dificilmente conseguiria endereçar em totalidade, sem supressões, a diversidade de pretensões envolvidas em um grupo tão extenso como o que se tinha ali. Qualquer delimitação de categorias - conquanto busque prestigiar as subclasses - corre o risco de deixar alguém de fora, ou de que seja induzida por representantes que não tenham suficiente unidade de interesses com as subclasses a legitimar a submissão destas últimas às suas decisões[13], como foi o caso do esquema reparatório do caso em questão. E ainda que se cogitasse em se atribuir um representante adequado para cada subclasse, disso poderia resultar uma "sub-classificação" tão extensa quanto as peculiaridades de cada pretensão. Como escreve Jack Weinstein, "pode haver um custo em criar mais sub-grupos, cada qual com seu representante", isso porque "quanto mais subclasses são criadas, mais sérios conflitos despontam para superfície e obstaculizam os acordos"[14]. Nessas circunstâncias, quanto mais segmentado em sub-grupos, cada qual com seus defensores, mais distante se estaria de um consenso comum. A ação coletiva simplesmente não é a ferramenta processual adequada para tais casos.

Esse julgamento, que resultou na anulação de um acordo avaliado em 1.3 bilhões de dólares, que recompensaria imediatamente mais de 100 mil pessoas, enviou uma mensagem bem clara para o mundo: *o Estado não está autorizado a fazer política judiciária ceifando direitos individuais,* e as ações coletivas, quando destinadas à tutela de direitos individuais homogêneos, criam sérios riscos de que isso aconteça. Não à toa, mais tarde, Linda Mullenix vai propor a extinção da *class action for damages*[15].

---

13 Ibid, p. 681: "The adequacy inquiry under Rule 23 (a)(4) serves to uncover conflicts of interest between named parties and the class they seek to represent. '[A] class representative must be part of the class and 'possess the same intereset and suffer the same injury' as the class members."

14 NAGAREDA, Richard A; BONE, Robert G. BURCH, Elizabeth Chamblee; SILVER, Charles; WOOLLEY, Patrick. **The Law of Class Action and Other Aggregate Litigation.** 2ª ed. Foundation Press, 2008. p. 126

15 MULLENIX, Linda. **O fim do processo coletivo tal como o conhecemos: repensando a class action norte-americana**. Trad. Bruno Dantas. São Paulo: Revista dos Tribunais, vol. 283, ano 43, set./ 2018.

Não são poucos os que escrevem acerca da tutela jurisdicional no mundo após *Anchem Products, Inc. v. Windsor*[16]. Em reação a esse julgamento é que a Europa passou a adotar um modelo diferente para a tutela de direitos individuais homogêneos[17]: os "procedimentos modelo" ou "causa-piloto", espécie do que chamamos de *tutela pluri-individual*, dos quais são expoentes o *Musterverfahren* alemão e a GLO inglesa.

Devemos destacar que os próprios Estados Unidos – e este é um ponto pouco explorado pelos estudiosos no Brasil –, depois desse julgamento, passaram a utilizar com mais frequência técnicas de tutela pluri-indvidual para a solução dos *mass torts*, a partir de uma solução que conjuga o *Multidistrict litigation* e os *Bellwether trials*[18]-[19].

O modelo procedimental desses mecanismos é concebido para evitar, ou no mínimo mitigar, os problemas que as ações coletivas atra-

---

16 Cf. HENSLER, Deborah. **As Time Goes By: Asbestos Litigation After Amchem and Ortiz.** Texas Law Review., Austin Vol. 80, Ed. 7, (Jun 2002): 1899-1924. ISSACHAROFF, Samuel. **Shocked: Mass Torts and Aggregate Asbestos Litigation after Amchem and Ortiz**. 80 TEX. L. REV. 1925 (2002).

17 Comentando a reação do sistema Europeu, Samuel Issacharoff e Geoffrey P. Miller relatam: (**Will aggregate litigation come to Europe?** Law & Economics Research Papers Series. Working paper n. 08-46. Nov. 2008): "And, yet, one need spend only a few minutes in conversations with European reformers before the proverbial "but" enters the discourse: 'But, of course, we shall not have American-style class actions.' Rachel Mulheron, professora da Universidade de Londres, a esse respeito, anota: "Two reasons contributed to the implementation of group litigation order as the principal means by which to handle multi-party litigation in England, rather than the class action device. *First, class action regimes are perceived to lack utility and flexibility. Secondly, unfavarouble comments have repeatedly been made in respect of the US class action regime.* (grifos nossos). MULHERON, Rachel. **The class action in common law legal systems: a comparative perspective**. Oxford-Porland: Hart Publishing, 2004, p. 68.

18 A terceira edição de uma das principais obras de Linda Mullenix (M**ass Tort Litigation: Cases and Materials (3d ed.**), base da disciplina que leciona na Universidade do Texas, reflete essas mudanças. Cf: "This third edition of Mass Tort Litigation is revised to reflect developments in mass tort litigation in the decade since the second edition. *The revised text addresses mass tort class litigation in a post-Amchem/Ortiz world.* New materials have been added concerning *expanded use of MDL auspices, bellwether trials, non-class aggregate settlements, the quasi-class action, the aggregate settlement rule, and the ethical duties of attorneys with clients in MDL and non-class proceedings.*" [...] Disponível em: <https://law.utexas.edu/faculty/publications/2017-Mass-Tort-Litigation-Cases-and-Materials>. (grifamos)

19 THE AMERICAN LAW INSTITUTE. **Princípios do Direito: Processo Agregado**. Trad. Bruno Dantas. 1ª ed. – São Paulo: Editora Revista dos Tribunais, 2017,

em. Na tutela pluri-individual não se veda a ninguém a oportunidade de ajuizar sua demanda individual, com a sua respectiva definição particular e individualizada dos argumentos jurídicos e pedidos. A arquitetura procedimental dessas técnicas preserva a individualidade em meio à massa, aliando economia de escala ao direito de ação e ao devido processo legal. Em suma: em meio à tentação do coletivismo, preservam a autonomia do indivíduo.

O "*one size fits all*" – solução simples, rápida e tentadora para problemas tão complexos como os postos pelos litígios de massa que envolvem pretensões de alto valor e danos significativamente díspares – é incompatível com a dose saudável de individualismo sobre a qual o devido processo legal se ergueu e que ainda preserva.

3. O Incidente de Resolução de Demandas Repetitivas como técnica processual voltada à preservação da autonomia individual na resolução dos litígios de massa

O Código de Processo Civil de 2015, ao adotar mecanismo inspirado no *Musterverfahren* alemão e na GLO inglesa, se coloca na esteira de uma tendência vanguardista[20] que aprendeu com a experiência da tutela coletiva e que pretende não incorrer nos mesmos erros. Trata-se, o incidente de resolução de demandas repetitivas – conquanto ainda lhe possam ser feitas certas críticas[21] – de uma ferramenta sofisticada, capaz de conferir à tutela massificada dos direitos individuais homogêneos uma aderência ao direito material superior à oferecida pelas ações coletivas que perseguem o mesmo fim, *pois no IRDR quem define os contornos da ação são os próprios indivíduos prejudicados,* e não algum representante coletivo, que nem sempre conhece bem ou sequer concorda com os interesses daqueles que representa[22].

---

20 MENDES, Aluísio Gonçalves de Castro. **Incidente de resolução de demandas repetitivas: sistematização, análise, e interpretação do novo instituto processual**. Rio de Janeiro: Forense, 2017, pp. 27-37.

21 ABBOUD, Georges. CAVALCANTI, Marcos de Araújo. **Inconstitucionalidades do incidente de resolução de demandas repetitivas (IRDR) e os riscos ao sistema decisório**. Revista de Processo, vol. 240., 2015, pp. 221-242.

22 ANDREWS, Neil. **Multi-party proceedings in England: representative and group actions.** Duke joumal of Comparative and Intemational Law 11, 2001, p. 260: "Therefore, group actions involve positive opting-in, or at least a positive decision to litigate. This contrasts with representative proceedings where no such positive decision is necessary. Representative proceedings can effectively take place behind the backs of class members without their knowledge, participation, or control."

Tradicionalmente, existiam apenas duas formas de tutelar os direitos individuais homogêneos em juízo: ou permitir que eles fossem pleiteados pessoalmente por seus titulares, mediante ações individuais, ou por um agente a que a lei outorgasse legitimidade para realizar essa representação. Essa é, ainda, a realidade da tutela coletiva no Brasil, que fez opção pelo último modelo, guiado por um representante.

No entanto, o fato de o primeiro modelo ser impraticável não faz do segundo o modelo ideal. Inúmeros problemas de representação são apontados pela doutrina[23].

Por ter adotado um modelo *ope legis* de controle da representação, ao invés do *ope iudicis* norte-americano, a legislação brasileira não exige que o representante coletivo, ao propor uma ação coletiva para a tutela de direitos individuais homogêneos, demonstre concretamente sua capacidade para adequadamente representar o grupo, sendo esta presumida quando a ação coletiva preenche as – pouco rigorosas – condições legais. Isso faz o nosso controle de representação ser bem menos rigoroso do que o norte-americano, assimetria que se justifica pelo fato de as *class actions*, nos EUA, terem o condão de fazer coisa julgada *pro et contr*a (a favor ou contra as partes processuais), o que não ocorre no Brasil, pois optou-se, aqui, pelo modelo de coisa julgada *secundum eventum litis,* isto é, em que a coisa julgada não se forma em desfavor dos autores se julgada improcedente a ação.

Naturalmente, nosso modelo abre espaço para representações inábeis e defeituosas, ou, o que é pior, por atores que, ainda que habilmente postulando em juízo, não consultam os interesses daqueles que serão atingidos pelos efeitos da decisão. Disso resulta que uma sentença de procedência proferida em uma ação coletiva pode, sim, prejudicar os indivíduos a que se destina. Basta que não reflita seus reais interesses. Barbosa Moreira já percebia e destacava esse problema na década de 1980[24].

Evidentemente, o IRDR não sana os problemas de representação da tutela coletiva – nem está, ele próprio, de todo isento de críticas quanto à representatividade–, mas cria uma nova alternativa à tutela dos direitos

23 ARENHART, Sérgio Cruz. **Processo multipolar, participação e representação de interesses concorrentes.** pp. 423- 449. In: ARENHART, Sérgio Cruz; JOBIM, Marco Félix (Org.**). Processos estruturais**. Salvador: Juspodvim, 2017, p. 426. VITORELLI, Edilson. **O devido processo legal coletivo: dos direitos aos litígios coletivos**. São Paulo: Editora Revista dos Tribunais, 2016. p. 330.

24 BARBOSA MOREIRA, José Carlos. **Temas de Direito Processual Civil: terceira série**. São Paulo: Editora Saraiva, 1984, p. 190.

individuais homogêneos, uma vez que prestigia a natureza heterogênea das pretensões individuais e a análise das especificidades de cada demanda[25], já que a coletivização que promove não ocorre antes do exercício do direito de ação pelos indivíduos - como ocorre nas ações coletivas - mas depois, de forma incidental[26] e apenas para a definição da questão comum de direito.

Poder-se-ia dizer que entre a tutela individual e a tutela coletiva, o IRDR segue o caminho do meio, propondo uma solução que preserva a autonomia na definição dos contornos do processo pelos próprios titulares do direito e, ao mesmo tempo, viabilizando uma resolução massificada com a definição abstrata da questão comum de direito. Nisto está uma das grandes contribuições do CPC de 2015 para o sistema de justiça.

Com isso, dilata-se a caixa de ferramentas da tutela dos direitos individuais homogêneos. Se, tradicionalmente, se dispunha apenas dos dois caminhos procedimentais acima mencionados, o CPC de 2015 aí inseriu mais um: o do IRDR, que tem o mérito de reunir a habilidade de prover uma alternativa eficiente à impraticável resolução caso-por-caso das demandas repetitivas - promessa não (ou mal) cumprida pelas ações coletivas - sem, no entanto, incorrer no problema de homogeneização artificial dos direitos individuais, que macula a tutela jurisdicional, ainda que bem intencionada, promovida pela ação coletiva para a tutela de direitos individuais homogêneos.

4. Dois pesos, duas medidas: pretensões de alto valor x pretensões baixo valor e sua relação com a preservação da autonomia da vontade na tutela pluri-individual

Sustentar que o IRDR possui a virtude - um tanto inexplorada - de preservar a individualidade em meio à massa traz consigo algumas implicações para ideias tradicionais que outrora a doutrina já defendeu sobre sua relação com as ações coletivas.

25 "A divisão da cognição, que o incidente [*Musterverfahren*] viabiliza, mitiga os problemas de análise das especificidades de cada demanda e viabiliza um melhor julgamento dos aspectos "idênticos" das ações seriais. Tal exemplo não deve ser obviamente transportado ao direito brasileiro sem maiores reflexões, mas representa um exemplo de busca de dimensionamento do problema das ações repetitivas sem negligenciar as garantais processuais do modelo constitucional de processo." NUNES, Op. cit. p. 48.

26 PINHO, Humberto Dalla Bernadina de; PORTO, José Roberto Mello. **Manual de tutela coletiva**. 1ª ed. São Paulo: Saraiva, 2021.

Tradicionalmente, se sustenta que a relação entre o IRDR e a ação coletiva para a tutela dos direitos individuais homogêneos é de complementaridade[27].

Entendemos que essa complementariedade existe no que tange a tutela de direitos individuais homogêneos *que envolvam pretensões de baixo valor (negative value claims)*[28]. Isso porque tais pretensões esbarram em barreiras organizacionais[29] que levam seus titulares, em um juízo de custo-benefício, a entenderem não valer a pena ajuizar uma ação para perseguir seus direitos em juízo[30]. Neste aspecto, as ações coletivas exercem um formidável papel que o IRDR não poderia de forma alguma exercer, já que a tutela pluri-individual é incidental e pressupõe, por essa razão, o exercício do direito de ação.

No que diz respeito à tutela de direitos individuais homogêneos *em que se esteja em questão pretensões de expressivo valor (positive value*

---

27 MENDES, Aluisio Gonçalves de Castro; SILVA, Larissa Clare Pochmann da. Op. cit. p. 158.

28 *Negative value claims* e *positive value claims* é uma nomenclatura muito utilizada pela doutrina do direito processual coletivo norte-americana, já mais habituada com essa diferenciação. Para um estudo completo, ver HYLTON, Keith. N. **Deterrence and Aggregate Litigation**. Boston Univ. School of Law, Law and Economics Research Paper N° 17-45: "Usefully, class action lawsuits have been put into two categories: those consisting of negative expected value claims, where the expected individual recovery would be less than the claimant's cost of litigation (for example, consumer claims), and those consisting of positive expected value claims (for example, securities claims).

29 Falando em "obstáculo organizacional", Cappelletti **(O acesso à justiça e a função do jurista em nossa época.** Revista de Processo. vol. 61. p. 144. Jan / 1991, p. 5): "O consumidor que tenha sofrido um leve dano por causa de um produto defeituoso ou por um defeito de confecção ou de embalagens do produto adquirido, normalmente não tenha suficiente motivação, informação, força econômica para levar a Juízo o poderoso produtor, o "mass-wrongdoer"; e ainda que o fizesse, o resultado de sua vitória seria irrisório e certamente não teria a eficácia decorrente da representatividade que pudesse impedir o produtor de continuar tranqüilamente com suas atividades." [...] No plano individual, este tipo de interesse resta, praticamente, privado de tutela eficaz. A exigência tem sido aquela de se "organizar" tais interesses, de dar um "autor" - um "ator ideológico" (*ideological plaintiff*) a estes interesses."

30 Como explica Judith Resnik, as class action é um mecanismo criado pelo Estado para subsidiar a judicialização de pretensões que, do contrário, não encontrariam incentivos econômicos suficientes para serem levadas ao Judiciário (**Money matters: judicial Market interventions creating subsidies and awarding fees and costs in individual and aggregate litigation**. University of Pennsylvania Law Review. vol. 148, pp. 2119-2000.

claims), no entanto, entendemos haver, em favor do IRDR, uma superioridade em relação à ação coletiva que persiga o mesmo objeto. Razões relacionadas à autonomia da vontade assim aconselham.

Em se tratando de pretensões de valor suficientemente expressivo a justificar o exercício do direito de ação, o IRDR, mais do que técnica complementar, é, na verdade, o procedimento mais adequado de tutela, já que resguarda a esfera de autonomia individual dos titulares do direito violado onde a representação coletiva já provou atrair sérios riscos de supressão. E o faz porque permite que cada titular busque seu próprio representante legal e promova uma ação judicial confeccionada conforme as particularidades do seu caso, de modo que o destino de sua ação possa estar nas suas próprias mãos, e não nas de um representante legal coletivo que lhe seja desconhecido e cujas percepções sobre o litígio possam destoar dos seus reais interesses.

Onde existem pretensões de alto valor, existe, em regra, um forte interesse de seus titulares em reivindicá-las em juízo. Isso é o que nos prova, por exemplo, o grande dilema dos litígios de massa nos EUA envolvendo o amianto. O que se tinha ali eram múltiplas lesões que infligiram danos suficientemente expressivos a justificar que cada parte expressasse um alto nível de preocupação com a condução da ação coletiva. Uma representação defeituosa significaria uma indenização injusta. Daí toda a ênfase dada ao tema da representação adequada nesses litígios. Onde o dano é elevado, o interesse na ação também o é, e, na mesma linha, igual relevância se deve dar à autonomia individual. Isso explica a insistência norte-americana com a representação adequada e com o *opt-out*: tratam-se de mecanismos que permitem a individualidade se impor sobre a massificação.

Nesses casos, o interesse do titular do direito no controle dos rumos do processo é mais saliente devido à aptidão que o caso tem que repercutir de forma impactante sobre sua vida, do que decorre sua necessidade de maior engajamento no caso, que, de forma ideal, se concretiza na propositura de sua própria ação individual, ou, no bojo de uma ação coletiva, se realiza na efetiva consideração de sua voz pelo legitimado coletivo.

Onde existem pretensões de baixo valor, porém, o que se nota, em regra, é um baixo interesse de seus titulares em reivindicá-los em juízo. O caso Nienaber v. Citibank (Dakota do Sul, 2007), por exemplo, envolvia uma ação coletiva de consumo cuja classe era formada por mais de um milhão de consumidores. Na fase de cumprimento de sentença, nem sequer um deles apareceu em juízo para reclamar os valores depositados em juízo. O motivo? O dano sofrido por cada consumidor individualmente era extremamente baixo. Entre ir à justiça por centavos e a inércia, esta prevaleceu. Daí terem os norte-americanos desenvolvido os *cy pres settlement*: acordos que direcionam os valores obtidos em juízo a instituições de sociais ou caridade cujo perfil se aproximem daquele da classe da ação coletiva, quando as indenizações não são suficientemente expressivas a justificarem uma distribuição individualizada[31]. Lógica semelhante subjaz o *fluid recovery* do art. 100 do Código de Defesa do Consumidor.

Nesses casos, o interesse do titular do direito no controle dos rumos do processo é diminuto. Isso devido à baixa repercussão que o caso exerce sobre sua vida.

Tendo isso em vista, entendemos que a preocupação da tutela coletiva e pluri-individual com a representação adequada deve incorporar tal diferenciação e ser calibrada à luz de sua presença, ou não, no caso concreto: por um lado, onde as pretensões sejam de baixo valor, a tendência à renúncia natural ao direito de ação torna a tutela coletiva (via ação coletiva para a tutela de direitos individuais homogêneos) o caminho procedimental preferencial para a reivindicação desses direitos em juízo; por outro lado, onde as pretensões sejam de alto valor, a preservação da autonomia individual recomenda que a tutela pluri-individual (via Incidente de Resolução de Demandas Repetitivas) seja a rota procedimental preferencial para a resolução dos litígios envolvidos.

Em síntese, vislumbramos uma relação mista entre ambas as técnicas na tutela de direitos individuais em lides massificadas: por um lado, de *complementariedade para a tutela de pretensões inexpressivas*, por outro, de *superioridade para a tutela de pretensões suficientemente expressivas a justificar o exercício do direito de ação*.

No fundo, o que demarca a diferença entre a complementariedade e a superioridade entre as técnicas é a percepção de que o IRDR tem outro fundamento que não apenas a isonomia e a segurança jurídica previstas

31 THE AMERICAN LAW INSTITUTE. Princípios do Direito: **Processo Agregado**. Trad. Bruno Dantas. 1ª ed. – São Paulo: Editora Revista dos Tribunais, 2017, p. 273. "somente permite a utilização da tutela *cy pres* quando uma distribuição direta aos membros da classe não for factível – seja porque seus membros não podem ser razoavelmente identificados, seja porque os pagamentos envolveriam quantias tão pequenas que, por conta dos custos de transação envolvidos, sua distribuição não seria economicamente viável. Em tais circunstâncias, deve haver uma obrigação de entregar os fundos remanescentes a uma instituição cujos interesses se assemelhem, tanto na composição quanto no objetivo, àqueles perseguidos pela classe."

no art. 978 do CPC 2015. Esse fundamento, porém, não é expresso, mas implícito. Trata-se da autonomia individual.

Conclusão

Os fundamentos constantemente invocados para justificar a criação do IRDR, e que inclusive constam expressamente do CPC, são dois: isonomia e segurança jurídica.

Esse ensaio foi um pouco além do discurso tradicional e pretendeu discutir um outro fundamento que está impresso na própria arquitetura procedimental do IRDR, embora não conste explicitamente da lei: a garantia da autonomia individual.

Os fracassos da tutela coletiva fizeram a doutrina processual se ocupar da representação adequada e do devido processo legal na tutela coletiva. Das *class actions* norte-americanas, aos procedimentos-piloto europeus, no epicentro deste debate está a necessidade de evitar que a tutela processual, em um mundo de relações sociais massificadas, à pretexto de ser eficiente, atropele com o rolo compressor do "one size fits all" séculos de garantias constitucionais voltadas à proteção do indivíduo.

Conquanto do IRDR se destaque a garantia da isonomia e da segurança jurídica, a ferramenta traz em sua essência o que o *Musterverfahren* e a *Group Litigation Order* procuraram evitar: a supressão da autonomia individual na tutela de massa.

Entre a tutela individual e a tutela coletiva, o IRDR segue o caminho do meio e propõe uma solução que preserva a autonomia na definição dos contornos do processo pelos próprios titulares do direito, fazendo com que onde haja suficiente interesse para ajuizamento da ação – e o IRDR pressupõe esse exercício – o destino do processo fique nas mãos do próprio titular do direito, e não, como ocorre nas ações coletivas, nas de um legitimado coletivo cuja representação carece de um controle rigoroso de adequação.

Em síntese, o IRDR é uma técnica de coletivização cuja arquitetura procedimental tem, por vocação, ainda que dela se tenha pouca consciência, a habilidade de preservar a individualidade em meio à massificação, estando aí – na preservação da autonomia individual – seu fundamento implícito, que não deixa, por essa razão, de ser tão relevante (diria, talvez, até mais) quanto os dois outros dispostos expressamente na lei.

Referências bibliográficas

ABBOUD, Georges. CAVALCANTI, Marcos de Araújo. Inconstitucionalidades do incidente de resolução de demandas repetitivas (IRDR) e os riscos ao sistema decisório. Revista de Processo, vol. 240, 2015.

ANDREWS, Neil. Multi-party proceedings in England: representative and group actions. Duke joumal of Comparative and Intemational Law 11, 2001.

ARENHART, Sérgio Cruz. Processo multipolar, participação e representação de interesses concorrentes. pp. 423-449. In: ARENHART, Sérgio Cruz; JOBIM, Marco Félix (Org.). Processos estruturais. Salvador: Juspodvim, 2017.

ARRUDA ALVIM, Teresa; DANTAS, Bruno. Recurso especial, recurso extraordinário e a nova função dos tribunais superiores. 6ª ed. São Paulo: Revista dos Tribunais, 2019.

DANTAS, Bruno. Jurisdição coletiva, ideologia coletivizante e direitos fundamentais. Revista de Processo, v. 251, pp. 341-358, 2016.

CAPPELLETI, Mauro. O acesso à justiça e a função do jurista em nossa época. Revista de Processo. vol. 61, 1991.

DODSON, Scott. An opt-in Option for Class Actions. Michigan Law Review., vol. 115., issue 2., 2016.

FUX, Luiz. O novo processo civil. Rev. TST, Brasília, vol. 80, n. 4, out/dez 2014.

HENSLER, Deborah. As Time Goes By: Asbestos Litigation After Amchem and Ortiz. Texas Law Review., Austin Vol. 80, Ed. 7, (Jun 2002): 1899-1924

HYLTON, Keith. N. Deterrence and Aggregate Litigation. Boston Univ. School of Law, Law and Economics Research Paper N° 17-45

ISSACHAROFF, Samuel. Shocked: Mass Torts and Aggregate Asbestos Litigation after Amchem and Ortiz. 80 TEX. L. REV. 1925 (2002).

ISSACHAROFF, Samuel; MILLER, Geoffrey P. Will aggregate litigation come to Europe? Law & Economics Research Papers Series. Working paper n° 08-46. Nov. 2008)

KLONOFF, Robert. H; BILICH, Edward K.M; MALVEAUX, Suzette M. Class actions and other multi-party litigation: cases and materials. American casebook series. 2ª ed. Thomson West: 2006.

MENDES, Aluísio Gonçalves de Castro. Incidente de resolução de demandas repetitivas: sistematização, análise, e interpretação do novo instituto processual. Rio de Janeiro: Forense, 2017.

MULHERON, Rachel. The class action in common law legal systems: a comparative perspective. Oxford-Porland: Hart Publishing, 2004.

MULLENIX, Linda S.. Ending Class Actions as We Know Them: Rethinking the American Class Action (June 21, 2014). 64 Emory Law Journal 399 (2014); U of Texas Law, Public Law Research Paper N° 565. Disponível em: https://ssrn.com/abstract=2457429. Acesso em: 26/04/2021.

MULLENIX, Linda. O fim do processo coletivo tal como o conhecemos: repensando a class action norte-americana. Trad. Bruno Dantas. São Paulo: Revista dos Tribunais, v. 283, ano 43, set./ 2018.

NAGAREDA, Richard A; BONE, Robert G. BURCH, Elizabeth Chamblee; SILVER, Charles; WOOLLEY, Patrick. The Law of Class Action and Other Aggregate Litigation. 2ª ed. Foundation Press, 2008.

PINHO, Humberto Dalla Bernadina de; PORTO, José Roberto Mello. Manual de tutela coletiva. 1ª ed. São Paulo: Saraiva, 2021.

REDISH, Martin H.; KARABA, Julie M. One size doesn't fit all: multidistrict litigation, due process, and the dangers of procedural collectivism. Boston University Law Review, vol.95, 2015. Disponível em: <https://www.bu.edu/bulawreview/files/2015/02/REDISH.pdf> Acesso em: 01. fev. 2022.

RENISK, Judith. Money matters: judicial Market interventions creating subsidies and awarding fees and costs in individual and aggregate litigation. University of Pennsylvania Law Review. vol. 148, pp. 2119-2000.

SANTOS, Caio Victor Ribeiro. Bellwether trials: a experiência norte-americana com os julgamentos por amostragem. Revista de Processo (Aceito para publicação em 27 de janeiro de 2022).

THE AMERICAN LAW INSTITUTE. Princípios do Direito: Processo Agregado. Trad. Bruno Dantas. 1ª ed. – São Paulo: Editora Revista dos Tribunais, 2017.

VITORELLI, Edilson. O devido processo legal coletivo: dos direitos aos litígios coletivos. São Paulo: Editora Revista dos Tribunais, 2016. p. 330.

A "CRISE DA MOTIVAÇÃO" E O JULGAMENTO ("À MODA DA CASA") DOS EMBARGOS DE DECLARAÇÃO: CRÔNICA DE UMA EXPERIÊNCIA FRUSTRANTE

Carlos Roberto Barbosa Moreira

1. "A crise da motivação" é o título[1] de uma das seis conferências proferidas por Calamandrei, em 1952, na Cidade do México, mais tarde reunidas e publicadas em volume sugestivamente batizado *Processo e democrazia*.[2] Para o mestre de Florença, "crise da motivação" é um dos aspectos daquilo que ele denomina "crise da legalidade": "uma discordância mais ou menos aguda entre as leis em vigor e as exigências sociais que as desejariam diferentes". Calamandrei esclarece que uma situação de crise pode eclodir como legítimo protesto contra a edição de leis desumanas. Ele cita o exemplo da aplicação de leis antissemitas na Itália, ditadas "pelos opressores de dentro e de fora", durante o regime fascista: por meio de "engenhosos pretextos dialéticos", juízes italianos procuravam "restringir e atenuar o alcance das leis odiosas, contrárias à sua consciência" – uma atitude de "generosa traição" ou de "natural rebelião" contra o direito (im)posto.

Adverte Calamandrei, porém, que a "crise da motivação" pode também assumir outra fisionomia. Escreve ele que, em seu país, a queda do regime fascista não se fez acompanhar, nos primeiros tempos, de uma ampla renovação nos quadros judiciários ou na legislação ordinária; e que, mesmo após o advento da Constituição de 1948, "grande parte das velhas leis permaneceram em vigor, e a aplicá-las permaneceram em seus postos os mesmos magistrados que por vinte anos se haviam habituado a interpretá-las com espírito de conformismo". Segundo Calamandrei, o hábito longevo se torna "uma forma de esclerose". Daí o risco, segundo ele, de que, após muitos anos de aplicação de uma determinada norma,

1 No original, *La crisi della motivazione*. Todos os excertos transcritos no texto foram por mim traduzidos.

2 No volume inaugural de suas *Opere Giuridiche*, as seis conferências do grande processualista se encontram nas pp. 618-702 (aquela a que faço referência no texto está reproduzida nas pp. 664-677).

concebida e interpretada noutro ambiente histórico, juízes não consigam "libertar-se do velho conformismo, e adaptar-se ao espírito novo"; e que, em seguida a uma "brusca transição", decisões judiciais apresentem "dissonâncias históricas": "leis republicanas interpretadas com espírito monárquico; leis antifascistas interpretadas com espírito fascista; *leis inovadoras interpretadas com espírito conservador*".[3]

2. A adequada e completa motivação das decisões judiciais constitui (por assim dizer) uma das obsessões do NCPC. Didaticamente, ele repete a CF, ao dispor que serão fundamentadas "todas as decisões, sob pena de nulidade" (art. 11). Proíbe a decisão "com base em fundamento a respeito do qual não se tenha dado às partes oportunidade de se manifestar, ainda que se trate de matéria sobre a qual [o juiz] deva decidir de ofício" (art. 10). Reforça o dever de motivar em certas situações, impondo ao julgador justificar seu convencimento "de modo claro e preciso" (art. 298), ou vedando-lhe a mera reprodução dos fundamentos de anterior decisão sua, quando submetida ao escrutínio de órgão colegiado a que pertença, e por este confirmada (art. 1.021, § 3º). Exige "fundamentação adequada e específica" nas hipóteses de superação de certos precedentes ou de "jurisprudência pacificada" (art. 927, § 4º).

Algumas dessas normas têm sua origem em práticas judiciais muito difundidas na vigência do CPC anterior – ou melhor, representam a incisiva *resposta* do legislador àquelas práticas, as quais, em geral toleradas no cotidiano forense, todavia não prestavam a devida homenagem à regra do art. 93, nº IX, da CF.[4] Mas a melhor resposta àquelas práti-

---

3 Destaquei o último trecho.

4 Veja-se, a propósito, a justa observação de Luiz Guilherme Marinoni acerca do art. 273, § 1º, do Código anterior (na redação da Lei nº 8.952/1994), que ordenava ao juiz a indicação, "de modo claro e preciso", das razões do deferimento da tutela antecipada: "Tal explicitação, à primeira vista, seria desnecessária, à medida que a obrigatoriedade da motivação está expressa na Constituição da República (art. 93, inciso IX). Entretanto, *a realidade da vida forense tem mostrado que raramente as decisões que deferem ou indeferem liminares são fundamentadas. Eis a razão pela qual o legislador adverte o juiz sobre a necessidade da fundamentação das decisões no juízo sumário*" (*A Antecipação da Tutela*, p. 215, com destaques meus). Também na hipótese agora versada no art. 1.021, § 3º, do NCPC, exige-se motivação "qualificada": como destaquei em texto escrito em homenagem a outro grande processualista brasileiro, a norma "constitui (saudável) reação a uma prática muito difundida no regime precedente, traduzida na conversão do julgamento de agravo dirigido contra decisão monocrática em uma espécie de votação 'plebiscitária', por

cas inconstitucionais encontra-se agora no art. 489, § 1º, do novo diploma. Como bem observa Araken de Assis, o citado parágrafo, "[d]eu combate aos principais vícios constatados no direito anterior nessa área sensível".[5] Já tive a oportunidade de afirmar que, nos diferentes incisos em que ele se desdobra, reside um "verdadeiro compêndio de experiências traumáticas sofridas por advogados":[6] de maneira muito especial, as hipóteses enunciadas nos nºs I, III e IV descrevem, com inegável fidelidade, alguns expedientes então adotados para contornar a exigência constitucional (que era também legal: CPC de 1973, art. 165) de motivação das decisões.

Permito-me aqui chamar a atenção do leitor para a hipótese do nº III: segundo nele se lê, não se considera fundamentada a decisão ("qualquer decisão judicial", diz-nos a cabeça do § 1º) que "invocar motivos que se prestariam a justificar qualquer outra decisão". Não constitui novidade a preocupação dos processualistas brasileiros (civis e penais) com a utilização de expedientes que burlam a garantia constitucional da motivação. Aliás, antes mesmo do advento da vigente CF, o zelo já podia ser notado em obras como a de Hélio Tornaghi, em que o saudoso processualista penal carioca censurava o uso de fórmulas vazias ou de paráfrases do texto legal no ato de decretação da prisão preventiva: para ele, era insuficiente - porque "não é fundamentação, frauda a lei e ilude as garantias da liberdade" - "o fato de o juiz dizer apenas: 'considerando que a prisão é necessária para a garantia da ordem pública...'. Ou en-

meio da qual o colegiado se limitava (em geral) a aprovar o anterior pronunciamento, sem se deter, todavia, nos argumentos com os quais o agravante o impugnara. O julgamento do agravo se transformava, assim, em mera manifestação de *endosso*, de *ratificação*, de *aprovação* pura e simples da decisão agravada. (...)" ("O dever de motivação na hipótese do art. 1.021, § 3º, do NCPC", p. 212).

5 *Processo Civil Brasileiro*, vol. I, nº 147, p. 445. Sustenta o autor, no entanto, que "os vícios aí verberados não se deviam, no direito anterior, à negligência e à imperícia da pessoa investida na função judicante nos misteres do seu ofício, mas à numerosidade dos feitos". A desumana carga de trabalho atribuída aos magistrados certamente exerce um papel relevante na "crise da motivação" brasileira; mas uma experiência de trinta e cinco anos de advocacia contenciosa não me permite subestimar certas características pessoais do juiz como fator que contribui (às vezes, de maneira preponderante) para o agravamento daquela crise. Basta lembrar que, num universo particular de juízes a que se atribui número idêntico de causas (por exemplo: os de Varas Cíveis da Comarca do Rio de Janeiro), alguns se esforçam por fundamentar adequadamente suas decisões; outros, não.

6 Carlos Roberto Barbosa Moreira, "Os novos embargos de declaração", pp. 285-286.

tão: 'a prova dos autos revela que a prisão é conveniente para a instrução criminal...'. Fórmulas como essas são a mais rematada expressão da prepotência, do arbítrio e da opressão. Revelam displicência, tirania ou ignorância, pois além de tudo envolvem petição de princípio: com elas o juiz toma por base exatamente aquilo que deveria demonstrar".[7] O raciocínio pode ser facilmente transposto para o processo civil.

Os exemplos de Tornaghi ilustram aquilo a que, em tempos recentes, Teresa Arruda Alvim ironicamente chamou decisão "vestidinho preto",[8] isto é, algo que (supostamente) pode ser usado em qualquer ocasião. Sem aspirar à originalidade, eu a denomino decisão "curinga": uma "carta" de que o juiz pode lançar mão para resolver qualquer questão que lhe seja submetida. Em anotação ao dispositivo, Sergio Bermudes alude a "motivos polivalentes",[9] o que decerto traduz a mesma ideia: a de uma fundamentação tão versátil a ponto de justificar, ao menos *formalmente*, "qualquer decisão".

Acima, porém, de todos os rótulos, o que realmente importa é entender que estão banidas as decisões (*quaisquer*, insisto) que apresentem fundamentação apenas *aparente*, "desgarrada[s] do caso concreto".[10] Lênio Luiz Streck, após asseverar que uma decisão judicial, como ato de responsabilidade política, "não pode ser um produto estandardizado", enfatiza a necessidade de identificação, pelo julgador, de "um nexo causal (...) entre o feito sob julgamento e as razões pelas quais determinada decisão está sendo exarada". Para ele, a regra do nº III daquele § 1º prestigia justamente aquilo "que há muito estava esquecido no direito: o caso concreto".[11]

3. A despeito das ótimas intenções do legislador processual, minha experiência como advogado me revelou que o art. 489, § 1º, do NCPC ainda é um personagem desconhecido de muitos magistrados, os quais insistem em se valer de modelos de fundamentação que, embora lar-

---

7 *Instituições de Processo Penal*, vol. 3, pp. 334-335.

8 "Acesso à Justiça, contraditório e fundamentação da sentença", p. 986. Ou, da mesma autora, o comentário ao art. 489 no segundo volume dos *Comentários ao Código de Processo Civil*, coordenados por Cássio Scarpinella Bueno, pp. 434-435.

9 *CPC de 2015:Inovações*, vol. 1, p. 373.

10 Fredie Didier Jr., Rafael Alexandria de Oliveira e Paula Sarno Braga, *Comentários ao Código de Processo Civil* (coord. Antonio do Passo Cabral e Ronaldo Cramer), p. 713.

11 Comentário ao art. 489 nos *Comentários ao Código de Processo Civil*, organizados pelo próprio Lênio, Dierle Nunes e Leonardo Carneiro da Cunha, p. 685.

gamente usados no passado, dificilmente se afinam com a disciplina agora em vigor.

No caso de julgamentos de embargos de declaração, o problema é particularmente grave. Como é notório, os embargos não costumam despertar a simpatia dos órgãos julgadores a que se dirigem. Um Ministro do STF, recentemente aposentado, costumava exprobrar "o vezo distorcido de tomar-se tal recurso como crítica ao ofício judicante".[12] Para ele, os embargos, muito ao contrário, deveriam "ser tomados com alto espírito de compreensão".[13] Lamentavelmente, nem todos os magistrados do país compartilham desse entendimento. Aliás, um autor insuspeito como Adroaldo Furtado Fabricio, integrante da carreira por mais de três décadas, aludiu, em substancioso estudo anterior ao NCPC, à "preconceituosa resistência judicial aos embargos" e à necessidade de "reabilitação" do recurso, vítima da "má vontade e impaciência dos órgãos jurisdicionais", ao ponto extremo de seu julgamento ocorrer "sem qualquer exame ou fundamentação".[14]

A questão é grave – volto a dizê-lo – porque os vícios típicos que autorizam os embargos (NCPC, art. 1.022), quando subsistentes, podem tornar extremamente árdua a tarefa de interpretar a decisão embargada, dificultando, em consequência, sua execução (aqui empregada a expressão em sentido amplíssimo).[15] Por isso, o ato de proferir uma decisão meditada e motivada, nos embargos, deve ser encarado como imposição do dever de *cooperação* do magistrado em relação às partes (NCPC, art. 6º).

---

12 Refiro-me ao Ministro Marco Aurélio, relator do AI nº 136.378 (AgRG) – SP, de cuja motivação se extraiu o trecho entre aspas.

13 Excerto da ementa do acórdão da 2ª Turma no RE nº 154.159-PR.

14 "Embargos de declaração: importância e necessidade de sua reabilitação", pp. 84-86.

15 Qualquer dos vícios do art. 1.022 pode não apenas dificultar a execução de decisões que, no processo civil, "reconheçam a exigibilidade de obrigação de pagar quantia, de fazer, de não fazer ou de entregar coisa" (NCPC, art. 515, nº I), mas também de outras, declaratórias ou constitutivas, cujo resultado prático dependa da realização de atos complementares, em registros públicos (*v.g.*, LRP, arts. 167, nº I, 28; 250, nº I; e 251, nº II). É óbvio que defeitos como a obscuridade e a contradição, quando presentes na decisão que se pretenda registrar, podem dificultar aquela atividade, a que doutrina e jurisprudência ainda hoje atribuem o rótulo de "execução indireta": por exemplo, Wambier e Talamini, *Curso Avançado de Processo Civil*, v. 3, p. 47; STJ, REsp nº 890.855-GO, 4ª Turma, j 01º.09.2016.

4. "Dirão que exagero. Afiançarei que não. Falo do que sei". Por um motivo inconsciente, as três breves frases permaneceram na minha memória, desde que as li, há muitos anos, no trabalho por meio do qual Sergio Bermudes homenageou um de seus mestres e amigos mais próximos.[16] Aceite o leitor uma paráfrase: afianço que não exagero quando afirmo que, no julgamento de embargos de declaração, o § 1º do art. 489 tem sido ignorado sem cerimônia. E também eu "falo do que sei", porque me baseio numa experiência profissional que, se não testemunha uma verdadeira "rebelião" judicial, ao menos sugere uma atitude de incompreensível desprezo àquele dispositivo, quiçá estimulada por "uma certa permissividade dos Tribunais Superiores na exigência da fundamentação".[17]

Quero registrar que os elementos que submeto à análise do leitor dizem respeito, todos eles, a processos judiciais instaurados perante órgãos jurisdicionais do Estado do Rio de Janeiro. Minha atuação profissional, no tocante ao primeiro e segundo graus de jurisdição, raramente exorbitou do âmbito da Justiça fluminense. O material aqui reunido me parece representativo de um método de julgamento dos embargos de declaração de ampla utilização nos apontados limites territoriais – e isso explica o título deste trabalho ("à moda da casa"). O leitor de outras regiões do país avaliará até que ponto nossas experiências se aproximam.

Anoto também que todas as decisões a seguir reproduzidas (observada a ordem cronológica em que foram proferidas) constam de processos *públicos*, podendo o leitor curioso verificar a fidelidade de sua reprodução (e a íntegra dos embargos que elas julgaram) mediante consulta ao *site* do TJRJ na internet.

Dito isso, transcrevo, a seguir, dez decisões tomadas, na vigência do NCPC, por juízos cíveis da Justiça de meu Estado:

> "Fls. 262/267: Conheço dos embargos, posto que tempestivos, e rejeito-os, visto que não há omissão, contradição ou obscuridade na decisão de fls. 258, que deve persistir tal como está lançada. Como se verifica do seu teor, não foram interpostos com a finalidade supracitada, ostentando, ao revés, claro objetivo de modificação do mérito da decisão. O inconformismo da parte deve ser objeto da via recursal própria".[18]

---

16 "A função jurisdicional no Brasil", p. 308.

17 Lênio Luiz Streck, ob. cit. (nota nº 11), p. 685.

18 Processo nº 0013580-70.2015.8.19.0001 da 22ª Vara Cível da Capital, decisão de fls. 298 (de 07.04.2016).

"Recebo os embargos de declaração, visto que tempestivos. No entanto, nego-lhes provimento, por não haver obscuridade, contradição, erro material, nem omissão na decisão, nos termos do art. 1.022 do Código de Processo Civil".[19]

"Conheço dos embargos, posto que tempestivos, e rejeito-os, visto que não há omissão, contradição ou obscuridade na decisão de fls. 298, que deve persistir tal como está lançada. Ressalte-se que ao contrário do alegado pelo embargante, a decisão às fls. 298 foi fundamentada, visto que os embargos de declaração interpostos anteriormente tinham claro objetivo de modificação do mérito da decisão. O inconformismo da parte deve ser objeto da via recursal própria".[20]

"Nego provimento aos embargos de declaração opostos às fls. 489/491, pois não há omissão, contradição, obscuridade ou erro material na sentença embargada. Na verdade o embargante pretende a revisão do julgado, o que desafia a interposição de recurso próprio, perante a autoridade jurisdicional competente".[21]

"Conheço dos Embargos de Declaração por serem tempestivos. No mérito, nego-lhes provimento, tendo em vista a ausência de qualquer omissão, contradição ou obscuridade. Com efeito, o *decisum* embargado não está maculado por quaisquer dos vícios elencados no art. 1.022 do CPC, inexistindo qualquer irregularidade a ser elucidada na via dos embargos de declaração. Na verdade, pretende o embargante o reexame de matéria já apreciada com a simples intenção de propiciar efeitos infringentes ao *decisum* impugnado, o que é incompatível com a função integrativa dos embargos declaratórios".[22]

"Fls. 197: embargos tempestivos, pelo que os [*sic*] conheço. No mérito deixo de dar provimento aos embargos por não vislumbrar nenhuma omissão, contradição ou obscuridade capaz de ensejar a modificação da decisão judicial na forma do art. 1.022 do CPC/15, pretendendo o embargante apenas a reapreciação do mérito, não sendo este o meio processual cabível. Intime-se".[23]

"Conheço dos embargos, eis que presentes os pressupostos de admissibilidade, e os REJEITO, visto que não há omissão, contradição ou obscuridade na decisão de indexador 2351, que deve persistir tal como está lançada".[24]

---

19 Processo nº 0213224-91.2015.8.19.0001 da 8ª Vara Cível da Capital, decisão de fls. 2.186 (de 13.04.2016).

20 Processo nº 0013580-70.2015.8.19.0001 da 22ª Vara Cível da Capital, decisão de fls. 310 (de 04.07.2016). Cuida-se da decisão que desproveu *segundos* embargos de declaração, opostos à decisão de anteriores embargos, indicada na nota de rodapé nº 18.

21 Processo nº 0458840-47.2011.8.19.0001 da 2ª Vara Cível da Capital, decisão de fls. 505 (de 23.11.2017).

22 Processo nº 0273275-97.2017.8.19.0001 da 46ª Vara Cível da Capital, decisão de fls. 470 (de 19.03.2019).

23 Processo nº 0171392-78.2015.8.19.0001 da 28ª Vara Cível da Capital, decisão de fls. 204 (de 18.09.2019).

24 Processo nº 0213224-91.2015.8.19.0001 da 8ª Vara Cível da Capital, decisão de fls. 2.525 (de 21.04.2021), destacado no original.

> "Conheço dos embargos de declaração apresentados, eis que tempestivos, e, no mérito, NEGO-LHES PROVIMENTO por não vislumbrar qualquer omissão, obscuridade ou contradição a ensejar seu acolhimento. O que o embargante pretende, em verdade, é a reforma do julgado, objetivo que deve ser perseguido pela via própria".[25]
>
> "Rejeito ambos os Embargos de Declaração dos indexadores 969 e 973, porquanto a decisão não contém omissão ou contradição. Intimem-se".[26]
>
> "Recebo os embargos de declaração de fls. 2.653, eis que tempestivos. Nego-lhes provimento, porém, pois não se encontra qualquer contradição, omissão ou obscuridade na decisão proferida às fls. 2.648, não sendo os embargos a via adequada para a modificação do julgado".[27]

Nenhuma dessas decisões difere substancialmente daquela, proferida na vigência do CPC anterior, objeto da crítica de Adroaldo Furtado Fabricio: "Nego seguimento a ambos os recursos por inexistirem mossas, e, sim, inconformismo mesclado de emulação".[28] Tão padronizadas se mostram as decisões que nelas não há sequer a preocupação de identificar o vício *concretamente* denunciado pelo embargante: o juiz rejeita, numa só tacada, o que foi efetivamente arguido (por exemplo, uma omissão) e tudo aquilo que, em tese, poderia ter sido (mas nem sempre chegou a ser) arguido ("não há omissão, contradição, obscuridade ou erro material"). Repete-se o modelo, e ponto final.

Destaco um caso dentre aqueles aqui examinados. Em ação de responsabilidade civil de estabelecimento hospitalar, os autores pleitearam a inversão do ônus da prova, invocando o art. 6º, nº VIII, do Código de Defesa do Consumidor. No saneador, o pleito foi indeferido, sem, todavia, a indicação, ainda que superficial, das *razões* pelas quais o juízo reputava ausentes os requisitos legais que autorizam a medida.[29] Nos embargos, os autores denunciaram a *omissão* e pediram fossem apresentados

---

25 Processo nº 0243005-56.2018.8.19.0001 da 33ª Vara Cível da Capital, decisão de fls. 424 (de 03.08.2020), destacado no original.

26 Processo nº 0341676-51.2017.8.19.0001 da 39ª Vara Cível da Capital, decisão de fls. 977 (de 04.08.2020).

27 Processo nº 0000085-87.2002.8.19.0041 da Vara Única da Comarca de Paraty, decisão de fls. 2.681 (de 22.09.2021).

28 Ob. cit. (nota nº 14), p. 86.

29 Muito antes do NCPC já se reconhecera a necessidade de que a decisão de deferimento ou indeferimento da inversão, em litígios fundados no CDC, fosse motivada: cf. Carlos Roberto Barbosa Moreira, "Notas sobre a inversão do ônus da prova em benefício do consumidor", pp. 129-130.

os motivos *concretos* do indeferimento. O juízo se limitou a negar a presença de "omissão, contradição ou obscuridade", acrescentando que a (omissa) decisão embargada deveria "persistir tal como está lançada". *Enough said.*

O panorama jurisprudencial brasileiro nem sequer permite que se justifique a "abreviada" rejeição dos embargos com a afirmação, encontradiça nas decisões que selecionei (e em inúmeras outras), segundo a qual o recurso teria o "claro objetivo de modificação do mérito da decisão" ou que "o embargante pretende a revisão do julgado". Como é notório, são variadíssimas as hipóteses em que os tribunais do país, inclusive o STF e o STJ, têm provido embargos para finalidades que em muito ultrapassam os limites do art. 1.022. Uma rápida consulta ao sempre útil *Código de Processo Civil*, de Theotônio Negrão e seus atualizadores,[30] confirmará o que digo. Bem examinada a jurisprudência, facilmente se concluirá que, na prática, os casos de aceitação dos embargos, como meio de correção de outros vícios, são bem menos "excepcionais" do que sugerem certas ementas e exposições doutrinárias.

5. Infelizmente, nem sequer o egrégio TJRJ permaneceu imune, no julgamento de embargos declaratórios opostos a suas decisões, ao "vírus da falta de motivação". Consinta o leitor na integral transcrição da motivação de acórdão de 2019, que, a meu ver, justifica plenamente o que afirmo:

> "Com efeito, há que se conhecer o [*sic*] o recurso interposto, eis que presentes os requisitos recursais intrínsecos e extrínsecos.
>
> Efetivamente, não há, no julgado vergastado, qualquer vício relativo a contradições internas, obscurantismo ou omissões a respeito de questões ou fundamentos da lide.

30 *Código de Processo Civil*, nota nº 1.022.11 ao art. 1.022. Permito-me também indicar ao leitor o estudo, de minha autoria, citado na nota de nº 6 (especialmente, pp. 281-282). Há intérpretes do texto legal favoráveis ao provimento de embargos "quando houver escancarado engano no pronunciamento do julgador", revelador de "um choque intenso entre a vontade externada e os fatos ou o direito" (Luis Guilherme Aidar Bondioli, *Comentários ao Código de Processo Civil*, v. XX, p. 168). Esse autor registra (com total acerto) ser "impossível enunciar de forma apriorística e hermética as hipóteses de erro evidente autorizadoras de embargos de declaração". Trata-se da constatação de uma realidade indiscutível. Veja-se, no entanto, a opinião radicalmente desfavorável a semelhante prática emitida por Sergio Bermudes, *CPC de 2015: Inovações*, vol. 1, pp. 436-437.

É cediço a simples pretensão de revisão do julgado, mesmo mascarada com o véu do prequestionamento, não pode ser acolhida se resta claro [*sic*] no julgado as razões de decidir e as normas legais em que se finca tal conclusão.

Não se olvide que o magistrado não está obrigado a enfrentar todas as questões suscitadas pelas partes, mas apenas aquelas prejudiciais e que sejam suficientes para solucionar a demanda apresentada pelas partes.

Afirma-se [*sic*], ainda, a jurisprudência pátria que '1. Os embargos de declaração são cabíveis somente nas hipóteses de obscuridade, contradição ou omissão ocorridas no acórdão embargado, sendo inadmissíveis quando, a pretexto da necessidade de esclarecimento, aprimoramento ou complemento da decisão embargada, objetivem novo julgamento do caso. 2. Pretensão de rediscutir tema já apreciado por esta Corte, fim a que não se destina a via recursal eleita, não se podendo confundir omissão ou contradição com decisão contrária aos interesses da parte.' (STJ, EDcl no REsp 1.519.777/SP, Rel. Ministro Rogério Schietti Cruz, Terceira Sessão, julgado em 27/04/2016, DJe 02/05/2016) .

Aliás, a jurisprudência deste Tribunal de Justiça já sintetizou tal questão através dos entendimentos consolidados de que 'A contradição, para ensejar a ensejar a interposição de embargos de declaração, deve estar contida no próprio conteúdo da decisão embargada' (Enunciado 172 da Súmula do TJERJ) e que 'Inexiste omissão a sanar através de embargos declaratórios, quando o acórdão não enfrentou todas as questões arguidas pelas partes, desde que uma delas tenha sido suficiente para o julgamento do recurso.' (Enunciado 52 da Súmula do TJERJ).

No caso vertente o acórdão embargado não traz ínsita contradição, obscuridade, bem como não se omitiu em nenhum de seus pontos.

Cabe ressaltar que a decisão explicitou claramente seus fundamentos. Desta forma, os argumentos lançados pelos Embargantes são absolutamente insuficientes para suportar o pretendido direito.

Este recurso é sede imprópria para manifestar-se o inconformismo com o julgado e obter a sua reforma porque, salvo as hipóteses específicas, nele não se devolve o exame da matéria.

Não se verificou a existência de qualquer contradição, omissão, ou nulidade no julgamento, o que busca o Embargante é a reforma da decisão, daí a imprestabilidade da via escolhida.

Traga-se a esse respeito aresto do STJ:

'É entendimento assente de nossa jurisprudência que o órgão judicial, para expressar sua convicção, não precisa aduzir comentários sobre todos os argumentos levantados pelas partes. Sua fundamentação pode ser sucinta, pronunciando-se acerca do motivo que, por si só, achou suficiente para composição do litígio' (1ª Turma, AL 169.073/SP, AgRg, Rel. Min. José Delgado, DJU 17.08.98, p. 44).

Os embargos não são sede própria para as partes simplesmente manifestarem o seu inconformismo com o julgado.

Ausentes os requisitos que autorizam a interposição deste recurso, seu provimento deve ser negado.

> No caso presente, *in concreto*, verifica-se que o Acórdão de fls. 806/809, [*sic*] apreciou e decidiu com suficiência as matérias necessárias ao julgamento.
>
> Não havendo qualquer omissão, contradição ou obscuridade a serem declarados, voto no sentido de negar provimento aos presentes embargos declaratórios".[31]

A aparentemente longa fundamentação do acórdão não passa de um simulacro de fundamentação. Ao lado de observações genéricas sobre o cabimento dos embargos de declaração e de indicações de jurisprudência (feitas, aliás, em total desarmonia com a regra do art. 489, § 1º, nº V, do NCPC), o acórdão, em verdade, se resume àquela petição de princípio de que falava, há décadas, Helio Tornaghi (*supra*, nº 2). Num universo ideal, a motivação deveria chegar ao ponto "até mesmo de convencer o sucumbente sobre o acerto da decisão";[32] porém, jurisdicionados (e seus advogados) provavelmente se satisfarão com menos: basta que se dê efetiva atenção ao que alegam, *em cada caso concreto*.

6. Uma decisão de desprovimento de embargos de declaração, para ser adequadamente fundamentada, há de examinar o vício que, por meio deles, o embargante *concretamente* denunciou – não um vício *hipotético*. Por isso, se se tratar de alegação de *omissão*, cabe ao órgão indicar, com clareza, o trecho em que a decisão embargada feriu o ponto que, no recurso, se afirma omitido, ou explicar "por que não se precisava (ou não se podia) tratar dele";[33] se se cuidar de *contradição*, cabe-lhe demonstrar (não apenas dizer!) que as duas (ou mais) proposições, supostamente inconciliáveis, são, ao contrário, perfeitamente harmônicas; se se tratar de *erro material*, que o apontado equívoco não existe (*v.g.*, o resultado de uma operação aritmética, que, nos embargos, se diz inexato, é correto).

Merece exame à parte a hipótese em que os embargos aleguem *obscuridade*. Em comentário ao CPC anterior, escreveu Barbosa Moreira: "A falta de clareza é defeito capital em qualquer decisão judicial. E bem se compreende que o seja, visto que é função precípua do pronunciamento judicial, exatamente, fixar a certeza jurídica a respeito da lide ou da

---

31 Embargos de declaração nos embargos de declaração na apelação cível nº 0054614-35.2009.8.19.0001, 14ª CCTJRJ, decisão de fls. 826/829 (de 13.11.2019).

32 Excerto do acórdão do STF citado em nota anterior (nº 12).

33 BARBOSA MOREIRA, *Comentários*, nº 304, p. 558.

questão decidida".[34] Por isso, a alegação de obscuridade costuma melindrar o prolator da decisão embargada, a ponto de predispô-lo a rechaçar o recurso. Todavia, a doutrina recomenda que, ainda que lhe pareça totalmente infundada a crítica do embargante, o órgão "bem andará se preferir esclarecer o seu pronunciamento".[35] Convém, aqui e agora, relembrar a recomendação do Ministro Marco Aurélio: ouvir as críticas "com alto espírito de compreensão".[36]

7. Calamandrei, na conferência a que de início aludi, demonstra que, historicamente, a "rebelião" de magistrados contra a lei pode inspirar-se em propósitos nobilíssimos, como o de evitar a aplicação de leis "abomináveis".[37] Mas adverte para os riscos de "leis inovadoras interpretadas com espírito conservador".

A motivação "à moda da casa", adotada, no julgamento de embargos de declaração, por certos integrantes da Justiça fluminense, insinua um motim contra o NCPC: a lei mudou, mas juízes permanecem aferrados a velhos hábitos, cultivados na vigência da lei anterior – hábitos que, a rigor, nem sequer se justificavam naquele regime. Uma lei inovadora interpretada com espírito reacionário; e assim se frustram os objetivos perseguidos pelo legislador.

Aos que objetarem que o excesso de trabalho conspira contra a rigorosa observância do art. 489, § 1º, do NCPC, e que a prometida celeridade processual (CF, art. 5º, nº LXXVIII) impõe o sacrifício de outros valores, responderei com palavras (que tomo a liberdade de reproduzir) de dois eminentes processualistas, que honraram a magistratura nacional:

> "Ninguém ignora as condições de extrema sobrecarga em que trabalham hoje os órgãos jurisdicionais. Igualmente notória e universal é a preocupação com a 'celeridade' como valor supremo (e, contudo, consoante indica a prática do foro, cada vez mais distante). Estou a propor, na verdade, que se pare para refletir até que ponto é justificável essa prioridade absoluta, valorizada ao extremo, de sacrificar a qualidade mínima das decisões. A demora faz parte do preço a pagar pelo mínimo de justiça que se tem o direito de esperar do processo, e que é, ao fim e ao cabo, a sua única razão de ser. Que se pense em voltar a encarar cada litígio como realidade concreta e autônoma,

34 Ob. cit. (nota anterior), nº 300, p. 549.

35 BARBOSA MOREIRA, ob. cit. (nota nº 33), nº 300, p. 550.

36 *Supra*, nº 3.

37 CALAMANDREI, ob. cit. (nota nº 2), p. 675.

merecedora de análise e solução na sua individualidade única. Que se volte a exercer, enfim, *jurisdição*".[38]

"Em síntese larga, o direito fundamental das partes abrange 'a exposição dos fatos relevantes para a solução do litígio e a exposição das razões jurídicas do julgamento'. É típico trabalho de gabinete. O fascinante e exaustivo trabalho intelectual que empolga as pessoas investidas em função judicante. Não há motivo para resistir ao art. 489, § 1º. Ao contrário, as exigências cativam o juiz e a juíza operosos e conscientes da sua elevada missão constitucional".[39]

Referências bibliográficas (obras citadas)

ALVIM, Teresa Arruda. "Acesso à Justiça, contraditório e fundamentação da sentença". *In* MENDES, Aluisio Gonçalves de Castro; DINAMARCO, Cândido Rangel; PINHO, Humberto Dalla Bernardino de; FUX, Luiz (coord.). *Estudos em Homenagem a Paulo Cezar Pinheiro Carneiro.* 1ª ed. Rio de Janeiro: GZ, 2019.

ALVIM, Teresa Arruda. Comentário ao art. 489. *In* BUENO, Cássio Scarpinella. *Comentários ao Código de Processo Civil.* São Paulo: Saraiva, 2017, vol. 2.

BARBOSA MOREIRA, José Carlos. *Comentários ao Código de Processo Civil.* 16ª ed. Rio de Janeiro: Forense, 2011, vol. V.

BERMUDES, Sergio. *CPC de 2015: Inovações.* 1ª ed. Rio de Janeiro: GZ, 2016, vol. 1.

BERMUDES, Sergio. "A função jurisdicional no Brasil". *In* GRINOVER, Ada Pellegrini *et alli. Estudos de Direito Processual em Homenagem a José Frederico Marques no seu 70º Aniversário.* São Paulo: Saraiva, 1982.

BONDIOLI, Luis Guilherme Aidar. *Comentários ao Código de Processo Civil.* São Paulo: Saraiva, 2016, vol. XX.

CALAMANDREI, Piero. *Opere Giuridiche.* Nápoles: Morano, 1965, v. I.

DIDIER JR., Fredie; OLIVEIRA, Rafael Alexandria de; BRAGA, Paula Sarno. Comentário ao art. 489. *In* CABRAL, Antonio do Passo; CRAMER, Ronaldo. *Comentários ao Novo Código de Processo Civil.* 2ª ed. Rio de Janeiro: Forense, 2016.

---

38 ADROALDO FURTADO FABRÍCIO, ob. cit. (nota nº 14), p. 87.

39 ARAKEN DE ASSIS, ob. cit. (o trecho ali reproduzido é de autoria de José Rogério Cruz e Tucci).

FABRICIO, Adroaldo Furtado. "Embargos de declaração: importância e necessidade de sua reabilitação". *In* FABRICIO, Adroaldo Furtado (coord.). *Meios de Impugnação ao Julgado Civil: Estudos em Homenagem a José Carlos Barbosa Moreira.* 1ª ed. Rio de Janeiro: Forense, 2007.

MOREIRA, Carlos Roberto Barbosa. "O dever de motivação na hipótese do art. 1.021, § 3º, do NCPC". *In* MENDES, Aluisio Gonçalves de Castro; DINAMARCO, Cândido Rangel; PINHO, Humberto Dalla Bernardino de; FUX, Luiz (coord.). *Estudos em Homenagem a Paulo Cezar Pinheiro Carneiro.* 1ª ed. Rio de Janeiro: GZ, 2019.

MOREIRA, Carlos Roberto Barbosa. "Notas sobre a inversão do ônus da prova em benefício do consumidor". *In* BARBOSA MOREIRA, José Carlos (coord.). *Estudos de Direito Processual em Memória de Luiz Machado Guimarães.* 1ª ed. (2ª Tiragem). Rio de Janeiro: Forense, 1999.

MOREIRA, Carlos Roberto. "Os novos embargos de declaração". *In Revista de Processo*, vol. 287, 2019.

NEGRÃO, Theotônio; GOUVÊA, José Roberto F.; BONDIOLI, Luis Gulherme A.; FONSECA, João Francisco N. da. *Código de Processo Civil e Legislação Processual em Vigor.* 52ª ed. São Paulo, Saraiva, 2021.

STRECK, Lênio Luiz. Comentário ao art. 489. *In* STRECK, Lênio Luiz; NUNES, Dierle; CUNHA, Leonardo Carneiro da. *Comentários ao Código de Processo Civil.* São Paulo: Saraiva, 2016.

TORNAGHI, Hélio. *Instituições de Processo Penal.* 2ª ed. São Paulo: Saraiva, 1978, vol. 3.

WAMBIER, Luiz Rodrigues; TALAMINI, Eduardo. *Curso Avançado de Processo Civil.* 17ª ed. São Paulo: RT, 2020, vol. 3.

O PADRÃO DECISÓRIO DO STJ NA AFETAÇÃO E JULGAMENTO DE TEMAS REPETITIVOS: (IN)CONGRUÊNCIA ENTRE A TESE FIXADA, A PROPOSTA DE TESE E O RECURSO

Carolina Uzeda

SUMÁRIO: 1. Considerações iniciais e apresentação da pesquisa. **2.** Metodologia. **3.** Temas em que o STJ ampliou a tese e decidiu além dos limites estabelecidos na decisão de afetação, mas dentro dos limites do recurso. **4.** Temas em que o STJ ampliou a tese e decidiu além dos limites estabelecidos na decisão de afetação e no recurso. **5.** Temas com mais de um processo vinculado: escolha, supervenientemente à afetação, de outro recurso como representativo da controvérsia e ampliação do objeto da discussão. **6.** Conclusões da pesquisa. **7.** Referências bibliográficas.

1. Considerações iniciais e apresentação da pesquisa

O regime de recursos especiais e extraordinários repetitivos foi instituído pela Lei nº 11.672/2008, com início de vigência em agosto de 2008. Nela, quanto aos recursos especiais, incluiu-se o art. 543-C no CPC/73. Com isso, estabeleceu-se um procedimento recursal especial para as hipóteses em que houvesse multiplicidade de recursos com fundamento em idêntica questão de direito.

Diante disso, o STJ, já em 19.8.2008, dias após o início da vigência da Lei nº 11.672/2008, afetou seu primeiro recurso repetitivo (Tema 1). Desde então, foram afetados 1131 temas para julgamento pelo regime de recursos repetitivos.

Em pesquisa anterior, identificou-se que é relativamente comum a desafetação imotivada de temas, inclusive, anos após a respectiva afetação, o que, sem dúvida, compromete a segurança jurídica e a confiança.[1]

Porém, duas outras questões se fazem inevitáveis: i) se há necessária vinculação entre o tema afetado e aquilo que é efetivamente decidido; e ii) se o tribunal deverá definir os temas e as teses deles extraídas

1 UZEDA, Carolina. O padrão decisório do cancelamento de temas afetados pelo STJ para julgamento pelo procedimento especial dos recursos especiais repetitivos. In: NERY JUNIOR, Nelson; ARRUDA ALVIM, Teresa [coord.]. *Aspectos polêmicos dos recursos cíveis e assuntos afins, vol. 15*. São Paulo: Thomson Reuters Brasil, 2020. pp. 79-103.

em consonância com o objeto do recurso especial afetado como representativo da controvérsia.

Embora a doutrina convirja nas respostas às referidas questões, é imprescindível verificar se o STJ, de fato, trata o tema da maneira sugerida, especialmente quanto à correlação entre a afetação e a tese firmada e ao efeito devolutivo dos recursos especiais afetados.

A pertinência da pesquisa se justifica porque: i) a análise da tese fixada e a aplicação do precedente não passam ao largo da verificação da *ratio decidendi* e do recurso interposto pela parte;[2] ii) a decisão de afetação delimita o contraditório que será exercido pelas partes e demais sujeitos interessados; e iii) ainda que, em alguns casos, seja possível afirmar existir uma presunção legal de preenchimento dos requisitos para afetação do recurso especial, é fato que caberá ao STJ delimitar a tese fixada, à luz de uma análise global do tema, considerando-se a necessidade de uniformizar o entendimento, em todo território nacional.

Pretende-se analisar o padrão decisório adotado pelo STJ na afetação, julgamento e definição das teses, verificando-se se o tribunal, ao realizar referidas atividades, mantém-se nos limites estabelecidos pela parte no recurso especial e por ele, tribunal, quando da decisão de afetação.

2. Metodologia

Os dados foram identificados, inicialmente, a partir da extração de planilha elaborada pelo do Núcleo de Gestão de Precedentes do STJ (NUGEP), disponível em http://www.stj.jus.br/repetitivos/temas_repetitivos/pesquisa.jsp.

Posteriormente, foram selecionados e analisados os recursos especiais repetitivos efetivamente julgados, de matéria não penal, sobre os

2 Analisando a questão pela perspectiva dos ministros julgadores, a Ministra Nancy Andrighi ressaltou que "a questão idêntica que caracteriza a multiplicidade de recursos, além de ser selecionada na decisão que instaura o incidente, deve ter sido: 1) expressamente debatida no acórdão impugnado; 2) debatida nas razões do recurso especial; 3) preencher todos os requisitos de admissibilidade. Só assim, a referida questão poderá ser objeto de julgamento e produzir os efeitos do § 7º do art. 543-C do CPC": ANDRIGHI, Nancy. Recursos repetitivos. *Revista de Processo, vol. 185/2010*. São Paulo: Revista dos Tribunais, 2010, pp. 265-281. Sobre o tema, à luz do CPC/15, vide: BARIONI, Rodrigo; ARRUDA ALVIM, Teresa. Recursos repetitivos: tese jurídica e ratio decidendi. *Revista de Processo, vol. 296/2019*. São Paulo: Thomson Reuters Brasil, 2019, pp. 183-204;

quais não existe proposta de revisão/cancelamento, entre os temas de números 900 e 1100, no total de 117 temas, abrangendo temas afetados entre novembro de 2014 e junho de 2021.

Foram identificados os seguintes dados: 1) tema; 2) questão submetida a julgamento, conforme a decisão de afetação; 3) tese definida; 4) recurso representativo da controvérsia; e 5) datas da afetação e do julgamento dos recursos.

Mediante inicial análise comparativa entre a discussão definida nas decisões de afetação e as teses efetivamente firmadas, identificou-se os recursos em que o STJ decidiu de maneira mais ampla, com relação à proposta original.[3] Após, verificou-se se a fixação da tese, naquilo que excedeu à decisão de afetação, estava alinhada com o objeto do recurso.

3. Temas em que o STJ ampliou a tese e decidiu além dos limites estabelecidos na decisão de afetação, mas dentro dos limites do recurso

3.1. Tema 902

No tema 902, REsp 1.340.236/SP, a decisão de afetação estabeleceu que a discussão seria voltada a "definir se, em ação cautelar de sustação de protesto, a prestação de contracautela é dispensável ao deferimento da liminar para suspensão dos efeitos do protesto."

Apesar disso, a tese foi firmada no seguinte sentido: "A legislação de regência estabelece que o documento hábil a protesto extrajudicial

3 A falta de correlação entre a proposta de tese e a tese fixada é tratada com cuidado pela doutrina. Apenas exemplificativamente, Ronaldo Cramer rejeita a possibilidade de "ser consideradas para formação da norma do precedente questões que o tribunal pronunciou de ofício, sem contraditório com as partes": CRAMER, Ronaldo. Precedentes judiciais: teoria e dinâmica. Rio de Janeiro, Forense, 2016, p. 137. Em sentido semelhante, Fredie Didier Jr. e Leonardo Carneiro da Cunha sustentam que tanto há vinculação entre a questão afetada e a que será decidida, quanto entre a questão decidida e o objeto do recurso afetado como representativo da controvérsia. Ressaltam os autores que: "Não é lícito definir, como objeto do incidente, questão que não esteja sendo discutida em juízo. [...] Não pode o órgão jurisdicional propor soluções normativas para questões que não lhe são propostas: no sistema brasileiro de separação dos poderes, essa tarefa é do Poder Legislativo": DIDIER JR., Fredie; CUNHA, Leonardo Carneiro da. *Curso de direito processual civil: o processo civil nos tribunais, recursos, ações de competência originária de tribunal e querela nullitatis, incidentes de competência originária de tribunal.* 17ª ed. rev., atual. e ampl. Salvador: Ed.Juspodivm, 2020, p. 762.

é aquele que caracteriza prova escrita de obrigação pecuniária líquida, certa e exigível. Portanto, a sustação de protesto de título, por representar restrição a direito do credor, exige prévio oferecimento de contracautela, a ser fixada conforme o prudente arbítrio do magistrado."

Nela, portanto, estabeleceu-se um critério para a fixação da contracautela, definindo-se que caberá ao magistrado, à luz do seu prudente arbítrio. Apesar da ausência de correlação entre a discussão proposta e a tese, da análise do recurso, verifica-se que a matéria foi devolvida ao STJ pela parte.

3.2. Tema 921

No tema 921, REsp 1.398.356/MG, a decisão de afetação estabeleceu que a discussão versaria sobre "a validade do protesto do título por tabelionato localizado em comarca diversa da de domicílio do devedor, para fins de comprovação da mora nos contratos garantidos por alienação fiduciária."

Apesar disso, a tese foi firmada no seguinte sentido: "1. O tabelião, antes de intimar o devedor por edital, deve esgotar os meios de localização, notadamente por meio do envio de intimação por via postal, no endereço fornecido por aquele que procedeu ao apontamento do protesto."

Nela, portanto, estabeleceu-se requisito prévio à intimação do devedor por edital. Apesar da ausência de correlação entre a discussão proposta e a tese, da análise do recurso, verifica-se que, de fato, a matéria foi devolvida ao STJ pela parte.

3.3. Tema 949

No tema 949, REsp 1.483.930/DF, na decisão prolatada em 22.3.2016, estabeleceu-se que a afetação do recurso seria voltada a discutir "o prazo prescricional para cobrança de taxa condominial."

Apesar disso, a tese foi firmada no seguinte sentido: "Na vigência do Código Civil de 2002, é quinquenal o prazo prescricional para que o condomínio geral ou edifício (horizontal ou vertical) exercite a pretensão de cobrança da taxa condominial ordinária ou extraordinária constante em instrumento público ou particular, a contar do dia seguinte ao vencimento da prestação."

Nela, portanto, estabeleceu-se que haveria identidade entre o prazo prescricional das taxas condominiais ordinárias e extraordinárias, bem como daquelas constantes em instrumento público ou particular. Apesar da ausência de correlação entre a discussão proposta e a tese, da análise do recurso, verifica-se que a matéria relacionada às taxas ordinárias e extraordinárias foi devolvida ao STJ pela parte.

3.4. Tema 962

No tema 962, REsp. 1377019/SP, na decisão prolatada em 3.10.2016, estabeleceu-se que a afetação do recurso seria voltada a discutir "a possibilidade de redirecionamento da execução fiscal contra o sócio que, apesar de exercer a gerência da empresa devedora à época do fato tributário, dela regularmente se afastou, sem dar causa, portanto, à posterior dissolução irregular da sociedade empresária."

Apesar disso, a tese foi firmada no seguinte sentido: "O redirecionamento da execução fiscal, quando fundado na dissolução irregular da pessoa jurídica executada ou na presunção de sua ocorrência, não pode ser autorizado contra o sócio ou o terceiro não sócio que, embora exercesse poderes de gerência ao tempo do fato gerador, sem incorrer em prática de atos com excesso de poderes ou infração à lei, ao contrato social ou aos estatutos, dela regularmente se retirou e não deu causa à sua posterior dissolução irregular, conforme art. 135, III, do CTN."

Nela, portanto, estabeleceu-se entendimento também acerca da posição do terceiro não sócio, que exercesse poderes de gerência. Apesar da ausência de correlação entre a discussão proposta e a tese, da análise do primeiro recurso afetado, verifica-se que, de fato, a matéria foi devolvida ao STJ, uma vez que o acórdão de origem tratou da posição dos gerentes, diretores e administradores, independentemente, da condição de sócio.

3.5. Tema 1066

No tema 1066, REsp 1870771/SP, REsp 1880121/SP, REsp 1873611/SP, nas decisões de 6.10.2020, estabeleceu-se que a afetação dos recursos seria voltada a discutir a "Possibilidade de cobrança pelo Escritório Central de Arrecadação e Distribuição – ECAD de direitos autorais por utilização de obras musicais e audiovisuais em quarto de hotel, de motel e afins."

Apesar disso, foi firmada tese adicional no seguinte sentido: "b) A contratação por empreendimento hoteleiro de serviços de TV por assinatura não impede a cobrança de direitos autorais pelo Escritório Central de Arrecadação e Distribuição – ECAD, inexistindo bis in idem."

Inseriu-se, portanto, na discussão, a questão relacionada à contratação de TV por assinatura, definindo-se a inexistência, no caso, de bis in idem. Apesar da ausência de correlação entre a discussão proposta e a tese, em um dos recursos (REsp 1873611/SP), verifica-se que, de fato, a matéria foi devolvida ao STJ.

4. Temas em que o STJ ampliou a tese e decidiu além dos limites estabelecidos na decisão de afetação e no recurso

4.1. Tema 908

No tema 908, REsp 1.497.831/PR, na decisão de 27.11.2014, estabeleceu-se que a afetação do recurso seria voltada a "definir a possibilidade de revisão de cláusulas contratuais na segunda fase da ação de prestação de contas."

Apesar disso, a tese foi firmada no seguinte sentido: "Impossibilidade de revisão de cláusulas contratuais em ação de prestação de contas."

Nela, portanto, embora a decisão de afetação tenha delimitado a discussão à segunda fase, estabeleceu-se que, na ação de prestação de contas, como um todo, em qualquer de suas fases, não cabe revisão de cláusulas contratuais.

A tese fixada, ainda, está fora dos limites do objeto do recurso afetado, uma vez que, naquele caso, o TJPR entendeu pela possibilidade de revisão das cláusulas contratuais na primeira fase da ação de prestação de contas, porém, ressaltou que a matéria, já devidamente analisada na primeira fase, estaria preclusa e não poderia ser apreciada na segunda fase, como pretendia o recorrente ("I – Impossível discutir novamente a questão acerca da aplicação do art. 26 do CDC, quando a prejudicial de mérito já foi rechaçada em primeira fase, formando, portanto, coisa julgada.").

4.2. Tema 979

No tema 979, REsp 1.381.734/RN, na decisão prolatada em 16.8.2017, estabeleceu-se que a afetação do recurso seria voltada a discutir a "devolução ou não de valores recebidos de boa-fé, a título de benefício previdenciário, por força de interpretação errônea, má aplicação da lei ou erro da Administração da Previdência Social."

Apesar disso, a tese foi firmada no seguinte sentido: "Com relação aos pagamentos indevidos aos segurados decorrentes de erro administrativo (material ou operacional), não embasado em interpretação errônea ou equivocada da lei pela Administração, são repetíveis, sendo legítimo o desconto no percentual de até 30% (trinta por cento) de valor do benefício pago ao segurado/beneficiário, ressalvada a hipótese em que o segurado, diante do caso concreto, comprova sua boa-fé objetiva, sobretudo com demonstração de que não lhe era possível constatar o pagamento indevido."

Nela, portanto, embora a decisão de afetação tenha delimitado a discussão à devolução de valores (ou não) recebidos de boa-fé, por força de interpretação errônea, má aplicação da lei ou erro da Administração, estabeleceu-se que: i) nas hipóteses em que seja possível o desconto, ele poderá representar o equivalente a 30% do valor do benefício pago; ii) a devolução não será cabível nas hipóteses em que a parte comprova sua boa-fé objetiva, "sobretudo com demonstração de que não lhe era possível constatar o pagamento indevido".

A tese fixada, ainda, está fora dos limites do objeto do recurso afetado, uma vez que, naquele caso, o TRF4 discutiu, exclusivamente, o cabimento da devolução dos valores, na hipótese em que o segurado recebe o benefício indevido de boa-fé. Mais: houve a modulação dos efeitos da decisão, de modo que a tese fixada não foi sequer aplicada ao caso concreto.

4.3. Tema 996

No tema 996, REsp 1729593/SP, oriundo de IRDR, estabeleceu-se que a afetação do recurso seria voltada a discutir, dentre outras questões, se "1.1) na aquisição de unidades autônomas futuras, financiadas na forma associativa, o contrato deverá estabelecer de forma expressa, clara e inteligível, o prazo certo para a formação do grupo de adquirentes e para a entrega do imóvel."

Apesar disso, as teses foram firmadas no seguinte sentido: "1.1. Na aquisição de unidades autônomas em construção, o contrato deverá estabelecer, de forma clara, expressa e inteligível, o prazo certo para a entrega do imóvel, o qual não poderá estar vinculado à concessão do financiamento, ou a nenhum outro negócio jurídico, exceto o acréscimo do prazo de tolerância."

Nota-se que, para além do que constou na decisão de afetação, estabeleceu-se o prazo de entrega do imóvel não poderá estar vinculado à concessão do financiamento, ou a nenhum outro negócio jurídico, exceto o acréscimo do prazo de tolerância.

A tese fixada, ainda, está fora dos limites do objeto dos recursos especiais interpostos pelos amici curiae, uma vez que, no que toca ao ponto, foi impugnada, dentre outras, a seguinte tese fixada pelo TJSP: "Na aquisição de unidades autônomas futuras, financiadas na forma associativa, o contrato deverá estabelecer de forma expressa, clara e inteligível o prazo certo para a formação do grupo de adquirentes e para a entrega do imóvel". Nada se disse, portanto, acerca de eventuais condicionantes.

4.4. Tema 1026

No tema 1026, REsp 1814310/RS, REsp 1812449/SC, REsp 1807923/SC, REsp 1807180/PR, REsp 1809010/RJ, nas decisões de 9.10.2019, estabeleceu-se que a afetação dos recursos seria voltada a discutir a "Possibilidade ou não de inscrição em cadastros de inadimplentes, por decisão judicial, do devedor que figura no polo passivo de execução fiscal."

Apesar disso, a tese foi firmada no seguinte sentido: "O art. 782, §3º do CPC é aplicável às execuções fiscais, devendo o magistrado deferir o requerimento de inclusão do nome do executado em cadastros de inadimplentes, preferencialmente pelo sistema SERASAJUD, independentemente do esgotamento prévio de outras medidas executivas, salvo se vislumbrar alguma dúvida razoável à existência do direito ao crédito previsto na Certidão de Dívida Ativa – CDA."

Nela, embora a decisão de afetação nada tenha mencionado acerca de eventual subsidiariedade na aplicação da medida coercitiva ou requisito relacionado à probabilidade do direito, estabeleceu-se que a inclusão nos cadastros restritivos poderá ocorrer "independentemente do esgotamento prévio de outras medidas executivas, salvo se vislumbrar alguma dúvida razoável à existência do direito ao crédito previsto na Certidão de Dívida Ativa – CDA".

A tese fixada, ainda, está fora dos limites do objeto dos recursos afetados, uma vez que, naqueles casos, discutia-se, exclusivamente, o cabimento (ou não) da medida em execuções de título extrajudicial e fiscais, ainda que, nos autos do REsp 1.809.010/RJ, tenha sido mencionado, pelo TRF2, referida subsidiariedade ("Frustrada a localização de bens penhoráveis através dos sistemas BACENJUD e RENAJUD, é possível a inclusão do nome do executado em sistemas de proteção ao crédito via SERASAJUD").

5. Temas com mais de um processo vinculado: exposição de motivos para a escolha, supervenientemente à afetação, de outro recurso representativo da controvérsia e ampliação do objeto da discussão

Para alguns temas, foram afetados mais de um recurso, exclusivamente com o fim de atender à abrangência proposta na decisão de afetação [do primeiro recurso].

5.1. Tema 968

No tema 968, no REsp 1.552.434/GO, na decisão de afetação, prolatada em 2.7.17, estabeleceu-se que a afetação do recurso seria voltada a discutir "i. Cabimento ou não da incidência de juros remuneratórios na repetição de indébito apurado em favor do mutuário de contrato de mútuo feneratício; ii. taxa de juros remuneratórios a ser aplicada na hipótese do item anterior."

Na sequência, afetou-se, para julgamento conjunto, o REsp 1.579.250/GO, que tratava da incidência de correção monetária, em repetição de indébito decorrente de cédula rural pignoratícia, ampliando-se a abrangência do tema em discussão.

A tese foi firmada no seguinte sentido: "Descabimento da repetição do indébito com os mesmos encargos do contrato."

Nela, portanto, embora a decisão de afetação tenha delimitado a discussão aos juros remuneratórios do contrato de mútuo feneratício, e que o segundo recurso afetado tratasse de correção monetária em cédula rural, estabeleceu-se que, na repetição de indébito, como um todo, em não cabe a aplicação dos encargos [em geral] previstos no contrato.

Mesmo com a inclusão de um novo recurso, cujo objeto era distinto do primeiro recurso afetado, ampliando-se a discussão, a tese fixada permaneceu fora dos limites, tanto da afetação, quanto dos recursos.

É importante consignar que, na segunda afetação, realizada em 24.4.2017, embora se tenha ampliado a discussão do Tema 968, considerando-se que a fase de habilitação de *amici curie*, no primeiro recurso afetado, já estava encerrada, na própria decisão de afetação, vedou-se a realização de novos pedidos.

5.2. Tema 1000

No tema 1000, no REsp 1.763.462/MG, na decisão de afetação, prolatada em 6.11.2018, estabeleceu-se que a afetação do recurso seria voltada a discutir "cabimento ou não de multa cominatória na exibição, incidental ou autônoma, de documento relativo a direito disponível, na vigência do CPC/2015." Ocorre que, referido recurso, dizia respeito a requerimento de exibição incidental de documento.

Na sequência, vinte dias após, afetou-se, para julgamento conjunto, o REsp 1.777.553/SP, que tratava da do cabimento da multa em exibição autônoma, de modo que a análise conjunta dos recursos permitiria o julgamento do tema, na forma proposta.

Assim, com a inclusão de um novo recurso, cujo objeto era distinto do primeiro recurso afetado, ampliando-se a discussão, a tese fixada foi fixada em respeito aos limites tanto da afetação, quanto dos recursos.

6. Conclusões da pesquisa

Foi possível identificar os seguintes resultados preliminares:

a) Dos 117 temas analisados, em 10 deles, o STJ fixou tese mais ampla do que a proposta na decisão de afetação (equivalente a 9% dos casos):

Tema	Questão submetida a julgamento	Tese Firmada	Diferenças entre a decisão de afetação e a tese firmada
902	Definir se, em ação cautelar de sustação de protesto, a prestação de contracautela é dispensável ao deferimento da liminar para suspensão dos efeitos do protesto.	A legislação de regência estabelece que o documento hábil a protesto extrajudicial é aquele que caracteriza prova escrita de obrigação pecuniária líquida, certa e exigível. Portanto, a sustação de protesto de título, por representar restrição a direito do credor, exige prévio oferecimento de contracautela, a ser fixada conforme o prudente arbítrio do magistrado.	Definição de critério para fixação da contracautela.

908	Discute a possibilidade de revisão de cláusulas contratuais na segunda fase da ação de prestação de contas.	Impossibilidade de revisão de cláusulas contratuais em ação de prestação de contas.	Abrangência das duas fases da ação de prestação de contas.
921	Discute-se a validade do protesto do título por tabelionado localizado em comarca diversa da de domicílio do devedor, para fins de comprovação da mora nos contratos garantidos por alienação fiduciária.	1. O tabelião, antes de intimar o devedor por edital, deve esgotar os meios de localização, notadamente por meio do envio de intimação por via postal, no endereço fornecido por aquele que procedeu ao apontamento do protesto; 2. É possível, à escolha do credor, o protesto de cédula de crédito bancário garantida por alienação fiduciária, no tabelionato em que se situa a praça de pagamento indicada no título ou no domicílio do devedor.	Definição da necessidade de esgotamento dos meios de localização do devedor, antes de se permitir que o tabelião proceda à intimação do devedor por edital.
949	Discute-se o prazo prescricional para cobrança de taxa condominial.	Na vigência do Código Civil de 2002, é quinquenal o prazo prescricional para que o condomínio geral ou edifício (horizontal ou vertical) exercite a pretensão de cobrança da taxa condominial ordinária ou extraordinária constante em instrumento público ou particular, a contar do dia seguinte ao vencimento da prestação.	Abrangência da tese às taxas condominiais constantes em instrumento público ou particular.
962	Discute-se a possibilidade de redirecionamento da execução fiscal contra o sócio que, apesar de exercer a gerência da empresa devedora à época do fato tributário, dela regularmente se afastou, sem dar causa, portanto, à posterior dissolução irregular da sociedade empresária.	O redirecionamento da execução fiscal, quando fundado na dissolução irregular da pessoa jurídica executada ou na presunção de sua ocorrência, não pode ser autorizado contra o sócio ou o terceiro não sócio que, embora exercesse poderes de gerência ao tempo do fato gerador, sem incorrer em prática de atos com excesso de poderes ou infração à lei, ao contrato social ou aos estatutos, dela regularmente se retirou e não deu causa à sua posterior dissolução irregular, conforme art. 135, III, do CTN.	Abrangência da tese ao administrador nao sócio.

968	i. Cabimento ou não da incidência de juros remuneratórios na repetição de indébito apurado em favor do mutuário de contrato de mútuo feneratício; ii. taxa de juros remuneratórios a ser aplicada na hipótese do item anterior.	Descabimento da repetição do indébito com os mesmos encargos do contrato.	Abrangência da tese para todos os contratos.
979	Devolução ou não de valores recebidos de boa-fé, a título de benefício previdenciário, por força de interpretação errônea, má aplicação da lei ou erro da Administração da Previdência Social.	Com relação aos pagamentos indevidos aos segurados decorrentes de erro administrativo (material ou operacional), não embasado em interpretação errônea ou equivocada da lei pela Administração, são repetíveis, sendo legítimo o desconto no percentual de até 30% (trinta por cento) de valor do benefício pago ao segurado/beneficiário, ressalvada a hipótese em que o segurado, diante do caso concreto, comprova sua boa-fé objetiva, sobretudo com demonstração de que não lhe era possível constatar o pagamento indevido.	Definição de parâmetros para o desconto.
996	Definir se: 1.1) na aquisição de unidades autônomas futuras, financiadas na forma associativa, o contrato deverá estabelecer de forma expressa, clara e inteligível, o prazo certo para a formação do grupo de adquirentes e para a entrega do imóvel.	As teses firmadas, para os fins do artigo 1.036 do CPC/2015, em contrato de promessa de compra e venda de imóvel na planta, no âmbito do Programa Minha Casa, Minha Vida, para os beneficiários das faixas de renda 1, 5, 2 e 3, foram as seguintes: 1.1. Na aquisição de unidades autônomas em construção, o contrato deverá estabelecer, de forma clara, expressa e inteligível, o prazo certo para a entrega do imóvel, o qual não poderá estar vinculado à concessão do financiamento, ou a nenhum outro negócio jurídico, exceto o acréscimo do prazo de tolerância;	Inclusão de vedação ao condicionamento da entrega do imóvel à concessão do financiamento, ou a outro negócio jurídico.

1026	Possibilidade ou não de inscrição em cadastros de inadimplentes, por decisão judicial, do devedor que figura no polo passivo de execução fiscal.	"O art. 782, §3º do CPC é aplicável às execuções fiscais, devendo o magistrado deferir o requerimento de inclusão do nome do executado em cadastros de inadimplentes, preferencialmente pelo sistema SERASAJUD, independentemente do esgotamento prévio de outras medidas executivas, salvo se vislumbrar alguma dúvida razoável à existência do direito ao crédito previsto na Certidão de Dívida Ativa - CDA."	Definição da necessidade de se identificar a inexistência dúvida razoável, para a autorização de inclusão do devedor nos cadastros restritivos.
1066	Possibilidade de cobrança pelo Escritório Central de Arrecadação e Distribuição - ECAD de direitos autorais por utilização de obras musicais e audiovisuais em quarto de hotel, de motel e afins.	a) "A disponibilização de equipamentos em quarto de hotel, motel ou afins para a transmissão de obras musicais, literomusicais e audiovisuais permite a cobrança de direitos autorais pelo Escritório Central de Arrecadação e Distribuição - ECAD. b) A contratação por empreendimento hoteleiro de serviços de TV por assinatura não impede a cobrança de direitos autorais pelo Escritório Central de Arrecadação e Distribuição - ECAD, inexistindo bis in idem."	Referência à inexistência de bis in idem, em razão da contratação de serviços de TV por assinatura.

b) Dos 10 temas em que o STJ decidiu de maneira mais ampla do que a decisão de afetação, na metade deles, não há relação entre o acréscimo e o objeto do(s) recurso(s) representativo(s) da controvérsia.

c) Merece destaque o Tema 1000, em que, embora, inicialmente, a decisão de afetação tenha estabelecido tese não relacionada ao recurso representativo da controvérsia, o vício [se é que é possível identificar essa ausência de correspondência como um defeito] foi supervenientemente corrigido, por meio da afetação de novo recurso.

7. Referências bibliográficas

ANDRIGHI, Nancy. Recursos repetitivos. *Revista de Processo, vol. 185/2010*. São Paulo: Revista dos Tribunais, 2010, pp. 265-281.

BARIONI, Rodrigo; ARRUDA ALVIM, Teresa. Recursos repetitivos: tese jurídica e ratio decidendi. *Revista de Processo, vol. 296/2019*. São Paulo: Thomson Reuters Brasil, 2019, pp. 183-204;

CRAMER, Ronaldo. *Precedentes judiciais: teoria e dinâmica*. Rio de Janeiro, Forense, 2016.

DIDIER JR., Fredie; CUNHA, Leonardo Carneiro da. *Curso de direito processual civil: o processo civil nos tribunais, recursos, ações de competência originária de tribunal e querela nullitatis, incidentes de competência originária de tribunal*. 17ª ed. rev., atual. e ampl. Salvador: Ed.Juspodivm, 2020.

UZEDA, Carolina. O padrão decisório do cancelamento de temas afetados pelo STJ para julgamento pelo procedimento especial dos recursos especiais repetitivos. In: NERY JUNIOR, Nelson; ARRUDA ALVIM, Teresa [coord.]. *Aspectos polêmicos dos recursos cíveis e assuntos afins, vol. 15*. São Paulo: Thomson Reuters Brasil, 2020. pp. 79-103.

EFEITO SUSPENSIVO DA APELAÇÃO: UMA HOMENAGEM AO PROFESSOR SERGIO BERMUDES

Cassio Scarpinella Bueno

1. Introdução

Tema em que o Professor Sergio Bermudes, justamente homenageado nesta obra coletiva, deixou sua inconfundível marca, é o dos recursos. Digo isso diante de seus magníficos Comentários aos arts. 496 a 565 do CPC de 1973[1], que foram lançados pela Editora Revista dos Tribunais ao longo da década de 1970 em importante coleção por ele idealizada e que marcou (e ainda marca) a bibliografia nacional[2].

O homenageado teve oportunidade de se debruçar sobre o tema, ainda, ao ensejo dos comentários às primeiras das profundas e múltiplas reformas introduzidas naquele Código a partir de meados da década de 1990, em especial, quando sua atenção se voltou ao exame da Lei nº 8.950/1994[3].

2. Efeitos dos recursos

É bastante comum a afirmação de que são dois os efeitos dos recursos, devolutivo e suspensivo[4].

---

1 Que correspondem, em linhas gerais, aos arts. 926 a 1.044 do CPC de 2015, ou seja, ao Livro III de sua Parte Especial, intitulada "Dos processos nos Tribunais e dos meios de impugnação das decisões judiciais". Para uma visão, lado a lado, dos dispositivos da velha e da nova codificação, v. meu *Novo Código de Processo Civil anotado*, pp. 814/1002.

2 A referência é feita aos seus *Comentários ao Código de Processo Civil*, vol. VII: arts. 496 a 565, lançados em 1975.

3 O Professor Sergio Bermudes escreveu, à época, o importante *A reforma do Código de Processo Civil*, comentando as reformas introduzidas pelas Leis nº 8.950, 8.951, 8.952 e 8.953, todas de 1994. A 1ª edição foi publicada pela editora Freitas Bastos em 1995 e a 2ª pela Saraiva, em 1996.

4 Assim, por exemplo, o Professor Sergio Bermudes no vol. VII de seus *Comentários ao Código de Processo Civil*, pp. 140/141, em relação ao recurso de apelo.

Não obstante, venho propondo, desde o ano de 2005[5], *que o tema seja estudado em perspectiva mais ampla, apresentando* um rol o mais completo possível para viabilizar maiores questionamentos sobre as várias facetas da *interposição* e do *julgamento* dos recursos.

Sim, porque não apenas a *interposição,* mas também o *julgamento* dos recursos gera uma série de efeitos que merecem ser bem compreendidos e que são aqui indicados para desenvolvimento ao longo de todo o Capítulo, levando em consideração a disciplina de cada um dos recursos previstos no art. 994.

Assim é que sustento que, com relação à *interposição* dos recursos, é correto entender a ocorrência dos seguintes efeitos: (i) *obstativo* (impedir a formação da coisa julgada, formal ou material, o que se pode extrair do art. 502); (ii) *suspensivo* (impedir, por disposição legal ou por decisão judicial, o início da eficácia da decisão recorrida, prolongando seu estado de ineficácia, ou sustar, também por disposição legal ou por decisão judicial, a eficácia da decisão recorrida até então experimentada, cuja disciplina central está no art. 995); (iii) *regressivo* (mais comumente chamado de efeito *modificativo,* é a possibilidade de o próprio prolator da decisão julgar o recurso, retratando-se, no todo ou em parte, alterando a decisão recorrida, que encontra expressa previsão nos arts. 331, *caput*; 332, § 3º; 485, § 7º; 1.021, § 2º; 1.023, § 2º; 1.018, § 1º, e, com ressalvas, no inciso II do art. 1.040); e (iv) *diferido* (hipótese em que a admissibilidade do recurso depende do julgamento de outro recurso, tal o que ocorre com o recurso adesivo nos moldes do art. 997 e com os recursos extraordinário e especial diante do art. 1.031).

No que diz respeito ao *julgamento* dos recursos, os efeitos são os seguintes: (i) *devolutivo* (que corresponde à matéria que poderá ser examinada pelo órgão julgador do recurso na exata medida da impugnação do recorrente, que a transfere para rejulgamento, extraível do *caput* do art. 1.013); (ii) *translativo* (que corresponde à matéria que poderá ser examinada pelo órgão julgador do recurso independentemente da im-

5 A primeira vez que me voltei a essa abordagem foi na prova escrita de meu concurso de livre-docência em Direito Processual Civil, no ano de 2005, na Faculdade de Direito da PUC-SP. O original da prova acabou sendo publicado na sua íntegra, por indicação da banca, com o título "Efeitos dos recursos", no vol. 10 dos *Aspectos polêmicos e atuais dos recursos cíveis*, publicado em 2006, pp. 66-90. Desenvolvi o tema, em seguida, nas edições anteriores ao CPC de 2015 do meu *Curso sistematizado de direito processual civil* (v., em especial, o Capítulo 4 da Parte I do vol. 5). Meu pensamento atual sobre o assunto está exposto no nº 7 do Capítulo 1 da Parte III do vol. 2 daquele trabalho, reescrito em função do advento do atual Código.

pugnação do recorrente, que é, nesse sentido, transferida para rejulgamento por força do ordenamento jurídico, tal como se vê do § 3º do art. 485, dos §§ 1º e 2º do art. 1.013 e, embora com ressalvas, do art. 1.034); (iii) *expansivo* (que corresponde às consequências do julgamento do recurso com relação à decisão, a outros atos do processo e/ou a outros sujeitos processuais – aspectos *objetivo* e *subjetivo*, portanto –, tal como se verifica dos §§ 3º e 4º do art. 1.013 e do art. 1.005, respectivamente); e (iv) *substitutivo* (a decisão do órgão julgador do recurso prevalece sobre a decisão recorrida *se* conhecido o recurso, albergado pelo art. 1.008).

3. Efeito suspensivo da apelação

As considerações do número anterior autorizam diversos e interessantes desdobramentos. Para cá, todavia, importa focar no efeito suspensivo do recurso da apelação.

Antes, contudo, cabe ressalvar que, extinto o juízo de admissibilidade da apelação perante o juízo de primeira instância, prolator da sentença, não cabe mais a ele se pronunciar sobre a admissibilidade do apelo – salvo na excepcionalíssima hipótese de ser possível o efeito regressivo – e, tampouco, com relação aos efeitos em que a apelação é recebida[6]. Não subsiste, no CPC de 2015, regra como a do *caput* do art. 518 do CPC de 1973, que previa aquela competência ao juízo *a quo*, por ocasião do processamento da apelação na primeira instância[7].

O *caput* do art. 1.012 preserva a regra do CPC de 1973 de que o recurso de apelação tem efeito suspensivo (efeito suspensivo *ope legis*, portanto), o que merece ser compreendido no sentido de que a sentença é ineficaz desde seu proferimento, não surtindo efeitos senão depois de transcorrido *in albis* o prazo de apelo ou depois que ele for julgado[8]. Os

6 No mesmo sentido é o Enunciado nº 10 do CEAPRO: "No processamento da apelação em primeiro grau não haverá decisão sobre a admissibilidade e nem sobre os efeitos do recurso".

7 Era a seguinte a redação do dispositivo, após a Lei nº 8.950/94: "Interposta a apelação, o juiz, declarando os efeitos em que a recebe, mandará dar vista ao apelado para responder".

8 A preservação dessa regra representa um dos grandes retrocessos do CPC de 2015, máxime porque conflita frontalmente com o que, a esse respeito, propuseram o Anteprojeto e o Projeto do Senado. Infelizmente, o Senado Federal, na derradeira fase do processo legislativo, não recuperou a sua própria proposta (art. 968 do Projeto do Senado), mantendo, em última análise, a regra de que a apelação, no direito processual civil brasileiro, tem (e continua a ter) efeito suspensivo.

únicos efeitos que podem ser sentidos, nesse ínterim, são os expressamente previstos em lei, tais como os do art. 495 e a hipoteca judiciária lá disciplinada, os chamados "efeitos *anexos* da sentença".

Como a apelação tem, como regra, efeito suspensivo, é vedado, em igual medida, o seu cumprimento provisório. É essa uma decorrência do sistema do CPC de 2015 e que independe de qualquer pronunciamento judicial. Como escreveu, com apoio em Eliézer Rocha, o Professor Sergio Bermudes, "efeito suspensivo é uma expressão elíptica, que, na sua forma plena, será: efeito suspensivo da eficácia executiva da sentença"[9].

O § 1º do art. 1.012 prevê as hipóteses em que a apelação não tem efeito suspensivo e, consequentemente, em que a sentença produz efeitos "imediatamente após a sua publicação", o que permite ao apelado requerer seu cumprimento provisório (art. 1.012, § 2º). Nesse caso, a viabilidade do cumprimento provisório decorre diretamente do sistema processual civil e independe de qualquer autorização ou concordância do magistrado perante o qual eventual pedido será apresentado e implementado.

Os casos em que a apelação *não* tem efeito suspensivo no sistema codificado – e que na sua perspectiva são excepcionais – dizem respeito a sentença que: (i) homologar divisão ou demarcação de terras; (ii) determinar o pagamento de alimentos; (iii) extinguir sem resolução do mérito ou julgar improcedentes os embargos do executado; (iv) julgar procedente o pedido de instituição de arbitragem; (v) confirmar, conceder ou revogar tutela provisória; e (vi) decretar a interdição.

Os números seguintes se voltam ao estudo mais detalhado de cada uma dessas hipóteses.

3.1. Homologação de divisão e demarcação

O primeiro caso em que a lei processual civil retira expressamente o efeito suspensivo da apelação é o do inciso I do § 1º do art. 1.012. É o caso da apelação dirigida à sentença que "homologa divisão ou demarcação de terras".

As chamadas "ação de divisão" e "ação de demarcação de terras" são procedimentos especiais regulados pelos arts. 569 a 598, que visam a obrigar os condôminos a partilhar a coisa comum e a definir os limites

9 *Comentários ao Código de Processo Civil*, vol. VII, p. 141.

de propriedade entre dois confinantes, consoante se lê dos incisos II e I do art. 569, respectivamente. São procedimentos que, na etapa *cognitiva* do processo, aceitam dois momentos diversos e subsequentes, verdadeiramente complementares, antecedentes da etapa *executiva*. No primeiro, decide-se acerca da existência do direito de dividir ou de demarcar (art. 592, § 2º, e art. 581). O segundo, por sua vez, destina-se à homologação da divisão ou da demarcação (art. 597, § 2º, e art. 587, respectivamente).

O que se põe para a interpretação do inciso I do § 1º do art. 1.012 é saber a qual dos momentos noticiados pelo parágrafo anterior diz respeito a sentença a que ele se refere. O melhor entendimento é o de que a subtração do efeito suspensivo se dá somente com relação ao apelo dirigido à sentença que *homologa* a divisão ou a demarcação. À falta de previsão específica, que excepcione a regra do *caput* do art. 1.012, a apelação dirigida à sentença proferida no primeiro momento da etapa cognitiva do processo (vocacionada ao reconhecimento da existência do direito de dividir ou de demarcar) deve ser recebida com efeito suspensivo[10].

A orientação é tanto mais correta em se tratando de demarcação porque o art. 582 exige o trânsito em julgado da sentença a que se refere o art. 581 para a demarcação e colocação dos marcos necessários. No âmbito da divisão, por sua vez, a referência ao cumprimento *provisório* da sentença homologatória interfere na sua concretização, no que são claros os §§ 1º e 2º do art. 594, o que também corrobora o acerto do entendimento aqui proposto[11].

Na hipótese, comuníssima, de cumulação dos pedidos de demarcação e divisão, importa distinguir os dois capítulos que, neste caso, a sentença contém. Com relação ao capítulo homologatório, a retirada do efeito suspensivo se dá por força do inciso I do § 1º do art. 1.012. Quanto ao pedido de reconhecimento do direito à divisão, deve prevalecer a re-

10 Sempre com a ressalva quanto a haver entendimento que nega àquelas decisões a natureza de sentença reservando para elas, consequentemente, o recurso de agravo de instrumento, com fundamento no inciso II do art. 1.015, recurso que não tem efeito suspensivo *ope legis*. Para o ponto, v. o nº 5.7 do Capítulo 1 da Parte III do vol. 2 de meu *Curso sistematizado de direito processual civil*.

11 Que já era o entendimento que externava desde o CPC de 1973 em meu *Execução provisória e antecipação da tutela*, pp. 99-100, e nos nº 2.5 e 3.4 do Capítulo 8 da Parte I do vol. 2, tomo II, das edições anteriores ao CPC de 2015 de meu *Curso sistematizado de direito processual civil*.

gra geral reconhecendo o efeito suspensivo à apelação interposta contra a sentença referida no § 2º do art. 592[12].

3.2. Pagamento de alimentos

A segunda hipótese prevista pelo inciso II do § 1º do art. 1.012 é da sentença que "condena a pagar alimentos". A apelação não tem efeito suspensivo, destarte, quando pedido de prestação alimentícia - que deverá observar o *procedimento* especial regulado pela Lei nº 5.478/68 - for julgado procedente, admitindo-se, como consequência, o cumprimento provisório. Nada mais coerente, aliás, considerando que aquele "procedimento especial" admite que o magistrado, diante dos pressupostos do art. 4º do mesmo diploma legal, antecipe, em prol do autor, os efeitos da tutela jurisdicional pretendida. Quando o pedido de alimentos for *rejeitado*, não tem aplicação o inciso II do § 1º do art. 1.012.

Dúvida pertinente diz respeito a saber se a apelação interposta de sentença que *majora* ou *reduz* a pensão alimentícia ou que *exonera* o alimentante desse dever fica sujeita ao dispositivo aqui examinado. Considerando a finalidade do inciso II do § 1º do art. 1.012, é irrecusável admitir o cumprimento provisório em todas essas hipóteses[13].

Quando cumulado o pedido de alimentos com o de investigação de paternidade, o recurso dirigido contra a sentença que os julga procedentes não pode ter o condão de impedir a exigibilidade, desde pronto, dos alimentos reconhecidos na sentença, devendo ser aplicado à hipótese o dispositivo aqui examinado[14].

A hipótese, verdadeiramente, equipara-se ao julgamento *conjunto* de duas postulações, reunidas em um mesmo processo, cada qual reclamando regime dos efeitos recursais diverso. Quanto ao capítulo da sen-

12 Também aqui, já era o entendimento que sustentava em meu *Execução provisória e antecipação da tutela*, p. 100, e no nº 2.6 do Capítulo 8 da Parte I do vol. 2, tomo II, das edições anteriores ao CPC de 1973 de meu *Curso sistematizado de direito processual civil*.

13 Nesse sentido: STJ, 4ª Turma, AgRg no REsp 1236324/SP, rel. Min. Antonio Carlos Ferreira, j. un. 11-11-2014, *DJe* 14-11-2014; STJ, 3ª Turma, REsp 1.280.171/SP, rel. Min. Massami Uyeda, j.un. 2-8-2012, *DJe* 15-8-2012, e 2ª Seção, AgRg nos EREsp 1.138.898/PR, rel. Min. João Otávio de Noronha, j.un. 25-2-2011, *DJe* 2-6-2011.

14 Nesse sentido: STJ, 4ª Turma, REsp 595.746/SP, rel. Min. Aldir Passarinho Jr., j.un. 2-12-2010, *DJe* 15-12-2010, e STJ, 4ª Turma, REsp 819.729/CE, rel. Min. Aldir Passarinho Jr., j.un. 9-12-2008, *DJe* 2-2-2009.

tença que julga os alimentos (fixando-os), tem plena incidência a regra codificada.

De outro lado, quando *negada* a relação de filiação, não é possível a concessão de alimentos enquanto pende de exame e julgamento pela instância superior o recurso de apelação interposto pela parte prejudicada. É que, negada a relação de parentesco, inviável a concessão de alimentos, donde seguir-se a *rejeição* da pretensão alimentícia e o consequente afastamento da regra do inciso II do § 1º do art. 1.012.

É irrecusável a aplicação do dispositivo para quaisquer verbas alimentares, inclusive para as que são devidas pelo reconhecimento da prática de ato ilícito (art. 948, II, do CC), de caráter de subsistência, tais quais salários e honorários profissionais (art. 85, § 14, embora se refira apenas a honorários advocatícios) e não somente para aquelas derivadas do direito das famílias. É que, em quaisquer dessas situações, faz-se presente a mesma finalidade nas regras de direito material a serem filtradas de igual forma pela regra processual: o credor da verba alimentar, independentemente do específico motivo de sua fixação, tem *necessidade* de seu recebimento imediato, e, por isso, a subtração do efeito suspensivo da apelação, com a consequente admissão do cumprimento provisório, mostra-se verdadeiramente imperativa. A discordância quanto a esse entendimento conduz ao quanto exposto pelo nº 5.1.8, *infra*, acerca da viabilidade de o magistrado, por força da específica situação concreta que julga, admitir, ele próprio, o cumprimento provisório da sentença mediante a concessão de tutela provisória.

3.3. Embargos à execução

De acordo com o inciso III do § 1º do art. 1.012, não tem efeito suspensivo a sentença que "extingue sem resolução do mérito ou julga improcedentes os embargos do executado".

Os embargos do executado são o mecanismo de *defesa* deste nos processos que têm como fundamento para a prestação da tutela jurisdicional executiva títulos executivos *extrajudiciais*. Sua disciplina está nos arts. 914 a 920.

A sentença que os rejeita nos moldes do art. 485 (sem resolução de mérito) ou do art. 487 (rejeitando os pedidos de mérito nele formulados) desafia sentença que, por força do dispositivo aqui analisado, não tem efeito suspensivo.

A perspectiva do legislador é a de autorizar a prática dos atos destinados à concretização da tutela jurisdicional, sendo indiferente, para tanto, que os embargos tenham tido a aptidão de suspender a sua prática quando interpostos, o que encontra fundamento no § 1º do art. 919.

A Lei nº 11.382/2006 chegou a introduzir no CPC de 1973 regra que permitia a compreensão de que a retomada dos embargos que haviam sido recebidos com efeito suspensivo deveria observar os limites do cumprimento provisório. Tratava-se do art. 587, assim redigido: "é definitiva a execução fundada em título extrajudicial; é provisória enquanto pendente apelação da sentença de improcedência dos embargos do executado, quando recebidos com efeito suspensivo (art. 739)[15].

A insubsistência daquela regra é significativa de que, rejeitados os embargos, independentemente de seu fundamento, a apelação não é óbice para que o exequente satisfaça seu direito *independentemente* de caução, não havendo razão sistemática para imprimir àquela execução a natureza de provisória. Caberá ao executado requerer (e obter) efeito suspensivo ao seu apelo para obstar aquele desiderato ou, ainda mais, impedir a prática, total ou parcial, de atos executivos.

Não subsistem, no CPC de 2015, os embargos à arrematação e à adjudicação, em geral denominados de "embargos de segunda fase" (art. 746 do CPC de 1973, que recebeu nova redação, dada pela Lei nº 11.382/2006), já que substituídos pela petição a que se refere o § 2º do art. 903. Desnecessário debater, portanto, tal qual se dava para o CPC de 1973, se a sentença proferida naqueles embargos estava ou não sujeita a efeito suspensivo e de que maneira a interpretação do dispositivo aqui analisado influenciava na resposta[16].

---

15 Tratava do tema no nº 4.2.4 do Capítulo 6 da Parte I do vol. 5 das edições anteriores de meu *Curso sistematizado de direito processual civil* e, mais longamente, no nº 5 do Capítulo 2 da Parte V de seu vol. 3, propugnando, inclusive, que a Súmula 317 do STJ ("É definitiva a execução de título extrajudicial, ainda que pendente apelação contra sentença que julgue improcedentes os embargos") teria perdido, mercê da precitada Lei nº 11.382/2006, seu fundamento de validade. Antes, já havia voltado minha atenção para o tema em meu *A nova etapa da reforma do Código de Processo Civil*, vol. 3, pp. 25-28.

16 Sobre o tema, cabe lembrar da Súmula 331 do STJ, assim enunciada: "A apelação interposta contra sentença que julga embargos à arrematação tem efeito meramente devolutivo".

3.3.1. Embargos à ação monitória

No que diz respeito aos embargos à ação monitória (art. 702), o encaminhamento é diverso, dispensando qualquer consideração ou equiparação com relação aos embargos à execução e sobre sua hipotética aplicação por analogia para o caso.

Isso porque o § 4º do art. 702 é suficientemente claro quanto aos embargos suspenderem a eficácia do mandado monitório "até o julgamento em primeiro grau" o que significa que inexiste previsão legislativa para a suspensão posterior àquele instante[17], sendo o bastante para afastar a regência do caso daquela que o Código de Processo Civil reserva para os embargos à execução[18]. Assim, da sentença que rejeitar os embargos à ação monitória, caberá ao embargante apelante requerer a suspensão da prática dos atos executivos, valendo-se do disposto nos §§ 3º e 4º do art. 1.012 perante o Tribunal competente para o julgamento do recurso.

3.4. Pedido de instituição de arbitragem

O inciso IV do § 1º do art. 1.012 retira o efeito suspensivo da apelação interposta da sentença que "julga procedente o pedido de instituição de arbitragem". Trata-se de regra que foi introduzida como inciso VI pela Lei nº 9.307/96, que disciplina o chamado "processo arbitral", no antigo art. 520 do CPC de 1973.

O dispositivo refere-se ao julgamento do processo *jurisdicional* de que trata o art. 7º daquele diploma legislativo, que tem cabimento quando qualquer das partes signatárias da "cláusula compromissória" recusar-se a instituir a arbitragem. A tutela jurisdicional, nesses casos, é para que um dos contratantes se sujeite à arbitragem.

Julgado procedente o pedido, a sentença judicial fará as vezes do compromisso não firmado (art. 7º, § 7º, da Lei nº 9.307/96). É o recurso

17 Diante da especificidade da regra, inexistente no CPC de 1973, modifico a opinião externada em sentido contrário no nº 6 do Capítulo 14 da Parte I do vol. 2, tomo II de meu *Curso sistematizado de direito processual civil*, e que remonta a trabalho mais antigo meu, *Execução provisória e antecipação da tutela*, pp. 138-142.

18 No mesmo sentido do texto, embora com fundamentação mais ampla (e aqui criticada), é o Enunciado nº 134 da II Jornada de Direito Processual Civil do CJF: "A apelação contra a sentença que julga improcedentes os embargos ao mandado monitório não é dotada de efeito suspensivo automático (art. 702, § 4º, e 1.012, § 1º, V, CPC)".

de apelação interposto dessa sentença que não tem efeito suspensivo, o que significa admitir que os efeitos daquela decisão – a instituição *forçada* da arbitragem – podem ser experimentados desde logo, sendo de todo indiferente, para esse fim, que se trate de tutela jurisdicional *não executiva* ou, para empregar a nomenclatura tradicional, *constitutivos*.

3.5. Confirmação, concessão ou revogação de tutela provisória

De acordo com o inciso V do § 1º do art. 1.012, também não tem efeito suspensivo a apelação interposta de sentença que "confirma, concede ou revoga tutela provisória".

A primeira hipótese prevista no dispositivo quer estabelecer paralelo entre a eficácia imediata de decisão concessiva da tutela provisória *antes* da sentença e a da própria sentença, quando a *confirma*. Se a decisão concessiva da tutela provisória em primeira instância é eficaz de imediato porque o recurso dela cabível, o agravo de instrumento, não tem efeito suspensivo *ope legis* (arts. 995, *caput*, c/c 1.019, I), não faz sentido que a sentença que a confirma pudesse ter obstada sua eficácia, mercê do efeito suspensivo do apelo. Máxime quando se lembra que a decisão concessiva da tutela provisória é concedida, por definição, com fundamento em cognição jurisdicional mais débil (*sumária*) que a da sentença (*exauriente*).

Dada a expressa previsão legislativa, ademais, é correto entender que também não ostenta efeito suspensivo a apelação interposta de sentença que *confirma* anterior tutela provisória mesmo quando ao recurso interposto daquela decisão, o agravo de instrumento, for concedido efeito suspensivo *ope judicis* (arts. 995, parágrafo único c/c 1.019, I), e até mesmo quando ela, mercê da fase recursal, tiver sido reformada. O que importa, para a incidência do inciso V do § 1º do art. 1.012, é a identidade entre as decisões proferidas no âmbito da primeira instância.

A segunda hipótese referida no inciso V do § 1º do art. 1.012, de a tutela provisória ser concedida *na* sentença[19], significa impor a ela a

19 Das três hipóteses previstas no inciso V do § 1º do art. 1.012, era essa a única prevista pelo inciso VII do art. 520 do CPC de 1973, incluído pela Lei nº 10.352/2001. Tanto que o nº 4.2.8 do Capítulo 6 da Parte I do vol. 5 das edições anteriores ao CPC de 2015 do meu *Curso sistematizado de direito processual civil* buscava, a despeito do silêncio legislativo, construir outras hipóteses dignas de ocorrência, tais quais a de a tutela provisória ser concedida *na* ou *após* a sentença ou a oposta, de ela ser *revogada* pela sentença.

possibilidade de sua eficácia imediata e, portanto, retirá-la do manto do efeito suspensivo do *caput* do art. 1.012. É possível, ao menos caso a caso, que o magistrado conceda cláusula de cumprimento provisório às sentenças, sempre quando estiver diante dos pressupostos respectivos da tutela provisória, seja de urgência, seja de evidência. Cabe lembrar, a propósito, que as hipóteses do art. 311, em especial a de seu inciso IV, assumem, para esse fim, fértil campo de aplicação. É um caso em que a *retirada* do efeito suspensivo se dá *ope judicis, seguindo-se, a partir de então, o cumprimento provisório da sentença*[20].

A terceira e última hipótese do inciso V do § 1º do art. 1.012 diz respeito à *revogação* da tutela provisória com o proferimento da sentença. A situação só pode ser compreendida como a pronta cessação dos efeitos da tutela anteriormente antecipada com o proferimento de sentença desfavorável ao seu benefício. Algo que, na clássica jurisprudência do Supremo Tribunal Federal, estava espelhado no verbete 405 de sua Súmula[21] e que, em tempos mais recentes, motivou a edição do § 3º do art. 7º da Lei nº 12.016/2009, que passou a disciplinar o mandado de segurança[22].

O dispositivo vem para se sobrepor ao entendimento que defendi nas edições anteriores ao CPC de 2015 de meu *Curso sistematizado de direito processual civil*, no sentido de que não havia incompatibilidade entre o proferimento de sentença contrária e a manutenção dos efeitos de anterior tutela provisória. Não que a sentença, ato posterior, não tivesse o condão de revogar o anterior, a decisão concessiva da tutela provisória. A revogação, contudo, era ineficaz justamente pela carência de regra genérica que afastasse da apelação cabível da sentença seu efeito suspensivo, que tinha o condão de conservar o estado de ineficácia da liminar. A questão, destarte, não devia ser enfrentada na perspectiva de eventual incompatibilidade *lógica* entre os dois comandos jurisdicionais, e nem mesmo na perspectiva de sua *validade* e, sim, no âmbito de

---

20 Trata-se do núcleo da tese com que defendi (e obtive) meu título de doutor em Direito das Relações Sociais na Faculdade de Direito da Pontifícia Universidade Católica de São Paulo em 1998. A versão comercial do trabalho foi publicada com o título *Execução provisória e antecipação da tutela* pela Editora Saraiva em 1999.

21 Que tem o seguinte enunciado: "Denegado o mandado de segurança pela sentença, ou no julgamento do agravo, dela interposto, fica sem efeito a liminar concedida, retroagindo os efeitos da decisão contrária".

22 Cujo teor é o seguinte: "Os efeitos da medida liminar, salvo se revogada ou cassada, persistirão até a prolação da sentença".

sua *eficácia*[23]. Como quer que a questão merecesse ser tratada, de qualquer sorte, ela ficou superada com a expressa previsão do inciso V do § 1º do art. 1.012[24].

Nesse caso, caberá ao interessado que, até o proferimento da sentença, se beneficiava dos efeitos da anterior tutela provisória, buscar perante o relator a concessão de nova medida que faça as vezes da anterior tutela provisória (art. 932, II), valendo-se do disposto nos §§ 3º e 4º do art. 1.012[25].

Em todos os casos previstos no inciso V do § 1º do art. 1.012 – *confirmação, concessão* ou *revogação* da tutela provisória na sentença – é correto entender que a retirada *ope legis* do efeito suspensivo só diz respeito à parte relativa à tutela provisória e não necessária e generalizadamente a todos os capítulos da sentença[26].

---

23 Tratando do tema na perspectiva dos embargos à execução, o Professor Sergio Bermudes, escrevia à luz da redação original do art. 520, V, do CPC de 1973: "Quanto ao inciso V convém esclarecer que só deixa de ter efeito suspensivo a apelação interposta da sentença que julga *improcedentes* os embargos. Disso resulta que, interposto o recurso, a execução pode prosseguir, sem as cautelas do art. 588. A sentença que rejeita, liminarmente, os embargos é apelável, no duplo efeito, e assim, a que os julga procedentes. Nos dois casos, a apelação não retira a eficácia suspensiva que, porventura, tenha decorrido do recebimento dos embargos" (*Comentários ao Código de Processo Civil*, vol. VII, p. 143). Após, com as modificações introduzidas pela Lei nº 8.950/1994, o Professor, coerentemente, alterou seu posicionamento para admitir o prosseguimento da execução no caso da rejeição liminar dos embargos (*A reforma do Código de Processo Civil*, 1ª edição, p. 62 e 2ª edição, p. 77).

24 Para a exposição original daquele entendimento, v., meu *Liminar em mandado de segurança: um tema com variações*, pp. 268-280 e, posteriormente, ao comentar a Lei nº 1.533/51 em meu *Mandado de segurança*, pp. 147-149. Com o advento da Lei nº 12.016/2009, tive oportunidade de advertir que o precitado § 3º do art. 7º daquela Lei gerava verdadeiro efeito *anexo* no sentido da revogação imediata da liminar pela sentença denegatória, tornando indiferente a questão sobre a apelação cabível ter ou não efeito suspensivo. Para tanto, v. meu *A nova lei do mandado de segurança*, pp. 40-46. Retomei e desenvolvi o assunto mais recentemente em meu *Manual do poder público em juízo*.

25 Nesse sentido é o Enunciado nº 39 da I Jornada de Direito Processual Civil do CJF: "Cassada ou modificada a tutela de urgência na sentença, a parte poderá, além de interpor recurso, pleitear o respectivo restabelecimento na instância superior, na petição de recurso ou em via autônoma".

26 É o que, embora de perspectiva diversa e mais restritiva, preleciona o Enunciado nº 144 da II Jornada de Direito Processual Civil do CJF: "No caso de apelação, o deferimento de tutela provisória em sentença retira-lhe o efeito suspensivo referente ao capítulo atingido pela tutela".

Importa lembrar a respeito das três hipóteses previstas no inciso V do § 1º do art. 1.012 que o § 5º do art. 1.013 (claramente colocado fora de lugar) é expresso ao estabelecer que o capítulo da sentença que confirma, concede ou revoga a tutela provisória é impugnável *na* apelação, afastando-se, com isso, eventual entendimento quanto à sua recorribilidade por agravo de instrumento, mercê da genérica previsão do inciso I do art. 1.015.

3.6. Interdição

A hipótese do inciso VI do § 1º do art. 1.012, que trata da interdição, remonta ao disposto no art. 1.184 do CPC de 1973.

A interdição é procedimento especial disciplinado (não sem fundadas críticas) entre os de jurisdição voluntária cuja finalidade é o reconhecimento de causas que justificam a interdição e a nomeação do curador ao interditado (arts. 747 a 758).

A sentença que "decreta a interdição" (art. 1.767 do CC), isto é, que acolhe o pedido para, reconhecendo o estado incapacitante do interditando, submete-o a regime de curatela, total ou parcial, sempre levando em conta as peculiaridades do caso e os cuidados que a drástica medida recomenda, fica sujeita a apelo, despido, contudo, de efeito suspensivo.

A previsão significa que o registro da sentença e que a tomada de todas as providências que ela deve estabelecer (art. 755) são imediatamente exigíveis, independentemente do julgamento do apelo. É típico caso em que tutela jurisdicional não executiva, como prefiro (ou, para empregar a nomenclatura tradicional, *constitutiva*)[27], típica do reconhecimento da interdição, surte efeitos imediatamente, independentemente de seu trânsito em julgado.

4. Atribuição *ope judicis* do efeito suspensivo

Tema menos explorado pela doutrina diz respeito à atribuição *ope judicis* do efeito suspensivo aos recursos em geral que, não custa lembrar, é a regra do CPC de 2015, como decorre, com clareza, do *caput* de seu art. 995.

O § 3º do art. 1.012 prevê a possibilidade de ser atribuído efeito suspensivo à apelação que não o tem, inclusive àquelas previstas pela

27 Para tal exposição, v. o nº 4.5 do Capítulo 5 da Parte I do vol. 1 do meu *Curso sistematizado de direito processual civil*.

legislação processual extravagante, observando-se os referenciais contidos no § 4º do art. 1.012.

O precitado § 3º tem o mérito de solucionar importante discussão sobre o órgão jurisdicional competente para apreciar o pedido de atribuição *ope judicis* do efeito suspensivo, o que, no CPC de 1973, suscitava importantes debates[28]. Desde a interposição do apelo (o que se dá na primeira instância) e sua distribuição (o que pressupõe seu recebimento, física ou eletronicamente, pelo Tribunal), o requerimento será dirigido ao Tribunal, que, de acordo com o seu regimento interno, indicará o órgão competente para sua apreciação (art. 1.012, § 3º, I). A partir do instante em que a apelação tiver sido distribuída, o relator passa a ser o competente, o que se harmoniza com o disposto no inciso II do art. 932 (art. 1.012, § 3º, II). A *prevenção* do relator, na primeira hipótese, regida pelo inciso I do § 3º do art. 1.012, depende de previsão *regimental* específica, não cabendo ao CPC de 2015 se imiscuir em tal disciplina, iniciativa que afrontaria a alínea *a* do inciso I do art. 96 da Constituição Federal.

Sobre os referenciais a serem observados para a atribuição *ope judicis* do efeito suspensivo do apelo, o § 4º do art. 1.012 refere-se à "probabilidade de provimento do recurso ou se, sendo relevante a fundamentação, houver risco de dano grave ou de difícil reparação". É previsão que autoriza interpretação ampla para discernir os casos em que prepondera a probabilidade de êxito do apelo como fundamento suficiente para a concessão *ope judicis* do efeito suspensivo dos casos em que a concessão desse efeito depende também "de dano grave ou de difícil reparação", os quais não dispensam, todavia, a análise da relevância da fundamentação recursal[29].

---

28 O nº 4.2.10 do Capítulo 6 da Parte I do vol. 5 das edições anteriores ao CPC de 2015 do meu *Curso sistematizado de direito processual civil* sustentava que a competência era tanto do juízo de interposição do apelo como do juízo competente para julgá-lo, tirando o máximo de proveito do então duplo juízo de admissibilidade recursal feito por aqueles dois órgãos jurisdicionais. A opinião do Professor Sergio Bermudes era no sentido de que a competência do Tribunal para conhecer da cautelar pressupunha que os autos já tivessem chegado a ele, sendo insuficiente, como dizia a literalidade do texto legal, a *interposição* do recurso (*A reforma do Código de Processo Civil*, 1ª edição, pp. 106/107 e 2ª edição, pp. 153/154).

29 De acordo com o Enunciado nº 52 do TJMG: "A probabilidade prevista no § 4º do artigo 1.012, por se tratar de conceito jurídico indeterminado, sujeita-se a fundamentação adequada no caso concreto, sob pena de nulidade". Volto-me ao tema no nº 7.2 do Capítulo 1 da Parte III do vol. 2 de meu *Curso sistematizado de direito processual civil*.

Cabe sublinhar, a propósito, e em prol de maior sistematização da matéria, que a dicotomia decorrente do § 4º do art. 1.012 assemelha-se em tudo com a que faz o Livro V da Parte Geral do Código de Processo Civil a propósito da disciplina dada à tutela provisória e à sua dupla fundamentação, a tutela provisória de *urgência* (art. 300, *caput*) e a tutela provisória de *evidência* (art. 311).

Também é irrecusável a compreensão de que o apelante possa buscar, com o requerimento a que faz menção o § 3º do art. 1.012, o chamado "efeito ativo" a seu apelo, significando sua iniciativa o proferimento de decisão não concedida na primeira instância *e* a viabilidade de sua fruição imediatamente. É o tema do número seguinte.

5. Retirada *ope judicis* do efeito suspensivo

Menos explorado ainda é o tema relativo à *retirada* do efeito suspensivo que, pela regra decorrente do *caput* do art. 1.012, é fundamental no caso da apelação.

O apelado pode se dirigir ao Tribunal para requerer a *retirada* do efeito suspensivo da apelação naqueles casos - e eles são a regra - em que a lei o prevê (art. 1.012, *caput*).

A hipótese, por isso mesmo, não se confunde com o que é alcançado pelo inciso V do § 1º do art. 1012: não se trata de *confirmar*, *conceder* ou *revogar* a tutela provisória *na* sentença, atitudes que pressupõem pedido anterior à prolação da sentença. Aqui, diferentemente, a tutela provisória é *posterior* à sentença e quer permitir que o magistrado, à luz das peculiaridades do caso concreto, interfira nas escolhas abstratas feitas pelo legislador para *retirar* o efeito suspensivo do apelo (que é a regra), admitindo, consequentemente, a viabilidade de cumprimento provisório da sentença.

Nesse sentido, trata-se da hipótese rigorosamente oposta à apresentada no número anterior e que, não obstante a menor clareza do Código de Processo Civil, deriva de sua devida interpretação sistemática com base nos mesmos dispositivos já analisados: o § 3º do art. 1.012, que fixa a competência do pedido com aquela finalidade, e o § 4º do art. 1.012, que revela os fundamentos aptos a autorizar a iniciativa do apelado e o consequente deferimento do pedido[30].

30 Aqui também cabe destacar a proposta que fiz em meu *Execução provisória e antecipação da tutela*, esp. 407-409, e desenvolvida no nº 4.2.10 do Capítulo 6 da Parte

A admissibilidade da iniciativa, ademais, repousa no próprio papel que a tutela provisória desempenha no sistema processual civil, como verdadeira técnica de *antecipação* dos efeitos da tutela jurisdicional por determinação judicial e, por isso mesmo, é irrecusável recordar de todo o referencial que embasam aqueles pedidos em sede recursal, com especial destaque à previsão contida no inciso IV do art. 311 e a aptidão para se admitir o cumprimento provisório da sentença sempre que a prova que embasa a sentença não se mostrar apta a infirmar o quanto decidido, a despeito das razões de apelo[31].

6. Fechamento

O tema permite outras tantas formulações, dada a riqueza de hipóteses que ocupa o dia-a-dia do foro.

Importa, contudo, concluir o presente trabalho. E, para tanto, cabe dar a palavra, mais uma vez, ao homenageado que teve oportunidade de escrever em seus prestigiados *Comentários ao Código de Processo Civil*, "Dentre todas as instituições do Direito Processual", o fascínio pelo tema dos recursos se justifica por nele se poder vislumbrar "... a um só tempo, um cântico de lamentação das fraquezas humanas e um monumento de exaltação à luta continuada do homem para superar suas imperfeições"[32].

Quando a ele se agrega a viabilidade, ou não, do cumprimento imediato da sentença, antes mesmo de seu reexame pelo Tribunal, o assunto fica ainda mais fascinante[33]. Típico tema, portanto, de quem, como o Professor Sergio Bermudes, elegeu o direito processual civil como seu campo preferencial de estudo e de atuação.

I do vol. 5 das edições anteriores ao CPC de 2015 do meu *Curso sistematizado de direito processual civil*.

---

31 Para tanto, v. o nº 4.2 do Capítulo 5 da Parte I do vol. 1 de meu *Curso sistematizado de direito processual civil*.

32 *Comentários ao Código de Processo Civil*, vol. VII, p. XIII.

33 Faceta que, evidentemente, não escapou ao homenageado, como se verifica das considerações por ele feitas em seus *Comentários ao Código de Processo Civil*, vol. VII, p. 142, trazendo à tona reflexões do grande processualista português José Alberto dos Reis.

Referências bibliográficas

BERMUDES, Sergio. *A reforma do Código de Processo Civil*. Rio de Janeiro: Freitas Bastos, 1995.

____. *A reforma do Código de Processo Civil*. 2ª ed. São Paulo: Saraiva, 1996.

____. *Comentários ao Código de Processo Civil*, vol. VII: arts. 496 a 565. São Paulo: Revista dos Tribunais, 1975.

SCARPINELLA BUENO, Cassio. *A nova etapa da reforma do Código de Processo Civil: comentários sistemáticos à Lei nº 11.382, de 6-12-2006*. São Paulo: Saraiva, 2007. v. 3.

____. *A nova lei do mandado de segurança*. 2ª ed. São Paulo: Saraiva, 2010.

____. *Curso sistematizado de direito processual civil*. 12ª ed. São Paulo: Saraiva, 2022. v. 1.

____. *Curso sistematizado de direito processual civil*. 11ª ed. São Paulo: Saraiva, 2022. v. 2.

____. *Curso sistematizado de direito processual civil*. 3ª ed. São Paulo: Saraiva, 2014. v. 2, t. II.

____. *Curso sistematizado de direito processual civil*. 5ª ed. São Paulo: Saraiva, 2014. v. 5.

____. Efeitos dos recursos. In: NERY JR., Nelson; WAMBIER, Teresa Arruda Alvim (coord.). *Aspectos polêmicos e atuais dos recursos cíveis*. São Paulo: Revista dos Tribunais, 2006. v. 10.

____. *Execução provisória e antecipação da tutela* – dinâmica do efeito suspensivo da apelação e da execução provisória: conserto para a efetividade do processo". São Paulo: Saraiva, 1999.

____. *Liminar em mandado de segurança: um tema com variações. 2ª ed. São Paulo: Revista dos Tribunais, 1999.*

____. *Mandado de segurança*. 5ª ed. São Paulo: Saraiva, 2009.

____. *Manual do poder público em juízo*. São Paulo: Saraiva, 2022.

____. *Novo Código de Processo Civil anotado*. 3ª ed. São Paulo: Saraiva, 2017.

MOZART NÃO TINHA *PLAYBACK* – ENTRE O CÂNTICO DAS LAMENTAÇÕES E A EXALTAÇÃO À LUTA

Daniel Mitidiero

SUMÁRIO: Introdução; **1.** Entre o Recurso de Revista, o *Writ of Error* e o *Writ of Certiorari*. **2.** Entre o Direito Objetivo e a Unidade do Direito; Considerações Finais. Referências bibliográficas.

Introdução

Agora me escapa o ano, mas lembro bem do fato. Para minha sorte, conheci o Renato Beneduzi no primeiro Congresso da *International Association of Procedural Law* que fui, em 2012, em Moscou. Ele e a Mônica. Depois de um tempo fui ao Rio e acabei visitando-o também no escritório de que era e ainda é sócio. Para minha enorme alegria e certa surpresa, fui recebido por Sérgio Bermudes. Lembro da gentileza e fidalguia. Lembro da foto com o Cappelletti em um canto da sala.

Naquele dia, nosso homenageado me presenteou com um livro seu – *Mozart não Tinha Playback*. Parei para pensar: é a síntese de um processo – e da vida. Não tem um instituto que represente melhor essa singularidade que o dos recursos. Uma onda não quebra duas vezes. Ao mesmo tempo, encerra em si o "cântico das lamentações" e a "exaltação à luta"[1]: o sentido de que, como na vida, às vezes a gente pode perder a batalha, mas há sempre no horizonte a possibilidade de ganhar a guerra.

Para homenageá-lo, resolvi escrever sobre o recurso extraordinário, especialmente sobre a sua história e a sua função. Ao fazê-lo, pretendo cerrar a trincheira favorável à sua ligação com o direito estadunidense e realçar a transformação da sua função da tutela do direito objetivo para a promoção da unidade do direito.

1. Entre o Recurso de Revista, o *Writ of Error* e o *Writ of Certiorari*

O recurso extraordinário para o Supremo Tribunal Federal encontra seu ponto de partida no recurso de revista para o Supremo Tribunal

1 Conforme Sérgio Bermudes, Comentários ao Código de Processo Civil (1974), 2ª ed. São Paulo: Revista dos Tribunais, 1977, p. XIII, vol. VII.

de Justiça – o que significa dizer que tem sua origem no recurso de *cassation* francês e no recurso de revista português. Mais precisamente, deriva da "moderna revista"[2] portuguesa, cuja inspiração notória é a *cassation* francesa[3].

A "antiga revista" compunha o quadro de impugnação contra as decisões judiciais junto com a apelação e a suplicação no direito medieval português. Em síntese, era concedido por "graça régia" – de modo que inexistia um direito subjetivo ao seu conhecimento e ao seu julgamento – e poderia levar ao rejulgamento da causa *in totum*, não se restringindo às chamadas questões de direito, sendo possível fundamentá-lo em "nulidade ou injustiça notória"[4]. A "antiga revista" deu lugar tanto à nossa ação rescisória[5] como emprestou o nome para a "moderna revista".

A rigor, como anota a doutrina, o principal ponto de contato entre a "antiga revista" e a "moderna revista" é terminológico: por conta da tradição, resolveu-se manter o nome do recurso que a partir do início dos Oitocentos deveria ser interposto para o Supremo Tribunal de Justiça português. Muitos aspectos da sua disciplina, porém, são alterados: desde o aspecto cassacional do recurso até a limitação a questões de direito, passando pela necessidade de releitura da fórmula "nulidade ou injustiça notória" até a previsão de um direito subjetivo à revista são tocados pela nova conformação desse recurso[6].

Em especial, interessa notar a maneira pela qual as hipóteses de cabimento do recurso de revista para o Supremo Tribunal de Justiça português desenvolveram-se ao longo dos Oitocentos. A previsão inicial de cabimento por força de "nulidade ou injustiça notória"[7] acaba se trans-

2 A expressão é de Paulo Merêa, "Bosquejo Histórico do Recurso de Revista", Separata nº 7 do Boletim do Ministério da Justiça. Lisboa, 1948, pp. 26 e seguintes.

3 Conforme, por todos, Paulo Merêa, "Bosquejo Histórico do Recurso de Revista", Separata nº 7 do Boletim do Ministério da Justiça. Lisboa, 1948, pp. 26 e seguintes.

4 Tudo conforme Paulo Merêa, "Bosquejo Histórico do Recurso de Revista", Separata nº 7 do Boletim do Ministério da Justiça. Lisboa, 1948, pp. 13/14 e 24/25.

5 Moacyr Lobo da Costa (1913 – 2014), A Revogação da Sentença. São Paulo: Ícone, 1995; Luiz Guilherme Marinoni e Daniel Mitidiero, Ação Rescisória – Do Juízo Rescindente ao Juízo Rescisório. São Paulo: Revista dos Tribunais, 2017, pp. 68/80.

6 Tudo conforme Paulo Merêa, "Bosquejo Histórico do Recurso de Revista", Separata nº 7 do Boletim do Ministério da Justiça. Lisboa, 1948, pp. 26 e seguintes.

7 Presente na Constituição portuguesa de 1822 (art. 192), conforme Paulo Merêa, "Bosquejo Histórico do Recurso de Revista", Separata nº 7 do Boletim do Ministério da Justiça. Lisboa, 1948, p. 27.

formando em cabimento por conta de "nulidade do processo" e "nulidade da sentença"[8], sendo a hipótese nuclear de nulidade da sentença a de "julgamento contrário" ao disposto em qualquer lei do reino ou sua "aplicação manifestamente errada". Essas hipóteses não deixam dúvida a respeito da função de *controle, reativa* e *retrospectiva* viabilizada pelo recurso de revista sobre o julgamento de determinada *quaestio juris*[9].

O recurso de revista para o Supremo Tribunal de Justiça brasileiro[10] segue a mesma linha da "moderna revista" portuguesa. Compete ao Supremo Tribunal de Justiça "conceder ou denegar revistas nas causas" pela "maneira que a lei determinar". Além do seu caráter cassacional e da existência de um direito subjetivo ao recurso, nosso recurso de revista também é cabível nos casos de "nulidade manifesta" e "injustiça notória"[11], que aí devem ser entendidos igualmente como "nulidade do processo" e "nulidade da sentença" – cujo denominador comum é a "violação da lei"[12].

Com esses contornos, não resta dúvida de que o recurso de revista procura viabilizar uma função de *controle, reativa* e *retrospectiva* sobre os julgados. A nomofilaquia recursal é voltada para a uniformização da jurisprudência com o fim de controle. Não se trata, portanto, de uma nomofilaquia com função "paradigmática"[13], na medida em que a finalidade do recurso de revista estava em controlar retrospectivamente a legalidade das decisões judiciais. A uniformização de jurisprudência

8 Presente na Lei de 19 de dezembro de 1843 (art. 1º), conforme Paulo Merêa, "Bosquejo Histórico do Recurso de Revista", Separata nº 7 do Boletim do Ministério da Justiça. Lisboa, 1948, p. 30.

9 Conforme António Castanheira Neves, O Instituto dos "Assentos" e a Função Jurídica dos Supremos Tribunais. Coimbra: Coimbra Editora, 1983, pp. 82 e seguintes, com ênfase na "uniformização da jurisprudência" (vista aí como meio que serve ao controle de legalidade das decisões).

10 Previsto na Constituição brasileira de 1824 (art. 164), conforme Pimenta Bueno, Direito Público Brasileiro e Análise da Constituição do Império (1857). Brasília, 1978, p. 341.

11 Previstos na Lei de 18 de setembro de 1828 (art. 6º), conforme Pimenta Bueno, Direito Público Brasileiro e Análise da Constituição do Império (1857). Brasília, 1978, p. 353.

12 Conforme Pimenta Bueno, Direito Público Brasileiro e Análise da Constituição do Império (1857). Brasília, 1978, pp. 353 e 365.

13 Como sustenta, contudo, José Miguel Garcia Medina, Prequestionamento, Repercussão Geral da Questão Constitucional e Relevância da Questão Federal (1999), 7ª ed. São Paulo: Revista dos Tribunais, 2017, p. 62.

aparece apenas como um meio para consecução de semelhante fim – como, aliás, é próprio da cultura jurídica da época.

Com a passagem do Império para a República, o recurso de revista para o Supremo Tribunal de Justiça transforma-se inicialmente em um *recurso inominado* para o Supremo Tribunal Federal[14], ganhando posteriormente o nome de *recurso extraordinário*[15] – seguramente por influência do direito argentino[16]. A *inspiração textual* para a redação dos dispositivos pertinentes veio do direito anglo-estadunidense[17], nota-

14 Conforme José Afonso da Silva, Do Recurso Extraordinário no Direito Processual Brasileiro. São Paulo: Revista dos Tribunais, 1963, pp. 30/31, com alusão ao Decreto nº 510, de 1890 (art. 59, § 1º).

15 A denominação atual do recurso extraordinário aparece pela primeira vez em 1891 no Regimento Interno do Supremo Tribunal Federal (arts. 15, § 2º, "b", 31, nº 3, "k", e 33, nº 4, RISTF de 1891, conforme Sérgio Bermudes, Comentários ao Código de Processo Civil (1974), 2ª ed. São Paulo: Revista dos Tribunais, 1977, p. 254, vol. VII; José Carlos Barbosa Moreira, Comentários ao Código de Processo Civil (1974), 15ª ed. Rio de Janeiro: Forense, 2009, pp. 582/583, vol. V), daí passando de forma mais geral para a Lei nº 221, de 1894 (art. 24), mantendo-se em todas as nossas Constituições desde 1934. É interessante notar, contudo, que nas "atribuições" do Supremo Tribunal Federal há apenas alusão a sua competência em grau de "recurso" (art. 15, § 2º, RISTF de 1891), aparecendo a expressão "recurso extraordinário" apenas nos dispositivos que tratam da "ordem do serviço no Tribunal" (arts. 31, nº 3, "k", e 33, nº 4, RISTF de 1891). Talvez seja por essa razão que José Afonso da Silva, Do Recurso Extraordinário no Direito Processual Brasileiro. São Paulo: Revista dos Tribunais, 1963, p. 30, nota de rodapé nº 51, tenha indicado equivocadamente como origem da denominação do recurso extraordinário apenas a Lei nº 221, de 1894 (art. 24).

16 Também o direito argentino, como é amplamente sabido, sofreu significativa influência do direito estadunidense, especialmente no que tange ao direito constitucional (conforme Eduardo Oteiza, *La Corte Suprema*. La Plata: LEP, 1994, p. 36). O recurso para a Corte Suprema, que visa a viabilizar a função de "*ultimo interprete y Custodio final de la Constitución Nacional*" (Leandro Giannini, *El Certiorari*. La Plata: LEP, 2016, p. 20, tomo II), está previsto no art. 14 da Lei nº 48, de 1863, com a denominação de "*apelación*". A expressão hoje consagrada – "*recurso extraordinario federal*", donde veio a nossa inspiração terminológica – é oriunda da doutrina e da jurisprudência (conforme Lino Enrique Palacio (1928 – 2006), *Manual de Derecho Procesal Civil* (1965), 14ª ed. Buenos Aires: LexisNexis, 2004, p. 604), podendo ser conferida, por exemplo, em Augusto Morello (1926 – 2009), *El Recurso Extraordinario*. Buenos Aires: LEP – Abeledo – Perrot, 1987, e em Juan Carlos Hitters, *Técnica de los Recursos Extraordinarios y de la Casación* (1984), 2ª ed. La Plata: LEP, 1998.

17 É inequívoca a filiação do nosso recurso extraordinário ao *writ of error*. Discutindo o tema, aliás, Sérgio Bermudes expressa e corretamente afasta as opiniões de João Mendes de Almeida Júnior e José Afonso da Silva no sentido de suavizar a influência estadunidense (conforme Comentários ao Código de Processo Civil (1974), 2ª ed. São Paulo: Revista dos Tribunais, 1977, pp. 251/252, vol. VII).

damente do *writ of error* estadunidense[18], previsto no *Judiciary Act* de 1789[19], cuja fonte é o *writ of error* inglês[20].

Do recurso de revista ao recurso extraordinário, contudo, não se sente uma significativa mudança na *função* ou na *eficácia* dos julgados do Supremo Tribunal Federal. Tanto o recurso de revista imperial como o recurso extraordinário republicano são recursos que visam a viabilizar um controle reativo e retrospectivo sobre as questões de direito constantes dos julgados[21], sendo a uniformização de jurisprudência preordenada à consecução de semelhante função. A principal diferen-

---

18 O *writ of error* – previsto inicialmente no *Judiciary Act* de 1789, posteriormente denominado de *appeal* pelo *Judiciary Act* de 1925 e atualmente obsoleto na prática federal (conforme William M. Wiecek, *"Writ of Error"*, *in* Hall, Kermit (1944 - 2006, coord.), *The Oxford Companion to the Supreme Court of the United States* (1992), 2ª ed. Oxford: Oxford University Press, 2005, p. 301) – constituía o meio recursal padrão de acesso à *Supreme Court* dos Estados Unidos até o *Judiciary Act* de 1925, período em que essa corte atuava basicamente como uma *corte de controle* das decisões das instâncias anteriores (vale dizer: como uma tradicional "*trial court*", conforme William Rehnquist (1924 - 2005), *The Supreme Court* (1987), 2ª ed. New York: Vintage Books, 2001, p. 236). Atualmente, o meio recursal padrão de acesso à *Supreme Court* é o *writ of certiorari*, cuja concessão constitui um ato discricionário seu (conforme H. W. Perry Jr., *"Writ of Certiorari"*, in Hall, Kermit (coord.), *The Oxford Companion to the Supreme Court of the United States* (1992), 2ª ed. Oxford: Oxford University Press, 2005, pp. 154/155).

19 Notadamente na seção 25 do *Judiciary Act* de 1789, o qual serviu de inspiração quase literal tanto para o legislador argentino (Eduardo Oteiza, *La Corte Suprema*. La Plata: LEP, 1994, p. 36) como para o legislador brasileiro (conforme José Afonso da Silva, Do Recurso Extraordinário no Direito Processual Brasileiro. São Paulo: Revista dos Tribunais, 1963, p. 31).

20 O *writ of error* inglês constituía uma ordem oriunda de determinada corte de controle ("*court of error*") para determinado juiz ou corte para entrega dos autos de um caso para exame de "*points of substantive law in actions*" que revelassem um "*manifest error*" (revelado pelos próprios autos) ou para consideração de "*new facts*" coerentes com os autos, mas que exigissem nova prova para adequada consideração. Ao longo da história do direito inglês, uma das clássicas cortes de controle foi o *King's Bench*. O *writ of error* foi abolido na Inglaterra em 1852 (tudo conforme J. H. Baker, *An Introduction to English Legal History* (1971), 4ª ed. Oxford: Oxford University Press, 2002, pp. 136/138).

21 Acentuando esse caráter de controle da *Supreme Court* e do *writ of error* nesse período anterior ao *Judiciary Act* de 1925, William Rehnquist, *The Supreme Court* (1987), 2ª ed. New York: Vintage Books, 2001, p. 236. Nessa linha, destacando a introdução do *certiorari* como um marco para concentração da atenção da *Supreme Court* essencialmente em questões com importância nacional, Bernard Schwartz, *A History of the Supreme Court*. Oxford: Oxford University Press, 1993, p. 217.

ça entre os dois recursos, porém, está no modo com que o controle é exercido: enquanto o recurso de revista imperial viabilizava o controle mediante a *cassação* da decisão, o recurso extraordinário republicano possibilita-o mediante a sua *revisão*. Em realidade, essa é a mais efetiva contribuição do *writ of error* anglo-americano para a conformação do nosso recurso extraordinário.

Posta a questão nesses termos, é possível perceber que a diferença entre o recurso de revista imperial e o recurso extraordinário republicano é mais terminológica do que propriamente de função ou de eficácia[22]. A conclusão que se pode extrair daí é que a *virada* do recurso de revista para o recurso extraordinário não estava propriamente ligada a uma diferente função recursal que se procurava a partir daí perseguir. A cópia do *Judiciary Act* estadunidense de 1789 – do qual se originou o nosso recurso extraordinário em 1890 – foi devida mais à necessidade de se fundar uma nova forma de governo (a República), uma nova forma de Estado (a Federação) e uma nova forma de controle de atos estatais (o *judicial review*)[23] a partir da sua experiência mais conhecida do que propriamente a uma decisão de política legislativa no campo processual. Tanto é assim que os desenvolvimentos posteriores da *Supreme Court* dos Estados Unidos, do *writ of error* e do *writ of certiorari* – notadamente, a possibilidade de escolha dos casos que devem ser julgados no *Judiciary Act* de 1925 e a adoção do *stare decisis* em 1932 com o julgamento do caso *Burnet v. Coronado Oil & Gas Co.* – não encontraram qualquer ressonância à época em nosso país. Em outras palavras: o peso que a doutrina costuma colocar na filiação de nosso recurso extraordinário ao *writ of error* anglo-estadunidense, bem examinadas as coisas, é menos intensa do que normalmente se supõe.

A partir da Constituição de 1891 até a Constituição de 1988, nosso recurso extraordinário experimenta um período de estabilidade em termos de cabimento, orbitando as suas hipóteses essencialmente em torno da guarda da Constituição e da legislação federal[24]. Em termos

---

22 Nessa linha, José Afonso da Silva, Do Recurso Extraordinário no Direito Processual Brasileiro. São Paulo: Revista dos Tribunais, 1963, p. 29.

23 Hermes Zaneti Júnior, A Constitucionalização do Processo (2007), 3ª ed. São Paulo: Revista dos Tribunais, 2021.

24 Assim: Constituição de 1934 (art. 76, nº 2, inciso III), Constituição de 1937 (art. 101, inciso III), Constituição de 1946 (art. 101, inciso III), Constituição de 1967 (art. 114, inciso III), Constituição de 1967, com a Emenda Constitucional nº 1, de 1969 (art. 119, inciso III). Com o advento da Emenda Constitucional nº 1, de 1969,

procedimentais, contudo, a *crise do Supremo Tribunal Federal*, oriunda do volume de trabalho impingido à corte por força da sua função de controle, faz com que se procurem diferentes meios processuais para a sua solução[25].

Com a Constituição de 1988, porém, o recurso extraordinário experimenta paulatinamente três significativas mudanças. Em primeiro lugar, o cabimento do recurso extraordinário essencialmente para a guarda da Constituição, criando-se o Superior Tribunal de Justiça e o recurso especial para a guarda da legislação federal[26]. Em segundo lugar, a introdução de um filtro recursal voltado para o autogoverno do Supremo Tribunal Federal – a repercussão geral no recurso extraordinário[27]. Em terceiro lugar, o efetivo reconhecimento da "vocação expansiva"[28] das decisões

---

e o Regimento Interno do Supremo Tribunal Federal de 1970, porém, houve uma restrição ao cabimento do recurso extraordinário. Procurou-se amenizá-la com a introdução da figura da "arguição de relevância" em 1975. Em 1977 sobreveio nova modificação do tema, mas já aí com o objetivo de filtrar o cabimento do recurso extraordinário (tudo conforme Pedro Miranda de Oliveira, Recurso Extraordinário e Requisito da Repercussão Geral. São Paulo: Revista dos Tribunais, 2013, pp. 73/76). Sobre a arguição de relevância, monograficamente, Arruda Alvim, A Arguição de Relevância no Recurso Extraordinário. São Paulo: Revista dos Tribunais, 1988; no âmbito dos *Comentários* da época, Sérgio Bermudes, Comentários ao Código de Processo Civil (1974), 2ª ed. São Paulo: Revista dos Tribunais, 1977, vol. VII.

---

25 Dentre os quais a "triagem dos recursos extraordinários" pelas instâncias locais (1958) e a criação de "súmulas de jurisprudência" como método de controle dos recursos (1963), conforme Pedro Miranda de Oliveira, Recurso Extraordinário e o Requisito da Repercussão Geral. São Paulo: Revista dos Tribunais, 2013, pp. 69/71.

26 A partir daí a última palavra a respeito do significado do direito no Brasil é dada a respeito da Constituição pelo Supremo Tribunal Federal (art. 102, incisos I, alínea "a", e inciso III, §§ 1º a 3º, CRFB) e a respeito da legislação federal pelo Superior Tribunal de Justiça (art. 105, inciso III, CRFB).

27 Introduzido na Constituição de 1988 pela Emenda Constitucional nº 45, de 2004 (art. 102, § 3º). Sobre o assunto, com ampla indicação bibliográfica, Luiz Guilherme Marinoni e Daniel Mitidiero, Repercussão Geral no Recurso Extraordinário (2007), 3ª ed. São Paulo: Revista dos Tribunais, 2012; Bruno Dantas, Repercussão Geral. São Paulo: Revista dos Tribunais, 2008; Pedro Miranda de Oliveira, Recurso Extraordinário e o Requisito da Repercussão Geral. São Paulo: Revista dos Tribunais, 2013. Para um amplo quadro comparativo, Leandro Giannini, *El Certiorari*. La Plata: LEP, 2016, tomo I.

28 Teori Zavascki (1948 – 2017), Eficácia das Sentenças na Jurisdição Constitucional (2001), 3ª ed. São Paulo: Revista dos Tribunais, 2014, p. 25.

tomadas em recurso extraordinário. Vale dizer: a institucionalização da regra do *stare decisis* no direito brasileiro[29].

Em conjunto, semelhantes mudanças alteram profundamente a feição do Supremo Tribunal Federal e do recurso extraordinário. Passa-se do controle reativo e retrospectivo fundado no *jus litigatoris* para a viabilização de uma interpretação proativa e prospectiva radicada no *jus constitutionis*, bem como da produção de jurisprudência uniforme para a formação de precedentes.

Daí que é possível observar uma *dupla influência* da cultura do *Common Law* no âmbito do recurso extraordinário. Em primeiro lugar, o *writ of error* anglo-americano foi responsável pela mudança no modo como a função de controle era exercida pelo Supremo Tribunal Federal no final dos Oitocentos – da cassação à revisão. Em segundo lugar, o *writ of certiorari* e o *stare decisis* determinaram uma mudança no que tange à função que o recurso extraordinário visa a viabilizar – do controle à interpretação – e no que atine à eficácia resultante das razões do julgado – da jurisprudência ao precedente.

Rigorosamente, portanto, apenas no início deste século é que a cultura processual civil brasileira acaba se assemelhando à cultura anglo-americana no que se refere ao recurso extraordinário. É um equívoco imaginar que a simples alteração terminológica – do recurso de revista ao recurso extraordinário – e no modo como a função de controle é exercida – da cassação à revisão – seriam capazes de patrocinar uma efetiva virada no modelo de cortes de vértice e de seu respectivo recurso. Apenas com a introdução de um modo de seleção de casos e com a "lenta e gradual"[30] assimilação da regra do *stare decisis* é que se pode cogitar de uma verdadeira influência do *Common Law* entre nós.

Em outras palavras: para compreender a origem histórica do recurso extraordinário, não basta olhar para o *writ of error*. É preciso acompanhar o movimento que vai da *cassation* ao recurso de revista, do *writ of error* ao *writ of certiorari* e ao *stare decisis*, sem os quais a exata dimensão do recurso extraordinário fica a meio caminho.

---

29 Amplamente, com as devidas indicações bibliográficas, Luiz Guilherme Marinoni, Precedentes Obrigatórios (2010), 5ª ed. São Paulo: Revista dos Tribunais, 2017; Daniel Mitidiero, Precedentes – da Persuasão à Vinculação (2016), 4ª ed. São Paulo: Revista dos Tribunais, 2021; Hermes Zaneti Júnior, O Valor Vinculante dos Precedentes (2015), 3ª ed. Salvador: JusPodium, 2017.

30 Hermes Zaneti Júnior, O Valor Vinculante dos Precedentes (2015), 3ª ed. Salvador: JusPodium, 2017, p. 77.

2. Entre o Direito Objetivo e a Unidade do Direito

Como um recurso voltado para uma Corte Suprema, o recurso extraordinário visa à tutela do direito objetivo ou à promoção da unidade do direito? Há diferença entre essas duas maneiras de entender a sua função?

A função de defesa do direito objetivo pertence ao caldo de cultura que vê o Supremo Tribunal Federal como uma corte de controle[31]. Vale dizer: como uma corte *reativa*. A corte desempenha um papel que pressupõe a *existência de uma violação ao direito já ocorrida*, sendo sua tarefa *sancioná-la* e, quando possível, *neutralizar ou eliminar os seus efeitos* mediante cassação ou reforma dessa decisão[32]. O recurso serve para *reagir* a uma violação ao direito já ocorrida, perpetrada pela decisão judicial que constitui o seu objeto, sendo a atuação da corte pensada tão-somente para o *passado*.

Daí a função do recurso extraordinário como de *defesa da legislação* – ou, como diria Calamandrei, da corte de vértice para atuar como "*organo di controllo posto a difesa del diritto obiettivo*"[33] – *contra a atuação do próprio Poder Judiciário*, reagindo às violações ao seu texto mediante um *escrutínio pontual* da decisão judicial recorrida. É por essa razão que *se trata de uma corte de tutela da legalidade diante das decisões judiciais*. A sua função é voltada a consertar o passado, controlando a aplicação judicial da legislação no caso concreto, sendo vocacionada para a aferição e controle dos *errores* judiciais. Nessa perspectiva, a *interpretação da legislação* não constitui propriamente a sua finalidade. A interpretação da legislação é na verdade um meio para obtenção do fim – controle de legalidade das decisões judiciais[34]. A interpretação da legislação é meio

31 Conforme, amplamente, Daniel Mitidiero, Cortes Superiores e Cortes Supremas – do Controle à Interpretação, da Jurisprudência ao Precedente (2013), 3ª ed. São Paulo: Revista dos Tribunais, 2017.

32 Michele Taruffo (1943 – 2020), "*Le Funzioni delle Corti Supreme. Cenni Generali*", *Annuario di Diritto Comparato e di Studi Legislativi*. Napoli: Edizioni Scientifiche Italiane, 2011, p. 14 (há tradução disponível para o português, "As Funções das Cortes Supremas. Aspectos Gerais", Processo Civil Comparado – Ensaios, apresentação, organização e tradução de Daniel Mitidiero. São Paulo: Marcial Pons, 2013).

33 Piero Calamandrei (1889 – 1956), *La Cassazione Civile – Disegno Generale dell'Istituto* (1920). In: Cappelletti, Mauro (org.), *Opere Giuridiche*. Napoli: Morano Editore, 1976, p. 33, vol. VII.

34 Piero Calamandrei, *La Cassazione Civile – Disegno Generale dell'Istituto* (1920). In: Cappelletti, Mauro (org.), *Opere Giuridiche*. Napoli: Morano Editore, 1976, pp. 37/40, vol. VII.

e não fim colimado à corte de controle[35]. Como observa a doutrina, a Corte *"funziona per garantire che gli organi giurisdizionali, quando deducono la esistenza di queste specifiche volontà dalle norme generali che costituiscono il diritto obiettivo, intendono queste norme nel loro esatto significato astratto"*[36]. Em outras palavras, é um órgão de *controle de aplicação* da legislação, não um órgão voltado precipuamente à *interpretação* do direito, interessando em primeiro lugar a *decisão recorrida* – não a obtenção da unidade do direito.

Nisso consiste, a propósito, a *nomofilaquia* do recurso interposto para a corte de controle. A sua função nomofilática está na *defesa da legislação diante das decisões judiciais.* Nessa linha, é interessante perceber que a *uniformidade da jurisprudência* aparece aí apenas como um *instrumento* em relação à função de controle desempenhada pela Corte. É preciso fixar a *"esatta interpretazione della legge"*[37] mediante uma *jurisprudência uniforme* a fim de que se possa saber se, ao jurisdicionar, as instâncias ordinárias violaram ou não à legislação. *O que sobressai na atuação da corte é o escopo de tutela da legalidade mediante controle das decisões judiciais.*

Assim, é certo que uma corte de controle tem o *dever de uniformizar a jurisprudência*, mas esse *dever é meramente instrumental* em relação ao seu efetivo escopo de controle de legalidade das decisões judiciais. É um dever *menor*. A jurisprudência uniforme interessa apenas como meio de tutela da legalidade diante das decisões judiciais. O próprio emprego da expressão *uniformização da jurisprudência* nesse contexto é muito significativo. No marco de um corte de controle, a jurisprudência (*giurisprudenza, jurisprudence*) consubstancia-se na atividade de interpretação da lei desempenhada pelas cortes *para solução de casos*, cuja *múltipla reiteração* gera a uniformidade capaz de servir de parâmetro para esse fim, *não gozando de autoridade formalmente vinculante*[38]. A

---

35 Michele Taruffo, *"Il Controllo del Diritto e del Fatto in Cassazione"* (1991), *Il Vertice Ambiguo – Saggi sulla Cassazione Civile.* Bologna: Il Mulino, 1991, p. 122.

36 Piero Calamandrei, *La Cassazione Civile – Disegno Generale dell'Istituto* (1920). In: Cappelletti, Mauro (org.), *Opere Giuridiche.* Napoli: Morano Editore, 1976, p. 105, vol. VII.

37 Piero Calamandrei, *La Cassazione Civile – Disegno Generale dell'Istituto* (1920). In: Cappelletti, Mauro (org.), *Opere Giuridiche.* Napoli: Morano Editore, 1976, pp. 91 e 97/98, vol. VII.

38 Gino Gorla (1906 – 1992), *"La Giurisprudenza"* (1970), *Diritto Comparato e Diritto Comune Europeo.* Milano: Giuffrè, 1981, p. 265; Michele Taruffo, *"Precedente e Giurisprudenza", Rivista Trimestrale di Diritto e Procedura Civile.* Milano: Giuffrè, 2007, pp. 711/712.

jurisprudência tem de ser uniformizada justamente porque é própria ao modelo a existência de *contínua disformidade* na atividade de interpretação judicial do direito. Essa uniformização, no entanto, atua apenas no influxo do *escopo de controle casuístico das decisões* recorridas. A uniformização da jurisprudência não é o *ponto de chegada* de uma corte de controle, mas é o seu *ponto de partida* – a partir do qual ela desempenha a sua efetiva função de tutela da legalidade contra as decisões judiciais.

Semelhante situação fica ainda mais clara quando se percebe que a *existência de várias interpretações concomitantes e diferentes da legislação* por vários órgãos do Poder Judiciário não é vista como uma anomalia quando se caracteriza uma corte de vértice como uma corte de controle, não sendo percebida como um problema no sistema jurídico, mas como algo natural, normal e até desejável. Isso porque a função da corte é a de *tutela da legalidade mediante controle das decisões judiciais* recorridas tendo como *parâmetro uma jurisprudência uniforme*, não sendo a de promoção da unidade do direito. *A unificação da jurisprudência é apenas um meio para obtenção do fim controle da decisão recorrida.*

Nessa perspectiva, a lição da doutrina a respeito da *Corte di Cassazione* italiana e sua relação com a jurisprudência é muito eloquente. Depois de observar que é perfeitamente compreensível que se entenda a *Corte di Cassazione "come il centro dello sviluppo del diritto"*, refere-se que essa sua condição não autoriza a identificação da função da *Corte di Cassazione* com a *"funzione della giurisprudenza"*[39]. E isso porque *"la importantissima collaborazione che sullo sviluppo del diritto obiettivo esercita, come si è veduto (retro, nº 25), la interpretazione giurisprudenziale, non si può considerare come un 'monopolio' della Corte di Cassazione, quase essa fosse stata istituita per svolgere in modo exclusivo nello Stato quell'opera di elaborazione giuridica che gradualmente si compie attraverso la giurisprudenza forense"*, haja vista que é preciso *"tener presente il vero scopo della Cassazione e corretamente definirla, che essa non è stata istituita per interpretare il diritto obiettivo, ma per* unificare *quel lavoro di interpretazione giurisrpudenziale che viene compiuto in collaborazione di tutti gli organi giudiziari: questo lavoro di interpretazione giuridica appare evidente, e, per così dire messo a nudo, quando giunge alla Corte di Cassazione la quale può tutta dedicarvisi, senza perder tempo nelle lunghe e complicate risoluzioni di fatto che assorbono gran parte della attività*

39 Piero Calamandrei, *La Cassazione Civile – Disegno Generale dell'Istituto* (1920). In: Cappelletti, Mauro (org.), *Opere Giuridiche*. Napoli: Morano Editore, 1976, p. 88, vol. VII.

dei giudici di merito; ma non si può per questo disconoscere che anche l'attività dei giudici di merito, risoluzioni di questioni giuridiche, esercita sul diritto obiettivo quello stesso influsso che, su più larga scala, esercitano su di esso le decisioni supreme della Corte di Cassazione. Non queste sole decisioni di tutti gli organismi giudiziari dello Stato, dai moltissimi infimi all'unico supremo: ciò che invece costituisce la peculiarità dell'organo di Cassazione non è dunque l'influsso che essa, colle sue decisioni, può esercitare sulla interpretazione del diritto obiettivo, ma l'opera che essa, in virtù della sua unicità, può svolgere sulla giurisprudenza di tutti i tribunal dello Stato, per eliminare da essa interpretazioni discordante. Che poi le decisioni della Cassazione costituiscono la parte più autorevole della giurisprudenza, questo è conseguenza, non scopo dell'istituto; lo scopo di esso, giova ripeterlo, è quello di rimediare agli inconvenienti che derivano alla interpretazione giurisprudenziale dalla pluralità degli organi giudiziari dello stesso grado: se questa pluralità si potesse abolire e potesse esser suficiente nello Stato un organo giudiziario unico, la necessità della Corte di Cassazione come organo unificatore della Giurisprudenza verrebe evidentemente a cessare, ma non per questo verrebe a cessare, abolita la Cassazione, la interpretazione giurisprudenziale e l'influsso vivificatore ch'essa esercita nel diritto obiettivo"[40]. Daí a razão pela qual se pode afirmar que *"la virtù esemplare del* dictum *della Corte non è dissimile da quella che, sia pure in minor misura, hanno tutte le senteze, quando siano ben fatte"*[41].

Isso quer dizer que, desde a perspectiva de uma corte de controle, o *dissenso jurisprudencial* no fundo é *positivo*, porque *colabora no desenvolvimento do direito*. Toda organização judiciária está legitimada para formação da jurisprudência, ainda que o preço dessa *profusa participação* seja a sua *dispersão*. É que, na verdade, o que importa é que *ao final do processo* seja *unificada a jurisprudência* pelo *controle das decisões judiciais* mediante recurso para corte de vértice. Uma corte de controle, portanto, *encara com naturalidade a existência do dissenso jurisprudencial e a divergência de julgados*, porque ao final *tudo contribui para formação da jurisprudência* e *tudo tende a ser unificado* pela sua atuação de controle sobre as decisões. É por essa razão que a unidade do direito

---

40 Piero Calamandrei, *La Cassazione Civile – Disegno Generale dell'Istituto* (1920). In: Cappelletti, Mauro (org.), *Opere Giuridiche*. Napoli: Morano Editore, 1976, pp. 88/90, vol. VII.

41 Elio Fazzalari (1924 – 2010), *Il Giudizio Civile di Cassazione*. Milano: Giuffrè, 1960, p. 208.

nesse modelo ou não é importante ou chega mesmo a ser encarada como um *"disvalore"*[42] dentro do sistema de distribuição da Justiça. Se a função da corte é reativa, de controle de decisões judiciais, focada no recurso interposto pela parte para solução do seu caso concreto, é claro que pouco importa a uniformidade da jurisprudência para além de um parâmetro de controle que deve ser empregado pela *própria* corte. Antes, assumir a sua função como algo desvinculado do controle do caso concreto, isto é, com um papel ligado à interpretação judicial paradigmática capaz de vincular as demais instâncias, estanca o influxo *"vivificatore"* que a *"interpretazione giurisdizionale"* exerce sobre o direito, sendo por isso mesmo *contraproducente* e nessa medida *indesejável*.

A função de nomofilaquia própria a uma corte de controle, portanto, está intimamente vinculada com o *controle da legalidade das decisões judiciais* tendo como parâmetro uma *jurisprudência uniforme*. Isso quer dizer que um *mecanismo essencial* para o seu funcionamento é o *recurso da parte* interessada nesse controle. Como a dispersão na jurisprudência é natural e até bem-vinda nesse modelo de corte, a unificação da jurisprudência só pode ocorrer *caso a caso* a partir do momento em que a parte interessada *efetivamente interpõe o recurso* para a corte de vértice a fim de incitá-la ao controle da legalidade da decisão recorrida. Para que a corte funcione, *ela tem de necessariamente examinar e pronunciar-se sobre todos os recursos para ela interpostos*.

Daí que é perfeitamente compreensível, diante desse modelo, que o *direito ao recurso à corte de vértice* seja concebido como um *verdadeiro direito subjetivo da parte*[43] – isto é, o recurso como *jus litigatoris*[44], voltado *"innanzitutto"* para *"tutela della posizione sostanziale dedotta in lite"*[45] – e que seja com ele geneticamente incompatível a existência de *filtros recursais*. Se a função da corte é uma função de controle de legalidade das decisões judiciais, é natural que suas portas se abram *para todos os casos* em que a parte afirme a existência de uma violação à legislação pela decisão recorrida e que a sua função só possa ser realizada de ma-

42 Michele Taruffo, *"Funzioni e Problemi Attuali della Corte di Cassazione"* (1991), *Il Vertice Ambiguo – Saggi sulla Cassazione Civile*. Bologna: Il Mulino, 1991, p. 165.

43 Piero Calamandrei, *La Cassazione Civile – Disegno Generale dell'Istituto* (1920). In: Cappelletti, Mauro (org.), *Opere Giuridiche*. Napoli: Morano Editore, 1976, p. 148, vol. VII.

44 Como observa Michele Taruffo, *"La Corte di Cassazione e la Legge"* (1990), *Il Vertice Ambiguo – Saggi sulla Cassazione Civile*. Bologna: Il Mulino, 1991, p. 66.

45 Elio Fazzalari, *Il Giudizio Civile di Cassazione*. Milano: Giuffrè, 1960, p. 209.

neira completa com o *exame de todos os recursos* a ela interpostos[46]. O reconhecimento de direito subjetivo ao recurso à corte de vértice para as partes à vista da simples afirmação de uma violação à legislação, portanto, funciona como um componente de fundamental importância para o adequado funcionamento do modelo. E isso porque, sem recurso, não há como controlar a legalidade das decisões judiciais das instâncias ordinárias: funciona aí o "*interesse privato a servizio dell'interesse pubblico*"[47].

Do fato de o recurso à corte de controle ser encarado como um direito subjetivo da parte, respondendo ao *jus litigatoris*, ressai que a atividade de controle acaba se circunscrevendo às hipóteses em que a parte interpõe efetivamente o recurso e restringindo-se aos *fundamentos recursais* por ela apontados. A corte tem seu julgamento condicionado à vontade e ao interesse da parte. Assim é que, por exemplo, a cognição da Corte é restrita aos *errores* apontados pela parte[48], sem que possa aproveitar de modo algum o caso levado ao seu conhecimento para – *a partir dele* – se pronunciar sobre uma questão jurídica importante não impugnada no recurso pela parte, mas eventualmente presente no caso submetido ao seu exame. Permitir uma pronúncia dessa ordem desmentiria não só o escopo de controle de legalidade que a corte exerce sobre *questões decididas*, mas infirmaria também a concepção do recurso como direito da parte, cujos limites se circunscrevem necessariamente às *questões impugnadas*. Por igual razão, eventual *desistência do recurso* pela parte interessada *impede a apreciação da questão* impugnada pela corte. A corte, por assim dizer, *não tem o controle* da sua própria atuação.

De outro lado, uma corte que visa à interpretação não é uma corte reativa, mas uma corte *proativa*. A sua atuação está destinada a *orientar a adequada interpretação e aplicação do direito* por parte de *toda a sociedade civil* e de *todos os membros do Poder Judiciário*. A interpretação desempenhada pela corte tem no horizonte o *futuro*: ela atua de maneira proativa com o fim de *guiar a interpretação do direito*, outorgando-lhe

46 Elisabetta Silvestri, *"Corti Supreme Europee: Acesso, Filtri e Selezione", Le Corti Supreme*. Milano: Giuffrè, 2001, p. 114.

47 Piero Calamandrei, *La Cassazione Civile – Disegno Generale dell'Istituto* (1920). In: Cappelletti, Mauro (org.), *Opere Giuridiche*. Napoli: Morano Editore, 1976, pp. 131 e 138, vol. VII.

48 Piero Calamandrei, *La Cassazione Civile – Disegno Generale dell'Istituto* (1920). In: Cappelletti, Mauro (org.), *Opere Giuridiche*. Napoli: Morano Editore, 1976, pp. 154/158, vol. VII.

unidade[49] (arts. 926 e 927, CPC). Daí a função do recurso extraordinário como meio capaz de promover a unidade do direito.

A função da corte de interpretação, portanto, está em *promover a unidade do direito* mediante a sua *adequada interpretação*. Como, de um lado, a interpretação jurídica pode dar lugar a uma multiplicidade de significados, e como, de outro, o direito encontra-se sujeito à cultura, a unidade do direito que a corte visa a promover tem *duas direções distintas*: essa é tanto *retrospectiva* como *prospectiva*. Vale dizer: uma corte de interpretação visa à promoção da unidade do direito tanto para *resolver uma questão jurídica de interpretação controvertida nos tribunais* como para *desenvolver o direito diante das novas necessidades sociais*, outorgando adequada solução para *questões jurídicas novas*.[50] É sua função viabilizar "*clarification, unification and development of the law*"[51].

Estando a sua função vinculada à *interpretação do direito*, capaz de servir de *orientação* para sua interpretação e aplicação futuras, esse acaba se convertendo no próprio *fim que move e legítima a atuação da corte*. Como ensina a doutrina, a função da Corte "è d´interprete della legge, più e oltre che di controllore delle altrui interpretazioni/applicazioni", sendo que essa "*si svolge in ocasione dell´esame di decisioni su casi concreti, ma è volta a definirei il 'significato proprio' della norma, più che a verificare se questa è stata corretamente applicata nel singolo caso*", visando principalmente "*agli impieghi futuri della norma*"[52]. Daí que a *decisão recorrida* constitui apenas um *meio* pré-ordenado para viabilização da consecução da finalidade colimada à corte: outorgar adequada interpretação ao direito a fim de guiar a sua efetiva realização[53]. Dentro

49 Michele Taruffo, *"Le Funzioni delle Corti Supreme. Cenni Generali"*, *Annuario di Diritto Comparato e di Studi Legislativi*. Napoli: Edizioni Scientifiche Italiane, 2011, p. 14.

50 António Castanheira Neves, O Instituto dos "Assentos" e a Função Jurídica dos Supremos Tribunais. Coimbra: Coimbra Editora, 1983, pp. 657/658.

51 J. A. Jolowicz (1926 – 2012), *"The Role of the Supreme Court at the National and International Level"*. In: Yessiou-Faltsi, Pelayia (coord.), *The Role of the Supreme Courts at the National and International Level – Reports for the Thessaloniki International Colloquium*. Thessaloniki: Sakkoulas Publications, 1998, p. 39.

52 Michele Taruffo, *"La Corte di Cassazione e la Legge"* (1990), *Il Vertice Ambiguo – Saggi sulla Cassazione Civile*. Bologna: Il Mulino, 1991, pp. 65/66.

53 Michele Taruffo, *"La Corte di Cassazione e la Legge"* (1990), *Il Vertice Ambiguo – Saggi sulla Cassazione Civile*. Bologna: Il Mulino, 1991, pp. 89/90. Como observa igualmente André Tunc (1917 – 1999), *"le litige dont une cour suprême est saisie n´est pour ele que l´occasion de remplir sa mission principale. Elle statue dans l´intérêt du droit – donc de tous les citoyens – plus que dans celui des plaideurs. (...). La*

dessa perspectiva, a *corte é uma corte de interpretação do direito, não uma corte de controle de decisões judiciais.*

A *nomofilaquia* do recurso interposto para a corte de interpretação consubstancia-se, assim, na *consecução da unidade do direito* mediante sua *adequada interpretação*. Essa unidade realiza-se, de um lado, com a *orientação da sociedade civil* a respeito do significado do direito em determinado caso e *efetiva vinculação de todo o Poder Judiciário* ao sentido outorgado ao direito pela corte a partir de determinada causa e, de outro, pelo *adequado desenvolvimento* do direito diante das novas necessidades sociais. Em ambos os casos, a consecução da unidade do direito *depende da atividade interpretativa* realizada pela corte: seja ao *definir, observar* e *fazer observar* a *"interpretazione-prodotto"*, seja ao *empreender, observar* e *fazer observar* as normas que regem a *"interpretazione-attività"*, essa vela pela sua unidade, na medida em que sem a última palavra a respeito do significado do direito não há como orientar e vincular condutas e sem *adequada atividade* para sua obtenção não há como viabilizar uma *justa interpretação* seja para *definir o seu significado*, seja para *desenvolvê-lo apropriadamente.*

Daí que interpretar adequadamente o direito *não é um evento acidental* na vida da corte. Pelo contrário: *interpretar adequadamente o direito é a razão pela qual a corte existe*, na medida em que sem a sua interpretação não há como viabilizar-se a unidade do direito. Nesse modelo, a interpretação judicial da corte não é subserviente ao controle da legalidade da decisão recorrida. Sendo a função da corte de interpretação a outorga de unidade ao Direito, a sua adequada interpretação é *ponto de chegada*, sendo a decisão recorrida em que se consubstancia o caso concreto apenas seu *ponto de partida*. É por essa razão que a *corte de interpretação* é uma verdadeira *corte de precedentes*, sendo o precedente judicial ao mesmo tempo *encarnação da adequada interpretação do direito* e *meio para obtenção da sua unidade* (arts. 926 e 927, CPC).

Consequentemente, *tendo a interpretação da corte valor em si mesma*, sendo o móvel que legítima sua existência e outorga sua função, eventual dissenso na sua observância *pelos seus próprios membros* ou *por outros órgãos jurisdicionais* é encarado como um *fato grave*, como um *desrespeito* e um *ato de rebeldia* diante da sua *autoridade*, que deve

---

cour suprême doit avant tout guider les autres juridictions, presider à l'élaboration du droit judiciaire. Elle a, pourrait-on dire, une function pastorale" (*"La Cour Suprême Idéale"*. In: Bellet, Pierre; Tunc, André (coords.), *La Cour Judiciaire Suprême – Une Enquête Comparative*. Paris: Economica, 1978, p. 437).

ser *evitado* e, em sendo o caso, *prontamente eliminado* pelo sistema jurídico e pela sua própria atuação.

Como esse modelo de corte pressupõe uma teoria da interpretação jurídica que reconhece a equivocidade potencial de todos os enunciados jurídicos, a *negativa de adoção de suas razões* para *solução de casos idênticos ou similares* constitui *negação não só da sua autoridade* como corte encarregada de dar a última palavra a respeito da adequada interpretação do direito, mas acima de tudo *negação da própria ideia de ordem jurídica* – entendida como *ordem vinculante*. A rejeição – ou ignorância – das razões invocadas pela corte de interpretação no seu processo interpretativo para decisão de determinada questão idêntica ou similar *constitui violação da ordem jurídica que a corte tem por missão tutelar*, haja vista que, nesse contexto teórico, a norma jurídica não é outra coisa senão o resultado da sua interpretação. Em semelhante modelo, portanto, a regra do *stare decisis* é imprescindível para o adequado funcionamento do direito e de todo o sistema encarregado de distribuir justiça. Reconhecer *força vinculante* ao precedente nesse contexto *não é uma decorrência de uma norma de direito positivo*, mas uma *consequência direta do reconhecimento do caráter argumentativo da interpretação jurídica*[54]. Dito claramente: a regra do *stare decisis* é inerente ao modelo jurídico pressuposto por uma corte de interpretação.

A nomofilaquia do recurso interposto para uma corte de interpretação não está no exercício de um controle casuístico das decisões recorridas. Essa consiste na definição da adequada interpretação do direito. Desse modo, o recurso à corte *não tem nenhuma razão para ser encarado como um direito subjetivo da parte*. Com a compreensão da função de nomofilaquia da corte como uma função interpretativa, surge a possibilidade de submeter o recurso à corte a *filtros recursais*, bem como permitir o julgamento em um *quadro mais amplo de razões recursais* que viabilizem uma *compreensão plural do caso* e a formulação de uma adequada interpretação das normas aí envolvidas.

Isso quer dizer que, a partir da compreensão da nomofilaquia da corte como uma *nomofilaquia interpretativa*, o recurso passa a ser viabilizado no interesse do *jus constitutionis*, isto é, no interesse da unidade do direito[55] – e não para tutela do *jus litigatoris* – sendo então apropria-

54 Neil MacCormick, *Rhetoric and the Rule of Law*. Oxford: Oxford University Press, 2005, p. 91.

55 Michele Taruffo, *"La Corte di Cassazione e la Legge"* (1990), *Il Vertice Ambiguo – Saggi sulla Cassazione Civile*. Bologna: Il Mulino, 1991, p. 67.

do cogitar da imposição de *condições especiais* para admissão do recurso à corte[56]. A matéria que a corte deve examinar é *selecionada* não a partir de uma rígida separação entre questões de fato e questões de direito, impraticável em um contexto teórico que pressupõe a recíproca implicação entre fato e direito na constituição do caso, mas sim a partir de um *critério teleológico*, que leve em consideração a *função* que a corte desempenha na ordem jurídica[57].

Como a corte tem por função dar unidade ao direito mediante sua adequada interpretação, respondendo o recurso mais ao *jus constitutionis* que ao *jus litigatoris*, resulta daí a existência de um *acentuado autocontrole da corte* a respeito da sua própria atuação. Tendo em conta que o caso concreto levado pela parte é apenas um meio para que a corte desempenhe sua função interpretativa[58], não estando sua atuação teleologicamente a ele condicionada, pode a corte aproveitar o caso narrado pela parte para a partir dele dar unidade ao direito, *ainda que para tanto tenha de se pronunciar sobre questões que pertencem à matéria que envolve o caso, mas que não foram efetivamente impugnadas pela parte* (art. 1.038, § 3º, CPC). Na mesma linha, *eventual desistência do recurso interposto não veda que a corte se pronuncie* sobre a questão jurídica por ele aportada ao seu conhecimento (art. 998, parágrafo único, CPC). A corte de interpretação, por assim dizer, *autogoverna-se*.

Parece-me que essas observações são suficientes para se perceber, de um lado, o acerto inicial das lições de nosso homenageado no sentido de desvincular o recurso extraordinário da correta soluções de casos e situá-lo no âmbito da tutela do direito objetivo. Esse passo fundamental – dado ao seu tempo por Calamandrei na Itália e acompanhado por

---

56 Michele Taruffo, *"Le Funzioni delle Corti Supreme. Cenni Generali", Annuario di Diritto Comparato e Studi Legislativi*. Napoli: Edzioni Scientifiche Italiane, 2011, p. 18/22; Elisabetta Silvestri, *"Corti Supreme Europee: Acesso, Filtri e Selezione", Le Corti Supreme*. Milano: Giuffrè, 2001, p. 113; André Tunc, *"La Cour Suprême Idéale"*. In: Bellet, Pierre; Tunc, André (coords.), *La Cour Judiciaire Suprême – Une Enquête Comparative*. Paris: Economica, 1978, pp. 440/447.

57 Mauro Bove, *Il Sindacato della Corte di Cassazione – Contenuto e Limiti*. Milano: Giuffrè, 1993, pp. 25/63, Remo Caponi, *"La Decisione della Causa nel Merito da Parte della Corte di Cassazione Italiana e del* Bundesgerichtshof *Tedesco", Diritto e Giurisprudenza*. Napoli: Jovene Editore, 1996, pp. 236/307, Michele Comastri, *Giudizio di Cassazione e Poteri Officiosi in Ordine alle Questioni di Merito*. Torino: Giappichelli, 2012, pp. 121/132.

58 Vittoria Barsotti, *L'Arte di Tacere – Strumenti e Tecniche di non Decisione della Corte Suprema degli Stati Uniti*. Torino: Giappichelli, 1999, p. 292.

Sérgio no Brasil – é que possibilitou o desenvolvimento posterior do tema, deslocando a função do recurso extraordinário da proteção do direito objetivo para a promoção da unidade do direito.

Considerações Finais

A roda da história não para. Vendo apenas ideias e livros atrás de nós, é importante tomar o tempo também como motivo para homenagear aqueles que, vindo antes, apontaram o caminho. Por essa razão, é uma alegria poder participar dessa homenagem ao Advogado e Professor Sérgio Bermudes. Mozart não tinha *Playback*.

Referências bibliográficas

AFONSO DA SILVA, José. Do Recurso Extraordinário no Direito Processual Brasileiro. São Paulo: Revista dos Tribunais, 1963.

ARRUDA ALVIM, José Manoel. A Arguição de Relevância no Recurso Extraordinário. São Paulo: Revista dos Tribunais, 1988.

BAKER, J. H. *An Introduction to English Legal History* (1971), 4ª ed. Oxford: Oxford University Press, 2002.

BARBOSA MOREIRA, José Carlos. Comentários ao Código de Processo Civil (1974), 15ª ed. Rio de Janeiro: Forense, 2009, vol. V.

BARSOTTI, Vittoria. *L'Arte di Tacere – Strumenti e Tecniche di non Decisione della Corte Suprema degli Stati Uniti.* Torino: Giappichelli, 1999.

BERMUDES, Sérgio. Comentários ao Código de Processo Civil (1974), 2ª ed. São Paulo: Revista dos Tribunais, 1977, vol. VII.

BOVE, Mauro. *Il Sindacato della Corte di Cassazione – Contenuto e Limiti.* Milano: Giuffrè, 1993.

CALAMANDREI, Piero. *La Cassazione Civile – Disegno Generale dell'Istituto* (1920). In: CAPPELLETTI, Mauro (org.), *Opere Giuridiche.* Napoli: Morano Editore, 1976, vol. VII.

CAPONI, Remo. *"La Decisione della Causa nel Merito da Parte della Corte di Cassazione Italiana e del* Bundesgerichtshof *Tedesco", Diritto e Giurisprudenza.* Napoli: Jovene Editore, 1996.

COMASTRI, Michele. *Giudizio di Cassazione e Poteri Officiosi in Ordine alle Questioni di Merito.* Torino: Giappichelli, 2012.

DANTAS, Bruno. Repercussão Geral. São Paulo: Revista dos Tribunais, 2008.

FAZZALARI, Elio. *Il Giudizio Civile di Cassazione*. Milano: Giuffrè, 1960.

GIANNINI, Leandro. *El Certiorari*. La Plata: LEP, 2016, tomo II.

GORLA, Gino. "*La Giurisprudenza*" (1970), *Diritto Comparato e Diritto Comune Europeo*. Milano: Giuffrè, 1981.

HITTERS, Juan Carlos. *Técnica de los Recursos Extraordinarios y de la Casación* (1984), 2ª ed. La Plata: LEP, 1998.

JOLOWICZ, H. A. *The Role of the Supreme Court at the National and International Level"*. In: YESSIOU-FALTSI, Pelayia (coord.), *The Role of the Supreme Courts at the National and International Level – Reports for the Thessaloniki International Colloquium*. Thessaloniki: Sakkoulas Publications, 1998.

LOBO DA COSTA, Moacyr. A Revogação da Sentença. São Paulo: Ícone, 1995.

MACCORMICK, Neil. *Rhetoric and the Rule of Law*. Oxford: Oxford University Press, 2005.

MARINONI, Luiz Guilherme. Precedentes Obrigatórios (2010), 5ª ed. São Paulo: Revista dos Tribunais, 2017.

MARINONI, Luiz Guilherme; MITIDIERO, Daniel. Repercussão Geral no Recurso Extraordinário (2007), 3ª ed. São Paulo: Revista dos Tribunais, 2012.

____. ____. Ação Rescisória – Do Juízo Rescindente ao Juízo Rescisório. São Paulo: Revista dos Tribunais, 2017.

MEDINA, José Miguel Garcia. Prequestionamento, Repercussão Geral da Questão Constitucional e Relevância da Questão Federal (1999), 7ª ed. São Paulo: Revista dos Tribunais, 2017.

MERÊA, Paulo. "Bosquejo Histórico do Recurso de Revista", Separata nº 7 do Boletim do Ministério da Justiça. Lisboa, 1948.

MITIDIERO, Daniel. Cortes Superiores e Cortes Supremas – do Controle à Interpretação, da Jurisprudência ao Precedente (2013), 3ª ed. São Paulo: Revista dos Tribunais, 2017.

____. Precedentes – da Persuasão à Vinculação (2016), 4ª ed. São Paulo: Revista dos Tribunais, 2021.

MORELLO, Augusto. *El Recurso Extraordinario*. Buenos Aires: LEP – Abeledo – Perrot, 1987.

NEVES, Antonio Castanheira. O Instituto dos "Assentos" e a Função Jurídica dos Supremos Tribunais. Coimbra: Coimbra Editora, 1983.

OLIVEIRA, Pedro Miranda de. Recurso Extraordinário e Requisito da Repercussão Geral. São Paulo: Revista dos Tribunais, 2013.

OTEIZA, Eduardo. *La Corte Suprema*. La Plata: LEP, 1994.

PALACIO, Lino Enrique. *Manual de Derecho Procesal Civil* (1965), 14ª ed. Buenos Aires: LexisNexis, 2004.

PERRY JR., H. W. *"Writ of Certiorari"*. In: HALL, Kermit (coord.), *The Oxford Companion to the Supreme Court of the United States* (1992), 2ª ed. Oxford: Oxford University Press, 2005.

PIMENTA BUENO, José Antonio. Direito Público Brasileiro e Análise da Constituição do Império (1857). Brasília, 1978.

REHNQUIST, William. *The Supreme Court* (1987), 2ª ed. New York: Vintage Books, 2001.

SCHWARTZ, Bernard. *A History of the Supreme Court*. Oxford: Oxford University Press, 1993.

SILVESTRI, Elisabetta. *"Corti Supreme Europee: Acesso, Filtri e Selezione", Le Corti Supreme*. Milano: Giuffrè, 2001.

TARUFFO, Michele. *"La Corte di Cassazione e la Legge"* (1990), *Il Vertice Ambiguo – Saggi sulla Cassazione Civile*. Bologna: Il Mulino, 1991.

____ . *"Le Funzioni delle Corti Supreme. Cenni Generali", Annuario di Diritto Comparato e di Studi Legislativi*. Napoli: Edizioni Scientifiche Italiane, 2011.

____. "As Funções das Cortes Supremas. Aspectos Gerais", Processo Civil Comparado – Ensaios, apresentação, organização e tradução de Daniel Mitidiero. São Paulo: Marcial Pons, 2013.

____. *"Il Controllo del Diritto e del Fatto in Cassazione"* (1991), *Il Vertice Ambiguo – Saggi sulla Cassazione Civile*. Bologna: Il Mulino, 1991.

____. *"Funzioni e Problemi Attuali della Corte di Cassazione"* (1991), *Il Vertice Ambiguo – Saggi sulla Cassazione Civile*. Bologna: Il Mulino, 1991.

____ . *Precedente e Giurisprudenza", Rivista Trimestrale di Diritto e Procedura Civile*. Milano: Giuffrè, 2007.

TUNC, André. *"La Cour Suprême Idéale"*. In: BELLET, Pierre; TUNC, André (coords.), *La Cour Judiciaire Suprême – Une Enquête Comparative*. Paris: Economica, 1978.

WIECEK, William M. *"Writ of Error"*. In: HALL, Kermit (1944 - 2006, coord.), *The Oxford Companion to the Supreme Court of the United States* (1992), 2ª ed. Oxford: Oxford University Press, 2005.

ZANETI JR., Hermes. A Constitucionalização do Processo (2007), 3ª ed. São Paulo: Revista dos Tribunais, 2021.

____ . O Valor Vinculante dos Precedentes (2015), 3ª ed. Salvador: JusPodium, 2017.

ZAVASCKI, Teori. Eficácia das Sentenças na Jurisdição Constitucional (2001), 3ª ed. São Paulo: Revista dos Tribunais, 2014.

INTRODUÇÃO AO PROCESSO CIVIL AMERICANO PARA CLIENTES ESTRANGEIROS

Donald Francis Donovan & Guilherme Recena Costa

Um cliente surpreendido é um cliente insatisfeito, e o sistema jurídico dos Estados Unidos pode ser repleto de surpresas para o cliente estrangeiro. É portanto essencial apresentar ao cliente, de início, um resumo do sistema processual estadunidense, não apenas para minimizar surpresas desagradáveis no futuro, como também para otimizar a cooperação do cliente em aspectos críticos de um processo. Por exemplo, um cliente acostumado com o sistema brasileiro, no qual os únicos documentos rotineiramente exibidos são aqueles juntados aos autos para apoiar as alegações da própria parte, não compreenderá facilmente o esforço exigido por um requerimento de exibição de documentos nos moldes americanos. Assim, o advogado americano que comunicar tal requerimento ao cliente estrangeiro sem uma orientação prévia vai provavelmente receber uma resposta tímida, que o levará a ter de reler apressadamente as regras sobre sanções aplicáveis ao descumprimento de ordens de *discovery*.

Mas qual deve ser a extensão dessa conversa educativa com o cliente? Além da questão fundamental de saber se o cliente estrangeiro está sujeito ou poderá valer-se da jurisdição das cortes nos Estados Unidos, nossa experiência demonstra que seis características do processo civil americano requerem, em especial, esse exercício de "tradução": (1) a prática de amplo *discovery* de documentos; (2) a prevalência dos julgamentos por júri; (3) a ausência, na prática, da condenação da parte sucumbente em honorários, exceto em circunstâncias muito limitadas; (4) a predominância do acordo como forma de resolução de disputas; (5) a disponibilidade de ações coletivas; e (6) a forte política pública dos Estados Unidos no sentido de fazer cumprir convenções de arbitragem e sentenças arbitrais.

Na discussão prática que segue, que nos parece apropriada para homenagear a Sergio Bermudes, uma das grandes lideranças da história da advocacia contenciosa no Brasil, cada uma dessas características será abordada.

Jurisdição e competência em razão da pessoa (*personal jurisdiction*)

Partes estrangeiras podem valer-se das cortes americanas e demandar contra qualquer outra parte devidamente sujeita à sua jurisdição/competência. Ao fazê-lo, no entanto, o demandante estrangeiro também fica sujeito à jurisdição/competência das cortes dos Estados Unidos para decidir qualquer demanda reconvencional que o demandado possa iniciar.

Ao passo que o demandante, pelo simples ato de distribuir uma demanda, já anui à jurisdição/competência das cortes americanas, o demandado só ficará sujeito a estas em situações específicas. Uma questão preliminar fundamental para muitos clientes estrangeiros é, portanto, saber qual a extensão de sua potencial exposição à jurisdição/competência das cortes americanas. A doutrina da jurisdição/competência em razão da pessoa (*personal jurisdiction*) – baseada na cláusula do devido processo contida na Constituição americana – define se uma corte pode emitir uma decisão válida e exequível com relação aos direitos das partes.

As cortes americanas reconhecem duas categorias de jurisdição/competência em razão da pessoa: geral e específica. Uma corte que tem jurisdição/competência geral – ou para qualquer propósito (*all-purpose*) – sobre o demandado está autorizada a decidir quaisquer demandas contra ele, independentemente de onde os fatos constitutivos da demanda ocorreram. Para pessoas naturais, o lugar de domicílio é o foro por excelência de jurisdição/competência geral. Para pessoas jurídicas, um local equivalente no qual se possa considerar a entidade como estando "em casa" (*at home*), tal como o seu local de registro ou o seu principal local de negócios, fornece a base para a jurisdição/competência geral. Em contraste, para que uma corte exerça jurisdição/competência específica – ligada ao caso concreto (*case-linked*) – deve haver um elo entre a controvérsia subjacente e o foro. O demandado precisa ter atividades relevantes no estado federativo em questão e a demanda deve estar relacionada com essa atividade local.

Recentes decisões paradigmáticas da Suprema Corte americana têm rejeitado uma visão mais expansiva da jurisdição/competência em razão da pessoa e esclarecido a extensão da autoridade das cortes estadunidenses sobre demandados estrangeiros. Em 2014, na decisão *Daimler AG v. Bauman*, 571 U.S. 117 (2014), a Suprema Corte decidiu que os contatos com a Califórnia de uma subsidiária Daimler constituída em Delaware, cujo principal lugar de negócios era New Jersey, eram insuficientes para conferir jurisdição/competência geral às cortes da Califórnia com respeito a demandas relativas a fatos que ocorreram no estrangeiro. Na decisão *Bristol-Myers Squibb Co. v. Superior Court*, 137 S. Ct. 1773 (2017), a Suprema Corte esclareceu que as atividades comerciais de uma empresa, ainda que extensivas, não sujeitam a companhia à jurisdição/competência específica das cortes do estado em que tais atividades ocorreram a menos que estas estejam ligadas ao objeto do processo. Tais decisões limitam a possibilidade de que um cliente estrangeiro se sujeite à jurisdição/competência das cortes estadunidenses simplesmente por manter uma filial ou subsidiária, ou por empenhar-se de outra forma em atividades não relacionadas à demanda, nos Estados Unidos.

A jurisdição/competência específica em razão da pessoa pode, no entanto, sujeitar partes estrangeiras ao judiciário estadunidense se a conduta da parte estrangeira no foro relevante estiver relacionada ou der causa à demanda. Por exemplo, demandantes já obtiveram sucesso em estabelecer jurisdição/competência específica sobre bancos estrangeiros em situações em que o banco possui uma filial em um estado americano, por meio da qual se realizou a operação impugnada no processo.

Ainda que uma corte americana tenha jurisdição/competência específica sobre ele, um demandado estrangeiro pode em certas circunstâncias postular a extinção, transferência ou remessa do processo a outro juízo. De acordo com a doutrina *forum non conveniens*, o juízo tem discricionariedade para extinguir uma demanda se houver outro foro mais apropriado para o seu trâmite e julgamento e se o prosseguimento do processo perante a corte escolhida for abusivo (*oppressive* ou *vexatious*) ou de outra forma significativamente oneroso para o demandado. Demandados estrangeiros podem postular a extinção do processo com base na doutrina *forum non conveniens* mesmo antes da corte decidir sobre a sua jurisdição/competência. Ademais, demandados estrangeiros podem valer-se de regras processuais que permitem transferir o processo para outro foro ou remeter os autos de um juízo estadual para um juízo federal.

Amplo *discovery*

Os principais sistemas jurídicos do mundo geralmente dão oportunidades às partes de obter e analisar documentos e informações em posse de partes adversárias. Os Estados Unidos, no entanto, destacam-se de maneira singular pela amplitude e extensão dos documentos e informações a que os litigantes têm acesso. Enquanto em muitos sistemas jurídicos a produção de documentos fica limitada às provas submetidas nos autos, o processo estadunidense permite ao advogado requerer e analisar todos os documentos e informações em posse da parte adversária que sejam em alguma medida relevantes. Este processo, denominado *discovery*, geralmente leva meses ou anos e deve encerrar-se antes de que a corte avalie os fatos controvertidos da causa. A maioria dos litigantes estrangeiros impressiona-se com os custos, demora e potencial "invasão" associados com o procedimento de *discovery.*

Assim que se tornam cientes da distribuição da demanda, demandados em processos nos Estados Unidos têm a obrigação de preservar todos os documentos relevantes ao caso. Essa obrigação pode surgir até mesmo antes do ajuizamento da demanda se o demandado puder razoavelmente antecipar o início de um processo. Para cumprir com essa obrigação, o demandado deve enviar uma notificação por escrito a funcionários que possam ter documentos relevantes, orientando-os a preservá-los na íntegra até segunda ordem, ainda que outras políticas da empresa exijam o descarte periódico desses documentos. Empresas devem assegurar que políticas de tecnologia da informação que impactem a preservação de informações (tais como a deleção automática de mensagens de e-mail após um certo número de dias) sejam suspensas até que a empresa seja capaz de preservar essas mensagens mais antigas. É aconselhável relembrar os funcionários dessas obrigações de preservação de documentos durante a pendência do caso, bem como tomar outros passos para assegurar o seu cumprimento. A obrigação de preservação, que persiste até que o caso se encerre, pode ter de ser ajustada à medida que o caso prossiga e determinados temas tornem-se ou deixem de ser relevantes.

O amplo escopo do *discovery* é, em alguma medida, limitado por princípios de sigilo (*privilege*) que, se aplicáveis, podem eximir o dever de revelação quanto a certas informações. Embora os contornos exatos do *privilege* variem de estado para estado, comunicações entre advogado e cliente (*attorney-client communications*) e documentos de trabalho relacionados ao litígio (*attorney work product*) são tipicamente sigilosos. Essa é uma área crítica para coordenação e colaboração próximas entre o cliente estrangeiro e seu advogado americano, para assegurar que clientes não familiarizados com a abordagem americana saibam as regras do jogo e preservem, na medida do possível, o sigilo de tais documentos.

Os principais mecanismos do *discovery* estadunidense são a solicitação de documentos, a tomada de depoimentos e as respostas a interrogatórios.

Solicitação de Documentos (*Document Requests*)

As regras processuais americanas permitem às partes solicitar que seus adversários oportunizem para inspeção e cópia uma ampla gama de documentos. Não há, em geral, uma exigência de que a parte solicitante especifique documentos identificados de modo individual, e as cortes tendem a interpretar de maneira ampla quais documentos são relevantes ao litígio. Supondo que esteja sujeita à jurisdição/competência da corte americana, a obrigação pessoal da parte de produzir documentos estende-se até mesmo a documentos fisicamente depositados ou mantidos em servidores fora dos Estados Unidos.

De acordo com o processo estadunidense, as partes podem requerer que seus adversários produzam categorias inteiras de documentos, ao invés de documentos específicos. Por exemplo, em um processo movido por um acionista minoritário que acusa a sociedade de fraude financeira, o demandante pode ter direito a analisar quase todos os documentos corporativos que tenham qualquer relação com as finanças da empresa, ou ao menos aqueles relacionados às finanças da unidade ou divisão relevante. Esse material pode incluir as demonstrações financeiras internas, bem como documentos de apoio, planos de negócios e outras projeções, correspondências, incluindo mensagens internas de e-mail, minutas de reuniões do conselho fiscal e outros documentos similares. Em litígios de grande importância, as partes comumente trocam ou disponibilizam dezenas ou centenas de milhares de páginas de documentos durante esse procedimento. O esforço exigido para localizar e produzir tamanha documentação necessariamente envolve grandes custos, bem como um empenho pessoal expressivo, que pode distrair a atenção dos funcionários das partes litigantes de seus outros deveres profissionais. No entanto, apenas uma pequena fração dos documentos produzidos em *discovery* são, via de regra, submetidos como provas em um processo.

Partes em um processo estadunidense podem requerer documentos eletrônicos mantidos pelo adversário, incluindo e-mails, documentos do Microsoft Office e informações disponíveis em bancos de dados corporativos. Mesmo quando os documentos são armazenados de maneira separada (por exemplo, em fitas de backup), os litigantes podem ter de recuperar tais dados para que possam ser objeto de investigação. Como regra geral, todo o custo do *discovery* eletrônico deve ser arcado pela parte que exibe a documentação. As cortes americanas, no entanto, não são refratárias a inverter ao menos uma parte de tais custos, em desfavor da parte requerente, particularmente quando os documentos requeridos forem de relevância meramente tangencial e os custos de sua apresentação forem altos. As cortes podem, por vezes, adotar também um meio-termo, tal como permitir que os litigantes pesquisem por documentos relevantes em um número pequeno e quiçá aleatório de arquivos, avaliando os resultados dessa pesquisa focada antes de ordenar uma pesquisa mais ampla. Empresas estrangeiras com grande quantidade de documentos eletrônicos potencialmente relevantes devem assegurar-se de que seu advogado estadunidense esteja bem versado em procedimentos de *discovery* eletrônico e suas melhores práticas, que estão em constante evolução, a fim de minimizar os custos do processo.

Depoimentos (Depositions)

Em um depoimento, um advogado toma o relato de uma testemunha antes da audiência e fora da presença de qualquer juiz ou júri. Na prática, são os advogados, não o juiz, que decidem quais testemunhas prestarão tais depoimentos, exercendo o poder de compelir a testemunha a comparecer à sessão de depoimento e responder, sob pena de perjúrio, às suas perguntas. Um advogado normalmente assessora a testemunha durante o depoimento e pode fazer objeções à linha de questionamento do advogado da outra parte. Um estenógrafo profissional, não vinculado a qualquer das partes, acompanha o depoimento e registra as questões e respostas em uma transcrição *verbatim*. Em algumas ocasiões, uma gravação de vídeo ou áudio pode ser usada, também, a fim de capturar o comportamento do depoente. O vídeo, sob algumas circunstâncias, pode ser exibido para o júri durante o julgamento.

Sessões de depoimento frequentemente ocorrem em uma sala de reuniões de um escritório de advocacia, na sede de uma das partes litigantes ou em uma sala de conferências de um hotel. Depoimentos tipicamente duram ao menos algumas horas e aqueles prestados por testemunhas mais importantes para o caso podem levar vários dias (embora as regras aplicáveis em algumas cortes limitem a duração dos depoimentos, na ausência de acordo entre as partes ou determinação judicial, a sete horas).

Em um caso complexo, as partes podem tomar dezenas de depoimentos. Esse processo frequentemente requer que uma empresa disponibilize temporariamente um grande número de seus executivos e gerentes para que passem horas ou dias em preparação para prestar o depoimento e, então, várias horas adicionais – em um ambiente tenso e, na maior parte das vezes, hostil – respondendo às perguntas elaboradas e feitas por um advogado da parte adversária. Para muitos clientes de outros sistemas jurídicos, esse processo envolve um nível de invasão, inclusive sobre a esfera privada dos indivíduos envolvidos, nunca antes vivenciada.

Interrogatórios (*Interrogatories*)

O processo estadunidense também permite a uma parte intimar sua contraparte com perguntas feitas por escrito, chamadas de interrogatórios. Essas perguntas devem ser respondidas, também por escrito, sob pena de perjúrio. Uma parte litigante pode, além disso, enviar perguntas na forma de requerimentos de confissão (*requests for admissions*), exigindo que a parte adversária admita ou negue determinadas alegações por escrito, ou, ainda, postular a inspeção de coisas ou pessoas.

Discovery em apoio a procedimentos no estrangeiro e arbitragens internacionais

Em algumas circunstâncias, pessoas envolvidas em processos fora dos Estados Unidos podem tentar valer-se de algumas ferramentas da *discovery* estadunidense para colher provas para uso em tais processos. Uma lei federal, 28 U.S.C. § 1782, confere autoridade às cortes federais distritais dos Estados Unidos para ordenar pessoas naturais ou jurídicas sujeitas à sua jurisdição/competência a produzir documentos e prestar testemunhos ou declarações para uso em um processo perante um "tribunal estrangeiro ou internacional" (*foreign or international tribunal*).

Embora utilizados esparsamente no passado, requerimentos baseados na Seção 1782 tornaram-se frequentes nas últimas décadas. Tais requerimentos figuraram proeminentemente, por exemplo, no caso altamente conflituoso entre Chevron, a República do Equador e certas comunidades indígenas envolvendo alegações de danos ambientais na Amazônia. Provas obtidas por meio de tais requerimentos (acerca da conduta dos advogados atuando em favor das comunidades indígenas e de um ex-membro da Suprema Corte do Equador) foram utilizadas com sucesso para fundamentar uma demanda movida pela Chevron, contra o Equador, com base em um tratado bilateral de investimento. Essa e muitas outras disputas colocaram em evidência que a Seção 1782 pode ser uma arma tática eficaz no arsenal que está disponível a litigantes internacionais.

Para decidir se devem conceder pedidos baseados na Seção 1782, e também ao formular o escopo de tais decisões, as cortes distritais consideram fatores como: (1) se o reclamado é parte em um processo estrangeiro; (2) se as provas requeridas podem de fato ser utilizadas no processo estrangeiro; (3) se o requerimento é uma tentativa de contornar restrições quanto à instrução probatória cabível no foro estrangeiro; e (4) o grau de invasão e o ônus impostos pelo requerimento de *discovery*.

Requerimentos com base na Seção 1782 podem ser amplos no seu escopo e alcance. O processo estrangeiro no qual se pretende que a prova seja utilizada não precisa estar em andamento ao tempo que o requerimento é realizado; é suficiente, via de regra, indicar a possibilidade razoável do ajuizamento do processo no futuro, permitindo-se, assim, um requerimento de natureza antecedente. Ademais, pessoas potencialmente sujeitas à *discovery* da Seção 1782 incluem tanto as partes no processo estrangeiro quanto terceiros. Desde que a corte distrital estadunidense tenha jurisdição/competência sobre a pessoa em questão, pode compeli-la a apresentar documentos e tomar depoimentos (embora algumas cortes tenham decidido que outros mecanismos da *discovery*, como os requerimentos de confissão e interrogatórios, não estão disponíveis com base na Seção 1782). Decisões recentes sugerem que ordens judiciais fundadas na Seção 1782 podem ter aplicação até mesmo extraterritorial, alcançando provas localizadas fora dos Estados Unidos.

O significado do que seja um "tribunal internacional ou estrangeiro" abarcado pela Seção 1782 é objeto de polêmica.

Com base em jurisprudência já assentada, a expressão alcança não apenas cortes propriamente judiciais, como também órgãos julgadores administrativos ou "quase" judiciais, como a Direção Geral de Concorrência da Comissão Europeia. Se a Seção 1782 é aplicável a arbitragens, em contraste, é uma questão que permanece em aberto, muito embora uma decisão a esse respeito pela Suprema Corte seja esperada em muito breve.

Com relação a arbitragens comerciais, diferentes cortes alcançaram conclusões opostas: enquanto o Segundo, Quinto, e Sétimo Circuitos já decidiram que a Seção 1782 a elas não se aplica, o Quarto e Sexto Circuitos têm permitido pedidos com base na Seção 1782 em tais circunstâncias. A Suprema Corte havia certificado um recurso (isto é, concedido-lhe *certiorari*) versando essa questão em 2021 (*Servotronics, Inc. v. Rolls-Royce plc et al.*). No caso *Servotronics*, o Departamento de Justiça americano (DOJ), na condição de *amicus curiae*, manifestou-se contrariamente à aplicação da Seção 1782 à arbitragem. Notadamente, a manifestação em sentido restritivo do DOJ abarcou não somente a arbitragem comercial, que era o objeto direto do recurso, mas também a arbitragem de investimento (isto é, com base em tratado internacional de investimento celebrado entre dois ou mais países soberanos) – com relação à qual, até então, as cortes federais vinham decidindo, de maneira uniforme, que a Seção 1782 era aplicável. Intensificaram-se, assim, as dúvidas sobre o escopo de aplicação da Seção 1782, mas, diante de um pedido de desistência do recurso, tais dúvidas remanesceram sem resposta.

Ao momento em que se finaliza esse texto, em maio de 2022, há dois outros recursos pendentes perante a Suprema Corte – *ZF Automotive US, Inc. v. Luxshare, Ltd.* e *AlixPartners, LLC v. Fund for Protection of Investors' Rights in Foreign States* – que tratam da aplicação da Seção 1782 à arbitragem comercial e à arbitragem de investimento, respectivamente. Tais recursos foram reunidos para julgamento conjunto e a Suprema Corte ouviu sustentações orais em março de 2022. Uma decisão – que finalmente poria fim a essa controvérsia – deve, assim, ser proferida nos próximos meses.

Seja como decidir a Suprema Corte, a Seção 1782 provavelmente continuará sendo um mecanismo de interesse para clientes estrangeiros, ao menos para aqueles envolvidos em processos judiciais.

Julgamento pelo júri em casos cíveis

Diferentemente de quase todos os outros países do mundo, os Estados Unidos adotam o júri também para processos cíveis. Isso significa que um júri composto por seis a doze pessoas, selecionadas dentre a população local, decidirá as questões fáticas controvertidas. Os jurados são leigos que tipicamente não possuem formação jurídica ou qualquer qualificação particular que lhes possa auxiliar a compreender a disputa que são convocados para resolver. O papel do juiz em um processo no júri fica limitado a resolver questões jurídicas, decidir quais provas podem ser consideradas pelo júri e fornecer instruções sobre o direito aplicável às deliberações dos jurados.

Um processo cível pode, no entanto, ser julgado por um juiz singular, ao invés do júri, se as partes renunciarem ao direito a um julgamento por júri por meio de instrumento contratual ou se não requererem tal julgamento em suas alegações escritas. Adicionalmente, o julgamento será normalmente conduzido perante apenas o juiz, sem júri, na medida em que uma parte esteja requerendo um remédio jurídico próprio da *equity*, tal como uma tutela de caráter "mandamental" (*injunction*).

A tomada de decisões por leigos necessariamente introduz uma medida considerável de incerteza no processo civil. Essa incerteza é ainda maior em processos complexos, com questões fáticas complicadas e conceitos técnicos ou econômicos sofisticados, que podem ser de mais difícil compreensão para um júri do que para um juiz ou árbitro.

De maneira geral, litigantes estrangeiros estão aptos a participar em processos judiciais nos Estados Unidos em igualdade de condições com as suas contrapartes domésticas. No entanto, o sistema do júri pode exacerbar o risco de vieses e antipatias com partes de fora da comunidade local, inclusive partes estrangeiras. Tal problema pode surgir, por exemplo, em uma comunidade na qual uma das partes é um importante empregador. É prudente para um litigante estrangeiro, portanto, tomar medidas a fim de evitar litigar disputas em um foro que possa dar uma vantagem ao adversário local.

Julgamentos por júri podem ser particularmente preocupantes para clientes estrangeiros quando há a possibilidade de sua condenação por danos punitivos (*punitive damages*). Em contraste com o direito de muitos outros países, danos punitivos são uma forma de tutela jurídica frequentemente prevista na legislação estadunidense, e podem embasar condenações pecuniárias muito expressivas.

O sistema do júri também pode acrescentar despesas e demora ao processo em virtude da incidência de um conjunto altamente técnico e complexo de regras probatórias que se desenvolveu nos Estados Unidos. As regras sobre a admissibilidade da prova têm a finalidade de proteger os jurados de informações que possam distorcer o seu julgamento ou direcionar sua atenção para provas pouco confiáveis ou irrelevantes para a questão jurídica em debate. É típico no processo estadunidense que as partes travem extensos debates acerca da admissibilidade de determinado testemunho oral ou prova documental – debates esses que podem tomar um tempo considerável durante o julgamento e que produzem, assim, outra fonte de custos e morosidade na solução do litígio.

Clientes estrangeiros podem, todavia, procurar mitigar o risco de julgamentos por júri e de indenizações exorbitantes consultando um advogado experiente para redigir cláusulas contratuais que excluam o julgamento por júri e a possibilidade de danos punitivos.

Ausência de condenação em honorários

O sistema jurídico dos Estados Unidos é também singular no sentido de que cada parte é, via de regra, responsável por arcar com os seus próprios custos com o litígio – na forma de custas e, mais significativamente, honorários de advogado. (Uma exceção é que as cortes têm ampla discricionariedade para inverter os custos da *discovery* eletrônica incorridos pela parte requerida, que exibe os documentos, em desfavor da parte requerente, em especial quando os documentos requisitados são de relevância tangencial ao caso e o custo de produzi-los é particularmente alto.) Geralmente, as partes precisam acordar a condenação em honorários advocatícios em favor da parte vencedora no contrato para que uma corte assim condene a parte vencida. Em algumas circunstâncias específicas e limitadas, a legislação prevê a condenação em honorários. Na ausência de estipulação contratual ou lei específica, a parte vencida não está obrigada a arcar com os honorários da parte vencedora.

Essa orientação contraria a prática comum a muitas outras jurisdições, segundo a qual os custos do processo, tais como honorários advocatícios, são rotineiramente reembolsados à parte vencedora pela parte vencida. A "regra americana" (*American* rule), como é conhecida, assume importância redobrada quando considerada em conjunto com outros aspectos do sistema jurídico dos Estados Unidos que tornam o processo estadunidense mais caro e laborioso que o processo em outros países.

O impacto estratégico da regra americana pode ser profundo. Uma parte que esteja considerando a possibilidade de um litígio nos Estados Unidos tem de ponderar não apenas se pode sofrer uma derrota, mas se pode arcar com os custos atrelados a uma vitória. A indisponibilidade da condenação em honorários significa que mesmo o demandante que obtém êxito jurídico pode sofrer, ao final, uma perda econômica se as suas despesas com o processo excederem a quantia principal a ser recebida do adversário.

Por outro lado, a ausência de condenação em honorários também remove um importante desincentivo ao ingresso de demandas com menor chance de êxito. Um demandante que cogite ingressar com uma demanda mais arriscada pode fazê-lo sem, na maioria dos casos, ter de preocupar-se com a possibilidade de arcar com os custos processuais da parte adversária.

Estratégia processual moldada por incentivos para realizar acordos

Uma consequência provocada pelo processo caro e laborioso, bem como pela incerteza do resultado do julgamento por júri, é que as partes possuem um forte incentivo para chegar a um acordo, ao invés de levar o caso a julgamento (*trial*). De fato, cerca de 95% dos litígios importantes são resolvidos por acordo ou de outro modo extintos antes de chegarem a julgamento. Consequentemente, a estratégia processual nos Estados Unidos é fortemente influenciada pelas diferentes fases do processo, cujos resultados podem determinar, em grande medida, a necessidade, a perspectiva e os termos de um eventual acordo.

Em primeiro lugar, há uma forte pressão para resolver as disputas o quanto antes, por meio de um pedido de extinção do processo antes da *discovery* (*prediscovery motion to dismiss*) ou de um pedido para julgamento antecipado (*motion for summary judgment*). Em segundo lugar, as partes agem de forma a deliberadamente maximizar as chances de um acordo favorável. Por fim, as partes vão se empenhar para conceber uma estratégia vitoriosa para o *trial* caso não consigam chegar a uma resolução prévia da disputa.

Pedidos de extinção do processo (motions to dismiss)

Um demandado que pretenda requerer a extinção do processo com o fundamento de que o demandante não alegou fatos suficientes para estabelecer uma causa de pedir viável deve fazê-lo logo no início do processo, frequentemente antes que tenha havido qualquer *discovery* entre as partes. Há orientações diversas, entre as diferentes cortes americanas, com relação à questão de saber se a *discovery* deve prosseguir enquanto está pendente um pedido de extinção do processo.

Tipicamente, uma corte pode acolher tal pedido apenas se, mesmo que provisoriamente admitidos como verdadeiros todos os fatos alegados pelo demandante, não ficar demonstrada a plausibilidade jurídica da demanda. Pode ser difícil alcançar esse *standard* em alguns tipos de litígio, mas a recompensa para aqueles que logram êxito é grande, particularmente naqueles casos em que o juiz deixa de ordenar *discovery* até que se decida o pedido de extinção do processo. Um pedido de extinção bem-sucedido põe fim ao processo. O demandado terá garantido a sua vitória sem a incerteza, despesa, demora e transtorno da *discovery* e do *trial*. Quando o demandado pode plausivelmente alegar que o demandante não veiculou uma demanda válida, o pedido de extinção do processo pode representar a melhor e, possivelmente, a última oportunidade de êxito antes que o demandado tenha de escolher entre realizar um acordo ou enfrentar o procedimento longo e caro de *discovery*.

Pedidos de julgamento antecipado (motions for summary judgment)

Pedidos de julgamento antecipado tendem a ocorrer após a conclusão da *discovery* e antes do *trial*, embora uma parte possa formular tal pedido a qualquer tempo, desde que consiga demonstrar que, com relação a um determinado pedido ou questão, os fatos relevantes se mostram incontroversos. O juízo pode acolher o pedido de julgamento antecipado apenas se determinar que não há uma questão fática relevante que seja genuinamente controvertida e que a parte requerente tem direito a um julgamento favorável. Para decidir tal pedido, o juízo supõe que todos os fatos controvertidos seriam resolvidos favoravelmente à parte requerida.

Esse *standard* não é aplicado de maneira uniforme nas diferentes jurisdições nos Estados Unidos (por exemplo, em diferentes estados membros da federação), mas, tal como o *standard* que rege o pedido de extinção do processo, pode ser de difícil atingimento. Porquanto a formulação e resposta a um pedido de julgamento antecipado exigem que as partes avaliem o mérito do caso à luz da *discovery* já encerrada, muitos litígios são objeto de acordo após o pedido de julgamento antecipado ter sido feito, mas antes que tenha sido decidido.

Julgamento (trial)

Consoante já observado, o *trial*, em litígios complexos, apresenta um desafio formidável para os advogados. Com frequência, eles têm de apresentar seus argumentos para jurados leigos que provavelmente carecem da experiência e conhecimento necessários para compreender e avaliar as operações comerciais e financeiras objeto da disputa. No sistema americano, normalmente, são as próprias partes que decidem quais provas serão submetidas para apreciação pelo júri. Essa escolha está sujeita, é claro, a regras probatórias que o juiz se encarrega de aplicar, mas o juiz usualmente não possui poderes para requerer ou exigir a apresentação de documentos ou de testemunhas que uma das partes não queira apresentar. São também os advogados das partes, e não o juiz, que se encarregam de interrogar e contra-interrogar (*cross-examine*) as testemunhas. Ademais, os advogados comumente apresentam alegações iniciais e finais.

Na maioria dos processos de natureza cível, a lei impõe o ônus da prova ao demandante, que deve convencer o júri com base em uma preponderância das provas (*a preponderance of the evidence*). Esse *standard* exige que o júri se convença de que a versão dos fatos narrada pelo demandante é mais provável do aquela defendida pela contraparte. Um litigante insatisfeito normalmente conta com um ou dois graus de recurso contra o julgamento.

A fixação da data do *trial*, mais do que qualquer outro marco processual, tende a focar a mente do cliente nos pontos fortes, nas fraquezas e no valor do litígio. Não surpreende, portanto, que muitos acordos sejam entabulados pouco antes do início ou até mesmo na véspera do *trial*. Depois que o julgamento é pronunciado, todavia, acordos que se distanciem significativamente da quantia estabelecida no próprio julgamento são raros – fator que oferece ainda mais um incentivo para que um acordo seja feito, se possível, previamente.

Ações coletivas

O sistema jurídico estadunidense é um dos poucos a permitir ações coletivas nas quais um demandante individual postula em nome de uma classe de indivíduos que não fazem parte do processo, mas que estão em uma situação material semelhante. Em tais situações, a lei confere grande poder aos demandantes e aumenta o risco do processo para os demandados. Uma empresa pode escolher, com certa tranquilidade e até mesmo por questão de princípio, defender-se e lutar até o fim contra uma demanda de pouca monta, veiculada por um único demandante. Entretanto, quando essa demanda faz parte de uma ação coletiva envolvendo milhares de outras pessoas, o montante total em jogo pode ameaçar a própria existência da empresa. Se não se puder colocar fim a tal ação coletiva por meio de um pedido de extinção do processo ou um pedido de julgamento antecipado da lide, os gestores têm de considerar seriamente se a empresa pode correr o risco de prosseguir até o *trial*. Essa dinâmica cria um incentivo ainda maior para uma resolução amigável da disputa.

As regras que legitimam uma parte como representante da classe variam, em alguma medida, de estado para estado. Mas, de acordo com as regras aplicáveis nos juízos federais e na maioria das cortes estaduais, os requisitos aplicáveis são basicamente aqueles enunciados a seguir. Em primeiro lugar, a classe proposta deve ser suficientemente numerosa em sua composição; o número exato de membros da classe, apto a satisfazer tal requerimento, dependerá necessariamente da natureza e das circunstâncias do caso, de modo que uma classe pode abarcar desde apenas algumas dezenas de pessoas até milhões de membros. Em segundo lugar, deve haver uma questão central, ligada à atribuição de responsabilidade ao demandado, que seja comum a todos os membros da classe; e a situação jurídica material do demandante que se apresenta como representante da classe deve configurar um exemplo típico dos interesses afetados por tal questão comum. Em terceiro lugar, quando o demandante busca uma reparação de natureza pecuniária para a classe (como a maioria o faz), a questão comum deve "predominar" sobre as especificidades individuais. Isso significa que a resolução da questão comum deve essencialmente encerrar a discussão central quanto à responsabilidade do demandado para com a classe, sem que se tornem necessários "mini-julgamentos" para resolver as situações individuais de cada membro da classe. Nessa linha, o juízo tem de concluir que a ação coletiva é – enquanto método justo e eficiente de resolver a disputa – "superior" à condução de processos individuais. Por fim, o representante da classe e seu patrono devem também ser "adequados," noção que encobre tanto a sua competência e capacidade para conduzir o caso quanto a ausência de defesas que sejam específicas ou pessoais ao representante.

As regras orientam as cortes a decidir se uma ação deve ser tratada de forma coletiva com a brevidade possível. O demandante tem o ônus de demonstrar que está apto a satisfazer todos os requisitos da regra de certificação da ação coletiva (*class-certification rule*), não podendo simplesmente fazer alegações sem respaldo em provas. Para isso, o demandante normalmente terá direito à realização de ampla *discovery* antes que o juízo decida sobre a "certificação" da causa.

Cumprimento de convenções de arbitragem e sentenças arbitrais estrangeiras

Os Estados Unidos encampam uma forte política pró-arbitragem, que se reflete no tratamento dado pelas cortes estadunidenses a convenções de arbitragem e sentenças arbitrais estrangeiras.

De acordo com a legislação federal americana, cláusulas compromissórias – domésticas e estrangeiras – são prontamente exequíveis. As cortes americanas frequentemente compelem partes recalcitrantes a participar em arbitragens internacionais com base em cláusulas compromissórias válidas. A política pró-arbitragem nos Estados Unidos é bem retratada na decisão recentemente proferida no caso *GE Energy Power Conversion France SAS v. Outokumpu Stainless USA, LLC*, 140 S. Ct. 1637 (2020). Nela, a Suprema Corte decidiu que a Convenção das

Nações Unidas sobre o Reconhecimento e a Execução de Sentenças Arbitrais Estrangeiras (Convenção de Nova Iorque) estabelece a obrigação de fazer cumprir uma cláusula compromissória quando atendidos certos requisitos mínimos, mas não impede os Estados Unidos de dar cumprimento a tais cláusulas, de forma mais ampla e permissiva, de acordo com a sua própria legislação interna. Na decisão, dado o silêncio da Convenção de Nova Iorque sobre esse assunto, a Corte concluiu que um não-signatário poderia fazer valer a cláusula compromissória contra um signatário com base em doutrinas jurídicas próprias do direito material de um estado federado.

Clientes estrangeiros também podem deparar-se com um processo perante um juízo estadunidense para fazer cumprir uma sentença arbitral ou, ainda, para tentar impugnar tal cumprimento. Os Estados Unidos, como muitos outros países, é signatário da Convenção de Nova Iorque e da Convenção sobre Resolução de Conflitos relativos a Investimentos entre Estados e Nacionais de outros Estados (Convenção ICSID). Isso significa que sentenças arbitrais estrangeiras, proferidas em disputas comerciais ou em disputas investidor-Estado, estão sujeitas ao procedimento de cumprimento de sentença de acordo com tais convenções, tal qual incorporadas pela legislação nacional. De acordo com a legislação federal que implementa a Convenção ICSID, as cortes americanas devem reconhecer e fazer cumprir qualquer sentença arbitral prolatada em disputas investidor-Estado, de acordo com a Convenção, como se se tratasse de uma sentença judicial trânsita em julgado. Para sentenças arbitrais proferidas sob a égide da Convenção de Nova Iorque, as cortes podem avaliar apenas se incide alguma das hipóteses restritas e taxativas de recusa à homologação.

Diante da estrutura federal dos Estados Unidos, uma parte pode escolher o foro mais vantajoso para a homologação e cumprimento de uma sentença arbitral estrangeira, levando em conta a orientação jurisprudencial de diferentes cortes com relação à interpretação das convenções internacionais mencionadas acima. Usualmente, o processo de cumprimento deve ser ajuizado em um foro no qual se possam encontrar bens do demandado. A cláusula de "fé pública" da Constituição americana (*full faith and credit clause*) significa que, uma vez que uma sentença arbitral tenha sido homologada por julgamento trânsito em julgado prolatado por qualquer corte estadunidense, a sentença tem de ser reconhecida como válida em qualquer outro juízo nos Estados Unidos. Dessa forma, uma parte pode escolher um foro inicial potencialmente mais vantajoso como "porta de entrada" e, então, converter a sentença arbitral em um título judicial que poderá fundamentar a execução contra bens localizados em qualquer outra parte dos Estados Unidos.

Conclusão

Chegada a hora em que o cliente estrangeiro se familiariza com a estrutura básica desse complexo sistema processual, ele possivelmente não estará particularmente entusiasmado com a hipótese de ter de litigar nos Estados Unidos. Mas tal cliente terá, ao menos, um entendimento melhor dos potenciais riscos e benefícios envolvidos, de modo que poderá tomar decisões estratégicas mais bem informadas e, assim, mais adequadas à luz de seus objetivos e prioridades.

NOVOS HORIZONTES PARA O SANEAMENTO NO PROCESSO CIVIL BRASILEIRO[1]

Fernanda Medina Pantoja

Debora Vieira

1. "As uvas da raiva": introdução

Além de um advogado prodigioso e aguerrido, cuja banca é uma verdadeira escola de advocacia contenciosa; e de um orador fascinante, de extraordinárias eloquência e cultura, Sérgio Bermudes também presenteou a literatura com obras que não se limitam a textos jurídicos. Em "Mozart não tinha Playback"[2] e "As Uvas da Raiva"[3], reuniu crônicas e contos inéditos ou publicados em colunas, que retratam as suas vivências a partir de um olhar atento e sensível. O autor homenageado, sem sombra de dúvidas, é uma inspiração para os processualistas de diversas gerações, seja pelas ideias de vanguarda desenvolvidas em seus estudos e postas à prova em sua atuação perante os tribunais, seja pelo estilo inconfundível, simples e genial, impresso em seus escritos.

Este artigo, escrito em homenagem a Sergio Bermudes, traz algumas reflexões sobre o saneamento no processo civil brasileiro, dialogando, de forma despretensiosa, com alguns textos não-jurídicos do autor.

Por saneamento entende-se a etapa procedimental destinada especificamente à atividade de organização, correção e preparação para o julgamento de mérito, que sucede os atos postulatórios e antecede a produção de provas, se não for o caso de extinção do processo ou de julgamento antecipado de mérito[4]. O tema é antigo na literatura processual, mas de renovada importância, diante da roupagem inédita que lhe

---

1 Parte das ideias sobre o saneamento desenvolvidas neste texto foram objeto da apresentação de uma das autoras, Fernanda Medina Pantoja, no II Congresso de Processo Civil da OAB Nacional, "O que (ainda) não deu certo após 5 anos do Código de Processo Civil", em 2021.

2 BERMUDES, Sergio. *Mozart não tinha Playback.* Rio de Janeiro: Gryphus, 2010.

3 BERMUDES, Sergio. *As uvas da raiva.* Rio de Janeiro: Nova Fronteira, 2002.

4 Conquanto essa atividade possa ser exercida a qualquer tempo, ao longo do processo, enquanto não se extinguir a relação processual. BERMUDES, Sergio. *Direito Processual Civil - Estudos e Pareceres.* São Paulo: Saraiva, 1983, pp. 26-27.

atribuiu o Código de Processo Civil de 2015 (CPC/2015), bem como de suas inegáveis implicações práticas.

O saneamento adequado previne o risco de que a prestação da tutela jurisdicional reste frustrada em razão do acolhimento de preliminares, garante um desenvolvimento processual sem tantos percalços incidentais, otimiza a produção probatória e assegura a concentração do julgamento de mérito. Concorre, assim, para a eficiência e a efetividade do processo, esta última reconhecidamente a "magna preocupação da processualística" neste milênio, como já profetizava Sergio Bermudes há três décadas[5].

Em uma de suas narrações prosaicas, Bermudes conta que Verinha, uma de suas personagens, questionou o significado de *"All the News That's Fit to Print"*, lema do *The New York Times*. O episódio levou Bermudes a refletir sobre as traduções: "A tradução requer seleção, especialmente no campo literário. Dentre os mil e um modos de exprimir numa língua, o que noutra se escreveu, o tradutor haverá de buscar significado, senão mais preciso, mais próximo do original"[6]. Não raro o título da obra já é um desafio para o tradutor, que pode comprometer todo o seu trabalho com um mero deslize: "Assim aconteceria, se, por exemplo, se tivesse posto, na tradução do livro *The Grapes of Wrath*, de John Steinbeck, em vez do primoroso 'As vinhas da ira', algo desastrado como 'As uvas da raiva", escreveu Bermudes[7].

É igualmente relevante o cuidado com a interpretação e a tradução de institutos processuais, ainda que haja equivalência entre as línguas, diante da necessidade de adequação das técnicas importadas à realidade e às necessidades do ordenamento que as recepciona.

O despacho saneador corresponde à versão brasileira de um instituto originariamente concebido no ordenamento português. Ao recepcionar a sistemática lusitana do "saneamento pelo despacho saneador"[8], o nosso primeiro Código de Processo Civil nacional, de 1939 (CPC/39), manteve o termo "despacho" – por mero apego à tradição, como

---

5 BERMUDES, Sergio. O processo civil no terceiro milênio. *Revista da EMERJ*. V. 2, nº 7, 1999, p. 93.

6 BERMUDES, Sergio. *As uvas da raiva*. Rio de Janeiro: Nova Fronteira, 2002, p. 192.

7 BERMUDES, Sergio. *As uvas da raiva*. Rio de Janeiro: Nova Fronteira, 2002, p. 194.

8 RODRIGUES, Marcelo Abelha. *Despacho pós-saneador no Brasil e em Portugal*. Londrina: Toth, 2021, p. 37.

Bermudes já ressaltou[9], eis que a sua natureza é inequivocamente decisória. A expressão, inclusive, identificava dois pronunciamentos distintos: os atos preparatórios para o despacho saneador e o despacho saneador em si[10], que encerra a fase procedimental destinada ao saneamento, declarando saneado o processo. Ao longo do tempo, como adiante se demonstra, o saneamento passou por consecutivas modificações no direito processual civil brasileiro, ganhando contornos próprios, muito embora ainda guarde significativas semelhanças com o modelo que o inspirou.

Neste ensaio, a partir da análise histórica do despacho saneador e do exame de suas feições contemporâneas, as autoras exploram as potencialidades dessa importante fase do procedimento, identificando também os gargalos que ainda limitam a realização de um saneamento eficiente.

2. "Música e letra": histórico

"Clássico é tudo o que se fixou no tempo, como exemplar da melhor qualidade", escreveu Bermudes, falando sobre música e letra. Rememorou uma sexta-feira de solenidade na Escola de Magistratura do Rio de Janeiro, com congratulações de alguns de seus professores. Após a entrega das medalhas e saudações, tocou *O Trenzinho Caipira*, de Villa-Lobos, de forma "simples e desataviada", como adjetivou[11], e como se segue a escrita.

O saneamento é um tema clássico porque se fixou no tempo, mas também por ser uma expressão do próprio nascimento da ciência do direito processual. Isso porque pressupõe a necessária autonomia da relação jurídico-processual que se estabelece com o exercício do direito de ação, como vislumbrou a teoria processualística moderna. O juiz não decide apenas sobre a existência do direito controvertido, como, ainda, sobre o preenchimento dos requisitos para a existência

9 BERMUDES, Sergio. *Direito Processual Civil – Estudos e Pareceres*. São Paulo: Saraiva, 1983, p. 27.

10 RODRIGUES, Marcelo Abelha. *Despacho pós-saneador no Brasil e em Portugal*. Londrina: Toth, 2021, p. 50.

11 BERMUDES, Sergio. *As uvas da raiva*. Rio de Janeiro: Nova Fronteira, 2002, p. 27.

do processo em si[12], partindo da crítica de Bülow[13] às exceções dilatórias, as quais "não passam de uma construção artificial e pertencem ao passado"[14].

O despacho saneador foi introduzido oficialmente no ordenamento processual português pelo Decreto de 29 de maio de 1907, sob a alcunha de "despacho regulador do processo"[15-16]. Com o intuito contínuo de separar as questões prévias da questão de mérito, o legislador lusitano

---

12 BUZAID, Alfredo. Do despacho saneador. *Estudos de Direito I.* São Paulo: Saraiva, 1972.

13 Para contextualizar historicamente o leitor, segue trecho da obra de Oskar von Bülow: "Las excepciones procesales dilatórias se muestran, pues, también – como esas de fondo puramente negativas –, de una condición muy rara y assombrosa. Ante ellas, se renuncia a toda aplicación de princípios que no sean válidos para las excepciones y derivados de su naturaleza. Se acepta que tales excepciones procesales puedan ser consideradas de oficio aun sin alegación del demandado; que no siempre se requiere que sean probadas por éste; que ellas, aunque el supuesto de hecho que les corresponde no haya sido sometido em absoluto a conocimiento del tribunal, pueden, sin embargo, tener como consecuencia la nulidade irremediable del procedimiento, siendo suficiente para alguno (¿quién?, no se ha dicho) 'que ellas tan sólo y apenas por su nombre tradicional hayan sido alegadas'. És decir, excepciones que en general no necesitan, de ninguna manera, ser alegadas, objeciones que non requieren, em absoluto, ser esgrimidas o, si el demandado se ha tomado la innecesaria moléstia de aducirlas, que no precisam ser fundadas ni menos probadas por la actividad del demandado, sino que consisten em nada más que um grito de exhortación al juez para que él no olvide observar el deber que ya le es conocido y cuyo cumplimiento le está impuesto." BÜLOW, Oskar von. *La teoria de las excepciones procesales y los presupuestos procesales.* Trad: Miguel Angel Rosas Lichtschein. Buenos Aires: Ediciones Juridicas Europa-America, 1964, pp. 13-14.

14 LIEBMAN, Enrico Tullio. O despacho saneador. *Estudos sôbre o processo civil brasileiro.* São Paulo: Saraiva e cia, 1947, pp. 113-114.

15 LIEBMAN, Enrico Tullio. O despacho saneador. *Estudos sôbre o processo civil brasileiro.* São Paulo: Saraiva e cia, 1947, p. 112.

16 Observa-se que a fase de saneamento e organização do processo tem íntima relação com o dever de gestão processual, o que faz com que a árvore genealógica do instituto tenha raízes mais profundas. Ao abordar a gestão processual no sistema português, Paula Costa e Silva afirma que o princípio "tinha antecedentes bem mais longínquos", desde a Ordem do Juízo, de D. João III, datada de 5 de julho de 1526. A autora destaca que os deveres de gestão e adequação são consagrados no CPC português e no Regime Processual Experimental, mas não há qualquer inovação, já que o princípio é consagrado desde as Ordenações Manuelinas e Filipinas. SILVA, Paula Costa e. Legalidade das formas de processo e gestão processual ou as duas faces de JANUS. *Revista de Informação Legislativa.* Ano 48, nº 190, abr/jun 2011, pp. 140-146.

promoveu diversas reformas ampliando o objeto do despacho saneador, sendo a mais radical aquela implementada através do Decreto-lei nº 44.129, de 28 de dezembro de 1961, que deu nova redação ao art. 510 do CPC português.

Alfredo Buzaid sustenta que, nessa reforma, o legislador português deu ao instituto cunho de originalidade, determinando que o juiz decidisse as questões prévias no despacho saneador, exceto se o estado do processo o impossibilitasse absolutamente; e, ainda, decidisse as questões de mérito de forma antecipada, quando a questão fosse unicamente de direito e o juiz pudesse conhecê-la de maneira segura, ou, sendo de direito e de fato, ou só de fato, se o processo estivesse em condições de ser julgado naquele momento[17].

No Brasil, o acolhimento do "despacho saneador" significou a reserva de um momento específico em que o juiz poderia, de ofício, examinar e eliminar possíveis vícios processuais, o que antes do CPC/39 somente poderia ocorrer mediante a provocação do interessado. Desse modo, "todas as matérias que não estivessem na esfera de disponibilidade da parte, a partir do Código de 1939, passaram a poder ser conhecidas de ofício, nessa nova fase do processo"[18].

Celso Agrícola Barbi destaca que, com a mudança, "a função de limpar o processo de questões prévias, de irregularidades, de nulidades, preparando-o para a fase de provas e de decisão do mérito, foi satisfatoriamente alcançada"[19]. De fato, como bem notou Liebman, a atividade do juiz para examinar a controvérsia "será tanto mais eficiente quanto menos sua atenção e sua serenidade forem desviadas pela necessidade de resolver as dúvidas que podem ser levantadas a respeito da regularidade e validade do próprio processo"[20].

---

17 BUZAID, Alfredo. Do despacho saneador. *Estudos de Direito I.* São Paulo: Saraiva, 1972, p. 19.

18 "A positivação da fase saneadora refletiu não tanto a conscientização acerca do caráter público da relação e da função do juiz (que já antes disso, mesmo no Brasil, vinha sendo destacado), como a preocupação de traduzir em resultados concretos essa nova percepção do processo. Mais ainda, destinou-se a propiciar economia processual - quer com o juiz encerrando o processo que não deveria ir para frente, quer eliminando a discussão de questões processuais". TALAMINI, Eduardo. Saneamento do processo. *Revista de Processo.* Vol. 86/1997, pp. 76-111, abr-jun/1997, p. 9.

19 BARBI, Celso Agrícola. Despacho saneador e julgamento do mérito. *Doutrinas essenciais do Processo Civil.* Vol. 3, pp. 123-131, Out/2011, p. 2.

20 LIEBMAN, Enrico Tullio. O despacho saneador. *Estudos sôbre o processo civil brasileiro.* São Paulo: Saraiva e cia, 1947, p. 198.

Em que pese o CPC/39 prever expressamente[21-22] o despacho saneador nos arts. 293, 294 e 295, não havia uma preocupação com a organização das questões de fato e de direito relevantes ao julgamento da controvérsia, uma vez que o instituto era dedicado a sanear as eventuais irregularidades identificadas ou a extinguir o feito por vício insanável, ou seja, sem julgamento de mérito[23]. As principais distinções do sistema brasileiro, em relação ao modelo português, eram então justamente a

21 Antes do CPC/39, o Regulamento 737 previa a possibilidade de o juiz eliminar as nulidades apontadas pelas partes. Quanto à extinção do processo, a Consolidação Ribas repetiu as normas constantes nas Ordenações Filipinas. Sabe-se que, antes do CPC/39, o processo civil era regulado por códigos processuais estaduais e, quanto ao saneamento, alguns previam que, havendo a confissão do réu, poderia ocorrer o julgamento "no estado em que se achar o processo" (art. 271 do código pernambucano, com disposições semelhantes nos códigos do Rio Grande do Sul e de São Paulo). Vários diplomas repetiram a previsão de eliminação de nulidades apontadas pelas partes (SP, RS, DF, MG, PE, BA, ES, RJ, SC). Em 1928, elaborou-se o anteprojeto de código para o estado do Mato Grosso, o qual foi o primeiro a reproduzir o modelo português de "despacho saneador", embora nunca tenha sido convertido em lei. TALAMINI, Eduardo. Saneamento do processo. *Revista de Processo.* Vol. 86/1997, pp. 76-111, abr-jun/1997, p. 8.

22 Redação do art. 293 do CPC/39: "Decorrido o prazo para contestação, ou reconvenção, se houver, serão os autos conclusos, para que o juiz profira o despacho saneador dentro de dez (10) dias."
Redação do art. 294 do CPC/39: "No despacho saneador, o juiz: I, decidirá sobre a legitimidade das partes e de sua representação, ordenando, quando for o caso, a citação dos litisconsortes necessários e do órgão do Ministério Público; II, mandará ouvir o autor, dentro em três dias, permitindo-lhe que junte prova contrária, quando na contestação, reconhecido o fato em que se fundou, outro se lhe opuser, extintivo do pedido; III- examinará se concorre o requisito do legítimo interesse econômico ou moral; IV – pronunciará as nulidades insanáveis, ou mandará, suprir as sanáveis bem como as irregularidades; V, determinará exames, vistorias e quaisquer outras diligências, na forma do art. 295; V – determinará, ex-officio ou a requerimento das partes, exames, vistorias e outras quaisquer diligências, na forma do art. 295, ordenando que os interessados se louvem dentro de 24 horas em peritos, caso já não haja feito, e indicando o terceiro desempatador, como prescreve o art. 129. Parágrafo único. As providências referidas nos ns. I e II serão determinadas nos três primeiros dias do prazo a que se refere o artigo anterior."
Redação do art. 295 do CPC/39: "Para o suprimento de nulidades ou irregularidades e a realização de diligências, o juiz marcará prazos não superiores a quinze (15) ou trinta (30) dias, conforme a realização do ato seja dentro ou fora da jurisdição. Findos os prazos, serão os autos conclusos para que o juiz, dentro de quarenta e oito (48) horas, proceda na forma dos ns. I e II do artigo seguinte."

23 RODRIGUES, Marcelo Abelha. *Despacho pós-saneador no Brasil e em Portugal.* Londrina: Toth, 2021, p. 50.

exclusão da possibilidade de análise antecipada do mérito e a indispensabilidade da realização de audiência de instrução e julgamento, ainda que ausente a necessidade de provas a produzir[24].

Na exposição de motivos do Código de Processo Civil de 1973 ("CPC/73"), a temática do saneamento foi elencada por Buzaid como uma das principais preocupações do legislador. A lei enfim admitiu a possibilidade de não haver audiência de instrução e julgamento, quando não houvesse provas orais a produzir[25].

No entanto, em sua exígua redação original, o CPC/73 não cuidou da fixação dos pontos controvertidos a serem objeto da produção probatória que ocorreria a seguir[26]. Essa inovação veio com a Lei nº 8.952/94, a qual modificou o art. 331 do CPC/73[27], prevendo a realização de uma

---

24 TALAMINI, Eduardo. Saneamento do processo. *Revista de Processo*. Vol. 86/1997, pp. 76-111, abr-jun/1997, p. 8.

25 Trecho da exposição de motivos do CPC/73: "Cumpridas as providências preliminares e não havendo necessidade delas, o juiz profere *julgamento conforme o estado do processo*. Esta atribuição lhe permite, logo após os articulados, ou extinguir o processo ocorrendo qualquer das hipóteses previstas nos artigos 271 e 273, II, III, IV e V, ou decidir imediatamente a causa, quando ocorrer revelia ou quando a questão de mérito for unicamente de direito, ou, sendo de direito e de fato, não houver necessidade de produzir provas em audiência (artigos 333 e 334). O que o processo ganha em condensação e celeridade bem podem avaliar os que lidam no foro. Suprime-se a audiência, porque nela nada há de particular a discutir. Assim, não se pratica ato inútil. De outra parte, não sofre o processo paralisação, dormindo meses nas estantes dos cartórios, enquanto aguarda uma audiência, cuja realização nenhum proveito trará ao esclarecimento da causa, porque esta já se acha amplamente discutida na inicial e na resposta do réu." Disponível em: <https://www2.senado.leg.br/bdsf/bitstream/handle/id/177828/CodProcCivil%201974.pdf?sequence= >.

26 Redação original do art. 331 no CPC/73: Art. 331. Se não se verificar nenhuma das hipóteses previstas nas seções precedentes, o juiz, ao declarar saneado o processo: I - deferirá a realização de exame pericial, nomeado o perito e facultando às partes a indicação dos respectivos assistentes técnicos; II - designará a audiência de instrução e julgamento, determinando o comparecimento das partes, perito, assistentes técnicos e testemunhas.

27 Redação dada ao art. 331 pela Lei nº 8.952/94: "Se não se verificar qualquer das hipóteses previstas nas seções precedentes e a causa versar sobre direitos disponíveis, o juiz designará audiência de conciliação, a realizar-se no prazo máximo de trinta dias, à qual deverão comparecer as partes ou seus procuradores, habilitados a transigir.
§ 1º Obtida a conciliação, será reduzida a termo e homologada por sentença."
§ 2º Se, por qualquer motivo, não for obtida a conciliação, o juiz fixará os pontos controvertidos, decidirá as questões processuais pendentes e determinará as provas a serem produzidas, designando audiência de instrução e julgamento, se necessário."

audiência de conciliação e estatuindo que, não havendo a audiência, "o juiz fixará os pontos controvertidos, decidirá as questões processuais pendentes e determinará as provas a serem produzidas".

Tratou-se de uma mudança benéfica, que ampliou o objeto do saneador para além da correção de irregularidades no processo[28], passando a envolver também as providências de preparação para o julgamento do mérito. Nesse sentido, José Carlos Barbosa Moreira já reconhecia que integram a decisão de saneamento as questões já suscitadas ou conhecíveis de ofício (que digam respeito à ação e ao processo), a questão concernente à realização de prova pericial (com indicação do perito e facultando às partes a indicação dos assistentes técnicos) e, se necessário, a designação da audiência de instrução e julgamento[29].

Contudo, restavam algumas pontas soltas sobre o julgamento conforme o estado do processo, como a dúvida se a audiência de conciliação seria obrigatória ou facultativa[30]. Para solucioná-la, a Lei nº 10.444/2002 alterou novamente o CPC/73[31]. De um lado, modificou o nome da audi-

28 Segundo Buzaid, pelo saneador seria lícito decidir as matérias expressamente previstas no art. 294 do CPC/39: legitimidade e representação, resposta do autor à contestação, a existência de interesse econômico ou moral, a indicação de nulidades insanáveis ou suprimento das sanáveis e irregularidades, além da indicação de provas técnicas a serem produzidas (BUZAID, Alfredo. Do despacho saneador. *Estudos de Direito I.* São Paulo: Saraiva, 1972, p. 37). Por sua vez, Liebman acrescentou a essa relação a competência do juízo, a capacidade das partes, a ausência de fatos impeditivos do processo em relação à lide (litispendência, convenção de arbitragem, suspeição do juiz, entre outras), a possibilidade jurídica do pedido e as situações terminativas do processo, estas entendidas como "os fatos ou circunstâncias que, sem integrarem uma nulidade, autorizam, no entanto, o réu a pedir a absolvição da instância, isto é, o encerramento do processo sem conhecimento do mérito" (LIEBMAN, Enrico Tullio. O despacho saneador. *Estudos sôbre o processo civil brasileiro.* São Paulo: Saraiva e cia, 1947, pp. 139-141).

29 BARBOSA MOREIRA, José Carlos. *O novo processo civil brasileiro.* 28ª ed. Rio de Janeiro: Gen Forense, 2010, pp. 52-53.

30 RODRIGUES, Marcelo Abelha. *Despacho pós-saneador no Brasil e em Portugal.* Londrina: Toth, 2021, p. 54.

31 Redação dada ao art. 331 pela Lei nº 10.444/2002: "Se não ocorrer qualquer das hipóteses previstas nas seções precedentes, e versar a causa sobre direitos que admitam transação, o juiz designará audiência preliminar, a realizar-se no prazo de 30 (trinta) dias, para a qual serão as partes intimadas a comparecer, podendo fazer-se representar por procurador ou preposto, com poderes para transigir.
§ 3º Se o direito em litígio não admitir transação, ou se as circunstâncias da causa evidenciarem ser improvável sua obtenção, o juiz poderá, desde logo, sanear o processo e ordenar a produção da prova, nos termos do § 2º".

ência de conciliação para "audiência preliminar", com o objetivo de demonstrar que o seu escopo não estava limitado à tentativa de acordo e que servia também ao próprio saneamento. De outro, porém, em indisfarçado contrassenso, acrescentou ao art. 331 um parágrafo no sentido de que o juiz poderia dispensar a audiência, saneando desde logo o processo. Assim, acabou por não apenas sacramentar a facultatividade da audiência, mas também contribuir para que esta não fosse utilizada com a finalidade exclusiva de saneamento.

Sergio Bermudes aprecia as clássicas composições de Villa-Lobos, falecido em 1959, quando Tom Jobim – outro ícone atemporal da música brasileira, também admirado pelo processualista[32] – tinha trinta e dois anos[33]. Como acontece da música erudita à bossa nova, algumas temáticas processuais são igualmente acrônicas, e a discussão a seu respeito atravessa o tempo sem perder relevância. É esse exatamente o caso do saneamento, cujo tema sempre mereceu a atenção do legislador, nas consecutivas e importantes reformas havidas do CPC/39 ao CPC/2015.

3. "Razão para não sair": atualidades e proposições

"A gente precisa sair, mas vai arranjando pretextos para ficar em casa", escreveu Sergio Bermudes[34] em mais um de seus escritos sobre o viver. Seria confortável permanecer com os pés onde já se está, ouvindo a música erudita, de simétrica melodia, que nos acalanta os ouvidos. "Hoje, porém, eu quero sair, preciso sair, é indispensável que eu saia para dar meu empurrãozinho na marcha do mundo", escutando Ella Fizgerald – contemporânea de Tom Jobim e, da bossa nova ao jazz, também clássica –, como fez Bermudes em "Razão para não sair".

O CPC/2015 incita novas notas na partitura do saneamento. O tema ganhou necessária releitura a partir dos princípios da cooperação (art. 6º), do autorregramento da vontade das partes no processo[35], da eficiência (art. 8º) e da primazia do julgamento de mérito (art.

32 BERMUDES, Sergio. *As uvas da raiva.* Rio de Janeiro: Nova Fronteira, 2002, p. 27.

33 BERMUDES, Sergio. *As uvas da raiva.* Rio de Janeiro: Nova Fronteira, 2002, p. 27.

34 BERMUDES, Sergio. *As uvas da raiva.* Rio de Janeiro: Nova Fronteira, 2002, p. 35.

35 Fredie Didier Jr. desenvolve a ideia acerca do princípio do autorregramento da vontade no processo civil fundamentando-a, precipuamente, no direito fundamental à liberdade (art. 5º, *caput*, CRFB). O autor destaca que o processo civil, embora ramo de direito público, também é regido por uma dimensão de liberdade, defendendo que o CPC/2015 traz um sistema coerente e que reforça a existência do

4º), cujos eixos normativos orientam a lei processual. Há novidades tanto nos regramentos específicos sobre a fase saneadora (Capítulo X, Seção IV, especificamente no art. 357[36]), quanto em dispositivos aleató-

princípio do respeito ao autorregramento da vontade no processo civil. Para tanto, exemplifica: "I) O CPC é estruturado de modo a estimular a solução do conflito por autocomposição: a) dedica um capítulo inteiro para regular a mediação e a conciliação (art. 165-175); b) estrutura o procedimento de modo a pôr a tentativa de autocomposição como ato anterior ao oferecimento da defesa pelo réu (arts. 334 e 695); c) permite a homologação judicial de acordo extrajudicial de qualquer natureza (art. 515, III; art. 725, VIII); d) permite que, no acordo judicial, seja incluída matéria estranha ao objeto litigioso do processo (art. 515, §2º); e) permite acordos processuais (sobre o processo, não sobre o objeto litigioso) atípicos (art. 190)." Ademais, o autor argumenta que é a vontade das partes que delimita o objeto litigioso do processo e do recurso, o CPC prevê uma quantidade significativa de negócios jurídicos processuais típicos, além de trazer a cláusula geral de negociação atípica e a norma fundamental da cooperação processual. DIDIER JR., Fredie. Princípio do respeito ao autorregramento da vontade no processo civil. In: DIDIER JR., Fredie (Coord.). *Coleção Grandes Temas do Novo CPC, Negócios Processuais.* 3 ed. Salvador: Juspodivm, 2017. PP. 32-37.

36 Redação do art. 357 do CPC/2015: "Não ocorrendo nenhuma das hipóteses deste Capítulo, deverá o juiz, em decisão de saneamento e de organização do processo:
I - resolver as questões processuais pendentes, se houver;
II - delimitar as questões de fato sobre as quais recairá a atividade probatória, especificando os meios de prova admitidos;
III - definir a distribuição do ônus da prova, observado o art. 373 ;
IV - delimitar as questões de direito relevantes para a decisão do mérito;
V - designar, se necessário, audiência de instrução e julgamento.
§ 1º Realizado o saneamento, as partes têm o direito de pedir esclarecimentos ou solicitar ajustes, no prazo comum de 5 (cinco) dias, findo o qual a decisão se torna estável.
§ 2º As partes podem apresentar ao juiz, para homologação, delimitação consensual das questões de fato e de direito a que se referem os incisos II e IV, a qual, se homologada, vincula as partes e o juiz.
§ 3º Se a causa apresentar complexidade em matéria de fato ou de direito, deverá o juiz designar audiência para que o saneamento seja feito em cooperação com as partes, oportunidade em que o juiz, se for o caso, convidará as partes a integrar ou esclarecer suas alegações.
§ 4º Caso tenha sido determinada a produção de prova testemunhal, o juiz fixará prazo comum não superior a 15 (quinze) dias para que as partes apresentem rol de testemunhas.
§ 5º Na hipótese do § 3º, as partes devem levar, para a audiência prevista, o respectivo rol de testemunhas.
§ 6º O número de testemunhas arroladas não pode ser superior a 10 (dez), sendo 3 (três), no máximo, para a prova de cada fato.

rios, a exemplo dos arts. 190 e 191, que tratam dos negócios jurídicos processuais.

Se no Código anterior a "audiência preliminar" era destinada à tentativa de conciliação, à correção de vícios processuais, à fixação dos pontos controvertidos e à indicação das provas a serem produzidas (art. 331, §1º, CPC/73), o CPC/2015 reservou à audiência do art. 334, transposta para o início do processo, o objetivo de alcançar a autocomposição[37] e dispôs sobre o saneamento e organização do processo no art. 357, de maneira mais detalhada. Não por outra razão, Cassio Scarpinella Bueno comentou que o art. 357 do CPC/2015 "vai muito além do tímido art. 331 do CPC/1973"[38].

Quanto ao objeto, o art. 357 do CPC/2015 prevê que o juiz deverá resolver as questões processuais pendentes (inciso I); delimitar as questões de fato sobre as quais recairá a produção de provas, especificando os meios de prova admitidos (inciso II); definir a distribuição do ônus da prova (inciso III); delimitar as questões de direito relevantes para a resolução do mérito (inciso IV); designar, se necessário, a audiência de instrução e julgamento (inciso V)[39]; no caso de determinar a produção de prova testemunhal, fixar prazo comum não superior a 15 (quinze) dias para a apresentação do rol de testemunhas (§4º)[40]; e, no caso de determinar a produção de prova pericial, estabelecer, se possível, calendário para sua realização.

---

§ 7º O juiz poderá limitar o número de testemunhas levando em conta a complexidade da causa e dos fatos individualmente considerados.
§ 8º Caso tenha sido determinada a produção de prova pericial, o juiz deve observar o disposto no art. 465 e, se possível, estabelecer, desde logo, calendário para sua realização.
§ 9º As pautas deverão ser preparadas com intervalo mínimo de 1 (uma) hora entre as audiências."

---

37 Embora seja possível firmar acordos em qualquer etapa do processo, já que o estímulo à autocomposição é uma tônica do CPC/2015, conforme norma fundamental do art. 3º, §2º.

38 BUENO, Cassio Scarpinela. *In* CABRAL, Antonio do Passo; CRAMER, Ronaldo. *Comentários ao Novo Código de Processo Civil.* 2ª ed. Rio de Janeiro: Forense, 2016, p. 561.

39 A teor do art. 357, §9º, as pautas devem ser preparadas com intervalo mínimo de 1 (uma) hora entre as audiências.

40 As partes deverão levar para a audiência o respectivo rol de testemunhas (art. 357, §5º); o número de testemunhas não poderá ser superior a 10 (dez), sendo 3 (três) no máximo para a prova de cada fato (§6)º; e o juiz poderá limitar o número levando em conta a complexidade da causa e dos fatos individualmente considerados (§7º).

O art. 357, §1º prevê a possibilidade de, no prazo de 5 (cinco) dias, as partes pedirem esclarecimentos ou solicitarem ajustes em face da decisão de saneamento, cuja manifestação não tem natureza recursal. Como o objeto desse pedido pode envolver os mesmos vícios que determinam o cabimento dos embargos de declaração, e a estes pode ser atribuído o efeito suspensivo, serão preferíveis os declaratórios, sempre que o ajuste ou a solicitação coincida com uma matéria passível de ser embargada.

As convenções processuais encontraram campo fértil no saneamento, diante da previsão de um negócio típico para saneamento compartilhado em audiência[41], do calendário processual[42] e da possibilidade de negociação típica abrangendo as questões de fato e de direito[43], também abarcada pela cláusula geral de negociação atípica processual[44].

Como exemplifica Natália de Castro Santos[45] em denso estudo sobre a matéria, a delimitação consensual das questões de fato e de direito prevista no art. 357, §2º do CPC pode compreender o acordo sobre a relevância de determinados fatos e o aporte de fatos novos e supervenientes para a cognição judicial; a incontrovérsia de certos fatos, a serem excluídos da cognição; e mesmo a interpretação e integração do direito aplicável, como no caso de existir lacuna ou indeterminação normativa. Em todos os casos, adverte a autora, as convenções sobre o objeto da cognição estarão sujeitas ao controle de validade pelo juiz.

---

41 Art. 357, §3º, CPC.

42 Disposto no art. 357, §8º, que embora trate especificamente do calendário da perícia, aplica-se a quaisquer atos processuais posteriores ao saneamento, devendo ser lido de forma cumulada com o art. 191 do CPC, cuja redação está disposta a seguir: "De comum acordo, o juiz e as partes podem fixar calendário para a prática dos atos processuais, quando for o caso.
§ 1º O calendário vincula as partes e o juiz, e os prazos nele previstos somente serão modificados em casos excepcionais, devidamente justificados.
§ 2º Dispensa-se a intimação das partes para a prática de ato processual ou a realização de audiência cujas datas tiverem sido designadas no calendário."

43 Art. 357, §2º, CPC.

44 Conforme cláusula geral do art. 190 do CPC: "Versando o processo sobre direitos que admitam autocomposição, é lícito às partes plenamente capazes estipular mudanças no procedimento para ajustá-lo às especificidades da causa e convencionar sobre os seus ônus, poderes, faculdades e deveres processuais, antes ou durante o processo."

45 SANTOS, Natália Cristina Castro. Convenção processual sobre o objeto da cognição: a delimitação das questões de fato e de direito pelas partes no art. 357, §2º do CPC. *Dissertação de Mestrado (UERJ)*. Rio de Janeiro, 2021, pp. 160-162.

Essa delimitação consensual das matérias controvertidas pode ser feita em audiência, conforme a previsão do art. 357, §3º, ou por escrito. Embora a audiência de saneamento compartilhado seja prevista, a teor do referido dispositivo legal, apenas para os casos "em que a causa apresentar complexidade em matéria de fato ou de direito", a doutrina já bem consignou que "a audiência de saneamento e organização do processo em cooperação com as partes poderá ocorrer independentemente de a causa ser complexa", conforme o Enunciado nº 298 do Fórum Permanente de Processualistas Civis.

Fernando Gajardoni entende ser preferencial a via escrita, porquanto praticável de forma mais fácil e célere[46]. Bruno Garcia Redondo sustenta que cabe ao juiz deliberar se a atividade saneadora será realizada por escrito ou oralmente[47], conforme a complexidade da causa. William Santos Ferreira e William Lecciolli[48], reconhecendo a "alta potencialidade cooperativa da audiência", desde que empregada a técnica correta, ressalvam, porém, que a designação ou não da audiência não se insere no campo da discricionariedade judicial: deve o julgador prestigiar a realização do saneamento compartilhado na modalidade oral, caso a forma escrita não seja capaz de lhe elucidar o que deve ser esclarecido[49].

46 GAJARDONI, Fernando da Fonseca. *Flexibilização procedimental:* um novo enfoque para o estudo do procedimento em matéria processual. São Paulo: Atlas S. A., 2008, p. 162.

47 REDONDO, Bruno Garcia. *Adequação do procedimento pelo juiz.* Salvador: Juspodivm, 2017, p. 148.

48 FERREIRA, William Santos; LECCIOLLI, Willian. Audiência de saneamento e organização instrutória comparticipativa (*case manegement*). *Revista de Processo,* vol. 205/2020, versão eletrônica, jul/2020, p. 11.

49 Segundo os autores: "Em outros termos, a oralidade deve ser empregada nos casos em que a forma escrita não for capaz de facilmente revelar ao juiz: as questões processuais pendentes e sua efetiva compreensão; as questões de fato sobre as quais deverá recair a atividade probatória e sua efetiva compreensão dos instrumentos mais eficientes para seu esclarecimento; os meios de prova a serem empregados para provar a verdade dos fatos em que se funda o pedido ou a defesa; a definição do ônus da prova, inclusive, se o caso, a distribuição dinâmica; as questões de direito relevantes para a decisão de mérito; se há ou não necessidade de ser designada audiência de instrução e julgamento". FERREIRA, William Santos; LECCIOLLI, Willian. Audiência de saneamento e organização instrutória comparticipativa (case manegement). *Revista de Processo*, vol. 205/2020, versão eletrônica, jul/2020, p. 11.

Ao abordar a audiência de saneamento sob a perspectiva do direito comparado, José Rogério da Cruz e Tucci[50] destaca que o legislador alemão buscou imprimir os postulados da oralidade, concentração e eventualidade no "processo modelo", sendo considerado "um antídoto eficaz contra os fatos serodiamente apresentados". Por sua vez, o processo civil austríaco, após a reforma de 2002, contemplou a oralidade com a realização de uma audiência preparatória, com o objetivo de dirimir eventuais exceções processuais e complementar as posições das partes, para então preparar a causa para o porvir. Na Itália, a Lei nº 353 de 1990 incluiu a previsão de duas audiências, sendo a *"prima udienza di trattazione"*[51] destinada à estabilização do processo, em que as partes

50 TUCCI, José Rogério da Cruz e. *Direito processual civil:* entre comparação e harmonização. Salvador: Juspodivm, 2021, pp. 125-126.

51 Em comentário ao art. 183 do Codice di Procedura Civile, Francesco P. Luiso e Bruno Sassani comentaram que o legislador se concentrou em tratar as questões preliminares e de mérito da causa na audiência prevista no art. 183:"Le attività da compiersi sono, comunque, ai sensi della norma, le seguenti: 1) verifica della regolarità del contraddittorio (in senso ampio); 2) eventuale tentativo di conciliazione delle parti (*ex* art. 183, comma 3 e 185 c.p.c.) nonchè libero interrogatório delle parti (*ex* art. 183, comma 9, c.p.c.); 3) riquesta alle parti di chiarimenti sulla base dei fatti allegati e indicazione delle questioni rilevabili d'ufficio delle quali il g.i. ritiene oportuna la trattazione; 4) proposizione da parte dell'attore delle domande e delle eccezioni che sono conseguenza della domanda riconvenzionale e delle eccezioni proposte dal convenuto nonché eventuale riquiesta di autorizzazione alla chiamata del terzo; 5) precisazione – da entrambe le parti – delle domande, eccezioni e conclusioni già formulate; 6) fissazione di termini perentori da parte del g.i.: un termine di altri trenta giorni per il deposito di memorie di precisazione, modificazione delle domande eccezioni e conclusioni già formulate; um termine di ulteriori trenta giorni per repliche e per la proposizione delle eccezioni che sono conseguenza delle domande e delle eccezioni stesse e per l'indicazione dei mezzi di prova e produzioni documentali; un termine di ulteriori venti giorni per la sola indicazione di prova contraria; 7) provvedimenti sulle richieste istruttorie com fissazione dell'udienza *ex* art. 184 c.p.c. (eventualmente com ordinanza pronunciata fuori udienza (*ex* art. 183, settimo comma, c.p.c.); 8) indicazione di prove che il g.i. ritenga disporre d'ufficio con deduzione, dalle parti, nel termine perentório fissato dal g.i. con la stessa ordinanza di cui al settimo comma della norma, dei mezzi di prova che si rendono necessari in relazione ai primi, nonchè deposito di memoria di replica nell'ulteriore termine perentório ugualmente assegnato dal giudice; 9) altrimenti, ordinanza di imediata spedizione della causa in decisione *ex* art. 187 c.p.c.. Le atività disegnate dall'rticolo in comento non sono tutte immancabili e sono, in ogni caso, scaglionate in tempi successivi, sai sotto il profilo logico che sotto il profilo técnico. La ratio della riforma, como emergerà dall'esame delle scansioni della norma, è comunque tesa ad evitare in ogni caso le udienze di mero rinvio; anche lo scambio di memorie deve tendenzialmente avvenire col deposito in cancelleria e l'udienza deve rimanere riservata

podem complementar as suas alegações e, ao final, o julgador decide a respeito das questões concernentes ao processo[52].

Os exemplos do direito estrangeiro demonstram que a priorização da oralidade[53] para o saneamento da demanda é uma tendência que transborda as fronteiras do processo civil nacional, resguardadas as peculiaridades de cada país (como a estrutura do Judiciário, a sobrecarga de trabalho, a agenda para a realização da audiência, entre outros).

Parece-nos imprescindível que o juiz intime as partes para manifestar se têm ou não interesse na realização da audiência de saneamento; e, na dúvida, deve privilegiar a sua realização, como instrumento importante de gestão cooperativa do processo. Barbosa Moreira já advertia que é ingênua a ideia de que os jurisdicionados clamam, em quaisquer circunstâncias, pela resolução célere dos litígios[54]. De fato, ainda que a realização da audiência resulte em maior delonga processual, uma atividade saneadora qualificada poderá levar a um julgamento de mérito mais cuidadoso e pontual, poupando as partes e o julgador da produção de provas irrelevantes e da interposição de recursos desnecessários.

De qualquer modo, o consenso quanto às questões controvertidas e aos meios de prova pode ser buscado por ambas as vias, oral ou escrita. A mera tentativa de obtê-lo, com a provocação das partes para que esclareçam ou complementem suas alegações (art. 357, §3º, parte final) garante que se destrinche a causa, ao tornar os argumentos e requeri-

al progressivo iter processuale". LUISO, Francesco P.; SASSANI, Bruno. *La Riforma del Processo Civile:* comentário breve agli articoli riformati del códice di procedura civile. Milano: Dott. A. Giuffrè Editore, 2006, pp. 36-37.

52 TUCCI, José Rogério da Cruz e. *Direito processual civil:* entre comparação e harmonização. Salvador: Juspodivm, 2021, pp. 125-126.

53 José Aurélio de Araújo, com base na doutrina francesa, reconhece a existência de um "princípio da presença" em nosso sistema processual, que constitui herança histórica do princípio da oralidade e guarda estrita relação com o contraditório, do qual se exige seja participativo e humano. Para tanto, o autor concebe a necessidade de um processo híbrido, adequando atos verbais e escritos à natureza e complexidade do conflito, de modo que o princípio da presença deve ser adaptável e não absoluto, havendo em todo procedimento atos escritos e atos orais. ARAÚJO, José Aurélio de. Princípio da presença (Parte I): a necessária readequação do princípio da oralidade e os meios processuais de comunicação eletrônica. *Revista de Processo*, versão eletrônica, vol. 319/2021, pp. 2-8.

54 BARBOSA MOREIRA, José Carlos. O futuro da justiça: alguns mitos. *Revista de Processo.* Vol. 102/2001, versão eletrônica, Abr-Jun/2001, p. 3.

mentos mais precisos, claros e objetivos, e assim facilita a definição dos limites e dos instrumentos da instrução probatória.

Em caso de desnecessidade ou impossibilidade de realização da audiência de saneamento compartilhado, são válidas as ponderações de Carolina Uzeda, no sentido de que, mesmo que a decisão de saneamento e organização do processo não resulte de uma audiência destinada a esse fim, não perde a característica de ser marcada pelo diálogo e pela cooperação[55], inclusive porque a legislação faculta às partes o pedido de esclarecimentos e solicitação de ajustes (ou, se for o caso, a oposição de embargos de declaração), sem prejuízo da impugnação da decisão saneadora.

O saneamento é também uma oportunidade de se evitar decisões surpresa (art. 10 do CPC/2015), como destaca Tatiana Machado Alves: o inciso IV do art. 357 impõe ao juiz não apenas o dever de delimitar as questões de direito controvertidas e relevantes para a análise do mérito, mas também o de indicar no saneamento quais fundamentos jurídicos podem ser aventados na fundamentação da decisão judicial e que não foram debatidos pelas partes até então[56].

Nesse contexto, deve o julgador aproveitar também esse momento para identificar eventual questão prejudicial incidental relevante para a solução do litígio (art. 503, CPC) ou, se for o caso, expor a sua interpretação do pedido conforme a boa-fé (art. 322, §2º, CPC).

Em que pesem as mudanças trazidas pelo CPC/2015, na prática há muito a ser aperfeiçoado na fase de saneamento e pululam os exemplos de deficiências na sua realização. Não é raro que uma preliminar passe despercebida pelo julgador, vindo a ser objeto de decisão somente ao final do processo, quando poderia ter sido decidida muito antes; ou que as partes sejam surpreendidas por decisões a respeito de matérias sobre as quais não tiveram chance de se manifestar.

Além disso, costumeiramente, antes mesmo de praticar qualquer ato de organização do processo (em especial, a fixação de questões fáticas controvertidas), os juízes determinam às partes que "especifiquem" as provas que "realmente" pretendem produzir, justificando a sua pertinência, sob pena de preclusão. Ora, não há nenhum sentido em se exigir que as partes apontem os meios de prova sem que antes conheçam so-

55 UZEDA, Carolina. Pedido de ajustes e esclarecimentos: a participação das partes na decisão de saneamento e organização do processo. *Revista de Processo.* Vol. 289/2019, versão eletrônica, Mar/2019, p. 5.

56 ALVES, Tatiana Machado. *Gerenciamento processual no Novo CPC/2015.* Salvador: Juspodivm, 2019, p. 270.

bre quais alegações fáticas recairão, sob pena de produzirem-se provas irrelevantes ou desnecessárias, como sói ocorrer.

É comum, ainda, que se defira a produção de prova testemunhal para comprovar fatos já demonstrados por documentos, levando a desperdício de tempo e de recursos; e que a perícia se inicie sem que seu objeto tenha sido definido de forma precisa, dando ensejo a discussões que excedem os aspectos técnicos, extrapolam a *expertise* do perito e envolvem questões sequer discutidas pelas partes.

Conquanto haja carência de dados estatísticos a esse respeito, a experiência forense nos evidencia também a dificuldade de assimilação das normas sobre o saneamento: ainda são raras as audiências de saneamento compartilhado, os negócios jurídicos sobre o saneamento e os calendários processuais. A ineficácia da calendarização já foi atribuída ao fato de que, "apesar de o legislador ter previsto a vinculação das partes e do juiz e a excepcionalidade de modificação dos prazos, não fez previsão de qualquer penalidade ou consequência para o seu não cumprimento: nem para as partes e nem para o juiz"[57].

As transformações que o CPC/2015 pretendeu impingir no saneamento são inegavelmente ambiciosas, e é preciso um "empurrãozinho" para "saírem" – *rectius,* esforço e engajamento das partes e do julgador para serem implementadas –, não porque o sistema anterior fosse satisfatório, mas porque é sempre mais conveniente permanecer na mesma melodia a que já estamos acostumados.

A exploração de todas as possibilidades do saneamento revela-se útil não apenas no procedimento comum, mas também nos especiais, por meio do trânsito de técnicas proposto por Fredie Didier Jr., Antonio do Passo Cabral e Leonardo Carneiro da Cunha[58-59]; nos incidentes processuais e, inclusive, em outras etapas do procedimento, previamente ao julgamento de mérito.

O art. 932 do CPC/2015 dispõe sobre as incumbências do relator, dentre as quais se acha a de "dirigir e ordenar o processo no tribunal,

57 ARAÚJO, José Aurélio de. *Cognição sumária, cognição* exaustiva e coisa julgada. São Paulo: Thomson Reuters, 2017, p. 122.

58 A exemplo do saneamento em uma ação de inventário com muitos herdeiros, ou em uma ação de curatela em que há conflito entre quem será o curador da parte interditada, ou mesmo o saneamento em um processo de falência.

59 DIDIER JR., Fredie; CABRAL, Antonio do Passo; CUNHA, Leonardo Carneiro. *Por uma nota teoria dos Procedimentos Especiais:* dos procedimentos às técnicas. Salvador: Juspodivm, 2021.

inclusive em relação à produção de prova, bem como, quando for o caso, homologar autocomposição das partes". Nesse contexto, exsurge a possibilidade e a conveniência de utilização do saneamento compartilhado na esfera recursal, mormente antes do julgamento com base na teoria da causa madura, prevista pelo art. 1.013, §3º do Código[60] e, inclusive, como medida para evitar a prolação de decisões surpresa.

Por sua vez, o art. 133 do CPC/2015 prevê a instauração do incidente de desconsideração da personalidade jurídica em qualquer fase do processo, nos casos em que houver abuso da pessoa jurídica[61]. Um pouco adiante, o art. 136 dispõe que "concluída a instrução, *se necessária*, o incidente será resolvido por decisão interlocutória". Desse modo, também no incidente de desconsideração da personalidade jurídica, conjectura-se a utilidade de uma fase de saneamento, com a necessária correção de vícios processuais, a possibilidade de adoção de calendário e a fixação dos pontos controvertidos, inclusive por meio de saneamento compartilhado entre a parte que pediu a instauração do incidente, a sociedade empresária, o sócio e o Ministério Público, quando lhe couber intervir no processo.

Outra hipótese interessante diz respeito ao incidente de resolução de demandas repetitivas, cabível quando houver efetiva repetição de processos que contenham controvérsia sobre a mesma questão de direito, bem como o risco de ofensa à isonomia e à segurança jurídica (art. 976 e seguintes do CPC/2015). Segundo o art. 983, o relator ouvirá as partes e demais interessados na controvérsia, as quais poderão requerer a juntada de documentos, "bem como as diligências necessárias para a elucidação da questão de direito controvertida". No §1º do mesmo artigo, há a previsão de que o relator poderá "designar data para, em audiência pública, ouvir depoimentos de pessoas com experiência e conhecimento na matéria". Para a fixação das questões de direito envolvidas na discussão da tese, o relator poderá realizar o saneamento compartilhado do incidente, inclusive com a participação dos demais tribunais envolvidos, bem como das partes do processo originário e o Ministério Público.[62].

60 Inclusive quando a teoria da causa madura for aplicada em outros recursos ordinários, para além da apelação.

61 Conforme previsões nos arts. 50 do Código Civil e 28 do Código de Defesa do Consumidor.

62 Vê-se, assim, a hipótese de saneamento compartilhado envolvendo as partes (por negócio jurídico processual típico, previsto no art. 357, §3º do CPC) e os tribunais envolvidos no ato concertado (em razão do princípio da atipicidade, oriundo da cláusula geral de cooperação judiciária. Essa possibilidade foi comentada

Como ressalta Camila Victorazzi Martta[63], a decisão de saneamento enseja duplo escopo: primeiro, analisa os requisitos essenciais da relação processual e regularidades do processo e, em segundo lugar, em uma visão prospectiva, determina de que forma o processo deverá se encaminhar adiante, na instrução probatória e no julgamento de mérito. É forçoso reconhecer que a etapa de saneamento não está adstrita ao procedimento comum, devendo ser realizada sempre que necessário, para colocar tudo no seu devido lugar, antes de avançar à etapa de instrução e julgamento – seja em primeiro grau de jurisdição, em sede recursal ou no âmbito de incidentes processuais. Se da voz de Ella Fitzgerald não escapa o jazz, o blues, a bossa nova, a música lenta ou ligeira, o saneamento também não escapará das mais diversas etapas processuais[64], como nos itinerários aqui brevemente delineados.

4. "O avião era imenso": considerações finais

Sergio Bermudes escreveu que, antigamente, "era chique rememorar alguma viagem aérea, especialmente internacional", admirando o crepúsulo colorido, visto da janela do avião: "lá longe, a linha do horizonte incandesce num vermelho lindíssimo, que se vai esmaecendo em tons de alaranjados até se unir com a faixa azul-claro pelo sol poente, mas que escurece aos poucos"[65]. A sua descrição do belo horizonte crepuscular nos inspira a uma brincadeira metafórica, com a visão prospectiva do saneamento processual.

Em outra oportunidade, descreveu uma longa viagem aérea ao lado de um advogado que falou somente de seus clientes, processos, venturas e desventuras profissionais. Bermudes tentou variar o assunto, buscou ver se ele se importava com política e música, com a magistralidade de Haendel ou Mozart, a originalidade de Cole Porter e Chico, a voz de Ella

brevemente por uma das autoras deste estudo, em outra oportunidade: VIEIRA, Debora. *A cooperação judiciária nacional entre IRDRs sobre a mesma questão de direito instaurados em diferentes tribunais.* Disponível em: https://processualistas.jusbrasil.com.br/artigos/1312471635/a-cooperacao-judiciaria-nacional-entre-irdrs-sobre-a-mesma-questao-de-direito-instaurados-em-diferentes-tribunais.

63 MARTTA, Camila Victorazzi. *Saneamento do processo:* a decisão de saneamento e sua funcionalidade no processo civil brasileiro. Londrina: Toth, 2020, p. 82.

64 BERMUDES, Sergio. *As uvas da raiva.* Rio de Janeiro: Nova Fronteira, 2002, p. 36.

65 BERMUDES, Sergio. *As uvas da raiva.* Rio de Janeiro: Nova Fronteira, 2002, p. 59.

ou Piaf? Não obteve interesse. Narrou que, nem mesmo o amanhecer, anunciado em tons róseos pelas nuvens iluminadas foi capaz de comover o advogado sentado na cadeira ao lado, que falava monotematicamente dos episódios da profissão[66].

Ao anunciar o processo civil no terceiro milênio, Bermudes não conteve o entusiasmo de quem vê a aurora ou o crepúsculo pela janela do avião[67]:

> Nos séculos futuros, de tal modo atuará o processo, na sua dupla finalidade de julgar e de conciliar; nos seus dois aspectos de microprocesso, que trata do conflito das partes, e de macroprocesso, que ensina a compreender e a cumprir a lei e pacifica o grupo social pela aplicação do direito; e de tal modo será propícia a ciencia processual como sistema de leis e princípios inerentes à jurisdição, que bem se poderia anunciá-los agora, no limiar de mais um milênio da civilização, sob o dístico "com fé e com esperança".

O otimismo revelado pelo professor, advogado e cronista encontra eco nas fecundas normas do saneamento processual, que contemplam a possibilidade de delimitação consensual das questões controvertidas; a observação das normas fundamentais de primazia do julgamento de mérito, cooperação processual, eficiência e vedação às decisões surpresa; a celebração de negócios jurídicos processuais atípicos no saneamento; assim como a realização da fase saneadora sempre que necessário, seja no procedimento comum ou especial, em primeiro grau, em grau recursal ou em incidentes. Parafraseando Bermudes[68], quando falava de aviões e perspectivas: o saneamento, de pertinho, é enorme, tão diferente do avião que passava diminuto lá pelo CPC/39.

Referências Bibliográficas

ALVES, Tatiana Machado. *Gerenciamento processual no Novo CPC/2015.* Salvador: Juspodivm, 2019.

ARAÚJO, José Aurélio de. *Cognição sumária, cognição exaustiva e coisa julgada.* São Paulo: Thomson Reuters, 2017.

ARAÚJO, José Aurélio. Princípio da presença (Parte I): a necessária readequação do princípio da oralidade e os meios processuais de comunicação eletrônica. *Revista de Processo,* versão eletrônica, vol. 319/2021.

66 BERMUDES, Sergio. O processo civil no terceiro milênio. *Revista da EMERJ.* V. 2, nº 7, 1999, p. 99.

67 BERMUDES, Sergio. O processo civil no terceiro milênio. *Revista da EMERJ.* V. 2, nº 7, 1999, p. 100.

68 BERMUDES, Sergio. *As uvas da raiva.* Rio de Janeiro: Nova Fronteira, 2002, p. 60.

BARBI, Celso Agrícola. Despacho saneador e julgamento do mérito. *Doutrinas essenciais do Processo Civil.* Vol. 3, pp. 123-131, Out/2011.

BARBOSA MOREIRA, José Carlos. *O novo processo civil brasileiro.* 28ª ed. Rio de Janeiro: Gen Forense, 2010.

BARBOSA MOREIRA, José Carlos. Saneamento do processo e audiência preliminar. *Revista de Processo.* Vol. 40/1985, versão eletrônica, Out-Dez/1985.

BARBOSA MOREIRA, José Carlos. O futuro da justiça: alguns mitos. *Revista de Processo.* Vol. 102/2001, versão eletrônica, Abr-Jun/2001.

BERMUDES, Sergio. *A reforma do Código de Processo Civil: observações às leis 8.950, 8.952, 8.953 de 13/12/1994.* Rio de Janeiro: Freitas Bastos, 1995.

BERMUDES, Sergio. *As uvas da raiva.* Rio de Janeiro: Nova Fronteira, 2002, p. 194.

BERMUDES, Sergio. *Mozart não tinha Playback.* Rio de Janeiro: Gryphus, 2010.

BERMUDES, Sergio. O processo civil no terceiro milênio. *Revista da EMERJ.* V. 2, nº 7, 1999, p. 93.

BERMUDES, Sergio. *Direito Processual Civil – Estudos e Pareceres.* São Paulo: Saraiva, 1983.

BUENO, Cassio Scarpinela. *In* CABRAL, Antonio do Passo; CRAMER, Ronaldo. *Comentários ao Novo Código de Processo Civil.* 2ª ed. Rio de Janeiro: Forense, 2016.

BÜLOW, Oskar von. *La teoria de las excepciones procesales y los presupuestos procesales.* Trad: Miguel Angel Rosas Lichtschein. Buenos Aires: Ediciones Juridicas Europa-America, 1964.

BUZAID, Alfredo. Do despacho saneador. *Estudos de Direito I.* São Paulo: Saraiva, 1972.

DIDIER JR., Fredie. Princípio do respeito ao autorregramento da vontade no processo civil. *In:* DIDIER JR., Fredie (Coord.). *Coleção Grandes Temas do Novo CPC,* Negócios Processuais. 3 ed. Salvador: Juspodivm, 2017. PP. 32-37.

DIDIER JR., Fredie; CABRAL, Antonio do Passo; CUNHA, Leonardo Carneiro. *Por uma nota teoria dos Procedimentos Especiais:* dos procedimentos às técnicas. Salvador: Juspodivm, 2021.

FERREIRA, William Santos; LECCIOLLI, Willian. Audiência de saneamento e organização instrutória comparticipativa (case manegement). *Revista de Processo,* vol. 205/2020, versão eletrônica, jul/2020.

GAJARDONI, Fernando da Fonseca. *Flexibilização procedimental:* um novo enfoque para o estudo do procedimento em matéria processual. São Paulo: Atlas S. A., 2008.

LACERDA, Galeno. *Despacho saneador.* 3ª ed. Porto Alegre: Sergio Antonio Fabris Editor, 1990.

LIEBMAN, Enrico Tullio. O despacho saneador. *Estudos sôbre o processo civil brasileiro.* São Paulo: Saraiva e cia, 1947.

LUISO, Francesco P.; SASSANI, Bruno. *La Riforma del Processo Civile:* comentário breve agli articoli riformati del códice di procedura civile. Milano: Dott. A. Giuffrè Editore, 2006.

MARTTA, Camila Victorazzi. *Saneamento do processo:* a decisão de saneamento e sua funcionalidade no processo civil brasileiro. Londrina: Toth, 2020, p. 82.

REDONDO, Bruno Garcia. *Adequação do procedimento pelo juiz.* Salvador: Juspodivm, 2017.

RODRIGUES, Marcelo Abelha. *Despacho pós-saneador no Brasil e em Portugal.* Londrina: Toth, 2021.

SANTOS, Natália Cristina Castro. Convenção processual sobre o objeto da cognição: a delimitação das questões de fato e de direito pelas partes no art. 357, §2º do CPC. *Dissertação de Mestrado (UERJ).* Rio de Janeiro, 2021.

SILVA, Paula Costa e. Legalidade das formas de processo e gestão processual ou as duas faces de JANUS. *Revista de Informação Legislativa.* Ano 48, nº 190, abr/jun 2011.

TALAMINI, Eduardo. Saneamento do processo. *Revista de Processo.* Vol. 86/1997, pp. 76-111, abr-jun/1997, p. 8.

TUCCI, José Rogério da Cruz e. *Giuseppe Chiovenda:* vida e obra, contribuição para o estudo do processo civil. São Paulo: Migalhas, 2018.

TUCCI, José Rogério da Cruz e. *Direito processual civil:* entre comparação e harmonização. Salvador: Juspodivm, 2021, pp. 125-126.

UZEDA, Carolina. Pedido de ajustes e esclarecimentos: a participação das partes na decisão de saneamento e organização do processo. *Revista de Processo.* Vol. 289/2019, versão eletrônica, Mar/2019.

VIEIRA, Debora. *A cooperação judiciária nacional entre IRDRs sobre a mesma questão de direito instaurados em diferentes tribunais.* Disponível em: https://processualistas.jusbrasil.com.br/artigos/1312471635/a-cooperacao-judiciaria-nacional-entre-irdrs-sobre-a-mesma-questao-de-direito-instaurados-em-diferentes-tribunais

A RECONVENÇÃO NA FASE COGNITIVA E O CPC DE 2015[1]

Firly Nascimento Filho

SUMÁRIO: 1. Introdução. **2.** Aspectos gerais. **2.1.** Da Resposta do Réu. **2.1.1.** Da Contestação. **2.1.2.** Das Exceções. **2.1.3.** Da Reconvenção. **3.** Defesa na Fase Cognitiva e o CPC de 2015. **3.1.** Interpretação jurisprudencial. **4.** Conclusões

1. Introdução

Erigido como regra de cunho constitucional,[2] a obrigatoriedade do contraditório, inclusive nos processos administrativos, consolidou, no Brasil, a tendência universalista de privilegiar a necessidade da defesa, para legitimar o processo, induzindo a participação dos litigantes a fim de possibilitar, se não uma decisão justa, pelo menos mitigar os prejuízos causados pelo ato decisório, de inegáveis repercussões na vida privada e social, dependendo da natureza do litígio.

A efetividade do contraditório está intimamente vinculada à paridade entre os litigantes ou interessados.[3] A denominada paridade de armas, para utilizarmos uma expressão de Candido Dinamarco[4], nada mais é do que reflexo do princípio constitucional da isonomia e, no processo, muitas vezes ocorre a disparidade de meios entre os litigantes, cabendo ao Estado o papel de reequilibrar a situação, seja através do poder conferido ao Juiz de determinar a produção de provas, ou da utilização do poder geral de cautela e, ainda, conferindo ao necessitado ampla e gratuita assistência judicial fornecendo-lhe profissionais capazes de bem defender suas pretensões.[5]

---

1 Estudo empreendido em homenagem ao amigo Sergio Bermudes, que, dentre outras prendas, me honrou, ao compor Banca de avaliação, para que eu pudesse ingressar no Quadro de Professores da PUC-RIO.

2 CRFB, art. 5º. LV (aos litigantes, em processo judicial ou administrativo e aos acusados em geral são assegurados o contraditório e ampla defesa, com os meios e recursos a ela inerentes).

3 Dinamarco, Candido. *A Instrumentalidade do Processo.* São Paulo: RT, 1987, especialmente pp. 177-193.

4 Dinamarco, Candido. *A Instrumentalidade do Processo.* São Paulo: RT, 1987, p. 191. O autor remonta à *Tarzia G.(Parità delle armi tra le parti e poteri del giudice nel processo civile).*

5 A Constituição Federal determina a organização da Defensoria Pública, quer no âmbito da União Federal, quer na esfera dos Estados. A carreira, cujo acesso

O Código de Processo Civil de 2015 procurando adotar nas relações processuais um paradigma democrático fez constar, logo de início, normas fundamentais, quase todas egressas do texto constitucional federal.[6]

Dentre as mudanças mais importantes consta, justamente, o novo patamar do contraditório que se quer participativo, o que redunda na configuração do princípio da não surpresa, determinando que nenhuma decisão poderá recair sobre questão que não foi submetida ao prévio contraditório, mesmo aquelas questões passiveis de conhecimento *ex officio* por força do comando inserido no art. 10 e aplicável a qualquer grau de Jurisdição.

Para que haja defesa efetiva o sistema processual organiza atos de comunicação, que têm por escopo, além de vincular a parte ao processo (citação), informá-la da prática de determinados atos ou de abstenção dos mesmos (intimação).

A citação constitui o ato de comunicação de maior relevância para o processo, por ser aquele que integra o réu à relação processual, possibilitando sua defesa, tendo como escopo, ainda, comunicar aos interessados a existência de determinada pretensão que se relaciona com sua situação jurídica, nesse último caso ela esteja vinculada ao chamado procedimento edital, comum nas ações de usucapião e nas ações discriminatórias. O Código de 2015 extinguiu o procedimento especial de usucapião, permitindo a sua realização por via cartorária, extrajudicialmente, exportando as regras anteriores para o âmbito da Lei de Registros Públicos (Lei no. 6.015-73).[7] Mas o procedimento demarcatório, bem como o divisório foram mantidos.[8]

Tal ato processual é sempre necessário, pena de nulidade absoluta. Admite-se, no entanto, o ingresso espontâneo nos autos, o que supre a ausência de ato formal de citação.

é exclusivo por concurso público, é regulada pela Lei Complementar no. 80 de 12.01.94. Alguns, como Nagib Slaibi Filho, aduzem que a defesa é de natureza obrigatória, ante os termos da norma constitucional que determina a ampla defesa, inclusive em processos administrativos (*Anotações à Constituição de 1988.* Rio de Janeiro: Forense, 1989, pp. 218-222).

6 Código de Processo Civil de 2015, arts. 1º-12.

7 Código de Processo Civil de 2015, art. 1.071.

8 Código de Processo Civil de 2015, arts. 569-598.

A intimação é o ato de comunicação processual que tem por fito cientificar alguém de que deve fazer ou deixar de fazer alguma coisa.[9]

A intimação pode ser efetuada pelo escrivão, pelo oficial de justiça ou através da publicação do despacho ou decisão do juiz no órgão oficial do Poder Judiciário.[10]

Não havia previsibilidade legal para a intimação via edital ou por hora certa mas o Código de Processo Civil de 2015 estabeleceu, expressamente, tal possibilidade.[11]

Os membros do Ministério Público e da Defensoria Pública tem a prerrogativa funcional de serem intimados pessoalmente, para a prática dos atos processuais.[12]

2. Aspectos Gerais

2.1. Da Resposta do Réu

Sob o título resposta do réu, o Código de Processo Civil de 1973 relacionava três modalidades de defesa: as exceções de incompetência, impedimento e suspeição; a reconvenção; e a contestação.

Além dessas espécies de defesa poderia o réu, se tivesse motivos para isso, apresentar dois incidentes: impugnação ao valor dado à causa, com fundamento no disposto nos arts. 259 e seguintes do CPC. E, com espeque na legislação extravagante (Lei nº 1.060/50 – que regulamen-

---

9 A intimação foi definida no Art. 234, do Código de Processo Civil de 1973. Norma repetida no art. 269 do Código de Processo Civil de 2015.

10 Normalmente o órgão oficial é o Diário Oficial do Estado, podendo, no entanto, nas Comarcas do interior dos Estados, haver a publicação em jornais de circulação local. Caso haja mais de uma publicação a escolha é efetuada mediante o regular procedimento licitatório, hoje regido pela Lei nº 8.666/93, com alterações posteriores.

11 Theodoro Júnior, Humberto. *Curso de Direito Processual Civil, Vol.1.* Rio de Janeiro: Forense, p. 268. Código de Processo Civil de 2015, 275, § 2º.

12 O art. 236, § 2º, do Código de Processo Civil de 1973, determinava a intimação pessoal do membro do Ministério Público. Quanto ao Defensor Público, tal disposição encontrava-se no Art. 5º, § 5º, da Lei nº 1.060, de 05.02.50, que regulava a prestação da Assistência Judiciária às partes carentes, tal inovação foi introduzida pela Lei nº 7.871, de 08.11.89 e foi incorporada à Lei Complementar no. 80, de 12.01.94, que regulamentou, em nível nacional, a carreira de Defensor Público (art. 44, inciso I). A Lei no. 1.060-50 foi praticamente toda revogada pelo CPC de 2015 que possui extensa regulação sobre o tema (arts. 98-102). A intimação pessoal foi mantida no CPC de 2015 nos arts. 180 e 186 e ampliada para a Fazenda Pública (art. 183).

tava a gratuidade de Justiça), ofertar impugnação à gratuidade deferida ao autor.

Cumpre distinguir, primeiramente, que se costuma dividir a defesa apresentada pelo réu em duas categorias: a peremptória e a dilatória (contra o processo) e a direta e indireta (contra o mérito).

A defesa de natureza peremptória tem por objetivo a extinção do processo, sem julgamento de mérito, ante a existência de algum vício que impossibilite o regular prosseguimento do mesmo, como, por exemplo, a inexistência de alguma das condições da ação (possibilidade jurídica do pedido, interesse de agir e legitimidade das partes).

Será dilatória a defesa apresentada quando a sua aceitação somente acarretar a procrastinação do feito, como, *verbi gratia,* ocorre com a incompetência absoluta ou relativa.

No que se refere ao mérito, a defesa apresentada poderá somente restringir-se à negativa dos fatos articulados pelo autor, limitando-se, a parte ré, a aguardar a produção das provas dos fatos constitutivos do direito, cujo ônus pertence ao ocupante do polo ativo da relação processual.[13] Tal panorama foi modificado pelo CPC de 2015 que instituiu a teoria dinâmica do ônus da prova.[14]

Quando o réu pretender alegar fatos impeditivos, extintivos ou modificativos do direito do autor, tal defesa se reputa indireta, cabendo ao mesmo o *onus probandi.*

Como exemplo de fato impeditivo teríamos a alegação de incapacidade absoluta para contratar; como fato modificativo citaríamos a novação; e, como fato extintivo, o pagamento. Em todas essas hipóteses caberia ao réu comprovar o alegado.[15]

2.1.1. Da Contestação

As regras sobre a peça defensiva estrita estavam catalogadas nos artigos 300 a 303, do Código de Processo Civil de 1973.

O artigo 301 enumerava matérias que deveriam ser alegadas antes de a parte enfrentar o mérito da causa. Seriam elas: incompetência abso-

13 Tal regra seria, anteriormente, só excepcionada pelo Código de Defesa do Consumidor que, inovando na espécie transferiu para o fornecedor tal ônus (Lei nº 8.078, de 08.09.90).

14 CPC de 2015, art. 373, § 1º.

15 Barbosa Moreira, José Carlos. *O Novo Processo Civil Brasileiro,* Rio de Janeiro: Forense, p. 48.

luta, inépcia da petição inicial, incapacidade da parte, defeito de representação, falta de autorização, conexão, perempção, litispendência, coisa julgada, compromisso arbitral, falta de caução ou prestação exigida pela lei como pré-requisito.

Deveria a contestação ser apresentada de forma autônoma, sendo articulada, vale dizer, rebatendo, ponto por ponto, o alegado na peça exordial, salvo se o conjunto da defesa apresentada contradisser algum fato não negado, na dicção do art. 302, III, do Código de Processo Civil de 1973.[16]

Tal regramento, no entanto, encontrava exceção quando da ocorrência de citação ficta ou sendo o réu preso, caso não ocorresse a resposta, caracterizada, dessa forma, a revelia. Nesse caso, consoante a norma inscrita no artigo 9º, do Estatuto de 1973, haveria a nomeação de Curador Especial, pena de nulidade do processo.

A apresentação da peça contestatória limitava a controvérsia, não podendo o réu alegar novos fatos, salvo direito superveniente ou circunstâncias que caracterizassem nulidade absoluta.[17]

2.1.2. Das Exceções

A palavra exceção pode ser utilizada, no direito processual, como sinônimo de defesa. Nesse sentido, poderíamos falar de exceção de prescrição, exceção de coisa julgada, exceção de usucapião. Em outro sentido, nós nominaríamos as defesas, de caráter processual, previstas no Código.

As exceções ditas processuais, previstas no Código de Processo Civil de 73, eram três: incompetência, impedimento e suspeição.

A primeira dizia respeito à incompetência relativa, que seria aquela passível de prorrogação, caso não alegada pelas partes, no prazo legal e teria como objetivo regularizar uma determinada situação do órgão judicial: o juízo. Não poderia o juiz ser tachado de incompetente, em termos processuais, pois tal vício é do órgão, não da pessoa física que o ocupa.

16 Além disso, o mesmo artigo tratava de duas outras hipóteses: a inadmissibilidade da confissão e a inexistência de instrumento público instruindo a peça vestibular, sendo o documento referente à substância do ato, v.g.: certidão de casamento ou escritura pública.

17 Barbosa Moreira, além disso, cita a presunção de fatos não contestados serem considerados verazes, bem como acarretar a responsabilidade do réu pelo pagamento das custas do retardamento do processo e da sucumbência. (*O Novo Processo Civil Brasileiro,* Rio de Janeiro: Forense, p. 50).

A oposição da referida defesa, de nítida coloração dilatória, determinaria a suspensão do processo, segundo a doutrina dominante, até o julgamento do incidente em primeiro grau de jurisdição. Havia o processamento em autos apartados, eis que tal modalidade de resposta se concretizaria em petição autônoma das demais, nominado aquele que alegasse o vício de excipiente e a outra parte de excepto.

O julgamento da incompetência se realizaria através de uma decisão interlocutória, portanto passível do recurso de agravo de instrumento.[18]

Outro seria o procedimento aplicável às exceções de impedimento e de suspeição.

Os motivos que caracterizavam o impedimento constavam do conteúdo do artigo 134, do Código de Processo Civil de 1973 e sua existência proibia a participação do juiz no processo, sendo considerada causa de nulidade absoluta, sujeitando a decisão à ação rescisória, conforme comando expresso no artigo 485, II, do já citado diploma legal.[19]

Apesar de ser regulamentada segundo um mesmo procedimento, a alegação de suspeição não mereceu o mesmo tratamento do impedimento sendo considerada uma nulidade relativa e submetida ao regime da preclusão.[20]

Os motivos ensejadores da suspeição estavam catalogados no art. 135, do Código de Processo Civil de 1973 e sua incidência lança sobre

---

18 O nosso sistema recursal, no regime do CPC de 73, estava organizado no sentido de que caberia determinado recurso de acordo com a natureza da decisão. Da sentença caberia apelação; da decisão interlocutória, o recurso cabível seria o agravo e inexistiria recurso dos denominados despachos de mero expediente. Qualquer decisão poderia ser objeto de embargos de declaração, segundo a doutrina dominante. Os acórdãos, decisão dos órgãos judiciais colegiados poderiam ser atacados por outros recursos, previstos no Código (v.g.: extraordinário, especial, embargos infringentes etc.). o regulamento geral dos recursos constava dos arts. 496-546 do CPC de 1973. No novo Código os recursos foram deslocados para os arts. 1007-1057 ao final do referido diploma. Houve extinção dos Embargos Infringentes e criação de um incidente de infringência *ex officio* (art. 942).

19 A ação rescisória deveria ser proposta no prazo de dois anos, a contar do trânsito em julgado da decisão. (CPC de 1973, art. 495). Após decorrido o referido biênio, mesmo que fosse caracterizada qualquer nulidade absoluta, por motivos de segurança, não haveria como modificar a decisão. Mas, nos últimos anos cresceu a interpretação favorável à flexibilização da coisa julgada.

20 Theodoro Junior, Humberto. *Curso de Direito Processual Civil*. Rio de Janeiro: Forense, p. 382.

o juiz a pecha de parcialidade com a causa, dada sua vinculação com as partes ou com o objeto da causa.

No entanto, a decisão proferida por juiz suspeito não serviria de fundamento para a ação rescisória, por não prevista tal hipótese em qualquer inciso do art. 485, do Código de Processo Civil de 1973. O que foi mantido pelo Código de Processo Civil de 2015.[21]

Tanto a exceção de impedimento, quanto a de suspeição criavam um incidente processual tendo como excepto o juiz da causa, pois a alegação é endereçada, sempre, à pessoa física, nunca ao juízo. Dessa forma, a aceitação de tal circunstância, ou seja, a incidência de qualquer motivo de suspeição ou impedimento afasta o juiz do feito. Em havendo resistência do julgador, por outro lado, a circunstância de ser o mesmo interessado no desfecho do incidente transferiria ao órgão revisor o julgamento do fato, suspendendo-se o processo.

Decidido o incidente pelo Tribunal, o processo teria o seu regular prosseguimento ou com o anterior juiz, em caso de não acolhimento da alegação de suspeição ou impedimento ou com juiz designado especialmente pelo tribunal.[22]

Por consequência, o Juiz seria condenado nas custas do incidente com o reconhecimento de sua suspeição ou impedimento.

2.1.3. Da Reconvenção

A reconvenção é muito mais do que mera peça defensiva, modalidade de resposta caracterizada por conter um ato positivo do réu, contra-atacando seu oponente, baseado em causa conexa. O Código refere-se, aliás, a conexidade com a causa ou com o fundamento de defesa.

Segundo José Carlos Barbosa Moreira, a conexão prevista no art. 315 seria mais ampla daquela referida no artigo 103, ambos do Código de Processo Civil.[23] A reconvenção deve ser apresentada em peça autônoma, obedecido o prazo de resposta. Caso esse transcorra *in albis*, sendo o réu revel, não mais poderá ser a mesma apresentada.

21 Código de Processo Civil de 2015, art. 966, II.

22 Outra hipótese pode ocorrer com a participação do juiz tabelar que, em regra, é o da Vara imediatamente superior.

23 Barbosa Moreira, José Carlos. *O Novo Processo Civil Brasileiro*, Rio de Janeiro: Forense, p. 56.

As regras quanto à reconvenção constavam dos arts. 315 a 318 do CPC de 1973.

A inexistência da petição reconvencional não impediria, entretanto, a distribuição, por dependência, de ação conexa, devendo, nesse caso, haver o julgamento conjunto de ambos os processos.

Tal modalidade de resposta seria privativa do réu, não podendo o autor apresentá-la, salvo para aqueles que admitissem a possibilidade de existência de reconvenção de reconvenção.[24]

Inúmeras regras existiam, tanto no Código de Processo Civil de 1973, como em leis esparsas que inadmitiam a reconvenção. Face ao texto constitucional que prevê a ampla defesa com os recursos a ela inerentes, tais dispositivos seriam de duvidosa constitucionalidade. No entanto, salvo engano, não houve, até o presente momento, pronunciamento judicial a respeito do assunto.[25]

O sistema do CPC de 1973 proibia a reconvenção quando o autor atuasse como substituto processual (art. 315, parágrafo único).[26]

A comunicação da reconvenção ao autor ocorre mediante intimação consoante o comando do art. 316. Tal ato tem força de citação dada a natureza de ação dessa espécie defensiva.[27] Apesar dessa caracterização

---

24 Passos, J.J. Calmon de. *Comentários ao Código de Processo Civil.* Rio de Janeiro: Forense, 1988, p. 363. Pimentel, Wellington Moreira, *Comentários ao Código de Processo Civil.* São Paulo: RT, p. 326. Este autor não admite reconvenção de reconvenção (*reconventio reconventionis fieri non potest*). Greco, Leonardo. *Instituições de Processo Civil (Processo de Conhecimento)*, Volume II. Rio de Janeiro: Forense, 2010, p. 79. O autor indica que a maior parte da doutrina admite tal possibilidade. Admitindo: Fux, Luiz. *Curso de Direito Processual Civil.* Rio de Janeiro: Forense, 2008, p. 859.

25 O art. 315, do Código de Processo Civil de 73 proibia a reconvenção no procedimento sumário. O Código de Processo Civil de 2015 unificou os antigos procedimentos ordinário e sumário no procedimento comum. A Lei nº 6.515/77, que regulamenta o divórcio, proíbe a reconvenção quando o pedido for de conversão de separação judicial. A Lei nº 7.244/84, que regulamentava o Juizado de Pequenas Causas também proibia tal espécie de defesa. Tal norma foi renovada pela Lei no. 9.099-95 que regula os Juizados Especiais Cíveis. Por outro lado, nas ações denominadas dúplices, como as ações possessórias ela é inadmitida, por ter a contestação força reconvencional.

26 Marinoni. Luiz Guilherme e Arenhart, Sergio Cruz. *Manual do Processo de Conhecimento.* São Paulo: RT, 2006, p. 153.

27 Greco, Leonardo. *Instituições de Processo Civil (Processo de Conhecimento)*, Volume II. Rio de Janeiro: Forense, 2010, p. 79.

o ato ocorrerá como se fosse intimação direcionada ao advogado, ocorrendo a sua publicação no Diário Oficial, como de costume.[28]

O jurista Clito Fornaciari Júnior, autor de uma das melhores monografias sobre o tema, dentre inúmeras questões relevantes apontava a polemica sobre a confluência entre a reconvenção e ação declaratória incidental.[29] A ausência de regras especificas sobre a declaratória incidental levava, naturalmente, a sua identificação com aquelas aplicadas à defesa reconvencional. José Carlos Barbosa Moreira[30] identificava que quando incidente sobre questão prejudicial a reconvenção e a declaratória incidental teriam conteúdos idênticos. Mas a reconvenção não teria somente tal possibilidade pois poderia ser mas ampla abrangendo pedidos condenatórios e constitutivos.[31]

O Ministro do STF Luiz Fux apontava outro item que gerava ampla discussão consistente na formação de litisconsórcio em decorrência da especificidade do pedido reconvencional. Apresentava, exemplificativamente, caso em que a ação originária seria pessoal e a reconvenção de natureza real, sendo que essa levaria ao litisconsorte necessário à luz do art. 10 do CPC de 1973.[32]

3. Defesa na Fase Cognitiva no CPC de 2015

O Código de 2015 excluiu a expressão resposta estabelecendo o termo contestação para identificar a defesa do réu.[33] O legislador optou pela concentração defensiva extinguindo a exceção de incompetência que foi trasladada para preliminar de contestação.[34] Na mesma linha foram extintos os incidentes de impugnação ao valor da causa e de impug-

---

28 Greco, Leonardo. *Instituições de Processo Civil (Processo de Conhecimento)*, Volume II. Rio de Janeiro: Forense, 2010, p. 79.

29 Fornaciari Júnior. Clito. *Da Reconvenção no Direito Processual Civil Brasileiro*. São Paulo: Saraiva, 1983, pp. 46-47.

30 Barbosa Moreira, José Carlos. *O Novo Processo Civil Brasileiro,* Rio de Janeiro: Forense, p. 45.

31 Fornaciari Júnior. Clito. *Da Reconvenção no Direito Processual Civil Brasileiro*. São Paulo: Saraiva, 1983, pp. 46-47.

32 Fux, Luiz, *Curso de Direito Processual Civil*. Rio de Janeiro: Forense, 2008, pp. 551-552.

33 Código de Processo Civil de 2015, arts. 335-342; e também a regulação da Reconvenção, art. 343.

34 Código de Processo Civil de 2015, art. 337, II.

nação à gratuidade de Justiça também transformados em preliminares.[35]

Com autonomia somente perduraram as exceções de suspeição e impedimento.[36]

A reconvenção também deve ser apresentada no bojo da petição contestatória.[37]

Por força do movimento de concentração defensiva e rearrumação de vários institutos, a preliminar de ilegitimidade alberga caracteres da antiga intervenção de terceiros intitulada Nomeação à Autoria.[38]

Com o fito de facilitar a atuação do réu, havendo alegação de incompetência relativa pode a peça ser apresentada no foro do domicilio do réu, com comunicação imediata ao Juízo da causa, de preferência por meio eletrônico.[39] Caso a incompetência seja declarada o Juízo que recebeu a contestação será prevento para a ação proposta.[40]

O prazo para apresentação da defesa continua de quinze dias,[41] com as modificações dos prazos diferenciados para os litisconsortes,[42] para a Defensoria Pública,[43] para o Ministério Público[44] e para a Fazenda Pública.[45]

Com a instituição do procedimento comum os marcos para a contagem de prazos também são modificados,[46] podendo partir da data da audiência de conciliação ou mediação cujo comparecimento passa a ser obrigatório, sob pena de multa, bem como os critérios para a contagem que passaram a ser em dias úteis para os prazos processuais.[47] Aqui também houve a inclusão de norma que estabelece o termo inicial vinculado à data do protocolo do pedido de cancelamento da audiência de conciliação ou mediação.

---

35 Código de Processo Civil de 2015, art. 337, III e XIII.

36 Código de Processo Civil de 2015, arts. 144-148.

37 Código de Processo Civil de 2015, art. 343.

38 Código de Processo Civil de 2015, arts. 338-339.

39 Código de Processo Civil de 2015, art. 340.

40 Código de Processo Civil de 2015, art. 340.

41 Código de Processo Civil de 2015, art. 335.

42 Código de Processo Civil de 2015, art. 229.

43 Código de Processo Civil de 2015, art. 186.

44 Código de Processo Civil de 2015, art. 180.

45 Código de Processo Civil de 2015, art. 183.

46 Código de Processo Civil de 2015, art. 335.

47 Código de Processo Civil de 2015, art. 219.

Observadas tais modificações o corpo da peça defensiva tradicional mantém a estrutura desenhada pelo revogado Código de Processo Civil de 1973.

Nessa linha, a contestação deve ser articulada.[48]

Do mesmo modo, o rol de preliminares é mantido, com os acréscimos já indicados. Assim, temos como matéria que deve ser alegada antes do mérito: inexistência ou nulidade da citação; incompetência absoluta e relativa; incorreção do valor da causa; inépcia da petição inicial; perempção; litispendência; coisa julgada; conexão; incapacidade da parte, defeito de representação ou falta de autorização; convenção de arbitragem; ausência de legitimidade ou de interesse processual; falta de caução ou de outra ou de outra prestação que a lei exige como preliminar; indevida concessão do benefício de gratuidade de justiça.[49]

E, apesar da mudança do regime das preclusões que permite alegar todas as matérias no recurso de apelação, sendo extinto o agravo retido, existem dois tópicos que, se não alegados como preliminares, precluem: a incompetência relativa e a convenção de arbitragem, que também não podem ser conhecidas *ex officio*.[50]

O novo Código de Processo Civil excluiu as exceções processuais da organização da defesa tendo ocorrido, inclusive, o título resposta do réu. As hipóteses de impedimento e de suspeição foram mantidas nos arts. 144-148, mas a sua apresentação passa a ocorrer por petição, originando um incidente autônomo.

O projeto inicial não previa a reconvenção tendo optado pela previsão do pedido contraposto que é a alternativa hoje existente no procedimento sumário do CPC de 1973[51] e nos Juizados Especiais Cíveis.[52]

48 Código de Processo Civil de 2015, art. 341.

49 Código de Processo Civil de 2015, art. 337.

50 Código de Processo Civil de 2015, art. 337, § 5º. e § 6º .

51 Art. 278. Não obtida a conciliação, oferecerá o réu, na própria audiência, resposta escrita ou oral, acompanhada de documentos e rol de testemunhas e, se requerer perícia, formulará seus quesitos desde logo, podendo indicar assistente técnico. (Redação dada pela Lei nº 9.245, de 26.12.1995) § 1º É lícito ao réu, na contestação, formular pedido em seu favor, desde que fundado nos mesmos fatos referidos na inicial.(grifo nosso).

52 Lei nº 9.099-95. Art. 31. Não se admitirá a reconvenção. É lícito ao réu, na contestação, formular pedido em seu favor, nos limites do art. 3º desta Lei, desde que fundado nos mesmos fatos que constituem objeto da controvérsia.

Essa exclusão romperia com uma tradição no sistema processual pátrio que recebeu o instituto a partir da influência do direito romano que na novela 96 e na constituição de Justiniano tratava do tema e que foi recebido pelas Ordenações Afonsinas sob o titulo "Das ações e reconvenções".[53]

O instituto foi mantido nas Ordenações Manoelinas e, depois, nas Filipinas. Em Portugal, o Código de Processo Civil de 1876 também incorporou a reconvenção.[54]

Esse movimento avançou pelo Brasil influenciando o Regulamento 737 de 1850, bem como os Códigos Estaduais e no CPC de 1939.[55]

O novo CPC apresenta as regras de reconvenção no art. 344. [56] Logo no início paira uma dúvida quanto à autonomia da peça reconvencional, pois a norma indica que a reconvenção será apresentada na contestação.

Aparentemente, apesar de ter mantido a reconvenção, o novo CPC adotou o modelo do processo do trabalho onde a mesma deve ser incluída no bojo da própria contestação.

Não haverá, contudo, qualquer nulidade em caso de apresentação da peça de forma autônoma, privilegiando-se a finalidade do ato em detrimento das formas aplicando o princípio da instrumentalidade do processo tão caro a Candido Rangel Dinamarco.[57]

---

53 Santos, Moacyr Amaral. *Da Reconvenção no Direito Brasileiro*. São Paulo: Max Limonad, 1966, p. 94.

54 Santos, Moacyr Amaral. *Da Reconvenção no Direito Brasileiro*. São Paulo: Max Limonad, 1966, p. 106.

55 Santos, Moacyr Amaral. *Da Reconvenção no Direito Brasileiro*. São Paulo: Max Limonad, 1966, pp. 107-108.

56 Art. 344. Na contestação, é lícito ao réu propor reconvenção para manifestar pretensão própria, conexa com a ação principal ou com o fundamento da defesa. § 1º Proposta a reconvenção, o autor será intimado, na pessoa de seu advogado, para apresentar resposta no prazo de quinze dias. § 2º A desistência da ação ou a ocorrência de causa extintiva que impeça o exame de seu mérito não obsta ao prosseguimento do processo quanto à reconvenção. § 3º Contra a decisão que indeferir liminarmente a reconvenção ou que a julgar liminarmente improcedente cabe agravo de instrumento. § 4º A reconvenção pode ser proposta contra o autor e terceiro. § 5º A reconvenção pode ser proposta pelo réu em litisconsórcio com terceiro. § 6º Se o autor for substituto processual, o reconvinte deverá afirmar ser titular de direito em face do substituído e a reconvenção deverá ser proposta em face do autor, também na qualidade de substituto processual. § 7º O réu pode propor reconvenção independentemente de oferecer contestação.

57 Dinamarco, Candido Rangel. *A Instrumentalidade do Processo*. São Paulo: Malheiros, 2003.

No pertinente à relação de conexidade permanecem os mesmos pressupostos podendo aqui aplicar-se as referencias de Leonardo Greco aplicáveis ao modelo anterior. Nesse sentido, podem surgir pedidos diversos motivados pelo vínculo com a causa de pedir ou pedidos idênticos.[58]

No primeiro caso teríamos a ação baseada em relação contratual onde o autor postula a condenação no pagamento de uma prestação e o reconvinte afirma violação de cláusula contratual e postula a rescisão da avença.[59]

A ação de separação judicial contenciosa pode receber uma reconvenção e ambas possuírem os mesmos pedidos, mas os fundamentos podem ser diversos e, frequentemente o são.[60] Deve ser destacado que, apesar de, atualmente, por força de comando constitucional, inexistir mais limite rigoroso quanto ao divórcio,[61] o Código de Processo Civil mantém a ação de separação judicial ao prever regra de competência.[62]

A conexão com o fundamento de defesa está jungida com algum argumento defensivo. Leonardo Greco indica o exemplo de uma ação de cobrança onde a defesa apresentada é a compensação e, além disso, a existência de um crédito remanescente dessa outra relação contratual. Esse valor poderia ser cobrado mediante reconvenção.[63]

Manteve o sistema o procedimento de intimação do reconvindo através do seu advogado. O ato, no CPC de 1973 possuía forma de intimação mas força de citação.[64] Lição que continua válida diante da não modificação da norma.

---

58 Greco, Leonardo. *Instituições de Processo Civil (Processo de Conhecimento)*, Volume II. Rio de Janeiro: Forense, 2010, p. 77.

59 Greco, Leonardo. *Instituições de Processo Civil (Processo de Conhecimento)*, Volume II. Rio de Janeiro: Forense, 2010, p. 77. No mesmo sentido, Amaral Santos, Moacyr. *Primeiras Linhas de Direito Processual Civil, vol 2.* São Paulo: Saraiva, 2011, p. 268.

60 Greco, Leonardo. *Instituições de Processo Civil (Processo de Conhecimento)*, Volume II. Rio de Janeiro: Forense, 2010, p. 78.

61 CRFB, art. 226, § 6º. Com a modificação realizada pela Emenda Constitucional no. 66, de 2010 imediatamente após o casamento pode o casal postular o divórcio sem aguardar qualquer período, como anteriormente existia, com prazo de um ano após a separação judicial ou de dois anos havendo separação de fato.

62 Código de Processo Civil de 2015, art. 53, I.

63 Greco, Leonardo. *Instituições de Processo Civil (Processo de Conhecimento)*, Volume II. Rio de Janeiro: Forense, 2010, p. 78.

64 Arruda Alvim. José Manoel de. *Manual de Direito Processual Civil, vol. 2.* São Paulo: RT, 1997, pp. 313-314.

Houve inovação quanto à desistência da ação não se comunicar automaticamente à reconvenção, ocorrendo a ampliação para a hipótese de extinção da ação (na verdade processo) sem exame de mérito. No CPC de 1973 a previsão dessas hipóteses constava do art. 267.[65] No novo estatuto é referida no art. 495.[66] Os fundamentos para extinção do processo não sofreram modificação estrutural.

O novo Código esclareceu um dos pontos mais polêmicos ocorridos no CPC de 1973, que originou acerbo debate entre os processualistas, consubstanciado na verificação de qual seria o recurso cabível contra a decisão que indeferisse, liminarmente, a reconvenção.

De um lado, Sergio Bermudes e Alcides de Mendonça Lima defendendo o cabimento da apelação; do outro, Arruda Alvim, J.J. Calmon de Passos, Carlos Silveira Noronha e Moacyr Amaral Santos, dentre outros.[67]

A opção foi adotar a interpretação da corrente dominante. Agora, sem polêmica, cabe agravo nessa hipótese.

---

65 Art. 267. Extingue-se o processo, sem resolução de mérito: (Redação dada pela Lei nº 11.232, de 2005) I - quando o juiz indeferir a petição inicial; Il - quando ficar parado durante mais de 1 (um) ano por negligência das partes;III - quando, por não promover os atos e diligências que lhe competir, o autor abandonar a causa por mais de 30 (trinta) dias;IV - quando se verificar a ausência de pressupostos de constituição e de desenvolvimento válido e regular do processo;V - quando o juiz acolher a alegação de perempção, litispendência ou de coisa julgada;Vl - quando não concorrer qualquer das condições da ação, como a possibilidade jurídica, a legitimidade das partes e o interesse processual;Vll - pela convenção de arbitragem; (Redação dada pela Lei nº 9.307, de 23.9.1996) Vlll - quando o autor desistir da ação;IX - quando a ação for considerada intransmissível por disposição legal; X - quando ocorrer confusão entre autor e réu; XI - nos demais casos prescritos neste Código.

66 Art. 495. O órgão jurisdicional não resolverá o mérito quando: I – indeferir a petição inicial; II – o processo ficar parado durante mais de um ano por negligência das partes; III – por não promover os atos e as diligências que lhe incumbir, o autor abandonar a causa por mais de trinta dias; IV – verificar a ausência de pressupostos de constituição e de desenvolvimento válido e regular do processo; V – reconhecer a existência de perempção, de litispendência ou de coisa julgada; VI – verificar ausência de legitimidade ou de interesse processual; VII – acolher a alegação de existência de convenção de arbitragem ou quando o juízo arbitral reconhecer sua competência, nos termos do art. 348; VIII – homologar a desistência da ação; IX – em caso de morte da parte, a ação for considerada intransmissível por disposição legal; e X – nos demais casos prescritos neste Código.

67 Fornaciari Júnior. Clito. *Da Reconvenção no Direito Processual Civil Brasileiro*. São Paulo: Saraiva, 1983, pp. 168-169.

Também restou esclarecido, como já apontava a doutrina, que é possível a reconvenção criar um litisconsórcio.[68]

Além disso, estabeleceu também a possibilidade de a reconvenção ser proposta pelo réu em litisconsórcio com um terceiro, criando uma via de mão dupla.

Em suma, permite-se a criação do litisconsórcio no polo ativo e no polo passivo com a reconvenção.

Houve esclarecimento quanto à possibilidade de existir reconvenção em casos de substituição processual. Aqui se aplica a regra da legitimação extraordinária quando o titular da ação, autorizado por lei, persegue a proteção de pretensão alheia e não própria. Na doutrina, Luiz Fux já defendia tal possibilidade indicando o exemplo da ação de responsabilidade civil proposta por acionista minoritário para obter a condenação dos administradores da sociedade, mas limitando o pleito reconvencional à sociedade e somente caso o autor pudesse atuar com substituto processual da mesma.[69] Aplica-se o princípio da identidade bilateral relativa à identidade subjetiva do direito.[70]

A última alteração especificou a possibilidade de apresentação de reconvenção independentemente de contestação.

Embora não prevista no sistema anterior e também não seja comum no dia-a-dia forense tal possibilidade sempre foi admitida.[71] Sobre o tema poderia haver a ressalva da impossibilidade de se apresentar reconvenção sem contestação quando o vinculo fosse com o fundamento de defesa.[72] O que comumente sofreu rejeição foi a apresentação em momentos diversos das duas peças defensivas dada a regra de concomitância prevista no CPC de 1973.

A apresentação de contestação e reconvenção de formas autônomas remete a outro debate relacionado à revelia quando a doutrina se biparte, de um lado, na defesa de sua existência somente quando não é apre-

68 Fux, Luiz, *Curso de Direito Processual Civil*. Rio de Janeiro: Forense, 2008, pp. 551-552. Contra: Frederico Marques, José. *Manual de Direito Processual Civil vol 2*. São Paulo: Saraiva, 1974, p. 95.

69 Fux, Luiz, *Curso de Direito Processual Civil*. Rio de Janeiro: Forense, 2008, p. 551.

70 Passos, J.J. Calmon de. *Comentários ao Código de Processo Civil*. Rio de Janeiro: Forense, 1988, p. 312.

71 Fux, Luiz, *Curso de Direito Processual Civil*. Rio de Janeiro: Forense, 2008, p. 554.

72 Fux, Luiz, *Curso de Direito Processual Civil*. Rio de Janeiro: Forense, 2008, p. 554.

sentada qualquer espécie de resposta;[73] de outro, aduzindo que existe a revelia se a contestação não for apresentada,[74] mas sim a reconvenção.

A inclusão da reconvenção no bojo da peça contestatória busca resolver esse dilema.

Questão de extrema importância debatida no sistema do CPC de 1973 foi o de identificar as denominadas ações dúplices. Nesse caso, inviável a reconvenção por possibilidade de pedido contraposto na própria contestação. Apontam-se, nesse caso, o procedimento sumário, a consignação em pagamento, a prestação de contas, as possessórias, a desapropriação, os Juizados Especiais Cíveis.[75]

Destaque-se que no âmbito dos Juizados Especiais e do procedimento sumário (agora revogado) o pedido contraposto sempre foi mais limitado pois vinculado aos fatos narrados na exordial somente.[76]

Também de forma majoritária admitem-se reconvenções sucessivas[77] ou reconvenção de reconvenção.[78] Nesse ponto, a corrente minoritária lavrava sua tese, dentre outros argumentos, na possível eternização dos processos e na limitação da defesa na reconvenção á contestação.[79]

Continua também aplicável a restrição do sistema anterior quanto à reconvenção em execução.[80]

Ação e reconvenção compõem duas relações autônomas (*conventio* e *reconventio* dos romanos). As provas produzidas no curso do processo

73 Dinamarco, Candido Rangel. *Instituições de Direito Processual Civil, vol. III.* São Paulo: Malheiros, 2001, pp. 507-508.

74 Marinoni. Luiz Guilherme e Arenhart, Sergio Cruz. *Manual do Processo de Conhecimento.* São Paulo: RT, 2006, pp. 130-131.

75 Amendoeira Junior, Sidnei. *Manual de Direito Processual Civil, vol. 1.* São Paulo: Saraiva, 2012, p. 444. Dinamarco, Candido Rangel. *Instituições de Direito Processual Civil, vol. III.* São Paulo: Malheiros, 2001, pp. 502-504. Theodoro Junior. Humberto. *Curso de Direito Processual Civil, vol 1.* Rio de Janeiro: Forense, 2014, p. 439.

76 Greco, Leonardo. *Instituições de Processo Civil (Processo de Conhecimento)*, Volume II. Rio de Janeiro: Forense, 2010, p. 83.

77 Dinamarco, Candido Rangel. *Instituições de Direito Processual Civil, vol. III.* São Paulo: Malheiros, 2001, pp. 504-505.

78 Greco, Leonardo. *Instituições de Processo Civil (Processo de Conhecimento)*, Volume II. Rio de Janeiro: Forense, 2010, p. 79.

79 Calmon de Passos. J.J. *Comentários ao Código de Processo Civil.* Rio de Janeiro: Forense, 1988, p. 363.

80 Greco Filho, Vicente. Direito Processual Civil Brasileiro. São Paulo: Saraiva, 2007, p. 149.

simultâneo serão comunicadas quanto a fatos comuns. Devem ser julgadas em conjunto, consoante aponta, na linha da interpretação assente, Fred Didier Junior.[81] E ainda devem ter condenações autônomas, com as consectárias verbas sucumbenciais.[82]

O Superior Tribunal de Justiça estabeleceu, em regime de julgamento de recursos repetitivos que a reconvenção não seria necessária em caso de devolução em dobro decorrente de cobrança de divida paga.[83]

Em julgamento relevante examinou a admissibilidade de reconvenção de reconvenção no regime do CPC de 2015 respondendo positivamente inclusive referindo que existe norma proibitiva nos embargos monitórios.[84]

Como condicionante para a admissibilidade indicou o acórdão que a questão deveria ter surgido na contestação ou na primeira reconvenção.[85]

Além disso, manteve a autonomia das exceções processuais, indicando os seus motivos nos arts. 144 a 148.

Os motivos de impedimento estão assim enunciados: a) em que interveio como mandatário da parte, oficiou como perito, funcionou como membro do Ministério Público ou prestou depoimento como testemunha; b) de que conheceu em outro grau de jurisdição, tendo proferido

---

81 Didier Junior. Fred. *Curso de Direito Processual Civil, vol 1*. Bahia: Ed. Juspodium, 2007, p. 453.

82 Didier Junior. Fred. *Curso de Direito Processual Civil, vol 1*. Bahia: Ed. Juspodium, 2007, p. 453.

83 A aplicação da sanção civil do pagamento em dobro por cobrança judicial de dívida já adimplida (cominação encartada no artigo 1.531 do Código Civil de 1916, reproduzida no artigo 940 do Código Civil de 2002) pode ser postulada pelo réu na própria defesa, independendo da propositura de ação autônoma ou do manejo de reconvenção, sendo imprescindível a demonstração de má-fé do credor. (tema 622, Segunda Seção, j. aos 25.11.2015

84 NCPC, art.702, § 6º.

85 REsp 1.690.216-RS, Rel. Min. Paulo de Tarso Sanseverino, Rel. Acd. Min. Nancy Andrighi, Terceira Turma, por maioria, julgado em 22/09/2020, DJe 28/09/2020. "Assim, também na vigência do CPC/2015, é igualmente correto concluir que a reconvenção à reconvenção não é vedada pelo sistema processual, condicionando-se o seu exercício, todavia, ao fato de que a questão que justifica a propositura da reconvenção sucessiva tenha surgido na contestação ou na primeira reconvenção, o que viabiliza que as partes solucionem integralmente o litígio que as envolve no mesmo processo e melhor atende aos princípios da eficiência e da economia processual, sem comprometimento da razoável duração do processo."

decisão; c) quando nele estiver postulando, como defensor público, advogado ou membro do Ministério Público, seu cônjuge ou companheiro, ou qualquer parente, consanguíneo ou afim, em linha reta ou colateral, até o terceiro grau, inclusive; d) quando for parte no processo ele próprio, seu cônjuge ou companheiro, ou parente, consanguíneo ou afim, em linha reta ou colateral, até o terceiro grau, inclusive; e) quando for sócio ou membro de direção ou de administração de pessoa jurídica parte no processo; f) quando for herdeiro presuntivo, donatário ou empregador de qualquer das partes; g) em que figure como parte instituição de ensino com a qual tenha relação de emprego ou decorrente de contrato de prestação de serviços; h) em que figure como parte cliente do escritório de advocacia de seu cônjuge, companheiro ou parente, consanguíneo ou afim, em linha reta ou colateral, até o terceiro grau, inclusive, mesmo que patrocinado por advogado de outro escritório; i) quando promover ação contra a parte ou seu advogado.

Houve uma ampliação das circunstancias de impedimento passando a incluir o bloqueio a decisões em processos vinculados a instituições de ensino, quer com contrato de trabalho, quer com contrato de prestação de serviços, este no caso de aulas, cursos, seminários ou palestras eventuais.

Também passou a abranger a integralidade do escritório de advocacia onde cônjuge, companheiro, filho, pai etc. prestem serviço a cliente que deva ser submetido a julgamento pelo magistrado.

As demais opções já eram previstas, em maior ou menor extensão no CPC de 73.

No que concerne à suspeição os motivos passaram a ser: a) amigo íntimo ou inimigo de qualquer das partes ou de seus advogados; b) que receber presentes de pessoas que tiverem interesse na causa antes ou depois de iniciado o processo, que aconselhar alguma das partes acerca do objeto da causa ou que subministrar meios para atender às despesas do litígio; c) quando qualquer das partes for sua credora ou devedora, de seu cônjuge ou companheiro ou de parentes destes, em linha reta até o terceiro grau, inclusive; d) interessado no julgamento do processo em favor de qualquer das partes.

Houve ampliação para abranger as relações de amizade ou inimizade com os advogados das partes e não somente com os sujeitos do processo.

Também passou a incluir as relações de companheirato como motivo ensejador da impossibilidade de atuação do magistrado no processo.

Passou a prever o presenteio não somente das partes, mas de pessoas com interesse na causa, conselheiros do litígio ou seus patrocinadores. Não se exige aqui sequer a vinculação à qualquer profissão jurídica (advogados, membros do Ministério Público, da Magistratura, da Defensoria Pública, das Procuradorias).

Não esclareceu o teor e o conteúdo dos presentes deixando a interpretação para a jurisprudência. Nesse caso não podem ser meras lembranças, como agendas, materiais de valor decorativo, como blocos de notas, canetas comemorativas etc. Mas, sem dúvidas, canetas de marcas valiosas conhecidas, viagens ao exterior, passagens de avião, em qualquer classe, mimos de luxo para a família não podem ser desconsiderados.

Foi mantida a suspeição por motivo íntimo (art. 145, § 1º.).

A autonomia do das exceções é facilmente defluida da regra do art. 146 que estabelece prazo de quinze dias para a alegação e indica o meio (petição), instruída com documentos.

Em caso de reconhecimento, ocorrerá o imediato afastamento do magistrado. Mas, havendo resistência, será a petição autuada em separado e o magistrado poderá se defender também por petição com documentos e rol de testemunhas, no mesmo prazo de quinze dias.

Como no sistema anterior a decisão caberá ao tribunal sendo o juiz considerado parte no incidente.

O relator do incidente poderá determinar ou não a suspensão do processo.

Medidas de urgência serão decididas pelo substituto legal.

Também ocorre a mantença do resultado do julgamento. Caso improcedente, mantém-se o magistrado presidindo o processo; caso acolhido ocorrerá a remessa ao substituto legal e a condenação do juiz nas custas. A inovação aqui consiste em conferir legitimidade recursal ao juiz condenado.

Resta expressa, ainda, a declaração de nulidade dos atos praticados por juiz considerado suspeito ou impedido.

Também mantida a possibilidade de alegação de suspeição ou impedimento relativa ao Ministério Público, peritos, quaisquer auxiliares. Nesses casos, a decisão caberá ao magistrado que dirige o processo, sem suspensão do mesmo.

No âmbito dos tribunais o incidente deverá ser regulado pelos seus regimentos internos, consoante comando do próprio estatuto processual.

4. Conclusões

O CPC de 2015 passou a concentrar a maior parte dos fundamentos de defesa, ai incluída a reconvenção, mas não incorporou as exceções de suspeição e de impedimento que mantiveram sua autonomia passando a ser manejadas a partir do momento em que surge o motivo de bloqueio da atividade do juiz, com prazo de quinze dias que pode ou não coincidir com o momento de defesa.

Não é demais ressaltar que o prazo passa a ser contado em dias úteis, consoante comando geral do Código de 2015.

A estrutura estabelecida pelo novo CPC mantém as regras básicas quanto à reconvenção do sistema anterior.

A par disso, incluiu várias normas que esclarecem pontos controvertidos estabelecidos sob a égide do CPC de 1973.

Não conseguiu substituir essa defesa ativa pelo pedido contraposto, o que transformaria todas as ações em dúplices consoante a doutrina assente.

Diante da manutenção das estruturas e das novas normas com sentido mais esclarecedor podem ser mantidas as lições doutrinárias construídas em anos de aplicação do CPC de 1973 e a profusa produção jurisprudencial, tanto dos tribunais ordinários, como dos extraordinários. O STF antes da Constituição de 1988 e o STJ após o seu advento.

No entanto, apesar desse panorama, nada impede que novas questões sejam apresentadas quanto à interpretação do novo CPC, lei federal, que permite o acesso para uniformização de jurisprudência pelo Superior Tribunal de Justiça.

Por fim não se deve olvidar que, ocorrendo tanta diversidade nos critérios interpretativos maior importância para a segurança no sistema jurídico somente surgirá com a aplicação do sistema dos precedentes que foi inaugurado pela súmula vinculante do Supremo Tribunal Federal e foi ampliada pela lei dos casos repetitivos no âmbito do Superior Tribunal de Justiça e que vem refletida no novo Código de Processo Civil através do incidente sobre resolução de demandas repetitivas.[86]

86 NCPC, Arts. 988-999.

INCONTROVÉRSIA SOBRE PARTE DO OBJETO DO PROCESSO: A SOLUÇÃO NA ARBITRAGEM DEVE SER DIVERSA DA CONSTANTE DO CÓDIGO DE PROCESSO CIVIL?

Flávio Luiz Yarshell

I. A questão

Conquanto os processos arbitrais – por suas características e pelo ambiente propício a essa forma de solução de conflitos – sejam usualmente marcados por intensa e cuidadosa atuação das partes e de seus advogados, não é de se descartar (e a experiência o referenda) que, eventualmente, parte do objeto do processo não seja controvertido. Não se pensa, portanto, na remotíssima hipótese de involuntária falta de impugnação específica, mas em situações nas quais os interesses das partes convergem, parcialmente, de forma substancial. Para não ir muito longe, basta pensar nas situações de resolução contratual, tão recorrentes em arbitragem, em que o término é aceito por ambas as partes, embora com recíprocas acusações sobre a causa da ruptura e com pretensões diversas sobre as consequências; ou, ainda, não hipóteses de resilição por iniciativa de uma das partes, em que o debate remanesce apenas pela restituição de um bem ou pelo pagamento de uma indenização.

Nesses casos, suposto que haja autêntica incontrovérsia (o que exige que não haja debate sobre tema prejudicial), apresenta-se a questão de saber se e como se há de prover sobre a parte não debatida do objeto do processo. Isso se dá, naturalmente, não hipótese em que, não obstante a convergência de interesses, uma das partes – possivelmente por razões estratégicas que passam por tentar impingir ao adversário uma situação menos confortável ou favorável – resiste à solução adjudicada sobre a parcela não debatida. Para tomar os exemplos lembrados, é possível que a falta de interesse sobre a subsistência do vínculo seja mútua, mas que as consequências jurídicas daí decorrentes não o sejam; o que, por exemplo, pode ocorrer nos casos de promessa de venda de imóvel, cuja liberação para nova empreitada decorreria do término da avença, mas que proporcionaria uma vantagem que o adversário quer evitar.

II. A resposta

A questão posta pode ser abordada sob duas perspectivas que, contudo, levam ao mesmo resultado prático: a primeira consiste na análise da incontrovérsia como fator determinante de *julgamento parcial do mérito*, mediante sentença com igual natureza; a segunda consiste na perspectiva da edição de *tutela provisória de evidência*.

Relativamente às sentenças arbitrais parciais, cumpre recordar que a Lei de Arbitragem, com redação dada pela Lei nº 13.129/15, expressamente reconheceu seu cabimento (art. 23, § 1º)[1], distinguindo-a da sentença final (art. 33, § 1º)[2]. A bem da verdade, mesmo antes da alteração, a doutrina dominante já admitia a possibilidade do julgamento do mérito por etapas[3]. Bem ilustra essa constatação a assertiva segundo a qual "na arbitragem, o fatiamento do julgamento de mérito sempre foi possível, independentemente de explícita previsão legal, pouco importando a regulamentação que o diploma processual estatal dava ou dá ao tema"[4].

Portanto, à luz da legislação brasileira vigente, não há dúvida sobre a possibilidade de se fracionar o julgamento do mérito na arbitragem; o

---

1 ARRUDA ALVIM, Eduardo. "Sentença parcial e arbitragem - inovações do projeto de lei nº 406/2013, do Senado Federal", in ROCHA, Caio Cesar Vieira; SALOMÃO, Luis Felipe (coords.). *Arbitragem e mediação: a reforma da legislação brasileira*, Rio de Janeiro, Forense, 2016, pp. 87 e ss.; FICHTNER, José Antonio; MANNHEIMER, Sergio Nelson; MONTEIRO, André Luís. "A sentença parcial na reforma da lei de arbitragem brasileira", in MELO, Leonardo de Campos; BENEDUZI, Renato Resende (coords.). *A reforma da arbitragem*, Rio de Janeiro, Forense, 2016, pp. 535 e ss.

2 Art. 33, § 1º, da Lei nº 9.307/96: "A demanda para a declaração de nulidade da sentença arbitral, **parcial ou final**, seguirá as regras do procedimento comum, previstas na Lei nº 5.869, de 11 de janeiro de 1973 (Código de Processo Civil), e deverá ser proposta no prazo de até 90 (noventa) dias após o recebimento da notificação da respectiva sentença, parcial ou final, ou da decisão do pedido de esclarecimentos" (grifei).

3 CARMONA, Carlos Alberto. *Arbitragem e processo*, 3° ed., São Paulo, Atlas, 2009, pp. 344 e ss.; CARMONA, Carlos Alberto, "Ensaio sobre a sentença arbitral parcial", in *Revista de processo*, nº 165, 2008, pp. 9 e ss.; DINAMARCO, Cândido Rangel. *A arbitragem na teoria geral do processo*, São Paulo, Malheiros, 2013, pp. 176 e ss.; BERALDO, Leonardo de Faria. *Curso de arbitragem*, São Paulo, Atlas, 2014, p. 431; GIUSTI, Gilberto; MARQUES, Ricardo Dalmaso. "Sentenças arbitrais parciais: uma análise prática", in Revista de arbitragem e mediação, nº 26, 2010, pp. 46 e ss.

4 FICHTNER, José Antonio; MANNHEIMER, Sergio Nelson; MONTEIRO, André Luís. "A sentença parcial na reforma da lei de arbitragem brasileira", in MELO, Leonardo de Campos; BENEDUZI, Renato Resende (coords.). *A reforma da arbitragem*, Rio de Janeiro, Forense, 2016, p. 535.

que inclusive pode dispensar expressa manifestação dos litigantes, de tal sorte que "até mesmo se mostrará desnecessária a usual anuência prévia das partes para o julgamento fracionado, em convenção, ata de missão ou termo de arbitragem"[5] . Aliás, essa é a tendência colhida no direito comparado, em que a possibilidade de se proferir sentenças arbitrais parciais é posta com abrangência, sendo prevista pelas legislações italiana, espanhola, suíça, britânica, portuguesa[6]; e reconhecida pela doutrina[7].

Analisando as hipóteses em que os árbitros proferem sentença parcial, a doutrina destaca que isso se dá quando eles se pronunciam sobre a existência de sua jurisdição, afirmando a validade da convenção de arbitragem; ou se limitam a decidir sobre o *an debeatur* (sentença arbitral de condenação genérica); ou, ainda, "decidem sobre algum dos pedidos cumulados, a cujo propósito a instrução da causa já esteja *madura*, deixando para a sentença final os demais capítulos decisórios"[8]. Nesse contexto, portanto, não há dúvida de que, à luz da legislação brasileira, os árbitros podem proferir também um julgamento antecipado de mérito parcial, quando preenchidos os pressupostos arrolados no art. 356 do CPC, segundo o qual "o juiz decidirá parcialmente o mérito quando um ou mais dos pedidos formulados ou parcela deles: I - mostrar-se incontroverso; II - estiver em condições de imediato julgamento, nos termos do art. 355"[9].

A aplicação da referida regra na arbitragem – sem que seja necessário adentrar o tema da aplicação subsidiária do CPC a tal seara – é

5 CAHALI, Francisco José. *Curso de arbitragem*, 6° ed., São Paulo, RT, 2018, p. 324.

6 Para uma análise de direito comparado sobre esse assunto, ver CARMONA, Carlos Alberto. *Arbitragem e processo*, 3ª ed., São Paulo, Atlas, 2009, p. 343; BENEDETTELLI, Massimo; CONSOLO, Claudio; BORZOLO, Luca Radicati di. *Diritto dell'arbitrato interno e internazionale*, Padova, Cedam, 2010, p. 902.

7 RACINE, Jean Baptiste. *Droit de l'arbitrage*, Paris, PUF, 2016, p. 518; BORN, Gary B. *International commercial arbitration*, 2ª ed., The Hague, Kluwer, 2014, p. 3016; SERAGLINI, Christophe; ORTSCHEIDT, Jerôme. *Droit de l'arbitrage interne et international*, Paris, Montchrestien, 2013, p. 372; PUNZI, Carmine. *Disegno sistematico dell'arbitrato*, vol. II, 2ª ed., Padova, Cedam, 2012, pp. 379 ss.

8 DINAMARCO, Cândido Rangel. *A arbitragem na teoria geral do processo*, São Paulo, Malheiros, 2013, pp. 176-177.

9 Sobre esse novo dispositivo, ver: THEODORO JUNIOR, Humberto. *Curso de direito processual civil*, vol. I, 56ª ed., Rio de Janeiro, Forense, 2016, p. 823; MARINONI, Luiz Guilherme; ARENHART, Sérgio Cruz; MITIDIERO, Daniel. *Novo curso de processo civil*, vol. II, São Paulo, RT, 2015, p. 225; DINAMARCO, Cândido Rangel. *Instituições de direito processual civil*, vol. III, 8ª ed., São Paulo, 2018, p. 646.

inquestionável, tendo em vista a flexibilidade do processo arbitral[10] e a extensão do poder dos árbitros. Aliás, conforme lembrança da autorizada doutrina, a disciplina da decisão judicial parcial de mérito do CPC foi "importada pelo legislador de 2015 do sistema arbitral"[11]. Portanto, o julgamento antecipado parcial de mérito já existia na prática da arbitragem e o Legislador se limitou a traspor esse instituto ao processo judicial.

Em relação ao julgamento parcial sobre objeto incontroverso, a doutrina considera o pedido maduro para ser solucionado quando "a matéria de fato que compõe o pleito a ser decidido por sentença parcial é incontroversa ou foi objeto de todas as provas pertinentes requeridas pelas partes ou determinadas de ofício pelos árbitros e havidas por estes como necessárias e suficientes à plena formação de seu convencimento"[12]. Portanto, tomando-se a *ratio* do art. 356 do CPC, os árbitros poderão proferir uma sentença parcial de mérito quando o pedido for incontroverso, tal seja um "pedido a propósito do qual as partes estiverem ou vierem a pôr-se de acordo"[13] – lembrando-se que incontroverso "é aquilo sobre o qual não há discussão entre as partes"[14] e sobre o qual não há "nenhuma controvérsia quanto aos fatos que os embasam"[15]; e se "não houver necessidade de produção de 'outras provas', além daquela disponíveis nos autos"[16]. Basta que o objeto do julgamento parcial seja autônomo e destacável do restante[17].

Não será ocioso lembrar que, quando cabível, a prolação de uma sentença arbitral parcial é dever do julgador, e não mera faculdade. Com

---

10 Sobre a flexibilidade no processo arbitral, ver *A arbitragem na teoria geral do processo*, São Paulo, Malheiros, 2013, p. 51.

11 Assim DINAMARCO, Cândido Rangel. *Instituições de direito processual civil*, vol. III, 8ª ed., São Paulo, 2018, p. 647.

12 GIUSTI, Gilberto; CATARUCCI, Douglas Depieri. "Sentenças arbitrais parciais: visão doutrinária e prática do tema dos últimos 20 anos", in CARMONA, Carlos Alberto; LEMES, Selma Ferreira; MARTINS, Pedro Batista (coords.). *20 anos da Lei de Arbitragem: homenagem a Petrônio R. Muniz*, São Paulo, Atlas, 2017, pp. 563-564.

13 DINAMARCO, Cândido Rangel. *Instituições de direito processual civil*, vol. III, 8ª ed., São Paulo, 2018, p. 646.

14 MARINONI, Luiz Guilherme; ARENHART, Sérgio Cruz; MITIDIERO, Daniel. *Novo curso de processo civil*, vol. II, São Paulo, RT, 2015, p. 227.

15 WAMBIER, Luiz Rodrigues; TALAMINI, Eduardo. *Curso de processo civil*, vol. II, São Paulo, RT, 2016, p. 206.

16 THEODORO JUNIOR, Humberto. *Curso de direito processual civil*, vol. I, 56ª ed., Rio de Janeiro, Forense, 2016, p. 824.

17 Id. Ibid.

efeito, trata-se de um "instrumento útil e eficiente para o gerenciamento do caso"[18], traz "inúmeros benefícios ao procedimento, e até por vezes pode facilitar a composição do litígio"[19]; o que é reconhecido entre nós e pela doutrina estrangeira, bem ilustrada pela assertiva de "a sentença parcial é muito útil na medida em que permite que disputas preliminares sejam resolvidas muito rapidamente"[20].

Com efeito, o emprego da referida técnica prestigia o princípio da duração razoável do processo, certamente aplicável na arbitragem[21]. Como sabido, a celeridade do processo arbitral é um fator primordial para as partes conflitantes, vez que a rapidez na solução da controvérsia é um dos principais motivos que levam as partes à convenção de arbitragem[22]. Portanto, tanto quanto ocorre no processo jurisdicional estatal, na arbitragem o julgamento antecipado parcial do mérito é mandatório. Nesse contexto, vem bem a calhar a lição segundo a qual "representaria certamente uma má gestão do tempo do processo deixar de decidir parte incontroversa da demanda ou um dos seus pedidos que se afigure incontroverso apenas para que se tenha a oportunidade de decidir o litígio como um todo ao mesmo tempo. Se a parte tem direito à tutela tempestiva, certamente constitui violação a esse direito fazê-la aguardar o desfecho de seu pedido – ou de parcela dele – para além do tempo necessário para maturação do julgamento"[23].

Em suma, a prolação de uma sentença arbitral parcial prestigia a eficiência do instituto e, ainda por cima, outorga às partes uma tutela jurisdicional tempestiva, efetiva e justa. Portanto, no processo arbitral, se estiverem preenchidos os requisitos para a prolação de uma sentença arbitral de mérito, os árbitros *devem* decidir dessa forma. No limite, even-

---

18 ALVES, Rafael Francisco. "Sentença arbitral", in LEVY, Daniel; PEREIRA, Guilherme Setoguti J. (coords.). *Curso de arbitragem*, São Paulo, RT, 2018, p. 255.

19 CAHALI, Francisco José. *Curso de arbitragem*, 6ª ed., São Paulo, RT, 2018, p. 342. Na mesma linha CARMONA, Carlos Alberto. *Arbitragem e processo*, 3ª ed., São Paulo, Atlas, 2009, p. 348: "Não há dúvida alguma sobre os benefícios que, em sede de arbitragem, a sentença parcial pode trazer".

20 RACINE, Jean Baptiste. *Droit de l'arbitrage*, Paris, PUF, 2016, p. 518 (tradução livre).

21 Sobre a aplicação do princípio do devido processo legal à arbitragem, ver DINAMARCO, Cândido Rangel. *A arbitragem na teoria geral do processo*, São Paulo, Malheiros, 2013, pp. 23-24.

22 Sobre as vantagens decorrentes da arbitragem, dentre as quais a celeridade, ver CAHALI, Francisco José. *Curso de arbitragem*, 6ª ed., São Paulo, RT, 2018, p. 119.

23 MARINONI, Luiz Guilherme; ARENHART, Sérgio Cruz; MITIDIERO, Daniel. *Novo curso de processo civil*, vol. II, São Paulo, RT, 2015, p. 227.

tual recusa injustificada poderia até mesmo configurar autêntica denegação da tutela jurisdicional devida, em situação análoga à prevista pelo art. 143, II do CPC, a excepcionalmente justificar a intervenção jurisdicional estatal, em situação análoga à prevista pelo art. 33, § 4º da Lei nº 9.307/96, diante do postulado da inafastabilidade do controle jurisdicional.

A segunda – mas não menos importante – forma de examinar o tema, como foi adiantado, é sob a ótica da tutela antecipada fundada na evidência, cuja disciplina está contida no art. 311 do CPC[24].

Trata-se de instituto claramente inspirado no provimento do *référé provision* do direito francês[25], fundado na "ideia de abreviação do tempo necessário à realização do direito material"[26] e que, conquanto de forma menos ampla, já constava do diploma processual precedente, conforme regra do inciso II do art. 273 do CPC/1973[27]. Cuida-se de espécie de tutela provisória antecipada, cuja concessão não está condicionada ao requisito de urgência, sendo embasada na "comprovação suficiente do direito material da parte" (numa "prova completa"[28]), tal seja numa "grande probabilidade" do direito deduzido[29], assim como baseada numa "defesa inconsistente" da parte contrária[30-31].

24 "Art. 311. A tutela da evidência será concedida, independentemente da demonstração de perigo de dano ou de risco ao resultado útil do processo, quando: I - ficar caracterizado o abuso do direito de defesa ou o manifesto propósito protelatório da parte; II - as alegações de fato puderem ser comprovadas apenas documentalmente e houver tese firmada em julgamento de casos repetitivos ou em súmula vinculante; III - se tratar de pedido reipersecutório fundado em prova documental adequada do contrato de depósito, caso em que será decretada a ordem de entrega do objeto custodiado, sob cominação de multa; IV - a petição inicial for instruída com prova documental suficiente dos fatos constitutivos do direito do autor, a que o réu não oponha prova capaz de gerar dúvida razoável".

25 Nessa linha, veja-se BONATO, Giovanni. "A estabilização da tutela antecipada de urgência", in *Revista de Processo*, nº 273, 2017, pp. 171 e ss.; MARINONI, Luiz Guilherme. *Tutela de urgência e tutela da evidência*, 2ª ed., São Paulo, RT, 2018, p. 282.

26 MARINONI, Luiz Guilherme. *Tutela de urgência e tutela da evidência*, 2ª ed., São Paulo, RT, 2018, p. 291.

27 FUX, Luiz. *Tutela de segurança e tutela de evidência*, São Paulo, Saraiva, 1996, *passim*.

28 THEODORO JUNIOR, Humberto. *Curso de direito processual civil*, vol. I, 56ª ed., Rio de Janeiro, Forense, 2016, pp. 674 e 679.

29 DINAMARCO, Cândido Rangel. *Instituições de direito processual civil*, vol. III, 8ª ed., São Paulo, 2018, pp. 882-883; ARRUDA ALVIM, José Manoel. *Manual de direito processual civil*, 18ª ed., São Paulo, RT, 2019, p. 781.

30 MARINONI, Luiz Guilherme; ARENHART, Sérgio Cruz; MITIDIERO, Daniel. *Novo curso de processo civil*, vol. II, São Paulo, RT, 2015, pp. 200-201.

31 De certo modo, a tutela da evidência também guarda relação com a teoria dos vasos comunicantes, segundo a qual, quanto mais forte é a presença da probabilida-

É certo que a tutela de evidência é instituto distinto do julgamento antecipado de mérito: enquanto a primeira é provisória e proferida com base numa cognição sumária (podendo em tese ser revista, reformada ou invalidada), a outra resolve o mérito da causa de forma definitiva quando a causa se apresenta "madura"[32], já aí com base numa cognição plena e exauriente[33]. Assim, o julgador deverá conceder uma tutela de evidência quando houver "grande *probabilidade*" (uma "*superlativa probabilidade*") da existência do direito pleiteado; ao passo que "onde houver uma *verdadeira evidência*, com a segura certeza da ocorrência dos fatos constitutivos do direito do autor, caso será de julgamento antecipado do mérito" (art. 355, inc. I, do CPC)[34].

Sem embargo dessa relevante distinção, fato é que, sob a ótica dos resultados proporcionados pelo processo, uma e outra via acabam por atingir o mesmo objetivo prático, que é o de proporcionar a uma das partes a imediata fruição do bem da vida perseguido, de sorte a evitar que o processo se transforme em fator determinante de prejuízos – no caso, do "dano marginal" de que tanto se falou em doutrina. Não é à toa que, entre nós, o julgamento de parte incontroversa da demanda tenha surgido no contexto da tutela antecipada (art. 273, § 6º do CPC/1973) e depois passado para o do julgamento antecipado no mérito (arts. 355/356 do CPC/2015).

Tanto mais por isso, da mesma forma que o julgamento parcial do mérito é admissível na arbitragem, a rigor e por coerência, a antecipação de tutela fundada na evidência também o deve ser.

---

de do direito, mais irrelevante é a necessidade de demonstração de urgência na concessão da medida provisória. O inverso também é verdadeiro. Sobre o tema, ver: SILVA, Ovídio Araújo Baptista da. *Curso de processo civil*, vol. I, 4ª ed., São Paulo, RT, 1998, p. 144; GORDILLO, Agustín. *Tratado de derecho administrativo e obras selectas*, tomo 2, Buenos Aires, FDA, 2014, p. 571 (XIII-37); MEDINA, José Miguel Garcia. *Direito Processual Civil Moderno*, 2ª ed. *e-book* baseada na 2ª ed. impressa, São Paulo, RT, 2016, item 5.3.6.; YARSHELL, Flávio Luiz. "Considerações sobre o instituto da tutela provisória (cautelar e antecipada) no Novo Código de Processo Civil", in FUGA, Bruno Augusto Sampaio; LIGMANOVSKI, Patricia Ayud da Costa; OLIVEIRA, Tiago Brene; SABIÃO, Thiago Moreira de Souza. *Principais Inovações do Novo Código de Processo Civil*, Birigui, Boreal, 2017, p. 209.

---

32 Causa madura é aquela que "já se encontra com todas as alegações necessárias feitas e todas as provas admissíveis colhidas" (MARINONI, Luiz Guilherme; ARENHART, Sérgio Cruz; MITIDIERO, Daniel. *Novo Código de Processo Civil comentado*, 3ª ed. *e-book* baseada na 3ª ed. impressa, São Paulo, RT, 2017, art. 1.013, item 3).

33 THEODORO JUNIOR, Humberto. *Curso de direito processual civil*, vol. I, 56ª ed., Rio de Janeiro, Forense, 2016, p. 678.

34 DINAMARCO, Cândido Rangel. *Instituições de direito processual civil*, vol. III, 8ª ed., São Paulo, 2018, pp. 882-883.

No âmbito da arbitragem, conquanto a lei tenha tratado – ao ensejo da reforma já mencionada – apenas da concessão de tutelas cautelares e de urgência, não deve haver dúvida de que os árbitros também podem conceder tutela antecipada de evidência. Tal é o que resulta de uma interpretação sistemática, da consideração dos poderes dos árbitros e até mesmo da natureza da arbitragem – e, novamente, da mencionada teoria dos vasos comunicantes.

Com efeito, a legislação brasileira encampou a regra de equivalência entre os poderes do juiz e os do árbitro (arts. 18 e 31)[35]-[36] e, portanto, reconheceu a natureza jurisdicional da arbitragem[37]. Disso resulta que, ao menos em relação à tutela cognitiva, os árbitros estão autorizados a editar todos os provimentos que poderiam ser concedidos pelo juiz togado[38]. Além disso, a prerrogativa de proferir medidas provisórias – aí incluída a tutela de evidência – é essencial ao poder jurisdicional dos árbitros, e lhes cabe independentemente de qualquer previsão na convenção de arbitragem, inclusive porque descende da já mencionada inafastabilidade do controle jurisdicional.

Como reforço, lembre-se que o poder-dever dos árbitros de conceder tutela de evidência encontra eco no direito comparado e, notadamente, na legislação francesa – conhecida fonte de inspiração do Legislador brasileiro em arbitragem. Como resulta do art. 1.468 do CPC

35 Art. 18 da Lei de Arbitragem: "O árbitro é juiz de fato e de direito, e a sentença que proferir não fica sujeita a recurso ou a homologação pelo Poder Judiciário".
Art. 31 da Lei de Arbitragem: "A sentença arbitral produz, entre as partes e seus sucessores, os mesmos efeitos da sentença proferida pelos órgãos do Poder Judiciário e, sendo condenatória, constitui título executivo".

36 DINAMARCO, Cândido Rangel. *A arbitragem na teoria geral do processo*, São Paulo, Malheiros, 2013, pp. 228-229.

37 Sobre a natureza jurisdicional da arbitragem, ver: CARMONA, Carlos Alberto. *Arbitragem e processo*, 3ª ed., São Paulo, Atlas, 2009, p. 274 e pp. 390 e ss.; CRUZ E TUCCI, José Rogério. "Garantias constitucionais do processo arbitral e eficácia da sentença arbitral", in PEREIRA, Cesar Augusto Guimarãs; TALAMINI, Eduardo. *Arbitragem e poder público*, São Paulo, Saraiva, 2010, p. 153; BONATO, Giovanni. *La natura e gli effetti del lodo arbitrale Studio di diritto italiano e comparato*, Napoli, Jovene, 2012, pp. 267 e ss.

38 Como é corriqueiro, faltam aos árbitros os poderes de coerção, medidas de força, atos de constrição, execução forçada; contudo, eles poderão até conceder medidas de constrição sobre pessoas ou bens, "com a ressalva que, quando chegar o momento de impor *constritivamente* a efetivação dessas medidas, a competência passa ao juiz togado" (DINAMARCO, Cândido Rangel. *A arbitragem na teoria geral do processo*, São Paulo, Malheiros, 2013, p. 227).

francês (provável fonte de inspiração para a redação do art. 22-B da Lei nº Brasileira da Arbitragem), "O tribunal arbitral poderá ordenar às partes, nas condições que determinar e, se necessário, sob pena de multa, qualquer medida cautelar ou provisória que julgar adequada" (tradução livre). Assim, a doutrina francesa assinala que "Com exceção das apreensões cautelares e das garantias judiciais, o árbitro está autorizado *a priori* a ordenar todas as medidas cautelares e cautelares que lhe forem solicitadas. Tudo depende das circunstâncias factuais e da inventividade das partes (...). Não há números de cláusulas para as medidas passíveis de serem concedidas"[39]. São lições aproveitáveis entre nós, levando-se em conta a semelhança dos dispositivos francês e brasileiro e a adoção do mesmo modelo sobre arbitragem e tutela provisória na França e no Brasil.

Aliás, a tutela de evidência não apenas é admissível na arbitragem, mas aí possui uma abrangência até maior do que no processo estatal, conforme o entendimento de expressiva parcela da doutrina. Assim, a tutela de evidência na arbitragem "demandará apenas a verificação por partes dos árbitros da altíssima probabilidade de existência do direito do requerente da medida". Para tanto, não será indispensável "demonstrar qualquer urgência"[40]. Ainda, "para o deferimento da tutela de evidência, não se restringe o árbitro às situações previstas na lei processual (art. 311 do CPC/2015), pois a regra tem aplicação na arbitragem em sua essência, não em sua literalidade"[41].

Assim, os árbitros podem conceder esse tipo de tutela por meio de uma ordem processual com conteúdo decisório[42]; embora, de volta ao início, a certeza decorrente da incontrovérsia autorize a edição de sentença parcial, com julgamento antecipado do mérito. Como lembra a doutrina, "caso algumas dessas hipóteses [da tutela de evidência] se apresente em uma arbitragem, será normalmente lícito ao árbitro, com as cautelas de

39 RACINE, Jean Baptiste. *Droit de l'arbitrage*, Paris, PUF, 2016, pp. 468-469 (tradução livre).

40 FICHTNER, José Antonio; MANNHEIMER, Sergio Nelson; MONTEIRO, André Luís. "Tutela provisória na arbitragem e Novo Código de Processo Civil", in CARMONA, Carlos Alberto; LEMES, Selma Ferreira; MARTINS, Pedro Batista (coords.). *20 anos da Lei de Arbitragem: homenagem a Petrônio R. Muniz*, São Paulo, Atlas, 2017, p. 511.

41 CAHALI, Francisco José. *Curso de arbitragem*, 6ª ed., São Paulo, RT, 2018, p. 309.

42 Conforme oportuna lembrança, na arbitragem, "as ordens processuais serão ou não portadoras de um conteúdo decisório, equivalendo no primeiro caso às decisões interlocutórias do processo civil comum, e no segundo caso aos meros despachos, ou despachos de mero expediente" (assim DINAMARCO, Cândido Rangel. *A arbitragem na teoria geral do processo*, São Paulo, Malheiros, 2013, pp. 112-114).

estilo, proferir sentença parcial"[43]. Dessa forma, "o julgamento de uma tutela *provisória*, seja ela tutela de urgência (cautelar ou antecipatória), seja de evidência, normalmente ocorrerá via *ordens processuais*, cujo traço característico é justamente a *provisoriedade*". Contudo, "nada impede que o árbitro profira uma sentença arbitral parcial desde logo, se estiver convencido de que os requisitos estão presentes"[44]. Na mesma linha, é o entendimento da doutrina francesa, pela qual o árbitro pode "ordenar medidas cautelares ou cautelares através de uma sentença parcial"[45].

Como bem já se ponderou, "a conveniência de se utilizar uma sentença parcial, pois, está no caráter da sua completude (resolução de toda a questão posta a julgamento naquele momento, remanescendo outras a serem decididas em fase posterior do procedimento) e de sua definitividade (esgotamento da questão)"[46]. Assim, "o julgamento definitivo da parcela do conflito sobre o qual mostra-se impertinente a ampliação da instrução (necessária esta, porém, para outras questões contidas na arbitragem), permitindo a sua imediata, total e definitiva eficácia, é muito melhor e mais adequado do que um julgamento provisório através da tutela de transitória evidência (antecipada)"[47].

De todo o exposto, com ou sem invocação das regras do CPC, é possível concluir que, na hipótese aventada, a solução deve ser rigorosamente a mesma: havendo incontrovérsia sobre parte do objeto do processo (ainda que divergência sobre as consequências daí decorrentes), cabe aos árbitros prover sobre essa parcela da pretensão.

Naturalmente, a depender do entendimento que se tenha sobre a natureza do ato do ato decisório cujo conteúdo foi aqui tratado, é possível que haja desdobramentos e dúvidas sobre eventual via impugnativa. Mas, esse é assunto para uma próxima homenagem.

---

43 FICHTNER, José Antonio; MANNHEIMER, Sergio Nelson; MONTEIRO, André Luís. "A sentença parcial na reforma da lei de arbitragem brasileira", in MELO, Leonardo de Campos; BENEDUZI, Renato Resende (coords.). *A reforma da arbitragem*, Rio de Janeiro, Forense, 2016, p. 544.

44 ALVES, Rafael Francisco. "Sentença arbitral", in LEVY, Daniel; PEREIRA, Guilherme Setoguti J. (coords.). *Curso de arbitragem*, São Paulo, RT, 2018, p. 261.

45 SERAGLINI, Christophe; ORTSCHEIDT, Jerôme. *Droit de l'arbitrage interne et international*, Paris, Montchrestien, 2013, p. 372 (tradução livre).

46 GIUSTI, Gilberto; CATARUCCI, Douglas Depieri. "Sentenças arbitrais parciais: visão doutrinária e prática do tema dos últimos 20 anos", in CARMONA, Carlos Alberto; LEMES, Selma Ferreira; MARTINS, Pedro Batista (coords.). *20 anos da Lei de Arbitragem: homenagem a Petrônio R. Muniz*, São Paulo, Atlas, 2017, p. 563.

47 CAHALI, Francisco José. *Curso de arbitragem*, 6ª ed., São Paulo, RT, 2018, p. 310.

COOPERAÇÃO JUDICIÁRIA E PROTOCOLOS INSTITUCIONAIS: O CASO DO "ATO TRABALHISTA", OU PLANO ESPECIAL DE PAGAMENTO TRABALHISTA, PARA A CENTRALIZAÇÃO DE EXECUÇÕES CONTRA ENTIDADES DESPORTIVAS.[1]

Fredie Didier Jr.

Leandro Fernandez

SUMÁRIO: **1.** Introdução. **2.** Protocolos institucionais. **2.1.** Compreensão. **2.2.** Os protocolos institucionais na teoria das fontes do Direito Processual. **2.3.** Protocolos institucionais celebrados com litigantes habituais. **2.4.** A cooperação interinstitucional na execução: protocolos institucionais como negócios jurídicos executivos. **3.** O "Ato Trabalhista". **3.1.** A situação econômica dos clubes de futebol e o surgimento da figura dos "Atos Trabalhistas". **3.2.** O art. 50 Lei nº 13.155/2015: o regime centralizado de execução para entidades desportivas. **3.3.** A regulamentação pela Corregedoria-Geral da Justiça do Trabalho. **4.** O "Ato Trabalhista" como um protocolo institucional. **4.1.** O "Ato Trabalhista" como resposta a um problema estrutural. **4.2.** A cooperação de segundo grau ou acessória: a possibilidade de desenvolvimento de uma rede de cooperação em torno do Ato Trabalhista. **4.3.** Revisão. **5.** Conclusões. Referências bibliográficas.

1. Introdução

Embora cada vez mais frequentes na prática processual, os protocolos institucionais não têm recebido a devida atenção doutrinária. Incentivada pela Resolução nº 350/2020 do Conselho Nacional de Justiça, a cooperação interinstitucional oferece meios para o desenvolvimento de estratégias para o aperfeiçoamento da prestação jurisdicional, seja quando ajustada com sujeitos do sistema de justiça que não sejam parte nos processos (como a OAB, de maneira geral, ilustrativamente), seja com litigantes habituais.

---

1 Este artigo é também resultado do grupo de pesquisa "Transformações nas teorias sobre o processo e o Direito processual", vinculado à Universidade Federal da Bahia, cadastrado no Diretório Nacional de Grupos de Pesquisa do CNPq respectivamente nos endereços dgp.cnpq.br/dgp/espelhogrupo/7958378616800053. O grupo é membro fundador da "ProcNet – Rede Internacional de Pesquisa sobre Justiça Civil e Processo contemporâneo" (http://laprocon.ufes.br/rede-de-pesquisa).

Processo também é ambiente para a imaginação. A necessidade de solucionar problemas da vida real manifestados no processo e a criatividade dos operadores do Direito produzem ferramentas para as quais nem sempre há detalhada fundamentação teórica. As questões que, por variados motivos, não foram suficientemente abordadas pelo legislador e pela doutrina constituem um ambiente propício para o surgimento das denominadas "boas práticas" na administração da justiça.

O objeto deste artigo é um caso de uma "boa prática" que posteriormente viria a ser incorporada pela legislação: o "ato trabalhista" dos clubes de futebol. Quase vinte anos após o surgimento dos seus primeiros exemplos, é o momento de identificar com clareza sua posição no ordenamento jurídico. O ato trabalhista é um procedimento de centralização de processos, mas é muito mais do que isso: trata-se de protocolo institucional firmado na execução com litigante habitual, destinado a viabilizar a solução de um problema estrutural, contando, geralmente, para tanto, com um conjunto de atos acessórios de cooperação judiciária.

Para a adequada abordagem do tema é necessário, inicialmente, examinar a figura dos protocolos institucionais. É o que será feito a seguir.

2. Protocolos Institucionais[2]

2.1. Compreensão

No âmbito do Direito Processual, protocolos institucionais são uma modalidade de negócio jurídico, firmado com o propósito de fixar uma disciplina normativa aplicável aos integrantes dos órgãos, instituições ou pessoas convenentes, para fins de gestão coletiva de processos, regulando o respectivo procedimento, ou de concretização de uma política pública no âmbito da administração da justiça[3]. Trata-se de instrumento

2 Ao que nos consta, "protocolo institucional" é designação cunhada, no Brasil, por Antonio do Passo Cabral (CABRAL, Antonio do Passo. *Convenções processuais.* Salvador: Editora Juspodivm, 2016, pp. 84-85). O autor, no entanto, define o protocolo institucional como acordo coletivo celebrado por uma associação e uma entidade envolvida com a administração judiciária (p. 85). Neste texto, expandimos um tanto o conceito, como se verá.

3 "No âmbito dos acordos coletivos, existem aqueles destinados a disciplinar o procedimento civil e os voltados à administração judicial, no primeiro caso funcionando tais acordos como um instrumento de gestão coletiva dos processos e, no segundo, como um instrumento de política pública da justiça" (BARREIROS, Lorena Miranda. **Convenções Processuais e Poder Público**. Salvador: Editora Jus-

de concretização da cooperação interinstitucional, prevista nos arts. 15 e 16 da Resolução nº 350/2020 do Conselho Nacional de Justiça. Por ordinariamente referirem-se ao estabelecimento das diretrizes que regularão uma relação permanente ou duradoura entre os convenentes, são, ainda, exemplos de atos concertados[4] de cooperação judiciária.

O art. 16 da Resolução nº 350/2020 do CNJ prescreve que a cooperação interinstitucional poderá ser realizada entre quaisquer instituições, do sistema de justiça ou fora dele, que possam contribuir para a execução da estratégia nacional do Poder Judiciário, promover o aprimoramento da administração da justiça, a celeridade e a efetividade da prestação jurisdicional. O mesmo art. 16 cita, como exemplos de instituições com as quais se pode celebrar a cooperação, o Ministério Público, a Ordem dos Advogados do Brasil, a Defensoria Pública, a Advocacia Pública e a própria Administração Pública. Não se pode, no entanto, excluir a possibilidade de cooperação com as serventias cartoriais extrajudiciais e os litigantes habituais privados, muito úteis para a elaboração de uma estrutura para um sistema de justiça multiportas, por exemplo (art. 6º, XIX, Resolução nº 350/2020 do CNJ)[5].

Os protocolos institucionais são relevante instrumento de consecução do interesse público e estão em consonância com os princípios constitucionais da eficiência, da economia, da duração razoável do processo, da isonomia e da segurança jurídica.

Há exemplos de acordos celebrados entre órgãos do Poder Judiciário e alguns litigantes habituais (Caixa Econômica Federal, p. ex.), no senti-

---

podivm, 2017, p. 149). "Estes protocolos podem ser caracterizados como acordos plurilaterais institucionais, celebrados por pessoas jurídicas ou órgãos em nome de uma categoria ou grupo, vinculando todos seus membros" (CABRAL, Antonio do Passo. **Convenções processuais: Teoria geral dos negócios jurídicos processuais**. 3ª ed. Salvador: Editora Juspodivm, 2020, p. 105).

---

4 "A cooperação por *concertação* tem por objetivo a disciplina de uma série de atos indeterminados, regulando uma relação permanente entre os juízos cooperantes; nesse sentido, funciona como um regramento geral, consensual e anterior à prática dos atos de cooperação. É adequada também para a prática de atos de cooperação de teor mais complexo como é o caso da centralização de processos repetitivos" (grifo no original) (DIDIER Jr., Fredie. **Cooperação Judiciária Nacional: esboço de uma teoria para o Direito brasileiro (arts. 67-69, CPC)**. 2ª ed. Salvador: Juspodivm, 2021, pp. 63-64).

5 DIDIER Jr., Fredie. **Cooperação Judiciária Nacional: esboço de uma teoria para o Direito brasileiro (arts. 67-69, CPC)**. 2ª ed. Salvador: Juspodivm, 2021, p. 73.

do de regular o modo como devem ser citados (sobretudo regulando a citação por meio eletrônico) e até quantidade de citações novas por semana. Tratados internacionais podem disciplinar regras processuais de cooperação internacional, a exemplo das Convenções das Unidas contra a corrupção e contra o Crime Organizado transnacional – tratados são negócios jurídicos e podem ser fonte de norma processual.

Também não parece haver impedimento para convenções envolvendo a Ordem dos Advogados do Brasil e órgãos do Poder Judiciário para, por exemplo, estipular um calendário de implantação de processo eletrônico ou outros instrumentos de gestão da administração da Justiça.

A Lei nº 10.522/2002, com modificações introduzidas pela Lei nº 13.874/2019, prevê, em seu art. 19, § 12, a possibilidade de celebração de protocolos institucionais entre a Procuradoria-Geral da Fazenda Nacional (PGFN) e o Poder Judiciário para a realização de mutirões para análise do enquadramento de processos ou de recursos nas hipóteses previstas no *caput* do artigo (que abrangem, por exemplo, as situações de existência de precedentes judiciais ou administrativos sobre determinada matéria), com o propósito de dispensar, em tais casos, o oferecimento pela PGFN de contestação, de contrarrazões, a interposição de recurso, bem como autorizar a desistência de recurso já interposto. Tudo isso também é aplicável à Advocacia-Geral da União (art. 19-D da Lei nº 10.522/2002).

A dimensão (também) administrativa[6] desses atos não afasta a natureza processual das avenças[7], uma vez que para a caracterização de um negócio jurídico como processual é suficiente a possibilidade de produção de efeitos, direta ou indiretamente, sobre um ou mais processos, atuais ou futuros – como, aliás, deixa claro o art. 190, *caput*, do CPC[8].

---

6 "Por isso, a cooperação judiciária possui uma dimensão *administrativa* (no sentido de servir à própria administração judiciária) e processual (no sentido de servir à solução de casos)" (grifo no original) (DIDIER Jr., Fredie. **Cooperação Judiciária Nacional: esboço de uma teoria para o Direito brasileiro (arts. 67-69, CPC)**, cit., p. 73).

7 CABRAL, Antonio do Passo. *Convenções processuais.* Salvador: Editora Juspodivm, 2016, pp. 84-85.

8 Em sede doutrinária, a referência a um processo atual ou futuro como parâmetro identificador dos negócios processuais não é, todavia, consensual, uma vez que, como observado por Paula Costa e Silva, "não existe estabilidade na doutrina quanto ao critério demarcador desta espécie de negócios jurídicos (aqueles que repercutem efeitos no processo se, porventura, se puder aceitar que o facto repercute efeitos em outro facto, e não necessariamente numa situação jurídica, hipó-

Lorena Barreiros apresenta três critérios que devem ser observados na celebração de protocolos institucionais: 1) impossibilidade de prejuízo ou de imposição de ônus ou de dever não amparados na lei a terceiros; 2) necessidade de concretização do interesse público, com a garantia de regular realização do serviço jurisdicional, o que deve levar em consideração uma análise de custos e benefícios envolvidos; 3) impossibilidade de violação da independência funcional dos juízes[9].

Com a difusão dos atos de cooperação judiciária, estimulados pela Resolução nº 350/2020 do CNJ, uma importante medida a ser adotada pelo órgão é a criação de um banco de dados de protocolos institucionais firmados por todo o Brasil, preferencialmente organizados por temas. Para além do interesse na utilização dos protocolos arquivados como referências ou modelos para a elaboração de novos atos (como ocorre com os anexos que acompanham a Resolução nº 350/2020), a medida permite o acompanhamento e o controle pela sociedade dos critérios adotados pelo Judiciário e do conteúdo desses negócios jurídicos. Observe-se que os atos de cooperação já devem ser comunicados ao Juiz de Cooperação, que encaminhará a informação ao correspondente Núcleo de Cooperação Judiciária, e, tratando-se de cooperação interjudiciária ou transjudiciária (entre órgãos vinculados a ramos distintos do Poder Judicíário), também aos respectivos tribunais (Resolução nº 350/2020, art. 11, §§ 4º e 5º). Obtidos os dados, é relevante que sejam remetidos para o Conselho Nacional de Justiça.

2.2. Os protocolos institucionais na teoria das fontes do direito processual

É importante perceber que, apesar de ser a principal, a lei federal não é a única fonte infraconstitucional de normas processuais. E, quanto maior for a abertura das suas disposições, mais amplo será o campo de

tese que supomos traduzir a colocação mais correcta? Aqueles que são celebrados na pendência de um processo? Aqueles que, ainda que repercutam efeitos em situações jurídicas materiais, também repercutem efeitos sobre situações jurídicas processuais? Aqueles que são regulados por regras de direito processual?)" (SILVA, Paula Costa e. **Perturbações no cumprimento dos negócios processuais: convenções de arbitragem, pactos de jurisdição, cláusulas escalonadas e outras tantas novelas talvez exemplares, mas que se desejam de muito entretenimento.** Salvador; Editora Juspodivm, 2020, p. 30).

9 BARREIROS, Lorena Miranda. **Convenções Processuais e Poder Público**, cit., p. 383.

atuação das demais fontes normativas infralegais, a exemplo dos precedentes, negócios processuais e regimentos internos. Esta normatização infralegal viabiliza uma maior dinamicidade dos processos de criação e modificação do procedimento seguido pelas cortes, além de viabilizar maior aderência do processo a eventuais peculiaridades locais[10].

Os atos de cooperação judiciária ocupam um espaço privilegiado na teoria fontes do Direito Processual, pois permitem a construção de um modelo de flexibilização processual com caráter transprocessual e com eficácia geral.

A flexibilização por cooperação judiciária será *transprocessual* quando disser respeito à prática de atos em dois ou mais processos. Em muitos cenários, como na centralização de processos repetitivos e na produção de prova única relativa a fato comum, os atos de cooperação podem importar a adaptação do procedimento em dezenas, centenas ou milhares de casos, inclusive em diferentes ramos do Judiciário.

Ultrapassando as fronteiras da compreensão tradicional da flexibilização, que é voltada à adequação do procedimento em determinado caso concreto, a cooperação judiciária permite a adequação procedimental de um *perfil de casos* em distintos juízos[11]. Ao autorizar o estabelecimento da disciplina para a prática de atos processuais em um número indeterminado de casos atuais e futuros, a cooperação judiciária, notadamente a realizada por intermédio de atos concertados, concebe um modelo de flexibilização por ato judicial que pode possuir *caráter abstrato*.

Trata-se ainda de modelo *aberto*, que abrange a prática de qualquer ato processual (CPC, art. 68; Resolução nº 350/20, art. 3º).

Uma das mais interessantes aplicações dessa percepção pode ser encontrada na conjugação dos arts. 67 a 69 com o art. 327, § 2º, todos do CPC, viabilizando o recurso ao livre trânsito de técnicas[12] para o ofereci-

---

10 Sobre a teoria das fontes da norma jurídica processual para o Direito brasileiro, vide: DIDIER Jr., Fredie. **Curso de Direito Processual Civil**. Salvador: Editora Juspodivm, 2020, v. 1, pp. 77-84.

11 Evidentemente, nem toda cooperação judiciária produzirá efeitos sobre uma multiplicidade de processos nem consistirá em flexibilização do procedimento. Uma carta precatória para oitiva de uma testemunha é exemplo de cooperação que, em regra, beneficiará um único processo e que não seria considerada propriamente como uma em medida de adequação do procedimento.

12 DIDIER JR., Fredie; CABRAL, Antonio do Passo; CUNHA, Leonardo Carneiro da. **Por uma nova teoria dos procedimentos especiais: dos procedimentos às técnicas**. 2ª ed. Salvador: Juspodivm, 2021, pp. 68-87.

mento de uma solução adequada a um grupo mais ou menos extenso de casos atuais e futuros em qualquer grau de jurisdição.

Em perspectiva mais ampla, quando combinados os arts. 67 a 69 do CPC com, ilustrativamente, os arts. 7º, 139, inciso VI, 297, 301, 536, § 1º, além do já citado art. 327, § 2º, tem-se que as normas extraídas dessas operações hermenêuticas conduzem ao reconhecimento da existência no Brasil da autorização para uma gestão judiciária coordenada e flexível ou, em outros termos, de um modelo de flexibilização por ato judicial com caráter transprocessual, aberto e, de acordo com a hipótese, com natureza abstrata.

Protocolos institucionais são uma modalidade de ato concertado de cooperação. Por isso, o instrumento dessa cooperação regerá a prática de uma série de atos indeterminados, assumindo a natureza de fonte de normas processuais gerais, consensuais e anteriores à prática dos atos de cooperação.

2.3. Protocolos institucionais celebrados com litigantes habituais

Não se pode desprezar a relevância dos protocolos institucionais firmados com litigantes habituais. Ações coletivas e técnicas de julgamento de casos repetitivos, como a realidade insiste em evidenciar, não têm sido o suficiente para uma redução substancial do número de processos no Judiciário envolvendo os denominados *repeat players*.

Evidentemente, trata-se de problema complexo. Como demonstrado por Marc Galanter na década de 1970, em muitos casos a litigância habitual é considerada parte de um modelo de negócio ou de uma estratégia institucional, com seus custos absorvidos pelo preço de produtos ou serviços – ou ainda, acrescentamos, pelo valor de impostos, em realidades como a brasileira –, a ponto de permitir que o sujeito disponha de recursos financeiros para sustentar processos judiciais por longo prazo e para posicionar-se de acordo com a antecipação dos prováveis resultados das decisões[13].

13 GALANTER, Marc. *Why the "Haves" Come out Ahead: Speculations on the Limits of Legal Change in* ***Law & Society Review.*** *Vol. 9, nº 1, Litigation and Dispute Processing: Part One* (1974), pp. 98-103. Há versão em português do texto: GALANTER, Marc. **Por que "quem tem" sai na frente: especulações sobre os limites da transformação no direito**. Organização e tradução de Ana Carolina Chasin. FGV Direito SP: São Paulo, 2018.

Não é difícil perceber, então, a existência de uma relação duradoura, desenvolvida a partir de uma multiplicidade de processos, entre litigantes habituais e o Poder Judiciário. No caso do Brasil, não se pode perder de vista, também, a constatação de que os maiores litigantes integram o Poder Público. Não à toa, a Resolução nº 350/2020 do CNJ alude expressamente à Administração Pública e às Procuradorias como possíveis sujeitos da cooperação interinstitucional.

É preciso compreender que os protocolos institucionais são mais um instrumento disponível no ordenamento para o enfrentamento da questão da litigância habitual. O legislador demonstrou estar atento a isso ao consagrar a figura do ato trabalhista, objeto principal deste texto, no art. 50 da Lei nº 13.155/2015, bem como ao prever variadas possibilidades de acordos interinstitucionais com a Fazenda federal no art. 19 da Lei nº 10.522/2002. Coube ao CNJ, aproveitando-se da infraestrutura normativa estabelecida pelos arts. 67 a 69 do CPC, estimular, por meio dos arts. 15 e 16 da Resolução nº 350/2020, a celebração de protocolos institucionais para o aprimoramento da administração da justiça e a promoção da celeridade e da eficiência, acenando de forma expressa, ao menos em relação ao Poder Público, para a possibilidade de sua estipulação com litigantes habituais.

Protocolos institucionais firmados com *repeat players* podem ter por objeto, ilustrativamente:

a) a integração de ODR's (*Online Dispute Resolution*) desenvolvidas por esses sujeitos à plataforma do sistema PJe, por meio de API[14] (*Application Programming Interface* ou Interface de Programação de Aplicativos), facilitando o acionamento, a qualquer momento do pro-

14 A API (*Application Programming Interface* ou Interface de Programação de Aplicativos) permite a interação e comunicação automática entre sistemas, simplificando o aproveitamento e a utilização de recursos de uma plataforma ou aplicativo. Dois exemplos podem auxiliar na compreensão. O primeiro, singelo, facilmente visualizado no cotidiano, refere-se à API integrada ao aplicativo *Google Maps* que permite a incorporação das suas funcionalidades por outros aplicativos e páginas da internet. O segundo exemplo situa-se no âmbito do Direito. Por meio de uma API, a plataforma *consumidor.gov.br*, mantida pela Secretaria Nacional do Consumidor, vinculada ao Ministério da Justiça e Segurança Pública, é integrada ao sistema PJe, o que permite seu acionamento, no curso do processo, a partir do próprio sistema do Poder Judiciário, em eloquente exemplo de utilização das inovações tecnológicas para a promoção de uma cultura de justiça multiportas. Sobre o tema, é indispensável conhecer a Resolução nº 358/2020, que regulamenta a criação de soluções tecnológicas para a resolução de conflitos pelo Poder Judiciário por meio da conciliação e mediação.

cesso, de um canal de comunicação especializado na busca da solução consensual do conflito;

b) como mencionado anteriormente, é possível celebrar protocolos institucionais para regulamentar a realização de comunicações a litigantes habituais, especialmente no caso de citação por meio eletrônico, sendo possível a concentração do envio de comunicações oriundas de diversos juízos em um único momento a cada período de tempo (Resolução nº 350/2020, art. 6º, I);

c) a organização de mutirões para tentativa de conciliação em casos envolvendo litigantes habituais, com o aproveitamento de espaços físicos e equipamentos oferecidos por estes ou pelo Judiciário (Resolução nº 350/2020, art. 6º, X);

d) análise do enquadramento de processos em hipóteses como a existência de precedentes judiciais ou administrativos sobre determinada matéria, com o propósito, por exemplo de dispensar, em tais casos, a interposição de recurso, tal como previsto no art. 19, § 12, da Lei nº 10.522/2002;

e) a centralização de execuções envolvendo litigantes habituais, a fim de racionalizar a atividade jurisdicional (Resolução nº 350/2020, art. 6º, IV e XI).

Para os propósitos deste artigo, o último exemplo apresentado merece análise específica. É o que será realizado a seguir.

2.4. A cooperação interinstitucional na execução: protocolos institucionais como negócios jurídicos executivos

As possibilidades da cooperação judiciária no âmbito das execuções são amplas, mostrando-se ser esse um dos ambientes mais favoráveis ao seu desenvolvimento. Por exemplo, existindo diversas execuções de obrigação de pagar quantia movidas contra um mesmo devedor, é possível a concentração dos atos executórios em um dos juízos, de modo a evitar a repetição desnecessária de atos[15].

É importante observar que atos dessa natureza atendem também aos interesses do devedor, que busca evitar que a sobreposição de me-

15 Nesse sentido, enunciado 688 do Fórum Permanente de Processualistas Civis: "Por ato de cooperação judiciária, admite-se a determinação de um juízo para a penhora, avaliação ou expropriação de bens de um mesmo devedor que figure como executado em diversos processos".

didas executivas descoordenadas possa inviabilizar seu funcionamento e o risco de decisões contraditórias em relação a variadas matérias por ele eventualmente alegadas.

A convergência de interesses e o proveito para a administração da justiça de providências de centralização de execuções justificam a celebração de protocolos institucionais entre o Poder Judiciário e litigantes habituais, atos que, sublinhe-se, se revelam benéficos também para os credores, que contarão com uma estrutura procedimental concebida de maneira específica para o atendimento das suas pretensões. Duas das vantagens, aliás, dos negócios jurídicos executivos são exatamente a previsibilidade e a adaptabilidade das medidas adotadas às necessidades dos litigantes[16].

Muito se pode fazer para contribuir para a racionalização da atividade jurisdicional na centralização de execuções relativas a litigantes habituais mesmo sem a intervenção dos credores, geralmente dispersos e desorganizados. Mas são ainda mais promissoras as possibilidades decorrentes da sua intervenção no processo de elaboração do protocolo institucional, do qual podem ser cientificados por meio da publicação da minuta do ato (Resolução nº 350/2020, art. 9º, *caput*[17]; LINDB, art. 29[18]),

16 "De início, a vantagem mais evidente é a adaptabilidade das medidas executivas às necessidades dos litigantes. Essa flexibilidade confere aos litigantes um poderoso mecanismo de adequação dos atos do processo aos seus interesses materiais e às zonas de interesse processual legítimas que sejam objeto de consenso. A lei atribui às partes a prerrogativa de adaptar as formas do processo executivo, o que pode representar um ganho procedimental em termos de efetividade. Outra vantagem é a previsibilidade, reduzindo-se a incerteza sobre o resultado e minimizando riscos, o que é bom para todos os litigantes. Do lado do exequente, antecipa-se o procedimento para dar cumprimento ao título executivo com menos riscos e mais certeza do resultado; do lado do executado, por exemplo, previne-se um ingresso inadvertido em seu patrimônio, a penhora inesperada de um bem de grande utilidade, e até uma possível perda de credibilidade junto a outros credores no tráfego das relações jurídicas" (DIDIER JR., Fredie; CABRAL, Antonio do Passo. "Negócios jurídicos processuais atípicos e execução". In: DIDIER JR., Fredie. **Ensaios sobre os negócios jurídicos processuais**. Salvador: Editora Juspodivm, 2018, p. 69).

17 Art. 9º Os juízos cooperantes, quando a complexidade da matéria recomendar, poderão intimar as partes a se manifestarem acerca do ato de cooperação a ser praticado.

18 Art. 29. Em qualquer órgão ou Poder, a edição de atos normativos por autoridade administrativa, salvo os de mera organização interna, poderá ser precedida de consulta pública para manifestação de interessados, preferencialmente por meio eletrônico, a qual será considerada na decisão.

ou mesmo em momento posterior, solicitando a realização de ajustes ou a revisão do ato (Resolução nº 350/2020, art. 8º, § 3º[19]).

A centralização de execuções tem o mérito de reduzir assimetrias informacionais – tanto do Judiciário, que obteria apenas frações de informações sobre a situação real do devedor e dos seus bens pulverizadas entre diversos órgãos, quanto dos exequentes. Além disso, ao aproximar os diversos credores e estabelecer uma via unificada de contato com o devedor, com a intermediação do Poder Judiciário, favorece a organização dos exequentes e a criação de um ambiente propício para a negociação sobre o direito material, sobre o procedimento (caso em que é possível, por exemplo, a subscrição do protocolo institucional também pelos credores, como intervenientes, e o ajuste ou revisão dos seus termos originais) e sobre situações jurídicas processuais. É possível, ilustrativamente, pactuar a suspensão das medidas executivas durante determinado período, o afastamento de certos casos de impenhorabilidade ou a criação de novas hipóteses, a renúncia a eventual benefício de ordem, a estipulação de incidência de determinadas medidas executivas atípicas no caso de descumprimento da avença e a simplificação dos atos de comunicação (mediante, por exemplo, a notificação direta por meio de dispositivos móveis previamente cadastrados e autorizados pelo interessado, como previsto no art. 191 da Lei nº 11.101/2005, com redação conferida pela Lei nº 14.112/20)[20].

3. O "ato trabalhista"

3.1. A situação econômica dos clubes de futebol e o surgimento da figura dos "atos trabalhistas"

Os efeitos da pandemia da Covid-19 reacenderam o debate sobre a possibilidade de os clubes de futebol valerem-se de institutos como a re-

§ 1º A convocação conterá a minuta do ato normativo e fixará o prazo e demais condições da consulta pública, observadas as normas legais e regulamentares específicas, se houver.

19 Art. 8º, § 3º Na forma do artigo 357, § 1º, do Código de Processo Civil, as partes poderão também requerer esclarecimentos e solicitar ajustes nos atos de cooperação praticados.

20 Diversos exemplos de negócios processuais executivos podem ser encontrados em: DIDIER JR., Fredie; CABRAL, Antonio do Passo. "Negócios jurídicos processuais atípicos e execução". In: DIDIER JR., Fredie. **Ensaios sobre os negócios jurídicos processuais**. Cit., pp. 72-89.

cuperação judicial, a extrajudicial e a falência. Já tramitam no Congresso Nacional vários projetos de lei que, em maior ou menor extensão, abordam o tema, como os PL's nº 5.082/2016 e nº 5.516/2019 e o PLS nº 68/2017. Para muitas entidades, os avanços de governança previstos no Programa de Modernização da Gestão e de Responsabilidade Fiscal do Futebol Brasileiro (PROFUT), concebido pela Medida Provisória nº 671/2015 (convertida na Lei nº 13.155/2015), são uma realidade aparentemente distante. As dívidas de algumas das agremiações já se aproximam da casa de um bilhão de reais[21], havendo casos nos quais mesmo o emprego de parte expressiva das receitas anuais dos clubes não seria suficiente para a satisfação das obrigações em menos de uma década[22].

O problema é antigo e possui especial relevância na área trabalhista, uma vez que parcela considerável das dívidas dos clubes decorre de condenações na Justiça do Trabalho. O não cumprimento de acordos e decisões judiciais agrava o já dramático cenário. Sucessivos atos de constrição sobre recursos financeiros, veículos e bens imóveis realizados por diversas Varas do Trabalho, de maneira descoordenada[23], tornam a ad-

---

21 https://exame.com/negocios/veja-situacao-financeira-dos-times-brasileiros-apos-temporada-na-pandemia/

22 É a projeção da edição de 2020 do tradicional relatório "Análise Econômico-Financeira dos Clubes Brasileiros de Futebol", do Itaú BBA: "Excluindo a Ponte Preta (dívida com sócio pessoa física), e Red Bull Bragantino (suporte do acionista) e Athletico (dívida em renegociação referente à construção do estádio), os casos realmente graves são os do Botafogo, Atlético Mineiro, Vasco e Cruzeiro, que levariam mais de 11 anos para pagar suas dívidas caso utilizassem 20% das receitas para isso. Mas como o exercício não considera custos financeiros, isso significa que o prazo certamente seria pelo menos 3 ou 4 anos acima disso. A solução vem através de aporte de recursos, seja virando empresa, seja vendendo ativos (sedes sociais e atletas), controlando gastos e investimentos. Ou o processo levará a um estrangulamento em algum momento" (Disponível em: <https://static.poder360.com.br/2020/07/Analise-dos-Clubes-Brasileiros-de-Futebol-2020-ItauBBA.pdf>. Acesso em: 23 jun 2021).

23 "Não era raro, ao final de uma partida de futebol, ao apurarem a renda do espetáculo, os dirigentes se depararem com dois, três ou até mais oficiais de justiça, com mandados expedidos por Juízos distintos, apreendendo o dinheiro da cota-parte a que fazia jus um dos clubes já mencionados. Sucede que, depois de cumprido um mandado, os outros oficiais certificavam o óbice encontrado para a efetivação dos demais, frustrando a realização do ato de constrição com relação aos outros autores e credores. Em obediência à gradação estatuída no art. 655 do Código de Processo Civil, em face do requerimento do autor, as penhoras incidiam, também, sobre cotas de patrocínio, direitos de televisionamento das partidas, receitas financeiras normais, a exemplo de mensalidades de sócios, ou doações recebidas e

ministração das entidades um desafio de proporções olímpicas, com o perdão do trocadilho. Para diversos clubes, não são raros os meses nos quais os recursos que seriam destinados para pagamento de salário dos atletas e da comissão técnica e para manutenção dos centros de treinamento são bloqueados em execuções trabalhistas.

Daí a necessidade de desenvolvimento de um procedimento capaz de, além de reunir esses processos, garantir meios para a sobrevivência das entidades desportivas e a satisfação dos créditos dos exequentes.

A primeira iniciativa de centralização de execuções trabalhistas contra clubes de futebol ocorreu no Tribunal Regional do Trabalho da 6ª Região, em Pernambuco. Em junho de 2003, o Pleno da corte decidiu reunir as execuções em face do Clube Náutico Capibaribe, do Sport Clube do Recife e do Santa Cruz Futebol Clube na 12ª Vara do Trabalho de Recife[24], que editou a Resolução n.º 1/2003, responsável pela regulamentação dos procedimentos em tais casos.

Meses depois, o Tribunal Regional do Trabalho da 1ª Região (Rio de Janeiro) editou o Ato nº 2.772/2003, com idêntico objetivo, em relação ao Clube de Regatas do Flamengo, ao Botafogo Futebol e Regatas e ao Fluminense Football Club, tendo seus efeitos estendidos também ao Club de Regatas Vasco da Gama por meio do Ato nº 673/2004[25]. Em

valores existentes na conta bancária das agremiações. Diante dessa situação, questionava-se: como manter a atividade do clube dessa maneira? Ademais, entrava-se num círculo vicioso, pois, com praticamente todos os ativos penhorados, novas dívidas eram contraídas, numa situação insustentável para qualquer segmento econômico, muito mais para uma entidade associativa, que não tem por objetivo o lucro e, pior ainda, não tem outras fontes de receita para a sua existência" (BRAGA, Nelson Tomaz; PESSOA, Roberto. "Endividamento dos clubes de futebol e a execução concentrada". BELMONTE, Alexandre Agra; MELLO, Luiz Philippe Vieira de; BASTOS, Guilherme Augusto Caputo (Coord.). **Direito do Trabalho Desportivo: os aspectos jurídicos da Lei Pelé frente às alterações da Lei nº 12.395/2011**. São Paulo: LTr, 2013, p. 293).

24 Recentemente, em abril de 2021, por força do processo administrativo nº 5391/2021, essa competência foi transferida para o Núcleo de Pesquisa Patrimonial do TRT-6.

25 Dos quatro clubes cariocas, o Flamengo foi o único que conseguiu pagar integralmente suas dívidas e reestruturar suas finanças, tendo solicitado em 2017 sua exclusão do Ato Trabalhista. Em janeiro de 2021, o Fluminense informou a conclusão do prazo do seu plano especial de execução e a intenção de solicitar nova centralização. Também em 2021, Botafogo e Vasco da Gama foram excluídos do Ato, em razão do descumprimento das obrigações nele estabelecidas.

razão da origem e da nomenclatura do diploma normativo, em pouco tempo a centralização de execuções tornou-se conhecida pelos torcedores como "Ato Trabalhista". A expressão popularizou-se e viria até a ser consagrada pelo legislador, mas, em si, não é capaz de transmitir seu conteúdo. Não à toa, a Corregedoria-Geral da Justiça do Trabalho, a partir de 2018, passou a denominar o instituto como "Plano Especial de Pagamento Trabalhista".

Em 2006, o Tribunal Regional do Trabalho da 3ª Região, em Minas Gerais, atendendo a requerimento do América Futebol Clube, editou o Provimento nº 7/2006, que determinou a reunião das execuções em desfavor da entidade desportiva. Medida semelhante já havia sido adotada anos antes em relação à Santa Casa de Misericórdia de Belo Horizonte, tendo o seu ato de regência (o Provimento nº 6/2004) sido utilizado como referência para o caso do Atlético Mineiro, inclusive com expressa previsão de aplicação subsidiária. No ano seguinte, por meio da Resolução Administrativa nº 6/2007, idêntica providência foi adotada em relação ao Clube Atlético Mineiro.

Nos três casos, as principais medidas adotadas podem ser sintetizadas nos seguintes termos: *a)* suspensão do cumprimento de mandados já expedidos e de decisões de constrição de bens provenientes das diversas Varas do Trabalho; *b)* centralização das execuções em um único juízo (seja uma Vara, seja um órgão específico), com fundamento no art. 28[26] da Lei nº 6.830/1980, aplicável subsidiariamente ao processo do trabalho (CLT, art. 889[27]); *c)* depósito mensal de percentual das receitas recebidas pela entidade, com apresentação do respectivo demonstrativo geral.

Essas providências permitiram, a um só tempo, a reorganização financeira dos clubes em relação ao seu passivo trabalhista, assegurando condições para a preservação das suas atividades, e a criação de uma estratégia de pagamento mensal aos exequentes até a satisfação do seu crédito. Não à toa, o "Ato Trabalhista" viria a ser consagrado na legislação, como será visto à frente.

---

26 Art. 28 – O Juiz, a requerimento das partes, poderá, por conveniência da unidade da garantia da execução, ordenar a reunião de processos contra o mesmo devedor. Parágrafo Único – Na hipótese deste artigo, os processos serão redistribuídos ao Juízo da primeira distribuição.

27 Art. 889 – Aos trâmites e incidentes do processo da execução são aplicáveis, naquilo em que não contravierem ao presente Título, os preceitos que regem o processo dos executivos fiscais para a cobrança judicial da dívida ativa da Fazenda Pública Federal.

3.2. O art. 50 lei nº 13.155/2015: o regime centralizado de execução para entidades desportivas

A Medida Provisória nº 671/2015 instituiu o Programa de Modernização da Gestão e de Responsabilidade Fiscal do Futebol Brasileiro (PROFUT), estruturado em dois grandes eixos: parcelamento de débitos dos clubes perante a União, desde que atendido um extenso conjunto de condições, e detalhamento do regime jurídico aplicável aos casos de gestão temerária pelos seus dirigentes.

Durante o processo de conversão da medida provisória em lei, o Congresso Nacional houve por bem acrescentar um dispositivo específico acerca do ato trabalhista. É interessante observar que a proposta não foi apresentada em qualquer das 181 emendas oferecidas ao texto original, mas decorreu de uma ideia apresentada pelo Presidente do Botafogo à época, Carlos Eduardo Pereira, em audiência pública promovida pela comissão mista designada para análise da medida provisória[28].

Com a incorporação à versão final do relatório e a posterior sanção presidencial, a Lei nº 13.155/2015, resultado da conversão da Medida Provisória nº 671/2015, conferiu aos Tribunais Regionais do Trabalho (ou outro órgão por eles definido) a autorização para a instauração de

28 "Indiscutivelmente, o que os clubes precisam – e falando do exemplo do Botafogo, especificamente – são de coisas fundamentais. Precisamos de prazo para pagamento da nossa dívida, precisamos de condições adequadas para fazer esse pagamento, precisamos de um acompanhamento ágil dos processos envolvidos nesse pagamento e, principalmente, precisamos que essa fórmula de refinanciamento não nos conduza à morte, porque, da forma como está colocada essa medida, conseguimos um CND, ficamos com ele nas mãos e falecemos em seguida. Não há viabilidade na possibilidade de que um clube de futebol, por mais necessitado que esteja, possa aderir à medida da forma como ela foi colocada, porque, além da violentíssima intervenção nos processos internos do clube, do comprometimento de bens pessoais do gestor, ao longo desse financiamento, e da própria criação de fatores alheios à sua disponibilidade, sendo ela uma instituição que precisa disputar campeonatos, não tem como criar interferências nas instituições que promovem esses campeonatos. Então, da forma como foi colocada essa medida, não há como o Botafogo aderir a ela. Como sugestões, gostaríamos de trazer a ideia, aos senhores, da importância de uma legislação, do padrão ao ato trabalhista que existe no Rio de Janeiro, que seja válida para todo o Território Nacional. É fundamental, porque garante não apenas a capacidade de pagamento da instituição, mas também porque garante o recebimento daqueles credores trabalhistas que estão aguardando há muito tempo receber seus recursos. Essa será uma medida de grande abrangência. Com isso, protegemos as receitas da instituição na área trabalhista, resolvemos essa questão..." (Disponível em: <http://legis.senado.leg.br/escriba-servicosweb/reuniao/pdf/3356>. Acesso em 23 jun. 2021).

regime centralizado de execuções para entidades desportivas[29]. O ato trabalhista passava, então, inclusive com esta denominação, a estar expressamente previsto na legislação.

Trata-se de um caso de uma "boa prática" surgida no Judiciário, para a solução de um problema concreto, e incorporada pelo legislador.

O art. 50 da Lei nº 13.155/2015 é impugnado no Supremo Tribunal Federal por meio da ADI nº 6047. Nela, sustenta-se a inconstitucionalidade do dispositivo sob dois argumentos: a) apenas a lei federal seria fonte de normas processuais (CF, art. 22, inciso I), ressalvada a competência dos tribunais fixada pelo art. 96, inciso I, *a*, da Constituição; b) a prerrogativa dos tribunais para dispor sobre a competência e o funcionamento dos respectivos órgãos deve ser exercida com observância das normas de processo e das garantias processuais das partes, o que não teria sido obedecido nesse caso.

O primeiro fundamento da ADI nº 6047 já foi analisado anteriormente. A teoria das fontes da norma processual é dotada de complexidade e abrangência que vão muito além da lei federal e dos regimentos dos tribunais, alcançando os tratados internacionais, as medidas provisórias anteriores à Emenda Constitucional n.º 32/01, as leis estaduais (em seu limitado espaço de atuação), os precedentes, os negócios processuais, as resoluções de entes administrativos, especialmente do Conselho Nacional de Justiça, do Conselho Nacional do Ministério Público e de tribunais, além dos costumes, sem que se possa desprezar, ainda, a crescente importância dos documentos de *soft law* em matéria processual[30].

---

29 Art. 50. Ficam os Tribunais Regionais do Trabalho, ou outro órgão definido por determinação dos próprios Tribunais, autorizados a instaurar o Regime Centralizado de Execução (Ato Trabalhista) para as entidades desportivas de que trata o § 10 do art. 27 da Lei nº 9.615, de 24 de março de 1998.

30 A expressão *soft law*, frequentemente utilizada no Direito Internacional, refere-se a documentos elaborados por instituições de reconhecida expertise em determinada área que explicitam parâmetros de conduta, de interpretação ou de regramento acerca de determinado tema reputados adequados, proveitosos em determinado campo do Direito. Seu conteúdo é prescritivo, mas não cogente – no sentido de juridicamente exigível. Metonimicamente, a expressão é utilizada para designar os documentos cuja forma é "soft", como memorandos de entendimento e recomendações, em vez de os efeitos decorrentes dos seus dispositivos. O *soft law* pode fornecer, ainda, diretrizes que sirvam para o desenvolvimento do Direito processual, ajudando, por exemplo, na concretização de comandos normativos abertos e no desenvolvimento judicial do Direito. Temas como imparcialidade judicial, probidade processual e prova merecem ser aprimorados a partir da observação dessas práticas reiteradas que acabam sendo consolidadas nos documentos do

O segundo argumento necessita de uma correção de premissa. Em verdade, é possível extrair do art. 50 da Lei nº 13.155/2015 *duas normas*: 1) *Os Tribunais Regionais do Trabalho estão autorizados a definir o juízo competente para a centralização de execuções*, mera decorrência do disposto no art. 96, I, *a*, da Constituição, combinado com o art. 28 da Lei nº 6.830/1980; 2) *O juízo competente nos Tribunais Regionais do Trabalho para a centralização de execuções pode firmar protocolos institucionais com entidades desportivas para estabelecimento do regime conhecido como Ato Trabalhista*, o que encontra amparo nos arts. 67 a 69 do CPC e, atualmente, também nos arts. 15 e 16 da Resolução nº 350/2020 do Conselho Nacional de Justiça.

É da tradição constitucional brasileira a consagração expressa da competência dos tribunais para a elaboração dos seus regimentos internos e a organização dos seus serviços. A Constituição de 1988 conferiu aos tribunais nova competência regimental: para disciplinar a divisão de competências e o modo de funcionamento dos órgãos jurisdicionais, sempre respeitando a garantias processuais e normas de processo. As cortes possuem, então, capacidade normativa[31] administrativa e proces-

soft law. Importantes exemplos são as diretrizes da *Internacional Bar Association* sobre arbitragem internacional e os Códigos Modelos, elaborados por entidades internacionais, como o Código Modelo Ibero-Americano de Ética Judicial, que inspirou a edição do Código de Ética da Magistratura, aprovado pelo Conselho Nacional de Justiça. Na perspectiva interna, as recomendações do CNJ são exemplos de *soft law*, que operam, inclusive, no âmbito do Direito processual, como as de n.º 38/11 (cooperação judiciária, revogada com o advento da Resolução n.º 350/20), n.º 63/20 (recuperação e falência) e n.º 76/20 (gestão de processos coletivos). Sobre o tema, vide: DIDIER JR., Fredie. **Curso de Direito Processual Civil**. v. 1. 22ª ed. Salvador: Juspodivm, 2020, pp. 77-06.

31 "Na análise do tema presente, salta aos olhos que a Constituição reservou ao Poder Judiciário capacidade normativa em dois momentos distintos: (i) quando outorgou competência de iniciativa de lei; (ii) quando atribuiu campo competencial próprio, quer dizer, competência para criação de normas primárias, sem interferência direta dos demais Poderes (art. 96, I, a). A hipótese de campo competencial próprio (ii) (art. 96, I, a) outorga ao Poder Judiciário capacidade para editar ato normativo próprio, sobre seus assuntos. Isso se dá, pois, no exercício de sua autonomia normativa, independente e paralelamente à lei em sentido formal. Não se trata, portanto, da capacidade regulamentar, que é uma capacidade normativa secundária, baseada e lastreada em Lei (ou até mesmo, de maneira excepcional, diretamente na Constituição). No caso, o Poder Judiciário tem capacidade paralegal ou equiparada à capacidade própria dos legisladores, embora com espectro muito mais reduzido" (TAVARES, André Ramos. "As autonomias do Poder Judiciário". In:

sual[32]. As normas processuais regimentais (e as decorrentes de resoluções que disciplinam a competência e o funcionamento dos órgãos) são fontes formais do Direito, disciplinando o processo civil no âmbito das cortes e vinculando os órgãos jurisdicionais, que delas não se podem afastar, salvo se declararem a sua ilegalidade ou inconstitucionalidade.

Ambas as medidas (explicitação da competência do TRT para designar o juízo responsável pela centralização de execuções e reafirmação da possibilidade de celebração de protocolos institucionais) não implicam, quando abstratamente consideradas, violação às normas de processo e às garantias das partes. Eventuais irregularidades em situações concretas devem ser examinadas pontualmente. Não há, portanto, como afirmar, em tese, a inconstitucionalidade do art. 50 da Lei nº 13.155/2015.

3.3. *A regulamentação pela corregedoria-geral da justiça do trabalho*

Com o propósito de padronizar o procedimento de reunião de execuções em âmbito trabalhista, a Corregedoria-Geral da Justiça do Trabalho editou o Provimento nº 1/2018, que, em seus considerandos, expressamente alude ao art. 28 da Lei nº 6.830/1980 e ao art. 69, inciso II, do CPC. O diploma estabeleceu as atribuições do juízo centralizador (art. 3º), os requisitos do pedido para instauração do Plano Especial de

Cadernos Jurídicos da Escola Paulista da Magistratura. São Paulo, ano 16, nº 40, abr-jun/2015, p. 22). "De qualquer forma, atualmente as normas regimentais, dispondo sobre a estrutura, a competência e o funcionamento dos tribunais, de seus órgãos diretores e dos colegiados judicantes que os integram (CF, art. 96, a), não apenas sistematizam a inserção e aplicação de regras constitucionais e legais como, igualmente, integram tais regras e suprem lacunas normativas" (CARNEIRO, Athos Gusmão. **Jurisdição e competência**. 17ª ed. São Paulo: Saraiva, 2010, p. 26).

32 Quanto à competência em matéria processual, é obrigatório conhecer o aprofundado estudo desenvolvido por Paulo Mendes de Oliveira, que visualiza "as seguintes categorias de disposições normativas processuais nos regimentos internos: a) regras sobre competência interna da corte; b) regras decorrentes de delegação legal expressa; c) regras que consolidam orientações definidas em precedentes judiciais; d) regras complementares decorrentes de omissões legislativas" (OLIVEIRA, Paulo Mendes. "O poder normativo dos tribunais: Regimentos internos como fonte de normas processuais". In: **Civil Procedure Review**. v. 11, nº 2: mai.-ago/2020, pp. 47-48). Também foi publicada versão comercial da obra: OLIVEIRA, Paulo Mendes de. **Regimentos Internos como fonte de normas processuais**. Salvador: Juspodivm, 2020).

Pagamento Trabalhista (art. 4º), os procedimentos adotados pelo órgão competente para sua apreciação (art. 5º), dispondo ainda sobre o Regime Especial de Execução Forçada (arts. 6º a 10). Em seu art. 13, o Provimento explicitou sua aplicabilidade ao regime de centralização de execuções decorrente do Ato Trabalhista[33].

Com o advento, em 2019, da nova Consolidação dos Provimentos da Corregedoria-Geral da Justiça do Trabalho, foi revogado o Provimento nº 1/2018, tendo seu conteúdo sido incorporado à Consolidação, com alguns acréscimos (arts. 148 a 160). No novo diploma, deixou de haver referência expressa à figura do Ato Trabalhista, mas não há dúvida quanto à sua aplicabilidade também a essa hipótese.

O *Procedimento de Reunião de Execuções* (PRE) é constituído pelo *Plano Especial de Pagamento Trabalhista* (PEPT), com o propósito de pagamento parcelado do débito, e pelo *Regime Especial de Execução Forçada* (REEF), cujo objetivo é a expropriação do patrimônio dos devedores em prol da coletividade dos credores, procedimento que não será examinado neste artigo.

Os arts. 151 a 153 da Consolidação dos Provimentos da Corregedoria-Geral da Justiça do Trabalho estabelecem a disciplina básica do Plano Especial de Pagamento Trabalhista, enumerando um conjunto de cláusulas integrantes da pactuação. É importante perceber que essa previsão consiste em uma referência, em um modelo elementar que pode ser adotado pelos tribunais para atender, conforme indicado nos considerandos do antigo Provimento nº 1/2018, a "necessidade de uma padronização mínima dos procedimentos em relação à centralização de execuções no âmbito da Justiça do Trabalho". A consagração de diretrizes básicas colabora para a difusão do procedimento e oferece balizas seguras para os tribunais, mas não esgota as possibilidades de definição do conteúdo do Plano.

Na conformação estabelecida pela Consolidação, o Plano Especial de Pagamento Trabalhista vai além de uma simples centralização de execuções pendentes, da definição de percentuais ou valores fixos para depósito e da organização da distribuição do montante. O Plano consiste em um conjunto de medidas direcionadas, ainda, a (art. 151[34]):

33 Art. 13. Aplica-se o presente Procedimento de Reunião de Execuções, no que couber, às execuções que já se encontrarem reunidas no âmbito da Justiça do Trabalho bem como ao Regime Centralizado de Execução (Ato Trabalhista) para as entidades desportivas de que trata o § 10 do art. 27 da Lei nº 9.615, de 24 de março de 1998.

34 Art. 151. Para a apreciação preliminar do pedido de instauração do Plano Especial de Pagamento Trabalhista – PEPT, o interessado deverá atender aos seguintes requisitos:

a) verificar a real situação econômica do requerente, por meio da apresentação de balanço contábil e declaração de imposto de renda, e a continuidade das suas atividades;

b) estabelecer garantias ao pagamento dos créditos, por intermédio do oferecimento de carta de fiança bancária, seguro garantia ou bens próprios ou dos sócios;

c) identificar, se for o caso, as demais empresas integrantes do grupo econômico e seus sócios, todos cientes de que responderão solidariamente pelas obrigações;

d) fixar a assunção do compromisso de manter o cumprimento das obrigações trabalhistas dos contratos em curso e o pagamento das verbas

---

I - especificar o valor total da dívida, instruindo o pedido com a relação de processos em fase de execução definitiva, a indicação da(s) vara(s) de origem, os nomes dos credores, os valores e a natureza dos respectivos débitos, devidamente atualizados, destacando-se valores históricos de juros e de correção monetária;
II - apresentar o plano de pagamento do débito trabalhista consolidado, incluída estimativa de juros e de correção monetária até seu integral cumprimento, podendo o pagamento ser fixado em período e montante variáveis, respeitado o prazo máximo de três anos para a quitação integral da dívida;
III - assumir, por declaração de vontade expressa e inequívoca, o compromisso de cumprir regularmente as obrigações trabalhistas dos contratos em curso, inclusive as decorrentes de verbas rescisórias devidas aos empregados dispensados ou que se demitirem, cabendo o controle aos sindicatos das respectivas categorias profissionais, a quem o executado remeterá, mensalmente, cópia do Cadastro Geral de Empregados e Desempregados - CAGED;
IV - relacionar, documentalmente, as empresas integrantes do grupo econômico e respectivos sócios, todos cientes de que serão responsabilizados solidariamente pelo adimplemento das obrigações relativas ao montante global obtido na reunião das execuções perante o Tribunal, independentemente de, em qualquer fase dos processos, terem figurado no polo passivo;
V - ofertar garantia patrimonial suficiente ao atendimento das condições estabelecidas, podendo recair em carta de fiança bancária ou seguro garantia, bem como em bens próprios ou dos sócios, hipótese em que deverão ser apresentadas provas de ausência de impedimento ou oneração dos bens, caso em que o interessado fica obrigado a comunicar, de imediato, qualquer alteração na situação jurídica desses, sob pena de cancelamento do plano e impossibilidade de novo requerimento de parcelamento pelo prazo de 2 (dois) anos;
VI - apresentar balanço contábil, devidamente certificado por contador, bem como declaração de imposto de renda, em que se comprove a incapacidade financeira de arcar com a dívida consolidada, com efetivo comprometimento da continuidade da atividade econômica;
VII - apresentar renúncia de toda e qualquer impugnação, recurso ou incidente quanto aos processos envolvidos no plano apresentado.

rescisórias dos contratos encerrados. Trata-se de cláusula de legalidade duvidosa, como a sugerir uma espécie de compromisso de ajustamento de conduta celebrado diretamente com o Judiciário, figura inexistente no ordenamento brasileiro, para disciplinar questões afetadas a sujeitos e direitos que não integram os processos reunidos. Por força do disposto no art. 5º, § 6º, da Lei nº 7.347/1985 e diante da natureza dos direitos envolvidos, a legitimidade da pactuação que abranja os elementos aqui abordados depende da subscrição pelo Ministério Público do Trabalho;

e) pagar integralmente a dívida, inclusive juros e correção monetária, no prazo máximo de três anos;

f) declarar a renúncia do devedor a toda e qualquer impugnação, recurso ou incidente quanto aos processos envolvidos no plano apresentado. A cláusula deve ser vista com temperamento. O requerimento de adesão ao Plano Especial não pode significar uma autorização à prática de eventuais atos arbitrários no futuro. Em qualquer circunstância, o devedor conserva o direito de impugnar atos ilegais ou incompatíveis com o Plano que venham a ser praticados no processo.

Com a adoção do Plano, o juízo competente: *a)* definirá o processo piloto para a prática dos atos processuais; *b)* indicará o prazo máximo de sua duração, observando aquele apresentado no requerimento de instauração do PEPT, c*)* estabelecerá, se necessário, cláusula penal para atraso ou descumprimento ocasional de parcelas; *d)* poderá determinar a venda de ativos visando à redução do débito consolidado; *e)* organizará o pagamento dos valores arrecadados (art. 152, § 1º[35]).

35 Art. 152, § 1º Instaurado o procedimento, deverá o órgão competente mencionado no caput:
I – fixar o prazo de duração, observado o disposto no inciso II do artigo 151 desta Consolidação, e o valor a ser pago periodicamente, considerando, nos dois casos, o montante principal da dívida e seus acessórios, bem como os correspondentes créditos previdenciários e fiscais;
II – se necessário, estabelecer cláusula penal para atraso ou descumprimento ocasional de qualquer das parcelas, revertendo para os credores o valor correspondente, e, a qualquer tempo no curso do procedimento, ordenar a venda de ativos visando à redução do débito consolidado, providência a ser cumprida no âmbito do juízo centralizador de execuções;
III – prever a distribuição dos valores arrecadados, observado o disposto no artigo 148, parágrafo único, inciso V, da presente Consolidação;
IV – indicar o processo judicial que servirá como piloto para a prática dos atos jurisdicionais posteriores à aprovação do PEPT, no qual serão concentrados todos os atos referentes ao cumprimento do plano.

O Plano Especial de Pagamento Trabalhista restringe-se aos processos de execução listados pelo devedor no momento da apresentação do requerimento de sua instauração, sem a possibilidade de inclusão de novos processos (art. 151, § 1º).

O descumprimento das condições fixadas no PEPT importará sua revogação, com a proibição de obtenção de novo Plano pelo prazo de dois anos e a deflagração do Regime Especial de Execução Forçada (art. 151, § 2º).

Ressalvados casos excepcionais, devidamente justificados, o encerramento do Plano enseja o impedimento ao devedor e às empresas integrantes do grupo econômico de requerer novo PEPT pelo prazo de vinte e quatro meses, independentemente do seu resultado, seja o cumprimento total ou parcial, seja a convolação em REEF (art. 153).

Eis o panorama da regulamentação do Plano Especial de Pagamento Trabalhista pela Corregedoria-Geral da Justiça do Trabalho. Observadas algumas ressalvas, nomeadamente quanto à necessidade de participação do Ministério Público do Trabalho para a celebração de cláusula de compromisso de cumprimento das obrigações decorrentes dos contratos de trabalho mantidos pelo interessado e à impropriedade da renúncia, prévia e em termos absolutos, a qualquer impugnação, a disciplina da CGJT oferece interessantes diretrizes passíveis de adoção na maioria dos casos.

Mas é necessário esclarecer dois pontos.

O primeiro diz respeito à natureza do PEPT. Bem vistas as coisas, é fácil perceber que o Plano previsto na Consolidação da CGJT consiste em uma *proposta de cooperação interinstitucional por adesão*[36]. Diante da

36 Fredie Didier Jr. visualiza três tipos de cooperação (por solicitação, por delegação e por concertação), admitindo, contudo, a possibilidade de identificação de outras modalidades (DIDIER JR., Fredie. **Cooperação Judiciária Nacional: esboço de uma teoria para o Direito brasileiro (arts. 67-69, CPC)**. Cit, pp. 59-60). A partir do posicionamento de Didier, Leandro Fernandez propõe um quarto tipo de cooperação, por adesão. Nela, um dos sujeitos manifesta sua aceitação em relação às condições previamente fixadas por outro para a realização de uma ou várias modalidades de atos padronizados, normalmente de baixa complexidade, relativos à administração da justiça. Em regra, ao aderente cabe apenas a decisão acerca da aceitação ou não daqueles parâmetros que são oferecidos de maneira idêntica a qualquer interessado (FERNANDEZ, Leandro. "Do conflito entre atos concertados de cooperação judiciária e negócios processuais celebrados pelas partes". In: DIDIER JR., Fredie; CABRAL, Antonio do Passo (coord.). **Cooperação Judiciária Nacional**. Salvador: Juspodivm, 2021, pp. 655-658).

possibilidade de elaboração de um regime capaz de oferecer soluções para diversas situações, a definição, caso a caso, das exigências e dos procedimentos adotados tenderia a tornar pouco racional e eficiente a atuação do Judiciário e poderia suscitar dúvidas em relação à isonomia dos critérios fixados. Daí a importância de um modelo básico que pode ser utilizado para variadas hipóteses, dependendo apenas da manifestação de adesão do interessado e da comprovação dos seus requisitos. A individualização do planejamento de pagamento ocorrerá, essencialmente, a partir da proposta relativa ao número de parcelas e à forma de pagamento (valores fixos ou variáveis).

Esse modelo, porém, não é absoluto – e aqui está o segundo aspecto que merece atenção. Uma das características de uma boa prática processual[37] é a promoção de determinado bem jurídico em extensão superior àquela assegurada pelos modelos tradicionais já previstos no ordenamento. A possibilidade de aperfeiçoamento e de adequação de determinada providência às especificidades de uma situação concreta é inerente à lógica que orienta as boas práticas. Por isso, nada impede que o interessado proponha um regime distinto daquele previsto na Consolidação dos Provimentos, desde que demonstre sua maior adequação às circunstâncias do caso e maior eficiência para a solução dos processos. Como visto anteriormente, se o protocolo contar com a adesão dos credores, as possibilidades de atribuição de novas conformações ao seu conteúdo são ainda mais amplas.

A atipicidade (proposital, perceba-se) da cooperação judiciária nacional e a abertura conferida pelo art. 69, § 2º, VI, do CPC e pelos arts. 6º, IV, 15 e 16 da Resolução nº 350/2020 do CNJ não autorizam a instituição de um modelo único de protocolo institucional, que exclua a margem de criatividade dos sujeitos para a construção de soluções adequadas às especificidades dos casos. A Consolidação dos Provimentos da CGJT nem teria aptidão normativa para tanto, aliás. Sua vocação, além do estabelecimento de procedimentos administrativos dotados de caráter vinculante, é a sistematização de diretrizes processuais reputadas desejáveis à luz da boa administração da justiça[38].

---

37 O tema das boas práticas processuais está sendo desenvolvido pelos autores deste texto e, brevemente, será divulgado em ensaio avulso intitulado "Introdução ao estudo das boas práticas na administração da justiça: a relevância dogmática da inovação".

38 Regimento Interno da CGJT, art. 38 O Corregedor-Geral poderá submeter à apreciação do órgão competente do Tribunal Superior do Trabalho os provimentos de caráter geral destinados a regulamentar a boa administração da Justiça e a uniformizar os Serviços Judiciários nos Tribunais Regionais do Trabalho.

4. O "ato trabalhista" como um protocolo institucional

4.1. O "ato trabalhista" como resposta a um problema estrutural

A distinção entre problema estrutural e processo estrutural, nem sempre percebida no cotidiano, pode ser visualizada com clareza diante das situações que envolvem o Ato Trabalhista.

O *problema estrutural* se define pela existência de um estado de desconformidade estruturada – uma situação de ilicitude contínua e permanente ou uma situação de desconformidade, ainda que não propriamente ilícita, no sentido de ser uma situação que não corresponde ao estado de coisas considerado ideal. Como quer que seja, o problema estrutural se configura a partir de um estado de coisas que necessita de reorganização (ou de reestruturação)[39].

Estado de desconformidade não é sinônimo necessariamente de estado de ilicitude ou de estado de coisas ilícito Estado de desconformidade é situação de desorganização estrutural, de rompimento com a normalidade ou com o estado ideal de coisas, que exige uma intervenção (re)estruturante. Essa desorganização pode, ou não, ser consequência de um conjunto de atos ou condutas ilícitas[40].

É importante perceber que os problemas estruturais não se restringem àqueles vivenciados na esfera pública, ou que se ligam aos direitos fundamentais ou às políticas públicas. As ações concursais – como, por exemplo, a falência e a recuperação judicial – também se baseiam em problemas estruturais. Elas partem de uma situação de desorganização, em que há rompimento da normalidade e do estado de coisas, e exigem uma intervenção (re)estruturante, que organize as contas da empresa em recuperação ou que organize os pagamentos devidos pela massa falida. Essa desorganização pode advir do cometimento de ato ilícito, como no caso da falência, ou não necessariamente, como no caso da recuperação judicial[41].

---

39 DIDIER Jr., Fredie; ZANETI Jr., Hermes; OLIVEIRA, Rafael Alexandria de. "Elementos para uma teoria do processo estrutural aplicada ao processo civil brasileiro". *Revista de Processo.* São Paulo: RT, 2020, nº 303, pp. 45-81.

40 DIDIER Jr., Fredie; ZANETI Jr., Hermes; OLIVEIRA, Rafael Alexandria de. "Elementos para uma teoria do processo estrutural aplicada ao processo civil brasileiro". *Revista de Processo.* São Paulo: RT, 2020, nº 303, pp. 45-81.

41 Felipe Vieira Batista também vê a recuperação judicial como um processo estrutural: "Embora a Lei nº 11.101/2005 exija que a petição inicial indique as causas da

Já o processo estrutural é aquele em que se veicula um litígio estrutural, pautado num problema estrutural, e em que se pretende alterar esse estado de desconformidade, substituindo-o por um estado de coisas ideal.

Ocorre que nem sempre situações que decorrem de problemas estruturais são apreciadas em sede de processos estruturais. Embora demandas individuais possam assumir natureza estruturante[42], é frequente que, nelas, o problema estrutural seja abordado em perspectiva apenas contextual, sem a formulação de pleitos de (re)estruturação.

O cenário relacionado ao ato trabalhista é um interessante exemplo dessa realidade. As execuções dispersas por diversas Varas do Trabalho situam-se em um contexto maior de descumprimento reiterado de decisões judiciais oriundas da Justiça Especializada e de obrigações trabalhistas relativas aos contratos em curso. Essas execuções não são, portanto, consequências de inadimplementos pontuais, mas manifestações de um estado de coisas que necessita de reorganização.

De maneira assemelhada ao que se verifica na falência e na recuperação judicial[43], a abordagem em um único juízo de todas essas questões permite uma intervenção realmente apta a reestruturar a situação de desconformidade – especialmente ao se considerar que uma das exigências previstas para a adoção do Plano Especial de Pagamento Trabalhista (mas de duvidosa validade se não houver a participação do

---

crise, o objetivo não é imputar o referido fato a um determinado sujeito processual e/ou lhe impor qualquer tipo de reparação ou sanção pelo ocorrido – não há litígio afirmado. A perspectiva é outra, de natureza muito mais prospectiva: pede-se a intervenção/reforma estatal no sentido de viabilizar/facilitar a resolução de um problema social grave por meio de uma negociação de um plano de reestruturação da atividade (e não com a imposição de uma forma de reparação e/ou sanção)" (BATISTA, Felipe Vieira. **A recuperação judicial como processo coletivo**. Dissertação de Mestrado. Salvador: Universidade Federal da Bahia (UFBA), 2017, p. 118).

---

42 "Embora normalmente o processo estrutural seja coletivo, por discutir uma situação jurídica coletiva, é possível que um processo que veicule demanda individual esteja pautado num problema estrutural e que tenha que, por isso, ser tratado como processo estrutural" (DIDIER JR., Fredie; BRAGA, Paula Sarno; OLIVEIRA, Rafael Alexandria. **Curso de Direito Processual**. v. 2. 15 ed. Salvador: Editora Juspodivm, 2020, p. 797).

43 Não à toa, o Ato nº 837/2007 do TRT-1, relativo ao Botafogo Futebol Clube, ao Fluminense Football Club e ao Clube de Regatas Vasco da Gama, alude, em seus considerandos, à Lei de Recuperação Judicial e Falências (Lei nº 11.101/2005).

Ministério Público na subscrição do ato) é o cumprimento das obrigações trabalhistas nos contratos em curso, tema que, evidentemente, não era objeto dos processos originais.

É relevante destacar que, a despeito das suas aproximações com a recuperação judicial, o PEPT com ela não se confunde. Diversamente da recuperação judicial, o procedimento refere-se apenas a execuções trabalhistas, pode ser deflagrado apenas a partir da provocação do devedor, não está submetido à realização de assembleias de credores (embora seja possível a celebração de negócios jurídicos – processuais ou não – com eles), não impõe a designação de administrador e não é regido pela Lei nº 11.101/2005.

A técnica de centralização de processos repetitivos é bem-vinda nos processos estruturais. Sabe-se que, num processo estrutural, fixam-se metas a serem atingidas a médio e longo prazos. Ocorre que, em determinados contextos, um litígio estrutural pode ensejar o ajuizamento de inúmeras demandas individuais que, inclusive, venham a interferir na execução dos planos estabelecidos no processo estrutural; por outro lado, essas demandas não-estruturais não têm a aptidão de pôr fim ao litígio estrutural. Por isso, a centralização desses processos pode ser meio apto a viabilizar a implementação das metas estabelecidas nos processos estruturais, pois o julgamento dos processos não estruturais relacionados à questão não seria feito em descompasso com o plano estabelecido no processo estrutural. E mais: é meio de garantir isonomia, pois se evita o tratamento distinto a quem busque o Judiciário em relação a quem tente a satisfação de seu direito por outras vias.

Bem analisadas as coisas, percebe-se que o Ato Trabalhista consiste em uma modalidade de protocolo institucional, previsto no art. 50 da Lei nº 13.155/2015 e regulamentado no plano infralegal por meio da Consolidação dos Provimentos da Corregedoria-Geral da Justiça do Trabalho (arts. 151 a 153), firmado entre um órgão jurisdicional e um litigante habitual, com os propósitos de: a) racionalizar a administração da justiça, evitando a prática de atos descoordenados e de diligências inúteis; b) assegurar a viabilidade do pagamento aos credores, de maneira parcelada e por tempo previamente delimitado, com a manutenção das atividades do clube de futebol; c) fixar parâmetros para solução de um estado de desconformidade estruturada, criando condições para a reestruturação do passivo trabalhista e a regularização das obrigações dos contratos em curso.

4.2. A cooperação de segundo grau ou acessória: a possibilidade de desenvolvimento de uma rede de cooperação em torno do ato trabalhista

A cooperação judiciária é um instituto proveitoso para a eficiência da prestação jurisdicional tanto em casos singelos (hipóteses nas quais o auxílio direto para a troca de informações pode abreviar a duração do processo, por exemplo) quanto para situações dotadas de elevada complexidade. Neste último caso, especialmente diante de processos estruturais, é possível que se estabeleça um ato de cooperação principal (ilustrativamente, a concertação para definição do juízo competente para a decisão sobre questão comum) e um conjunto de atos cooperativos acessórios, praticados com outros entes, com o propósito de promover a otimização do ato principal. É possível recorrer a várias imagens para retratar essa ideia: uma rede ou teia de cooperação em torno de um eixo central, uma constelação ou uma abordagem em níveis (cooperação de primeiro grau e cooperação de segundo grau). Seja como for, o importante é perceber a possibilidade de atos de cooperação judiciária acessórios, cuja existência justifica-se em razão de outro ato, o principal.

Essa compreensão permite constatar a complexidade da atividade jurisdicional na atualidade. Embora não haja dúvidas quanto à possibilidade de continuar-se falando do *juízo do caso*, há situações nas quais os múltiplos atos de cooperação judiciária praticados ao longo do processo são tão determinantes para a sua solução que não seria totalmente inapropriado falar-se, em certa perspectiva, de *juízos do caso*. Essa complexidade é ainda mais acentuada quando se considera a possibilidade de práticas de atos de cooperação com sujeitos externos ao Poder Judiciário.

O Provimento Conjunto n.º 2/2019 do Tribunal Regional do Trabalho da 1ª Região, que disciplina em âmbito regional o Plano Especial de Pagamento Trabalhista, apresenta um exemplo simples de cooperação judiciária acessória. Em seu art. 8º, inciso II, prevê a possibilidade de o juízo centralizador "coletar informações junto às Varas do Trabalho nas quais tramitem processos de execução em face do devedor".

A troca de informações também pode ser pactuada com juízos de outros ramos do Judiciário, nos quais tramitem processos dos clubes em relação aos quais houve a adoção do ato trabalhista. É possível pensar, ainda, ilustrativamente, na cooperação judiciária com juízos da Justiça do Trabalho ou de outros ramos para o compartilhamento temporário de equipe de auxiliares da justiça (Resolução nº 350/2020 do CNJ, art. 6º, inciso XVIII). As necessidades do caso e a criatividade responsável dos envolvidos serão decisivas para a construção de hipóteses de cooperação judiciária acessória que contribuam para a solução dos processos.

4.3. Revisão

O art. 11, § 3º, da Resolução nº 350/2020 do CNJ prevê a possibilidade de revisão do ato de cooperação por juízos cooperantes, com a preservação da higidez dos atos praticados com base nos termos anteriores do ajuste – como não poderia ser diferente, tendo em vista a proteção dispensada pelo ordenamento ao ato jurídico perfeito (CF/88, art. 5º, inciso XXXVI; LINDB, art. 6º), assim como à confiança legítima na higidez das medidas decorrentes do ato cooperativo entre juízos.

A previsão é salutar. Alterações no estado de fato ou de direito, comuns em relações de longa duração, podem ensejar a necessidade de modificação do arranjo normativo inicialmente estabelecido. Não somente em razão do princípio da conservação dos negócios jurídicos, mas especialmente por razões de interesse público na preservação de atos concertados de cooperação eficientes à administração da justiça, a manutenção do negócio (agora em novas bases) é preferível à sua extinção. Coopera-se na celebração do ato concertado e, sendo o caso, em sua revisão.

As partes também podem requerer a revisão do ato concertado, nos termos do art. art. 8º, § 3º, da Resolução nº 350/2020 do CNJ. A assertiva é válida também em relação ao *amicus curiae*. Se a ele é assegurada a possibilidade de solicitar a realização de atos de cooperação (Resolução nº 350/2020, art. 8º, § 4º), igualmente há de ser reconhecida a faculdade de pugnar pela revisão de atos já ajustados – tenham ou não sido avençados a partir de sua iniciativa.

Em todos os casos, a decisão dos juízos cooperantes quanto à revisão ou à manutenção dos termos atuais da cooperação deve ser fundamentada (CF/88, art. 93, inciso IX; CPC, art. 11; Resolução nº 350/2020, arts. 5º, inciso IV, e 8º, § 2º).

Os protocolos institucionais, geralmente pactuados para a disciplina de relações duradouras, são também um ambiente propício para a aplicação dessas diretrizes.

No caso do Ato Trabalhista, o art. 152, § 3º, da Consolidação dos Provimentos da Corregedoria-Geral da Justiça do Trabalho prevê a possibilidade de revisão do Plano Especial de Pagamento Trabalhista quando, por causas imprevistas e não imputáveis ao devedor, o Plano inicialmente aprovado revelar-se inexequível. Nessas situações, o devedor poderá apresentar nova proposta, observando as exigências anteriormente abordadas, desde que comprove as circunstâncias supervenientes alegadas, submetendo-se a nova análise do órgão competente. Rejeitada a proposta ou constatada a sua inviabilidade, será instaurado o Regime Especial de Execução Forçada.

É possível, ainda, que os exequentes provoquem a revisão do ajuste, demonstrando a superveniência de fatores que justifiquem a alteração dos termos inicialmente estabelecidos.

Além de alterações do estado de fato ou de direito, é compreensível que, em relações duradouras que envolvam um conjunto complexo de atos e providências, surjam dúvidas a respeito da adequada interpretação do acordo de cooperação.

A modificação da figura do responsável pelo juízo ou do dirigente do clube de futebol não é, por si só, fundamento para a revisão ou a extinção do protocolo institucional. Todavia, é possível que, diante de negócio do qual não participou em sua elaboração, o novo responsável manifeste incerteza quanto à extensão das obrigações das partes.

Em situações assim – e, de maneira geral, diante de dúvidas envolvendo o ato de cooperação —, poderão os sujeitos cooperantes celebrar negócio jurídico de certificação (LINDB, art. 26[44]; Código Civil, art. 113, § 2º[45]), definindo a interpretação que deve ser conferida à convenção, com o propósito de eliminar o estado de incerteza. É importante perceber que, embora o art. 26 da LINDB mencione apenas a autoridade administrativa (não o órgão jurisdicional), os negócios de certificação consistem em uma espécie da categoria geral dos negócios jurídicos e, a partir da Lei nº 13.874/2019, estão previstos no Código Civil sem restrições quanto aos possíveis convenentes. Não há, portanto, obstáculo à sua celebração por órgãos do Poder Judiciário em referência a um protocolo institucional. Diante da natureza dos interesses envolvidos, essa

44 Art. 26. Para eliminar irregularidade, incerteza jurídica ou situação contenciosa na aplicação do direito público, inclusive no caso de expedição de licença, a autoridade administrativa poderá, após oitiva do órgão jurídico e, quando for o caso, após realização de consulta pública, e presentes razões de relevante interesse geral, celebrar compromisso com os interessados, observada a legislação aplicável, o qual só produzirá efeitos a partir de sua publicação oficial.

45 Art. 113, § 2º As partes poderão livremente pactuar regras de interpretação, de preenchimento de lacunas e de integração dos negócios jurídicos diversas daquelas previstas em lei.

autorização genérica à pactuação de negócios de certificação deve ser acompanhada da observância dos critérios previstos no art. 26, § 1º[46], da LINDB, aplicável por analogia, de modo a assegurar a adequação e a eficiência no negócio.

5. Conclusões

O denominado ato trabalhista, previsto no art. 50 da Lei nº 13.155/2015 e regulamentado no plano infralegal por meio da Consolidação dos Provimentos da Corregedoria-Geral da Justiça do Trabalho (arts. 151 a 153), consiste em um protocolo institucional firmado na execução com litigante habitual, destinado a racionalizar a administração da justiça, por meio da centralização de execuções, e, ao mesmo tempo, garantir o pagamento dos credores e o prosseguimento da atividade dos clubes de futebol, criando condições para a reestruturação do passivo trabalhista e a regularização das obrigações dos contratos em curso.

A centralização de execuções tem o mérito de reduzir assimetrias informacionais – tanto do Judiciário, que obteria apenas frações de informações sobre a situação real do devedor e dos seus bens pulverizadas entre diversos órgãos, quanto dos exequentes. Além disso, ao aproximar os diversos credores e estabelecer uma via unificada de contato com o devedor, com a intermediação do Poder Judiciário, favorece a organização dos exequentes e a criação de um ambiente propício para a negociação sobre o direito material, sobre o procedimento (caso em que é possível, por exemplo, a subscrição do protocolo institucional também pelos credores, como intervenientes, e o ajuste ou revisão dos seus termos originais) e sobre situações jurídicas processuais.

A experiência do Plano Especial de Pagamento Trabalhista, idealizada a partir de necessidades práticas, revela as potencialidades dos protocolos institucionais para o aperfeiçoamento da prestação jurisdi-

46 Art. 26, § 1º O compromisso referido no caput deste artigo:
I – buscará solução jurídica proporcional, equânime, eficiente e compatível com os interesses gerais;
II – (VETADO);
III – não poderá conferir desoneração permanente de dever ou condicionamento de direito reconhecidos por orientação geral;
IV – deverá prever com clareza as obrigações das partes, o prazo para seu cumprimento e as sanções aplicáveis em caso de descumprimento.

cional, nomeadamente na execução. Com os devidos ajustes, a iniciativa pode ser utilizada como referência para a solução de situações semelhantes em outros ramos do Judiciário.

Referências bibliográficas

BARREIROS, Lorena Miranda. **Convenções Processuais e Poder Público**. Salvador: Editora Juspodivm, 2017.

BATISTA, Felipe Vieira. **A recuperação judicial como processo coletivo**. Dissertação de Mestrado. Salvador: Universidade Federal da Bahia (UFBA), 2017.

BRAGA, Nelson Tomaz; PESSOA, Roberto. "Endividamento dos clubes de futebol e a execução concentrada". BELMONTE, Alexandre Agra; MELLO, Luiz Philippe Vieira de; BASTOS, Guilherme Augusto Caputo (Coord.). **Direito do Trabalho Desportivo: os aspectos jurídicos da Lei Pelé frente às alterações da Lei nº 12.395/2011**. São Paulo: LTr, 2013.

CABRAL, Antonio do Passo. **Convenções processuais: Teoria geral dos negócios jurídicos processuais**. 3ª ed. Salvador: Editora Juspodivm, 2020.

____. *Convenções processuais.* Salvador: Editora Juspodivm, 2016.

____. **Juiz natural e eficiência: flexibilização, delegação e coordenação de competências no Processo Civil**. São Paulo: RT, 2021

CARNEIRO, Athos Gusmão. **Jurisdição e competência**. 17ª ed. São Paulo: Saraiva, 2010.

DIDIER Jr., Fredie. **Cooperação Judiciária Nacional: esboço de uma teoria para o Direito brasileiro (arts. 67-69, CPC)**. 2ª ed. Salvador: Juspodivm, 2021.

____. **Curso de Direito Processual Civil**. v. 1. 22ª ed. Salvador: Juspodivm, 2020.

____; BRAGA, Paula Sarno; OLIVEIRA, Rafael Alexandria. **Curso de Direito Processual**. v. 2. 15 ed. Salvador: Editora Juspodivm, 2020.

____.; CABRAL, Antonio do Passo. "Negócios jurídicos processuais atípicos e execução". In: DIDIER JR., Fredie. **Ensaios sobre os negócios jurídicos processuais**. Salvador: Editora JusPodivm, 2018.

____; CABRAL, Antonio do Passo; CUNHA, Leonardo Carneiro da. **Por uma nova teoria dos procedimentos especiais: dos procedimentos às técnicas**. 2ª ed. Salvador: Juspodivm, 2021.

____; ZANETI Jr., Hermes; OLIVEIRA, Rafael Alexandria de. "Elementos para uma teoria do processo estrutural aplicada ao processo civil brasileiro". *Revista de Processo*. São Paulo: RT, 2020, nº 303

FERNANDEZ, Leandro. "Do conflito entre atos concertados de cooperação judiciária e negócios processuais celebrados pelas partes". In: DIDIER JR., Fredie; CABRAL, Antonio do Passo (coord.). **Cooperação Judiciária Nacional**. Salvador: Juspodivm, 2021.

GALANTER, Marc. *Why the "Haves" Come out Ahead: Speculations on the Limits of Legal Change in* ***Law & Society Review.*** *Vol. 9, nº 1, Litigation and Dispute Processing: Part One* (1974), pp. 95-160.

OLIVEIRA, Paulo Mendes. "O poder normativo dos tribunais: Regimentos internos como fonte de normas processuais". In: **Civil Procedure Review**. v. 11, nº 2: mai.-ago/2020.

____. **Segurança jurídica e processo: da rigidez à flexibilização processual**. São Paulo: RT, 2018.

PASSOS, José Joaquim Calmon de. **Direito, poder, justiça e processo: julgando os que nos julgam**. Rio de Janeiro: Forense, 2000.

SILVA, Paula Costa e. **Perturbações no cumprimento dos negócios processuais: convenções de arbitragem, pactos de jurisdição, cláusulas escalonadas e outras tantas novelas talvez exemplares, mas que se desejam de muito entretenimento**. Salvador; Editora Juspodivm, 2020.

TAVARES, André Ramos. "As autonomias do Poder Judiciário". In: **Cadernos Jurídicos da Escola Paulista da Magistratura**. São Paulo, ano 16, nº 40, abr-jun/2015.

O CASE MANAGEMENT E AS *EUROPEAN RULES OF CIVIL PROCEDURE*: UMA ANÁLISE À LUZ DA EXPERIÊNCIA BRASILEIRA DO CÓDIGO DE PROCESSO CIVIL DE 2015

Hermes Zaneti Jr.[1]

SUMÁRIO: 1. Introdução; **2.** O Caso Europeu: o *case management* nas ERCP; **2.1.** Origem das ERCP; **2.2.** Normas fundamentais nas ERCP; **2.3.** O *Case Management* na parte geral e no processo coletivo (*collective redress*) nas ERCP; 3. O Caso Brasileiro: da rigidez à flexibilização? **3.1.** A flexibilização no CPC/2015: princípios da cooperação, boa-fé e adequação; **3.2.** *Case management* judicial por precedentes? **4**. Considerações conclusivas.

1. Introdução

O *case management* está sendo fortemente fomentado na doutrina processual nas últimas décadas, participando como assunto vivo nos debates acadêmicos e eventos da *International Association of Procedural Law* (IAPL).[2]

---

1 Prof. Dr. Dr. Hermes Zaneti Jr. Professor Adjunto de Direito Processual Civil na Graduação e Mestrado da Universidade Federal do Espírito Santo (UFES). Doutor em Direito, área de concentração Teoria do Direito e Filosofia do Direito, pela Università degli Studi di Roma 3 (UNIROMA3). Doutor e Mestre em Direito, área de concentração Direito Processual, pela Universidade Federal do Rio Grande do Sul (UFRGS). Membro da IAPL (*International Association of Procedural Law*), IIDP (*Instituto Iberoamericano de Derecho Procesal*) IBDP (Instituto Brasileiro de Direito Processual). Membro da ABRAMPA (Associação Brasileira dos Membros do Ministério Público de Meio Ambiente) e do MPCON (Associação Nacional do Ministério Público do Consumidor). Pesquisador Líder do FPCC/UFES - Grupo de Pesquisa Fundamentos do Processo Civil Contemporâneo vinculado ao LAPROCON – Laboratório Processo e Constituição. Promotor de Justiça no Estado do Espírito Santo (MPES). Dirigente do Centro de Estudos e Aperfeiçoamento Funcional do Ministério Público do Espírito Santo (CEAF/MPES).

2 Ver OTEIZA, Eduardo. Case Management and Judicial Management: Five Perspectives with a Common Aim, *International Journal of Procedural Law*, Volume 8 (2018), nº 1, (comentando os trabalhos de Antonio Cabral, Li Hao, C.H. van Rhee, Hanki Sohn e Margareth Woo, apresentados na Conferência da IAPL em novembro de 2017 e publicados na mesma edição, ocorrida em Tianjin, China. Oteiza anota a importância das CPR inglesas a partir de 1998 terem apresentado o case ma-

O tema não é simples e não se entrega com facilidade a uma resenha que permita em um pequeno espaço como este descrever todas as suas nuances.

A minha análise se limitará a descrever as propostas das *European Rules of Civil Procedure* (ERCP), iniciativa do *European Law Institute* (ELI) e do *Unidroit*, a comparar em que medida algumas dessas propostas já estão em prática no ordenamento brasileiro, renovado pelo Código de Processo Civil de 2015 e, principalmente, em que medida o ordenamento processual brasileiro pode se utilizar dessas regras modelo como catálogo de boas práticas (*soft law*) para aprimorar o ordenamento processual nacional.

Esse exercício de comparação é próprio para países europeus e não europeus, mostrando o alcance das recentes ERCP, sem dúvida um *landmark work*.

Normas de *soft law* e boas práticas servem como exemplos normativos e orientam legisladores e intérpretes. São internalizadas em cada ordenamento local, em cada prática ou cultura jurídica, por incorporação legislativa interna ou por interpretação.[3]

2. O Caso Europeu: o case management nas ERCP

> "*as procedure develops the advance is from rigidity to flexibility*". (Robert W. Millar).[4]

nagement como um objetivo geral das normas processuais – overriding objective – Oteiza ressalta que, apesar das distintas perspectivas, todos os autores impõem ao case management a promoção de valores de acordo com os objetivos mais amplos do sistema de justiça); ver ainda as ideias de JEULAND, Emmanuel, "Toward a New Court Management and the Rise of the Court Manager - General Report", IAPL Tianjin Conference, 2017; RAGONE, Álvaro Pérez. An Approach to Case Management from the Horizontal and Vertical Structure of Court Systems. *ZZPInt*, n. 23 (2018); CABRAL, Antonio. "New Trends and Perspectives on Case Management: Proposals on Contract Procedure and Case Assignment Management". Peking University Law Journal, Vol. 6, Issue 1, p. 5-54, 2018, (baseados, pelo menos em parte, nos relatórios preparados para a Conferência da IAPL em Tianjin, China, em novembro de 2017).

3 KRAMER, Xandra. "Strengthening civil justice cooperation: the quest for model rules and common minimum standards of civil procedure". In: ZANETI JR., Hermes; RODRIGUES, Marco Antonio. Cooperação Internacional. Salvador: Juspodivm, 2019, p. 591-608, esp. p. 607 (afirmando o papel central da ERCP como *soft law* para a promoção de "best practices" na Europa).

4 MILLAR, Robert Wyness. *Civil Procedure of the Trial Court in Historical Perspective.* New York: Law Center of New York University, 1952. p. 5.

Case management faz parte de uma tendência geral e mundial em prol da flexibilização. Uma tendência em favor de uma "discricionariedade fraca" que preserve os valores fundamentais do sistema de justiça.[5] Apresenta, assim, a direção para qual ocorre o desenvolvimento dos sistemas processuais. Portanto, o *case management* pode ser um instrumento poderoso para garantir uma justiça civil mais rápida, barata e justa, reforçando os valores do "humanismo processual"[6] que coloca os interesses do cidadão, como indivíduo ou grupo social, no centro das preocupações do sistema.

Nem todo *case management*, contudo, garante os valores essenciais ao humanismo processual consistentes na justiça da decisão, no acesso à justiça e no devido processo legal. Os riscos que a flexibilização traz para as garantias processuais e para a justiça substancial também precisam ser considerados. Sistemas que para controlar a sobrecarga do Poder Judiciário simplesmente fecham as portas do sistema de justiça ou criam barreiras muito difíceis de ultrapassar para levar um caso à juízo negam esses valores.[7]

A expressão *case management* não é simples, nem tem um só sentido, pode ser interpretada como uma função legislativa (*design* pelo legislador), judicial (*design* pelo juiz) ou convencional (*design* pelas partes), pode ainda ser analisada na perspectiva do *caso individual* (casos simples ou complexos, a exemplo das pequenas causas e dos processos estruturais, ou dos procedimentos especiais, os quais são marcados pela relação entre direito material e processo) ou do *conjunto de casos* atribu-

---

5 VAN RHEE, C.H. "Introduction", in.: VAN RHEE C.H (ed.). Judicial Case Management and Efficiency in Civil Litigation. Antwerp: Intersentia, 2008, p. 3-4; VERKERK, R. R. "What is Judicial Case Management? A Transnational and European Perspective", in.: VAN RHEE C.H (ed.). Judicial Case Management and Efficiency in Civil Litigation. Antwerp: Intersentia, 2008, p. 51 (comparando os Transnational Principles, ALI/UNIDROIT, e o "Storm Report").

6 LUPOI. Michele Angelo. *Tra Flessibilitá e Semplificazione. Un embrione di case management all'italiana?* Bologna: Bononia Universyt Press, 2018, p. 636.

7 WOO, Margareth Y. K. "Case Management or Case Elimination: A Snapshot from North America." *International Journal of Procedural Law*, vol. 8, no. 1, 2018, p. 85-99, (como afirmado: "efficiency does not come without a price" e "Case management can also be a method of case elimination", op. cit. p. 85. Considerando as class actions, Woo indica os danos à tutela coletiva causados pelos casos *Wal-Mart v. Duke*, e as subsequentes decisões em *Spokeo v. Robins, Campbell-Ewald Co. v. Gomez, Tyson Foods, Inc v. Bouaphakeo* cases). Ver ainda RESNIK, Judith. "Failing Faith: Adjucatory Procedure in Decline." University of Chicago Law Review, 53, p. 524, 534-535 (1986) (com fortes críticas).

ídos ao juiz ou à Corte (a exemplo dos casos repetitivos, cooperação judiciária interna,[8] precedentes e protocolos judiciais com litigantes habituais).

Iremos focar nossa atenção no *case management* realizado pelo juiz e pelas Cortes em sua dimensão individual e institucional, *case management individual*, para lidar com os casos, e *judicial management,* para controle sobre o acervo processual ou grupos de casos.[9]

No modelo cooperativo adotado pelo direito brasileiro e pela ERCP esse *case management* é realizado com a participação do juiz e das partes e até mesmo pelas próprias partes, através de acordos processuais.[10]

As ERCP refletem o fato de que os ordenamentos jurídicos contemporâneos têm estado mais atentos à necessidade de um equilíbrio entre o procedimento rígido e as características da complexidade da causa: os custos e valores envolvidos, o tempo de duração e a adequação do procedimento às necessidades da tutela dos direitos substancialmente justa. Essa lógica também está marcada no Código de Processo Civil Brasileiro.[11]

Essas preocupações importam em reconhecer uma dimensão *processual* e uma dimensão *substancial* do *case management.* A dimensão processual e material estão interligadas; a dimensão processual (e gerencial) inclui aspectos como a organização do trabalho da Corte, a reunião de casos ou a definição de qual juiz ou juízes irão lidar com os casos, o calendário processual (*time frame*) e o desenho do procedimento em si, por exemplo a ordem de produção das provas. O *case management* substancial é ligado à correta identificação da disputa, conduzindo ou auxiliando as partes na identificação precoce do objeto do litígio, *preparando*, antes da audiência principal, *o caso*, de forma que as partes apresentem as provas e os argumentos de fato e de direito de maneira a permitir uma boa decisão, ou mesmo estimulando a partir dessa prepa-

---

8 Ver Rules 26(3) e 57 a 60, as ERCP foram cautelosas e ressalvaram normas obrigatórias e disposições no interesse da justiça. O mesmo dispositivo, Rule 26(3), trata da escolha do direito material aplicável.

9 OTEIZA (2018, p. 6).

10 DIDIER, Freddie Jr. "Negocios Juridicos Procesales Atipicos en el Nuevo Codigo Procesal civil Brasileno." *International Journal of Procedural Law*, vol. 7, no. 1, 2017, p. 39-62.

11 Ainda que o CPC não tenha normas tão diretas. Sobre a duração razoável ver CAMARA, Alexandre Freitas. "The Fundamental Right to a Reasonable Procedural Time Between Efficiency and Guarantees a Brazilian Point of View." *International Journal of Procedural Law*, vol. 4, no. 2, 2014, p. 337-349.

ração de mérito às partes encontrarem por si mesmas uma solução por autocomposição.[12]

Existe uma mensagem geral que precisa ser refletida, o *case management* – judicial ou convencional, através de acordos processuais – exige a ruptura com os modelos extremadamente rígidos de processo. Ordenamentos em que não há presença de normas fundamentais (*fundamental principles, overriding objectives, principes directeurs*) terão mais dificuldade de adotar as regras modelo por interpretação. Em ordenamentos jurídicos, como o Brasil, estes princípios expressos por normas nacionais permitem uma dupla aproximação do *case management*, tanto na dimensão "substancial", quanto "processual".[13]

O reino da rigidez é o reino do detalhe; o reino da flexibilização é o reino dos valores. Governo da regra ou governo do princípio são os respectivos espaços de conformação normativa de cada um dos reinos. A melhor conformação aqui é aquela que permite uma correta combinação entre regras e deveres gerais. Essa combinação entre normas propicia o resultado ótimo do ponto de vista jurídico e institucional, dois reinos com um só ideal. Este texto irá considerar o balanceamento entre as regras de *case management* e a necessária abertura responsável que estes deveres e princípios gerais provocam no modelo de regras.

Para que a comparação entre as ERCP e o CPC brasileiro seja frutífera é preciso deixar claro que faremos alguns acordos sobre o que é relevante discutir, sobre como a doutrina e a jurisprudência brasileira estão avançando nessa matéria e como um diálogo permanente com a prática pode ser muito mais pragmático e efetivo se utilizar a nova ferramenta e testar as funcionalidades do *case management*, ao invés da mera teorização em abstrato de riscos e virtudes. Olhar mais para a função do que para a estrutura.[14]

---

12 NYLUND, Anna. "Case Management In a Comparative Perspective: Regulation, Principles and Practice". *Revista de Processo*, vol. 292, p. 377-395, jun, 2019..

13 NYLUND, Anna. "Case Management in a Comparative Perspective: Regulation, Principles and Practice". Revista de Processo, vol. 292, p. 377-395, jun, 2019 (no texto a autora propõe a separação entre managerial, procedural e substantive case management, aqui reunimos os aspectos gerenciais com os processuais, e compara os sistemas da Finlândia, de influência germânica, e da Noruega, de influência inglesa; ao final a autora compara os modelos analisados e o sistema brasileiro, ressaltando os desafios da mudança cultural pela qual as jurisdições passam quando assumem um papel mais dinâmico em relação ao gerenciamento dos casos).

14 Logo, as reflexões deste texto estão voltadas a identificar quais valores devem ser preservados e quais estratégias têm se mostrado eficientes para resolver os pro-

A fórmula binária adversarial (processo de partes) ou inquisitorial (processo do juiz) é uma das grandes questões rediscutidas à luz do *case management* proposto pelas ERCP, um reequilíbrio cooperativo da divisão de tarefas entre partes e juiz, mirando na duração razoável do processo, na redução do custo excessivo de determinadas demandas e, especialmente, na inefetividade e injustiça do próprio resultado do processo para a tutela dos direitos.

A proposta do *case management* nas ERCP deve ser compreendida a luz desse reequilíbrio da divisão de trabalho entre partes, advogados e juízes, para que possa render os melhores frutos.

2.1. Origem das ERCP

Na origem e no propósito as regras modelo estão expressamente conectadas a experiência do ALI/UNIDROIT, dos Princípios de Processo Civil Transnacional[15], e representam um desenvolvimento da *acquis communautaire* da União Europeia e das melhores práticas do direito processual europeu, tomando em consideração os diversos ordenamentos nacionais.

O objetivo não é um Código modelo de processo civil, mas um conjunto de regras modelo que a partir de vários graus de detalhamento, a depender da convergência, razoabilidade (*reasonability*) e adequação (*feasability*), permitirão uma maior harmonização futura, com a internalização pelos diversos ordenamentos locais.

As regras europeias (ERCP) buscam estimular, portanto, a adoção dessas boas práticas conforme as peculiaridades de espaço e tempo, diversidade cultural e estrutura de cada país. Essa pretensão de reunir a comum *acquis* do direito processual europeu forma

blemas que, por um lado, um procedimento completo e fixamente regrado, fundado no interesse preponderante das partes e seus advogados, caracterizado por preclusões bem marcadas, ou, por outro lado, excessivamente burocratizado, fundado na iniciativa do juiz, tem causado. Olhar mais para a prática e para a cultura processual é muito importante, afinal o direito é cultural e artificial e pode ser moldado para trazer um design mais inteligente. Sobre designs inteligentes ver ROTH, A. *Who Gets What - And Why. The New Economics of Matchmaking and Market Design*. New York: Mariner Books, 2016; THALER, RH.; SUNSTEIN CR. *Nudge. Improving Decisions about Health, Wealth, and Happiness*. New York: Penguin Books, 2008.

15 ALI/UNIDROIT. Principles of Transnational Civil Procedure. New York: Cambridge: 2005.

um estuário das diferentes águas nacionais. O projeto tomou como principal desafio, especialmente no *case management*, a redefinição das funções de juízes, partes e advogados e a mistura de águas, é claro, sempre representa um risco de contaminação ou fecundação cruzada.

2.2. Normas fundamentais nas ERCP

Há uma conexão clara das normas fundamentais iniciais das ERCP com todo o resto das regras estabelecidas, um direcionamento de como as regras devem ser interpretadas. As regras modelo, portanto, trazem uma estrutura de princípios gerais que orientam regras específicas de *case management*. O exemplo mais eloquente é o fio vermelho que liga o dever geral de *case management*[16] ao dever geral de cooperação,[17] à proporcionalidade processual[18] e ao estímulo contínuo à solução por autocomposição,[19] como princípios que abrem a estrutura das ERCP.[20] Como sabemos estes princípios também estão presentes expressamente no Código de Processo Civil brasileiro.[21]

Isso implica em que a Corte observe um dever geral de *case management* consistente e de acordo com as suas responsabilidades, sejam elas determinadas legalmente, sejam assumidas perante a Corte por convenção processual ou determinação judicial. No exercício do dever geral a Corte deve gerenciar os casos de forma ativa e efetiva, garantir a igualdade de tratamento, observar e fazer cumprir ao lon-

---

16 Ver Rule 4.

17 Ver Rule 2 e 3.

18 Ver Rule 5. Ver ainda PICHÉ, Catherine. "Procedural Proportionality: A Comparative Perspective." *Revue de Droit de l'Universite de Sherbrooke*, vol. 40, no. 1-2, 2009-2010, p. 551-598; CAPONI, Remo. "Il Principio di Proporzionalità nella Giustizia Civile: Prime Note Sistematiche." *Rivista Trimestrale di Diritto e Procedura Civile*. Vol. 65, n. 2, 2011; ARENHART, Sergio Cruz; OSNA, Gustavo. "Complexity, Proportionality and the Pan-Procedural Approach: Some Bases of Contemporary Civil Litigation." *International Journal of Procedural Law*, vol. 4, no. 2, 2014, p. 178-201; GARCÍA ODGERS, Ramón. El Case Management en Perspectiva Comparada. Teoría, Evolución Histórica, Modelos Comparados y un Caso en Desarrollo. Valencia: Tirant lo Blanch, 2020 (UCSC), p. 234.

19 Ver Rule 9 e 10.

20 Ver Section 2 – Princípios.

21 Conforme destacado em ZANETI JR., Hermes. *O Ministério Público e o Novo Processo Civil*. Salvador: Juspodivm, 2018, Cap. 2.

go do procedimento o comportamento esperado das partes e seus advogados.[22]

O princípio da cooperação processual representa elemento fundamental dessa equação se considerarmos que o gerenciamento dos casos será mais justo e efetivo com a consulta das partes e seus advogados.[23] Isso implica que, superando a dicotomia artificial, e nunca realizada totalmente em nenhum ordenamento jurídico[24], entre atividade de partes (processo adversarial) *versus* atividade de juízes (processo inquisitorial), seja adotada pela Corte uma divisão de trabalho cooperativa entre todos que atuam no processo: partes, advogados e juízes. A cooperação impõe deveres, compromissos e sanções, e deve ser voltada para a solução justa (*fair*), eficiente (*efficient*) e rápida (*speedy*) dos conflitos.[25]

---

22 Ver Rule 4.

23 Ver Rule 3.

24 KRAMER, Xandra. "Strengthening civil justice cooperation: the quest for model rules and common minimum standards of civil procedure". In: ZANETI JR., Hermes; RODRIGUES, Marco Antonio. Cooperação Internacional. Salvador: Juspodivm, 2019, p. 591-608, esp. p. 607 (afirmando o papel central das ERCP como *soft law* para promoção de "best practices" na Europa); VAN RHEE, C.H. "Gerenciamento de casos (case management) na Europa: uma abordagem moderna da justiça civil", In: ZANETI JR., Hermes; RODRIGUES, Marco Antonio (eds). Cooperação Internacional. Salvador: Juspodivm, 2019, p. 481-498, esp., p. 498 (afirmando que os extremos nunca existiram na prática em nenhum ordenamento jurídico e apontando o surgimento artificial, no séc. XIX, da dicotomia dispositivo/inquisitivo a partir de Karl (von) Grolman - 1775 - 1829 -, em 1800, e difundidas através das *Prozessmaximen* de Nikolaus Thaddäus (von) Gönner - 1764-1827, a partir da publicação de seu "Manual do Processo Civil Alemão" no início do Séc. XIX, p. 481-483).

25 Ver a advertência da doutrina inglesa ao direito brasileiro: "The failure to secure a consistent approach to compliance with case management and other procedural obligations in England post-1999 exemplifies this difficulty. If the Brazilian courts are to ensure the new CPC's new case management powers and contract procedure operate effectively, they are likely to have to take a consistent approach to the exercise of those powers and a similar approach to non-compliance as the English courts have since 2013 finally started to do. If they do not, they run the risk of rendering the new forms of case management and procedure dead letters: as nothing more than law on the page rather than the law in action." SORABJI, J. Procedural Proportionality and Flexibility in England and Brazil. In: ZANETI JR., Hermes; RODRIGUES, Marco Antonio. *Cooperação Internacional.* Salvador: Juspodivm, 2019, p. 588. Paradoxalmente, apesar do caráter adversarial do *common law*, os advogados parecem mais cooperativos entre eles naquele sistema, como anotado por HAZARD JR., Geoffrey; DONDI, Angelo. Legal Ethics. A Comparative Study. Stamford, 2004 (HAZARD JR., Geoffrey; DONDI, Angelo. *Ética Jurídica. Um Estudo Comparativo.* Trad. Luiz Gonzaga Carvalho, rev. trad. Lenita Ananias Nascimento. São Paulo: Martins Fontes, 2011, p. 374).

Nesse sentido, seria mais claro se os deveres dos advogados e dos próprios julgadores tivessem um tratamento conjunto. O tópico que trata das obrigações das partes e dos advogados não trata das obrigações da Corte para com estes, apesar de esse dever geral ter ficado expresso na parte principiológica e estar presente na *Part III* (*case management*).[26] O arranjo do tratamento conjunto teria permitido mais clareza quanto ao compartilhamento de deveres e obrigações e quanto à formação de uma comunidade de trabalho, incluído o juiz[27]. Uma comunidade na qual o *case management* é um dever geral do juiz, mas exercido com o conhecimento e a participação dos advogados e das partes.[28] As partes, por exemplo, são especialmente protegidas com a criação de um dever aos advogados, e até mesmo ao juiz, de informar sobre mecanismos de ADR fora da Corte que possam ser mais adequados para a solução do conflito, bem como, ao longo de todo o procedimento, promover a solução consensual da disputa.[29]

Uma das virtudes das ERCP é justamente deixar muito clara a posição do advogado na economia do litígio. Por muito tempo o papel do advogado havia sido invisibilizado no estudo do direito processual civil, especialmente nos países de *civil law*.[30] A preservação da independên-

26 Ver Rule 2, conforme afirmado na justificativa geral do projeto, item 22, o case management cooperativo procura equilibrar a partir da cooperação os poderes e deveres das partes, dos advogados e da Corte (Part III).

27 Apesar de perder essa oportunidade, a mensagem ainda pode ser extraída do contexto geral do texto. Conforme afirmado, "final rules on case management deviates somewhat from the rules suggested by the working-group (...) basic content remains". O case management ainda possui um "prominent role" nas ERCP e impulsiona a cooperação, STRANDBERG, Magne; SMITH, Vincent. "Case Management and the Role of the Judge". In: STADLER, Astrid; JEULAND, Emmanuel; SMITH, Vincent. *Collective and Mass Litigation in Europe. Model Rules for Effective Dispute Resolution*. Cheltenham: Edward Elgar, 2020. p. 153-181, p. 157.

28 Sobre o princípio da cooperação ver: VAN RHEE, CH. "Obligations of parties and their lawyers in civil litigation: the ALI/UNIDROIT Principles of Transnational Civil Procedure". In: Adolphsen, J et all (org) *Festschrift für Peter Gottwald zum 70. Geburtstag*. C.H. Beck, p. 669/679, 2014; VAN RHEE, CH. "Case Management in Europe: A Modern Approach to Civil Litigation", (Relatório introdutório dado na International Association of Procedural Law/China Law Society Conference, Tianjin, China, 8 de novembro de 2017); UZELAC, A. "Towards European Rules of Civil Procedure: Rethinking Procedural Obligations". *Hungarian Journal of Legal Studies*, 58, nº 1, pp. 3-18, 2017.

29 Ver Rule 9, com os comentários 1 a 3 e Rule 10, com o comentário 2.

30 Analisando em profundidade as diferenças entre as normas e os comportamentos dos advogados do *civil law* e do *common law*, com destaque para a importância de

cia profissional do advogado na proteção dos interesses de seu cliente é realçada,[31] mas, da mesma maneira, necessita do correspondente equilíbrio com deveres objetivos de conduta sancionáveis pelo juiz. O monitoramento pela Corte do comportamento das partes e advogados está previsto pelas regras[32]; jáas sanções por não-observância (*non--compliance*) não é detalhada, mas pode incluir multas (*fines*), *astreintes*, custas (*costs*) ou mesmo danos determinados em benefício das partes e não-partes.[33]

O diálogo é sempre a regra principal, evitando decisões surpresa e sanções padrão.[34] Em casos mais sérios, muito embora a regras não detalhem essa questão, as condutas desviantes podem resultar em queixas/demandas contra os advogados por exercício indevido da profissão (*professional malpractice*).[35]

Há uma indicação de que condutas que impliquem abuso por parte dos advogados ou pela Corte não devem ser permitidas, especialmente aquelas que tratem de fragmentar as audiências concentradas e que,

normas deontológicas (*legal ethics* e *law of lawyering*) para os sistemas de justiça cf. HAZARD JR.; DONDI, 2004. Ver ainda DONDI, Angelo; ANSANELLI, Vincenzo; COMOGLIO, Paolo. *Processi Civili in Evoluzione. Una Prospetiva Comparata.* Milano: Giuffrè, 2015 (DONDI, Angelo; ANSANELLI, Vincenzo; COMOGLIO, Paolo. Processo Civil Comparado. Uma Perspectiva Evolutiva. Trad. Daniel Mitidiero, Vanessa Kerpel Chincoli, Hermes Zaneti Jr., Graziela Argenta Zaneti, Otávio Domit, Rafael Abreu, Vitor de Paula Ramos, Sergio Cruz Arenhart, Gustavo Osna, Marcella Ferraro e Rogéria Dotti, rev. trad. Luiz Guilherme Marinoni, Sérgio Cruz Arenhart e Daniel Mitidiero. São Paulo: RT, 2018, p. 33/38).

31 Ver Rule 15 (3), incluindo "fulfil their duty of loyalty to their client and maintain client confidentiality".

32 Ver Rules 4 e 48.

33 Ver comments 7, Rule 3, quando analisados em correspondência com as Rules 9(2), 51, 99, 104, 110, que se conectam com a Rule 27(3). Sobre a importância das sanções ver ZUCKERMAN, Adrian. "The Challenge of Civil Justice Reform: Effective Court Management of Litigation". *City University of Hong Kong Law Review*, vol. 1, n. 1, p. 49-72, 2009 (justamente apontando as vantagens aparentes do procedimento de Hong Kong, com previsão expressa de *deadlines* e sanções quando comparado com a CPR inglesa original, nas quais essas sanções e prazos peremptórios não eram mencionados); SORABJI (2019, p. 588).)

34 O caráter dialogal das normas pode ser aferido nas Rules 4, 21 (1), 28, 47, 49 (9), 50, 53 (3), 55(1). Ver, ainda, Rule 61, e Rule 66.)

35 Ver comentário 2, Rule 6. O detalhamento obviamente deve ser dado por cada ordenamento e respeitando as características de cada cultura jurídica.

através do gerenciamento da sobrecarga de trabalho, resultem no prolongamento indevido dos procedimentos.[36]

O princípio da proporcionalidade é uma aquisição compartilhada pela maioria das culturas legais que observam o Estado de Direito (*Rule of Law*). Sua observância exige ponderação pelo poder público de todas as medidas restritivas de liberdade (proibição de excesso), mas também uma função de promoção de determinados comportamentos (proibição de proteção deficiente).[37] A Corte deve assegurar que o processo de resolução da disputa seja proporcional, considerando a natureza, a complexidade e a importância do caso e o seu dever geral de administrar à justiça. Quer dizer, na dimensão individual do caso (*case management*) e na dimensão de fortalecimento da gestão do conjunto de casos (*judicial management*).[38]

O princípio da proporcionalidade processual tem um desenvolvimento especial em relação aos custos e às sanções.[39]

Quanto às sanções, há previsão de que a quebra das obrigações resulte em sanções proporcionais à seriedade da matéria envolvida (*seriousness*) e ao dano causado (*harm caused*), refletindo a extensão e a participação das partes e se a conduta foi ou não deliberada. As regras sobre sanção são melhor detalhadas na *Rule 27* e por algumas regras específicas espalhadas ao longo da ERCP,[40] muito embora a disciplina dessa matéria tenha ficado tímida em relação à importância que a doutrina tem reconhecido a essa questão.[41] Os deveres gerais podem ser

36 Ver CAMARA (2014). Uma tentativa de resolver este problema se deu com o art. 235 do CPC.

37 Ver para um panorama da proporcionalidade como postulado ou metanorma, ou seja, uma terceira espécie de norma jurídica ao lado das normas princípios e das normas regras ÁVILA, Humberto. *Theory of Legal Principles.* Dordrecht: Springer, 2007, p. 112. Ver Art. 5 (4), Tratado da União Europeia; Art. 49(3) Carta de Direitos Fundamentais da União Europeia; Art. 6 da Convenção Europeia dos Direitos Humanos. Presente ainda em inúmeras constituições nacionais na Europa. CAPONI, Remo (2011); PICHÉ, Catherine (2009); ARENHART, OSNA (2019).

38 A distinção entre os casos individuais e o conjunto dos casos é elabora nestes termos por OTEIZA (2018, p. 6).

39 Ver Rules 7 e 8.

40 Para justificar esse princípio fundamental, ver Rules 27, 28, 63(1) and (2), 64(4), 90, 93, 99, 104, 110, 178, 191, 195(3), 218(1)(a) and (2), 241(2), and 245(4).

41 Ver ZUCKERMAN, Adrian. The Challenge of Civil Justice Reform: Effective Court Management of Litigation. City University of Hong Kong Law Review, vol. 1, n. 1, p. 49-72, 2009 (apontando para o acerto das regras processuais de Hong Kong em desenhar de forma mais precisa os deveres de *timely compliance* com as *case management deadlines*); SORABJI (2019, p. 588).

inúteis sem sanções efetivas. A não aplicação de sanções aos advogados é uma dificuldade decorrente de sua invisibilidade ou irresponsabilidade tradicional perante a Corte em muitos ordenamentos de *civil law*, igualmente, em muitas jurisdições a responsabilidade dos juízes é um tema complexo, especialmente quanto à duração razoável do processo.[42]

Em relação aos custos, a proporcionalidade exige a consideração dos valores envolvidos, natureza e complexidade da matéria discutida e sua importância, seja para as partes, seja para o interesse público. Esse dimensionamento permite a construção de trilhas (*tracks*) para pequenas causas, matérias não controvertidas e questões mais complexas.[43] É esperado que os advogados auxiliem objetivamente na redução dos custos do processo, sendo um dever primário atribuído aos litigantes, ainda que a Corte possa indicar medidas voltadas a este fim. Uma regra interessante é a previsão de que custas desproporcionais causadas pelo comportamento das partes ou do advogado do vencedor não serão objeto de reembolso pela parte vencida, limitando a regra da sucumbência (*loser-pays rule*).[44]

Essa solução pela identificação do caso, para o dimensionamento do investimento financeiro, não se limita apenas às custas, mas também permite que o *design* de solução das disputas seja realizado para cada caso, ou grupo de casos, *pret-à-porter* (*ready made*, pronto para usar) quando for possível, *taylor-made* (*design* específico), quando a situação concreta exigir. Passarelas entre o procedimento completo (*full proceeding*) e os circuitos abreviados tornam-se viáveis.[45]

---

42 Ver, sobre o Brasil, CÂMARA, 2014. Uma tentativa de resolver o problema a partir do art. 235 do CPC, que dispõe que no caso de o juiz ou relator exceder injustificadamente os prazos previstos em lei, regulamento ou regimento interno, os autos serão remetidos a um substituto legal para decisão no prazo de dez dias, sem prejuízo das sanções administrativas cabíveis.

43 CADIET, Loïc. "*Case Management* Judiciaire et Déformalisation de la Procédure". *Revue Française d'Administration Publique*, n. 125, p. 133-150, 2008/1, p. 134 (apresentando um paralelo entre a deformalização da "mise en état", as medidas de saneamento francesas, e o case management americano e inglês, ou seja, um caráter de *formalisme rationalisé*). No Brasil, próximo, defendendo o formalismo virtuoso ou "formalismo-valorativo", ver ALVARO DE OLIVEIRA, Carlos Alberto. *Do formalismo no processo civil – Proposta de um formalismo-valorativo* (1997). 4. ed. São Paulo: Saraiva, 2010, p. 6.

44 Ver Rule 240(1)(a) e (c). Ver comments 2, Rule 8.

45 CADIET, Loïc. "Introduction to French Civil Justice System and Civil Procedural Law". *Ritsumeikan Law Review*, n. 28, p. 331-393, 2011. p. 370; CADIET, Loïc. *Pers-*

Pode-se dizer que as soluções mais apropriadas são aquelas que permitem um *design* inteligente das trilhas pré-fabricadas e a adaptação do procedimento e as passagens de um para o outro, quando adequado, sempre ouvidas as partes e os advogados. Para permanecer na metáfora da moda, o desenho *one-size-fits-all* servirá em alguns casos muito bem, mas não para todas ocasiões.

Os acordos são extremamente encorajados, com um dever geral de fornecer às partes as informações necessárias para que as mesmas escolham entre os meios de ADR disponíveis. Esse dever geral vale tanto para partes e advogados,[46] quanto para os juízes.[47] É preciso deixar claro que não há obrigatoriedade do acordo. As ERCP não obrigam nem mesmo a tentativa dos meios alternativos de resolução dos conflitos (ADR), isso dependerá do ordenamento de cada país[48]. As regras indicam apenas que, sendo obrigatório algum método na legislação nacional, os advogados devem assegurar a sua utilização.[49] O dever de estímulo à ADR significa, portanto, que todos os esforços serão feitos para obtenção de uma solução consensual justa. O acordo em si não é obrigatório, mas os ordenamentos podem determinar que as partes tenham incentivos ou sanções para compeli-las a participarem da mediação.[50] As partes podem realizar acordos parciais, inclusive em matéria processual.[51]

O comportamento ativo dos juízes para estimular e participar dos acordos é expresso nas ERCP, evidentemente ele deve exigir uma deontologia da profissão judicial que evite acusações de quebra da neutralidade por imposição de acordos ou por quebra da confidencialidade ou confiança. As *Regras* especificam que quando ocorrerem contatos individualizados com uma das partes, sem a presença da outra da outra parte (*ex parte communication*), a imparcialidade do juiz pode ser abalada, portanto essa conduta está vedada pelo direito fundamental ao contra-

---

pectiva sobre a Justiça do Sistema Civil Francês. São Paulo: RT, 2017 (Lesson 1); DIDIER JR; Fredie; CABRAL, Antonio do Passo; CUNHA, Leonardo Carneiro da. *Por uma teoria dos procedimentos especiais: dos procedimentos às técnicas* (2018). 2ª ed. Salvador: Juspodivm, 2020.

---

46 Ver Rule 9.

47 Ver Rule 10.

48 Esse é o caso do Brasil atualmente, vide art. 334 do CPC.

49 Ver Rule 9 (4).

50 Art. 5(2), Diretiva 2008/52/CE, Mediação na UE, ver comments 2, Rule 9(2).

51 Ver Rule 9 (4).

ditório (*right to be heard*), que não permite comunicações privadas das partes e seus advogados com o juiz[52]. O texto deixa claro que o problema de manter o mesmo juiz e duas funções, julgar e conciliar (a assim chamada atividade dupla: "*one judge, two hats*"), deve ser tratado de forma equilibrada e proporcional.

Há um grande impacto da cultura legal local no tema da participação do juiz nos acordos, muito embora a tendência do dever geral de cooperação seja a abertura para o diálogo mais ativo entre partes e Corte, justamente para encontrar as melhores soluções de direito baseadas nos fatos da causa (*rights-based solution by judgment or settlement*).[53]

2.3. O *Case Management* na parte geral e no processo coletivo (*collective redress*) das ERCP

O dever geral de *case management* está detalhado na Parte III, *Rule* 47 até *Rule* 50, separados em conduta cuidadosa das partes;[54] controle

52 Ver Rule 10, comentários 3 e 4. Quanto ao direito de ser ouvido a Diretiva 2008/52/ CE, Mediação na UE e as regras inglesas sobre a condução de "Early Neutral Evaluation" e as normas de 11 a 13 das ERCP.

53 Ver comentários3, Rule 10. Na teoria dos interesses, a justificação dos direitos é a proteção de um interesse dos titulares do direito (*right-holders*). Na teoria da escolha (*choice*) é a oportunidade assegurada a esses titulares de autodefinirem a tutela de seus direitos. A diferença está em como é exercida a titularidade dos direitos e como se justificam esses direitos perante o ordenamento jurídico. Esse é um conceito de teoria do direito pode nos auxiliar a compreender a questão. É bom observar que em litígios - especialmente os mais complexos - soluções baseadas no direito (*right-based solutions – interest theory*) não necessariamente precisam ser contrárias a soluções baseadas nos interesses (*interest-based solutions – choice theory*), a correta identificação do interesse pode qualificar a melhor solução jurídica para o caso. Nesse sentido, ver acima a noção de proporcionalidade substancial que direciona para a precoce identificação do conflito (interesses em jogo) e a precoce identificação das questões de fato e de direito pelo juiz. Ver: ZANETI JR., Hermes. A tutela dos direitos coletivos deve ser preservada no Novo Código de Processo Civil: o modelo combinado de remédios e direitos como garantia de tutela. In.: ZANETI JR., Hermes (coord.). *Processo Coletivo*. Salvador: Jus Podivm, 2015, p. 23/48 (DIDIER JR, Fredie. Coleção Repercussões do Novo CPC. V. 8); MACCORMICK, Neil. Children's Rights: A Test-Case for Theories of Right. *ARSP: Archiv für Rechts- und Sozialphilosophie / Archives for Philosophy of Law and Social Philosophy* Vol. 62, No. 3 (1976), pp. 305-317; PINO, Giorgio. *Neil MacCormick on Interpretation, Defeasibility, and the Rule of Law*. Disponível em <http://www1.unipa.it/gpino/Pino,%20su%20MacCormick.pdf> Acesso em 13.05.2015, item 1.

54 Ver Rule 47.

do procedimento pelas cortes;[55] meios de *case management* e determinações (*orders*) de *case management*.[56] Ao longo das demais partes da ERCP o *case management* também aparece em regras específicas sobre as audiências (*case management hearings*),[57] gerenciamento da prova, quanto à ordem (*sequence*), o momento (*timing*)[58] e o controle das testemunhas de fato (*witnesses of fact*),[59] e, ainda, o desenvolvimento do novo processo decorrente da rescisão da decisão anterior, sobre a qual havia ocorrido a *res judicata*.[60]

Os deveres em geral se desenvolvem em regras que procuram deixar o caso pronto ou preparado – o mais cedo possível – quanto às questões de fato e de direito, favorecendo a autocomposição e facilitando o julgamento. A individualização precoce dos interesses em conflito, dos fatos e provas relevantes e do direito aplicável, ainda que discutível, é a chave do *case management* substancial.

A preocupação com a regra das "cartas na mesa",[61] ou seja, o dever das partes e seus advogados de apresentarem pedidos, defesas, alegações de fato e oferecimento das provas o mais cedo e completo possível ("*as early and completely*") e a organização precoce do procedimento com o agendamento de uma audiência para gerenciamento do caso ("*case management conference*") demonstram este objetivo principal. Regras desta espécie são suportadas por um controle da Corte sobre as partes e seus advogados de adequadamente seguirem os deveres legais[62] e determinações judiciais.[63]

Entre os poderes e determinações (*orders*) da Corte destacam-se: o estímulo à autocomposição; o agendamento das "*case management conferencies*"; a determinação do tipo ou forma de procedimento; a calendarização do processo (*timetable* ou *procedural calendar*); a limitação de

55 Ver Rule 48.

56 Ver Rule 49.

57 Ver Rule 61.

58 Ver Rule 92.

59 Ver Rule 114.

60 Ver Rule 181, que trata da "extraordinary motion for review".

61 VAN RHEE, C.H. "Towards Harmonised European Rules of Civil Procedural: Obligations of the Judges, the Parties and Their Lawyers", *Access to Justice in Eastern Europe*, Issue no. 1(6)/2020, p. 23.

62 Ver Rule 47.

63 Ver Rule 49.

alegações futuras por preclusão, com estabilização da demanda; a ordem das matérias a serem tratadas; a possibilidade de divisão ou consolidação de procedimentos; o enfrentamento o mais rápido quanto possível de matérias ligadas à competência (*jurisdiction*), medidas urgentes (*provisional measures*), prescrição e decadência (*statutes of limitation*), inclusive mediante a realização de audiências e decisões especiais para resolver essas questões; a gestão da participação no processo, controlando partes e intervenientes; a permissão ou determinação de emendas nos *pleadings* (pedidos e causas de pedir); a permissão ou determinação de complementação nos requerimentos de prova à luz das questões discutidas pelas partes; a possibilidade de ouvir as partes e seus advogados à qualquer tempo para esclarecer e informar o juízo sobre as questões relevantes de forma completa; o gerenciamento da prova, com o controle e a determinação da viabilidade, admissibilidade, forma, substituição da prova e a determinação ou não da *disclosure*, conforme ao estágio do procedimento.

Esse amplo catálogo permite a correlação entre as ordens de gerenciamento do caso e os princípios fundamentais acima descritos (adequação do procedimento ao caso ou casos, cooperação, proporcionalidade, estímulo à autocomposição), especificando uma série de condutas possíveis. Evidentemente quando lido à luz daqueles princípios é um catálogo de sugestões, não limitando, mas exemplificando no que consistem os deveres gerais de gerenciamento ativo do caso pelo juiz.

Uma outra questão, que fica clara na leitura, é que as aparentes contradições, por exemplo entre o estabelecimento de preclusão para alegações futuras[64] e a possibilidade de determinar ampliação dos *pleadings*[65] e determinar novas provas,[66] na verdade confirmam a amplitude dos poderes de gerenciamento do juiz e deixam evidente que o exercício desses poderes será conforme as circunstâncias do caso ou casos em análise. Há uma certa discricionariedade nas escolhas sobre como caminhar no procedimento, uma discricionariedade fraca, considerando a necessidade de estar de acordo com os objetivos gerais (*overriding goals*) e princípios.

As determinações da Corte poderão ser adotadas de ofício ou a requerimento das partes, caso as partes não sejam ouvidas anteriormente poderão requerer a sua reconsideração em audiência ou por escrito. O

64 Ver Rule 49.

65 Ver Rule 49 (5)

66 Ver Rule 49, (9).

respeito às partes aparece também na estabilidade das medidas determinadas, que não devem ser alteradas quando as partes já manifestaram o acordo, salvo ocorra uma boa razão. A Corte manterá o poder de gerenciamento dos casos e poderá alterar ou cancelar as determinações.[67]

Estes poderes gerais são completados por uma disciplina específica para o *collective redress*. A matéria está regulada especificamente e tem como regra geral as ações coletivas *opt-in*, ainda que reconheça a possibilidade de ações *opt-out*.[68]

Os procedimentos coletivos exigem uma atenção maior justamente para a definição dos legitimados adequados e a identificação e definição dos grupos atingidos ou envolvidos. Para evitar riscos como o desconhecimento da causa pelos membros do grupo são previstas regras específicas sobre a publicidade, determinando a comunicação obrigatória de situações como a remoção do legitimado, a modificação da descrição do grupo ou subgrupos, a oferta de acordos coletivos, as determinação judiciais ou julgamentos, as informações sobre o acesso a canais de tratamento da causa na *internet* (*secure electronic platform*),[69] os casos de abandono (*withdrawn*) ou resolução sem julgamento do mérito (*dismission*) dos processos coletivos. A ERCP estabelece, ainda, um princípio de que a comunicação deve ser realizada de forma a atrair à atenção das pessoas afetadas da melhor maneira ("*best attract the attention*"), garantindo a participação como for conveniente ("*as they see fit*").[70]

Há determinação expressa dos seguintes poderes adicionais: a remoção do legitimado (*qualified claimant*); a autorização de novo legitimado; a modificação da descrição do grupo atingido ou beneficiado com a tutela; a divisão do grupo em subgrupos e a determinação de legitimados adequados (*qualified claimants*) para cada grupo; a possibilidade de

67 Ver Rule 50.

68 Para uma crítica ver ZANETI JR., Hermes. "The Brazilian Experience from Over 40 Years of Collective Redress: Some Comments on the ERCP Collective Redress Rules from a Brazilian Perspective" In: STADLER, Astrid; JEULAND, Emmanuel; SMITH, Vincent. Collective and Mass Litigation in Europe. Model Rules for Effective Dispute Resolution. Cheltenham: Edward Elgar, 2020, p. 350 (propondo que "more room for *flexibility* and *case management* during the proceedings is needed. This includes the possibility to modify a certification/admissibility court order and choose more freely between *opt-in* and *opt-out*", quando possível).

69 Sobre a plataforma eletrônica segura como instrumento para o manejo eficiente das questões envolvendo o litígio, ver Rule 220.

70 Ver Rule 219 (2).

não resolver o mérito (*dismiss*) determinando o prosseguimento como demandas individuais na falta de um legitimado coletivo; a direção do grupo para que seja registrado de forma correta e a oitiva dos interessados no *case management* antes de determinar quais serão as medidas adotadas.[71]

Algumas das regras descritas nesta primeira parte estão espalhadas no direito brasileiro vigente, outras podem ser implementadas por interpretação ou por convenção, graças à ampla previsão de negócios processuais que existe em nosso ordenamento, é o que passamos a tratar.

3. O Caso Brasileiro: da rigidez à flexibilização?

O Brasil abraçou o movimento por um sistema de justiça civil com o uso proporcional de recursos, *case management* material e substancial, voltado para desenhar os procedimentos e deixar mais claras as questões que estão sendo tratadas no litígio.[72] Nesse sentido, estes objetivos são reforçados pela presença das normas fundamentais no início do Código.[73]

Se observarmos o Código de Processo Civil Brasileiro (CPC), o *case management* procedimental incide sobre aspectos ligados à adaptação do procedimento ao caso (por exemplo, calendários processuais,[74] cooperação judiciária interna,[75] reunião de processos para produção de prova[76] ou tratamento de casos repetitivos[77]). O *case management subs-*

71 Ver Rule 218.

72 Nesse sentido NYLUND, 2019, item 6, sublinhando o fato de que os poderes do juiz brasileiro são mais amplos e que o processo brasileiro pode ser nesse sentido mais efetivo que um modelo excessivamente focado na atividade das partes (*party-driven*).

73 As normas fundamentais determinam a interpretação conforme os valores e as normas constitucionais (art. 1º), o estímulo à autocomposição (art. 3º, § 3º), a efetiva, adequada e tempestiva satisfação das partes com julgamentos sobre o mérito da causa (art. 4º), a boa-fé (art.5º), a cooperação entre todos que atuam no processo (art. 6º) e o contraditório substancial compreendido como direito de influência e dever de debates, também para o juiz, de forma a evitar decisões surpresa (art. 10), todos do Código de Processo Civil de 2015 (CPC).

74 Ver art. 191, CPC.

75 Ver art. 69, CPC, comentando os aspectos desta norma revolucionária DIDIER JR., Fredie. *Cooperação Judiciária Nacional: Esboço de uma Teoria para o Direito Brasileiro (Arts. 67-69, CPC)*. Salvador: Juspodivm, 2020.

76 Ver art. 69, § 2º, II, CPC.

77 Ver art. 928, 976 ss. (Incidente de Resolução de Demandas Repetitivas, técnica repetitiva para as Cortes de Apelação) e 1036 e ss. (Recursos Especial e Extraordinário Repetitivos, meio de impugnação nas Cortes Supremas).

tancial, por sua vez, incide sobre o tratamento do caso pelo juiz em conjunto com as partes (para a identificação das questões relevantes em análise,[78] assegurando a apresentação da prova e dos argumentos de fato,[79] assim como a correta identificação do direito,[80] inclusive com a vedação da decisão surpresa pelo juiz de forma a garantir o diálogo com as partes e seus advogados sobre teses não debatidas nos autos[81]).

No âmbito convencional os negócios processuais representam um aspecto importante da customização do processo pelas partes, o Código brasileiro prevê uma cláusula geral atípica de negócios processuais que permite uma ampla utilização dessa modalidade,[82] mas existem igualmente regras convencionais específicas, que importam no auxílio das partes ao juiz na preparação do julgamento do caso, a exemplo do saneamento processual convencional.[83]

Faz muito sentido com o que temos no ordenamento jurídico brasileiro, a partir de uma leitura constitucionalizada,[84] permitir essa ampla

78 Ver art. 357, § 3º, CPC (prevê o saneamento compartilhado e o esclarecimento do juiz com as partes).

79 Ver art. 370 (poderes de determinação da prova de ofício pelo juiz) e 381 (produção antecipada de prova, voltada a estimular o acordo ou decidir pela viabilidade ou não da demanda no mérito).

80 NYLUND, Anna. "Case Management in a Comparative Perspective: Regulation, Principles and Practice". *Revista de Processo,* vol. 292, p. 377-395, Jun. 2019 (apontando a complementariedade entre ambas as formas de case management).

81 Ver Artigo 10, CPC (princípio da vedação da decisão surpresa, decisão que inova sobre a definição dos interesses em disputa, a questão de fato e de direito sem debate prévio com as partes).

82 Artigos 190 e 200, CPC. Ver CABRAL, Antonio do Passo. "New Trends and Perspectives on Case Management." *International Journal of Procedural Law,* Volume 8, (2018), nº 1, p. 24 (considerando o conjunto de dispositivos cláusulas gerais de abertura do sistema para quaisquer acordos processuais atípicos e válidos); Em uma versão mais ampla, expandindo a análise do papel das Cortes e dos juízes e revisando o princípio do juiz natural sobre a atribuição e revisão, conferir, do mesmo autor, CABRAL, Antonio. "New Trends and Perspectives on Case Management: Proposals on Contract Procedure and Case Assignment Management". *Peking University Law Journal,* Vol. 6, Issue 1, p. 5-54, 2018.

83 Ver Artigo 357, § 2º, CPC.

84 Ver Artigo 1º, CPC (que determina a interpretação de todo o processo civil a partir dos valores e normas previstos na Constituição Brasileira de 1988) e, na doutrina, ZANETI JR., Hermes. *A Constitucionalização do Processo. O Modelo Constitucional da Justiça Brasileira e as Relações entre Processo e Constituição* (2005). 2ª ed. São Paulo: Atlas, 2014 (tratando da formação histórica do direito processual consti-

qualificação das questões controvertidas de fato e de direito pelas partes e, também, pelo juiz. O Estado de Direito em países democráticos impõe que a melhor solução deve ser dada harmonicamente entre juízes e advogados, em uma abordagem liberal que se preocupa com os fins sociais do processo civil.[85]

A própria ideia de justiça ou *fairness* do processo está sendo adaptada a essas preocupações centrais. Em um sentido muito claro a ideia de *procedural fairness* deixa de ser apenas a justiça pelo procedimento e a segurança jurídica pelo procedimento. O Brasil constitucionalizou os princípios da razoabilidade e da proporcionalidade e é amplamente aceito pela doutrina que estes representam a dimensão substancial do devido processo legal.[86] O próprio Código de Processo Civil previu expressamente a proporcionalidade e a razoabilidade como normas fundamentais.[87]

---

tucional brasileiro como modelo híbrido de *common law* e *civil law,* desde a primeira República em 1891, influenciada pela constituição norte-americana). Essa influência explica inclusive a grande difusão da *judicial review* e da *public interest litigation* no Brasil, ver VIEIRA, Oscar Vilhena. "Public Interest Law: A Brazilian Perspective." *UCLA Journal of International Law and Foreign Affairs*, vol. 13, no. 1, Spring 2008, p. 219-262 (defendendo que a característica brasileira decorre da existência de um pensamento liberal progressiste desde a segunda metade do séc. XIX e da adoção pela Constituição de 1988 de uma ampla gama de direitos fundamentais, protegidos judicialmente por instituições como o Ministério Público e a Defensoria Pública).

---

85 ZANETI JR. (2014).

86 ÁVILA, Humberto. "O que é 'devido processo legal'?". *Revista de Processo*, v. 163, set./2008 (afirmando que o direito constitucional brasileiro não tem necessidade do devido processo legal pela ampla aceitação dos princípios da proporcionalidade e da razoabilidade). Na doutrina: MATTOS, Sergio Wetzel. *Devido Processo Legal e Proteção de Direitos*. Porto Alegre: Livraria do Advogado, 2009. Importante citar, ainda, o RE n. 374.981, de 28.3.2005, publicado no Informativo do STF n. 381, pelo qual a jurisprudência do Supremo Tribunal Federal extrai da cláusula geral do devido processo legal os deveres de proporcionalidade e razoabilidade, DIDIER JR., Fredie. *Curso de Direito Processual Civil.* vol. 1, p. 67-72.

87 Ver Artigo 8º, CPC. Assim, a dimensão substancial do processo justo estabelece que "um processo devido não é apenas aquele em que se observam exigências formais, devido é o processo que gera decisões jurídicas substancialmente devidas", sendo que a experiência jurídica brasileira assimilou a dimensão substancial como fundamento constitucional da proporcionalidade e da razoabilidade, com previsão expressa no art. 8º do CPC." ZANETI, Graziela Argenta. *Jurisdição Adequada para os Processos Coletivos Transnacionais.* São Paulo: RT, 2020, p. 123. Percebe-se, cla-

Assim, a correção do procedimento não se mede apenas pela rigidez e pela estabilidade, esses valores são reconhecidos (processo é ordem), mas insuficientes se não estiverem conectados à capacidade de proteção das situações jurídicas em jogo, à proteção das pessoas e à efetiva solução dos conflitos. A correção formal dos procedimentos, sua rigidez e estabilidade não são mais considerados como valores absolutos em si. A tensão entre segurança e efetividade[88] é resolvida através do *case management* em cooperação.

3.1. A flexibilização no CPC/2015: princípios da cooperação, boa-fé e adequação

O Código de Processo Civil brasileiro não trouxe uma norma ampla sobre a flexibilização processual e *case management*.[89] Contudo, a combinação das normas fundamentais com as normas que tratam dos poderes do juiz e da relação entre o procedimento comum e os procedimentos especiais, permite reconhecer uma ampla adaptabilidade procedimental.

A adequação hoje é permeada por uma compreensão mais ampla do fenômeno da prestação jurisdicional. Impõe-se o gerenciamento dos casos diante do juiz a partir de elementos como sua maior ou menor complexidade, repetitividade etc.

A flexibilidade procedimental está expressamente mencionada no CPC, atribuindo-se ao juiz regras específicas para a gestão dos prazos processuais e para a ordem de produção da prova,[90] a utilização de técni-

ramente a preocupação para além das garantias formais e materiais o acréscimo de preocupações éticas com o sistema de justiça e com a própria administração da justiça. COMOGLIO, Luigi Paolo. Etica e técnica del "giusto processo". Torino: G. Giappichelli Editore, 2004, p. 47-48.

88 Sobre a tensão segurança e efetividade ver Carlos Alberto de Oliveira (2010, p. 6).

89 Os poderes de flexibilização estavam previstos amplamente no projeto inicial mas não foram aprovados na versão final do Código, ver os Artigos 107, V, que permitia adequar as fases e os atos processuais as especificidades do conflito, e 151, § 1º, que permitia o ajuste dos procedimentos inadequados, sempre com o respeito ao contraditório, ambos com juízo positivo na melhor doutrina, ver MARINONI, Luiz Guilherme; MITIDIERO, Daniel. *O Projeto do CPC. Crítica e Propostas*. São Paulo: RT, 2010, p. 87/89.

90 Ver Artigo 139, VI, CPC (permitindo expressamente ao juiz aumentar os prazos processuais antes do seu final, de ofício ou a requerimento das partes, quando necessário, e permitindo ao juiz alterar a ordem de produção das provas, por exemplo, antecipando a prova técnica).

cas dos procedimentos especiais no procedimento comum e vice-versa (passarelas procedimentais),[91] além das cláusulas gerais e conceitos jurídicos indeterminados, como técnicas legislativas que permitem um espaço de discricionariedade regrada e exigem densificação[92]. A mesma lógica se aplica também para as partes, em especial pela previsão de negócios processuais atípicos.[93]

---

91 Ver Artigos 327, § 2º e 1049, parágrafo único, CPC. Ver DIDIER JR., Fredie. Art. 1.049. In.: Cássio Scarpinella Bueno (coord.). *Comentários ao Código de Processo Civil.* São Paulo: Saraiva, 2017, vol. 4, p. 644/645; DIDIER JR; Fredie; CABRAL, Antonio do Passo; CUNHA, Leonardo Carneiro da. *Por uma teoria dos procedimentos especiais: dos procedimentos às técnicas* (2018). 2ª ed. Salvador: Juspodivm, 2020. Para CADIET (2011, p. 370), "The ideal is the 'made-to-measure' adjudicative way, that each affair is treated at its own rhythm. Urgent situations require immediate decisions, where the development of the summary procedures or by *ex parte* order; complex affairs calling for more care in the preparatory proceedings of the elements of debate than the simple files, where the institution of procedural circuits are at variable speed bringing on intervention of a specialized magistrate or not the proceedings must have the principal objective to have the most rapid solution and most appropriate one for the case on the merits, where the consecration of multiple passageways, passageway for the single judge towards the panel of judges, passageway to the summary judgment towards the merits on a set day. It is necessary to permit the adjustment of the procedure without going backwards, where also the appeal to the procedure of injunction, to pay or do, for a great efficiency, relies on the technique of inversion of the disputes."

92 DIDIER JR., Fredie. Art. 1.049. In.: Cássio Scarpinella Bueno (coord.). *Comentários ao Código de Processo Civil.* São Paulo: Saraiva, 2017, vol. 4, p. 644/645.

93 CABRAL, Antonio. *Convenções Processuais: Teoria Geral dos Negócios Jurídicos Processuais* (2015). 3ª ed. Salvador: Juspodivm, 2020; NOGUEIRA, Pedro Henrique. *Negócios Jurídicos Processuais* (2016). 4ª ed. Salvador: Juspodivm, 2020; CABRAL, Antonio do Passo; NOGUEIRA, Pedro Henrique (org.). *Negócios Processuais.* Salvador: Juspodivm, 2019/2020, Tomos I e II. Em um recente histórico de flexibilização no Brasil, ver GAJARDONI, Fernando da Fonseca. Procedimento, déficit procedimental e flexibilização procedimental no novo CPC. *Revista de Informação Legislativa.* Brasília, ano 48, n. 190, abr./jun. 2011; GAJARDONI, Fernando da Fonseca. *Flexibilização procedimental: um novo enfoque para o estudo do procedimento em matéria processual, de acordo com as recentes reformas do CPC.* São Paulo: Atlas, 2008; CABRAL, Trícia Navarro Xavier, "Flexibilização procedimental", *Revista Eletrônica de Direito Processual,* Vol. 6, p. 150-153, 2010; SCHWERZ, Cahali Cláudia Elisabete. Gerenciamento de processos judiciais: em busca da efetividade da prestação jurisdicional. Brasília: Gazeta Jurídica, 2013; CARVALHO, Fabiano, "O princípio da eficiência no processo coletivo: constituição, microssistema do processo coletivo e o novo código de processo civil," in.: Milaré Édis (eds.), Ação civil pública após 30 anos, São Paulo, 2015.

Ocorre uma passagem do procedimento ordinário rígido, garantista e voltado para a segurança jurídica, para o procedimento comum flexível, com a possibilidade de passarelas procedimentais e intercâmbio ou troca de técnicas processuais. Essas técnicas intercambiáveis, passíveis de serem utilizadas no procedimento comum[94] e nos próprios procedimentos especiais, passam a integrar um modelo direcionado para a resolução adequada do conflito.[95]

Essa adequação visa a permitir que o procedimento seja ajustado ao caso ou ao conjunto de casos, sujeitos e fins do processo. Os objetivos centrais de um sistema de justiça adequado devem ser voltados a garantir, portanto, a proporcionalidade entre o gasto público e privado na solução do conflito e a própria importância deste conflito, a celeridade na solução das causas e a justiça material e processual dessas decisões.

No Brasil a flexibilização pode ser defendida a partir do Código de Processo Civil de 2015 como um processo de "materialização do direito processual",[96] um retorno às preocupações não só *objetivas*, mas *subjetivas* e *teleológicas do processo*.[97]

A segurança jurídica deve ser percebida, portanto, não como rigidez absoluta, mas como "ideal normativo de *primeira grandeza*" corporificado do início ao fim na Constituição Federal brasileira através dos ideais de "cognoscibilidade, de confiabilidade e de calculabilidade normativas,

---

94 DIDIER JR., Fredie. Art. 1.049. In.: Cássio Scarpinella Bueno (coord.). *Comentários ao Código de Processo Civil.* São Paulo: Saraiva, (2017, vol. 4, p. 644/645).

95 Sobre os diversos circuitos processuais do CPC/2015, MENDES, Paulo. *Segurança Jurídica e Processo.* São Paulo: RT, 2018;DIDIER JR., Fredie; CUNHA, Leonardo Carneiro da; CABRAL, Antonio do Passo. *Por uma Nova Teoria dos Procedimentos Especiais: dos procedimentos às técnicas.* Salvador: Juspodivm, 2018, p. 77/81.

96 CABRAL, Antonio do Passo. "Da Instrumentalidade à materialização do processo: as relações contemporâneas entre direito material e direito processual". *Civil Procedure Review*, v. 12, n. 2, maio-ago. 2021 (propõe o uso de mecanismos de auto proteção, *smart contracts* como Uber e acordos judiciais para exemplificar as relações entre direito material e processual); ZANETI JR., Hermes. A Constitucionalização do Processo. O Modelo Constitucional da Justiça Brasileira e as Relações entre Processo e Constituição (2005). 2ª ed. São Paulo: Atlas, 2014, cap. 5 (relação circular entre direito material e direito processual, suparando e expandindo a ideia de "rapporto logico circolare" de CARNELUTTI, Francesco. "Profilo dei raporti tra diritto e processo". *Rivista di Diritto Processuale*, v. 35, n. 4, p. 539-550, 1960).

97 LACERDA, Galeno. "O Código como sistema legal de adequação do processo". *Revista do Instituto dos Advogados do Rio Grande do Sul*, Edição Comemorativa do Cinquentenário 1926-1976. Porto Alegre, p. 161-170, 1976.

tal é a ênfase que atribui à limitação do poder" e aos valores "de liberdade, de igualdade e de dignidade".[98]

O fundamental, portanto, como ficou evidente, não é tanto a rigidez em si, a forma pela forma, mas o conhecimento prévio das regras e a participação das partes e advogados em contraditório. A forma garantida com vistas a atingir a finalidade do processo.[99]

3.2. *Case management* judicial por precedentes?

Um olhar sobre as ferramentas de gestão no Brasil hoje pode ser interessante para perceber que as instituições de vértice do Poder Judiciário não estão alheias aos compromissos de celeridade, baixo custo e correção do sistema de justiça. O Supremo Tribunal Federal e o Superior Tribunal de Justiça estão aplicando cada vez mais precedentes no sentido de realizar o *case management* de casos complexos e permitir um tratamento mais adequado dos conflitos.

No caso do Supremo Tribunal Federal, Corte com a função de dar unidade a interpretação do direito constitucional e garantir a aplicação da Constituição de 1988, o tribunal tem demandas de interesse público (*public interest litigation*) determinando um tratamento mais amplo dos casos, com *structural injunctions*. Isso ocorreu no recente caso de risco de genocídio de povos indígenas em face da pandemia da Covid-19.

---

98 Ver ÁVILA, Humberto. *Certainty in Law*. Basel: Springer International, 2016, p. 505 (ÁVILA, Humberto. *Teoria da Segurança Jurídica*. 3ª ed. revista, atualizada e ampliada. São Paulo: Malheiros, 2014, p. 681/682).

99 CABRAL, Antonio do Passo. Segurança Jurídica e Regras de Transição nos Processos Judicial e Administrativo. Introdução ao art. 23 da LINDB. Salvador: Juspodivm, 2020; CABRAL, Antonio do Passo. *Coisa Julgada e Preclusões Dinâmicas: entre continuidade, mudança e transição de posições processuais estáveis.* 3ª ed. revista, ampliada e atualizada. Salvador: Juspodivm, 2019, p. 663. No direito processual, afirmando esse caráter dinâmico (viés prospectivo) das preclusões processuais e apresentando a ideia de segurança não como rigidez estática, mas como *segurança continuidade*, decorrente de um *sistema de estabilidades*, afirma Antonio do Passo Cabral que o "vetor normativo da segurança continuidade jurídica faz com que *a mudança de conteúdo das posições estáveis seja incorporada e acomodada ao tráfego jurídico*, recuperando o valor de uma justiça procedimental sem abrir mão da estabilidade (...) no exame da estabilidade *um viés prospectivo, não apenas direcionado ao passado mas preocupado também com as expectativas e prognoses futuras.*" CABRAL, Antonio do Passo. *Segurança Jurídica e Regras de Transição nos Processos Judicial e Administrativo. Introdução ao art. 23 da LINDB.* Salvador: Juspodivm, 2020.

Neste caso o Supremo Tribunal Federal reconheceu a ineficiência e inconstitucionalidade das políticas públicas governamentais e determinou a criação de uma sala de situação com as instituições envolvidas, a prestação de informações à Corte, a instalação de barreiras sanitárias e a desintrusão progressiva dos invasores das terras indígenas como medidas estruturais para evitar a mortandade em massa desses povos mais vulneráveis, customizando o processo.[100] Um *case management* de um caso complexo que adequou o procedimento para a tutela do direito à saúde diante do comando constitucional e da omissão governamental.

Por sua vez, o Superior Tribunal de Justiça, Corte com atribuição de dar unidade ao direito infraconstitucional no Brasil, tem realizado o *case management* através de precedentes na situação específica da concomitância entre demandas individuais e demandas coletivas ambientais e de consumo. No direito brasileiro não há litispendência entre demandas individuais e coletivas,[101] mas a Corte entendeu possível a suspensão por prejudicialidade das demandas individuais quando pendente de julgamento uma demanda coletiva (macrolide geradora de litígios multitudinários), sem prejuízo da tutela de urgência e com a conversão das demandas de conhecimento em pedidos de liquidação e execução após o julgamento da demanda coletiva[102]. A suspensão desses casos ligados

100 STF, Tribunal Pleno, ADPF 709 MC-Ref, Rel. Min. Roberto Barroso, j. 5 August 2020, DJe 07/10/2020; para o contexto da decisão ver DIDIER JR., Fredie; ZANETI JR., Hermes; PEIXOTO, Ravi. *Brazilian Precedents in Covid-19: Supreme Court Matters?* (forthcoming in a book edited by Bart Krans and Anna Nylund).

101 Ver art. 94, Código de Defesa dos Consumidores (o sistema processual coletivo brasileiro nao permite o bloqueio das demandas individuais, nem mesmo após a coisa julgada, pois não vincula negativamente o titular do direito individual, na doutrina essa característica é denominada coisa julgada *secundum eventum litis*, para referências ao processo coletivo brasileiro ver IDIER JR., Fredie; ZANETI JR., Hermes. *Curso de Direito Processual Civil. Processo Coletivo* (2007). 15ª ed. Vol. 4. Salvador: Juspodivm, 2021; Didier Jr. F, Zaneti Jr. H. "Las Acciones Colectivas y el Enjuiciamento de Casos Repetitivos: dos Tipos de Proceso Colectivo en el Derecho Brasileño", *International Journal of Procedural Law*, vol. 7, 2017; MARINONI, Luiz; ARENHART, Sergio Cruz. "Collective Tort Litigation and Due Process of Law: The Brazilian Experience." *International Journal of Procedural Law*, vol. 4, no. 1, 2014, p. 42-61, criticando a falta de vinculatividade nas decisões coletivas brasileiras).

102 Ver art. 313, V, (a), do CPC: "Quando a sentença de mérito depender do julgamento de outra causa ou da declaração de existência ou de inexistência de relação jurídica que constitua o objeto principal de outro processo pendente".

aos mesmos fatos permite uma gestão mais adequada dos conflitos coletivos e seus impactos individuais.[103]

Esses dois exemplos são precedentes normativos formalmente vinculantes e criaram normas-precedente aplicáveis para casos análogos.[104] Criou-se poderes de *case management* para as Cortes a partir de precedentes.

4. Considerações conclusivas

O *case management* é uma tendência, as ERCP indicam um caminho equilibrado. Os princípios da cooperação, da proporcionalidade e do estímulo a autocomposição reforçam os poderes do juiz e das partes na gestão dos casos para solução mais barata, rápida e justa dos conflitos.

As ERCP fortalecem esse ideário, especialmente se interpretadas como sugestões de boas práticas, indicando a correção de modelos processuais que procurem atender de forma mais inteligente aos desafios atuais dos sistemas de justiça contemporâneos.

É claro, contudo, que o ideal normativo nem sempre corresponde à realidade. Forças conservadoras, que veem no processo apenas garan-

---

103 Em um caso que discutia os expurgos inflacionários da caderneta de poupança (Caso dos Poupadores, originário do Rio Grande do Sul, mas que atinge todo o território nacional) o Superior Tribunal de Justiça acatou a aplicação do art. 313 V, (a) CPC. Entendeu possível a suspensão de todas as ações individuais para julgar a ação coletiva, de maneira a evitar decisões contraditórias (REsp. n. 1.110.549-RS, Rel. Min. Sidnei Beneti, j. 10.28.2009). A decisão é uma clara forma de case management criada por precedente, desde então foi aplicada mais vezes pelo STJ (REsp 1353801/RS, Rel. Min. Mauro Campbell Marques, j.08.14.2013). Inclusive permitindo a conversão das ações individuais em liquidação e execução após o julgamento da ação coletiva (REsp 1189679/RS, Rel. Ministra Nancy Andrighi, j. 11.24.2010).

104 Ver ZANETI JR., Hermes. *O Valor Vinculante dos Precedentes.* (2015). 4ª ed. Salvador: Juspodivm, 2019 (com amplas referências à doutrina brasileira e aos impactos da recepção pelo CPC de elementos como vinculação horizontal e vertical, *ratio decidendi, material facts, distinguishing* e *overruling*, tradicionais à teoria dos precedentes). Para a compreensão dos precedentes vinculantes no Brasil: MITIDIERO, Daniel. "The Ideal Court of Last Report A Court of Interpretation and Precedent." *International Journal of Procedural Law*, vol. 5, no. 2, 2015, p. 201-218. MARINONI, Luiz Guilherme. *Precedentes Obrigatórios.* (2010) 4ª ed. São Paulo: RT, 2016; MITIDIERO, Daniel. "The Ideal Court of Last Resort. A Court of Interpretation and Precedent." *International Journal of Procedural Law*, vol. 5, no. 2, 2015, p. 201-218 (MITIDIERO, Daniel. *Cortes Superiores e Cortes Supremas. Do Controle à Interpretação, Da Jurisprudência ao Precedente* (2013). 3ª ed. São Paulo: RT, 2017; MITIDIERO, Daniel. *Precedentes. Da Persuasão à Vinculação* (2016). 2ª ed. São Paulo: RT, 2017).

tias formais no interesse das partes, atuação profissional adversarial, que se beneficia dos formalismos como mecanismo de evitar decisões mais efetivas e o imobilismo de tradições arraigadas por práticas repetidas, muitas vezes não transparentes, que escondem o comodismo de manter tudo como está, são apenas alguns exemplos de desafios e armadilhas a serem enfrentados. Um grande desafio, na perspectiva oposta, é não tornar o discurso do gerenciamento dos casos uma forma de negar o acesso à justiça.[105]

Os maiores desafios são os culturais, mudar os hábitos de juízes e advogados não é uma tarefa fácil e leva tempo. Contudo, uma tradição é sempre informação compartilhada[106] e muda na medida que muda a informação sobre como se deve atuar profissionalmente; os profissionais do direito são *repeat players*, o que facilita a gestão da informação. As ERCP integram, assim, um movimento de reforço para a mudança da tradição de rigidez formal dos procedimentos, em benefício do gerenciamento mais efetivo e eficiente dos conflitos e da tutela de direitos.

Por fim, as ERCP não lidam com as novas tendências tecnológicas.

O Brasil encara atualmente o processo de digitalização e os impactos da inteligência artificial (IA) no sistema de justiça. Não há dúvida que se trata de importante aspecto para o futuro da justiça e de seus profissionais, mas há ainda preocupação sobre seus riscos para o acesso à justiça pelos mais vulneráveis. Até mesmo em países europeus, há a necessidade de enfoque de serviços públicos judiciários voltados àqueles que não possuem meios de acessar à justiça por si mesmos, como grupos vulneráveis e digitalmente excluídos. O *case management* com uso de novas tecnologias e de abordagens disruptivas precisa observar os mesmos valores discutidos aqui, dando abertura para discussões mais profundas.

105 WOO, Margareth (2018).

106 GLENN, H. Patrick. *Legal Traditions of the World. Sustainable Diversity in Law* (2000). 5ª ed. Oxford: Oxford University Press, 2014, p. 2-3 (descrevendo a contínua transferência de informação entre tradições).

DESJUDICIALIZAÇÃO DA EXECUÇÃO CIVIL E O REGIME DE IMPUGNAÇÃO DOS ATOS DO AGENTE DE EXECUÇÃO: O NECESSÁRIO EQUILÍBRIO ENTRE EFICIÊNCIA E GARANTISMO[1]

Humberto Dalla Bernardina de Pinho

Flávia Pereira Hill

1. Introdução: a ineficiência da execução judicial no Brasil e a proposta de desjudicialização da execução civil

Os números não deixam mentir. A execução, no Brasil, consiste em um dos grandes gargalos da prestação jurisdicional estatal na contemporaneidade.

De acordo com o relatório Justiça em Números 2020, elaborado pelo Conselho Nacional de Justiça, o Poder Judiciário contava, ao final do ano de 2019, com 77 milhões de processos pendentes de baixa, sendo que as execuções correspondiam a 55,8% desse acervo[2]. E o prognóstico não é nada animador.

Enquanto a taxa de congestionamento do Poder Judiciário na fase de conhecimento monta a 58%, na execução (fase de cumprimento de sentença ou ação autônoma de execução) alcança 82%.

O mesmo relatório assinala expressamente não haver tendência de queda de estoque entre as execuções judiciais. Ao contrário, reconhece que o estoque atual condiz com os "mesmos patamares de sete anos atrás".

O índice de produtividade dos magistrados brasileiros, na fase de conhecimento, corresponde a 1.387, enquanto na execução se restringe a 662.

---

1 Artigo originalmente publicado na coletânea BELLIZZE, Ministro Marco Aurélio. MENDES, Aluisio Gonçalves de Castro. ALVIM, Teresa Arruda. CABRAL, Trícia Navarro Xavier (Coords). *Execução Civil: novas tendências*. Indaiatuba: Foco. 2022. pp. 585-599.

2 Os dados constantes desse parágrafo e dos seguintes foram obtidos em: CONSELHO NACIONAL DE JUSTIÇA. *Relatório Justiça em Números 2020*, pp. 150 e seguintes. Disponível em https://www.cnj.jus.br/wp-content/uploads/2020/08/WEB-V3-Justi%C3%A7a-em-N%C3%BAmeros-2020-atualizado-em-25-08-2020.pdf. Acesso em 05 de setembro de 2021.

Quanto à duração do processo, mais uma vez resta claro que a execução representa o ponto sensível a ser trabalhado. O relatório aduz que "o processo leva, desde a data de ingresso, quase o triplo de tempo na fase de execução (4 anos e 3 meses) comparada à fase de conhecimento (1 ano e 7 meses)".

A despeito das várias reformas empreendidas pelo legislador no Código de Processo Civil de 1973 precisamente na regulamentação da execução[3], bem como da edição de um novo Código de Processo Civil, em 2015, verifica-se que ainda nos deparamos com um cenário desolador na execução brasileira.

Debruçar-se sobre a execução não é, portanto, uma opção, mas um imperativo a todos os operadores do Direito, especialmente para os processualistas.

Desafogar o Poder Judiciário e alcançar números mais convidativos não se mostra, contudo, um fim em si mesmo. O desafio é, portanto, mais complexo e multifacetado. A difícil equação consiste em oferecer uma execução mais efetiva, preservando integralmente as garantias fundamentais do processo.

Especialmente nos últimos quinze anos, o legislador tem paulatinamente trazido para o ordenamento jurídico brasileiro um fenômeno em franco crescimento em outros países, tanto de *civil law* quanto de *common law*: a desjudicialização. Esse fenômeno é caracterizado, em síntese, pela autorização para a prática de atos da vida civil e a solução de litígios perante agentes que não integram os quadros do

3 "No Brasil, no início dos anos 2000, seguiram-se reformas ao Código de Processo Civil de 1973 na parte de execução que, a nosso sentir, foram benéficas, tais como a instituição do processo sincrético, tornando a execução fundada em título executivo judicial uma fase do processo já em curso (art. 475-I), a instituição de multa após o decurso do prazo legal para pagamento pelo devedor (art. 475-J), a previsão da liquidação provisória de sentença (art. 475-A, §2º), a dispensa do auto de penhora de bem imóvel cuja certidão de ônus reais tenha sido apresentada nos autos (art. 659, §5º), a preferência, dentre as formas de expropriação, à adjudicação e à alienação por iniciativa particular, nessa ordem, em detrimento da alienação pública (arts. 685-A e 685-C), dentre outras medidas". HILL, Flávia Pereira. *Lições do Isolamento: reflexões sobre Direito Processual em tempos de pandemia*. Rio de Janeiro: Edição do autor. 2020. pp. 78-112. Disponível em: https://www.academia.edu/44334920/LIVRO_LI%C3%87%C3%95ES_DO_ISOLAMENTO_FL%C3%81VIA_HILL

Poder Judiciário e traz impactos no próprio conceito de jurisdição na contemporaneidade[4-5-6].

E, se, no Brasil, existem dezenas de normas em vigor que já desjudicializaram procedimentos em diferentes searas – e nem sempre versando sobre questões singelas -, desde o processo de habilitação de casamento, passando pela usucapião extrajudicial[7-8] até chegarmos na dispensa de homologação, pelo Superior Tribunal de Justiça, da sentença estrangeira de decretação do divórcio ou da separação consensual para fins de averbação junto à serventia extrajudicial respectiva, é chegada a hora de se discutir a desjudicialização da execução civil.

Encontra-se em tramitação o Projeto de Lei nº 6.204/2019, apresentado pela Senadora Soraya Thronicke, que almeja precisamente desjudicializar a execução civil no Brasil, tendo como principal modelo o regime português.

Foi elaborado, ainda, outro Projeto de Lei por um grupo de pesquisadores, professores em diferentes Universidades brasileiras, publicado na presente coletânea, que se encontra, no momento, em análise junto à Comissão para o Aprimoramento da Execução do Conselho Nacional de Justiça.

O objetivo do presente trabalho consiste em examinar o regime de impugnação oferecido aos interessados, tanto no PL 6.204/2019 quanto no Projeto em estudo junto ao CNJ, de modo a verificar como compatibilizar a noção de desjudicialização da execução civil em nosso país com a inegociável observância das garantias fundamentais do processo , que devem nortear todos os mecanismos de resolução de conflitos que com-

---

4 PINHO, Humberto Dalla Bernardina de. "A releitura do princípio do acesso à justiça e o necessário redimensionamento da intervenção judicial na resolução dos conflitos na contemporaneidade". *In Revista Jurídica Luso-brasileira*. Ano 5. Número 3. 209. pp. 791- 830.

5 MANCUSO, Rodolfo de Camargo. *A resolução dos conflitos e a função judicial no contemporâneo Estado de Direito*. 2. ed. São Paulo: Revista dos Tribunais. 2014. P. 171.

6 FARIA, Marcio Carvalho. "Primeiras impressões sobre o projeto de lei 6.204/2019: críticas e sugestões acerca da tentativa de se desjudicializar a execução civil brasileira (parte um)". *Revista de Processo*. Vol. 313/2021 | pp. 393-414 | Mar / 2021.

7 PINHO, Humberto Dalla Bernardina de. PORTO, José Roberto Mello. "A desjudicialização enquanto ferramenta de acesso à justiça no CPC/2015: a nova figura da usucapião por escritura pública". *Revista Eletrônica de Direito Processual*. Volume 17, número 2. Julho-Dezembro 2016. pp. 320-353.

8 MONTEMOR, Luis Gustavo. "A Usucapião Extrajudicial e o Provimento 65/2017 do Conselho Nacional de Justiça". *Revista de Direito Imobiliário*. vol. 84/2018. pp. 201-240. Jan - Jun / 2018.

põem a Justiça Multiportas em um Estado Democrático de Direito, mais especificamente a garantia do contraditório[9-10].

Com efeito, nenhuma das portas da Justiça Multiportas pode receber o necessário selo da constitucionalidade se não condisser com a noção de devido processo legal extrajudicial, resguardando o núcleo mínimo da garantia do contraditório, que abarca, na desjudicialização, não apenas a cientificação de todos os interessados, mas também o oferecimento de instrumentos aptos a que possam se insurgir contra atos praticados que, em alguma medida, violem a sua esfera jurídica.

Iniciar-se-á a abordagem com a análise do regime de impugnação escalonado previsto no PL 6.204/2019, para, a seguir, debruçar-se sobre o Projeto em análise pelo CNJ e, ao final, apurar se a noção de desjudicialização da execução civil prevista em tais iniciativas logra convergir a observância do contraditório com uma perspectiva concreta de incremento da efetividade da execução em nosso país.

2. O regime de impugnação escalonado previsto no Projeto de Lei nº 6.204/2019

O Projeto de Lei nº 6.204/2019 almeja instituir, em nosso ordenamento jurídico, a nova figura do agente de execução, que seria responsável pela prática dos principais atos processuais atinentes à execução de obrigação de pagar quantia certa contra devedor solvente - seja fundada em título executivo judicial ou extrajudicial -, dentre os quais o recebimento do requerimento de instauração da execução fundada em título executivo extrajudicial pelo exequente, atos de cientificação, busca de bens, penhora, avaliação, suspensão e extinção da execução.

---

9 A respeito do devido processo legal extrajudicial como forma de assegurar a observância das garantias fundamentais do processo na desjudicialização, vide. HILL, Flávia Pereira. "Desjudicialização e acesso à justiça além dos tribunais: pela concepção de um devido processo legal extrajudicial". *Revista Eletrônica de Direito Processual*. Rio de Janeiro. Ano 15. Volume 22. Número 1. Janeiro a Abril de 2021. pp. 379-408.

10 Leonardo Greco pontua, com propriedade, que "hoje, o contraditório ganhou juma projeção humanitária muito grande, sendo, provavelmente, o princípio mais importante do processo". GRECO, Leonardo. *Instituições de Processo Civil. Vol. 1*. Rio de Janeiro: GEN Forense. 2015. pp. 513-514.

Segundo Armindo Mendes[11], num panorama comparativo, existem três modelos executivos: um puramente administrativo, um misto e um concentrado no tribunal judicial.

Como observa Miguel Teixeira de Sousa[12], até a reforma de 2003[13], Portugal adotava o modelo de concentração da execução no tribunal, que, inclusive, é comum nos ordenamentos latino-americanos. Ademais, cumpre registrar a inspiração no modelo francês intitulado "Hussier de Justice", com o objetivo de desonerar o magistrado de funções não jurisdicionais[14].

Retornando ao direito pátrio, segundo o Projeto em tramitação, o papel de agente de execução seria exercido exclusivamente pelos delegatários de serventias extrajudiciais que tivessem atribuição de protesto de títulos.

Embora não seja este o cerne do presente trabalho, cumpre consignar que concordamos com parcela da doutrina que entende que seria mais consentâneo com o incremento da acessibilidade e da efetividade - um dos ideais da desjudicialização em geral – que o papel de agente de execução seja exercido por todos os delegatários de serventias extrajudiciais indistintamente, tendo em vista, em apertada síntese, que se submetem todos ao mesmo regime jurídico e a igual controle externo pelo Poder Judiciário, tanto pela Corregedoria do tribunal local quanto pelo

11 MENDES, Armindo Ribeiro. Forças e Fraquezas do Modelo Português de Acção Executiva no Limiar do Século XXI- Que Modelo Para o Futuro? Pp. 01-22. Disponível em: https://www.stj.pt/wp-content/uploads/2010/05/coloquiprocessocivil_ribeiromendes.pdf. Acesso em: 28/05/2020. P.7.

12 "Segundo este modelo, a acção executiva pertence ao âmbito da jurisdição e, por isso, não é equiparável a um procedimento administrativo, mas os actos executivos de caráter não jurisdicional-como por exemplo, os actos de apreensão e de venda de bens- deixam de ser praticados pelo juiz de execução e passam a ser entregues a uma entidade não jurisdicional." TEIXEIRA DE SOUSA, Miguel. *A Reforma da Acção Executiva.* Lex, Lisboa, 2004, p. 14.

13 O Decreto-Lei nº 38, entrou em vigor em 15/09/2003, na forma do artigo 4º do DL nº 199/2003. (disponível em: https://dre.pt/web/guest/pesquisa/-/search/511825/details/maximized. Acesso em 03/09/2021).

14 Paula Meira registra que a função desse profissional é a de "retirar determinadas tarefas da esfera de actuação dos tribunais (desjudicialização) e libertar o juiz da realização de tarefas não jurisdicionais (desjurisdicionaização)." MEIRA LOURENÇO, Paula. Penhora e outros procedimentos de apreensão de valores mobiliários: implicações do novo regime da acção executiva, in *Direito dos Valores Mobiliários – Instituto dos Valores Mobiliários,* volume VI, 2006, Coimbra Editora. Coimbra. p. 2442.

Conselho Nacional de Justiça, tendo recebido a delegação para a prestação de serviço público em caráter privado após a provação em concurso público de provas e títulos, na forma do artigo 236, da CRFB/1988[15].

Com isso, expandir-se-ia substancialmente o número de agentes de execução de 3.782 (número de serventias extrajudiciais com atribuição de protesto de títulos atualmente no Brasil) para 13.326[16], passando-se a dispor de, ao menos, um agente de execução em cada qual dos 5.570 municípios brasileiros, na forma do artigo 44, § 2º da Lei Federal nº 8.935, sem comprometer a necessária segurança jurídica no exercício desse elevado múnus[17-18].

No que concerne especificamente à temática central do presente trabalho, o PL 6.204/2019 prevê, em seus artigos 19 e 20, o que denominamos regime de impugnação escalonado. Isso porque qualquer ato praticado pelo agente de execução é passível de insurgência por qualquer das partes. No entanto, tal insurgência se desdobra em etapas ou escalas, tendo em vista que, primeiramente, será dirigida ao próprio agente de execução (delegatário do cartório extrajudicial), a fim de que ele possa, eventualmente, retratar-se. Mantendo-se a decisão impugnada e, de igual modo, a irresignação da parte, a impugnação será submetida ao "juízo competente"[19].

---

15 A respeito do preenchimento de requisitos uniformes para a outorga da delegação, características uniformes a todas as atribuições exercidas pelos delegatários de serviços extrajudiciais e controle externo comum pelo Poder Judiciário, vide. LOUREIRO, Luiz Guilherme. *Registros Públicos: Teoria e Prática*. 11. Ed. Salvador: Jus Podvm. 2021. Especialmente Capítulo 2, item 3; Capítulo 4, item 8, e Capítulo 7.

16 CONSELHO NACIONAL DE JUSTIÇA. *Relatório de Serventias Extrajudiciais Cadastradas e Ativas*. Disponível em https://www.cnj.jus.br/corregedoria/justica_aberta/? Consulta realizada em 02/09/2021.

17 HILL, Flávia Pereira. *Lições do Isolamento: reflexões sobre Direito Processual em tempos de pandemia. Op. Cit.* pp. 78-112.

18 FARIA, Marcio Carvalho. "Primeiras impressões sobre o projeto de lei nº 6.204/2019: críticas e sugestões acerca da tentativa de se desjudicializar a execução civil brasileira (parte dois)". *Revista de Processo* | vol. 314/2021 | p. 371 - 391 | Abr / 2021.

19 Márcio Carvalho Faria entende que a parte poderia abrir mão do juízo de retratação a ser exercido pelo agente de execução e suscitar dúvida diretamente ao juízo competente, na forma do artigo 20, do PL 6.204/2019, não lhe sendo, portanto, imposto o regime de impugnação escalonado, *in verbis*: "Portanto, é possível afirmar que não há obrigação legal, por parte do executado, de formular prévio requerimento administrativo ou mesmo de esgotamento das instâncias extrajudiciais para ver controlada, em juízo, a pretensão do exequente." FARIA,

O Projeto de Lei não deixa claro se o "juízo competente" seria o da execução ou o dos registros públicos. A nosso ver, a primeira hipótese é a mais adequada, visto que os atos impugnados possuem pertinência direta com a execução em si.

Ademais a proposta legislativa estabelece instrumentos e procedimentos diversos conforme o ato impugnado. Com efeito, o artigo 19 dispõe que, caso a parte pretenda se insurgir especificamente contra os atos de *penhora ou avaliação* praticados pelo agente de execução, lhe caberá "impugnar por requerimento ao agente de execução", no prazo de 15 dias, a contar da ciência do ato.

Por outro lado, caso a parte almeje impugnar *qualquer outro ato* praticado pelo agente de execução, deverá fazê-lo através de "suscitação de dúvida perante o próprio agente", no prazo de cinco dias, conforme previsto no artigo 21. Neste caso, há previsão expressa da possibilidade de o agente de execução se retratar no prazo de cinco dias e, não o fazendo, remeter a dúvida ao "juízo competente", dando ciência à parte contrária para que possa respondê-la diretamente em juízo, no prazo de cinco dias.

Primeiramente, entendemos que seria mais adequado uniformizar o modo de impugnação, prevendo um único instrumento a ser manejado pelas partes sempre que pretendam se insurgir contra qualquer ato praticado pelo agente de execução, aplicando-se um único procedimento. A bifurcação em instrumentos diversos, com procedimentos e prazos díspares, por si só, se mostra burocrática e um complicador desnecessário e injustificável para o procedimento desjudicializado.

De se acrescentar que a ausência de previsão expressa de contraditório pela parte contrária na impugnação contra penhora e avaliação, na forma do artigo 19, consiste em ponto sensível, que merece maior amadurecimento, sob pena de cerceamento do acesso à justiça.

Outro ponto a ser examinado consiste no inadequado emprego, no artigo 21 do Projeto, do tradicional instituto da "dúvida registral ou registrária". Segundo a melhor técnica, a dúvida consiste em requerimento de *natureza administrativa*[20] – conforme entendimento chancelado pelo

Márcio Carvalho. "Primeiras impressões sobre o Projeto de Lei nº 6.204/2019: críticas e sugestões acerca da tentativa de se desjudicializar a execução civil brasileira (parte quatro)". *Revista de Processo*. vol. 316. ano 46. pp. 389-414. São Paulo: Ed. RT, junho 2021.

20 SARMENTO FILHO, Eduardo Sócrates Castanheira. *Cadernos IRIB. Volume 3. Dúvida Registrária*. São Paulo: IRIB. 2012. P. 7.

E. Superior Tribunal de Justiça[21] - suscitado *pelo delegatário da serventia extrajudicial* e voltado a zelar pela correta prática do ato extrajudicial que lhe compete, considerando-se o compromisso do delegatário com o exercício do serviço público que lhe foi delegado em estrita consonância com o ordenamento jurídico[22-23]. A rigor, quando o Projeto de Lei em comento aventa a possibilidade de que o usuário suscite dúvida, estaria aludindo ao que coloquialmente se intitulou "dúvida inversa", que, a rigor, não condiz com a melhor técnica registral e não possui lastro na Lei de Registros Públicos[24].

De se acrescentar que a insurgência da parte contra ato executivo praticado pelo delegatário de serventia extrajudicial na qualidade de agente de execução não consiste em mecanismo meramente administrativo, mas propriamente em impugnação com natureza jurisdicional contenciosa, que, portanto, suplanta os lindes da dúvida registral.

---

21 PROCESSUAL CIVIL. AGRAVO INTERNO NOS EMBARGOS DE DIVERGÊNCIA EM RECURSO ESPECIAL. RECURSO MANEJADO SOB A ÉGIDE DO NCPC. PROCEDIMENTO DE DÚVIDA REGISTRAL. NATUREZA ADMINISTRATIVA. IMPUGNAÇÃO POR TERCEIRO INTERESSADO. IRRELEVÂNCIA. CAUSA. AUSÊNCIA. NÃO CABIMENTO DE RECURSO ESPECIAL. DISSÍDIO. PARADIGMAS DA TERCEIRA E QUARTA TURMAS. INSURGÊNCIA CONTRA ACÓRDÃO DA PRÓPRIA SEGUNDA SEÇÃO. DISSENSO NÃO DEMONSTRADO. RECURSO MANIFESTAMENTE INCABÍVEL. INCIDÊNCIA DA SÚMULA Nº 168 DESTE STJ. AGRAVO INTERNO NÃO PROVIDO. (AgInt nos EREsp 1570655/GO, Rel. Ministro MOURA RIBEIRO, SEGUNDA SEÇÃO, julgado em 13/06/2018, DJe 18/06/2018).

22 "A dúvida é pedido de natureza administrativa, formulado pelo oficial, a requerimento do apresentante de título imobiliário, para que o juiz competente decida sobre legitimidade de exigência feita, como condição de registro pretendido. (...) Dúvida é do oficial. A jurisprudência hesitou, no passado, ora admitindo, ora recusando, a chamada dúvida inversa, declarada pela parte ao juiz, com afirmativa de exigência descabida do serventuário. Não se viabiliza, porém, na Lei n. 6.015, a dúvida inversa". CENEVIVA, Walter. *Lei dos Registros Públicos Comentada*. 15. Ed. São Paulo: Saraiva. 2002. P. 400. A respeito de normas de tribunais locais que eventualmente prevejam a dúvida inversa, o autor assevera firmemente que se trata de "imposição sem nenhum apoio legal". *Idem*, p. 400.

23 No mesmo sentido, asseverando que cumpre ao delegatário suscitar a dúvida ao juízo competente, SARMENTO FILHO, Eduardo Sócrates Castanheira. *Op. cit.* pp. 08-09.

24 "A legislação não prevê a figura criada na praxe forense denominada de dúvida inversa, que seria uma subversão do procedimento, na medida em que o interessado apresentaria sua irresignação diretamente ao juiz de registros públicos, ouvindo-se o oficial no curso do procedimento". SARMENTO FILHO, Eduardo Sócrates Castanheira. *Op. Cit.* p. 09.

Tais considerações corroboram a noção de que mais adequado seria prever um único instrumento processual cabível para que a parte se insurja contra todo e qualquer ato praticado pelo agente de execução, com prazo e procedimento uniformes, deixando-se de lado a atécnica alusão à dúvida registral para o tema em comento.

O artigo 21 do Projeto de Lei 6.204/2019 prevê, em seu §2º, que, caso o agente de execução não se retrate, remeterá a "dúvida" suscitada pela parte ao juízo competente, dando ciência à parte contrária para que possa se manifestar diretamente em juízo, no prazo de cinco dias. A seguir, competirá ao juiz decidir a questão, sem previsão de recurso cabível. Diante de experiências pregressas, é possível antever que a peremptória vedação à recorribilidade ensejará um volume expressivo de mandados de segurança impetrados contra essas decisões, o que resultará em medida mais drástica e contraproducente[25].

Não se pode deixar de aduzir que, em regra, as decisões judiciais que dirimem dúvidas registrais suscitadas pelos delegatários de serventias extrajudiciais, no caso do Estado do Rio de Janeiro, desafiam recurso administrativo da competência do Conselho da Magistratura, na forma do artigo 89, §2º da Lei de Organização Judiciária do Estado do Rio de Janeiro. Tal norma, inclusive, prevê o cabimento de duplo grau obrigatório de jurisdição, o que é objeto de críticas[26].

De todo modo, ainda que, no nosso entender, pudesse ser objeto de aprimoramento, o PL 6.204/2019, ao adotar o regime de impugnação escalonado, admite expressamente a ampla insurgência, por qualquer interessado, contra todos os atos praticados pelo agente de execução, a ser primeiramente dirigida ao próprio agente de execução e, caso mantido o ato impugnado, desdobrando-se em juízo, com o devido contraditório.

Sendo assim, o PL 6.204/2019, no que tange ao regime de impugnação, tema objeto do presente estudo, delineia a desjudicialização da execução civil em consonância com o contraditório e a inafastabilidade do controle jurisdicional[27], razão pela qual não há que se questionar a sua constitucionalidade nessa perspectiva.

---

25 FARIA, Marcio Carvalho. "Primeiras impressões sobre o projeto de lei 6.204/2019: críticas e sugestões acerca da tentativa de se desjudicializar a execução civil brasileira (parte cinco)". *Revista de Processo* | vol. 317/2021 | pp. 437 - 471 | Jul / 2021.

26 SARMENTO FILHO, Eduardo Sócrates Castanheira. *Op. Cit.* P. 14.

27 FARIA, Marcio Carvalho. "Primeiras impressões sobre o projeto de lei nº 6.204/2019: críticas e sugestões acerca da tentativa de se desjudicializar a execução civil brasileira (parte um)". *Op. Cit.*

3. Regime de impugnação direta previsto no Projeto de Lei submetido ao Conselho Nacional de Justiça

No intuito de contribuir com as reflexões a respeito da desjudicialização da execução civil em nosso país, um grupo de pesquisa formado por Professores de diferentes Universidades do país elaborou Projeto, que se encontra publicado na presente coletânea, tendo por escopo prever a desjudicialização da execução civil no bojo do Código de Processo Civil de 2015, de modo a promover todas as mudanças e adaptações que se façam necessárias para que o novo modelo de execução se incorpore, de forma orgânica e sistemática, no diploma processual em vigor, evitando, assim, possíveis controvérsias e inseguranças em sua aplicação.

O aludido Projeto foi submetido à Comissão para o Aprimoramento da Execução Civil instituída pelo Conselho Nacional de Justiça, estando em análise entre seus membros.

Em linhas gerais, o Projeto traz duas importantes linhas mestras que se distanciam do PL 6.204/2019 e que repercutem diretamente no tema central do presente trabalho.

Primeiramente, a proposta agasalha a figura do agente de execução, mas admite o seu exercício por todos os delegatários de serventias extrajudiciais, independentemente de cumularem ou não atribuição específica de protesto de títulos, pelas razões expostas no item precedente do presente trabalho.

De se consignar, ainda, que a proposta ora em exame considera *facultativo* o prévio protesto do título executivo, cabendo ao exequente aquilatar, em cada caso concreto, a maior ou menor aptidão de esse mecanismo pressionar o devedor a efetuar o pagamento voluntário da dívida. O PL 6.204/2019, ao contrário, prevê, em seu artigo 6º, a obrigatoriedade do prévio protesto do título executivo como condição *sine qua non* para a deflagração da execução perante o agente de execução[28]-[29].

---

28 INSTITUTO DOS ADVOGADOS DO BRASIL. *Parecer sobre o PL 6204/2019*. Disponível em: https://iabnacional.org.br/pareceres/pareceres-para-votacao/parecer-na-indicacao-078-2019-execucao-civil-extrajudicial-e-judicial-desjudicializacao-tabelioes-de-protesto-descongestionamento-da-maquina-estatal. Acesso em 06 de setembro de 2021.

29 FARIA, Márcio Carvalho. "Primeiras impressões sobre o Projeto de Lei 6.204/2019: críticas e sugestões acerca da tentativa de se desjudicializar a execução civil brasileira (parte três)". *Revista de Processo*. vol. 315. ano 46. pp. 395-417. São Paulo: Ed. RT, maio 2021.

Em segundo lugar, a proposta apresentada à Comissão do CNJ delineia de forma clara a separação entre a atividade cognitiva a ser desempenhada pelo juízo da execução e a atividade estritamente executiva a ser desempenhada pelo agente de execução. Essa definição clara entre os papeis de cada qual dos terceiros imparciais que atuarão no novo modelo de execução facilita a "divisão de tarefas" e, consequentemente, a coordenação e a cooperação entre eles[30] e tem impacto direto no regime de impugnação, que é objeto do presente estudo.

Isso porque, de acordo com a proposta apresentada ao CNJ, a execução seria sempre deflagrada em juízo, quer se trate da instauração da fase de cumprimento de sentença, quer se trate do ajuizamento de ação autônoma de execução.

Com isso, o requerimento do exequente (ou a petição inicial, no caso de ação autônoma) seria recebida pelo órgão judicial, a quem incumbiria examinar o preenchimento dos requisitos legais autorizadores do prosseguimento da execução, dentre os quais a existência de título executivo que contemple obrigação de pagar quantia líquida, certa e exigível, legitimidade das partes e interesse processual. Nesse modelo, seria mantido, portanto, o "despacho liminar" a cargo do magistrado.

Somente após recebida a petição inicial, iniciar-se-ia a participação do agente de execução - mediante livre distribuição, caso haja mais de um naquela localidade -, a quem incumbiria praticar os atos de comunicação e atos materialmente executivos, tais como busca de bens, penhora e avaliação.

De se consignar que o PL 6.204/2019 chega a sinalizar com solução semelhante, mas acaba por adotar regime dual, em que apenas o requerimento de instauração da fase de cumprimento de sentença seria dirigido ao juízo da execução (artigo 14, do PL 6.204/2019), sendo, por outro lado, instaurada a execução fundada em título executivo extrajudicial diretamente perante o agente de execução (artigo 8º do PL 6.204/2019), a quem incumbiria, neste último caso, verificar se o requerimento preenche os requisitos legais ou apresenta defeitos (artigo 9º, do PL 6.204/2019).

No projeto apresentado ao CNJ, examinado no presente item do trabalho, todos os incidentes cognitivos, tais como arguição de fraude

30 HILL, Flávia Pereira. "A desjudicialização e o necessário incremento da cooperação entre as esferas judicial e extrajudicial". ALVES, Lucelia de Sena. SOARES, Carlos Henrique. FARIA, Gustavo de Castro. BORGES, Fernanda Gomes e Souza (Coords). *Coletânea 4 anos de vigência do Código de Processo Civil de 2015*. Belo Horizonte: D'Plácido. 2020. pp. 173-204.

à execução, incidente de desconsideração da personalidade jurídica, impugnação ao cumprimento de sentença, bem como os embargos à execução, seriam diretamente submetidos ao juízo da execução para julgamento. Do mesmo modo, a extinção da execução seria decretada pelo magistrado. A atividade cognitiva seria, pois, mantida sob a competência do juiz de Direito.

Todos os atos materialmente executivos praticados pelo agente de seriam passíveis de impugnação diretamente ao juízo da execução no prazo de 15 dias úteis, garantindo-se à parte contrária igual prazo para manifestação, após o que seria julgada pelo magistrado.

Sendo assim, a proposta apresentada ao CNJ estabelece um instrumento único a ser manejado por qualquer das partes contra todo e qualquer ato praticado pelo agente de execução que, em tese, viole a sua esfera jurídica e lhe cause prejuízos, a ser encaminhado diretamente ao juízo da execução, estabelecendo, portanto, um regime direto de impugnação dos atos praticados pelo agente de execução, sem a dualidade de instrumentos nem o escalonamento na apreciação, previstos no PL 6.204/2015.

Dessa forma, a proposta procura, de um lado, simplificar o procedimento de impugnação e, ao menos neste momento histórico, manter sob a competência do juiz toda a atividade cognitiva.

De se salientar, ainda, que a iniciativa não reputa irrecorrível a decisão do magistrado que julga a impugnação. Ao revés, prevê expressamente o cabimento de agravo de instrumento para desafiar a decisão interlocutória proferida pelo juízo da execução que julga a impugnação contra ato praticado pelo agente de execução, inserindo-se, portanto, no espectro de incidência do parágrafo único do artigo 1015, do CPC/2015. Entendemos que, com tal medida, a execução extrajudicial se amoldará, com maior adequação e tecnicidade, ao regime recursal previsto na codificação em vigor.

4. Unificação de banco de dados para busca de bens e unificação do sistema eletrônico manejado pelo juiz e pelo agente de execução: pressupostos para ganhos reais de eficiência no novo modelo de execução.

Para que a execução desjudicializada possa oferecer ganhos reais em termos de efetividade e redução do tempo de duração da execução afigura-se de todo relevante que sejam envidados esforços para que se promova a unificação do banco de dados contendo os bens no patrimônio do devedor, tanto imóveis quanto móveis, inclusive ações e debêntures.

A criação de um banco de dados único e eletrônico, a ser acessado pelo agente de execução mediante *login* e senha pessoais e com mecanismos seguros de rastreio e registro, com vistas à sua auditabilidade futura, é de capital importância para que a execução extrajudicial, em uma República Federativa com dimensões continentais, possa se desenvolver com maior dinamicidade, aumentando as chances reais de localização do patrimônio do devedor[31], que é o pressuposto inafastável para que a execução seja exitosa.

Cumpre acrescentar que o fenômeno da desjudicialização que se desenvolveu no Brasil, especialmente a partir da edição da Lei nº 11.441/2007, que previu inventário, partilha, separação e divórcio extrajudiciais, e que, a partir de então, ensejou a edição de inúmeros atos normativos no mesmo sentido, via de regra autorizando que os delegatários de serventias extrajudiciais passem a assumir funções até então da competência exclusiva do Poder Judiciário, fez surgir em nosso ordenamento jurídico um novo modelo de processo sincrético.

Se até então, falava-se em processo sincrético, em nosso ordenamento jurídico, para designar aqueles processos que se desdobram em fases com cargas de atuação diversas, podendo ser presididas por órgãos jurisdicionais diversos – como é o caso, *ad exemplum tantum*, da fase de conhecimento e da fase de cumprimento de sentença (artigo 516, *caput* e parágrafo único, e artigo 781, CPC/2015) – a desjudicialização já trouxe para nós um processo sincrético com nova envergadura.

Com a desjudicialização, passamos a ter um processo que se desdobra em fases judiciais e extrajudiciais, ou seja, com a prática de atos ora a cargo do órgão jurisdicional, ora a cargo do delegatário de serventia extrajudicial. É o caso, por exemplo, do processo de habilitação de ca-

---

31 A respeito da importância de serem disponibilizados mecanismos eficientes para localização de bens no patrimônio do devedor, dentre os quais, de lege lata, a produção antecipada da prova, vide, nesta coletânea, o seguinte artigo. Hill, Flávia Pereira. "A produção antecipada da prova para a busca de bens no patrimônio do devedor: rumo a uma execução mais efetiva e racional". E, ainda, a respeito da importância de se instituir, de lege ferenda, no Brasil, a possibilidade de busca de bens no patrimônio do devedor pelo agente de execução, à semelhança do modelo português. HILL, Flávia Pereira. "O procedimento extrajudicial pré-executivo (Pepex): reflexões sobre o modelo português, em busca da efetividade da execução no Brasil". In MEDEIROS NETO, Elias Marques de. RIBEIRO, Flávia Pereira. *Reflexões sobre a Desjudicialização da Execução Civil*. Curitiba: Juruá. 2020. pp. 305-322.

samento, sempre deflagrado perante o delegatário de serventia extrajudicial e por ele conduzido, sendo remetido ao órgão judicial somente caso haja impugnação do Ministério Público ou de terceiros, na forma do artigo 1526, parágrafo único, do CC/2002. Caso contrário, não havendo impugnação e estando preenchidos todos os requisitos legais, o delegatário extrairá o certificado de habilitação, autorizando os noivos a se casarem, sem que tenha havido intervenção judicial (artigo 1531, CC/02).

De igual sorte, o artigo 746 do Código de Normas – Parte Extrajudicial da Corregedoria-Geral de Justiça do Estado do Rio de Janeiro, em complementação à Lei Federal nº 8.560/1992, prevê o processo extrajudicial de investigação oficiosa de paternidade, a ser deflagrado quando o registro de nascimento for lavrado constando apenas o nome da mãe na filiação. Nesse caso, caberá ao delegatário da serventia extrajudicial redigir o Termo de Alegação de Paternidade, a partir das informações prestadas pela mãe a respeito do suposto pai e formar um processo extrajudicial, instruído com outros documentos previstos na norma, após o que deverá notificar o suposto pai para que compareça à serventia extrajudicial, no prazo de trinta dias a contar da data de recebimento da cientificação. Caso a notificação seja negativa, não chegando, pois, ao conhecimento do destinatário ou, sendo positiva, o suposto pai deixe escoar *in albis* o prazo ou compareça à serventia extrajudicial com vistas a negar a paternidade, os autos serão remetidos ao juízo competente para que sejam desenvolvidas as fases (judiciais) subsequentes.

Estes são apenas dois exemplos emblemáticos de processos sincréticos em pleno vigor, compostos por fases extrajudiciais e judiciais que se alternam e se complementam reciprocamente, sem solução de continuidade nem tampouco qualquer prejuízo ao jurisdicionado.

Muito ao contrário. Há o aproveitamento recíproco dos atos praticados em ambas as searas, em um ilustrativo sinal de que as esferas judicial e extrajudicial podem – e devem, cada vez mais – agir colaborativamente, cientes de que exercem papeis complementares, compondo, cada qual no seu âmbito de atuação, o sistema de justiça, e podendo, pois, cooperar para que ele seja a cada dia mais efetivo, em uma salutar e produtiva "divisão de tarefas"[32].

Para tanto, claro está que a criação de um sistema eletrônico dos tribunais que seja acessível aos delegatários de serventias extrajudiciais,

32 HILL, Flávia Pereira. "A desjudicialização e o necessário incremento da cooperação entre as esferas judicial e extrajudicial". *Op. Cit.*

especialmente ao exercerem as funções de agentes de execução, será de fundamental importância para que esse processo sincrético se desenvolva de forma dinâmica, desburocratizada e orgânica, bastando ao advogado das partes acessar um único sistema para peticionar nos autos eletrônicos (unificados) e instar a autoridade competente, seja o juízo da execução, seja o agente de execução, a praticar o ato de sua competência.

Tudo isso no mesmo ambiente informatizado, de forma cada vez mais sinérgica e natural, propiciando que todos os atores desse processo sincrético tenham conhecimento de todos os atos praticados e possam, assim, cooperar eficazmente para que logremos alcançar resultados potencialmente mais exitosos na execução do que dispomos na atualidade[33].

Sendo assim, há exemplos concretos de que o compartilhamento e a coordenação de funções entre as esferas judicial e extrajudicial não é uma novidade em nosso ordenamento jurídico, que estaria sendo trazida com a proposta de desjudicialização da execução. Ao revés, trata-se de uma realidade atual, que a integração em um mesmo sistema eletrônico tornará ainda mais dinâmica e eficiente.

5. Conclusão

Os indicadores da execução civil em nosso país são desoladores; espelham o correlato descontentamento do jurisdicionado especialmente com essa faceta da prestação jurisdicional e clamam, portanto, por mudanças que nos propiciem brindar a sociedade com números mais promissores.

No entanto, os fins não justificam os meios. É preciso que estejamos atentos a *como* pretendemos reverter os indicadores negativos, pois esta não consiste em questão marginal.

Dessa feita, qualquer proposta de redução da taxa de congestionamento da execução deve ostentar, ao menos, duas potencialidades, para que seja digna de análise: (i) propor mecanismos que agasalhem as garantias fundamentais do processo, dentre as quais o contraditório; e (ii) oferecer indicativos de que possuem o potencial de concretamente incrementar a efetividade da execução, não cingindo a quimeras.

---

33 Fredie Didier Junior destaca que o dever geral de cooperação "serve como fundamento normativo para a construção de técnicas adequadas à concretização de um processo efetivo, com duração razoável e que produza resultados justos. (...) É também, e sobretudo, concretização do princípio da eficiência (art. 8º, CPC)". DIDIER JUNIOR, Fredie. *Cooperação judiciária nacional: esboço de uma teoria para o Direito brasileiro (arts. 67-69, CPC)*. Salvador: Jus Podivm. 2020. pp. 62-63.

Entendemos que a desjudicialização da execução atende a esses dois requisitos.

Primeiramente, porque, conforme analisamos ao longo do presente trabalho, seja no regime de impugnação escalonado proposto pelo PL 6.204/2019, seja no regime de impugnação direta, incorporado ao CPC/2015, conforme proposto pelo Projeto de Lei apresentado ao CNJ, todos os interessados serão devidamente cientificados da instauração da execução, o agente de execução será um terceiro imparcial e independente, todos os atos por ele praticados serão passíveis de ser impugnados pelo interessado e serão, escalonada ou diretamente, remetidos ao órgão judicial para apreciação. Dessa feita, não há que se falar em vulneração do contraditório ou da inafastabilidade do controle jurisdicional.

Em segundo lugar, a experiência pregressa com outras dezenas de procedimentos desjudicializados para os delegatários de serventias extrajudiciais revela que o processo sincrético, no Brasil, já alcançou uma nova e relevante dimensão. Não se cinge a alternar fases presididas por órgãos judiciais diversos, como outrora, mas alterna fases nas esferas judicial e extrajudicial, de forma exitosa. Tanto assim que o movimento de desjudicialização tem se desenvolvido nos últimos quinze anos de forma gradual, porém consistente.

Se aliarmos a isso a unificação do banco de dados eletrônico para localização do patrimônio do devedor pelo agente de execução e o desenvolvimento do processo executivo sincrético através de um mesmo sistema eletrônico acessível a todos os atores – advogados, juiz e agente de execução – temos, sim, indicativos reais de que a divisão de tarefas será profícua e eficiente, cabendo a cada agente exercer, com empenho, o papel que lhe compete nesse novo modelo executivo.

Cooperação e informatização são, portanto, palavras de ordem para que a desjudicialização da execução civil, em nosso país, atenda aos nossos elevados ideais de eficiência e garantismo.

Referências bibliográficas

CONSELHO NACIONAL DE JUSTIÇA. *Relatório Justiça em Números 2020*. Disponível em: https://www.cnj.jus.br/wp-content/uploads/2020/08/WEB-V3-Justi%C3%A7a-em-N%C3%BAmeros-2020-atualizado-em-25-08-2020.pdf Consulta realizada em 21/07/2021.

CENEVIVA, Walter. *Lei dos Registros Públicos Comentada*. 15. Ed. São Paulo: Saraiva. 2002.

CONSELHO NACIONAL DE JUSTIÇA. *Relatório de Serventias Extrajudiciais Cadastradas e Ativas*. Disponível em https://www.cnj.jus.br/corregedoria/justica_aberta/? Consulta realizada em 02/09/2021.

DIDIER JUNIOR, Fredie. *Cooperação judiciária nacional: esboço de uma teoria para o Direito brasileiro (arts. 67-69, CPC)*. Salvador: Jus Podivm. 2020.

FARIA, Marcio Carvalho. "Primeiras impressões sobre o projeto de lei 6.204/2019: críticas e sugestões acerca da tentativa de se desjudicializar a execução civil brasileira (parte um)". *Revista de Processo*. Vol. 313/2021 | pp. 393 - 414 | Mar / 2021.

FARIA, Marcio Carvalho. "Primeiras impressões sobre o projeto de lei 6.204/2019: críticas e sugestões acerca da tentativa de se desjudicializar a execução civil brasileira (parte dois)". *Revista de Processo* | vol. 314/2021 | pp. 371 - 391 | Abr / 2021.

FARIA, Márcio Carvalho. Primeiras impressões sobre o Projeto de Lei 6.204/2019: críticas e sugestões acerca da tentativa de se desjudicializar a execução civil brasileira (parte três). *Revista de Processo*. vol. 315. ano 46. pp. 395-417. São Paulo: Ed. RT, maio 2021.

FARIA, Márcio Carvalho. "Primeiras impressões sobre o Projeto de Lei 6.204/2019: críticas e sugestões acerca da tentativa de se desjudicializar a execução civil brasileira (parte quatro)". *Revista de Processo*. vol. 316. ano 46. pp. 389-414. São Paulo: Ed. RT, junho 2021.

FARIA, Marcio Carvalho. "Primeiras impressões sobre o projeto de lei 6.204/2019: críticas e sugestões acerca da tentativa de se desjudicializar a execução civil brasileira (parte cinco)". *Revista de Processo* | vol. 317/2021 | pp. 437 - 471 | Jul / 2021.

GRECO, Leonardo. *Instituições de Processo Civil. Vol. 1*. Rio de Janeiro: GEN Forense. 2015.

GRECO, Leonardo. "As garantias fundamentais do processo na execução fiscal". In LOPES, João Batista. CUNHA, Leonardo José Carneiro da (coords). *Execução Civil (aspectos polêmicos)*. São Paulo: Dialética. 2005.

HILL, Flávia Pereira. *Lições do Isolamento: reflexões sobre Direito Processual em tempos de pandemia*. Rio de Janeiro: Edição do autor. 2020. Disponível em: https://www.academia.edu/44334920/LIVRO_LI%C3%87%C3%95ES_DO_ISOLAMENTO_FL%C3%81VIA_HILL

HILL, Flávia Pereira. "A desjudicialização e o necessário incremento da cooperação entre as esferas judicial e extrajudicial". ALVES, Lucelia de Sena. SOARES, Carlos Henrique. FARIA, Gustavo de Castro. BORGES, Fernanda Gomes e Souza (Coords). *Coletânea 4 anos de vigência do Código de Processo Civil de 2015.* Belo Horizonte: D´Plácido. 2020. pp. 173-204.

HILL, Flávia Pereira. "Desjudicialização e acesso à justiça além dos tribunais: pela concepção de um devido processo legal extrajudicial". *Revista Eletrônica de Direito Processual.* Rio de Janeiro. Ano 15. Volume 22. Número 1. Janeiro a Abril de 2021. pp. 379-408.

HILL, Flávia Pereira. "O procedimento extrajudicial pré-executivo (Pepex): reflexões sobre o modelo português, em busca da efetividade da execução no Brasil". In MEDEIROS NETO, Elias Marques de. RIBEIRO, Flávia Pereira. *Reflexões sobre a Desjudicialização da Execução Civil.* Curitiba: Juruá. 2020. pp. 305-322.

INSTITUTO DOS ADVOGADOS DO BRASIL. *Parecer sobre o PL 6204/2019.* Disponível em: https://iabnacional.org.br/pareceres/pareceres-para-votacao/parecer-na-indicacao-078-2019-execucao-civil-extrajudicial-e-judicial-desjudicializacao-tabelioes-de-protesto-descongestionamento-da-maquina-estatal

LOUREIRO, Luiz Guilherme. *Registros Públicos: Teoria e Prática.* 11. Ed. Salvador: Jus Podivm. 2021.

MANCUSO, Rodolfo de Camargo. *A resolução dos conflitos e a função judicial no contemporâneo Estado de Direito.* 2. ed. São Paulo: Revista dos Tribunais. 2014.

MEIRA LOURENÇO, Paula. Penhora e outros procedimentos de apreensão de valores mobiliários: implicações do novo regime da acção executiva, in *Direito dos Valores Mobiliários – Instituto dos Valores Mobiliários,* volume VI, Coimbra Editora. Coimbra, 2006.

MENDES, Armindo Ribeiro. Forças e Fraquezas do Modelo Português de Acção Executiva no Limiar do Século XXI- Que Modelo Para o Futuro? p.01-22. Disponível em: https://www.stj.pt/wp-content/uploads/2010/05/coloquiprocessocivil_ribeiromendes.pdf. Acesso em: 28/05/2020. P.7.

MONTEMOR, Luis Gustavo. "A Usucapião Extrajudicial e o Provimento 65/2017 do Conselho Nacional de Justiça". Revista de Direito Imobiliário. vol. 84/2018. p. 201 - 240. Jan - Jun / 2018.

PINHO, Humberto Dalla Bernardina de. "A releitura do princípio do acesso à justiça e o necessário redimensionamento da intervenção judicial na resolução dos conflitos na contemporaneidade". *Revista Jurídica Luso-brasileira*. Ano 5. Número 3. 209. pp. 791- 830.

PINHO, Humberto Dalla Bernardina de. PORTO, José Roberto Mello. "A desjudicialização enquanto ferramenta de acesso à justiça no CPC/2015: a nova figura da usucapião por escritura pública". *Revista Eletrônica de Direito Processual*. Volume 17, número 2. Julho-Dezembro 2016. pp. 320-353.

PINHO, Humberto Dalla Bernardina de. Manual de Direito Processual Civil Contemporâneo, 3ª edição, São Paulo: Saraivajur, 2021.

SARMENTO FILHO, Eduardo Sócrates Castanheira. *Cadernos IRIB. Volume 3. Dúvida Registrária.* São Paulo: IRIB. 2012.

SUPERIOR TRIBUNAL DE JUSTIÇA. AgInt nos EREsp 1570655/GO, Rel. Ministro MOURA RIBEIRO, SEGUNDA SEÇÃO, julgado em 13/06/2018, DJe 18/06/2018.

TEIXEIRA DE SOUSA, Miguel. *A Reforma da Acção Executiva.* Lex, Lisboa, 2004.

TRIBUNAL DE JUSTIÇA DO ESTADO DO RIO DE JANEIRO. *Código de Normas – Parte Extrajudicial.* Disponível em: http://cgj.tjrj.jus.br/documents/1017893/0/codigo-extrajudicial-atualizado-em-29-12-2020-003.pdf/471adae2-1b04-4906-15b2-5a554ad9a36c?t=1610041514124 Consulta realizada em 10/08/2021.

PACTO MARCIANO: A AUTOTUTELA SATISFATIVA COMO IMPORTANTE INSTRUMENTO NA POLÍTICA UNIVERSAL DE SUPERAÇÃO DA CRISE VIVENCIADA PELA EXECUÇÃO CIVIL

Humberto Theodoro Júnior

"Não afronta o art. 1.428 do Código Civil, em relações paritárias, o pacto marciano, cláusula contratual que autoriza que o credor se torne proprietário da coisa objeto da garantia, mediante aferição de seu justo valor e restituição do supérfluo (valor do bem em garantia, que excede o da dívida)" *(Enunciado nº 626- VIII Jornadas de Direito Civil- CEJ/2018).*

SUMÁRIO: 1. Introdução à crise da execução fiscal no país. **2.** Mecanismos extrajudiciais conhecidos de satisfação dos direitos obrigacionais. **3.** Noção de autotutela executiva. **4.** O aumento do prestígio da autotutela executiva na atualidade. **5.** Formas de convencionar a autotutela. **6.** Autotutela executiva no direito positivo brasileiro. **7.** Dado histórico relevante. **8.** Negócio jurídico processual e autotutela executiva. **9.** Conclusões.

Advertência

O presente estudo pretende ser uma colaboração doutrinária do esforço notório de nosso tempo em prol de imprimir mais **efetividade** e **eficiência** à realização das diversas formas de **garantia real** nas operações do mercado de crédito, tendo em vista a pouca funcionalidade e alta onerosidade da execução judicial.

A evolução jurisprudencial é sabidamente lenta, condicionada que é por uma tradicional inércia conservadorista lastreada no normativismo estático que coloca a segurança jurídica atrelada sobretudo ao direito positivado na lei e na sua interpretação originária, sem maior preocupação com o dinamismo da vida comunitária dos tempo atuais, seja no aspecto social, como no político, econômico e tecnológico.

Daí a relevância que se pode reconhecer ao papel da doutrina, no descobrir e recomendar caminhos jurídicos inovadores que, sem necessidade de remodelação do direito positivo e sem risco para as tradições da legalidade e da segurança jurídica, possam ser explorados na formatação dos negócios jurídicos dentro do programa de maior dinamismo e eficiência das técnicas de tutela e realização dos capitais aplicados no financiamento e no fomento das atividades empresariais e econômicas.

Tem sido observado, com propriedade, que "um dos papéis da pesquisa e da própria doutrina é fornecer modelos hermenêuticos, também chamados de 'modelos dogmáticos' ou 'doutrinários', os quais são essenciais no processo constitutivo"[1]:

> "Embora as normas sejam o elemento nuclear do ordenamento – pois estabelecem prescrições de organização e conduta a partir das quais são formados os direitos e deveres nas relações horizontais típicas do Direito Privado –, é sempre necessário determinar o conteúdo de tais direitos e deveres que serão exigidos reciprocamente pelos particulares.
> Essa determinação é 'tarefa primordial' da Dogmática Jurídica [como explica Miguel Reale[2]], isto é, da pesquisa jurídica e da **doutrina.** Cabe-lhe, com efeito, formular proposições interpretativas ou 'modelos hermenêuticos' sugerindo um determinado conteúdo e significado para as normas jurídicas, esclarecendo-as e, muitas vezes, preenchendo lacunas dos sistemas normativos".[3]

Ainda que não seja pacífico o reconhecimento da doutrina como fonte direta e imediata do Direito, há hoje uma crescente tendência a atribuir-lhe a natureza de fonte subsidiária ou complementar, ao lado dos costumes e princípios gerais, dentro do ordenamento jurídico. O núcleo desse sistema normativo, segundo as tradições do *civil law*, é ocupado pela lei (o *jus scriptum*), a qual, porém, tem de ser interpretada e complementada pelas fontes secundárias da jurisprudência e da doutrina (o *jus non scriptum*)[4].

Se bem que mais restrita a área a seu cargo, a doutrina inegavelmente é dotada de larga "eficácia persuasiva e, como tal, é elemento constitutivo da experiência jurídica"[5].

---

1 BRANDO, Gerson Luiz Carlos; OLIVEIRA, Gilvar Paim de; OLIVEIRA, Lucas Terres de. A utilização do *dispute board* na recuperação judicial. *Revista dos Tribunais*, vol. 1.030, p. 174, São Paulo: ago/2021.

2 REALE, Miguel. *Estudos de filosofia e ciência do direito.* São Paulo: Saraiva, 1978, p. 16.

3 BRANCO, *et al. Op. cit., loc. cit.*

4 CALZOLAIO, Ermanno. Riforma del processo di cassazione e precedente giudiziale: riflessioni nella prospettiva della comparazione "civil law-common law". *Rivista trimestrale di diritto e procedura civile*, 2009, nº 3, p. 1012.

5 BRANCO, *et al. Op. cit., loc. cit;* cf. também REALE, Miguel. *Fontes e modelos de direito: para um novo paradigma hermenêutico.* São Paulo: Saraiva, 1994, pp. 105-122.

É sob influência desse clima atual de valorização da contribuição doutrinária para o desenvolvimento do *jus non scriptum*, que nos aventuramos a retomar a iniciativa de valorizar a **autotutela satisfativa** na esperança de contornar, pelo menos em parte, a crise atual da execução civil. Trata-se de expediente de inegável eficiência e praticidade, que vem sendo acolhido pelo legislador, inclusive no Brasil, num número sempre crescente de negócios jurídicos especiais e que, por singelo esforço doutrinário, pode perfeitamente ser generalizado, à luz dos atuais rumos da política pública de desburocratização e desjudicialização da atividade executiva. Atividade esse que vem sendo, sabidamente, mal desempenhada pela justiça estatal e, por isso mesmo, tem sido objeto de várias medidas de superação, quase sempre por meio de instrumentos extrajudiciários manejáveis sob a força da autonomia negocial privada, na esfera tanto do direito material como processual.

1. Introdução à crise da execução civil no país

Segundo o levantamento do Conselho Nacional de Justiça – CNJ, divulgado na publicação *Justiça em números* de 2019, o "Poder Judiciário contava com um acervo de 79 milhões de processos pendentes de baixa no final do ano de 2018, sendo que mais da metade desses processos (54,2%) se referia à fase de execução"[6]. Na última edição do *Justiça em números*, de 2020, não obstante o número total de processos pendentes no Judiciário ter sofrido redução para 77 milhões, se indica aumento do número de execuções pendentes (55,8%)[7].

Diante desse quadro, que evidencia não só o enorme volume das execuções em relação ao total de processos em curso na Justiça (mais de 50% dos processos pendentes), mas também a impressionante taxa de congestionamento na execução judicial, é preciso, urgentemente, repensar e rediscutir a tutela executiva na Justiça brasileira[8], como um

6 *Justiça em números*. Brasília: CNJ, 2019, p. 126. Disponível em: [www.cnj.jus.br/wp-content/uploads/conteudo/arquivo/2019/08/justica_em_numeros20190919.pdf]. Acesso em: 29.09.2020.

7 *Justiça em números*. Brasília: CNJ, 2020, p. 150. Disponível em: [www.cnj.jus.br/wp-content/uploads/2020/08/WEB-V3-Justi%C3%A7a-em-N%C3%BAmeros-2020-atualizado-em-25-08-2020.pdf]. Acesso em: 29.09.2020.

8 COSTANTINO, Giorgio. Degiurisdizionalizzazione della espropriazione immobiliare. *Rivista Trimestrale di Diritto e Procedura Civile*, Milano, anno XLVII, nº 4, p. 1053, 1993, leciona que a tutela executiva é um dos pontos centrais da legislação processual na realização de direitos, inclusive em razão das reconhecidas dificul-

dos principais pontos para melhorar a eficiência da atuação da jurisdição estatal na busca de maior adequação às normas fundamentais do CPC/2015, como a implementação da tutela efetiva dos direitos em tempo razoável, permeada pela busca de eficiência na atuação jurisdicional (arts. 4º e 8º do CPC/2015), o que significa melhorar a gestão e a adequação da distribuição dos recursos alocados no Judiciário como um todo, no novo contexto da visão da justiça como serviço público[9].

Daí a importância dos debates em curso no direito brasileiro a fim de buscar caminhos mais adequados para a atuação da tutela executiva, permeados pela chamada "desjudicialização" da execução civil e pelas alterações no modelo da execução fiscal, para permitir sua efetivação na via administrativa; debates que, agora, adentram o legislativo federal, com a apresentação de dois projetos de lei em 2019, ora em tramitação no Senado, quais sejam o PL 4.257/2019[10], envolvendo a execução fiscal, e o PL 6.204/2019[11], tratando da execução civil.

2. Mecanismos extrajudiciais conhecidos de satisfação dos direitos obrigacionais descumpridos

2.1. Execução extrajudicial por agentes executivos

O movimento maior, já transformado em realidade no continente europeu, consiste na instituição de organismos públicos ou privados

dades jurídicas e econômicas que apresenta: "L'esecuzione forzata è tra le parti più rilevanti della legislazione perché presenta difficoltà gravi sia d'ordine privato e pubblico, sia d'ordine economico."

9 LUPOI, Michele Angelo. *Tra flessibilità e semplificazione* – Un embrione di case management all'italiana? Bologna: Bononia University Press, 2018, p. 59: "Nell'ambito di una nuova visione della giurisdizione, intesa come 'servizio pubblico' per l'attuazione dei diritti soggettivi dei privati, si ritiene che non si possa continuare a pensare alla singola causa come paradigma di riferimento del modello del giusto processo, senza considerare il panorama complessivo di riferimento: ovvero la molteplicità delle cause civili contemporaneamente pendenti in corti più o meno sovraccariche e prive di mezzi e personale". Cf., no mesmo sentido, no direito brasileiro THEODORO JÚNIOR, Humberto; ANDRADE, Érico. Impactos da Constituição Federal na evolução do processo civil. *In*: MORAES, Guilherme Peña de (Org.). *30 Anos da Constituição Federal e o direito brasileiro*. Rio de Janeiro: Forense-Gen, 2018, pp. 336/337.

10 Disponível em: [https://legis.senado.leg.br/sdleg-getter/documento?dm=7984784&ts=1594035701857&disposition=inline]. Acesso em: 29.09.2020.

11 Disponível em: [https://legis.senado.leg.br/sdleg-getter/documento?dm=8049470&ts=1594037651957&disposition=inline]. Acesso em: 29.09.2020.

para encarregar-se, fora do processo judicial, da execução forçada, principalmente em relação às obrigações de quantia certa. Com isso procedeu-se à chamada *desjudicialização da execução civil,* com a qual os atos executivos são atribuídos a *agentes de execução autônomos,* os quais os praticam como delegatários da função estatal executiva, cujo caráter predominante é, de fato, mais administrativo do que jurisdicional. É claro que a satisfação do direito integra a tutela jurisdicional assegurada ao titular de todo direito ameaçado ou lesado, o que, entretanto, não exclui a possibilidade de que outros organismos extrajudiciais credenciados legalmente também possam desempenhar atos da espécie, desde que sujeitos ao controle do Judiciário, sempre que alguma ilegalidade ou desvio de função seja cometida pelo delegatário.

2.2. Execução extrajudicial pelo próprio credor (autotutela)

Dentro, ainda, dessa mesma tendência de perseguir maior eficiência na atuação do sistema judicial, com melhor adequação e distribuição dos recursos judiciários, surge a discussão em torno de mecanismos adequados para atuação dos direitos, em sede de autotutela dos direitos, mais especificamente da chamada "autotutela executiva", para permitir a atuação direta de direitos pelas próprias partes na relação obrigacional, sem a intervenção de terceiros (dentro ou fora do sistema judicial), geralmente, mediante uso da autonomia negocial para engendrar contratualmente mecanismos voltados à realização direta dos direitos[12], em linha com as mais recentes tendências do direito europeu[13].

---

12 A autotutela executiva envolve, segundo BIANCA, Cesare Massimo di. Voce Autotutela (dir. priv.) *In*: *Enciclopedia del Diritto*. Milano: Giuffrè, 2000, vol. IV (agg.), a aplicação extrajudicial de remédios executivos diretamente pelo próprio credor em prol da realização do seu crédito: "Rimedi esecutori sono quelli che attuano il contenuto del diritto nel suo originario contenuto. Autotutela esecutoria è l'applicazione stragiudiziale di tali rimedi. [...] Esatto è il rilievo che la mera soddisfazione dell'interesse creditorio non costituisce di per sé adempimento dell'obbligazione. Occorre piuttosto che vi sia un fatto riferibile alla sfera giuridica del debitore, nel senso che il creditore abbia conseguito il soddisfacimento del suo interesse mediante la prestazione eseguita dal debitore o per suo conto o mediante l'esercizio di poteri nei suoi confronti. Ora, nei tipici casi di autotutela esecutoria il creditore consegue il soddisfacimento del suo interesse esercitando un potere nei confronti del debitore inadempiente, e realizzando quindi il contenuto del rapporto obbligatorio, che a tutti gli effetti sarà da considerare adempiuto."

13 GABRIELLI, Enrico. Nuovi modelli di garanzie patrimoniali – una garanzia reale senza possesso. In: *Giurisprudenza Italiana*, Torino, nº 7, pp. 1715 e ss., 2017: "Una

3. Noção de autotutela executiva

3.1. Superação do monopólio estatal da justiça

A autotutela integra o movimento atual da desjudicialização da execução *lato sensu,* mas, em sentido estrito, é algo que com esta não se confunde, visto que se processa sem a intervenção do Poder Judiciário ou de qualquer outro terceiro que seja seu delegatário.

BIANCA identifica a ocorrência da autotutela executiva quando se dá ao próprio credor, em determinadas circunstâncias, o poder de aplicar extrajudicialmente os *remédios executivos* em prol da realização do seu crédito: "Remédios executivos são aqueles que atuam o conteúdo do direito no seu originário conteúdo", como a penhora, a alienação do bem penhorado e a satisfação do crédito exequendo. Assim, não há autotutela quando o credor recebe por ato voluntário do devedor o pagamento do que lhe é devido, mas quando a satisfação do seu interesse se realiza, independentemente de pagamento voluntário por ato do devedor e através do exercício de um *poder* do credor exercitado perante o inadimplente, cuja prática resulta na realização do conteúdo da relação obrigacional, que, para todos os efeitos será havido como adimplido[14].

O que revela a conjuntura atual é o reconhecimento definitivo de que o princípio do monopólio estatal da jurisdição se acha ostensivamente superado, como anota PICARDI: "a jurisdição não é mais função exclusiva do Estado; os órgãos a que são confiadas as funções jurisdicionais não são sempre órgãos do Estado"[15]. Ao contrário – ressalta PUNZI – revela-se "plenamente justificada a profunda revisão operada pela doutrina contemporânea sobre o axioma da jurisdição como atribuição

garanzia così connotata, se accompagnata dalla valorizzazione del potere di autotutela esecutiva del creditore nelle modalità e tecniche di escussione del vincolo sul bene, e quindi nelle attività di recupero in via forzosa del credito, risulta più efficiente e virtuosa, sul piano della soddisfazione dell'interesse del creditore garantito, e come tale più coerente con le attuali linee di sviluppo del diritto comune europeo delle garanzie mobiliari e finanziarie (cfr. ad esempio il D. Lgs. 21 maggio 2004, nº 17, e successive modificazioni, di attuazione della Dir. 2002/47/CE sui contratti di garanzia finanziaria)."

14 BIANCA, Cesare Massimo di. Verbete Autotutela (dir. priv.), *in* Enciclopedia del Diritto. Milano: Giuffrè, vol. IV (agg.).

15 PICARDI, Nicola. *La giurisdizione all'alba del terzo millenio.* Milano: Giuffrè, 2007, p. 181.

exclusiva da soberania e pela conclusão de que o monopólio estatal da jurisdição se acha ostensivamente em processo de desarticulação"[16].

Por outro lado, a quebra do monopólio estatal da jurisdição, que se tornou imperiosa para o combate das crises jurídicas de nosso tempo, levou ao rico mosaico atual de meios preparados para o exercício da tutela dos direitos, em que se combinam meios extrajudiciais com a própria atuação jurisdicional do Poder Público; sem que disso resultasse a supressão da garantia do acesso à tutela jurisdicional assegurada constitucionalmente, pois continua sempre presente, quando haja necessidade de coibir eventuais inadequações e abusos cometidos na utilização dos remédios de atuação dos direitos fora da jurisdição estatal. Mantem-se, de tal sorte, resguardado o princípio constitucional do acesso à justiça (CF, art. 5º, XXXV).

3.2. Poderes de autotutela: conferidos por lei ou por convenção negocial

Nesse cenário, as notórias necessidades, no âmbito do mercado, de maior presteza na realização forçada dos créditos inadimplidos, têm levado à criação de mecanismos extrajudiciais capazes de dotar o credor de poderes mais eficientes do que aqueles exercitados através da tutela executiva estatal. Esses poderes vêm sendo paulatinamente outorgados pela lei, a determinados credores, como se passa, historicamente, com o penhor, com a caução de títulos de crédito, e com a alienação fiduciária em garantia, primeiro das coisas móveis, e, atualmente, também dos bens imóveis. A própria execução hipotecária, já há muito tempo foi confiada ao próprio financiador da aquisição da casa própria, dentro do Sistema Financeiro da Habitação (SFH).

O movimento do direito rumo àquilo que a doutrina contemporânea denominou de *autotutela executiva*, vai, no entanto, muito além das figuras de satisfação obrigacional fora do processo judicial que o legislador casuisticamente tem disciplinado. O tema passou, faz tempo, a ser abordado, de maneira larga, entre os relacionados com a liberdade contratual, ou mais precisamente, com a autonomia privada exercitada por meio dos negócios jurídicos, a qual tem sido acatada também pelo direito processual contemporâneo (cf., *v.g.*, o art. 190 do CPC/2015).

---

16 PUNZI, Carmine. Dalla crisi del monopolio statale della giurisdizione al superamento dell'alternativa contrattualità-giurisdizionalità dell'arbitrato. *In Rivista di Diritto Processuale.* Padova: CEDAM, anno LXIX, 2014, nº 1, p. 19.

A amplitude com que nosso atual Direito Processual Civil acolhe a autonomia privada no campo da composição dos conflitos – especialmente no que toca à adequação dos procedimentos legais às peculiaridades das relações jurídicas materiais e à negocialidade dos direitos, deveres e ônus processuais – tem permitido ao doutrinador e ao legislador, em nosso País e na Europa, a conceber remédios de origem consensual aplicáveis não só ao processo de conhecimento, mas também à execução forçada. Ou seja, a exemplo do que se verifica na Comunidade Europeia, já se reconhece entre nós que é chegado o tempo de usar o negócio jurídico processual (CPC, art. 190) para melhorar, quanto possível, os resultados da execução das obrigações patrimoniais inadimplidas.

A ideia vitoriosa é a de que as próprias partes, em sua vida negocial, podem prever e autorizar, em muitos casos, medidas satisfativas utilizáveis sem a interferência do aparelhamento judiciário e que se revelem aptas a enfrentar o inadimplemento e a proporcionar, por obra do próprio credor, a satisfação da obrigação de natureza econômica, legitimada por convenção ajustada nos limites da autonomia privada.

Até recentemente, a doutrina só cogitava da autotutela executiva para lembrar seus aspectos ilícitos que levavam à incriminação da justiça pelas próprias mãos do titular do direito violado ameaçado. Com a moderna e ampla admissão do negócio jurídico processual, não há mais razão para fechar os olhos à óbvia utilidade da convenção autorizadora de medidas autosatisfativas por meio de cláusulas livre e legitimamente ajustadas entre devedor e credor, mormente quando se trate de executar garantias e cauções ou prestações patrimoniais realizáveis independentemente da cooperação pessoal do obrigado.

É bom ver que, nesses moldes, a autotutela satisfativa não implica negação da tutela jurisdicional estatal – mesmo porque a parte eventualmente prejudicada por abuso ou excesso da contraparte não restará impedida de acesso à Justiça – mas, no dizer de abalizada doutrina, de categórica "*reafirmação da autonomia privada*", respaldada pela "fórmula hoje já aceita da *justiça multiportas*"[17].

---

17 YARSHELL, Flávio Luiz; RODRIGUES, Viviane Siqueira. Desjudicialização da execução civil: uma solução útil e factível entre nós? *In*: MEDEIROS NETO, Elias Marques; RIBEIRO, Flávia Pereira (coords.). *Reflexões sobre a desjudicialização da execução civil*. Curitiba: Juruá Editora, 2020, pp. 368-369: "Tal ideia encontra respaldo, tanto mais agora, no disposto no art. 190 do CPC que, ao abrir caminho para os negócios jurídicos processuais atípicos, pode ser fundamento para que se eleja um agente privado para a efetivação de atividades de execução, sob controle jurisdicional".

Enfim, admitir a tutela dos direitos fora da justiça estatal significa apenas "conferir um poder, útil à comunidade e ao sistema jurídico, sem eliminar os meios de reparar os eventuais abusos", na lição de LEPORE, que ainda acrescenta: por essa razão, o sistema estatal de tutela jurisdicional continuará "sempre presente, com um papel fundamental, de garantia"[18]. Além do mais, deve-se levar em conta que muitos são os passos dados pelo próprio sistema normativo atual nessa direção, "o qual tem introduzido múltiplas modalidades de autotutela satisfativa", podendo-se afirmar que "a abertura às formas de autotutela convencional executiva, na Itália e na Europa, é evidente"[19].

Em conclusão: no direito positivo são inúmeros os casos em que o credor é autorizado a realizar extrajudicialmente a garantia contratada, quando se verifica o inadimplemento da obrigação. A par disso, embora haja alguma resistência da jurisprudência, o certo é que "o art. 190 do CPC, ao criar uma cláusula geral de negociação processual atípica, pode servir como fundamento para a construção de uma execução extrajudicial convencional. O tema, por isso, ganha novo impulso"[20].

18 LEPORE, Andrea. *Autotutela e autonomia negoziale*. Napoli: Edizioni Scientifiche Italiane, 2019, pp. 40 e 48.

19 LEPORE, Andrea. *Op. cit.*, pp. 21, 187 e 144. Cf., também, BONGIORNO, Girolamo. Profili sistematice e prospettiva dell' esecuzione forzata in autotutela. *Rivista Trimestrale di Diritto e Procedura Civile*. Milano: Giuffrè, anno XLII, 1988, nº 2, p. 451; BIANCA, Cesare Massimo di. Verbete Autotutela (dir. priv.). *In: Enciclopedia del Diritto*. Milano: Giuffrè, 2000, vol. IV; ZOPPINI, Andrea. L'effettività *in vece* del processo. *Rivista di Diritto Processuale*. Padova: CEDAN, anno LXXIV, 2019, nº 3, pp. 679-680; LUMINOSO, Angelo. Patto comissorio, patto marciano e nuovi strumenti di autotutela executiva. *Rivista di Diritto Civile*. Padova: CEDAN, anno LXIII, 2017, nº 1, p. 20; D'AMICO, Giovanni; PAGLIANTINI, Stefano; PIRAINO, Fabrizio; RUMI, Tiziana. *I nuovi marciani*. Torino: G. Giappichelli Editore, 2017, pp. 1, 2 e 4; GABRIELLI, Enrico. Pegno "non possessorio" e teoria dele garanzie mobiliari. *Rivista del Diritto Commerciale e del Diritto Generale delle obbligazioni*. Padova: Piccin, anno CXV, 2017, parte *seconda*, pp. 241-265.

20 DIDIER JR., Fredie; CUNHA, Leonardo Carneiro da; BRAGA, Paula Sarno; OLIVEIRA, Rafael Alexandria de. *Curso de Direito Processual Civil*. 7.ed. Salvador: JusPodivm, 2017, vol. 5, p. 49. Cf., também, LAMEGO, Nelson Luiz Machado. Recuperação de crédito: evitando a excussão judicial de garantias. *Revista dos Tribunais*, São Paulo: Ed. RT, vol. 891, pp. 9/28, jan/2010; DIDIER JR., Fredie; CABRAL, Antonio do Passo. Negócios jurídicos processuais atípicos e execução. *Revista de Processo*, São Paulo, vol. 275/2018, pp. 193-228.

4. O aumento do prestígio da autotutela executiva na atualidade

A autotutela executiva foi a regra na antiguidade mais remota dos povos romanos e germânicos e se manteve como regra até que se construiu, na cultura ocidental europeia a noção de monopólio da jurisdição estatal, nele incluindo tanto a atividade de certificação como de satisfação de direitos em conflito. Da justiça pelas próprias mãos remanesceram apenas figuras raríssimas e excepcionais como o desforço imediato em defesa da posse e a legítima defesa em reação contra ataques danosos à pessoa ou aos seus bens patrimoniais[21].

Pode-se afirmar, nessa visão da história recente do Direito, que a autotutela vinha sendo tratada como medida rejeitada na evolução da cultura de raízes europeias, e, por isso, relegada a segundo plano pela doutrina[22]. No entanto, na atualidade passou a ganhar novos contornos como importante mecanismo de tutela dos direitos, especialmente quando encarado o relevante papel da autonomia negocial no campo que hoje se amplia para a solução extrajudicial dos conflitos jurídicos. O cenário contemporâneo é outro, muito diferente daquele que no passado em que simplesmente se negava aos particulares condições de defenderem por si mesmos os próprios direitos. A satisfação dos direitos inadimplidos pode muito bem ser encontrada por meio de remédios concebidos negocialmente e operados fora do processo judicial, sem que nenhuma desumanidade ou prepotência se configure.

Descobriu a ordem jurídica uma zona cinzenta entre o inadimplemento e a execução forçada na qual se depara com espaço propício ao exercício dos poderes negociais. Por meio, então, desses poderes é evidente que "devedor e credor podem acordar em torno de limitar ou excluir a operatividade das normas de execução coativa, regulando com modalidade alternativa a fase de satisfação do interesse creditório", como adverte FOLLIERI, em lição de grande atualidade. Ou seja: "o tema – que por longo tempo permaneceu negligenciado na literatura jurídica

21 BIANCA, Cesare Massimo di. *Op. cit., loc. cit.*

22 A autotutela é vista como "solução vedada, como regra, nos ordenamentos jurídicos civilizados. É conduta tipificada como crime: exercício arbitrário das próprias razões (se for um particular) e exercício arbitrário ou abuso do poder (se for o Estado). Como mecanismo de solução de conflitos, entretanto, ainda vige em alguns pontos de ordenamento. Como hipótese excepcional, diz Niceto Alcalá- Zamora y Castillo, a autodefesa é um conceito negativo ou por exclusão" (DIDIER Jr., Fredie. *Curso de direito processual civil.* 18. Salvador: JusPodivm, 2016, vol. I, p. 166).

privatística – merece hoje nova atenção e propõe novas perspectivas de interesse, em face mesmo das luzes das recentíssimas linhas evolutivas do sistema normativo"[23].

É cada vez maior a consagração de que na atual visão do ordenamento jurídico prestigiadora da autonomia negocial dos titulares dos direitos individuais, é indiscutível o reconhecimento, dentro dessa manifestação de liberdade, da presença do poder também dos particulares de criar, em concurso com outras fontes, regras objetivas de conduta ou, se se preferir, *regras (normas) jurídicas*[24]. E se inexiste no direito positivo vigente a norma de inderrogabilidade da expropriação forçada jurisdicional, "a autonomia privada é livre para convencionar regras mais convenientes" às suas relações obrigacionais. Portanto, ressalva BONGIORNO, "uma tutela direta do próprio interesse pelas vias extrajudiciais é configurável, a par da específica previsão legislativa, quando uma norma não a vete, e na verdade a consinta implicitamente"[25].

5. Formas de convencionar a autotutela

Ao lado das formas atípicas criadas convencionalmente em cláusulas contratuais pelas próprias partes, a autotutela já se faz presente, em forma típica adotada pelo legislador italiano na regulamentação de diversos negócios jurídicos, como, *v.g*, no Texto Único das leis em matéria bancária (T.U.B.); no Decreto legislativo nº 72/2016, no âmbito do crédito imobiliário; e pelo decreto legislativo nº 59/2016, convertido depois na Lei nº 119/2016, no âmbito do crédito para empresas.

---

23 FOLLIERI, Luigi. *Esecuzione forzata e autonomia privata.* Torino: G. Giappichelli, 2016, p. 4. Para LEPORE, a propósito da adoção da executividade negocial no direito contemporâneo, seja por via doutrinaria, jurisprudencial ou legislativa, "sono evidenti, infatti, i passi compiuti in questa direzione dal sistema normativo, il quale há introdotto molteplici fattispecie di autotutela convenzionale executiva"; afinal, conclui: "l'apertura a forme di autotutela convenzionale executiva, in Italia e in Europa, é evidente" (LEPORE, Andrea. *Autotutela e autonomia negoziale.* Napoli: Edizione Scientifiche italiane, 2019, pp. 21, 187 e 144).

24 CRISCUOLO, Fabrizio. *Autonomia negoziale e autonomia contrattuale.* Napoli: Edizione Scientifiche Italiane, 2008, p. 3.

25 BONGIORNO, Girolano. Profili sistematici e prospettiva dell'esecuzione forzata in autotutela. *Rivista Trimestrale di Diritto e Procedura Civile.* Milano: Giuffrè, anno XLII, 1988, nº 2, p. 481. Cf. também LEPORE, Andrea (*Autotutela e autonomia negoziale cit.*, p. 45): "L'autotutela, anche non espressamente prevista dalla legge (dunque, atipica), va ammessa se conforme ai principi, se è funzionale ad attuarli nel caso concreto. Non è peregrino ritenere che diverse possono essere le forme entro le quali si può realizzare: con accordi tipici, atipici o con negozi indiretti".

Nessas hipóteses, a lei deu cobertura ao *pacto marciano,* afastando qualquer objeção que se pretendesse fazer com invocação do veto legal ao *pacto comissório,* e, dessa forma, autorizou o banco financiador, em caso de inadimplemento do mutuário, a adquirir o imóvel dado em garantia da operação creditícia, promovendo assim a satisfação coativa de seu crédito, com a obrigação de repassar ao mutuário eventual valor excedente do bem em relação ao montante do crédito satisfeito.

É bom lembrar que o *pacto comissório* – autorização ao credor para se apropriar do bem dado em garantia real do seu crédito – era medida lícita no período clássico do direito romano e que se prestava a substituir o *ius vendendi* do credor. Foi uma constituição do imperador Constantino, emanada por volta do ano 324 d.c. que vetou esse tipo de convenção, veto esse mantido pelo direito codificado por Justiniano, no século VI da Era Cristã. Nesse meio tempo, entretanto, o jurista Elio Marciano, que viveu entre o segundo e terceiro século d.c,, já havia efetuado um corretivo da *Lex comissoria,* para suprimir o excesso inconveniente de seu texto original, com o qual se passou a prever o direito do devedor de recuperar do credor o eventual excesso entre o crédito e o valor maior do bem dado em garantia[26]; e assim teria sido afastada a censura imposta ao instituto, situada justamente na usura e no locupletamento injusto que se ocultava no pacto comissório original.

A partir, portanto, da ressalva histórica efetuada pelo pacto marciano aos excessos do primitivo pacto comissório, o moderno direito italiano soube incorporar a autotutela executiva, hoje amplamente acolhida pelo legislador, pela doutrina e pela jurisprudência que não veem incompatibilidade alguma entre essa modalidade satisfativa e a garantia constitucional de acesso à justiça. É apenas a centralização da tutela, em caráter monopolista, nas mãos do Estado, que não mais se justifica. Não se nega que o art. 24 da Constituição assegura que "todos podem agir em juízo pela tutela dos próprios direitos e interesses legítimos"; e nesse sentido as formas de autotutela (legais ou convencionais, típicas ou atípicas que sejam) "não derrogam de maneira alguma tal princípio, mas apenas admitem alternativas, as quais quando se mostrarem, na prática,

26 LUMINOSO, Angelo. Patto comissorio, patto marciano e nuovi strumenti di autotutela executiva. *Rivista di Diritto Civile.* Padova: CEDAM, anno LXIII, 2017, nº 1, pp. 10-32. Cf. THEODORO JÚNIOR, Humberto; ANDRADE, Érico. Novas perspectivas para a atuação da tutela executiva no direito brasileiro: Autotutela executiva e "desjudicialização" da execução. *Revista de Processo,* vol. 315, pp. 109 a 158, mai/2021.

operadas de maneira inadequada, poderão ser impugnadas pela parte lesada perante a autoridade judiciária competente, em pleno respeito ao comando constitucional"[27];

Na verdade, a admissão da tutela dos direitos também fora da justiça estatal "significa conferir um poder, útil à comunidade e ao sistema jurídico, sem eliminar os meios de reparar os eventuais abusos", já que, na lição de LEPORE, o sistema estatal de tutela jurisdicional continuará sempre ao alcance do interessado, em seu papel fundamental de garantia[28].

Em suma, pode-se reconhecer que na atualidade italiana, o acolhimento do pacto marciano se apresenta como importante forma de autotutela executiva, apta a afastar a pesada tutela judicial/processual executiva, longa e recheada de dificuldades, simplificando e acelerando a tutela efetiva do crédito, de modo até mesmo a permitir maior acesso geral ao crédito, na medida em que fornece ao mercado garantia real e flexível mais eficiente e menos onerosa[29].

6. Autotutela executiva no direito positivo brasileiro

Fácil é divisar no direito brasileiro a possibilidade de convencionar tanto medidas típicas como atípicas de autotutela executiva, ou seja, medidas executivas promovidas diretamente pelo credor insatisfeito, de forma extrajudicial. Contribuem para isso, tanto a postura doutrinária favorável à superação do veto clássico ao pacto comissório, como a largueza com que o legislador vem criando no direito positivo casos típicos de autotutela executiva, apoiados na sistemática do pacto marciano, tal como vem também ocorrendo no direito italiano[30].

---

27 LEPORE, Andrea. *Autotutela e autonomia negoziale, cit.*, pp. 38-39.

28 LEPORE, Andrea. *Op. cit.*, pp. 40 e 48.

29 ZOPPINI, Andrea. L'effettività *in-vece* del processo. *Rivista di Diritto Processuale*, Padova, anno LXXIV, nº 3, p. 680, 2019. Cf. também D'AMICO, Giovanni; PAGLIANTINI, Stefano; PIRAINO, Fabrizio; RUMI, Tiziana. *I nuovi marciani*. Torino: G. Giappichelli, 2017, pp. 8-9.

30 "A desjudicialização de atividades antes restritas ao monopólio do Poder Judiciário não é novidade no panorama atual" (CASTRO, Daniel Penteado de. Atividades extrajudiciais antes delegadas ao Poder Judiciário: breves comentários em confronto as iniciativas de desjudicialização da execução civil. *In:* MEDEIROS NETO, Elias Marques de; RIBEIRO, Flávia Pereira (coords.). *Reflexões sobre a desjudicialização da execução civil*. Curitiba: Juruá Editora, 2020, p. 110).

Com efeito, os vícios do pacto comissório, singelamente repudiado pelo art. 1.428 do Código Civil, por razões ligadas ao risco de usura e abuso da fraqueza do devedor diante das exigências do credor, não foram empecilho a que, desde o velho Código Comercial até o vigente Código Civil, fosse reconhecida validade à cláusula negocial que, no caso do penhor (mercantil ou civil), autorizasse a venda extrajudicial, pelo credor, do bem dado em garantia real do mútuo, para realização imediata da obrigação inadimplida (Cód. Com., arts. 275 e 279; Cód. Civil, art. 1.433).

A par disso, o legislador, premido pelas necessidades do mercado, tanto mobiliário como imobiliário, passou a criar, fora do Código, múltiplos mecanismos de garantia real, todos permissivos da autotutela executiva, ou seja, da realização compulsória da garantia por obra do próprio credor, sem depender da intervenção da justiça estatal[31].

Dois casos dessa natureza são emblemáticos: (i) o do Dec. Lei nº 70/1966, que, nos financiamentos do SFH, autoriza a venda do imóvel hipotecado, por iniciativa do agente financeiro, em leilão extrajudicial, se o débito não for resgatado no devido tempo; e o Dec. Lei nº 911/1969, com as alterações da Lei nº 13.043/2014, que prevê também, a venda extrajudicial, pelo credor, do bem móvel gravado de alienação fiduciária em garantia, alienação que nem mesmo necessita de leilão para consumar-se.

Importa destacar que essas duas modalidades legais de autotutela executiva já foram solenemente havidas como não contaminadas de inconstitucionalidade, pelo Supremo Tribunal Federal, a saber: *(i)* a venda extrajudicial do Dec. Lei nº 911/69 e sucessivas alterações, através de tese fixada no julgamento do RE 382.928/MG (ac. 22.09.2020, Pleno, *DJe* 13.10.2020); e *(ii)* o procedimento de execução hipotecária extrajudicial do Dec. Lei nº 70/66, através de tese fixada no julgamento do RE 627.106/SP e do RE 556.520/SP (ac. 08.04.2021, *DJe* 14.06.2021)[32].

---

31 "O Decreto-Lei 70/1966, ao tratar, dentre outras providências, da cédula hipotecária, também serviu como grande estímulo ao financiamento da casa própria por meio do Governo Federal, o chamado sistema financeiro de habitação. Em contrapartida, foi necessária a previsão de mecanismo mais célere para, ocorrendo o inadimplemento, permitisse ao credor imobiliário executar extrajudicialmente a garantia prestada para pagamento da dívida por meio de hipoteca" (CASTRO, Daniel Penteado de. *Op. cit.*, p. 110).

32 Igual entendimento prevalece no STJ: "(...) 3. A constitucionalidade da execução extrajudicial de cédula hipotecária pressupõe a possibilidade de controle judicial de sua tramitação nos moldes legais, de sorte que, quanto mais ampla for a garantia de defesa dos direitos do devedor, maior será a efetividade da norma constitucional precursora do devido processo legal e da ampla defesa" (STJ, 3ª T., REsp 1.302.777/SP, Rel. Min. Nancy Andrighi, ac. 13.08.2013, *DJe* 27.08.2013).

Além desses exemplos legislativos de autotutela executiva, há ainda outros igualmente significativos como: *(i)* o do penhor de direitos e títulos de crédito (Cód. Civil, arts. 1.459, IV, e, 1.455, parágrafo único); *(ii)* o da alienação fiduciária em garantia de bem imóvel (Lei 9.514/1997, arts. 24, VI, e, 26, §§ 3º, 3º-A, 3º-B, e 4º); o do compromisso de compra e venda a prestações de terrenos loteados (Lei nº 6.766/1979, arts. 26 e 32); e *(iii)* o de aquisição de unidades de edifícios sob regime de incorporação (Lei nº 4.591/1964, art. 63, § 1º); todos ensejadores de satisfação dos direitos e interesses do credor pelas vias extrajudiciais.

Diante desse amplo panorama legislativo, a velha repulsa ao pacto comissório esmoreceu e a mais atualizada doutrina está acorde em que:

> "... as diferenças entre o pacto comissório e o pacto marciano são marcantes. As razões que justificam a nulidade do primeiro – a desnaturação da função desempenhada pela garantia e a proteção do devedor vulnerável diante de acordo potencialmente lesivo aos seus interesses – não se aplicam ao segundo. Afinal, sendo a coisa transmitida pelo seu valor justo e tendo o credor o dever de entregar ao garantidor a eventual diferença entre esse valor e o do crédito, o resultado alcançado por meio do ajuste em caso de inadimplemento do devedor é rigorosamente equivalente ao que o credor teria obtido por meio do adimplemento"[33].

Aliás, é bom lembrar mais uma vez que até dentro do procedimento executivo judicial as formas preferenciais de expropriação são a adjudicação, em favor do exequente, do bem penhorado pelo preço mínimo da avaliação (CPC, art. 876) e a sua venda por iniciativa do próprio credor (art. 880), tudo, portanto, fora da tradicional venda judicial em hasta pública (art. 881).

33 TEPEDINO, Gustavo; MONTEIRO FILHO, Carlos Edison do Rêgo; RENTERIA, Pablo. *Fundamentos do direito civil.* Rio de Janeiro: Forense, 2020, vol. 5, p. 424. O pacto comissório proibido pelo art. 1.428 do Código Civil não é a convenção que permite ao credor vender extrajudicialmente a garantia real, mas sim "a cláusula que autoriza o credor pignoratício, anticrético ou hipotecário a ficar com o objeto da garantia, se a dívida não for paga no vencimento". O pacto marciano que, nas relações paritárias, não afronta o art. 1.428 do Código Civil, é a "cláusula contratual que autoriza que o credor se torne proprietário da coisa objeto da garantia mediante aferição de seu justo valor e restituição do supérfluo (valor do bem em garantia que excede o da dívida" (Cf. Enunciado nº 626 – VIII Jornadas CEJ, 2018; MELO, Marco Aurélio Bezerra de. *Direito Civil – Coisas. 3ª ed.* Rio de Janeiro: Forense, 2019, pp. 430-431). É, pois, algo assemelhado à adjudicação do bem penhorado prevista no art. 876 do CPC, que se pratica pelo justo valor do bem adjudicado e com respeito ao direito do devedor àquilo que exceder ao crédito do adjudicatário.

De outra parte – destacam TEPEDINO, MONTEIRO FILHO e RENTERIA – "a utilidade social do pacto marciano vem sendo reconhecida de toda parte, inclusive em outros ordenamentos jurídicos, haja vista consubstanciar expediente destinado a proporcionar às partes meio eficiente de execução da garantia – poupando-os da morosidade e dos custos usualmente associados à venda do bem – sem, no entanto, sacrificar os interesses do devedor. Nesse sentido, na doutrina italiana, UGO CARNEVALI destaca que o pacto marciano se mostra 'não apenas admissível como também *vantajoso para o devedor,* na medida em que o valor alcançado por meio da expropriação e da alienação coativa se mostra, via de regra, inferior ao efetivo valor do bem'"[34].

7. Dado histórico relevante

Como objeto de negócio jurídico, o direito positivo brasileiro, historicamente, primeiro acolheu a autotutela executiva no âmbito do direito privado material. E o fez ao disciplinar as garantias reais do penhor e da anticrese, dando permissão a que se pudesse convencionar a realização forçada de tais garantias, sem depender do procedimento judicial (Cód. Comercial de 1850 e Códigos Civis de 1916 e 2002). Depois, a legislação processual incorporou ao procedimento da execução judicial, em caráter preferencial, a adjudicação e a venda particular dos bens penhorados, por iniciativa do próprio credor (Lei de Execução Fiscal de 1980 e os Códigos de Processo Civil de 1973 e 2015).

Assim, a doutrina, tanto substancial como processual, pôde assimilar a legitimidade do pacto marciano em nosso direito. A evidência desse posicionamento é revelada pelos enunciados aprovados por meio de recentes Jornadas promovidas pelo Conselho de Estudos Judiciários da Justiça Federal, tanto a respeito do Código Civil como do Código de Processo Civil, quais sejam:

> "Não afronta o art. 1.428 do Código Civil, em relações paritárias, o pacto marciano, cláusula contratual que autoriza que o credor se torne proprietário da

34 TEPEDINO, Gustavo; MONTEIRO FILHO, Carlos Edison do Rêgo; RENTERIA, Pablo. *Op. cit.,* pp. 424-425. No mesmo sentido é a lição de CAIO MÁRIO DA SILVA PEREIRA atualizada por Carlos Edison do Rêgo Monteiro Filho: "Nada impede, todavia, que se reconheça a validade do acordo pelo qual o credor se apropria do bem dado em garantia mediante a devolução do montante que sobejar a quantia devida (...). Denomina-se tal expediente como pacto marciano" (*Instituições de direito civil: Direitos reais.* 26ª ed. Rio de Janeiro, Forense. 2018, vol. IV, nº 348, p. 291).

coisa objeto da garantia, mediante aferição de seu justo valor e restituição do supérfluo (valor do bem em garantia, que excede o da dívida)" (Enunciado nº 626- VIII Jornadas de Direito Civil- CEJ/2018); e

"A autorização para que o credor aliene extrajudicialmente o objeto dado em garantia de seu crédito deve constar do respectivo contrato que também determinará: *(i)* o preço mínimo para alienação, ou a necessidade de avaliação prévia do bem, a ser feita em conjunto pelas partes ou avaliador por eles escolhido; e, *(ii)* a restituição ao devedor do excesso obtido com a venda, após quitação integral do débito, sempre assegurado aos contratantes o direito de questionamento em juízo" (Enunciado aprovado nas III Jornadas de Direito Processual Civil- CEJ/agosto-2021)

8. Negocio jurídico processual e autotutela executiva

Quando se pensa em autotutela executiva, sob inspiração de lei ou de cláusula contratual, vem à baila a forte tendência presente no direito positivo atual de valorização da *autonomia privada* (ou, mais propriamente, da *autonomia negocial),* seja no plano do direito substancial, seja do direito processual.

Significativa, em direito material, é a proclamação de princípios contida na Lei nº 13.874/2019, rotulada de "Declaração de Direitos de Liberdade Econômica" e que levou à inclusão do parágrafo único no art. 421 do Código Civil, com o claro objetivo de assentar a superioridade da autonomia negocial e a prevalência do princípio da intervenção mínima do Estado nas relações contratuais privadas, autonomia essa praticável, inclusive, no estabelecimento de parâmetros objetivos para a interpretação de cláusulas negociais e de seus pressupostos de revisão ou de resolução, deixando claro que a revisão contratual somente poderá ocorrer de maneira excepcional e limitada (art. 421, parágrafo único do Cód. Civil, acrescido pela Lei nº 13.874/2019; e art. 421-A, I, II e III, também acrescido pela mesma Lei).

Na mesma política de prestigiar, sempre que possível, a autonomia privada, quando em jogo direitos econômicos disponíveis, o CPC/2015, previu a licitude da negociação entre as partes capazes para estipular mudanças no procedimento para ajustá-lo às especificidades da causa e convencionar sobre os seus ônus, poderes, faculdades e deveres processuais, antes ou durante o processo (art. 190, *caput*)[35].

35 "No direito brasileiro, considerando a atual disposição inserida no art. 190 do CPC/15, no sentido de admitir ampla gama de negócios jurídicos processuais atípicos, além de vários negócios típicos, inclusive no processo de execução, vislum-

Da defesa que a lei material e processual faz da autonomia negocial, dando-lhe dimensão de princípio atuante inclusive na esfera das técnicas processuais de tutela jurídica, parece à boa parte da doutrina que a negocialidade assume dimensões gerais de modo a compreender tanto as atividades de natureza cognitiva como as executivas.

Assim, nem sequer se exige cogitar de delegação de jurisdição para justificar certas formas de desjudicalização da execução, como as que se procedem através da autotutela convencional. O fundamento legitimante desse expediente que busca afastar a judicialidade da execução, com efeito, "não passa pela reafirmação da função jurisdicional estatal mas, pelo contrário, pela *reafirmação da autonomia privada* e pela fórmula hoje já aceita da justiça multiportas" (g.n.)[36].

Dessa forma, para YARSHELL e RODRIGUES, "assumindo-se que a autonomia da vontade, como força propulsora dos negócios jurídicos processuais, pode ser exercida quanto aos poderes de execução, sem que se levantem barreiras constitucionais a isso, a via da execução extrajudicial se afigura factível entre nós e pode se tornar uma desejável solução dentro de uma fórmula de justiça multiportas, a partir da qual são oferecidas alternativas de acesso à justiça, adequadas a cada tipo de conflito"[37].

Nessa mesma linha, entende DIDIER JÚNIOR que é certo que "a criação de procedimentos especiais executivos por *convenção* das partes é totalmente admissível". Tanto a criação de um procedimento especial con-

bra-se a possibilidade não só de negócios envolvendo os procedimentos no âmbito da execução judicial, inclusive na linha de realização de atos executivos fora da justiça, mas também a possibilidade de se realizar a perspectiva negocial de execução extrajudicial, de modo que tal perspectiva não deixa de apresentar vários pontos de contato com a autotutela executiva de cunho negocial, que, por isso, pode encontrar também ponto de apoio nos negócios processuais" (THEODORO JÚNIOR, Humberto; ANDRADE, Érico. *Op. cit.*, p. 129; cf. também DIDIER JÚNIOR, Fredie; CABRAL, Antônio do Passo. Negócios jurídicos processuais atípicos e execução. *Revista de Processo*, vol. 275, pp. 193-228, São Paulo, jan/2018; YARSHELL, Flávio Luiz; RODRIGUES, Viviane Siqueira. Desjudicialização da execução civil: uma solução útil e factível entre nós? *In* MEDEIROS NETO, Elias Marques: RIBEIRO, Flávia Pereira (coords.). *Reflexão sobre a desjudicialização da execução civil*. Curitiba: Juruá Editora, 2020, pp. 368-369).

36 YARSHELL, Flávio Luiz; RODRIGUES, Viviane Siqueira. Desjudicialização da execução civil: uma solução útil e factível entre nós? *In* MEDEIROS NETO, Elias Marques; RIBEIRO, Flávia Pereira (coords.). *Reflexões sobre a desjudicalização da execução civil*. Curitiba: Juruá Editora, 2020, p. 368.

37 YARSHELL, Flávio Luiz; RODRIGUES, Viviane Siqueira. *Op. cit.*, p. 371.

vencional, quanto a previsão de técnicas executivas especiais embutidas no procedimento comum executivo são possíveis. E mesmo, fora do procedimento jurisdicional, é possível criar meio executivo convencional[38].

Por isso, é de acolher-se, por exemplo, como legítima a convenção instituidora de autotutela executiva para certo crédito, adotando-se, por meio de negócio jurídico processual, o procedimento previsto no Dec. Lei nº 911/1969, ou na Lei nº 9.514/1997[39], relativo à alienação fiduciária em garantia de móveis ou imóveis, respectivamente.

Em resumo, o direito positivo brasileiro proíbe, nos contratos garantidos por penhor, hipoteca e anticrese, a convenção do *pacto comissório* (Cód. Civil, art. 1.428, *caput*), que consiste na simples autorização para o credor apropriar-se da garantia no caso de inadimplemento da obrigação. Não proíbe, porém, o *pacto marciano,* que consiste na cláusula autorizadora da aquisição, pelo credor, do objeto da garantia pelo seu justo valor e com a necessária restituição ao devedor daquilo que exceder o débito inadimplido. A doutrina mais atualizada, como já vimos, também adota esse entendimento, aqui e na Europa (ver, item anterior)

O próprio Código Civil, que veda o *pacto comissório,* permite de forma expressa a *autotutela executiva* no art. 1.433, legitimando a cláusula que autoriza o credor pignoratício a vender extrajudicialmente o bem empenhado para satisfação de seu crédito (art. 1.433, IV), e ainda a apropriação dos frutos do referido bem enquanto mantido em seu poder (art. 1.433, V). Igual autorização é dada em relação aos frutos do imóvel objeto de anticrese (arts. 1.506, *caput,* e 1.507, *caput*). Também, no caso da alienação fiduciária em garantia, o Código permite ao credor, após o vencimento da dívida, vender extrajudicialmente o bem gravado e aplicar o preço no pagamento de seu crédito, entregando ao devedor o saldo, quando houver (art. 1.364).

Portanto, longe de proibir o pacto marciano e outros instrumentos de autotutela executiva, nosso Código Civil os aprova e disciplina em largas proporções, ensejando aos contratantes ajustá-los nos negócios jurídicos, segundo seus interesses e conveniências, e, assim, furtar-se da notória ineficiência da execução judicial.

38 DIDIER JÚNIOR, Friedie. *Ensaio sobre os negócios jurídicos processuais,* Salvador: Ed. JusPodivm, 2018, p. 87.

39 DI SPIRITO, Marco Paulo Denucci. O negócio processual: um novo capítulo no direito das garantias: o exemplo da propriedade fiduciária. *In* EHRHARDT Júnior, Marcos; MAZZEI, Rodrigo (coords.). *Repercussões do novo CPC: direito civil.* Salvador: Ed. JusPodivm, 2017, pp. 691-752; DIDIER JÚNIOR, Fredie. *Op. cit., loc. cit..*

Por último, é importante lembrar que, no processo judicial executivo, o próprio CPC, trata como preferencial o meio expropriatório dos bens penhorados consistente na sua adjudicação ao exequente, e, sucessivamente, na sua venda por iniciativa particular do credor; e, só por último, recorre à alienação judicial em leilão público, medida apenas tomada quando o credor não se interessa pela adjudicação ou pela venda por iniciativa particular (CPC, arts. 876, 880 e 881). Nosso direito codificado, material e processual, como se vê, acolhe com simpatia, e até estimula a expropriação executiva por obra ou iniciativa do próprio credor.

9. Conclusões

As estatísticas levantadas pelo Conselho Nacional de Justiça (CNJ) retratam bem a falência da tutela judicial executiva que compromete profundamente a garantia de acesso pleno e efetivo à justiça, no ponto culminante da prestação jurisdicional que é o da execução ou satisfação do direito do credor descumprido pelo devedor.

Repensa-se, no meio jurídico e legislativo, nossa sistemática executiva, impulsionando reformas sintonizadas com as alternativas atuais postas em prática no direito europeu, no sentido de incrementar as vias de desjudicialização da execução civil. Com sucesso, esse movimento renovador implantou, ou está implantando, em toda a Europa, o sistema de agentes extrajudiciais de execução. Entre nós, já existem projetos legislativos em tramitação no Congresso Nacional com idêntico propósito. Tratando-se de importação de sistema estranho às tradições locais, não é de se esperar que a novidade venha logo a se concretizar, e muito menos que, implantada, logre resultados significativos na eliminação imediata e completa das mazelas atualmente vividas no terreno da execução forçada civil.

De nosso lado – conforme já expusemos em outro estudo –, "é possível apontar, no direito brasileiro atual, ampla valorização da autonomia negocial, inclusive para se admitir a realização direta do direito material pelo próprio credor, pela via da autotutela executiva"[40].

40 THEODORO JÚNIOR, Humberto; ANDRADE, Érico. Novas perspectivas para atuação da tutela executiva no direito brasileiro: autotutela executiva e "desjudicialização" da execução, *cit.*, p. 128 "... pode-se reiterar, aqui a provocação da doutrina italiana no sentido de que, na atualidade, se faz necessária reflexão sistematizada em torno dessas novas ferramentas chamadas de *autotutela executiva*, em que o próprio direito material, com base na *autonomia negocial* das partes, admite sua

É de larga aceitação que "os meios executivos, em regra, admitem negociação pelos sujeitos processuais"[41], principalmente em face dos termos amplos com que o CPC de 2015 admite o negócio jurídico processual no seu art. 190. Nessa linha, que contempla explicitamente a possibilidade de reforçar o poder executivo jurisdicional com medidas atípicas de coerção e sub-rogação, é fácil compreender que tais medidas "existem justamente para as hipóteses em que os comandos tipificados falharam ou quando as partes pretendam uma configuração diversa mais adequada a elas"[42].

Por isso, vozes abalizadas se voltam para a promoção da autotutela executiva, praticável de plano, sem depender de qualquer reforma do direito positivo em vigor. Com efeito, cláusulas contratuais como o pacto marciano e outras convenções que permitem ao próprio credor superar o inadimplemento de seu crédito mediante apropriação da respectiva garantia e sua consequente alienação extrajudicial, são meios ágeis e econômicos de realização dos direitos creditórios, muito mais eficientes que qualquer outro só praticável pelas vias da justiça estatal[43].

Relevante é o prestígio dispensado à tese em questão pelos Enunciados do Conselho de Estudos Judiciários da Justiça Federal- CEJ, tanto no âmbito do direito material quanto no processual (VIII Jornadas de Direito Civil/2018 e III Jornadas de Direito Processual Civil/2021).

---

realização direta, fora do campo tradicional e tido como excepcional de autotutela (como é o caso, *v.g.*, do desforço possessório imediato, da legítima defesa da posse, do estado de necessidade/legítima defesa, da apropriação dos frutos da coisa empenhada, da homologação extrajudicial do penhor legal), diante do surgimento de importantes novos casos de autotutela executiva, mediante a previsão de formas contratuais de realização direta do direito pelo credor, em caso de inadimplemento do devedor, especialmente na execução extrajudicial de garantias instituídas no próprio negócio jurídico".

41 MINAMI, Marcos Youji. Prescrição e coerção na execução e uma breve conversa com J.J. Calmon de Passos. *Revista de Processo*, vol. 319, p. 201, São Paulo, set/2021.

42 MINAMI, Marcos Youji. *Op. cit.*, p. 202.

43 "Na esteira do direito italiano, a autotutela executiva no direito brasileiro, pode permitir, no caso de inadimplemento do devedor, satisfação mais rápida, efetiva e barata do crédito e pode incentivar até mesmo maior acesso ao crédito ou ao financiamento" (THEODORO JÚNIOR, Humberto; ANDRADE, Érico. Novas perpectivas, *cit.* p 129; cf., também, LAMEGO, Nelson Luiz Machado. Recuperação de crédito: evitando a excussão judicial de garantias. *Revista dos Tribunais,* vol. 891, pp. 9/28. São Paulo, jan./2010).

Elogiável, de tal sorte, são os esforços que já se registram em boa parte da doutrina tanto civilista como processualista, em prol dos efeitos promissores que se podem alcançar pela valorização e maior utilização na prática negocial dos expedientes convencionais asseguradores da autotutela executiva, que hoje já podem encontrar legitimação no direito positivo vigente.

Referências bibliográficas

BIANCA, Cesare Massimo di. Voce Autotutela (dir. priv.). In: *Enciclopedia del Diritto*. Milano: Giuffrè, 2000.

_______. Verbete Autotutela (dir. priv.), *in* Enciclopedia del Diritto. Milano: Giuffrè, vol. IV (agg.).

BONGIORNO, Girolamo. Profili sistematice e prospettiva dell' esecuzione forzata in autotutela. *Rivista Trimestrale di Diritto e Procedura Civile.* Milano: Giuffrè, anno XLII, 1988.

BRANDO, Gerson Luiz Carlos; OLIVEIRA, Gilvar Paim de; OLIVEIRA, Lucas Terres de. A utilização do *dispute board* na recuperação judicial. *Revista dos Tribunais*, vol. 1.030, São Paulo, ago/2021.

CALZOLAIO, Ermanno. Riforma del processo di cassazione e precedente giudiziale: riflessioni nella prospettiva della comparazione "civil law-common law". *Rivista trimestrale di diritto e procedura civile*, 2009.

CASTRO, Daniel Penteado de. Atividades extrajudiciais antes delegadas ao Poder Judiciário: breves comentários em confronto as iniciativas de desjudicialização da execução civil. *In:* MEDEIROS NETO, Elias Marques de; RIBEIRO, Flávia Pereira (coords.). *Reflexões sobre a desjudicialização da execução civil*. Curitiba: Juruá Editora, 2020.

COSTANTINO, Giorgio. Degiurisdizionalizzazione della espropriazione immobiliare. *Rivista Trimestrale di Diritto e Procedura Civile*, Milano, anno XLVII, 1993.

CRISCUOLO, Fabrizio. *Autonomia negoziale e autonomia contrattuale.* Napoli: Edizione Scientifiche Italiane, 2008.

D'AMICO, Giovanni; PAGLIANTINI, Stefano; PIRAINO, Fabrizio; RUMI, Tiziana. *I nuovi marciani*. Torino: G. Giappichelli Editore, 2017.

D'AMICO, Giovanni. La resistibile ascesa del patto marciano. In: D'AMIGO, Giovanni; PAGLIANTINI, Stefano; PIRAIANO, Fabrizio; RUMI, Tiziana (coords.). I nuovi marciani. Torino: G. Giappichelli Editore, 2017.

DIDIER JR., Fredie; CUNHA, Leonardo Carneiro da; BRAGA, Paula Sarno; OLIVEIRA, Rafael Alexandria de. *Curso de Direito Processual Civil.* 7ª ed. Salvador: JusPodivm, 2017.

DIDIER JR., Fredie; CABRAL, Antonio do Passo. Negócios jurídicos processuais atípicos e execução. *Revista de Processo*, São Paulo, vol. 275/2018.

DIDIER JÚNIOR, Friedie. *Ensaio sobre os negócios jurídicos processuais,* Salvador: Ed. JusPodivm, 2018.

DIDIER Jr., Fredie. *Curso de direito processual civil.* 18. Salvador: JusPodivm, 2016, vol. I.

DI SPIRITO, Marco Paulo Denucci. O negócio processual: um novo capítulo no direito das garantias: o exemplo da propriedade fiduciária. *In* EHRHARDT Júnior, Marcos; MAZZEI, Rodrigo (coords.). *Repercussões do novo CPC: direito civil.* Salvador: Ed. JusPodivm, 2017.

FOLLIERI, Luigi. *Esecuzione forzata e autonomia privata.* Torino: G. Giappichelli, 2016.

GABRIELLI, Enrico. Nuovi modelli di garanzie patrimoniali – una garanzia reale senza possesso. In: *Giurisprudenza Italiana*, Torino, 2017.

_______. Pegno "non possessorio" e teoria dele garanzie mobiliari. *Rivista del Diritto Commerciale e del Diritto Generale delle obbligazioni.* Padova: Piccin, anno CXV, 2017.

LAMEGO, Nelson Luiz Machado. Recuperação de crédito: evitando a excussão judicial de garantias. *Revista dos Tribunais*, São Paulo: Ed. RT, vol. 891, jan/2010.

LEPORE, Andrea. *Autotutela e autonomia negoziale*. Napoli: Edizioni Scientifiche Italiane, 2019.

LUMINOSO, Angelo. Patto comissorio, patto marciano e nuovi strumenti di autotutela executiva. *Rivista di Diritto Civile.* Padova: CEDAN, anno LXIII, 2017.

LUPOI, Michele Angelo. *Tra flessibilità e semplificazione* – Un embrione di case management all'italiana? Bologna: Bononia University Press, 2018.

MELO, Marco Aurélio Bezerra de. *Direito Civil – Coisas.* 3ª *ed.* Rio de Janeiro: Forense, 2019.

MINAMI, Marcos Youji. Prescrição e coerção na execução e uma breve conversa com J.J. Calmon de Passos. *Revista de Processo*, vol. 319, São Paulo, set/2021.

PEREIRA, Caio Mário da Silva. *Instituições de direito civil: Direitos reais.* 26ª ed. Rio de Janeiro, Forense. 2018.

PICARDI, Nicola. *La giurisdizione all'alba del terzo millenio.* Milano: Giuffrè, 2007.

PUNZI, Carmine. Dalla crisi del monopolio statale della giurisdizione al superamento dell'alternativa contrattualità-giurisdizionalità dell'arbitrato. *In Rivista di Diritto Processuale.* Padova: CEDAM, anno LXIX, 2014.

REALE, Miguel. *Fontes e modelos de direito: para um novo paradigma hermenêutico.* São Paulo: Saraiva, 1994.

________. *Estudos de filosofia e ciência do direito.* São Paulo: Saraiva, 1978.

THEODORO JÚNIOR, Humberto; ANDRADE, Érico. Impactos da Constituição Federal na evolução do processo civil. In: MORAES, Guilherme Peña de (Org.). *30 Anos da Constituição Federal e o direito brasileiro.* Rio de Janeiro: Forense-Gen, 2018.

THEODORO JÚNIOR, Humberto; ANDRADE, Érico. Novas perspectivas para a atuação da tutela executiva no direito brasileiro: Autotutela executiva e "desjudicialização" da execução. *Revista de Processo,* vol. 315, mai/2021.

YARSHELL, Flávio Luiz; RODRIGUES, Viviane Siqueira. Desjudicialização da execução civil: uma solução útil e factível entre nós? *In*: MEDEIROS NETO, Elias Marques; RIBEIRO, Flávia Pereira (coords.). *Reflexões sobre a desjudicialização da execução civil.* Curitiba: Juruá Editora, 2020.

ZOPPINI, Andrea. L'effettività *in-vece* del processo. *Rivista di Diritto Processuale.* Padova: CEDAN, anno LXXIV, 2019.

ATUALIDADES DA AÇÃO CIVIL PÚBLICA

Isabella Franco Guerra

SUMÁRIO: Introdução. **1.** Microssistema da Tutela Coletiva. **2.** Princípios do Processo Coletivo Brasileiro e Normas Fundamentais do CPC/2015. **3.** Questões Polêmicas e Atuais da Ação Civil Pública.**4.** Projetos de Reforma da Lei nº 7.347/1985 e o Princípio da Vedação de Retrocesso. Conclusão. Referências bibliográficas.

Introdução

O ordenamento jurídico brasileiro conta com um importante arcabouço normativo que instrumentaliza a defesa dos direitos transindividuais, o que possibilita falar na existência de um microssistema de tutela coletiva brasileira.

Dentre os mecanismos do Processo Coletivo Brasileiro, a ação civil pública será o objeto de análise desse estudo.

Os princípios propiciam uma mais larga compreensão dos institutos jurídicos e têm funções essenciais, como as de natureza teleológica e axiológica, assim, objetivando uma visão mais ampla da ação civil pública, o presente estudo será desenvolvido tomando por base os princípios basilares da Tutela Coletiva.

A análise terá como referencial o método analítico-crítico, tendo como fonte de pesquisa a doutrina brasileira, a legislação e a jurisprudência dos Tribunais Superiores, utilizando-se dos meios eletrônicos, dos sites oficiais, para acessar informações.

Na busca pelo equilíbrio, harmonia e paz social, o Direito Processual fornece mecanismos para provocar o Estado a desempenhar uma de suas funções essenciais - a de dizer o Direito aplicando-o ao caso concreto na solução do conflito-, bem como fornece caminhos para a autocomposição, seja no que tange a direitos individuais seja em relação aos transindividuais.

Refletir sobre o Direito Processual, debater as propostas relativas ao seu aprimoramento é sempre necessário. Nesse sentido, as contribuições do Professor Sergio Bermudes são merecedoras de registro e a obra coletiva que o homenageia expressa o reconhecimento da sua atuação profissional, da sua dedicação ao Direito, destacando-se a relevância do seu trabalho no magistério do ensino superior e na formação de várias gerações de alunos da PUC-Rio. Portanto, foi com muita alegria que recebi o convite, feito pelos pelos Professores Firly Nascimento Filho, Renato Beneduzi e Marcio Vieira Souto Costa Ferreira, para escrever este artigo e participar desta justa e merecida homenagem.

1. Microssistema da tutela coletiva

O ordenamento jurídico brasileiro não tem um Código de Processo Coletivo, contudo há institutos processuais que formam um arcabouço normativo adequado para a proteção dos direitos transindividuais, estes institutos estão estruturados em diversos diplomas legais específicos, como é o caso da Lei nº 4.717/65 que cuida da ação popular, da Lei nº 7.347/85 que regulamenta a ação civil pública, da Lei nº 8.078/90 que dispõe sobre a proteção do consumidor, Lei nº 12.016/2009 que disciplina o mandado de segurança coletivo, por exemplo. Esses diplomas legais formam o chamado microssistema de Tutela Coletiva, eles possuem mecanismos comuns que denotam uma lógica processual coletiva própria, há um entrelaçamento entre as normas desses diplomas legais que pode ser verificada sobretudo a partir do disposto no art.90 do CDC[1] que determina a aplicação integrada entre seus dispositivos legais e os da Lei da Ação Civil Pública e o respectivo art. 21 da Lei nº 7.347/85[2].

Observa-se, assim, que há a integração entre as leis que regulam os instrumentos do Processo Coletivo brasileiro e é possível identificar institutos comuns que deixam clara a lógica sistêmica.

O não adiantamento das despesas processuais pelo autor é determinado pela Constituição de 1988 para o autor popular e a Lei nº 7.347/85 assim disciplina em relação aos legitimados ativos para mo-

1 BRASIL. **Lei nº 8.070 de 11 de setembro de 1990**.Dispõe sobre a proteção do consumidor e dá outras providências. "Art. 90. Aplicam-se às ações previstas neste título as normas do Código de Processo Civil e da Lei n° 7.347, de 24 de julho de 1985, inclusive no que respeita ao inquérito civil, naquilo que não contrariar suas disposições". Disponível em: https://www.planalto.gov.br/ccivil_03/Leis/L8078compilado.htm. Acesso em: 11 fev. 2022.

2 BRASIL. **Lei nº 7.347 de julho de 1985**. Disciplina a ação civil pública de responsabilidade por danos causados ao meio-ambiente, ao consumidor, a bens e direitos de valor artístico, estético, histórico, turístico e paisagístico (VETADO) e dá outras providências. "Art. 21. Aplicam-se à defesa dos direitos e interesses difusos, coletivos e individuais, no que for cabível, os dispositivos do Título III da lei que instituiu o Código de Defesa do Consumidor. (Incluído Lei nº 8.078, de 1990)" Disponível em: https://www.planalto.gov.br/ccivil_03/Leis/L7347orig.htm. Acesso em: 11 fev. 2022.

ver a ação civil pública. Trata-se de uma preocupação salutar que teve o legislador ao reconhecer a presença de interesse público em lides que têm como fim a defesa de direitos metaindividuais, considerando que os autores nas demandas de natureza coletiva atuam em prol de toda a coletividade, como no caso dos direitos difusos, ou de um grupo, como no caso dos direitos coletivos em sentido estrito. Está aí presente uma preocupação em não deixar que ônus econômicos acarretem barreiras ao acesso à justiça.

Outro aspecto a destacar é a questão conceitual dos direitos supraindividuais, em relação a eles é imprescindível recorrer-se ao disposto no Título III do Código de Defesa do Consumidor, pois lá estão previstos os meios de defesa dos direitos transindividuais dos consumidores e no art.81 há a definição legal para direitos difusos, coletivos e individuais homogêneos. Nesse âmbito, é preciso chamar a atenção para o fato de que essas normas são aplicáveis a todos os direitos transindividuais e não apenas aos de natureza consumerista.

Na esfera da Tutela Coletiva, cabe verificar os efeitos da decisão e observar o modo como os diplomas legais que instituem os meios processuais para a defesa de direitos difusos regulam a matéria, nesse contexto, no art. 18 da Lei da Ação Popular[3] está previsto o alcance *erga omnes* da decisão e da mesma forma preveem o art.16 da Lei da Ação Civil Pública[4] e o art. 103 do CDC[5]; outro ponto comum a destacar é o

---

3 BRASIL. **Lei nº 4.717 de 29 de junho de 1965**. Regula a ação popular. "Art. 18. A sentença terá eficácia de coisa julgada oponível "erga omnes", exceto no caso de haver sido a ação julgada improcedente por deficiência de prova; neste caso, qualquer cidadão poderá intentar outra ação com idêntico fundamento, valendo-se de nova prova". Disponível em: http://www.planalto.gov.br/ccivil_03/leis/l4717.htm. Acesso em: 11 fev. 2022.

4 BRASIL. **Lei nº 7.347 de julho de 1985**. Disciplina a ação civil pública de responsabilidade por danos causados ao meio-ambiente, ao consumidor, a bens e direitos de valor artístico, estético, histórico, turístico e paisagístico (VETADO) e dá outras providências. "Art. 16. A sentença civil fará coisa julgada erga omnes, nos limites da competência territorial do órgão prolator, exceto se o pedido for julgado improcedente por insuficiência de provas, hipótese em que qualquer legitimado poderá intentar outra ação com idêntico fundamento, valendo-se de nova prova. (Redação dada pela Lei nº 9.494, de 10.9.1997)" Disponível em: https://www.planalto.gov.br/ccivil_03/Leis/L7347orig.htm. Acesso em: 11 fev. 2022.

5 BRASIL. **Lei nº 8.070 de 11 de setembro de 1990**.Dispõe sobre a proteção do consumidor e dá outras providências. "Art. 103. Nas ações coletivas de que trata este código, a sentença fará coisa julgada: I - erga omnes, exceto se o pedido for julgado improcedente por insuficiência de provas, hipótese em que qualquer legi-

tratamento dado à decisão conforme o evento da prova, pois se o pedido for julgado improcedente por insuficiência de provas outra ação poderá ser intentada com os mesmos fundamentos valendo-se de nova prova.

Resta demonstrada a interligação entre os institutos e os diplomas legais que tratam das ações coletivas.

A lógica existente entre os institutos do Processo Coletivo mostra a coerência sistêmica e indica que no caso de lacuna o intérprete deverá buscar a resposta, o caminho para colmatá-las, em primeiro lugar, nas diversas normas contempladas nas leis que cuidam de instrumentalizar as ações coletivas, realizando, desse modo, a integração sistêmica, tendo por base o fato de que esse conjunto legislativo compõe um microssistema.

2. Princípios do processo coletivo brasileiro e normas fundamentais do CPC/2015

Os princípios são normas que desempenham funções essenciais, auxiliam na compreensão e integração do ordenamento jurídico, por conseguinte, eles contribuem na busca da efetividade e eficiência do Processo Coletivo.

Aqui serão destacados os princípios do devido processo legal, da atipicidade e não taxatividade das ações coletivas, da indisponibilidade e da continuidade da demanda coletiva e da reparação integral do dano.

O princípio do devido processo legal é um mandamento nuclear do Direito Processual, garantia fundamental que expressa a necessidade da prévia previsão das regras em torno das quais o processo irá se desenrolar, garantindo-se o direito ao juiz natural, à publicidade, ao contraditório e à ampla defesa, à vedação de surpresas, ao tratamento isonômico entre as partes, à motivação, à razoabilidade e à proporcionalidade das decisões.

De acordo com o princípio da atipicidade, também conhecido como da não taxatividade, todos os meios aptos à defesa dos direitos transindividuais poderão ser empregados bem como as medidas processuais disponíveis no ordenamento jurídico pátrio, significando também que a

timado poderá intentar outra ação, com idêntico fundamento valendo-se de nova prova, na hipótese do inciso I do parágrafo único do art. 81;(...)." Disponível em: https://www.planalto.gov.br/ccivil_03/Leis/L8078compilado.htm Acesso em: 11 fev. 2022.

cumulação de pedidos é possível. Esse princípio é extraído do disposto no art. 83 do CDC[6].

O princípio da indisponibilidade da demanda coletiva está relacionado à proteção e à natureza do objeto da tutelado, na medida em que este envolve interesses da coletividade e muitas vezes por dizerem respeito a questões de ordem pública, considerando a natureza transindividual do bem jurídico tutelado pelas ações coletivas, tendo em vista que o autor da ação atua em nome próprio na defesa de direito que não é seu ou não é exclusivamente seu e na medida em que a lide quando envolve direitos difusos ou coletivos versa sobre direitos indivisíveis, pela forte presença de interesse social, o autor não pode dispor da ação coletiva.

Quanto ao princípio da continuidade da ação coletiva, ele é a expressão da preocupação com a segurança do procedimento, do cuidado para que o direito da coletividade não fique sujeito a uma lide à deriva. Portanto, no caso de ocorrer o abandono o Ministério Público ou outro legitimado deverá assumir o pólo ativo da ação coletiva e dar prosseguimento ao feito. Nesses termos estabelecem o art 5º da Lei nº 7.347/85[7] e art.9º da Lei nº 4.717/65[8]

O princípio da reparação integral do dano viabiliza exigir que haja a reparação da lesão em toda a sua extensão, seja ela material ou extrapatrimonial. Nesse sentido, a Lei da Ação Civil Pública, no *caput* de seu art.1º, consagra a possibilidade jurídica do pedido de reparação do dano moral coletivo. Outro ponto que precisa ser ressaltado é o do cabi-

---

6 BRASIL. **Lei nº 8.070 de 11 de setembro de 1990**.Dispõe sobre a proteção do consumidor e dá outras providências. " Art. 83. Para a defesa dos direitos e interesses protegidos por este código são admissíveis todas as espécies de ações capazes de propiciar sua adequada e efetiva tutela". Disponível em: https://www.planalto.gov.br/ccivil_03/Leis/L8078compilado.htm Acesso em: 11 fev. 2022.

7 BRASIL. **Lei nº 7.347 de julho de 1985**. Disciplina a ação civil pública de responsabilidade por danos causados ao meio-ambiente, ao consumidor, a bens e direitos de valor artístico, estético, histórico, turístico e paisagístico (VETADO) e dá outras providências. Art.5º[...]§ 3° Em caso de desistência infundada ou abandono da ação por associação legitimada, o Ministério Público ou outro legitimado assumirá a titularidade ativa. " Disponível em: https://www.planalto.gov.br/ccivil_03/Leis/L7347orig.htm. Acesso em: 11 fev. 2022.

8 BRASIL. **Lei nº 4.717 de 29 de junho de 1965**. Regula a ação popular. "Art. 9º Se o autor desistir da ação ou der motiva à absolvição da instância, serão publicados editais nos prazos e condições previstos no art. 7º, inciso II, ficando assegurado a qualquer cidadão, bem como ao representante do Ministério Público, dentro do prazo de 90 (noventa) dias da última publicação feita, promover o prosseguimento da ação".

mento da cumulação de pedidos, como já mencionado acima. Portanto, conjugando-se os princípios da reparação integral do dano e o da não taxatividade das ações coletivas, cumular pedidos em ação civil pública é possível[9].

Ainda sobre princípios, é interessante verificar que o Projeto de Lei nº 5.139/2009[10], que propunha a reforma da Lei da Ação Civil Pública, rejeitado[11] e arquivado, estabelecia no art. 3º um rol principiológico e que vários deles estão hoje previstos no CPC 2015 como normas fundamentais,

> Art. 3º O processo civil coletivo rege-se pelos seguintes princípios:
>
> I - amplo acesso à justiça e participação social;
>
> II - duração razoável do processo, com prioridade no seu processamento em todas as instâncias;

---

9 BRASIL. Superior Tribunal de Justiça (2 T), **Agravo no Recurso Especial 1.677.537-RS**, ADMINISTRATIVO. AMBIENTAL. AÇÃO CIVIL PÚBLICA. DANO AMBIENTAL. NEGATIVA DE PRESTAÇÃO JURISDICIONAL. NÃO OCORRÊNCIA. EXTRAÇÃO DE RECURSOS MINERAIS. AUSÊNCIA DE AUTORIZAÇÃO E LICENÇAS AMBIENTAIS IMPERIOSAS. REPARAÇÃO INTEGRAL DO DANO AMBIENTAL. MEDIDAS PARA RECUPERAÇÃO E COMPENSAÇÃO PELO PERÍODO EM QUE FORAM DESRESPEITADAS AS NORMAS AMBIENTAIS. CABÍVEL A CUMULAÇÃO DAS CONDENAÇÕES IN CASU. PRECEDENTES.[...] VI - Nesse diapasão, o acórdão objurgado se encontra em dissonância com o entendimento consolidado desta Corte quanto ao ponto, segundo o qual, a necessidade de reparação integral da lesão causada ao meio ambiente autoriza a cumulação das condenações supracitadas, porquanto a indenização *in casu* não corresponde ao dano a ser reparo, mas aos seus efeitos remanescentes, reflexos ou transitórios. VII - Agravo conhecido para dar provimento ao recurso especial, restabelecendo integralmente a sentença monocrática. Agravante: Ministério Público Federal. Agravado: Município de Santiago. Relator: Min. Francisco Falcão, DJe 17 de novembro de 2020. Disponível em: https://scon.stj.jus.br/SCON/GetInteiroTeorDoAcordao?num_registro=202000577348&dt_publicacao=17/11/2020. Acesso em: 26 fev. 2022.

10 BRASIL, Câmara dos Deputados. **Projeto de Lei nº 5.139/2009**, de 29 de abril de 2009. Disciplina a ação civil pública para a tutela de interesses difusos, coletivos ou individuais homogêneos, e dá outras providências. Autoria do Poder Executivo. Disponível em: https://www.camara.leg.br/proposicoesWeb/fichadetramitacao?idProposicao=432485. Acesso em: 26 fev. 2022.

11 BRASIL, Câmara dos Deputados. **Projeto de Lei nº 5.139/2009**, de Autoria do Poder Executivo. Relator: Deputado José Carlos Aleluia - **Parecer da Comissão de Constituição e Justiça e de Cidadania**. Disponível em: https://www.camara.leg.br/proposicoesWeb/prop_mostrarintegra;jsessionid=node01h4zwk6rzf4bgtj4f9uztc6zs45623101.node0?codteor=754582&filename=Parecer-CCJC-17-03-2010. Acesso em: 26 fev. 2022.

> III - isonomia, economia processual, flexibilidade procedimental e máxima eficácia;
>
> IV - tutela coletiva adequada, com efetiva precaução, prevenção e reparação dos danos materiais e morais, individuais e coletivos, bem como punição pelo enriquecimento ilícito;
>
> V - motivação específica de todas as decisões judiciais, notadamente quanto aos conceitos indeterminados;
>
> VI - publicidade e divulgação ampla dos atos processuais que interessem à comunidade;
>
> VII - dever de colaboração de todos, inclusive pessoas jurídicas públicas e privadas, na produção das provas, no cumprimento das decisões judiciais e na efetividade da tutela coletiva;
>
> VIII - exigência permanente de boa-fé, lealdade e responsabilidade das partes, dos procuradores e de todos aqueles que de qualquer forma participem do processo; e
>
> IX - preferência da execução coletiva.

Quanto às normas fundamentais estipuladas no CPC/2015, elas estão assim estipuladas:

> Art. 1º O processo civil será ordenado, disciplinado e interpretado conforme os valores e as normas fundamentais estabelecidos na Constituição da República Federativa do Brasil, observando-se as disposições deste Código.
>
> Art. 2º O processo começa por iniciativa da parte e se desenvolve por impulso oficial, salvo as exceções previstas em lei.
>
> Art. 3º Não se excluirá da apreciação jurisdicional ameaça ou lesão a direito.
>
> [...]
>
> Art. 4º As partes têm o direito de obter em prazo razoável a solução integral do mérito, incluída a atividade satisfativa.
>
> Art. 5º Aquele que de qualquer forma participa do processo deve comportar-se de acordo com a boa-fé.
>
> Art. 6º Todos os sujeitos do processo devem cooperar entre si para que se obtenha, em tempo razoável, decisão de mérito justa e efetiva.
>
> Art. 7º É assegurada às partes paridade de tratamento em relação ao exercício de direitos e faculdades processuais, aos meios de defesa, aos ônus, aos deveres e à aplicação de sanções processuais, competindo ao juiz zelar pelo efetivo contraditório.
>
> Art. 8º Ao aplicar o ordenamento jurídico, o juiz atenderá aos fins sociais e às exigências do bem comum, resguardando e promovendo a dignidade da pessoa humana e observando a proporcionalidade, a razoabilidade, a legalidade, a publicidade e a eficiência.
>
> Art. 9º Não se proferirá decisão contra uma das partes sem que ela seja previamente ouvida.

> Parágrafo único. O disposto no caput não se aplica:
>
> I - à tutela provisória de urgência;
>
> II - às hipóteses de tutela da evidência previstas no art. 311, incisos II e III ;
>
> III - à decisão prevista no art. 701 .
>
> Art. 10. O juiz não pode decidir, em grau algum de jurisdição, com base em fundamento a respeito do qual não se tenha dado às partes oportunidade de se manifestar, ainda que se trate de matéria sobre a qual deva decidir de ofício.
>
> Art. 11. Todos os julgamentos dos órgãos do Poder Judiciário serão públicos, e fundamentadas todas as decisões, sob pena de nulidade[12].

O amplo acesso à justiça, a duração razoável do processo, a isonomia, a economia processual, a motivação suficiente das decisões, a vedação de decisão surpresa, a boa-fé, a lealdade e a responsabilidade das partes, a máxima eficácia estão intrinsicamente ligados à garantia constitucional do devido processo legal.

As normas fundamentais expressam garantias necessárias ao processo justo, proporcional, adequado, razoável, isto é, assegurar o processo devido, o regular procedimento está na essência do Estado Constitucional de Direito. Logo, essas normas são aplicáveis tanto para o processo individual quanto para o coletivo.

A observância da supremacia constitucional, o respeito aos ditames do devido processo legal, o diálogo das fontes, a aplicação das normas do CPC 2015 em relação ao que não colida com as especificidades do Processo Coletivo, norteia a Tutela Coletiva brasileira.

3. Questões polêmicas e atuais da ação civil pública

A ação civil pública objetiva a defesa de direitos transindividuais, sendo o objeto de tutela definido com base na aplicação do que dita o art.129, III da CRFB/88, art. 1º da Lei nº 7.347/85 e art.81 do CDC.

A análise do caput do art. 1º da Lei nº 7.347/85 traz a base para possibilitar o pedido de condenação à reparação do dano moral coletivo. Essa possibilidade veio com a Lei nº 8.884/94, que introduziu a reparação do dano moral como objeto da ação civil pública. Embora tenha sido

---

12 BRASIL. **Lei nº 13.605 de 13 de maio de 2015**. Código de Processo Civil. Disponível em: http://www.planalto.gov.br/ccivil_03/_ato2015-2018/2015/lei/l13105.htm. Acesso em: 26 fev.2022.

reformada pela Lei nº 12.529/2011[13], a lei nova manteve, pelo disposto no art. 117, a inclusão da viabilidade do pedido de condenação à reparação do dano de natureza extrapatrimonial difuso no texto da Lei da ACP. Sem dúvida, foi um enorme avanço para permitir a reparação integral do dano.

É pertinente afirmar que desde a promulgação da referida lei em 1985 ocorreram avanços e retrocessos em relação ao objeto de tutela da ação civil pública. Avanços trazidos pela Constituição de 1988 e pelo CDC no sentido de que ampliaram o objeto da ação tornando possível intentá-la na defesa de qualquer direito difuso, coletivo e, ainda, os individuais homogêneos. Retrocesso em razão da limitação introduzida, pela Medida Provisória nº 2.180-35 de 2001, no art.1º com a inclusão do §único[14] que passou a proibi-la em relação à matéria de natureza tributária, previdenciária e FGTS. Essa alteração foi objeto de diversas críticas, sobretudo porque utilizou-se de medida provisória para alterar matéria processual.

O uso da medida provisória ocorreu antes da alteração do art.62 da CRFB/88, que hoje expressamente proíbe o uso dessa espécie normativa para tratar de Direito Processual. De qualquer modo, a inconstitucionalidade, nesse caso, ocorreu tanto pela falta de cumprimento dos

---

13 BRASIL. **Lei nº 12.529 de 30 de novembro de 2011.** Estrutura o Sistema Brasileiro de Defesa da Concorrência; dispõe sobre a prevenção e repressão às infrações contra a ordem econômica; altera a Lei nº 8.137, de 27 de dezembro de 1990, o Decreto-Lei nº 3.689, de 3 de outubro de 1941 - Código de Processo Penal, e a Lei nº 7.347, de 24 de julho de 1985; revoga dispositivos da Lei nº 8.884, de 11 de junho de 1994, e a Lei nº 9.781, de 19 de janeiro de 1999; e dá outras providências. "Art. 117. O caput e o inciso V do art. 1º da Lei nº 7.347, de 24 de julho de 1985 , passam a vigorar com a seguinte redação: "Art. 1º Regem-se pelas disposições desta Lei, sem prejuízo da ação popular, as ações de responsabilidade por danos morais e patrimoniais causados:........................V - por infração da ordem econômica;......................" Disponível em: http://www.planalto.gov.br/ccivil_03/_ato2011-2014/2011/lei/l12529.htm. Acesso em: 26 fev. 2022.

14 BRASIL. **Lei nº 7.347 de julho de 1985**. Disciplina a ação civil pública de responsabilidade por danos causados ao meio-ambiente, ao consumidor, a bens e direitos de valor artístico, estético, histórico, turístico e paisagístico (VETADO) e dá outras providências. "Art.1º[...]Parágrafo único. Não será cabível ação civil pública para veicular pretensões que envolvam tributos, contribuições previdenciárias, o Fundo de Garantia do Tempo de Serviço - FGTS ou outros fundos de natureza institucional cujos beneficiários podem ser individualmente determinados. (Incluído pela Medida provisória nº 2.180-35, de 2001)" Disponível em: https://www.planalto.gov.br/ccivil_03/Leis/L7347orig.htm. Acesso em: 11 fev. 2022.

requisitos para a edição da medida provisória, já que não havia urgência, quanto pelo retrocesso, pois um instrumento que tem por escopo assegurar a proteção e a efetividade de direitos fundamentais, de questões de ordem pública e de interesse social, não poderia ser alterado para diminuir seu alcance e se tornar menos abrangente. E preciso registrar que até o momento essa alteração normativa permanece eficaz.

Em relação aos legitimados ativos, avanços ocorreram na medida em que o CDC possibilitou que órgãos especializados despersonalizados pudessem mover a ação civil pública, depois houve a inclusão da Defensoria Pública[15] como legitimada ativa.

Quanto a retrocessos, uma alteração extremamente problemática veio com a Medida Provisória convertida na Lei nº 9.494/97, que deu nova redação ao art.16 da Lei nº 7.347/85[16], com a nítida tentativa de reduzir o seu alcance, dando ensejo, na prática, a situações complexas, à repetição de demandas, ferindo a lógica sistêmica, quebrando a eficiência processual, contribuindo para sobrecarregar o Judiciário com o aumento de recursos, sem falar na imprecisão terminológica, na péssima redação de um texto que passou a dizer que a decisão faria "coisa

15 A Lei nº 11.448/2007 alterou o art. 5º da lei nº 7.347/85 incluindo a DP no rol dos legitimados ativos. Houve a propositura da ADI pela Associação Nacional dos Membros do Ministério Público- CONAMP e o STF julgou constitucional a alteração da ACP. BRASIL. Supremo Tribunal Federal (Pleno). **ADI 3943- DF**. AÇÃO DIRETA DE INCONSTITUCIONALIDADE. LEGITIMIDADE ATIVA DA DEFENSORIA PÚBLICA PARA AJUIZAR AÇÃO CIVIL PÚBLICA (ART. 5º, INC. II, DA LEI N. 7.347/1985, ALTERADO PELO ART. 2º DA LEI N. 11.448/2007). TUTELA DE INTERESSES TRANSINDIVIDUAIS (COLETIVOS STRITO SENSU E DIFUSOS) E INDIVIDUAIS HOMOGÊNEOS. DEFENSORIA PÚBLICA: INSTITUIÇÃO ESSENCIAL À FUNÇÃO JURISDICIONAL. ACESSO À JUSTIÇA. NECESSITADO: DEFINIÇÃO SEGUNDO PRINCÍPIOS HERMENÊUTICOS GARANTIDORES DA FORÇA NORMATIVA DA CONSTITUIÇÃO E DA MÁXIMA EFETIVIDADE DAS NORMAS CONSTITUCIONAIS: ART. 5º, INCS. XXXV, LXXIV, LXXVIII, DA CONSTITUIÇÃO DA REPÚBLICA. INEXISTÊNCIA DE NORMA DE EXCLUSIVIDAD DO MINISTÉRIO PÚBLICO PARA AJUIZAMENTO DE AÇÃO CIVIL PÚBLICA. AUSÊNCIA DE PREJUÍZO INSTITUCIONAL DO MINISTÉRIO PÚBLICO PELO RECONHECIMENTO DA LEGITIMIDADE DA DEFENSORIA PÚBLICA. AÇÃO JULGADA IMPROCEDENTE. Requerente: CONAMP. Relatora: Min. Cármen Lúcia, j.07.05.2015. Disponível em: https://jurisprudencia.stf.jus.br/pages/search/sjur314018/false. Acesso em: 01 mar 2022.

16 Op. cit. "Art. 16. A sentença civil fará coisa julgada erga omnes, nos limites da competência territorial do órgão prolator, exceto se o pedido for julgado improcedente por insuficiência de provas, hipótese em que qualquer legitimado poderá intentar outra ação com idêntico fundamento, valendo-se de nova prova. (Redação dada pela Lei nº 9.494, de 10.9.1997)"

julgada *erga omnes* nos limites da competência territorial do órgão prolator", nada mais incongruente, pois competência não se confunde com jurisdição.

As lições do Professor Sergio Bermudes explicam claramente o significado de jurisdição, que é a expressão do poder soberano do Estado que, por meio do exercício desse poder, realiza uma de suas funções, qual seja, a de dizer o direito.

Assim, ele explica que:

> "A jurisdição antes de ser um poder do Estado, é um dever dele. Já que uma das razões da existência do Estado é a promoção da paz social, mediante a aplicação do direito, ele é dotado do poder necessário ao cumprimento do dever, que, renovadamente, assume, quando, ciente da impossibilidade de se solucionarem litígios pela autocomposição [...] se incumbe da composição das lides[...].
>
> A jurisdição só o Estado pode exercê-la. Trata-se de um atributo da sua soberania.[...]
>
> A jurisdição é função estatal de aplicação do direito objetivo para prevenção ou solução de lides, ou para a administração de interesses sociais relevantes.[17]

Por sua vez, competência expressa o âmbito de atuação de cada órgão do Poder Judiciário e a necessidade de que a administração da justiça seja organizada racionalmente, assim, a lei atribuirá ao órgão judicial o exercício da jurisdição[18].

A redação dada ao art.16 da Lei nº 7.347/85 pela Lei nº 9.494/97, como já mencionado, representou um grave retrocesso, tendo sido a sua constitucionalidade questionada, sendo objeto de decisão do STF no RE nº 1.101.937-SP, relatado pelo Min. Alexandre de Moraes.

É preciso lembrar da aplicação integrada entre os dispositivos da Lei da Ação Civil Pública e os do CDC. Nesses termos, o texto do art. 16 da Lei nº 7.347/85 (LACP), antes da modificação perpetrada pela Lei 9.494/97, tinha sintonia com o do art.103 da Lei nº 8.078/90 (CDC).

Portanto, era inaceitável a mudança que havia sido introduzida no texto do art.16 da LACP pela Lei nº 9.494/97, ela restringia os efeitos da ACP. Por outro lado, como havia permanecido inalterado o art.103

17 BERMUDES, Sergio. Introdução ao Processo Civil. 6ªed. Rio de Janeiro: Forense, 2019, p.18-19.

18 BERMUDES, Sergio, op. cit., p.54.

do CDC foi aberta a discussão se tal alteração teria sido ineficaz. Cabe lembrar que o CDC detalha os efeitos da decisão conforme o objeto da demanda trate de direito difuso, de direito coletivo ou dos direitos individuais homogêneos.

Considerando a esdrúxula situação provocada pela Lei nº 9.94/97, houve a afirmação por parte de doutrinadores[19] de que tal alteração seria inócua em razão de não ter sido modificado o art. 103 do CDC, Lei que era posterior à Lei da Ação Civil Pública e regulava a matéria.

Vale ressaltar que direitos difusos e direitos coletivos em sentido estrito são indivisíveis. Logo, a decisão em uma ação civil pública envolvendo um direito difuso ambiental, como no caso de dano a um rio federal que banhe diversos estados-membros, por se tratar de direito indivisível, os efeitos da decisão não poderiam ficar limitados à localização territorial do órgão judicial prolator da decisão, além do mais, a jurisdição é una e indivisível, razão pela qual a decisão de um juízo brasileiro tem validade em todo o território nacional.

A mais alta Corte brasileira se posicionou sobre a matéria no mencionado RE nº 1101937-SP, estando a questão definida no Tema de Repercussão Geral nº 1075, nos seguintes termos:

> Ementa: CONSTITUCIONAL E PROCESSO CIVIL. INCONSTITUCIONALIDADE DO *ART. 16* DA *LEI 7.347*/1985, COM A REDAÇÃO DADA PELA *LEI* 9.494/1997. AÇÃO CIVIL PÚBLICA. IMPOSSIBILIDADE DE RESTRIÇÃO DOS EFEITOS DA SENTENÇA AOS LIMITES DA COMPETÊNCIA TERRITORIAL DO ÓRGÃO PROLATOR. REPERCUSSÃO GERAL. RECURSOS EXTRAORDINÁRIOS DESPROVIDOS. 1. A Constituição Federal de 1988 ampliou a proteção aos interesses difusos e coletivos, não somente constitucionalizando-os, mas também prevendo importantes instrumentos para garantir sua pela[sic] efetividade. 2. O sistema processual coletivo brasileiro, direcionado à pacificação social no tocante a litígios meta individuais, atingiu status constitucional em 1988, quando houve importante fortalecimento na defesa dos interesses difusos e coletivos, decorrente de uma natural necessidade de efetiva proteção a uma nova gama de direitos resultante do reconhecimento dos denominados direitos humanos de terceira gera-

19 Sobre esse assunto ver MENDES, Aloísio Gonçalves de Castro. **Ações Coletivas e Meios de Resolução de Conflitos no Direito Comparado e Nacional**. 4 ed rev, atual e ampl. São Paulo: Revista dos Tribunais, 2014. Ver também ZUFELATO, Camilo, SALGADO, Lilian. Limites Territoriais da Coisa Julgada em Demandas de Natureza Coletiva. **Migalhas**, 22 fev. 2019. Disponível em: https://www.migalhas.com.br/depeso/296815/limites-territoriais-da-coisa-julgada-em-demandas-de-natureza-coletiva. Acesso em: 01 mar 2022.

ção ou dimensão, também conhecidos como direitos de solidariedade ou fraternidade. 3. Necessidade de absoluto respeito e observância aos princípios da igualdade, da eficiência, da segurança jurídica e da efetiva tutela jurisdicional. 4. Inconstitucionalidade do *artigo 16* da LACP, com a redação da *Lei* 9.494/1997, cuja finalidade foi ostensivamente restringir os efeitos condenatórios de demandas coletivas, limitando o rol dos beneficiários da decisão por meio de um critério territorial de competência, acarretando grave prejuízo ao necessário tratamento isonômico de todos perante a Justiça, bem como à total incidência do Princípio da Eficiência na prestação da atividade jurisdicional. 5. RECURSOS EXTRAORDINÁRIOS DESPROVIDOS, com a fixação da seguinte tese de repercussão geral: «I - É inconstitucional a redação do *art. 16* da *Lei 7.347*/1985, alterada pela *Lei* 9.494/1997, sendo repristinada sua redação original. II - Em se tratando de ação civil pública de efeitos nacionais ou regionais, a competência deve observar o *art.* 93, II, da *Lei* 8.078/1990 (Código de Defesa do Consumidor). III - Ajuizadas múltiplas ações civis públicas de âmbito nacional ou regional e fixada a competência nos termos do item II, firma-se a prevenção do juízo que primeiro conheceu de uma delas, para o julgamento de todas as demandas conexas".[20]

Essa decisão do STF restaura a lógica sistêmica, com a repristinação do texto original do art. 16 da Lei nº 7.347/85 retoma-se a coerência existente entre o que está firmado no art. 16 da Lei nº 7.347/85 (LACP), o art.18 da Lei nº 4.717/65 (LAP) e o art. 103 da Lei nº 8.078/90 (CDC), assim, os efeitos da decisão são *erga omnes*, repercute em todo o território nacional.

Outra questão que ensejou debates, tendo sido objeto de posicionamento do STF na Reclamação 600- SP, envolveu a possibilidade de haver o controle difuso de constitucionalidade em ação civil pública, a Corte adotou o seguinte posicionamento:

Reclamação. 2. Ação civil pública contra instituição bancária, objetivando a condenação da ré ao pagamento da "diferença entre a inflação do mês de março de 1990, apurada pelo IBGE, e o índice aplicado para crédito nas ca-

20 BRASIL. Supremo Tribunal Federal. (Pleno). **Recurso Extraordinário nº 1.101.937/SP**. CONSTITUCIONAL E PROCESSO CIVIL. INCONSTITUCIONALIDADE DO ART. 16 DA LEI 7.347/1985, COM A REDAÇÃO DADA PELA LEI 9.494/1997. AÇÃO CIVIL PÚBLICA. IMPOSSIBILIDADE DE RESTRIÇÃO DOS EFEITOS DA SENTENÇA AOS LIMITES DA COMPETÊNCIA TERRITORIAL DO ÓRGÃO PROLATOR. REPERCUSSÃO GERAL. RECURSOS EXTRAORDINÁRIOS DESPROVIDOS. Recorrente: Caixa Econômica Federal e outros. Recorrido: Instituto Brasileiro de Defesa do Consumidor. Relator: Min. Alexandre de Moraes, j. 08.04.2021. Disponível em: https://jurisprudencia.stf.jus.br/pages/search/sjur448446/false. Acesso em: 01 mar. 2022.

dernetas de poupança, com vencimento entre 14 a 30 de abril de 1990, mais juros de 0,5% ao mês, correção sobre o saldo, devendo o valor a ser pago a cada um fixar-se em liqüidação de sentença". 3. Ação julgada procedente em ambas as instâncias, havendo sido interpostos recursos especial e extraordinário. 4. *Reclamação* em que se sustenta que o acórdão da Corte reclamada, ao manter a sentença, estabeleceu "uma inconstitucionalidade no plano nacional, em relação a alguns aspectos da Lei nº 8024/1990, que somente ao Supremo Tribunal Federal caberia decretar". 5. Não se trata de hipótese suscetível de confronto com o precedente da Corte na *Reclamação* nº 434-1 - SP, onde se fazia inequívoco que o objetivo da ação civil pública era declarar a inconstitucionalidade da Lei nº 7.844/1992, do Estado de São Paulo. 6. No caso concreto, diferentemente, a ação objetiva relação jurídica decorrente de contrato expressamente identificado, a qual estaria sendo alcançada por norma legal subseqüente, cuja aplicação levaria a ferir direito subjetivo dos substituídos. 7. Na ação civil pública, ora em julgamento, dá-se controle de constitucionalidade da Lei nº 8024/1990, por via difusa. Mesmo admitindo que a decisão em exame afasta a incidência de Lei que seria aplicável à hipótese concreta, por ferir direito adquirido e ato jurídico perfeito, certo está que o acórdão respectivo não fica imune ao controle do Supremo Tribunal Federal, desde logo, à vista do art. 102, III, letra b, da Lei Maior, eis que decisão definitiva de Corte local terá reconhecido a inconstitucionalidade de lei federal, ao dirimir determinado conflito de interesses. Manifesta-se, dessa maneira, a convivência dos dois sistemas de controle de constitucionalidade: a mesma lei federal ou estadual poderá ter declarada sua invalidade, quer, em abstrato, na via concentrada, originariamente, pelo STF (CF, art. 102, I, a), quer na via difusa, *incidenter tantum*, ao ensejo do desate de controvérsia, na defesa de direitos subjetivos de partes interessadas, afastando-se sua incidência no caso concreto em julgamento. 8. Nas ações coletivas, não se nega, à evidência, também, a possibilidade da declaração de inconstitucionalidade, *incidenter tantum*, de lei ou ato normativo federal ou local. 9. A eficácia erga omnes da decisão, na ação civil pública, ut art. 16, da Lei nº 7347/1997, não subtrai o julgado do controle das instâncias superiores, inclusive do STF. No caso concreto, por exemplo, já se interpôs recurso extraordinário, relativamente ao qual, em situações graves, é viável emprestar-se, ademais, efeito suspensivo. 10. Em *reclamação*, onde sustentada a usurpação, pela Corte local, de competência do Supremo Tribunal Federal, não cabe, em tese, discutir em torno da eficácia da sentença na ação civil pública (Lei nº 7347/1985, art. 16), o que poderá, entretanto, constituir, eventualmente, tema do recurso extraordinário. 11. *Reclamação* julgada improcedente, cassando-se a liminar[21]

---

21 BRASIL. Supremo Tribunal Federal. (Pleno). **Reclamação nº 600 - SP.** Reclamação. 2. Ação civil pública contra instituição bancária, objetivando a condenação da ré ao pagamento da "diferença entre a inflação do mês de março de 1990, apurada pelo IBGE, e o índice aplicado para crédito nas cadernetas de poupança, com vencimento entre 14 a 30 de abril de 1990, mais juros de 0,5% ao mês, correção sobre o saldo, devendo o valor a ser pago a cada um fixar-se em liqüidação de sentença". [...] 8. Nas ações coletivas, não se nega, à evidência, também, a possibilidade da decla-

A possibilidade de haver o controle difuso de constitucionalidade em ação civil pública é amparada pelo sistema previsto na Constituição de 1988.

Há, no Brasil, o sistema jurisdicional misto, existindo a convivência do controle pela via direta, também denominada via de ação, via principal, através da fiscalização abstrata feita pela mais alta Corte do país que, em um processo objetivo cujo efeito da decisão é *erga omnes*, analisa se uma norma ou ato normativo está adequado à Constituição, caso não esteja, a norma inconstitucional é retirada do mundo jurídico; e há o controle incidental, por meio do qual é realizada a análise, no caso concreto, acerca da constitucionalidade em um processo subjetivo, cuja decisão produz efeitos *inter partes*.

O constituinte não vedou a possibilidade do controle difuso em ação civil pública. Em que pese no controle difuso a decisão, no caso concreto, repercutir para as partes, *incidenter tantum,* e a decisão em ação civil pública produzir efeitos *erga omnes,* não se poderia restringir a possibilidade de qualquer juízo, instância ou tribunal apreciar a compatibilidade de um ato normativo ou de uma norma com a Constituição. Portanto, não havendo a vedação no texto constitucional de que o fundamento do pedido em ação civil pública seja a existência de uma inconstitucionalidade, poderá haver o controle incidental de constitucionalidade, mas o pedido não poderá ser a declaração da inconstitucionalidade da norma, não pode ser a inconstitucionalidade suscitada como questão principal nem a decisão pode suspender a vigência da lei, a inconstitucionalidade tem que ser alegada como questão incidental, o pedido será o de uma obrigação de fazer, ou de não fazer ou indenizar. Na prática, ainda que o controle difuso não dê azo a que se apague do mundo jurídico a norma írrita, sem dúvida, pelo efeito *erga omnes* da decisão em ação civil pública a norma continuaria a existir sem produzir seus efeitos.

Há questões abertas e não resolvidas pela Lei nº 7.347/85 e que têm gerado muitos debates, uma delas diz respeito ao não adiantamento das despesas pelo autor da ação civil pública, assim, um tormentoso

ração de inconstitucionalidade, *incidenter tantum*, de lei ou ato normativo federal ou local. 9. A eficácia erga omnes da decisão, na ação civil pública, ut art. 16, da Lei nº 7347/1997, não subtrai o julgado do controle das instâncias superiores, inclusive do STF. [...]. Reclamante: Banco SUDAMERIS S.A. Reclamado: Primeiro Tribunal de Alçada Cível do Estado. Relator: Min. Neri da Silveira, j. 03.09.97. Disponível em: https://redir.stf.jus.br/paginadorpub/paginador.jsp?docTP=AC&docID=86899. Acesso em:01 mar 2022.

problema envolve o pagamento dos honorários periciais quando essa prova é requerida pelo autor ou pelo Ministério Público na qualidade de fiscal da ordem jurídica ou determinada de ofício pelo juiz. Se o autor não adianta a despesa, conforme dicção do art.18 da Lei da ACP[22], nasce a necessidade de encontrar um meio de custeá-la. Na medida em que o réu não pode ser compelido a fazer face a uma despesa que não deu causa, considerando que a inversão do ônus da prova não se confunde com a inversão do ônus econômico de sua produção, que o perito não pode ser obrigado a trabalhar de graça ou a esperar o deslinde da demanda para receber seus honorários, resta em aberto a questão, pois a lei apenas disse que o autor não adianta a despesa e não disse como custeá-la.

Também merece atenção a questão referente à competência concorrente disciplinada no inciso II do art.93 do CDC, pois não há dúvida de que para os danos regionais ou nacionais tanto será competente o juízo da capital de um dos estados-membros afetados pelo dano como também o Distrito Federal, porém, em casos como o do desastre provocado pela empresa Samarco no distrito de Bento Rodrigues em Mariana-MG, em que o dano ambiental afetou mais de um estado da Federação, embora pela lei fossem competentes os juízos das capitais dos estados-membros atingidos e o Distrito Federal, sabendo-se precisamente o local da origem do dano, a lógica indicava como juízo competente a Seção Judiciária de Belo Horizonte, não faria nenhum sentido distribuir o processo na capital federal[23]. Nesse sentido, seria pertinente o legislador

---

22 BRASIL. **Lei nº 7.347 de julho de 1985.** Disciplina a ação civil pública de responsabilidade por danos causados ao meio-ambiente, ao consumidor, a bens e direitos de valor artístico, estético, histórico, turístico e paisagístico (VETADO) e dá outras providências. "Art. 18. Nas ações de que trata esta lei, não haverá adiantamento de custas, emolumentos, honorários periciais e quaisquer outras despesas, nem condenação da associação autora, salvo comprovada má-fé, em honorários de advogado, custas e despesas processuais. (Redação dada pela Lei nº 8.078, de 1990)". Disponível em: https://www.planalto.gov.br/ccivil_03/Leis/L7347orig.htm. Acesso em: 11 fev. 2022.

23 BRASIL. Superior Tribunal de Justiça. (1 Seção). **Conflito de Competência nº 144.922- MG**. PROCESSUAL CIVIL. CONFLITO POSITIVO DE COMPETÊNCIA. AÇÕES CIVIS PÚBLICAS AFORADAS NO JUÍZO ESTADUAL E NA JUSTIÇA FEDERAL DE GOVERNADOR VALADARES/MG. ROMPIMENTO DA BARRAGEM DE FUNDÃO EM MARIANA/MG. FORNECIMENTO DE ÁGUA POTÁVEL. DANOS SOCIOAMBIENTAIS. RIO DOCE. BEM PÚBLICO PERTENCENTE À UNIÃO. COMPETÊNCIA DA JUSTIÇA FEDERAL. FORO COMPETENTE. SITUAÇÃ O DE MULTICONFLITUOSIDADE. IMPACTOS REGIONAIS E NACIONAL. CONEXÃO ENTRE AS AÇÕES CIVIS PÚBLICAS OBJETO DO CONFLITO E OUTRAS QUE

esclarecer e conceituar dano regional e dano nacional, bem como explicitar a questão da competência concorrente.

Atualmente há projetos de lei em tramitação no Congresso Nacional que objetivam a reforma da Lei da Ação Civil Pública, assim, serão tecidas algumas breves considerações sobre eles no próximo tópico desse artigo, mas sem haver a pretensão de esgotar nem aprofundar a análise de todos os aspectos que envolvem as propostas de reforma da Lei nº 7.347/85.

4. Projetos de Lei de Reforma da Lei nº 7.347/85 e o princípio da vedação de retrocesso

Os Projetos nº 4778/2020; nº 4441/2020 e nº 1641/2021, que propõem a reforma da ação civil pública, tramitam na Câmara dos Deputados.

Uma questão relevante que inicialmente precisa ser levantada é a de que a ação civil pública, na medida em que viabiliza a defesa de direitos fundamentais indisponíveis, como o direito ao meio ambiente ecologicamente seguro, como o direito à cultura, à proteção dos vulneráveis, à igualdade racial, de gênero, à saúde, ao equilíbrio da ordem econômica, considerando a sua essência, não admite pensar em reforma da lei para

---

TRAMITAM NA 12ª VARA FEDERAL DE BELO HORIZONTE/MG. PREVENÇÃO. APLICAÇÃO DA REGRA ESTABELECIDA NA LEI DE AÇÃO CIVIL PÚBLICA. Suscitante: SAMARCO MINERAÇÃO S/A. Suscitado: JUÍZO DE DIREITO DA 7ª VARA CÍVEL DE GOVERNADOR VALADARES- MG. Suscitado: JUÍZO FEDERAL DA 2ª VARA DE GOVERNADOR VALADARES- MG. Relatora: Min. Diva Malerbi, 25.05.2016. Disponível em: https://scon.stj.jus.br/SCON/GetInteiroTeorDoAcordao?num_registro=201503278588&dt_publicacao=09/08/2016. Acesso em: 05.03.2022.

BRASIL. Superior Tribunal de Justiça. (2 Turma). Recurso Especial nº 1.768359-MG. PROCESSUAL CIVIL E ADMINISTRATIVO. ROMPIMENTO DA BARRAGEM DO FUNDÃO, EXPLORADA PELA MINERADORA «SAMARCO". DESASTRE AMBIENTAL DE MARIANA. AÇÃO CIVIL PÚBLICA. DECLINAÇÃO DA COMPETÊNCIA EM FAVOR DA 12ª VARA FEDERAL DE MINAS GERAIS. AGRAVO DE INSTRUMENTO. APLICAÇÃO ANALÓGICA DO REGIME DA AÇÃO POPULAR À AÇÃO CIVIL PÚBLICA. COMPETÊNCIA DA 12ª VARA FEDERAL DE MINAS GERAIS. PRECEDENTE DA PRIMEIRA SEÇÃO. Recorrente: MINISTÉRIO PÚBLICO DO ESTADO DE MINAS GERAIS. Recorrido: SAMARCO MINERAÇÃO S/A. Relator: Min. Herman Benjamin. J. 10.10.2019. Disponível em: https://scon.stj.jus.br/SCON/GetInteiroTeorDoAcordao?num_registro=201802456977&dt_publicacao=11/09/2020. Acesso em: 05 mar. 2022.

reduzir o seu escopo e alcance. Portanto, não seria possível deixar de abordar o princípio da vedação de retrocesso e o condão que este tem de guiar o legislador na tarefa de aprimorar os institutos jurídicos e as normas que os regulam seguindo o devido processo legislativo, estando alertado que tanto na esfera do direito material quanto na esfera do direito adjetivo, quando o tema envolve direitos e mecanismos aptos a promover a garantia aos direitos, não se pode permitir reduzi-los, pois a lógica é sempre a de assegurar-lhes a mais ampla eficácia e eficiência.

Esse referencial de não retroceder e de ampliar a eficiência processual é que deverá guiar o legislador nos debates e análise das propostas concernentes à reforma da Lei nº 7.347/85.

Não há dúvida de que sempre é possível melhorar o sistema, mas da mesma forma é verdade que também sempre haverá riscos de que ao se intentar implementar modificações no sistema processual coletivo que ele acabe por sofrer reduções ou mutilações.

Algumas inquietações quanto às atuais propostas de reforma da ACP que tramitam no Congresso Nacional serão aqui levantadas.

O PL nº 4778/2020[24] reproduz a sugestão de um grupo de trabalho do Conselho Nacional de Justiça instituído pela Portaria nº 152 de 30 de setembro de 2019[25]. Em relação a esse PL, uma crítica que se enfatiza é a da previsão de exigência de autorização assemblear como condição para que a associação possa mover a ação civil pública. A legitimidade ativa da associação tem natureza de substituição processual, logo, a exigência de pertinência temática é lógica, porém não o é estabelecer a necessidade de que haja autorização da assembleia de associados, uma vez que tal nova exigência provocaria riscos de confusão e problemas na medida em que configuraria o sentido de representação processual, indo na contramão da essência da legitimidade das associações para promover a ação civil pública. A proposta contida nesse referido Projeto coloca entraves que dificultariam a propositura de ações civis públicas pelas associações, pois ele introduz a exigência de que seja demonstrada a re-

24 BRASIL. Câmara dos Deputados. Projeto de Lei nº 4.778 de 2020. Dispõe Sobre a Nova Lei da Ação Civil Pública e Dá Outras Providências. Disponível em: https://www.camara.leg.br/propostas-legislativas/2263651. Acesso em: 04 mar. 2022.

25 BRASIL. Conselho Nacional de Justiça. **Portaria 152 de 30 de setembro de 2019**. Institui Grupo de Trabalho com o objetivo de criar propostas voltadas para o aprimoramento da atuação do Poder Judiciário nas ações de tutela dos direitos coletivos e difusos. Disponível em: https://atos.cnj.jus.br/atos/detalhar/3039. Acesso em: 04 mar.2022.

presentatividade adequada, sendo apontado como critério até mesmo a capacidade financeira da associação arcar com despesas processuais, quando toda a sistemática processual coletiva brasileira tem como diretriz superar barreiras do acesso à justiça, inclusive as econômicas, de forma que hoje o autor não tem que adiantar despesas, por isso, se essa proposta for aprovada contrariará a sistemática que tem prevalecido. Também preocupa o fato desse PL pretender impedir a tutela provisória quando a ação civil pública for movida por associação e ainda não houver ocorrida o reconhecimento judicial da representatividade adequada da associação. Outro aspecto a ressaltar é o do caso de haver a fixação de multa por descumprimento da decisão, o PL coloca a necessidade de intimação pessoal do devedor. Quanto ao aproveitamento individual da decisão na ação coletiva, a proposta do PL 4778/2020 é no sentido de impor a desistência da ação individual quando seria muito mais lógico a manutenção da sistemática atual que é a do autor individual optar pela suspensão do processo. Seria apenas desejável o aprimoramento para que uma vez suspenso o processo individual e havendo o resultado positivo na ação civil pública, que o transporte útil da decisão ocorresse e o processo individual se convertesse em processo de liquidação e execução. Nessa questão concernente à decisão na ação civil pública e aproveitamento individual o PL 1641/2021 caminhou melhor do que o PL 4778/2020.

Ao tratar do tema da competência, o PL 4778/2020 fixa a capital do estado-membro como foro competente para processar e julgar a ACP, razão pela qual a sistemática atual, como previsto no art. 93 do CDC, é mais clara do que a reforma proposta.

É preciso destacar que o PL 4778/2020 muda a sistemática das despesas na ACP, pois a proposta ventilada é a de que passe a seguir as regras do processo individual, o que seria um preocupante retrocesso.

Em apertada síntese, esses são alguns dos pontos relevantes do PL 47778/2020 que aqui foram escolhidos para comentar.

Quanto ao PL4441/2020[26], ele também está em tramitação na Câmara dos Deputados, visa estabelecer uma nova Lei da Ação Civil Pública e promover uma atualização da legislação processual coletiva brasileira.

26 Projeto de Lei de autoria do Deputado Federal Paulo Teixeira. O PL está aguardando parecer do relator da Comissão de Constituição e Justiça e de Cidadania. BRASIL. Câmara dos Deputados. Projeto de **Lei nº 4441 de 2020**. Disciplina o procedimento da Nova Lei da Ação Civil Pública. Disponível em: https://www.camara.leg.br/propostas-legislativas/2261966. Acesso em: 06 mar. 2020.

Alguns breves comentários a esse PL que aqui são destacados dizem respeito ao conceito introduzido sobre direitos difusos, seria melhor manter a conceituação do CDC. Cabe a crítica no sentido de que a conceituação dada pela vigente Lei nº 8.078/90 (CDC), no inciso I do § único do art.81[27], tem uma redação melhor e possui mais clareza do que o texto proposto pelo referido PL, pois este último passa a considerar o direito difuso como o direito de um grupo.

Um ponto positivo a ressaltar é o referente ao objeto de tutela, uma vez que o PL 4441/2020 deixa expresso, no inciso II do art. 3º, o cabimento da ação civil pública para a defesa de qualquer direito difuso, direito coletivo e/ou direitos individuais homogêneos; o PL em tela também deixa expressa a possibilidade de haver o controle difuso de constitucionalidade em ACP.

Registra-se a crítica à inclusão, pelo proposto no PL4441/2020, de novos requisitos, não existentes na legislação atual, para que uma associação civil possa ser considerada legitimada para promover a ACP; quanto ao procedimento e a questão da competência, esse PL modifica a sistemática atual prevista pelo art. 93 do CDC, não menciona mais dano regional, fala em dano nacional mas não traz um conceito e também não explica se o dano que atinge mais de um estado-membro configura dano nacional, é de se mencionar, ainda, no que tange à competência, a preocupação por haver no §5º do art. 7º PL 4441/2020 a abertura para as partes convencionarem sobre o foro para processar e julgar a ação civil pública[28], registre-se a complexidade do tema competência, que envolve a questão federativa, que exige a observância, por exemplo, do disposto sobre a competência absoluta prevista no art. 109 da Constituição de 1988 para as causas em que a União e autarquia federal forem parte, inclusive, há os que na leitura da redação do art.2º da vigente Lei nº 7.347/85 falam em "competência territorial

27 O Código de Defesa do Consumidor conceitua: " interesses ou direitos difusos, assim entendidos, para efeitos deste código, os transindividuais, de natureza indivisível, de que sejam titulares pessoas indeterminadas e ligadas por circunstâncias de fato". BRASIL. **Lei nº 8.070 de 11 de setembro de 1990**.Dispõe sobre a proteção do consumidor e dá outras providências. Disponível em: https://www.planalto.gov.br/ccivil_03/Leis/L8078compilado.htm. Acesso em: 11 fev. 2022.

28 É pertinente registrar que matéria de ordem pública não pode ser objeto de negócio processual, sendo também essencial enfatizar que quando a União ou autarquia federal for parte a competência é absoluta e definida pela Constituição, não havendo a possibilidade das partes convencionarem sobre essa matéria.

absoluta"[29], pois o foro é o do local onde o dano ocorreu, nesse sentido territorial, e absoluta por não ser passível de sofrer prorrogação. Por outro lado, é bastante pertinente o PL 4441/2020 trazer a possibilidade do juiz deliberar sobre a tutela provisória antes de declinar da competência, bem como o tratamento dado à litispendência com a determinação de remessa do segundo processo ao juízo prevento. Outro aspecto positivo é o da preocupação com a ampla publicidade. Ao tratar da autocomposição, o PL em tela, reforça a importância da transparência, da participação pública, da solução dialogada, da conciliação. Anote-se, quanto ao compromisso de ajustamento de conduta, que o PL 4441/2020 resolve uma questão que tem sido objeto de divergências, assim, esclarece que o compromisso de ajustamento de conduta não afasta a eventual responsabilidade administrativa e/ou penal daquele interessado que firma o compromisso assumindo as obrigações, e também soluciona o debate sobre os legitimados para promover a execução do compromisso de ajustamento de conduta, admitindo-se que qualquer legitimado para promover a defesa dos direitos difusos, coletivos e individuais homogêneos, ainda que este tenha sido celebrado por outro legitimado, possa executar o compromisso que tenha sido descumprido.

Continuando nos pontos polêmicos do PL 4441/2020, sem dúvida o que se propõe no art.11[30], com exigências a serem cumpridas pelo autor quanto aos requisitos da inicial, parecem complicar o procedimento e a atuação dos legitimados ativos nas lides envolvendo direitos individuais homogêneos. Essa proposta parece refletir um pouco a sistemática das *class actions* do Direito dos Estados Unidos – que é bastante distinto do Direito brasileiro, considerando, sobretudo, serem ordenamentos jurídicos que pertencem a famílias diferentes do Direito.

---

29 DIDIER JUNIOR, Fredie, ZANETI JUNIOR, Hermes. Direito Processual Civil: Processo Coletivo. 15ª ed., rev., atual., e ampl.. Vol. IV. Salvador: JusPODIVM, 2021, p. 163.

30 "Art. 11 Além dos requisitos previstos no art. 319 do Código de Processo Civil, o autor terá de, na petição inicial da ação civil pública: I – especificar o grupo cujo direito se busca reconhecer e, quando possível, os critérios para identificação dos seus membros; II – demonstrar as razões pelas quais é um legitimado adequado para a condução do processo coletivo; III – demonstrar, mediante certidão, que não há ação civil pública com o mesmo pedido, causa de pedir e interessados registrada no cadastro de ações coletivas do Conselho Nacional de Justiça [...]". BRASIL. Câmara dos Deputados. Projeto de **Lei nº 4441 de 2020**. Disciplina o procedimento da Nova Lei da Ação Civil Pública. Disponível em: https://www.camara.leg.br/propostas-legislativas/2261966. Acesso em: 06 mar. 2020.

No art. 56, no capítulo das disposições finais e transitórias do PL4441/2020, há a previsão de alteração do art. 21 da Lei nº 12.016/2009 ampliando o rol de legitimados para impetrar o mandado de segurança coletivo, questão que vem sendo objeto de debates doutrinários e certamente essa seria uma ampliação bem recebida.

Outras questões envolvendo as propostas de reforma da Lei da Ação Civil Pública serão analisadas a seguir a partir do PL 1641/2021.

O PL 1641/2021[31], apensado ao PL 4441/2020, nasceu das contribuições do IBDP para o aperfeiçoamento dos textos dos PLs nºs 4778/2020 e 4441/2020

Primeiramente, quanto aos legitimados ativos, o Projeto de Lei nº 1641/2021, em seu art. 7º, inciso V, §§1º a 6º, passa a exigir das associações novos requisitos, o que provoca a indagação sobre um possível retrocesso, uma vez que a lei vigente não faz tais exigências e estas indubitavelmente iriam dificultar que as associações agissem na defesa de direitos transindividuais propondo a ação civil pública[32]. Passa a haver o controle da representatividade adequada pelo magistrado que terá que conferir se a Associação é, no caso concreto, uma legitimada adequada. Não se deve esquecer que a associação é a sociedade civil organizada. Em um Estado Democrático, no governo do povo, o que se espera é a participação pública, inclusive pela via processual. Logo, impor novos requisitos para que uma associação possa ingressar em juízo através da ação civil pública é reduzir os meios de participação.

---

31 BRASIL. Câmara dos Deputados. **Projeto de Lei nº 1641 de 2021**, apensado ao projeto de Lei nº 4.441/2020. Disciplina a Ação Civil Pública. Diário da Câmara dos Deputados de 25 de maio de 2021, p.690. Disponível em: http://imagem.camara.gov.br/Imagem/d/pdf/DCD0020210525000920000.PDF#page=689. Acesso em: 03 mar. 2022. Disponível em: https://www.camara.leg.br/propostas-legislativas/2279806. Acesso em: 03 mar. 2022.

32 No § 2º do art. 7º do PL 1641/2021 ao aferir a legitimidade adequada, além dos tradicionais requisitos relacionados à constituição regular da associação, da existência há 1 ano e pertinência do objeto tutelado com as finalidades institucionais, há, na proposta, a inovação de incumbir ao magistrado, na análise da legitimação do autor, considerar o grau de proteção adequada do grupo ou do interesse protegido, avaliando dados como: I - credibilidade, capacidade e experiência do legitimado; II – seu histórico na proteção judicial e extrajudicial dos interesses ou direitos previstos nesta lei; III – sua conduta em outros processos coletivos;[...]. BRASIL. Câmara dos Deputados. Projeto de Lei 1641 de 2021. http://imagem.camara.gov.br/Imagem/d/pdf/DCD0020210525000920000.PDF#page=689. Acesso em: 03 mar. 2022.

Por outro lado, de modo oportuno há a inclusão de forma expressa, dentre os legitimados ativos, dos partidos políticos, dos sindicatos[33], da OAB, dos povos indígenas[34], dos quilombolas e das comunidades tradicionais[35].

Destacam-se pontos positivos e relevantes do Projeto em foco que prevê no art. 6º a prioridade para o processamento e julgamento da ação civil pública, sendo bastante oportuno o estímulo à autocomposição, como se vê pelo proposto no inciso II do art.14 do PL 1641/2021.

Quanto à competência, PL sob análise detalha a hipótese da competência concorrente e aponta como solução para as situações em que mais de um juízo seja competente que o foro possuidor da melhor estrutura tenha preferência[36].

---

33 O STF reconhece a legitimidade dos Sindicatos para atuar como substituto processual na defesa de direitos coletivos, nesse sentido AI 855822 AgR / RJ. Disponível em: https://redir.stf.jus.br/paginadorpub/paginador.jsp?docTP=TP&docID=6924454. Acesso em: 04 mar.2022.
Nesse âmbito o PL 1.641/2021 acompanha a posição jurisprudencial e espanca qualquer dúvida quanto à legitimidade ativa do sindicato para mover a ação civil pública.

34 Essa inclusão é salutar e tem a absoluta harmonia com o que comanda a Constituição brasileira. "Art. 232. Os índios, suas comunidades e organizações são partes legítimas para ingressar em juízo em defesa de seus direitos e interesses, intervindo o Ministério Público em todos os atos do processo". BRASIL. Constituição da República Federativa do Brasil. Disponível em: http://www.planalto.gov.br/ccivil_03/constituicao/constituicao.htm. Acesso em: 04 mar. 2022.

35 A inclusão expressa dos povos indígenas, dos quilombolas e das comunidades tradicionais como legitimados para propor a ação civil pública atende ao sentido de participação e acesso à justiça contidos no Acordo de Escazú de 2018. UNITED NATIONS. Regional agreement on access to information, public participation and justice in environmental matters in Latin America and the Caribbean, adopted in Escazú, Costa Rica, on 4 March 2018. Disponível em: https://repositorio.cepal.org/bitstream/handle/11362/43583/1/S1800428_en.pdf. Acesso em: 04 mar. 2022.

36 "Art. 8º É competente para a causa o foro do local onde ocorreu ou deva ocorrer a ação, a omissão, o dano ou o ilícito, conforme alegado na petição inicial. § 1º Na fixação da competência, observar-se-á o seguinte: I – havendo várias comarcas ou subseções judiciárias igualmente competentes, terá preferência o foro que possua a melhor estrutura, nos termos do que estabelece o § 2º deste artigo;[...] § 2º Havendo conflito de competência, sua solução deverá considerar como parâmetros, o local da ocorrência dos fatos, a abrangência nacional, regional ou local do ilícito ou dano coletivo, a facilidade na obtenção e produção das provas, a proximidade da residência dos membros do grupo, as exigências de publicidade e divulgação dos atos processuais, a facilitação da adequada notificação aos membros do grupo, a estrutura e acervo da serventia judiciária, a especialização dos juízes na matéria objeto do litigio, bem como a facilitação do exercício das garantias fundamentais

Outra questão que merece atenção diz respeito à identidade entre ações coletivas, nos termos da legislação vigente a questão é resolvida utilizando-se subsidiariamente o CPC 2015, assim, se houver a identidade total, estando configurada a litispendência, extingue-se a demanda distribuída posteriormente. Diferentemente, a proposta contida nos §§1º e 2º do art. 9º do PL1641/2021 é no sentido de que na hipótese de identidade total entre as demandas haja a remessa do segundo processo para o juízo prevento, integrando-se ao primeiro processo o acervo probatório e a argumentação contida no segundo, para todos os fins, assegurado novo contraditório, sendo assegurado ao autor da ação remetida o direito de intervir como assistente litisconsorcial na ação antes distribuída.

Interessante ressaltar, ainda, que, nos termos do que se propõe para o texto do artigo 9º do PL acima referido, a primeira ação coletiva distribuída induzirá litispendência para as demais que tenham a mesma causa de pedir, pedido e grupo abrangido. Assim, no caso de ser distribuída uma ação popular visando a anulação de uma licença ambiental outorgada ilegalmente e posteriormente ser distribuída uma ação civil pública com o mesmo objeto, causa de pedir, caracterizando-se haver em ambas as demandas a defesa de direito difuso indisponível pertencente à toda a coletividade, a solução seria a prevista no *caput* do art. 9º do PL em tela.

O PL 1641/2021 ao tratar do procedimento, no art. 11, atende ao princípio da ampla publicidade ao determinar que haja a inscrição da ação civil pública no cadastro do Conselho Nacional de Justiça, no site do Tribunal e, conforme as circunstâncias do caso possam indicar, dar publicidade por meio de anúncios em jornal ou rádio locais, a publicação de cartazes na região do conflito e outros meios.

No art. 13, do PL1641/2021 em tela, há a previsão expressa da possibilidade de haver, em um mesmo processo, a cumulação de pedidos de tutela de direitos difusos, coletivos e individuais homogêneos.

Outro ponto positivo que se verifica presente no §1º do art. 24 do PL 1641/2021 é haver a expressa previsão de possibilidade de partici-

---

processuais do réu. § 3º O critério da prevenção somente será aplicado de forma residual para resolver os conflitos de competência previstos no § 2º, nos casos em que os órgãos jurisdicionais envolvidos forem considerados igualmente adequados. [...]". BRASIL. Câmara dos Deputados. Projeto de Lei 1641 de 2021, apensado ao projeto de Lei nº 4.441/2020. Disciplina a Ação Civil Pública. Diário da Câmara dos Deputados de 25 de maio de 2021, p.690. Disponível em: http://imagem.camara.gov.br/Imagem/d/pdf/DCD0020210525000920000.PDF#page=689. Acesso em: 03 mar. 2022.

pação do *amicus curiae* no processo.

Em relação ao inquérito civil, em que pese se tratar de um procedimento administrativo facultativo, o PL 1641/2021 faz expressa referência ao princípio da publicidade, ao acesso à informação e ao princípio do contraditório, merecendo apoio e aplausos na medida em que a transparência é sempre desejada bem como assegurar ao máximo as garantias constitucionais e preceitos do Estado de Direito.

Uma inovação, prevista no art. 50 do PL ora discutido, é a referente à conversão da ação individual em coletiva.

São muitos os pontos que merecem atenção na tramitação dos Projetos de Lei de Reforma da Ação Civil Pública e é esperado o amplo debate no âmbito doutrinário.

Como assinalado no início desse estudo, não houve aqui a pretensão de abordar toda a abrangência das propostas de reforma da ACP, o que se pretendeu no presente artigo foi provocar a reflexão e o debate sobre um tema relevante como é o da Tutela Coletiva, com a expectativa de que este possa ser um estimulo para que todos se interessem em acompanhar as discussões sobre a matéria no Congresso Nacional e contribuir para que haja avanços e combater qualquer risco de retrocesso.

Conclusão

O Brasil ainda não possui um Código de Processo Coletivo, mas não há dúvida de que possui um importante instrumental de defesa dos direitos transindividuais, possuindo referenciais principiológicos e institutos próprios, que fundamentam a afirmativa de que há um microssistema de Tutela Coletiva Brasileiro.

Dentre os importantes mecanismos do Processo Coletivo, destaca-se a ação civil pública. Seu objeto é a defesa de direitos difusos, coletivos e individuais homogêneos.

Ao longo dos anos, desde a promulgação da Lei nº 7.347 em 1985, a ação civil pública sofreu algumas modificações, umas muito oportunas e outras questionáveis, como foi o caso da problemática reforma do art.16 que acabou sendo objeto de pronunciamento do Supremo Tribunal Federal que decidiu pela inconstitucionalidade da alteração repristinando o texto normativo original.

Há questões ainda abertas em relação à ação civil pública. Dentre elas, há a relativa às despesas com os honorários periciais, quando esse tipo de prova é requerida pelo autor ou determinada de ofício pelo juiz; há também debates sobre a melhor forma de solucionar as situações em que mais de uma ação coletiva é proposta acarretando a litispendência; sobre a publicidade e sobre haver ou não o contraditório na esfera do inquérito civil; sobre a ampliação do rol dos legitimados ativos; sobre a competência concorrente e o foro mais adequado quando vários juízos são competentes para processar e julgar a demanda; sobre o aproveitamento individual, via transporte útil quando a decisão na ação civil pública tenha sido de acolhimento do pedido do autor, e o respectivo foro competente para a liquidação; há também questões concernentes à utilização dos recursos do Fundo previsto no art.13 da Lei nº 7.347/85, havendo críticas quanto à destinação das receitas para custeio da modernização administrativa de órgãos públicos bem como a necessidade de haver mais transparência e informações sobre a gestão dos recursos dos fundos para onde são destinados os valores das indenizações pecuniárias oriundas de condenação em ação civil pública.

Questões importantes concernentes à instrumentalização da ação civil pública foram sendo resolvidas com o apoio da doutrina, com os referenciais principiológicos e com a interpretação dada pelos Tribunais considerando o microssistema da Tutela Coletiva.

A aplicação do disposto no art. 1º da Lei nº 7.347/85 contou com um sólido posicionamento do Superior Tribunal de Justiça quanto à extensão extrapatrimonial de lesão a direitos difusos e a respectiva reparação integral do dano.

Quanto à possibilidade de cumulação de pedidos em ação civil pública, a leitura e aplicação integrada do disposto no *caput* do art. 1º e do estabelecido no art. 3º da Lei nº 7.347/85 combinados com o art.83 do CDC, levando em consideração os princípios da não taxatividade das ações coletivas e da reparação integral do dano, por meio de uma interpretação lógica, finalista e sistêmica, alcançou-se o entendimento pela possibilidade de cumulação de pedidos.

O entendimento pela possibilidade de haver o controle difuso de constitucionalidade em ação civil pública também foi objeto de análise e do importante posicionamento do STF sobre a matéria.

Estes são alguns exemplos do caminho que foi sendo percorrido ao se buscar utilizar a ação civil pública na defesa dos direitos transindividuais sob a premissa da efetividade dos institutos processuais.

Há questões que ainda provocam dúvidas e dificuldades no processamento da ação civil pública e, como demonstrado ao longo desse trabalho, estão tramitando no Congresso Nacional projetos de lei que propõem a reforma da Lei nº 7.347/85, sendo necessário reafirmar que dada a natureza do bem jurídico, dos direitos tutelados via ACP, qualquer alteração desse mecanismo do Processo Coletivo terá que ser no sentido de avançar, de aprimorar e não permitir qualquer tipo de retrocesso, de não deixar ocorrer a redução do alcance da ação civil pública, buscando assegurar a integridade, a eficiência e a ampla eficácia do instituto processual.

Assim, qualquer proposta de reforma da Lei nº 7.347/85 tem que ter como paradigma as garantias constitucionais, a proibição de retrocesso, a busca da eficiência processual conjugada com ampla eficácia da lei e com vistas à solução conciliada dos conflitos, prevenção e reparação integral do dano, cooperação processual, motivação das decisões, proporcionalidade, razoabilidade, máxima transparência e publicidade, participação pública e, destaca-se, atender ao princípio da progressividade, uma vez que os meios processuais para a defesa de direitos só devem ser reformados para ter o alcance ampliado, para sanar lacunas, para que o texto normativo fique mais claro, mais coerente e que tenha a sua plena eficácia assegurada.

Referências bibliográficas

BERMUDES, Sergio. **Introdução ao Processo Civil**. 6ªed. Rio de Janeiro: Forense, 2019.

BRASIL. **Constituição da República Federativa do Brasil**. Disponível em: http://www.planalto.gov.br/ccivil_03/constituicao/constituicao.htm. Acesso em: 04 mar. 2022.

BRASIL. **Lei nº 13.605 de 13 de maio de 2015**. Código de Processo Civil. Disponível em: http://www.planalto.gov.br/ccivil_03/_ato2015-2018/2015/lei/l13105.htm. Acesso em: 26 fev.2022.

BRASIL. **Lei nº 12.529 de 30 de novembro de 2011.** Estrutura o Sistema Brasileiro de Defesa da Concorrência; dispõe sobre a prevenção e repressão às infrações contra a ordem econômica; altera a Lei nº 8.137, de 27 de dezembro de 1990, o Decreto-Lei nº 3.689, de 3 de outubro de 1941 - Código de Processo Penal, e a Lei nº 7.347, de 24 de julho de 1985; revoga dispositivos da Lei nº 8.884, de 11 de junho de 1994, e a Lei nº 9.781, de 19 de janeiro de 1999; e dá outras providências. Disponível em: http://www.planalto.gov.

br/ccivil_03/_ato2011-2014/2011/lei/l12529.htm. Acesso em: 26 fev. 2022.

BRASIL. **Lei nº 8.070 de 11 de setembro de 1990.**Dispõe sobre a proteção do consumidor e dá outras providências. Disponível em: https://www.planalto.gov.br/ccivil_03/Leis/L8078compilado.htm Acesso em: 11 fev. 2022.

BRASIL. **Lei nº 7.347 de julho de 1985**. Disciplina a ação civil pública de responsabilidade por danos causados ao meio-ambiente, ao consumidor, a bens e direitos de valor artístico, estético, histórico, turístico e paisagístico (VETADO) e dá outras providências. Disponível em: https://www.planalto.gov.br/ccivil_03/Leis/L7347orig.htm. Acesso em: 11 fev. 2022.

BRASIL. **Lei nº 4.717 de 29 de junho de 1965**. Regula a ação popular. Disponível em: http://www.planalto.gov.br/ccivil_03/leis/l4717.htm. Acesso em: 11 fev. 2022.

BRASIL. Câmara dos Deputados. **Projeto de Lei 1641 de 2021, apensado ao projeto de Lei nº 4.441/2020. Disciplina a Ação Civil Pública.** Diário da Câmara dos Deputados de 25 de maio de 2021, p.690. Disponível em: http://imagem.camara.gov.br/Imagem/d/pdf/DCD0020210525000920000.PDF#page=689. Acesso em: 03 mar. 2022.

BRASIL. Câmara dos Deputados. **Projeto de Lei nº 4441 de 2020**. Disciplina o procedimento da Nova Lei da Ação Civil Pública. Disponível em: https://www.camara.leg.br/propostas-legislativas/2261966. Acesso em: 06 mar. 2020.

BRASIL. Câmara dos Deputados. **Projeto de Lei nº 4.778 de 2020**. Dispõe Sobre a Nova Lei da Ação Civil Pública e Dá Outras Providências. Disponível em: https://www.camara.leg.br/propostas-legislativas/2263651. Acesso em: 04 mar. 2022.

BRASIL, Câmara dos Deputados. **Projeto de Lei nº 5.139/2009**, de 29 de abril de 2009. Disciplina a ação civil pública para a tutela de interesses difusos, coletivos ou individuais homogêneos, e dá outras providências. Autoria do Poder Executivo. Disponível em: https://www.camara.leg.br/proposicoesWeb/fichadetramitacao?idProposicao=432485. Acesso em: 26 fev. 2022.

BRASIL. Conselho Nacional de Justiça. **Portaria 152 de 30 de setembro de 2019.**Institui Grupo de Trabalho com o objetivo de criar propostas voltadas para o aprimoramento da atuação do Poder Judiciário nas ações de tutela dos direitos coletivos e difusos. Disponível em: https://atos.cnj.jus.br/atos/detalhar/3039. Acesso em: 04 mar.2022.

BRASIL. Supremo Tribunal Federal. (Pleno) **Recurso Extraordinário nº 1.101.937/SP**. CONSTITUCIONAL E PROCESSO CIVIL. INCONSTITUCIONALIDADE DO *ART. 16* DA *LEI 7.347*/1985, COM A REDAÇÃO DADA PELA *LEI* 9.494/1997. AÇÃO CIVIL PÚBLICA. IMPOSSIBILIDADE DE RESTRIÇÃO DOS EFEITOS DA SENTENÇA AOS LIMITES DA COMPETÊNCIA TERRITORIAL DO ÓRGÃO PROLATOR. REPERCUSSÃO GERAL. RECURSOS EXTRAORDINÁRIOS DESPROVIDOS. Recorrente: Caixa Econômica Federal e outros. Recorrido: Instituto Brasileiro de Defesa do Consumidor. Relator: Min. Alexandre de Moraes, j. 08.04.2021. Disponível em: https://jurisprudencia.stf.jus.br/pages/search/sjur448446/false. Acesso em: 01 mar. 2022.

BRASIL. Supremo Tribunal Federal (Pleno). **ADI 3943-DF**. AÇÃO DIRETA DE INCONSTITUCIONALIDADE. LEGITIMIDADE ATIVA DA DEFENSORIA PÚBLICA PARA AJUIZAR AÇÃO CIVIL PÚBLICA (ART. 5º, INC. II, DA LEI N. 7.347/1985, ALTERADO PELO ART. 2º DA LEI N. 11.448/2007). TUTELA DE INTERESSES TRANSINDIVIDUAIS (COLETIVOS STRITO SENSU E DIFUSOS) E INDIVIDUAIS HOMOGÊNEOS. DEFENSORIA PÚBLICA: INSTITUIÇÃO ESSENCIAL À FUNÇÃO JURISDICIONAL. ACESSO À JUSTIÇA. NECESSITADO: DEFINIÇÃO SEGUNDO PRINCÍPIOS HERMENÊUTICOS GARANTIDORES DA FORÇA NORMATIVA DA CONSTITUIÇÃO E DA MÁXIMA EFETIVIDADE DAS NORMAS CONSTITUCIONAIS: ART. 5º, INCS. XXXV, LXXIV, LXXVIII, DA CONSTITUIÇÃO DA REPÚBLICA. INEXISTÊNCIA DE NORMA DE EXCLUSIVIDAD DO MINISTÉRIO PÚBLICO PARA AJUIZAMENTO DE AÇÃO CIVIL PÚBLICA. AUSÊNCIA DE PREJUÍZO INSTITUCIONAL DO MINISTÉRIO PÚBLICO PELO RECONHECIMENTO DA LEGITIMIDADE DA DEFENSORIA PÚBLICA. AÇÃO JULGADA IMPROCEDENTE. Requerente: CONAMP. Relatora: Min. Cármen Lúcia, j.07.05.2015. Disponível em: https://jurisprudencia.stf.jus.br/pages/search/sjur314018/false. Acesso em: 01 mar 2022.

BRASIL. Supremo Tribunal Federal. (1 T). **Agravo Regimental no Agravo de Instrumento nº 855822-RJ**. Agravo regimental no agravo de instrumento. Sindicato. Legitimidade. Autorização expressa. Desnecessidade. Precedentes. 1. A jurisprudência da Corte reconhece aos sindicatos ampla legitimidade para figurar como substitutos processuais nas ações em que atuam na defesa dos direitos e interesses coletivos ou individuais dos trabalhadores integrantes da categoria, sendo certo que, atuando os sindicatos nessa qualidade, não se faz necessária expressa autorização dos associados para o ajuizamento de ações em seu benefício. Agravante: DETRO/RJ. Agravado: SINDICATO DAS EMPRESAS DE TRANSPORTES DE PASSAGEIROS DE BARRA MANSA, VOLTA REDONDA, BARRA DO PIRAI, RESENDE E VALENÇA. Relator: Min. Dias Tóffoli, 05.08.2014. Disponível em: https://redir.stf.jus.br/paginadorpub/paginador.jsp?docTP=TP&docID=6924454. Acesso em: 04 mar. 2022.

BRASIL. Supremo Tribunal Federal. (Pleno). **Reclamação nº 600 – SP.** *Reclamação.* 2. Ação civil pública contra instituição bancária, objetivando a condenação da ré ao pagamento da "diferença entre a inflação do mês de março de 1990, apurada pelo IBGE, e o índice aplicado para crédito nas cadernetas de poupança, com vencimento entre 14 a 30 de abril de 1990, mais juros de 0,5% ao mês, correção sobre o saldo, devendo o valor a ser pago a cada um fixar-se em liqüidação de sentença". [...] 8. Nas ações coletivas, não se nega, à evidência, também, a possibilidade da declaração de inconstitucionalidade, *incidenter tantum*, de lei ou ato normativo federal ou local. 9. A eficácia erga omnes da decisão, na ação civil pública, ut art. 16, da Lei nº 7347/1997, não subtrai o julgado do controle das instâncias superiores, inclusive do STF. [...]. Reclamante: Banco SUDAMERIS S.A. Reclamado: Primeiro Tribunal de Alçada Cível do Estado. Relator: Min. Neri da Silveira, j. 03.09.97. Disponível em: https://redir.stf.jus.br/paginadorpub/paginador.jsp?docTP=AC&docID=86899. Acesso em:01 mar. 2022.

BRASIL. Superior Tribunal de Justiça (2 T), **Agravo no Recurso Especial 1.677.537-RS**, ADMINISTRATIVO. AMBIENTAL. AÇÃO CIVIL PÚBLICA. DANO AMBIENTAL. NEGATIVA DE PRESTAÇÃO JURISDICIONAL. NÃO OCORRÊNCIA. EXTRAÇÃO DE RECURSOS MINERAIS. AUSÊNCIA DE AUTORIZAÇÃO E LICENÇAS AMBIENTAIS IMPERIOSAS. REPARAÇÃO INTEGRAL DO DANO AMBIENTAL. MEDIDAS PARA RECUPERAÇÃO E COMPENSAÇÃO PELO PERÍODO EM QUE FORAM DESRESPEITADAS AS NORMAS AMBIENTAIS. CABÍVEL A CUMULAÇÃO DAS CONDENAÇÕES IN CASU. PRECEDENTES. Agravante: Ministério Público Federal. Agravado: Município de Santiago. Relator: Min. Francisco Falcão, DJe 17 de novembro de 2020. Disponível em: https://scon.stj.jus.br/SCON/GetInteiroTeorDoAcordao?num_registro=202000577348&dt_publicacao=17/11/2020. Acesso em: 26 fev. 2022.

BRASIL. Superior Tribunal de Justiça. (2 Turma). **Recurso Especial nº 1.768359-MG**. PROCESSUAL CIVIL E ADMINISTRATIVO. ROMPIMENTO DA BARRAGEM DO FUNDÃO, EXPLORADA PELA MINERADORA «SAMARCO". DESASTRE AMBIENTAL DE MARIANA. AÇÃO CIVIL PÚBLICA. DECLINAÇÃO DA COMPETÊNCIA EM FAVOR DA 12ª VARA FEDERAL DE MINAS GERAIS. AGRAVO DE INSTRUMENTO. APLICAÇÃO ANALÓGICA DO REGIME DA AÇÃO POPULAR À AÇÃO CIVIL PÚBLICA. COMPETÊNCIA DA 12ª VARA FEDERAL DE MINAS GERAIS. PRECEDENTE DA PRIMEIRA SEÇÃO. Recorrente: MINISTÉRIO PÚBLICO DO ESTADO DE MINAS GERAIS. Recorrido: SAMARCO MINERAÇÃO S/A. Relator: Min. Herman Benjamin. J. 10.10.2019. Disponível em: https://scon.stj.jus.br/SCON/GetInteiroTeorDoAcordao?num_registro=201802456977&dt_publicacao=11/09/2020. Acesso em: 05 mar. 2022.

BRASIL. Superior Tribunal de Justiça. (1 Seção). **Conflito de Competência nº 144.922- MG**. PROCESSUAL CIVIL. CONFLITO POSITIVO D E COMPETÊNCIA. AÇÕES CIVIS PÚBLICAS AFORADAS NO JUÍZO ESTADUAL E NA JUSTIÇA FEDERAL DE GOVERNADOR VALADARES/MG. ROMPIMENTO DA BARRAGEM DE FUNDÃO EM MARIANA/MG. FORNECIMENTO DE ÁGUA POTÁVEL. DANOS SOCIOAMBIENTAIS. RIO DOCE. BEM PÚBLICO PERTENCENTE À UNIÃO. COMPETÊNCIA DA JUSTIÇA FEDERAL. FORO COMPETENTE. SITUAÇÃO DE MULTICO NFLITUOSIDADE. IMPACTOS REGIONAIS E NACIONAL. CONEXÃO ENTRE AS AÇÕES CIVIS PÚBLICAS OBJETO DO CONFLITO E OUTRAS QUE TRAMITAM NA 12ª VARA FEDERAL DE BELO HORIZONTE/MG. PREVENÇÃO. APLICAÇÃO DA REGRA ESTABELECIDA NA LEI DE AÇÃO CIVIL PÚBLICA. Suscitante: SAMARCO MINERAÇÃO S/A. Suscitado: JUÍZO DE DIREITO DA 7ª VARA CÍVEL DE GOVERNADOR VALADARES- MG. Suscitado: JUÍZO FEDERAL DA 2ª VARA DE GOVERNADOR VALADARES- MG. Relatora: Min. Diva Malerbi, 25.05.2016. Disponível em: https://scon.stj.jus.br/SCON/GetInteiroTeorDoAcordao?num_registro=201503278588&dt_publicacao=09/08/2016. Acesso em: 05.03.2022.

DIDIER JUNIOR, Fredie, ZANETI JUNIOR, Hermes. **Direito Processual Civil: Processo Coletivo**. 15ª ed., rev., atual., e ampl.. Vol. IV. Salvador: JusPODIVM, 2021.

MENDES, Aloísio Gonçalves de Castro. **Ações Coletivas e Meios de Resolução de Conflitos no Direito Comparado e Nacional**. 4ª ed. rev., atual e ampl. São Paulo: Revista dos Tribunais, 2014.

UNITED NATIONS. Regional agreement on access to information, public participation and justice in environmental matters in Latin America and the Caribbean, adopted in Escazú, Costa Rica, on 4 March 2018. Disponível em: https://repositorio.cepal.org/bitstream/handle/11362/43583/1/S1800428_en.pdf. Acesso em: 04 mar. 2022.

ZUFELATO, Camilo, SALGADO, Lilian. Limites Territoriais da Coisa Julgada em Demandas de Natureza Coletiva. **Migalhas**, 22 fev. 2019. Disponível em: https://www.migalhas.com.br/depeso/296815/limites-territoriais-da-coisa-julgada-em-demandas-de-natureza-coletiva. Acesso em: 01 mar 2022.

PRECEDENTES EM ARBITRAGEM[1]

Ivan Nunes Ferreira

"Se nos separarmos um dia, o meu advogado será o Sergio Bermudes." Escuto essa ameaça por parte da minha mulher, Teresa, há quase quarenta anos. Por isso, jamais ousei pensar em separação. Esse tipo de brincadeira demonstra não só a competência do nosso homenageado como o meu medo da privação material. Entretanto, revela, acima de tudo, o carinho imenso que o casal nutre por ele.

Sergio, além do meu preceptor na advocacia, criou uma imensa família de excelentes advogados e processualistas, que, além dos componentes do seu escritório, o maior e melhor de contencioso do Brasil, espalhou-se, nas últimas décadas, pelas bancas de advocacia e cargos jurídicos mais importantes deste país. Esse, talvez, o seu maior legado.

Como um dos mais antigos ex-sócios do Sergio Bermudes, passo constantemente pelo constrangimento de ouvir o seguinte de colegas há décadas estabelecidos na profissão: *"fui estagiário do Ivan"*, o que me imporia a consciência da senioridade, que continuarei insistindo em negar.

Honrado pelo convite para participar dessa coletânea, submeto aos leitores essas considerações sobre o sistema de precedentes brasileiro e suas principais intersecções com as arbitragens a serem decididas com base na Lei Brasileira.

O sistema de precedentes foi introduzido no Brasil muito recentemente pelo atual Código de Processo Civil (Lei nº 13.105, de 16 de março de 2015)[2]. O artigo 927 desse código estabelece que os juízes e os tribunais observarão:

> *"I – as decisões do Supremo Tribunal Federal em controle concentrado de constitucionalidade;*
> *II – os enunciados de súmula vinculante;*
> *III – os acórdãos em incidente de assunção de competência ou de resolução de demandas repetitivas e em julgamento de recursos extraordinário e especial repetitivos;*

---

1 Este texto foi adaptado a partir de artigo publicado no e-Bulletin da *'Arbitration Committee of the Legal Practice Division of the International Bar Association'*, em novembro de 2020, com a devida permissão do International Bar Association, London, UK. © International Bar Association.

2 CRAMER, Ronaldo. Precedentes judiciais: teoria e dinâmica. 1ª ed., Rio de Janeiro: Forense, 2016, p. 48.

> *IV – os enunciados das súmulas do Supremo Tribunal Federal em matéria constitucional e do Superior Tribunal de Justiça em matéria infraconstitucional;*
>
> *V – a orientação do plenário ou do órgão especial aos quais estiverem vinculados."*

O paragrafo primeiro desse dispositivo, estabelece que, ao aplicarem os precedentes, os juízes e os tribunais observarão o disposto nos artigos 10 e 498, parágrafo primeiro, do Código de Processo Civil. O primeiro estipula que se deve garantir às partes do processo a oportunidade para se manifestarem sobre a incidência (ou não) do precedente. O segundo, por sua vez, exige que a decisão de aplicar o precedente seja devidamente fundamentada, não sendo admissível:

> *"I – se limitar à indicação, à reprodução ou à paráfrase de ato normativo, sem explicar sua relação com a causa ou a questão decidida;*
>
> *II – empregar conceitos jurídicos indeterminados, sem explicar o motivo concreto de sua incidência no caso;*
>
> *III – invocar motivos que se prestariam a justificar qualquer outra decisão;*
>
> *IV – não enfrentar todos os argumentos deduzidos no processo capazes de, em tese, infirmar a conclusão adotada pelo julgador;*
>
> *V – se limitar a invocar precedente ou enunciado de súmula, sem identificar seus fundamentos determinantes nem demonstrar que o caso sob julgamento se ajusta àqueles fundamentos;*
>
> *VI – deixar de seguir enunciado de súmula, jurisprudência ou precedente invocado pela parte, sem demonstrar a existência de distinção no caso em julgamento ou a superação do entendimento."*

Como se vê, o precedente no direito brasileiro é completamente diferente do precedente da *common law*, este último baseado numa série de decisões repetidas em casos semelhantes, ao longo do tempo (*stare decisis*).

Na verdade, o direito brasileiro, com origem na *civil law*, não se converteu, de forma alguma, no direito aplicado nos países de *common law*, embora tenha sofrido, nesse estatuto recente, forte inspiração do sistema de *common law*, numa tentativa de tornar mais uniforme, estável e coerente a jurisprudência dos nossos tribunais (artigo 926 do Código de Processo Civil).

Todos conhecem o estilo musical chamado Bossa Nova, nascido no Brasil a partir do samba-canção e imortalizado nas composições de João Gilberto e Tom Jobim. A Bossa Nova, em alguns acordes, inspirou-se no jazz americano. Entretanto, Bossa Nova é Bossa Nova, e Jazz é Jazz. Possuem semelhanças, mas são inconfundíveis.

De igual forma, o precedente brasileiro sofreu alguma influência do sistema de precedentes da *common law*, mas, como pode-se observar da sua gênese, com ele não se confunde, nem significa uma importação do sistema anglo-saxônico.

Por outro lado, o Brasil possui uma Lei de Arbitragem (Lei nº 9.307 de 23 de setembro de 1996), que só entrou em vigor neste século por conta de uma discussão no Supremo Tribunal Federal (STF) sobre sua constitucionalidade[3].

A Lei de Arbitragem brasileira criou um sistema à parte daquele do Código de Processo Civil, muito embora os princípios gerais deste possam ser aplicados às arbitragens domésticas.

De qualquer forma, as normas positivadas do Código de Processo Civil não se aplicam à arbitragem doméstica no Brasil. Constituem dois sistemas distintos.

Ocorre que, quando as partes brasileiras ou estrangeiras, escolhem o direito brasileiro como o direito material a ser aplicado a determinada arbitragem, elas escolhem o direito brasileiro com todas as suas fontes de direito material.

Até um passado recente, havia uma discussão sobre se a jurisprudência seria ou não fonte de direito. Para alguns, as únicas fontes do direito de países da *civil law* constituiriam a lei, os costumes e o uso:

> *"Se se tomar a expressão fonte em sentido técnico estrito, não se pode assim compreender a jurisprudência, porque nos regimes de separação de poderes, ao Judiciário cabe aplicar contenciosamente a lei aos casos particulares, e, não competindo aos tribunais formular regras jurídicas, senão aplicá-las, a manifestação jurisprudencial não se pode qualificar como fonte criadora da norma de direito, porque não passa de um processo de aplicação da lei. (...) Entendemos, no entanto, não se possa qualificar cientificamente a jurisprudência como fonte formal porque, nos sistemas de direito escrito, a repetição, ainda que iterativa e constante, do pronunciamento dos tribunais, tem por base a regra legal, e não a decisão judiciária, em si mesma."*[4]

3 A constitucionalidade da Lei de Arbitragem foi alvo de discussões desde a sua entrada em vigor, em 23 de setembro de 1996. Entretanto, a sua constitucionalidade foi finalmente reconhecida pelo julgamento proferido em 13 de dezembro de 2001, pelo Plenário do supremo Tribunal Federal, no recurso interposto em processo de homologação de Sentença Arbitral Estrangeira, caso paradigmático sobre a matéria, que tramitava desde 1995 (Agr. Regimental nº 5206-8/246).

4 PEREIRA, Caio Mário da Silva. *Instituições de direito civil*. 27ª ed., Rio de Janeiro: Forense, 2014, pp. 47/48.

A jurisprudência e os princípios gerais não seriam fonte do direito ou seriam fontes secundárias do direito. Ocorre que, com o novo sistema de precedentes, estes passaram a constituir fonte de direito material, no que diz respeito ao conteúdo das decisões cuja observação passou a constituir dever dos juízes, dos tribunais brasileiros e da Administração Pública. Os precedentes tornaram-se fonte de direito material, em função dos comandos que emanam, após a aplicação do direito aos casos concretos.

Note-se, inclusive, que essa forma de precedentes "à brasileira" já se iniciara com a Constituição Federal de 1988, pois, no seu artigo 102, parágrafo segundo, já dizia que as decisões de mérito proferidas pelo Supremo Tribunal Federal, nas ações sobre a constitucionalidade de leis, produzem eficácia vinculante não só para o Poder Judiciário como também para a Administração Pública Direta e Indireta, nas esferas federal, estadual e municipal.

Por sua vez, o artigo 103-A da Constituição Federal estabeleceu que o Supremo Tribunal Federal, de ofício ou por provocação, poderá emitir súmulas vinculantes sobre a validade, a interpretação e a eficácia de normas sobre as quais haja controvérsia entre Órgãos do Judiciário e da Administração Pública.

Como se vê, o sistema de precedentes brasileiro criou comandos originários, que passaram a integrar o direito material brasileiro.

Existe enorme discussão entre os doutrinadores brasileiros sobre a teoria do vocábulo "observarão", incluído na redação do artigo 927, transcrito no início deste artigo, assim como, sobre o poder vinculante ou meramente persuasivo das decisões previstas nos incisos daquele artigo 927 do Código de Processo Civil.

Alguns entendem que todos aqueles incisos tratam de precedentes vinculantes. Segundo outra corrente, apenas os incisos I e II teriam força vinculante, por possuírem fonte constitucional. E ainda há uma terceira corrente, segundo a qual apenas os incisos I, II e III teriam força vinculante, porque a inobservância dessas decisões daria ensejo a Reclamação perante o Supremo Tribunal Federal (artigo 988, incisos III e IV, do Código de Processo Civil)[5].

5 A Reclamação é um instrumento jurídico, com status constitucional, que visa preservar a competência do Supremo Tribunal Federal e garantir a autoridade de suas decisões. A Reclamação pertence à classe de processos originários do STF – ou seja, deve ser ajuizada diretamente no Tribunal, a quem cabe analisar se o ato questionado na ação invadiu competência da Corte ou se contrariou alguma de suas decisões. É possível ajuizar Reclamação para garantir a autoridade das súmulas vinculantes editadas por aquele Tribunal.

> *"No Brasil, há precedente com força vinculante – é dizer, em que a ratio decidendi contida na fundamentação de um julgado tem força vinculante. Estão eles enumerados no art. 917, CPC"*[6].
>
> *"Assim é que tem eficácia vinculante as decisões e enunciados sumulares indicados nos incisos I a III do art. 927; e são meramente argumentativas as decisões e verbetes sumulares de que tratam os incisos IV e V do mesmo artigo."*[7]
>
> *"Há a obrigatoriedade que poderíamos chamar de forte – se não respeitada cabe, para correção da decisão que a desrespeitou, um remédio especificamente concebido com esta finalidade* [Reclamação]."[8]

No que diz respeito à arbitragem, em que as partes escolheram o direito brasileiro para reger o procedimento, a nossa Lei de Arbitragem não deixa dúvida no sentido de que as arbitragens domésticas, no aspecto procedimental, são regidas pelas normas criadas pelas partes (*ad hoc*) ou pelas regras das instituições arbitrais.

As duas grandes questões que se colocam são as seguintes: uma sentença arbitral que, ao decidir o mérito, não siga um precedente vinculante poderia, por essa razão, vir a ser anulada? Por outro lado, devem os tribunais arbitrais, ao proferirem as suas sentenças, analisar a aplicação ou não dos precedentes vinculantes ou persuasivos em decisão fundamentada, sob pena de anulação da sentença arbitral?

A Lei de Arbitragem, estabelece, no seu artigo 32, quais as únicas hipóteses de anulação de uma sentença arbitral e são elas:

> *"I – for nula a convenção de arbitragem;*
>
> *II – emanou de quem não podia ser árbitro;*
>
> *III – não contiver os requisitos do art. 26 desta Lei;*
>
> *IV – for proferida fora dos limites da convenção de arbitragem;*
>
> *VI – comprovado que foi proferida por prevaricação, concussão ou corrupção passiva;*
>
> *VII – proferida fora do prazo, respeitado o disposto no art. 12, inciso III, desta Lei; e*
>
> *VIII – forem desrespeitados os princípios de que trata o art. 21, § 2º, desta Lei."*

---

6 DIDIER JR., Ferdie; BRAGA, Paulo Sarno; Oliveira, Rafael Alexandria de. *Curso de direito processual civil*. vol. 2, 10ª ed., Salvador: JusPodivm, 2015, p. 455.

7 CÂMARA, Alexandre Freitas. *O novo processo civil brasileiro*. 2ª ed., São Paulo: Altas, 2016, p. 436.

8 WAMBIER, Teresa Arruda Alvim; CONCEIÇÃO, Maria Lúcia Lins; RIBEIRO, Leonardo Ferres da Silva; MELLO, Rogério Licastro Torres de. *Primeiros comentários ao novo Código de Processo Civil: artigo por artigo*. São Paulo: RT, 2015, p. 1.315.

Parece-me que a não observância de um precedente, ainda que vinculante, não se insere no rol dos motivos para anulação de uma sentença arbitral. Trata-se de uma questão de política legislativa, pura e simplesmente.

Assim como o legislador não incluiu, no rol de motivos para anulação de sentença arbitral, a violação manifesta de norma jurídica (como fez, por exemplo, na ação rescisória[9]), igualmente não estabeleceu o descumprimento de precedentes, vinculantes ou não, o que poderia ter feito na redação originária quanto aos precedentes constitucionais. Também não o fez, posteriormente, na reforma da Lei de Arbitragem[10]. Não existe, portanto, no direito brasileiro, a anulação de sentença arbitral pelo *manifest disregard of the law*.

Por outro lado, o artigo 32 da nossa Lei de Arbitragem estabelece a nulidade da sentença arbitral que não contiver os requisitos do artigo 26 daquela lei, no qual consta como requisito obrigatório das sentenças arbitrais os fundamentos da decisão, onde serão analisadas as questões de fato e de direito trazidas pelas partes.

Ora, se as partes ou uma das partes socorre-se de um precedente judicial para respaldar a sua pretensão e a sentença arbitral proferida sequer analisa a aplicabilidade ou não daquele precedente ao caso concreto, parece-me que lhe falta a necessária fundamentação.

Repita-se, ainda que o Tribunal não siga o precedente, a sentença arbitral não se encontra sujeita à anulação, desde que o Tribunal Arbitral exponha as razões pelas quais deixou de aplicar o precedente, persuasivo ou vinculante, em respeito ao requisito obrigatório do inciso II do artigo 26 da Lei de Arbitragem. O árbitro pode não concordar com o precedente, pode considerá-lo não aplicável ao caso concreto, só não pode ignorá-lo completamente, na medida em que os precedentes passaram a constituir fonte do direito material brasileiro. Se o fizer, proferirá uma sentença arbitral não fundamentada devidamente e, portanto, anulável.

Por fim, caso as partes não apresentem o precedente em prol do seu direito, mas o Tribunal entenda que algum precedente se aplica ao caso concreto, este deverá conceder oportunidade às partes para se ma-

9 Ação rescisória é uma ação autônoma que instrumentaliza meio de impugnação para desconstituir coisa julgada oriunda de decisão judicial transitada em julgado (artigo 966 do Código de Processo Civil).

10 Lei nº 13.129, de 26 de maio de 2015.

nifestarem sobre a aplicação ou não desse precedente, pois vedadas as decisões surpresa[11].

Referências bibliográficas

CÂMARA, Alexandre Freitas. *O novo processo civil brasileiro*. 2ª ed., São Paulo: Altas, 2016.

CRAMER, Ronaldo. *Precedentes judiciais: teoria e dinâmica*. 1ª ed., Rio de Janeiro: Forense, 2016, p. 48.

DIDIER JR., Ferdie; BRAGA, Paulo Sarno; Oliveira, Rafael Alexandria de. *Curso de direito processual civil*. vol. 2, 10ª ed., Salvador: JusPodivm, 2015.

PEREIRA, Caio Mário da Silva. *Instituições de direito civil*. 27ª ed., Rio de Janeiro: Forense, 2014, pp. 47/48.

WAMBIER, Teresa Arruda Alvim; CONCEIÇÃO, Maria Lúcia Lins; RIBEIRO, Leonardo Ferres da Silva; MELLO, Rogério Licastro Torres de. *Primeiros comentários ao novo Código de Processo Civil: artigo por artigo*. São Paulo: RT, 2015.

11 Corolário do disposto no artigo 20, parágrafo 2º da Lei de Arbitragem.

RESPONSABILIDADE DA CONTRATANTE PELAS OBRIGAÇÕES TRABALHISTAS DA CONTRATADA

Jose Roberto Dos Santos Bedaque

Em contrato de prestação de serviços, a contratada para prestação de determinados serviços assume expressamente a responsabilidade por todos os direitos dos trabalhadores a ela vinculados, isentando a contratante de qualquer dever resultante dessa relação empregatícia.

A indagação a ser examina a seguir é: não obstante a existência dessa cláusula contratual, pode a contratante ser objetiva e solidariamente responsabilizada por eventuais direitos trabalhistas, securitários ou previdenciáros, decorrentes da legislação, sujeitando-se a obrigação de regresso?

A resposta parte de uma premissa: a relação jurídica entre contratante e contratada é eminentemente civil. Não há vínculo de outra natureza entre aquela e os empregados desta. Para eventual pretensão dessa natureza, a contratante não possui legitimidade passiva, pois não mantém nenhuma relação jurídica com eles. Empregadora é exclusivamente a contratada e, portanto, a única resposável pelo possível descumprimento de direitos relacionados à legislação trabalhista.

Eis, então, a importante premissa que deverá orientar a conclusão deste trabalho. O tema deve ser examinado exclusivamente à luz dos requisitos da responsabilidade civil contratual, a serem analisados em conformidade com as regras do Código Civil e, especialmente, dos termos do negócio jurídico celebrado entre partes.

Dúvida não pode haver, pois, quanto à natureza subjetiva da responsabilidade civil imputada à consulente, cujo pressuposto e a existência de culpa, mesmo porque a situação concreta não se insere na hipótese legal, fundada na teoria do risco, em que esse elemento é dispensado (Código Civil, art. 927, p.u.).[1]

---

1 "A regra geral, que deve presidir à responsabilidade civil, é a sua fundamentação na ideia de culpa; mas, sendo insuficiente esta para atender às imposições do progresso, cumpre ao legislador fixar especialmente os casos em que deverá ocorrer a obrigação de reparar, independentemente daquela noção. Não será sempre que a reparação do dano se abstrairá do conceito de culpa, porém quando o autorizar a ordem jurídica positiva. É neste sentido que os sistemas modernos se encaminham, como, por exemplo, o italiano, reconhecendo em casos particulares e em

Nessa linha, inexistentes elementos demonstrativos de ciência, pela contratante, de futuro inadimplemento, não há como imputar-lhe comportamento culposo, sob pena de exigir-se dela a capacidade de prever o futuro.

Além do mais, cláusula comum em contratos dessa natureza estabelece a obrigação de a contratada dar cumprimento de todas as disposições legais em vigor, quer quanto à remuneração de seus empregados, quer quanto aos demais encargos, de qualquer natureza, especialmente dos seguros contra acidentes de trabalho.

Em consequência, a contratante realiza negócio sob a legítima expectativa de estar iniciar relação jurídica com empresa comprometida com a observância da legislação trabalhista. Não há como imputar-lhe, por exemplo, culpa por haver contratado empresa inadimplente com obrigações trabalhistas, salvo se existentes elementos reveladores desse comportamento.

Semelhante raciocínio pressuporia exigir dela que presumisse a má-fé da empresa com a qual estava contratando. A prevalecer tal critério, estaríamos impondo-lhe o dever de desconfiar, *ex ante,* de declaração prestada no instrumento do contrato.

A conclusão, contudo, desconsidera por completo a cláusula geral de boa-fé objetiva (CC, art. 422), um dos pilares do direito privado brasileiro. Dessa cláusula sabidamente irradia um mínimo grau de confiança que deve permear qualquer relação jurídica contratual – confiança que não deve ser jamais censurada, mas protegida pelo ordenamento jurídico.

Nesse sentido apontam tanto a doutrina quanto os tribunais brasileiros. O prestigioso ORLANDO GOMES preconiza que "*as partes devem agir com lealdade e confiança recíprocas*",[2] e na mesma linha caminha a jurisprudência do Col. Superior Tribunal de Justiça. Segundo a E. Corte Superior, decorre da cláusula geral boa-fé objetiva um "*dever geral de lealdade e confiança recíproca entre as partes*".[3]

É conveniente frisar o retrocesso que representaria a adoção de entendimento contrário, em clara desconsideração da tendência

matéria especial a responsabilidade objetiva, mas conservando o princípio tradicional da imputabilidade do fato lesivo. Insurgir-se contra a ideia tradicional da culpa é criar uma dogmática desafinada de todos os sistemas jurídicos. Ficar somente com ela é entravar o progresso" (SILVA PEREIRA, Caio Mário da, *Instituições de direito civil*, 3ª ed., Rio de Janeiro: Forense, 1990, p. 507).

2 *Contratos*, 26ª ed., Forense, Rio de Janeiro, 2008, p. 45.

3 STJ, 1ª S., REsp nº 1.143.216-RS, rel. LUIZ FUX, j. 24.3.2010, DJe 9.4.2010.

de nossa legislação é prestigiar cada vez mais a confiança entre os contratantes. Como afirma a doutrina, "a proteção da confiança facilita a circulação de bens e agiliza as funções econômica e social do negócio jurídico"[4], chegando ao ponto de enfatizar que "sem confiança mútua não se negocia".[5]

Mas não é só. Acolher eventual pretensão da contratada e impor responsabilidade decorrente de seu inadimplemento à contratante, equivaleria a premiar quem agiu em desconformidade com as regras legais. Além disso, como já enfatizado, as obrigações trabalhistas, normalmente, são assumidas de forma expressa pela prestadora dos serviços, no respectivo contrato. Conclusão contrária implicaria proporcionar ao inadimplente benefício decorrente da própria torpeza, o que ordenamento jurídico não admite: "o direito não tolera que alguém seja ouvido quando alega a própria má-fé: *nemo auditur propriam turpitudinem allegans*" (CAIO MÁRIO DA SILVA PEREIRA).[6]

1. Pacta sunt servanda

E sua violação na r. Sentença

Como visto a solução do problema posto passa necessariamente pelo contrato de prestação de serviços celebrado entre as partes. Se inexistente vínculo empregatício ou responsabilidade, solidária ou não, em relação à contratante e os empregados da contratada que vierem a executar os serviços acordados, correndo por conta exclusiva da prestadora, única responsável como empregadora, todas as despesas com esse pessoal, inclusive os encargos decorrentes da legislação vigente, trabalhista, previdenciária ou securitária, obrigando-se ela, assim, exclusivamente, ao cumprimento de todas as disposições legais em vigor, quer quanto à remuneração de seus empregados, quer quanto aos demais encargos, de qualquer natureza, especialmente dos seguros contra acidentes de trabalho, não há como transferir tais obrigações à contratante.

Essa é a orientação da jurisprudência, que conclui pela desvinculação trabalhista do contratante e inexistência de responsabilidade solidária ou subsidiariedade pelo passivo trabalhista da empresa contratada para o transporte de mercadoria:

4 ROBERTO SENISE LISBOA, *Confiança contratual*, São Paulo, Atlas, 2012, p. 36.

5 *Idem*.

6 *Instituições de direito civil*, vol. I, Rio, Forense, 1995, p. 340.

"RECURSO ORDINÁRIO DO RECLAMANTE. RESPONSABILIDADE SUBSIDIÁRIA OU SOLIDÁRIA. INOCORRÊNCIA. CONTRATO DE TRANSPORTE DE MERCADORIAS. NATUREZA CIVIL DA CONTRATAÇÃO. INEXISTÊNCIA DE INTERMEDIAÇÃO DE MÃO DE OBRA. AUSÊNCIA DE REQUISITOS DE FORMAÇÃO DO GRUPO ECONÔMICO. Na situação retratada nos autos a empregadora do reclamante e primeira reclamada foi contratada por duas outras empresas para executar serviços de transporte de mercadorias. Trata-se de ajuste empresarial plenamente lícito, incapaz de configurar intermediação de mão de obra. Essa subcontratação pessoas jurídicas para a execução de serviços de transporte transcorre no plano exclusivamente cível, sem qualquer reflexo nas relações de emprego da contratada. Trata-se de dinâmica própria das relações empresariais do setor de transporte, não reverberando no direito do trabalho. A responsabilidade subsidiária vindicada pelo recorrente só afloraria na hipótese de reconhecimento de intermediação de mão de obra, o que de fato não ocorreu nos autos. Não é possível equiparar a subcontratação de empresa de transporte (Lei nº 11.442, de 05.01.2007, art. 5º), com a terceirização de mão de obra (Lei nº 6.019, de 03.01.1974, art. 4º-A), hipóteses absolutamente distintas. Por outro lado, não há qualquer indício de formação de grupo empresarial entre as litisconsortes que apenas firmaram relação comercial com propósito específico, sem qualquer nuance de interesse econômico integrado. Nesse caso, inviável o surgimento de responsabilidade solidária, nos termos da CLT, art. 2º, §§ 2º e 3º. Assim sendo, sob qualquer ótica, não é possível o reconhecimento de responsabilidade laboral, seja ela solidária ou subsidiária. Recurso não provido no particular". (TRT-13, RO nº 0000475-71.2020.5.13.0032, rel. Desembargador Wolney de Macedo Cordeiro, 2ª Turma, publicado em 30/08/2021)"

"I - AGRAVO EM AGRAVO DE INSTRUMENTO EM RECURSO DE REVISTA. INTERPOSIÇÃO POSTERIOR ÀS LEIS 13.015/2014 E 13.105/2015. RITO SUMARÍSSIMO. JULGAMENTO EXTRA PETITA. VALOR DA CONDENAÇÃO. LIMITAÇÃO. Configura-se julgamento extra petita quando a decisão for proferida fora do pedido, ou seja, quando o juiz concede à parte coisa diversa da que foi requerida em sua petição inicial. Observa-se, como bem ressaltado pelo egrégio Tribunal Regional, que o valor da causa e dos pedidos é mera estimativa feita pelo autor ao ajuizar a ação. Dessa forma, a liquidação da sentença não estará circunscrita ao valor indicado na petição inicial, mas, sim, às parcelas deferidas judicialmente. No caso dos autos, depreende-se que os pedidos deferidos foram postulados pelo autor em sua exordial. Ante o exposto, verifica-se que o Juízo a quo afastou corretamente a tese do julgamento extra petita , tendo em vista que a decisão não extrapolou os limites da lide. Agravo conhecido e desprovido no particular. CONTRATO DE TRANSPORTE DE CARGAS. NATUREZA COMERCIAL. AUSÊNCIA DE TERCEIRIZAÇÃO DE SERVIÇOS. INAPLICABILIDADE DA SÚMULA Nº 331 DO TST. Cotejando-se a tese exposta na decisão recorrida com as razões recursais, mostra-se prudente o provimento do agravo para melhor análise do agravo de instrumento. Agravo conhecido e provido no particular. II - AGRAVO DE INSTRUMENTO EM RECURSO DE REVISTA. CONTRATO DE TRANSPORTE DE CARGAS. NATUREZA COMERCIAL. AUSÊNCIA DE TERCEIRIZAÇÃO DE SERVIÇOS. INAPLICABILIDADE DA SÚMULA Nº 331 DO TST. Ante uma possível contrariedade à Súmula nº 331, IV, do TST , dá-se provimento ao agravo de instrumento para melhor exame do recurso de revista. Agravo de instrumento conhecido e provido. III - RECURSO DE REVISTA. CONTRATO DE TRANSPORTE DE CARGAS. NATUREZA COMERCIAL. AUSÊNCIA DE TERCEIRIZAÇÃO DE SERVIÇOS. INAPLICABILIDADE DA SÚMULA Nº 331 DO TST. A existência de contrato de transporte de cargas firmado entre a primeira e a segunda rés, por possuir natureza puramente comercial, e, não, de prestação de serviços, não evidencia a terceirização prevista na Súmula nº 331, IV, do TST, de forma que não há como se reconhecer a responsabilidade subsidiária ou solidária da tomadora de serviços. Recurso de revista conhecido por contrariedade à Súmula nº 331, IV, do TST e provido. CONCLUSÃO. Agravo conhecido e parcialmente provido; agravo de instrumento conhecido e provido e recurso de revista conhecido e provido". (TST, Ag nº 10741-92.2015.5.15.0079, rel. Desembargador Alexandre de Souza Agra Belmonte, 3ª Turma, publicado em 11/06/2021).

"CONTRATAÇÃO DE TRANSPORTE DE MERCADORIAS. AUSÊNCIA DE INTERMEDIAÇÃO DE MÃO DE OBRA. INAPLICABILIDADE DA SÚMULA 331, IV, DO TST. A contratação de empresa para o transporte de mercadorias produzidas pela segunda reclamada não se confunde com terceirização de mão de obra. Por esse motivo não se mostra aplicável a Súmula 331, IV, do TST. Responsabilidade subsidiária excluída. Recurso ordinário conhecido e provido". (TRT-10, RO nº 00019-51.2018.5.10.0105, rel. Desembargadora Cilene Ferreira Amaro Santos, 3ª Turma, publicado em 14/11/2020).

Ignorar a cláusula contratual corresponde a violação de um dos mais sólidos princípios do direito contratual: o *pacta sunt servanda.*

O princípio da obrigatoriedade do contrato consubstancia o poder vinculativo das declarações de vontade emitidas pelas partes de um contrato e sua imutabilidade unilateral – *quod prius est libertatis postea fit necessitatis.*[7]

Essa sistemática, conforme explica ORLANDO GOMES, *"não se apresenta como corolário exclusivo da regra moral de que todo homem deve honrar a palavra empenhada"*, mas é *"decorrência do próprio princípio da autonomia da vontade"*,[8] pois a intervenção judicial para alterar o conteúdo dos contratos questionaria a própria liberdade de contratar.

Em reconhecimento dessa realidade, o Código Civil dispõe: *"nas relações contratuais privadas, prevalecerão o princípio da intervenção mínima e a excepcionalidade da revisão contratual"* (art. 421, par.). De modo ainda mais específico, preceitua o art. 421-A que os contratos civis e empresariais se presumem paritários e assimétricos, determinando que *"a alocação de riscos definida pelas partes deve ser respeitada e observada"* (inc. II).

7 Cf. ANTUNES VARELA. *Das obrigações em geral.* Coimbra: Almedina, 2000, pp. 214-217.

8 *Contratos.* Rio de Janeiro: Forense, 2008, pp. 38-39.

Quanto a esse ponto, convido os prezados leitores a uma reflexão, a meu ver indispensável. Se a contratada não assumisse no contrato a responsabilidade exclusiva pelo custo trabalhista, a contratante aceitaria pagar a mesma remuneração? Parece-me claro que não. Aliás, vou além: não me parece despropositado pensar que a contratante nem sequer considerasse manter relaçãop jurídica com empresa que não se dispusesse a essa assunção de risco.

A propósito, essa obrigação normalmente assumida pela contratada não é inusitada. Trata-se de responsabilidade da empresa prestadora de serviços por seus próprios funcionários. Não verifico, na cláusula aqui mencionada, livremente pactuada entre as partes, extravagância alguma. Ao contrário: disposições dessa natureza são triviais. Afinal, quando uma empresa contrata outra para lhe prestar determinado serviço, não espera responder por obrigações trabalhistas da contratada e ordinariamente toma a cautela de exigir que essa exclusão de responsabilidade fique registrada.

De mais a mais, a relação jurídico-contratual existente entre as partes tem natureza civil, razão pela qual não se verifica a terceirização de serviços e, consequentemente, não há incidência da Súmula 331 do TST: "Uma vez preenchidos os requisitos dispostos na Lei nº 11.442/2007, estará configurada a relação comercial de natureza civil e afastada a configuração de vínculo trabalhista" (STF, ADI 3961 vinculada à ADC 48, Rel. Ministro Roberto Barroso, Tribunal Pleno, julgado em 15/04/2020)."[9]

---

9 Essa e a orientação da jurisprudência: "RECURSO DE REVISTA INTERPOSTO PELO RECLAMANTE. ACÓRDÃO REGIONAL PUBLICADO NA VIGÊNCIA DAS LEIS Nºs 13.015/2014 E 13.467/2017. 1. CONTRATO DE TRANSPORTE DE MERCADORIAS. SÚMULA Nº 331, IV, DO TST. INAPLICABILIDADE. HIPÓTESE FÁTICA DIVERSA DA ABORDADA PELO SUPREMO TRIBUNAL FEDERAL NO TEMA 725 DA REPERCUSSÃO GERAL. CONTRATO DE NATUREZA CIVIL. AUSÊNCIA DE RESPONSABILIDADE SUBSIDIÁRIA. TRANSCENDÊNCIA JURÍDICA RECONHECIDA. NÃO CONHECIMENTO.

I. A Corte Regional decidiu que a relação entre a 1ª Reclamada (Voal Logística LTDA.) e a 2ª Reclamada (Arcelormittal Brasil S.A) era um contrato de transporte de mercadorias, não configurando, assim, uma terceirização de mão-de-obra, afastando a aplicação da Súmula nº 331, IV do TST.

II. Ao assim decidir, o Tribunal Regional observou a jurisprudência desta Corte superior, no sentido de que a terceirização de serviço ocorre quando a empresa tomadora contrata da empresa prestadora o fornecimento de mão de obra para realização de atividades que integram sua organização empresarial. Trata-se, assim, de terceirização de serviços de sua atividade empresarial, meio ou fim. Situação diversa é o transporte de mercadorias, que é uma atividade econômica explorada, não pela tomadora, mas pela empresa contratada.

III. No caso dos autos, conforme descrito pela Corte Regional, houve a contratação do transporte das mercadorias produzidas pela ArcelorMittal Brasil S.A, contrato

de natureza civil que não se enquadra na configuração jurídica de terceirização de serviços. Precedentes.
IV. Nesse sentido, não se aplica a tese fixada pelo Supremo Tribunal Federal no Tema nº 725 da Tabela de Repercussão Geral acerca do efeito do reconhecimento da licitude da terceirização da atividade meio ou fim, porque, conforme descrito pela Corte Regional, no presente caso, não se trata de terceirização.
V. Pelo prisma da transcendência, trata-se de questão jurídica nova, uma vez que se refere à interpretação da legislação trabalhista, sob enfoque em relação ao qual ainda não há jurisprudência consolidada no âmbito do Tribunal Superior do Trabalho ou em decisão de efeito vinculante no Supremo Tribunal Federal. Logo, reconheço a transcendência jurídica da causa (art. 896-A, § 1º, IV, da CLT).
VI. Sob esse enfoque, reconhecida a transcendência jurídica da causa, cumpre fixar o entendimento no sentido de que a contratação de transporte de mercadorias não se enquadra na configuração jurídica de terceirização de serviços, afastando-se, por conseguinte, a incidência da Súmula 331 do TST.
VII. Recurso de revista de se conhece, por divergência jurisprudencial a que se nega provimento." (TST, RR nº 10937-82.2015.5.15.0137, 4ª Turma, Rel. Ministro Alexandre Luis Ramos, publicado em 18/12/2020).
"RECURSO DE REVISTA. INTERPOSIÇÃO NA VIGÊNCIA DA LEI N.º 13.467/2017. TRANSPORTE DE CARGAS. CONTRATO DE NATUREZA CIVIL. INAPLICABILIDADE DA SÚMULA N.º 331 DO TST. TRANSCENDÊNCIA. Os contratos de prestação de serviços relacionados ao transporte de cargas ou produtos, regidos pelo art. 2.º da Lei n.º 11.422/2007, têm natureza estritamente comercial. Trata-se de hipóteses em que não se aplica o entendimento reunido em torno do item IV da Súmula nº 331 desta Corte. Precedentes. Transcendência política reconhecida (CLT, art. 896, § 1º-A, inciso II), diante da função constitucional uniformizadora do TST. Recurso de Revista conhecido e provido" (TST, RR 20653-64.2017.5.04.0204, 1ª Turma, Rel. Ministro Luiz José Dezena da Silva, publicado em 12/02/2020).
"CONSTITUCIONAL E PROCESSUAL CIVIL. AGRAVO INTERNO NA RECLAMAÇÃO. VIOLAÇÃO AO QUEDECIDIDO NA ADC 48. COMPETÊNCIA DA JUSTIÇA COMUM PARA JULGAR CAUSA ENVOLVENDO RELAÇÃO JURÍDICA COMERCIAL. AGRAVO INTERNO PROVIDO. 1. No julgamento da ADC 48, o ministro relator Roberto Barroso consignou em seu voto que a lei 11.442/07, 'disciplina, entre outras questões, a relação comercial, de natureza civil, existente entre os agentes do setor, permitindo a contratação de autônomos para a realização do Transporte Rodoviário de Cargas (TRC) sem a configuração de vínculo de emprego'. 2. As relações envolvendo a incidência da lei 11.442/07 possuem natureza jurídica comercial, motivo pelo qual devem ser analisadas pela justiça comum, e não pela justiça do trabalho, ainda que em discussão alegação de fraude à legislação trabalhista, consubstanciada no teor dos arts. 2º e 3º da CLT. 3. Agravo Interno provido. (STF, Rcl nº 43.544-AgR, Rel. Ministra Rosa Weber, Redator p/ o Acórdão Ministro Alexandre deMoraes, Primeira Turma, publicado em 03/03/2021)."

2. Inexistência de ato ilícito ou de nexo de causalidade entre eventual conduta da contratante e dano suportado pela contratada

Por fim, também não parece razoável imputar-se à contratante responsabilidade trabalhista por eventuais irregularidades na jornada de trabalho. Não há ilegalidade alguma em solicitar o cumprimento de horas extras por funcionários. Trata-se de situação prevista na legislação trabalhista. A ilicitude está, por óbvio, em não remunerar as horas extras trabalhadas, responsabilidade exclusiva do empregador. O nexo de causalidade passa exclusivamente por conduta de contratada, ao não realizar o pagamento de horas extras trabalhadas por seus funcionários.

Nem se argumente que, fossem desnecessárias horas extras, não seria preciso remunerá-las e, consequentemente, inexistiram reclamações trabalhistas. O raciocínio é insustentável principalmente quando posto à luz da consagrada teoria da causalidade adequada, segundo a qual o nexo gerador de responsabilidade não se encontra em todo e qualquer ato de uma cadeia de acontecimentos. A seu respeito, diz o civilista Fernando Noronha:

> "um ato é causa de um dano quando este seja consequência normalmente previsível daquele. E a para sabermos se ele deve ser considerado consequência normalmente previsível, devemo-nos colocar no momento anterior àquele em que o fato aconteceu e tentar prognosticar, de acordo com as regras da experiência comum, se era possível antever que o dano viesse a ocorrer. Quando a resposta for afirmativa, teremos um dano indenizável".[10]

A solicitação de prestação de serviço que demande da contratada valer-se de horas extras de seus funcionários não pode ser considerada causa adequada para o dano decorrente do inadimplemento da empregadora. Imaginar o oposto colocaria toda e qualquer contratante de prestação de serviços como potencialmente corresponsável pelo inadimplemento de obrigações trabalhistas de alguma forma ligadas ao objeto do contrato.

> A propósito, cito passagem de acórdão proferido pelo Col. Superior Tribunal de Justiça a respeito da matéria: *"não há efetivamente uma relação de causalidade entre fato e dano, tendo em conta que o ato praticado pelo agente não é minimamente suficiente a provocar o dano sofrido pela vítima, segundo o curso normal das coisas e a experiência comum da vida, conforme a teoria da causalidade adequada".*[11]

10 *Direito das obrigações*. São Paulo: Saraiva, 2013, p. 499.

11 STJ, 4ª T., REsp 1.414.803-SC, Rel. Min. Luis Felipe Salomão, j. 4.5.2021.

DEVIDO PROCESSO LEGAL NO PENSAMENTO PIONEIRO DE RUY BARBOSA

José Rogério Cruz e Tucci

SUMÁRIO: 1. Introdução **2.** Constituição de 1891. **3.** O exílio, o processo Dreyfus e as Cartas da Inglaterra. **4.** O dever do advogado. **5.** Conclusão.

1. Introdução

É realmente com muita alegria que ofereço esta singela contribuição destinada a integrar coletânea em homenagem ao velho e querido Amigo Sérgio Bermudes.

O tema das garantias processuais que constituem corolário do devido processo legal é relativamente recente no âmbito da ciência processual.

A despeito da originalidade do ensaio do processualista uruguaio Eduardo J. Couture, sobre *Las garantias constitucionales del proceso civil*[1], e de uma das últimas obras de Piero Calamandrei, intitulada *Processo e democrazia*[2], pouquíssimos estudos enfrentaram essa importante temática até meados do século passado.

Na doutrina italiana, a interação entre constituição e processo, visando a garantir aos jurisdicionados o acesso aos tribunais, o tratamento isonômico das partes, o contraditório, a publicidade dos atos processuais, a motivação das decisões judiciais e a duração razoável do processo, passa a ser difundida de forma mais aprofundada a partir de três obras que vieram a lume em época mais ou menos contemporânea, no início da década de 70, e que se tornaram referência para o estudo da constitucionalização do processo. Refiro-me aos livros seminais de Luigi Paolo Comoglio, *La garanzia costituzionale dell'azione ed il processo civile*[3]; de Vincenzo Vigoriti, *Garanzie costituzionale del processo civile: due process of law e art. 24 cost.*[4]; e de Nicolò Trocker, *Processo civile e costituzione: problemi di diritto tedesco e italiano*[5].

---

1 Estudios de derecho procesal en honor a Hugo Alsina, Buenos Aires, Ediar, 1946.

2 Padova, Cedam, 1954.

3 Padova, Cedam, 1970.

4 Milano, Giuffrè, 1970.

5 Milano, Giuffrè, 1974.

Anote-se que a dogmática processual da primeira metade do século XX, de um modo geral, não se referia, ou melhor, não se atinha à dimensão garantística do processo, limitando-se a catalogar os regramentos processuais de natureza técnica, como, por exemplo, os denominados princípios da demanda, dispositivo, da congruência, do duplo grau de jurisdição etc.

2. Constituição de 1891

Não obstante, certamente influenciado pelos seus estudos sobre o constitucionalismo norte-americano, Ruy Barbosa, logo após a proclamação da República, na condição de prestigiado jurista, reconhecidamente o integrante mais preparado e culto do Governo Provisório e que detinha uma visão mais ampla das transformações institucionais necessárias ao novo desenho político do nosso país, é incumbido de revisar o projeto da primeira Constituição republicana, que havia sido elaborado por uma comissão presidida pelo senador Joaquim Saldanha Marinho.

Observa-se que, antes mesmo da instalação da Assembleia Constituinte, ministros e parlamentares começam a discutir, em 10 de junho de 1890, na casa de Ruy Barbosa, na praia do Flamengo, as sugestões por ele formuladas. Poucos meses depois, é acolhida por unanimidade a proposta de redação da seção intitulada *Declaração de Direitos*, que representava genuína novidade na legislação brasileira.

O art. 72, §§ 15 e 16, da Constituição de 1891, tinham, respectivamente, a seguinte redação:

> *"Ninguém será sentenciado senão pela autoridade competente, em virtude de lei anterior e na forma por ela regulada"*; e
>
> *"Aos acusados se assegurará na lei a mais plena defesa, com todos os recursos e meios essenciais a ela..."*.

Tais regras destacavam, de modo inequívoco, a concepção de devido processo legal que permeava o pensamento original de Ruy Barbosa, quase oito décadas antes de a literatura processual voltar a atenção para as projeções das normas constitucionais na fisiologia da tramitação do processo.

Comentando o texto constitucional que propusera, Ruy Barbosa, após revelar que sua fonte de inspiração, mais do que o direito anglo-americano, foi o art. 179, ns. 8-11, da Constituição imperial de 1824, esclarece que, sobre a necessidade de ser observada a forma, assenta-se outra regra, qual seja, a de que ninguém pode ser condenado senão mediante processo regular, vale dizer, "mediante os tramites preestabelecidos no direito nacional". E continua: "Dizem ingleses e americanos que ninguém pode ser sentenciado senão 'by the law of the land', ou 'by due process of law', expressões sinônimas na fraseologia jurídica das duas grandes nações... Definindo o 'due process of law', um dos comentadores mais modernos da Constituição americana assevera que essa exigência constitucional se destina a manter a todos os cidadãos 'o jus a serem processados e julgados em conformidade com as formas legais, por um tribunal imparcial, cuja sentença se pronuncie acerca da sua responsabilidade, ouvida a sua defesa'... As expressões, que revestem a fórmula dessa garantia, têm por fim, dizia o juiz Johnston, na Suprema Corte federal, 'escudar o indivíduo contra o exercício arbitrário dos poderes do governo'...".[6]

Desponta nítida, portanto, a atualidade da lição de Ruy Barbosa, a qual, além de sua relevância histórica, pode ser perfeitamente adotada em qualquer pesquisa acadêmica moderna, que aborde o capítulo atinente às garantias do devido processo legal.

Foi, por certo, por esse motivo, que, sobre a vasta contribuição de Ruy Barbosa para o direito, escreveu Alfredo Buzaid: "Não foi apenas o constitucionalista, aquele que elaborou e defendeu a primeira Constituição republicana; não foi apenas o civilista, que reviu o Código Civil, dando-lhe a mais elegante redação; não foi apenas o comercialista, deixando obra capital sobre cessão de clientela; não foi apenas o criminalista, cujos estudos constituem até hoje modelos e exemplos da ciência penal; não é apenas o tributarista, que discute em numerosos pareceres questões relativas a impostos e taxas. Foi igualmente exímio processualista civil, com considerável produção nessa área do direito" (*Rui Barbosa: processualista civil e outros estudos*, São Paulo, Saraiva, 1989, p. 4).

3. O exílio, o processo Dreyfus e as Cartas da Inglaterra

Dois anos depois, alterada a situação política do Brasil, quando rompeu a revolta da Armada, em 6 de setembro de 1893, agravando-se ainda a revolução federalista no Rio Grande do Sul, Ruy Barbosa é apontado, pelo governo de Floriano Peixoto, o líder do movimento. Embora tal fato não correspondesse à verdade, Ruy passa a ser perseguido, ten-

6 *Commentários à Constituição Federal brasileira*, coligidos e ordenados por Homero Pires, vol. 5, São Paulo, Saraiva, 1934, pp. 386-389.

do de buscar exílio na Argentina, em Portugal e, finalmente, em Londres, onde fica por quase dois anos, entre 1893 e 1895.

Por inúmeras razões políticas, a França vivia, no último quartel do século XIX, um momento delicado pelas consequências da derrota da guerra franco-prussiana, descontando nos judeus a responsabilidade por quase todos os problemas então enfrentados.

Em setembro de 1894, circula a notícia no exército francês de que havia um espião de alta patente a serviço da Alemanha. Não foi difícil localizá-lo. A partir de falsa e leviana presunção, o Capitão Alfred Dreyfus era o único judeu que, além de pertencer à artilharia, arma de que provinham as informações confidenciais, integrava o Estado Maior do exército francês.

Sem qualquer possibilidade de defesa e de forma absolutamente arbitrária, Dreyfus é julgado em sessão secreta pelo crime de alta-traição, em 24 de dezembro de 1894, sendo condenado à degradação militar, deportação e prisão perpétua em local fortificado.[7]

As notícias surpreendentes publicadas no *Le Figaro* e no *Times* em pouco tempo chegam ao outro lado do Canal da Mancha e chamam a atenção de Ruy Barbosa. Indignando-se, como advogado, com a acusação despida de defesa, pergunta-se como é que uma nação que tinha como lema revolucionário *liberté, egalité, fraternité*, poderia ter uma justiça tão despótica, a ponto de aviltar, em praça pública, um inocente.

Pois bem, analisando o caso num artigo escrito, em 7 janeiro de 1895, apenas dois dias após a execração de Dreyfus, estampado no *Jornal do Commercio* do Rio de Janeiro, em 3 de fevereiro de 1895, e que, mais tarde, seria recolhido no volume *Cartas da Inglaterra*, Ruy Barbosa, com a experiência de advogado militante, conclui que Dreyfus foi vítima de flagrante denegação de justiça dada a total ausência de um devido processo legal.[8]

O tema das garantias processuais, como se observa, em breve espaço de tempo, retorna no pensamento de Ruy, ao destacar a clandestinidade do processo do Capitão Dreyfus, inquinado de múltiplas nulidades.

---

7 Cf. Getúlio Corrêa, *Dreyfus, o maior erro judiciário da história*, Revista da Associação dos Magistrados das Justiças Militares Estaduais, n. 110, Florianópolis, nov/dez - 2014, p. 7. V., ainda, em senso análogo, a profunda pesquisa de Marcelo Roberto Ferro, *Alfred Dreyfus*, na coletânea Os grandes julgamentos da história, coord. de José Roberto de Castro Neves, Rio de Janeiro, Nova Fronteira, 2018, pp. 235 e segs,

8 V., a propósito, o refinado texto de Celso Lafer, *'O processo do Capitão Dreyfus' de Rui Barbosa – o texto, seus contextos e desdobramentos*, Revista brasileira da Academia Brasileira de Letras, n. 67, 2011, pp. 51 e segs.

4. O dever do advogado

Quase duas décadas depois, no cenário de um crime passional que abalou o Rio de Janeiro, figurando como vítima o Capitão de Fragata Luís Lopes da Cruz, que regressava de uma missão no Paraguai e, como principal acusado, o médico e intendente municipal José Mendes Tavares, tido como mandante do crime, praticado por Quincas Bombeiro e João da Estiva, o advogado Evaristo de Moraes, em 18 de outubro de 1911, formula uma consulta a Ruy Barbosa, seu mentor e chefe político (Ruy era o Chefe do Civilismo), se devia ou não aceitar o patrocínio da causa, diante de algumas opiniões contrárias de correligionários do partido que integravam.

Pouco tempo depois, em 26 de outubro, Ruy responde a Evaristo de Moraes, por meio de uma missiva que foi publicada no dia 3 de novembro subsequente no *Diário de Notícias*, sob o título *O dever do advogado*.

Esse texto constitui, a meu ver, uma notável lição de ética profissional, cuja leitura deveria ser obrigatória durante o curso de bacharelado em direito.

Impressionado com as ilações tendenciosas da imprensa da época, mesmo sem conhecer os elementos de defesa, Ruy ponderava que a causa era difícil, mas não hesitou em aconselhar Evaristo de Moraes a aceitar o patrocínio, a despeito de eventuais críticas que pudessem ser feitas pelos seus colegas de partido político.

Assim, numa das páginas mais lindas de deontologia já escritas por um jurista brasileiro, Ruy Barbosa assevera que:

> "(...) quando quer e como quer que se cometa um atentado, a ordem legal se manifesta necessariamente por duas exigências, a acusação e a defesa, das quais a segunda, por mais execrando que seja o delito, não é menos especial à satisfação da moralidade pública do que a primeira. A defesa não quer o panegírico da culpa, ou do culpado. Sua função consiste em ser, ao lado do acusado, inocente, ou criminoso, a voz dos seus direitos legais.
>
> Se a enormidade da infração reveste caracteres tais, que o sentimento geral recue horrorizado, ou se levante contra ela em violenta revolta, nem por isto essa voz deve emudecer. Voz do Direito no meio da paixão pública, tão susceptível de se demasiar, às vezes pela própria exaltação da sua nobreza, tem a missão sagrada, nesses casos, de não consentir que a indignação degenere em ferocidade e a expiação jurídica em extermínio cruel.
>
> O furor dos partidos tem posto muitas vezes os seus adversários fora da lei. Mas, perante a humanidade, perante o cristianismo, perante os direitos dos povos civilizados, perante as normas fundamentais do nosso regime, ninguém, por mais bárbaros que sejam os seus atos, decai do abrigo da legalidade. Todos se acham sob a proteção das leis, que, para os acusados, assenta na faculdade absoluta de combaterem a acusação, articularem a defesa, e exigirem a fidelidade à ordem processual. Esta incumbência, a tradição jurídica

> das mais antigas civilizações a reservou sempre ao ministério do advogado. A este, pois, releva honrá-lo, não só arrebatando à perseguição os inocentes, mas reivindicando, no julgamento dos criminosos, a lealdade às garantias legais, a equidade, a imparcialidade, a humanidade...".[9]

Assim, revisitando as garantias do devido processo legal, exorta Ruy Barbosa que se faz "mister resistir à impaciência dos ânimos exacerbados, que não tolera a serenidade das formas judiciais. Em cada uma delas a sofreguidão pública descobre um fato à impunidade. Mas é, ao contrário, o interesse da verdade o que exige que elas se esgotem; e o advogado é o ministro desse interesse. Trabalhando por que não faleça ao seu constituinte uma só dessas garantias da legalidade, trabalha ele, para que não falte à justiça nenhuma de suas garantias".

E, nessa linha de raciocínio, arremata:

> "Eis por que, seja quem for o acusado, e por mais horrenda que seja a acusação, o patrocínio do advogado assim entendido e exercido assim, terá foros meritórios, e se recomendará como útil à sociedade"!

5. Conclusão

Conclui-se, pois, que a concepção recorrente de Ruy Barbosa sobre as garantias processuais, de matiz constitucional, mais do que consistente, marcou época na doutrina brasileira.

Foi só bem mais tarde, na literatura jurídica pátria, que o tema das garantias processuais, como corolário do princípio do devido processo legal, iria reaparecer num artigo de San Tiago Dantas[10] e, já na década de 60, na obra de José Frederico Marques[11] e, em sequência, no alvorecer do Código de Processo Civil de 1973, num livro de Ada Pellegrini Grinover[12].

A partir da Constituição de 1988, ampla abordagem mereceu essa temática, à luz das regras e princípios que passaram a ser positivados no art. 5º, sob a rubrica *Dos direitos e garantias fundamentais*.

---

9 Rui Barbosa, *O dever do advogado*, Rio de Janeiro, Casa de Rui Barbosa, 20002, pp. 36-38.

10 *Igualdade perante a lei e* due process of law, Revista Forense, vol. 116, 1948, pp. 357-367.

11 *Elementos de direito processual penal*, Rio de Janeiro, Forense, vol. 2, 1965, p. 327.

12 *As garantias constitucionais do direito de ação e sua relevância no processo civil*, São Paulo, Ed. RT, 1972.

CABIMENTO DE RECURSO AOS TRIBUNAIS SUPERIORES EM CASOS DE MODIFICAÇÃO DE PRECEDENTES

Leonardo Moreira Lima

1. Os tribunais superiores como cortes de precedentes e a restrição de acesso para discutir a aplicação de precedentes aos casos repetitivos posteriores

O atual Código de Processo Civil está em linha com o entendimento que diferencia as funções desempenhadas, de um lado, pelos tribunais de justiça e tribunais regionais (instâncias ordinárias) como cortes de justiça e, de outro, pelos tribunais superiores (instâncias especiais) como cortes de precedentes ou cortes supremas.[1] Aos primeiros cabe, rotineiramente, a análise dos fatos, das provas e do direito para solução do caso concreto mediante decisão tempestiva, justa e efetiva. Aos tribunais superiores cabe, preponderantemente, dar a última palavra para promover a unidade do direito mediante sua adequada interpretação.[2] Nesse sentido é que se costuma dizer que os tribunais superiores são cortes de interpretação do direito e não cortes de controle de decisões judiciais.[3]

Esse entendimento é respaldado, em especial, pela atribuição de eficácia vinculante aos precedentes formados a partir de pronunciamentos judiciais sobretudo dos tribunais superiores (art. 927 do CPC) e pela imposição de restrições para travar discussões perante os tribunais superiores sobre a correta aplicação de precedentes vinculantes aos ca-

1 Nesse sentido, MARINONI, Luiz Guilherme e MITIDIERO, Daniel. Comentários ao Código de Processo Civil, Vol. XV, Artigos 926 ao 975, 2ª Ed. São Paulo, Thomson Reuters, Revista dos Tribunais, 2018, pp. 43 e ss.

2 Essas são funções desempenhadas preponderantemente. Os tribunais estaduais e regionais, ainda que excepcionalmente, também produzem decisões consideradas precedentes obrigatórios ou vinculantes pelo CPC, como no caso do julgamento de Incidentes de Resolução de Demandas Repetitivas (IRDR) e de Incidentes de Assunção de Competência (IAC). Os tribunais superiores, por sua vez, ainda que excepcionalmente, julgam casos concretos, como instância ordinária, como, por exemplo, nas hipóteses de competência originária para mandados de segurança, ações penais e ações rescisórias.

3 MARINONI, Luiz Guilherme e MITIDIERO, Daniel. Comentários ao Código de Processo Civil, Vol. XV, Artigos 926 ao 975, 2ª Ed. São Paulo, Thomson Reuters, Revista dos Tribunais, 2018, p. 45.

sos repetitivos posteriores. O exemplo mais eloquente de restrição legal de acesso aos tribunais superiores é a previsão, em lugar de agravo aos tribunais superiores, do agravo interno para o Órgão Especial do próprio tribunal estadual ou regional contra a decisão que nega seguimento a recurso extraordinário ou especial, sob fundamento de que a decisão recorrida está em conformidade com entendimento dos tribunais superiores exarado em regime de repercussão geral ou de julgamento de recurso repetitivo (art. 1.030, §2°, do CPC).

Em recente acórdão proferido no Recurso Especial n° 36.476, sob a relatoria da Ministra Nancy Andrigui,[4] a Corte Especial do Superior Tribunal de Justiça reforçou essa restrição de acesso aos tribunais superiores, alterando entendimento anterior daquele próprio tribunal, ao consagrar o posicionamento de que a reclamação não é instrumento adequado para o controle da aplicação dos entendimentos firmados em recursos especiais repetitivos, a despeito da disposição expressa no art. 988, § 5º, II, do CPC. Em outras palavras, a Corte Especial do STJ afirmou que a reclamação não é via idônea para promover a fiscalização da observância de entendimentos firmados em precedentes obrigatórios oriundos de recursos especiais repetitivos, ainda que tenha ocorrido esgotamento prévio das instâncias ordinárias. Esse entendimento procurou superar a incoerência entre disposições do Código a respeito do cabimento da reclamação que visa à observância de tese assentada em julgamento de recursos extraordinário e especial repetitivos (ou seja, a conciliação das disposições do art. 988, IV, com a do § 5º, II, ambas do CPC[5]). Foram analisados tanto o aspecto político-jurídico da reforma operada pela Lei 13.256/2016, promovida ainda na *vacatio legis* do Código atual, como também o aspecto lógico-sistemático para se chegar à conclusão de que (a) a alteração legislativa pretendeu pôr fim à re-

---

4 REsp 36.476 (2018/0233708-8), STJ – Corte Especial, Rel. Min. Nancy Andrigui, julgamento 05/02/2020, DJe 06/03/2020.

5 "Art. 988. *Caberá reclamação da parte interessada ou do Ministério Público para*: (...) IV – *garantir a observância de acórdão proferido em julgamento de incidente de resolução de demandas repetitivas ou de incidente de assunção de competência*;" [note-se que essa disposição exclui a menção genérica aos casos repetitivos, dos quais são espécie os recursos repetitivos extraordinário e especial, constante da redação original do inciso]. Não obstante, dispõe o § 5º que "*É inadmissível a reclamação*: (...) II – *proposta para garantir a observância de acórdão de recurso extraordinário com repercussão geral reconhecida ou de acórdão proferido em julgamento de recursos extraordinário ou especial repetitivos, quando não esgotadas as instâncias ordinárias*."

clamação dirigida ao Superior Tribunal de Justiça e ao Supremo Tribunal Federal para o controle da aplicação dos acórdãos sobre questões repetitivas (*"a investigação do contexto jurídico-político em que editada a Lei 13.256/2016 revela que, dentre outras questões, a norma efetivamente visou ao fim da reclamação dirigida ao STJ e ao STF para o controle da aplicação dos acórdãos* sobre *questões repetitivas, tratando-se de opção de política judiciária para desafogar os trabalhos nas Cortes de superposição"* e (b) a admissão da reclamação em tal hipótese atenta contra a finalidade da instituição do regime próprio de tratamento dos recursos especiais repetitivos (*"admissão da reclamação na hipótese em comento atenta contra a finalidade da instituição do regime dos recursos especiais repetitivos, que surgiu como mecanismo de racionalização da prestação jurisdicional do STJ, perante o fenômeno social da massificação dos litígios"*).

Outro argumento usado para justificar o não cabimento da reclamação nessa circunstância foi a pertinência do recurso como instrumento adequado de impugnação para alegação de aplicação errônea do precedente. Segundo a Relatora, *"o meio adequado e eficaz para forçar a observância da norma jurídica oriunda de um precedente, ou para corrigir a sua aplicação concreta, é o recurso, instrumento que, por excelência, destina-se ao controle e revisão das decisões judiciais. O sistema recursal pátrio é amplamente desenvolvido e dotado de características elementares à noção do devido processo legal, as quais, em certa medida, não se estendem bem à ação autônoma da reclamação."* Já a reclamação inaugura nova relação jurídica processual, dotada de características, que segundo a Relatora, não seriam adequadas para essa discussão, na medida em que: *"a) não se tem a simplificação e a racionalização da atividade jurisdicional que resulta do princípio da dialeticidade dos recursos; b) se perde o controle dos efeitos da preclusão operados na relação processual de origem, possibilitando que temas preclusos sejam reexaminados; c) a ausência de efeito suspensivo inerente à reclamação pode resultar no trânsito em julgado da decisão final do processo de origem, hipótese em que a eventual procedência da reclamação se revestiria de verdadeiro caráter rescisório, sem a observância dos específicos pressupostos da ação rescisória."* Por isso, a reclamação não seria instrumento adequado para o controle da aplicação dos entendimentos firmados pelo STJ em recursos especiais repetitivos. Esse controle, conclui a Relatora, *"é próprio do sistema recursal, ressalvada a via excepcional da ação rescisória, tal como desenhou o legislador no CPC."*

Diante dessa fundamentação, ficou claro o posicionamento contrário ao cabimento da reclamação para controle da aplicação do precedente assentado em julgamento de recurso especial repetitivo, porém aberta, aparentemente, a possibilidade do manejo de algum recurso contra a decisão proferida no agravo interno do art. 1.030, §2°, do CPC. Todavia, após os votos dissidentes, a Relatora do voto vencedor, em nova manifestação, ratificou seu pronunciamento, explicitando agora seu entendimento quanto ao não cabimento de nenhum outro recurso contra o acórdão que julga o agravo interno. Confira-se: "*Nessa ótica, a partir da premissa de que a aplicação do precedente é inseparável da interpretação, pois essa é a atividade do operador do Direito, que se debruça sobre textos a fim de deles extrair uma solução para o caso concreto, penso que incumbe a esta Corte, no presente julgamento, delimitar em que momento a interpretação deve cessar, pondo fim ao litígio. É necessário, pois, definir uma "linha de corte" na atividade interpretativa inerente à aplicação do precedente, a qual, conforme as razões já aduzidas em meu voto, penso estar no julgamento do agravo interno pelos Tribunais de origem, sem recurso ou qualquer outro instrumento para esta Corte Superior.*" Dessa forma, constou expressamente da ementa desse acórdão que "*Nesse regime* [do julgamento de recursos especiais repetitivos], *o STJ se desincumbe de seu múnus constitucional, definindo, por uma vez, mediante julgamento por amostragem, a interpretação da Lei federal que deve ser obrigatoriamente observada pelas instâncias ordinárias. Uma vez uniformizado o direito, é dos juízes e Tribunais locais a incumbência de aplicação individualizada da tese jurídica em cada caso concreto. Em tal sistemática, a aplicação em concreto do precedente não está imune à revisão, que se dá na via recursal ordinária, até eventualmente culminar no julgamento, no âmbito do Tribunal local, do agravo interno de que trata o art. 1.030, § 2º, do CPC/15.*" [6]

Por outro lado, mesmo na vigência do Código anterior reformado, os tribunais superiores já haviam pacificado o entendimento de que não seria cabível a interposição de agravo aos tribunais superiores, em lugar

6 Não obstante a referida explicitação constante da ratificação do voto da relatora, é possível encontrar acórdãos posteriores que, mesmo fazendo expressa alusão ao precedente do REsp 36.476, deixam aberta a possibilidade da interposição de recurso para correção da aplicação errônea de teses repetitivas a casos posteriores, mas sem entrar em detalhes. É o caso, por exemplo, do acórdão da Segunda Seção, proferido no AgInt na Reclamação nº 36795, de relatoria do Ministro Ricardo Villas Bôas Cueva, no qual consta que "*assim, eventual aplicação errônea de Teses Repetitivas em casos concretos pelas instâncias ordinárias somente poderá ser corrigida pelo próprio sistema recursal, com observância dos arts. 1.030, § 2º, e 1.042 do CPC/2015, ou pela via da ação rescisória, na hipótese do art. 966, V, §§ 5º e 6º, do CPC/2015.*" (2018/0298285-3, DJe 09/03/2021).

do agravo interno, contra a decisão denegatória de recurso extraordinário ou de recurso especial, quando aplicada tese decorrente de decisão com repercussão geral reconhecida ou de julgamento de recurso repetitivo. A interposição do agravo aos tribunais superiores, nessas circunstâncias, é considerada, inclusive, erro grosseiro.[7]

Dessa forma, consolidou-se um posicionamento dominante de que a função atual dos tribunais superiores é dar unidade ao direito, por meio da formação de precedentes obrigatórios ou vinculantes, fruto da interpretação do direito federal, constitucional (STF) e infraconstitucional (demais tribunais superiores). Uma vez formados os precedentes, caberia então aos tribunais estaduais e regionais (cortes de justiça) o controle da sua aplicação aos casos concretos posteriores.

Na base desse entendimento, coerente com a sistemática de julgamentos de recursos repetitivos e com a função de corte de precedentes (corte suprema) atribuída aos tribunais superiores, está o propósito de conferir maior segurança jurídica ao ordenamento e maior eficiência à prestação jurisdicional. Todavia, a generalização deturpada desse entendimento pode acarretar o bloqueio irracional do acesso aos tribunais superiores. Esse risco vem normalmente associado ao desenvolvimento de uma jurisprudência defensiva, aplicada cegamente para negar seguimento aos recursos interpostos para os tribunais superiores, sem a devida atenção às peculiaridades dos casos. O resultado acaba por ser exatamente o oposto daquele desejado quando se propõe a adoção de um modelo jurisdicional baseado em precedentes: em lugar da constante oxigenação ou adaptação do ordenamento jurídico diante das mudanças contextuais, a consequência seria a inaceitável petrificação do direito.

---

7 Rcl 30.583-AgR, STF, Primeira Turma, Rel. Min. Roberto Barroso, Primeira Turma, Julgamento: 29/06/2018, DJe 6.8.2018). No mesmo sentido: Rcl 30877 AgR, STF, Primeira Turma, Rel. Min. Alexandre de Moraes, j. 05/10/2018, pp. 16/10/2018; Rcl 31880 AgR/GO, STF, Primeira Turma, Rel. Min. Alexandre de Moraes, j. 19.11.2018, p. 26.11.2018; Rcl 31600 AgR/MG, STF, Primeira Turma, Rel. Min. Alexandre de Moraes, j. 05.10.2018, Rcl 31.442-AgR, STF, Primeira Turma, Rel. Min. Alexandre de Moraes, DJe 16.10.2018; Rcl 29.093-AgR, STF, Primeira Turma, Rel. Min. Luiz Fux, Primeira Turma, DJe 17.9.2018; Rcl 36804 AgR, 1ª Turma, Min. Luiz Fux, j. 29.11.2019, DJe 10.12.2019; Rcl 34590 AgR-ED, 1ª Turma, Min. Luiz Fux, j. 05.11.2019, DJe 18.11.2019. Não admitindo a remessa do agravo em REsp pelo tribunal de origem: ARE 1.071.668/RS, Relator(a): Min. DIAS TOFFOLI (Presidente), Julgamento: 29/10/2018, public. DJe-236 07/11/2018.

2. Controle das decisões judiciais em casos repetitivos e controle da modificação de precedentes

De modo a evitar a deturpação desse modelo de precedentes que vem sendo implantado em nosso ordenamento, é preciso distinguir bem a tarefa de controle da aplicação dos precedentes para solução dos casos repetitivos posteriores (controle de decisões judiciais em casos repetitivos) do controle da atuação que leva à modificação dos precedentes (controle da modificação de precedentes). Tal modificação pode ocorrer nas situações de distinção (*distinguishing*) ou de superação (*overruling*), com as quais o julgador pode se deparar ao interpretar o precedente a fim de decidir acerca da sua aplicação para a solução do caso concreto.

A distinção é a técnica de comparação de casos com o objetivo de determinar a existência ou não de similitude entre eles e, consequentemente, a incidência ou não da norma extraída do caso precedente para a solução de caso atual em julgamento (distinção em sentido amplo). É também o nome dado ao resultado do emprego dessa técnica, ou seja, à diferenciação que resulta da comparação entre questões ou casos (distinção em sentido estrito). A distinção, todavia, nem sempre acarreta o afastamento do precedente por ausência de similitude. A distinção pode resultar também na modificação do precedente, no sentido de ampliar a norma dele decorrente para abranger situações não contempladas no precedente, mas que devem receber o mesmo tratamento, trazidas no caso em julgamento (distinções ampliativas), ou de restringir essa norma, no sentido de especificar situações também não consideradas no precedente e surgidas no caso atual, mas que devem ser excluídas da sua incidência (distinções restritivas). Note-se que quando há restrição da norma do precedente, um precedente que se alega ser aplicável para a solução do caso atual é afastado diante do reconhecimento da distinção (restritiva). Por outro lado, ao ampliar a norma do precedente, a decisão pode apontar para a aplicação do precedente ao caso atual, em relação ao qual, em princípio, o precedente não seria aplicável sob o argumento de inexistência de similitude. Portanto, a distinção, enquanto técnica de comparação, nem sempre conduz à não-aplicação ou afastamento do precedente, podendo, ao contrário, levar à sua aplicação.

A superação do precedente, por sua vez, é a técnica processual por meio da qual o tribunal competente, diante de situações excepcionais e mediante fundamentação específica e adequada, afasta o precedente aplicável ao caso concreto, estabelecendo um novo precedente e, dessa forma, revoga a norma do precedente anterior, que assim perde sua eficácia vinculante. Realizada a superação do precedente, duas regras impositivas são criadas: (a) uma relacionada à revogação da norma do precedente anterior e (b) outra relacionada ao novo precedente a partir dali criado, que produzirá nova norma do precedente. Assim como a distinção, o termo superação pode identificar a técnica processual (superação em sentido amplo), mas também o próprio resultado do seu emprego (superação em sentido estrito). Dessa forma, a superação pode significar a atividade argumentativa que leva à revogação da norma do precedente, como também o seu resultado, ou seja, a revogação em si.

O enfrentamento dessas questões da distinção e da superação é inerente à atividade jurisdicional. Note-se que o Código de Processo Civil, inclusive, considera nula a decisão judicial que *"deixar de seguir enunciado de súmula, jurisprudência ou precedente invocado pela parte, sem demonstrar a existência de distinção no caso em julgamento ou a superação do entendimento."* (art. 489, §1°, V, CPC).

Ademais, o Código, nos parágrafos do art. 927, por vezes se refere à "alteração", por outras à "modificação" de pronunciamentos formadores de precedentes vinculantes. Assim, no §2º, determina que *"a alteração de tese jurídica adotada em enunciado de súmula ou em julgamento de casos repetitivos poderá ser precedida de audiências públicas e da participação de pessoas, órgãos ou entidades que possam contribuir para a rediscussão da tese."* De acordo ainda com o §3º, *"na hipótese de alteração de jurisprudência dominante do Supremo Tribunal Federal e dos tribunais superiores* [identificada justamente nas súmulas desses tribunais] *ou daquela oriunda de julgamento de casos repetitivos, pode haver modulação dos efeitos da alteração no interesse social e no da segurança jurídica."* Já o §4º dispõe que *"a modificação de enunciado de súmula, de jurisprudência pacificada ou de tese adotada em julgamento de casos repetitivos observará a necessidade de fundamentação adequada e específica, considerando os princípios da segurança jurídica, da proteção da confiança e da isonomia."* Essas alterações ou modificações do entendimento ou da tese constantes desses pronunciamentos, que dão ensejo a precedentes vinculantes (ou seja, modificações da norma do precedente), podem ocorrer justamente por meio de distinção e de superação.

Feitas essas digressões conceituais para assentar o que se entende aqui por "modificações de precedentes", é possível destacar, ao menos, cinco situações diferentes que envolvem a aplicação de precedentes vinculantes, algumas com e outras sem modificação de precedentes: (a) situação em que não há discussão acerca da similaridade entre o caso em julgamento e o precedente, inexistindo alegação de distinção, tampouco de superação, devendo assim incidir a tese assentada no precedente (norma do precedente) para a solução do caso (**julgamento de casos similares, sem alegação de distinção ou de superação**); (b) quando há questionamento contra a similaridade dos casos, porém o tribunal ignora a alegação de distinção, aplicando, portanto, a tese sem justificativa; o mesmo se dá quando não se discute a similaridade dos casos, mas é alegada a superação, porém o tribunal não enfrenta a questão (**julgamento de casos similares ou não, sem enfrentamento da alegação de distinção ou de superação**); (c) quando há questionamento contra a similaridade dos casos, o tribunal local enfrenta a alegação de distinção, mas conclui que os casos são similares, aplicando a tese do precedente vinculante (**julgamento de casos como similares, com alegação de distinção afastada**); (d) quando há questionamento contra a similaridade dos casos, o tribunal reconhece haver circunstâncias no caso novo não analisadas no caso precedente, mas decide, justificadamente, com ou sem aplicação da tese do precedente vinculante, respectivamente por entender que, mesmo diante das diferenças, deve incidir a norma do precedente (distinção ampliativa), ou porque as novas circunstancias identificam situação específica em relação à qual a norma do precedente deve ser afastada (distinção restritiva), em ambos os casos sempre mediante fundamentação específica e adequada (**julgamento de casos com alegação de distinção acolhida**) e (e) quando não há questionamento quanto à similaridade dos casos, ao contrário, é reconhecida a semelhança, porém, há alegação de superação e o tribunal enfrenta a questão, seja para afastar a alegação e aplicar a tese do precedente ao caso atual, seja para acolhê-la e assim não aplicar o precedente considerado revogado (**julgamento de casos similares, com acolhimento ou rejeição da alegação de superação**).

Diante das evidentes diferenças entre essas circunstâncias, as soluções, no que diz respeito à possibilidade de acesso aos tribunais superiores, devem ser diferentes, não se podendo generalizar o entendimento de não cabimento de recurso aos tribunais superiores por se tratar de discussão sobre aplicação de precedentes vinculantes já assentados nos tribunais superiores.

Na primeira hipótese – **julgamento de casos similares sem alegação de distinção ou superação** – em se tratando de casos repetitivos, com tese já assentada em regime de repercussão geral ou por meio de julgamento de recursos repetitivos, caberá ao tribunal estadual ou regional (cortes de justiça) a aplicação do precedente para a solução do caso concreto. Note-se que aqui não há discussão dos fatos pertinentes à identificação dos casos. Os casos são reconhecidamente similares, inclusive pela ausência de alegação de distinção nas instâncias ordinárias. Também não há alegação de superação. Dessa forma, não há razão para franquear acesso aos tribunais superiores para discutir algo que não foi sequer objeto de discussão no momento oportuno perante as instâncias ordinárias (a pertinência da aplicação do precedente por se tratar ou não de caso similar), inclusive pela evidente falta de pré-questionamento. Em situações como essa, realmente não faz nenhum sentido submeter o controle da aplicação da decisão proferida no caso concreto aos tribunais superiores. Isso seria transformar os tribunais superiores em uma terceira instância ordinária, função que não lhes cabe.

Na segunda hipótese – **julgamento de casos similares ou não, sem enfrentamento da alegação de distinção ou de superação** – existe a alegação de distinção ou de superação. Dessa forma, não há como resolver o caso, em relação ao qual pode haver a obrigação de o julgador aplicar um precedente vinculante, sem enfrentamento e decisão sobre premissa inafastável consistente na existência ou não de distinção ou de superação. Trata-se aqui de questão prejudicial que condiciona a análise do mérito. É como a alegação de inconstitucionalidade de um dispositivo de lei que incidiria para a solução do caso. Não há como decidir o caso sem enfrentamento da questão. Se a decisão que julga o caso, com ou sem aplicação do precedente, não enfrenta a questão suscitada sobre a existência ou não de distinção ou de superação, ela possui vício de fundamentação. Dependendo das circunstâncias específicas do caso, pode haver descumprimento do dever de fundamentação específica e adequada e, portanto, violação dos incisos, I, IV, V e VI do art. 489, §1°, do CPC (ou porque a decisão se limitou à indicação, à reprodução ou à paráfrase de ato normativo interpretado pelo precedente ou pelo próprio enunciado da tese, tema ou súmula, que sintetiza a *ratio decidendi* do precedente, vale dizer a norma do precedente, sem explicar sua relação com a causa ou a questão decidida; ou porque não enfrentou a alegação de distinção ou de superação capaz de, em tese, infirmar a conclusão adotada pelo julgador; ou porque se limitou a invocar precedente ou enunciado de súmula, sem identificar seus fundamentos determinantes nem demonstrar que o caso sob julgamento se ajusta àqueles fundamentos; ou ainda por deixar de seguir enunciado de súmula, jurisprudência ou precedente invocado pela parte, sem demonstrar a existência de distinção no caso em julgamento ou a superação do entendimento). Nessa situação caberá recurso especial, com fundamento no art. 105, III, a, da Constituição Federal, por ter o acórdão recorrido contrariado o disposto no art. 489,

§1°, do CPC[8], e, caso seja negado seguimento a esse recurso pelo tribunal local, caberá agravo aos tribunais superiores, nos termos do art. 1.030, §1°, c/c art. 1.042, ambos do CPC. Não é o caso, portanto, de cabimento de agravo interno para o próprio tribunal local. Não se trata nessa hipótese de transferir simplesmente para os tribunais superiores a função de controlar a correta aplicação do precedente vinculante às decisões dos casos posteriores repetitivos. Dependendo das circunstâncias do caso, pode haver grave descumprimento do entendimento assentado pelos tribunais superiores em precedente vinculante, mascarado pela omissão da fundamentação, logo, sem justificativa, com risco inclusive para a unidade do direito, função precípua desses tribunais. Não se pode aqui, portanto, obstar o acesso aos tribunais superiores. Ao contrário, a atuação dos tribunais superiores pode ser necessária para corrigir o vício da fundamentação, garantindo a aplicação de importante norma processual, de modo a assegurar a oportunidade para que a questão possa ser corretamente enfrentada pelo tribunal estadual ou regional com observância dos entendimentos vinculantes dos tribunais superiores.[9]

Na terceira hipótese – **julgamento de casos como similares, com alegação de distinção afastada** – a questão da similaridade dos casos é controvertida diante da alegação explícita de distinção. Todavia, o tribunal estadual ou regional enfrenta a questão e a decide justificadamente no sentido de afastar a alegação de distinção. Há julgamento justificado, portanto sem vício de fundamentação. O inconformismo da parte se volta contra a justificativa sobre a similaridade dos casos e, portanto, a discussão envolve, quando muito, erro de julgamento. Dessa forma, trata-se aqui de hipótese em que, adotada a premissa no sentido da similaridade entre o caso precedente e o caso em julgamento, é aplicada a norma do

8 Nesse caso é fundamental ainda a oposição de embargos de declaração para corrigir a omissão quanto à fundamentação. Caso contrário, os tribunais superiores não consideram a matéria pré-questionada e o recurso especial não é sequer admitido (enunciados 282 e 356 da Súmula do STF e enunciado 211 da Súmula do STJ).

9 Ainda diante da situação de acórdão que aplica tese de precedente vinculante, sem enfrentar a alegação de distinção, após o trânsito em julgado e demonstrada a excepcionalidade do caso, caberá ação rescisória com fundamento no art. 966, inciso V, e §§ 5° e 6° do CPC. A excepcionalidade do cabimento da rescisória nessa hipótese significa que não basta a mera alegação de violação do art. 489, §1°, por não enfrentamento da alegação de distinção. É preciso demonstrar a manifesta violação da norma jurídica, o que, por sua vez, implica na demonstração fundamentada de que a solução jurídica seria outra diante da alegada hipótese fática distinta ou da questão jurídica não examinada (§6°).

precedente para solução do caso em julgamento. Note-se que a conclusão no sentido da similaridade é uma premissa fática pertinente ao mérito. A impugnação desse ponto levaria inevitavelmente à rediscussão de aspectos fáticos ou ao reexame das provas em cuja interpretação se assentou a conclusão sobre a similaridade. Essa discussão não cabe no âmbito de recurso aos tribunais superiores, sob pena de transformá-los em terceira instância ordinária, atividade incompatível com a função constitucional que lhes é outorgada. Essa terceira situação envolve, em suma, tarefa tipicamente de controle de decisões judiciais, sendo plenamente justificável a restrição de acesso aos tribunais superiores. O último recurso cabível, em tese, para reexame da matéria é, portanto, o agravo interno, conforme disposto no art. 1.030, § 2°, do CPC.

A quarta hipótese – **julgamento de casos com alegação de distinção acolhida** – pode envolver situações um pouco diferentes, mas em relação às quais se chega à mesma conclusão no sentido do cabimento de agravo aos tribunais superiores e não de agravo interno para o próprio tribunal, justamente por envolverem modificação de precedentes. Considere-se, primeiramente, a situação na qual há questionamento contra a similaridade dos casos (alegação de distinção), o tribunal reconhece haver circunstâncias no caso novo não analisadas no caso precedente e, justamente sob a justificativa da distinção, afasta a aplicação da tese do precedente vinculante para julgamento do caso novo (alegação de distinção acolhida, com afastamento do precedente). É preciso considerar que, em situações normais, diante de casos obviamente diferentes não se coloca a questão da aplicação do precedente. Quando isso ocorre – e infelizmente ocorre – é fruto de sério erro de postulação ou de julgamento. Assim, normalmente a questão da distinção surge em casos que, em princípio, são tidos como assemelhados e o tribunal local, após uma análise mais detalhada, reconhece haver a distinção e resolve o caso novo sem aplicação da tese assentada no precedente vinculante, justamente por entender que circunstâncias específicas que diferenciam os casos afastam a incidência da norma do precedente para a solução do caso novo. Trata-se aqui da denominada *distinção restritiva*. Bem analisada a situação, o que existe na distinção restritiva é uma modificação do precedente. Originariamente, com o julgamento do caso precedente, é assentada uma tese que se aplicava a uma determinada situação (hipótese de incidência) mais abrangente. Com a decisão do caso novo, é identificada uma situação mais específica, não vislumbrada anteriormente, que justifica a limitação da tese anterior, para dela excluir a situação nova.

Nesse mesmo contexto, deve ser também analisada a situação exatamente oposta a que se acabou de expor. Considere-se, agora, que o tribunal local, embora reconheça a presença de circunstâncias novas, não consideradas no julgamento do caso precedente, decide mesmo assim aplicar a tese do precedente vinculante para a solução do caso novo, por entender que a mesma *ratio decidendi* formadora do precedente também serviria para justificar a solução adequada do caso novo. Na situação descrita há uma *distinção ampliativa*. Também aqui há uma modificação do precedente. A tese original do precedente, mais restrita, é ampliada para abarcar a situação do caso posterior, em princípio não cogitado por ocasião do julgamento do precedente. Curiosamente, diante do caso novo, o tribunal, ao ampliar a tese do precedente para poder aplicá-lo, a despeito da distinção inicialmente identificada, na verdade estabelece uma linha de similitude entre os casos. É precisamente o que ocorre na distinção ampliativa. Como se pode ver, em ambas essas situações – de distinção restritiva e de distinção ampliativa – ocorre a modificação do precedente pela decisão do caso subsequente. Nesse sentido é que se fala de uma sucessão ou cadeia de precedentes de cujo conjunto se extrai a *ratio decidendi* ou a norma do precedente. O precedente posterior dialoga com os fundamentos determinantes do precedente originário (*leading case*) para formar a norma que deverá ser aplicada para a solução do caso atual.

A quinta hipótese – **julgamento de casos similares, com acolhimento ou rejeição da alegação de superação** –, assim como a anterior, pode envolver também modificação de precedentes. Mas é preciso notar que a alegação de superação pressupõe, ao contrário, a similaridade dos casos. O que se pretende com essa alegação é justamente afastar a aplicação do precedente inobstante se tratar de caso similar. A discussão não está assim centrada na similaridade dos casos. Ao contrário, há reconhecimento de que a hipótese do caso novo é semelhante àquela já apreciada anteriormente em acórdão formador de precedente vinculante. Todavia, há alegação de superação (revogação total ou parcial da norma do precedente) e, consequentemente, da incidência de norma diversa para solução da questão discutida.

A superação que se cogita aqui, em princípio, é aquela que decorre de uma revogação, total ou parcial, já operada, explicita ou implicitamente, pelos tribunais superiores, mas ainda não reconhecida pelos tribunais estaduais ou regionais que continuam aplicando precedente já revogado, e não de alegação para que o tribunal local promova, ele mesmo, a superação. Isto porque não cabe às instâncias ordinárias revogar precedentes dos tribunais superiores. Somente os tribunais superiores podem revogar seus próprios precedentes. Tal situação, porém, não esgota todas as possibilidades que envolvem a superação. Existe, ainda, a denominada "superação antecipada do precedente" (*antecipatory overruling*), que na verdade é um afastamento do precedente vinculante diante da sua provável superação pelos tribunais superiores. Esse afastamento, desde que preenchidos determinados requisitos, deve ser admitido em nosso ordenamento e encontra-se dentro da esfera de competência das instâncias ordinárias. Trata-se, portanto, de questão que deve ser enfrentada pelos tribunais estaduais e regionais.[10] Também é preciso considerar uma terceira situação de superação: a alegação de superação ainda não enfrentada implícita ou explicitamente por nenhum tribunal, ou seja, a alegação que se promova a superação a partir das circunstâncias do caso em julgamento (e não a alegação para que se considere no julgamento do caso concreto a superação já promovida em outro caso, hipótese acima tratada e referida no art. 489, § 1°, VI, do CPC). O problema quanto a essa alegação é que a competência para promover essa superação é exclusiva dos tribunais superiores, encarregados da formação do precedente que se quer revogar diante das circunstâncias defendidas no caso concreto.[11] Nesse caso, havendo consistência na alegação de superação, a questão deve ser encaminhada aos tribunais superiores para que possam promover a superação. Em qualquer dessas situações, a questão envolve modificação do entendimento jurídico anteriormente assentado em precedente vinculante. Ou se trata de modificação já realizada, mas não aplicada porque não reconhecida (alegação de superação já promovida), ou de modificação em andamento e que deve ser considerada para julgamento do caso ("superação antecipada"), ou ainda de futura modificação decorrente de superação que deverá ser promovida pelos tribunais superiores com repercussão no caso concreto (alegação de superação a ser promovida).

10 Para análise mais detalhada da "superação antecipada de precedente" (*antecipatory overruling*) ou, em expressão mais apropriada, "afastamento diante de provável superação", ver: MOREIRA LIMA, Leonardo Duncan. Superação do precedente judicial no direito brasileiro, tese de doutorado aprovada perante o Departamento de Direito da PUC-Rio, Rio de Janeiro: 2021, pp. 202 e ss.

11 Para análise dos requisitos autorizadores para a superação, ver: MOREIRA LIMA, Leonardo Duncan. Superação do precedente judicial no direito brasileiro, tese de doutorado aprovada perante o Departamento de Direito da PUC-Rio, Rio de Janeiro: 2021, pp. 210 e ss.

A primeira e a terceira hipóteses acima destacadas podem ser enquadradas como situações de mero controle de decisões judiciais pelos próprios tribunais estaduais e regionais para aplicação de precedentes vinculantes já assentados nos tribunais superiores. A segunda hipótese trata de peculiar situação de vício de procedimento, que deve ser corrigido ainda nas instâncias ordinárias, mas não o sendo, a correção deve ser determinada pelas instâncias superiores, para que haja efetivo enfrentamento e a consequente possibilidade de correta aplicação do precedente vinculante. Com o novo julgamento talvez seja o caso de ser possibilitado o acesso aos tribunais superiores por meio de recurso. Já com relação à quarta e à quinta hipóteses acima descritas, há verdadeiramente modificação de precedentes, o que não pode ser confundido com a atividade de simples controle de decisões judiciais. São essas hipóteses, portanto, cuja análise interessa a esse ensaio para justificar a possibilidade de recurso aos tribunais superiores, sem qualquer restrição de acesso.

3. Cabimento de agravo aos tribunais superiores diante da hipótese de modificação de precedentes (distinção e superação).

Conforme acima demonstrado, tanto na quarta como na quinta hipóteses analisadas, existe discussão envolvendo a modificação de precedentes. Quando há julgamento de casos com alegação de distinção acolhida (quarta hipótese), tanto em relação à distinção restritiva como à distinção ampliativa, há verdadeiramente modificação do precedente. Ao reconhecer que existem circunstâncias novas no caso em julgamento, não apreciadas no caso precedente, que levam ao reexame da tese nele assentada (norma do precedente), a fim de afastar sua incidência para solução do caso novo, o tribunal local está, na verdade, limitando ou restringindo a hipótese de incidência da norma do precedente. Vale dizer, está excluindo determinada situação, objeto do julgamento no caso novo, da hipótese de incidência da tese (norma do precedente), fixada de modo mais amplo ou abrangente por ocasião da sua formação. Por outro lado, se a despeito das circunstâncias diferentes, o reexame conduz ao entendimento de que a norma do precedente deve ser aplicada também para a solução do caso novo, o tribunal está ampliando a hipótese de incidência da norma do precedente. Essa ampliação pode ser justificada pelo fato de o texto da decisão anterior ser vago ou impreciso, havendo a necessidade dessa especificação para assentar expressamente a aplicação da norma do precedente à situação do caso novo, ou, ao contrário, pelo fato de o texto ser restritivo e, por isso, levar ao entendimento equivocado de que não estaria nele abrangida a hipótese do caso novo. Em ambas as situações – de limitação ou de ampliação da norma do precedente – tem-se, verdadeiramente, a modificação da tese assentada no precedente.

Ademais, quando há julgamento de casos similares, seja com acolhimento ou com rejeição da alegação de superação (quinta hipótese), também se está discutindo modificação do precedente. Como destacado, ou se trata de modificação já realizada por superação já ocorrida, mas não aplicada porque não reconhecida pelo tribunal estadual ou regional encarregado do julgamento do caso (alegação de superação já promovida), ou de modificação em andamento e que deve ser considerada para julgamento do caso ("superação antecipada"), ou ainda de modificação defendida e, portanto, que ainda deverá ocorrer, mas com eficácia no caso concreto, diante da necessidade de superação que deverá ser promovida pelos tribunais superiores (alegação de superação a ser promovida). Acolher ou rejeitar essas alegações é tomar posição sobre a revogação total ou parcial de precedente já promovida ou a ser promovida.

Todas essas situações envolvem, na verdade, a definição da abrangência ou do sentido do precedente, ou mesmo da sua vigência. Portanto, o que está em jogo é precisamente a unidade do direito mediante sua adequada interpretação. Não há, portanto, justificativa para restringir o acesso aos tribunais superiores nessas hipóteses. Não se trata, a toda evidência, de mero controle de decisões judiciais para aplicação de precedentes vinculantes já definidos e, sim, de redefinir esses precedentes. Essa função cabe justamente aos tribunais superiores. A eles cabe a última palavra sobre a questão para assegurar a unidade do direito mediante adequada interpretação.

As teses assentadas nos pronunciamentos judiciais que formam precedentes vinculantes (normas dos precedentes) densificam, à luz das circunstâncias dos casos concretos, as normas abstratas decorrentes da interpretação dos textos normativos. Portanto, contrariar norma do precedente é contrariar a norma abstrata por ele interpretada. Assim, nas hipóteses acima analisadas, o instrumento adequado para impugnar decisões consideradas erradas que modificam precedentes dos tribunais superiores ou que não reconhecem a necessidade dessa modificação é o recurso extraordinário ou o recurso especial para os tribunais superiores, conforme se tratar de matéria constitucional federal (art. 102, inciso III, da CF) ou de matéria infraconstitucional federal (art. 105, III, CF). Em caso de decisão denegatória de seguimento desses recursos excepcionais, caberá agravo aos tribunais superiores e não agravo interno para o órgão Especial dos próprios tribunais locais, nos termos do art. 1.030, § 1°, c/c art. 1.042, ambos do CPC.

Referências bibliográficas

EISENBERG, Melvin Aron. **The nature of the common law**. Cambridge: Harvard University Press, 1988.

LIMA, Leonardo Duncan Moreira Lima. **Superação do precedente judicial no direito brasileiro**, tese de doutorado aprovada perante o Departamento de Direito da PUC-Rio, Rio de Janeiro: 2021.

MARINONI, Luiz Guilherme e MITIDIERO, Daniel. **Comentários ao Código de Processo Civil, Vol. XV, Artigos 926 ao 975**, 2ª Ed. São Paulo, Thomson Reuters, Revista dos Tribunais, 2018.

MARINONI, Luiz Guilherme. **O STJ enquanto corte de precedentes. Recompreensão do sistema processual da corte suprema.** São Paulo: Editora Revista dos Tribunais, 2014.

MITIDIERO, Daniel. **Cortes superiores e cortes supremas. Do controle à interpretação, da jurisprudência ao precedente.** 2ª. Ed. São Paulo: Editora Revista dos Tribunais, 2015.

SCHAUER, Frederick. **Thinking like a lawyer: a new introduction to legal reasoning.** Cambridge: Harvard University Press, 2012.

AMICUS CURIAE NO PROCESSO CIVIL - NOVAS POSSIBILIDADES

Luciano Saboia Rinaldi de Carvalho

Gabriel Fernandes Meireles Dutra

1. Introdução

Antes da entrada em vigor do Código de Processo Civil de 2015, o *amicus curiae* era disciplinado de forma esparsa e pontual na legislação, podendo ser citadas, dentre outras, a Lei nº 9.868/1999, que dispõe sobre a Ação Direta de Inconstitucionalidade e a Lei nº 9.882/1999, que dispõe sobre a Arguição de Descumprimento de Preceito Fundamental[1].

O CPC acertou ao fortalecer e ampliar a presença desse agente em nosso ordenamento jurídico, conforme se depreende da leitura do artigo 138, enriquecendo o debate a partir de novas perspectivas de quem pode efetivamente contribuir para a excelência, completude e precisão do provimento final[2].

---

1 *"O ordenamento positivo brasileiro processualizou, na regra inscrita no art. 7º, § 2º, da Lei nº 9.868/99, a figura do 'amicus curiae', permitindo, em conseqüência, que terceiros, desde que investidos de representatividade adequada, sejam admitidos na relação processual, para efeito de manifestação sobre a questão de direito subjacente à própria controvérsia constitucional. A intervenção do "amicus curiae", para legitimar-se, deve apoiar-se em razões que tornem desejável e útil a sua atuação processual na causa, em ordem a proporcionar meios que viabilizem uma adequada resolução do litígio constitucional. – A idéia nuclear que anima os propósitos teleoló gicos que motivaram a formulação da norma legal em causa, viabilizadora da intervenção do 'amicus curiae' no processo de fiscalização normativa abstrata, tem por objetivo essencial pluralizar o debate constitucional, permitindo, desse modo, que o Supremo Tribunal Federal venha a dispor de todos os elementos informativos possíveis e necessários à resolução da controvérsia, visando-se, ainda, com tal abertura procedimental, superar a grave questão pertinente à legitimidade democrática das decisões emanadas desta Suprema Corte, quando no desempenho de seu extraordinário poder de efetuar, em abstrato, o controle concentrado de constitucionalidade."* (trecho do acórdão lavrado na ADI 2321 MC, relator Ministro Celso de Mello, Tribunal Pleno, julgado em 25/10/2000, DJ 10/06/2005)

2 Cassio Scarpinella Bueno afirma que o CPC/15 generalizou o *amicus curiae* no direito brasileiro, e que a figura sempre derivou do *"modelo constitucional do direito processual civil"*. E arremata: *"em um Código que aceita a força criativa da interpretação judicial, abandonando inequivocamente o padrão da mera legalidade hermenêutica (v.g.: arts. 8 e 140), e o caráter normativo dos precedentes (não obs-*

Ao decidir, o juiz tem o dever de examinar e valorar as provas existentes nos autos, enfrentar todos os argumentos centrais da controvérsia, interpretando e aplicando adequadamente as normas jurídicas, além de observar a razoável duração do processo. O contraditório substancial permite aos sujeitos do processo, por meio desse diálogo cooperativo, o direito de influenciar a formação do convencimento do julgador, conferindo-lhe condições de proferir uma decisão mais completa e fundamentada.

Nesse contexto, a participação do *amicus curiae* revela-se fundamental para fomentar o debate processual e, com isso, ensejar a prolação de pronunciamentos judiciais mais completos e fundamentados.

2. Noções Gerais

Ao consubstanciar o *fenômeno jurídico da constitucionalização do processo civil*, as Leis nº 9.868/1999 e 9.882/1999, que disciplinam as ações de controle concentrado de constitucionalidade, além de aprimorarem a figura do *amicus curiae*, contribuíram decisivamente para a *pluralização e a democratização do debate enquanto fator de legitimação dos interesses da sociedade para as decisões tomadas pelo Poder Judiciário*[3].

A bem da verdade, este mecanismo democrático inserido no âmbito do processo acabou por possibilitar a participação plural de vozes em

tante as críticas e as ressalvas que, a este respeito, entendo merecerem ser feitas), a prévia oitiva do 'amicus curiae' para viabilizar um maior controle de qualidade e da valoração dos fatos e das normas jurídicas a serem aplicadas é de rigor. O 'amicus curiae' é o agente que que quer viabilizar aquele modus operandi, legitimando e democratizando as decisões jurisdicionais. (...) Havendo espaço para desenvolvimento da atividade cognitiva, ao longo de todo o processo, a intervenção do 'amicus curiae' deve ser admitida. Nesse sentido, o art. 138 é uma das diversas regras explicitadoras, explicativas, ou para quem quiser, repetitivas do CPC de 2015 que, apenas e tão somente, quer evidenciar o que já constava no sistema processual civil brasileiro, embora implicitamente". (*Comentários ao código de processo civil* – volume 1 (arts. 1º a 317) / Cassio Scarpinella Bueno (coordenador) – São Paulo: Saraiva, 2017, p. 602)

3 CARDOSO, José Eduardo Martins; NASCIMENTO Hugo Nunes Nakashoji. *Cinco anos do CPC: questões polêmicas em homenagem a José Roberto Neves Amorim* / José Roberto Neves Amorim; Organização José Lucio Munhoz. – 1ª ed. – Barueri [SP]: Manole, 2021, p. 198.

diversas controvérsias jurídicas, realçando a representação argumentativa da sociedade brasileira[4].

É forçoso reconhecer que o *amicus curiae* possui particularidades próprias que o diferenciam sensivelmente do terceiro tradicional[5], como o assistente (simples ou litisconsorcial), este um auxiliar da parte com *interesse jurídico e próprio* na ação – citando-se como exemplo o sublocatário, que tem interesse próprio na improcedência da ação de despejo movida em face do locatário. O interesse do *amicus curiae* na prevalência de uma das teses será sempre institucional – como pode ocorrer quando a Ordem dos Advogados do Brasil ingressa no feito como *amicus curiae* na defesa das *prerrogativas* do advogado, e não do interesse *pessoal* do advogado[6].

Nos termos do artigo 138 do CPC, a pessoa natural ou jurídica apta a intervir como *amicus curiae* deve ser capaz de contribuir tecnicamente com a solução do conflito, somando argumentos, dados técnicos e teses relevantes para a elucidação da controvérsia, e sempre orientada, como visto, pelo interesse puramente *institucional, ideológico, altruístico* e nunca interesse *jurídico pessoal, próprio*. Ainda que a matéria em julgamento apresente relevância, especificidade ou maior repercussão social, não se pode permitir a intervenção, nessa condição, daquele que possui *interesse jurídico* na demanda, como se parte fosse[7].

---

4 BUENO FILHO, Edgard Silveira. *Amicus curiae: a democratização do debate nos processos de controle da constitucionalidade*. Revista de Direito Constitucional e Internacional. vol. 12. nº 47, 2004. pp. 7/15. Apud TEIXEIRA, Anderson Vichinkeski; e ROCHA, Cristiny Mroczkoski. A Reformulação do Amicus Curiae no Novo CPC: Integração Normativa Ou Derrogação Parcial Da Lei 9.868/99? Revista de processo, vol. 268, 2017, pp. 268-315.

5 *"A intervenção como amicus curiae não é intervenção de terceiro, apesar do substantivo usado nos §§ 1º e 2º do art. 138, e já que o amicus curiae não fica sujeito ao julgamento proferido no processo a que comparece, salvo naqueles em que a coisa julgada se estende às pessoas que não integram o feito, naqueles casos em que essa consequência opera". (BERMUDES, Sérgio. CPC de 2015: inovações. 1ª ed., Rio de Janeiro, LMJ Mundo Jurídico, 2016, p.111).*

6 *"O CPC/2015 acabou por disciplinar expressamente a intervenção do AC como modalidade diferenciada de terceiros, generalizando-a, em contraposição às específicas previsões que, até então, encontravam-se dispersas no sistema processual civil". (BUENO, Cassio Scarpinella. Comentários ao código de processo civil – volume 1 (arts. 1º a 317) / Cassio Scarpinella Bueno (coordenador) – São Paulo: Saraiva, 2017, pp. 601/602).*

7 Para Antonio do Passo Cabral, *"O amicus curiae, uma vez admitida sua manifestação, não se agrega à relação processual, porque seu interesse no litígio é decorrente*

Ao avaliar o ingresso do *amicus curiae*, o julgador deve ter como parâmetros fundamentais a capacidade de contribuição e a utilidade da participação. A viabilidade do ingresso do *amicus curiae* integra-se ao convencimento motivado do juiz, que deverá levar em consideração a "*a credibilidade, a seriedade, o conhecimento técnico-científico, a capacidade econômica e a possibilidade de reproduzir uma defesa processual válida*"[8].

Imprescindível, portanto, deter idoneidade e conhecimento específico sobre o centro da controvérsia posta, de forma que seja possível

do direito à participação no processo. Não há interesse em integrar a relação processual, vez que o título executivo que porventura seja formado não incluirá o amigo da Corte, pelo que, neste particular, seu interesse é reflexo ou mediato. Por outro lado, o interveniente típico deve demonstrar seu interesse jurídico na demanda (rechtliches interesse), ou seja, imperativo é que se comprove a influência que o deslinde do processo poderá ter sobre uma relação jurídica do interveniente (Rechtsbeziehung begründetes interesse). Se este alega ser titular de relação jurídica de direito material incompatível com aquela que será afirmada caso uma das partes seja vencedora, haverá interesse jurídico para a intervenção. Não cabe um mero interesse econômico ou afetivo, tampouco a intenção de esclarecer matéria de fato ou de direito. O amicus curiae não precisa demonstrar interesse jurídico. Sua atuação decorre da compreensão do relevante interesse público na jurisdição e da busca de permitir a participação política por meio do processo. A importância de sua intervenção é política e seu interesse é ideológico, de exercer parcela de participação manifestando-se nos autos. Situação semelhante ocorre com a legitimação do denominado 'ideological plaintiff' na litigância coletiva das 'class actions' nos EUA, em que a parte não porta interesse jurídico, mas uma conexão ideológica com um interesse da comunidade, o que representa forma de participação processual que é sustentada e incentivada por autores como Mauro Cappelletti e Vicenzo Vigoritti". (CABRAL, Antônio do Passo. Pelas asas de Hermes: a intervenção do amicus curiae, um terceiro especial. *Uma análise dos institutos interventivos similares – o amicus e o vertreter des öffentlichen interesses.* Revista de Processo, vol. 117, p. 9, set. 2004). Para Humberto Theodoro Júnior, *"não é ele propriamente parte no processo – pelo menos no sentido técnico de sujeito da lide objeto do processo -, mas, em razão de seu interesse jurídico (institucional) na solução do feito, ou por possuir conhecimento especial que contribuirá para o julgamento, é convocado a manifestar-se, ou se dispõe a atuar, como colaborador do juízo. Assim, sua participação é, em verdade, meramente opinativa a respeito da matéria objeto da demanda. Sua intervenção, de tal sorte, justifica-se como forma de aprimoramento da tutela jurisdicional".* (THEODORO JÚNIOR, Humberto. Curso de Direito Processual Civil – *Teoria geral do direito processual civil, processo de conhecimento e procedimento comum* – vol. I, 56ª ed. rev., atual. e ampl. – Rio de Janeiro: Forense, 2015, p. 403).

8 ALVIM, José Eduardo Carreira. *Comentários ao novo código de processo civil*. Curitiba: Juruá, 2016. vol. 2, pp. 330-331.

fornecer dados e elementos que permitam alcançar a adequada solução do litígio.

3. Pressupostos da intervenção

Ainda que o CPC tenha generalizado a presença do *amicus curiae* em nosso ordenamento (art. 138), não se deve cogitar sua intervenção em qualquer disputa judicial, mas somente quando o magistrado identificar a relevância da matéria, a especificidade do tema ou a repercussão social da controvérsia[9]. Esses critérios não são cumulativos e a participação do agente é excepcional, facultativa, a critério do julgador, que avalia a conveniência e utilidade do ingresso.

O ingresso pode ocorrer por determinação do juiz ou do tribunal *(ex officio)*, por requerimento das partes ou, ainda, por próprio interessado em figurar como *amicus curiae*, seja pessoa natural ou jurídica, órgão ou entidade especializada, com representatividade adequada.

A representatividade adequada deve ser averiguada à luz do caso concreto, "*à vista do histórico da pessoa que se apresenta para a intervenção como amicus curiae e das possibilidades de efetiva representação de certo grupo, categoria ou interesse*"[10]. Admitir o *amicus curiae*, a partir da representatividade adequada, significa estender o diálogo entre a corte e a sociedade, como maneira de trazer ao debate diferentes pontos de vista,

9 Nas palavras de Elpídio Donizetti: a) Relevância da matéria: esse requisito requer que a questão jurídica objeto da controvérsia extrapole os interesses das partes. Ou seja, a matéria discutida em juízo deve extravasar o âmbito das relações firmadas entre os litigantes. Cassio Scarpinella Bueno considera, ainda, que o requisito da relevância deve ter relação com a necessidade de se trazerem aos autos outros elementos que sirvam para a formação do convencimento do juiz. b) Especificidade do tema: o requisito tem relação com o conhecimento dos *amicus curiae* acerca do tema objeto da demanda. Esse conhecimento, que pode ser técnico ou científico, deve ser útil ao processo e à formação da convicção do juiz ou do órgão julgador para o julgamento da matéria de direito. c) Repercussão social da controvérsia: para possibilitar a intervenção do *amicus curiae*, o órgão julgador não deve observar apernas o aspecto jurídico da questão, mas, também, os reflexos ou a repercussão que a controvérsia pode gerar no âmbito da coletividade. Questões relevantes do ponto de vista econômico, social, político ou jurídico, que suplantem os interesses individuais das partes, merecem a intervenção de pessoas ou entidades representativas da sociedade civil. (DONIZETTI, Elpídio. *Novo código de processo civil comentado.* 2ª ed. São Paulo: Atlas, 2017, p. 123).

10 MARINONI, Luiz Guilherme; ARENHART, Sérgio Cruz; MITIDIERO, Daniel. *Novo código de processo civil comentado.* 2ªª ed. São Paulo: Revista dos Tribunais, 2016.

com subsídios técnico-científicos capazes de contribuir para a solução adequada da controvérsia.

A nosso sentir, a interpretação do caput do artigo 138 conduz à inevitável conclusão de que o requisito da *representatividade adequada* não diz respeito ao *amicus curiae* pessoa natural, limitando-se, portanto, a pessoas jurídicas, *órgãos ou entidades especializadas*. Seria ilógico impedir a participação nos autos de renomado cientista, capaz de fornecer subsídios técnicos relevantes à jurisdição, apenas pela falta de representatividade adequada[11]. Nesse particular, será suficiente aferir se o *amicus curiae* possui histórico de dedicação, estudo e domínio do tema controvertido[12].

Para além da hipótese do artigo 138, o CPC prevê outras possibilidades que admitem seu ingresso, conforme os artigos (i) 950, §§1º, 2º e 3º, no incidente de arguição de inconstitucionalidade; (ii) 983, *caput* e §1º, no incidente de resolução de demandas repetitivas; (iii) 1.035, §4º, na análise de repercussão geral em recurso extraordinário; e (iv) 1.038, I, no julgamento dos recursos extraordinários e especial repetitivos.

Ademais, dada sua natureza meramente *opinativa* e *colaborativa* em favor da jurisdição, esta espécie de intervenção não desloca a com-

11 *"A vocação de determinada pessoa ou ente à tutela de determinado interesse que, de alguma forma, interfere na, ou pode ser afetado com, a decisão a ser proferida em dado processo é, destarte, o ponto-chave da compreensão do amicus curiae. É, insisto, o 'interesse institucional' que pode ser titularizado até mesmo – o caput do art. 138 é expresso nesse sentido – por pessoas naturais que reúnam uma especial expertise sobre determinada questão, sobre determinada área de conhecimento (muito além e independentemente do jurídico, aliás), tornando a sua opinião relevante para o desate da questão discutida. É como se dissesse que alguém, por ser quem é, merece ter sua opinião sobre determinado assunto manifestada. É opinião que importa à formação de outras opiniões". (Comentários ao código de processo civil – volume 1 (arts. 1º a 317) / Cassio Scarpinella Bueno (coordenador) – São Paulo: Saraiva, 2017, p. 608)*

12 *"É preciso entender que a expressão representatividade adequada não exige que o amicus curiae seja o porta-voz de um grupo ou de um determinado segmento social, mas sim que tenha conhecimento e idoneidade para colaborar para o esclarecimento das questões em debate. Veja, por exemplo, a convocação de um renomado cientista, prêmio Nobel da sua categoria de trabalho, e que não tenha qualquer representação oficial de grupos ou segmentos; certamente poderá cooperar em matéria de sua especialidade, com a idoneidade e a responsabilidade de contribuir para a definição de um tema que poderá influir no direito de várias pessoas." (CARNEIRO, Paulo Cézar Pinheiro. In CABRAL, Antonio do Passo; CRAMER, Ronaldo (Coord.). Comentários ao novo código de processo civil. Rio de Janeiro: Forense, 2015. p. 305)*

petência em função da pessoa, na hipótese, por exemplo, de admissão de uma entidade autárquica federal em tal condição, por força do art. 138, § 1º, do CPC.

Quanto ao direito de recorrer, dada a natureza colaborativa da sua atuação, o CPC veda a interposição de recursos pelo *amicus curiae*, com exceção dos embargos de declaração e do recurso em face da decisão que julgar o incidente de resolução de demandas repetitivas (IRDR), conforme parágrafos 2º e 3º do artigo 138. E, ao fazê-lo, o *amicus curiae* deverá demonstrar seu interesse recursal, como a aprimoração do precedente a ser formado ou o enfrentamento de todos os fundamentos deduzidos no processo[13]. Ademais, não cabe recurso em face da decisão que *admite ou rejeita* a intervenção do *amicus curiae*, por expressa vedação legal, conforme orientação do Supremo Tribunal Federal e Superior Tribunal de Justiça[14].

---

13 *"Lembre-se que, nos Estados Unidos – assim como no Brasil -, se admite a intervenção do amicus em nome de terceiros interessados na formação de precedente (Lowman, Michael K., "The Litigating Amicus Curiae: When Does the Party Begin after the Friends Leave". The American University Law Review, vol. 41, pp. 1243-1299). Associações de defesa do meio ambiente e dos consumidores, por exemplo, têm regulamentos que exigem a intervenção como amici em processos cuja decisão possa constituir precedente favorável aos seus interesses. Aí não se está a falar de um 'representante adequado' ou do titular da class action, isto é, de um representante que defendem terceiros que possuem direito em discussão no caso, mas de alguém que participa para influenciar a formação de precedente que pode favorecer, em casos diversos e futuros, seus associados. Nessas situações, o amicus participa representando pessoas que, sem ter direito próprio em litígio, têm interesse no precedente. Ou seja, os terceiros não temem ou desejam a coisa julgada, mas o precedente." (MARINONI, Luiz Guilherme. Processo Constitucional e Democracia – São Paulo: Thomson Reuters Brasil, 2021, p. 015).*

14 No STJ: *"A leitura do art. 138 do CPC/15, não deixa dúvida de que a decisão unipessoal que verse sobre a admissibilidade do amicus curiae não é impugnável por agravo interno, seja porque o caput expressamente a coloca como uma decisão irrecorrível, seja porque o §1ºexpressamente diz que a intervenção não autoriza a interposição de recursos, ressalvada a oposição de embargos de declaração ou a interposição de recurso contra a decisão que julgar o IRDR"* (STJ, REsp 1.696.396/MT, Rel. Ministra Nancy Andrighi, Corte Especial, DJe de 19/12/2018).
No STF: *"Direito constitucional e processual civil. Agravo interno em Ação Direta de Inconstitucionalidade. Inadmissão de amicus curiae. Decisão irrecorrível do Relator. Precedente da Corte. Agravo não conhecido. 1. É irrecorrível a decisão do Relator que indefere o pedido de ingresso na condição de amicus curiae. Precedente: RE 602.584-AgR, Rel. Min. Marco Aurélio, Red. P/ acórdão Min. Luiz Fux, j. em 17.10.2018. 2. Agravo interno não conhecido (art. 21, § 1º, do Regimento Interno do Supremo Tribunal Federal)".* (ADI 4711 AgR/RS, Ag. Reg. na Ação Direta de Inconstitucionali-

Nada obstante, parece-nos perfeitamente possível a interposição de *agravo interno* contra a decisão do relator que rejeita a intervenção do *amicus curiae*, vez que o órgão colegiado poderá decidir pela utilidade da presença desse terceiro. O agravo interno, nesse caso, equivaleria a um requerimento de ingresso do *amicus curiae* direcionado diretamente ao colegiado, que possui plena legitimidade para admitir ou solicitar a intervenção.

Ademais, a presença do *amicus curiae* se limita à instância em que ele foi admitido, isto em razão da sua condição de mero colaborador, sem interesse próprio na controvérsia e limitadas possibilidades recursais. Ressalvada sua legitimação para recorrer da decisão que julga o IRDR, em todos os demais casos ele funcionará numa única instância[15].

Cabe ao relator definir os *poderes* do *amicus curiae* na decisão que solicitar ou admitir a intervenção. É que as faculdades conferidas a esse agente são específicas e não se confundem com os poderes das partes, guardando relação direta com o interesse institucional que fundamenta sua intervenção. A teor do artigo 138, § 2°, do CPC, cabe ao julgador estabelecer os poderes do amigo da corte no momento de solicitar ou admitir a intervenção, de modo a inibir eventuais discussões quanto ao seu alcance. O ato decisório é, portanto, definitivo, não podendo o *amicus curiae* dele recorrer[16]. Os poderes atribuídos variam de acordo com a necessidade de esclarecimento do julgador e a capacidade/possibilidade desse particular terceiro fornecer subsídios relevantes. Nessa perspectiva, confere-se ao *amicus curiae* a prerrogativa de apresentar memoriais, sustentar oralmente e, ainda, participar de prova pericial ou aportar outras provas e subsídios[17].

---

dade, relator Ministro ROBERTO BARROSO, julgamento: 05/11/2019, Publicação: 28/11/2019, Tribunal Pleno, processo eletrônico DJe-260 divulg 27-11-2019, public 28-11-2019)

---

15 *"Ressalta-se, ainda, que a atuação do amicus curiae, salvo quando se estiver diante de incidente de resolução de demandas repetitivas, se limita na instância à qual foi admitido ou convocado. É dizer: sua atuação esgota-se naquela instância, de forma que, pretendendo intervir em sede recursal, deverá requerer ao relator do recurso respectivo a sua admissão. Daí por que não cabe ao amicus curiae recorrer da decisão (sentença) que julgue a causa na qual interveio." (AMARAL, Guilherme Rizzo. Alterações do novo CPC. 2ª ed. São Paulo: Revista dos Tribunais, 2015. p. 218.)*

16 NEVES, Daniel Amorim Assumpção. *Novo código de processo civil comentado.* Salvador: JusPodivm, 2016. p. 226.

17 MARINONI, Luiz Guilherme; ARENHART, Sérgio Cruz; MITIDIERO, Daniel. *Novo código de processo civil comentado.* 2ª ed. São Paulo: Revista dos Tribunais, 2016.

É possível que, numa causa de maior repercussão, surjam múltiplos requerimentos de intervenção de *amici curiae*, cabendo então ao magistrado identificar aqueles com *maior grau de representatividade* e *capacidade de agregar valor ao debate jurídico*, avaliando a utilidade e conveniência da intervenção. Além disso, o julgador deve ter preocupação em manter o *equilíbrio*[18] em relação ao exercício de direitos e meios de defesa, especialmente quando identificar alguma *hipossuficiência técnica* entre os litigantes. Percebendo a existência de diversos *amici curiae* alinhados e ideologicamente contrários à tese defendida pelo litigante mais vulnerável, é prudente que o juiz avalie a pertinência de convocar um *amicus curiae* da sua escolha, que considere imparcial[19].

Renato Beneduzi sustenta que existem limites mínimos e máximos aos poderes, garantindo a lei, que, ao menos, o *amicus curiae* poderá apresentar por escrito sua manifestação, no prazo de quinze dias; opor embargos de declaração; e recorrer da decisão que julgar o IRDR. Veda-se, contudo, que os poderes extrapolem o escopo de sua atuação e desnaturem o papel do amigo da corte. BENEDUZI, Renato. In: MARINONI, Luiz Guilherme; ARENHART, Sérgio Cruz; MITIDIERO, Daniel (Coord.). *Comentários ao código de processo civil*. São Paulo: Revista dos Tribunais, 2016. vol. 2. p. 272.

---

18 *"Com isso se quer dizer que não há racionalidade em admitir a participação de todos os entes que podem representar um grupo. Se isso fosse possível, não apenas poderia haver, conforme o caso, uma multidão de amici no processo, como se estaria desestimulando a aferição dos requisitos que garantem a escolha da melhor representação, além de obviamente se poder privilegiar, em vista de um maior número de amici de um lado do que no outro, uma posição em detrimento de outra. A abertura irrestrita à participação de amici, ainda que em princípio capacitados para falar em nome de um grupo, além de gerar prejuízo ao desenvolvimento do processo e ao trabalho da Corte, desqualifica a fala em nome do grupo e da sociedade e fere a paridade que deve presidir a discussão e a decisão na Corte. Portanto, quando vários entes requerem a participação em nome de uma posição, deve a Corte ser ainda mais rigorosa na aferição das suas credenciais, na medida em que, em princípio, apenas um deles pode ser habilitado para falar em nome do grupo. É claro que isso não é tão simples, já que entes diversos podem, claramente, pretender falar sobre o mesmo assunto a partir de perspectivas diferentes. Quando é assim, é certo que a Corte pode admitir a participação de mais de um amicus, mas sempre procurando equilibrar as posições em antagonismo". (MARINONI, Luiz Guilherme; Processo Constitucional e Democracia – São Paulo: Thomson Reuters Brasil, 2021, p.830)*

19 *"Em havendo múltiplos pedidos de admissão como amicus curiae, cabe ao julgador buscar um equilíbrio na representatividade dos diversos interesses jurídicos em disputa, pois, conforme art. 7º do CPC, deve ser 'assegurada às partes paridade de tratamento em relação ao exercício de direitos e faculdades processuais, aos meios de defesa, aos ônus, aos deveres e à aplicação de sanções processuais, competindo ao juiz zelar pelo efetivo contraditório'. Oportuno consignar, nesse sentido, que a admissão de múltiplos amici curiae pode representar tumulto processual, com risco à*

4. Possibilidade de indicação de especialista em direito para atuar como *amicus curiae*

A afirmação que inaugura este tópico pode causar certa perplexidade, afinal, o magistrado detém o conhecimento jurídico necessário para o julgamento das causas que lhe são submetidas. Quanto a isso, nenhuma dúvida.

Como visto, o *amicus curiae* é um colaborador da jurisdição, um amigo da corte, que ingressa no processo para pluralizar o debate e fornecer subsídios úteis para a solução da controvérsia, sejam de ordem fática ou jurídica, e obviamente, agregar valor às manifestações das partes.

A reflexão proposta parte da premissa de que a qualidade da decisão está intimamente associada à amplitude do debate jurídico, da efetiva participação de quem pode agregar valor à solução final. E, nesse contexto, está o *amicus curiae* que, inclusive, pode ser uma pessoa da área do direito, com notório saber, idoneidade moral e credibilidade, sem interesse pessoal no resultado da demanda, que fornecerá ao julgador uma opinião jurídica sobre a questão de alta relevância, especificidade ou de forte repercussão social.

Primeiramente, *não há vedação legal* que impeça o julgador de solicitar ou admitir o ingresso de um especialista da área jurídica para colaborar com a jurisdição quando estiverem presentes os requisitos indicados no *caput* do art. 138 do CPC, a saber: relevância da matéria, especificidade do tema ou repercussão social da controvérsia.

Ademais, na linha de entendimento dos tribunais superiores, a admissão do *amicus curiae* insere-se no poder discricionário do juiz, sendo irrecorrível a decisão que admite ou rejeita sua intervenção. Essa faculdade de contar com um colaborador da jurisdição para ampliar e qualificar o debate processual não impede a intervenção de um *amicus curiae jurídico*, sempre observados os requisitos legais dessa intervenção[20].

---

efetividade e celeridade. Por conseguinte, cabe ao juiz, ao analisar criteriosamente a situação, avaliar se aquele terceiro possui reais condições de trazer novos subsídios ao feito, capazes de qualificar a decisão. É preciso examinar a situação pelo ângulo da utilidade e conveniência da intervenção". (CARVALHO, Luciano Saboia Rinaldi de. Código de Processo Civil de 2015: Recursos, Tutelas Provisórias, Novos Incidentes e Temas Relevantes – Rio de Janeiro: Lumen Juris, 2017, p. 52).

---

20 Luiz Guilherme Marinoni, advertindo que o *amicus curiae* não se presta apenas a esclarecer fatos, admite uma participação estritamente jurídica desse terceiro: *"Se o fundamento da participação do amicus é, antes de tudo, colocar às claras e defender*

Em absoluto, não se trata de delegação da atividade jurisdicional, mas providência capaz de, muitas vezes, *equilibrar* os interesses em disputa em causas de alta indagação e interesse público relevante, e/ou propiciar meios adicionais de se alcançar uma decisão final justa e efetiva, com mais qualidade e eficiência (CPC, arts. 6º, 7º e 8º).

Dada a possibilidade de ingresso de múltiplos *amici curiae* num mesmo processo, pode ocorrer de todos se posicionarem alinhada e ideologicamente em favor de uma das teses, razão pela qual o julgador, identificando esse desequilíbrio, possa convidar um especialista da área jurídica para emitir um parecer, seja para referendar a opinião dos *amici* anteriores, seja para agregar novos elementos. Mas será sempre imprescindível sua imparcialidade e desinteresse no resultado da causa, ressalvado o interesse meramente acadêmico de contribuir para a formação de precedentes.

A presunção de que o juiz conhece todo o direito – *iura novit curia* – não afasta a possibilidade de intervenção excepcional de especialista da área jurídica, como um renomado parecerista ou professor de direito, sem, contudo, ficar adstrito à conclusão ofertada. O conhecimento jurídico do juiz, por mais amplo que seja, não deve prescindir de opiniões jurídicas de notórios especialistas na matéria, indicados por ele próprio, e que poderão trazer subsídios fundamentais para o esclarecimento da questão[21].

---

posição de determinado grupo social, solicitando uma determinada interpretação da Constituição, é obviamente equivocado limitar a sua atuação à discussão dos fatos. O amicus pode realizar qualquer argumentação que possa favorecer o atingimento da interpretação que interessa ao grupo que representa, inclusive estritamente jurídica. É certo que em alguns países, como na França, costuma-se adotar regras que se destinam à investigação técnica dos fatos para reger a atividade do amicus. Na França, o instituto do amicus é regulado a partir das regras relativas às vérifications personnelles do juiz, equiparando-se, em princípio, o amicus um perito ou técnico. Contudo, mesmo na França, e sem qualquer resistência no common law, admite-se que o juiz possa consultar terceiros acerca de questões jurídicas. Diante dessas questões, aliás, não é raro solicitar, nas Cortes estadunidenses, a manifestação de entidades semelhantes à OAB e ao Instituto dos Advogados. Na verdade, a dificuldade em compreender a possibilidade de o amicus falar sobre questões jurídicas decorre da dificuldade em aceitar que a intervenção possa se dar para suprir a deficiência de argumentação da parte, ainda que em favor de terceiros. Nos Estados Unidos, o amicus pode esclarecer qualquer questão, já que a sua intervenção ocorre para o completo esclarecimento da controvérsia, inclusive das circunstâncias que apenas a rodeiam, para que as Cortes possam tratar do caso em uma perspectiva mais ampla e profunda". (MARINONI, Luiz Guilherme; Processo Constitucional e Democracia – São Paulo: Thomson Reuters Brasil, 2021, p. 818).

21 *"O amicus objetiva convencer o juiz, assim como as próprias partes, com a diferença de que não sofre os efeitos da coisa julgada. De modo que é um interessado que pode-*

Na convocação, o magistrado deverá solicitar que o *amicus curiae* apresente eventuais custos (remuneração) relacionados à sua intervenção, bem como declaração de imparcialidade e desinteresse pessoal na causa. Ainda que se admita o interesse ideológico do *amicus curiae*, é fundamental que, no momento da intervenção, seja revelada toda e qualquer informação que possa suscitar alguma dúvida nos sujeitos do processo, como anterior representação judicial de uma das partes. Esses custos deverão ser submetidos à prévia aceitação das partes, *sob pena de impossibilidade da intervenção*, salvo na hipótese de participação não remunerada do *expert*.

Dada a impossibilidade de imposição de custos imprevistos no curso do processo judicial, essa remuneração do *amicus curiae* se sujeita à concordância das partes, que convencionarão a forma de remuneração.

Caso haja homologação judicial de honorários do *amicus curiae* sem anuência dos litigantes, caberá recurso em face dessa decisão, não em relação à indicação (irrecorrível), mas quanto ao custo. E, finalmente, a remuneração do *amicus curiae* somente se justifica em caso de convocação *ex officio* pelo tribunal, e não quando a intervenção é requerida.

5. Admissão do *amicus curiae* no âmbito dos tribunais locais

Muito embora não se questione sobre a recorrente atuação do *amicus curiae* no Supremo Tribunal Federal, diante da possibilidade de seu ingresso, fundada em legislação especial anterior ao atual CPC, subsistem algumas inquietações no âmbito dos tribunais locais.

Em uma busca feita por amostragem nos Tribunais de Justiça e Tribunais Regionais Federais, foi possível verificar, nos casos analisados, (i) os sujeitos que foram admitidos como *amicus curiae*; (ii) a forma de admissão; (iii) a natureza das causas; e (iv) o *modus operandi* de sua atuação.

Por via de consequência, o resultado desta busca trouxe maior compreensão acerca do substrato da atuação do *amicus curiae*, em contextos totalmente distintos aos das ações de controle concentrado.

---

ria, numa perspectiva indiferente à dogmática processual, aproximar-se da figura do 'assistente'. Não é por outra razão que o amicus tem interesse em convencer o Juiz de que argumentos teórico-jurídicos, morais, políticos e econômicos são idôneos para fazerem prevalecer uma das posições que discordam perante a Corte, sendo fora de lógica pensar que a sua participação seja limitada ao esclarecimento de fatos (Ulrich Kuhne, Amicus Curiae: Richterliche Informationsbeschaffung durch Beteiligung Dritter, Tübingen: Mohr Siebeck, 2015, pp. 17 e ss.)" (MARINONI, Luiz Guilherme; Processo Constitucional e Democracia – São Paulo: Thomson Reuters Brasil, 2021, p. 813).

O primeiro caso analisado diz respeito à intervenção do Instituto Nacional da Propriedade Industrial – INPI na Apelação Cível nº 0033727-98.2007.8.19.0001, que tramitou perante a 2ª Câmara Cível do Tribunal de Justiça do Rio de Janeiro, em demanda de abstenção de uso de patente e de reconhecimento de atos de concorrência desleal cumulada com pedido de reparação por danos, na qual o *amicus curiae* se manifestou sobre a validade da patente à luz das considerações do laudo pericial e dos artigos científicos que embasaram sua conclusão; e esclareceu se os documentos juntados, por tratarem exclusivamente do problema da corrosão, poderiam servir para afastar a atividade inventiva da patente em questão.

No segundo, a Agência Suplementar de Saúde – ANS foi admitida como *amicus curiae* na Ação Civil Pública nº 1024367-77.2021.8.26.0053, em trâmite perante a 12ª Vara de Fazenda Pública da Comarca de São Paulo, após requerer seu ingresso para fornecer informações a respeito de reajustes dos planos coletivos, objeto da ação coletiva.

No terceiro, verificou-se a atuação do Conselho Administrativo de Defesa Econômico – CADE na Ação Ordinária nº 1095876-97.2016.8.26.0100, que tramita perante a 40ª Vara Cível do Foro Central de São Paulo. Neste caso em particular, o CADE havia sido notificado para esclarecer se havia interesse em atuar como assistente litisconsorcial da parte autora. No entanto, informou que "*não possui interesse em intervir como assistente da Companhia Siderúrgica Nacional e da Companhia Metalúrgica Prada no processo em epígrafe, uma vez que a controvérsia versa sobre direitos ou interesses individuais, de natureza patrimonial e disponível, ainda que relacionados à indenização ou reparação de ocasionais danos ou prejuízos causados por uma infração à ordem econômica.*", requerendo seu ingresso, assim, como *amicus curiae*, colocando-se à disposição do Juízo para prestar os esclarecimentos que se fizessem necessários, acerca dos fatos apurados na esfera administrativa.

Contra a decisão que admitiu a atuação do CADE, foi interposto agravo de instrumento, autuado sob o nº 2248623-19.2019.8.26.0000, que sequer foi conhecido, diante da expressa vedação legal de que trata o artigo 138.

A quarta situação consiste na admissão da Ordem dos Advogados do Brasil – Seccional de Goiás, em controvérsia inerente ao valor aparentemente elevado dos honorários contratuais firmados entre o procurador e a parte autora nas demandas previdenciárias e a possibilidade do seu destaque quando da expedição das requisições de pagamento, no âmbito do Agravo de Instrumento nº 0068074-82.2016.4.01.0000

(TRF-1. AI nº 00680748220164010000. 1ª Turma. Relator: Des. Carlos Augusto Pires Brandão. Julgamento em 24.05.2017).

Na hipótese, considerando o número de recursos similares ao presente, bem como a atuação e controle da Ordem dos Advogados do Brasil como autarquia *sui generis* da classe, o relator entendeu por fundamental sua participação no feito na qualidade de *amicus curiae*.

Por fim, analisou-se, igualmente, a admissão do Observatório Nacional de Segurança Viária – OSCIP, na condição de *amicus curiae*, na ação nº 0131093-04.2015.4.02.5001, movida pelo Sindicato dos Centros de Formação de Condutores do Estado do Espírito Santo contra a União Federal, em trâmite perante a 3ª Vara Federal de Vitória, objetivando revogação de resolução do CONTRAN sobre a habilitação de condutores.

No caso, o OSCIP requereu seu ingresso sob pretexto de contribuir com informações técnicas de relevância "*no que tange ao uso de simuladores de direção veicular na formação do condutor e, via de consequência, pelas Auto Escolas do país, por ser o peticionário titular do estudo citado pelo sindicato autor em sua exordial, bem como por ser, atualmente, a organização sem fins lucrativos que mais atua na luta para a remodelação da formação do condutor, haja vista que atualmente o Brasil enfrenta uma verdadeira epidemia de mortos e feridos no trânsito, onde mais de 90% dos acidentes são causados pelo fator humano, em decorrência de negligência, imprudência ou imperícia dos atores envolvidos, principalmente do condutor de veículos*".

6. Negócios processuais e *amicus curiae*

A cláusula geral dos negócios processuais, consubstanciada no artigo 190 do CPC, norteia as possibilidades de as partes estipularem mudanças no procedimento para ajustá-lo às especificidades da causa e convencionar sobre os seus ônus, poderes, faculdades e deveres processuais, antes ou durante o processo.

Não há óbice legal quanto à indicação convencional da intervenção do *amicus curiae;* e ao sujeito que poderá ingressar nesta modalidade, respeitando-se, todavia, os critérios exigidos em lei. Há, contudo, vedação a eventual impedimento da participação do terceiro, por meio do negócio processual[22].

22 CABRAL, Antonio do Passo. *Comentários ao Código de Processo Civil*, p. 216.

Na hipótese de ser indicado pelas partes o sujeito que figurará como *amicus curiae*, por meio da convenção processual, sua admissão ficará adstrita ao convencimento do magistrado que, inclusive, poderá indeferir a intervenção, sobretudo pela facultatividade da participação desse terceiro, dada sua condição de colaborador da justiça[23].

O poder discricionário conferido ao magistrado quanto à admissão do *amicus curiae*, por conseguinte, subsiste mesmo com a eleição - ou não - das partes, ante o inequívoco dever de observância ao artigo 138 do CPC, e a eventual necessidade de participação do terceiro, para que se compreenda com maiores elementos a matéria discutida.

Em recentíssimo julgamento de um caso em que se admitiu o negócio processual, que prevê a cessão do direito à sustentação oral, entre as partes e o *amicus curiae*, a Corte Especial do Superior Tribunal de Justiça, no julgamento do ProAfR no REsp nº 1.610.844/BA, entendeu que *"o amicus curiae somente poderá sustentar oralmente nos casos em que as partes do processo cedam do seu prazo regimental a favor de terceiros".*

Evidencia-se, dessa forma, certa mitigação ao exercício do contraditório das partes e do próprio terceiro, tendo em vista que restringe a parte de sua atuação consistente na sustentação oral, que, como visto, permite ampliar o debate e contribui diretamente para a convicção do julgador.

Atrelar um mecanismo de operação do *amicus curiae* - interesse institucional - ao não exercício do direito de sustentação da parte - interesse subjetivo -, acaba por misturar a amplitude de atuação desses sujeitos processuais e conflita diretamente os interesses que estão postos frente ao litígio.

7. Conclusão

Embora o CPC tenha ampliado e generalizado o *amicus curiae* em nosso ordenamento jurídico, sua intervenção é excepcional, limitada

23 *"O ingresso do amicus curiae, a par do enquadramento nos pressupostos legais estabelecidos Código de Processo Civil – notadamente que a causa seja relevante, o tema bastante específico ou tenha sido reconhecida a repercussão geral –, pode eventualmente ser obstado em nome do bom funcionamento da jurisdição, conforme o crivo do relator, mercê não apenas de o destinatário da colaboração do amicus curiae ser a Corte, mas também das balizas impostas pelas normas processuais, dentre as quais a de conduzir o processo com eficiência e celeridade, consoante a análise do binômio necessidade-representatividade".(trecho do acórdão no RE 602.584-AgR, Rel. Min. Marco Aurélio, Red. p/ acórdão Min. Luiz Fux, j. em 17.10.2018)*

aos casos de maior relevância, especificidade ou repercussão social. É valiosa a expansão do debate processual para sujeitos que, mesmo sem ostentar condição de parte, podem trazer subsídios técnicos de alta relevância, inclusive jurídicos, oferecendo diferentes perspectivas para influenciar a convicção do julgador.

Além disso, por ser essencialmente um colaborador da jurisdição - e não amigo da parte - o *amicus curiae* deve atuar com idoneidade, responsabilidade e lealdade, sem jamais se arvorar na condição de parte, ainda que tenha interesse institucional ou ideológico na prevalência de uma das teses em disputa.

Não pode ser desconsiderado, no campo prático, o aparentemente invencível volume de processos em curso nos gabinetes dos juízes brasileiros, que subtraem tempo precioso para a reflexão que antecede os julgamentos, sobretudo nos casos de maior complexidade e densidade jurídica. Nesse cenário, a utilização do *amicus curiae* propicia enriquecimento do debate por meio de novas perspectivas, muitas vezes influenciando decisivamente na formação do convencimento motivado do julgador.

Dada a possibilidade de ingresso de múltiplos *amici curiae* numa mesma causa, inclinados em favor da mesma tese, deve o juiz zelar pelo equilíbrio no exercício de direitos e meios de defesa, especialmente quando identificar *hipossuficiência técnica* entre os litigantes, avaliando assim a pertinência de convocar um *amicus curiae* da sua escolha, imparcial.

Como a legislação autoriza que uma pessoa natural exerça a função de *amicus curiae*, nada impede que o juiz, em casos de maior relevância, especificidade ou repercussão, solicite o ingresso de um jurista com idoneidade moral e vocacionado no tema controvertido para emitir opinião jurídica, colaborando com a jurisdição. No entanto, eventuais custos decorrentes dessa intervenção sujeitam-se à prévia anuência das partes, sob pena de imposição indevida imposição de despesas processuais imprevistas.

A expressiva e louvável ampliação do *amicus curiae* pelo Código de Processo Civil, *esse terceiro enigmático*[24], enaltece a importância da cooperação e do contraditório substancial, ingredientes chaves para a completude e excelência dos provimentos jurisdicionais, sobretudo diante da complexidade das relações humanas que caracteriza o nosso tempo.

24 Conforme feliz expressão cunhada por Cassio Scarpinella Bueno na obra *Amicus Curiae no processo civil brasileiro: um terceiro enigmático*. São Paulo, Saraiva, 2006.

Referências Bibliográficas

ALVIM, José Eduardo Carreira. *Comentários ao novo código de processo civil*. Curitiba: Juruá, vol. 2, 2016.

AMARAL, Guilherme Rizzo. *Alterações do novo CPC.* 2ª ed. São Paulo: Revista dos Tribunais, 2015.

BERMUDES, Sérgio. *CPC de 2015: inovações.* 1ª ed., Rio de Janeiro, LMJ Mundo Jurídico, 2016.

BUENO FILHO, Edgard Silveira. *Amicus curiae: a democratização do debate nos processos de controle da constitucionalidade.* Revista de Direito Constitucional e Internacional. vol. 12. nº 47, 2004. pp. 7/15. Apud TEIXEIRA, Anderson Vichinkeski; e ROCHA, Cristiny Mroczkoski. Apud Reformulação do Amicus Curiae no Novo Cpc: Integração Normativa Ou Derrogação Parcial Da Lei 9.868/99? Revista de processo, vol. 268, 2017.

BUENO, Cássio, Scarpinella. *Amicus Curiae no processo civil brasileiro: um terceiro enigmático*. São Paulo, Saraiva, 2006.

____. *Comentários ao código de processo civil – volume 1 (arts. 1º a 317).* São Paulo: Saraiva, 2017.

CABRAL, Antônio do Passo. Pelas asas de Hermes: a intervenção do amicus curiae, um terceiro especial. *Uma análise dos institutos interventivos similares – o amicus e o vertreter des öffentlichen interesses.* Revista de Processo, vol. 117, 2004.

CARDOSO, José Eduardo Martins; NASCIMENTO Hugo Nunes Nakashoji. Cinco anos do CPC: questões polêmicas em homenagem a José Roberto Neves Amorim / José Roberto Neves Amorim; Organização José Lucio Munhoz. – 1ª ed. – Barueri [SP]: Manole, 2021, p. 198.

CARNEIRO, Paulo Cézar Pinheiro. In: CABRAL, Antonio do Passo; CRAMER, Ronaldo (Coord.). *Comentários ao novo código de processo civil.* Rio de Janeiro: Forense, 2015.

CARVALHO, Luciano Saboia Rinaldi de. Código de Processo Civil de 2015: Recursos, Tutelas Provisórias, Novos Incidentes e Temas Relevantes – Rio de Janeiro: Lumen Juris, 2017.

DONIZETTI, Elpídio. *Novo código de processo civil comentado.* 2ª ed. São Paulo: Atlas, 2017.

MARINONI, Luiz Guilherme. *Processo Constitucional e Democracia* – São Paulo: Thomson Reuters Brasil, 2021.

MARINONI, Luiz Guilherme; ARENHART, Sérgio Cruz; MITIDIERO, Daniel. *Novo código de processo civil comentado.* 2ª ed. São Paulo: Revista dos Tribunais, 2016.

NEVES, Daniel Amorim Assumpção. *Novo código de processo civil comentado.* Salvador: JusPodivm, 2016.

THEODORO JÚNIOR, Humberto. Curso de Direito Processual Civil – *Teoria geral do direito processual civil, processo de conhecimento e procedimento comum* – vol. I, 56ª ed. ver., atual. e ampl. – Rio de Janeiro: Forense, 2015.

PROVIMENTO DO RECURSO PARCIAL E OS EFEITOS SOBRE A PARTE DA DECISÃO NÃO RECORRIDA

Luciano Vianna Araújo

SUMÁRIO: 1. Apresentação do tema. **2.** Recurso. Conceito. Efeito devolutivo. Recurso parcial. Princípios. Coisa julgada. **3.** O recurso de um dos litisconsortes a todos aproveita. **3.1.** Litisconsórcio unitário ou simples? **3.2.** Os julgados do Superior Tribunal de Justiça, a respeito do litisconsórcio ser unitário ou simples. **4.** O recurso de um dos devedores solidários a todos aproveita. **5.** A coisa julgada e a expansão subjetiva dos efeitos do recurso interposto. **6.** A finalidade e o fundamento da regra do *caput* e do parágrafo único do art. 1.005 do CPC. **7.** O princípio da igualdade. **8.** Interpretação e integração. **8.1.** interpretação extensiva x analogia. **9.** Analogia como forma de suprir lacuna. **10.** Conclusão.

UMA JUSTA HOMENAGEM

O Professor Sérgio Bermudes disse-me certa vez que "a advocacia é uma profissão ciumenta. Ela não se compadece com o exercício de outras".

Não é nada fácil, por exemplo, conciliar a advocacia e a docência, com todas as exigências que lhe são inerentes (continuidade da formação, preparo das aulas, produção acadêmica etc.).

Sérgio Bermudes tornou-se um dos mais admirados e temidos advogados do país, responsável por conduzir causas de enorme repercussão (econômica, política e social). Formou um escritório de advocacia que possui mais de 5 décadas de existência, estabelecido no Rio de Janeiro, São Paulo Brasília e Belo Horizonte, mas com atuação em todo o país, que conta com cerca de 150 advogados e consultores.

Sérgio Bermudes foi professor da Universidade do Estado da Guanabara e da Faculdade Brasileira de Ciências Jurídicas do Rio de Janeiro. Desde 1978, exerce a docência na nossa querida Pontifícia Universidade Católica do Rio de Janeiro – PUC/Rio.

Sérgio Bermudes escreveu quase 20 livros jurídicos desde 1972, em especial sobre Processo Civil. Foi responsável pela atualização dos Comentários ao Código de Processo Civil de Pontes de Miranda, assim como redigiu dezenas de artigos e de pareceres.

Sérgio Bermudes integrou, também, a Comissão de 5 Processualistas, nomeada pelo Governo da República em 1985 para proceder à revisão do Código de Processo Civil de 1973.

Como se vê, Sérgio Bermudes conseguiu, sem desprezar jamais a ciumenta advocacia, tornar-se um *verdadeiro* jurista, o que confirma ser essa homenagem mais do que justa.

1. Apresentação do tema

Conforme o art. 1.005, *caput* e parágrafo único, do CPC, o recurso de um dos litisconsortes ou de um dos devedores solidários a todos aproveita.

Nesta mesma linha de raciocínio, embora a hipótese seja diversa, mas pressupondo uma uniformidade de tratamento, imagine-se a seguinte questão: o autor pleiteia a condenação do réu ao ressarcimento das perdas e danos morais e materiais, numa cumulação simples de pedidos. A sentença julga procedentes ambos os pedidos. Por exemplo, o réu apela apenas contra a condenação ao ressarcimento de danos morais (recurso parcial). Dir-se-á que, em relação à condenação ao pagamento de danos materiais, ocorreu o trânsito em julgado. Formou-se a coisa julgada material e o cumprimento de sentença é definitivo. Todavia, o Tribunal dá provimento ao recurso do réu, seja porque reconheceu uma ilegitimidade (defesa processual), seja porque reconheceu a ausência de culpa (defesa de mérito). Pergunta-se: não seria o caso, à semelhança do art. 1.005 do CPC, por uma questão de uniformidade de tratamentos, de se "atingir" a condenação ao pagamento dos danos materiais?

Para responder a essa questão, necessário, primeiro, compreender os fundamentos e a finalidade da norma positivada no art. 1.005 do CPC.

2. Recurso. Conceito. Efeito devolutivo. Recurso parcial. Princípios. Coisa julgada

Em sua primeira obra jurídica, publicada em 1972, portanto, na vigência do Código de Processo Civil de 1939, SÉRGIO BERMUDES[1] conceituou assim recurso:

> Finalmente, em sentido estrito, recurso é o direito de provocar o reexame de uma decisão judicial.

1 Curso de Direito Processual Civil. Recursos, Rio de Janeiro: Editora Borsoi, 1972, PP. 13 e 14.

Nesta mesma obra, SÉRGIO BERMUDES[2] tratou do efeito devolutivo nos recursos parciais, o que é objeto de estudo neste artigo:

> Na apelação total, o efeito devolutivo é pleno, posto que o juízo *ad quem* pode apreciar a decisão recorrida, na sua integridade. Entretanto, se a apelação é parcial, o efeito devolutivo é limitado, já que só se transfere ao conhecimento da instância superior a parcela da sentença que sofreu impugnação: *tantum devolutum, quantum apellatum*.

Na fase das *Reformas* do Código de Processo Civil de 1973, SÉRGIO BERMUDES[3] correlacionou o *princípio do duplo grau de jurisdiçao* e o *princípio do duplo exame*, como fundamentos para a previsão, nos ordenamentos jurídicos, dos recursos:

> O *princípio do duplo grau de jurisdição* recomenda a possibilidade de revisão das decisões judiciais por órgãos hierarquicamente superiores aos que as proferiram. O *princípio do duplo exame*, historicamente mais antigo pela concentração da autoriadade nas mãos de uma só pessoa no grupo primitivo, consente a revisão das decisões pelos próprios órgãos, dos quais ela emanaram. Variante dele é a revisão por outro órgão da mesma hierarquia. Evidenciam-se as razões desses princípios, resultantes da experiência, acumulada ao longo das idades. A revisão de um ato decisório diminui a possibilidade do erro judicial (*error in procedendo*, erro de procedimento, se o juiz viola norma da qual ele é destinatário; *error in judicando*, erro de julgamento, se o juiz não aplica, de modo correto, a norma disciplinadora da relação jurídica levada a seu julgamento). Além disso, a revisão satisfaz a índole humana, pois aos homens não acontece aceitarem uma decisão adversa, principalmente quando única.

Por sua vez, tendo em conta o texto originário do Código de Processo Civil de 1973, SÉRGIO BERMUDES[4] expôs sobre os efeitos da coisa julgada:

> Resumindo, apenas as sentenças de mérito, isto é, as decisões definitivas, uma vez preclusas, produzem coisa julgada material. A imutabilidade dessas decisões e a autoridade delas emergente exorbitam do âmbito meramente processual, projetando seus efeitos para fora do processo, de modo que não se poderá apreciar, novamente, a controvérsia.

---

2 Curso de Direito Processual Civil. Recursos, Rio de Janeiro: Editora Borsoi, 1972, p. 55.

3 Introdução ao Processo Civil, Rio de Janeiro: Forense, 1995, p. 147.

4 Iniciação ao Estudo do Direito Processual Civil, Rio de Janeiro: Liber Juris, 1973, p. 97.

Por fim, ao analisar as inovações do Código de Processo Civil de 2015, SÉRGIO BERMUDES[5] examinou a redação do art. 506:

> O art. 506 é igual ao 472, na primeira parte, salvo no ponto em que eliminou o gerúndio **beneficiando** do Código anterior, deixando permanecer o gerúndio **prejudicando**. De fato, a coisa julgada pode beneficiar terceiros, que contra ela não poderão reclamar lhes atenderá a pretensão, ainda que não manifestada. O terceiro contudo tem direito de opor-se à coisa julgada que lhe é prejudicial, quando ela afetar direito seu.

Nestas obras, que revelam a longevidade e a excelência dos ensinamentos do Professor Sérgio Bermudes, encontram-se os elementos necessários para expor e enfrentar o tema objeto deste artigo.

3. O recurso de um dos litisconsortes a todos aproveita

o art. 1.005, *caput*, do CPC dispõe sobre os efeitos do recurso interposto por um dos litisconsortes em relação aos demais que não recorreram:

> Art. 1.005. O recurso interposto por um dos litisconsortes a todos aproveita, salvo se distintos ou opostos os seus interesses.

Trata-se, assim, de um *efeito do julgamento do recurso,* e não de sua interposição, a que se denomina de *efeito expansivo.*

Conforme NELSON NERY JÚNIOR[6], classifica-se o *efeito expansivo* em *subjetivo* e *objetivo*, este, por sua vez, pode ser classificado em *objetivo interno* e *objetivo externo.*

Para CASSIO SCARPINELLA BUENO[7], "o efeito expansivo subjetivo, por sua vez, diz respeito às consequências do provimento do recurso quanto aos *sujeitos* do processo e não aos *atos* processuais".

Importante registrar que, segundo FLAVIO CHEIM JORGE[8], "o único efeito - em sentido técnico - que pode ser atribuído aos recursos é o

5 CPC de 2015: inovações, Rio de Janeiro: LMJ Mundo Jurídico, 2016, p. 384.

6 Teoria geral dos recursos, 6ª edição, São Paulo: Revista dos Tribunais, 2004, pp. 477 a 482.

7 Curso Sistematizado de Direito Processual Civil, vol. 2, 8ª edição, São Paulo: Saraiva, p. 589.

8 Teoria geral dos recursos cíveis, 7ª edição, São Paulo: Revista dos Tribunais, 2015, p. 340.

efeito devolutivo". Para ele[9], todos os demais efeitos seriam "decorrências naturais do efeito devolutivo ou consequências da existência de uma nova fase processual".

O art. 509 do CPC/1973 possuía a mesma redação do art. 1.005 do CPC/2015, em virtude do que se pode aproveitar a doutrina e a jurisprudência formadas na vigência do código anterior.

3.1. Litisconsórcio unitário ou simples?

o litisconsórcio pode ser classificado, quanto à exigência de participação de todos os litisconsortes no processo, em *necessário* ou *facultativo*. Por outro lado, em relação à homogeneidade de julgamento para todos os litisconsortes, classifica-se o litisconsórcio em *unitário* ou *simples*.

A regra básica é a de que existe uma autonomia ou, como preferir, uma independência entre os litisconsortes, nos termos dos artigos 117 e 118 do CPC:

> Art. 117. Os litisconsortes serão considerados, em suas relações com a parte adversa, como litigantes distintos, exceto no litisconsórcio unitário, caso em que os atos e as omissões de um não prejudicarão os outros, mas os poderão beneficiar.
> Art. 118. Cada litisconsorte tem o direito de promover o andamento do processo, e todos devem ser intimados dos respectivos atos.

Escrevendo sobre o Código de Processo Civil de 2015, SÉRGIO BERMUDES[10] versou sobre a autonomia dos litisconsortes, positivada no art. 117 do CPC:

> Tal qual o art. 48 do Código anterior, o art. 117 consagra o princípio da autonomia dos litisconsortes. Este artigo, entretanto, cria exceção ao princípio da autonomia dos litisconsortes, quando dispõe que, nessa cumulação subjetiva, os atos e omissões de um dos consortes estendem-se aos demais, porém só para beneficiá-los. Dessarte, vigora o princípio da autonomia quando a prática ou omissão de um ou alguns dos litisconsortes prejudicar os demais, mas esse princípio cede passo aos atos e omissões benéficos.

---

9 Página Teoria geral dos recursos cíveis, 7ª edição, São Paulo: Revista dos Tribunais, 2015, p. 340.

10 CPC de 2015: inovações, Rio de Janeiro: LMJ Mundo Jurídico, 2016, p. 100.

Conforme NELSON NERY JUNIOR e ROSA MARIA DE ANDRADE NERY[11], "cada litisconsorte é considerado parte distinta dos demais".

CÂNDIDO RANGEL DINAMARCO[12] lecionou, no regime do Código de Processo Civil de 1973, assim sobre a independência dos litisconsortes:

> "O princípio da independência dos litisconsortes (ou autonomia) é, como já se foi adiantando, inerente ao litisconsórcio comum, a que a maior parte da doutrina, com respaldo inclusive na linguagem germânica, costuma chamar litisconsórcio simples (einfach). Ele se mostra completamente compatível com o sistema e com o próprio conceito doutrinário do litisconsórcio, que, apesar da aparência que o nome talvez pudesse induzir, não implica necessariamente um ‹consórcio› entre os co-litigantes, nem significa que todos hajam de ter em todos os casos a mesma fortuna no processo, a mesma sors».

CANDIDO RANGEL DINAMARCO[13] concluiu dessa forma o seu pensamento:

> "Por isso, no litisconsórcio comum é plenamente concebível que, em face da atuação mais profícua e inteligente de um dos litisconsortes na fase postulatória ou na instrução da causa, ou mesmo de um ato dispositivo que não seja de todos os litisconsortes, ou ainda de eventuais diferenças entre as situações destes perante o direito material, o julgamento de mérito deixe de ser homogêneo (unitário) para todos eles. Tudo isso é reflexo da natureza do objeto do processo, que nesses casos permite soluções diferentes para os litisconsortes, daí decorre a possibilidade de julgamentos de mérito heterogêneos e, consequentemente, de heterogêneas situações jurídico-processuais de cada um destes, ao longo do procedimento. Assim é que a atitude de cada um no processo irá influir apenas no seu destino, aumentando ou reduzindo sua possibilidade de vitória, sem atingir o litisconsorte».

BARBOSA MOREIRA[14], ao comentar o art. 509 do CPC/1973, ensinou que a extensão subjetiva do recurso aos demais litisconsortes pressupõe que se trate de litisconsórcio unitário:

11 Comentários ao Código de Processo Civil, São Paulo: Revista dos Tribunais, 2015, p. 533.

12 Litisconsórcio: um estudo sobre o litisconsórcio comum, unitário, necessário, facultativo, São Paulo: Revista dos Tribunais, 1984, p. 89.

13 Litisconsórcio: um estudo sobre o litisconsórcio comum, unitário, necessário, facultativo, São Paulo: Revista dos Tribunais, 1984, pp. 86-88.

14 Comentários ao Código de Processo Civil, vol. V, 11ª edição, Rio de Janeiro: Forense, 2004, pp. 379 e 381.

> "Ao litisconsórcio unitário, e somente a ele, deve aplicar-se o disposto no art. 509, *caput*, porque a extensão dos efeitos do recurso aos co-litigantes omissos não tem senão uma razão de ser, que é precisamente a de impedir a quebra da uniformidade na disciplina da situação litigiosa".

No regime do Código de Processo Civil de 1973, MANOEL CAETANO FERREIRA FILHO[15] sustentou, também, incidir a norma do art. 509 somente ao litisconsórcio unitário:

> "O *caput* ora examinado somente é aplicável aos casos de litisconsórcio unitário, pois se de litisconsórcio simples se tratar, a regra a incidir será aquela do art. 48, pela qual os recursos de um litisconsorte ‹não prejudicarão nem beneficiarão os outros›. Ou seja, sempre que não for possível decidir a lide de modo diverso para os litisconsortes, o recurso por um deles interposto não aproveitará a todos".

No mesmo sentido era a lição de NELSON NERY JÚNIOR[16], restringindo a aplicação da norma do art. 509 do CPC/1973 apenas quando se tratasse de litisconsórcio unitário.

Atualmente, LUIZ GUILHERME MARINONI e DANIEL MITIDIERO[17] defendem que a norma do art. 1.005 do CPC incide, apenas, em se tratando de litisconsórcio unitário:

> "O art. 1.005, *caput*, só se aplica ao litisconsórcio submetido a regime especial (litisconsórcio unitário), porque somente aí há a necessidade de manter-se, à vista da natureza incindível da relação jurídica material afirmada em juízo, a uniformidade da disciplina da sentença.
> Ao litisconsórcio simples (regime comum do litisconsórcio) não se aplica o art. 1.005, *caput*, do CPC. A aplicação do art. 1.005, *caput*, do CPC, ao litisconsórcio simples viola o art. 116, CPC/15. O efeito expansivo subjetivo dos recursos, por conta do *caput* do art. 1.005 do CPC, pressupõe a unitariedade do litisconsórcio".

Da mesma forma, LUIS GUILHERME AIDAR BONDIOLI[18] leciona que, somente no caso de litisconsórcio unitário, aplica-se a regra do *caput* do art. 1.005 do CPC:

---

15 Comentários ao Código de Processo Civil, vol. VIII, coordenador Ovídio Araújo Baptista da Silva, São Paulo: Revista dos Tribunais, 2001, p. 74.

16 Teoria geral dos recursos, 6ª edição, São Paulo: Revista dos Tribunais, 2004, p. 479.

17 Comentários ao Código de Processo Civil, vol. XVI, diretor Luiz Guilherme Marinoni, coordenadores Sérgio Cruz Arenhart e Daniel Mitidiero, São Paulo: Revista dos Tribunais, 2016, pp. 188 e 189.

18 Comentários ao Código de Processo Civil, vol. XX, São Paulo: Saraiva, 2006, p. 69, coordenadores José Roberto F. Gouvêa, Luis Guilherme A. Bondioli e João Francisco N. da Fonseca.

> "A regra tem endereço certo: o litisconsórcio unitário, ou seja, a reunião de pessoas que, *pela natureza da relação jurídica*, reclama *decisão uniforme de mérito para todos*, nos termos do art. 116 do CPC".

Para NELSON NERY JUNIOR e ROSA MARIA DE ANDRADE NERY[19], o *caput* do art. 1.005 do CPC versa somente sobre litisconsórcio unitário, assim como para FREDIE DIDIER Jr. e LEONARDO CARNEIRO DA CUNHA[20].

EDUARDO TALAMINI e FELIPE SCRIPES WLADECK[21] esclarecem que nem a todos os litisconsortes unitários tal regra se aplica, sendo necessário avaliar o caso concreto:

> "A regra do *caput* tem em mira o litisconsórcio unitário: se a situação jurídico-material objeto do processo é uma e incindível (art. 116), o resultado recursal obtido por um dos litisconsortes, relativamente a essa situação, atingirá os demais. Mas mesmo entre litisconsortes unitários essa extensão subjetiva pode não se pôr".

Importante registrar que, em outra passagem, EDUARDO TALAMINI e FELIPE SCRIPES WLADECK[22] ressalvam que, a depender da situação, o recurso pode ou não aproveitar ao litisconsorte unitário e, até mesmo, ao litisconsorte simples:

> "E, então, poderão surgir situações que fogem do padrão normalmente afirmado: recursos interpostos por litisconsortes unitários não se estenderão aos demais e recursos interpostos por litisconsortes simples estendendo-se aos demais".

TERESA ARRUDA ALVIM[23] compreende que a norma do art. 1.005 do CPC aplica-se não só ao litisconsórcio unitário, mas também ao litisconsórcio simples:

---

19 Comentários ao Código de Processo Civil, São Paulo: Revista dos Tribunais, 2015, p. 2.036.

20 Curso de Direito Processual Civil, vol. 3, 13ª edição, Salvador: Juspodium, 2016, p. 147.

21 Comentários ao Código de Processo Civil, vol. 4, coordenador Cassio Scarpinella Bueno, São Paulo: Saraiva, 2017, p. 385.

22 Comentários ao Código de Processo Civil, vol. 4, coordenador Cassio Scarpinella Bueno, São Paulo: Saraiva, 2017, p. 386.

23 Comentários ao novo Código de Processo Civil, 2ª edição, coordenação Antonio do Passo Cabral e Ronaldo Cramer, Rio de Janeiro: Forense, 2016, p. 1.502.

> "Portanto, ainda que haja entendimento no sentido de que esta regra só se aplicaria ao litisconsórcio unitário, indubitavelmente, interpretação sistemática do novo Código não permite que se mantenha esta interpretação, se é que é acertada à luz do CPC/1973".

Ressalte-se, assim, que, segundo TERESA ARRUDA ALVIM, dada a necessidade imposta de uniformidade de interpretação da norma jurídica, pilar do Código de Processo Civil de 2015, a regra do art. 1.005 do CPC aplica-se tanto ao litisconsórcio unitário quanto ao simples.

Da mesma forma, JORGE AMAURY NUNES[24] sustenta que "é conveniente admitir que defesas comuns, mesmo em litisconsórcio simples, podem possuir essa capacidade de extensão subjetiva".

Como se vê, há tendência doutrinária no sentido de prestigiar o entendimento anterior ao novo Código de Processo Civil, a fim de prevalecer a tese de que o *caput* do art. 1.005 aplica-se apenas ao litisconsórcio unitário.

No entanto, para este estudo, o mais importante é compreender os argumentos doutrinários, seja para defender a aplicação apenas para o litisconsórcio unitário, seja para sustentar a incidência em ambos os casos (unitário e simples), isto é: uma uniformidade de tratamento para os litisconsortes que se encontrem na mesma situação, ainda que um só tenha recorrido, em virtude do que o recurso de um a todos aproveita.

EDUARDO TALAMINI e FELIPE SCRIPES WLADECK[25] ressaltam que "a uniformidade de tratamento é uma imposição da própria incindibilidade da situação jurídica litigiosidade em que os litisconsortes se encontram".

3.2. Os julgados do superior tribunal de justiça, a respeito do litisconsórcio ser unitário ou simples

No sistema do Código de Processo Civil de 1973, o Superior Tribunal de Justiça possuía jurisprudência dominante favorável à aplicação da norma do art. 509 do CPC apenas ao litisconsórcio unitário:

---

24 Comentários ao Código de Processo Civil, 2ª edição, organizadores Lenio Luiz Streck, Dierle Nunes, Leonardo Carneiro da Cunha, coordenador executivo Alexandre Freire, São Paulo: Saraiva, 2017, p. 1.363.

25 Comentários ao Código de Processo Civil, vol. 4, coordenador Cassio Scarpinella Bueno, São Paulo: Saraiva, 2017, p. 385.

> „PROCESSO CIVIL. A NORMA DO ART. 509 DO CÓDIGO DE PROCESSO CIVIL SÓ É APLICÁVEL AOS CASOS DE LITISCONSÓRCIO UNITÁRIO.
>
> Nos termos do art. 509, caput, do atual Código de Processo Civil, `o recurso interposto por um dos litisconsortes a todos aproveita, salvo se distintos ou opostos os seus interesses´, e assim também era no Código de Processo Civil de 1939, com a só diferença que neste se dizia `aproveitará´. A norma deve ser interpretada sob o influxo do art. 48 do Código de Processo Civil vigente, a cujo teor, `salvo disposição em contrário, os litisconsortes serão considerados, em suas relações com a parte adversa, como litigantes distintos; os atos e omissões de um não prejudicarão nem beneficiarão os outros´.
>
> A regra, portanto, é a de que os litisconsortes devem, cada qual, cumprir os ônus processuais (v.g., provas, recursos, etc.); a exceção diz respeito unicamente à aquela espécie de litisconsórcio em que a solução deve ser uniforme para todos os litisconsortes, quer dizer, quando se trata de litisconsórcio unitário".
>
> (EDcl nos EDcl no AgRg no Ag n. 988.735, relator Ministro Napoleão Nunes Maia Filho, relator para acórdão Ari Pargendler, Primeira Turma, julgado em 11/02/2014, publicado em 15/04/2014)

Tal julgado do Superior Tribunal de Justiça confirma acórdão anterior da própria Corte:

> "No caso concreto, por não ser hipótese de litisconsórcio unitário, o recurso interposto por um dos litigantes não aproveita aos demais, o que retira da recorrente qualquer possibilidade de extensão, em seu favor, dos efeitos do provimento dos agravos de instrumento interpostos pelos litisconsortes".
>
> (REsp 827.935, relator Ministro Teori Albino Zavascki, Primeira Turma, julgado em 15 de maio de 2008, publicado em 27 de agosto de 2008).

Entretanto, existe acórdão do Superior Tribunal de Justiça admitindo a incidência do art. 509 do CPC/1973 também ao litisconsórcio simples, com vistas a garantir a igualdade de tratamento:

> "É evidente que, no caso em exame, tem aplicação a regra do artigo 509 do estatuto processual civil. Embora a hipótese dos autos trate de litisconsórcio facultativo, a demanda não comporta solução desigual para os integrantes do pólo ativo do writ. Todos os litisconsortes são sociedades de advogados com sede no Município do Rio de Janeiro razão por que, necessariamente, lhes deve ser conferido o mesmo tratamento tributário, sob pena de perpetrar injustiças".
>
> (REsp 292.596, Segunda Turma, relator Ministro Franciulli Netto, julgado em 25/11/2003, publicado em 10/05/2007)

Na vigência do Código de Processo Civil de 2015, o Superior Tribunal de Justiça reafirmou o entendimento de que somente ao litisconsórcio unitário se aplica o efeito expansivo subjetivo do recurso:

> "Em não se caracterizando litisconsórcio unitário, a interposição de recurso pelo litisconsorte não aproveita aos demais. Inteligência do art. 1.005 do CPC/2015".
>
> (REsp 1.767.406, Segunda Turma, relator Ministro Mauro Campbell Marques, julgado em 19/03/2019, publicado em 22/03/2019)

Em princípio, a jurisprudência dominante do Superior Tribunal de Justiça, tanto no regime do CPC/1973 quanto no sistema do CPC/2015, reconhece que o efeito expansivo subjetivo do recurso de um dos litisconsortes aproveita aos demais apenas na hipótese de litisconsórcio unitário. Aparentemente, reproduzido o texto do art. 509 do CPC/1973 no art. 1.005 do CPC/2015, mantém-se o mesmo posicionamento jurisprudencial.

Entretanto, vale lembrar o julgado (REsp 292.596) que, a fim de impedir injustiça, consistente num tratamento não uniforme para os litisconsortes, reconheceu a aplicação do artigo 509 do CPC/1973 também ao litisconsórcio simples.

Essa insegurança, quanto à aplicação do regime ao litisconsórcio unitário apenas ou também ao litisconsórcio simples, pode gerar, realmente, situações de *injustiça*.

4. O recurso de um dos devedores solidários a todos aproveita

A norma do parágrafo único do art. 1.005 do CPC determina, à semelhança do *caput*, que se aproveite o recurso interposto pelo outro litisconsorte, quando se tratar de devedores solidários:

> Art. 1.005.
>
> Parágrafo único. Havendo solidariedade passiva, o recurso interposto por um devedor aproveitará aos outros quando as defesas opostas ao credor lhes forem comuns.

Neste caso, não há, em princípio, relação única de direito material e, logo, não se trata de litisconsórcio unitário. A respeito, veja-se a lição de LUIZ GUILHERME MARINONI e DANIEL MITIDIERO[26]:

26 Comentários ao Código de Processo Civil, vol. XVI, diretor Luiz Guilherme Marinoni, coordenadores Sérgio Cruz Arenhart e Daniel Mitidiero, São Paulo: Revista dos Tribunais, 2016, p. 189.

> "O art. 1.005, parágrafo único, CPC/15, estende os efeitos da interposição de um recurso por um litisconsorte, em regra, simples aos demais consortes, desde que se afirme entre eles solidariedade. Trata-se de caso particular em que há extensão subjetiva do recurso sem que exista litisconsórcio unitário".

BARBOSA MOREIRA[27] ressaltava que, no caso de solidariedade, não há propriamente um litisconsórcio unitário e, mesmo assim, por força do parágrafo único do art. 509 do CPC/1973, operava-se a extensão subjetiva dos efeitos do recurso:

> "Não obstante, *legem habemus*: os efeitos do recurso interposto por um dos co-devedores solidários estender-se-ão aos seus litisconsortes, a despeito de não ser unitário o consórcio, desde que se trate de defesas comuns, sobre as quais se haja de pronunciar o órgão *ad quem*".

LUIS GUILHERME AIDAR BONDIOLI[28] afirma que, "por opção do legislador", aos devedores solidários incide o efeito expansivo subjetivo do recurso:

> "Todavia, por opção do legislador, nas hipóteses de solidariedade passiva e defesa comum, estabeleceu-se que o 'recurso interposto por um devedor aproveitará aos outros' (art. 1.005, parágrafo único, do CPC). É preciso que tanto a solidariedade passiva quanto a comunhão de defesa estejam presentes no processo e no recurso interposto para que este beneficie os devedores inertes".

Da mesma forma, para FLAVIO CHEIM JORGE[29], "ainda que não se trate de litisconsórcio unitário, o legislador *optou* por estender os efeitos do recurso interposto por um dos réus aos demais, excepcionando o princípio da autonomia dos litisconsortes (art. 11, primeira parte)".

Assim, o efeito expansivo subjetivo do recurso opera-se tanto a favor dos litisconsortes unitários (*caput* do art. 1.005 do CPC) quanto dos devedores solidários (parágrafo único do art. 1.005 do CPC), caso em que o litisconsórcio não é, necessariamente, unitário. A finalidade

---

27 Comentários ao Código de Processo Civil, vol. V, 11ª edição, Rio de Janeiro: Forense, 2004, pp. 379 e 381.

28 Comentários ao Código de Processo Civil, vol. XX, São Paulo: Saraiva, 2006, p. 71, coordenadores José Roberto F. Gouvêa, Luis Guilherme A. Bondioli e João Francisco N. da Fonseca.

29 Breves comentários ao novo Código de Processo Civil, coordenadores Teresa Arruda Alvim, Fredie Didier Jr., Eduardo Talamini e Bruno Dantas, 3ª edição, São Paulo: Revista dos Tribunais, 2016, p. 2.479.

é evitar o tratamento não uniforme para os devedores solidários, como informam EDUARDO TALAMINI e FELIPE SCRIPES WLADECK[30]:

> "O que a regra objetiva é evitar que surjam contradições lógicas no tratamento dado aos devedores solidários por ocasião do julgamento do recurso interposto por um ou por alguns deles – i.e., evitar que o tratamento uniforme que tenha sido dado aos litisconsortes pela decisão recorrida deixe de existir em função do julgamento do recurso interposto por apenas um ou alguns deles. É uma regra de exceção no sistema".

Noutras palavras, a fim de assegurar a uniformidade de tratamento, o parágrafo único do art. 1.005 do CPC impõe a extensão subjetiva dos efeitos dos recursos para os devedores solidários, hipótese de litisconsórcio facultativo.

5. A coisa julgada e a expansão subjetiva dos efeitos do recurso interposto

Em seu clássico Litisconsórcio Unitário, escrito em 1972, portanto, no sistema do CPC/1939, mas quando já tramitava o CPC/1973, BARBOSA MOREIRA ensinava sobre a questão do trânsito em julgado e, por conseguinte, da coisa julgada, quando se tratasse de litisconsórcio unitário.

De início, BARBOSA MOREIRA[31] expôs a questão do trânsito em julgado da decisão para um dos litisconsortes, enquanto passível de mudança a decisão para o(s) outro(s):

> "Para assegurar a consecução do fim a que se ordena o regime especial, não basta que o litígio receba solução uniforme em primeira instância. Enquanto subsiste a possibilidade de reforma, através da interposição e julgamento de recurso, também subsistiria, em princípio, o risco de quebra de homogeneidade, se, no tocante a algum (ou alguns) dos co-autores ou dos co-réus, desde logo se cristalizasse em *res iudicata* a regulamentação fixada para a situação litígios, e no concernente ao(s) outro(s) permanecesse aberta a reexame".

Em seguida, BARBOSA MOREIRA[32] apontou a solução para tal questão, isto é, o trânsito em julgado opera-se apenas contra todos os

---

30 Comentários ao Código de Processo Civil, vol. 4, coordenador Cassio Scarpinella Bueno, São Paulo: Saraiva, 2017, p. 391.

31 Litisconsórcio Unitário, Rio de Janeiro: Forense,1972, p. 207.

32 Litisconsórcio Unitário, Rio de Janeiro: Forense,1972, pp. 207 e 208.

litisconsortes simultaneamente, quando transitar em julgado o último recurso:

> "A primeira conclusão que se tira é a de que *somente em face da totalidade* do co-litigantes unitários pode transitar em julgado a decisão de mérito ou outra que excepcionalmente, por sua repercussão na disciplina da situação litigiosa, haja de sujeitar-se ao regime especial".

Assim, por exceção, não ocorre a coisa julgada para um dos litisconsortes (trânsito em julgado parcial), enquanto existir recurso pendente de julgamento de outro(s) litisconsorte(s), conforme BARBOSA MOREIRA[33]:

> "Vale dizer que não produz efeitos para *nenhum*, se e enquanto não os produz para *todos*, qualquer dos fatos em princípio idôneos a fazer passar em julgado a sentença".

BARBOSA MOREIRA[34] esclareceu, inclusive, que os efeitos do recurso interposto favorecem a todos, inclusive aos que não recorreram:

> "A interposição do recurso por um (ou alguns) dos litisconsortes unitários, ou pela parte contrária em face de um (ou alguns) deles nas condições acima expostas, é bastante para que produzam, em relação a todos, os efeitos que a lei atribua ao recurso interposto".

Noutras palavras, o efeito obstativo (impede a preclusão ou a coisa julgada), suspensivo (impede o cumprimento da sentença) e o devolutivo (devolve ao tribunal a matéria impugnada, seja no seu aspecto horizontal, seja no seu aspecto vertical) estendem-se a todos os litisconsortes, mesmo para os que não recorreram:

> "Para a totalidade dos co-litigantes não apenas se obsta o trânsito em julgado da decisão, mas também se devolve à instância superior, se for o caso, o conhecimento da matéria litigiosa, nos limites da impugnação oferecida; e, ainda, quando suspensivo o recurso, permanece ineficaz (e portanto inexequível), *si et in quantum*, a sentença. Será provisória a execução acaso instaurada, na pendência de recurso não suspensivo, contra qualquer deles, ou por qualquer deles contra a outra parte".

33 Litisconsórcio Unitário, Rio de Janeiro: Forense,1972, p. 208.

34 Litisconsórcio Unitário, Rio de Janeiro: Forense,1972, p. 213.

Veja-se que, interposto recurso sem efeito suspensivo por apenas um dos litisconsortes, o cumprimento da sentença contra o litisconsorte que não recorreu da decisão é provisório.

Segundo BARBOSA MOREIRA[35], "devem considerar-se todos os litisconsortes como *partes* no procedimento recursal. Inclusive o(s) que porventura haja(m) aquiescido à decisão ou renunciado ao recurso".

No regime do Código de Processo Civil de 2015, LUIS GUILHERME AIDAR BONDIOLI[36] ratifica o entendimento de BARBOSA MOREIRA, ao comentar o art. 1.005:

> "Prolonga-se a litispendência, impede-se a execução quando dotado o recurso de eficácia suspensiva, devolve-se também em seu favor a matéria inserida no recurso etc.".

De outro lado, ELIE PIERRE EID[37] aponta as várias correntes doutrinárias que tentaram solucionar a difícil questão do litisconsórcio facultativo e unitário, com a finalidade de evitar conflito entre as diversas decisões (contrárias) sobre a mesma relação jurídica.

ELIE PIERRE EID[38], com base no Código de Processo Civil de 2015, que não proíbe que a coisa julgada beneficie quem não foi parte (art. 506[39] do CPC), conclui que tal foi a melhor solução dentre as possíveis:

> "Embora tenha enfrentado conhecidas críticas, baseadas no desrespeito ao princípio da igualdade, reputamos ter caminhado bem o Código de 2015 em adotar a coisa julgada *secundum eventum litis* por ser, dentre as possíveis formas de vinculação de terceiros à coisa julgada formada *inter alios*, a menos prejudicial".

---

35 Litisconsórcio Unitário, Rio de Janeiro: Forense,1972, p. 207.

36 Comentários ao Código de Processo Civil, vol. XX, São Paulo: Saraiva, 2006, pp. 71 e 72, coordenadores José Roberto F. Gouvêa, Luis Guilherme A. Bondioli e João Francisco N. da Fonseca.

37 Litisconsórcio Unitário: Fundamentos, estrutura e regime, São Paulo: Revista dos Tribunais, 2016, pp. 197 a 249.

38 Litisconsórcio Unitário: Fundamentos, estrutura e regime, São Paulo: Revista dos Tribunais, 2016, p. 257.

39 Art. 506. A sentença faz coisa julgada às partes entre as quais é dada, não prejudicando terceiros. O art. 472 do CPC/1973 dispunha que "a sentença faz coisa julgada às partes entre as quais é dada, não beneficiando, nem prejudicando terceiros". A mudança do texto legal importa numa revisão da extensão subjetiva da coisa julgada.

Note-se que o fundamento aqui consiste, também, na proteção do princípio da igualdade.

6. A finalidade e o fundamento da regra do *caput* e do parágrafo único do art. 1.005 do cpc

A finalidade das normas, insertas no *caput* e no parágrafo único do art. 1.005 do CPC, é simples: assegurar uma uniformidade de tratamento aos litisconsortes e aos devedores solidários.

A propósito, leia-se o ensinamento de TERESA ARRUDA ALVIM[40]:

> "Estes dispositivos, o art. 1.005 e seu parágrafo único, têm por escopo evitar decisões contraditórias ou desarmônicas dentro do mesmo processo".

Noutra obra, TERESA ARRUDA ALVIM, MARIA LÚCIA LINS CONCEIÇÃO, LEONARDO FERRES DA SILVA RIBEIRO e ROGÉRIO LICASTRO TORRES DE MELLO[41] reforçam a ideia de aplicação desta regra a todos os casos, além dos expressamente previstos no art. 1.005 do CPC, a fim de não causar uma situação de irracionalidade inadmissível:

> "Aplica-se também aos assistentes litisconsorciais **e a todos os casos em que se não aplicada a regra, a situação configurada seria de uma irracionalidade inadmissível**".

Adiante, TERESA ARRUDA ALVIM, MARIA LÚCIA LINS CONCEIÇÃO, LEONARDO FERRES DA SILVA RIBEIRO e ROGÉRIO LICASTRO TORRES DE MELLO[42] sustentam que a finalidade da norma é impedir que ocorra uma desarmonia intolerável dentro do mesmo processo:

> "Importa que a situação dos autores, ou dos réus, seja igual para que não se crie uma desarmonia intolerável dentro do mesmo processo".

Não era outra a lição de BARBOSA MOREIRA[43], ao comentar o art. 509 do CPC/1973:

40 Comentários ao novo Código de Processo Civil, 2ª edição, coordenação Antonio do Passo Cabral e Ronaldo Cramer, Rio de Janeiro: Forense, 2016, p. 1.501.

41 Primeiros Comentários ao novo Código de Processo Civil. Artigo por artigo, 1ª edição, São Paulo: Revista dos Tribunais, 2015, p. 1.435 – destacou-se.

42 Primeiros Comentários ao novo Código de Processo Civil. Artigo por artigo, 1ª edição, São Paulo: Revista dos Tribunais, 2015, p. 1.436 – destacou-se.

43 Comentários ao Código de Processo Civil, vol. V, 11ª edição, Rio de Janeiro: Forense, 2004, pp. 379 e 381.

> "O critério decisivo que deve orientar assim o julgador como o intérprete é o *teológico.* Parta-se desta indagação: *a que fim* se visa, na verdade, quando se estendem aos litisconsortes B e C os efeitos do recurso interposto por A. Ora, que explicação pode achar esse propósito? É claro: a necessidade, que se sente de evitar a *dualidade de regulamentações* acerca da matéria versada no recurso".

Definida a *finalidade* das normas previstas no *caput* e no parágrafo único do art. 1.005 do CPC, importante, em seguida, esclarecer o *fundamento* delas.

O *fundamento* consiste no *princípio da igualdade,* que assegura tratamento idêntico a pessoas que se encontrem numa mesma situação jurídica.

7. O princípio da igualdade

Remonta a ARISTÓTELES, a ideia de que se deve "tratar igualmente os iguais e desigualmente os desiguais, na medida de sua desigualdade".

Posteriormente, na Declaração de Direitos do Homem e do Cidadão, de 1789, afirmou-se que "os homens nascem e permanecem livres e iguais em direitos. As distinções sociais só podem se basear na utilidade comum". Por sua vez, na Declaração Universal dos Direitos do Homem - ONU, de 1948, findo o terror da Segunda Guerra Mundial, proclamou-se que "todos são iguais perante a lei e têm direito sem distinção a uma equitativa proteção da lei. Todos têm direito a uma proteção igual contra qualquer discriminação que viole a presente Declaração e contra qualquer incitação a uma tal discriminação". Por fim, na Constituição Federal do Brasil, de 1988, o art. 5º assegurou, no *caput,* que "todos são iguais perante a lei, sem distinção de qualquer natureza, garantindo-se aos brasileiros e aos estrangeiros residentes no País a inviolabilidade do direito à vida, à liberdade, à igualdade, à segurança e à propriedade, nos termos seguintes" e, depois, no inciso I, "homens e mulheres são iguais em direitos e obrigações, nos termos desta Constituição".

Apesar de, num primeiro momento, tais "declarações" conduzissem a uma *igualdade meramente formal* alcançou-se a partir delas a ideia de uma *igualdade material, proporcional ou distributiva,* que, diante da diferença existente entre as pessoas ou as situações, determina tratamentos diferenciados, a fim de *compensar* a desigualdade existente, como já asseverava ARISTÓTELES.

NELSON NERY JÚNIOR[44] explica, no direito processual civil, a aplicação do princípio da igualdade:

> "O art. 5º, *caput* e o inciso n. I, da CF de 1988 estabelecem que todos são iguais perante a lei. Relativamente ao processo civil, verificamos que o princípio da igualdade significa que os litigantes devem receber do juiz tratamento idêntico".

Não obstante NELSON NERY JUNIOR estar, nitidamente, escrevendo sobre as partes que se encontram em polos distintos da relação jurídico-processual, nada impede que se aplique tal lição para os litisconsortes. E, assim, pessoas que se encontrem na mesma situação jurídica devem receber a mesma solução judicial, na forma do art. 1.005, *caput* e parágrafo único, do CPC.

8. Interpretação e integração

Não se confundem a interpretação e a integração.

A interpretação visa fixar o *significado* e delimitar o *alcance* da norma. Diga-se que qualquer texto legal deve ser interpretado. Não se compadece com o atual estágio da ciência jurídica o antigo brocardo *in claris non fit interpretation.*

A partir da interpretação do texto legal extrai-se a norma jurídica. A norma jurídica pode ser tanto um princípio quanto uma regra.

Os métodos de interpretação consistem no *literal ou gramatical*, que busca o significado das palavras; o *lógico-sistemático*, que pressupõe que o sistema não admite contradições/paradoxos; o *histórico*, que analisa a evolução dos institutos; o *comparativo*, que compara nosso ordenamento jurídico com os estrangeiros; o *teleológico*, que visa alcançar a finalidade da norma jurídica.

Como acima exposto, para BARBOSA MOREIRA[45], o método teleológico leva à conclusão de que a regra (do art. 509 do CPC/1973 e, assim, do art. 1.005 do CPC) seja aplicada ao litisconsorte que não interpôs recurso, com a finalidade de coibir "a *dualidade de regulamentações* acerca da matéria versada no recurso".

---

44 Princípios do Processo Civil na Constituição Federal, 2ª edição, São Paulo: Revista dos Tribunais, 1995, p. 40 – Coleção Estudos de Direito de Processo Enrico Tullio Liebman. Orientação Arruda Alvim.

45 Comentários ao Código de Processo Civil, vol. V, 11ª edição, Rio de Janeiro: Forense, 2004, pp. 379 e 381.

Por sua vez, realizada a interpretação pode-se alcançar os seguintes resultados: *declarativo*, *restritivo*, *extensivo* e *revogante* (ab-rogada - total - ou derrogada - parcialmente).

Por sua vez, a integração destina-se a buscar, no ordenamento jurídico, uma solução para um caso, na medida em que não há regra específica para ele (lacuna), conforme o art. 4 da Lei de Introdução às Normas do Direito brasileiro, por meio da analogia, dos costumes e dos princípios gerais do direito.

8.1. Interpretação extensiva x analogia

Observe-se que, na questão posta neste estudo, não se trata de interpretação extensiva da norma positivada no art. 1.005 do CPC, que versa sobre os litisconsortes, unitários e/ou simples, e os devedores solidários (litisconsortes simples), mas, sim, de aplicação por analogia a réu único que não recorreu de um dos pedidos julgados procedentes.

Diga-se, aqui, que a distinção entre *interpretação extensiva* e *analogia* não é simples, como anota MARIA HELENA DINIZ[46]:

> "De modo que se tornou difícil saber onde termina a interpretação e começa a analogia".

MARIA HELENA DINIZ[47] expõe a diferença entre *interpretação extensiva* e *analogia* nos seguintes termos:

> "A interpretação extensiva, ao admitir que a norma abrange certos fatos-tipos ainda que implicitamente dentro do espírito da lei (*ratio legis*), não é considerada como instrumento integrador. A norma possui um cerne significativo e uma zona de penumbra, sendo que sua aplicação dentro dos limites dessa zona de penumbra é interpretação. Já na aplicação analógica o juiz terá que ir além do próprio texto legislativo que rege situações típicas, mas que, por razões de similitude, poderia abarcar outras, indo, portanto, além dos limites da sua zona de penumbra".

Na interpretação extensiva, amplia-se o próprio conteúdo da norma jurídica analisada, porque ela diz menos do que deveria. Por exemplo, a aplicação do art. 1.005 do CPC ao assistente litisconsorcial opera-se por uma interpretação extensiva. Com a analogia, forma de integração do

46 As Lacunas no Direito, 8ª edição, São Paulo: Saraiva, 2007, p. 178.

47 As Lacunas no Direito, 8ª edição, São Paulo: Saraiva, 2007, pp. 178 e 179.

ordenamento jurídico, aplica-se uma norma jurídica prevista para uma determinada situação a outra diferente, embora semelhante, para a qual não existe previsão legal. É o caso da questão sob análise neste estudo, na qual existe recurso parcial de réu único.

9. Analogia como forma de suprir lacuna

o art. 4º da Lei de Introdução às Normas do Direito brasileiro dispõe sobre a analogia, os costumes e os princípios gerais de direito como formas de integração do ordenamento jurídico:

> Art.4º. Quando a lei for omissa, o juiz decidirá o caso de acordo com a analogia, os costumes e os princípios gerais de direito.

Em seu clássico Hermenêutica e Aplicação do Direito, CARLOS MAXIMILIANO[48] explica que "a analogia consiste em aplicar a uma hipótese não prevista em lei a disposição relativa a um caso semelhante".

Por sua vez, MARIA HELENA DINIZ[49] define, assim, a analogia:

> "Para integrar lacunas, o juiz recorre, preliminarmente, à analogia, que consiste aplicar a um caso não regulado de modo direto ou específico por uma norma jurídica, uma prescrição normativa prevista para uma hipótese distinta, mas semelhante ao caso não contemplado, fundando-se na identidade do motivo da norma e não na identidade do fato".

Antigo *brocardo jurídico romano* dizia que: onde se depare razão igual à da lei, ali prevalece a disposição correspondente, da norma referida (*ubi eadem legis ratio, ibi eadem legis dispositio*).

Adiante, CARLOS MAXIMILIANO[50] explica o fundamento da analogia, qual seja, a igualdade jurídica:

> "Funda-se a analogia, não como se pensou outrora, na *vontade* presumida do legislador, e, sim, no princípio da verdadeira justiça, de *igualdade jurídica*, o qual exige que as espécies semelhantes sejam reguladas por normas semelhantes".

48 Hermenêutica e Aplicação do Direito, 10ª edição, Rio de Janeiro: Forense, 1988, p. 208.

49 As Lacunas no Direito, 8ª edição, São Paulo: Saraiva, 2007, pp. 140 e 141.

50 Hermenêutica e Aplicação do Direito, 10ª edição, Rio de Janeiro: Forense, 1988, p. 210.

Não é outra a lição de MARIA HELENA DINIZ[51]:

> "A doutrina que funda a analogia na *igualdade jurídica* parece ser a mais satisfatória, já que o processo analógico constitui um raciocínio 'baseado em razões relevantes de similitude', fundando-se na identidade de razão, que é o elemento justificador da aplicabilidade da norma a casos não previstos, mas, substancialmente, semelhantes, sem contudo ter por objetivo perscrutar o exato significado da norma, partindo, tão somente, do pressuposto de que a questão *sub judice*, apesar de não se enquadrar no dispositivo legal, deve cair sob sua égide por semelhança de razão".

Como visto, o fundamento do art. 1.005 do CPC, ao atribuir efeito expansivo subjetivo ao recurso interposto por um dos litisconsortes ou por um dos devedores solidários aos demais, consiste na aplicação do princípio da igualdade, justamente o que norteia a aplicação da analogia.

10. Conclusão

Ao concluir, vale lembrar a questão sob análise: o autor pleiteia a condenação do réu único ao ressarcimento das perdas e danos morais e materiais, numa cumulação simples de pedidos. A sentença julga procedentes ambos os pedidos. Por exemplo, o réu apela apenas contra a condenação ao ressarcimento de danos morais (recurso parcial). Dir-se-á que, em relação à condenação ao pagamento de danos materiais, ocorreu o trânsito em julgado. Formou-se a coisa julgada material e o cumprimento de sentença é definitivo. Todavia, o Tribunal dá provimento ao recurso do réu, seja porque reconheceu uma ilegitimidade (defesa processual), seja porque reconheceu a ausência de culpa (defesa de mérito). Pergunta-se: não seria o caso, à semelhança do art. 1.005 do CPC, por uma questão de uniformidade de tratamento, de se "atingir" a condenação ao pagamento dos danos materiais?

Diga-se que não se trata de litisconsórcio (*caput* do art. 1.005 do CPC) nem de devedores solidários (parágrafo 1º do art. 1.005 do CPC). A bem da verdade, no exemplo dado, tem-se um único réu, inexiste litisconsórcio, por isso, não se pode interpretar extensivamente o art. 1.005 do CPC, a fim de alcançar a questão ora discutida, mas, sim, por analogia, aplicar a situações semelhantes, a mesma solução jurídica, com base na mesma razão (uniformidade de tratamento), a fim de assegurar a igualdade jurídica.

---

51 As Lacunas no Direito, 8ª edição, São Paulo: Saraiva, 2007, p. 158.

Ao contrário, a incidência da regra do art. 1.005 do CPC ao assistente litisconsorcial dá-se por interpretação extensiva.

A relação jurídica de direito material é a mesma, fundada no mesmo fato jurídico que ensejou a propositura da demanda judicial, na qual se pleiteou o ressarcimento das perdas e danos materiais e morais, numa cumulação simples de pedidos. Tanto a ilegitimidade quanto a ausência de culpa repercutem nos dois pedidos, julgados procedentes em primeiro grau, para condenar o réu único ao ressarcimento de perdas e danos materiais e morais.

Para mim, faz todo sentido que, *por analogia*, se aplique a regra contida no art. 1.005 do CPC, porque, caso contrário, o réu deverá ressarcir os danos materiais, embora haja a ilegitimidade (defesa processual) ou a ausência de culpa (defesa de mérito), que afastou a condenação ao pagamento dos danos morais (e que também afasta a condenação ao pagamento dos danos materiais!).

A meu ver, causa uma "**situação de irracionalidade inadmissível**" ou uma "**desarmonia intolerável dentro do mesmo processo**" o único réu ser condenado a ressarcir os danos materiais, porque não recorreu deste *capítulo* da sentença (recurso parcial), mas não ser condenado ao pagamento dos danos morais, porque, ao julgar o recurso, o tribunal deu provimento à apelação, por uma defesa processual ou por uma defesa de mérito, que *atinge* a outra condenação também.

Insisto: fosse a hipótese de litisconsórcio (*caput*) ou de devedores solidários (parágrafo único), o recurso de um dos litisconsortes a todos aproveitaria, por conta do art. 1.005 do CPC, com o intuito de preservar a uniformidade de tratamento, em obediência ao princípio da igualdade. Muito mais irracional ou desarmônico é, como no exemplo dado, quando se trata da mesma pessoa (não existe litisconsórcio) que recorreu de parte da sentença (recurso parcial), ela pagar uma condenação (dano material) mas não pagar a outra (dano moral), porque o recurso, dela mesma, não *atingiria* a parte da decisão não recorrida.

Por essas razões, concluo que, por analogia, a regra do art. 1.005 do CPC aplica-se à parte não recorrida da sentença, quando o tribunal dá provimento ao recurso parcial do réu único, afastando a condenação ao pagamento da parcela recorrida, por fundamento que *atinge* a ambos os capítulos da sentença (recorrido e não recorrido), em virtude do que, neste caso, não há que se falar em trânsito em julgado (parcial) da condenação não recorrida nem de coisa julgada material.

REGULAÇÃO JURÍDICA DA ECONOMIA COMPARTILHADA: A ADPF Nº 449/DF E AS PLATAFORMAS DIGITAIS DE TRANSPORTE INDIVIDUAL URBANO NO SUPREMO TRIBUNAL FEDERAL

Luiz Fux

Introdução

O advento dos serviços de transporte remunerado de passageiros mediante a utilização de veículos particulares cadastrados em aplicativo de plataforma digital desafiou a manutenção do *status quo* no Brasil e no mundo.

Com efeito, seja pela veloz ascensão dessa atividade, por seu elevado potencial de concorrência, pelas inevitáveis lacunas de regulação, por preocupações relativas à segurança, ou pelas divergências quanto à natureza da relação jurídica entre os motoristas e as plataformas: fato é que tal inovação disruptiva enfrentou forte resistência de autoridades públicas e, principalmente, de prestadores de serviços congêneres regulados pelo Estado.[1]

Deveras, nesse cenário de incertezas e de conflitos, não demorou muito até que fossem proferidas ordens judiciais determinando a suspensão parcial ou total dessas atividades (tal como observado no Brasil[2], na Espanha[3] e na Índia[4]) e, em certos casos, ordenando inclusive a pri-

---

1 AZEVEDO, Paulo et. al. Uber: O dilema de crescer com uma inovação disruptiva. *Série Estudos de Caso*. São Paulo: Insper, 2016, pp. 3-4. Disponível em: https://www.insper.edu.br/wp-content/uploads/2018/10/Uber_dilema_inovacao_disruptiva_port.pdf.

2 ROVER, Tadeu. Liminar suspende serviços do aplicativo Uber em todo o Brasil. *Consultor Jurídico*. Publicado em: 29/04/2015. Disponível em: https://www.conjur.com.br/2015-abr-29/liminar-suspende-servicos-aplicativo-uber-todo-brasil.

3 CANO, Rosa. Uber cierra su servicio en España. *El País*. Publicado em: 31/12/2014. Disponível em: https://elpais.com/economia/2014/12/31/actualidad/1419993561_752162.html.

4 BARRY, Ellen; RAJ, Suhasini. Uber banned in India's capital after rape accusation. *The New York Times*. Publicado em: 8/12/2014. Disponível em: https://www.nytimes.com/2014/12/09/world/asia/new-delhi-bans-uber-after-driver-is-accused-of-rape.html.

são de executivos das plataformas digitais (como ocorreu com a Uber, na França[5]). No mesmo sentido, esses serviços chegaram a ser proibidos na Colômbia[6] e em cidades da Dinamarca, da Austrália, da Hungria, da Bulgária, da China, da França, da Itália, da Finlândia, da Alemanha, da Holanda, da Inglaterra e dos Estados Unidos.[7]

Nesse contexto, o presente artigo se propõe a examinar os limites do poder regulador em relação ao ambiente concorrencial e ao exercício das profissões neste *framework* da economia compartilhada. Para tanto, parte-se da análise da Arguição de Descumprimento de Preceito Fundamental nº 449/DF[8], oportunidade em que o Supremo Tribunal Federal reconheceu a inconstitucionalidade da Lei nº 10.553/2016 do Município de Fortaleza/CE, que estabelecia a proibição do uso de carros particulares, cadastrados ou não em aplicativos, para o transporte remunerado individual de pessoas.

Naquela ocasião, discutiu-se se seria possível ao Estado proibir ou restringir arbitrariamente o exercício de atividade econômica por particulares, considerando os princípios constitucionais da livre iniciativa e do valor social do trabalho (art. 1º, IV), da liberdade profissional (art. 5º, XIII) e da livre concorrência (art. 170, caput). Especificamente quanto ao transporte individual urbano de passageiros por intermédio de plataformas digitais, ponderou-se, ainda, se aludida proibição violaria os princípios da defesa do consumidor (art. 170, V) e da busca pelo pleno emprego (art. 170, VIII).[9]

---

5 GRODEN, Claire. Two Uber executives arrested in France. *Time*. Publicado em: 29/06/2015. Disponível em: https://time.com/3940092/uber-executives-arrested.

6 SUTTO, Giovanna. Desta vez, adeus Colômbia: por que a Uber está sendo banida por alguns países. *Infomoney*. Publicado em: 28/01/2020. Disponível em: https://www.infomoney.com.br/negocios/desta-vez-adeus-colombia-por-que-a-uber-esta-sendo-banida-por-alguns-paises.

7 ORTON, Toby. 7 lugares ao redor do mundo onde Uber é proibido. *Oyster*. Publicado em: 18/07/2018. Disponível em: https://www.oyster.com/pt/articles/where-is-uber-banned-around-the-world.

8 Rel. Min. Luiz Fux, Tribunal Pleno, DJe de 02.09.2019.

9 Quanto à dimensão *material* do referido diploma. Vale pontuar que, quanto aos argumentos acerca da inconstitucionalidade formal, cuja análise foge ao escopo do presente artigo, discutiu-se acerca competência dos Municípios para regular a atividade de transporte particular individual de passageiros. Nesse sentido, também se concluiu, à ocasião, pela inconstitucionalidade formal da lei impugnada, por afronta ao artigo 22, incisos IX, XI e XVI, da Constituição.

Nesse sentido, são apresentados a seguir os principais fundamentos em que o Tribunal se arvorou para concluir pela procedência da ADPF nº 449/DF. Em cada um dos três capítulos que se seguem, será analisada uma das justificativas apresentadas naquela oportunidade para sustentar a defesa da norma proibitiva do serviço em questão, quais sejam: a ***(i)*** proteção dos agentes tradicionais do mercado de transporte de passageiros em face dos novos concorrentes; a ***(ii)*** proteção do consumidor; e a ***(iii)*** proteção da ordem urbanística e do tráfego. Após se contrastar tais justificativas ao estatuto constitucional das liberdades fundamentais e se elencar aspectos empíricos relacionados aos serviços de transporte privado por meio de aplicativos, passa-se, por fim, a uma breve conclusão, em que se resume a decisão e seus respectivos fundamentos.

1. A proteção dos agentes tradicionais do mercado de transporte em face dos novos concorrentes

ao apreciar a constitucionalidade material da Lei nº 10.553/2016 do Município de Fortaleza, a Corte assentou, já como ponto de partida, o vanguardismo da Constituição Federal de 1988 no que diz respeito à consagração do mandamento da liberdade de iniciativa (artigos 1º, IV, e 170, *caput*, da CF). De fato, ao prever de forma expressa o direito a um ambiente de mercado competitivo, a Carta Magna brasileira distingue-se da maioria das Constituições em vigor no mundo[10] – inclusive da Constituição dos Estados Unidos da América de 1789, precursora do constitucionalismo liberal.

Nesse cenário, a definição dos limites governamentais regulatórios em relação à ordem econômica assume um papel de particular importância. Não se pode reduzir essa cláusula fundamental – que recebeu o destaque de fundamento da República Federativa do Brasil na Constituição e que não encontra paralelo na ampla maioria dos textos constitucionais de outras nações – a mero capricho retórico do constituinte brasileiro, afastando-se ou restringindo-se injustificadamente o controle judicial de atos normativos que afrontem liberdades econômicas básicas.

10 Consoante a base de dados *Comparative Constitutions Project*, um dos maiores acervos de informações sobre textos constitucionais de diferentes países, organizado pelos Professores Tom Ginsburg (*University of Chicago*) e Zachary Elkins (*University of Texas*), apenas 21% (vinte e um por cento) das Constituições hoje em vigor ao redor do mundo preveem expressamente algum tipo de direito a um ambiente de mercado competitivo (disponível em: http://www.comparativeconstitutionsproject.org).

Deveras, foi justamente a necessidade de restrição do poder estatal sobre o funcionamento da economia de mercado o que conduziu ao surgimento do constitucionalismo moderno. Em um contexto histórico, a concentração do poder de decisão sobre atividades produtivas nas mãos do monarca e da elite que lhe era servil sempre representou efetivo meio de controle dos súditos, conquanto conduzisse ao empobrecimento da sociedade. A rigidez regulatória concentrava em uma elite de mestres artesãos, localizados no topo da hierarquia imposta, a prerrogativa de monopólio dos meios de produção, bem como a de estabelecer salários, preços e padrões de qualidade.

Nesse ambiente hostil à competição e à inovação, tornava-se mais fácil controlar as massas e assegurar a manutenção da nobreza dirigente no poder. Paradoxalmente, esse sistema era justificado na proteção ao trabalho, em que pese o notório óbice ao progresso e à distribuição das riquezas.

A respeito do tema, os professores Daron Acemoglu (*Massachusetts Institute of Technology*) e James Robinson (*Harvard University*) prelecionam que a inexistência de limites ao poder do soberano para a regência da economia e das profissões conduz a um círculo vicioso de totalitarismo político e acentuação da miséria, responsável pelo fracasso de diversas sociedades ao longo da história, desde o império romano até os dias atuais.[11]

Deveras, o grande salto de progresso da humanidade, que nos permitiu gozar de padrões de vida nunca antes experimentados, somente foi possível com o advento do constitucionalismo – no caso inglês, ante a derrocada da dinastia absolutista dos Stuart e a imposição, pela revolução gloriosa, de uma monarquia constitucional, foram criadas as instituições que conduziram à revolução industrial.

Nesse sentido, o enriquecimento dos mais pobres é resultado direto de uma economia mais produtiva, ao passo que são condições fundamentais para tanto a ausência de intervenções arbitrárias por parte dos governantes e a garantia da liberdade de organização econômica. Foi pela falta desses componentes, concluem Acemoglu e Robinson, que não houve qualquer melhoria significativa de padrões de vida da humanidade entre as revoluções neolítica, ainda na pré-história, e industrial, no fim do Século XVIII.[12]

11 ACEMOGLU, Daron; ROBINSON, James. *Por que as nações fracassam. As origens do poder, da prosperidade e da pobreza*. Traduzido por Cristiana Serra. Rio de Janeiro: Elsevier, 2012, pp. 143-144.

12 Idem.

A explicação para essa correlação entre inexistência de limites institucionais ao poder regulatório e fracasso econômico é abundante na literatura econômica. O ganhador do prêmio Nobel de economia George Stigler já ensinava, em seu clássico "*The theory of economic regulation*", que "com seu poder de proibir ou compelir, de retirar ou conceder dinheiro, o Estado, de forma seletiva, pode e efetivamente ajuda ou prejudica um vasto número de indústrias"[13].

Como observou o aclamado economista, o processo político pelo qual as regulações são editadas é frequentemente capturado por grupos de poder interessados em obter, por essa via, proveitos superiores aos que conseguiriam em um ambiente de livre competição. Segundo ele, um recurso político comumente desejado por esses grupos é o poder estatal de controle de entrada de novos competidores em um dado mercado. Nessa hipótese, os benefícios da medida restritiva costumam se concentrar em um pequeno grupo, ao passo que os custos são dispersos por toda a sociedade, diminuindo a resistência política.[14]

Estabelecido, pois, que o exercício de atividades econômicas e profissionais por particulares deve ser protegido da coerção arbitrária por parte do Estado, cumpre definir a quem compete, em última instância, a fiscalização da observância dos limites do poder regulador, pois limites definidos e implementados pelo próprio ente limitado desafiam a ideia de Estado de Direito, dando azo ao surgimento de instância hegemônica de poder.

Consoante a clássica formulação de Friedrich Hayek, "o *Rule of Law* exige que a discricionariedade administrativa na ação coercitiva seja sempre sujeita a escrutínio por uma Corte independente."[15] No Brasil, a Constituição estabeleceu o sistema de freios e contrapesos, segundo o qual compete ao Poder Judiciário invalidar os atos normativos que simplesmente proíbam ou estabeleçam restrições desproporcionais à livre iniciativa e à liberdade profissional. Nesse sentido, em mais de uma oportunidade o Supremo Tribunal Federal já afastou limitações arbitrárias ao exercício de atividades profissionais, a exemplo de quando julgou

---

13 STIGLER, George. The Theory of Economic Regulation. *The Bell Journal of Economics and Management Science*, v. 2, nº 1, 1971, p. 3.

14 Ibidem, p. 5.

15 HAYEK, Friedrich. The Political Ideal of the Rule of Law. *National Bank of Egypt fiftieth anniversary commemoration lectures*. Cairo: National Bank of Egypt, 1955, p. 45.

inconstitucional a exigência legal de diploma de curso de ensino superior para o exercício da atividade de jornalista.[16]

De fato, uma característica essencial do sistema constitucional de proteção de liberdades é sua prevalência *prima facie*, na medida em que as restrições governamentais devem ser reservadas a situações excepcionalíssimas e devidamente justificadas. Cuida-se de consectário do princípio da dignidade da pessoa humana, previsto no artigo 1º, inciso III, da CF, pois esta, como já afirmou o Tribunal Constitucional Federal alemão, concebe o ser humano como um ser intelectual e moral, capaz de se determinar e de se desenvolver em liberdade.[17]

Para o professor e jurista alemão Robert Alexy (*Kiel University*), o princípio da liberdade jurídica assume a qualidade de regra mestra do sistema normativo e "exige uma situação de disciplina jurídica na qual se ordena e se proíbe o mínimo possível."[18]Sendo a liberdade um *topoi*, extraído da dignidade humana e da configuração do sistema jurídico, é imperioso inferir, sob pena de torná-la estéril, que eventuais restrições devem ser informadas por um parâmetro constitucionalmente legítimo e adequarem-se ao teste da proporcionalidade.

Adotando um raciocínio semelhante, o Tribunal Constitucional Federal alemão assentou que "o indivíduo deve admitir restrições à sua liberdade de ação, estabelecidas pelo legislador para proteção e fomento do convívio social nos limites do razoável de acordo com a situação fática; mas deve a autonomia da pessoa restar mantida."[19]

Nesse sentido, Robert Alexy ensina que "essa fórmula, na qual claramente se vislumbra a máxima da proporcionalidade, não apenas diz que a liberdade é restringível, mas também que ela é restringível somente diante da presença de razões suficientes."[20] Outra não é a conclusão dos professores Volker Epping (*Leibniz University Hannover*) e Christian Hillgruber (*University of Bonn*), que, analisando o artigo 2º da Constituição alemã, defendem que a garantia de liberdade da ação humana "expressa-se antes de tudo em uma estrita aplicação do princípio

16 RE nº 511.961, Rel. Min. Gilmar Mendes, Tribunal Pleno, DJe de 13.11.2009.

17 ALEMANHA. Bundesverfassungsgericht. BVerfGE 45, 187.

18 ALEXY, Robert. *Teoria dos Direitos Fundamentais*. Traduzido por Virgílio Afonso da Silva. São Paulo: Malheiros, 2008, p. 177.

19 ALEMANHA. Bundesverfassungsgericht. BVerfGE 30, 1 [20].

20 ALEXY, Robert. *Op. cit.*, pp. 357-358.

da proporcionalidade, com aumentado ônus de justificação por parte do Estado para intervenções"[21].

E esse ônus de justificação elevado, por óbvio, não é atendido com o recurso a argumentos de cariz meramente retórico. É dizer: a restrição à liberdade deve encontrar suporte em elementos empíricos que indiquem a sua necessidade e adequação para atingir o objetivo constitucionalmente legítimo. Portanto, consubstancia ônus do proponente da medida o seu embasamento com informações, como, por exemplo, pesquisas de campo, estatísticas, levantamentos históricos e *etc.*, que a justifiquem e demonstrem sua eficácia.

Todavia, visto que constatações empíricas dependem de análises, mais ou menos controversas, sobre dados cuja abrangência e confiabilidade podem variar, surge questão de vital importância: qual é o grau exigido de segurança dos argumentos de justificação para legitimar uma determinada intervenção estatal na liberdade?

Com efeito, cuida-se de uma exigência de caráter dinâmico, pois o seu rigor será variável consoante a gravidade da restrição proposta à liberdade. É o que Robert Alexy denomina como lei epistêmica do sopesamento: "quanto mais pesada for a intervenção em um direito fundamental, tanto maior terá que ser a certeza das premissas nas quais essa intervenção se baseia"[22].

À luz destas premissas, o STF averiguou se a lei impugnada na ADPF nº 449/DF, que proibia o "uso de carros particulares cadastrados ou não em aplicativos, para o transporte remunerado individual de pessoas", configurava limitação proporcional ou desproporcional às liberdades de iniciativa (artigos 1º, inciso IV, e 170, *caput*, da CF) e de profissão (artigo 5º, inciso XIII, da CF).

Neste ponto vale pontuar que o escrutínio realizado pela Corte não abrangeu todos os tipos de regulações possíveis do mercado de transporte de passageiros – a exemplo de questões como padrões mínimos de segurança, deveres de informação, requisitos objetivos de qualificação para motoristas e *etc.* Naquela oportunidade, o âmbito estrito de análise dizia respeito à possibilidade de restrição oligopolística desse mercado – ou seja, da limitação da quantidade de prestadores de serviço a um

21 EPPING, Volker; HILLGRUBER, Christian. *Grundgesetz: Kommentar*. 2. ed. München: C. H. Beck, 2013, p. 29.

22 ALEXY, Robert. *Teoria dos Direitos Fundamentais*. Traduzido por Virgílio Afonso da Silva. São Paulo: Malheiros, 2008, p. 617.

grupo autorizado pelo governo, vedando-se o exercício da profissão a todos os demais particulares.

O transporte remunerado privado individual de passageiros guarda relação muito próxima com o serviço prestado pelos táxis, cujo licenciamento, no Brasil, funciona como a delegação de um privilégio a certos particulares, os quais passam a deter a exclusividade de exploração do serviço de transporte de passageiros. Os detentores de licenças, por sua vez, podem cedê-las para a exploração de terceiros, os verdadeiros motoristas, mediante remuneração, as denominadas diárias. Isto gera uma restrição artificial do mercado e cria uma renda extraordinária para os detentores de licenças, cujo valor deriva precisamente da possibilidade de transacionar esse título. Trata-se, assim, de ativo que não corresponde a qualquer benefício gerado à sociedade, mas apenas ao cenário antinatural de escassez decorrente da limitação governamental.

Aludido mecanismo tem como única consequência a transferência involuntária de recursos de consumidores e trabalhadores para um grupo específico, formado por aqueles agraciados com o número restrito de licenças. Portanto, há enorme resistência de grupos organizados à abertura do mercado para novos entrantes - é dizer, novos trabalhadores, iniciantes ou migrantes de setores em crise, em busca de oportunidades de gerar valor para a sociedade mediante recompensa financeira.

Considerando que o desemprego no país, à época, havia alcançado o patamar recorde de 13,7% (treze vírgula sete por cento), afetando 14.200.000 (catorze milhões e duzentas mil) pessoas[23], é de se louvar a abertura de mercado que represente absorção de mão-de-obra e considerar qualquer medida em sentido contrário afrontosa ao princípio constitucional da busca pelo pleno emprego, previsto no artigo 170, inciso VIII, da CF.

É importante perceber que os verdadeiros prejudicados são os que têm a perder com a desvalorização das licenças de permissão de táxis, motoristas ou não, isto é, aqueles que sempre se opuseram à ampliação da quantidade de licenças, para impedir a entrada de novos motoristas e assegurar rendas supracompetitivas, conforme esclarece importante estudo do Insper, segundo o qual, antes do início da operação da Uber, o valor estimado de uma licença de permissão de táxi era de aproxi-

---

23 SILVEIRA, Daniel; CAVALLINI, Marta. Desemprego fica em 13,7% no 1º trimestre de 2017 e atinge 14,2 milhões. *G1 Economia*. Publicado em: 28/04/2017. Disponível em: http://g1.globo.com/economia/noticia/desemprego-fica-em-137-no-1-trimestre-de-2017.ghtml.

madamente R$ 900.000,00 (novecentos mil reais) na cidade do Rio de Janeiro e de R$ 680.000,00 (seiscentos e oitenta mil reais) na cidade de São Paulo. No entanto, o aumento da concorrência causado pela Uber tem a capacidade potencial de ampliar a oferta do serviço até atingir o ponto de saturação, em que não haverá mais valor na limitação de novos entrantes no mercado, e de eliminar o valor da licença de permissão de táxi. Eis o tamanho da resistência à expansão da Uber.[24]

Este cenário representa a existência de evidente captura regulatória dos órgãos públicos para proibir o esvaziamento do valor da licença de permissão de táxi em virtude da abertura de mercado, ainda que represente dano aos consumidores e trabalhadores que pretendem ingressar no setor. Nesse sentido, a norma restritiva da atividade de transporte individual analisada à ocasião consiste em odiosa forma de transferência de recursos dos consumidores para os detentores de licenças de permissão de táxi, diante da diminuição das opções de escolha daqueles em favor destes.

É preciso ter em mente que mesmo os detentores de licença de permissão de táxi que exercem a atividade profissional e não a delegam a terceiros não fazem jus a qualquer proteção legal ou administrativa em face da concorrência, independentemente de virem a experimentar um decréscimo de renda a partir do ingresso de novos agentes no mercado, em decorrência do efeito natural da lei da oferta e da demanda, embora existam evidências empíricas no sentido de que esse decréscimo de renda não ocorreu de fato nas principais cidades brasileiras. Não obstante, o aumento da concorrência impõe um novo paradigma aos antigos agentes, como a necessidade de prestação de um serviço melhor e mais barato para se manter no mercado, sob pena de serem compelidos a migrar para outra atividade, na qual possam produzir maior valor para a sociedade.

Essa é a sistemática de defesa da concorrência, benéfica para os consumidores, para a coletividade e também para os trabalhadores, pois a competição, sempre saudável, os torna mais produtivos. Por isso mesmo é a sistemática protegida por diversas normas constitucionais protetivas de liberdades básicas e da concorrência, conforme preveem os artigos 1º, inciso IV; 5º, *caput* e inciso XIII; 170, *caput* e inciso IV; e 173, § 4º, da CF.

24 AZEVEDO, Paulo et. al. Uber: O dilema de crescer com uma inovação disruptiva. *Série Estudos de Caso*. São Paulo: Insper, 2016, pp. 7-8. Disponível em: https://www.insper.edu.br/wp-content/uploads/2018/10/Uber_dilema_inovacao_disruptiva_port.pdf.

Portanto, não pode o Estado impedir a entrada de novos agentes no mercado para preservar a renda de agentes tradicionais, sob pena de insanável violação aos princípios da igualdade (artigo 5º, *caput*, da CF) e da livre iniciativa (artigos 1º, inciso IV, e 170, *caput*, da CF). Esta é a *ratio* que informou a edição da Súmula Vinculante nº 49 do STF, segundo a qual "Ofende o princípio da livre concorrência lei municipal que impede a instalação de estabelecimentos comerciais do mesmo ramo em determinada área".

Afinal, o propósito do Direito antitruste, de caráter constitucional, é justamente proteger os novos entrantes em face de ações concertadas dos *players* tradicionais, e não o inverso, haja vista que o artigo 173, § 4º, da CF prevê que "A lei reprimirá o abuso do poder econômico que vise à dominação dos mercados, à eliminação da concorrência e ao aumento arbitrário dos lucros".

De fato, quando uma lei restringe mercados de forma artificial, está, na realidade, favorecendo a dominação dos mercados, a eliminação da concorrência e o aumento arbitrário dos lucros, o que ocorre pela fixação de tarifas manifestamente superiores ao preço de mercado e se verifica pelo fato de que os novos concorrentes têm conseguido se estabelecer no mercado de transporte individual de passageiros com serviços de qualidade superior a preços semelhantes ou inferiores. E tudo isto decorre da atividade de grupos de pressão junto aos Poderes Legislativo e Executivo, em todas as esferas da Federação, na tentativa de capturar o regulador e aumentar os seus ganhos financeiros.

À luz dos já referidos ensinamentos de George Stigler, o ambiente por excelência do denominado *rent-seeking*, concretizado na captura do poder político pelos detentores de poder econômico, tem lugar quando os ganhos de determinada medida se concentram em uma classe, ao passo que os seus custos são dispersos pela coletividade, reduzindo os incentivos para que haja resistência pelas vias tradicionais de participação. Nesses casos de disfuncionalidade das instituições democráticas, o Poder Judiciário deve intervir para garantir a plena efetividade das liberdades constitucionalmente asseguradas.[25]

Neste sentido, a teoria da escolha pública (*public choice theory*) concede o aporte teórico necessário a identificar a estrutura de incentivos a que estão sujeitos legisladores e demais servidores e funcionários

25 STIGLER, George. The Theory of Economic Regulation. *The Bell Journal of Economics and Management Science*, v. 2, nº 1, 1971, p. 5.

públicos, nem sempre pautados pelo interesse público diante da captura regulatória, assim compreendida a manipulação do processo decisório coletivo em favor de determinados grupos de interesse, mais organizados, em detrimento de toda a sociedade[26], resultando, muitas vezes, no já conhecido vício do desvio de poder, seja legislativo ou administrativo[27].

E para evitar a captura regulatória, a transparência surge como elemento de vital importância, na medida em que cria um ambiente propício à consistência regulatória, pois obriga os agentes decisórios a explicitar, com maior rigor analítico, os motivos causadores e as finalidades perseguidas pela intervenção estatal em determinado setor da economia, sob pena de torná-la suspeita e autorizar o escrutínio de sua validade jurídica.

Vale notar que, no caso da ADPF 449, a própria Câmara Municipal de Fortaleza/CE justificou a norma impugnada com base na "necessidade de proteção quanto ao sistema e aos profissionais do setor", tornando cristalina a finalidade da lei, qual seja: preservar a renda e a restrição de mercado em favor de determinados agentes profissionais. Sendo assim, evidenciada a captura regulatória, concluiu-se que o Poder Judiciário se legitima a rever a medida suspeita, enquanto instituição estruturada para decidir com independência em relação a pressões políticas, a fim de evitar que a democracia se torne um regime servil a privilégios de grupos organizados.

A propósito, não caberia a alegação, nessa hipótese, de que a revisão judicial comprometeria o princípio da separação dos Poderes, pois o argumento de que a expertise dos órgãos reguladores, em contraposição à formação generalista dos magistrados, garantiria àqueles um amplo campo de atuação infenso ao controle jurisdicional já não resiste à análise mais atenta das nuances que envolvem essa especial aplicação dos *checks and balances*.

Nesse sentido se inclina a recentíssima teoria regulatória do *enforcement*, a qual define o critério da eficiência como norte para a distribuição de métodos para efetivação de padrões socialmente desejáveis de conduta entre os atores privados, o Poder Judiciário e o governo, como ensina o professor de economia Andrei Shleifer (*Harvard University*),

26 BÓ, Ernesto. Regulatory capture: a review. *Oxford Review of Economic Policy*, v. 22, nº 2, 2006, pp. 203-225.

27 TÁCITO, Caio. Desvio de poder legislativo. *Revista Trimestral de Direito Público*, nº 1, 1993, pp. 62-68; MELLO, Celso Antônio. O desvio de poder. *Revista de Direito Administrativo*, nº 172, 1988, pp. 1-19.

para quem a disciplina de mercado pode controlar com sucesso a desordem (habilidade dos agentes privados causarem danos a outros) e evitar a anarquia Hobbesiana, revelando-se a melhor abordagem porque produz os menores custos sociais em relação à ditadura (habilidade do governo e seus agentes de impor os custos sociais aos agentes privados).[28]

De fato, a teoria do *enforcement* aduz inexistir justificativa para a regulação quando implicar em restrição de entrada no mercado por meio de licenciamento estatal, pois, segundo o professor Andrei Shleifer, a efetividade da disciplina de mercado é um argumento poderoso, haja vista que as empresas entrantes são pequenas e as falhas na prestação de serviços de qualidade são detectadas e penalizadas pelos consumidores, de modo que não é claro o motivo pelo qual a qualidade dos empreendedores ou de suas empresas deveria ser regulada já na fase de entrada no mercado.[29]

E o supracitado professor de economia finaliza afirmando que reguladores têm muitas oportunidades para criar regras que não são apenas politicamente motivadas, pois servem, principalmente, para benefício próprio, mediante a criação de oportunidades para a corrupção, das quais o licenciamento e as permissões estatais são grandes exemplos.[30]

Na mesma linha, o renomado jurista Richard Posner assevera que "enquanto há razões teóricas para acreditar-se que a concentração em mercados desregulados está associada a economias de escala e outras eficiências, não há teoria ou conjunto de evidências aceitos que atribuam benefícios sociais à regulação que limite a entrada e a competição de preços."[31]

Também o falecido professor Walter Gellhorn (*Columbia University*) também alertava que a limitação do exercício profissional no âmbito da entrada não seria justificável sob o prisma da garantia de qualidade no mercado de consumo, pois só seriam necessárias medidas que oferecessem proteção contra aqueles comprovadamente deficientes em sua capacidade ou integridade, sem que nesse processo fossem criadas limi-

---

28 SHLEIFER, Andrei. Understanding Regulation. *European Financial Management*, v. 11, nº 4, 2005, pp. 443-444.

29 Ibidem, p. 444.

30 SHLEIFER, Andrei. The Enforcement Theory of Regulation. *The Failure of Judges and the Rise of Regulators*. Cambridge: The MIT Press, 2012, p. 18.

31 POSNER, Richard. The Social Costs of Monopoly and Regulation. *The Journal of Political Economy*, v. 83, nº 4, 1975, pp. 807-828.

tações artificiais sobre as escolhas de carreiras, oportunidades de trabalho e estímulos para prestar serviços superiores a custos inferiores.[32]

Ademais, o descrédito na capacidade de o regulador produzir benefícios sociais com a limitação de ingresso no mercado não se restringe à teoria, pois a hipótese segundo a qual a regulação de entrada seria realizada no interesse dos consumidores também não resiste à análise empírica. Em estudo realizado a partir da colheita de dados de 85 (oitenta e cinco) países, os professores e pesquisadores Simeon Djankov (*University of Michigan*), Rafael La Porta e Florencio Lopez-de-Silanes (ambos *PhD* em economia pela *Harvard University*) e Andrei Shleifer concluíram que a limitação de entrada no mercado promove a corrupção e não gera benefícios aos consumidores.

Outrossim, cabe ressaltar a existência de evidências empíricas no sentido de que o serviço de transporte privado por meio de aplicativos não diminuiu o mercado dos táxis. Com efeito, estudo realizado pelo Departamento de Estudos Econômicos (DEE) do Conselho Administrativo de Defesa da Concorrência (CADE) colheu e analisou dados do Distrito Federal e dos municípios de São Paulo, do Rio de Janeiro e de Belo Horizonte, os quais demonstraram que o surgimento da plataforma Uber na prestação de serviços de transporte individual de passageiros promoveu, na verdade, um alargamento do mercado, na medida em que conquistou consumidores que antes não utilizavam o serviço prestado pelos táxis em seus deslocamentos urbanos, suprindo, assim, uma demanda reprimida.[33]

Sob essa perspectiva, uma primeira conclusão assentada pela Corte à ocasião foi a de que a medida proibitiva do exercício privado da atividade de transporte por meio de aplicativos *não* pode se fundamentar na tutela dos interesses de agentes tradicionais do mercado – sejam detentores de licença, sejam taxistas em geral –, sob pena de evidente inconstitucionalidade. Deveras, a captura regulatória torna suspeito o critério

32 GELLHORN, Walter. The Abuse of Occupational Licensing. *The University of Chicago Law Review*, v. 44, nº 1, 1976, p. 26.

33 BRASIL. Conselho Administrativo de Defesa Econômica. Rivalidade após entrada: o impacto imediato do aplicativo Uber sobre as corridas de táxi porta-a-porta. *Documentos de Trabalho 003/2015*. Brasília: CADE, 2015, pp. 24-25. Disponível em: https://cdn.cade.gov.br/Portal/centrais-de-conteudo/publicacoes/estudos-economicos/documentos-de-trabalho/2015/documento-de-trabalho-n03-2015-rivalidade-apos-entrada-o-impacto-imediato-do-aplicativo-uber-sobre-as-corridas-de-taxi.pdf.

para a limitação de entrantes no mercado de prestadores de serviço de transporte de passageiros, violando os princípios constitucionais da igualdade (art. 5º, caput), da liberdade profissional (art. 5º, XIII) e da livre iniciativa (art. 1º, IV, e 170, caput).

2. A proteção do consumidor

O segundo argumento comumente utilizado para justificar a existência de normas proibitivas como a Lei nº 10.553/2016 do Município de Fortaleza/CE fundamenta-se em uma pretensa proteção do consumidor. Nesse sentido, ao apreciar a constitucionalidade do referido diploma no bojo da ADPF 449, o STF teve a oportunidade de examinar se a proibição de aplicativos que oferecem serviços de transporte de passageiros presta-se a corrigir falhas de mercado passíveis de se mostrarem deletérias aos consumidores.

De fato, o entendimento mais consentâneo ao papel das inovações tecnológicas no desenvolvimento da economia compartilhada permite alcançar a conclusão de que a explicação tradicional para a regulação de entrada no mercado de táxis não se apoia nos dias atuais, se é que essa limitação já foi razoável, pois, consoante a teoria regulatória do interesse público, cujo maior expoente é o economista inglês Arthur Pigou (*University of Cambridge*), a regulação de entrada justificar-se-ia pela necessidade do governo filtrar os novos entrantes, a fim de assegurar produtos e serviços de qualidade aos consumidores.

No mercado de táxis, a concessão de licenças de permissão pelo governo seria responsável por fornecer uma pretensa confiança na qualidade dos veículos e motoristas, na previsibilidade do preço e na punição do prestador de serviço em caso de acidentes. Entretanto, a teoria regulatória do *enforcement* assevera que esta proposição foi superada pela experiência prática.

Desafiando a clássica explicação para o licenciamento de táxis, aplicativos de transporte de passageiros conseguem não apenas fornecer tudo o que a regulação tradicional sempre prometeu aos consumidores, mas vai ainda além: (i) impede a adulteração de taxímetros; (ii) permite ao usuário acompanhar o trajeto para impedir que o motorista adote caminho mais longo desnecessariamente; (iii) presta seguro aos passageiros; (iv) compartilha com os consumidores as avaliações de outros usuários; (v) permite a avaliação de usuários, em benefício dos motoristas; e (vi) permite o compartilhamento de corridas entre usuários distintos, barateando o serviço e tornando mais eficiente o sistema de transporte urbano.

A tecnologia, por conseguinte, conseguiu solucionar, em definitivo, problemas classicamente entendidos como "falhas de mercado", antes justificadores da intervenção estatal regulatória, de modo que tais inovações espontâneas da sociedade proporcionaram novas comodidades à coletividade ao mesmo tempo em que afastaram os inconvenientes que os custos de transação e as assimetrias de informação poderiam causar em um mercado com barreiras de entrada.

Sobre a compreensão dinâmica e evolutiva das falhas de mercado, o professor Ejan Mackaay (*University of Toronto*) ensina que os custos de transação podem evoluir ao longo do tempo, especialmente em razão de avanços na tecnologia do transporte e da comunicação, de modo que uma regra que pode ter feito sentido como modo de correção para custos de transação substanciais no passado deixa de ter justificativa quando esses custos mudam. Assim, regulações de esgoto, água, eletricidade e telecomunicações, que pareciam justificadas enquanto essas indústrias pareciam monopólios naturais, deixaram de ser apropriadas quando avanços técnicos nos fizeram perceber que tais serviços podem muito bem ser oferecidos em caráter competitivo.[34]

Outrossim, os benefícios gerados aos consumidores são evidenciados não apenas pela crescente utilização dos serviços disponibilizados por essas plataformas digitais, mas também por estudos desenvolvidos por importantes pesquisadores da área, dentre os quais destaca-se o elaborado por economistas das Universidades de Chicago e de Oxford, a fim de estimar o excedente do consumidor (*consumer surplus*) fornecido por uma plataforma de serviços de transporte individual no mercado norte-americano.

O excedente do consumidor consiste na diferença entre o benefício marginal na aquisição de um bem ou serviço e o valor efetivamente pago, observado pela interação entre a curva de demanda e o preço de mercado. Trata-se do bem-estar econômico que os consumidores experimentam ao adquirir algo por valor inferior ao máximo que estariam dispostos a pagar. Calculando a elasticidade da demanda à vista da variação de preços com o recurso a técnicas de econometria e *big data*, o estudo em voga estima que o serviço UberX gerou um excedente aos consumidores de aproximadamente US$ 6.800.000.000,00 (seis

34 MACKAAY, Ejan. *Law and Economics for Civil Law Systems*. Cheltenham: Edward Elgar, 2013, p. 11.

bilhões e oitocentos milhões de dólares) nos Estados Unidos apenas em 2015.[35]

O estudo ainda estima que o excedente do consumidor é aproximadamente 1.57 vezes superior aos seus gastos efetivamente realizados, o que significa dizer que para cada US$ 1,00 (um dólar) gasto em corrida de UberX, estima-se que o consumidor economiza US$ 1,57 (um dólar e cinquenta e sete centavos) como excedente. Essas estimativas de excedente do consumidor são elevadas em relação aos prováveis ganhos e perdas sofridas por motoristas de táxi como consequência do ingresso do Uber no mercado.[36] Em conclusão, os pesquisadores afirmam que "o valor de excedente do consumidor em um dia, pelas nossas estimativas, é de cerca de US$ 18 milhões. Se a Uber desaparecesse inesperadamente por um dia, isso é o quanto os consumidores perderiam".[37]

Nesses termos, impedir, por ato governamental, o funcionamento da mencionada plataforma, equivaleria a um dano anual bilionário aos consumidores norte-americanos, de modo que, considerando a franca aceitação dos serviços de transporte da espécie entre os consumidores brasileiros, não há motivos para duvidar de que também no nosso país a economia compartilhada tenha proporcionado um desejável excedente do consumidor no mercado de transporte individual de passageiros.

Por fim, sob o prisma da análise de proporcionalidade, a norma que veda o uso de carros particulares, cadastrados ou não em aplicativos, para o transporte remunerado individual de pessoas não é necessária e nem adequada para reduzir custos de transação ou assimetrias de informação no mercado. Ao contrário, tal proibição impõe um alto custo social, em termos de preço e qualidade de serviços ao consumidor, de oportunidades de trabalho, de dinamismo da economia e *etc.*, sem produzir benefício em contrapartida.

Conclui-se, destarte, que proibir a operação desse serviço geraria, por consequência, um efeito contrário ao objetivo de defesa do consumidor imposto pelos artigos 5º, inciso XXXII, e 170, inciso V, da CF, caracterizando um desvirtuamento patente do poder regulatório do Estado em prejuízo dos cidadãos.

35 COHEN, Peter et. al. Using Big Data to Estimate Consumer Surplus: The Case of Uber, *NBER Working Paper No. w22627*, 2016, p. 21. Disponível em: https://ssrn.com/abstract=2837639.

36 Ibidem, p. 5.

37 Ibidem, p. 21.

3. A proteção da ordem urbanística e do tráfego

A terceira justificativa comumente utilizada para fundamentar a necessidade de medidas restritivas como a norma impugnada no bojo da ADPF 449 concerne as preocupações de ordem urbanística e de ordenamento do tráfego. Naquele caso, argumentava-se que os reguladores teriam interesse em restringir o mercado de transporte individual para ajustar a oferta e o preço do serviço, a fim de diminuir a quantidade de carros em circulação, priorizar o transporte público e favorecer a compactação das cidades, gerando incentivos para que as pessoas residam o mais próximo possível de seus destinos cotidianos, reduzindo, assim, a expansão urbana.

Todavia, ainda que seja preciso aumentar o preço do deslocamento urbano em transportes individuais por variados objetivos urbanísticos, não se pode argumentar que isso necessariamente deva ocorrer pela restrição de entrada no mercado. Insta rememorar que a CF impôs ao regulador, mesmo na tarefa de ordenação das cidades, a opção pela medida que não exerça restrições injustificáveis às liberdades fundamentais de iniciativa e de exercício profissional (artigos 1º, inciso IV, e 170, *caput*, e artigo 5º, inciso XIII, da CF), respeitado sempre o princípio da isonomia (artigo 5º, *caput*, da CF).

A necessidade de aperfeiçoar o uso das vias públicas não autoriza a criação de um oligopólio prejudicial aos consumidores e potenciais prestadores de serviço no setor, sobretudo quando há alternativas praticadas no mundo para o enfrentamento do problema. Aliás, causa perplexidade a invocação do objetivo de melhora do tráfego urbano para proibir precisamente serviços que criam alternativas inovadoras na redução do número de veículos em circulação, como sistemáticas de compartilhamento de corridas entre pessoas desconhecidas, por meio de algoritmos, como, por exemplo, o denominado Uber *pool*.

A opção proibitiva também desconsidera a hipótese de que usuários do serviço dele se valham para não utilizar os seus veículos particulares, o que reduz a necessidade de vagas de estacionamento em áreas de grande fluxo, influindo na expansão urbana, além de diminuir o tráfego de motoristas à procura dessas vagas, desafogando, assim, o trânsito.

Ademais, estudo desenvolvido por pesquisadores das Universidades Estadual do Arizona e de Houston averiguou a correlação entre a entrada da Uber no mercado e o congestionamento do trânsito em áreas urbanas dos Estados Unidos, aplicando a técnica de econometria chamada "diferenças em diferenças", que considera os cenários anteriores e posteriores ao ingresso do fator analisado nos grupos de teste e de controle. Segundo os autores, foram encontradas evidências empíricas de que os serviços de compartilhamento de corridas, como o prestado pela Uber, reduzem significativamente o congestionamento de trânsito após entrar em funcionamento em uma área urbana.[38]

Outrossim, a prefeitura de Nova Iorque opinou contrariamente a uma proposta de limitação do número de motoristas em circulação por meio de aplicativos, ao afirmar, com base em estudo próprio, que: (i) aplicativos de transporte não parecem causar o congestionamento adicional experimentado no centro comercial da cidade; e (ii) por força de padrões de emissão de poluentes impostos a toda a indústria automotiva, mudanças no setor de veículos sob demanda provavelmente não afetarão a qualidade do ar na cidade de maneira significativa.[39]

Ainda em relação à gestão do trânsito, outro estudo empírico, que também usou a técnica chamada "diferenças em diferenças", correlaciona o ingresso do aplicativo Uber em mercados da Califórnia a uma significativa e rápida redução no número de homicídios ocorridos com veículos automotores cujos motoristas dirigiam sob a influência de álcool, na medida em que os pesquisadores responsáveis apontam que a insuficiência do número de táxis pode contribuir para que pessoas optem por dirigir seus veículos mesmo após o consumo de bebidas alcoólicas.[40]

É importante destacar que esse efeito positivo do funcionamento de aplicativos de compartilhamento de corridas abrange não apenas a quantidade de vidas salvas, mas também os custos economizados na persecução penal e encarceramento de motoristas que tenham causado acidentes enquanto alcoolizados.

Além disso, cabe lembrar que congestionamentos resultam de fatores recorrentes e não recorrentes, sendo que fração substancial destes últimos é composta por acidentes de trânsito. Portanto, se as platafor-

38 LI, Ziru; HONG, Yili; ZHANG, Zhongju. *Do Ride-Sharing Services Affect Traffic Congestion? An Empirical Study of Uber Entry*, 2016. Disponível em: https://ssrn.com/abstract=2838043.

39 ESTADOS UNIDOS DA AMÉRICA. City of New York, Office of the Mayor. *For-Hire Vehicle Transportation Study*, 2016. pp. 5-6. Disponível em: https://www1.nyc.gov/assets/operations/downloads/pdf/For-Hire-Vehicle-Transportation-Study.pdf.

40 GREENWOOD, Brad; WATTAL, Sunil. Show Me the Way to Go Home: An Empirical Investigation of Ride Sharing and Alcohol Related Motor Vehicle Homicide, *Fox School of Business Research Paper N. 15-054*, 2015, p. 1. Disponível em: https://ssrn.com/abstract=2557612.

mas de economia compartilhada reduzem a embriaguez ao volante, contribuem, também por essa perspectiva, para a melhor fluidez do trânsito. Mesmo que os serviços de compartilhamento de corridas gerassem um impacto negativo no trânsito e na expansão das cidades, sem apresentar efeitos sociais positivos relacionados à mobilidade urbana, não haveria espaço para o ato normativo proibitivo do exercício de liberdades constitucionalmente asseguradas, ante a existência de alternativas para enfrentar tais questões e que não geram restrição de entrada em mercado profissional.

Os chamados pedágios urbanos, por exemplo, permitem a gestão do tráfego de forma isonômica, conforme proposição clássica do economista Arthur Pigou (*University of Cambridge*) na década de 1920, posteriormente refinada pelo professor de economia William Vickrey (*Columbia University*), agraciado com o prêmio Nobel em 1996, tendo como objetivo a adequação da demanda ao custo marginal social de utilização das vias públicas, por meio da alteração do custo individual de cada viagem. O modelo permite levar em consideração a heterogeneidade de usuários, as características de cada modal, as diferenças regionais e *etc*. Iniciativas do gênero foram adotadas em Cingapura (*Electronic Road Pricing*), na Suécia (*Trängselskatt i Stockholm*) e na Inglaterra (*London Congestion Charge*), dentre outros países.[41] Uma alternativa seria instituir o rodízio na circulação de automóveis em horários e regiões, como ocorre em São Paulo/SP desde a edição da Lei Municipal nº 12.490/1997.

A literatura da teoria econômica da mobilidade urbana oferece ainda inúmeros exemplos de políticas públicas que contribuem para a melhoria do trânsito, de modo que a alteração do zoneamento urbano, o estabelecimento de controle de densidade mínima e a diversificação de uso do solo para favorecer a caminhada e o ciclismo em deslocamentos cotidianos são apontados como ferramentas úteis de gestão do trânsito.[42]

Consectariamente, a repressão legislativa às iniciativas modernas de ordenamento espontâneo do transporte nega aos indivíduos o direito à mobilidade urbana eficiente, contrariando o mandamento contido no art. 144, § 10, inciso I, da CF. Ademais, desconsidera o potencial impacto positivo das novas tecnologias no trânsito na demanda por vagas de estacionamento em grandes centros e na quantidade de acidentes auto-

41 VICKREY, William. Congestion Theory and Transport Investment. *The American Economic Review*, v. 59, nº 2, 1969, pp. 251-260.

42 BERNICK, Michael; CERVERO, Robert. *Transit Villages in the 21st Century*. New York: McGraw-Hill, 1997.

mobilísticos por ingestão de bebida alcoólica, sem contar os inúmeros e já detalhados benefícios aos consumidores. Ignora, igualmente, medidas alternativas que são recorrentemente apontadas por especialistas para enfrentar os problemas de mobilidade e urbanísticos, as quais, por serem isonômicas, não resultam em restrição arbitrária às já mencionadas liberdades constitucionais de iniciativa (artigos 1º, inciso IV, e 170, *caput*, da CF) e profissional (artigo 5º, inciso XIII, da CF). Por isso mesmo, medidas restritivas como a esboçada na Lei nº 10.553/2016 do Município de Fortaleza/CE carecem de fundamentação racional.

Por fim, cumpre tecer algumas observações quanto ao controle jurisdicional referente ao caso concreto analisado por este artigo. Vale dizer: as liberdades fundamentais consagram os limites substanciais ao poder estatal, legitimando-se o controle jurisdicional sempre que essas liberdades sejam restringidas por intervenções regulatórias arbitrárias.

Considera-se arbitrária, em primeiro lugar, a medida que possua objetivo vedado pela Constituição, como nos casos em que se destinam a favorecer indevidamente grupos de pressão, resultando de evidente captura regulatória. Além disso, é arbitrária a medida que limite liberdades fundamentais, como as de iniciativa (art. 1º, IV, e 170 da Constituição) e de exercício profissional (art. 5º, XIII, da Constituição), sem evidências razoáveis de que seja adequada a produzir benefícios sociais cuja consecução igualmente seja constitucionalmente ordenada. Da mesma forma, deve ser reconhecida como arbitrária a medida quando o regulador ignora alternativas evidentes para a produção do mesmo benefício social e que não produzem os mesmos prejuízos às liberdades fundamentais, falhando no teste de necessidade , reconhecido por esta Corte ao menos desde o julgamento da Ação Direta de Inconstitucionalidade nº 9.[43]Por fim, a intervenção regulatória deve ser considerada arbitrária quando houver manifesta e injustificada desproporção entre seus potenciais benefícios e seus potenciais prejuízos a valores constitucionalmente protegidos.

Acerca deste último critério de controle judicial de uma intervenção regulatória arbitrária, é pertinente citar o *leading case* julgado pela Suprema Corte dos Estados Unidos, qual seja *Michigan vs. Environmental Protection Agency (EPA)*. No voto acompanhado pela maioria, afirmou-se que "não se pode dizer que é racional, muito menos 'apropriado', impor bilhões de dólares em custos econômicos em troca de poucos dólares em termos de saúde ou benefícios ambientais (...). A consideração

43 Rel. Min. Néri da Silveira. Red. p/ acórdão Min. Ellen Gracie, Tribunal Pleno, julgado em 13/12/2001.

dos custos reflete o entendimento de que a razoabilidade da regulação normalmente requer atenção às vantagens e desvantagens das decisões do regulador."[44]

Igualmente importante para a definição das balizas do controle judicial de atos regulatórios à luz de liberdades constitucionalmente asseguradas é a conclusão de que o ônus de justificação da medida restritiva compete ao poder público, o qual será atendido quando presentes razões de primeira ordem, assim entendidas as que demonstrarem, com evidências sustentáveis, os potenciais benefícios legítimos da medida, a razoabilidade da sua escolha à vista das alternativas manifestas e a relação de intensidade entre benefícios e restrições a liberdades fundamentais em consonância ao ordenamento constitucional.

Há também o atendimento ao ônus de justificação quando existentes razões de segunda ordem, ou seja, em hipóteses nas quais não seja possível apresentar razões de primeira ordem por demonstradas incertezas e limitações inerentes ao processo de tomada de decisão no caso concreto.

Assim, no campo das razões de segunda ordem, a incerteza pode decorrer da própria indefinição científica sobre os fatores envolvidos na análise, o que ocorre quando os *experts* falham em definir de forma suficiente os efeitos que determinada solução para o problema de política pública pode gerar, ou se não fornecem elementos suficientes para permitir uma clara comparação entre a medida restritiva e suas alternativas.

O regulador pode se deparar, também, com limites de ordem temporal, de modo que a urgência para o atendimento de um interesse relevante impede a detida análise sobre as consequências da medida restritiva adotada. A limitação pode, ainda, ser de recursos, quando o investimento necessário ao esclarecimento das premissas empíricas que fundamentam a decisão regulatória não seria compensado pelos benefícios de realizar-se a escolha no cenário menos incerto possível.

Por todos esses motivos, concluiu-se que a providência gravíssima de proibição das atividades de plataformas de economia compartilhada no setor de transporte urbano, tal como estabelecida pela Lei nº 10.553/2016 do Município de Fortaleza/CE, não se sustenta por razão legítima alguma: porquanto a Constituição brasileira não admite, sob pena de franca violação a direitos fundamentais, medidas restritivas de

---

44 ESTADOS UNIDOS DA AMÉRICA. Supreme Court of the United States. Michigan vs. Environmental Protection Agency (EPA), 576 U.S. 743 (2015), Opinion of the Court, p. 7.

liberdade desprovidas de bases racionais, seja de primeira ou de segunda ordem.

Conclusão

ao se contrastar as principais justificativas invocadas para legitimar a Lei nº 10.553/2016 do Município de Fortaleza/CE – que proibia as atividades de plataformas de economia compartilhada no setor de transporte urbano – ao estatuto constitucional das liberdades fundamentais, ressai inequívoco que referida providência proibitiva não se sustenta, por razão legítima alguma, sob a égide da Carta Magna de 1988.

Em primeiro lugar, considerando-se que o ato normativo questionado tem por finalidade a proteção dos agentes tradicionais do mercado de transporte de passageiros em face dos novos concorrentes, observa-se inequívoca ofensa à garantia de um ambiente de mercado competitivo – a qual é expressa nos artigos 1º, inciso IV, 5º, *caput* e inciso XIII, 170, *caput* e inciso IV, e 173, § 4º, da CF. De fato, como inclusive já reconhecido anteriormente pelo STF, cuida-se de critério imprestável para justificar a restrição ao livre exercício das profissões, o que somente pode ocorrer de forma excepcional[45].

Em segundo lugar, conclui-se que não se sustentam os argumentos relacionados à proteção ao consumidor, porquanto as novas tecnologias, independentemente de intervenção regulatória, lograram solucionar problemas relativos a assimetrias de informação e custos de transação no setor de transportes, sem a indesejada restrição de mercado promovida pela legislação tradicional. Desse modo, é imperioso concluir que a vedação da prestação do serviço por plataformas digitais não é medida *necessária* e nem *adequada*.

Por fim, tampouco as preocupações urbanísticas e de trânsito são passíveis de conferir racionalidade a medidas restritivas como a questionada no bojo ADPF nº 449/DF. Ainda que a norma persiga tais objetivos, esta se mostra desproporcional sob o prisma da *adequação*, mercê de penalizar serviços que contribuem para a melhoria do tráfego e redução de congestionamentos, por oferecerem compartilhamento de corridas, permitirem a não utilização ou não aquisição de veículos próprios

45 Nesse sentido, confira-se RE nº 414.426, Rel. Min. Ellen Gracie, Tribunal Pleno, julgado em 01/08/2011; e RE nº 511.961, Rel. Min. Gilmar Mendes, Tribunal Pleno, julgado em 17/06/2009.

por particulares, reduzirem a incidência de acidentes por direção sob influência de álcool e *etc.* Com efeito, trata-se, ainda, de medida *desnecessária*, quando ponderadas alternativas manifestas e menos gravosas a liberdades fundamentais. Sob essa perspectiva., a repressão legislativa às iniciativas modernas de ordenamento espontâneo do transporte nega "ao cidadão o direito à mobilidade urbana eficiente", contrariando o mandamento contido no art. 144, § 10, I, da CF.

Nesse sentido, ao apreciar a ADPF nº 449/DF e concluir pela inconstitucionalidade da Lei Municipal impugnada com base nos fundamentos expostos no presente artigo, o STF teve a oportunidade de esclarecer os limites do poder regulador em relação ao ambiente concorrencial e ao exercício das profissões. Contribuiu, desse modo, para prover maior segurança jurídica – aspecto que é salutar não apenas para o desenvolvimento das inovações disruptivas decorrentes da economia compartilhada, mas também para o progresso da iniciativa privada dos mais diversos setores e, consequentemente, para o crescimento da economia brasileira como um todo.

Referências bibliográficas

ACEMOGLU, Daron; ROBINSON, James. *Por que as nações fracassam. As origens do poder, da prosperidade e da pobreza.* Traduzido por Cristiana Serra. Rio de Janeiro: Elsevier, 2012.

ALEMANHA. Bundesverfassungsgericht. BVerfGE 30, 1 [20].

ALEMANHA. Bundesverfassungsgericht. BVerfGE 45, 187.

ALEXY, Robert. *Teoria dos Direitos Fundamentais.* Traduzido por Virgílio Afonso da Silva. São Paulo: Malheiros, 2008.

AZEVEDO, Paulo et. al. Uber: O dilema de crescer com uma inovação disruptiva. *Série Estudos de Caso.* São Paulo: Insper, 2016. Disponível em: https://www.insper.edu.br/wp-content/uploads/2018/10/Uber_dilema_inovacao_disruptiva_port.pdf.

BARRY, Ellen; RAJ, Suhasini. Uber banned in India's capital after rape accusation. *The New York Times.* Publicado em: 8/12/2014. Disponível em: https://www.nytimes.com/2014/12/09/world/asia/new-delhi-bans-uber-after-driver-is-accused-of-rape.html.

BERNICK, Michael; CERVERO, Robert. *Transit Villages in the 21st Century.* New York: McGraw-Hill, 1997.

BRASIL. Conselho Administrativo de Defesa Econômica. O mercado de transporte individual de passageiros: regulação, externalidades e equilíbrio urbano. *Documentos de Trabalho 001/2015*. Brasília: CADE, 2015. Disponível em: https://cdn.cade.gov.br/Portal/centrais-de-conteudo/publicacoes/estudos-economicos/documentos-de-trabalho/2015/documento-de-trabalho-n01-2015-o-mercado-de-transporte-individual-de-passageiros-regulacao-externalidades-e-equilibrio-urbano.pdf

BRASIL. Conselho Administrativo de Defesa Econômica. Rivalidade após entrada: o impacto imediato do aplicativo Uber sobre as corridas de táxi porta-a-porta. *Documentos de Trabalho 003/2015*. Brasília: CADE, 2015. Disponível em: https://cdn.cade.gov.br/Portal/centrais-de-conteudo/publicacoes/estudos-economicos/documentos-de-trabalho/2015/documento-de-trabalho-n03-2015-rivalidade-apos-entrada-o-impacto-imediato-do-aplicativo-uber-sobre-as-corridas-de-taxi.pdf

BRASIL. Supremo Tribunal Federal. RE nº 511.961, Relator: Min. GILMAR MENDES, Tribunal Pleno, julgado em 17/06/2009, DJe-213, divulgado em 12/11/2009 e publicado em 13/11/2009. Disponível em: http://redir.stf.jus.br/paginadorpub/paginador.jsp?docTP=AC&docID=605643.

BÓ, Ernesto. Regulatory capture: a review. *Oxford Review of Economic Policy*, v. 22, nº 2, 2006.

CANO, Rosa. Uber cierra su servicio en España. *El País*. Publicado em: 31/12/2014. Disponível em: https://elpais.com/economia/2014/12/31/actualidad/1419993561_752162.html.

COHEN, Peter et. al. Using Big Data to Estimate Consumer Surplus: The Case of Uber, *NBER Working Paper No. w22627*, 2016. Disponível em: https://ssrn.com/abstract=2837639.

DJANKOV, Simeon et. al. The Regulation of Entry. *The Quarterly Journal of Economics*, v. CXVII, nº 1, 2002.

EPPING, Volker; HILLGRUBER, Christian. *Grundgesetz: Kommentar*. 2. ed. München: C. H. Beck, 2013.

ESTADOS UNIDOS DA AMÉRICA. City of New York, Office of the Mayor. *For-Hire Vehicle Transportation Study*, 2016. Disponível em: https://www1.nyc.gov/assets/operations/downloads/pdf/For-Hire-Vehicle-Transportation-Study.pdf.

ESTADOS UNIDOS DA AMÉRICA. Supreme Court of the United States. Michigan vs. Environmental Protection Agency (EPA), 576 U.S. 743 (2015), Opinion of the Court.

GELLHORN, Walter. The Abuse of Occupational Licensing. *The University of Chicago Law Review*, v. 44, nº 1, 1976.

GREENWOOD, Brad; WATTAL, Sunil. Show Me the Way to Go Home: An Empirical Investigation of Ride Sharing and Alcohol Related Motor Vehicle Homicide, *Fox School of Business Research Paper Nº 15-054*, 2015. Disponível em: https://ssrn.com/abstract=2557612.

GRODEN, Claire. Two Uber executives arrested in France. *Time*. Publicado em: 29/06/2015. Disponível em: https://time.com/3940092/uber-executives-arrested.

HAYEK, Friedrich. The Political Ideal of the Rule of Law. *National Bank of Egypt fiftieth anniversary commemoration lectures*. Cairo: National Bank of Egypt, 1955.

MACKAAY, Ejan. *Law and Economics for Civil Law Systems*. Cheltenham: Edward Elgar, 2013.

MELLO, Celso Antônio. O desvio de poder. *Revista de Direito Administrativo*, nº 172, 1988.

ORTON, Toby. 7 lugares ao redor do mundo onde Uber é proibido. *Oyster*. Publicado em: 18/07/2018. Disponível em: https://www.oyster.com/pt/articles/where-is-uber-banned-around-the-world.

POSNER, Richard. The Social Costs of Monopoly and Regulation. *The Journal of Political Economy*, v. 83, nº 4, 1975.

ROVER, Tadeu. Liminar suspende serviços do aplicativo Uber em todo o Brasil. *Consultor Jurídico*. Publicado em: 29/04/2015. Disponível em: https://www.conjur.com.br/2015-abr-29/liminar-suspende-servicos-aplicativo-uber-todo-brasil.

SHLEIFER, Andrei. The Enforcement Theory of Regulation. *The Failure of Judges and the Rise of Regulators*. Cambridge: The MIT Press, 2012.

SHLEIFER, Andrei. Understanding Regulation. *European Financial Management*, v. 11, nº 4, 2005.

SILVEIRA, Daniel; CAVALLINI, Marta. Desemprego fica em 13,7% no 1º trimestre de 2017 e atinge 14,2 milhões. *G1 Economia*. Publicado em: 28/04/2017. Disponível em: http://g1.globo.com/economia/noticia/desemprego-fica-em-137-no-1-trimestre-de-2017.ghtml.

STIGLER, George. The Theory of Economic Regulation. *The Bell Journal of Economics and Management Science*, v. 2, nº 1, 1971.

SUNDARARAJAN, Arun. *The Sharing Economy*. Cambridge: The MIT Press, 2016.

SUTTO, Giovanna. Desta vez, adeus Colômbia: por que a Uber está sendo banida por alguns países. *Infomoney*. Publicado em: 28/01/2020. Disponível em: https://www.infomoney.com.br/negocios/desta-vez-adeus-colombia-por-que-a-uber-esta-sendo-banida-por-alguns-paises.

TÁCITO, Caio. Desvio de poder legislativo. *Revista Trimestral de Direito Público*, nº 1, 1993.

VERMEULE, Adrian. *Laws Abnegation*. Cambridge: Harvard University Press, 2016.

VICKREY, William. Congestion Theory and Transport Investment. *The American Economic Review*, v. 59, nº 2, 1969.

A QUESTÃO CONSTITUCIONAL ENQUANTO QUESTÃO PREJUDICIAL[1]

Luiz Guilherme Marinoni

SUMÁRIO: **1.** O significado de questão prejudicial no Código de Processo Civil de 2015. **2.** Eficácia *ultra partes* da coisa julgada sobre questão. **3.** Questão constitucional como questão prejudicial: a coisa julgada sobre questão diante da decisão proferida no incidente de inconstitucionalidade. **4.** O falso problema da eficácia da coisa julgada sobre questão constitucional em benefício de terceiros.

1. O significado de questão prejudicial no Código de Processo Civil de 2015

Não obstante seja evidente que os conceitos e classificações jurídicas revelam entendimentos que têm a ver com as épocas, de modo que não podem ser pensados como equivocados, mas como adequados ou não aos contextos concretos em que formulados, há ainda quem imagine que pode elaborar construções dogmáticas ou interpretações jurídicas com base em conceitos herdados, apostando na autoridade de seus autores ou, pior ainda, na sua proveniência geográfica[2].

Curiosamente, intérpretes menos conscientes ou avisados acerca das obviedades da teoria do direito têm interpretado o art. 503 do Código de Processo Civil, que expressamente se refere a "questão prejudicial", com base no que diz a doutrina que formulou um dos possíveis

---

1 Homenagear Sérgio Bermudes, reconhecendo a grande importância do seu papel como doutrinador e advogado, é honra e alegria para todos aqueles que participam da história da Academia e dos Tribunais brasileiros.

2 Como disse Genaro Carrió, como a teoria jurídica trabalha, em quase todos os setores, com classificações herdadas, a maioria contando com aval de grande prestígio e tradição, os juristas acabam acreditando que as classificações podem constituir *formas verdadeiras ou falsas* de agrupar as regras e os fenômenos, em lugar de nelas ver *simples instrumentos para a sua melhor compreensão* (Genaro R. Carrió, *Notas sobre derecho y lenguaje*, Buenos Aires: Abeledo-Perrot, 1990, p. 98). Mais do que isso, alguns intérpretes imaginam que há conceitos jurídicos verdadeiros e eternos, especialmente quando delineados por juristas estrangeiros que, em determinado época, gozaram de grande reputação e, sem dúvida, muito contribuíram para o desenvolvimento do direito, como, por exemplo, Chiovenda, o responsável pelo conceito de "questão prejudicial" que até hoje persiste no Código italiano e, estranhamente, ainda *seduz* aqueles que hoje olham para o Código brasileiro de 2015.

conceitos de questão prejudicial, ainda que esse possa ter influenciado o *Codice di Procedura Civile* de 1942. Ora, é pouco mais do que absurdo imaginar que o Código brasileiro de poucos anos atrás tenha que ser interpretado *com base num conceito jurídico formulado para outra época ou que possa ter marcado um código europeu de quase um século atrás.*

O art. 503 do Código de Processo Civil, após afirmar que "a decisão que julgar total ou parcialmente o mérito tem força de lei nos limites da questão principal expressamente decidida", esclarece que o mesmo se dá no que diz respeito à decisão "de *questão prejudicial*, decidida expressa e incidentemente no processo", quando "dessa resolução *depender o julgamento do mérito*". É evidente que não há qualquer motivo para atribuir à expressão "questão prejudicial", inserida no art. 503, o significado que se conferiu à *pregiudiziale* do artigo 34 do *Codice di Procedura Civile*, ou o mesmo sentido que se deu à questão prejudicial apta a abrir ensejo à ação declaratória incidental na vigência do Código de Processo Civil de 1973, *quando rigorosamente se seguiu a doutrina chiovendiana das primeiras décadas do século passado.*

A ação declaratória incidental foi configurada a partir da premissa de que a coisa julgada depende de pedido[3], tendo essa premissa se baseado, entre outros pontos, na ideia de que a coisa julgada requer manifestação da vontade e consequente delimitação do objeto litigioso[4]. De outro lado, a admissão de coisa julgada sobre questão prejudicial, nos termos do art. 503, objetiva garantir a segurança jurídica e a coerência do direito, evitando a rediscussão do que já se discutiu e decidiu, ainda que não em virtude de pedido. Como é óbvio, *essa opção legislativa não apenas desvincula a coisa julgada do pedido ou da ação incidental, como torna sem razão de ser, por simples consequência lógica, a noção de questão prejudicial própria à ação declaratória incidental.*

Chiovenda, cuja doutrina está à base tanto do art. 34 do Código italiano quanto do Código de Processo Civil brasileiro de 1973, disse que

3 Essa parte do escrito de Chiovenda vale como confissão da lógica da doutrina que vincula questão prejudicial a ação declaratória incidental: "All'infuori dei casi in cui la stessa legge, con una norma espressa, richiede sopra una questione pregiudiziale un accertamento incidentale, *questo risultato può ottenersi dalla volontà delle parti.* Poichè se normalmente la cosa giudicata non si estende alle questione pregiudiziali, *appunto per il riguardo dovuto alle volontà delle parti deve essere consentito alle parti di manifestare una diversa volontà*" (Giuseppe Chiovenda, *Principii di Diritto Processuale Civile*, Napoli: Jovene, [1906] 1965, p. 1.172).

4 Sergio Menchini, *I limiti oggettivi del giudicato civile*, Milano: Giuffrè, 1987, pp. 9-10.

as partes "podem *achar conveniente* que, por ocasião da 'causa principal', um ponto prejudicial possa ser declarado de uma vez para sempre, com efeitos transcendentes à lide em curso. Isso acontecerá naturalmente apenas quando o ponto prejudicial tiver natureza que *possa constituir o objeto principal ou o antecedente lógico de outras lides futuras*". Assim, *estabeleceu-se, como primeiro requisito da ação declaratória incidental, a necessidade de a prejudicial poder ser objeto de ação declaratória autônoma*[5].

Quando a coisa julgada sobre questão prejudicial depende de pedido, a questão capaz de gerar coisa julgada é apenas a que pode ser veiculada mediante pedido ou pode ser objeto de ação declaratória autônoma. Dessa forma, a questão prejudicial não pode gerar coisa julgada *quando não tem natureza idônea à declaratória incidental*. A solução da questão prejudicial, à distância da ação incidental, teria natureza meramente lógica, nos termos da doutrina de Chiovenda[6], para quem a solução de questões no curso do processo revelaria apenas o raciocínio lógico do juiz[7].

Sublinhe-se que, não obstante alguém possa pensar que deve interpretar a "questão prejudicial" do atual Código como se estivesse diante da fracassada ação declaratória incidental do Código de 1973 – claramente baseado, também nesse aspecto, no Código italiano –, *nunca houve unanimidade quanto ao conceito de questão prejudicial nem mesmo*

---

5 "La libertà di proporre domande d'accertamento incidentale, eventualmente, turbando il corso della causa principale, non è assoluta, ma vincolata ad una serie di limiti. Sono condizioni dell'azione d'accertamento incidentale: a) *anzitutto che l'oggetto della domanda sia tale che avrebbe potuto formare oggetto d'una azione autonoma d'accertamento...*" (Giuseppe Chiovenda, *Principii di Diritto Processuale Civile*, p. 1.176).

6 Giuseppe Chiovenda, Cosa giudicata e preclusione, *Saggi di diritto processuale civile*, Milano: Giuffrè, 1993, vol. 2, p. 256. Lembre-se que Chiovenda não esclareceu, e parece não ter tido qualquer interesse de esclarecer, o significado de "trabalho lógico", "material lógico" ou "raciocínio lógico". Essas expressões foram utilizadas como mantras para, sem permitir qualquer forma de questionamento, eliminar a discussão sobre o significado das decisões incidentais sobre questões. Ver Luiz Guilherme Marinoni, *Coisa Julgada sobre Questão*, 2ª ed., São Paulo: Ed. Revista dos Tribunais, 2019, pp. 163 e ss.

7 Nessa dimensão, como é óbvio, confina-se arbitrariamente e sem racionalidade as questões prejudiciais que não são objeto de ação declaratória num local em que haveria apenas "*lavoro logico*", deixando de importar se a questão tem essa ou aquela natureza e se a sua resolução pode gerar coisa julgada. *Não há motivo para perguntar se a questão é apta a gerar coisa julgada quando ela sequer é vista como elemento digno de decisão.*

na Itália. A doutrina italiana atribuiu diversos significados ao termo "questão prejudicial" para demonstrar que, ao lado da questão prejudicial própria à declaratória incidental do art. 34 do *Codice di Procedura Civile,* existiria questão prejudicial capaz de dar origem à coisa julgada sem necessidade de declaratória incidental[8].

Como é sabido, a questão prejudicial apta a gerar ação declaratória - ou seja, a questão típica da declaratória incidental - é a relação jurídica que condiciona a relação jurídica objeto da ação principal. Ou seja, a relação jurídica condicionante, ou de que depende a relação jurídica da causa principal, é uma relação jurídica autônoma, *distinta da relação jurídica condicionada*[9]. Assim, por exemplo, a qualidade de herdeiro e o direito ao crédito hereditário. A qualidade de herdeiro é uma relação jurídica condicionante ou prejudicial do direito de crédito. A primeira prejudica a segunda, *mas uma não se confunde com a outra.*

É nessa linha que se fala em prejudicialidade técnica, diferenciando-a da prejudicialidade lógica[10]. Porém, a doutrina que desenvolveu a ideia

---

8 Vittorio Denti, Questioni pregiudiziali (diritto processuale civile), *Novissimo digesto italiano,* vol. XIV, pp. 675 e ss; Vittorio Denti, Questioni rilevabili d'ufficio e contraddittorio, *Rivista di diritto processuale,* 1968, pp. 219 e ss; Vittorio Denti, Sentenze non definitive su questioni preliminari di merito e cosa giudicata, *Rivista di diritto processuale,* 1969, pp. 213 e ss; Andrea Proto Pisani, *Lezioni di Diritto Processuale Civile,* Napoli: Jovene, 1994, pp. 328-329.

9 Aldo Attardi, In tema di questioni pregiudiziali e giudicato, *Studi in memoria di E. Guicciardi,* Padova: Cedam, 1975, p. 185.

10 Enquanto a prejudicialidade técnica envolve duas relações jurídicas, a prejudicialidade lógica é interna a uma única relação jurídica. Há, por exemplo, uma relação jurídica de locação de que depende o pedido de adimplemento dos aluguéis e não uma relação jurídica que condiciona a existência de outra relação jurídica ou de outro direito, como acontece nos casos em que o direito de propriedade é prejudicial ao direito ao ressarcimento dos danos provocados ao bem ou em que o direito aos alimentos depende da relação de filiação. Na prejudicialidade lógica, o nexo de dependência diz respeito a um efeito jurídico e uma relação jurídica complexa. Nesse caso, o efeito jurídico está integrado na relação jurídica, de modo que o efeito jurídico deduzido mediante o pedido depende da existência da relação jurídica que o constitui ou que o fundamenta (Andrea Proto Pisani, *Lezioni di Diritto Processuale Civile,* p. 328). A diferença entre prejudicialidade técnica e lógica evidencia que a questão prejudicial objeto da ação declaratória incidental nada tem a ver com a questão prejudicial que pode ser decidida incidentalmente no processo, inclusive com a autoridade de coisa julgada. Tanto é assim que a doutrina italiana utilizou o conceito de prejudicialidade lógica para demonstrar que uma questão prejudicial - sem necessidade de declaratória incidental - fica coberta pela coisa julgada em virtude do reconhecimento do direito ou do efeito

de prejudicialidade lógica não só demonstrou a existência de questões prejudiciais inidôneas à declaração incidental, mas também evidenciou que a resolução dessas questões pode produzir coisa julgada. Esclareceu-se, assim, que a coisa julgada sobre questão prejudicial *não é um atributo exclusivo da ação declaratória incidental e, desse modo, que questão prejudicial não é sinônimo de relação jurídica que pode dar origem a ação declaratória na pendência da causa principal*.

Na verdade, já antes da elaboração da distinção entre prejudicialidade técnica e prejudicialidade lógica, a doutrina italiana tinha apontado para a impropriedade de se pensar que questão prejudicial é um sinônimo daquela que pode ser objeto de ação declaratória autônoma. Vittorio Denti contestou a opinião, que era corrente entre os estudiosos, sobre a natureza das questões prejudiciais e sua distinção das questões preliminares de mérito. Advertiu que, apesar de a natureza da questão prejudicial sempre ter sido buscada i) na idoneidade da questão para constituir objeto de processo autônomo e ii) na natureza meramente lógica e instrumental da sua solução, as próprias normas do Código colocariam em evidência – de lado as questões prejudiciais próprias ao art. 34 (à declaratória incidental) e que seriam melhor denominadas de "causas prejudiciais" – uma outra espécie de questão prejudicial, caracterizada i) *pela necessidade de sua preventiva ou antecedente solução* e ii) pela *potencial idoneidade* da sua decisão para definir o processo[11].

---

jurídico nessa ancorado (Sergio Menchini, *Il giudicato civile*, Torino: UTET, 2002, p. 81). Afirmou-se, nesse sentido, que a procedência do pedido de pagamento de aluguéis não poderia deixar de se fundar no reconhecimento da validade da locação, idôneo à produção de coisa julgada, uma vez que de outra forma a decisão final restaria destituída de qualquer suporte lógico-jurídico.

11 A primeira característica poderia ser vista no art. 276, 2, que apontaria para a precedência da solução das questões prejudiciais ao estabelecer que essas são gradativamente decididas antes do objeto do processo. A segunda estaria no art. 187, 2, que confere ao juiz instrutor a possibilidade de investir o "*collegio*" na decisão de uma questão preliminar quando a sua solução puder definir o processo, declarando negativamente a pretensão do autor. Denti lembrou, então, que – de acordo com o art. 279 – o *collegio*, mediante sentença, pode definir o juízo decidindo tanto questões de jurisdição e questões prejudiciais relativas ao processo, quanto questões preliminares de mérito, e que, nesses casos, *tais questões também podem ser decididas sem a definição do juízo, quando o processo não é encerrado*. Ver Vittorio Denti, Sentenze non definitive su questioni preliminari di merito e cosa giudicata, *Rivista di diritto processuale*, 1969, pp. 216 e ss.

Concluiu-se, a partir daí, que o Código regularia duas espécies de questões: i) as questões prejudiciais previstas no art. 34, ou seja, aquelas que podem ser objeto de uma ação declaratória autônoma; e ii) as questões prejudiciais relativas ao processo e as questões preliminares de mérito, que, sendo *potencialmente idôneas* para definir o processo, podem dar lugar a decisões autônomas *no âmbito do próprio processo.* Demonstrou-se que, do mesmo modo que as questões processuais e as preliminares de mérito podem ser objeto de decisão que define o processo, essas podem ser objeto de decisão proferida no curso do processo, sendo que tanto as decisões definitivas quanto as não-definitivas são aptas a produzir coisa julgada. *Isso não apenas fez ver que existem outras questões prejudiciais ao julgamento do pedido, mas que a decisão dessas questões sempre faz coisa julgada, definindo ou não o processo*[12].

Diante disso, resulta com clareza que constituem questões prejudiciais idôneas à formação da coisa julgada não só as questões processuais, mas também as questões de mérito *que não podem constituir objeto* de ação declaratória autônoma, como, por exemplo, a prescrição *ou a questão que envolve saber se determinada norma deve ser aplicada.*

Michele Taruffo se valeu da lição do seu mestre – Vittorio Denti – ao escrever "*collateral estoppel e giudicato sulle questioni*"[13]. Observou que, quando a questão é decidida de modo a definir o processo – por exemplo, declaração de prescrição –, a decisão equivale a um pronunciamento negativo sobre o efeito jurídico objeto do processo. Por consequência, a decisão tem forma e conteúdo de sentença e, encerrando o processo, passa em julgado. No entanto, não deveria existir razão para dúvida de que isso não ocorre apenas quando a decisão da questão define o processo, *mas também quando a questão é decidida de modo a que o processo prossiga* rumo à solução da controvérsia sobre a relação prejudicada ou em direção ao julgamento do pedido. Taruffo então sintetiza o problema afirmando que do caráter de prejudicialidade como *idoneidade da solução da questão a definir o processo* decorre, independentemente do conteúdo da específica decisão e do momento ou contexto em que é proferida, que a questão prejudicial não é decidida, em regra, com eficácia meramente lógica,

12 Vittorio Denti, Sentenze non definitive su questioni preliminari di merito e cosa giudicata, *Rivista di diritto processuale*, 1969, pp. 220 e ss.

13 Michele Taruffo, "Collateral estoppel" e giudicato sulle questioni – nº II, *Rivista di Diritto Processuale*, 1972, pp. 284 e ss.

mas com "giudizio pieno", de que resulta a idoneidade da decisão para produzir coisa julgada[14].

Não há espaço e necessidade para aqui demonstrar, com mais vagar, a clara superioridade das teorias da prejudicialidade lógica e da potencial idoneidade da questão para a definição do juízo ou do processo. A despeito disso, está bastante claro que não existe um conceito universal de questão prejudicial e que outros conceitos foram elaborados para justificar a coisa julgada sobre uma questão prejudicial que não se confunde com aquela que pode dar ensejo à declaratória incidental.

O conceito de questão prejudicial depende das opções democráticas que definem os sistemas processuais, de modo que não há como imaginar que a questão prejudicial, capaz de permitir coisa julgada sobre questão no direito brasileiro contemporâneo, é a velha questão prejudicial que abria margem à ação declaratória incidental no Código de Processo Civil de 1973[15].

A proposital desvinculação da coisa julgada sobre questão prejudicial da propositura de ação declaratória incidental, claramente delineada nos parágrafos e incisos do art. 503, é suficiente para evidenciar que a questão prejudicial do Código de Processo Civil de 2015 está em outro contexto, num em que a coisa julgada tem objetivo completamente distinto daquele que anteriormente lhe foi reservado no sistema brasileiro, nas águas da herança que lhe foi transmitida pelo direito italiano.

Questão prejudicial, na perspectiva da coisa julgada que sobre ela recai, ou seja, na realidade do atual Código de Processo Civil, é a que necessariamente deve ser decidida para se julgar o pedido ou é a questão de que "depende o julgamento do mérito", conforme o art. 503, § 1º, I, do Código de Processo Civil.

Não só os ditos fatos-direitos[16] – como, por exemplo, a relação de parentesco diante do pedido de alimentos – constituem questão prejudicial. A questão prejudicial não mais está restrita nem a uma relação jurídica autônoma, capaz de dar origem à declaratória incidental, nem a uma relação jurídica complexa de que deriva o efeito jurídico postu-

---

14 Michele Taruffo, "Collateral estoppel" e giudicato sulle questioni – nº II, *Rivista di Diritto Processuale*, 1972, pp. 284-285.

15 Conforme foi amplamente demonstrado em Luiz Guilherme Marinoni, *Coisa Julgada sobre Questão*, esp. pp. 223 e ss.

16 Proto Pisani fala em "fatti-diritti" em contraposição a "meri fatti". (Andrea Proto Pisani, *Lezioni di Diritto Processuale Civile*, p. 64).

lado mediante o pedido. Portanto, não há motivo para dúvida de que a questão da relação de filiação na ação de alimentos ou, ainda, a questão da validade do contrato na ação em que se pretende o cumprimento de uma sua cláusula, constituem questão prejudicial. Na verdade, diante dos exatos termos do art. 503 e da própria razão de ser da coisa julgada sobre questão, *toda e qualquer questão jurídica de que depende o julgamento do mérito, como por exemplo a prescrição, é uma questão prejudicial, pouco importando que não constitua relação jurídica.*

Tanto a questão de direito que requer a aferição de um fato - como a culpa ou a responsabilidade civil na ação ressarcitória -, *quanto a questão de direito que reclama aplicação ou interpretação de uma norma ou a qualificação jurídica de uma cláusula contratual, constituem questões prejudiciais de que depende o julgamento do mérito*[17].

Aliás, é importante sublinhar que o art. 503 tem clara e indisfarçável inspiração no direito estadunidense, particularmente no § 27 do *Restatement Second of Judgments*[18], o qual afirma que, quando uma questão de fato *ou de direito* é *efetivamente discutida e decidida* mediante julgamento válido e final, e a decisão é *essencial* para o julgamento, a decisão é aplicável ou produz efeitos em uma subsequente ação entre as partes, seja a ação baseada na mesma ou em diferente "*claim*"[19].

Ora, os parágrafos do art. 503 exigem, para o surgimento de coisa julgada sobre questão, exatamente a i) expressa decisão da questão, a sua ii) dependência para o julgamento do mérito e a sua iii) devida discussão, exatamente nos termos do § 27 do *Second Restatement,* que literalmente alude a "*actually litigated and determined*" e a decisão "*essential to the judgment*",

17 Domenico Dalfino, *Questioni di diritto e giudicato*, Torino: Giappichelli, 2008, pp. 65 e ss; Vittorio Denti, Questioni rilevabili d'ufficio e contraddittorio, *Rivista di diritto processuale*, 1968, p. 221.

18 RSJ, § 27: When an issue of fact or law is actually litigated and determined by a valid and final judgment, and the determination is essential to the judgment, the determination is conclusive in a subsequent action between the parties, whether on the same or a different claim.

19 O *Restatement Second* fala em *claim preclusion* e *issue preclusion* (que pode ser confundida com o *collatteral estoppel*). Não é possível traduzir *claim* como causa de pedir, porém é importante perceber que a *claim preclusion* descreve a situação em que o julgamento preclui outra ação com base na mesma *claim*, enquanto que a *issue preclusion* revela a hipótese em que a decisão de uma questão preclui a sua relitigação em uma outra ação, ainda que fundada em diferente *claim*. David Shapiro adverte que o conceito de *claim* ainda é objeto de debate nos Estados Unidos (David Shapiro, *Preclusion in civil actions*, New York: Foundation Press, 2001, pp. 34 e ss).

enquanto requisitos para o *collateral estoppel*[20]. Essa *cópia* de requisitos, providenciada pelo legislador brasileiro, obviamente não constitui um acaso, e, portanto, constitui clara advertência para a necessidade de se abandonar o ultrapassado e hoje *socialmente inútil* conceito romano de coisa julgada, *restrito ao pedido e às partes*[21]. Claramente, o art. 503 do Código de 2015 contém uma nítida e incontestável abertura ao *collateral estoppel*, consolidado na experiência concreta estadunidense há muito tempo.

O *collateral estoppel* se diferencia da coisa julgada romana por não exigir, para que a coisa julgada recaia sobre questão, relação jurídica – capaz de dar origem a uma ação declaratória incidental –, podendo, ao contrário, tornar indiscutível qualquer decisão sobre uma "*issue of fact or law*"[22]. O § 27 do *Second Restatement* admite a aplicabilidade do *collateral estoppel às questões de direito que exigem a aferição de fato e às questões que reclamam saber, diante dos fatos, o significado de uma norma ou a sua aplicabilidade*. E obviamente não poderia ser de outra forma, na medida em que uma questão prejudicial, de que depende o julgamento do pedido, invariavelmente requer a investigação de fato ou juízo sobre a aplicabilidade ou o significado de uma norma.

A coisa julgada sobre questão nada mais é do que uma correção da absurda e infundada ideia, ainda hoje presente no direito italiano e até pouco tempo no direito brasileiro, de que a questão discutida e decidida no curso do processo só faz coisa julgada quando apresentada ao Juiz mediante ação declaratória incidental[23]. Como a coisa julgada,

---

20 David Shapiro, *Preclusion in civil actions*, p. 48; Austin Scott, Collateral Estoppel by judgment, *Harvard Law Review*, vol. 56, 1942, pp. 1-2; Alan N. Polasky, Collateral estoppel – Effects of prior litigation, *Iowa Law Review*, 1954, p. 222.

21 Ver sobre isso Luiz Guilherme Marinoni, *Coisa Julgada sobre Questão*, esp. pp. 177-204; pp. 309-322.

22 Ronald J. Allen e Michael S. Pardo, The myth of the law-fact distinction, *Northwestern University Law Review*, 2003; Geoffrey Hazard Jr., Preclusion as to issues of law: the legal system's interest, *Iowa Law Review*, 1984, pp. 81 e ss; Austin Scott, Collateral estoppel by judgment, *Harvard Law Review*, 1942, pp. 3 e ss.

23 Limitar a coisa julgada ao pedido, desconsiderando o valor das decisões a respeito das questões prejudiciais, é não ver que a definição de uma questão é imprescindível para a segurança jurídica, a coerência do direito, a paz social e a eficiência da administração da justiça. Não foi outra razão que Giovanni Pugliese, em notório verbete publicado na *Enciclopedia del Diritto*, afirmou que a doutrina de Chiovenda "non promuove nel nostro campo risultati socialmente utili, ma aggrava invece l'incertezza del diritto" (Giovanni Pugliese, Giudicato (dir. civ.), *Enciclopedia del Diritto*, XVIII, 1969, nº 16, p. 845).

nos termos da tradição do direito italiano, *depende de pedido ou de ação, haveria necessidade de uma relação jurídica autônoma, hábil a dar ensejo a uma ação incidental.* Isso significa que insistir na ideia de que a questão prejudicial do art. 503 é aquela (velha questão prejudicial) que se confundia com a relação jurídica capaz de ensejar ação declaratória toca às raias do absurdo, constituindo ingenuidade inescusável ou simples vontade de manter as coisas como eram, sem qualquer utilidade para as pessoas e para o Judiciário, como há algum tempo, aliás, já reconhece a melhor doutrina italiana[24].

2. Eficácia *ultra partes* da coisa julgada sobre questão

O Código de Processo Civil de 1973, em seu art. 472, dizia que "a sentença faz coisa julgada às partes entre as quais é dada, *não beneficiando, nem prejudicando terceiros* (...)". Porém, o art. 506 do Código de Processo Civil de 2015 afirma que "a sentença faz coisa julgada às partes entre as quais é dada, *não prejudicando terceiros*". Como se vê, o Código atual alterou a primeira frase do art. 472 do Código de 1973, suprimindo a expressão *"não beneficiando" para deixar claro que a coisa julgada pode beneficiar terceiros.*

Permitir que a coisa julgada possa beneficiar terceiro *tem nítida relação com a coisa julgada recair sobre questão.* A coisa julgada limitada ao pedido ou ao litígio interessa unicamente às partes. Se a coisa julgada diz respeito apenas às partes, torna-se imutável o que efetivamente lhes interessa, ou seja, o julgamento do litígio que lhes pertine[25].

---

24 Ver, com críticas irrespondíveis ao sistema delineado com base na doutrina de Chiovenda, Giovanni Pugliese, Giudicato (dir. civ.), *Enciclopedia del Diritto*, XVIII, 1969, nº 25, p. 868; Michele Taruffo, "Collateral estoppel" e giudicato sulle questioni – nº II, *Rivista di Diritto Processuale*, 1972, p. 282; Diego Volpino, *L'oggeto del giudicato nell'esperienza americana*, Padova: Cedam, 2007, pp. 287 e ss; Domenico Dalfino, *Questioni di diritto e giudicato*, Torino: Giappichelli, 2008, p. 28.

25 É interessante perceber que a coisa julgada sobre o pedido pode interessar a terceiros quando esse diz respeito a uma questão que eventualmente poderia ser prejudicial. Assim, por exemplo, na hipótese de ação, fundada em patente, voltada a inibir a fabricação de produto, o julgamento de improcedência do pedido inibitório, baseado na premissa de que o registro da patente é inválido, interessa apenas ao réu, que não mais poderá ser importunado ao fabricar o produto. Os terceiros podem ter interesse apenas na coisa julgada que recaiu sobre a questão (prejudicial) da invalidade do registro da patente. Assim, se outra ação, proposta pelo mesmo autor, fundar-se mais uma vez na patente, o novo réu – terceiro em face do processo em que a patente foi declarada inválida – poderá invocar a coisa julgada

Aos terceiros só pode importar a questão, *de modo que a coisa julgada que sobre ela incide foi obviamente aceita pela lei processual especialmente para beneficiar aqueles que não participaram do processo.* Se a resolução do *pedido* diz respeito a um litígio entre autor e réu, a solução da *questão*, embora também possa interessar às partes *em outra ação*, aproveita fundamentalmente aos terceiros. Assim, por exemplo, enquanto autor e réu litigam sobre direito à indenização em virtude de um acidente de ônibus que causou danos a inúmeros passageiros, aqueles que também sofreram danos mas não participam do processo certamente têm interesse na resolução da questão sobre a responsabilidade civil. A coisa julgada sobre a *questão* obviamente lhes interessa, embora a solução do *pedido* de indenização diga respeito apenas ao autor e ao réu[26].

(sobre a questão) em seu benefício. Entretanto, tratando-se de ação declaratória em que se resolveu, julgando-se o pedido, *a questão da validade do registro da patente, limitando-se* a sentença *a declarar a invalidade* do registro, a coisa julgada (sobre o pedido) poderá ser invocada por qualquer terceiro que sofrer ação inibitória proposta por aquele que se diz titular do registro declarado inválido.

26 Exemplos facilitam a compreensão. Considere-se a hipótese de um acidente de ônibus escolar, em que vários alunos tenham sofridos lesões e prejuízos. Definida – no Tribunal de Justiça - a responsabilidade da escola e a procedência do pedido de ressarcimento em ação proposta por um dos alunos, há, além da coisa julgada que recai sobre o pedido, tornando imutável e indiscutível a condenação da escola a pagar indenização ao autor, coisa julgada sobre a questão da responsabilidade da escola em face do acidente que produziu danos. A decisão que rechaça as razões da escola e declara a sua responsabilidade pelo acidente resolve com força de coisa julgada questão que é prejudicial a qualquer uma das ações de ressarcimento que podem ser propostas pelos demais alunos. Note-se que a coisa julgada sobre a questão, embora possa ser invocada por qualquer um dos alunos que estava no ônibus, incide sobre decisão proferida em processo em que a escola pôde plenamente participar em contraditório, argumentando, provando e recorrendo. Além disso, a coisa julgada só poderá ser invocada em ação baseada no mesmo acidente e na consequente responsabilidade da escola, proposta por outro aluno - que obviamente terá que evidenciar o dano que sofreu - que estava no ônibus. Portanto, a coisa julgada impedirá a relitigação e outra decisão da questão da responsabilidade, ou seja, da *mesma questão* decidida no processo anterior, em que a escola foi condenada a pagar indenização por conta da sua responsabilidade. A possibilidade de outro aluno invocar a coisa julgada sobre a questão da responsabilidade decorre da necessidade de se impedir a redecisão de questão já resolvida, evitando-se prejuízos à coerência do direito, à segurança jurídica, à autoridade do Judiciário e ao dever de eficiência do Estado, que não pode gastar tempo e dinheiro com a produção de prova e a discussão de uma questão que já foi objeto de adequado contraditório em processo anterior.

Assim, é correto afirmar que a admissão da coisa julgada sobre questão tem, como mera consequência, a necessidade da sua extensão em benefício de terceiros. Lembre-se que o *nonmutual collateral estoppel* constitui uma espécie de segundo passo do *collateral estoppel* (coisa julgada sobre questão), ou melhor, o desenvolvimento esperado e quase natural do *collateral estoppel* restrito às partes para a proteção e o benefício de não-partes. Realmente, a admissão da coisa julgada sobre questão *facilita muito a percepção* de que a decisão da questão *também diz respeito a terceiros* e de que a coisa julgada, por conta disso, *não pode ficar limitada às partes.*

Daí obviamente *não ser um acaso* o Código de Processo Civil de 2015 ter, entre as suas regras sobre a coisa julgada, *apenas duas dotadas de feição inovadora*, uma permitindo que a coisa julgada recaia sobre *questão* (art. 503) e outra afirmando que a coisa julgada pode *beneficiar terceiros* (art. 506). *É pouco mais do que evidente que essas regras são inter-relacionadas, ou melhor, que a regra do art. 506 é uma decorrência da regra do art. 503.*

É importante frisar que a eficácia *ultra partes* da coisa julgada sobre questão é limitada, ou seja, é restrita àqueles que podem ser beneficiados pela coisa julgada, podendo prejudicar apenas aquele que foi parte no processo em que a questão foi discutida e decidida.

Portanto, a decisão de uma questão prejudicial, ainda que possa dizer respeito a pessoa que não participou do processo, jamais poderá prejudicá-la. Além disso, há limites para que a coisa julgada possa beneficiar terceiros. Note-se que, se não há razão lógica para que uma decisão, coberta pela autoridade da coisa julgada, não possa beneficiar alguém, ela não apenas não pode prejudicar aquele que não participou do processo em que a questão foi resolvida, como também não pode prejudicar aquele que, tendo participado, não teve adequada oportunidade para discutir a questão ou não tinha como saber que a decisão da questão poderia ser-lhe mais prejudicial do que a princípio tinha condições de supor. Quando a parte não tinha como perceber que, ao ser vencida em relação à questão prejudicial, estaria sendo obstada de rediscuti-la diante de um inimaginável número de pessoas, ou que a solução da questão teria repercussão patrimonial tão elevada, não há motivo para negar ao vencido nova oportunidade para discutir a questão.

3. Questão constitucional como questão prejudicial: a coisa julgada sobre questão diante da decisão proferida no incidente de inconstitucionalidade

A questão constitucional é obviamente uma questão prejudicial, assim como qualquer outra de que depende o julgamento do mérito ou da pretensão à tutela do direito material. *É possível confundir, no entanto, a eficácia da coisa julgada sobre questão com a eficácia vinculante da decisão proferida no incidente de inconstitucionalidade.*

Porém, não há motivo para misturar esses dois institutos. Eficácia vinculante nada tem a ver com resolução de algo que é da titularidade de alguém. A eficácia própria a um precedente obrigatório não possui o objetivo de tornar indiscutível uma questão concreta que diz respeito a alguém ou que pode ser delimitada como pertencente a determinadas pessoas. De modo inverso, a coisa julgada (sobre questão) parte do pressuposto de que há uma questão que interessa especificamente a alguns, partes no processo em que a questão foi decidida, ou a terceiros que, titulares de direito que depende da solução da *mesma* questão, podem invocá-la quando essa foi devidamente discutida pelo vencido. A questão constitucional sobre a qual recai a coisa julgada é marcada pelos fatos envolvidos no caso concreto num sentido que, não fossem eles, sequer se poderia admitir, numa ação diversa entre as mesmas partes, estar se discutindo a *mesma* questão. Isso porque a *coisa julgada* sobre questão impede a rediscussão da *mesma e exata questão*, enquanto que a eficácia vinculante da decisão de inconstitucionalidade simplesmente obstaculiza a aplicação da lei declarada inconstitucional, não importando o caso e a questão objetos de disputa.

Há decisão de questão constitucional quando, diante de uma dúvida interpretativa, afirma-se determinada interpretação constitucional, assim como quando se admite a inconstitucionalidade do dispositivo, deixando-se de aplicá-lo ou reconstruindo-se a norma. A resolução da questão, em favor de uma parte e contra a outra, permite que a parte vencedora, em ação distinta – em que se realiza outro pedido – invoque a coisa julgada sobre questão em desfavor da parte vencida. Assim, por exemplo, se é certo que a coisa julgada sobre o pedido não pode ser invocada pelo contribuinte para deixar de pagar tributo em exercício subsequente, o que efetivamente lhe garante a desnecessidade de voltar a discutir a questão de constitucionalidade da exigibilidade tributária é a coisa julgada sobre a questão prejudicial.

Alguém poderia invocar, precipitadamente, o art. 503, § 1º, III, do Código de Processo Civil, para construir conclusão equivocada em vários aspectos, que se resumiria à afirmação de que a coisa julgada não recai sobre a questão constitucional em razão de o Juiz não poder decidi-la como questão principal. Isso apenas poderia ser feito pelo Supremo Tribunal Federal, dir-se-ia. Tal regra, no entanto, diz claramente que a decisão da questão prejudicial só produzirá coisa julgada quando "o juízo *tiver competência em razão da matéria e da pessoa para resolvê-la como questão principal*". Trata-se de regra que exclui a eficácia da coisa julgada da decisão de questão proferida por Juiz *destituído de competência absoluta para resolvê-la como "questão principal".* Assim, por exemplo, se em ação de ressarcimento proposta perante a Justiça Federal em face de B e da União Federal surge uma questão prejudicial que diz respeito apenas à relação entre A e B, o Juiz obviamente poderá decidi-la, mas a decisão da questão não terá aptidão para gerar coisa julgada. De igual modo, em processo acerca da posse de coisa que envolva alguém que se afirma herdeiro, eventual questão prejudicial que se forme sobre a qualidade de filho não produzirá coisa julgada[27]. Em outras palavras, o art. 503, § 1º, III, *diz respeito a um problema de competência, que nada tem a ver com controle de constitucionalidade.*

Não fosse isso, todos sabem que qualquer Juiz tem poder para decidir questão constitucional mediante controle concreto de constitucionalidade, *inclusive como questão principal.* Nada impede, por exemplo, ação declaratória de inconstitucionalidade de relação jurídica tributária. Portanto, o verdadeiro e ingênuo equívoco que estaria à base do argumento incidiria numa *grosseira confusão entre controle abstrato e controle concreto de constitucionalidade.* Ora, é óbvio que o Juiz e o Tribunal não podem realizar controle abstrato de constitucionalidade, sendo isso da competência exclusiva do Supremo Tribunal Federal. Porém, tão evidente quanto isto é decidir, no controle difuso e concreto, sobre questão constitucional na forma incidental ou principal.

A coisa julgada sobre questão, no Tribunal, aproxima-se da eficácia vinculante atribuída à decisão proferida no incidente de inconstitucionalidade (art. 949, parágrafo único, CPC). Contudo, nem toda questão constitucional é submetida ao órgão especial, dando origem a incidente de inconstitucionalidade. A questão constitucional só deve ser remetida ao órgão especial quando o órgão fracionário não consegue chegar numa interpretação conforme à Constituição. De modo que o órgão fracioná-

27 Luiz Guilherme Marinoni, *Coisa Julgada sobre Questão*, 2ª ed., pp. 275-277.

rio, ao julgar um recurso de apelação, pode decidir, enquanto prejudicial à solução do caso e do recurso, uma questão constitucional, afirmando a constitucionalidade. Isso significa que a coisa julgada pode recair sobre questão constitucional decidida unicamente pelo órgão fracionário.

Quando a questão constitucional é encaminhada ao órgão especial, instituindo-se o incidente de inconstitucionalidade, esse pode decidir que o dispositivo é inconstitucional, ainda que mediante a reconstrução da norma, ou decidir que o dispositivo comporta interpretação conforme à Constituição – não obstante assim não tenha percebido o órgão fracionário.

O art. 97 diz que a inconstitucionalidade apenas pode ser pronunciada pela maioria absoluta dos membros do órgão especial. Ao dispor que "somente pelo voto da maioria absoluta de seus membros ou dos membros do respectivo órgão especial poderão os tribunais declarar a inconstitucionalidade de lei ou ato normativo do Poder Público", o art. 97 afirma, de um lado, que os órgãos fracionários não podem declarar a inconstitucionalidade e, de outro, que esses apenas ficam submetidos à decisão de inconstitucionalidade proferida pela maioria absoluta dos membros do tribunal ou do órgão especial. Não há motivo para supor que, por conta da instituição de um procedimento voltado a garantir a reserva de plenário – ou seja, a necessidade de maioria absoluta de votos dos membros do órgão especial – para a declaração de inconstitucionalidade, tenham todos os órgãos fracionários do Tribunal e Juízes de primeiro grau a ele vinculados que deixar de aplicar a lei que não foi reconhecida como inconstitucional pela maioria absoluta.

O art. 949 diz que "os órgãos fracionários dos tribunais não submeterão ao plenário ou ao órgão especial a arguição de inconstitucionalidade quando já houver pronunciamento destes ou do plenário do Supremo Tribunal Federal sobre a questão". Como a regra processual fala apenas em "pronunciamento", seria possível imaginar que, qualquer que fosse o seu conteúdo, estaria o órgão fracionário proibido de decidir de modo diferente quando o órgão especial houvesse decidido pela inconstitucionalidade *por maioria simples*.

Essa interpretação do art. 949 do Código de Processo Civil, no entanto, obviamente não tem racionalidade, na medida em que o incidente de inconstitucionalidade é indissociável do art. 97 da Constituição, que reserva unicamente ao plenário ou ao órgão especial o poder de decidir, *por maioria absoluta,* pela inconstitucionalidade. Desse modo, quando a decisão de inconstitucionalidade é tomada por *maioria simples*, ficam os órgãos fracionários autorizados a decidir pela constitucionalidade.

No entanto, se o art. 97 da Constituição só justifica a eficácia vinculante sobre a decisão de inconstitucionalidade tomada por maioria absoluta, o art. 927, V, do Código de Processo Civil, confere eficácia de precedente às decisões do órgão especial[28]. Assim, cabe indagar se a decisão que afirma interpretação de acordo com a Constituição, por maioria absoluta, configura precedente vinculante.

Uma decisão tomada por maioria absoluta, a princípio, constitui precedente. Porém, o incidente de inconstitucionalidade se destina ao controle de constitucionalidade e não à uniformização das decisões do Tribunal. Isso quer dizer que a decisão, ainda que proferida por maioria absoluta, sequer parte da premissa de que há divergência interpretativa – como exige, por exemplo, o incidente de resolução de demandas repetitivas. O incidente de inconstitucionalidade apenas pergunta se a lei é inconstitucional, de modo que o seu resultado, ou seja, a sua decisão, embora obviamente possa declarar a inconstitucionalidade ou a constitucionalidade, além de apenas poder declarar a inconstitucionalidade por maioria absoluta, somente produz eficácia vinculante quando consigna e ressalva a *única interpretação constitucional possível*. Fosse de outro modo, o incidente instituído para o controle de constitucionalidade, ao declarar *uma entre as várias interpretações constitucionais possíveis*, vincularia todos os órgãos fracionários e Juízes de primeiro grau, cumprindo função que está obviamente fora da *reservada a um incidente responsável pelo controle de constitucionalidade.*

Essa breve alusão ao incidente de inconstitucionalidade não apenas deixa claro que a questão constitucional também pode ser resolvida pelo órgão fracionário – independentemente de incidente –, mas também que a decisão que possui eficácia vinculante é a que *declara a inconstitucionalidade* ou afirma *a única interpretação constitucional possível* por *maioria absoluta de votos.*

Entretanto, qualquer que seja a decisão proferida no incidente, há aí uma decisão que resolve questão de constitucionalidade que, a princípio, é prejudicial ao julgamento do mérito do caso ou do recurso. Mesmo quando analisada pelo órgão especial, a questão constitucional se insere tanto no raciocínio decisório quanto na justificativa do órgão fracionário acerca do recurso. A questão, nesse caso, apenas é decidida por outro

28 Lembre-se que o art. 927 do Código de Processo Civil misturou entre os seus incisos precedente, súmula, coisa julgada sobre questão e coisa julgada *erga omnes*. Luiz Guilherme Marinoni, *Precedentes Obrigatórios*, 7ª ed., São Paulo: Revista dos Tribunais, 2021, esp. pp. 301 e ss.

órgão, mas não deixa de ser uma questão prejudicial ao julgamento do mérito. Portanto, *além de a decisão do órgão especial também ser decisão de questão que, a princípio, é prejudicial, sobre essa recai a coisa julgada.* Para esse efeito, certamente não importa o conteúdo da decisão no incidente de inconstitucionalidade. Tanto a decisão de inconstitucionalidade, quanto a de mera constitucionalidade ou a que afirma a única interpretação possível, por maioria absoluta ou simples, constituem espécie de decisão que, quando incorporada à decisão final do órgão fracionário, assume natureza de decisão de questão prejudicial.

Porém, ainda que a questão constitucional tenha sido decidida pelo órgão especial em razão do incidente, ela pode não se inserir na decisão do órgão fracionário sobre o recurso, deixando de constituir, assim, uma questão prejudicial ao julgamento do mérito. O órgão fracionário, depois da decisão relativa à arguição de inconstitucionalidade submetida ao órgão especial, pode chegar à conclusão de que falta, por exemplo, requisito de admissibilidade do recurso, a impedir o julgamento do mérito ou do recurso que depende da decisão sobre a questão constitucional. Nesse caso, apesar da decisão no incidente de inconstitucionalidade, não há questão prejudicial decidida, ou melhor, *a questão constitucional decidida deixa de ser um pressuposto para o julgamento do mérito.*

Isso não significa que a decisão tomada no incidente tenha deixado de ter valor. Ela *somente não tem valor enquanto decisão de questão prejudicial e, portanto, torna-se impossível pensar em coisa julgada sobre questão.* Mas a decisão não perde validade ou eficácia, preservando valor enquanto decisão que, declarando a inconstitucionalidade ou a única interpretação constitucional possível por maioria absoluta, vincula todos os órgãos fracionários do Tribunal e os Juízes de primeiro grau de jurisdição.

A eficácia subjetiva da coisa julgada sobre questão se aproxima da decisão proferida no incidente quando essa adquire eficácia vinculante. Porém, a coisa julgada, além de incidir sobre uma *questão constitucional específica,* tem eficácia subjetiva *sobre as partes e para beneficiar terceiros,* titulares da situação jurídica resolvida. *Essa eficácia é completamente diversa da vinculante,* na medida que essa, além de não estar restrita à questão efetivamente decidida, não se limita às partes do caso e àqueles que eventualmente podem ser beneficiados.

A eficácia vinculante diz respeito a todos, *indistintamente,* obrigando os Juízes e os órgãos fracionários do Tribunal a não aplicarem a lei declarada inconstitucional ou a se valerem da norma reconstruída, ou mesmo a aplicarem à única interpretação constitucional declarada possível, *em qualquer caso futuro.* Enquanto a coisa julgada diz respeito à específica questão concretamente decidida, não podendo ser interpretada de modo extensivo, a eficácia vinculante tem a ver com a decisão que declara a inconstitucionalidade da lei ou a constitucionalidade de determinada interpretação, as quais obviamente podem abarcar todas as situações e casos em que a lei for questionada. De modo que, se a eficácia vinculante pode ser invocada *por qualquer um contra qualquer pessoa*, a coisa julgada sobre questão somente pode ser invocada pelo *vencedor* e *pelos titulares da mesma e exata situação jurídica decidida* contra o *vencido*.

Em resumo: além de a questão constitucional poder ser decidida como prejudicial pelo próprio órgão fracionário, toda e qualquer questão constitucional, decidida em incidente de inconstitucionalidade, constitui questão prejudicial quando posteriormente utilizada para o julgamento do recurso pelo órgão fracionário. Porém, nem toda decisão de questão constitucional, tomada no incidente, possui eficácia vinculante, mas apenas a que declara a inconstitucionalidade ou afirma a única interpretação possível por maioria absoluta de votos. Mesmo nessa situação, entretanto, a eficácia da coisa julgada sobre questão e a eficácia vinculante da decisão de inconstitucionalidade convivem harmonicamente, *até porque possuem pressupostos e funções diferentes*[29]. Tudo isso é suficiente para demonstrar que a coisa julgada sobre questão constitucional tem completa autonomia em relação à decisão tomada no incidente de inconstitucionalidade.

4. O falso problema da eficácia da coisa julgada sobre questão constitucional em benefício de terceiros

Não obstante o exposto no item anterior, a decisão que, acobertada pela coisa julgada, beneficia terceiros pode trazer preocupação a quem possui os olhos fixos no poder conferido ao Supremo Tribunal Federal para o controle de constitucionalidade.

29 Lembre-se que o precedente é o direito que regula, *a priori*, o caso conflito concreto, de modo que os litigantes não são constrangidos pela sua obrigatoriedade. Um caso é resolvido mediante a aplicação de precedente porque esse revela o direito que o regula. A coisa julgada sobre questão, por sua vez, inibe o vencido, impedindo-o de relitigar. Uma questão não pode ser novamente discutida porque já foi decidida com força de coisa julgada. Note-se que o precedente colabora com o juiz do novo caso, auxiliando-o a resolvê-lo, mas a coisa julgada sobre questão apenas constrange ou limita, vedando a rediscussão e excluindo a possibilidade de redecisão. Ver Luiz Guilherme Marinoni, *Coisa Julgada sobre Questão*, esp. pp. 339 e ss.

Considerando-se que cabe ao Supremo Tribunal Federal exercer o controle de constitucionalidade mediante ação direta e por recurso extraordinário, seria possível imaginar que a possibilidade de decidir questão constitucional, com força de coisa julgada que pode beneficiar terceiros, poderia violar a autoridade da Corte Suprema.

Porém, o problema não pode ser visto dessa forma. A coisa julgada sobre questão apenas pode se voltar contra *o vencido que discutiu* a questão perante o órgão especial – quando instituído o incidente – ou contra o *vencido que também discutiu* perante o próprio órgão fracionário, *quando necessariamente se aplicou a lei*. Além disso, a coisa julgada somente beneficia os que são *titulares da própria questão decidida.*

Portanto, enquanto o prejudicado pela coisa julgada sobre questão *teve ampla oportunidade de discuti-la*, aqueles que podem ser prejudicados por um precedente – firmado em incidente de inconstitucionalidade ou em recurso extraordinário – *não precisam ter participado do processo em que este foi estabelecido.* Isso significa que a eficácia vinculante de um precedente não apenas é muito mais abrangente do que a eficácia da coisa julgada sobre questão – já que não se limita a uma *mesma* questão –, mas também completamente despreocupada com a participação daqueles que podem ser prejudicados.

Aliás, o assunto relacionado à autoridade da decisão acerca de questão discutida é anterior, na história do direito, ao *stare decisis*. No *common law*, o *estoppel*, enquanto base do atual *collateral estoppel* estadunidense e da coisa julgada sobre questão, surgiu muitos séculos antes do *stare decisis*, o que significa que a preocupação em decidir da mesma forma os casos semelhantes *aparece muito tempo depois da reprovação da tentativa de relitigação do que já foi discutido.* Lembre-se que o direito inglês, já no século XI, passou a sustentar a impossibilidade da relitigação daquilo que uma parte afirmou ou colaborou para criar no processo, quando se falou em *estoppel by record*[30]. Essa espécie de *estoppel* – a origem da coisa julgada sobre questão – baseou-se na ideia de proibição de *venire contra factum proprium*[31], estendendo-se, a princípio, ao

30 "The old rule of 'estoppel by record was derived from an archaic Germanic doctrine under which it was the written record, rather than the judgment *qua* judgment, which created the estoppel" (Note, Collateral estoppel by judgment, *Columbia Law Review*, vol. 52, p. 647, nota 4) Frederick Pollock e Frederic W. Maitland, *The history of english law (before the time of Edward I)*, vol. 1, Cambridge: University Press, 1911, pp. 25 e ss.

31 Henry M. Herman, *The law of estoppel*, Albany: W. C. Little & Co., 1871, p. 8.

resultado da prova[32]. Num ambiente religioso, moral e jurídico em que o comportamento contraditório era ostensivamente reprovado, não foi preciso muito esforço para o *estoppel* proibir a rediscussão do que já havia sido *discutido e decidido.*

Nos Estados Unidos, sempre presente a necessidade de garantir a coerência do direito e a segurança jurídica, relevantes preocupações de ordem econômica colaboraram para evidenciar o erro da ideia de que a coisa julgada interessa *apenas ao vencedor*, dando origem ao *nonmutual collateral estoppel*[33], definitivamente aceito mediante os precedentes firmados pela Suprema Corte dos Estados Unidos nos casos Blonder-Tongue v. University of Illinois Foundation[34] e Parklane v. Shore[35].

A Suprema Corte, em Blonder-Tongue, expressamente afirmou que não é razoável proporcionar a um litigante *mais de uma* justa oportunidade para a discussão *de uma mesma questão*, já que em todo processo em que naturalmente houve vencedor e perdedor ocorreu não só dispêndio de dinheiro e energia do Estado, mas a Corte proferiu uma decisão que, por corporificar a autoridade do Judiciário, *não pode ser desafiada pelo perdedor apenas por estar diante de um novo adversário*[36].

32 Robert Wyness Millar, The historical relation of estoppel by record to res judicata, *Illinois Law Review of Northwestern University*, vol. 35, 1940-1941, p. 42.

33 Samuel Issacharoff, *Civil Procedure*, New York: Foundation Press, 2009, p. 160; Jack Friedenthal, Arthur Miller, John Sexton e Helen Hershkoff, Civil Procedure – Cases and materials, St. Paul: West, 2009, pp. 1310 e ss.

34 Blonder-Tongue v. University of Illinois Foundation, 402 U.S. 313 (1971).

35 Parklane v. Shore, 439 U.S. 322 (1979).

36 Bentham advertiu que há razão para dizer que uma pessoa não deve perder a sua causa em consequência de uma decisão proferida em processo de que não foi parte; *mas não há qualquer razão* para dizer que alguém não deve perder a sua causa em consequência de uma decisão proferida em processo em que foi parte *simplesmente porque o seu adversário não foi.* Bentham argumentou que, embora a sentença proferida em favor de A e contra B não possa obstaculizar o pleito de C, afirmar que essa sentença não pode beneficiar C (terceiro) contra B (vencido) parece o cúmulo do absurdo (*seems the very height of absurdity*). Aliás, Bentham foi irônico ao dizer que a regra da mutualidade – ou de que "só pode ser beneficiado pela coisa julgada aquele que pode ser prejudicado" - poderia ficar bem numa mesa de cassino, quando se joga dados, mas nunca num tribunal (Jeremy Bentham, *Rationale of judicial evidence*, London: Hunt & Clarke, 1827, vol. 5, p. 579). A lição de Bentham foi lembrada pela Suprema Corte quando do julgamento de Blonder-Tongue v. University of Illinois Foundation, ocasião em que declarou-se a validade da invocação da coisa julgada por terceiro, alheio ao processo em que a coisa julgada sobre questão se formou.

É preciso compreender que a coisa julgada *inter partes*, devedora do direito romano e desenvolvida nos sistemas de *civil law*[37], está comprometida com a sua origem e com uma tradição que, considerando o ambiente privado, preocupou-se apenas em garantir o "bem da vida" – para se usar o exato termo chiovendiano[38] – conferido ao vencedor pela decisão.

Esqueceu-se de muita coisa. Fundamentalmente, ignorou-se que, se as decisões do Estado devem ser respeitadas e confiáveis, não há como aceitar que o processo possa ser estruturado *de modo a que o Juiz tenha obrigação de decidir várias vezes uma mesma questão para o mesmo litigante, dando-lhe a possibilidade de, apesar de já declarado sem direito, obter vitória em outros casos.* Se uma decisão judicial revela o entendimento do Estado acerca de uma questão da titularidade de muitos, a decisão deve poder ser invocada *contra quem litigou e foi declarado sem razão e não apenas em benefício do vencedor.* Note-se que a ideia de que a coisa julgada serve ao vencedor *encobriu os verdadeiros destinatários da coisa julgada.* Não há motivo para supor que a coisa julgada, enquanto expressão da tutela da segurança jurídica, possa proteger unicamente o vencedor, como se todos os demais que *dependem da decisão para a tutela jurisdicional dos seus direitos pudessem ou devessem ser indiferentes* à *solução judicial que lhes beneficia*[39].

A partir disso, torna-se possível deixar ainda mais claro que a eficácia da coisa julgada sobre questão é muito menos preocupante do que a eficácia do precedente, não obstante a generalidade da doutrina de *civil law*, por ignorar o significado de *collateral estoppel* e a sua íntima relação com o *stare decisis*, mostre-se *deslumbrada* com os precedentes

37 "A differenza di quanto accade nell'ordinamento nordamericano, dove dottrina e giurisprudenza hanno ampiamente affrontato il tema del giudicato nei confronti del terzo non solo dal punto di vista del vincolo che costui può subire per effetto del giudicato formatosi tra le parti, ma anche sotto il profilo della possibilità che il terzo si avvalga del giudicato a lui favorevole, un'elaborazione di questo secondo tema manca della nostra dottrina". (Michele Taruffo, "Collateral estoppel" e giudicato sulle questioni" nº II, *Rivista di Diritto Processuale*, 1972, p. 293).

38 Chiovenda enfaticamente afirmou que "*cosa giudicata non vuol dire giudizio, vuol dire bene reconosciuto o negato*" (Giuseppe Chiovenda, Cosa giudicata e preclusione, *Saggi di diritto processuale civile*, vol. 3, p. 238). A relação entre coisa julgada e tutela de um bem da vida implicitamente admite que a coisa julgada deve recair sobre as partes que disputaram o bem. Por isso, a ideia de tutela de um bem, ao tornar a coisa julgada indissociável da figura daqueles que disputaram a *res*, também dificultou a sua análise enquanto valor que poderia ser invocado por terceiros.

39 Luiz Guilherme Marinoni, *Coisa Julgada sobre Questão*, esp. pp. 190 e ss.

obrigatórios e receosa com a eficácia da coisa julgada sobre questão em beneficio de terceiros.

Reitere-se que, ao contrário do precedente, a coisa julgada sobre questão não pode nem ser imposta em face de *qualquer pessoa,* nem invocada por *qualquer um,* interessado na resolução de caso *apenas similar ao decidido, ou em que se pretenda somente a não aplicação da mesma lei.* Por não pretender obstar a discussão do que *não* foi decidido, a coisa julgada exige que a questão seja *idêntica*, o que é simplesmente incompatível com os precedentes constitucionais[40]. O *distinguishing*, enquanto técnica para o desenvolvimento do direito, abre oportunidade para que o precedente seja aplicado a caso marcado por fatos diferentes, na hipótese de reclamar igual solução jurídica. Ou seja, enquanto a lógica da coisa julgada é a de evitar a relitigação da *mesma questão*, a do precedente é a de propiciar uma *igual solução* para casos que, *não obstante faticamente diferentes, exigem igual raciocínio e solução jurídicos.*

As Cortes estadunidenses são plenamente conscientes dessa importante dessemelhança entre os institutos. Em Trevino v. Gates, a Corte de Apelação do Novo Circuito declarou que, para proibir a relitigação da questão com base em *collateral estoppel*, a questão sob análise deve ser idêntica (*must be identical*) àquela discutida na primeira ação. A Corte do Segundo Circuito, em Lord v. International Marine Ins. Services, advertiu que a questão levantada na segunda ação não era "*clearly identical*" à discutida na primeira. É interessante que as Cortes chegam a dizer que a questão deve ser a "mesma", obviamente para enfatizar a necessidade de não se proibir a rediscussão de questão que não foi discutida e decidida anteriormente. Assim, por exemplo, em Burlington Northern R. Co. v. Hyundai Merchant Marine Co., a Corte do Terceiro Circuito disse que a questão objeto da preclusão deve ser a mesma (*the same*) que foi anteriormente discutida e decidida, e, em Alabama Rivers Alliance v. F.E.R.C, a Corte de Apelação do Distrito de Colúmbia advertiu que o *collateral estoppel* somente se aplica a uma questão que, em substância, é a mesma (*in substance the same*).

Isso significa que quando se decide, por exemplo, que a prática de determinado município é inconstitucional em virtude de determinados fatos, terceiro obviamente não pode invocar coisa julgada para tentar obstar o *mesmo* município de relitigar questão constitucional que surgiu

40 Como diz Frederick Schauer, "para que uma decisão constitua um precedente para outra decisão não há necessidade de que os fatos dos casos sejam absolutamente idênticos. Caso isso fosse exigido, nada seria precedente para qualquer outro caso" (Frederick Schauer, Precedent, *Stanford Law Review*, vol. 39, 1987, p. 575).

em virtude de contexto ou de conjunto de fatos totalmente diverso, *ainda que a norma discutida seja a mesma*. Nessa situação, caso tenha sido firmado *precedente*, será possível invocá-lo, o que é algo totalmente diferente.

Porém, ao se decidir que o município praticou ato inconstitucional em detrimento de um *grupo de servidores*, em ação em que foi parte um servidor ou em que foram partes alguns servidores, *as pessoas do mesmo grupo de servidores e que evidentemente se enquadram na exata situação litigiosa resolvida*, podem invocar a coisa julgada sobre questão. Nessa hipótese, resolvida a questão de constitucionalidade no primeiro processo, a coisa julgada é invocável pelos *demais* servidores contra o *mesmo* município, seja mediante ação seja em defesa apresentada em face de ação proposta pelo município.

A Suprema Corte dos Estados Unidos admite coisa julgada sobre questão constitucional, inclusive em se tratando de questão que envolve relação tributária. Em Montana v. U. S., o governo dos Estados Unidos, enquanto responsável por exigência fiscal imposta pelo estado de Montana, recebeu decisão desfavorável da Suprema Corte desse estado. Num segundo processo, o governo dos Estados Unidos voltou a questionar a constitucionalidade da imposição fiscal perante Corte do Distrito de Montana, que, após declarar que o governo não estava proibido de voltar a discutir a questão de constitucionalidade em razão da primeira decisão da Suprema Corte do estado, reconheceu que a exigência fiscal feria a Constituição. Porém, em razão de recurso do estado, a Suprema Corte dos Estados Unidos declarou que a primeira decisão da Suprema Corte de Montana proibia a rediscussão da constitucionalidade da exigência fiscal, de modo que a decisão da Corte do Distrito de Montana, que admitiu a rediscussão da constitucionalidade, foi reformada[41].

A Suprema Corte dos Estados Unidos claramente considerou que estava diante de uma proibição de relitigar questão em virtude de *collateral estoppel*, ou seja, não supôs que havia impossibilidade de rediscussão por existir um precedente. Tanto é que reconheceu que o governo dos Estados Unidos teve *"full and fair opportunity"* de discutir a questão no primeiro processo e, por conta disso, decidiu que o governo estava *estopped* de buscar decisão contrária num segundo processo[42]. Como é

41 Montana v. U.S, 440 U.S. 147 (1979).

42 "... We must conclude therefore that it had a full and fair opportunity to press its constitutional challenges in *Kiewit I*. Accordingly, the Government is estopped from seeking a contrary resolution of those issues here" (Opinion do Justice Marshall; Montana v. U.S, 440 U.S. 147, 1979).

óbvio, essa análise seria completamente desnecessária caso a Suprema Corte tivesse admitido que estava diante de um precedente, quando pouco importaria se o governo dos Estados Unidos teria participado do processo, muito menos se teria tido *"full and fair opportunity"* de participar.

Em 1996, a Suprema Corte dos Estados Unidos não só voltou a tratar de *collateral estoppel* diante de questão constitucional envolvendo tributação, como declarou que a coisa julgada sobre questão não pode prejudicar quem *não participou* do processo. Em Richards v. Jefferson County, após três contribuintes terem arguido a inconstitucionalidade de uma taxa de ocupação estabelecida pelo condado de Jefferson County, reconhecida como constitucional pela Corte estadual, outro grupo de contribuintes, mediante *class action*, voltou-se contra a constitucionalidade da mesma taxa. A Suprema Corte estadual decidiu que o segundo grupo de contribuintes estava proibido de discutir a questão em virtude de *collateral estoppel*, ou seja, da decisão proferida na primeira ação – que ficou conhecida como *"Bedingfield action"*. Mas a Suprema Corte dos Estados Unidos, ao julgar o caso, declarou que a decisão da Corte estadual, ao proibir os contribuintes que não participaram do processo de discutir a mesma questão de constitucionalidade, negou o precedente firmado em Hansberry v. Lee[43] – célebre por ter firmado a necessidade da "representação adequada" para compatibilizar a *class action* com a garantia constitucional de participação no processo -, além de ter violado o *due process*[44].

Perceba-se que, em Montana, afirmou-se que decisão de questão constitucional *obsta a sua relitigação* pelo vencido que teve *"full and fair opportunity"* de discuti-la, ao passo que, em Richards, esclareceu-se que os contribuintes que *não foram adequadamente representados* em *class action* não podem ser proibidos de propor suas próprias demandas para discutir a questão jurídica. Ou seja, *afirmou-se, com todas as letras, a coisa julgada sobre a questão constitucional, ressalvando-se que esta não pode prejudicar quando não permitiu adequada participação em contraditório, inclusive mediante representante adequado.*

Não se ignora que a coisa julgada sobre questão constitucional assume contornos preocupantes quando se pensa na sua formação em determinadas situações, que envolvem a possibilidade de múltiplas demandas contra um mesmo sujeito. O problema cresce de tamanho quando o vencido é a Fazenda Pública.

43 Hansberry v. Lee, 311 U.S. 32, 61 S.Ct. 115 (1940).

44 Richards v. Jefferson County, 517 U.S. 793 (1996).

A Suprema Corte dos Estados Unidos, em United States v. Mendoza, decidiu que terceiro não pode propor ação e invocar decisão contrária ao governo dos Estados Unidos em seu favor, argumentando que ela não pode ser rediscutida[45]. A Suprema Corte, ao assim decidir, considerou a amplitude da área geográfica em que o governo federal litiga, bem como a natureza dos seus casos[46]. Essa decisão, no entanto, foi objeto de *severas críticas*, advertindo-se que, além de ter criado um tratamento processual privilegiado e injusto ao Estado em face dos sujeitos privados – *e assim ter violado a igualdade perante o processo* -, permitiu às agências governamentais se valerem de estratégia (*administrative agency nonacquiescence*) para, não obstante decisão judicial desfavorável, *prosseguirem atuando em sentido contrário, desrespeitando direitos individuais e a lógica do processo*[47].

Em outras palavras, a decisão firmada em Mendoza *foi vista como uma exceção destituída de racionalidade.* Admitiu-se que as Cortes devem ter cuidados especiais na aplicação do *collateral estoppel* em face do governo federal, mas certamente devem poder proibir-lhe de litigar questão já plenamente discutida e decidida. Atualmente, muitas Cortes vêm decidindo que a exceção à proibição de relitigação de questão decidida, criada em favor do governo federal, *não é absoluta*, não devendo prevalecer quando razões consistentes não estão presentes[48].

A decisão proferida em Mendoza demonstra que, não obstante a admissão da coisa julgada sobre questão constitucional, há preocupação em não prejudicar o interesse público, evitando-se que o Governo seja

---

45 "Doctrine of nonmutual offensive collateral estoppel does not extend to the United States" (U.S. v. Mendoza, 464 U.S. 154, 1984).

46 Christina Crimi, § 573. Nonmutual collateral estoppel against government, *American Jurisprudence*, 2017.

47 Note, Collateral estoppel and nonacquiescence: precluding government relitigation in the pursuit of litigant equality, *Harvard Law Review*, vol. 99, 1986, pp. 847 e ss.

48 "... here it is primarily the private interests of two private parties, which are in dispute: the same interests which were fully and appropriately adjudicated by the district court. In such a case where the Board has sought to determine the existence or non-existence of what is essentially a private agreement, blind adherence to the doctrine that the Government is generally exempted from issue preclusion is not compelled. (...) Accordingly, we are not persuaded that merely because the NLRB is a government agency, that in the current context, we should permit the Board to ignore the district court's judgment" (N.L.R.B v. Donna-Lee Sportswear Co., Inc., United States Court of Appeals, First Circuit, 1987).

prejudicado em virtude de uma única decisão que lhe foi desfavorável, *especialmente diante das dificuldades inerentes à amplitude, inclusive geográfica, da advocacia pública*. Em Mendoza, aliás, chama-se a atenção para a circunstância de que, em muitos casos, *não há recurso à Corte de Apelação, o que significaria uma impossibilidade de defesa adequada do interesse público*.

Nessa perspectiva, verifica-se que, no Brasil, o problema da coisa julgada sobre questão, vista enquanto problema em face da Fazenda Pública, não se coloca como nos Estados Unidos. Lembre-se que aqui há *duplo juízo obrigatório* – reexame necessário ou de ofício – nas causas decididas "contra a União, os Estados, o Distrito Federal, os Municípios e suas respectivas autarquias e fundações de direito público" (art. 496, I, CPC). Isso significa que a coisa julgada sobre questão *apenas se forma no Tribunal*, quando a decisão de inconstitucionalidade depende da *maioria absoluta* dos membros do *órgão especial*, a qual, além disso, pode ser objeto de recurso extraordinário, conforme previsão *expressa* contida no art. 102, III, "b" da Constituição.

De qualquer forma, não há racionalidade em negar a eficácia da coisa julgada aos prejudicados pelo Poder Público, sob o fundamento de que este pode, eventualmente, deixar de se defender de modo adequado. Isso seria o mesmo do que, por conta de um mal que deve ser superado mediante providências da própria administração, admitir que a função pública de prestar justiça possa negar devida proteção aos direitos que são lesados em massa.

Aliás, o problema das violações em massa obviamente não atinge apenas o Poder Público, mas diz respeito a todas as questões que, uma vez decididas, podem favorecer a tutela de direitos lesados por um único ato de uma mesma pessoa. Porém, a ação declaratória, enquanto ação inversa a ser utilizada pelo demandado que, posteriormente, pode sofrer inúmeras outras ações individuais, é uma alternativa não apenas para o Poder Público, mas a qualquer parte que não deseja se submeter ao risco de ser vencida numa única ação individual, em meio de todas aquelas que podem ser propostas com base no mesmo fundamento. Desse modo, a coisa julgada sobre questão, *ao obrigar a propositura de ação declaratória* pelo litigante acusado de ter violado direitos de muitos, gera a *coletivização da discussão da questão prejudicial* à tutela dos direitos, *contribuindo, assim, para evitar a proliferação de demandas repetitivas e todas as suas consequências prejudiciais, como a incoerência de decisões, a insegurança jurídica, a ineficiência da prestação jurisdicional, além de desnecessárias despesas às partes e ao Estado*.

É certo que, eventualmente, aquele que violou múltiplos direitos de uma única vez pode não conhecer ou ter como identificar os possíveis lesados. Mas, também aí a técnica processual lhe socorre. Nessa situação, nada impede a propositura de *ação coletiva passiva*, quando a questão pode ser decidida com força de coisa julgada em face de todos os representados no polo passivo[49]. Afinal, o direito à tutela jurisdicional efetiva, do mesmo modo que torna desnecessária a tipificação da sentença idônea para cada situação litigiosa, prescinde da regulação dos efeitos da coisa julgada para cada tipo de caso conflitivo concreto. Ou seja, não é porque o Código de Defesa do Consumidor apenas regula a ação coletiva proposta pelo representante dos titulares de direitos lesados em massa que não será possível propor ação em face de um legitimado coletivo, apto a defender direitos de um grupo, viabilizando-se a formação de coisa julgada diante dos representados[50]. Ora, proibir que aquele que pode vir a ser responsabilizado atue prontamente para discutir e ver solucionada a questão é, *além de violar o direito fundamental de acesso à justiça,* tentar se apoderar do processo para transformá-lo em instrumento que não pode ser adequadamente utilizado a favor da *própria efetividade da tutela dos direitos*[51].

Se a coisa julgada pode trazer problemas diante da intensa litigiosidade do direito que depende da questão decidida, isso é algo que se mostra *sempre presente* quando se discute uma questão que diz respeito a direitos lesados em massa. Aliás, *é ingênuo não reconhecer* que é a

49 Sérgio Cruz Arenhart, *A tutela coletiva de interesses individuais*, São Paulo: Ed. Revista dos Tribunais, 2013, pp. 367-368.

50 Lembre-se que o Superior Tribunal de Justiça admite que o réu da ação coletiva proponha ação rescisória contra aquele que foi autor, ou seja, contra o legitimado à tutela dos direitos individuais. Em outras palavras, mesmo depois de os direitos individuais terem sido tutelados mediante sentença transitada em julgada, com a produção de coisa julgada material, entende-se que a ação rescisória pode se voltar contra o legitimado coletivo para obstaculizar a execução ou a realização dos direitos individuais, sem a necessidade de citação dos titulares dos direitos envolvidos. E isso, note-se bem, sob o argumento implícito *da dificuldade – e não da impossibilidade* - de citação de todos os réus. O que isso quer dizer? Significa claramente que o legitimado coletivo pode defender direitos individuais, colocando-se no polo passivo do processo. Quer dizer não apenas que o legitimado coletivo pode ser demandado como réu, porém, mais do que isso, que o direito à propositura de ação contra o legitimado coletivo obviamente não pode ser usurpado do jurisdicionado. Ver Resp 1.391.709/PR, 1ª. Turma, Rel. Min. Benedito Gonçalves, DJe 08/03/2016; AR 3.367/BA, 3a. Seção, Rel. Min. Sebastião Reis Júnior, *DJe* 16.08.2013.

51 Luiz Guilherme Marinoni, *Coisa Julgada sobre Questão*, esp. pp. 329-335.

Fazenda Pública, assim como aqueles que violam direitos em massa, *que preferem pulverizar a discussão das questões, evitando a coletivização das demandas*[52].

O problema da coisa julgada sobre questão constitucional em benefício de terceiros *é falso*. Reitere-se que a coisa julgada sobre questão, em virtude do *reexame necessário*, exige decisão tomada pela *maioria absoluta* do plenário ou do órgão especial do Tribunal para a instituição da inconstitucionalidade, abrindo expressamente oportunidade para recurso extraordinário. Isso quer dizer que, ao contrário do que ocorre nos Estados Unidos, no Brasil não há como temer a formação de coisa julgada sobre questão constitucional contra a Fazenda Pública mediante decisão de primeira instância sujeita a recurso voluntário ou mesmo em ação que não abre oportunidade para o duplo grau de jurisdição.

Ao contrário, quando é possível decidir a questão contra o Poder Público somente em incidente de inconstitucionalidade, em local privilegiado do Tribunal e por maioria absoluta, em virtude de exigência expressa da Constituição, é absurdo pensar em não oportunidade adequada para a defesa ou em surpresa com os efeitos da decisão. Ou, de forma ainda mais clara, quando a própria Constituição se preocupa com os efeitos da decisão de inconstitucionalidade não há motivo para o Judiciário, em virtude de possível estratégia endereçada a prejudicar a Fazenda Pública, realizar qualquer exceção.

Não obstante, é imprescindível voltar à essência do problema. É necessário perceber que o verdadeiro nó que precisa ser desatado se concentra na equivocada impressão de que falar em coisa julgada sobre questão constitucional que pode beneficiar terceiros é o mesmo do que pensar em eficácia vinculante da decisão de inconstitucionalidade. A solução de questão constitucional obviamente não exclui nenhuma lei do ordenamento jurídico nem tem o mesmo significado e potencialidade da eficácia vinculante da decisão de inconstitucionalidade proferida por maioria absoluta no incidente de inconstitucionalidade. *A coisa julgada sobre questão só beneficia os titulares da questão decidida em face do vencido. Não a todos aqueles que podem ser beneficiados pela não aplicação da lei em face de qualquer pessoa ou da Fazenda Pública.*

52 Lembre-se da dicotomia litigante habitual-litigante eventual. Os litigantes habituais se valem da oportunidade de litigar com frequência, pulverizando os seus riscos em detrimento da efetividade da tutela dos direitos dos seus adversários – litigantes eventuais.

A INCONSTITUCIONALIDADE DA PRISÃO CIVIL COMO MEDIDA COERCITIVA ATÍPICA: ALGUMAS REFLEXÕES À LUZ DAS JURISPRUDÊNCIAS DO SUPERIOR TRIBUNAL DE JUSTIÇA E DO SUPREMO TRIBUNAL FEDERAL

Marcio Vieira Souto Costa Ferreira

Mateus Rocha Tomaz

I. Introdução

Desde a entrada em vigência do Código de Processo Civil de 2015, intensificou-se um debate doutrinário acerca das chamadas medidas coercitivas "atípicas" do juiz, para além daquelas "típicas" expressamente previstas nos arts. 139, IV, e 536, §1º, do CPC. Particularmente, a processualística civil brasileira passou a se debater cada vez mais em torno da (im)possibilidade do uso da prisão civil como medida coercitiva atípica colocada à disposição do magistrado para supostamente fazer valer as suas ordens no processo e para garantir os direitos das partes, mormente no que se refere às obrigações de fazer e de não fazer não patrimoniais, que supostamente não estariam abrangidas, de acordo com parcela da corrente favorável ao emprego da prisão civil, pela proibição do Supremo Tribunal Federal estampada no RE 466.343-1/SP e na Súmula Vinculante nº 25, que, interpretando o art. 5º, LXVII, da Constituição Federal, declararam inconstitucional a prisão civil do depositário infiel.

Este artigo tem como objetivo central, para além de traçar os contornos mais sobressalentes desse debate doutrinário, suscitar elementos que possam contribuir para uma interpretação constitucionalmente sistemática do instituto da prisão civil, o qual, não obstante tenha sido proscrito pelo Supremo Tribunal Federal, vem sendo, desde o advento do novo Código, ressuscitado por parcela da doutrina processual brasileira como uma suposta panaceia para os problemas de eficácia e de eficiência da prestação jurisdicional cível no país.

Procurar-se-á demonstrar, nas linhas que se seguem, que a prisão civil, com exceção da única permissão concernente ao devedor de pensão alimentícia, é flagrantemente contrária à Constituição de 1988 e às jurisprudências do Supremo Tribunal Federal e do Superior Tribunal de Justiça. Será também demonstrado que o ordenamento brasileiro já possui inúmeras regras e institutos aptos a regularem os bens jurídicos supostamente tuteláveis apenas mediante a prisão civil por dívida, como defendido por parcela da doutrina nacional.

Ocasião mais do que adequada para a singela contribuição doutrinária que os autores se propõem a dar sobre o tema é ser esta obra organizada em homenagem ao grande jurista e amigo Sergio Bermudes, processualista de invejável robustez teórica e de inquebrantável compromisso histórico com a democracia e com os direitos fundamentais.

II. Defesa da prisão civil como medida coercitiva "atípica": principais posições doutrinárias a ela favoráveis.

Antes mesmo do CPC de 2015, a doutrina processualista já se dividia em torno da interpretação do art. 461, §5º, do CPC de 1973[1], o qual também previa uma série de medidas à disposição do juiz para a efetivação de suas ordens. A prisão civil já era aventada, àquela época, como uma dessas possíveis medidas coercitivas.

O advento do novo Código (mais especificamente dos seus arts. 139, IV[2], e 536, §1º[3]) aprofundou essa direção do CPC de 1973 e, com isso, novo

1 "Art. 461. Na ação que tenha por objeto o cumprimento de obrigação de fazer ou não fazer, o juiz concederá a tutela específica da obrigação ou, se procedente o pedido, determinará providências que assegurem o resultado prático equivalente ao do adimplemento.
[...]
§ 5º Para a efetivação da tutela específica ou a obtenção do resultado prático equivalente, poderá o juiz, de ofício ou a requerimento, determinar as medidas necessárias, tais como a imposição de multa por tempo de atraso, busca e apreensão, remoção de pessoas e coisas, desfazimento de obras e impedimento de atividade nociva, se necessário com requisição de força policial".

2 "Art. 139. O juiz dirigirá o processo conforme as disposições deste Código, incumbindo-lhe:
[...]
IV - determinar todas as medidas indutivas, coercitivas, mandamentais ou sub-rogatórias necessárias para assegurar o cumprimento de ordem judicial, inclusive nas ações que tenham por objeto prestação pecuniária;".

3 "Art. 536. No cumprimento de sentença que reconheça a exigibilidade de obrigação de fazer ou de não fazer, o juiz poderá, de ofício ou a requerimento, para a efetivação da tutela específica ou a obtenção de tutela pelo resultado prático equivalente, determinar as medidas necessárias à satisfação do exequente.

ânimo foi dado às disputas doutrinárias em torno do uso da prisão civil como possível medida coercitiva atípica colocada à disposição dos magistrados.

Uma das mais claras e diretas defesas doutrinárias do uso da prisão civil como possível medida coercitiva atípica é aquela dada por Fredie Didier Jr., Leonardo Carneiro da Cunha, Paula Sarno Braga e Rafael Alexandria de Oliveira. Não obstante reconheçam expressamente que "*a única hipótese em que o ordenamento brasileiro admite a prisão civil como medida coercitiva típica é a do devedor de alimentos*"[4], os referidos autores assim se posicionam sobre o art. 5º, LXVII, da Constituição Federal:

> "A tese que restringe a possibilidade de utilização da prisão civil como medida coercitiva – dando ao termo 'dívida' o significado mais amplo de 'obrigação civil' – privilegia a liberdade individual. O problema é que ela pressupõe uma hierarquização abstrata e absoluta desse direito fundamental, como se a liberdade individual tivesse de prevalecer em qualquer situação. Sucede que essa hierarquização apriorística não se coaduna com a teoria dos direitos fundamentais. Sabemos todos que tais direitos são sempre relativos e podem ser episodicamente afastados em prestígio de outros direitos fundamentais que, no caso concreto, se revelem dignos de melhor proteção. Essa teoria justifica até mesmo o afastamento pontual de normas que, casuisticamente, se apresentem como empecilho à concretização de determinados direitos.
> Dessa forma, nada obstante o legislador tenha, aprioristicamente, privilegiado a liberdade individual, entendemos que é possível afastá-la quando, no caso concreto, ela se mostrar em rota de colisão com outro direito fundamental. A possibilidade de ponderação de interesses é expressa no caso do devedor de alimentos, mas também deve ser admitida, como decorrência da própria aplicação da teoria dos direitos fundamentais, em outras hipóteses não expressamente previstas.
> Daí a nossa conclusão de que, excepcionalmente, é possível a utilização da prisão civil como medida coercitiva atípica. Essa opção não representa, em absoluto, desprezo à liberdade individual. Apenas significa dizer que a liberdade individual não é (e não pode ser) um valor absoluto, de modo que ela deve, sim, ser protegida, mas pode também ser restringida nos casos em que a prisão civil se mostrar como único meio idôneo, necessário e razoável à realização de outros direitos fundamentais"[5]

[...]

§ 1º Para atender ao disposto no caput, o juiz poderá determinar, entre outras medidas, a imposição de multa, a busca e apreensão, a remoção de pessoas e coisas, o desfazimento de obras e o impedimento de atividade nociva, podendo, caso necessário, requisitar o auxílio de força policial".

---

4 DIDIER JR., Fredie [et al]. *Curso de direito processual civil.* Vol. 5 (Execução). 12ª ed. rev. atual. ampl. Salvador, JusPODIVM, 2022. p. 135.

5 DIDIER JR., Fredie [et al]. *Curso de direito processual civil.* Vol. 5 (Execução). 12ª ed. rev. atual. ampl. Salvador, JusPODIVM, 2022. pp. 137-138.

E complementam:

> "É preciso, no entanto, delimitar alguns parâmetros.
> a) Somente se pode falar em prisão como medida coercitiva atípica quando o bem que por meio dela se pretende tutelar mostrar-se, no caso concreto, mais relevante que a liberdade pessoal do devedor. Assim, a excepcionalidade da medida impõe que ela só possa ser aplicada em casos onde haja colisão concreta entre a liberdade individual do devedor e direitos como a vida, a saúde, a integridade física ou psicológica, a igualdade de raça e gênero, dentre outros. A ponderação de interesses deve ser feita de modo claro e profundo na fundamentação da decisão.
> b) A princípio, a prisão civil é medida coercitiva somente aplicável ao devedor de alimentos. Para utilizá-la em outro cenário, o juiz precisa motivar adequadamente a sua decisão.
> c) Não cabe prisão civil como medida coercitiva para forçar o cumprimento de obrigação com conteúdo patrimonial, ainda que não pecuniário (art. 5º, LXVII, CF), seja ela contratual (art. 11, Pacto Internacional sobre Direitos Civis e Políticos) ou extracontratual. Entendemos o termo 'dívida' como 'obrigação de conteúdo patrimonial', não necessariamente de conteúdo pecuniário. Uma obrigação de fazer, de não fazer ou entregar coisa distinta de dinheiro com conteúdo patrimonial não pode ser efetivada por prisão civil. Cabe, em tese, prisão civil como medida executiva atípica para a efetivação de decisão judicial que reconheça direito não patrimonial (non Money judgement) [...]"[6].

Em sentido semelhante, Luiz Guilherme Marinoni, Sérgio Cruz Arenhart e Daniel Mitidiero também defendem a possibilidade da prisão civil como medida coercitiva atípica. O primeiro dos argumentos declinados pelos autores sobre o art. 5º, LXVII, da Constituição Federal é semântico, referente ao alcance do termo "dívida" no dispositivo constitucional:

> "Caso o objetivo da norma fosse o de proibir toda e qualquer prisão, com exceção dos casos do devedor de alimentos e do depositário infiel, não haveria como explicar a razão pela qual deu conteúdo à prisão civil, dizendo que não haverá prisão por dívida. É pouco mais do que evidente que a norma desejou proibir uma determinada espécie de prisão civil, e não toda e qualquer prisão civil. O que importa saber, assim, é a espécie de prisão civil que foi vedada. Se não há como fugir da ideia de que foi proibida somente uma espécie de prisão civil, e não toda e qualquer prisão civil, a prisão vedada somente pode ser a prisão por 'débito'.
> O entendimento de que toda e qualquer prisão está proibida implica retirar qualquer significado da expressão 'dívida'. Afirmar que existem outras modalidades de dívida, que não apenas a pecuniária, e concluir que, para todas

6 DIDIER JR., Fredie [et al]. *Curso de direito processual civil*. Vol. 5 (Execução). 12ª ed. rev. atual. ampl. Salvador, JusPODIVM, 2022. pp. 138-139.

elas, está vedada a prisão, é dizer nada sobre a espécie de prisão proibida, mas simplesmente insistir na ideia de que a norma constitucional veda o uso da prisão civil como meio de execução e, deste modo, retirar qualquer significado da expressão 'dívida'"[7].

Além desse argumento, os autores sustentam que "*muitas vezes o uso do meio de prisão pode ser imprescindível à tutela dos direitos fundamentais*"[8] e assim desenvolvem tal premissa:

> "[...] Como é evidente, a multa não tem efetividade diante de um réu que não possui patrimônio. Portanto, a violação de direitos é muito fácil para pessoas inescrupulosas, uma vez que também não é difícil, por exemplo, que estas possam constituir um 'testa de ferro' sem patrimônio para violar, sem qualquer preocupação, direitos da personalidade.
> Não admitir a prisão como forma de coerção indireta é aceitar que o ordenamento jurídico apenas proclama, de forma retórica, os direitos que não podem ser efetivamente tutelados sem que a jurisdição a tenha em suas mãos para prestar tutela jurisdicional efetiva. Perceba-se, por exemplo, que soará absolutamente demagógica a afirmação da Constituição Federal, no sentido de que 'todos têm direito ao meio ambiente ecologicamente equilibrado, bem de uso comum do povo e essencial à sadia qualidade de vida, impondo-se ao Poder Público e à coletividade o dever de defendê-lo e preservá-lo para as presentes e futuras gerações' (art. 225, caput), se não for viável a utilização da prisão como meio de coerção indireta. Seria o mesmo que interpretar esta norma constitucional como se ela dissesse que o meio ambiente, embora fundamental para a sadia qualidade de vida e para as futuras gerações, infelizmente não pode ser efetivamente tutelado em face de um réu que não se importa com os efeitos da multa. Ora, esta interpretação seria, para dizer o mínimo, incoerente.
> Por isso, a doutrina, consciente da importância da natureza não patrimonial de certos direitos, não pode ver na norma constitucional que proíbe a prisão por dívida uma porta aberta para a expropriação de direitos fundamentais para a sociedade.
> Em uma interpretação realmente atenta aos direitos fundamentais, e de acordo com a moderna hermenêutica constitucional, não há como enxergar apenas o que há de negativo na utilização da prisão. Se ela constitui violência inconcebível em face de dívidas em sentido estrito, não há como deixar de perceber o seu lado positivo, diante da necessidade de observância de deve-

---

7 MARINONI, Luiz Guilherme; ARENHART, Sérgio; MITIDIERO, Daniel. *Curso de Processo Civil*. Vol. (Tutela dos Direitos mediante procedimento comum). 6ª ed. rev. atual. ampl. São Paulo: Editora Revista dos Tribunais, 2020. p. 825.

8 MARINONI, Luiz Guilherme; ARENHART, Sérgio; MITIDIERO, Daniel. *Curso de Processo Civil*. Vol. (Tutela dos Direitos mediante procedimento comum). 6ª ed. rev. atual. ampl. São Paulo: Editora Revista dos Tribunais, 2020. p. 825.

> res de não fazer e de deveres de fazer que não dependam do desembolso de dinheiro"[9].

Justamente devido ao grande respeito pessoal e intelectual que os autores deste artigo nutrem por esses doutrinadores é que serão tecidas abaixo, no objetivo de procurar avançar o sempre salutar debate de ideias e de contribuir para uma prestação jurisdicional comprometida com os pressupostos do paradigma do Estado Democrático de Direito, algumas críticas às posições acima sumarizadas, sempre com amparo técnico na legislação e na jurisprudência dos Tribunais Superiores.

III. O argumento semântico frente ao princípio da legalidade

Em síntese, o argumento semântico aduz que o art. 5º, LXVII, da Constituição Federal teria vedado apenas a prisão civil por *dívida* – com exceção do depositário infiel (posteriormente proibida pelo STF no RE 466.343-1/SP) e do devedor de pensão alimentícia – e que, dessa forma, a proibição de toda e qualquer modalidade de prisão civil (por exemplo, para obrigações de fazer e de não fazer) acarretaria a retirada de qualquer significado constitucional do termo "dívida".

Indo direto ao ponto, não é constitucionalmente plausível a defesa da possibilidade de prisão civil por via de raciocínio invertido, *a contrario sensu*. Dizer que uma medida tão gravosa como a prisão civil em casos de obrigações de fazer e de não fazer não patrimoniais (que, sociologicamente, tem gravidade semelhante, para aquele que é encarcerado, à da prisão criminal) pode ser admitida porque a lei não a vedou expressamente é insustentável. Uma medida tão drástica como a prisão (seja ela cível ou penal) só pode ser admitida, de acordo com a própria Constituição, se estiver expressamente prevista em lei (art. 5º, XXXIX, da Constituição Federal) e, ainda assim, se a referida previsão se coadunar com a ordem constitucional sistematicamente compreendida e com os tratados dos quais o Brasil é signatário.

Defender a possibilidade de prisão civil em casos de obrigações de fazer e de não fazer de natureza não patrimonial porque o texto constitucional vedaria apenas prisão por dívida é desconsiderar, além do princípio da legalidade, a própria interpretação que o Supremo Tribunal

---

9 MARINONI, Luiz Guilherme; ARENHART, Sérgio; MITIDIERO, Daniel. *Curso de Processo Civil*. Vol. (Tutela dos Direitos mediante procedimento comum). 6ª ed. rev. atual. ampl. São Paulo: Editora Revista dos Tribunais, 2020. pp. 825-826.

Federal conferiu ao art. 5º, LXVII, da Constituição Federal e ao Direito Internacional. Nos autos do RE 466.343-1/SP, a Suprema Corte chancelou que, não obstante esteja expressamente previsto no texto constitucional a possibilidade de prisão civil do depositário infiel, tal medida coercitiva não se coaduna com o art. 7º, §7, da Convenção Americana de Direitos Humanos (Pacto de San José da Costa Rica).

Ora, se o STF declarou a inconstitucionalidade de modalidade de prisão civil expressamente prevista no texto constitucional, o que dizer então de espécime de prisão civil que não somente não está prevista em qualquer enunciado normativo, mas que é expressamente vedada?

Os arts. 139, IV, e 536, §1º, do CPC preveem um rol de sérias medidas coercitivas que o juiz poderá adotar ao conduzir o processo (a imposição de multa, a busca e apreensão, a remoção de pessoas e coisas, o desfazimento de obras e o impedimento de atividade nociva), mas não há qualquer previsão de prisão civil, mesmo sendo tal providência, sem sombra de dúvidas, a potencialmente mais gravosa de todas as imagináveis. Como defender, então, a sua possibilidade concreta diante do princípio da legalidade e da interpretação constitucional empreendida pelo STF nos autos do RE 466.343-1/SP?

Conceda-se que esse rol de medidas coercitivas não seja taxativo, mas, ainda assim, seria insustentável se cogitar do meio mais gravoso de todos, a prisão, que necessita, por imposição constitucional, de expressa previsão legal para ser aplicada. Por exemplo, há discussões no âmbito do Superior Tribunal de Justiça sobre a possibilidade de retenção de passaporte ou de Carteira Nacional de Habilitação (CNH) do devedor. Entretanto, encarcerar uma pessoa é bem diferente, por óbvio, de inviabilizá-la de viajar ao exterior ou de dirigir.

Não há dúvidas, assim, de que o argumento semântico empregado para defesa da prisão civil como medida coercitiva atípica fere de morte não só o princípio constitucional da legalidade, mas também a razoabilidade e a proporcionalidade, eis que coloca a prisão no mesmo patamar de outras medidas coercitivas.

IV. Visão panorâmica das inúmeras garantias a direitos fundamentais já existentes no ordenamento jurídico brasileiro

Como acima visto, parcela da doutrina invoca hipoteticamente conjunturas em que as constrições patrimoniais não seriam efetivas: ou porque o réu não possui bens ou porque os possui em abundância.

Como exemplo, apontam-se as situações conjecturais de "*um 'testa de ferro' sem patrimônio para violar, sem qualquer preocupação, direitos da personalidade*" e a de violações à proteção ao meio ambiente equilibrado (art. 225, *caput*, da Constituição Federal), sendo essa última exemplificada com o descumprimento de "*decisões que imponham o cumprimento de um dever de não fazer (por exemplo, de não poluir um rio)*".

Todavia, esses exemplos abstratos parecem se esquecer de que esses direitos fundamentais difusos e coletivos que os autores alegam serem passíveis de tutela apenas mediante potencial utilização da prisão civil – dos quais o meio ambiente preservado é o exemplo predileto – já são amplamente tutelados pelo Direito Penal.

A Lei nº 9.605, de 12 de fevereiro de 1998, que dispõe sobre as sanções penais e administrativas derivadas de condutas e atividades lesivas ao meio ambiente, é o maior exemplo.

Além disso, na situação hipotética da constituição de "testa de ferro" sem patrimônio para se fraudar execução, também o Direito Penal possui medidas cabíveis. O art. 179 do Código Penal tipifica o crime de fraude à execução como "*Fraudar execução, alienando, desviando, destruindo ou danificando bens, ou simulando dívidas*", com detenção, de seis meses a dois anos, ou multa; procedendo-se mediante queixa. Já a Lei nº 9.613, de 3 de março de 1998, dispõe sobre os crimes de "lavagem" ou ocultação de bens, direitos e valores e a prevenção da utilização do sistema financeiro para ilícitos, inclusive tendo criado o Conselho de Controle de Atividades Financeiras – COAF para contribuir na prevenção de crimes financeiros.

Nos casos de atos atentatórios a direitos da personalidade, como ofensas a direitos fundamentais de minorias (homossexuais, mulheres, negros, crianças, idosos, etc.), o Direito Penal brasileiro também já possui diversos mecanismos de tutela.

A Lei nº 7.716, de 5 de janeiro de 1989, definiu os crimes resultantes de preconceito de raça ou de cor.

A Lei nº 11.340, de 7 de agosto de 2006, criou mecanismos para coibir a violência doméstica e familiar contra a mulher, nos termos do § 8º do art. 226 da Constituição Federal, da Convenção sobre a Eliminação de Todas as Formas de Discriminação contra as Mulheres e da Convenção Interamericana para Prevenir, Punir e Erradicar a Violência contra a Mulher; e criou os Juizados de Violência Doméstica e Familiar contra a Mulher. Ademais, a referida lei alterou o Código de Processo Penal, o

Código Penal e a Lei de Execução Penal com vistas a tutelar mais especificamente os direitos da mulher em tais legislações.

O Estatuto da Criança e do Adolescente (Lei nº 8.069, de 13 de julho de 1990) dispõe sobre diversas medidas de proteção integral à criança e ao adolescente, inclusive com alteração do Código Penal para incremento dessas determinações.

O Estatuto do Idoso (Lei nº 10.741, de 1º de outubro de 2003) elenca e regula diversos direitos assegurados às pessoas com idade igual ou superior a 60 (sessenta) anos, tendo também alterado o Código Penal para tanto.

A todas essas situações específicas reguladas pelo ordenamento jurídico brasileiro, o Código de Processo Penal se soma ao prever, por sua vez, uma série de medidas cautelares diversas da prisão aptas a resguardarem o resultado útil do processo. Para casos mais graves, há os institutos da prisão provisória e da prisão preventiva.

Concorde-se ou não com a via eleita, a proteção às minorias também vem sendo robustecida pela atuação pretoriana do Supremo Tribunal Federal. Nos autos da ADO 26[10] e do MI 4.733[11], a Suprema Corte equiparou a homotransfobia ao imprescritível crime de racismo. Nos autos do HC 154.248[12], o STF reconheceu que o crime de injúria racial é espécie do gênero racismo, sendo, portanto, imprescritível, conforme o artigo 5º, XLII, da Constituição Federal. Nos autos da ADI 6138[13], o STF julgou constitucional a alteração promovida pela Lei nº 13.827/2019 à Lei Maria da Penha no sentido de autorizar delegados e policiais a concederem medidas protetivas. Nos autos da ADI 4424[14], o STF reconheceu a possibilidade de o Ministério Público dar início a ação penal sem necessidade de representação da vítima, na medida em que o referido requisito, muitas vezes, acabava por minguar proteção constitucional

---

10 ADO 26, Rel. Min. CELSO DE MELLO, Tribunal Pleno, julgado em 13.06.2019, DJe de 06.10.2020.

11 MI 4733, Rel. EDSON FACHIN, Tribunal Pleno, julgado em 13.06.2019, DJe de 29.09.2020.

12 HC 154.248, Rel. Min. EDSON FACHIN, Tribunal Pleno, julgado em 28.10.2021, DJe de 23.02.2022.

13 ADI 6138, Rel. Min. ALEXANDRE DE MORAES, julgado em 23.03.2022. Acórdão ainda não publicado.

14 ADI 4424, Rel. Min. MARCO AURÉLIO, Tribunal Pleno, julgado em 09.02.2012, DJe de 1º.08.2014.

assegurada às mulheres. Nos autos do RE 1.308.883[15], o STF reconheceu a constitucionalidade de lei do município de Valinhos (SP) que impede a Administração Pública de nomear pessoas condenadas pela Lei Maria da Penha para cargos públicos. Nos autos da ADPF 779[16], a Suprema Corte proibiu o uso da tese de "legítima defesa da honra" em crimes de feminicídio, por entender que viola os princípios constitucionais da dignidade da pessoa humana, da proteção à vida e da igualdade de gênero.

Em matéria ambiental, a jurisprudência do STF é igualmente orientada para a garantia do art. 225, *caput*, da Constituição Federal. Sobre o ponto, é digno de nota o texto *O Supremo Tribunal Federal e a proteção do meio ambiente no Brasil*, da professora da Faculdade de Direto da Universidade de São Paulo Ana Maria de Oliveira Nusdeo, que sumariza diversos julgados paradigmáticos sobre o tema e os desafios transnacionais envolvidos no chamado movimento de "litigância climática"[17].

Por sua vez, o Superior Tribunal de Justiça reconheceu, em processo que tramita em segredo de justiça, que a Lei Maria da Penha é aplicável à violência contra mulher trans[18]. Ao lado desse julgado, há diversos outros do STJ que, também interpretando a Lei Maria da Penha, têm contribuído significativamente para uma maior proteção aos direitos fundamentais das mulheres[19].

Diante dessa enorme quantidade exemplificativa de mecanismos legislativos e de importantes decisões judiciais dos Tribunais Superiores que vêm tentando implementar e resguardar direitos fundamentais da personalidade e difusos e coletivos, afigura-se claramente despropositada a tese da necessidade concreta da prisão civil como tutela de direitos fundamentais. Se a referida tutela não é perfeita, como não o é o próprio

15 RE 1.308.883/SP, Rel. Min. EDSON FACHIN, decisão monocrática, julgado em 09.04.2021, DJe de 13.04.2021.

16 ADPF 779 MC-Ref., Rel. Min. DIAS TOFFOLI, Tribunal Pleno, julgado em 15.03.2021, DJe de 20.05.2021.

17 NUSDEO, Ana Maria de Oliveira. *O Supremo Tribunal Federal e a proteção do meio ambiente no Brasil.* Disponível em: https://direito.usp.br/noticia/8990c6ae7a-13-o-supremo-tribunal-federal-e-a-protecao-do-meio-ambiente-no-brasil (último acesso em 30.05.2022).

18 Disponível em: https://www.stj.jus.br/sites/portalp/Paginas/Comunicacao/Noticias/05042022-Lei-Maria-da-Penha-e-aplicavel-a-violencia-contra-mulher--trans--decide-Sexta-Turma.aspx (último acesso em 26.05.2022).

19 Disponível em: https://www.stj.jus.br/sites/portalp/Paginas/Comunicacao/Noticias-antigas/2017/2017-08-06_08-00_A-jurisprudencia-do-STJ-nos-11-anos-da--Lei-Maria-da-Penha.aspx (último acesso em 26.05.2022).

Direito, a melhoria de sua efetividade só ocorrerá com o respeito à integridade e à coerência da Constituição e com políticas públicas voltadas para o amplo e inclusivo acesso a direitos, não com a supressão de tantos outros direitos fundamentais. Abraçar-se à panaceia da prisão civil como última salvação seria o mesmo que acreditar na fábula do Barão de Münchhausen, o qual, conta a história anedótica, teria empreendido fuga de um pântano onde afundava puxando seus próprios cabelos.

Quando se diz que tais direitos fundamentais já são adequadamente tutelados não se quer dizer, por óbvio, que a proteção legal e jurisprudencial a eles dada seja perfeita. O direito, sendo criação humana[20], não é e jamais será perfeito. Como bem pontua Menelick de Carvalho Netto, *"o grande desafio posto hoje aos direitos fundamentais* [...] *continua a ser a descoberta de que o Direito moderno não regula nem a si mesmo"*[21]. Se, mesmo diante do amplo rol de instrumentos legais e jurisprudenciais, a regulação dos direitos fundamentais não é (nem pode ser) perfeita, será que a prisão civil como medida coercitiva atípica representará uma milagrosa solução? Por óbvio que não. Somente com respeito à integridade e à coerência do Direito, inclusive com políticas públicas amplas e inclusivas, se poderá falar de incremento à efetividade jurisdicional.

Dito isso, imagine-se uma situação hipotética em que, no âmbito de uma certa execução de obrigação de fazer ou de não fazer referente a direitos fundamentais não patrimoniais, o executado se furte a cumprir as determinações do juízo civil processante da execução e a sua reiterada recalcitrância venha a provocar lesão a direitos da personalidade do exequente ou da coletividade. De acordo com a jurisprudência do STJ que mais à frente será explorada, a única medida constitucionalmente adequada a se tomar, quando esgotadas todas as medidas coercitivas típicas expressamente previstas pelo CPC e/ou quando se perceber que a referida recalcitrância pode em tese configurar crime, é a comunicação da autoridade policial competente e/ou do Ministério Público para

20 "É claro que estamos em um terreno cultural, em um terreno em que pagamos um alto preço pela vida que construímos para nós mesmos. Esse o toque de Midas típico da condição humana; tudo o que tocamos torna-se nós mesmos, estamos enfeixados em nós" CARVALHO NETTO, Menelick de. *A Hermenêutica Constitucional e os desafios postos aos Direitos Fundamentais.* In: José Adécio Leite Sampaio (Org.). Jurisdição Constitucional e Direitos Fundamentais. Belo Horizonte: Del Rey, 2003. PP. 141-163.

21 CARVALHO NETTO, Menelick de. *A Hermenêutica Constitucional e os desafios postos aos Direitos Fundamentais.* In: José Adécio Leite Sampaio (Org.). Jurisdição Constitucional e Direitos Fundamentais. Belo Horizonte: Del Rey, 2003. PP. 141-163.

que analisem o caso e tomem as medidas administrativas e/ou judiciais cabíveis, ocasião em que a vítima (exequente do processo cível e/ou a coletividade) poderá ser amparada pelas inúmeras medidas acauteladoras previstas no amplo e exemplificativo rol de enunciados normativos acima transcrito.

O que não se pode admitir, com todo respeito aos que pensam diversamente, é que se utilize a prisão civil como atalho para incremento de eficiência da prestação jurisdicional, sempre ao custo, repita-se, do sacrifício do sagrado direito à liberdade.

V. A jurisprudência do STJ sobre a impossibilidade de uso da prisão como medida processual indutora

Aliás, sobre o argumento de que a prisão jamais poderia ser utilizada como resposta coercitiva e imediata ao não cumprimento de ordens judiciais, a jurisprudência do Superior Tribunal de Justiça já se consolidou no sentido de que "é inviável a decretação ou a ameaça de decretação de prisão nos autos do processo civil como forma de coagir a parte *ao cumprimento de obrigação, ressalvada a obrigação de natureza alimentícia*". Veja-se a ementa do julgado que chancelou a referida afirmativa:

> "RECURSO ORDINÁRIO EM "HABEAS CORPUS". AÇÃO DE OBRIGAÇÃO DE FAZER E INDENIZATÓRIA. TUTELA ANTECIPADA. AMEAÇA DE PRISÃO POR CRIME DE DESOBEDIÊNCIA. MANIFESTA ILEGALIDADE.
> 1. Manifestamente ilegal a decretação ou a ameaça de decretação de prisão por crime de desobediência nos autos de processo civil como forma de coagir a parte ao cumprimento de obrigação, ressalvada a obrigação de natureza alimentar.
> 2. Precedentes específicos do STJ.
> 3. "HABEAS CORPUS" CONCEDIDO DE OFÍCIO, PREJUDICADO O RECURSO ORDINÁRIO" (RHC nº 35.253/RJ, Rel. Min. PAULO DE TARSO SANSEVERINO, Terceira Turma, DJe de 26.03.2013).

A 4ª Turma do STJ também possui entendimento semelhante:

> "HABEAS CORPUS. ORDEM DE PRISÃO. DESOBEDIÊNCIA. NÃO-COMPROVAÇÃO DE DEPÓSITO DE ALUGUÉIS. ILEGALIDADE. JUÍZO CÍVEL.
> 1. É entendimento assente no Superior Tribunal de Justiça que decreto de prisão decorrente de decisão de magistrado no exercício da jurisdição cível, quando não se tratar das hipóteses de devedor de alimentos, é ilegal.
> 2. Habeas corpus concedido" (HC nº 125.042/RS, Rel. Min. JOÃO OTÁVIO DE NORONHA, Quarta Turma, DJe de 23.3.2009).

Ao lado desses, há alguns outros julgados do STJ no mesmo sentido: RHC 16.279/GO, Rel. Min. Luiz Fux, Primeira Turma, julgado em 14.09.2004, DJ de 30.09.2004; e HC 18.610/RJ, Rel. Min. Gilson Dipp, Quinta Turma, julgado em 27.08.2002, DJ de 04.11.2002.

Não é difícil perceber, portanto, que a jurisprudência do STJ reconhece a inequívoca ilegalidade de ameaça ou de efetiva decretação de prisão por juízo cível sob a justificativa de descumprimento de ordens judiciais.

Por outro lado, a jurisprudência do STJ também não deixa margens para argumentos semânticos no sentido de que a vedação constitucional à prisão civil se referiria apenas a dívidas pecuniárias e/ou obrigações patrimoniais, com exceção das hipóteses de pensão alimentícia. Não obstante a Súmula nº 419/STJ afirme, seguindo o entendimento do STF, que "*descabe a prisão do depositário infiel*", a própria Corte, em julgamentos posteriores, como no supracitado RHC nº 35.253/RJ, não fez distinção sobre a natureza das obrigações de fundo. Nesse caso, a ausência de especificação só poder ser interpretada como vedação generalizada, sob pena de se permitir medida muitíssimo mais gravosa do que aquelas expressamente previstas em lei.

Ademais, a eventual vagueza da lei deve ser sempre interpretada, por óbvio, em benefício daquele potencialmente passível de ser preso e não em seu desfavor.

VI. A jurisprudência do STF contra a banalização do uso da prisão processual.

Conforme já adiantado, a jurisprudência do STF é firme no sentido de proibir a prisão civil por dívida. O referido entendimento foi firmado quando do julgamento do RE 466.343-1/SP, em que se discutiu a constitucionalidade da prisão do depositário infiel. Confira-se a ementa do referido julgado:

> "PRISÃO CIVIL. Depósito. Depositário infiel. Alienação fiduciária. Decretação da medida coercitiva. Inadmissibilidade absoluta. Insubsistência da previsão constitucional e das normas subalternas. Interpretação do art. 5º, inc. LXVII e §§ 1º, 2º e 3º, da CF, à luz do art. 7º, § 7, da Convenção Americana de Direitos Humanos (Pacto de San José da Costa Rica). Recurso improvido. Julgamento conjunto do RE nº 349.703 e dos HCs nº 87.585 e nº 92.566. É ilícita a prisão civil de depositário infiel, qualquer que seja a modalidade do depósito" (RE-RG 466343, Rel. Min. CEZAR PELUSO, Tribunal Pleno, julgado em 03.12.2008, DJe 05.06.2009).

Esse entendimento acabou resultando na edição da Súmula Vinculante nº 25: "É ilícita a prisão civil de depositário infiel, qualquer que seja a modalidade do depósito".

Em 2015, a Associação Nacional dos Magistrados da Justiça do Trabalho – ANAMATRA suscitou, na Proposta de Súmula Vinculante nº 54, a revisão da Súmula Vinculante nº 25, requerendo o seguinte:

> "(a) a sujeição deste procedimento ao crivo do eg. Tribunal Pleno para, em sede de cognição sumária, deferir a SUSPENSÃO LIMINAR dos efeitos da Súmula Vinculante nº 25, até o julgamento final do presente pedido de revisão (ut artigos 10 e 12 da Lei nº 9.868/99, per analogiam); (b) em sede definitiva, a revisão parcial do enunciado nº 25 da Súmula Vinculante para ressalvar expressamente, em geral ou ao menos no restrito âmbito da Justiça do Trabalho, a prisão civil do depositário judicial infiel, "si et quando" economicamente capaz".

O STF rejeitou a referida proposta de alteração, nos seguintes termos:

> "[...] para admitir-se a revisão ou o cancelamento de súmula vinculante, é necessário que seja evidenciada a superação da jurisprudência da Suprema Corte no trato da matéria; haja alteração legislativa quanto ao tema ou, ainda, modificação substantiva de contexto político, econômico ou social. Entretanto, a proponente não evidenciou, de modo convincente, nenhum dos aludidos pressupostos de admissão e, ainda, não se desincumbiu da exigência constitucional de apresentar decisões reiteradas do Supremo Tribunal Federal que demonstrassem a necessidade de alteração do teor redacional da Súmula Vinculante 25, o que impossibilita a análise da presente proposta" (PSV 54, Rel. Min. Presidente RICARDO LEWANDOWSKI, Tribunal Pleno, julgado em 24.9.2015, DJe de 5.10.2015).

Posteriormente, ao julgar o Tema 937 da Repercussão Geral - que analisou a constitucionalidade do tipo penal previsto no art. 2º, inc. II, da Lei nº 8.137/1990, por não se configurar a conduta nele descrita como mero ilícito civil -, o Plenário do STF prolatou acórdão assim ementado:

> "PENAL E CONSTITUCIONAL. CRIMES PREVISTOS NA LEI Nº 8.137/1990. PRISÃO CIVIL POR DÍVIDA. OFENSA AO ART. 5º, LXVII, DA CONSTITUIÇÃO. NÃO OCORRÊNCIA. REPERCUSSÃO GERAL RECONHECIDA. CONFIRMAÇÃO DA JURISPRUDÊNCIA. RECURSO EXTRAORDINÁRIO DESPROVIDO. I - O Tribunal reconheceu a existência de repercussão geral da matéria debatida nos presentes autos, para reafirmar a jurisprudência desta Corte, no sentido de que a os crimes previstos na Lei nº 8.137/1990 não violam o disposto no art. 5º, LXVII, da Constituição. II - Julgamento de mérito conforme preceden-

tes. III - Recurso extraordinário desprovido" (ARE 999425-RG, Rel. RICARDO LEWANDOWSKI, Tribunal Pleno, julgado em 02.03.2017, DJe 16.03.2017).

Confira-se sugestivo excerto do voto-condutor do referido aresto:

> "A jurisprudência deste Supremo Tribunal é pacífica no sentido de que os delitos previstos na Lei nº 8.137/1990 não violam o disposto no art. 5°, LXVII, da Lei Maior, em virtude de terem caráter penal e não se relacionarem com a prisão civil por dívida. [...] **as condutas tipificadas na Lei nº 8.137/1991 não se referem simplesmente ao não pagamento de tributos, mas aos atos praticados pelo contribuinte com o fim de sonegar o tributo devido, consubstanciados em fraude, omissão, prestação de informações falsas às autoridades fazendárias e outros ardis**. Não se trata de punir a inadimplência do contribuinte, ou seja, apenas a dívida com o Fisco. Por isso, os delitos previstos na Lei nº 8.137/1991 não violam o art. 5°, LXVII, da Carta Magna bem como não ferem a característica do Direito Penal de configurar a ultima ratio para tutelar a ordem tributária e impedir a sonegação fiscal" (ARE 999.425-RG, Rel. Min. Ricardo Lewandowski, julgado em 02.03.2017, DJe de 16.03.2017 – destacou-se).

Veja-se que o Min. Lewandowski teve o cuidado de esclarecer que o tipo penal cuja constitucionalidade estava sendo julgada nada tinha a ver com o instituto da prisão civil por suposta dívida com o fisco. Tratam-se, na verdade, de ilícitos de natureza penal que "*não se referem simplesmente ao não pagamento de tributos, mas aos atos praticados pelo contribuinte com o fim de sonegar o tributo devido, consubstanciados em fraude, omissão, prestação de informações falsas às autoridades fazendárias e outros ardis*".

Noutras palavras, *a contrario sensu*, decidiu a Suprema Corte que a sonegação fiscal já encontra regulação penal, que não se confunde com a prisão civil, eis que não se trata simplesmente da natureza patrimonial da ausência de pagamento de tributos à Fazenda Nacional, mas sim dos subterfúgios e falsidades incorridas pelo contribuinte em relação à autoridade fiscal para se esquivar de pagar os impostos que deve.

Levando-se adiante as teses de que a prisão civil poderia ser utilizada como medida coercitiva atípica para a garantia de direitos fundamentais, um juiz cível, condutor de um processo tributário, poderia determinar a prisão de um contribuinte que, mesmo diante de ordens judiciais, se esquiva e protela o pagamento dos tributos devidos, os quais seriam utilizados pelo Poder Público para implementação de direitos fundamentais? Segundo se pode logicamente depreender dos entendimentos doutrinários favoráveis à prisão civil como medida coercitiva atípica, sim.

Todavia, de acordo com a tese firmada pelo STF quando do julgamento do Tema 937, ao assentar a constitucionalidade do tipo penal previsto no art. 2º, inc. II, da Lei nº 8.137/1990, a eventual prisão decorrente do referido crime em nada tem a ver com a prisão civil, na medida em que teria como objetivo precípuo coibir, como se viu, o ardil do contribuinte ao sonegar seus impostos. Ou seja, em consonância com o aqui defendido, o ordenamento jurídico brasileiro já possui uma série de medidas cautelares (no referido exemplo, de natureza penal) para coibir fraudes, falsidades, insubordinações a ordens judiciais, etc., não sendo constitucional, portanto, se cogitar de prisão civil, mormente quando o sustentáculo de tal tese se dá, diante da expressa proibição constitucional, por insustentável raciocínio analógico e *a contrario sensu*, não obstante a extrema gravidade da medida.

A seguir, explorar-se-ão três julgamentos em que o Supremo Tribunal Federal expressamente colocou limites constitucionais ao uso abusivo de prisões processuais.

O **primeiro exemplo** é o entendimento do STF que, após idas e vindas entre 2009 e 2016, assentou ser inconstitucional a execução provisória da pena privativa de liberdade, antes portanto do trânsito em julgado da sentença penal condenatória, conforme expressamente estipulado pelo art. 5º, LVII, da Constituição Federal e pelo art. 283 do Código de Processo Penal. Antes desse entendimento final, obtido quando da apreciação do mérito das ADC's 43, 44 e 54[22], o Supremo Tribunal Federal permitiu, nos autos do HC nº 126.292/SP[23], a execução antecipada, após julgamento em segundo grau de jurisdição, da pena privativa de liberdade.

Esse entendimento provisório do STF pela constitucionalidade da execução antecipada da pena de prisão se deveu, em grande medida, aos

---

22 "*Surge constitucional o artigo 283 do Código de Processo Penal, a condicionar o início do cumprimento da pena ao trânsito em julgado da sentença penal condenatória, considerado o alcance da garantia versada no artigo 5º, inciso LVII, da Constituição Federal, no que direciona a apurar para, selada a culpa em virtude de título precluso na via da recorribilidade, prender, em execução da sanção, a qual não admite forma provisória*" (ADC 43, Rel. Min. MARCO AURÉLIO, Tribunal Pleno, julgado em 07.11.2019, DJe de 12.11.2020. Trecho da ementa).

23 "*A execução provisória de acórdão penal condenatório proferido em grau de apelação, ainda que sujeito a recurso especial ou extraordinário, não compromete o princípio constitucional da presunção de inocência afirmado pelo artigo 5º, inciso LVII da Constituição Federal*" (HC 126292, Rel. Min. TEORI ZAVASCKI, Tribunal Pleno, julgado em 17.02.2016, DJe de 17.05.2016, trecho da ementa).

apelos retóricos e midiáticos em torno do combate ao crime de corrução e da eficácia, custe o que custar, da persecução penal[24]. Não obstante isso, nos anos em que esse entendimento prevaleceu, o que se verificou na prática foi, na verdade, sobretudo no que concernem aos questionáveis métodos adotados pela chamada Operação Lava-Jato, uma série de gravíssimas ofensas a diretos fundamentais sob a justificativa de combate à corrupção, o que levou posteriormente à anulação, pelo STF, de diversos processos[25].

O Ministro Gilmar Mendes fez uma importante e responsável digressão sobre isso em seu voto na ADC 43, a saber:

> "Penso, portanto, que o debate sobre presunção de inocência e execução da pena precisa ser orientado a partir de tal visão.
> Após a decisão tomada em 2016, muito se alterou e se descobriu no cenário da persecução penal no Brasil. As ilegalidades cometidas em operações midiáticas atestam a necessidade de busca por limites ao poder punitivo estatal.
> Desde que votei favoravelmente à execução provisória da pena, muito refleti sobre as consequências amplas de tal posicionamento e percebi que uma leitura tão destoante do texto expresso da Constituição Federal só acarretaria abertura de brechas para cada vez mais arbitrariedades por todo o sistema penal.
> E, sem dúvidas, isso reflete essencialmente naqueles que são, inevitavelmente, a clientela preferencial do Direito Penal. Por óbvio, precisamos adotar medidas para que todas as pessoas, ricas ou pobres, que cometam crimes graves sejam devidamente punidas. Contudo, não podemos esquecer que todas as medidas adotadas para expandir o Direito Penal incidiram forte e diretamente nessa clientela preferencial. Isso é, infelizmente, inevitável.
> Diante desse quadro, não há como manter o precedente assentado no HC 126.292."[26]

---

24 Sobre o ponto, conferir: CARVALHO NETTO, Menelick de; TOMAZ, Mateus Rocha; BASTOS, Marcus Vinícius Fernandes Bastos. *Parecer - Constitucionalidade do art. 283 do Código de Processo Penal. Ação Direta de Constitucionalidade nº 43/ DF*. Supremo Tribunal Federal. 2016. Disponível em: https://www.conjur.com.br/2016-jun-16/regua-supremo-nao-voz-ruas-dizem-juristas (último acesso em 30.05.2022).

25 HC-AgR 193.726, Rel. Min. EDSON FACHIN, Tribunal Pleno, julgado em 15.04.2021, DJe 1º.09.2021.

26 ADC 43, Rel. Min. MARCO AURÉLIO, Tribunal Pleno, julgado em 07.11.2019, DJe de 12.11.2020. p. 293 (trecho do voto do Min. Gilmar Mendes).

O **segundo exemplo** é o da ADPF nº 444, em que o Plenário do STF se debruçou sobre a (in)constitucionalidade da condução coercitiva de investigados ou de réus. O relator do caso, Min. Gilmar Mendes, teceu um profundo e minudente voto em que se posicionou pela procedência da ADPF para "*declarar a incompatibilidade com a Constituição Federal da condução coercitiva de investigados ou de réus para interrogatório, sob pena de responsabilidade disciplinar, civil e penal do agente ou da autoridade e de ilicitude das provas obtidas, sem prejuízo da responsabilidade civil do Estado*"[27].

Na escorreita perspectiva do Relator, acompanhada pela maioria dos Ministros, o questionável instituto da condução coercitiva para interrogatório fere o direito à não incriminação, o direito ao tempo necessário à preparação da defesa, o direito à liberdade de locomoção, o direito à presunção de não-culpabilidade e a dignidade da pessoa humana.

Inclusive, não se pode esquecer que o art. 9º, *caput*, da Lei nº 13.869, de 5 de setembro de 2019, a chamada "Lei de Abuso de Autoridade", tipifica como crime cometido inclusive por membros do Poder Judiciário "*Decretar medida de privação da liberdade em manifesta desconformidade com as hipóteses legais*", fixando pena de detenção, de 1 (um) a 4 (quatro) anos, e multa.

O **terceiro exemplo** é o entendimento da 2ª Turma do STF nos autos do HC 169.119, Rel. Min. Gilmar Mendes, em que se concluiu que provas apresentadas por delatores não podem servir de fundamento para decretação de prisões preventivas. Por maioria de votos, a Turma concedeu a ordem de *habeas corpus* para revogar a prisão do réu e decretar medidas cautelares diversas da prisão, nos termos do art. 319 do Código de Processo Penal[28].

Desses três importantes julgamentos acima sucintamente rememorados, sói evidente que a mais recente jurisprudência do Supremo Tribunal Federal tem se preocupado fortemente em coibir a banalização do uso da prisão processual. Em importante aprendizado institucional reativo à enxurrada de inconstitucionalidades e de abusos cometidos pela Operação Lava-Jato, o STF tem buscado garantir, no processo penal, que as prisões não sejam usadas indiscriminadamente e sem fundamen-

27 ADPF 444, Rel. Min. GILMAR MENDES, Tribunal Pleno, julgado em 14.06.2018, DJe de 22.05.2019. p. 48 (trecho do voto-condutor do Min. Gilmar Mendes).

28 HC 169.119, Rel. Min. GILMAR MENDES, Segunda Turma, julgado em 02.04.2019, DJe de 03.08.2020.

tação como elemento de inconstitucional indução do réu a delatar e a comparecer a interrogatórios ou que sejam executadas prematuramente, antes do trânsito em julgado da sentença penal condenatória.

Diante desses consolidados e importantes entendimentos do STF, a defesa da prisão civil como medida coercitiva atípica fica ainda mais fragilizada. Se, mesmo no processo penal, em que a prisão processual é expressamente prevista, o STF vem mitigando o seu uso banalizado, o que dizer, então, do uso da prisão civil quando, mais do que não existir previsão legal ou constitucional para tanto, há expressa vedação, salvo para hipótese de pensão alimentícia?

VII. Conclusão

Este artigo pretendeu trazer alguns subsídios constitucionais ao debate doutrinário sobre o uso da prisão civil como medida coercitiva atípica, que ganhou sobrevida com o advento do Código de Processo Civil de 2015.

Para além da vedação empreendida pelo STF à prisão civil do depositário infiel, buscou-se trazer elementos legais e jurisprudenciais aptos a responderem aos argumentos daqueles que defendem o uso da prisão civil como medida coercitiva "atípica".

Em primeiro lugar, viu-se que o argumento semântico não procede, na medida em que esbarra no princípio da legalidade. O próprio termo "atípico" evidencia que essa modalidade de prisão não é um dos meios coercitivos típicos, ou seja, legalmente estipulados pelos arts. 139, IV, e 536, §1º, do CPC. Portanto, defender o uso de meio tão drástico a partir de tergiversações sobre a amplitude do termo "dívida", disposto no art. 5º, LXVII, da Constituição Federal evidencia que os próprios defensores da prisão civil reconhecem que não há expressa previsão legal para esse tipo de medida tão drástica, o que, sem sombra de dúvidas, esbarra na proibição a que alguém seja preso sem amparo direto na lei, por analogias (art. art. 5º, XXXIX, da Constituição Federal). A eventual ampliação pretoriana do rol de medidas coercitivas (como apreensão de passaporte e de CNH) não são comparáveis à prisão, que é a mais extrema das medidas judiciais impostas a algum cidadão pelo direito nacional.

Em segundo lugar, foi demonstrado que o ordenamento jurídico brasileiro (inclusive com a grande contribuição hermenêutica do STF) já possui inúmeras garantias aptas a resguardarem os direitos fundamentais não patrimoniais, cuja tutela uma parte importante da doutrina processual afirma só poder ser exercida pela prisão civil. Conforme demonstrado, para praticamente todos os direitos difusos, coletivos e das minorias, há instrumentos aptos à sua garantia, o que enfraquece a retórica no sentido de supostamente ser a prisão civil a última trincheira para a garantia de alguns desses direitos.

Em terceiro lugar, sobre o uso da prisão civil como eventual argumento indutor do processo, viu-se que a jurisprudência do STJ não admite que o juízo cível, invocando o crime de desobediência, determine a prisão do executado.

Por fim, foi empreendida uma reconstrução da mais recente jurisprudência do STF sobre o uso das prisões processuais no Brasil, concluindo-se, a partir de três paradigmáticos julgamentos, que a Suprema Corte tem sido rigorosa e vigilante em proibir que as prisões cautelares sejam utilizadas, sob as vestes da eficácia processual, como instrumentos banalizados para que se obrigue o acusado a delatar ou a comparecer a interrogatórios.

Sendo assim, se o STF proíbe o uso irrestrito de prisões processuais no âmbito penal, em que há expressa previsão legal para tais medidas, com mais razão ainda se afigura acertada a proibição da prisão civil por dívida, a qual, com exceção da prisão por pensão alimentícia, não encontra amparo na legislação brasileira, tendo sido inclusive declarada inconstitucional pela Corte Suprema a prisão do depositário infiel, que estava originalmente prevista no texto constitucional.

Diante de tudo isso, nota-se que a prisão civil como medida coercitiva "atípica" se mostra descolada da Constituição Federal, do próprio CPC, do amplo rol legislativo referente à garantia de direitos fundamentais difusos e coletivos, bem como das jurisprudências do Superior Tribunal de Justiça e do Supremo Tribunal Federal sobre o tema das prisões processuais.

É sempre salutar o papel da doutrina como elemento de avanço da jurisprudência, na medida em que, pela crítica, pode-se oxigenar cristalizadas posições dos Tribunais que não mais refletem uma realidade social. Entretanto, como prova a discussão específica objeto deste artigo, há hipóteses em que a voz destoante de parte da academia se mostra igualmente benéfica, mas pelo inverso: por provocar que se reafirmem compromissos históricos do constitucionalismo com a garantia de direitos fundamentais, dentre os quais certamente sobressai a proteção da liberdade.

VIII. Referência bibliográfica

CARVALHO NETTO, Menelick de. *A Hermenêutica Constitucional e os desafios postos aos Direitos Fundamentais.* In: José Adécio Leite Sampaio (Org.). Jurisdição Constitucional e Direitos Fundamentais. Belo Horizonte: Del Rey, 2003. PP. 141-163.

CARVALHO NETTO, Menelick de; TOMAZ, Mateus Rocha; BASTOS, Marcus Vinícius Fernandes Bastos. *Parecer - Constitucionalidade do art. 283 do Código de Processo Penal. Ação Direta de Constitucionalidade nº 43/DF.* Supremo Tribunal Federal. 2016. Disponível em: https://www.conjur.com.br/2016-jun-16/regua-supremo-nao-voz-ruas-dizem-juristas (último acesso em 30.05.2022).

DIDIER JR., Fredie [et al]. *Curso de direito processual civil.* Vol. 5 (Execução). 12ª ed. rev. atual. ampl. Salvador, JusPODIVM, 2022. p. 135.

MARINONI, Luiz Guilherme; ARANHART, Sérgio; MITIDIERO, Daniel. *Curso de Processo Civil.* Vol. (Tutela dos Direitos mediante procedimento comum). 6ª ed. rev. atual. ampl. São Paulo: Editora Revista dos Tribunais, 2020.

NUSDEO, Ana Maria de Oliveira. *O Supremo Tribunal Federal e a proteção do meio ambiente no Brasil.* Disponível em: https://direito.usp.br/noticia/8990c6ae7a13-o-supremo-tribunal-federal-e-a-protecao-do-meio-ambiente-no-brasil (último acesso em 30.05.2022).

NOTAS SOBRE A EXPROPRIAÇÃO FORÇADA DE BEM INDIVISÍVEL TAMBÉM PERTENCENTE A TERCEIRO COPROPRIETÁRIO NÃO DEVEDOR – ART. 843 DO CPC/2015

Melvin Bennesby

SUMÁRIO: **1.** Introdução. **2.** O atual regramento base para a expropriação forçada de bem indivisível. **3.** A legislação anterior: art. 655-B do CPC/1973 – Bem indivisível dos *cônjuges* e a então orientação jurisprudencial do Superior Tribunal de Justiça. **4.** Controvérsias atuais em torno do art. 843 do CPC/2015. **4.1.** Inconstitucionalidade do art. 843 do CPC/2015? **4.2.** Alcance (restrito ou abrangente) do art. 843 do CPC/2015. **4.3.** Repercussões práticas quanto à penhora de bem indivisível, sua averbação junto ao registro público e ao objeto da arrematação. **4.4.** A (des)necessidade de intimação do coproprietário para a ciência da penhora e da avaliação do bem indivisível, a despeito de sua prevista (e obrigatória) intimação da alienação (art. 889, inciso II, CPC/2015). **4.5.** Quanto ao valor mínimo da quota-parte do coproprietário não executado para a homologação da arrematação – Utilidade da execução. **5.** Conclusão. **6.** Bibliografia.

1. Introdução

Serão abordados, no decorrer deste trabalho[1], sob a ótica da doutrina e da jurisprudência brasileiras, alguns aspectos em torno da expropriação judicial de bem indivisível[2]-[3]-[4], pertencente a copro-

---

1 Dedico este trabalho, com respeito e sincera admiração, ao Professor e Advogado Sergio Bermudes, por sua relevante e reconhecida contribuição ao estudo do direito processual civil.

2 *"Código Civil, art. 87: Bens divisíveis são os que se podem fracionar sem alteração na sua substância, diminuição considerável de valor, ou prejuízo do uso a que se destinam."*.

3 *"(...) Portanto,* a contrario sensu, *bem indivisíveis são aqueles que, uma vez fracionados, sofrem alteração da substância, diminuição considerável do valor ou prejuízo no uso. 1.2. Um veículo, portanto, é indivisível. Um terreno, em regra, é divisível (salvo em relação às limitações legais de seu fracionamento) – como no caso do módulo rural). 1.3 Bens imóveis urbanos edificados (casas e apartamentos) são indivisíveis."* GUAJARDONI, Fernando da Fonseca [et al]. *Execução e recursos:* comentários ao CPC de 2015: volume 3, 2ª ed. Rio de Janeiro: Forense; São Paulo: MÉTODO, 2018, p. 282.

4 *"3. Bem indivisível. Pode ser tanto um móvel (automóvel ou um animal) quanto um imóvel (casa ou unidade autônoma em um condomínio edilício)."* BERALDO, Leo-

prietários[5], quando um destes não seja nem devedor, nem responsável pelo adimplemento da obrigação.

Mostra-se relevante, fundamentalmente, o que se encontra previsto no art. 843 do CPC/2015, que cuida da penhora de bem indivisível, cuja propriedade pertença a dois ou mais coproprietários, cada qual com a sua fração ideal daquele bem.

No transcorrer da execução, quais são, para o coproprietário não executado e não responsável pela dívida – quanto à sua esfera patrimonial (a fração ideal de bem indivisível) –, as consequências práticas e jurídicas que podem advir? Qual a dimensão das modificações trazidas pelo referido art. 843 do CPC/2015, em comparação ao regime legal anterior? Quais os reflexos, do ponto de vista prático, que podem ser vislumbrados nos pronunciamentos jurisprudenciais mais recentes, consideradas também as manifestações doutrinárias, relativamente a alguns dos aspectos controvertidos em torno do tema?

Essas são, muito sinteticamente, algumas das questões que se pretende abordar a seguir.

2. O atual regramento base para a expropriação forçada de bem indivisível

Constante da Subseção II, da Seção III, do Capítulo IV, do Título II, do Livro II, da respectiva Parte Especial do CPC/2015, eis a redação do citado art. 843, §§ 1º e 2º.:

> "art. 843 – Tratando-se de penhora de bem indivisível, o equivalente à quota-parte do coproprietário ou do cônjuge alheio à execução recairá sobre o produto da alienação do bem.
> § 1º – É reservada ao coproprietário ou ao cônjuge não executado a preferência na arrematação do bem em igualdade de condições.
> § 2º – Não será levada a efeito expropriação por preço inferior ao da avaliação na qual o valor auferido seja incapaz de garantir, ao coproprietário ou ao cônjuge alheio à execução, o correspondente à sua quota-parte calculado sobre o valor da avaliação."

nardo de Faria. *In:* WAMBIER, Teresa Arruda Alvim, [et. al], coordenadores. *Breves comentários ao Novo Código de Processo Civil.* São Paulo: Editora Revista dos Tribunais, 2015, p. 1939.

5 Para fins de delimitação do escopo deste trabalho, dar-se-á, precipuamente, maior ênfase à copropriedade de bens indivisíveis não decorrente do casamento ou união estável.

Como se percebe, o *caput* do art. 843 do CPC/2015 trata da penhora de bem indivisível também pertencente ao *cônjuge*[6] ou ao *coproprietário* que não figure no polo passivo da execução, com a previsão de que a respectiva quota-parte (de um ou do outro) recairá sobre o produto da alienação judicial forçada.

Já o § 1º do art. 843 do CPC/2015, sem previsão idêntica no CPC revogado, reserva, ao cônjuge do executado e ao coproprietário do bem indivisível penhorado, que não integre o processo, o exercício do direito de preferência na arrematação do respectivo *bem*[7] em igualdade de condições com outros interessados na aquisição.

Ademais, o § 2º do art. 843 do CPC/2015, igualmente de forma inovadora em comparação ao CPC revogado, estabelece regra que protege o direito daqueles terceiros (cônjuge ou coproprietário) não integrantes do processo. E, assim, o faz com a expressa vedação de ser concluída a expropriação do bem indivisível por preço inferior ao da avaliação, na qual o valor auferido não seja capaz de garantir, ao cônjuge ou ao coproprietário alheio à execução, o correspondente à sua respectiva e proporcional quota-parte, devidamente calculada sobre o valor da avaliação do bem indivisível.

Apesar do art. 842 do CPC/2015 prever que "*recaindo a penhora sobre bem imóvel ou direito real sobre imóvel, será intimado também o cônjuge do executado, salvo se forem casados em regime de separação absoluta de bens*", o legislador assim não o fez, de forma expressa, em relação ao coproprietário de bem indivisível que tenha fração ideal penhorada.

Considere-se, ainda, que desde de que ofereça "*preço não inferior ao da avaliação*"[8], é assegurado ao exequente, nos termos do art. 876 do CPC/2015, o direito de "*requerer que lhe sejam adjudicados os bens penhorados*". E, conforme previsto no § 5º do aludido art. 876[9], esse direito também pode ser exercido por vários outros sujeitos que não integram a execução, mas que têm algum vínculo com o bem constrito ou com o

6 Acrescente-se, sempre: ou ao companheiro.

7 Isto é, somente da quota-parte de titularidade do executado, e não a totalidade do bem indivisível.

8 Sobre a avaliação: arts. 870 a 875 do CPC/2015.

9 "*CPC, 2015: Art. 876* – É lícito ao exequente, oferecendo preço não inferior ao da avaliação, requerer que lhe sejam adjudicados os bens penhorados. *(...) § 5º Idêntico direito pode ser exercido por aqueles indicados no art. 889, incisos II a VIII, pelos credores concorrentes que hajam penhorado o mesmo bem, pelo cônjuge, pelo companheiro, pelos descendentes ou pelos ascendentes do executado.*"

executado. Dentre esses outros sujeitos (terceiros quanto ao processo, sem vínculos jurídicos com o exequente, mas dotados de legitimidade para requerer a adjudicação), está "*o coproprietário de bem indivisível do qual tenha sido penhorada fração ideal*", devidamente referido no inciso II, do art. 889 do CPC/2015[10]-[11]-[12]-[13]. Exercido esse direito e admitida a adjudicação da fração ideal do executado, requerida pelo terceiro legitimado (o coproprietário do bem indivisível estranho ao processo)[14],

10 "*CPC, 2015: Art. 889 – (...) II – o coproprietário de bem indivisível do qual tenha sido penhorada fração ideal;*".

11 "*Disso resulta, a toda evidência, a existência de duas figuras jurídicas distintas sob o 'mesmo' regime jurídico nos arts. 876 e ss. do CPC. Uma coisa é a adjudicação do bem penhorado em prol do exequente e outra é a realizada para terceiros alheios à execução.*" ABELHA. Marcelo. *Manual de execução civil.* 7ª ed. Rio de Janeiro: Forense, 2019, p. 426.

12 "*AGRAVO DE INSTRUMENTO. EXECUÇÃO FISCAL. ADJUDICAÇÃO. COPROPRIETÁRIO DE BEM INDIVISÍVEL.* POSSIBILIDADE. RECURSO PROVIDO. I. Os artigos 876 e 889 do Código de Processo Civil estabelecem que o coproprietário de bem *indivisível* poderá exercer o direito à adjudicação do bem penhorado oferecendo preço não inferior ao da avaliação. II. No presente caso, verifica-se que o agravante é coproprietário do imóvel registrado sob o nº 53.292 no 2º Cartório de Registro de Imóveis de São Paulo, restando penhorada a fração ideal de 12,5% do referido imóvel pertencente ao executado (...). III. Assim sendo, o agravante faz jus ao seu direito de adjudicação da fração correspondente, devendo ser observado o valor da avaliação do bem penhorado. IV. Agravo de instrumento a que se dá *provimento.*" (Agravo de Instrumento no. 5012298-84.2018.4.03.0000 – Relator Desembargador Federal Valdeci dos Santos – 1ª Turma do TRF da 3ª Região – j. em 23/10/2019, DJe de 29/10/2019).

13 "*2.9.6 A ADJUDICAÇÃO-ARREMATAÇÃO DO § 5º., PRIMEIRA PARTE, DO ART. 876 DO CPC Como dito anteriormente, além do exequente, outras pessoas podem adjudicar o bem penhorado. Por não serem parte da relação jurídica processual executiva, são considerados terceiros juridicamente interessados. A rigor, tais sujeitos não possuem vínculo jurídico com o exequente, mas sim o com o bem objeto da penhora, e, por isso mesmo, a lei processual os legitimou à adjudicação do bem.*" ABELHA. Marcelo. *Manual de execução civil.* 7ª ed. Rio de Janeiro: Forense, 2019, p. 435.

14 "*Além do exequente, algumas outras pessoas são legitimadas a adjudicar os bens penhorados, pagando preço não inferior ao da avaliação. O primeiro legitimado é o coproprietário de bem indivisível do qual tenha sido penhorada a fração ideal (arts. 876, §5º, e 889, II). Imagine-se, então, que tenha sido penhorada a fração ideal do executado sobre um apartamento que pertença, em condomínio, a ele a um terceiro estranho à execução. Pois este poderá adjudicar a fração ideal daquele, passando a ter a propriedade exclusiva do bem. Essa é uma disposição importante, especialmente por conta do disposto no art. 843 do CPC, já que no caso de alienação do bem, e em condições como essa, o direito do coproprietário será exercido sobre o produto da expropriação, não podendo ele manter consigo a propriedade de uma fração ideal.*

"o exequente receberá, até o limite do seu crédito, o dinheiro pago pelo adjudicante"[15].

Em linhas gerais, caso não ocorrida a adjudicação, prosseguindo-se na fase de expropriação, depois de adotados os trâmites previstos para a alienação – por iniciativa particular ou mediante leilão judicial[16] -, o *caput* do art. 889, inciso II, do CPC/2015[17], estipula que o coproprietário de bem indivisível, do qual tenha sido penhorada fração ideal, deverá ser cientificado da alienação judicial, com pelo menos 5 (cinco) dias de antecedência.

O atual diploma processual contém o regramento básico a ser considerado, embora não tenham sido explicitamente indicadas providências de indispensável importância, que, se adotadas, poderiam eliminar ou diminuir o espaço para o surgimento e a persistência das controvérsias mais adiante abordadas.

3. A legislação anterior: art. 655-B do CPC/1973 – Bem indivisível dos cônjuges e a então orientação jurisprudencial do Superior Tribunal de Justiça

A origem do vigente art. 843 do CPC/2015 é o art. 655-B do CPC revogado. Dentre as inúmeras alterações legislativas implementadas no CPC/1973, a partir da promulgação da Constituição Federal de 1988, em especial aquelas ocorridas no início da primeira década deste século - que procuraram aprimorar a tutela executiva, tornando-a mais efetiva e célere, de modo a simplificar e facilitar o alcance da satisfação do direito do credor –, podem ser mencionadas as múltiplas regras constantes das Leis nºs 11.232/2005 e 11.382/2006. A última, por exemplo, fez acrescer ao Código anterior o art. 655-B, cuja redação foi: *"art. 655-B – Tratando-se de penhora em bem indivisível, a meação do cônjuge alheio à execução recairá sobre o produto da alienação do bem".*

Assim, caso tenha o coproprietário interesse em permanecer com a titularidade do bem, poderá ele adjudicá-lo." CÂMARA, Alexandre Freitas. *Manual de direito processual civil.* 1ª ed. Barueri (SP): Atlas, 2022, p. 735.

15 CARNEIRO, Paulo Cezar Pinheiro. *O Novo Processo Civil Brasileiro.* 2ª ed. Rio de Janeiro: Forense, 2021, p. 210.

16 *"CPC, 2015: Art. 879 – A alienação far-se-á: I – por iniciativa particular; II – em leilão judicial eletrônico ou presencial.".*

17 *"CPC/2015, Art. 889. Serão cientificados da alienação judicial, com pelo menos 5 (cinco) dias de antecedência: (...) II – o coproprietário de bem indivisível do qual tenha sido penhorada fração ideal;".*

A então inovação legislativa tratou especificamente da hipótese em que, ocorrendo a penhora de bem indivisível do casal, a *meação do cônjuge* não participante da execução deveria recair sobre o produto obtido com a alienação judicial daquele bem[18]. Procurou aquela anterior alteração legislativa cuidar do problema, já à época conhecido da doutrina[19]-[20]-[21] e detidamente examinado pelo do Superior Tribunal de Justiça[22], das constatadas dificuldades práticas de se alienar judicialmente somente a fração ideal de bem indivisível, a exigir que a aquisição por um terceiro, apenas daquela fração ideal, ocasionasse a formação, a partir dali, de copropriedade com quem não se tinha qualquer relacionamento ou vínculo jurídico. Disso resultava, frequentemente, a necessidade de propositura de nova demanda judicial (de dissolução de condomínio) em momento posterior[23].

---

18 VIGLIAR, José Marcelo Menezes. *In:* MARCATO, Antonio Carlos (coord.). *Código de processo civil interpretado.* 3ª ed. São Paulo: Atlas, 2008, p. 2.118.

19 BUENO, Cassio Scarpinella. *Curso sistematizado de direito processual civil:* tutela jurisdicional executiva, 3. São Paulo: Saraiva, 2008, p. 218.

20 *"226.8 Penhora do bem indivisível O art. 655-B tornou direito expresso a orientação da jurisprudência do STJ, segundo a qual, não respondendo o cônjuge pela dívida e recaindo a penhora em bem comum indivisível – por exemplo, unidade autônoma no chamado condomínio horizontal -, a alienação coativa abrangerá a totalidade do bem, reservando-se ao cônjuge a metade do produto da alienação."* ASSIS, Araken de. *Manual da execução.*12ª ed. rev., ampl. e atual. São Paulo: Editora Revista dos Tribunais, 2009, p. 672.

21 MONTENEGRO FILHO, Misael. *Código de processo civil comentado e interpretado.* 1ª ed., 2ª reimpr. São Paulo: Atlas, 2008, pp. 698-699. O autor afirmou ser inconstitucional o art. 655-B do CPC. Vide a nota de rodapé 45 adiante.

22 A Corte Especial do Superior Tribunal de Justiça, em agosto de 2001, anos antes da promulgação da Lei nº 11.382, de 06 de dezembro de 2006, já havia concluído o julgamento de recurso que tratou do tema, cuja ementa do respectivo acórdão, no que importa neste estudo, foi a seguinte: "... *Os bens indivisíveis, de propriedade comum decorrente do regime de comunhão no casamento, na execução podem ser levados à hasta pública por inteiro, reservando-se à esposa a metade do preço alcançado. II – Tem-se entendido na Corte que a exclusão da meação deve ser considerada em cada bem do casal e não na indiscriminada totalidade do patrimônio."* (REsp 200.251/SP – Relator Ministro Sálvio de Figueiredo Teixeira – Corte Especial do STJ – j. em 06/08/2001 – DJ de 29/04/2002).

23 *"COISA COMUM – Imóvel – Extinção de condomínio – Sentença de procedência do pedido – Inconformismo manifestado – Descabimento – Autor que, na qualidade de coproprietário, tem o direito potestativo de requerer a extinção – (...)"* (Apelação Cível no. 1034265-47.2019.8.26.0001 – Relator Desembargador Rui Cascaldi – 1ª Câmara de Direito Privado do TJSP – j. em 17/01/2022 – Data de Registro: 17/01/2022).

Quanto ao entendimento jurisprudencial que prevaleceu no Superior Tribunal de Justiça – antes e durante a vigência do art. 655-B do CPC revogado e nos casos em que este era aplicável –, particularmente, sobre as condições a serem observadas para que ocorresse a *alienação integral* do bem indivisível pertencente aos cônjuges, tinha-se, conforme os julgados proferidos à época pela Corte[24]: **(a)** de que o bem fosse indivisível e, pois, não permitisse cômoda divisão, nos termos do art. 87 do Código Civil; **(b)** de que metade do valor auferido com a alienação judicial do bem fosse reservada ao cônjuge não integrante da execução, ocasionando, assim, a preservação de sua respectiva meação, e **(c)** o bem ou sua fração ideal não poderia ser objeto da proteção de impenhorabilidade, por força da Lei nº 8.009/1990, hipótese essa em que a impenhorabilidade, por repercutir sobre a totalidade do bem que serve de moradia ao devedor e de sua entidade familiar, resultava na impossibilidade de sua expropriação como um todo[25].

Nas tentativas de alienação somente de cota ideal de bem comum do casal, alguns fatores foram observados pela jurisprudência pátria e que contribuíram para a alteração legislativa ocasionada, à época, pelo acréscimo do art. 655-B ao CPC revogado, como **(i)** o reduzido ou inexistente interesse na aquisição por terceiros somente de fração ideal, e **(ii)** a redução do respectivo valor das ofertas, quando feitas, considerada,

---

24 Como pontuado por GUAJARDONI, Fernando da Fonseca; GOMES JUNIOR, Luiz Manoel. *Penhora e expropriação de bem indivisível: pela evolução da jurisprudência do STJ em prol da interpretação potencializada do art. 655-B do CPC. In*: ALVIM, Arruda [et al]. (Coords.). *Execução civil e temas afins* – do CPC/1973 ao novo CPC. Estudos em homenagem ao professor Araken de Assis. São Paulo: Revista dos Tribunais, 2014, p. 379.

25 *"TRIBUTÁRIO. EMBARGOS DE TERCEIRO. IMPENHORABILIDADE DO BEM DE FAMÍLIA. BEM INDIVISÍVEL. IMPENHORABILIDADE DA TOTALIDADE DO BEM. PRECEDENTES. ALEGAÇÃO DE NÃO OPONIBILIDADE DO BEM DE FAMÍLIA EM RAZÃO DA NATUREZA DA EXECUÇÃO FISCAL. (...) I – Na origem, cuida-se de embargos de terceiro opostos nos autos de execução fiscal movida pela Fazenda do Município de São Paulo objetivando desconstituir penhora sobre fração de imóvel. II – A fração de imóvel indivisível pertencente ao executado, protegida pela impenhorabilidade do bem de família, da mesma forma como aquela parte pertencente ao coproprietário não atingido pela execução, não pode ser penhorada sob pena de desvirtuamento da proteção erigida pela Lei nº 8.009/1990. Precedentes: AgInt no AREsp nº 573.226/SP, Rel. Ministro Raul Araújo, Quarta Turma, julgado em 2/2/2017, DJe 10/2/2017; e REsp nº 1.227.366-RS, Rel. Min. Luis Felipe Salomão, DJe de 17/11/2014. III – (...) IV – Agravo interno improvido, com fixação de multa."* (AgInt no REsp 1.776.494/SP – Relator Ministro Francisco Falcão – 2a. Turma do STJ – j. em 21/02/2019 – DJe 01/03/2019).

em tal circunstância, a inexorável formação de um *condomínio forçado*[26] entre o cônjuge não executado e o arrematante adquirente[27].

A jurisprudência do Superior Tribunal de Justiça, entretanto, ao cuidar do art. 655-B do CPC revogado, não admitia que fosse também aplicada tal regra legal para hipóteses distintas, como para aquela de bem indivisível, pertencente também a outro *coproprietário*, terceiro quanto à relação processual, não cônjuge do executado[28].

Recusou-se, à época, nos respectivos julgados do Superior Tribunal de Justiça, a aplicação da *analogia* e do uso de *interpretação ampliada* àquela precedente norma processual (art. 655-B do CPC revogado)[29], de forma que frequentemente prevalecia a premissa de que a penhora e a alienação somente poderiam ocorrer em relação à fração ideal pertencente ao executado, e não sobre a totalidade do imóvel indivisível. Segundo o então entendimento jurisprudencial daquela Corte, a constrição judicial e a expropriação forçada, portanto, não poderiam atingir a fração ideal

---

26 (REsp 708.143/MA - Relator Ministro Jorge Scartezzini - 4ª Turma do STJ - j. em 06/02/2007 - DJ de 26/02/2007); "*Quando o condomínio não resulta de manifestação de vontade dos que se tornam condôminos, ele é considerado incidente ou forçado (ou legal); esta espécie ocorre, por exemplo, nas hipóteses de aquisição de herança, nos de muros ou paredes divisórias e nos casos que a lei estabelece.*" AZEVEDO, Álvaro Villaça. *Comentários ao Novo Código Civil.* v. 7: das várias espécies de contrato. Coordenador: Sálvio de Figueiredo Teixeira, Rio de Janeiro: Forense, 2005, p. 245.

27 "*Discutia-se, na jurisprudência, sobre a forma de excluir da penhora a meação do cônjuge não devedor ou não responsável pela dívida exequenda. A Lei nº 11.382/2006 optou pela corrente que preconizava a penhora sobre a totalidade do bem comum, devendo a meação ser excluída sobre o produto apurado na expropriação executiva. Justifica-se a medida diante da constatação da reduzida liquidez representada pela alienação judicial de simples cota ideal de bem comum. É evidente o quase nenhum interesse despertado entre os possíveis licitantes numa hasta pública em tais condições; e quando algum raro interessado aparece só o faz para oferecer preço muito inferior àquele que se apuraria na alienação total do bem. Justo é, portanto, que a expropriação incida sobre o bem por inteiro, para afinal restituir ao cônjuge não devedor a parcela do produto apurado que corresponda à sua meação.*" THEODORO JÚNIOR, Humberto. *Curso de direito processual civil* - Processo de Execução e Cumprimento da Sentença, Processo Cautelar e Tutela de Urgência. 46ª ed. Rio de Janeiro: Forense, 2011, p. 312.

28 (REsp 1.196.284/RS - Relator Ministro Herman Benjamin - 2ª Turma do STJ - j. em 26/08/2010 - DJe de 16/09/2010).

29 (AgInt nos EDcl no REsp 1.539.145/PR, Relator Ministro Ricardo Villas Bôas Cueva, 3ª Turma do STJ, j. em 22/08/2017, DJe 06/09/2017 e AgInt no REsp 1.535.979/SP, Relator Ministro Luis Felipe Salomão, 4ª Turma do STJ, j. em 03/08/2017, DJe de 09/08/2017).

pertencente ao terceiro-coproprietário (*não cônjuge*), inteiramente alheio à relação processual e sem responsabilidade patrimonial[30].

Em julgado da 3ª Turma do Superior Tribunal de Justiça, resultante de julgamento de recurso especial ocorrido em junho de 2014[31], em que se decidiu pela reforma do acórdão recorrido, proferido pelo TJRS, foi ratificada a orientação jurisprudencial que se delineava até então, razão pela qual, naquela causa, foi afastada a aplicação analógica do art. 655-B do CPC/1973 à hipótese de copropriedade, entre irmãos, de bem imóvel indivisível, sendo somente um deles o executado. Dentre as detalhadas razões de decidir adotadas naquele julgado, em resumo, estavam, (**i**) a observância da regra de hermenêutica jurídica, que não autoriza o intérprete da lei distinguir onde o legislador não distinguiu, notadamente, de forma a resultar *"em exegese que limita o exercício de direitos"*, e (**ii**) a ausência de presunção[32] que ocorre entre os cônjuges, de que a dívida contraída por um tenha beneficiado o outro cônjuge[33], sendo inequivocamente distinto o vínculo jurídico de parentesco entre irmãos em comparação ao existente entre cônjuges. Em acréscimo, (**iii**) foi enfatizada a

---

30 (AgInt no REsp 1.513.305/MA - Rel. Ministro Antônio Carlos Ferreira - 4ª Turma do STJ - j. em 29/10/2019 - DJe de 05/11/2019); No mesmo sentido: (AgInt no REsp 1.502.660/PR - Relator Ministro Gurgel de Faria - 1ª Turma do STJ - j. em 13/12/2018 - DJe de 20/02/2019); (AgRg no REsp 1.566.627/SP - Relator Ministro Marco Aurélio Bellizze - 3ª Turma do STJ - j. em 16/02/2016 - DJe de 22/02/2016); (REsp 1.404.659/PB - Relator Ministro Mauro Campbell Marques - 2ª Turma do STJ - j. em 01/04/2014 - DJe de 07/04/2014); (REsp 1.263.518/MG - Relatora Ministra Diva Malerbi (Desembargadora Convocada TRF 3ª Região) - 2ª Turma do STJ - j. em 20/11/2012 - DJe de 04/12/2012); (REsp 1.232.074/RS - Relator Ministro Mauro Campbell Marques - 2ª Turma do STJ - j. em 22/02/2011 - DJe de 04/03/2011).

31 (REsp 1.373.839/RS - Relatora Ministra Nancy Andrighi - 3ª Turma do STJ - j. em 03/06/2014 - DJe de 17/06/2014).

32 *"A doutrina e os tribunais superiores estabeleceram uma presunção relativa de que as transações feitas pelo cônjuge são para ganho familiar, lançando sobre o outro cônjuge o ônus de provar o contrário - incumbindo à esposa, por exemplo, provar que o título serve para saldar a dívida de jogo ou decorre de despesas com a concubina do marido (exemplo: com joias, automóvel etc). Cedem à presunção (de que a dívida foi no proveito familiar) os casos em que a dívida decorre de ato ilícito de um dos cônjuges e os casos de execução fiscal de sociedade, quando a responsabilidade recai sobre o sócio-consorte. Nestes casos, cabe ao credor demonstrar que houve favorecimento familiar."* DIDIER JR. Fredie, CUNHA, Leonardo Carneiro da; BRAGA, Paula Sarno; OLIVEIRA, Rafael Alexandria de. *Curso de direito processual civil:* execução. 11ª ed. rev. ampl. e atual. Salvador: Ed. JusPodivm, 2021, p. 359. A súmula 251 do STJ assim prevê: *"A meação só responde pelo ato ilícito quando o credor, na execução fiscal, provar que o enriquecimento dele resultante aproveitou ao casal."*.

33 (REsp 1.670.338/RJ - Relator Ministro Ricardo Villas Bôas Cueva - 3ª Turma do STJ - j. em 04/02/2020 - DJe de 07/02/2020).

impossibilidade de violação ao amplo direito constitucional *de* propriedade (o direito de dispor) do coproprietário alheio à execução e sem responsabilidade quanto à dívida - que não poderia ser forçado a abrir mão da sua posição jurídica quanto à sua respectiva fração ideal para viabilizar a satisfação do direito do credor -, mesmo que o art. 655-B do CPC revogado assegurasse (somente ao meeiro) o recebimento do produto correspondente e auferido com a venda judicial forçada da respectiva fração ideal.

4. Controvérsias atuais em torno do art. 843 do CPC/2015

Com a entrada em vigor do CPC/2015 e diante das inovações quanto ao previsto no *caput* do art. 843 e em seus respectivos §§ 1º. e 2º. - que fazem, todos, explícita alusão também ao *coproprietário* -, diversos doutrinadores[34]-[35]-[36]-[37] destacaram que, em sendo penhorado o bem

---

34 *"O art. 843 complementa o art. 842. Alienado o bem indivisível, ele se transfere todo ao adquirente, mas o cônjuge não executado receberá a sua parte no preço da alienação. A norma do artigo estende-se a qualquer coproprietário, inclusive companheiro, se o direito regulador dessa situação o fizer dono de parte do bem."* BERMUDES, Sergio. *CPC de 2015:* inovações. 1ª ed. Rio de Janeiro: LMJ Mundo Jurídico, 2018, p. 229.

35 *"2. Penhora do bem indivisível. O art. 843 tem redação melhorada em relação ao art. 655-B da codificação revogada que, no tocante à penhora de bem indivisível, aludia apenas ao cônjuge e à meação. A nova regra trata agora também do condômino e, de forma mais técnica, passou a referir-se à quota-parte, e não mais à meação (nem sempre a parte do cônjuge corresponderá à metade). A regra deixa claro que os direitos do cônjuge ou do condômino de bem indivisível penhorado, embora não possam obstar os atos constritivos ou expropriatórios, se sub-rogam no produto da alienação, sem prejuízo do exercício do direito de preferência."* MAZZEI, Rodrigo; e MERÇON-VARGAS, Sarah. *Comentários ao art. 843. In:* CABRAL, Antonio do Passo; CRAMER, Ronaldo (Coordenação). *Comentários ao novo Código de Processo Civil.* 2ª ed., rev., atual e ampl. Rio de Janeiro: Forense, 2016, p. 1211.

36 *"Segundo o art. 843 do Novo CPC, havendo penhora de bem indivisível, o bem será inteiramente alienado, mesmo que pertença a devedor casado ou exista coproprietário não devedor. Trata-se de uma sensível inovação, porque, nos termos da nova regra, qualquer coproprietário que não seja devedor não terá como excluir da constrição judicial e futura expropriação sua cota-parte do imóvel. Há duas razões para a existência dessa regra: (a) a notória dificuldade de se alienarem judicialmente cotas-partes de imóveis; (b) a constituição de um condomínio forçado entre o adquirente da cota e o coproprietário não devedor, que fatalmente será resolvido por uma ação de dissolução de condomínio. É certamente a segunda razão que motivou o legislador a ampliar a regra além das pessoas casadas, atingindo quaisquer coproprietários. Como a ação de dissolução de condomínio resulta na alienação do bem, com a entrega dos valores correspondentes às cotas-partes para cada coproprietário, o legislador imaginou poupar todo esse esforço com a alienação integral do bem penhorado."* NEVES, Daniel Amorim Assumpção. Novo Código de Processo Civil - Lei nº 13.105/2015. Rio de Janeiro: Forense; São Paulo: MÉTODO, 2015, pp. 423-424.

37 *"12. PENHORA DE BEM INDIVISÍVEL (ART. 843, CPC) Tratando-se de penhora de indivisível, o equivalente à quota-parte do cônjuge ou coproprietário recairá sobre o pro*

indivisível, será este alienado judicialmente em sua inteireza – mesmo que seja pertencente a cônjuges ou coproprietários/condôminos, neste último caso, qualquer que seja a natureza da propriedade comum.

Outrossim, afirmou-se, em doutrina[38]-[39]-[40], a superação da até en-

---

duto da alienação do bem. Ou seja: o bem será alienado e a quota-parte (a do cônjuge nem sempre a meação) do cônjuge/coproprietário se sub-roga no produto da alienação (art. 843, caput, CPC)." DIDIER JR. Fredie, CUNHA, Leonardo Carneiro da; BRAGA, Paula Sarno; OLIVEIRA, Rafael Alexandria de. *Curso de direito processual civil:* execução. 11ª ed. rev. ampl. e atual. Salvador: Ed. JusPodivm, 2021, p. 907.

---

38 "*(...) 3.1. De qualquer forma, como a jurisprudência não evoluía, o melhor seria a alteração legislativa para que a previsão fosse além dos cônjuges, e é exatamente isso que ocorreu no CPC/2015. 3.2. Portanto, a partir de agora a previsão ora em análise se refere tanto a cônjuges quanto a coproprietários. 4. Solução legislativa para a situação de penhora de bem indivisível em que há coproprietário não executado: alienação do bem. Dentre as possíveis soluções legislativas para o problema, o legislador fez a sua escolha: o bem indivisível deve ser alienado. (...) a lógica que motivou a escolha legislativa é tentar estimular que haja a aquisição do bem, mas também protegendo o coproprietário.*" GUAJARDONI, Fernando da Fonseca [et al]. *Execução e recursos:* comentários ao CPC de 2015: volume 3. 2ª ed. Rio de Janeiro: Forense; São Paulo: MÉTODO, 2018, p. 282.

39 "***1. Bem indivisível e coproprietário/cônjuge**. Quando a penhora incidir sobre bem indivisível, ficará garantida à quota-parte do coproprietário ou do cônjuge, que não impedirá realização da alienação do bem, mas receberá o equivalente a suas respectivas quotas-partes após a realização da alienação. O CPC assim resolve uma pendência mal amparada no argumento do direito de propriedade pela jurisprudência do STJ, como se direito fundamental fosse. A regra prevista no dispositivo vai contra a orientação do STJ, ainda na vigência do art. 655-B do CPC/73, o qual fazia referência somente ao cônjuge e não a qualquer coproprietário, vejamos: (...) Ao incluir o coproprietário o legislador resolveu a questão. Assim, do ponto de vista dogmático, não se pode mais alegar a jurisprudência contra lei nova.*" ZANETI JR., Hermes. *Comentários ao Código de Processo Civil* (artigos 824 ao 925). 3ª ed. rev. e atual. São Paulo: Thomson Reuters Brasil, 2021, pp. 218-219.

40 "*(...) essa regra persiste no CPC de 2015. A novidade é que o bem indivisível, com mais de um proprietário, poderá agora ser expropriado em qualquer caso. Trata-se de modificação salutar e que contraria precedente do STJ (REsp 1.373.839/RS, 3ª T, Rel. Min. Nancy Andrighi, v.u., j. 03.06.2014, DJe 17.06.2014). Registre-se que a referida decisão do STJ baseou-se no art. 655-B do CPC/1973, que conforme já mencionado, só permitia a alienação do bem indivisível entre cônjuges. Desse modo, se o imóvel X (bem indivisível), pertence a A e B, que são amigos ou primos entre si, e apenas este está sendo executado, poderá o exequente requerer a expropriação do bem, ficando a quota de A protegida.*" BERALDO, Leonardo de Faria. *In:* WAMBIER, Teresa Arruda Alvim, [et. al], coordenadores. *Breves comentários ao Novo Código de Processo Civil.* São Paulo: Editora Revista dos Tribunais, 2015, p. 1939.

tão vigorante orientação jurisprudencial e previamente firmada no Superior Tribunal de Justiça (quanto ao art. 655-B do CPC revogado, que não aludia ao coproprietário, mas somente à meação do cônjuge), razão pela qual, diante da nova regra legal, deveria ser também permitida a alienação da totalidade do bem indivisível[41] pertencente, mediante frações ideais, a coproprietários (não cônjuges), mesmo que somente um deles fosse o executado ou o responsável[42]-[43].

Vale salientar que, sendo o bem de propriedade comum (a ser atingido pela tutela executiva) e passível de cômoda divisão, deverá ser observado o previsto no §1º, do art. 872, do CPC/2015: "*Quando o imóvel for suscetível de cômoda divisão, a avaliação, tendo em conta o crédito reclamado, será realizada em partes, sugerindo-se, com a apresentação de memorial descritivo, os possíveis desmembramentos para alienação*".

Como se procurará indicar adiante, mesmo após 6 (seis) anos de vigência do CPC/2015, os tribunais pátrios ainda não uniformizaram sua jurisprudência[44] em relação às questões jurídicas e a específicos aspectos que dizem respeito ao art. 843 do CPC/2015.

---

41 "*272.8 Penhora de bem indivisível O art. 843 tornou direito expresso a orientação da jurisprudência do STJ (...) e estendeu a diretriz ao condomínio comum. Assim, o equivalente à quota parte do coproprietário ou do cônjuge recairá sobre o produto da alienação do bem. Na verdade, a penhora recai sobre o bem – porque indivisível, a alienação fatalmente transmitirá o domínio de todo o bem, (...) Essa solução é mais plausível que a alienação da fração ideal.*" ASSIS, Araken de. *Manual da execução*. 21ª ed. rev. atual. e ampl. São Paulo: Thomson Reuters Brasil, 2020, p. 953.

42 "*A norma foi conservada pelo CPC/2015, porém de forma ampliada. Isto porque o art. 843 abrange também qualquer coproprietário, não se limitando apenas ao cônjuge. Em qualquer caso, destarte, o bem indivisível será vendido por inteiro, reservando-se o equivalente à quota-parte do cônjuge ou do coproprietário sobre o produto da alienação.*" THEODORO JÚNIOR, Humberto. *Curso de direito processual civil*. volume 3, Execução forçada... 54ª ed. Rio de Janeiro: Forense, 2021, p. 419.

43 "(...) *(d) Imóvel indivisível: Sendo indivisível o bem, a penhora que recair sobre a quota-parte do executado acarretará a alienação de sua integralidade. A meação do cônjuge e a quota de outros condôminos não devedores serão resguardadas, incidindo sobre o produto da alienação do bem (art. 843, caput).*" THEODORO JÚNIOR, Humberto. *Op. cit.*, p. 475.

44 Que deve ser estável, íntegra e coerente: art. 926 do CPC/2015.

4.1. Inconstitucionalidade do art. 843 do CPC/2015?

Em sede doutrinária[45], houve quem afirmasse a inconstitucionalidade do art. 843 do CPC/2015, em razão da violação ao direito *de* propriedade[46] do coproprietário alheio à execução, sem vínculo com a dívida e sem responsabilidade, por ser ele atingido em seu patrimônio, vindo, pois, a sofrer os efeitos e as consequências da determinação judicial que chancelasse a expropriação de sua quota-parte do bem indivisível, titularizado em condomínio com o devedor.

A violação ao devido processo legal, garantido pela Constituição Federal[47], em decorrência do previsto no art. 843 do CPC/2015, estaria, precipuamente, em que tal novel regramento viabiliza a alienação forçada, *sem a devida justa causa*, da fração ideal do bem indivisível de titularidade do coproprietário não devedor do exequente, e não responsável patrimonialmente pelo adimplemento da obrigação[48]. Adicionalmente,

---

45 *"**Interpretação da norma**: O dispositivo em exame leva em conta a dificuldade de venda de fração (ou da metade) do bem atingido pela penhora. Com a técnica, ao invés de ser providenciada a venda de 50% (cinquenta por cento) do bem, todo ele é oferecido para venda, destinando-se metade do produto da alienação forçada ao cônjuge do executado ou ao coproprietário.* ***Inconstitucionalidade do dispositivo: Sempre afirmamos que o*** *dispositivo é inconstitucional, na medida em que infringe o direito de propriedade (de titularidade do cônjuge-meeiro ou do coproprietário), elevado ao plano constitucional (inciso XXII do art. 5º da CF). Além disso, o cônjuge do executado ou o coproprietário é atingido pelos efeitos do pronunciamento que confirma a validade da arrematação, mesmo não sendo parte do processo."* MONTENEGRO FILHO, Misael. *Novo Código de Processo Civil comentado.* 3ª ed. rev. e atual. São Paulo: Atlas, 2018, p. 714 – (grifos originais).

46 *"Constituição Federal, art. 5º – Todos são iguais perante a lei, sem distinção de qualquer natureza, garantindo-se aos brasileiros e aos estrangeiros residentes no País a inviolabilidade do direito à vida, à liberdade, à igualdade, à segurança e à propriedade, nos termos seguintes: XXII –* é garantido o direito de *propriedade;".*

47 *"Constituição Federal, art. 5º – (...): LIV – ninguém será privado da liberdade ou de seus bens sem o devido processo legal;".*

48 *"Com efeito, aparentemente o art. 843 do CPC/2015 autoriza a privação da propriedade de comproprietário sem justa causa, violando dessa forma o processo legal (art. 5º., LIV, da Constituição Federal), em sentido material, padecendo a regra de inconstitucionalidade. (...) Daí porque não nos parece seja possível ao legislador, ao seu bel-prazer, sujeitar a penhora e alienação judicial bem ou fração ideal de bem integrante do patrimônio de terceiro, que não é parte no processo ou fase de execução e não está vinculado à relação de direito material que lhe serve de fundamento."* YOSHIKAWA, Eduardo Henrique de Oliveira. *Expropriação da fração ideal pertencente a terceiro comproprietário do executado (art. 843 do CPC/2015). In:* ALVIM, Teresa Arruda (coord.). *Revista de Processo*, ano 44, vol. 291, maio/2019.

para fins da tutela executiva, mostrar-se-ia incorreta a tentativa de equiparar a situação jurídica do coproprietário de bem indivisível, alheio inteiramente à execução e sem vínculo jurídico de direito material com o exequente, com aquela existente em relação ao patrimônio pertencente aos cônjuges, quando um destes seja devedor e executado judicialmente[49].

O Código Civil, em seu art. 391, prevê que "*todos os bens do devedor*" respondem pelo inadimplemento das obrigações. Já o CPC/2015 estabelece que o "*devedor responde com todos os seus bens presentes e futuros para o cumprimento de suas obrigações, salvo as restrições estabelecidas em lei*" (art. 789)[50]. Não há como se negar o destaque e a relevância da figura do devedor ao se tratar da tutela executiva. Já se enfatizou que o coproprietário de bem indivisível ora tratado é inteiramente alheio à execução e nada deve ao exequente.

Adicione-se que a *responsabilidade patrimonial*[51] de outros sujeitos, terceiros responsáveis, que não são devedores, consta no rol dos incisos

---

São Paulo: Editora Revista dos Tribunais, 2019, pp. 144-146. O autor justificou a preferência pela utilização, em seu trabalho, da expressão '*comproprietário*', em vez de outros termos, como '*comunheiro*' ou '*condômino*'.

---

49 "*Em suma, não há como equiparar a situação do comproprietário à do cônjuge ou companheiro, perante a diversidade dos institutos e regime jurídico a que sujeitos uns e outros. Diversamente do que ocorre com os cônjuges ou companheiros, que na constância do casamento ou união estável mantêm verdadeira sociedade (a sociedade conjugal, referida pela lei, pela jurisprudência e pela doutrina), ainda que distinta da sociedade empresarial e não personificada, o comproprietário* não é sócio do executado e, portanto, não se mostra constitucionalmente legítimo que sobre a sua fração ideal recaiam os efeitos da tutela executiva requerida por terceiro que sabidamente não é seu credor." YOSHIKAWA, Eduardo Henrique de Oliveira. *Op. cit.*, p.164.

50 "*1. Observações – Um dos mais importantes avanços do Direito em todos os tempos foi restringir a responsabilidade civil ao patrimônio, impedindo que o corpo do devedor respondesse por suas dívidas. O Capítulo V, que ora se examina, disciplina a responsabilidade do devedor e do juiz nos vários artigos que regulam a matéria. Esclareça-se que alguns poucos artigos repetiram o CPC de 1973. Outros alteram em maior ou menor grau, os textos calcados na lei revogada. Outros, porém, trazem inovações, incorporando à lei o que, em termos do instituto da responsabilidade, construíram doutrinadores e juízes de todos os níveis hierárquicos. Repetições, alterações, inovações, tudo gira, no Capítulo, ao redor do mesmo ponto: são os bens presentes e futuros do devedor que respondem pelas dívidas dele.*" BERMUDES, Sergio. *CPC de 2015:* inovações. 1ª ed. Rio de Janeiro: LMJ Mundo Jurídico, 2018, p. 192.

51 "*Chama-se de responsabilidade patrimonial à sujeitabilidade de bens à execução, de modo que os bens sobre os quais tal responsabilidade incide ficam sujeitos a suportar atos executivos, podendo vir a ser usados para a satisfação do crédito exequendo.*" CÂMARA, Alexandre Freitas. *O novo processo civil brasileiro*. São Paulo: Atlas, 2015, p. 337.

do art. 790 do CPC/2015, no qual não se encontra a menção, nem a mais remota ou implícita, ao coproprietário/condômino de parte ou parcela de bem indivisível, que também seja pertencente ao devedor ou ao responsável perante o exequente.

Não se ignoram as importantes e ainda presentes premissas no que se refere à tutela executiva, a saber: (**a**) "*realiza-se a execução no interesse do exequente que adquire, pela penhora, o direito de preferência sobre os bens penhorados*" (art. 797 do CPC/2015), e (**b**) a execução "*por quantia certa realiza-se pela expropriação de bens do executado*" (art. 824 do CPC/2015). A despeito disso, os atos de constrição patrimonial, decorrentes da outorga da tutela executiva – iniciando-se usualmente com a penhora –, não podem, em regra, extrapolar os limites impostos pelo ordenamento legal pátrio[52].

Apesar das relevantes, e atualmente em vigor, regras protetivas dos §§ 1º e 2º, do art. 843 do CPC/2015, ao ser requerida e determinada judicialmente a penhora de bem indivisível, apresenta-se como atípica a situação do coproprietário não executado, que, vale relembrar, não tem nenhuma relação jurídica de direito material com o exequente. Afinal, em sendo efetivada a alienação judicial forçada e integral do bem indivisível, o coproprietário alheio à execução acabará por sofrer relevante repercussão em sua esfera de direitos e em seu patrimônio[53]: deixará ele

52 "*5. OBJETO DA PENHORA Podem ser objeto de penhora os bens do patrimônio do devedor e do patrimônio de terceiros responsáveis (art. 790, CPC). Jamais deve ser atingido o patrimônio de terceiros estranhos à obrigação ou à responsabilidade originada do seu inadimplemento.*" DIDIER JR. Fredie, CUNHA, Leonardo Carneiro da; BRAGA, Paula Sarno; OLIVEIRA, Rafael Alexandria de. *Curso de direito processual civil: execução*. 11ª ed. rev., ampl. e atual. Salvador: Ed. JusPodivm, 2021, p. 842.

53 "*... No regime do art. 843 do CPC brasileiro, porém, pode-se dizer que o comproprietário sofre, sim, os efeitos da expropriação, embora em face dele não tenha sido pleiteada a tutela jurisdicional executiva. Esse, aliás, é o cerne do problema. A lei criou uma situação insólita, em que o comproprietário* não é devedor ou responsável, mas sofre os efeitos do processo, como uma espécie de zumbi (ou monstro de *Frankestein), nem vivo nem morto, que tampouco pode se valer dos embargos de terceiro para escapar deste tormento, que se destina a privá-lo da sua fração ideal, mas não da quantia em dinheiro resultante dessa privação. Um castigo que evoca a mitologia grega (Tântalo, Sísifo,* Íxion, *Erisictão, as Danaides), com diferença de que as narrativas helênicas reservavam tais padecimentos a quem tenha feito algo para merecê-los.*" YOSHIKAWA, Eduardo Henrique de Oliveira. *Expropriação da fração ideal pertencente a terceiro comproprietário do executado (art. 843 do CPC/2015). In:* ALVIM, Teresa Arruda (coord.). *Revista de Processo*, ano 44, vol. 291, maio/2019. São Paulo: Editora Revista dos Tribunais, 2019, p. 142.

de ter a propriedade e a posse da fração ideal daquele bem, muito embora, se nada fizer, receberá o valor correspondente à sua quota-parte, apurada com base na avaliação realizada.

Nesse sentido, quando da deliberação sobre o alcance da penhora judicialmente ordenada e com a invocação de incidência do art. 843 do CPC/2015, alguns julgados proferidos pelos Tribunais de segundo grau se manifestaram pela impossibilidade de alienação forçada da fração ideal de bem indivisível do coproprietário não executado[54], sob pena de afronta ao direito constitucional e infraconstitucional[55] de *propriedade* deste, que sequer faz parte da execução e que não pode ser compelido a renunciar à fração ideal para a satisfação do direito de crédito do exequente[56]-[57].

---

54 *"Penhora - Imóvel - Fração ideal - Incidência sobre a integralidade. Em execução, a fração ideal de bem indivisível pertencente a terceiro não pode ser levada à hasta pública, submetendo-se à constrição judicial apenas as frações ideais de propriedade dos executados. Recurso não provido."* (Agravo de Instrumento 2212955-55.2017.8.26.0000 - Relator Desembargador Itamar Gaino - 21ª Câmara de Direito Privado do TJSP - j. em 04/04/2018 - Data de Registro: 04/04/2018).

55 *"Código Civil, art. 1.225. São direitos reais: I – a propriedade;".*

56 *"TRIBUTÁRIO. AGRAVO DE INSTRUMENTO. EXECUÇÃO FISCAL. IMÓVEL. PENHORA DE FRAÇÃO IDEAL. LEILÃO. 1. Quando há penhora de fração ideal de imóvel em condomínio, como é o caso, somente essa fração ideal pode ser levada a leilão, e não a totalidade do bem. 2. Entendimento contrário violaria o direito constitucional de propriedade daquele que não figura no polo passivo da execução e que não pode ser compelido a renunciar à sua cota parte no imóvel apenas para facilitar a satisfação do crédito do exequente."* (Agravo de Instrumento no. 5041507-71.2018.4.04.0000 - Relator Desembargador Federal Alexandre Rossato da Silva Ávila - 1ª Turma do TRF da 4ª Região - juntado aos autos em 24/04/2019) (nota: por decisão monocrática da Sra. Ministra Regina Helena Costa, quanto ao REsp no. 1.845.276/SC, publicada no DJ de 20/11/2019 e depois transitada em julgado, não foi conhecido o recurso interposto contra o aludido acórdão do TRF da 4ª Região).

57 Sobre a hipótese da meação do cônjuge do codevedor executado: *"AGRAVO DE INSTRUMENTO. EXECUÇÃO FISCAL. COPROPRIEDADE. BEM INDIVISÍVEL. PENHORA. HASTA PÚBLICA. IMPOSSIBILIDADE. 1. Consta dos autos que, em garantia da execução fiscal, foi penhorado o percentual de 50% de um Imóvel urbano de matrícula nº 5913 de propriedade do Codevedor Roberto Aparecido de Lima. 2. Diante da indivisibilidade física do bem anterior, a agravante solicitou ao MM. Juízo a quo, a ampliação da penhora para a constrição da totalidade do referido imóvel, com fundamento no artigo 843 do CPC. No entanto, a r. decisão agravada indeferiu o pedido sob o fundamento da necessidade do resguardo da meação da Esposa do Codevedor. 3. A propriedade é direito garantido expressamente pela Constituição Federal, em seu artigo 5º, caput e inciso XXII, bem assim no Código Civil Brasileiro, no inciso I*

Mas, em perspectiva diametralmente contrária, a respeito do art. 843 do CPC/2015, podem ser localizados julgados – alguns mais recentes – proferidos pelo Tribunal de Justiça do Estado de São Paulo[58]-[59]-[60]-[61].

---

de seu artigo 1.225. O artigo 1.046 do Estatuto Processual Civil, por sua vez, prevê a possibilidade da oposição de embargos pelo terceiro que venha a sofrer constrição em seu patrimônio em razão de dívida pela qual não é responsável. 4. A constrição sobre a parte ideal de bem indivisível pertencente a terceiro traduz violação ao direito constitucional de propriedade, na medida em que não figura como parte do processo executivo ou mesmo como responsável pelo débito objeto de execução. 5. Considerada a proteção constitucional ao direito de propriedade, não há que se falar igualmente na venda do bem indivisível em hasta pública com posterior entrega do valor correspondente à meação ao embargante. A respeito, cumpre destacar a existência de precedentes de 2008 e 2010 do Superior Tribunal de Justiça, segundo os quais: em execução, a fração ideal de bem indivisível pertencente a terceiro não pode ser levada a hasta pública, de modo que se submetem à constrição apenas as frações ideais de propriedade dos respectivos executados. 6. Agravo de instrumento improvido." (Agravo de Instrumento no. 5016422-47.2017.4.03.0000 – Relator Desembargador Federal Marcelo Mesquita Saraiva – 4ª Turma do TRF da 3ª Região – j. em 02/07/2019 – publicada no DJ de 08/07/2019).

---

58 *"Agravo de instrumento – execução de título extrajudicial – legitimidade do terceiro coproprietário para discutir o art. 843 do CPC/15, sobre direitos relativos a ele – ação de extinção de condomínio por divisão – prejudicialidade externa não caracterizada – inexistência de garantias constitucionais absolutas – teoria da ponderação*

59 *"LOCAÇÃO DE IMÓVEL – EMBARGOS DE TERCEIRO REJEITADOS – ALEGAÇÃO DE IMPENHORABILIDADE DE IMÓVEL PERTENCENTE À EMBARGANTE – FRAÇÃO DO IMÓVEL PASSÍVEL DE PENHORA – ARTIGO 843 DO CÓDIGO CIVIL – ALEGAÇÃO DE INCONSTITUCIONALIDADE AFASTADA – HONORÁRIOS SUCUMBENCIAIS REDUZIDOS – APELAÇÃO PARCIALMENTE PROVIDA"* (Apelação Cível 1001615-70.2019.8.26.0348 – Relator Desembargador Luiz Eurico – 33ª Câmara de Direito Privado do TJSP – j. em 19/10/2020 – Data de Registro: 20/10/2020).

60 *"Embargos de Terceiros – Alegação de inconstitucionalidade do artigo 843, do CPC – Rejeição – inexistência de maltrato à Constituição do Brasil. Penhora – Afirmação da ausência do credor fiduciária – Rejeição – Efetiva manifestação do credor. (...)."* (Apelação Cível 1029596-92.2018.8.26.0224 –Relator Des. Almeida Sampaio – 25ª Câmara de Direito Privado do TJSP – j. em 17/12/2020 – Data de Registro: 17/12/2020).

61 Com amparo no art. 843 do CPC/2015: "(...) *Desta forma, de rigor a manutenção da decisão hostilizada, valendo consignar que a penhora levada a efeito não afronta direito de propriedade, na medida em que se preserva o patrimônio daquele que não é devedor, quando da alienação do bem."* – Trecho do acórdão do Agravo de Instrumento no. 2273424-96.2019.8.26.0000 – Relator Desembargador Jacob Valente – 12ª Câmara de Direito Privado do TJSP – j. em 03/03/2020 – Data de Registro: 03/03/2020.

Nesses feitos, adotou-se a premissa, já realçada em doutrina[62], de ausência de inconstitucionalidade do art. 843 CPC/2015. Tal entendimento foi adotado naqueles casos específicos, em resumo, porque, como lá se afirmou, mais especificamente no primeiro julgado logo acima referido, não existem princípios e garantias constitucionais absolutos, haja vista que, na hipótese de aparente conflito, em sendo adotada a ponderação de princípios (ou sopesamento), deve ser tida como legítima a opção feita pelo legislador – na norma processual pertinente ao aludido dispositivo legal –, pelo privilégio a ser dado ao princípio da efetividade da jurisdição estatal no âmbito da execução (art. 4º do CPC/2015) sobre a garantia constitucional *de* propriedade do coproprietário alheio à execução. Isso fica ainda mais evidente, como realçado naqueles julgados, uma vez que restaram assegurados, pela nova regra processual, os direitos da propriedade de tal coproprietário não executado, em especial: (i) por ele poder, se assim desejar exercer, em igualdade de condições, o direito de preferência na aquisição da fração ideal do executado, e (ii) por ele ter assegurado o direito de recebimento do valor correspondente à sua fração ideal, com base na avaliação feita previamente.

Já em outro julgado do Tribunal Regional Federal da 4a. Região, cuidando-se de execução fiscal, afirmou-se que o direito à propriedade dos coproprietários do bem indivisível, mesmo que não sejam eles executados, não pode inviabilizar que – em sendo alienado na íntegra

continuação da nota de rodapé n. 58

de princípios que enseja a relativização de uns em detrimento de outros – caso em que o legislador, na norma processual, optou pelo privilégio ao princípio da efetividade da jurisdição sobre a garantia constitucional de propriedade – arts. 5º, XXXV, e 37 da CRFB/1988 – direitos do condômino decorrentes da propriedade preservados com a expressa reserva do produto da venda e com a garantia de preferência, que também possibilita ao condômino a aquisição da fração ideal – pedido de avaliação dos bens na forma do art. 872, §1º do diploma adjetivo civil não formulado na origem – agravo conhecido em parte e improvido." (Agravo de Instrumento 2106028-26.2021.8.26.0000 – Relator Desembargador Jovino de Sylos – 16ª Câmara de Direito Privado do TJSP – j. em 14/09/2021 – Data de Registro: 26/09/2021).

62 *"Como vimos, o direito fundamental à propriedade é diverso do direito fundamental de propriedade (cf. supra, introdução). O coproprietário tem direito a sua quota-parte, mas não pode evitar a alienação do bem por ser este indivisível. Alienado o bem, receberá a indenização. Ao mesmo tempo, a lei garante o direito de preferência deste para a adjudicação da integralidade do bem e evita a alienação por preço inferior ao da avaliação."* ZANETI JR., Hermes. *Comentários ao Código de Processo Civil* (artigos 824 ao 925). 3ª ed. rev. e atual. São Paulo: Thomson Reuters Brasil, 2021, pp. 219-220.

o bem indivisível, e respeitadas as previsões dos §§ 1º e 2º, do art. 843 do CPC/2015 –, o produto correspondente à venda da fração ideal, pertencente ao executado, sirva para a satisfação do crédito do exequente[63].

A temática da (in)constitucionalidade do art. 843 do CPC/2015, em controle difuso, ainda não foi materialmente examinada pelo Supremo Tribunal Federal[64]-[65]-[66] (e, talvez, não venha a sê-lo facilmente,

---

63 *"AGRAVO DE INSTRUMENTO. PROCESSUAL CIVIL. CUMPRIMENTO DE SENTENÇA. PENHORA E ALIENAÇÃO. IMÓVEL INDIVISÍVEL. POSSIBILIDADE. ART. 843 CPC-2015. 1. O direito à propriedade dos herdeiros não pode servir de impedimento à quitação da dívida pertencente a um dos coproprietários de bem indivisível. 2. Caso em que é acolhida a pretensão da União, para fim de que se proceda à venda judicial de imóvel indivisível, observadas as condições previstas no art. 843, caput e parágrafos, do CPC-2015: a) a fração ideal de 8,33%, de propriedade do executado, servirá para fim de para pagamento do débito executado; b) o restante do produto da arrematação será entregue aos demais condôminos; c) não se poderá alienar o bem por valor que não garanta, ao menos, a preservação da quota parte dos coproprietários e da cônjuge não executados; e d) em igualdade de condições com outros interessados, os coproprietários e a cônjuge não executados têm preferência para a aquisição do imóvel. 3. Agravo de instrumento provido."* (Agravo de Instrumento no. 5028919-95.2019.4.04.0000 – Relator Desembargador Federal Cândido Alfredo Silva Leal Junior – 4a. Turma do TRF da 4ª Região – j. em 04/09/2019 – juntado aos autos eletronicamente na mesma data).

64 O Plenário do Supremo Tribunal Federal manteve a decisão monocrática do Presidente da Corte, Ministro Luiz Fux, que havia negado seguimento a recurso extraordinário ofertado contra acórdão do Tribunal Superior do Trabalho, no qual se alegou a violação a dispositivos da Constituição Federal – a saber: art. 5º, incisos XXII, XXXVI e LIV e § 1º -, em razão do decidido com base no art. 843 do CPC/2015: *"AGRAVO INTERNO NO RECURSO EXTRAORDINÁRIO COM AGRAVO. DIREITO CIVIL E PROCESSUAL CIVIL. EXECUÇÃO. EMBARGOS DE TERCEIRO. PENHORA DE BEM INDIVISÍVEL. COPROPRIETÁRIO QUE NÃO FIGURA COMO DEVEDOR. OFENSA REFLEXA. MATÉRIA INFRACONSTITUCIONAL. FATOS E PROVAS. REEXAME. IMPOSSIBILIDADE. PRECEDENTES. AGRAVO INTERNO DESPROVIDO. 1. (...)"* (Agravo Regimental no

65 Por decisão monocrática do Sr. Ministro Luiz Fux, Presidente do Supremo Tribunal Federal, publicada no DJ-e de 19/07/2021 – sob o fundamento de que "(...) *para ultrapassar o entendimento do Tribunal de origem, seria necessário analisar a causa à luz da interpretação dada à legislação infraconstitucional pertinente e reexaminar os fatos e as provas dos autos, o que não é cabível em sede de recurso extraordinário (...)"* -, foi negado seguimento ao Recurso Extraordinário com Agravo n. 1.335.989/SP, no qual se sustentou a violação aos arts. 1º, inciso III, 5º, incisos XXII e XXIII,

66 Contra acórdão do Tribunal Regional Federal da 4ª Região – que teve a ementa assim vazada: *"PROCESSUAL CIVIL. TRIBUTÁRIO. EMBARGOS DE TERCEIRO. BEM INDIVÍSIVEL. CÔNJUGE. MEAÇÃO. RESERVA DO PRODUTO DE ARREMATAÇÃO. A meação do cônjuge alheio à execução recairá sobre o produto da alienação do bem imóvel."* – foi interposto recurso extraordinário da cônjuge do executado, sob a

diante dos rigorosos e conhecidos requisitos de admissibilidade do recurso extraordinário).

4.2. Alcance (restrito ou abrangente) do art. 843 do CPC/2015

Mesmo sem se valer do argumento de inconstitucionalidade do art. 843 do CPC/2015, alguns julgados proferidos por órgãos fracio-

---

continuação da nota de rodapé n. 64

Recurso Extraordinário com Agravo nº 1.318.207/RJ – Relator Ministro Luiz Fux – Tribunal Pleno – j. em 30/08/2021 – DJe de 13/09/2021). O acórdão do Tribunal Superior do Trabalho, acima aludido e objeto do recurso extraordinário ao qual foi negado seguimento, teve a seguinte ementa: "*AGRAVO DE INSTRUMENTO EM RECURSO DE REVISTA. EXECUÇÃO. RECURSO DE REVISTA REGIDO PELO CPC/2015 E PELA INSTRUÇÃO NORMATIVA Nº 40/2016 DO TST. PENHORA DE BEM INDIVISÍVEL. DISCUSSÃO CIRCUNSCRITA AO EXAME DA LEGISLAÇÃO INFRACONSTITUCIONAL (ARTIGO 843, §§ 1º E 2º, DO CPC/2015). INEXISTÊNCIA DE OFENSA DIRETA E LITERAL DA CONSTITUIÇÃO FEDERAL. No caso dos autos, consta do acórdão regional que 'os imóveis penhorados não pertencem em sua integralidade apenas ao executado, mas também a ora agravante Sra. (...), a qual não figura como devedora na ação principal'. Nesse contexto, a Corte* a quo*, à luz do artigo 843, §§ 1º e 2º, do CPC/2015, concluiu que, 'em se tratando de bem indivisível, deve a penhora recair sobre a totalidade do bem, sendo garantida, quando da arrematação, a reserva do valor correspondente à fração do coproprietário, como assim disposto no artigo acima mencionado'. Dessa forma, observa-se que a questão controvertida dos autos, relativa à penhora de bem indivisível e à reserva da quota-parte do coproprietário, perpassa pela análise da legislação infraconstitucional (artigo 843, §§ 1º e 2º, do CPC/2015), razão pela qual não é possível constatar ofensa direta e literal ao artigo 5º, incisos XXII, XXXVI e LIV e § 1º, da Constituição Federal, nos termos do art. 896, § 2º, da CLT. Agravo de instrumento desprovido.*" (AIRR-5-70.2016.5.01.0046 – 2ª Turma do TST – Relator Ministro Jose Roberto Freire Pimenta – j. em 24/03/2020 – DEJT 27/03/2020).

---

continuação da nota de rodapé n. 65

6º e 170, incisos II e III, da Constituição Federal, pelo aresto então recorrido, que teve ementa em cujo trecho assim constou: "(...) *Embora seja o bem penhorado imóvel indivisível pertencente a mais de um proprietário não há impedimento à formalização de penhora, assegurando ao coproprietário o correspondente à sua quota parte calculada sobre o valor da avaliação. É o que está previsto no artigo 843 do CPC. (...)*".

---

continuação da nota de rodape n. 66

fundamentação de violação ao art. 5º., inciso XXII da Constituição Federal, que teve a sua inadmissibilidade, decretada na origem, mantida por decisão monocraticamente proferida pelo Sr. Ministro Relator e que foi ratificada pelo colegiado em grau de agravo interno, a saber: (ARE 1.110.845 AgR/SC – Relator Ministro Alexandre de Moraes – 1ª Turma do STF – j. em 08/06/2018 – DJe de 21/06/2018).

nários dos Tribunais de segundo grau – com a frequente invocação do entendimento jurisprudencial firmado no Superior Tribunal de Justiça -, não têm admitido, tratando-se de bem indivisível, a alienação forçada da cota ideal pertencente ao coproprietário não devedor e alheio à execução[67]-[68]-[69].

---

67 "*DIREITO PROCESSUAL CIVIL E TRIBUTÁRIO – EXECUÇÃO FISCAL – EMBARGOS DE TERCEIRO – BEM IMÓVEL INDIVISÍVEL – PENHORA SOBRE FRAÇÃO PERTENCENTE A TERCEIRO – DESCABIMENTO – RECURSO PROVIDO. 1. Em execução, a fração ideal de bem indivisível pertencente a terceiro não pode ser levada a hasta pública, de modo que se submetem à constrição judicial apenas as frações ideais de propriedade dos respectivos executados. Jurisprudência consolidada no Superior Tribunal de Justiça e nesta Corte. (...) 3. A sentença recorrida não se encontra alinhada à orientação jurisprudencial consolidada no Colendo Superior Tribunal de Justiça e nesta Corte, pelo que se impõe sua reforma para excluir do leilão as quotas-partes dos demais coproprietários descritos no R.53/54941, na medida em que não são executados no processo originário ou corresponsáveis pelo débito. 4. Recurso de apelação provido.*" (Apelação Cível no. 5005506-10.2019.4.03.6102 – Relator Desembargador Federal Monica Autran Machado Nobre – 4ª Turma do TRF da 3ª Região – j. em 29/06/2021 – DJ de 13/07/2021).

68 "*(...) 3. Aquele que não figura no polo passivo da execução e não tem qualquer responsabilidade patrimonial em relação ao crédito exequendo não pode ser compelido a renunciar à sua cota parte no imóvel apenas para viabilizar a satisfação do crédito do exequente. 4. Muito embora se reconheça a possibilidade da penhora recair sobre fração ideal de bem indivisível, a jurisprudência do C. STJ consolidou entendimento acerca da inadmissibilidade de alienação da integralidade do bem em hasta pública, senão da fração ideal pertencente ao executado. 5. Agravo interno não provido.*" (Agravo de Instrumento no. 5000487-30.2018.4.03.0000 – Relator Desembargador Federal Luis Antonio Johonson Di Salvo – 6ª Turma do TRF da 3ª Região – j em 19/07/2019 – DJ de 26/07/2019).

69 "*APELAÇÃO. AÇÃO DE COBRANÇA. DESPESAS CONDOMINIAIS. FASE DE CUMPRIMENTO DE SENTENÇA. PENHORA DE 12,50% DE IMÓVEL, QUOTA PERTENCENTE À PARTE EXECUTADA. PRETENSÃO DE QUE A PENHORA RECAIA SOBRE A INTEGRALIDADE DO BEM. IMPOSSIBILIDADE. PRECEDENTES DO SUPERIOR TRIBUNAL DE JUSTIÇA (STJ). DECISÃO MANTIDA. RECURSO DESPROVIDO. No STJ, órgão que tem a missão constitucional de uniformizar a interpretação da lei federal, foi assentado o entendimento de que a penhora de bem indivisível deve ser limitada à fração ideal da qual o executado é titular, sendo descabida a constrição da totalidade do bem quando as demais frações são de propriedade de terceiros, não cônjuges.*" (Agravo de Instrumento no. 2213082-85.2020.8.26.0000 – Relator Desembargador Adilson de Araujo – 31ª Câmara de Direito Privado do TJSP – j. em 07/10/2020 – Data de Registro: 07/10/2020). No mesmo sentido: (Agravo de Instrumento no. 2016564-88.2021.8.26.0000 – Relator Desembargador Irineu Fava – 17ª Câmara de Direito Privado do TJSP – j. em 20/04/2021 – Data de Registro: 20/04/2021); (Apelação Cível no. 1011141-14.2020.8.26.0320 – Relator Desembargador Thiago de Siqueira – 14ª Câmara de Direito Privado do TJSP – j. em 04/08/2021 – Data de Registro: 04/08/2021).

Observe-se que o Superior Tribunal de Justiça, quando já vigente e sendo aplicável aos casos então examinados o art. 843 do CPC/2015, também tem julgados, oriundos das 1ª e 2ª Turmas, nos quais se reiterou que, em sendo o bem indivisível, o coproprietário não executado não pode ter a sua fração ideal atingida por penhora ou por expropriação judicial[70]-[71].

Em idêntico sentido, a 3ª Turma do Superior Tribunal de Justiça, dentre outros temas, concluiu, em julgado finalizado em 17 de fevereiro de 2020, que dada a compatibilidade entre o art. 843 do CPC/2015 e o art. 655-B do CPC/1973, deve ser observada a orientação jurisprudencial daquela Corte, que se formou em torno deste último dispositivo. Assim, reafirmou-se, naquela ocasião, a premissa de que são impenhoráveis os quinhões dos "*condôminos que não sejam parte na execução*"[72].

---

70 *"PROCESSUAL CIVIL. AGRAVO INTERNO NO RECURSO ESPECIAL. CÓDIGO DE PROCESSO CIVIL DE 2015. APLICABILIDADE. BEM INDIVISÍVEL. IMÓVEL DE PROPRIEDADE DE COPROPRIETÁRIOS. PENHORA, EXCLUSIVAMENTE, DA FRAÇÃO IDEAL DE PROPRIEDADE DO EXECUTADO. (...) I – (...)* In casu, *aplica-se o Código de Processo Civil de 2015. II – A penhora de bem indivisível deve ser limitada à fração ideal da qual o executado é titular, sendo descabida a constrição da totalidade do bem quando as demais frações são de propriedade de terceiros, não cônjuges. Precedentes."* (AgInt no REsp 1.878.430/SP, Relatora Ministra Regina Helena Costa, 1ª Turma do STJ, j. em 08/09/2020, DJe 14/09/2020).

71 *"PROCESSUAL CIVIL. RECURSO ESPECIAL. SUBMISSÃO À REGRA PREVISTA NO ENUNCIADO ADMINISTRATIVO 03/STJ. PENHORA DE BEM INDIVISÍVEL. IMÓVEL DE PROPRIEDADE DE COPROPRIETÁRIOS. PENHORA DA FRAÇÃO IDEAL DE PROPRIEDADE DO EXECUTADO. POSSIBILIDADE. PRECEDENTES. 1. A orientação adotada pela Corte de origem está em confronto com a orientação desta Corte Superior, segundo a qual a penhora de bem imóvel indivisível também pertencente a terceiro – não cônjuge – deve limitar-se à fração de titularidade do executado. 2. Agravo interno não provido."* (AgInt no REsp 1.863.745/RS – Relator Ministro Mauro Campbell Marques – 2a. Turma do STJ – j. em 01/06/2020 – DJe 05/06/2020).

72 "(...) *2. Consoante pacífica jurisprudência desta Corte, é possível a mitigação dos requisitos formais de admissibilidade do recurso especial diante da constatação de divergência jurisprudencial notória. 3. Nos termos da jurisprudência desta Corte Superior, a fração ideal referente ao executado pode ser objeto de penhora, sendo impenhoráveis apenas os quinhões daqueles sucessores ou condôminos que não sejam parte na execução. 4. Agravo interno a que se nega provimento."* (AgInt no REsp 1.813.158/SP, Relator Ministro Marco Aurélio Bellizze, 3a. Turma do STJ, j. em 17/02/2020, DJe 19/02/2020). Vide, ainda, a decisão monocrática do Ministro Relator Luis Felipe Salomão, integrante da 4ª Turma do STJ (REsp no. 1.847.664/SP – de 21/10/2020 – in DJe de 12/11/2020).

Entretanto, a própria 3ª Turma do Superior Tribunal de Justiça, em julgamento concluído em 27 de agosto de 2019, havia examinado os consectários advindos da novel previsão do art. 843 do CPC/2015[73]. Embora tenha cuidado da extensão da proteção legal dada, conforme o CPC/2015, à *meação*[74] reservada à ex-cônjuge do executado, fundamentou-se tal julgado, resumidamente, na seguinte interpretação: (**a**) a proteção da fração ideal, antes já legalmente assegurada ao cônjuge (titular de parcela de bem indivisível), foi, de forma inédita, estendida pelo atual CPC/2015 aos demais coproprietários – que não sejam devedores, nem responsáveis pelo adimplemento da obrigação que tenha sido contraída exclusivamente pelo outro coproprietário –, sendo também monetaria-

---

73 *"RECURSO ESPECIAL. EXECUÇÃO DE TÍTULO EXTRAJUDICIAL. PENHORA DE BEM IMÓVEL. EMBARGOS DE TERCEIRO DE EX-CÔNJUGE PENDENTES. DEFESA DA MEAÇÃO. RESERVA DE METADE DO VALOR DE AVALIAÇÃO. ALTERAÇÃO LEGISLATIVA DESCONSIDERADA. RECURSO ESPECIAL PROVIDO. 1. Debate-se a extensão da proteção da meação reservada a ex-cônjuge na hipótese de execução de título extrajudicial. 2. O novo diploma processual, além de estender a proteção da fração ideal para os demais coproprietários de bem indivisível, os quais não sejam devedores nem responsáveis legais pelo adimplemento de obrigação contraída por outro coproprietário, ainda delimitou monetariamente a alienação judicial desses bens. 3. A partir do novo regramento, o bem indivisível somente poderá ser alienado se o valor de alienação for suficiente para assegurar ao coproprietário não responsável 50% (cinquenta por cento) do valor de avaliação do bem (art. 843, § 2º, do CPC/2015). 4. Essa nova disposição legal, de um lado, referenda o entendimento de que o bem indivisível será alienado por inteiro, ampliando a efetividade dos processos executivos; de outro, amplia a proteção de coproprietários inalcançáveis pelo procedimento executivo, assegurando-lhes a manutenção integral de seu patrimônio, ainda que monetizado. 5. Estando pendente o julgamento dos embargos de terceiros opostos por ex-cônjuge meeira, até que se decida sua eventual responsabilidade pela dívida do devedor primário, é prudente, em juízo cautelar, que se mantenha à disposição do Juízo competente valor correspondente à meação, nos termos da nova legislação processual. 6. Recurso especial provido."* (REsp 1.728.086/MS – Relator Ministro Marco Aurélio Bellizze – Terceira Turma – j. em 27/08/2019 – DJe 03/09/2019).

74 Mais recentemente, também da 3ª Turma do Superior Tribunal de Justiça, sob a mesma relatoria: "(...) *5. PENHORA DE BEM IMÓVEL INDIVISÍVEL. COPROPRIEDADE. ALIENAÇÃO JUDICIAL DO BEM POR INTEIRO. POSSIBILIDADE. DESDE QUE OBSERVADO O VALOR DE RESERVA DA MEAÇÃO. 6. AGRAVO DESPROVIDO. (...) 5. Com efeito, no que concerne à penhora do imóvel de matrícula 305, o entendimento consignado no acórdão recorrido coaduna com a jurisprudência do Superior Tribunal de Justiça, a qual se firmou no sentido da admissibilidade de excussão de bem indivisível de propriedade do casal, para responder por dívida exclusiva de apenas um dos cônjuges, desde que observado o valor de reserva da meação. 6. Agravo interno desprovido."* (AgInt no AREsp 1.898.878/SP – Relator Ministro Marco Aurélio Bellizze – 3ª Turma do STJ – j. em 25/10/2021 – DJe 28/10/2021).

mente estabelecidas, de forma inovadora pelo indicado dispositivo legal atualmente em vigor, as balizas para a hipótese de alienação judicial do bem indivisível; (**b**) nos termos do § 2º do art. 843 do CPC/2015, somente poderá ser alienado o bem indivisível se for assegurado ao cônjuge ou coproprietário não responsável (e titular de parcela do bem) o recebimento da sua quota-parte, que será apurada com base no valor de avaliação, e **(c)** o bem indivisível deverá ser inteiramente alienado, potencializando-se a efetividade da execução e ampliando-se a proteção ao coproprietário alheio à execução. Ademais, será simultaneamente a ele assegurado, ao menos, o recebimento da respectiva monetização correspondente à respectiva quota-parte por ele titularizada, com base na avaliação realizada (e não com base no valor da venda judicial), cuja quantia será oportunamente levantada após a arrematação.

Adicionalmente, em outro julgado da 3ª Turma do Superior Tribunal de Justiça[75], concluído em 13 de abril de 2021, o qual ver-

75 *"DIREITO PROCESSUAL CIVIL. RECURSO ESPECIAL. AÇÃO DE INDENIZAÇÃO. CUMPRIMENTO DE SENTENÇA. PENHORA. BEM IMÓVEL INDIVISÍVEL EM REGIME DE COPROPRIEDADE. ALIENAÇÃO JUDICIAL DO BEM POR INTEIRO. POSSIBILIDADE. ART. 843 DO CPC/2015. CONSTRIÇÃO. LIMITES. QUOTA-PARTE TITULARIZADA PELO DEVEDOR. 1. Cumprimento de sentença em 10/04/2013. Recurso especial interposto em 01/04/2019 e concluso ao gabinete em 21/08/2019. 2. O propósito recursal consiste em dizer se, para que haja o leilão judicial da integralidade de bem imóvel indivisível – pertencente ao executado em regime de copropriedade -, é necessária a prévia penhora do bem por inteiro ou, de outro modo, se basta a penhora da quota-parte titularizada pelo devedor. 3. O Código de Processo Civil de 2015, ao tratar da penhora e alienação judicial de bem indivisível, ampliou o regime anteriormente previsto no CPC/1973. 4. Sob o novo quadro normativo, é autorizada a alienação judicial do bem indivisível, em sua integralidade, em qualquer hipótese de copropriedade. Ademais, resguarda-se ao coproprietário alheio à execução o direito de preferência na arrematação do bem ou, caso não o queira, a compensação financeira pela sua quota-parte, agora apurada segundo o valor da avaliação, não mais sobre o preço obtido na alienação judicial (art. 843 do CPC/15). 5. Nesse novo regramento, a oposição de embargos de terceiro pelo cônjuge ou coproprietário que não seja devedor nem responsável pelo adimplemento da obrigação se tornou despicienda, na medida em que a lei os confere proteção automática. Basta, de fato, que sejam oportunamente intimados da penhora e da alienação judicial, na forma dos arts. 799, 842 e 889 do CPC/15, a fim de que lhes seja oportunizada a manifestação no processo, em respeito aos postulados do devido processo legal e do contraditório. 6. Ainda, a fim de que seja plenamente resguardado o interesse do coproprietário do bem indivisível alheio à execução, a própria penhora não pode avançar sobre o seu quinhão, devendo ficar adstrita à quota-parte titularizada pelo devedor. 7. Com efeito, a penhora é um ato de afetação, por meio do qual são individual-*

sou sobre a interpretação a ser dada ao art. 843 do CPC/2015, diante da hipótese de bem imóvel indivisível e pertencente a coproprietárias (no caso, duas sociedades limitadas, sendo somente uma delas a executada e a outra inteiramente alheia à execução e à dívida), foi firmado o entendimento, com a reforma do acórdão recorrido, proferido pelo TJDFT[76], de que: **(i)** a penhora incidirá somente na quota-parte da executada, sem alcançar a quota-parte da coproprietária não presente na execução, pelo que não incidirá sobre a totalidade do imóvel[77], na medida em que somente o quinhão da executada responderá pela execução, de forma que, caso recaísse sobre o bem

---

izados, apreendidos e depositados bens do devedor, que ficarão à disposição do órgão *judicial para realizar o objetivo da execução, que é a satisfação do credor. 8. Trata-se, pois, de um gravame imposto pela atuação jurisdicional do Estado, com vistas à realização coercitiva do direito do credor, que, à toda evidência, não pode ultrapassar o patrimônio do executado ou de eventuais responsáveis pelo pagamento do débito, seja qual for a natureza dos bens alcançados. 9. Recurso especial conhecido e provido."* (REsp 1.818.926/DF – Relatora Ministra Nancy Andrighi – 3ª Turma do STJ – j. em 13/04/2021 – DJe 15/04/2021).

---

76 "(...) *1. A constrição judicial incidente sobre a parte do imóvel detido em condomínio indiviso pertencente ao condômino executado é legalmente resguardada, não sobejando possível, contudo, diante do alcance da penhora consumada, a expropriação, via alienação judicial, da integralidade da coisa como se houvesse sido penhorada na sua completude, pois implica a desconsideração do ato constritivo e os limites da medida constritiva, afetando o direito do coproprietário sem que antes tivesse oportunidade de salvaguardar seus interesses (CPC, art. 843). 2. Agravo conhecido e desprovido. Unânime."* (Agravo de Instrumento no. 0701878-20.2018.8.07.0000 – Relator Desembargador Teófilo Caetano – 1ª Turma Cível do TJDFT – j. em 17/10/2018 – DJe de 06/11/2018).

77 Inobstante tal premissa, vale observar que em decisão monocrática, da mesma relatoria da Sra. Ministra Nancy Andrighi, proferida em 15 de setembro de 2021, já transitada em julgado, quanto à penhora de bem indivisível, assim constou da respectiva ementa: *"PROCESSUAL CIVIL. AGRAVO EM RECURSO ESPECIAL. CUMPRIMENTO DE SENTENÇA. BEM DE FAMÍLIA. ALIMENTOS DECORRENTES DA PRÁTICA DE ATO ILÍCITO. EXCEÇÃO À IMPENHORABILIDADE. BEM INDIVISÍVEL. EXISTÊNCIA DE COPROPRIETÁRIO. PENHORA ADMITIDA. 1. Cumprimento de sentença. 2. A exceção do inciso III do art. 3º da Lei nº 8.009/90 aplica-se aos alimentos decorrentes de ato ilícito. 3. É admitida, nos termos do artigo 843 do CPC/2015, a penhora integral de bem imóvel indivisível, preservando-se a quota-parte do coproprietário ou cônjuge alheio à execução com o produto da alienação do bem. 4. Agravo conhecido. Recurso especial desprovido. Reconsiderada a decisão anteriormente proferida."* (AgInt no AGRAVO EM RECURSO ESPECIAL Nº 1.918.706/SC – Relatora Ministra Nancy Andrighi – 3ª Turma do STJ – in DJe de 20/09/2021).

imóvel por inteiro, resultaria em injusto e desnecessário gravame sobre a quota da coproprietária alheia à execução, até que houvesse a alienação judicial posteriormente; **(ii)** será alienado, em sua totalidade, o bem indivisível, qualquer que seja hipótese de copropriedade, em conformidade com o *caput* do art. 843 do CPC/2015; **(iii)** à coproprietária que não faz parte da execução, será assegurado o exercício do direito de preferência na arrematação da quota-parte pertencente à executada ou, caso aquela não queira se valer de tal prerrogativa, terá direito ao recebimento da respectiva compensação financeira pela sua quota-parte também alienada, que deverá ser necessariamente calculada de acordo com o valor da avaliação (e não com base no preço obtido na alienação judicial), nos respectivos termos dos §§ 1º e 2º do art. 843 do CPC/2015, e **(iv)** considerada a previsão do art. 674, § 2º, inciso I, do CPC/2015[78]-[79], tornou-se desnecessário o ajuizamento de embargos de terceiro (tanto pelo cônjuge/companheiro, no caso de meação, como também pelo coproprietário de bem indivisível, cuja quota-parte será resguardada com a garantia de recebimento, no mínimo, do valor da avaliação), considerada a proteção automática estabelecida legalmente, de acordo com os referidos §§ 1º e 2º do art. 843 do CPC/2015, e **(v)** deverá o coproprietário ou cônjuge/companheiro alheio à execução ser oportunamente intimado, tanto da penhora como da alienação judicial, na forma dos arts. 799, 842 e 889 do CPC/2015, permitindo-se, assim, caso queira, que

78 Considere-se que o dispositivo legal em referência não faz menção ao *coproprietário*, somente ao *cônjuge* ou *companheiro*: "*CPC, 2015: Art. 674 – Quem, não sendo parte no processo, sofrer constrição ou ameaça de constrição sobre bens que possua ou sobre os quais tenha direito incompatível com o ato constritivo, poderá requerer seu desfazimento ou sua inibição por meio de embargos de terceiro. § 2º Considera-se terceiro, para ajuizamento dos embargos: I – o cônjuge ou companheiro, quando defende a posse de bens próprios ou de sua meação, ressalvado o disposto no art. 843;*".

79 "(...) *2. É desnecessária a oposição de embargos de terceiro para garantia do direito do cônjuge do devedor sobre a quota-parte do preço do bem objeto da penhora, visto que a legislação processual civil já determinou o resguardo da parcela pertencente ao coproprietário. 3. No caso em exame, ficou constatado pelo Tribunal de origem que, observado o termo de penhora anexado ao processo, não foi preservada a meação do cônjuge do executado e, diante desse fato, mostra-se pertinente a oposição dos embargos de terceiro. A modificação dessa conclusão em recurso especial esbarra na Súmula 7/STJ. (...) 5. Agravo interno desprovido.*" (AgInt no AREsp 1.882.206/SP – Relator Ministro Marco Aurélio Bellize – 3ª Turma do STJ – j. em 22/11/2021 – DJe 25/11/2021).

lhe seja dada, em atenção e cumprimento aos preceitos do devido processo legal e do contraditório, a oportunidade de se pronunciar nos autos do processo.

A divergência interpretativa quanto ao art. 843 do CPC, em especial sobre a possibilidade de expropriação da fração ideal de bem indivisível, que pertença o coproprietário não executado e não responsável patrimonialmente, como se procurou demonstrar acima, ainda persiste no âmbito do próprio Superior Tribunal de Justiça e, como se espera, precisará ser pacificada pela Corte, oportunamente.

À vista do previsto no art. 843 do CPC/2015 e considerada a realçada divergência pretoriana ainda presente a respeito de questões jurídicas previamente destacadas, não há como se negar a relevância, dentre outras, sobre as seguintes indagações: a penhora incidirá sobre a totalidade do bem indivisível ou somente sobre a fração ideal do coproprietário executado? O bem indivisível será expropriado integralmente ou não poderá ser expropriada forçadamente a quota-parte do coproprietário não executado e não responsável?

Em sede doutrinária, de um lado, há os que defendem que a penhora recairá sobre a inteireza do bem comum indiviso[80], a ser, portanto, também integralmente alienado, se observadas, evidentemente, as proteções asseguradas pelos §§ 1º e 2º, do art. 843 do CPC/2015. De outro lado, há quem defenda que a penhora recairá somente sobre a quota-ideal do bem indivisível pertencente exclusivamente ao executado-coproprietário, mas o bem indivisível deverá

80 *"1.4. Não há que se falar, portanto, em penhora de quota-parte. Penhora-se e leva-se à excussão a integralidade do bem, reservando-se ao cônjuge ou coproprietário, a parte que lhe cabe do produto da venda deste bem."* WAMBIER, Teresa Arruda Alvim, [et. al]. *Primeiros comentários ao Código de Processo Civil.* 3ª ed. rev., atual e ampl. São Paulo: Thomson Reuters Brasil, 2020, p. 1302.

ser integralmente excutido judicialmente[81]-[82]-[83], observado o contido no citado dispositivo legal.

Com amparo em alguns dos julgados acima referidos, emanados do Superior Tribunal de Justiça, podem ser mencionadas recentes decisões colegiadas de órgãos fracionários do Tribunal de Justiça do Estado de São Paulo, no sentido de que, embora a penhora deva recair somente sobre a fração ideal pertencente ao coproprietário/condômi-

81 *"8.5. Objeto e extensão da penhora (...) Merecem especial atenção duas hipóteses. A primeira tem-se quando o bem penhorado é de propriedade conjunta do executado e de um terceiro, que não responde pela dívida. A penhora recairá apenas sobre a fração do bem titularizada pelo executado. Depois, no momento de expropriar o bem, se ele for divisível, será dividido – e se expropriará apenas a parte que cabe ao executado. Mas se o bem for indivisível, terá que ser expropriado por inteiro – entregando-se ao coproprietário não executado a parte do dinheiro arrecadado que corresponda exatamente à sua cota-parte sobre o bem. Essa mesma sistemática é aplicável ao bem objeto de meação, quando o outro cônjuge não responde pela dívida (art. 843)."* WAMBIER, Luiz Rodrigues; TALAMINI, Eduardo. *Curso avançado de processo civil* – Execução. volume 3. 18ª ed. rev., atual. e ampl. São Paulo: Thomson Reuters, 2021, p. 260.

82 *"A penhora, na verdade, não vai além da quota ideal do executado. O imóvel é alienado judicialmente por inteiro, como meio de liquidar a quota penhorada. Mas essa venda, de maneira alguma, poderá afetar a quota do condômino não devedor. Por isso, o § 2º do art. 843 defende o direito real deste, não permitindo que a expropriação por preço menor que o da avaliação prejudique o valor de sua quota ideal. (...) Na verdade, embora a penhora atinja o bem indivisível por inteiro, a constrição útil, para os fins executivos, é a que afeta a quota-parte do executado. Portanto, é sobre ela que se terá de apurar a possibilidade de a expropriação configurar alienação por preço vil ou execução inútil."* THEODORO JÚNIOR, Humberto. *Curso de direito processual civil.* volume 3, Execução forçada... 54ª ed. Rio de Janeiro: Forense, 2021, pp. 419-420.

83 Sobre a possível inversão procedimental adotada pelo CPC/2015 quanto à penhora e a subsequente alienação de bem indivisível pertencente a cônjuges ou coproprietários, no caso de apenas um destes integrar a execução: "*Na propriedade da coisa comum, a penhora recai, na verdade, sobre o direito correspondente à quota-parte ideal do devedor. No entanto, o novo Código parece que, reconhecendo a inconveniência da alienação da quota ideal em tal hipótese, adotou uma espécie de inversão, de tal forma que, ao contrário de penhorar para alienar, aliena-se para substituir a penhora por dinheiro, alcançando-se, assim, o ponto ideal da execução, que é o pagamento em espécie. Consequência de tal regra é que a penhora passa, na verdade, a incidir sobre a quota-parte em dinheiro, atribuindo-se ao coproprietário ou ao cônjuge direito ao que resultou, se ele não participar da execução*" SANTOS, Ernani Fidelis dos. *In:* ALVIM, Angélica Arruda [et al]. Comentários ao Código de Processo Civil – Lei nº 13.105/2015. 1ª.ed. Rio de Janeiro: Saraiva, 2017, p. 992.

no executado, a integral alienação forçada do bem indivisível deverá ocorrer, resguardando-se, todavia, aos coproprietários alheios à execução, as garantias e proteções estipuladas pelos §§ 1º e 2º do art. 843 do CPC/2015[84]-[85].

Já em outras recentes oportunidades, em decisões emanadas do próprio Tribunal de Justiça Bandeirante e do Tribunal de Justiça Fluminense, decidiu-se que a constrição (penhora) recairá sobre a totalidade do bem indivisível (e, pois, também sobre a fração ideal do coproprietário não devedor não integrante da execução), de forma a ser aquele bem inteiramente alienado, presentes e obedecidas, de

---

84 *"Apelação. Embargos de terceiro. Penhora de 10% (dez por cento) de imóvel em copropriedade. Sentença de improcedência dos embargos. Irresignação da Apelante que não se sustenta. Alegação de que o imóvel goza da proteção de impenhorabilidade destinada ao bem de família. Apelante que não se desincumbiu do ônus de demonstrar que o imóvel serve para sua moradia e tampouco que seria o único imóvel disponível para tanto. Ônus da prova que incumbia à Apelante. Inviabilidade de proteção da Lei nº 8.009/90. Possibilidade de penhora sobre a quota-parte titularizada pelo devedor, inexistindo óbice à alienação do bem indivisível por inteiro, preservada a quota-parte de cada um dos coproprietários e resguardado o direito de preferência na arrematação do bem. Inteligência do art. 843 do CPC. Precedentes do STJ e desta Corte Paulista. (...) RECURSO DESPROVIDO."* (Apelação Cível 1000179-13.2020.8.26.0584 – Relator Desembargador L. G. Costa Wagner – 34ª Câmara de Direito Privado do TJSP – j. em 31/08/2021 – Data de Registro: 31/08/2021).

85 *"AGRAVO DE INSTRUMENTO Penhora sobre bem imóvel indivisível havido em condomínio – Alienação judicial do bem por inteiro – Possibilidade – Lei que determina de um lado haja a realização da penhora apenas sobre a quota-parte do executado, e de outro, deixa assentado, que, cuidando-se de bem imóvel ou direito real sobre imóvel, desde que indivisível, e havido em copropriedade, a constrição persiste e compromete o restante do bem imóvel ou dos direitos reais a tal referentes, mesmo que titularizados por terceiros – Terceiros, condôminos, contudo, que são protegidos pela lei, sendo a eles destinado o respectivo produto obtido em alienação, em dinheiro, e têm resguardado o seu direito de preferência na arrematação do bem ou a compensação financeira pela sua quota-parte apurada esta segundo o valor da avaliação, não mais sobre o preço obtido na alienação judicial – Inteligência do art. 391, do CC; do art. 789; e do caput, e §§ 1º e 2º, do art. 843, do CPC – Entendimento jurisprudencial do STJ. Recurso provido em parte."* (Agravo de Instrumento 2123156-59.2021.8.26.0000 – Relator Desembargador João Batista Vilhena – 17ª Câmara de Direito Privado do TJSP – j. em 26/08/2021 – Data de Registro: 26/08/2021).

qualquer maneira, as previsões contidas nos já mencionados §§ 1º e 2º o art. 843[86]-[87]-[88]-[89]-[90].

---

86 *"(...) 2. Possibilidade de constrição e expropriação da integralidade de bem indivisível, resguardado aos condôminos não devedores o direito à quota-parte sobre o produto da alienação do imóvel e, também, o direito de preferência na arrematação. Artigo 843 do CPC."* (Agravo de Instrumento nº 2190319-90.2020.8.26.0000 – Relatora Desembargadora Maria do Carmo Honorio – 3ª Câmara de Direito Privado do TJSP – j. em 17/11/2020 – Data de Registro: 19/11/2020).

87 *"EMBARGOS DE TERCEIRO – Penhora incidente sobre imóvel de titularidade dos embargantes e da executada, pessoa física – Execução que se realiza no interesse do credor, observado o princípio da menor onerosidade – (...) Possibilidade de constrição e expropriação da metade ideal pertencente a condômino não devedor, ou seja, da integralidade do bem indivisível – Inteligência do art. 843 do CPC. – Improcedência mantida – Recurso improvido."* (Apelação Cível no. 1096577-19.2020.8.26.0100 – Relator Desembargador Correia Lima – 20ª Câmara de Direito Privado do TJSP – j. 26/08/2021 – Data de Registro: 26/08/2021).

88 *"AGRAVO DE INSTRUMENTO. Execução por quantia certa. Decisão que deferiu a penhora do imóvel referente à quota-parte da executada. O agravante pretende a reforma da decisão para que a penhora recaia sobre a totalidade do bem. Bem indivisível. Possibilidade de penhora sobre a totalidade, com reserva do produto da alienação ao coproprietário não executado. Art. 843, do CPC. Precedentes. Decisão reformada para autorizar a penhora sobre a integralidade do imóvel. DADO PROVIMENTO AO RECURSO."* (Agravo de Instrumento no. 0087626-57.2020.8.19.0000 – Relatora JDS Desembargadora Maria Aglaé Tedesco Vilardo – 27ª Câmara Cível do TJRJ – j. em 26/08/2021 – DJ de 01/09/2021).

89 *"Embargos de Terceiro – Penhora decorrente de ação monitória que recaiu sobre bem imóvel de copropriedade dos embargantes que não são partes no processo – Fato incontroverso – Possibilidade de constrição judicial sobre a integralidade de bem indivisível – Descabimento da pretendida exclusão do bem penhorado da constrição judicial – Direito dos coproprietários resguardado pela reserva de suas quotas partes, bem como do direito de preferência na arrematação em iguais condições – Inteligência do artigo 843 do Código de Processo Civil – Embargos rejeitados de plano – Sentença mantida – (...) Recurso não provido."* (Apelação Cível no. 1000926-63.2021.8.26.0022 – Relator Desembargador Henrique Rodriguero Clavisio – 18ª Câmara de Direito Privado do TJSP – j. em 19/10/2021 – Data de Registro: 25/10/2021).

90 *"APELAÇÃO CÍVEL. Embargos de Terceiro. Embargantes coproprietários de 50% do imóvel objeto de penhora em Ação de Execução. A hipótese não é de cancelamento total da penhora, como pretendem os embargantes, nem de penhora e alienação de apenas metade do imóvel, como pretende o exequente. Extrai-se do art.843, caput, do CPC, que a penhora de bem indivisível deve recair sobre a totalidade do bem, garantindo-se ao coproprietário alheio à execução o valor equivalente à sua quota-parte, que recairá sobre o produto da alienação do bem. O coproprietário fica protegido em seu interesse patrimonial, pois a ele é reservado o direito de preferência na arrematação em igualdade de condições (art.843, §1º, CPC), bem como a sua quota-*

4.3. Repercussões práticas quanto à penhora de bem indivisível, sua averbação junto ao registro público e ao objeto da arrematação

Como observado, tratando-se de bem indivisível – cuja propriedade pertença a coproprietários, sendo um deles estranho à execução e sem ser este devedor ou responsável patrimonialmente –, também podem surgir questionamentos, no transcorrer do trâmite processual, acerca da amplitude da respectiva penhora[91]-[92]-[93], dada a relevância e os efeitos processuais e materiais[94] decorrentes de tal gravame ordenado na execução.

-parte é calculada considerando o valor da avaliação (art.843, §2º, do CPC). Dessa forma, alcança-se a efetividade do processo executivo e ao mesmo tempo tutela-se o patrimônio do coproprietário. Precedente do STJ. (...) PARCIAL PROVIMENTO DO RECURSO DOS EMBARGANTES. DESPROVIMENTO DO RECURSO DO 2º EMBARGADO/ EXEQUENTE." (Apelação Cível no. 0038804-60.2018.8.19.0209 – Relator Desembargador Peterson Barroso Simão – 3ª Câmara Cível do TJRJ – j. em 24/08/2020 – DJ de 02/09/2020).

---

91 "§8º. – Apreensão de Bens
1. Penhora: conceito e objeto
1. Denomina-se penhora o ato pelo qual se apreendem bens para empregá-los, de maneira direta ou indireta, na satisfação do crédito exequendo. Podem constituir objeto da penhora bens pertencentes ao próprio devedor ou, por exceção, pertencente a terceiros, quando suportem a responsabilidade executiva." MOREIRA, José Carlos Barbosa. *O Novo Processo Civil Brasileiro:* exposição sistemática do procedimento. 28ª ed. rev. e atual. Rio de Janeiro: Forense, 2010, p. 237.

92 *"A penhora é o ato de apreensão de bens com finalidade executiva e que dá início ao conjunto de medidas tendentes à expropriação de bens do devedor para pagamento ao credor. O principal efeito da penhora é a vinculação definitiva do bem à execução. A alienação posterior é irrelevante para o processo de execuçao, prosseguindo-se na expropriação do bem ainda que em poder de terceiro. O bem não se torna inalienável ou fora do comércio; simplesmente sua eventual alienação é ineficaz ou irrelevante para a execução."* GRECO FILHO, Vicente. *Direito processual civil brasileiro*, volume 3: (processo de execução a procedimentos especiais). 19ª ed. rev. e atual. São Paulo: Saraiva, 2008, p. 82.

93 Quanto ao ato de penhora, que tem como consectários, dentre outros, a individualização, apreensão e depósito do bem penhorado (arts. 838 e 839 do CPC/2015).

94 *"Tradicionalmente, a doutrina afirma que a penhora produz efeitos de duas naturezas: processuais e materiais. Entre os efeitos processuais estão: (a) a garantia do juízo; (b) individualização dos bens que suportarão a atividade executiva; (c) geração do direito de preferência ao exequente. Entre os efeitos materiais estão: (a) retirada do executado da posse direta do bem penhorado; (b) ineficácia dos atos de alienação ou oneração do bem penhorado."* NEVES, Daniel Amorim Assumpção. *Manual de Direito Processual Civil.* volume único. 13ª ed. Salvador: Ed. JusPodivm, 2021, p. 1250.

Os questionamentos podem se dar quando houver a prolatação da decisão judicial em relação ao alcance da penhora de bem indivisível, considerando-se os seguintes cenários: (**a**) ora entendendo-se que deva ocorrer de forma mais restritiva, para incidir somente sobre a fração ideal do coproprietário-executado[95] – apesar disso não inviabilizar a futura alienação integral do bem e, desde que seja assegurado o recebimento da quota-parte do coproprietário alheio à execução em relação ao produto a ser aferido com a alienação, nos exatos termos do **§2º** do art. 843, do CPC/2015[96], e (**b**) ora com a determinação de que, observada a necessária preservação da quota-parte do coproprietário estranho à execução, como previsto no aludido dispositivo legal, deverá ser constrito (penhorado) todo o bem indivisível[97].

---

95 *"AGRAVO DE INSTRUMENTO. EXECUÇÃO FISCAL. BEM IMÓVEL INDIVISÍVEL. COPROPRIEDADE. PENHORA SOBRE A TOTALIDADE DO BEM. IMPOSSIBILIDADE. PRESERVAÇÃO DA FRAÇÃO IDEAL DE TERCEIRO ESTRANHO À EXECUÇÃO. RECURSO DESPROVIDO. I. Impossibilidade de penhora sobre a totalidade do bem, uma vez que a executada é titular apenas de fração ideal do bem imóvel em questão, não sendo lícito a imposição de constrição sobre a propriedade de terceiros (não cônjuge) estranhos à execução. Precedentes do STJ e desta Corte. II. Agravo de instrumento a que se nega provimento."* (Agravo de Instrumento no. 5020784-92.2017.4.03.0000 – Relatora Juíza Federal Convocada Denise Aparecida Avelar – 1ª Turma do TRF da 3ª Região – j. em 07/01/2020 – DJe de 14/01/2020).

96 *"EMBARGOS TERCEIRO (...) – PENHORA EM FRAÇÃO IDEAL DE IMÓVEL EM CONDOMÍNIO INDIVISO – CABIMENTO – PENHORA SOBRE AS FRAÇÕES IDEAIS DOS SUCESSORES DO DEVEDOR TRIBUTÁRIO – NECESSIDADE DE RESSALVA DAS FRAÇÕES IDEAIS DOS COPROPRIETÁRIOS NÃO RESPONSÁVEIS PELA DÍVIDA TRIBUTÁRIA, PARA QUE SEJA RESGUARDADA A SUA COTA PARTE NO PRODUTO DA ALIENAÇÃO, NA FORMA DO ART. 843, DO CPC (...) 5- É cabível a penhora sobre a fração ideal de imóvel em condomínio indivisível, sendo o devedor coproprietário do bem. 6- É de rigor a desoneração da constrição quanto às frações ideais dos coproprietários não devedores na execução, para que seja resguardada a sua cota parte no produto da alienação, na forma do art. 843, do CPC. (...) 9- Confirmar a sentença. Primeira e segunda apelação a que se nega provimento."* (Apelação Cível no. 1.0000.20.496874-7/001 – Relatora Desembargadora Sandra Fonseca – 6ª Câmara Cível do TJMG -, j. em 26/01/2021 – publicação da súmula em 03/02/2021).

97 Trecho do acórdão: *"(...) De igual modo, a questão relativa à alegada indivisibilidade do bem foi discutida nos autos de outro recurso, como anota a ementa do acórdão recorrido. Sem embargo, cabe ressaltar que a jurisprudência desta Corte Superior admite – como outrossim expressamente autoriza o art. 843 do CPC/2015, e, antes, o art. 655-B do CPC/1973 – a penhora integral de bem imóvel indivisível, preservando-se a quota-parte do coproprietário ou cônjuge alheio à execução com o produto da alienação do bem. Cito, a propósito: (...)"* (AgInt no TP 1.423/RJ – Relator Ministro Antônio Carlos Ferreira – 4ª Turma do STJ – j. em 26/06/2018 – DJe 02/08/2018).

Adicionalmente, algumas dessas questões talvez tenham de ser tratadas quando o exequente estiver ciente das exigências (relativas à certidão da penhora) feitas pelo Ofício registral[98], o qual é encarregado do respectivo registro da penhora [99]-[100].

Em certos casos, por exemplo, poderá vir a ser questionada, pela serventia registral, sobre a possibilidade de desrespeito ao princípio da

No mesmo sentido: "*AGRAVO DE INSTRUMENTO. Impugnação à penhora não acolhida. Agravante que sustenta julgamento* ultra petita, *ilegalidade e desproporcionalidade de penhora sobre a integralidade do bem imóvel indivisível. Aplicação do artigo 843 do CPC. RECURSO IMPROVIDO.*" (Agravo de Instrumento no. 2005982-92.2022.8.26.0000 – Relator Desembargador César Zalaf – 14ª Câmara de Direito Privado do TJSP – j. em 21/02/2022 – Data de Registro: 21/02/2022).

98 No estado de São Paulo: Notas de Devolução do título apresentado para registro podem ser emitidas pelos Oficiais das Serventias Registrais imobiliárias.

99 "*AGRAVO DE INSTRUMENTO – AÇÃO DE EXECUÇÃO DE TÍTULO EXTRAJUDICIAL – Pretensão da exequente de averbação de penhora na matrícula de imóvel – Nota de devolução do Oficial de Registro de Imóveis indicando que a certidão da penhora deve ser corrigida, a fim de que a penhora recaia somente sobre a cota-parte do executado – Irresignação da exequente – A penhora deve estar adstrita à cota parte do devedor, resguardada, no entanto, a alienação judicial da integralidade do imóvel – Precedente do E. STJ – Correção do equívoco que deve ser feita pela Serventia Judicial com a correção da certidão de penhora – Necessidade de cumprimento das exigências formuladas pelo registrador, cabendo à exequente, se o caso, suscitar dúvida a ser analisada pelo MM. Juiz Corregedor Permanente do Registro Imobiliário – Precedentes deste E. Tribunal de Justiça – Decisão mantida – RECURSO NÃO PROVIDO, com determinação.*" (Agravo de Instrumento nº 2176440-79.2021.8.26.0000 – Relator Desembargador Lavínio Donizetti Paschoalão – 14ª Câmara de Direito Privado do TJSP – j. em 17/09/2021 – Data de Registro: 17/09/2021).

100 "*AGRAVO DE INSTRUMENTO. EXECUÇÃO. Pretensão de averbação da penhora na matrícula de bem imóvel. Nota de devolução do Cartório de Registro de Imóveis afirmando a necessidade de retificação da certidão de penhora, pois o Executado não é detentor de 100% do imóvel. Pretensão de penhora da integralidade do imóvel. Não cabimento. A constrição deve restringir-se à parte ideal pertencente ao Executado, resguardada a possibilidade de alienação da integralidade do imóvel. Inteligência do art. 843 do NCPC. Retificação da certidão de penhora, contudo, que deve ser feita pela Serventia Judicial. Eventual inconformismo com as exigências da penhora no registro imobiliário deve ser solucionado por meio de suscitação de dúvida registrária perante a Corregedoria do Oficial de Registro de Imóveis. Precedentes. Decisão mantida. Recurso não provido, com observação.*" (Agravo de Instrumento no. 2043083-03.2021.8.26.0000 – Relator Desembargador Tasso Duarte de Melo – 12ª Câmara de Direito Privado do TJSP – j. em 14/10/2021 – Data de Registro: 14/10/2021).

continuidade registrária[101]-[102]-[103], sob a perspectiva de que a penhora não pode incidir sobre a fração ideal detida por quem não faça parte da execução.

Poderão, ainda, ser suscitados questionamentos em fase processual mais avançada, quando da designação da hasta pública, de forma a se definir claramente qual será o objeto desta, por exemplo: dependendo do alcance da penhora previamente ordenada quanto ao bem indivisível, se será colocada à venda judicialmente somente a fração ideal do executado, ou se será buscada a alienação da inteireza do mencionado bem[104],

101 *"Lei nº 6.015/1973:*
Art. 195 – Se o imóvel não estiver matriculado ou registrado em nome do outorgante, o oficial exigirá a prévia matrícula e o registro do título anterior, qualquer que seja a sua natureza, para manter a continuidade do registro.
(...)
Art. 237 – Ainda que o imóvel esteja matriculado, não se fará registro que dependa da apresentação de título anterior, a fim de que se preserve a continuidade do registro.".

102 De forma a ser observada a correta cadeia sucessória de titularidades jurídicas do imóvel. Não se tratará nesta oportunidade sobre a temática acerca da natureza da arrematação judicial (se se trata de aquisição originária ou derivada).

103 *"Agravo de instrumento. Cumprimento de sentença. Decisão que indeferiu o pedido de penhora de imóvel não registrado em nome do devedor. Correção da medida. Execução que não pode atingir outros bens que não aqueles que integram o patrimônio dos devedores, sendo inviável a penhora até mesmo em observância ao princípio da continuidade registrária. Decisão que também determinou a penhora sobre a parte ideal que o devedor possui sobre outro imóvel. Admissibilidade. Pretensão de constrição da integralidade do bem indivisível que não se justifica, posto que também atingiria indevidamente o patrimônio de pessoas alheias à execução. Penhora da cota-parte do executado que, ademais, não impedirá a alienação judicial do imóvel em sua integralidade, resguardando-se aos coproprietários o direito de preferência na arrematação, ou a compensação financeira pela sua quota-parte sobre o produto da alienação, nos termos do artigo 843 do Código de Processo Civil. Decisão mantida. Recurso improvido."* (Agravo de Instrumento no. 2101014-61.2021.8.26.0000 – Relator Desembargador Ruy Coppola – 32ª Câmara de Direito Privado do TJSP – j. em 15/07/2021 – Data de Registro: 15/07/2021). Também sobre o referido princípio da continuidade registrária: REsp 1.273.313/SP – Relator Ministro Ricardo Villas Bôas Cueva, 3ª Turma do STJ – j. em 03/11/2015 – DJe de 12/11/2015).

104 *"PROCESSUAL CIVIL. TRIBUTÁRIO. AGRAVO INTERNO. ART. 1.021, CPC. AGRAVO DE INSTRUMENTO. DESIGNAÇÃO DE HASTA PÚBLICA DE IMÓVEL INDIVISÍVEL. FRAÇÃO IDEAL PERTENCENTE A TERCEIRO. IMPOSSIBILIDADE. AGRAVO DESPROVIDO. 1. A decisão ora agravada, prolatada em consonância com o permissivo legal, encontra-se supedaneada em jurisprudência consolidada do C. Superior Tribunal de Justiça e desta Corte, inclusive quanto aos pontos impugnados no presente recurso. 2. A questão vertida no presente agravo de instrumento refere-se à possibilidade de*

isso de forma a se evitar possíveis impugnações quando da subsequente realização do certame[105].

No respectivo edital (art. 886, inciso I e II, do CPC/2015) a ser publicado, por óbvio, não poderá deixar de constar detalhadamente um importante conjunto de informações a respeito do bem a ser leiloado, sua avaliação[106], suas características e o preço mínimo pelo qual poderá

---

designação de data para hasta pública de imóvel indivisível em que o executado possui apenas fração ideal dele (50%). 3. Com efeito, verifica-se que o Superior Tribunal de Justiça entende que, em execução, a fração ideal de bem indivisível pertencente a terceiro não pode ser levada a hasta pública, de modo que se submetem à constrição judicial apenas as frações ideais de propriedade dos respectivos executados. 4. Tendo em vista a impossibilidade de hasta pública do bem imóvel penhorado, já que se trata de fração de bem indivisível, é de ser mantida a decisão agravada. (...) 6. Agravo interno desprovido." (Agravo de Instrumento no. 5005487-11.2018.4.03.0000 – Relatora Desembargadora Federal Diva Prestes Marcondes Malerbi – 6ª Turma do TRF da 3ª Região – j. em 30/04/2021 – DJe de 05/05/2021).

---

105 *"EXECUÇÃO DE TÍTULO EXTRAJUDICIAL – Leilão de imóveis – Agravante interessado em arrematar apenas a fração ideal pertencente ao executado – Impossibilidade – Bens indivisíveis – Aplicação do artigo 843 do CPC – A penhora pode incidir sobre a fração ideal do bem, mas a alienação em hasta pública é do imóvel em sua integralidade – Decisão mantida – RECURSO NÃO PROVIDO."* (Agravo de Instrumento no. 2078863-04.2021.8.26.0000 – Relator Desembargador Spencer Almeida Ferreira – 38ª Câmara de Direito Privado do TJSP – j. em 26/01/2022 – Data de Registro: 26/01/2022).

106 "(...) *2. O juízo a quo entendeu que, embora a penhora tenha recaído somente sobre a parte da ré Josefa (50%), a venda do bem é integral, na forma do art. 843 do CPC/2015, não tendo o ora agravante realizado o depósito da diferença entre a avaliação do bem e seu crédito. 3. Com efeito, a penhora recaiu apenas sobre a cota-parte da devedora (50%), contudo, em se tratando de bem indivisível, a alienação deve corresponder à integralidade do imóvel, resguardando metade do produto final da venda ao coproprietário que não fez parte do polo passivo da demanda, nos moldes do art. 843 CPC/2015. 4. Embora no edital de intimação da praça e no auto de leilão, conste que seria arrematado a cota-parte do imóvel pertencente à executada, ou seja, somente 50% do bem, tal fato não tem o condão de afastar a imposição legal de alienação da integralidade do imóvel, ressaltando que o recorrente foi intimado para depositar a diferença, o que sana eventual vício a ser alegado.* 5. Assim, *deve o arrematante efetuar o depósito do valor da arrematação que exceda seu crédito, na forma do art. 892, parágrafo primeiro do CPC/2015. 6. Diante da ausência de depósito da diferença entre o lanço promovido pelo agravante e o seu crédito na demanda, não obstante intimado para fazê-lo a fl. 849 (fl. 102 destes autos), correta a decisão atacada que anulou a arrematação em questão, determinando que se proceda à novo leilão. 7. Recurso desprovido."* (Agravo de Instrumento no. 0047713-73.2017.8.19.0000 – Relatora Desembargadora Mônica Maria Costa Di Piero – 8ª Câmara Cível do TJRJ – j. em 08/05/2018 – DJe de 11/05/2018).

ser alienado. Afinal, quem tiver interesse em participar do certame judicial, deve ser capaz de compreender, de maneira segura, as informações referentes ao bem a ser vendido por hasta pública, de acordo com os dados do edital antes elaborado e divulgado.

Questionamentos de tal natureza podem surgir, também, sobre a amplitude da arrematação judicial de bem indivisível, quanto ao efetivo objeto do auto de arrematação e da respectiva carta de arrematação, bem como sobre a respectiva ordem de imissão na posse, em sendo homologado o certame: se dirão respeito unicamente à fração ideal do executado ou se versarão sobre a totalidade do bem indivisível[107].

Tratando-se de expropriação estatal forçada, conduzida pelo Poder Judiciário, devem ser evitados, a todo custo, os cenários de dúvida ou insegurança jurídica, para os sujeitos que possam ser atingidos, direta ou indiretamente, em decorrência daquele relevante ato judicial.

4.4. A (des)necessidade de intimação do coproprietário para a ciência da penhora e da avaliação do bem indivisível, a despeito de sua prevista (e obrigatória) intimação da alienação (art. 889, inciso II, CPC/2015)

Uma vez determinada a penhora sobre bem indivisível, não há regra expressa, no CPC/2015, que imponha a intimação do coproprietário

107 *"DIREITO PROCESSUAL CIVIL. Bem imóvel ofertado em leilão público. Indeferimento da expedição de carta de arrematação da integralidade de imóvel arrematado, bem como a imissão na posse em favor da arrematante. Termo de penhora incidente apenas sobre parcela de quinhão hereditário, pertencente ao executado. Bem indivisível. De fato, ainda que o termo de penhora tenha inclinado apenas sobre a cota-parte do devedor, em se tratando de bem indivisível, a alienação deve corresponder à integralidade do imóvel, resguardando metade do produto final da venda ao coproprietário, que, embora previamente intimado do referido ato, consoante demonstra o acervo probatório, não exerceu direito legítimo de preferência, nos moldes do art. 843, CPC/2015. Posto isso, mesmo que houvesse menção de que seria arrematada somente a cota-parte do imóvel pertencente ao executado, tal fato não tem a virtude de afastar a determinação legal de alienação da integralidade do imóvel, nos moldes requeridos. Outrossim, existe farta documentação indicando que a hasta pública do imóvel objeto da arrematação ocorreu de forma integral, ou seja, correspondeu à totalidade do bem, sendo precedido da respectiva avaliação, e assim devidamente considerada, além de assegurados os direitos dos herdeiros, devendo, portanto, ser observada a lei de regência quanto à indivisibilidade do aludido bem, e os procedimentos de alienação. Recurso provido."* (Agravo de Instrumento no. 0046702-72.2018.8.19.0000 – Relator Desembargador Adolpho Corrêa de Andrade Mello Júnior – 9ª Câmara Cível do TJRJ – j. em 19/02/2019 – DJe de 21/02/2019).

não devedor e estranho à execução. Tampouco há no detalhado rol dos requerimentos e providências que são de incumbência do exequente, dos incisos I a XIII, do art. 799 do CPC/2015, a previsão de intimação do coproprietário alheio à execução, na hipótese de ser requerida pelo exequente a penhora de bem indivisível pertencente ao executado e a terceiro. A falta dessa previsão legal pelo CPC/2015, no entanto, não passou sem a atenta e devida percepção dos estudiosos do Processo Civil[108]-[109]-[110].

O CPC/2015 também não prevê expressamente que o coproprietário do bem indivisível atingido pela penhora (no todo ou em parte daquele bem) seja intimado da subsequente avaliação realizada (arts. 870 a 875 do CPC/2015).

Todavia, como dito, o art. 889, inciso II, do CPC/2015, estipula que serão *"cientificados da alienação judicial, com pelo menos 5 (cinco) dias de antecedência: II – o coproprietário de bem indivisível do qual tenha sido penhorada fração ideal;"*. A razão de ser de tal cientificação é permitir que o coproprietário do bem indivisível sobre o qual tenha recaído a

108 *"Enunciado no. 641 do Fórum Permanente de Processualistas Civis (arts. 799, 843, 867, §5°, e 889) – O exequente deve providenciar a intimação do coproprietário no caso da penhora de bem imóvel indivisível ou de direito real sobre bem imóvel indivisível. (Grupo: Cumprimento de sentença e execução)"* – (Fonte: Disponível em: <https://institutodc.com.br/wp-content/uploads/2017/06/FPPC-Carta-de-Florianopolis.pdf>. Acesso em: 7 mar. 2022).

109 *"O exequente deve providenciar a intimação do coproprietário no caso da penhora de bem indivisível ou de direito real sobre bem indivisível"* (Enunciado nº 154 da II Jornada de Direito Processual Civil do Conselho da Justiça Federal) – (Fonte: Disponível em: <https://www.cjf.jus.br/enunciados/enunciado/1283>. Acesso em: 7 mar. 2022).

110 *"Embora o art. 799, do CPC, não contenha referência expressa ao coproprietário de bem objeto de condomínio pro indiviso, o art. 889, do CPC, é expresso ao exigir tal intimação quando da alienação do bem, ao passo que o art. 843, do CPC, estipula que o bem objeto de condomínio será alienado e o condômino se sub-rogará na parcela do preço equivalente à sua cota parte. Por tal motivo, e considerando que o condômino suporta os efeitos da penhora, sua intimação também é necessária."* DIDIER JR. Fredie, CUNHA, Leonardo Carneiro da; BRAGA, Paula Sarno; OLIVEIRA, Rafael Alexandria de. *Curso de direito processual civil:* execução. 11ª ed. rev. ampl. e atual. Salvador: Ed. JusPodivm, 2021, p. 905.

penhora, possa, caso queira, exercer o seu direito de preferência[111]-[112]-[113] na aquisição da fração ideal do executado, como assegurado pelo §1º, do art. 843 do CPC/2015 c/c o art. 1.322 do Código Civil[114].

Entretanto, dita cientificação do coproprietário que não faz parte do processo, apenas poucos dias antes da potencial alienação do bem, significará que, em tal ocasião, já terão sido necessariamente superadas importantes etapas do procedimento executivo, em especial: **(i)** a reali-

111 *"No caso do coproprietário de bem indivisível do qual tenha sido penhorada fração ideal, a cientificação prévia imposta pelo inciso II do art. 889 se justifica para que possa ser exercido o direito de preferência que lhe é reservado pelo § 1º. do art.* 843. Sem que ela se dê, é correto entender que cabe ao coproprietário suscitar a ineficácia da alienação para que possa exercer aquele *direito."* BUENO, Cassio Scarpinella. *Curso sistematizado de direito processual civil*: tutela jurisdicional executiva, vol. 3, 10ª ed. São Paulo: Saraiva Educação, 2021, p. 416.

112 *"Agravo de instrumento. Direito processual civil. Decisão agravada que revogou a decisão homologatória do laudo de avaliação e todos os atos subsequentes no processo. Parte agravante que pretende a manutenção da decisão de homologação do laudo de avaliação do imóvel penhorado e o deferimento da adjudicação do mesmo. O executado, ora primeiro agravado, que não estava representado nos autos e não foi intimado pessoalmente com relação a realização da penhora. Os coproprietários do imóvel penhorado, que não são executados no processo, também, não foram intimados da penhora, a fim de que pudessem exercer o seu direito de preferência na arrematação do bem, conforme o disposto no § 1º, do artigo 843 do Código de Processo Civil. Preclusão da matéria que não se configura, diante da inobservância da norma processual civil, causadora de insanável nulidade processual. Discrepância do valor atribuído pelo avaliador judicial, com o valor apresentado no laudo acostado pelo primeiro agravado. Controvérsia com relação a metragem da área rural penhorada. Nova avaliação, a ser realizada por profissional atuante no mercado imobiliário. Incidência do artigo 873 do Código de Processo Civil. Recurso a que se nega provimento."* (Agravo de Instrumento no. 0050836-11.2019.8.19.0000 – Relator Desembargador Cláudio Brandão de Oliveira – 7ª Câmara Cível do TJRJ – j. em 27/10/2020 – DJ de 03/11/2020).

113 *"Naquelas situações em que o terceiro tenha direito de preferência na aquisição do bem submetido à alienação judicial, como no caso do condômino de bem indivisível, sua intimação prévia é obrigatória (CPC/2015, art. 889, II). Faltando esta, não será o caso de anulação do ato expropriatório. Sua preferência, contudo, perdurará em face do arrematante, se depositar o preço, no prazo de cento e oitenta dias, nos termos do art. 504 do Código Civil."* THEODORO JÚNIOR, Humberto. *Curso de direito processual civil.* volume 3, Execução forçada... 54ª ed. Rio de Janeiro: Forense, 2021, p. 482.

114 *"Código Civil, art. 1.322 – Quando a coisa for indivisível, e os consortes não quiserem adjudicá-la a um só, indenizando os outros, será vendida e repartido o apurado, preferindo-se, na venda, em condições iguais de oferta, o condômino ao estranho, e entre os condôminos aquele que tiver na coisa benfeitorias mais valiosas, e, não as havendo, o de quinhão maior."*.

zação da avaliação[115]-[116] do bem indivisível[117], inclusive com a definição sobre eventuais impugnações feitas pelas partes do processo quanto ao valor encontrado, se indevidamente reduzido ou excessivo, ou quanto a outros relevantes temas, como a efetiva divisibilidade ou não do bem[118],

---

115 *"39.16. Avaliação A avaliação dos bens penhorados constitui uma das fases mais importantes do processo de execução. Ela serve de balizamento para inúmeras situações compreendidas na fase de expropriação, seja por adjudicação, alienação por iniciativa particular ou em leilão judicial, entre elas: a) estabelecer o preço a ser oferecido pelo exequente par fins de adjudicação dos bens penhorados, que não poderá ser inferior ao da avaliação (artigo 876, caput); b) fixar o preço mínimo pelo qual o interessado poderá adquirir o bem penhorado, não inferior a cinquenta por cento do valor da avaliação, quando outro não tiver sido estipulado pelo juiz (artigo 891, parágrafo único); c) estabelecer o valor pelo qual o interessado poderá adquirir o bem penhorado em prestações, não inferior ao da avaliação (artigo 895, inciso I); d) servir de base, em função da relevância do valor dos bens, para ampliar a publicidade do leilão, inclusive por emissoras de rádio e televisão (artigo 887, § 4º)*; e) estabelecer direito de preferência para um dos lançadores arrematar em conjunto os bens leiloados (artigo 893); (....) *para permitir a redução ou a ampliação da penhora, assim como a sua transferência para outro bens mais valiosos, dependendo do caso (artigos 870, caput e 872, caput).*" CARNEIRO, Paulo Cezar Pinheiro. *O Novo Processo Civil Brasileiro*. 2ª ed. Rio de Janeiro: Forense, 2021, pp. 207-208.

116 *"51.4. AVALIAÇÃO A avaliação prevista nos arts. 870 a 875 do CPC se presta a indicar um valor econômico ao bem penhorado, tendo grande importância para o seguimento da execução por quantia certa. Dependendo do valor obtido com a avaliação, será possível ao juiz determinar diminuição ou aumento da penhora (art. 874 do CPC), tudo para que o direito do credor seja efetivamente satisfeito sem prejuízo exagerado ou desnecessário ao executado."* NEVES, Daniel Amorim Assumpção. *Manual de Direito Processual Civil*. volume único. 13ª ed. Salvador: Ed. JusPodivm, 2021, p. 1.276.

117 Ressalve-se a previsão do art. 872, §§ 1º e 2º, do CPC/2015, que trata da avaliação de bem imóvel suscetível de cômoda divisão e que admite a apresentação de memorial descritivo e proposta de desmembramento, que não é a hipótese do art. 843 do mesmo diploma legal. Da mesma forma, veja-se o contido no art. 894 do CPC/2015 sobre a alienação de parte do imóvel que admita cômoda divisão, a requerimento do executado.

118 *"(c) Imóvel divisível: Quando o imóvel penhorado admitir cômoda divisão, o juiz, a requerimento do executado, ordenará a alienação judicial de parte dele, desde que suficiente para pagar o exequente e para satisfação das despesas da execução (art. 894, caput). Se, contudo, não houver lançador para a parte desmembrada, a alienação será feita sobre o imóvel em sua integridade (art. 894, § 1º). A alienação por partes deverá ser requerida a tempo de permitir a avaliação das glebas destacadas e sua inclusão no edital. Nesse caso, caberá ao executado instruir o requerimento com planta e memorial descritivo subscrito por profissional habilitado. Essa modalidade de arrematação de imóvel por partes depende, outrossim, de avaliação prévia, também, por partes, sugerindo-se, com a apresentação do memorial descritivo, os possíveis desmembramentos para alienação (art. 872, § 1º)."* THEODORO JÚNIOR, Humberto. *Curso de direito processual civil*. volume 3, Execução forçada... 54ª ed. Rio de Janeiro: Forense, 2021, p. 475.

e **(ii)** a falta de interesse na adjudicação pelo exequente, ao menos até aquele momento (arts. 876 a 878 do CPC/2015).

E, ao ser seguido o procedimento executivo, sem que haja a adjudicação, quanto ao bem penhorado, poderá o exequente pedir "*a alienação por sua própria iniciativa ou por intermédio de corretor ou leiloeiro público credenciado perante o órgão judiciário*", conforme o art. 880 do CPC/2015.

Assim, se diante do contido nos arts. 876, §5º, e 889, inciso II, ambos do CPC/2015, ao coproprietário do bem indivisível, que não integra a relação processual, é permitido também requerer a adjudicação para si próprio da fração ideal pertencente ao executado, surge a indagação: quando deve, o dito coproprietário não executado, ter a chance de manifestar em juízo sobre a sua intenção de adjudicar? Deve fazê-lo sem que antes tivesse tomado conhecimento da execução e somente quando (**i**) faltarem cinco dias para a realização da hasta pública? Ou (**ii**) muito depois de já ter sido avaliado o bem penhorado e definida a sua indivisibilidade? Ou, ainda, (**iii**) quando já designado pelo juízo o leiloeiro (art. 883 do CPC/2015)? Será conveniente quando (**iv**) já ocorridas a elaboração e a publicação do respectivo edital (art. 886 do CPC/2015) ou (**v**) bem após terem sido praticados os respectivos atos preparatórios (arts. 887 e 889, ambos do CPC/2015) concernentes ao leilão público? Com devido respeito aos que pensam em sentido contrário, falta razoabilidade a tal perspectiva, por representar desconsideração ao devido processo legal, à ampla defesa e ao contraditório.

Não se ignora que a adjudicação pode ocorrer a qualquer tempo, após a avaliação e antes da alienação, considerando-se, ainda, o previsto no art. 878 do CPC/2015[119]. Todavia, a resposta ao que foi logo acima questionado é a de que o referido coproprietário do bem indivisível, cuja fração ideal foi penhorada, embora na condição de terceiro juridicamente interessado, tem necessariamente que ser intimado da realização da penhora, tão logo ela seja determinada pelo órgão judicial.

---

119 "*11.2.3.1. Momento*
Na sistemática atual do CPC/2015, a adjudicação pode ocorrer a qualquer tempo entre a avaliação do bem e a alienação judicial. Além disso, se frustradas as tentativas de alienação do bem, concede-se uma segunda oportunidade aos legitimados à adjudicação, permitindo, nesse caso, que a parte interessada inclusive requeira a realização de nova avaliação, para com base nela, adjudicar (art. 878)." – WAMBIER, Luiz Rodrigues; TALAMINI, Eduardo. *Curso avançado de processo civil* – Execução. volume 3. 18ª ed. rev., atual. e ampl. São Paulo: Thomson Reuters, 2021, p. 359.

Assim, o coproprietário estranho à execução, caso queira, poderá acompanhar e se manifestar oportunamente e influenciar o convencimento das partes integrantes do processo e do próprio julgador, por exemplo: (**a**) sobre o cabimento ou não da penhora e os demais e subsequentes atos processuais; (**b**) a respeito da avaliação do bem (art. 873, inciso I, CPC/2015); (**c**) em relação a eventuais argumentos da (in)divisibilidade[120] do bem; (**d**) a ser impenhorável, no todo ou em parte, o bem residencial, por nele residir a sua entidade familiar (Lei nº 8.009/1990 c/c arts. 832 e 833 do CPC/2015) ou dele advir a renda para o sustento desta; (**e**) sobre a existência de outro bem, livre e desembaraçado, de exclusiva propriedade do executado passível de constrição, que possa satisfazer o crédito em execução (art. 805 do CPC/2015), de forma a assim viabilizar, uma vez ouvido o exequente e com a respectiva determinação judicial, que seja livrado da penhora aquele bem indivisível, e (**f**) quanto ao eventual interesse dele, terceiro, no momento próprio, em adjudicar a fração ideal do executado.

Em qualquer das hipóteses supra indicadas, exemplificativamente, haverá de se admitir também que ao terceiro coproprietário seja facultado oferecer recursos contra as decisões que, segundo entenda, tenham a ele causado prejuízo. Adicionalmente, em momento processual posterior, terá o coproprietário não executado o direito de ser nova e formalmente intimado, dentro do quinquídio legal (art. 889, inciso II, CPC/2015), da data da pretendida alienação judicial, para que, caso queira, possa exercer o seu direito de preferência, em igualdade de condições com eventuais interessados (§ 1º, do art. 843 do CPC/2015).

De qualquer modo, o coproprietário do bem indivisível deverá estar atento quanto ao prazo para, se for esse o caso, exercer dita pre-

---

120 "*AGRAVO DE INSTRUMENTO. Execução de título extrajudicial. Penhora que recaiu sobre a quota parte dos bens imóveis pertencentes ao executado. Agravante que, na qualidade de terceiro interessado e coproprietário, pugna: i) pela constrição apenas da parte pertencente ao executado, seu irmão, eis que noticia a propositura de ação de extinção de condomínio e ii) alega a possibilidade de desmembramento da propriedade, para fins de avaliação. Necessidade de oportunizar ao agravante a produção de provas para apuração da alegada divisibilidade do bem penhorado para fins de avaliação e realização de leilão apenas da parte pertencente ao devedor. Decisão parcialmente reformada. RECURSO PARCIALMENTE PROVIDO.*" (Agravo de Instrumento no. 2137953-40.2021.8.26.0000 – Relator Desembargador Afonso Bráz – 17ª Câmara de Direito Privado do TJSP – j. em 23/07/2021 – Data de Registro: 23/07/2021).

ferência[121]: se terá ele somente até o término do leilão[122]-[123], ou se terá o prazo adicional de cinco dias, contados da lavratura do auto de arrematação[124].

De qualquer forma e como já abordado, ao mencionado coproprietário estará sempre assegurado o recebimento do correspondente à sua quota-parte do bem indivisível com base na avaliação, conforme previsto no §2º do citado art. 843.

Não se pode afirmar que o Superior Tribunal de Justiça já tenha pacificado a dita questão em torno da necessidade de o coproprietário alheio à execução ser intimado da penhora e da avaliação do bem

121 *"CPC/2015, Art. 903. Qualquer que seja a modalidade de leilão, assinado o auto pelo juiz, pelo arrematante e pelo leiloeiro, a arrematação será considerada perfeita, acabada e irretratável, ainda que venham a ser julgados procedentes os embargos do executado ou a ação autônoma de que trata o § 4º deste artigo, assegurada a possibilidade de reparação pelos prejuízos sofridos.".*

122 *"AGRAVO INTERNO NO RECURSO ESPECIAL – AUTOS DE AGRAVO DE INSTRUMENTO NA ORIGEM – DECISÃO MONOCRÁTICA QUE DEU PROVIMENTO AO RECLAMO. INSURGÊNCIA RECURSAL DO AGRAVADOS. 1. Nos termos da jurisprudência desta Corte, o direito de preferência do condômino deve ser exercido no momento oportuno, qual seja, no dia em que se deu a praça ou leilão. Precedentes. 2. Agravo interno desprovido."* (AgInt no REsp 1.817.037/RS – Relator Ministro Marco Buzzi – 4a. Turma do STJ – j. em 14/06/2021 – DJe 17/06/2021).

123 *"AÇÃO DE EXECUÇÃO – Arrematação de imóvel – Recorrente que apenas após a arrematação do bem pretendeu exercer o direito de preferência – Direito de preferência que deve ser exercido até o encerramento do leilão – Manifestação da recorrente extemporânea – Possibilidade do pagamento parcelado de valor de arrematação – Exegese do art. 895, §1º, do CPC – Inexistência de óbice para o prosseguimento da execução nos seus ulteriores termos – Agravo não provido."* (Agravo de Instrumento nº 2168657-36.2021.8.26.0000 – Relator Desembargador Roque Antonio Mesquita de Oliveira – 18ª Câmara de Direito Privado do TJSP – j. em 27/01/2022 – Data de Registro: 27/01/2022).

124 *"O §1 do art. 843 outorga preferência ao coproprietário, ou ao cônjuge alheio à execução na arrematação do bem, em igualdade de condições com o arrematante. Essa preferência se exerce depois da arrematação, pois só aí se verifica o valor pelo qual ela se fez. Exerce-se o direito de preferência no prazo de cinco dias, contados da lavratura do auto de arrematação (arts. 901 e 218, §3)."* BERMUDES, Sergio. *CPC de 2015:* inovações. 1ª ed. Rio de Janeiro: LMJ Mundo Jurídico, 2018, p. 239.

indivisível, embora, ao menos no âmbito da 3ª Turma[125]-[126], o tema já tenha sido lá recentemente examinado. No ensejo, pontua-se que nos Tribunais de Justiça estaduais ainda persiste uma clara divergência, havendo julgados recentes em sentidos inteiramente discrepantes entre si.

Podem ser encontrados julgados, sobre o acima abordado, que adotaram uma interpretação mais restritiva do contido no CPC/2015, isto é, de ser descabida, precipuamente por falta de previsão legal, a intimação dos coproprietários alheios ao processo ao ser deferida a penhora sobre bem indivisível, devendo se dar a intimação destes somente com 5 dias

---

125 Vide o acórdão referente ao REsp 1.818.926/DF, julgado pela 3ª Turma do Superior Tribunal de Justiça, referido na nota de rodapé 75 anterior em que, dentre outros aspectos, se entendeu, sob a ótica do art. 674, §2º., inciso I do CPC/2015, ser dispensável a propositura de embargos de terceiro pelo cônjuge ou coproprietário de bem indivisível, já que a lei (art. 843, §§ 1º e 2º do CPC/2015) lhes confere proteção automática, tanto pela preferência na arrematação do bem, como pela preservação integral do patrimônio, se convertido em dinheiro, também assim acrescentou, em sua fundamentação: "*16. É suficiente, de fato, que o coproprietário, seja ele cônjuge ou não, seja oportunamente intimado da penhora e da alienação judicial, na forma dos arts. 799, 842 e 889 do Código, a fim de que lhes seja oportunizada a manifestação no processo, em respeito aos postulados do devido processo legal e do contraditório.*". Com idêntica conclusão, mas com outro fundamento, da substancial diferença entre a situação jurídica do cônjuge/companheiro não devedor e não responsável e a do coproprietário estranho à execução: "(...) *o coproprietário tem direito a tal recebimento independentemente de qualquer circunstância fática, sendo nesse caso inútil o ingresso de embargos de terceiro, sendo o valor reservado para o coproprietário não devedor independentemente de qualquer medida judicial tomada por ele nesse sentido.*" NEVES, Daniel Amorim Assumpção. *Manual de Direito Processual Civil*. volume único. 13ª ed. Salvador: Ed. JusPodivm, 2021, p. 1157.

126 Em recente decisão monocrática – cuja ementa foi "*AGRAVO EM RECURSO ESPECIAL. EMBARGOS DE TERCEIRO. OMISSÃO OU CONTRADIÇÃO INEXISTENTES. ACÓRDÃO DEVIDAMENTE FUNDAMENTADO. CONCLUSÃO NO SENTIDO DA EXISTÊNCIA DE IMÓVEL EM COPROPRIEDADE. POSSIBILIDADE DE PENHORA. APLICAÇÃO DA JURISPRUDÊNCIA DESTA CORTE SUPERIOR. AGRAVO CONHECIDO PARA DAR PROVIMENTO AO RECURSO ESPECIAL.*" – restou assim afirmado, na respectiva fundamentação, pelo Ministro Relator: "*(...) Todavia, deve ser oportunamente intimado da penhora e da alienação judicial o outro proprietário, ex-esposo da agravada, na forma dos arts. 799, 842 e 889 do CPC/2015, a fim de que lhe seja permitida a manifestação no processo, em respeito aos postulados do devido processo legal e do contraditório, e facultar eventual gozo de seu direito de preferência. Ante o exposto, conheço do agravo para dar provimento ao recurso especial a fim de permitir a penhora do imóvel em copropriedade. (...)*" (Agravo em REsp no. 1.969.716/SP – Relator Ministro Marco Aurélio Bellizze – 3ª Turma do STJ – j. em 14/12/2021 – in DJ de 17/12/2021).

de antecedência da alienação judicial[127]-[128], de forma a se preservar o direito de adjudicarem a fração ideal do executado ou, se assim tiverem interesse, de exercerem o direito de preferência[129]-[130] em igualdade de condições com terceiros.

---

127 *"AGRAVO DE INSTRUMENTO – AÇÃO DE EXECUÇÃO – JUÍZO – DETERMINAÇÃO – INTIMAÇÃO DOS COPROPRIETÁRIOS ACERCA DA PENHORA DE PARTE IDEAL DO IMÓVEL COMUM – AGRAVANTE – INSURGÊNCIA – ALEGAÇÃO – DESNECESSIDADE DO ATO NESTA FASE – INTIMAÇÃO – IMPOSIÇÃO POR OCASIÃO DO LEILÃO – EXEGESE DO ART. 899, II, DO CPC – DECISÃO COMBATIDA – REFORMA. AGRAVO DE INSTRUMENTO PROVIDO."* (Agravo de Instrumento no. 2207061-59.2021.8.26.0000 – Relator Desembargador Tavares de Almeida – 23ª Câmara de Direito Privado do TJSP – j. em 12/11/2021 – Data de Registro: 12/11/2021). No mesmo sentido: (Agravo de Instrumento no. 2200835-72.2020.8.26.0000 – Relator Desembargador Sergio Gomes – 37ª Câmara de Direito Privado do TJSP – j. em 11/09/2020 – Data de Registro: 11/09/2020).

128 *"Agravo de instrumento contra a decisão que indeferiu o pedido de suspensão do leilão eletrônico de imóvel localizado em Búzios. 1. Não há previsão legal da alegada necessidade de intimação do coproprietário no tocante aos atos de penhora e de avaliação; o que lhe é assegurado é o direito de preferência na arrematação do bem em igualdades de condições, além da garantia de que não será levada a efeito expropriação por preço inferior ao da avaliação do imóvel. Inteligência do art. 843, §§1º e 2º, do CPC/2015. 2.* É necessária apenas a *cientificação do coproprietário, com pelo menos 5 (cinco) dias de antecedência, da alienação judicial (art. 889, II), uma vez que a lei, expressamente, lhe resguarda o direito de adjudicar a quota-parte do devedor, oferecendo preço não inferior ao da avaliação (art. 876, §5º), ou de exercer a preferência na arrematação do bem em igualdade de condições (art. 843, §1º). 3. Diante do oferecimento, no dia 20/08/2019, de embargos de terceiro, o juiz, acertadamente, reconheceu o comparecimento espontâneo do agravante, considerando suprida, portanto, a necessidade de intimação da alienação judicial, que estava agendada para o dia 02/09/2019. (...) Desprovimento do recurso."* (Agravo de Instrumento no. 0053671-69.2019.8.19.0000 – Relatora Desembargadora Myriam Medeiros da Fonseca Costa – 4ª Câmara Cível do TJRJ – j. em 04/12/2019 – DJ de 10/12/2019).

129 *"Penhora – Execução por quantia certa de título extrajudicial – Intimação da penhora – Imóveis indivisíveis – Decisão do juízo ordenando a intimação de todos os coproprietários – Inconformismo do exequente – Interpretação literal dos arts. 842, 843, § 1º, e 889 do novo CPC – Intimação do cônjuge do executado – Intimações dos coproprietários de imóveis indivisíveis para a alienação judicial, com 5 dias de antecedência, a fim de preservar o direito de preferência, compreendendo-se a adjudicação e alienação por iniciativa particular – Recurso do exequente provido."* (Agravo de Instrumento no. 2131864-98.2021.8.26.0000 – Relator Desembargador Cerqueira Leite – 12ª Câmara de Direito Privado do TJSP – j. em 17/01/2022 – Data de Registro: 17/01/2022).

130 *"AGRAVO DE INSTRUMENTO. PROCESSUAL CIVIL. EXECUÇÃO FISCAL. PENHORA. BEM INDIVISÍVEL. HASTA PÚBLICA. PRESERVAÇÃO DA FRAÇÃO IDEAL DOS COPRO*

Em sentido menos restritivo, admitiu-se que a intimação dos coproprietários do bem indivisível alheios ao processo, deva ocorrer em momento processual posterior ao da efetivação da penhora, isto é, somente quando da superveniente realização da avaliação do bem, para que possam, caso queiram, se pronunciar em tal oportunidade[131].

De outro giro, também se identificam julgados que adotaram uma intepretação de alcance mais amplo (da adequada *mens legis* dos arts. 799, 842, 843 e 889, II, todos do CPC/2015). Em tal sentido, firmaram como necessária e correta a determinação, concomitante ou logo em seguida ao deferimento da penhora, da intimação de todos os copropri-

PRIETÁRIOS NÃO DEVEDORES. AGRAVO DE INSTRUMENTO PROVIDO. 1. Tratando-se de bem indivisível deve subsistir a penhora sobre a integralidade dos bens, sem necessidade de anuência dos demais proprietários, que poderão exercer seu direito de preferência quando da realização da hasta pública, para a qual devem ser regularmente intimados (art. 843, § 1º, do CPC/2015, e art. 1.322 do CC). 2. Quando da alienação do imóvel em sua totalidade, deve ser preservada parte do produto da arrematação, que pertence aos proprietários não devedores, segundo inteligência do art. 843, caput, do CPC/2015, aplicado subsidiariamente às execuções fiscais (art. 1º da Lei nº 6.830/80). 3. Agravo de instrumento *provido.*" (Agravo de Instrumento no. 5033272-74.2020.4.03.0000 – Relator Desembargador Federal Helio Egydio de Matos Nogueira – 1ª Turma do TRF da 3ª Região – j. em 13/05/2021, Intimação via sistema em 17/05/2021).

131 "*AGRAVO DE INSTRUMENTO – EXECUÇÃO – PENHORA DE PROPRIEDADE RURAL – SUSTENTO FAMILIAR – IMPENHORABILIDADE – CITAÇÃO DOS COPROPRIETÁRIOS – ART. 843 DO CÓDIGO DE PROCESSO CIVIL – (...) – Não há nulidade na penhora efetivada sem a intimação dos coproprietários do imóvel que não sejam devedores nem responsáveis legais pelo adimplemento de obrigação contraída pelo coproprietário executado.- Os coproprietários, porque possuem direito de preferência e garantia de recebimento de sua quota-parte quando o bem for indivisível, deverão ser intimados da realização da avaliação judicial, momento em que poderão defender que o valor de sua quota-parte seja real e esteja efetivamente garantido.*" (Agravo de Instrumento-Cv no. 1.0517.13.001655-6/001 – Relator Desembargador Luiz Artur Hilário – 9ª Câmara Cível do TJMG – j. em 05/05/2020 – publicação da súmula em 07/05/2020).

tários[132]-[133] do bem comum a ser futuramente alienado judicialmente, de forma a assegurar a legalidade da expropriação[134] e as prerrogativas previstas nos §§ 1º e 2º, do art. 843 do CPC/2015.

Quanto a este ponto específico, a entender-se de forma contrária, correr-se-á o risco de se mitigar indevidamente as garantias legalmente estabelecidas em favor do coproprietário alheio ao processo de execução. A interpretação mais restritiva, anteriormente aludida, além de cercear o alcance dos argumentos que, em tese, poderiam ser suscitados pelo terceiro, acaba também por colocar o coproprietário numa situação de extrema desvantagem e de limitadíssimo tempo para se preparar, se for o caso, para exercer o seu direito de preferência na aquisição da fra-

132 *"Agravo de instrumento. Ação de execução. Decisão de penhora de bem imóvel, com intimação dos coproprietários estranhos à lide. Irresignação do exequente, ora agravante. Alegação de desnecessidade de intimação de terceiros. Razão que não lhe assiste. Acerto do decisum. Intimação dos condôminos que é medida imprescindível à legalidade do procedimento expropriatório. Bem penhorado que possui natureza indivisível. Inequívoco interesse jurídico dos condôminos, diante da necessidade de preservação de suas cotas-parte, sobre o produto apurado na alienação. Imprescindibilidade de oportunização do exercício do direito de preferência na arrematação. Aplicação do art. 843, da lei processual civil. Manutenção da decisão. Desprovimento do recurso."* (Agravo de Instrumento no. 0058108-22.2020.8.19.0000 – Relator Desembargador Luiz Felipe Miranda de Medeiros Francisco – 9ª Câmara Cível do TJRJ – j. em 18/03/2021 – DJ de 19/03/2021).

133 *"Agravo de instrumento. Execução de título extrajudicial. Executada que é titular de apenas uma fração ideal do imóvel penhorado. De rigor a intimação de todos os coproprietários. Inteligência do art. 843, § 1º, do CPC. Prévia intimação à alienação, nos termos do art. 799, 842, 843 e 889, II, todos do CPC. Recurso não provido."* (Agravo de Instrumento no. 2090331-62.2021.8.26.0000 – Relator Desembargador Miguel Petroni Neto – 16ª Câmara de Direito Privado do TJSP – j. em 15/12/2021 – Data de Registro: 17/12/2021). No mesmo sentido, inclusive com a invocação, em sua fundamentação, do previsto no art. 9º. do CPC/2015, que veda decisões surpresa: *"AGRAVO DE INSTRUMENTO – AÇÃO DE EXECUÇÃO. Penhora de bem indivisível. Constrição que recaiu sobre a totalidade do imóvel. Existência de coproprietários, que não fazem parte do polo passivo da ação. Necessidade de intimação dos coproprietários e demais interessados, sobre o ato constritivo, em respeito aos princípios do contraditório, ampla defesa e, também, para viabilizar o exercício do direito de preferência. Inteligência dos artigos 799 e 889, ambos do CPC. Decisão mantida. RECURSO DESPROVIDO."* (Agravo de Instrumento no. 2254181-98.2021.8.26.0000 – Relator Desembargador Afonso Bráz – 17ª Câmara de Direito Privado do TJSP – j. em 25/02/2022 – Data de Registro: 25/02/2022).

134 O necessário respeito aos princípios constitucionais do contraditório, da ampla defesa (art. 5º., inciso LV, CF) e do devido processo legal (art. 5º., inciso LIV, CF) deve prevalecer.

ção ideal do devedor, em especial se tiver que se valer de soma financeira relevante, a depender do valor da quota-parte do devedor.

4.5. Quanto ao valor mínimo da quota-parte do coproprietário não executado para a homologação da arrematação – Utilidade da execução

Se o coproprietário estranho à execução optar por não adquirir a quota parte do executado, de qualquer forma será de fundamental importância que o magistrado, respeitadas as situações de cada caso concreto, verifique se aquela quota-parte do executado tem um valor suficiente para a satisfação do direito de crédito do exequente, sob pena de ter que reconhecer a potencial inutilidade da tentativa da venda daquele bem. Afinal, caso o valor da avaliação do bem indivisível seja inferior ao crédito em execução, argumentar-se-á que se mostrará inútil a futura tentativa de alienação do bem indivisível como um todo, em razão da necessária observância ao previsto no §2º, do art. 843 do CPC[135].

Será relevante que, no âmbito da execução, no momento pertinente, tenha sido estabelecido corretamente, observada a avaliação previamente realizada, o valor mínimo de lances a serem considerados (no caso de leilão, em especial, na segunda tentativa[136]) ou das propostas

---

135 *"PROCESSUAL CIVIL. EMBARGOS DE TERCEIRO. BEM IMÓVEL INDIVISÍVEL. COPROPRIEDADE. PENHORA. FRAÇÃO IDEAL. APELAÇÃO. PROVIMENTO. I – Apelação interposta em face de Sentença, que julgou Improcedente a Pretensão formulada em Embargos de Terceiro consistente na desconstituição de Penhora sobre Imóvel Rural, na fração ideal pertencente aos Embargantes, cuja propriedade é compartilhada. II – 'Acresço que a avaliação do Imóvel é inferior ao valor executado, razão pela qual a alienação do Bem, de propriedade do Executado e dos Embargantes, ora Agravados, não resultaria na quitação da dívida, considerando, ainda, os valores das cotas-parte a serem reservados aos Proprietários que não figuram na Relação Processual da Ação de Execução Fiscal. Assim, não se configuraria, à primeira vista, a hipótese do artigo 797 do CPC/2915, segundo a qual 'realiza-se a execução no interesse do exequente.' (excerto de Decisão proferida no Agravo de Instrumento nº 0811545-62.2017.4.05.0000) III – Provimento da Apelação."* (Apelação Cível no. 08012532320174058308 – Relator Desembargador Federal Alexandre Luna Freire – 1ª Turma do TRF da 5ª Região – j. em 29/11/2018 – acórdão registrado em 05/12/2018).

136 *"Cumprimento de sentença. Alienação de imóvel por dívida contraída por um dos coproprietários. Necessidade de observância da parcela ideal do cônjuge alheio à execução, calculada sobre o valor da avaliação. Fixação de lance mínimo para eventual segunda praça em 75% do valor indicado no laudo, atualizado. Exegese do art.*

escritas de aquisição (por iniciativa particular, por exemplo) quanto ao bem indivisível. Considerado o princípio da utilidade da execução, de um lado, deverão ser levados em conta não só os interesses do coproprietário estranho à execução, como também os do próprio exequente, em favor de quem se instaura e se prossegue quanto à execução.

Se admitida a venda integral do bem e, evidentemente, afastada a hipótese de venda por preço vil[137], o valor ao final a ser apurado com a venda judicial terá sempre que ser suficiente para que o coproprietário não devedor (§2º, do art. 843 do CPC/2015) receba a sua respectiva quota-parte com base na correta e prévia avaliação[138], da qual a ele tenha sido previamente assegurada oportunidade de se manifestar. Nesse cenário, em vista do produto alcançado com a venda judicial, deverá, ainda, sobejar algo para ser entregue ao exequente. Caso contrário, a execução até ali ocorrida terá sido, ao menos para o exequente, inútil[139].

843, §2º, do CPC/2015. Precedentes. Recurso provido." (Agravo de Instrumento no. 2219141-60.2018.8.26.0000 – Relator Desembargador Gomes Varjão – 34ª Câmara de Direito Privado – j. em 30/11/2018; Data de Registro: 30/11/2018).

---

137 O bem indivisível, em leilão realizado, não poderá, por certo, ser arrematado por preço vil (art. 891, § único, do CPC), e também será inútil a formalização de lance, no leilão, em montante muito menor do que o valor da avaliação, caso, ao final do certame, reste maculado o direito do coproprietário do imóvel, que não participa do processo, considerada a clara – e engenhosa – previsão do §2º, do art. 843 do CPC/2015.

138 "*O §2º desse art. 843 proíbe a eficácia da expropriação, na hipótese nele contemplada. Será preciso que a avaliação indique no valor um preço suficiente para abranger a totalidade do valor da quota e também que se aufira na expropriação valor ao menos igual dessa parcela. Se o valor da avaliação não comportar o valor da quota do coproprietário ou do cônjuge alheio à execução, a expropriação não se consumará, a menos que seja suficiente para cobrir aquela importância. Fora desse caso não se efetiva a expropriação. O §2º protege as pessoas nele indicadas, impedindo que elas percam o seu quinhão por valor menor do que o atribuído à causa. A avaliação que determina um valor, no qual estará compreendido, proporcionalmente, o valor da quota-parte. É preciso, então, que a expropriação cubra esse valor. Não cobrindo, ele não se efetiva e a expropriação terá por objeto outro bem que atenda à condição constante do parágrafo.*" BERMUDES, Sergio. *CPC de 2015:* inovações. 1ª ed. Rio de Janeiro: LMJ Mundo Jurídico, 2018, p. 231.

139 NEVES, Daniel Amorim Assumpção. *Manual de Direito Processual Civil.* volume único. 13ª ed. Salvador: Ed. JusPodivm, 2021, p.1156. O art. 836 do CPC/2015 assim prevê: "*art. 836 – Não se levará a efeito a penhora quando ficar evidente que o produto da execução dos bens encontrados será totalmente absorvido pelo pagamento das custas da execução.*".

Mesmo depois de finalizado o leilão, poderão ocorrer questionamentos quanto ao previsto no §2º, do art. 843 do CPC/2015[140]-[141], a demandar criterioso exame dos dados da situação ali existente, de forma a se prosseguir ou não, mediante decisão judicial fundamentada, com a homologação da arrematação.

5. Conclusão

O art. 843 do CPC/2015 trata da penhora de bem indivisível de titularidade de cônjuges e de coproprietários, com a previsão de que, quando estranhos à execução, a respectiva quota-parte daqueles recairá sobre o produto alcançado com a alienação. Ao coproprietário não devedor, será sempre assegurado o exercício do *direito de adjudicar* a quota-parte pertencente ao executado coproprietário. Em tal hipótese, aquele terá que depositar em juízo, para ser, com autorização judicial, revertido em favor do exequente, o valor da quota-parte do executado-coproprietário, calculado, proporcionalmente, com base na avaliação.

140 *"AGRAVO DE INSTRUMENTO – EXECUÇÃO POR QUANTIA CERTA CONTRA DEVEDOR SOLVENTE – Decisão agravada que concordou com a assinatura do auto de arrematação, determinando à serventia a realização das conferências necessárias para expedição de carta de arrematação e registro do ato na matrícula imobiliária, além da imissão do arrematante na posse do bem – Insurgência dos coproprietários não devedores – Questionamento acerca do valor da arrematação – Cabimento – Vedação à expropriação do imóvel quando não for garantido o equivalente à quota-parte dos coproprietários não devedores tomando por base o valor da avaliação do imóvel – Valor da arrematação que não alcançou o mínimo exigido em lei – Afronta ao disposto no artigo 843, §2º, do CPC – Expropriação obstada – Decisão reformada – RECURSO PROVIDO."* (Agravo de Instrumento no. 2245532-47.2021.8.26.0000 – Relator Desembargador Luis Fernando Nishi – 32ª Câmara de Direito Privado do TJSP – j. em 16/12/2021 – Data de Registro: 16/12/2021).

141 *"Agravo de Instrumento tirado contra a r. decisão a qual determinou que a parte ideal pertencente aos condôminos não executados incida proporcionalmente sobre o produto efetivo do valor da arrematação – Cumprimento de sentença – Legitimidade e interesse recursais assentes – Imóvel indivisível – Coproprietário não devedor – A alienação por valor abaixo da avaliação é permitida no CPC/2015, a teor do que disciplina o art. 843, no entanto, condicionada à possibilidade de pagar, ao coproprietário ou ao cônjuge do executado, a sua quota, levando-se em conta o valor da avaliação, nos termos do §2º do mesmo dispositivo legal – Decisão reformada – Recurso conhecido e parcialmente provido."* (Agravo de Instrumento no. 2252956-43.2021.8.26.0000 – Relator Desembargador Carlos Abrão – 14ª Câmara de Direito Privado do TJSP – j. em 02/02/2022 – Data de Registro: 02/02/2022).

Também será assegurado, ao coproprietário não executado, o *direito de preferência*, qualquer que seja a modalidade de expropriação (mediante alienação por iniciativa particular ou através de leilão público) em igualdade de condições com quaisquer interessados. No caso de leilão público, deverá o coproprietário exercer esse direito antes do término do leilão, sob pena de perda de tal oportunidade. Se, por qualquer motivo, o leilão não for validado, o seu direito de preferência restará incólume.

Caso o coproprietário não executado venha a exercer qualquer um dos dois direitos – *adjudicação* ou *preferência* -, evitar-se-á, como frequentemente se afirma, a formação de um condomínio forçado integrado, muito provavelmente, por desconhecidos. A dissolução do condomínio constitui direito potestativo assegurado aos coproprietários de coisa comum, o que pode, em regra, ser objeto de ação judicial, a qualquer tempo, no caso de divergência entre aqueles.

Correntemente, ainda persiste no Superior Tribunal de Justiça inequívoca divergência interpretativa quanto ao alcance do art. 843 do CPC/2015, mais especificamente sobre a possibilidade de ocorrer a penhora e a expropriação judicial forçada da quota-ideal de bem indivisível, cujo respectivo coproprietário não seja executado nem responsável. Enquanto não pacificada a questão, situações idênticas vêm sendo tratadas de forma não isonômica pelos órgãos jurisdicionais pátrios, em prejuízo para a segurança jurídica e em detrimento da desejada previsibilidade que se espera do Poder Judiciário.

Apesar da sua condição de terceiro quanto ao processo e ao exequente, o coproprietário alheio à execução possui vínculo jurídico (domínio) com o bem indivisível alvo – no todo ou em parte, a depender do caso – da penhora e, pois, poderá ser ele atingido, direta ou indiretamente, em sua esfera de direitos, caso ocorra a constrição/expropriação, integral ou parcial, do bem.

Entretanto, sem que se possa entender que há inconstitucionalidade material no art. 843 do CPC/2015 – por violação ao direito de propriedade -, em qualquer caso, mesmo que não haja requerimento das partes do processo em tal sentido e ante a ausência de previsão explícita no atual Código, entende-se que, por determinação até mesmo de ofício do órgão jurisdicional, terá o coproprietário do bem indivisível estranho à execução o direito de ser regulamente intimado da realização da penhora. Em tal caso, terá este a oportunidade, caso queira, de se manifestar, dentre outros temas, sobre a (in)viabilidade e/ou o respectivo alcance da constrição do bem naquele caso concreto. Deverá ter condições, ainda, de participar de todos os atos posteriores do processo, especialmente, quanto à avaliação do bem indivisível, dizendo de sua concordância ou discordância quanto ao respectivo valor. Em acréscimo, poderá o coproprietário estranho ao processo querer se pronunciar sobre o conteúdo do edital, quanto ao ato de fixação do *valor mínimo* para a oferta ou lances por potenciais interessados (art. 891, par. único, CPC/2015), dentre outros aspectos, podendo também interpor recursos contra as decisões que, conforme entenda e assim justifique, lhe sejam desfavoráveis. Assim não ocorrendo, restarão desrespeitados os relevantes postulados constitucionais do devido *processo legal*, *contraditório* e *ampla defesa*, a macular a legalidade dos atos expropriatórios, no âmbito da execução forçada.

Mas, caso se entenda em sentido oposto, por certo não poderá ser afastada a prerrogativa do coproprietário alheio à execução se valer do ajuizamento de embargos de terceiro, nos moldes do art. 674, §1º, do CPC/2015, pelo que será inaplicável a esse coproprietário a ressalva constante da parte final do inciso I, do §2º do mencionado dispositivo legal.

Em acréscimo, o referido coproprietário, como consta do inciso II, do art. 889 do CPC/2015, deverá ser devidamente cientificado, ao menos com 5 (cinco) dias de antecedência, da alienação (seja qual for a sua modalidade, reafirme-se), de forma a que possa, caso queira, exercer o seu direito de preferência. Embora seja bem curto o prazo, deve-se destacar que não será propriamente uma surpresa para esse terceiro, coproprietário do bem indivisível, a existência da execução, já que, como se sustentou, terá ele tido previamente a oportunidade de tomar conhecimento da penhora, quando do deferimento desta, que em regra antecede inclusive a própria avaliação do bem.

Caso prevaleça o cenário de expropriação do bem indivisível em sua inteireza – seja qual for a modalidade adotada –, o valor ao final apurado com a venda judicial terá sempre que ser suficiente para que o coproprietário não devedor (§2º, do art. 843 do CPC/2015) receba a sua quota-parte com base na avaliação ocorrida, da qual, ao dito coproprietário, tenha sido assegurada oportunidade de se manifestar e, se for o caso, até recorrer às instâncias superiores. A parcela que sobejar do valor apurado judicialmente deverá ser entregue ao exequente, com autorização judicial, caso contrário, a execução, ocorrida até ali, terá sido, ao menos para ele, inútil.

6. Referência bibliográfica

ABELHA. Marcelo. *Manual de execução civil.* 7ª ed. Rio de Janeiro: Forense, 2019.

ALVIM, Angélica Arruda [et al]. *Comentários ao Código de Processo Civil* – Lei nº 13.105/2015. 1ª ed. Rio de Janeiro: Saraiva, 2017.

ALVIM, Arruda [et al]. (Coords.). *Execução civil e temas afins* – do CPC/1973 ao novo CPC. Estudos em homenagem ao professor Araken de Assis. São Paulo: Revista dos Tribunais, 2014.

ASSIS, Araken de. *Manual da execução.* 21ª ed. rev., atual. e ampl. São Paulo: Thomson Reuters Brasil, 2020.

ASSIS, Araken de. *Manual da execução.* 12ª ed. rev., ampl. e atual. São Paulo: Editora Revista dos Tribunais, 2009.

AZEVEDO, Álvaro Villaça. *Comentários ao Novo Código Civil.* vol. 7: das várias espécies de contrato. Coordenador: Sálvio de Figueiredo Teixeira, Rio de Janeiro: Forense, 2005.

BERALDO, Leonardo de Faria. *In:* WAMBIER, Teresa Arruda Alvim, [et. al], coordenadores. *Breves comentários ao Novo Código de Processo Civil.* São Paulo: Editora Revista dos Tribunais, 2015.

BERMUDES, Sergio. *CPC de 2015:* inovações. 1ª ed. Rio de Janeiro: LMJ Mundo Jurídico, 2018.

BUENO, Cassio Scarpinella. *Curso sistematizado de direito processual civil:* tutela jurisdicional executiva, 3. São Paulo: Saraiva, 2008.

BUENO, Cassio Scarpinella. *Curso sistematizado de direito processual civil*: tutela jurisdicional executiva, vol. 3, 10ª ed. São Paulo: Saraiva Educação, 2021

CÂMARA, Alexandre Freitas. *Manual de direito processual civil.* 1ª ed. Barueri (SP): Atlas, 2022.

CÂMARA, Alexandre Freitas. *O novo processo civil brasileiro.* São Paulo: Atlas, 2015.

CARNEIRO. Paulo Cezar Pinheiro. *O Novo Processo Civil Brasileiro.* 2ª ed. Rio de Janeiro: Forense, 2021.

DIDIER JR. Fredie, CUNHA, Leonardo Carneiro da; BRAGA, Paula Sarno; OLIVEIRA, Rafael Alexandria de. *Curso de direito processual civil:* execução. 11ª ed. rev. ampl. e atual. Salvador: Ed. JusPodivm, 2021.

ENUNCIADOS DO FÓRUM PERMANENTE. Disponível em: <https://institutodc.com.br/wp-content/uploads/2017/06/FPPC-Carta-de-Florianopolis.pdf>. Acesso em: 7 mar. 2022.

GRECO FILHO, Vicente. *Direito processual civil brasileiro*, volume 3: (processo de execução a procedimentos especiais). 19ª ed. rev. e atual. São Paulo: Saraiva, 2008.

GUAJARDONI, Fernando da Fonseca [et al]. *Execução e recursos:* comentários ao CPC de 2015: volume 3. 2ª ed. Rio de Janeiro: Forense; São Paulo: MÉTODO, 2018.

GUAJARDONI, Fernando da Fonseca; GOMES JUNIOR, Luiz Manoel. *Penhora e expropriação de bem indivisível: pela evolução da jurisprudência do STJ em prol da interpretação potencializada do art. 655-B do CPC. In*: ALVIM, Arruda [et al]. (Coords.). *Execução civil e temas afins* – do CPC/1973 ao novo CPC. Estudos em homenagem ao professor Araken de Assis. São Paulo: Revista dos Tribunais, 2014.

JUSTIÇA FEDERAL. Conselho de Justiça Federal. Disponível em: <https://www.cjf.jus.br/enunciados/enunciado/1283>. Acesso em: 7 mar. 2022.

MAZZEI, Rodrigo; e MERÇON-VARGAS, Sarah. *Comentários ao art. 843. In:* CABRAL, Antonio do Passo; CRAMER, Ronaldo (Coordenação). *Comentários ao novo Código de Processo Civil.* 2ª.ed., rev., atual e ampl. Rio de Janeiro: Forense, 2016.

MONTENEGRO FILHO, Misael. *Código de processo civil comentado e interpretado.* 1ª ed., 2ª reimpr. São Paulo: Atlas, 2008.

MONTENEGRO FILHO, Misael. *Novo Código de Processo Civil comentado.* 3ª ed. rev. e atual. São Paulo: Atlas, 2018.

MOREIRA, José Carlos Barbosa. *O Novo Processo Civil Brasileiro:* exposição sistemática do procedimento. 28ª ed. rev. e atual. Rio de Janeiro: Forense, 2010.

NEVES, Daniel Amorim Assumpção. *Manual de Direito Processual Civil.* volume único. 13ª ed. Salvador: Ed. JusPodivm, 2021.

NEVES, Daniel Amorim Assumpção. Novo Código de Processo Civil – Lei nº 13.105/2015. Rio de Janeiro: Forense; São Paulo: MÉTODO, 2015.

THEODORO JÚNIOR, Humberto. *Curso de direito processual civil* – Processo de Execução e Cumprimento da Sentença, Processo Cautelar e Tutela de Urgência. 46ª ed. Rio de Janeiro: Forense, 2011.

THEODORO JÚNIOR, Humberto. *Curso de direito processual civil*. volume 3, Execução forçada... 54ª ed. Rio de Janeiro: Forense, 2021.

VIGLIAR, José Marcelo Menezes. *In:* MARCATO, Antonio Carlos (coord.). *Código de processo civil interpretado*. 3ª ed. São Paulo: Atlas, 2008.

WAMBIER, Luiz Rodrigues; TALAMINI, Eduardo. *Curso avançado de processo civil* – Execução. volume 3. 18ª ed. rev., atual. e ampl. São Paulo: Thomson Reuters, 2021.

WAMBIER, Teresa Arruda Alvim, [et. al], coordenadores. *Breves comentários ao Novo Código de Processo Civil.* São Paulo: Editora Revista dos Tribunais, 2015.

WAMBIER, Teresa Arruda Alvim, [et. al]. *Primeiros comentários ao Código de Processo Civil.* 3ª ed. rev., atual e ampl. São Paulo: Thomson Reuters Brasil, 2020.

YOSHIKAWA, Eduardo Henrique de Oliveira. *Expropriação da fração ideal pertencente a terceiro comproprietário do executado (art. 843 do CPC/2015). In:* ALVIM, Teresa Arruda (coord.). *Revista de Processo*, ano 44, vol. 291, maio/2019. São Paulo: Editora Revista dos Tribunais, 2019.

ZANETI JR., Hermes. *Comentários ao Código de Processo Civil* (artigos 824 ao 925). 3ª ed. rev. e atual. São Paulo: Thomson Reuters Brasil, 2021.

ACESSO À JUSTIÇA. PROCEDIMENTO E JULGAMENTO COLEGIADO EM AMBIENTE ELETRÔNICO[1]

Paulo Cezar Pinheiro Carneiro

1. Acesso à Justiça

No ano de 1999 publiquei o livro "ACESSO À JUSTIÇA", no qual propus uma nova sistematização da Teoria Geral do Processo a partir da determinação de quatro princípios – marcos teóricos da obra: acessibilidade, operosidade, utilidade e proporcionalidade.

Não poderia imaginar, à época, que vinte e três anos depois, com a eclosão da pandemia da covid-19, os tribunais tivessem que acelerar tão fortemente o procedimento eletrônico, especialmente os julgamentos colegiados em tal ambiente.

Apesar dos esforços que foram e continuam sendo realizados pelos diversos tribunais do País e em especial pelo Conselho Nacional de Justiça – CNJ, muito ainda há para ser aprimorado e regulado para que o acesso à justiça possa alcançar os seus objetivos.

1.1. Acessibilidade

Os princípios da acessibilidade, da operosidade e da utilidade não estão sendo observados na prática dos julgamentos colegiados em ambiente eletrônico no Brasil como um todo.

Continuamos, vinte e três anos depois do estudo mencionado, sem informações adequadas, e ainda falta regulamentação e/ou há regulamentações díspares nos diversos tribunais do País sobre o tema objeto do presente artigo. É evidente que o primeiro componente a tornar algo acessível, próximo, capaz de ser utilizado, é o conhecimento de como podemos fazer valer os nossos direitos e as nossas garantias processuais. O direito a tais informações é ponto de partida e ao mesmo tempo de chegada para que o acesso à justiça seja real, para que alcance a todos.

---

1 Fontes: Acesso à Justiça. Rio de Janeiro: Forense, 2ª Edição, 2000; O Novo Processo Civil Brasileiro. Rio de Janeiro: GEN/Forense; 3ª Edição, 2022.

Os trabalhos de pesquisas realizados na Universidade do Estado do Rio de Janeiro – UERJ sobre os julgamentos colegiados em ambiente eletrônico nos diversos tribunais do País – sob minha orientação – confirmaram a necessidade de o Conselho Nacional de Justiça, cujo Presidente está empenhado em tal mister, regulamentar tal prática. A propósito, transcreve-se a minuciosa análise elaborada pela Dra. Carolina Paes de Castro Mendes, que participou do grupo de pesquisa e veio a elaborar a sua tese de mestrado sobre o tema em análise: *"O julgamento colegiado em ambiente eletrônico nos tribunais brasileiros: análise sistemática e propostas de uniformização e aprimoramento à luz dos princípios processuais"*, verbis:

> "Exposto o panorama normativo das disposições que disciplinam o procedimento do julgamento em ambiente eletrônico pelo STF, CNJ, STJ, TRFs e TJs, cumpre fazer alguns apontamentos em relação aos resultados em termos qualitativos e quantitativos.
>
> De modo geral, os resultados da pesquisa demonstraram a existência de um vácuo normativo em relação a diversos aspectos considerados essenciais para prover balizas mais seguras para a realização do julgamento em ambiente eletrônico, constituindo um ambiente de previsibilidade e, assim, garantindo a confiança dos jurisdicionados.
>
> Além disso, muitas questões foram disciplinadas de modo díspar pelos tribunais, de modo que o procedimento varia no território nacional a depender do órgão jurisdicional. Sob a ótica dos direitos e princípios processuais, observou-se que há disposições que atendem em maior e menor grau as garantias. Portanto, confirmou-se a hipótese inicial da pesquisa sobre a necessidade de regulamentação e uniformização, ainda que com base em parâmetros mínimos, pelo CNJ.
>
> Não foram encontrados atos normativos regulamentando as sessões de julgamento virtuais no Tribunal de Justiça da Bahia, Tribunal de Justiça de Tocantins, Tribunal de Justiça do Espírito Santo, Tribunal de Justiça de Alagoas e Tribunal de Justiça do Mato Grosso do Sul. Também não foram encontrados atos normativos instituindo e regulamentando a sessão de julgamento por videoconferência do Conselho Nacional de Justiça, Superior Tribunal de Justiça, Tribunal de Justiça de São Paulo, Tribunal de Justiça do Distrito Federal e dos Territórios, Tribunal de Justiça de Amapá, Tribunal de Justiça de Alagoas, Tribunal de Justiça da Bahia, Tribunal de Justiça de Tocantins, Tribunal de Justiça de Minas Gerais e Tribunal de Justiça do Rio Grande do Norte.
>
> A seguir serão apresentados dados percentuais em relação aos atos normativos do Poder Judiciário.
>
> 3.1.1. Sessões virtuais
>
> 3.1.1.1. Hipóteses de cabimento e processos com prioridade
>
> Em sua maioria, as disposições normativas preveem que as sessões virtuais são aplicáveis para todos os processos de competência originária ou recursal dos tribunais (73%). Em alguns órgãos jurisdicionais, foi estabelecido

que o julgamento virtual só seria aplicável a processos específicos, como foi o caso do STJ, onde apenas os embargos de declaração, agravos internos e agravos regimentais são submetidos à julgamento virtual; do TRF-2, onde apenas os processos que não admitem sustentação oral podem ser julgados virtualmente; e do TJSP, onde é cabível para os agravos de instrumento, agravos internos ou regimentais e embargos de declaração. Isso corresponde a 10% (dez por cento) dos tribunais em que o julgamento virtual é instituído. Além disso, alguns órgãos jurisdicionais determinam que apenas os processos eletrônicos podem ser submetidos a julgamento virtual, excluindo-se os processos físicos. São eles o TJPB, TJMT, TJMA, TJPI e TJDF, somando 17% (dezessete por cento) dos tribunais.

Figura 2 – Cabimento das sessões virtuais em relação aos processos em percentual

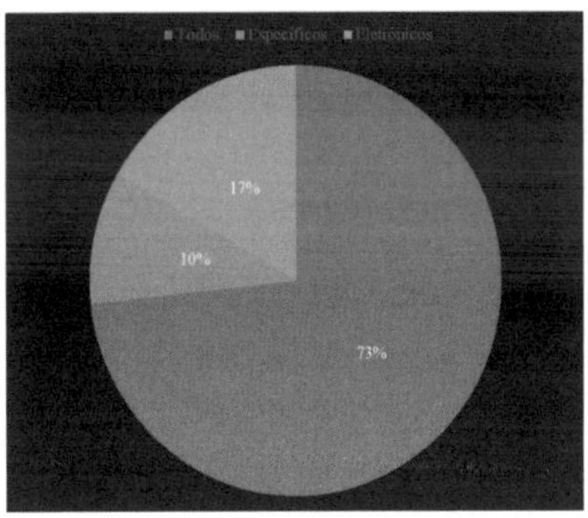

Analisados os atos normativos, é possível observar ainda que alguns tribunais estabelecem processos a serem prioritariamente julgados em ambiente eletrônico. Entre eles estão o STF, o TRF-3 (processos em que não é cabível a sustentação oral); o TJMA, que prevê que os agravos e embargos devem obrigatoriamente ser julgados em sessão virtual, salvo os agravos com pedido de sustentação oral; e o TJPI, que determina que os agravos internos e os embargos de declaração devem ser obrigatoriamente submetidos ao julgamento em ambiente eletrônico. Os tribunais que elencam processos com prioridade são a minoria, somando 13 % (treze por cento)."

1.2. Operosidade

Como preconizado na nossa obra, antes referida, esse princípio pressupõe que as pessoas que participam direta ou indiretamente da atividade judicial ou extrajudicial devem atuar da forma mais produtiva e laboriosa possível para assegurar o efetivo acesso à justiça.

Assim, para alcançar tal finalidade é indispensável: (i) a atuação ética de todos quantos participem da atividade judicial ou extrajudicial; e (ii) a utilização dos instrumentos e dos institutos processuais de forma a obter a melhor produtividade possível, ou seja, utilização da técnica a serviço dos fins idealizados.

A participação dos advogados nas sessões de julgamento em ambiente eletrônico deve ser ampla e irrestrita, de tal sorte que possa estar presente virtualmente ou dispor de mecanismos de pronta intervenção para exercer o seu "*munus*" (artigo 7, da Lei nº 8.906 de 4 de julho de 1994), sob pena de violação ao princípio do devido processo legal, compreendendo os direitos à ampla defesa e ao contraditório (artigo 5, LIV e LV, da Constituição Federal).

Para assegurar a observância do princípio da operosidade, todas as unidades do Poder Judiciário deverão manter, gratuitamente, nas suas dependências ou em local especificamente determinado, mesmo que por intermédio de convênios – v.g.: OAB, Defensorias Públicas -, espaços e equipamentos adequados à disposição de todos os interessados ao acesso ao sistema, à prática e à consulta de atos e documentos processuais (artigo 198, do Código de Processo Civil), de sorte a garantir o pleno acesso à justiça das partes, de seus advogados e de terceiros, sejam ou não portadores de deficiência (artigo 199, do Código de Processo Civil), que tiverem dificuldades para tanto, v.g.: disponibilidade adequada de redes (internet), computadores, locais para atendimentos e para a realização de audiências em geral.

O Conselho Nacional de Justiça editou a Resolução nº 101, de 12 de julho de 2021, justamente para assegurar maior eficiência ao sistema em razão das novas tecnologias trazidas pelo Poder Judiciário, que não podem ser usufruídas por uma grande parte da sociedade brasileira, em razão da sua dificuldade de acesso aos meios digitais.

A Resolução 101/2021 contém recomendação expressa (artigo 2) aos tribunais brasileiros para disponibilizar em suas unidades físicas pelo menos um servidor em regime de trabalho presencial durante o horário de expediente regimental, para o atendimento aos excluídos digitais, assim considerados não só aqueles que não detém acesso à internet e a outros meios de comunicação digital, como também aos que não tenham possibilidade ou conhecimento para utilizá-los (artigo 1, parágrafo I).

1.3. Utilidade

É fundamental que o processo possa assegurar ao vencedor tudo aquilo que ele tem direito a receber, de forma mais rápida e proveitosa possível, com o menor sacrifício para o vencido.

A vertiginosa evolução da tecnologia digital, que permite maior rapidez na tramitação dos processos em geral, especialmente dos julgamentos de recursos por meios virtuais, adiante examinados, deve ser observada com a maior cautela e cuidado. Ela não pode desprezar, como vem acontecendo em grande parte dos tribunais brasileiros, as garantias constitucionais do processo asseguradas às partes e aos seus advogados.

A celeridade que deve ser priorizada não pode e não deve prejudicar a segurança jurídica, retratada na observância do devido processo legal, com todos os seus consectários, dentre eles: o contraditório participativo, o juiz natural não robotizado, a igualdade e a publicidade.

2. Resoluções do Conselho Nacional de Justiça

Competirá, prioritariamente, ao Conselho Nacional de Justiça e, supletivamente, aos tribunais, inclusive ao Supremo Tribunal Federal, regulamentar a prática e a comunicação oficial de atos processuais por meios eletrônicos e velar pela compatibilidade dos sistemas, sendo-lhes vedado estabelecer regras de natureza processual por meio de resoluções ou dos respectivos regimentos internos (artigo 22 da Constituição Federal). Em qualquer hipótese, deverão ser respeitadas as normas constantes da Lei nº 11.419, de 19 de dezembro de 2006, do Código de Processo Civil e as garantias constitucionais do devido processo legal e do amplo e irrestrito acesso à justiça digital de todos os interessados.

Cabe ao Conselho Nacional de Justiça fixar regras gerais e rotinas operacionais e aos tribunais adequá-las aos seus respectivos sistemas. Na prática, ainda hoje, cada Tribunal tem o seu sistema e a sua própria regulamentação, pois ainda não existe um sistema unificado em operação.

O Conselho Nacional de Justiça, somente a partir do final de 2020 e no início de 2021, editou sete resoluções, no que interessa, sobre o tema: a primeira, Resolução nº 335, de 29 de setembro de 2020, criando a plataforma digital do Poder Judiciário brasileiro, com a finalidade de unificar todos os sistemas eletrônicos existentes nos diversos tribunais, por meio de padrões e rotinas a serem estabelecidas pelo CNJ, respeitadas as soluções tecnológicas já adotadas pelos tribunais, desde que possam se adequar às finalidades preconizadas pela mencionada resolução; a segunda, Resolução nº 345, de 9 de outubro de 2020, modificada pela Resolução nº 378, de 9 de março de 2021, regulando o chamado "Juízo 100% Digital"; a terceira, Resolução nº 354, de 19 de novembro de 2020, que dispõe sobre o cumprimento digital de ato processual e de ordem judicial; a quarta, Resolução nº 358, de 2 de dezembro de 2020, regulamentando a criação de soluções tecnológicas para a resolução de conflitos pelo Poder Judiciário por meio de conciliação e mediação; a quinta, Resolução nº 372, de 12 de fevereiro de 2021, alterada pela Resolução nº 403, de 9 de junho de 2021, que determinou a disponibilização, por todos tribunais do País, à exceção do Supremo Tribunal Federal, em seus respectivos sítios eletrônicos, no prazo de 30 (trinta) dias, de ferramenta de videoconferência que permita imediato contato com o setor de atendimento de cada unidade judiciária; e a sexta e a sétima Resoluções, nºs 385, de 6 de abril de 2021, e 398, de 9 de junho de 2021, que dispõem sobre a criação e a atuação dos Núcleos de Justiça 4.0.

Especificamente quanto à realização de julgamentos, os tribunais em geral, cada um com o seu regramento próprio, têm adotado duas formas para a sua realização: videoconferência e virtual.

O julgamento por videoconferência é considerado presencial, na medida em que os advogados participam diretamente no mesmo momento do julgamento, produzindo sustentações orais, se for o caso, bem como intervenções para eventuais esclarecimentos sobre matéria de fato, conforme estabelecido nas leis de regência e nos regimentos internos e resoluções editadas pelos tribunais em geral.

No julgamento virtual, que somente pode ocorrer no juízo colegiado, não existe sessão de julgamento propriamente dita, que pressupõe a reunião de todos os julgadores e o amplo acesso, presencial ou por videoconferência, aos interessados, como às partes, aos advogados, aos procuradores, aos membros do Ministério Público, se for o caso, etc.

3. Julgamentos por Videoconferência e Virtual nos Tribunais de Segundo Grau

Em decorrência da omissão do Conselho Nacional de Justiça de regulamentar a prática dos atos processuais por meios eletrônicos em geral, em especial o procedimento dos julgamentos por videoconferências e virtuais, os Tribunais Regionais Federais e os Estaduais têm regulado, cada um ao seu modo, nos seus respectivos Regimentos Internos, sem qualquer uniformidade, tais procedimentos.

O julgamento por videoconferência, por ter natureza presencial, mesmo que remota, permite a participação mais efetiva dos advogados das partes e dos membros do Ministério Público, aos quais deve ser necessariamente assegurado, em qualquer hipótese, o direito de intervenção, seja para produzir sustentação oral nos casos previstos em lei, seja para prestar esclarecimentos sobre matéria de fato ou apresentar questões de ordem.

A regulamentação dos julgamentos virtuais pelos Tribunais Federais das diversas regiões e das Justiças Estaduais, nos respectivos Regimentos Internos, contém, em todas elas, severas inconstitucionalidades. Mesmo os Tribunais que facultam a qualquer das partes ou aos membros do Ministério Público o direito de pedir a retirada do processo da pauta virtual para incluí-lo na presencial, sem necessidade de fundamentar o pedido, *v.g.* Tribunal de Justiça de São Paulo, não escapam da ilegal regulamentação do procedimento do julgamento em si, que, na prática, é secreto.

Em regra, cada Tribunal de Segundo Grau indica os recursos e/ou ações originárias, nos respectivos regimentos internos, que podem ser objeto de julgamento virtual, cabendo ao relator pautá-los, a seu exclusivo critério. Caso haja pedido de destaque por qualquer outro membro do órgão julgador, o processo será retirado da pauta para ser julgado em sessão presencial. Alguns tribunais admitem pedido de destaque por qualquer das partes ou do membro do Ministério Público assim como de sustentação oral, se for o caso, os quais serão submetidos à decisão do relator. O julgamento virtual terá início com a inclusão do relatório e voto do relator no sistema eletrônico, o qual será disponibilizado, exclusivamente, para os demais componentes do órgão julgador, que poderão aderir ou apresentar voto discordante, observados os prazos estabelecidos nos respectivos Regimentos Internos. Encerrado o julgamento, o resultado será disponibilizado na plataforma virtual, para ciência de todos os interessados.

O exame dos procedimentos dos julgamentos virtuais nos diversos Tribunais de Segundo Grau do País, dentre eles, a título de exemplo, dos Tribunais Federais da 1ª e da 2ª Regiões e dos Tribunais de Justiça do Distrito Federal, do Rio de Janeiro e de São Paulo, revela que eles criaram normas de natureza processual sem competência legislativa para tanto (artigo 22, da Constituição Federal). Além disso, desprezaram as garantias constitucionais das partes, dos seus advogados e dos membros do Ministério Público, de amplo acesso e de participação durante o desenrolar do julgamento. Diversamente, apesar de não ser o ideal, foi o procedimento do julgamento virtual adotado pelo Supremo Tribunal Federal.

4. Julgamento por Videoconferência do Superior Tribunal de Justiça

O Superior Tribunal de Justiça autorizou o julgamento por videoconferência como medida temporária de prevenção ao contágio pelo covid-19 (artigo 11, Resolução STJ/GP nº 19, de 27 de agosto de 2020).

O tribunal deve garantir aos advogados, às partes e aos membros do Ministério Público: (i) a comunicação com servidores e ministros por meio telefônico ou eletrônico, ou, caso não seja possível, atendê-los presencialmente (artigo 14 e parágrafo único, da Resolução 19/2020); (ii) amplo acesso e participação às sessões por videoconferência, assim como o acesso ao público em geral (artigo 16, da Resolução 19/2020).

O pedido de sustentação oral e/ou a prestação de eventuais esclarecimentos sobre matéria de fato deverão ser solicitados até 24 horas antes do início da sessão mediante formulário eletrônico, disponibilizado no *site* do STJ.

O Superior Tribunal de Justiça, assim como qualquer outro tribunal no País, deve assegurar pleno acesso e auxílio tecnológico, inclusive com a disponibilização, se for o caso, de espaços e equipamentos, para os advogados que não tiverem condições ou tiverem dificuldades para participar remotamente do julgamento, de modo a garantir os imperativos constitucionais do acesso à justiça, do contraditório e da igualdade das partes.

5. Julgamento Virtual no Superior Tribunal de Justiça

O Superior Tribunal de Justiça criou órgãos julgadores virtuais correspondentes à Corte Especial, às Seções e às Turmas para o julgamento eletrônico dos recursos de embargos de declaração, do agravo interno e o do agravo regimental (artigo 184-A, parágrafo único, nºs I a III, do Regimento Interno do STJ). Todavia, mesmo à falta de previsão legal ou regimental, têm sido submetidos ao julgamento virtual, por algumas Turmas e Seções da Corte, os processos que apresentam temas jurídicos com jurisprudência já consolidada em teses repetitivas, como ocorre no Supremo Tribunal Federal (artigo 21-B, inciso IV, do Regimento Interno do STF).

O processo será excluído da pauta virtual se: (i) qualquer integrante do órgão julgador solicitar destaque; (ii) o advogado de qualquer das partes ou o membro do Ministério Público apresentar oposição fundamentada a tal forma de julgamento ou solicitar sustentação oral, quando cabível (artigos: 184-D, incisos I e II, e 184-F, § 2º, do Regimento Interno do STJ; artigo 937, § 3º, do Código de Processo Civil). O relator somente poderá indeferir o pedido de retirada da pauta virtual, nunca o de sustentação oral, se considerá-lo, fundamentadamente, procrastinatório ou inócuo. Em qualquer situação, os advogados das partes ou o membro do Ministério Público poderão apresentar memoriais que deverão ser disponibilizados no sistema de votação dos ministros.

O julgamento virtual adotado pelo Superior Tribunal de Justiça, diversamente daquele previsto no Supremo Tribunal Federal, é praticamente secreto e, portanto, nitidamente inconstitucional, ferindo as garantias constitucionais da publicidade, da ampla defesa, do contraditório e o da reserva legal para editar normas processuais (artigo 5º, LX , LIV , LV, e artigo 22, todos da Constituição Federal). As partes, seus advogados, os membros do Ministério Público e o público em geral não têm acesso ao julgamento e aos votos dos ministros, somente têm conhecimento do resultado depois de encerrado o julgamento (artigos 184-E e 184-G, do Regimento Interno do STJ). Se não for alcançado o quórum na votação, o julgamento será suspenso e incluído na sessão virtual imediatamente subsequente (§4º do artigo 184-F, com a modificação introduzida pela Emenda Regimental 39/2021, que baniu o voto por presunção).

6. Julgamento por Vídeoconferência no Supremo Tribunal Federal

O Supremo Tribunal Federal, por meio da Resolução nº 672, de 26 de março de 2020, permitiu que as sessões de julgamentos presenciais do Plenário e das Turmas fossem realizadas inteiramente por videoconferência, a critério da respectiva Presidência (artigo 1º e § 1º da Resolução nº 672/2020).

A resolução assegura pleno acesso e participação nas sessões ao Procurador-Geral da República e aos Subprocuradores Gerais com atribuição para a causa, assim como, e por óbvio, apesar de não estar expressamente mencionado na resolução, aos advogados (§ 2º do artigo 1º, da Resolução 672/2020). Outrossim, para assegurar a regra da publicidade das sessões de julgamentos em geral, salvo daquelas realizadas em segredo de justiça, o Supremo Tribunal Federal, assim como qualquer outro tribunal, em razão de expresso imperativo constitucional (artigo 5º, nº LX), deverá permitir o credenciamento de terceiros que tiverem interesse em assistir ao julgamento.

Os advogados que pretenderem produzir sustentação oral deverão fazer a respectiva inscrição mediante formulário eletrônico disponibilizado no sítio eletrônico do STF até 24 horas antes da sessão (artigo 2º, § 1º, da Resolução 672/2020, alterado pela Resolução 676, de 22 de abril de 2020), sendo facultada, também, a intervenção durante a sessão para manifestar questão de ordem e esclarecimentos, conforme determina a lei (artigo 7º, da Lei nº 8.906/94).

O Supremo Tribunal Federal deverá disponibilizar espaços na Corte, equipamentos e auxílio das unidades de tecnologia da informação, para os advogados que não tiverem condições para participar remotamente do julgamento, de modo a garantir os imperativos constitucionais do acesso à justiça, do contraditório e da igualdade das partes. Caso não seja possível, a parte poderá requerer que o julgamento somente seja realizado em sessão presencial física. Pelos mesmos princípios, o Tribunal deverá adiar os julgamentos que apresentem, durante a sessão, falhas, interferências ou dificuldades para a participação efetiva de ministros, dos advogados da causa ou de membros do Ministério Público, se for o caso.

7. Julgamento Virtual no Supremo Tribunal Federal

A Emenda Regimental nº 53/2020 também autorizou o julgamento virtual, que nominou de "julgamento em ambiente eletrônico", a critério do relator ou do ministro vistor com a concordância do relator, de qualquer processo da competência da Corte, a ser apresentado em lista ou individualmente (artigo 21-B, *caput*, do Regimento Interno). Atualmente, tal modalidade de julgamento também se encontra regulada pela Resolução nº 642, de 14 de junho de 2019, modificada pelas Resoluções nºs 669, 675, 684 e 690, editadas pelo Presidente do Supremo Tribunal Federal, todas de 2020.

Serão retirados do julgamento virtual e encaminhados para julgamento presencial as listas ou os processos com pedido de sustentação oral, quando cabível, ou de destaque feitos por qualquer das partes ou pelos ministros (artigo 4º, incisos I e II, e § 1º, da Resolução 642/2019, com a alteração introduzida pela Resolução nº 669, de 19 de março de 2020). O pedido de destaque, por qualquer das partes, deverá ser requerido até 48 horas antes do início da sessão e submetido ao relator, o qual, todavia, somente poderá recusá-lo se o considerar, fundamentadamente, procrastinatório ou inócuo.

O Supremo Tribunal Federal, ou qualquer outro tribunal existente no País, não pode legislar estabelecendo regras "eletrônicas" de direito processual no seu Regimento Interno ou por meio de resoluções (artigo 22 da Constituição Federal) que possam, sob qualquer ângulo, afetar, ainda que indiretamente, o devido processo legal, com todos os seus consectários, a exemplo da publicidade, da ampla defesa, do contraditório efetivo e pleno e da igualdade das partes.

As listas dos processos liberados para julgamento virtual serão disponibilizadas no sítio eletrônico do Supremo Tribunal Federal, sendo que as sessões serão realizadas semanalmente e terão início às sextas-feiras com a apresentação, pelo relator, da ementa, relatório e voto (artigo 2º, § 1º, da Resolução 642/2019, com a modificação introduzida pela Resolução 684, de 21 de maio de 2020). Os demais ministros terão prazo de 6 (seis) dias úteis para se manifestar, ou seja, votar ou pedir vista. Nessa última hipótese, devolvido o processo com o voto do ministro que solicitou vista, o julgamento prosseguirá em ambiente virtual, renovando-se a publicação da pauta e, portanto, o prazo de 6 (seis) dias úteis para o encerramento do julgamento, com a possibilidade de modificação dos votos já proferidos (artigo 5º da Resolução 642/2019, com a alteração da Resolução 669/2020, e artigos 940 e 941, *caput* e § 1º, do Código de Processo Civil).

Qualquer das partes poderá optar por encaminhar as respectivas sustentações orais por meio eletrônico (áudio ou vídeo), após a publicação da pauta e até 48 horas antes de iniciado o julgamento virtual, observado o tempo regimental e as especificações técnicas da Secretaria Geral da Presidência do STF, as quais serão automaticamente disponibilizadas no sistema de votação dos ministros e disponíveis no sítio eletrônico durante a sessão (artigo 5º-A da Resolução 642/2019, alterada pelas Resoluções nºs 669/2020 e 675/ 2020). Caso não seja alcançado o quórum mínimo de votação – 6 (seis) para o plenário, salvo matéria constitucional, que exige a presença de pelo menos 8 (oito) ministros, e, nas turmas, 3 (três) ministros – ou, ainda, em caso de empate, o julgamento será suspenso e incluído na(s) sessão(ões) virtual(ais) imediatamente subsequentes(s) para a continuação do julgamento até que seja alcançado o quórum exigido ou superado o empate (artigo 2º da Resolução 642/2019, com a alteração introduzida pela Resolução 690, de 1 de julho de 2020, e artigos 143, *caput* e parágrafo único, e 147 do Regimento Interno do STF). As atas relativas aos julgamentos virtuais serão publicadas no Diário de Justiça Eletrônico, sujeitas à retificação em caso de erro, observadas as normas regimentais (artigo 6º-A, *caput* e § 1º, da Resolução nº 642/2019, incluídos pela Resolução 690/2020).

Será facultada, em qualquer hipótese, mesmo que não seja cabível a sustentação oral, a intervenção dos advogados e procuradores das partes, do órgão do Ministério Público com atribuição, a partir do início da sessão e até o seu encerramento, para apresentar questões de ordem ou esclarecimentos sobre matéria de fato, por meio de peticionamento eletrônico, os quais serão automaticamente disponibilizados no sistema de votação dos ministros (§ 6º do artigo 5º-A da Resolução 642/2019, com a alteração introduzida pela Resolução 675/2020).

A Resolução 642/2019, com o acréscimo do artigo 5º-B pela Resolução 669/2020, autoriza a convocação de sessão virtual extraordinária pelos Presidentes do Supremo Tribunal Federal ou de suas turmas, "em caso de excepcional urgência", com prazos estabelecidos no respectivo ato convocatório, facultado ao advogado ou ao procurador realizar sustentação oral a ser encaminhada por meio eletrônico, até o início do julgamento virtual. Tal disposição é nitidamente inconstitucional, pois, além de violar garantias constitucionais, dispõe sobre matéria processual, sujeita à reserva legal, como afirmado anteriormente. O Código de Processo Civil exige, em todas as hipóteses, a publicação de pauta no órgão oficial e o decurso do prazo mínimo de 5 (cinco) dias entre a data da publicação e a do início do julgamento, não admitindo nenhum tipo de excepcionalidade (artigo 935, *caput*).

março/2022

PERFIL HISTÓRICO DA EXECUÇÃO CIVIL: DO DIREITO ROMANO AO CPC DE 2015[1]

Paulo Henrique dos Santos Lucon

SUMÁRIO: § 1º Direito romano: **1.** Da auto-tutela ao monopólio estatal. **2.** Processo no *ordo judiciorum privatorum*: processo das *legis actiones*. **3.** Ações executivas: a) *manus iniectio*; b) *pignoris capio*. **4.** Processo no *ordo judiciorum privatorum*: processo *per formulas*. **5.** Execução no período formular: a) *actio iudicati*; b) *bonorum venditio*; c) *bonorum distractio*; d) *pignoris capio ex causa*. **6.** *Extraordinaria cognitio*. **7.** Conclusão. § 2º Direito comum: **8.** Autotutela e processo germânico. **9.** Direito nos grupos étnicos germânicos. **10.** Glosadores e comentaristas. **11.** Título executivo e *processus summarius executivus*. § 3º Direito português: **12.** Introdução. **13.** Período pré-romano. **14.** Domínio romano. **15.** Domínio germânico. **16.** Domínio muçulmano. **17.** Condado Portucalense. **18.** *Flores de Las Leyes*. **19.** *Las Siete Partidas*. **20.** Formação e consolidação do Estado português. **21.** Livro das Leis e Posturas. **22.** Ordenações Afonsinas. **23.** Estabilização do Estado português. **24.** Ordenações Manoelinas. **25.** Código Sebastiânico. **26.** Ordenações Filipinas. § 4º Direito brasileiro anterior: **27.** Introdução. **28.** Disposição transitória de 1832. **29.** Regulamento nº 737. **30.** Consolidação da Leis do Processo (Consolidação Ribas). **31.** Códigos Estaduais. **32.** Código de Processo Civil de 1939. **33.** O Código de Processo Civil de 1973 antes das reformas. **34.** Reformas do Código de 1973 e a atual execução civil. **35.** Código de Processo Civil de 2015 e o futuro da execução civil (o movimento de desjudicialização).

§ 1º Direito Romano

1. Da autotutela ao monopólio estatal

No curso de toda a história de Roma, partindo do sistema das *legis actiones*, passando pelo período formulário, até atingir a *extraordinaria cognitio*, verificaram-se inúmeras transformações religiosas, políticas e sociais. Todavia, relativamente ao processo, não é possível separar com nitidez esses três períodos.

---

1 Esse estudo foi ampliado e revisto a partir do capítulo I do livro "Embargos à execução, 2ª ed., São Paulo, Saraiva, 2001, que tratava da execução apenas na perspectiva da defesa do executado. O estudo que agora vem à lume trata de uma evolução da execução civil até o sistema do Código de Processo Civil de 2015. Por sua especial predileção ao estudo da história do direito processual, o autor faz aqui uma homenagem a Sérgio Bermudes.

A sociedade romana, de um sistema de autotutela adotado no início, partiu para o monopólio estatal do poder de impor a vontade da lei (*jurisdição*)[2].

Parece realmente sedutora a tese segundo a qual o poder de realizar os preceitos do direito objetivo partiu da autotutela, passando por um sistema de arbitramento voluntário e, em seguida, já no *ordo judiciorum privatorum*, por um arbitramento obrigatório, sendo o árbitro ou *iudex* investido pelo magistrado. Entretanto, essa tese situa-se no campo das especulações e dentro de uma razoável probabilidade[3]. Na verdade, o processo romano não tem origem na autotutela, na qual cada um faz prevalecer seu interesse na medida de sua força, mas na intervenção de uma autoridade, por assim dizer "estatal"[4].

2. Processo no *ordo judiciorum privatorum*: processo *legis actiones*

As *legis actiones* tinham um procedimento oral, extremamente solene, ritual[5], imbuído de sentimentos religiosos e reservado somente aos cidadãos romanos, únicos dotados de capacidade processual[6] para defesa do direito subjetivo reconhecido pelo ordenamento quiritário vigente nos limites da urbe.

Nesse período, aquele que se considerasse lesado intimava seu adversário a comparecer perante o magistrado (*in ius vocatio*). Se o demandado se recusasse a comparecer, podia ser levado à força pelo demandante à presença do magistrado.

De um modo ou de outro, as partes, com o fim de resolver a questão, compareciam[7] perante o magistrado – de início o rei, depois o pretor ou

2 Sobre a origem e a evolução do poder e da jurisdição em Roma, cf. Cruz e Tucci, Jurisdição e poder (contribuição para a história dos recursos cíveis), pp. 12-81.

3 Dinamarco, Cândido Rangel. **Execução civil**, nº 2, pp. 30-31.

4 Com apoio na doutrina romanística contemporânea, cf. Cruz e Tucci, **Jurisdição e poder**, pp. 15-16.

5 O processo nas ações da lei tinha características peculiares, dotado de extrema rigidez em seus atos, com gestos e palavras preestabelecidas (Luiz Carlos de Azevedo, **O direito de ser citado**, pp. 99-100).

6 Aloísio Surgik, **Lineamentos do processo civil romano**, pp. 15-17.

7 No período das *legis actiones* não era possível alguém agir em nome alheio (só excepcionalmente, como, por exemplo, para intentar ação popular). Só mais tarde, no período formulário, surgiram as figuras do *cognitor* e *procurator* (Luiz Carlos de Azevedo, *O direito de ser citado*, p. 102, e, ainda, Gaio, Inst. 4, 82). Sobre o *cog-*

o cônsul – e este examinava se a tutela do direito pleiteado poderia ser concedida, ou seja, se o direito estava previsto em lei expressa – *nulla legis actio sine lege* ou, no período formulário, se estava conforme a interpretação mais ampla dessa tutela[8].

Somente se cumpridas as rigorosas formalidades pelo autor (*is qui agit*) e réu (*is cum quo agere vult*)[9], o magistrado concederia ou não a ação (em razão do conteúdo ou pela forma apresentada). Reconhecendo a tutela, o magistrado em seguida ouvia o réu, que poderia negar, confessar ou se calar diante da pretensão do autor. Se o réu confessava ou se calava, o magistrado adjudicava o bem ou o direito ao autor. No entanto, se o réu negava a pretensão do autor, iniciava-se o procedimento. Assim, a instância era organizada e as partes firmavam a *litis contestatio*[10], espécie de contrato no qual escolhiam um *iudex* para decidir. Por meio da *litis contestatio*, os litigantes se submetiam, de modo voluntário, ao futuro resultado judicial ainda incerto.

O magistrado então submetia aos litigantes o nome de um ou mesmo vários árbitros ou juízes, a fim de livremente o escolherem. O demandante indicava, de maneira sucessiva, os nomes que compunham o *album iudicium*, e o demandado tinha o direito de recusar aqueles julgadores que não lhe inspirassem confiança, recaindo a escolha sobre o primeiro a obter o assentimento do demandado. Era também permitido que se fizesse sorteio se as partes assim quisessem[11].

---

nitor ou o *procurator*, cf. GAIO, Inst. 4, 97, 98, 101, 124; Inst. Just. 4, 10, pr. Sobre as atribuições do *cognitor* e do *procurator* na *actio iudicati*, a seguir examinada, cf. FRANCA LA ROSA, *L'"actio iudicati" nel diritto romano classico*, pp. 131-207.

---

8 Cf. LUIZ CARLOS DE AZEVEDO, **Origem e introdução da apelação no direito lusitano**, p. 39. O autor reporta-se nesse trecho aos ensinamentos de LUIS CABRAL DE MONCADA (**Elementos de história do direito romano**, vol. 2, p. 352), ao se referir às **Institutas de GAIO**, 4, 11.

9 Nessa fase, era inadmissível o processo por contumácia, com exceção da ação *pignoris capio*, pois ao credor era permitido, por suas próprias mãos, apoderar-se dos bens móveis pertencentes ao devedor, ainda que este não estivesse presente no ato (LUIZ CARLOS DE AZEVEDO, **O direito de ser citado**, p. 101).

10 CORREIA e SCIASCIA (**Manual de direito romano**, pp. 85-6) observam que a expressão *litis contestatio* significa tomada de testemunho da lide, uma vez que a expressão provém do fato de que a contestação da lide se praticava formalmente perante testemunhas.

11 V. MOREIRA ALVES, **Direito romano**, vol. 1, nº 121, pp. 232-233, e SURGIK, **Lineamentos do processo civil romano**, p. 19.

O juiz podia ser um *iudex* ou, em certas hipóteses, um *arbiter*, que tinha maiores poderes para declarar a existência de um direito e julgar[12]. Entretanto, o poder do juiz de julgar derivava do *iussus iudicanti* outorgado pelo magistrado, que não lhe estabelecia a decisão a ser tomada, mas impunha-lhe um comportamento - seja absolvendo ou condenando o réu[13].

Autor e réu se comprometiam a acompanhar o litígio até o final, a respeitar e a acatar a decisão do juiz, não havendo o porquê de recorrerem de sua decisão - a decisão do juiz era definitiva, pois sua condição de cidadão era igual a das partes, não cabendo, portanto, qualquer recurso. A partir do momento em que as partes elegeram o juiz, aceitaram também seu *iudicium*, qualquer que fosse[14]. Com relação à decisão do pretor de remeter ou não a questão ao *iudex*, era também ela irrecorrível, uma vez que o pretor não estava julgando[15].

Toda essa série de atos determinava a primeira fase do procedimento, denominada *in iure*.

Assim sendo, a intervenção do magistrado limitava-se tão-somente ao controle da atividade exercida pelas partes, não devendo confundir-se a figura do magistrado com a do juiz que atuava na fase seguinte. Note-se que a fase *in iure* fixava os termos e os limites da controvérsia. Nela se esgotava toda a atividade do magistrado, muito embora fosse ele

---

12 CARMONA, **A arbitragem no processo civil brasileiro**, p. 40. O autor cita GIULIANO CRIFO ("Arbitrato - diritto romano", **Enciclopedia del Diritto**, vol. 2, Milano, Giuffrè, 1958) que observa: "'nas fontes, *arbiter* e *iudex* aparecem bem distintos, seja porque o *iudex* é necessariamente nomeado pelo magistrado, o qual escolhe em um elenco de cidadãos que tenham os requisitos para ser *iudices privati*; seja porque não necessariamente o *arbiter* era chamado a decidir uma lide, devendo limitar-se a dar a exata configuração da relação intercorrente entre as partes que a ele recorriam (...) e que lhe pediam uma declaração da *vir bonus*, seja porque - e é o elemento por certo mais interessante - enquanto o *iudex* é vinculado, no pronunciar a sua decisão, a quanto prescreve a fórmula dada pelo magistrado, o *arbiter*, ao invés, é vinculado a quanto as partes mesmas, no negócio que instaura o juízo arbitral, previram' (tradução livre)" (**A arbitragem no processo civil brasileiro**, p. 40, nota 8).

13 BIONDO BIONDI assevera que "il *iudex* pensa e ragiona liberamente come uomo, comanda in virtù del *iussus iudicandi* ricevuto dal magistrato" ("Appunti intorno alla sentenza nel processo civile romano", p. 443). Cf., nessa linha, CRUZ E TUCCI, **A motivação da sentença no processo civil**, p. 29.

14 Cf. SURGIK, **Lineamentos do processo civil romano**, p. 19.

15 LUIZ CARLOS DE AZEVEDO, **Origem e introdução da apelação no direito lusitano**, pp. 40-44.

a autoridade competente para ordenar a execução da sentença, caso o vencido não a cumprisse de maneira espontânea.

A *litis contestatio* vinculava definitivamente os litigantes às declarações prestadas no procedimento *in iure* e impedia que a questão já deduzida em juízo voltasse de novo a ser discutida em outra ação (*bis de eadem re ne sit actio*)[16].

Mesmo mais tarde, ainda no período das *legis actiones* e no período formulário, o processo, quando passou a ter um controle maior da autoridade pública, dava ainda maior importância ao papel desenvolvido pelas partes. A colaboração entre partes e magistrado é a característica básica do *ordo iudiciorum privatorum* das épocas antiga e clássica.

A fase seguinte do procedimento era denominada *apud iudicem* e realizava-se perante o *iudex* ou *arbiter*, conforme a natureza da causa[17].

O *iudex* era um cidadão romano escolhido pelas partes e incumbido de dar seu parecer. Por ser um cidadão julgando seus semelhantes, seu parecer era o da opinião pública[18]. Exatamente por sua condição de cidadão comum, não podia executar o seu julgado, uma vez que não possuía o *imperium* capaz de permitir o cumprimento de suas decisões[19]. Nessa fase, somente o magistrado poderia executar o decidido[20].

Os principais deveres do juiz eram: estar presente ao ato, dirigir as alegações dos litigantes, deferir os meios de prova e decidir o litígio, desde que formasse opinião sobre a causa. O ato não poderia prolongar-se após o pôr-do-sol, podendo continuar no dia seguinte (*ampliatio*).

Na fase *apud iudicem*, as partes expunham seus argumentos. Tratava-se de um resumo de suas pretensões (*causa coniectio*). Após a produção das provas e a alegação das partes, o juiz simplesmente limitava-se a dizer se procedia ou não a pretensão deduzida pelo autor.

---

16 Sobre esse efeito da *litis contestatio*, cf. EBERT CHAMOUN, **Instituições de direito romano**, p. 131; SURGIK, **Lineamentos do processo civil romano**, p. 64.

17 A certa altura, a fase *apud iudicem* poderia ser realizada perante o *iudex*, *arbiter*, *centuvirus*, *recuperatores* ou *decenvirus*, dependendo do objeto do litígio.

18 Cf., novamente, LUIZ CARLOS DE AZEVEDO, **Origem e introdução da apelação no direito lusitano**, p. 40.

19 *Imperium* era o poder do magistrado de exigir obediência às ordens que expedia e o direito de empregar medidas necessárias ao seu cumprimento (cf. LUIZ CARLOS DE AZEVEDO, **Da penhora**, p. 38).

20 Como observa BIONDO BIONDI, a sentença é um ato de autoridade do *iudex*, que encontra seu fundamento e meios de execução no *imperium* do magistrado ("Appunti intorno alla sentenza nel processo civile romano", p. 454).

O juiz, nesse período, *nulla comanda e nulla impone*, uma vez que não possuía poder algum[21]. Sua decisão era definitiva em razão de não se encontrar subordinado a nenhuma autoridade, dela não cabendo qualquer recurso. E, por isso, não havia ainda hierarquia administrativa e judiciária capaz de estruturar uma modalidade recursal. No período da ordem dos juízes privados, a "sentença de condenação representava, apenas, o primeiro passo na marcha da realização do direito. Por ela se declarava a existência de uma obrigação, sem, entretanto, tornar-se preparado e maduro o ato executivo"[22].

As ações da lei eram cinco[23]: *sacramentum, iudicis postulatio, condictio, manus iniectio* e *pignoris capio*[24]. As três primeiras tinham cunho declaratório e as outras cunho executivo. A seguir, serão examinadas as *legis actiones* executivas.

3. Ações executivas

a) manus iniectio

Manus iniectio significa o ato de colocar a mão sobre uma pessoa ou sobre uma coisa. Aplicava-se em várias circunstâncias, mas era também utilizada na *in ius uocatio* contra o demandado que se recusasse a seguir com o demandante à presença do magistrado. Significava, de início, o único meio de proteção judiciária. Mais tarde, passa a ser uma simples ação executória.

Na Lei das XII Tábuas[25], a *manus iniectio* consiste em um meio de execução forçada contra aquele que, em uma das ações declaratórias, fosse condenado a pagar determinada importância (*iudicatus*), e contra aquele que, na fase *in iure*, perante o magistrado, confessasse (*confessio*), reconhecendo a pretensão do autor[26].

No início do período correspondente às *legis actiones*, a *manus iniectio* era feita sobre a pessoa do devedor, passado o prazo de trinta

21 Cf. Cruz e Tucci, **A motivação da sentença no processo civil**, p. 28.

22 Liebman, **Embargos do executado**, nº 14, p. 35.

23 Gaio, Inst. 4, 12.

24 Gaio, Inst. 4, 11-2. Sobre a natureza da *actio romana*, cf. Giuseppe Provera, "A noção romana da *actio*", pp. 56-59.

25 Tábua III, 5: "esgotados os trinta dias e não tendo pago, que seja agarrado e levado à presença do magistrado" (Silvio Meira, **A Lei das XII Tábuas**, p. 170).

26 V. Luiz Carlos de Azevedo, **Da penhora**, p. 29.

dias entre a sentença ou a confissão e a execução, sendo permitido ao credor conduzir o devedor à força até o magistrado[27].

Ao vencido não era permitido repelir a mão e defender-se por lei. Poderia dar um *vindex* (geralmente um parente ou um amigo, que tivesse patrimônio suficiente), através do procedimento da *infitiatio*, da qual ele não poderia participar[28].

O *vindex* o substituía, agindo, a partir de então, como se a causa fosse sua e, portanto, arcando com todas as suas consequencias. Se o *vindex* impugnasse o pedido do autor, duas situações poderiam ocorrer: a) se não tivesse razão, seria condenado em dobro (*condemnatio rei in duplum*); b) se tivesse razão, a condenação seria afastada (*absolutio rei*)[29].

A condenação em dobro era uma forma de evitar a repetição, com a indicação de outro *vindex*, e o consequente retardamento da *manus iniectio*.

Por meio da *infitiatio*, o *vindex* poderia apresentar fatos contrários aos que foram levados em conta na sentença ou ainda alegar sua nulidade. Poderia também alegar o fato de o devedor já ter pagado a importância exigida ou de ter sido o crédito extinto de outra maneira[30].

Na *manus iniectio*, o *vindex* assumia a posição do devedor no processo e no eventual débito[31]. Mais tarde, foi permitido ao *vindex* exercer direito de regresso contra o devedor originário pelo valor da condenação que depois viesse a sofrer[32].

A figura do *vindex*, a qual o demandado solicitava a fim de assumir a obrigação de acompanhar o demandante ao juízo, traz todas as características de fiador ou garante. Perante o demandante, o *vin-*

27 Arangio-Ruiz, **Istituzioni di diritto romano**, p. 140; Luiz Carlos de Azevedo, "Subsídios para o estudo da evolução histórica da execução das sentenças no direito lusitano", p. 143.

28 Leopold Wenger considera a *infitiatio* um processo, estabelecido com a intervenção do *vindex* a favor do réu condenado ou confesso (***Actio iudicati***, § 13, p. 96). Cf. também Luiz Carlos de Azevedo, **Da penhora**, pp. 33 e 43.

29 Wenger, ***Actio iudicati***, § 3, p. 34-5, e § 26, p. 235, nota 9; Liebman, **Embargos do executado**, nº 4, p. 15; Moreira Alves, **Direito romano**, vol. 1, nº 125, p. 235.

30 Wenger, ***Actio iudicati***, § 3, pp. 31-33.

31 Gaio, Inst. 3, 115-27; Wenger, ***Actio iudicati***, § 13, p. 96. Para Wenger, o *vindex* nada mais era que o *sponsor*, assumindo o papel de devedor solidário (***Actio iudicati***, § 13, p. 96). No mesmo sentido, Correia e Sciascia, **Manual de direito romano**, § 96, pp. 182-183; Moreira Alves, **Direito romano**, vol. 1, nº 125, p. 253.

32 Wenger, **Actio iudicati**, § 13, p. 96. Gaio (4, 22) refere-se ao direito de regresso do *sponsor*.

dex se responsabilizava pelo demandado, por isso deveria possuir igual ou maior fortuna que o afiançado, pois, do contrário, ficaria o autor do chamamento (demandado) sem as garantias do prosseguimento do processo[33]. A intervenção do *vindex* extinguia, tanto no plano do direito processual como no do direito material, qualquer relação entre o credor e o devedor originário[34].

O vencido que não constituía o *vindex* nem pagava, depois de decretada pela autoridade a *addictio* (adjudicação do devedor ao credor para que a execução se iniciasse)[35], era conduzido à casa do credor e colocado a ferros[36]. Giuseppe Provera observa que a *manus iniectio* realizava forçosamente (exceção feita se houvesse a intervenção do *vindex*) "a colocação do *obligatus* no estado de escravidão ou até a morte do mesmo"[37].

Na Lei das XII Tábuas, a fim de se livrar da *manus iniectio*, ou o devedor pagava ou indicava um *vindex*, que assumia em juízo suas obrigações. Não pagando nem apresentando um *vindex*, era adjudicado ao credor (*addictio*), que o conduzia à casa, onde permaneceria preso a cadeias com peso não inferior a quinze libras, vivendo a suas expensas ou do credor. Em tal circunstância, teria direito, no mínimo, a uma libra de farinha, ficando detido por um período de sessenta dias. No curso desse período, poderia entrar em acordo com o credor, que era obrigado a

33 Luiz Carlos de Azevedo, **O direito de ser citado**, p. 117.

34 Dinamarco, **Execução civil**, nº 6, p. 37.

35 Cf. Moreira Alves, **Direito romano**, vol. 1, nº 251, p. 251. Com a execução pessoal, segundo Butera, nenhum prejuízo sofria o credor pela alienação praticada pelo devedor, que, em razão da *addictio*, não obtinha nenhuma vantagem com a fraude. No entanto, com a execução real, a situação mudaria (cf. Yussef Said Cahali, **Fraudes contra credores**, p. 69, nota 8, citando Antonio Butera, **Dell'azione pauliana o revocatoria**, Torino, UTET, 1934, nº 5, p. 4, e nº 6, p. 7).

36 Wenger, ***Actio iudicati***, § 14, p. 108.

37 A noção romana da *actio*, "Seminários de direito romano", p. 56. Entretanto, como aduz Álvaro Villaça de Azevedo, no direito romano da Lei das XII Tábuas, não há o termo obrigação. A expressão antiga utilizada parece ter sido *nexum*, que concedia ao credor o poder de exigir do devedor o cumprimento de determinada prestação. No caso de não-cumprimento, através da *manus iniectio*, respondia o devedor com seu próprio corpo, podendo ser reduzido à condição de escravo (**Curso de direito civil**; **Teoria geral das obrigações**, pp. 28-29). O vínculo existente entre sujeito ativo e sujeito passivo era puramente *material*, pois o devedor respondia pelas dívidas contraídas com seu próprio corpo. Somente depois da lei *Poetelia Papiria* (326 a.C.), o vínculo passou a ser jurídico (*imaterial*), respondendo o devedor não mais com seu corpo mas com seu patrimônio (Moreira Alves, **Direito romano**, vol. 2, nº 194, p. 12).

conduzi-lo a três feiras consecutivas, onde, na presença do magistrado, no *comitium*, se apregoava o valor da dívida, com o objetivo de cientificar os parentes ou amigos do devedor para que lhe solvessem o débito[38].

Não havendo acordo ou pagamento da dívida, era o devedor morto ou vendido, como escravo, além do Tibre. Se fossem vários os credores, o devedor seria morto e seu corpo esquartejado[39]. A execução era feita em grande parte pelo credor. A venda deveria ser feita necessariamente além do Tibre, ou seja, fora dos limites de Roma, pois o devedor era um cidadão romano e a noção de escravidão era incompatível com a de cidadania[40].

Note-se que esse sistema de ameaça de um mal maior em razão do inadimplemento era uma forma de convencer o devedor a satisfazer voluntariamente o direito do credor[41].

Após a Lei das XII Tábuas há um gradativo aumento dos casos em que ela se aplica e um sadio abrandamento de seus efeitos.

Assim, a *manus iniectio* era concedida em algumas leis contra determinadas pessoas como *pro iudicato*: a *lex Publilia* concedia a *manus iniectio* ao *sponsor* (fiador) se aquele pelo qual fez o pagamento não restituísse seu dinheiro nos seis meses após o pagamento; a *lex Furia de sponsu* concedia ao *sponsor* a *manus iniectio* contra o credor, na hipótese de haver vários fiadores garantindo o pagamento da dívida e se o credor dele exigisse mais do que era devido. Nos dois casos, consistiam em *ações daquele por que se pagou* e a *manus iniectio* era concedida por uma ficção de julgamento. Outras leis concediam a *manus iniectio* não só por causa de um julgamento anterior (ação de coisa julgada), mas também em virtude de certas obrigações assumidas. Mais tarde, com a *lex Vallia*

---

38 Moreira Alves, **Direito romano**, vol. 1, nº 125, pp. 250-251.

39 Lei das XII Tábuas, Tábua III, 9: "se são muitos os credores, é permitido, depois do terceiro dia de feira, dividir o corpo do devedor em tantos pedaços quantos sejam os credores, não importando cortar mais ou menos; se os credores preferirem, poderão vender o devedor a um estrangeiro, além do Tibre" (Silvio Meira, **A Lei das XII Tábuas**, p. 170).

40 Luiz Carlos de Azevedo, **Da penhora**, p. 34.

41 A ameaça de um mal maior ao devedor lembra muito as prisões civis de natureza coercitiva previstas em nosso ordenamento jurídico. Sobre a prisão civil e sua evolução histórica, cf. Álvaro Villaça de Azevedo, **Prisão civil por dívida**. Aliás, é de observar que, após longa análise do instituto, o autor defende a eliminação total da prisão civil por dívida (**Prisão civil por dívida**, p. 173). Não obstante, hoje, no Brasil, apenas se aceita a prisão civil por dívida de alimentos, afastando-a no caso de depositário infiel.

(séc. III a.C.), exceção feita ao que foi julgado e àquele por quem se pagou, em todos os demais casos era permitido ao devedor que sofresse a *manus iniectio* a repelir a mão e agir por si (*sibi manum depellere et pro se agere*)[42].

Ao fim da República, quando intentasse a *manus iniectio*, o credor não mais podia matar ou vender o devedor como escravo, mas apenas conduzi-lo para sua casa, onde, por meio de seu trabalho, pagaria sua dívida.

b) *pignoris capio*

A *pignoris capio*[43] não se desenvolvia na presença do magistrado nem do juiz. Não era também necessária a presença do adversário. Podia ser praticada nos dias considerados nefastos, o que não ocorria com todas as demais ações da lei. Era ela considerada uma ação apenas em virtude da pronúncia de palavras solenes (*certa verba*).

Consistia a *pignoris capio* em ato do credor de se apoderar de uma coisa do devedor inadimplente, com o fim de obter a satisfação do seu crédito.

De acordo com Gaio[44], foi a *pignoris capio* introduzida pelos cos-

42 Surgik, **Lineamentos do processo civil romano**, p. 41.

43 Cf. Moreira Alves, **Direito romano**, vol. 1, nº 125, pp. 253-254, e Surgik, **Lineamentos do processo civil romano**, pp. 44-45. Sobre o significado etimológico da *pignoris capio*, afirma Luiz Carlos de Azevedo: "sua denominação, *pignoris capio*, de *capio, capis, cepi, captum, capere*, apanhar, tomar às mãos, apoderar-se, e *pignus, pignoris*, penhor, objeto penhorado, segurança, indicava tratar-se de ato que consistia verdadeira penhora, admitida em circunstâncias especiais, conforme determinasse a lei ou estabelecessem os costumes" (**Da penhora**, p. 38).

44 "A ação da lei *per pignoris capionem* exercia-se em certos casos, por força dos costumes, e em outros por determinação legal. Foi introduzida pelos costumes da vida militar, pois permitia-se ao soldado, para haver o soldo, empenhar o dinheiro do responsável pelo pagamento, no caso de este recusar-se a efetuá-lo; e o dinheiro dado a título de soldo chamava-se dinheiro militar (*aes militare*). Também se podia somar em penhor o dinheiro destinado a comprar um cavalo, dinheiro denominado eqüestre (*aes equestre*); finalmente, autorizava-se o penhor do dinheiro necessário a comprar a cevada para o cavalo; e a este se chamava dinheiro para a cevada (*aes bordiarium*). A *pignoris capio* foi instituída pela Lei das XII Tábuas contra quem comprasse uma vítima para os sacrifícios sem lhe pagar o preço; também contra quem não pagasse o aluguel do animal de carga, que alguém alugou, a fim de lhe aplicar o preço nos sacrifícios religiosos. Finalmente, pela lei reguladora da função dos censores, deu-se a *pignoris capio* aos cobradores dos impostos públicos do povo romano contra as pessoas que, por força de algum estatuto, os devessem. Em todos os casos, o penhor se efetuava proferindo-se determinadas palavras, ra-

tumes da vida militar[45]. Somente podia ser utilizada com relação a certos débitos: a) pelo soldado contra o *tribunus aerarii*, com referência ao soldo (*stipendium*); b) pelo soldado de cavalaria contra as partes que estavam obrigadas a contribuir para a compra e manutenção do cavalo; c) pelo vendedor de animal destinado a sacrifício religioso contra o comprador, com relação ao preço; d) pelo locador de um animal de carga contra o locatário, quanto ao aluguel, desde que este se destinasse a ser aplicado em sacrifício religioso; e) pelo publicano contra o contribuinte, com relação ao imposto (*uectigal*) devido.

Esse apossamento, feito sem a presença do magistrado ou do juiz, tinha por objetivo compelir o devedor ao pagamento do débito, pois o credor não poderia se utilizar da coisa, mas apenas mantê-la em seu poder até o pagamento da dívida[46].

4. Processo no *ordo judiciorum privatorum*: processo *per formulas*

Pela lei Ebúcia (*lex Aebutia*), que autorizou o uso da fórmula, e pelas duas leis Júlias, que tornaram obrigatório o processo formulário, as ações da lei, em decorrência de seu extremo formalismo, deixaram de ser utilizadas. Em seu lugar os litigantes passaram a utilizar outro procedimento caracterizado pelas fórmulas.

O processo formulário teria se originado nas províncias, com o fim de atenuar o excesso de rigor das ações da lei.

Em Roma, no ano de 242 a.C., criou-se a pretura peregrina, com o objetivo de dirimir os litígios estabelecidos entre estrangeiros, ou en-

zão pela qual muitos achavam fosse também esta uma ação da lei. Outros, porém, pensavam o contrário, em primeiro lugar pela *pignoris capio* se realizar *extra jus*, isto é, sem a presença do pretor, e muitas vezes até na ausência do adversário, enquanto as demais ações só se podiam exercer perante o pretor e na presença do adversário; depois, por se poder realizar o penhor também em dias nefastos, isto é, quando não era permitido exercer uma ação da lei" (Gaio, 4, 26-29, tradução de Correia e Sciascia, **Manual de direito romano**, vol. 2, pp. 233-234, e Buzaid, **Do concurso de credores no processo de execução**, nº 7, p. 50-1). Sobre Gaio e a importância para o direito da descoberta dos denominados *Gai institutionum commentarii quattuor* na Biblioteca Capitular de Verona, em 1816, cf. Moacyr Lobo da Costa, **Gaio (estudo biobibliográfico)**.

45 Longo, "Esecuzione forzata (diritto romano)", nº 3, p. 717.

46 Moreira Alves, **Direito romano**, vol. 1, nº 125, p. 254.

tre esses e romanos. Por meio da atividade do pretor peregrino que se operou, gradativamente, a mudança do processo formal das ações da lei para o processo formulário, menos rígido e mais rápido[47].

Como no período anterior, o período formular tem características privatísticas[48]. Iniciava-se também com a *in ius vocatio*, sem haver, no entanto, o dever do demandante de pronunciar as palavras solenes do período anterior. O autor devia também providenciar a presença do réu perante o magistrado.

Em seguida, vinha a *postulatio*, uma exposição feita pelo autor ou pelos seus oradores (*patroni, aduocati*), explicitando o pedido. O autor corria o risco de perder a ação (*denegatio actiones*) quando postulava uma pretensão maior do que a real. Após a *postulatio*, a palavra era passada ao réu, que poderia confessar, negar ou reconhecer a pretensão do autor, mas poderia igualmente invocar uma situação capaz de obstar tal pretensão.

O magistrado, verificando estarem preenchidos todos os seus requisitos, concedia a ação (*iudicium*). Passava-se, então, à confecção da fórmula, que deveria conter o resumo dos elementos fundamentais do litígio. Enquanto a fórmula consiste no esquema abstrato que serve de modelo geral aos casos concretos, com as adaptações necessárias, o *iudicium* é o documento concretamente redigido de acordo com o modelo (*formula*)[49]. Nesse período, o *iudicium* podia realizar-se em qualquer dia, inclusive naqueles considerados nefastos, devendo ser público e na presença das partes.

---

47 Sobre a mudança progressiva e lenta do processo das ações da lei ao processo formulário, cf. Surgik, **Lineamentos do processo civil romano**, p. 49. Cf. ainda Moreira Alves, **Direito romano**, vol. 1, nº 127, p. 258.

48 Segundo Wlassak (**Die Litiskontestation in Formulaprozess**, Leipzig, 1889), cuja opinião ainda hoje é a dominante, "o processo formulário é de natureza rigorosamente privada, mantendo caráter essencialmente arbitral; quem redige a fórmula é o autor ou antes, o jurisconsulto que o assistia, tendo o réu o direito de fazer inserir nela certas cláusulas bem como de debater com o autor o ponto litigioso a ser fixado; a *litis contestatio* nada mais é do que o contrato formal celebrado exclusivamente pelas partes, que concordam que o litígio, como delimitado na fórmula, seja julgado por um juiz popular; o magistrado, que passivamente assiste a essas decisões, se limita a autorizar o *iudicium* (isto é, a fórmula como documento concreto), e a ordenar ao juiz que julgue a causa (*iussus indicandi*)", *apud* Moreira Alves, **Direito romano**, vol. 1, nº 127, pp. 259-260.

49 Todavia, o termo *formula* é empregado com o fim de exprimir as duas ideias (Surgik, **Lineamentos do processo civil romano**, p. 55).

O juiz incumbido de dar solução ao litígio na fase seguinte (*apud iudicem*) era escolhido antes da confecção da fórmula. Quando o demandante indica a ação e o réu aceita, deduz-se a fórmula, um ato bilateral, com a participação e interferência do magistrado.

As partes principais da fórmula são: *demonstratio, intentio, adiudicatio* e *condemnatio*. A *demonstratio* (demonstração) encontra-se no início da fórmula e tem por escopo precisar a causa da ação[50]; na *intentio* (intenção) está a "formulação exata das circunstâncias de fato de um lado e dos elementos de direito de outro (*causa petendi*)"[51]; na *adiudicatio* (adjudicação) permite-se ao juiz adjudicar a coisa a um dos litigantes, através de três ações (*actio familiae erciscundae, actio communi diuidundo* e *actio finium regundorum*); e na *condemnatio* (condenação) permite-se ao juiz condenar ou absolver o demandado a pagar determinada quantia em dinheiro[52].

Nesse período, a fórmula materializava, de certa forma, a *litis contestatio*[53], na qual se estabelecia a obrigação das partes em aceitar a decisão do *iudex*: a fórmula estava contida em um documento escrito onde se fixava o ponto da controvérsia e concedia ao *iudex* o poder de condenar ou absolver o réu. A finalidade dela é fixar os pontos litigiosos da questão para o *iudex* proferir a decisão na fase *apud iudicem*.

A fórmula era apresentada ao juiz, cidadão romano de comum acordo escolhido para resolver a pendência – o contido na fórmula facilitava o seu trabalho e, mais que isso, impunha a ele o dever jurídico e proces-

---

50 Aqui estaríamos diante da causa de pedir remota, ou seja, os fundamentos fáticos da demanda.

51 Cruz e Tucci, **A "causa petendi" no processo civil**, p. 45. A violaçao do direito faz nascer no autor o desejo (*mens*) de fazer valer uma pretensão. Enquanto a *mens* significa a "vontade do autor que coincide com o direito abstratamente considerado", a *intentio* é a "vontade do autor manifestada no ato em que se concretiza, visando à constituição do processo como meio de tutela de um direito subjetivo transgredido" (**A "causa petendi" no processo civil**, p. 45).

52 Cf. Moreira Alves, **Direito romano**, vol. 1, nº 128, p. 263-266, e Surgik, **Lineamentos do processo civil romano**, pp. 55-59. No período formulário a condenação sempre representava o pagamento de quantia certa, em dinheiro (Gaio, Inst. 4, 48; D. 42, 1, 4, 3).

53 "Dada a sua natureza de acordo entre as partes, a *litis contestatio* se assemelha a um contrato; ou melhor, aparece como um modo de extinção das obrigações, pois a relação jurídica, objeto da lide, após a *litis contestatio* cessa e se transforma em outra relação de caráter processual, dando lugar a uma *novatio* necessária" (Correia e Sciascia, **Manual de direito romano**, § 46, p. 86, e Gaio 3, 180-181).

sual de não sair dos limites exatos nela definidos[54]. A atividade do juiz no período formulário é muito mais intensa do que no período das ações da lei, em que era mero fiscal de formalidades[55].

O autor deveria provar os fatos deduzidos na *intentio* da fórmula, isto é, tudo aquilo que alegara (*necessitas probandi incumbit illi qui agit*)[56]. No caso de negativa do réu, ele nada deveria provar. Entretanto, alegando o réu na fórmula uma *exceptio*, teria de prová-la[57]. Ao autor cabia simplesmente alegar os fatos constitutivos de seu direito; os modificativos e extintivos deviam ser provados pelo réu. Ambos os fatos eram partes integrantes da fórmula (*intentio* e *exceptio*). Poderia haver também a *replicatio* na fórmula, na qual o demandante apresentaria sua resposta à *exceptio* apresentada pelo demandado, baseada em outros fatos idôneos e ainda a *triplicatio* do demandado, e assim por diante, desde que houvesse motivos.

Com referência às provas, admitia-se a testemunhal, o juramento, a inspeção ocular e a documental, esta com valor relativo. A confissão, assim como o juramento, era meio de prova, não vinculando a convicção do juiz (perante o pretor equiparava-se ao reconhecimento jurídico do pedido).

Produzidas as provas, o juiz as apreciava livremente e tinha liberdade total para decidir. A sentença era dada oralmente perante as partes, onde, sem qualquer formalismo, o juiz expunha o decidido seguindo fielmente a exposição da fórmula. A sentença só tinha dispositivo e, assim mesmo, muito singelo.

---

54 Não se trata de um dever puramente jurídico, hoje estabelecido em vários ordenamentos (no CPC, arts. 128, 293 e 460), mas um dever maior de seguir as regras da moral, honra, boa fama etc. Aliás, o juiz poderia sofrer uma ação (que nem chega a ter uma designação concreta – *actio si iudex litem suam fecerit*), no caso de ter causado algum prejuízo aos litigantes, podendo o demandante exigir dele uma prestação de conteúdo igual ao prejuízo que tivesse sofrido com a intervenção judicial injusta. Por isso, permitia-se ao juiz abster-se do julgamento, jurando simplesmente que a causa não lhe estava clara (*iurare sibi non liquire* – jurar que não estava claro). Cf., nesse sentido, SURGIK, **Lineamentos do processo civil romano**, p. 23.

55 Mais uma vez conferir SURGIK, **Lineamentos do processo civil romano**, p. 54.

56 Tal princípio é de fonte pós-clássica, e pode ser que os clássicos jamais tivessem formulado um princípio geral acerca do ônus da prova (SURGIK, **Lineamentos do processo civil romano**, pp. 68-69).

57 No processo romano, a exceção é um meio de defesa, já com muitas das características que, nos dias de hoje, apresenta (SERGIO BERMUDES, "Sobre a exceção no processo formulário", nº 4, p. 168).

No entanto, neste período, à *sententia* vem acrescentado um novo elemento, o *iudicatum*[58], "ato pelo qual o *iudex*, por força da *litis contestatio* celebrada *in iure* pelos litigantes e do *iussus iudicandi* do pretor, impunha ao réu a obrigação de pagar uma determinada quantia *in pecunia*, ou se fosse o caso, o absolvia"[59]. Portanto, o ato que na realidade produzia efeitos jurídicos era o *iudicatum*.

O juiz podia abster-se de resolver a questão, declarando sob juramento de não lhe estar claro (*sibi non liquere*). Em tal circunstância, nomeava-se um novo juiz para substituí-lo.

Caso a fórmula fosse mal elaborada, o juiz deveria absolver o réu e o autor ficaria obstado de agir novamente em razão da *res judicata* (p. ex., se pedisse a mais).

Como no período das *legis actiones*, se o autor pleiteasse menos, deveria aguardar o fim da pretura para pleitear a diferença. Se o réu negasse a pretensão do autor, sem razão, esse poderia executar a quantia em dobro.

5. Execução no período formular

a) actio iudicati

Se a sentença do juiz fosse de cunho condenatório, esta geraria automaticamente a obrigação *ex causa iudicati*[60], impondo ao devedor o pagamento, em dinheiro, da quantia determinada na sentença no prazo de trinta dias depois de proferida (*tempus iudicati*)[61]. Tal prazo era concedido ao condenado para que conseguisse o dinheiro necessário ao pagamento. A sentença condenatória criava para o réu a obrigação de

58 Nessa fase do direito romano, a sentença consistia apenas no parecer, na opinião do juiz, na qual expunha seu convencimento. O *iudicatum*, não obstante tenha como antecedente lógico a sentença, é essencialmente diverso, pois é um ato jurídico que produz efeitos. Por isso que na linguagem técnica, ao se tratar de efeitos jurídicos, o termo correto é o *iudicatum* e não a sentença. É por meio de tal ato que o juiz condenava ou absolvia. Assim, enquanto a sentença consistia no elemento lógico, o *iudicatum* era apenas o elemento jurídico. Cf., a propósito, BIONDO BIONDI, "Appunti intorno alla sentenza nel processo civile romano", p. 444.

59 CRUZ E TUCCI, A motivação da sentença no processo civil, p. 29.

60 Gaio 3, 180.

61 Lei das XII Tábuas, Tábua III, 4: "aquele que confessa dívida perante o magistrado ou é condenado, terá trinta dias para pagar" (SILVIO MEIRA, **A Lei das XII Tábuas**, p. 170).

cumprir o julgamento (*iudicatum facere*)[62]. Segundo CUENCA, nada mereceu mais respeito dos romanos do que o efeito da coisa julgada, obtida com a sentença definitivamente firme[63].

No *ordo judiciorum privatorum*, os romanos desconheciam totalmente o que hoje chamamos de execução específica. Seja qual fosse a natureza da obrigação, convertia-se em dinheiro[64]. Para a conversão do objeto em pecúnia era necessário um processo, o *arbitrium litis aestimandi*[65].

Não satisfeita a *obligatio condenati* pelo condenado[66], após o prazo, era permitido ao credor conduzi-lo novamente ao pretor, a fim de que se instaurasse o processo da *actio iudicati*, mediante a execução sobre a pessoa ou sobre os bens do executado[67].

No período formulário verifica-se uma gradativa humanização dos meios executivos. Muito embora fosse permitida a execução pessoal, aos poucos, deu-se preferência à execução real.

Assim, a *actio iudicati* substitui a *manus iniectio* do período das *legis actiones*. No entanto, é necessário observar que a *manus iniectio*, após a *lex Poetelia Papiria*, que se situa entre os anos de 326 e 313 a.C., produzia os mesmos efeitos da *actio iudicati*.

A *lex Poetelia Papiria* proibiu a morte e o acorrentamento do executado, institucionalizando a satisfação dos créditos mediante a prestação de trabalhos forçados; permitiu que o próprio devedor se livrasse da *manus iniectio*, repelindo a mão que o prendia pelo juramento de que tinha bens suficientes para a satisfação do crédito; e extinguiu o *nexum*, passando o devedor a responder com o patrimônio que tivesse, não mais com o seu próprio corpo.

A *actio iudicati* era uma nova ação, necessária para que se efetivasse a execução da sentença condenatória de pagamento em dinheiro[68].

---

62 MOREIRA ALVES, **Direito romano**, vol. 1, nº 130, p. 284.

63 CUENCA, **Proceso civil romano**, p. 111.

64 CUENCA, **Proceso civil romano**, p. 110.

65 Cf. MOREIRA ALVES, **Direito romano**, vol. 1, nº 125, p. 250.

66 Como observa MOREIRA ALVES, na *obligatio* distinguem-se três elementos essenciais: a) os sujeitos ativo e passivo; b) o vínculo existente entre eles; e c) o objeto da relação jurídica (**Direito romano**, vol. 2, nº 194, p. 11).

67 Pelos motivos expostos, CUENCA reporta-se à *actio iudicati* como ação de coisa julgada (**Proceso civil romano**, p. 111).

68 Cf. MENDONÇA LIMA, **Comentários ao Código de Processo Civil**, nº 49, p. 29.

Na prática, permitia uma revisão do processo precedente[69]. Assim, conclui-se que para intentá-la era necessária a ocorrência de determinados pressupostos que tinham estreita relação com sua natureza[70]. Era preciso que um sujeito (o legitimado passivo na *actio iudicati*) devesse certa soma de dinheiro a um outro (o legitimado ativo) e que o débito tivesse origem em uma sentença proferida pelo juiz, que impunha o pagamento de certa soma de dinheiro, ou na *confessio in iure* do devedor[71].

Assim, na presença do magistrado, o devedor condenado podia confessar a existência da *obligatio iudicati*, ou contestar a existência e a validade da sentença (*exceptio iudicati*).

Se o devedor não pagava o débito nem se defendia, era então feita a *addictio*. O devedor, não se defendendo, determinava o fim da atividade do magistrado e o restante era feito exclusivamente pelo credor. Este recebia a autorização do pretor para a prática dos atos de execução contra a pessoa do condenado (*manus iniectio*), ou contra seus bens (*missio in bona seruandae causa*). Todavia, neste período, o credor que contra o devedor intentasse a *manus iniectio* não mais poderia matá-lo ou vendê-lo como escravo, mas conduzi-lo para sua casa, onde, através do seu trabalho, pagaria sua dívida.

Se o condenado impugnasse a sentença, iniciava-se o processo cognitivo na *actio iudicati*[72].

Como observa Arangio-Ruiz, "a função prática desta ação é consentir uma revisão do processo precedente, no caso de não tenha se desenvolvido regularmente ou o juiz tenha abusado de seu poder"[73]. Nessa situação, o devedor era obrigado a prestar caução que garantisse a execução da nova sentença a ser proferida na *actio iudicati*.

69 Arangio-Ruiz, **Istituzioni di diritto romano**, p. 140.

70 Franca La Rosa (**L' "*actio iudicati*" nel diritto romano classico**, pp. 1-2) analisa a *actio iudicati* a partir de seus pressupostos, contestando a posição da doutrina tradicional, representada por Eisele ("Ueber *actio iudicati* und Nichtigkeitsbeschwerde", *in* ***Abhandlungen zum röm. Civilprozess***, Freiburg, i.B., 1889, p. 125 e s.) e Wenger (***Actio iudicati***, esp. §§ 2-19, pp. 19-155), que a examinam sob o aspecto de sua função e estrutura.

71 Franca La Rosa, **L'"*actio iudicati*" nel diritto romano classico**, p. 2.

72 No processo das ações da lei, com a possibilidade da intervenção do *vindex*, e no processo formulário, com a possibilidade da defesa do devedor na *actio iudicati*, é possível afirmar-se que o direito romano, de certa maneira, observou que deveriam ser as razões das partes conhecidas antes de se realizar a execução. Cf. Liebman, **Processo de execução**, nº 6, pp. 9-10.

73 **Istituzioni di diritto romano**, p. 140.

A impugnação feita pelo devedor não era uma *actio* do devedor, mas uma simples defesa. Com a sua apresentação, iniciava-se um procedimento de cognição plena. Entretanto, a via complexa da *actio iudicati* existia também para que o devedor pudesse opor-se às pretensões do credor, seja atacando a sentença ou a própria existência da obrigação[74].

Na *actio iudicati* não havia a *litis contestatio*; a fase *in iure* perante o magistrado continha simplesmente um comando para que o devedor entregasse ao credor (*duci iubere*) aquilo que lhe era devido. Em caráter excepcional, chegava-se à fase *in iudicio*, quando o devedor resolvesse impugnar a sentença. Esse meio de defesa do réu anteriormente condenado era a *infitiatio*[75] e determinava a constituição de um novo juízo, tendo por consequencia a eliminação da executividade própria da *actio iudicati* não contestada[76].

Na *infitiatio*, o executado poderia: a) negar a sentença, com relação aos fatos; b) alegar a nulidade do processo ou da sentença anterior; c) alegar que já havia pagado dívida; ou d) alegar que o crédito foi extinto de alguma outra maneira[77]. Em qualquer uma dessas situações, escolhia-se e nomeava-se novo juiz, redigia-se a fórmula, estabelecia-se a *litis contestatio* e o procedimento *apud iudicem*, para que, por fim, outra sentença pudesse ser proferida. Os fatos já examinados não eram mais uma vez considerados; a discussão apenas visava à verificação da regularidade e da existência de um julgamento ao qual o devedor se recusava a cumprir[78].

Portanto, o *iudicium* na *actio iudicati* tinha por finalidade apurar se a sentença foi ou não juridicamente válida; se foi pronunciado um julgamento perfeito, já que o devedor vencido não era obrigado a acatar uma sentença nula e cumprir condenação injusta. Nessas circunstâncias, era permitido ao devedor aguardar a iniciativa do credor para, na *actio iudicati* por ele intentada, defender-se (*infitiari*), atacando a sentença que entendesse ser nula. Assim, a execução nunca podia ser realizada sem que se verificasse previamente a sua plena legitimidade.

Se a primeira sentença (sentença de condenação) viesse a ser julgada válida, o devedor (ou o *vindex*) seria condenado no dobro do valor

---

74 Cf. nesse sentido, LIEBMAN, **Embargos do executado**, nº 6, p. 17.

75 MOREIRA ALVES (**Direito romano**, vol. 1, nº 130, p. 284), lembrando os ensinamentos de ORESTANO (**L'appello civile in diritto romano**, pp. 103-104).

76 CELSO NEVES, **Comentários ao Código de Processo Civil**, nº 99, pp. 226-227.

77 WENGER, ***Actio iudicati***, § 3, pp. 31-33.

78 LUIZ CARLOS DE AZEVEDO, **Da penhora**, p. 43.

da *obligatio iudicati*, "pois sua atitude não condizera com o respeito e probidade que devia nortear a conduta do cidadão romano perante a sociedade a qual pertencia"[79]. Este era o princípio *lis infitiando crescit in duplum*, que tinha o escopo de reprimir a temeridade do réu na ação da coisa julgada[80].

A defesa julgada improcedente ensejava nova *actio iudicati* e assim por diante, até que o débito fosse finalmente liquidado ou o pretor reconhecesse a má-fé do expediente utilizado pelo devedor. Se o executado confessasse, reconhecendo o pedido formulado na *actio iudicati*, seus bens eram levados e vendidos em hasta pública (*bonorum venditio*)[81].

Poderia também o devedor promover a revogação do julgado por meio da declaração de nulidade da sentença, mediante o exercício da *reuocatio in duplum*, sujeitando-se igualmente à condenação em dobro se não lhe assistisse razão[82].

b) bonorum venditio

A *bonorum venditio* era a execução sobre a totalidade do patrimônio do devedor. Essa modalidade era também denominada "rutiliana", em homenagem ao pretor Rutílio Rufo, que, segundo alguns autores, a teria instituído no ano de 118 a.C.[83]

A *bonorum venditio* assemelha-se muito ao instituto do concurso de credores. Era utilizada em determinados casos, como, por exemplo, quando o devedor não era localizado. Mais tarde, a *bonorum venditio* foi estendida ao *confessus in iure* (o que confessava, *in iure* – diante do magistrado – dívida de dinheiro, e que, por essa razão, se

79 Luiz Carlos de Azevedo, **Da penhora**, p. 43.

80 Cf. Wenger, ***Actio iudicati***, pp. 30-32.

81 Luiz Carlos de Azevedo, "Subsídios para o estudo da evolução histórica da execução das sentenças no direito lusitano", p. 144.

82 Cf. Lobo da Costa, "A revogação da sentença no direito lusitano (perfil histórico)", p. 363.

83 Na verdade, muito pouco se sabe. Alguns autores sustentam que a execução real deve ter se iniciado com o pretor Rutílio, seja esse o pretor P. Rutílio Rufo, que foi cônsul no ano de 649 da fundação de Roma (754 a.C.), seja esse o pretor P. Rutílio Calvo, que viveu no ano de 585 da fundação de Roma (Yussef Said Cahali, **Fraudes contra credores**, p. 69, nota 8, citando Antonio Butera, **Dell'azione pauliana o revocatoria**, Torino, UTET, 1934, nº 5, p. 4, e nº 6, p. 7).

equiparava ao *iudicatus*) e ao *indefensus* (aquele que não se defendia convenientemente)[84].

Iniciava-se com a autorização do magistrado, a pedido do credor, de uma *missio in possessionem* que colocava, por um *decretum*, em seu poder, provisoriamente, todos os bens do devedor-executado, a fim de que fossem eles conservados[85]. Esta medida tinha por fim evitar que o devedor dilapidasse seus bens. A posse do credor era decretada *rei seruandae causae* e aproveitava a todos os credores do devedor.

Em seguida, dava-se publicidade ao ato durante trinta ou quinze dias, caso o executado tivesse falecido. Era nomeado um *bonorum curator* para a administração provisória dos bens. Podia o *curator bonorum* vender bens, se necessário, pagar débitos, exigir créditos e, ainda, estar em juízo pela massa. Como condição para que a venda se realizasse, fazia-se necessária, pelo *bonorum curator*, a publicação de editais, tornando pública a imissão na posse para que: a) tomando conhecimento do fato, outros credores ingressassem na execução e b) amigos ou parentes do réu, se quisessem, pagassem, em seu favor, o valor da condenação[86].

Decorrido o prazo de trinta ou quinze dias, o magistrado, em um segundo *decretum*, determinava que os credores se reunissem e escolhessem um *bonorum magister*, que, depois de procedido um balanço do patrimônio e estabelecidas as condições (*lex uenditionis*), realizava, após o prazo de dez dias (se o devedor estivesse vivo) ou cinco (se morto), a venda por hasta pública àquele que oferecesse melhor preço por todo o patrimônio.

O comprador (*bonorum emptor*) sucedia o devedor em todas as suas posições patrimoniais, pagando-lhe todas as suas dívidas, sempre no limite do preço da venda, e cobrando, por meio de fórmulas especiais, seus créditos (*Actio Rutiliana, Actio Seruiana*). Assim, o magistrado concedia ao *bonorum emptor* uma ação com transposição de sujeito (se o réu fosse vivo) ou uma ação fictícia (se o réu fosse morto). Moreira Alves observa que, com relação às dívidas, o comprador se responsabilizava apenas por algumas, sendo controvertido entre os romanistas quais fossem elas[87]. Relativamente aos bens, ao comprador era transfe-

84 Moreira Alves, **Direito romano**, vol. 1, nº 130, p. 285.

85 A execução também se fazia com a entrega definitiva dos bens do devedor ao credor (*missio in bona*).

86 Moreira Alves, **Direito romano**, p. 1, nº 130, p. 286.

87 Cf. **Direito romano**, vol. 1, nº 130, p. 287.

rida a propriedade pretoriana, podendo reaver os que se encontrassem nas mãos de terceiros através do *interdictum possessorium* que o magistrado lhe concedia.

O *bonorum emptor* pagava, em primeiro lugar, os privilegiados (por exemplo, aqueles cujos créditos eram garantidos por hipoteca) e, por fim, os quirografários (aqueles cujos créditos não estivessem garantidos). Aos quirografários era dividido o saldo remanescente em parcelas proporcionais ao valor do crédito de cada um[88].

Nessas circunstâncias, o devedor era considerado infame. Poderia evitar a infâmia e a prisão se oferecesse, desde logo, seus bens aos credores (*cessio bonorum ex lege Iulia*)[89]. Com isso, lhe era concedido o *beneficium competentiae*, ou seja, a faculdade de não ser condenado a pagar, a não ser na medida de suas possibilidades, podendo conservar algo para a sua subsistência[90]. A execução não poderia exceder o patrimônio do devedor, excluídos os bens pessoais necessários à sua subsistência, o dote, os bens pertencentes aos filhos, as insígnias honoríficas, os bens de terceiros; poderiam valer-se do benefício o pai, filho, irmão, sogro, sócio do devedor, o doador com referência ao cumprimento da doação exigida pelo donatário, os militares, os que houvessem feito *bonorum cessio* por dívidas anteriores[91]. É igualmente importante observar que, neste caso, não haveria a *condemnatio in duplum*, mas *in simplum*. Tal situação ocorreria também se o devedor não contestasse a existência do débito, mas o valor[92]. Os bens que viessem a ser adquiridos no futuro poderiam servir de pagamento por meio de nova *bonorum venditio*.

---

88 Mais uma vez, cf. MOREIRA ALVES, **Direito romano**, vol. 1, nº 130, p. 287; CUENCA, **Proceso civil romano**, p. 117.

89 BETTI, "Processo civile (diritto romano)", nº 33, p. 1119.

90 CUENCA, **Proceso civil romano**, p. 110; SURGIK, **Lineamentos do processo civil romano**, p. 73. Se o devedor alegasse o *beneficium competentiae* com a finalidade de limitar sua responsabilidade e não discutir a obrigação, não seria condenado em dobro. Nesse caso, o processo de *iudicatum* não era considerado um processo de *infitiatio*, impondo apenas o pagamento de um *simplum* modificado, caso não se verificasse dolo no procedimento do devedor (cf. WENGER, ***Actio iudicati***, § 4, p. 37 e s.; LUIZ CARLOS DE AZEVEDO, **Da penhora**, p. 44).

91 WENGER, ***Actio iudicati***, § 4, pp. 37-43; CUENCA, **Proceso civil romano** pp. 117-118.

92 WENGER, ***Actio iudicati***, § 3, pp. 34-43.

c) bonorum distractio

Aos senadores e outros devedores que mereciam atenção especial (*pupilli, furiosi indefensi*) era permitido a *bonorum distractio*. Assim, após a *missio in possessionem*, o *bonorum curator* realizava a venda um a um dos bens do executado, até conseguir o montante necessário à satisfação de todos os credores, restituindo-se o remanescente, isso tudo sem que lhe fosse imputada a infâmia[93].

A *bonorum distractio*, inicialmente excepcional e privilegiada, mas que mais tarde, durante o Império, foi generalizada, consistia em uma variante da execução patrimonial em que não se afetava a totalidade dos bens do condenado, mas somente aqueles que fossem suficientes ao pagamento da dívida[94].

d) pignoris capio ex causa

Tal como no período anterior, no formulário a *pignoris capio* correspondia à penhora, admitida apenas em situações especiais.

A apreensão de bens representava um dos meios de coação de que dispunha o magistrado para fazer valer seu *imperium*. Desobedecendo ao chamado do pretor, o devedor era constrangido a comparecer e responder, sob pena de penhora e venda de seus bens[95].

Por meio da *pignoris capio*, o credor apreendia bens móveis pertencentes ao devedor, forçando-o a pagar a quantia devida por dívida anteriormente contraída e ainda não saldada[96]. Não sendo feito o pagamento dentro de determinado prazo, ao credor era facultado destruir o bem ou adjudicá-lo para si, satisfazendo o crédito[97].

---

93 Cuenca, **Proceso civil romano**, pp. 118-119; Dinamarco, **Execução civil**, nº 12, pp. 45-46.

94 Cuenca, **Proceso civil romano**, p. 119.

95 Luiz Carlos de Azevedo, **Da penhora**, p. 38.

96 Luiz Carlos de Azevedo, **Da penhora**, p. 38.

97 Dinamarco, **Execução civil**, nº 10, p. 42; Luiz Carlos de Azevedo, **Da penhora**, p. 38. Para Alfredo Rocco (**Il fallimento**, p. 140), Longo ("Esecuzione forzata (diritto romano)", nº 3, p. 717) e Buzaid (**Do concurso de credores no processo de execução**, nº 9, pp. 52-53), a *pignoris capio* era um meio de coação da vontade do devedor, não tendo qualquer finalidade satisfativa. Para Moreira Alves, como visto, apreendendo os bens, o credor não podia deles se utilizar, mantendo-os até a solução da dívida (**Direito romano**, nº 125, p. 254).

A apreensão imediata dos bens impedia que o sujeito passivo desde logo opusesse resistência[98]. Segundo alguns autores, a *pignoris capio* realizada extrajudicialmente podia ser impugnada pelo executado por meio de uma *legis actio*, cabendo ao exequente demonstrar a legitimidade da apreensão[99].

6. *Extraordinaria cognitio*

Os dois primeiros períodos da história de Roma têm como principal característica a divisão das funções judiciárias entre o magistrado, que determina as consequencias dos fatos alegados pelo demandante e pelo demandado (*ius dicere*), e o juiz, que conhece as alegações das partes e aplica o previamente exposto pelo magistrado, sentenciando em definitivo (*iudicare*).

A grande diferença entre a *extraordinaria cognitio* e o *ordo iudiciorum privatorum* (períodos das ações da lei e formulário) está na supressão das duas fases, a *in iure* e a *apud iudicem*, por uma unidade do processo. Na cognição extraordinária, a aplicação do direito era somente feita por um funcionário. O juiz agora dirige o processo do início ao fim, como funcionário do Estado, representante do Imperador; organiza a instância, examina as provas, profere o julgamento, executa a sentença[100].

O ordenamento jurídico da *extraordinaria cognitio* corresponde à situação do cidadão romano perante o poder organizado: a atividade judiciária passa a ser inerente às funções exercidas pelo Imperador e seus delegados.

No processo romano há uma evolução da *litis contestatio*, em que as partes faziam um acordo de respeitar o decidido pelo juiz, pois no período da *extraordinaria cognitio*, o processo deixa de ter o caráter contratual e privado para evoluir e adquirir um caráter público.

Em primeiro lugar, há um abandono da concepção privativa do processo, que passa então a ser público; em segundo, há uma transformação na própria estrutura processual: passa a funcionar dentro de toda uma organização judiciária. Por último, o poder de dizer o direito passa a ser do Imperador.

98 Luiz Carlos de Azevedo, **Da penhora**, p. 39.

99 Essa é a opinião de Celso Neves, **Da arrematação de real a real**, nº 7, e dos autores por ele citados.

100 Luiz Carlos de Azevedo, **Da penhora**, p. 51.

Nesse período manteve-se a *actio iudicati*, porém sem as fases *in iure* e *apud iudicem*. Todavia, a grande diferença residia no fato de que a *actio iudicati* da *cognitio extra ordinem* era uma *actio* de cognição e a *actio iudicati* do *ordo iudiciorum privatorum* era uma *actio* típica do procedimento *per formulas*[101]. Estava, a partir daí, a execução inserida em procedimento cognitivo.

Em relação àquela época, a *actio iudicati* podia ser definida por dois enfoques: substancial e formal. Pelo primeiro, consistia na pretensão de conseguir o credor determinada soma de dinh eiro ou coisa, consoante a condenação. Pelo segundo enfoque, significava reclamar da autoridade responsável para julgar aquela pretensão o encargo de chamar ou trazer a juízo o adversário, formulando suas razões na forma exigida nas outras ações[102].

A *actio iudicati* era ordenada pelo magistrado e tinha como pressuposto o transcurso do *tempus iudicati*, que no período anterior era de trinta dias (Lei das XII Tábuas). No período formulário, esse prazo ampliou-se para sessenta dias[103]. Na *extraordinaria cognitio*, com Justiniano, foi dilatado para quatro meses[104].

Muito embora as fontes não ofereçam qualquer indício, é de presumir, tal como no período formular, que ao devedor era permitida a possibilidade de contrariar a execução de uma sentença, alegando a inexistência ou extinção do direito do credor[105]. Relativamente à nulidade, assegurava-se ao devedor um remédio independente e distinto daquele previsto na *actio iudicati*.

A *condemnatio rei in duplum* persistia. Assim, se o devedor não tivesse razão, seria condenado em dobro.

Entretanto, na *cognitio extra ordinem*, a facilidade do devedor, despreocupado com a duplicação automática do débito, de renovar a *infitiatio* contra a *actio iudicati* era relativa. Nessa fase, era exigida do devedor caução para que pudesse novamente participar dessa atividade cognitiva[106].

---

101 Wenger, ***Actio iudicati***, § 24, p. 205.

102 Liebman, **Embargos do executado**, nº 12, p. 27.

103 Cuenca, **Proceso civil romano**, p. 111.

104 *Codex Iustinianus* 7, 54, 2 e 3.

105 Wenger, ***Actio iudicati***, § 24, pp. 205-207; Liebman, **Embargos do executado**, nº 12, pp. 28-30.

106 Wenger, ***Actio iudicati***, § 4, pp. 42-43; Liebman, **Embargos do executado**, nº 13, p. 31. Liebman observa que é possível que a exigência da caução tenha desaparecido na época de Justiniano, pois nos textos não há qualquer vestígio de sua permanência.

Com Justiniano, essa possibilidade de renovar a *actio iudicati* definitivamente desapareceu em função da gradativa *publicização* do processo, ordenado então por autoridade que representava, em última análise, uma extensão do Imperador. Ainda que o devedor condenado contestasse sem razão, o débito permanecia o mesmo, não havendo, também por isso, motivos para lhe conceder novas oportunidades de dilação[107].

Durante o período justinianeu introduziu-se também o requisito da lliquidez para que eventual crédito do devedor pudesse ser utilizado em compensação[108].

Na *extraordinaria cognitio*, ao lado da *actio iudicati*, havia também outra forma executiva, denominada *pignus in causa iudicati captum*, evolução da *bonorum venditio*. Assim, os *apparitores*, auxiliares do magistrado, apreendiam algum bem do devedor suficiente ao pagamento do débito. Ao contrário do que ocorria na *missio in bona*, não eram apreendidos todos os bens do devedor, mas apenas os necessários para cobrir o valor exigido pelo credor por força da condenação. Havia uma ordem a ser observada na alienação dos bens que podiam ser apreendidos no procedimento da *pignus in causa iudicati*: primeiramente, os móveis (escravos ou dinheiro), depois os imóveis e por fim os direitos do devedor. Com Justiniano, a *bonorum venditio* foi ampliada, passando a ser utilizada na execução coletiva, enquanto a *pignus in causa iudicati*, na execução singular[109].

Somente ao tempo dos Imperadores a medida passaria a ser concedida com a nomeação de um *bonorum curator*, que exercia a administração dos bens do devedor e os vendia (*bonorum distractio*), distribuindo o preço se houvesse mais de um credor[110].

Ademais, como visto, no sistema da *extraordinaria cognitio*, os bens apreendidos são apenas aqueles que bastem à satisfação do crédito. Se o devedor entregasse seus bens voluntariamente ao credor (*cessio bonorum*) não haveria necessidade de sua venda em hasta pública (*bonorum venditio*) e, mais importante, evitaria com isso a nota de infâmia sobre sua pessoa.

Ademais, tal exigência era incompatível com os sentimentos de equidade à época e com a própria finalidade da execução de satisfazer *in natura* e não através da caução, que correspondia a uma satisfação indireta (**Embargos do executado**, nº 13, p. 32).

---

107 Liebman, **Embargos do executado**, nº 13, pp. 31-32.

108 Wenger, ***Actio iudicati***, § 8, p. 64.

109 Dinamarco, **Execução civil**, nº 14, pp. 48-9, com arrimo em Scialoja, **Procedimiento civil romano**, § 39, p. 298.

110 Gaio, 2, 78; Const. 2, Cod. de Praest. pign. VIII, 22.

7. Conclusão

Como toda *actio romana*, a *manus iniectio*, a *pignoris capio* e, mais tarde, a *actio iudicati* e o *pignus in causa iudicati* estavam estruturadas a partir "da configuração de um poder idôneo à realização de uma sanção executiva, pela qual era atingido quem mantinha consigo arbitrariamente a coisa pertencente a um outro sujeito ou recusava o cumprimento da contribuição da qual dependia a satisfação do interesse do credor"[111]. Portanto, o direito (*ius*) relativo do credor identifica-se intimamente com a *actio* prevista para sua tutela. Para os romanos, as noções de *ius* e de *actio* caminham inseparáveis[112].

De outro lado, observa-se a gradativa humanização da execução do período das ações da lei, passando pelo período formulário, até a *cognitio extra ordinem*, com a possibilidade cada vez maior de o devedor participar de um processo em contraditório. Da violenta execução pessoal passa-se à satisfação do crédito por meio da execução sobre o patrimônio do devedor. Essa passagem se dá na medida em que organizações semelhantes ao que viria a ser o Estado moderno se consolidavam e em que o poder de fazer cumprir o direito se *jurisdicionalizava* em pessoas por assim dizer *investidas* desse poder.

A evolução mostra-se ainda mais importante quando, em momento ulterior, através da *bonorum distractio*, a execução atinge tão-somente aqueles bens suficientes ao pagamento do débito. Gradativamente, passou a haver uma saudável e justa proporcionalidade entre a obrigação devida e os atos executivos destinados ao seu cumprimento.

§ 2º Direito comum

8. Autotutela e processo germânico

Com a invasão dos povos germânicos, a utilização do avançado direito romano é abalada. Conquistas do pensamento jurídico são, inicialmente, desprezadas pelos bárbaros, conhecidos pelo grande individualismo e desconhecimento do conceito de autoridade[113]. Cuidavam os membros dos diversos clãs germânicos de conservar os seus próprios direitos, defendendo-os pessoalmente "sem recurso de uma potestade maior, porque

111 PROVERA, "A noção romana da *actio*", p. 56.

112 Cf., novamente, PROVERA, "A noção romana da *actio*", pp. 56-57.

113 LONGO, "Esecuzione forzata (diritto intermedio)", p. 722.

esta ou não existia, ou se mostrava inteiramente ineficaz para impedir o uso daqueles hábitos, que de há muito mantinham-se arraigados"[114].

A força era empregada como meio para a solução dos litígios. Tanto o delito como o não-cumprimento de uma obrigação eram considerados ofensas pessoais, e ao ofendido era reconhecido o direito de vingança[115].

Ao contrário do direito romano, o credor não se dirigia a um terceiro, autoridade pública ou particular, para o exame imparcial de suas alegações[116].

O meio utilizado para reparar as ofensas era a execução corporal ou patrimonial, através da penhora privada.

Como se verá, também em Portugal persistiu por um longo tempo a penhora privada, não obstante a forte influência do direito romano do período da *extraordinaria cognitio.*

Enquanto no direito romano a verificação prévia do direito era indispensável e a cognição se fazia em duas ações anteriores, chegando-se muito lentamente à execução, entre os germânicos, prescindia-se da cognição para atingir as vias executivas. Raramente, no direito germânico, instaurava-se um procedimento no qual o devedor poderia expor suas razões. O conhecimento, realizado incidentalmente à execução, destinava-se sempre à satisfação do credor[117].

Aos poucos, leis foram procurando restringir a autotutela. Não tendo os germânicos autoridade para se sobrepor ao individualismo, buscavam, por meio do rigor das formas, constranger o procedimento à ordem determinada. O processo germânico, no dizer de Liebman, representa o *triunfo da forma*[118], pois estabelece as atividades das partes sujeitas a re-

---

114 Luiz Carlos de Azevedo, **Da penhora**, p. 57.

115 Luiz Carlos de Azevedo, **O direito de ser citado**, p. 160, e **Da penhora**, p. 57. Como observa Dinamarco, "em virtude dessa promiscuidade entre sanção civil e sanção penal, o processo germânico girava em torno da ofensa sofrida e não do direito subjetivo do demandante" (**Execução civil**, nº 18, p. 52, nota 87).

116 Liebman, **Processo de execução**, nº 6, p. 11.

117 Liebman, **Embargos do executado**, nº 17, pp. 38-39; Dinamarco, **Execução civil**, nº 18, p. 52, nota 88.

118 **Embargos do executado**, nº 18, p. 39. Luiz Carlos de Azevedo lembra pesquisa realizada por Salvioli ("Storia della procedura civile e criminale", *in* **Storia del diritto italiano**, Frankfurt, Main, Saurer e Auverman, 1969, p. 221) na farta legislação da Alta Idade Média que esclarece quais e quantas formalidades envolviam os atos processuais que davam início e curso ao processo naquela época (**O direito de ser citado**, pp. 165-166).

quisitos extrínsecos. Mas, se alguém se utilizasse ilegitimamente do ato, sem irregularidades externas, facultava à outra parte protestar, sujeitando-se à pena maior ou igual a que pretendera injustamente aplicar[119].

A demanda muitas vezes se iniciava com a acusação da parte lesada contra aquele que havia violado seu direito, reclamando desagravo durante a realização da assembleia, onde membros da comunidade se encontravam reunidos (*mallatio*). Com isso, os rachimburgos, juízes escolhidos entre os pares da sociedade, o chefe, o conde ou o rei eram instados a se manifestar acerca da interpelação oferecida, debaixo de juramento, pelo ofendido. Muitas vezes também os litigantes acordavam decidir o pleito perante o *mallum*, levando, desde logo, o conflito à apreciação da assembleia, sem prazos ou medidas protelatórias[120].

Assim, nesse período mais avançado do direito germânico, passou a penhora a ser possível somente por meio de autorização do juiz. Entretanto, continuava a ser privada em todos os atos que se seguiam. A autorização judicial era concedida mediante afirmação, formalmente apresentada pelo credor, da existência da dívida. Não se exigiam provas e não se fazia qualquer verificação a respeito da veracidade.

O provimento do juiz restringia-se ao mero decreto de autorização, e a causa da penhora era a dívida que se afirmava. A introdução da necessidade da autorização teve por fim tirar da execução o caráter de mero arbítrio individual e eliminar a oposição violenta do devedor[121].

Segundo Piero Rasi, quando as populações germânicas se instalaram na província romana, as coisas não mudaram muito. A execução sempre fora privada por força de uma *promessa solene*, fosse essa judicial ou extrajudicial. Tanto no direito romano como no direito germânico era requerida uma autorização prévia para proceder à penhora, feita na presença de testemunhas. Também ao devedor era permitido, durante ou depois da execução, recorrer ao juiz com a finalidade de demonstrar a injustiça sofrida[122].

---

119 Liebman, **Embargos do executado**, nº 18, p. 39.

120 Luiz Carlos de Azevedo, **O direito de ser citado**, pp. 166-167.

121 Liebman, **Embargos do executado**, nº 18, p. 39.

122 "Esecuzione forzata (diritto intermedio)", nº 1, p. 431. Já Pabst afirma que "grandes eram as diferenças entre as concepções básicas do direito romano e do antigo direito germânico, distinção com sulcos profundos no campo da execução, com nítidos reflexos na compreensão exata da natureza jurídica da execução propriamente dita e da defesa ou reação do executado" (**Natureza jurídica dos embargos do devedor**, nº 1.2, p. 8).

Quando num processo, diante de uma autoridade, as partes expunham as suas razões, e sobrevindo a sentença do juiz, o devedor se escusasse de assumir o compromisso, recebia como punição da autoridade a *exclusão da paz geral*. A pena só atingia a desobediência, pois a execução deveria partir de uma dívida contraída voluntariamente. Havendo controvérsia sobre os fatos, caberia ao devedor provar a injustiça da execução. Deveria cumprir a obrigação se não fosse feita a prova. Sendo esta desnecessária, o devedor faria a *promessa* solene de cumprir a obrigação, sob pena de perda da *paz geral*. O procedimento na concepção germânica era um todo unitário[123].

9. Direito nos grupos étnicos germânicos

A seguir, serão examinadas as normas mais relevantes à defesa do devedor, entre alguns dos diversos grupos étnicos germânicos.

Entre os ostrogodos, foram muitas as tentativas no sentido de vedar a justiça por si, pois eram proibidas as penhoras privadas. A intenção das *autoridades* era de que a execução fosse exclusivamente reservada aos por assim dizer órgãos públicos, admitindo-se a execução privada apenas quando havia documento munido de cláusula executiva. Contudo, a violência parecia ser frequente, como se verifica na *Varie* de Cassiodoro, que inutilmente recomendava urbanidade e civilidade, condenando o mau hábito da vingança como meio de justiça. É o que se verifica em edito do ano de 511[124].

Com os visigodos, a situação não era diferente. Assim é que com Recesvindo, na segunda metade do século VII, proibiu-se a penhora privada. A lei não explica como se fazia, materialmente, a execução sobre os bens do devedor. É natural que a penhora no sistema germânico não tivesse por pressuposto a verificação do crédito, mas apenas a eficácia formal atribuída à mera afirmação do credor. A autoridade verificava apenas a regularidade formal do pedido formulado pelo demandante[125].

Entre os longobardos, os costumes foram codificados em um ambiente saturado de romanidade[126]. A execução privada não só era admitida, como considerada normal e até mesmo o único meio de satisfação

123 Liebman, **Embargos do executado**, nº 20, p. 41.

124 Rasi, "Esecuzione forzata (diritto intermedio)", nº 2, p. 431.

125 Liebman, **Embargos do executado**, nº 25, p. 49, e **Processo de execução**, nº 6, p. 11.

126 Rasi, "Esecuzione forzata (diritto intermedio)", nº 3, p. 431.

dos direitos. Em seu ordenamento jurídico, ao lado da penhora privada, limitada ao caso de cláusula expressa de submissão convencional à execução, estava também a penhora pública[127]. Para a realização desta havia a necessidade de ordem do magistrado e a intervenção de um *executor*, que tinha a responsabilidade de excluir os bens considerados impenhoráveis. O procedimento era cercado de formalidades, havendo a necessidade da *tríplice advertência ao devedor para satisfazer a obrigação*. Somente assim a penhora se realizaria. Essas formalidades colocavam o devedor na posição de cumprir sua obrigação ou de formular a sua defesa. Na falta delas a execução era considerada nula e ilícita[128]. Entretanto, para que fosse essa irregularidade reconhecida, deveria o devedor alegá-la por meio de ação cognitiva autônoma. LIEBMAN infere que a inexistência do direito material do credor poderia ser também alegada por via idêntica. Tendo o devedor razão em suas alegações, os objetos penhorados eram restituídos e o credor deveria pagar uma multa. Para que pudesse tutelar seus direitos, ao executado não era permitido obstar com violência a realização da penhora[129].

A *Wadiatio*, instituto característico do ordenamento longobardo, é um processo no qual se constitui uma caução. A *Wadia* que mais interessa é a *de solvendo*, na qual, seguindo-se rígida formalidade, o objeto que a representava passava das mãos do devedor para as do credor e retornava quando o primeiro apresentava um fiador que assumia a obrigação de promover a *execução* a fim de constrangê-lo a adimplir a obrigação contratada. Tudo sob a ameaça de grave sanção[130]. Caso o interessado se negasse a oferecer a *Wadia*, o credor recorria ao juiz, que condenava o presumido devedor a provar seu direito ou reparar a ofensa, pagando o débito ou cedendo suas terras. Criava-se aquele contrato ou obrigação que a parte não havia aceitado como verdadeira. E tudo sob a sanção do *banum*. Com o tempo

---

127 Sobre a disposição da penhora privada e pública no ordenamento longobardo, RASI lembra FERRARI DALLE SPADE ("L'esecuzione forzata gotica e longobarda", *in* **Scritti giuridici**, vol. 2, Milano, 1954, pp. 354 e s.), "Esecuzione forzata (diritto intermedio)", nº 3, p. 432. Cf., também, LIEBMAN, **Embargos do executado**, nº 23, p. 45, texto e nota 85.

128 RASI, "Esecuzione forzata (diritto intermedio)", nº 3, p. 431; LIEBMAN, **Embargos do executado**, nº 24, p. 46.

129 LIEBMAN, **Embargos do executado**, nº 25 e 26, pp. 47-49

130 RASI, "Esecuzione forzata (diritto intermedio)", nº 3, p. 432.

a *Wadiatio* passou a ser considerada apenas um documento escrito como qualquer outro contrato[131].

No período franco, o procedimento da penhora não teve grandes modificações. Era feita pelo credor que, na falta de cumprimento de uma *fides facta* judicial ou extrajudicial (promessa solene de pagamento de uma determinada quantia) ou não-restituição de uma *res prestita*, dirigia-se à casa do devedor acompanhado de testemunhas para, solenemente, pedir-lhe o pagamento ou a restituição. A desobediência acarretava a imposição de multa. Em seguida, o credor citava o devedor perante autoridade (*thunginus*) e requeria a declaração de culpa e condenação à multa. Depois disso, o credor retornava à casa do devedor e tomava-lhe os bens a que tinha direito. Perante a autoridade não se realizava cognição, mas, depois da penhora, ao devedor era permitido se insurgir contra ela, afirmando a sua ilegitimidade e pedindo a condenação do credor pela injustiça praticada. Tinha também o devedor possibilidade de defesa no caso da penhora por obra do conde, por meio de ação independente que tinha curso perante o tribunal do rei[132].

10. Glosadores e comentaristas

Por volta do ano 1000, o mundo se transformara. As populações se reuniam dando origem às cidades. Floresciam o comércio e a indústria, necessitando em suas atividades de uma segurança que a execução privada estava longe de oferecer. As cidades e mais tarde o Estado começam cada vez mais a estabelecer normas proibindo a penhora violenta. Havia, porém, necessidade de um direito que atendesse às novas exigências e este, segundo Rasi, é obtido não fazendo reviver princípios mortos e rechaçando costumes em uso, mas com a evolução do próprio ordenamento jurídico, abandonando aqueles princípios que não mais convinham, desenvolvendo e potencializando outros que, pelo contrário, respondiam a essas exigências. Foi assim enfrentado o problema pelos estudiosos da Universidade de Bolonha, que desenvolviam intensos estudos romanísticos em grande parte responsáveis pelo desenvolvimento da ciência jurídica[133].

---

131 Rasi, "Esecuzione forzata (diritto intermedio)", nº 3, p. 432.

132 Liebman, **Embargos do executado**, nº 21, pp. 42-43.

133 "Esecuzione forzata (diritto intermedio)", nº 6, p. 434.

Entre os romanos havia um profundo respeito ao direito. Exigia-se prévia sentença para proceder a execução, que se iniciava, a partir do período formular, com a *actio iudicati*. Com ela, um novo processo verificava se o direito do credor ainda subsistia. Os romanos tinham uma grande preocupação com a atividade de conhecimento. A execução somente surgia após duas ações cognitivas, de onde resultava a grande e desnecessária morosidade do processo.

Ao contrário, no direito germânico, os atos executivos desde logo se iniciavam e, apenas incidentalmente, era permitido o exame das razões das partes. A cognição era eventual.

Para que houvesse a segurança necessária às relações, toda a comunidade aspirava a eliminar a autotutela, característica marcante do direito germânico. Assim é estabelecida uma nova ordem que excluía toda e qualquer possibilidade de execução privada e não precedida de atividade de conhecimento. Uma vez obtida a sentença condenatória, a parte vitoriosa não poderia se encarregar de executá-la, função esta de representantes do juiz.

A partir do século XIII, os atos de invasão patrimonial decorrente da execução privada eram inerentes ao *ofício do juiz*. Após a sentença condenatória, a execução se realizava como mero prosseguimento do processo, sendo desnecessário o exercício de nova ação[134]. Estava parcialmente resolvido o problema da necessidade de agilidade dos negócios na medida em que estavam à disposição do credor meios mais eficazes destinados à realização de seu direito.

A execução *per officium iudicis* constitui uma solução destinada a agilizar a realização de atos práticos e materiais, pois, logo após a sentença condenatória, a execução se realiza como mero prosseguimento do processo, sendo desnecessária a propositura de nova demanda, com a citação da parte vencida.

É importante perceber, contudo, que o termo "execução *per officium iudicis*" (cuja autoria é usualmente atribuída ao jurista do século XIII Martino de Fano) tem sido repetido entre nós com significações diversas, o que tem ocasionado graves imprecisões terminológicas[135].

---

134 Liebman, **Embargos do executado**, nº 34-35, pp. 64-67; Dinamarco, **Execução civil**, nº 21, p. 57.

135 Foi MARTINO DE FANO, jurista do século XIII, que primeiro utilizou o conceito do *officium iudicis* na execução. Por *officium iudicis* devem-se compreender "todas as atividades que o juiz devia exercer naturalmente, em virtude de seu ofício" (Lieb-

Ordinariamente, aparece a fim de indicar execução levada a cabo sem iniciativa da parte ou, o que é dizer o mesmo, por iniciativa exclusiva do juiz, inclinação que não parece afinada com a nossa tradição[136].

Voltando os olhos ao direito romano, verifica-se que com a expressão *officium iudicis* se indicara simplesmente uma atividade integrada ao *ofício* (aos encargos ou deveres por assim dizer *funcionais*) do magistrado, lembrando-se, no que é pertinente ao tema sob análise, que naquele sistema sempre dependeu de provocação o início dos atos executivos[137]. Seguindo o raciocínio, deve ser ressaltado também que o efeito próprio da sentença condenatória não era a "sanção executiva" ou noção equivalente, mas simplesmente o poder de promover nova ação (a *actio iudicati*), fundada não mais na obrigação originária, mas na obrigação surgida do *iudicium*, à qual se submetiam as partes por força da *litiscontestatio*, orientação que prevaleceu inclusive na cognição extraordinária[138].

MAN, *Embargos do executado,* nº 34-35, p. 64-67, esp. p. 67). A execução por obra do juiz tem grande importância na atualidade, já que permite superar ainda mais a ultrapassada *hendíadis* condenação-execução.

---

136 Indicando o equívoco induzido por esta "aparente sinonímia", MORAES, José Rubens. "Cumprimento de sentença e execução – uma breve abordagem histórica", *in* **Revista do Advogado – AASP**, nº 85, 2006, pp. 85-86.

137 *Cfr.* LIEBMAN, **Embargos do executado**, nº 66, p. 67: "o *officium iudicis* compreende tôdas as atividades que o juiz devia exercer naturalmente, em virtude de seu ofício". Indicando fontes, BENEDUZI, Renato R. *Execução "per officium judicis"*?, (ensaio apresentado na disciplina "Processo Lusitano I", ministrada pelos Professores José Rogério Cruz e Tucci e Luiz Carlos Azevedo, no Curso de Mestrado e Doutorado da Faculdade de Direito da Universidade de São Paulo), 2008, pp. 2-3.

138 Nesse sentido, LIEBMAN, *Embargos...*, p. 18-9 e, tratando do processo da *cognitio extra ordinem*, pp. 26-27. A necessidade da *actio iudicati* – como novo juízo a respeito da existência do crédito – justificava-se também no período da jurisdição privada *per formulas* (embora o argumento por si seja insuficiente e secundário em relação às razões apontadas no texto, ligadas à eficácia limitada da condenação romana) pelo fato de não haver remédio independente por meio do qual o vencido poderia voltar-se contra a sentença em dita época; assim, a obrigatoriedade de novo chamamento ao juízo impunha-se também para assegurar uma oportunidade de defesa ao devedor, por meio da *infitatio* (o ensinamento é ainda de LIEBMAN, citando doutrina controversa de Eisele, pp. 16-7). O que mudou com a *cognitio extra ordinem* foi o resultado da própria *actio iudicati*, que não mais se encerrava com um *iudicium* que condenava em dobro o réu vencido, mas com a autorização para realização de atos executivos. Havia duas razões essenciais para a mudança – o desaparecimento da condenação em dobro e a concentração de poderes na mão de um oficial estatal (pp. 31-32).

A doutrina de Martino de Fano representou, assim, uma solução de compromisso, destinada a evitar as delongas de um novo processo regular sobre a existência do crédito já declarado na sentença condenatória (a *actio iudicati*), mas sem ir ao outro extremo representado pela autotutela do direito germânico: por meio da *imploratio officii iudicis*, requeria-se ao juízo prolator da decisão que realizasse os atos executivos pertinentes (lembrando que então *sententia habet paratam executionem*), sendo considerada a execução como atividade integrada ao ofício judicial[139].

Não raro, entretanto, conforme já se destacou, se alude hoje à execução por ofício do juiz como aquela realizada independentemente de provocação do credor (citando-se usualmente o exemplo colhido em nosso direito positivo junto à Justiça do Trabalho), execução por isso mesmo dita *"de ofício"*, em que o órgão judicial age *sponte propria*.

Afinal, seria a execução *per officium iudicis* aquela requerida pela parte e levada a cabo pelo juiz (integrando o seu ofício) ou representaria o modelo mais ousado no qual a iniciativa do vencedor é dispensada e o órgão judicial prossegue ao cumprimento sem provocação? Até o presente momento, a primeira resposta é a adequada.

Certo é que após um longo período, as duas concepções antagônicas, do direito germânico de atuação pela força e do direito romano de repetição do procedimento para a exigência do crédito reconhecido por sentença, foram se compatibilizando, dando lugar a novas estruturas jurídicas mais eficazes para a satisfação dos direitos[140].

11. Título executivo e *processus summarius executivus*

O título executivo foi criado por influência do direito germânico e veio para atender às novas necessidades, dando aos negócios agilidade aliada à maior segurança e garantia jurídica[141].

Com o intuito de evitar a demora do processo ordinário, reconheceu-se eficácia da execução aparelhada (*executio parata*) aos instrumentos de dívida lavrados perante o tabelião (*instrumenta guarentigiata*). Como se sustentava, equivaliam esses instrumentos àqueles feitos perante o juiz (sentença condenatória)[142].

139 LIEBMAN, **Embargos do executado**, nº 36, p. 69.

140 Cf. MONIZ DE ARAGÃO, **Embargos infringentes**, nº 32, p. 25.

141 LIEBMAN, **Processo de execução**, nº 6, p. 11.

142 LIEBMAN, **Processo de execução**, nº 6, p. 12.

A partir daí, surgiu a necessidade de uma defesa eficaz contra execuções injustas fundadas em simples instrumento, sendo concedido ao executado amplas possibilidades de alegar suas razões.

Naquela época, depois da citação do executado, procedia-se a atividade cognitiva sumária antes da execução. Assim, *primo intentanda est actio* (Glosa); *non est incoandum ab executione* (BARTOLO).

Apesar de amparada por título executivo extrajudicial, a ulterior "ação executiva", que teve origem próxima no medieval *processus summarius executivus* e remota na *actio iudicati* romana, exigia contraditório e cognição das razões das partes. Segundo LIEBMAN, havia um misto de execução e de cognição[143]. Ao demandado era permitido participar de um contraditório.

Na verdade, os títulos executivos extrajudiciais exigiam a instauração de um processo cognitivo sumário, muito embora fosse ele denominado *processus summarius executivus*. Somente depois dele encerrado, autorizada estava a execução. Distinguia-se da sentença condenatória, que imediatamente possibilitava a execução. No direito medieval observa-se o sistema dualista de execução.

Como adiante se verá, nas Ordenações do Reino de Portugal, os valores indicados em instrumentos poderiam ser cobrados através de ação sumária especial, denominada ação de assinação de dez dias. A sentença proferida nessa modalidade de processo poderia então ser executada. Com a condenação, estava autorizada a via executiva. Não se permitia mais a ampla discussão da *actio iudicati* com a *infitiatio* do demandado. No entanto, ainda assim era permitida de certa forma a tutela dos direitos do executado.

Na tutela de seus direitos, poderia o executado alegar a irregularidade *não essencial* ou *essencial*. No primeiro caso, como naquela em que não fora observado um requisito de forma, a execução injusta manteria o seu efeito. Entretanto, quando a irregularidade fosse essencial, haveria a nulidade da execução. Essa poderia se referir à competência, ao título, aos atos da execução quando: a) não observada a formalidade imposta no *mandatum* ou *decretum*; b) exigida com apelação pendente; c) feita em dia de domingo; ou d) de modo violento (execução injuriosa)[144].

É característica marcante do direito medieval o gradativo aprimoramento dos meios de efetivação dos direitos, com a crescente

143 "Istituti del diritto comune nel processo civile brasiliano", § 3, nº 13, p. 514.

144 RASI, "Esecuzione forzata (diritto intermedio)", nº 15, p. 444. O autor sustenta que a tutela dos direitos do executado era realizada sob a forma de oposição.

observância do binômio celeridade-segurança, decorrente das próprias necessidades da época.

§ 3º Direito português

12. Introdução

O exame da execução civil, dos embargos e da responsabilidade patrimonial do devedor, no direito português, assim como no direito romano e no direito comum, será feito não pelo aspecto territorial, mas a partir de uma comunidade de pessoas que gerou determinada cultura própria.

Não é possível separar a evolução do direito aos antecedentes, à formação e à consolidação do Estado: o ordenamento jurídico de um povo está intimamente ligado às características particulares de uma nação.

É necessário também considerar a influência de normas estranhas à comunidade, incorporadas pelo direito português, que poderiam ser: a) *recebidas* pelo direito, impostas e respeitadas como se nacionais fossem, por meio da *recepção*[145] delas ao sistema; ou b) *toleradas* pelo direito, que são próprias de comunidades integradas à nação e acatadas e executadas nessas comunidades[146].

Para o exame da história do direito português, que se inicia com a independência de Portugal (aproximadamente 1140), será feito um estudo das fontes do direito, em conjunto a uma breve análise política da época, desde os antecedentes do direito português até as Ordenações Filipinas, sempre enfatizando os temas da responsabilidade patrimonial do devedor e dos embargos.

13. Período pré-romano

Do período anterior à dominação romana pouco ou quase nada se sabe, apenas que havia uma população, os lusitanos, com traços culturais comuns, que serviu de base à evolução social produzida nesse território. À época da invasão romana, situados ao norte do Douro estavam

145 Não se trata, pois, da *recepção* do direito comum que influenciará todo o ordenamento jurídico português, assim como o de todo continente europeu. Sobre ela se dirá a seguir.

146 Cf. Marcello Caetano, **História do direito português**, pp. 25-27.

os Calaicos; entre o Douro e o Tejo viviam dispersos os Lusitanos (com mais de trinta tribos); entre o Tejo e Guadiana, celtas não especificados, e ao sul, no Algarve, estavam os Turdetanos ou Tartréssios. Cada um desses povos, por sua vez, estava dividido em tribos com costumes próprios.

Com relação ao direito na época vigente ainda menos se sabe, principalmente no que diz respeito ao tema objeto de análise. Entretanto, presume-se que o *costume* fosse a principal fonte do direito e que variava de região para região, de uma tribo para outra.

14. Domínio romano

Os romanos invadiram o território da Península Ibérica durante o século III a.C., por ocasião da II Guerra Púnica. A penetração deu-se gradativamente, não havendo um domínio efetivo logo de início, pois encontraram forte resistência ao norte do território. Na verdade, foram necessários dois séculos para a pacificação da Espanha e, desse tempo, século e meio de luta contra os lusitanos.

Mais tarde, os romanos, por volta de 197 a.C., dividiram a Península Ibérica em duas províncias, a Hispânia Citerior e a Hispânia Ulterior. Nesta, incluíram os lusitanos. De início, Sertório e depois Júlio César procuraram impor, assim como a todos os povos dominados pelo Império Romano, as instituições da República e, consequentemente, as normas jurídicas e seu direito. Cada província era governada por um *pretor* eleito em Roma para, como magistrado da cidade, exercer o governo fora da região atualmente denominada Itália.

Nesse período, o magistrado exercia nas províncias poder absoluto, incluindo o direito de condenar à pena capital. Não obstante, caso fosse o cidadão romano a essa pena condenado, poderia recorrer aos comícios de Roma (*provocatio ad populum*).

Na Península, durante o domínio romano, foram fontes do direito e aplicavam-se aos seus habitantes normas jurídicas de diversas origens: normas do primitivo direito indígena; normas do *ius gentium*; normas elaboradas em leis romanas de especial aplicação para a Hispânia; normas de direito romano e comum.

No entanto, o direito na região aplicado estava bem distante de ser o direito romano clássico de Roma. Era um direito romano provincial, que ainda se perpetuaria por um longo período, mesmo após a Constituição de Caracalla, em 212 d.C., com a uniformização das normas jurídicas. Na realidade, era um sistema derivado, totalmente diverso daquele de

Roma, elaborado pelos jurisconsultos. Em cada província formou-se, por assim dizer, um direito romano vulgar.

Ao que tudo indica, nesse período, a execução das sentenças no direito lusitano seguia o procedimento previsto no direito romano quando da conquista da Península Ibérica. Portanto, tudo leva a crer que o processo romano aplicado na região era aquele da *cognitio extra ordinem*.

Nessa fase, em Roma, a execução voltava-se contra o patrimônio do devedor e não contra a sua própria pessoa. Entretanto, na Península Ibérica, bem mais tarde, já sob o jugo de outros povos, verificou-se ainda a presença da execução pessoal.

15. Domínio germânico

No século VI, a Península Ibérica é invadida pelos visigodos, que se localizavam entre o Rio Dniester e o Danúbio, em decorrência da invasão por eles sofrida pelos hunos, provenientes da Ásia, no século IV. A influência germânica é muito importante, sendo, por exemplo, de sua origem a assembleia dos homens livres e dos homens bons da terra, o *mallum*, que marcou grande presença na história do direito português.

Por outro lado, os soberanos visigodos assimilariam muito as instituições dos romanos então vencidos.

Desse modo, o rei Alarico II manda fazer uma compilação que aprova, em 506, na Gasconha (Aire), a *Lex Romana Visighotorum* ou o *Breviário de Alarico* ou, ainda, o *Breviarium Aniani*, nome do chanceler que autenticou as cópias expedidas. Trata-se de uma compilação de *leges* e *jus*, relativa tanto ao direito público como ao privado aplicável nas relações entre os romanos.

No Breviário de Alarico, entre as *leges* há: constituições do *Codex Theodosianus*, coleção oficial ordenada em 439 pelo imperador Teodósio II; novelas pós-teodosianas promulgadas até 463. Com relação ao *jus*, encontram-se textos como o *Liber Gaii*, ou seja, as *Institutas de Gaio* adaptadas ao uso vulgar; as "sentenças" de Paulo; algumas constituições extraídas de coleções particulares conhecidas por Códices Hermogeniano e Gregoriano; um texto das "Respostas" de Papiniano. Todos os textos compilados na *L.R.V.* (*Lex Romana Visighotorum*), com exceção do *Liber Gaii*, que já consistia em um resumo adaptado das *Institutas de Gaio*, são seguidos de uma explicação ou esclarecimento (*interpretatio*), muitas vezes contrariando o próprio texto.

Cada vez mais se transmite um direito romano vulgar como resultado direto das deformações das interpretações dos textos romanos resultantes da aplicação às condições provinciais peculiares.

A *L.R.V.* influenciou todo o território tomado pelos visigodos, pois foi distribuída por seus súditos, bem como por todo ocidente europeu, tendo sido considerada durante muito tempo como verdadeira representação do prestigioso direito romano que a Igreja continuava a adotar em suas relações[147].

A influência romana da *L.R.V.*, mais os cânones dos concílios, deram origem à Lei de Teudis (546 d.C.) e à outra importante codificação publicada em 654 no reinado de Recesvindo[148]; o Código Visigótico, conhecido também por *liber judicum, forum judicum, liber judiciorum* (ou *fuero juzgo*)[149]. Mais tarde, no ano de 681, o Código Visigótico foi republicado por Ervígio[150].

No Código Visigótico, nas disposições que tratavam das *debbas* e dos *pennos*, vedava-se o emprego da penhora pelo credor, pois da maneira que era feita, pela autoridade privada, constituía verdadeira coerção ao devedor realizar a composição[151]. Apesar de várias leis dispondo ao

---

147 Cf. Marcello Caetano, **História do direito português**, pp. 102-103.

148 Foi o rei Recesvindo (649-672 d.C.), com a promulgação do *Liber Judiciorum*, em 654, quem colocou termo ao sistema da personalidade das leis vigentes, ao ordenar sua aplicação a todos os súditos, quer fossem godos, quer fossem hispano-romanos. Como assevera P. D. King ("King Chindasvind and the first territorial law-code of the Visigothic Kingdom", *in* **Visigothic Spain: new approaches**, Oxford, Clarendon Press, 1980, p. 140, nota 1; **Derecho y sociedad en el reino visigodo**, trad. esp. M. Rodrigues Alonso, Madrid, Alianza Editorial, 1981, p. 37), Recesvindo teria revisado um *Codex* publicado por seu pai, Chindasvindo, unificando legislativamente o reino; daí ter sido este, e não seu filho, o Justiniano visigótico (v. Cruz e Tucci, **Jurisdição e poder**, pp. 87-94, principalmente pp. 92-93). Cf., também, Marcello Caetano, **História do direito português**, pp. 104-107.

149 Liebman, "Istituti del diritto comune nel processo civile brasiliano", § 2, nº 2, p. 462.

150 Para Mário Júlio de Almeida Costa, do Reino Visigodo apenas se conhecem três textos legais completos: o Breviário de Alarico (506), a Lei de Teudis (546) e o Código Visigótico, nas suas versões de Recesvindo (654) e de Ervígio (681) (**História do direito português**, nº 22, p. 127).

151 Luiz Carlos de Azevedo refere-se especificamente ao *Fuero Juzgo* (Liv. 5, título 6, nº 1), versão em romance do *Liber Judiciorum*, outorgado sob a coroa de D. Fernando III, após a fusão dos reinos de Leão e Castela (1230) ("Subsídios para o estudo da evolução histórica da execução das sentenças no direito lusitano", p. 145; **Da penhora**, pp. 60-61). O *Fuero Juzgo* permaneceu vigente na Península Ibérica não em sua redação original, mas, como observa Lobo da Costa, sob a forma oficiosa, com supressões, interpolações e aduções de elementos indígenas, iberos, germâ-

contrário, em decorrência de tal costume estar fortemente arraigado naquela sociedade, somente mais tarde sua modificação se efetivou.

Existiam também outras disposições relativas à matéria, como aquelas acerca do penhor dado sobre dívidas e do devedor reduzido à escravidão por ter muitas dívidas e não poder pagá-las[152].

16. Domínio muçulmano

Em 711 dá-se a invasão na Península Ibérica pelos muçulmanos.

Os muçulmanos não se misturaram, desprezando os povos vencidos e possuindo suas instituições e seu direito. Por isso, ao longo do período de dominação, permaneceram focos de resistência, que mais tarde empreenderiam a reconquista, principalmente na região das Astúrias.

Apesar disso, o direito visigótico era aplicado conjuntamente às ordenações de novos Estados que começavam a surgir, havendo ainda o direito costumeiro aplicado pelo *concelho dos homens bons* e as disposições foraleiras[153].

---

nicos e de romano vulgar, por obra de autores privados e anônimos (**A revogação da sentença na Península Ibérica**, p. 38 e s.). Cf., também, Cruz e Tucci, Jurisdição e poder, pp. 129-138.

---

152 Buzaid, **Do concurso de credores no processo de execução**, nº 63, p. 111; Luiz Carlos de Azevedo refere-se também ao *Fuero Juzgo* (Liv. 5, título 6, nº 3 e 5) (cf. "Subsídios para o estudo da evolução histórica da execução das sentenças no direito lusitano", p. 146).

153 *Fueros*, na Espanha, e forais ou costumes municipais, nas fontes portuguesas (Braga da Cruz, **História do direito português**, pp. 292-295), consistiam num documento escrito outorgado pelo monarca, contendo as regras jurídicas próprias de um determinado povoado, com âmbito de vigência restrito a um determinado território (Lobo da Costa, A revogação da sentença na Península Ibérica, p. 34). Para Waldemar Ferreira, os forais eram espécies de cartas em que se concediam foros, privilégios e isenções (**História do direito brasileiro**, vol. 2, nº 131, p. 293). Lobo da Costa observa que "a partir do século XI, nos diversos reinos que se constituíram na Península, à medida que os territórios vão sendo libertados, os Monarcas ou os Senhores por delegação daqueles, para incentivar o repovoamento e fixar populações, assegurando os meios legais indispensáveis para reger a vida em sociedade nos burgos que se vão restabelecendo, outorgam um *Fuero*, para o território reconquistado, com a natureza de lei particular em que estão integrados os privilégios e as isenções fiscais, penais, civis, judiciais e administrativas que constituem o núcleo rudimentar a partir do qual será possível o desenvolvimento da autonomia jurídica municipal" (**A revogação da sentença na Península Ibérica**, p. 33). Cf., também, Cruz e Tucci, **Jurisdição e poder**, pp. 129-138.

Todavia, paulatinamente, na vida cotidiana, foram-se estabelecendo relações normais entre cristãos e muçulmanos, o que levou à formação de costumes comuns e à adoção, por parte de cada uma das populações, de algumas regras jurídicas da outra, com relação ao comércio, à vida econômica e aos contratos[154].

Com a dominação muçulmana passa novamente a vigorar o sistema da personalidade do direito, sendo que o cristão poderia optar pelo seu tribunal ou pelo tribunal muçulmano, devendo ser somente por este julgado se praticasse algum delito contra a ordem pública.

O direito muçulmano era, como até hoje é, carregado de preceitos morais e religiosos, abrangendo todos os aspectos da vida social, sem exceção alguma. Assim, um direito casuístico, resolvido caso a caso, somente dizendo o que era lícito ou ilícito em situações humanas concretas.

17. Condado Portucalense

No ano de 1095 é fundado o Condado Portucalense[155], abrangendo a região da Galiza, ao sul do rio Minho, enquanto gradativamente era feita a reconquista no restante do que viria a constituir o território português.

O poder da realeza em Leão e Castela até o princípio do século XII tem determinada particularidade que o diferencia de todos os demais reinos na Europa: "a existência de uma verdadeira entidade política (o rei) com poderes de que só ela está revestida"[156].

Na Península Ibérica, até o século XII, os nobres que se revoltam são duramente punidos pelo rei. A subordinação ao monarca (os senhores das terras conquistadas dos mouros as recebiam por delegação do rei), filiada nas tradições visigóticas, é fortalecida pela luta religiosa que se estabelecia entre cristãos e muçulmanos. No entanto, não havia uma forte soberania feudal, como em outras regiões do continente europeu. Dessa forma, pode-se afirmar que em Portugal, como no reino de Leão

154 MARCELLO CAETANO, **História do direito português**, p. 113.

155 O território correspondente ao Condado Portucalense abrange não apenas as terras da Província Portucalense, que tinha sua sede em Guimarães, como também os territórios Conimbrigense e Santareno, que até então eram distintos daquela Província. Cf. LOBO DA COSTA, **A revogação da sentença**, p. 140.

156 MARCELLO CAETANO, **História do direito português**, pp. 152-155. O autor reporta-se à obra de HENRIQUE DA GAMA BARROS, **História da administração pública em Portugal nos séculos XII a XV**, vol. 1, 1885, p. 207.

e Castela, não existiu um regime feudal, mas um regime senhorial. Tal circunstância sem dúvida influenciou todo o direito português.

Antes de se adentrar no período correspondente à formação do Estado Português, importa a análise de duas obras jurídicas que constituíram fontes concorrentes do direito português no momento em que o então primitivo Condado Portucalense ganhava título de nação independente: *Flores de Las Leyes* e *Las Siete Partidas.*

18. *Flores de Las Leyes*

Flores de Las Leyes foi feita pelo jurista que, sem dúvida, mais contribuiu para o direito processual civil no início do século XIII, Jácome Ruiz, ou, como era conhecido, Mestre Jacob de Las Leyes, legista da corte de Afonso, o Sábio. Além deste pequeno compêndio sobre processo civil, Jácome Ruiz parece ter sido um dos compiladores das *Partidas* e do *Fuero Real*[157].

Somente no fim do século XIII, a tradução dessa importante obra chegou a Portugal, juntamente com o *Fuero Real*, que se encontrava num códice do Arquivo Nacional da Torre do Tombo conhecido por *Foros da Guarda*. Este códice, com vários textos entre os quais o compêndio de processo civil, era consultado pelos juízes municipais da Guarda para julgar seus pleitos. Os ensinamentos nele contidos certamente influenciaram a legislação e as resoluções nos tribunais superiores. Não há também como negar a sua utilização em outros *concelhos do Reino*. Esta versão não era a primitiva, mas cópia grosseira com erros e elaborada por quem aliava uma grande distração a um completo desconhecimento da matéria. A data possível de conclusão de *Flores de Las Leyes* é de 1235, e a versão portuguesa *Foros da Guarda* deve ser atribuída a um período entre 1273 e 1282[158].

Em Portugal, o pequeno compêndio teve influência, através da corte, bem cedo, pois o castelhano era língua acessível. Da corte provavelmente irradiaram cópias para outros juízes do Reino.

Com o manual *Flores de Las Leyes* foi gradativamente promovida a substituição do sistema processual que era seguido em Castela, segundo as normas dos *Fueros*, estatutos municipais, e do *Fuero Juzgo*. Assim, um processo bárbaro com forte influência germânica é substituído pelo sis-

157 Marcello Caetano, **História do direito português**, pp. 340-341.

158 Marcello Caetano, **História do direito português**, p. 341.

tema romano justinianeu, mais civilizado, tecnicamente mais apurado para a distribuição de justiça e adequado aos propósitos centralizador e imperialista do poder real[159].

Em *Flores de Las Leyes* nota-se o fenômeno da *recepção*, uma vez que os textos justinianeus e eclesiásticos, através das *summas* e comentários dos glosadores, pós-glosadores e canonistas, como instrumentos de penetração e aplicação prática do *jus commune*, contribuíram para a construção, o conhecimento e a difusão, em território hispânico, do sistema processual.

O fenômeno da *recepção* significou a transferência a outras comunidades da doutrina e do método jurídico científico desenvolvidos desde meados do século XII na Universidade de Bolonha e, pouco tempo depois, nas diferentes universidades italianas e francesas[160]. Seguindo essa tendência, Portugal acabou por receber "o influxo da repristinação do direito romano"[161]. De fato, "a recepção do direito romano na Europa não constitui, sobretudo, um caso isolado. A difusão dos métodos científicos e da dogmática jurídica dos glosadores e dos *consiliadores* atingiu, pelo contrário, a maior parte dos países europeus; e, mesmo na Itália, a pátria desse movimento, a vida jurídica originária foi modificada no mesmo sentido"[162].

Em *Flores de Las Leyes* não há como negar a influência do direito romano.

Assim, o "Titulo das deffensões que son ditas en latí exceptiones" dispõe, entre outras coisas, sobre a defesa do demandado contra quem o credor pleiteia dívida não vencida: "se algúú deuedor dize cõtra aquel que lhy demanda a dyuida que nõ lego aynda, el plazo en que a de pagar"[163].

Mais adiante, no "Titulo de cõmo se deué cõprir as sentenças, das quaes non apelã né podem apelar nem embargar", explica como deve

159 Lobo da Costa, **A revogação da sentença na Península Ibérica**, pp. 74-75; Cruz e Tucci, **Jurisdição e poder**, p. 145.

160 Cruz e Tucci, **Jurisdição e poder**, pp. 138-140.

161 Dinamarco, **Execução civil**, nº 25 e 26, pp. 62-63.

162 Franz Wieacker, **História do direito privado moderno**, p. 130, v., também, p. 129-61. Sobre a recepção do direito romano em Portugal, cf. Nuno J. Espinosa Gomes da Silva, **História do direito português**, pp. 153-160.

163 Cf. ed. de Manuel Paulo Merêa, **A versão portuguesa das "Flores de Las Leyes"**, p. 31.

ser feita a execução da sentença, "sen perlongãça nenhua". Assim, "nõ per seu engenho deue séér entregado o demandador de tantos béés do demand(ad)o quanto prouar o demandador que foy mascabado por aquella cousa que el perdya"[164]. A execução era feita somente sobre os bens do demandado que fossem suficientes para pagar o débito, como a *pignus in causa iudicati captum* do direito romano, em que somente eram apreendidos os bens necessários para cobrir o valor exigido pelo credor em decorrência de anterior condenação.

Há também algumas observações a serem seguidas nas sentenças sobre dívidas, como sua cópia em ata, constando o dia em que foi prolatada e o valor sobre o qual se litiga. Os bens do demandado seriam vendidos "e se de mays hy ouuer ou ualer mays deuedes mandar que le torne a seu dono"[165]. Com isso, o excesso de bens determinava o seu retorno ao executado. A fidelidade do valor da obrigação e o respeito ao patrimônio do demandado eram observados.

19. *Las Siete Partidas*

Las Siete Partidas, também legislação castelhana vertida para o português (ainda no séc. XIII) e muito aplicada como fonte de direito, consistia em uma re-elaboração feita por autores desconhecidos, nos fins do século XIII e início do XIV, de um Código de Afonso X (o *Libro del Fuero* ou *Espéculo*).

As *Siete Partidas* são assim chamadas por estarem divididas em sete partes. A partir de sua terceira edição, começam em Castela a ter um caráter legislativo, para em seguida servirem de doutrina e, por fim, em 1348, adquirirem o valor de direito subsidiário. Constituem um código ou tratado, notadamente, de direito romano. A grande influência das *Siete Partidas* no direito português será sentida "mais tarde, na compilação das Ordenações Afonsinas: aí se encontram leis e regimentos, delas inteiramente copiados"[166].

Para a presente obra interessa a análise da *Tercera Partida*, mais particularmente o título 27, "como los juyzios q fon valederos deuen fer cumplidos, e quien los puede cumplir".

No título 27, a lei 2 dispõe que, se reconhecida a dívida e se o vencido se recusasse a entregar a coisa, os julgadores com homens armados

164 Manuel Paulo Merêa, **A versão portuguesa das "Flores de Las Leyes"**, p. 44.

165 Manuel Paulo Merêa, **A versão portuguesa das "Flores de Las Leyes"**, p. 45.

166 Gomes da Silva, **História do direito português**, p. 162 (cf., ainda, pp. 159-161).

deviam ir ao local onde ela se encontrasse, cumprindo seu "juízo poderosamente, de maneira que a Justiça vença"; a lei 3 aponta sobre quais os bens deviam recair as execuções; a lei 4 informa como se devia cumprir a sentença que foi dada contra várias pessoas sobre alguma coisa que devem dar ou fazer, condenando que a paguem ou a façam – o julgador nesse caso cumpre a sentença atingindo os bens de cada um deles e nenhum responderá pelo débito integralmente; a lei 5 estabelece o prazo de dez dias para o cumprimento da decisão; no caso de reaver coisa certa e não tendo o executado condições de cumprir a sentença dentro do prazo fixado, poderia, se não agisse *maliciosamente*, apresentar fiadores que se responsabilizariam por toda a dívida até o fim de sua liquidação ou até a entrega da coisa; a lei 6, por fim, expõe a maneira pela qual se procedia a venda dos bens tomados a alguém, em razão de entrega ou de julgado[167].

Apesar de todas essas obras jurídicas e da atividade desenvolvida na época pela Cúria Régia[168], o costume, definido nos *concelhos* e nos *forais*, era o que realmente regulava as comunidades, caracterizando-se o processo pela oralidade e publicidade dos atos, regendo-se pelos juízes da terra, eleitos pelos homens bons que faziam parte do *concelho*. Assim, como garantia da presença do réu, tomava-lhe o autor penhores e se ainda assim não comparecesse, o autor imitia-se na posse dos bens durante um prazo, ao fim do qual poderia usufruí-los como se fossem seus. Tal medida era feita sem intervenção de qualquer oficial público, estando o réu sujeito ao livre-arbítrio do autor, que exercia seus direitos como lhe conviesse para a obtenção de reparação[169].

167 ***Las Siete Partidas***, glosadas pelo licenciado Gregorio Lopez, Salamanca, 1555, 2 v., p. 154 e ss.

168 O rei era assistido por um conselho que inicialmente era designado pelos mesmos nomes que tinha o conselho régio na monarquia visigótica – *aula regia, oficium palatinum* – mais tarde denominado *palatium, palatium collegium, senatus togae palatii* ou *concilium*, e que no século XI passa a ser chamado *cúria*, palavra que significava tanto "palácio" como "corte". Este órgão acumulou as funções antes exercidas pela Aula Regia e pelos concílios: funções de caráter consultivo, estendendo-se à legislação, aos assuntos militares, à administração econômica e política, à ordem religiosa e à justiça. Baseava-se precipuamente, com relação à ordem jurídica e sua aplicação, no Direito Comum e nas disposições das primeiras universidades (Marcello Caetano, **História do direito português**, pp. 122-124).

169 Sobre essa questão, Luiz Carlos de Azevedo lembra Alexandre Herculano (**História de Portugal**, Liv. Aillaud & Bertrand-Fco. Alves, 1916, Liv. 8, Parte 3, p. 134), que com propriedade descreve a situação que imperava à época: "esta usança, estranha aos nossos olhos, devia ser e era o arbítrio a que mais freqüentemente se recorria para obter qualquer reparação judicial no meio da liberdade tumultuária

20. Formação e consolidação do Estado português[170]

O período da formação do Estado português inicia-se no reinado de D. Afonso Henriques (aproximadamente em 1140) até o fim do reinado de D. Sancho II (1248). O período subsequente corresponde à consolidação do Estado português, no qual, sob a influência do direito comum romano-canônico, multiplicam-se as leis gerais, com o reforço da autoridade régia, por meio de órgãos de governo e de justiça. Esse período inicia-se com o reinado de D. Afonso III (1248) até o final do reinado de D. João II (1495)[171].

Com as leis gerais, os reis Afonso II, Afonso III e D. Dinis fortaleceram ainda mais o poder real. Nesse período, o rei é o supremo juiz do Reino, tendo o direito de, mesmo nos senhorios, julgar certos crimes ou cobrar multas.

No entanto, ainda no período da formação do Estado português, o costume constituía a principal fonte do direito. Havia costumes gerais que se aplicavam com certa regularidade por todo o território; costumes jurisprudenciais, através da repetição da mesma interpretação da norma em sucessivos julgamentos ou da decisão pelo rei (ou em nome dele) de um caso típico (façanha), que se tornava famoso e exemplar; costumes locais praticados em certa região, distrito ou mesmo povoação. Com a complexidade de tantos costumes, foram eles reunidos por escrito, nascendo assim importantes compilações do direito costumeiro (foros ou costumes municipais). Durante a consolidação do Estado, progressivamente foi-se restringindo a aplicação do direito consuetudinário, permanecendo apenas aqueles costumes que o legislador determinava que deveriam continuar vigorando[172].

---

dos conselhos, entre populações rudes e com a desproporção que existia entre a força pública material e a violência e a soltura das paixões individuais" ("Subsídios para o estudo da evolução histórica da execução das sentenças no direito lusitano", p. 148).

---

170 Todas as datas referem-se ao ano de nascimento de Cristo. Entretanto, até 1422 os documentos portugueses são geralmente datados segundo a era de César. Para se passar a era de César para a era cristã, é necessário subtrair-se da data 38 anos.

171 Os períodos da história do direito português foram delimitados por Marcello Caetano, **História do direito português**, pp. 29-33.

172 Cf. Marcello Caetano, **História do direito português**, pp. 231-235 e 352-354; José Anastácio de Figueiredo, "Sobre qual o verdadeiro sentido da palavra 'façanhas'", p. 61.

21. Livro das Leis e Posturas

A compilação de toda a obra legislativa do Reino, até então dispersa, foi feita em fins do século XIV ou no começo do século XV, na obra denominada *Livro das Leis e Posturas*. Embora de grande importância, a organização das leis nessa compilação foi feita sem método e sequencia.

Lobo da Costa observa que no *Livro das Leis e Posturas* verifica-se a existência de um conhecido e utilizado "meio de impugnação obstativo que guarda íntima semelhança com os embargos, tal como vieram a ser acolhidos posteriormente nas Ordenações Afonsinas"[173].

A respeito da fidelidade da execução em relação ao julgado, Afonso II determinou, no ano de 1211, que a execução se faria por um porteiro (porteiro de execução), que deveria respeitar exatamente o que havia sido julgado pela corte. Os porteiros deveriam fazer suas citações por mandado do juiz, cumprir as ordens judiciais nas audiências (porteiros de audiência) e proceder às execuções, penhoras e arrematações. Havia porteiros em todos os tribunais da corte, senhoriais e locais. Somente no reinado de Afonso III generalizou-se a designação de porteiros[174]. No mesmo ano, uma lei dispunha que a penhora somente poderia ser feita sobre os bens do devedor e do fiador, penalizando em 500 soldos aquele que penhorasse de quem não devia e determinando que se corrigisse o dano provocado[175].

Outra lei dispunha sobre os bens que deveriam ser executados para assegurar o cumprimento de certas obrigações (*por deujda e por condesilho e por contrauto conhoçudo em Jujzo*)[176].

Por força de outros dispositivos, o vencido em juízo por confissão ou sentença que não pagasse suas dívidas seria privado de seus bens para o pagamento do débito por determinação dos *"juyzes dos logares"*[177].

Afonso III, em 1282, regulou a forma de execução de bens para o pagamento de dívida, prevendo, entre outras coisas, a prisão do devedor em caso de inadimplemento, com a condenação ao pagamento das

173 "Origem dos embargos no direito lusitano", p. 9.

174 **Livro das Leis e Posturas**, pp. 12-13 e 99; Ordenações Afonsinas, Liv. 3, tít. 92, 1 e 101, § 1º. V., também, MARCELLO CAETANO, **História do direito português**, pp. 396-397.

175 L.L.P. (Livro das Leis e Posturas), p. 15.

176 L.L.P., p. 52 e 215.

177 L.L.P., p. 123.

custas processuais (como, por exemplo, aquela realizada por ocasião da apelação)[178].

Em lei também de Afonso III, novamente vedava-se a penhora pelas próprias mãos, e, mais tarde, com D. Dinis, era estabelecido legalmente o modo de agir com relação aos bens do vencido, no caso de não-pagamento da dívida[179].

Em 1294, na mesma compilação, uma lei dispunha sobre o julgamento de pessoas chamadas a juízo por dívida e sobre revelia. Nela já se encontrava a possibilidade de defesa do devedor, estabelecendo-se também, entre outras coisas, o prazo de nove dias para o pagamento das dívidas[180].

Com D. Dinis, no regime de pagamento de dívidas, quando houvesse concurso de credores, a primeira dívida deveria ter preferência. Isso era feito levando-se em conta também se o demandante encontrava-se na região.

Relativamente às dívidas já pagas, leis dispunham sobre a proibição de que se pagasse dízimo das cartas de execução, determinando que os sacadores e porteiros assentassem gratuitamente nos respectivos livros o nome dos devedores, quando já tivessem pago as suas dívidas, e sobre os traslados respectivos. Aquele que demandasse outrem por dívida já paga deveria pagar em dobro a quantia pretendida ("manda El Rey que lho torne en dobro quanto ia dele auja Recebudo porque lho demanda outra vez")[181].

Afonso IV, em 1342, regulou a maneira pela qual os sacadores e porteiros deveriam fazer as execuções por motivo de dívidas, dispondo ainda sobre os embargos do devedor contra a dívida e repreensões a embargos de má-fé, com fins meramente protelatórios. Poderia o credor entrar na posse dos bens do devedor, caso as dívidas não fossem pagas[182].

Outras leis da mesma época determinavam que os porteiros e sacadores pagassem por conta própria o salário dos tabeliães quando procedessem à penhora e que não recebessem dinheiro dos devedores quando os fossem constranger para pagar suas dívidas[183].

No *Livro das Leis e Posturas* regulava-se também a relação entre os judeus e a comunidade. Nessas questões distinguia-se o cível do crime.

178 L.L.P., p. 182.

179 L.L.P., p. 126.

180 L.L.P., pp. 164-5 e 194.

181 L.L.P., pp. 212, 418, 432-433.

182 L.L.P., pp. 407-408.

183 L.L.P., p. 432.

Em Lisboa, por exemplo, desde o reinado de D. Dinis, por lei de 30 de abril de 1295, havia juízes privativos para conhecer as questões entre judeus e cristãos, os *alvazis dos ovençais e dos judeus*. A grande maioria das questões apresenta repercussões na esfera patrimonial: lei dirigida às autoridades de Santarém pela qual se proíbe a alienação ou emprazamento de bens que servem de garantia a empréstimos contraídos com judeus; lei que determina a invalidade dos instrumentos de dívidas de cristãos a judeus, depois de decorridos vinte anos da data de sua celebração; lei que estabelece que não julguem as dívidas até que chegue o momento do seu vencimento, assim como o modo de pagar dívidas a judeus (o pagamento poderia ser feito antes de seu vencimento perante o juiz ou tabelião); lei estabelecendo que os judeus não poderiam, para o pagamento de certas dívidas, promover a venda de bens dos devedores, alegando para isso possuírem cartas régias que a consentiam. Essa lei declarava tais cartas sem efeito e determinava que daí por diante não mais lhes passassem[184].

O interesse de se compilar as obras legislativas, que desencadeou a elaboração do *Livro das Leis e Posturas* e, mais tarde, das Ordenações Afonsinas, manifestou-se principalmente no reinado de Afonso III, quando começou a se verificar "o esforço da corte no sentido de disciplinar o processo perante ela mediante normas ou estabelecimentos avulsos e compilação de praxes adoptadas"[185]. O mesmo rei, com a experiência adquirida nos anos vividos na França, trouxe para Portugal as feiras, que se estabeleceram em vários pontos do Reino e acabaram por incrementar a economia com o crescente uso de moedas e trocas. Durante os dias que durasse a feira e alguns dias anteriores e ulteriores a ela, não era possível penhorar os feirantes, salvo por dívida contraída na própria feira[186].

Todavia, a execução *extrajudicial* era ainda prática muito comum. Assim, ainda na formação do Estado português, em carta de D. Sancho I, de 1204, ao *concelho de Lisboa*, há referência da penhora como ato preparatório da demanda, dispondo: "se alguém fizer penhora em bens alheios sem a presença do mordomo ou do porteiro do alcaide e depois for julgado pelo mordomo e ficar vencido, pague o dobro daquilo que penhorou, e não mais". Determina a carta também que a penhora não poderia ser feita antes da citação do devedor, para que pudesse ser jul-

184 L.L.P., pp. 23, 87, 90, 179, 181, 185.

185 Marcello Caetano, **História do direito português**, p. 378.

186 Marcello Caetano, **História do direito português**, pp. 276-277.

gado pelos juízes competentes. Entretanto, os mordomos acabaram por não respeitar tais determinações, penhorando bens antes mesmo de os devedores se apresentarem aos juízes expondo suas razões[187].

A evolução legislativa concernente à execução patrimonial é toda no sentido de se cercear a liberdade do credor que até então imperava.

22. Ordenações Afonsinas

Apesar de reunir o *Livro das Leis e Posturas* toda a obra legislada, fez de forma desordenada, sem método e sequencia. A compilação mais organizada veio somente no reinado de Afonso V, em 1446, com as Ordenações Afonsinas, obra composta de cinco livros, à semelhança das *Decretais* de Gregório IX, tratando, o terceiro livro, da parte processual civil, com um total de 128 títulos[188]. O texto conhecido dessas Ordenações é o publicado em 1792 pela Imprensa da Universidade de Coimbra.

As Ordenações Afonsinas são substancialmente uma compilação, atualizada e sistematizada, das várias *fontes de direito* que até então tinham aplicação em Portugal. São elas, em sua maioria, leis anteriores, respostas a capítulos apresentados em Cortes, concórdias e concordatas, costumes, normas das *Siete Partidas* e disposições do direito canônico e romano. Em seu conteúdo e sua sistemática, basear-se-ão as Ordenações seguintes, Manoelinas e Filipinas.

Nas Ordenações Afonsinas, com relação à defesa do executado, é preciso salientar que o termo "embargos" designava o meio de oposição que o réu utilizava antes ou depois da contestação ou da sentença definitiva, mas antes da execução desta ou da arrematação de bens[189].

O termo "embargos" originariamente significava *embaraçar, obstar, impedir, estorvar*. Como se observa, designava muitos institutos com finalidades diversas. Entre todos os institutos, é possível afirmar-se que os embargos eram meios de impugnação de atos ou decisões judiciais, com o escopo de obstar-lhes os efeitos[190]. Não há dúvida de que os embargos são "criação genuína daquele direito, sem qualquer antecedente conhecido, asseverando os autores que de semelhante remédio processual não se encontra o menor traço no direito romano, no germânico ou no canônico, nem nos ordenamentos jurídicos dos diversos povos de civilização oci-

187 Marcello Caetano, **História do direito português**, pp. 395-396.

188 Lobo da Costa, **A revogação da sentença**, p. 159.

189 Moacyr Lobo da Costa, "Origem dos embargos no direito lusitano", p. 16.

190 Lobo da Costa, "Origem dos embargos no direito lusitano", p. 3.

dental, que se formaram em decorrência da interpenetração daqueles três grandes sistemas, de que no fundo todos são tributários"[191].

Nos títulos 56, nº 1, 79, nº 1, e 89, nº 1, 2 e 6, estão previstos os embargos à execução, como meio de obstar a execução do julgado. Segundo Lobão, nas Ordenações Afonsinas, somente se permitia os embargos modificativos[192]. No entanto, tal entendimento não é o correto.

Depois da sentença definitiva, por meio de embargos ofensivos, poderia ser alegada a exceção peremptória em três situações: quando superveniente à sentença, para obstar o seu trânsito em julgado (título 55, nº 3, 4 e 5; título 56, pr. e nº 1); quando fosse de tal natureza que anulasse todo o processo e juízo (título 55, nº 3); quando alegada por cavaleiro de espora dourada, ou rústico lavrador, que morasse e litigasse em alguma aldeia ou lugar onde não existissem letrados com que pudesse se aconselhar (título 55, nº 3)[193].

Poderiam ainda os embargos impedir: a) a contestação da lide, consoante o disposto no título 55, pr. e no título 57, nº 4, e b) a prolação da sentença definitiva de mérito (título 55, pr. e nº 2; e título 66, nº 5).

No título 56, nº 1, era permitido apresentar a todo tempo exceções anômalas, mediante embargos, em razão de sua importância.

Outros títulos das Ordenações também merecem particular destaque.

Uma lei de Afonso III, contida no título 47, estabelece que o autor entre na posse dos bens de raiz por ele demandados à revelia do réu. No mesmo texto legal, existem também regras acerca dos frutos de tais bens, a extensão da responsabilidade do autor sobre eles e as providências que deveria tomar no caso de arrecadá-los.

Há disposições no título 87 sobre o procedimento da execução dos bens do fiador, que prometeu em juízo pagar pelo réu tudo a que este foi condenado – fiador *de judicato solvendo*.

Em seguida, no título 88, determina-se o prazo de seis meses para aquele (fiador) que prometeu apresentar algum demandado "a tempo cer-

191 Lobo da Costa, "Origem dos embargos no direito lusitano", p. 3. Cf., também, Celso Neves, **Comentários ao Código de Processo Civil**, nº 99, p. 233.

192 **Segundas linhas sobre o processo civil**, vol. 2, p. 10.

193 "Os embargos ofensivos eram restritos àquelas matérias que constituíam objeto das exceções peremptórias e por rigor de direito tolhem a ação principal, como sentença, transação, juramento, pagamento, quitação, prescrição e outras formas semelhantes, que por sua natureza concluam o autor não ter ação para demandar e, por conseguinte, ser nenhuma a sentença" (Moacyr Lobo da Costa, "Origem dos embargos no direito lusitano", p. 17).

to sob certa pena, quando será nele executada a dita pena". Transcorrido esse prazo, dar-se-ia um novo de seis meses para pagar a pena ou apresentar o demandado. Com o término deste, se ainda assim não apresentasse o demandado, deveria então pagar a referida pena. No segundo prazo, o fiador poderia tentar demonstrar que o réu principal era inocente. Nessa circunstância, deveria defendê-lo até o fim, não podendo depois da defesa recebida pelo juízo querer apresentá-lo. Com o término dos prazos, o fiador não poderia defender o réu nem pretender apresentá-lo, salvo se provasse a morte deste durante os primeiros seis meses. No prazo seguinte tal defesa não teria efeito, "porque tanto que o primeiro tempo dos ditos seis mexes foy acabado, logo a dita pena foy cometida".

O título 89 reproduz lei de Afonso IV, do ano de 1342, sobre execução de dívidas à coroa ou ao fisco e, como visto, sobre os embargos permitidos aos executados. Obviamente, os embargos poderiam ser ofensivos, se as exceções peremptórias não tivessem sido anteriormente alegadas. O mencionado título também dispunha que se o devedor apresentasse bons fiadores, não seria esbulhado de seus bens. Refere-se, no geral, às execuções feitas tendo por base uma sentença[194].

Também em estilo legislatório, com forte influência do direito romano, o título 91 dispõe acerca da execução por coisa certa e sua substituição, a pedido do exequente, pelo respectivo valor, "regulando-se, neste caso, o modo de avaliação do valor real ou do valor estimativo, quando haja de fazer-se em liqüidação da sentença"[195]. Há ainda disposições sobre a execução para pagamento de causa "que se costuma contar, pesar ou medir" e sobre a alienação fraudulenta do devedor em detrimento do credor.

Reproduzindo e completando lei de Afonso II, de 1211, o título seguinte dispõe sobre a penhora, que deveria ser feita pelo porteiro régio: tinha ele autoridade para penalizar e prender aquele que o impedisse de proceder à execução. No § 2º surge a figura dos embargos como meio processual adequado para impedir a execução do julgado e a arrematação dos bens[196].

Assim, o juiz instaurava a execução com a entrega do mandado ao porteiro para averiguar quais os bens penhoráveis[197].

A execução era feita nos bens móveis em primeiro lugar, passando só depois aos bens de raiz, e o executado poderia ser ainda convidado a

194 L.L.P., p. 407.

195 Marcello Caetano, **História do direito português**, p. 592.

196 L.L.P., p. 12.

197 Marcello Caetano, **História do direito português**, p. 399.

nomear bens à penhora (título 93)[198]. Os porteiros, além de estarem obrigados a respeitar tal disposição, não poderiam entrar na casa dos executados para penhorar seus bens, se existissem outros fora dela (título 99).

Expõe o título 100 como se deveria proceder à execução nas casas dos "Fidalgos, ou Cavalleiros, ou Dónas".

Os títulos 94 e seguintes reproduzem leis antigas, versando sobre a penhora e a arrematação dos bens executados e os embargos admitidos à execução, opostos com o intuito de obstá-la[199]. Entretanto, será feita uma breve análise dos títulos que têm relevância para o tema que aqui se desenvolve. Ainda no título 94, D. Dinis, em 1283, determina que, em face dos constantes abusos de porteiros, somente as entidades tradicionalmente privilegiadas (Conselho Régio) podem continuar a ter porteiros próprios[200].

Conforme leis anteriores de D. Dinis e D. João I, o título 97 dispõe sobre a precedência da primeira penhora; assim "se dois credores houverem sentenças contra um devedor, quer no mesmo, quer em diversos juízos, aquele que primeiramente fizer a execução da sua sentença precederá o outro, ainda que este seja primeiro no tempo"[201].

Nesse título, ainda sobre a precedência da execução promovida pelo credor que primeiramente houver sentença, D. João I autorizava "o credor, que esteve impedido de promover a sua execução, 'a poder embargar a execução' que o outro credor postumeiro *fez per a sentença que ouve no tempo*, que o primeiro estava impedido"[202].

A penhora era feita na presença de tabelião e testemunhas, podendo o devedor permanecer na posse de seus bens se prestasse fiança, ou, então, não havendo fiadores, poderiam ser os bens confiados ao credor, também sob fiança, ou ficarem "sob sequestro". Nas Ordenações, a penhora somente incidiria sobre os bens penhoráveis e necessários ao cumprimento da sentença (título 104).

No título 101, Afonso IV estabelece a responsabilidade solidária da coroa, ou daqueles que tiverem direito a porteiros próprios, e dos porteiros e sacadores, pelos danos causados em consequencia de estes "fazerem o que não devem".

198 L.L.P., p. 126.

199 Marcello Caetano, **História do direito português**, p. 592.

200 L.L.P., p. 182.

201 Luiz Carlos de Azevedo, "Subsídios para o estudo da evolução histórica da execução das sentenças no direito lusitano", p. 150, e L.L.P., p. 180.

202 Moacyr Lobo da Costa, "Origem dos embargos no direito lusitano", p. 15.

Dispõe o título 102 sobre instituto semelhante ao dos embargos de terceiro da mulher. Neste caso, permaneceria o marido preso até que desfizesse o dano, trazendo os bens de volta.

Há no título 105 a figura dos embargos à arrematação. O devedor seria então "chamado e citado, pera dizer fe ha alguuns embarguos a fe nom arrematarem"[203]. A partir de D. Fernando (título 106), com o escopo de agilizar o processo, a arrematação poderia se realizar sem a necessidade do prazo de ano e dia após a penhora. Os bens de raiz seriam vendidos, arrematados ou dados em pagamento à parte, "segundo forma e ordem de juízo, do dia que esses bens fossem pilhados, assinados ou encoutados pelo porteiro ou executor, até três meses cumpridos"; com relação aos bens móveis, até "três nove dias, como até aqui acostumou". Haveria o pregão antes da arrematação, durante prazo suficiente para o conhecimento público do ato[204].

No Livro 5, título 89, fora da parte processual civil, sobre o crime de burla, D. Dinis prevê a pena do devedor que, condenado em juízo a pagar o empréstimo de dinheiro ou gêneros, para evitar a execução, escondesse seus bens ou os alienasse[205]. Assim, o "burlão" deveria permanecer preso até o pagamento da dívida, havendo, no entanto, a possibilidade de ser perdoado pelo credor.

Naquilo que se poderia dizer direito penal da época, muitas vezes a pena corporal podia ser substituída pelo pagamento de certa quantia, em

---

203 Segundo José Veríssimo Alvares da Silva, os embargos constantes do título 105 eram, inicialmente, modificativos da sentença. Somente mais tarde passaram a ser ofensivos à sentença, por lei de 18 de janeiro de 1578, constante do Livro 3, título 88, das Ordenações Filipinas ("Sobre a forma dos juízos nos primeiros séculos da Monarquia Portugueza, in *Memorias de litteratura portugueza*", pp. 63-64).

204 Marcello Caetano (**História do direito português**, p. 399) faz referência a uma carta de arrematação de 1320 citada em **Os judeus em Portugal no século XIV**, de Pimenta Ferro, p. 169.

205 Marcello Caetano relaciona os seis casos de burla: a) vender a mesma coisa a duas pessoas em ocasiões diferentes, com a agravante de receber duas vezes o respectivo preço; b) empenhar a mesma coisa a dois credores, sem estar paga a dívida ao primeiro e não sendo o valor da coisa suficiente para satisfazer a ambos; c) vender a diversas pessoas frutos pendentes a colher no ano, como se viesse cada qual a receber a colheita inteira, ou não sendo o vendedor proprietário ou possuidor de terras de onde possam ser colhidos tais frutos; d) vender ou empenhar coisa alheia obtida por empréstimo por tempo e para uso certos; e) obter dinheiro por empréstimo "fazendo muitas seguranças por palavra", e na altura do pagamento recusá-lo dizendo não ter por onde pagar; f) obter coisas "em guarda e codicilo", isto é, em depósito, e recusá-las depois àqueles que as confiaram (**História do direito português**, pp. 570-571).

consequencia de composição das partes, que chegavam a acordo sobre a *correção* do delito. Mas situação inversa era também possível de ocorrer: logo de início o delito poderia ser corrigido mediante o pagamento, pelo criminoso, de soma fixada por lei; mas se o condenado não quisesse pagar, teria então de sofrer "no seu corpo". Enfim, a composição pecuniária era muito comum, mesmo em crimes como furto e agressão[206].

23. Estabilização do Estado português

A partir de D. Manuel I, em 1495, a difusão das leis passa a ser feita pela imprensa, fato de grande relevância para o conhecimento e aplicação do direito e até para a efetiva utilização das Ordenações ou das leis extravagantes. Com a independência financeira, o poder real está forte, principalmente em razão da expansão ultramarina. Trata-se do período da estabilização do Estado, que termina, em 1750, com o fim do reinado de D. João V.

Importa nesse período examinar três compilações da época: as Ordenações Manoelinas, o Código Sebastiânico e as Ordenações Filipinas.

24. Ordenações Manoelinas

As Ordenações Manoelinas consistiram na revisão e atualização das Ordenações Afonsinas.

O problema da divulgação das Ordenações pelo reino se resolveria com a descoberta da imprensa. Foi pela primeira vez publicada por volta do ano de 1514, havendo uma reforma definitiva em 1521, em consequencia da promulgação, neste interregno, de leis extravagantes de grande importância.

As alterações mais importantes foram o desaparecimento da legislação relativa aos judeus, em virtude de sua expulsão do reino, no ano de 1496, e as normas relativas à fazenda real, que passaram a formar as autônomas Ordenações da Fazenda. Todas as leis são redigidas em estilo *decretatório*, como novas, embora fossem leis vigentes, apenas sob nova forma[207].

Nessa época, o processo se reveste de um caráter extremamente formalista, acentuando-se a influência romano-canônica[208].

206 Marcello Caetano, **História do direito português**, pp. 383-90 e 569-71.

207 Gomes da Silva, **História do direito português**, pp. 206-210.

208 Luiz Carlos de Azevedo, "Subsídios para o estudo da evolução histórica da execução das sentenças no direito lusitano", p. 150.

Foi estipulado o prazo de três meses para que os *concelhos* adquirissem as novas Ordenações. No exame do Livro 3, que trata da matéria processual, é de particular interesse para a presente obra os títulos 69 a 76.

O título 79, dispondo sobre a mesma matéria do título 87 das Ordenações Afonsinas, trata da execução dos bens do fiador, que prometeu em juízo pagar pelo réu tudo no que este fosse condenado. O título 70 repete o título 88 das Ordenações anteriores, dispondo sobre a pessoa que "prometeu apresentar algum demandado sob certa pena, quando será nele executada a dita pena".

Estão previstos no título 71 os embargos à sentença. Assim, a execução da sentença poderia ser embargada, podendo o devedor alegar, por exemplo, que a sentença foi dada sem citação; que já havia outra sentença; que a sentença se baseou em prova falsa ou mesmo que foi dada por juiz incompetente. O prosseguimento da execução somente se efetivaria com o julgamento dos embargos. Está estabelecido também que a penhora fosse feita sobre os bens que o oficial encontrasse, dando sempre preferência aos bens móveis[209]. O oficial responderia pelos excessos que cometesse[210]. Não poderiam ser penhorados certos bens, como cavalos e armas daqueles que estivessem a serviço do rei, sementes e bois de arado dos lavradores.[211] Os pregões dos bens móveis eram realizados dez dias após a penhora, e os bens de raiz, trinta dias da mesma data, descontados os dias santos. A prisão ainda era usada como forma de coerção dos devedores ao pagamento (título 71, 4, 5, 6, 7, 11, 12).

Os embargos de terceiro eram opostos por aquele que, embora sendo possuidor da coisa e tendo sido dela privado, não fazia parte do processo e não fora ouvido.

Assim como nas Ordenações anteriores, os porteiros não poderiam entrar na casa dos condenados para proceder à execução se existissem outros bens fora dela[212]. Há também disposições especiais sobre como fazer as execuções nas casas dos fidalgos, cavaleiros ou donas (título 71)[213].

Dispõe o título 72 sobre a execução que se faz por porteiro e sobre aquele que dificulta a realização da penhora. Assim, o devedor que não

209 L.L.P., p. 126, e Ordenações Afonsinas, tít. 93.

210 Ordenações Afonsinas, tít. 104.

211 Ordenações Afonsinas, tít. 98.

212 Ordenações Afonsinas, tít. 99.

213 Ordenações Afonsinas, tít. 100.

deixasse o porteiro ou o oficial de justiça efetuar a penhora, incorreria nas sanções previstas no Livro 5, específico de direito penal, no título dos *"que resistiam à Justiça"*[214].

O título 74 refere-se ao direito decorrente da precedência da primeira penhora[215].

Está dito no título 81 que a execução da sentença era feita de ofício. Alguns negócios davam ensejo a uma ação de cognição sumária denominada *assinação de dez dias* (título 75), presente no direito brasileiro anterior, no Regulamento nº 737. Tal ação, segundo alguns autores, assemelhava-se à *actio iudicati* do direito romano[216]. A legislação manoelina, nos dispositivos concernentes à ação de assinação de dez dias, não permitia a execução imediata. Na verdade, desenvolvia-se uma ação de procedimento sumário, ajuizada com a finalidade de alcançar, com maior rapidez, a futura execução, após a prolação da sentença e a determinação do juiz para que assim fosse cumprida[217].

25. Código Sebastiânico

O Código Sebastiânico consiste na Coleção das Leis Extravagantes compiladas por Duarte Nunes do Lião[218], que entrou em vigor no início de 1569, como complemento das Ordenações Manoelinas, mantendo-se em vigor ao lado destas até as Ordenações Filipinas.

Por iniciativa do Cardeal D. Henrique, regente do Reino durante a menoridade de D. Sebastião, promoveu-se a organização de um repertório do direito extravagante, que vigorava ao lado das Ordenações Manoelinas. A tarefa foi dada ao licenciado Duarte Nunes do Lião, jurisconsulto, então procurador da Casa de Suplicação.

Em uma época de dinâmica legislativa, a desorganização das normas influía cada vez mais na certeza e na segurança da atividade jurídica.

214 Ordenações Afonsinas, tít. 92, e L.L.P., p. 12.

215 Ordenações Afonsinas, tít. 97, e L.L.P., p. 180.

216 ALBERTO DOS REIS, **Processo de execução**, vol. 1, nº 27, p. 77; LIEBMAN, "Execução e ação executiva", nº 11, pp. 68-69.

217 LUIZ CARLOS DE AZEVEDO, **Da penhora**, p. 79.

218 Seu nome aparece também com as grafias de DUARTE NUNES (ou NUNEZ) do (ou de) LEÃO (ou LIAM). Jurisconsulto, produziu obras em outras áreas, como linguística e historiografia (COSTA, **História do direito português**, nº 48, p. 281).

Assim, a necessidade da organização desse repertório surgiu em razão das Ordenações Manoelinas estarem rodeadas de numerosos diplomas avulsos que revogavam, alteravam ou esclareciam muitos dos seus preceitos, ou mesmo dispunham sobre novas matérias.

São duas as principais características da obra de Duarte Nunes do Lião: a) se não copia exatamente o texto das leis extravagantes, faz um resumo, isto é, um relatório de substância; b) muito embora feita por um particular, trata-se de uma compilação oficial que tem valor de fonte de direito[219].

Interessa à obra a terceira parte da compilação.

Somente com a penhora ou sequestro, a parte poderia opor embargos e suspeições, apresentando-os perante o juiz da execução dentro de seis dias da entrega ou sequestro (lei 3). A lei 4 refere-se à autoridade competente para receber os embargos.

Nas leis extravagantes de Dom Sebastião, na parte em que cuidaram da nova "ordem do juízo", havia proibição de recursos protelatórios no curso da execução, estipulando-se, por exemplo, que a arguição de suspeição do juiz não tinha o condão de suspender o processo, remetendo-se o feito desde logo a outro magistrado (3.1.57.40 - Código Sebastiânico).

Vislumbrou-se, nesse mesmo diploma, uma espécie de orientação que hoje poderíamos denominar de "instrumentalidade das formas", pela qual não se anulariam atos por "falta de pequena solenidade" (lei 5, título 9). Essas disposições visavam a simplificar e agilizar o andamento dos processos[220].

26. Ordenações Filipinas

Ao fim do século XVI, com o grande número de leis ulteriores ao Código Sebastiânico, tornava-se necessária a elaboração de uma nova compilação. Foi Filipe I que determinou a reforma das Ordenações. Entretanto, as Ordenações Filipinas somente entraram em vigor em 1603, no reinado de Filipe II.

Trata-se de uma compilação pouco inovadora, tendo sido sua preocupação principal a reunião, num texto único, das Ordenações Manoelinas, do Código Sebastiânico e das leis subsequentes. A sistemática adotada é a mesma das ordenações anteriores, com a divisão em

219 Gomes da Silva, **História do direito português**, pp. 215-217.

220 Luiz Carlos de Azevedo, "Subsídios para o estudo da evolução histórica da execução das sentenças no direito lusitano", nº 6, pp. 152-153.

cinco livros, interessando especificamente à presente obra o exame do Livro 3, que contém o direito processual.

A legislação filipina é uma mera atualização das Ordenações Manoelinas. Por isso, muitas das suas disposições são pouco claras. Ademais, nem sempre houve o cuidado de se verificar o que estava revogado, ou em desuso, ou ainda o cuidado de se evitar a inserção de normas contraditórias. Como nas demais Ordenações, o direito subsidiário aplicado era o mesmo (direito romano, direito canônico, Glosa de Acúrsio, opinião de Bartolo, *communis opinio doctorum*). O reconhecimento do *jus commune* juntamente com o direito de cada comunidade ou de cada Estado era um fenômeno europeu[221].

As Ordenações Filipinas vigoraram durante longo tempo: em Portugal, até o Código Civil de 1867[222]. Destaque-se que, com a Lei da Boa Razão, de 18 de agosto de 1769, restringiu-se a aplicação do direito subsidiário, sendo somente aplicável quando conforme os princípios eternos do direito natural, com o espírito das leis nacionais e as necessidades e circunstâncias do tempo. Com essa lei procurou-se fortalecer o direito nacional português[223].

É particularmente destacada a preocupação do legislador português com a efetividade do processo executivo – em especial, com a celeridade, "pois é do interesse público que as coisas julgadas tenham rápida execução"[224] –, sendo possível enumerar alguns exemplos a este título[225].

Assim, dispunham as Ordenações que a execução teria início tão logo requerida (3.86.pr.), devendo terminar em três meses (3.86.18), ressalvada a possibilidade de sua suspensão por força de agravo ordinário[226].

Havendo conduta dolosa ou culposa do executado – com fim protelatório – este poderia ser preso até que se ultimasse a execução (3.86.18

221 Liebman, "Istituti del diritto comune nel processo civile brasiliano", § 2, nº 4, p. 497.

222 Gomes da Silva, **História do direito português**, pp. 221-224.

223 Liebman, "Istituti del diritto comune nel processo civile brasiliano", § 2, nº 4, p. 499; Cruz e Tucci, **Jurisdição e poder**, pp. 178-179, nota 650.

224 Melo Freire, **Instituições**, livro IV, p. 121.

225 A preocupação é antiga no direito português e, evidentemente, não abrange apenas a execução, mas o processo como um todo. Ilustrativa, sobre o ponto, é a lei de D. Dinis, promulgada em 1314, que tinha por desiderato abreviar o julgamento das demandas, de modo que os feitos fossem "desembargados sem delonga" (recolhida no Livro das Leis e Posturas, p. 52).

226 Pereira e Souza, **Primeiras linhas...**, § 393, p. 24, nota 783.

e Lei de dezoito de novembro de 1577), medida coercitiva a que não se sujeitava, contudo, o terceiro embargante. Tinha cabimento a medida também nos casos em que o executado ocultasse dolosamente bens em fraude da execução (3.86.13). A prisão do devedor em caso de inadimplemento remonta à lei de D. Afonso III, de 1282 (L.L.P., p. 182), e foi consagrada em 4.76.1 (ordenação não-aplicável aos fidalgos, contudo).

Embora a princípio não se realizassem atos em feriados, cedia a restrição diante de situação marcada pela urgência, em que houvesse perigo na demora[227].

Em que pese esta notável consciência de que o processo executivo deveria ser efetivo, convém frisar que – diante da realidade que vigorava antes das primeiras leis gerais, ou seja, da execução germânica, em que a penhora era privada e o credor exercia em grande parte as suas próprias razões – a tendência da regulação lusitana foi a de proteger o devedor de eventuais abusos[228]. Tendência esta que culminou com a ausência de qualquer direito do credor sobre o corpo ou a pessoa do devedor (Lei de 20 de junho de 1774) e com a vedação da prisão dos devedores de boa-fé. Persistiu, contudo, consoante a determinação da Relação de Lisboa de 18 de agosto de 1774, a pena de prisão para os que dolosamente ocultassem bens, os depositários infiéis, os condenados que alienaram bens em fraude à execução e aqueles que retardaram – por dolo ou culpa! – a execução para além do termo de três meses já apontado.

Partes. Era legitimada para promover a execução a parte vencedora (3.86.pr) ou seus sucessores a título singular – sendo aqui reconhecida a possibilidade de cessão, venda ou penhor da ação executiva – ou universal (3.27.2), exigindo-se a respectiva habilitação. Deveriam manejar a ação executiva dentro do prazo de trinta anos, sob pena de prescrição (3.87.1).

Executado era a parte vencida, que havia se obrigado pela litiscontestação a acatar o julgado, ou seus sucessores a título singular (3.84.14, 3.86.16 e 4.10.9[229], por exemplo) ou universal, ou bem assim o fiador judicial (3.92; Man. 3.69; Af; 3.87), o pai de família na condenação do filho

227 Pereira e Souza, **Primeiras linhas...**, § 394, p. 25, nota 785.

228 Lucon, **Embargos à execução**, p. 53.

229 A litigiosidade da coisa, advinda com a litiscontestação, possibilitava a execução contra o adquirente da coisa litigiosa (4.10.9; 3.86.16).

sobre os bens que tem em usufruto, o chamado à autoria que assumiu a defesa da causa *etc*[230].

Títulos executivos. O título 86 refere-se às execuções que se fazem geralmente por sentenças[231]. Havia também a execução por *privilégio da Fazenda Real* (ou "por direito")[232].

Os praxistas guardavam a execução como um efeito da sentença condenatória, outorgando a ela especial importância no quadro do exercício da Justiça[233]. Observava-se, nesse sentido, que seria "absolutamente inútil a sentença e coisa julgada, se não tivesse execução aprestada"[234].

Surgem aqui novamente as disposições das Ordenações Afonsinas e Manoelinas sobre execução de bens móveis e bens de raiz[235] e sobre o procedimento dos porteiros nas execuções em situações variadas[236]. A

---

230 Consulte-se, sobre estes casos de responsabilidade executiva: PEREIRA E SOUZA, **Primeiras linhas...**, § 390, p. 14-19, notas 772-779; de maneira sintética, MELO FREIRE, **Instituições**..., livro IV, p. 116.

231 L.L.P., p. 407, Ordenações Afonsinas, tít. 89 e Ordenações Manoelinas, tít. 71.

232 LOBÃO cuida de apontar as diferenças essenciais entre as duas modalidades executivas: a) ao passo que na execução por sentença os embargos (seguindo o disposto nos títulos 86 e 87) eram recebidos em separado e sem suspensão, na execução por privilégio era agregado o efeito suspensivo; b) na execução de sentença há prazo de seis dias para oferecer ditos embargos, mas na execução por privilégio tal faculdade não preclui, "em quanto se não assigna em audiencia, em quanto o Executado não he lançado de Embargos, em quanto a penhora se não julga por Sentença"; c) a apelação dos embargos lançados na execução de sentença não tem efeito suspensivo (3.86.3), sendo, contudo, característico o duplo efeito da apelação voltada contra a improcedência dos embargos na execução por privilégio; d) era proibido embargar por segunda vez na causa da sentença (3.88), proibição que aparentemente não se estendia à execução por privilégio (**Tratado pratico do processo executivo summario**, pp. 159-65).

233 PEREIRA E SOUZA, Joaquim José Caetano. *Primeiras linhas sobre o processo civil*. Lisboa: Rollandiana, 1863, t. 3, § 383, p. 3, nota 758, e § 384, p. 5, nota 759.

234 MELO FREIRE, Pascoal José de. *Instituições de direito civil português*. Boletim do Ministério da Justiça: 1967, livro IV, p. 114. O título executivo (sentença condenatória trânsita em julgado) está, portanto, inserido numa *relação de causa e efeito* com a ação executiva.

235 MELO FREIRE, Pascoal José de. *Instituições de direito civil português*. Boletim do Ministério da Justiça: 1967, livro IV, p. 114. O título executivo (sentença condenatória trânsita em julgado) está, portanto, inserido numa *relação de causa e efeito* com a ação executiva.

236 Ordenações Afonsinas, títs. 99 e 100; Ordenações Manoelinas, tít. 71.

execução seria feita somente sobre os bens necessários à satisfação das dívidas[237].

Execução por iniciativa do exequente. À execução, contudo, não se procedia sem provocação da parte e nem poderia o vencedor executar a sentença por sua própria força: era indispensável o requerimento do credor dirigido ao juízo, para que este então ordenasse a expedição de mandado especial, dito "executorial"[238].

Certo é que uma execução iniciada por impulso oficial nunca foi conhecida em solo português, tendo ganhado corpo semelhante procedimento apenas entre os longobardos (processo comum italiano)[239].

Por consequência, afastava-se, com isso, a ideia germânica de penhora privada, acolhendo-se, em seu lugar, a experiência romano-canônica de que a execução deveria realizar-se por ordem do juiz[240].

Embora não se tratasse da chamada "acção de coisa julgada" (com vestes da antiga *actio iudicati* romana, na qual a obrigação era submetida a uma nova apreciação destinada a verificar sua subsistência), a instauração da execução era deixada à iniciativa da parte vencedora[241]. A orientação foi expressamente consagrada nas Ordenações Afonsinas (título 89), tendo sido transplantada para as Manuelinas (título 71) e Filipinas (título 86). Era a execução, portanto, parte do ofício do juiz, a quem se dirigia necessariamente a parte vencedora a fim de que se realizasse praticamente o comando contido na sentença.

Citação. A citação efetuada no início do processo cognitivo compreendia apenas os atos realizados até a sentença (3.1.13)[242]. Dizia o

237 Ordenações Afonsinas, tít. 104 e Ordenações Manoelinas, tít. 71. Cf., também, Pereira e Sousa, **Primeiras linhas sobre o processo civil**, pp. 31 e ss.

238 Melo Freire, *Instituições*, livro IV, p. 114. Afasta-se, assim, a execução lusitana dos moldes do direito germânico primitivo, em que a penhora era realizada por obra do próprio credor (sobre a penhora privada e a ausência de um controle judicial preventivo das pretensões executivas no direito germânico, veja-se Liebman, Enrico Tullio. *Embargos do executado (oposições de mérito no processo de execução)*. trad. da 2ª ed. italiana J Guimarães Menegale. São Paulo: Saraiva, 1952, p. 37 e ss.)

239 Beneduzi, *Execução "per officium judicis"?*, p. 9.

240 Cfr. noticia Liebman, *Embargos...*, nº 32, p. 60-1 e nota 141, destacando as decretais de Alexandre III e Inocêncio III e inúmeros Estatutos do direito comum italiano que proíbem e punem a autojustiça.

241 Melo Freire, *Instituições*, livro IV, p. 115.

242 O instituto da citação é versado logo no Título I do Livro III das Ordenações Filipinas, tendo recebido disciplina bastante minuciosa por parte do legislador portu-

dispositivo que *"por aquella citação procederão até sentença deffinitiva"*, de modo que a execução desta mesma sentença exigia nova citação[243]. Por seu turno, a citação na execução valia para todos os atos até a efetiva adjudicação dos bens (3.86.pr. e §27).

Em síntese, era tida a execução como uma instância autônoma, sendo necessária a citação do executado antes que se iniciasse (2.53.1 e 3.76.2), sob pena de nulidade. Exigia-se, ademais, a citação da mulher quando a ação versasse direito real sobre bens imóveis ou "bens de raiz" (2.53.1; 3.86.27 e 28) – sendo, por outro lado, desnecessária para bens móveis e para ações pessoais. Quando a ação era promovida pelo marido e a mulher se recusasse de maneira injustificada a outorgar seu consentimento, poderia ser o mesmo suprido judicialmente (3.57; 3.63.4).

De interesse atual (diante de discussões em torno do recente art. 475-J, §1º do CPC) é a posição do legislador lusitano a respeito da possibilidade de realizar-se a citação na pessoa do procurador da parte: admitia-se tal prática, entendendo-se que o ofício do procurador perdurava no processo executivo, bastando que por meio dele se convocasse o réu à demanda e se lhe informassem os seus termos (preenchida então a dupla finalidade do ato citatório: *in ius vocatio* e *editio actionis*)[244].

A citação era feita por "porteiro", ou seja, pelo portador dos mandados judiciais, a quem cabia também a função de proceder às penhoras, arrematações e pregões.[245]

guês (títulos 1 a 15). A introdução do Livro III justifica o tratamento: *"porque o primeiro Auto do Juizo fe funda, e começa em citar huuma parte aa outra, entendemos falar primeiramente das Citaçoens"*.

243 Algo herdado do modelo da *actio iudicati* romana, em que se exigia a citação do devedor para que apresentasse eventuais defesas Sobre o ponto, analisando o direito processual da cognição extraordinária, veja-se: LIEBMAN, *Embargos...*, nº 12, p. 27-8; na mesma obra, apresenta-se a discussão travada entre os juristas medievais acerca da necessidade da citação antes da emissão do preceito *de solvendo* do juiz (nº 40, p. 76).

244 "(...) em rigor não se exige que seja citado pessoalmente o vencido que tratou a causa por meio dum procurador, pois basta a citação deste, visto que o seu ofício não se extinguiu com a sentença, mas ainda dura e persevera na causa de execução que é quase a mesma que a causa principal, da qual depende e deriva" (MELO FREIRE, **Instituições**, livro IV, p. 117).

245 A determinação de que a execução se fazia por porteiro remonta a lei de D. Afonso II, editada em 1211; a designação de porteiros, contudo, só ganhou foros de generalização com Afonso III (L.L.P. p. 12-3 e 99). Havia grande preocupação com

Prazo para cumprimento da obrigação. No caso de ações pessoais voltadas à obtenção de coisas fungíveis (por exemplo, derivadas de obrigação de pagar quantia), assinava-se ao executado o prazo de 24 horas para pagar ou nomear bens à penhora (3.86.7). Nesse mesmo prazo era possível arguir o pagamento ou a compensação com dívida aparelhada (4.78.4 e §7), sendo pressuposto para embargar a segurança do juízo (3.86). Pode-se afirmar que o *tempus iudicati* do processo romano – que consiste em um termo para que o devedor levante a quantia e cumpra voluntariamente[246], hoje incorporado à nossa sistemática pelo art. 475-J do CPC[247] – não subsistiu na execução lusitana. Nesta, as constrições tinham lugar desde logo, sem a concessão de semelhante prazo, embora tenha o foro consagrado as vinte e quatro horas apontadas para o pagamento[248]. Alexandre Caetano Gomes também descreve detalhadamente a execução de sentença[249]. Se não fossem encontrados bens, o exequente pediria *mandado de captura* contra o executado. Entretanto, algumas pessoas não poderiam ser presas por dívida civil, tais como os clérigos. Da mesma forma que nas ordenações anteriores, a penhora não poderia

a atuação de tais oficiais, que muitas vezes excediam sua competência ao realizar atos executivos. Em face de tais abusos, determinou-se que somente alguns entes (como o Conselho Régio) poderiam ter seus próprios porteiros (L.L.P., p. 182; lei recolhida em Af. 3.94) e que responderiam pelos danos por eles causados, solidariamente, a Coroa ou a quem servisse o porteiro. É o que se lê em Af. 3.101, sob a epígrafe: *"Se alguns guanharem d'El Rey Porteiros, ou Sacadores, que paguem o dapno, que elles fem rezam fezerem aas partes"*. Sobre a figura dos porteiros, destacando também os abusos cometidos por esses oficiais, Caetano, **História do direito português**, pp. 396-399.

246 Inicialmente, era de 30 dias o tempo destinado a permitir que o devedor levantasse a quantia para pagar o credor. Depois, foi sucessivamente estendido para 2 (dois) e 4 (quatro) meses (esta última mudança ocorrida já em época Justinianéia).

247 Cfr. Carneiro, Athos Gusmão. "Do 'cumprimento da sentença', conforme a Lei nº 11.232/2005. Parcial retorno ao medievalismo? Por que não?". *Revista do Advogado – AASP*, nº 85, 2006, p. 23. Determina o art. 475-J um *tempus iudicati* de quinze dias: "Caso o devedor, condenado ao pagamento de quantia certa ou já fixada em liquidação, não o efetue no prazo de *quinze dias* (...)".

248 Melo Freire, **Instituições...**, livro IV, p. 118-9.

249 **Manual pratico, judicial, civil, e criminal**, pp. 88-91. No regime das Ordenações, com a penhora, o executado era desapossado dos bens móveis e de raiz, que eram entregues a pessoas sem suspeita, seguras e abonadas (Ord. Fil., Liv. 3, tít. 86, nº 1). Cf. Pereira e Sousa, **Primeiras linhas sobre o processo civil**, p. 48, nota 827; Luiz Carlos de Azevedo, **Da penhora**, pp. 96-98.

recair sobre certos bens[250]. A execução não mais se fazia sobre a pessoa do executado[251].

Nos casos de ações reais ou pessoais reipersecutórias (isto é, que pedem coisa certa e específica), o executado estava obrigado a entregá-la impreterivelmente em dez dias (3.86.15 e Lei 30/11/1557; Man. 3.71.30; Af. 3.91.pr.), contados da audiência, após citação "*para largar a posse, ou entregar a cousa demandada*" e eventuais frutos[252]. De novo, era a citação necessária, sob pena de nulidade; não a havendo, poderia o executado defender-se por meio de remédios possessórios ("ação de força")[253]. A conversão no equivalente monetário ocorria apenas se a fosse impossível restituir a coisa, como no caso de seu perecimento.

Competência. A princípio, era competente para executar o juiz que proferiu a sentença (2.7.63; 2.63.4) ou o seu sucessor (1.58.29), embora pudesse a parte vencedora eleger outro, sendo ele de domicílio do réu, o que, em verdade, conduz ao entendimento de que a execução poderia ser levada a cabo por qualquer juiz ordinário[254]. Não cabia exceção declinatória de foro, cuja alegação restava preclusa já no processo de conhecimento[255].

Não eram competentes os juízes de outras instâncias (apelação, agravo ordinário *etc.*), ainda que a sentença que propriamente se executa seja a do juízo superior, por força do efeito substitutivo operado pelo recurso. Eram irrelevantes, ademais, a mudança de domicílio do condenado (2.7.; 3.11), eventual juízo privativo superveniente à sentença (2.63.5 – por exemplo, o juiz dos alemães) ou foro privilegiado não arguido oportunamente na ação de conhecimento (questão que restava preclusa)[256]. Mas havia juízes privativos para executar suas próprias sentenças, como o Juiz de Índia e o Conservador dos Alemães, em que a competência era, por assim dizer, "funcional e absoluta", não sujeita à regulação pelo consentimento das partes[257].

250 Sobre os bens impenhoráveis (bens de primeira e segunda classe), cf. PEREIRA E SOUSA, **Primeiras linhas sobre o processo civil**, pp. 32-45.

251 PEREIRA E SOUSA ressaltava: "a Execução faz-se nos bens do condenado, não na sua pessoa" (**Primeiras linhas sobre o processo civil**, p. 46).

252 PEREIRA E SOUZA, **Primeiras linhas**..., § 395, p. 25, nota 786.

253 PEREIRA E SOUZA, **Primeiras linhas**..., § 395, p. 26, nota 786.

254 MELO FREIRE, **Instituições**, livro IV, p. 115.

255 MELO FREIRE, **Instituições**, livro IV, p. 118.

256 PEREIRA E SOUZA, **Primeiras linhas**..., § 387, p. 8-9, nota 764.

257 PEREIRA E SOUZA, **Primeiras linhas**..., § 388, p. 12, nota 767 e também § 387, p. 8-9, nota 764.

Carta precatória. Previa-se a expedição de carta precatória a fim de promover a execução sobre os bens do executado quando estes estivessem em localidade de competência de outro magistrado. A determinação estendia-se também para outros atos, como a arrematação (*infra*).

Extração da sentença. Era necessária a extração da sentença condenatória dos autos pelo escrivão (3.66.10), assinada - exceto em caso de ausência ou morte, hipótese em que o fazia o serventuário - pelo juiz que a proferiu (Fil. 1.1.13, 1.23.2, 3.30.1). Tal providência era desnecessária, contudo, quando o objeto da causa fosse bem móvel de pouco valor (1.65.7). Igualmente, nas causas de suspeição, a parte poderia optar que se lhe fosse passada sentença ou certidão (3.21.20).

Penhora. A penhora deveria ser feita "*com effectiva, e corporal apprehensão dos bens, e entrega delles á Justiça*" (2.52.7; 3.86.1); importava, assim, em retirar desde logo da posse do executado os bens, embora ele mantivesse ainda o domínio e a "posse civil", que só se perdiam com a arrematação[258]. A penhora de bem imóvel implicava também a apreensão dos seus frutos (3.86.1).

Dita apreensão era feita por oficial que atuava em nome do juízo (alcaide, escrivão, porteiro), sendo vedada a penhora privada. Fazia-se por mandado especial do juiz, que deveria ser entregue aos oficiais (3.86.7).

Feita a apreensão, era normalmente nomeado um depositário do juízo, sobre quem recaía a obrigação de prestar contas e zelar pela coisa, sob pena de prisão (4.76.5, 4.49.1). Interessante notar que se os oficiais retivessem os bens em seu poder, sem nomear depositário ou levá-los ao depósito público, eram considerados eles mesmos depositários do juízo, sujeitando-se à mesma sanção de prisão (1.28.1 e 1.61.6). Nos casos de penhora de semoventes, eram os bens conduzidos à "estalagem do depósito geral", onde seriam vendidos transcorrido o prazo de nove dias.

Se a execução consistisse na "*prestação de algum facto*", então o executado seria convocado a praticar o respectivo ato, sob pena de penhora de quantia que representasse seu equivalente monetário ou mesmo prisão, acaso considerada dolosa a sua renitência[259].

258 Pereira e Souza, **Primeiras linhas**..., § 397, p. 29, nota 788 e também § 409, p. 51, nota 827.

259 Pereira e Souza, **Primeiras linhas**..., § 395, p. 30, nota 788.

A ordem da penhora iniciava-se pelos bens móveis e semoventes (categoria na qual se incluíam os escravos)[260]; apenas na falta destes, poder-se-iam penhorar os bens "de raiz" (imóveis). De modo que era penhorável, em primeiro lugar, o dinheiro. Seguiam-lhe, em ordem, os bens móveis (incluído aqui o usufruto) e, finalmente, os bens de raiz. Interessante notar que a regra segundo a qual as naus e demais embarcações, em que pese sua natureza de bens móveis, submetem-se ao regime dos imóveis (suscetíveis de hipoteca, portanto), também já era conhecida[261].

Tinha o executado preferência para nomear bens à penhora, faculdade, contudo, submetida à preclusão consumativa (não poderia, dessa forma, alterar a nomeação já oferecida); não o fazendo no prazo (preclusão temporal), poderia o exequente proceder à indicação (5.86.7). A ordem das penhoras atendia a interesses do devedor, de modo que a ele era dado alterá-la, se assim desejasse[262], sendo-lhe facultado, também, em algumas hipóteses, oferecer caução idônea a segurar o juízo[263]. Outorgava-se ao fiador o benefício de ordem, podendo ele nomear bens do devedor principal, sobre os quais recairia então a execução[264].

Eram penhorados bens proporcionalmente à dívida, ou seja, tão-somente na medida em que bastasse a segurar o juízo executivo (3.86.8)[265]. Eventuais excessos poderiam ser levados ao conhecimento do juiz, que sobre a questão decidia, sendo cabível agravo em caso de indeferimento da decisão (3.76.pr.). A execução seguia, assim, os limites impostos pela própria sentença exequenda, considerando-se excesso de execução: a) a execução feita sobre coisa diversa; b) a execução feita sobre quantia maior; c) a execução levada a cabo sem citação da parte; d) a rejeição de embargos que deveriam ser recebidos (3.76.2)[266].

---

260 Após conceituar os bens móveis, faz alusão PEREIRA E SOUZA aos semoventes como "os que por si mesmo se movem como os escravos, os animaes (...)" (**Primeiras linhas**..., § 399, p. 31, nota 790).

261 PEREIRA E SOUZA, **Primeiras linhas**..., § 399, p. 31, nota 790.

262 MELO FREIRE, **Instituições**..., livro IV, p. 119.

263 MELO FREIRE, **Instituições**..., livro IV, p. 121.

264 PEREIRA E SOUZA, **Primeiras linhas**..., § 399, p. 33, nota 791.

265 Ao contrário do que ocorria no antigo direito romano, em que a *missio in bona rei servanda* atuava sobre a totalidade do patrimônio do devedor. A execução proporcional à dívida só foi conhecida mais tarde, com a introdução do *pignus ex causa iudicati captum*.

266 PEREIRA E SOUZA, **Primeiras linhas**..., § 385, p. 6, nota 758.

No cumprimento dos mandados de penhora, guardava-se respeito pelo domicílio do executado, não sendo lícito aos oficiais nele entrar sem autorização do juízo (3.86; Man. 3.71; Af. 3.98). Ademais, tratando-se de integrantes de classe nobre, portadores de notáveis privilégios, o oficial deveria "pedir-lhes de fóra os bens para serem penhorados" (3.86.12)[267].

No campo das impenhorabilidades, sistematizavam-se as absolutas e as relativas. Assim como hoje, aquelas recaiam sobre bens que não poderiam, em qualquer hipótese, sofrer penhora (sendo exemplos os bens de morgado, "de capella", os ofícios públicos, os soldos e estipêndios dos soldados, os ordenados dos juízes...); estas indicavam bens que tão-somente na falta de outros sofreriam a constrição (como os vestidos de uso e camas, os bois, instrumentos do campo e sementes do lavrador, os livros dos advogados, magistrados, estudantes e professores, as propriedades dos engenhos e lavouras de açúcar...)[268]. Enfim, a semelhança no trato da matéria com o regime do nosso atual Código de Processo Civil é enorme.

Outra particularidade importante da penhora residia na preferência da primeira constrição, em caso de concurso particular de credores: é a regra segundo a qual *prior in tempore, potior in iure* (consagrada, sucessivamente, em L.L.P., p. 180; Af. 3.97; Man. 3.74; Fil. 3.91). Semelhante orientação só cedeu a partir do momento em que introduzida a *par conditio creditorum* (em 1774), que perdurou, entre nós, até o advento do Código de 1973.

A legislação filipina prevê também o reforço de penhora, se a primeira não fosse suficiente para solver o débito[269].

Havia também, como nas ordenações anteriores, o direito de preferência do credor que promovesse a execução antes dos demais[270].

---

267 Pereira e Souza, **Primeiras linhas**..., § 400, p. 34, nota 792.

268 Uma ampla indicação dos bens absoluta e relativamente impenhoráveis encontra-se em: Pereira e Souza, **Primeiras linhas**..., § 402-3, p. 35-47; Melo Freire, **Instituições**..., livro IV, p. 120-1. Inclui este último autor, entre as impenhorabilidades absolutas, os livros, armas e vestidos de desembargadores, nobres e cavaleiros, o que demonstra mais uma vez o tratamento desigual que, em muitas hipóteses, era dispensado às diferentes castas sociais.

269 Alexandre Caetano Gomes, **Manual pratico, judicial, civil, e criminal**, § 30, p. 92; Pereira e Sousa, **Primeiras linhas sobre o processo civil**, p. 47.

270 L.L.P., p. 180, Ordenações Afonsinas, tít. 97; Ordenações Manoelinas, tít. 74; Ordenações Filipinas, tít. 91. Cf., ainda, Pereira e Sousa, **Primeiras linhas sobre o processo civil**, p. 104.

Trânsito em julgado. Também o trânsito em julgado era requisito para a executoriedade do título, de modo que a sentença teria de transitar pela Chancelaria (exceto onde ela não existisse - 1.23.2; 1.52.12; 1.30.1; 1.39.pr).

A sentença pendente de apelação, que era provida de duplo efeito (3.25.pr e §§ 1 e 2), não poderia ser executada, ressalvada a hipótese em que se recorresse de apenas um ou alguns *capítulos da sentença*, caso em que os demais teriam transitado em julgado, sendo passíveis de execução[271]. A assertiva demonstra a clara consciência que tinha o legislador reinol da não-unicidade do julgado, de modo a tratar apartadamente as diferentes demandas cumuladas ou partes de um objeto cindível, posto que resolvidas na mesma sentença.

Se a sentença fosse fundada em direito pessoal (contratos, dívidas, ou obrigações), poder-se-ia desde logo promover a execução, não havendo necessidade de esperar as vinte e quatro horas; se a ação fosse real, o juiz dava o prazo de dez dias para o executado desocupar o bem; havia também a penhora de direitos e de ações (p. ex., a penhora de aluguéis e de frutos)[272].

Liquidação. As sentenças que não determinassem o valor exequendo deveriam ser previamente liquidadas, a fim de que tivesse início a execução (3.86.2), com a ressalva de que, havendo parte ilíquida e parte líquida, esta era desde logo executada (4.78.4).

Permitia-se sentença genérica nos casos de sentença que versasse sobre frutos "e cousas que consistem em pezo, número e medida, e damno"[273] (3.86.1) ou diante de ações universais (3.66.3).

A concepção da liquidação como juízo autônomo ("novo Juizo") impunha nova citação pessoal do réu (e não na pessoa do Procurador, exceto se este tivesse poderes especiais para ser citado), sob pena de nulidade.

Apesar desta autonomia conferida ao processo de liquidação, tinha-se plena consciência de que deveria ser feita nos estritos limites da sentença (3.86.2).

Conheciam-se já as duas espécies de liquidação que hoje restam consagradas em nosso Código de Processo Civil (abandonado o terceiro modo, que consistia na liquidação por mero cálculo): a) por artigos; b)

271 Pereira e Souza, **Primeiras linhas...**, § 383, p. 4, nota 758.

272 Alexandre Caetano Gomes, **Manual pratico, judicial, civil, e criminal**, p. 100.

273 Pereira e Souza, **Primeiras linhas...**, § 441, p. 79.

por árbitros. O cabimento de cada hipótese não diverge, na essência, daquilo que é de sabença contemporânea.

Seu procedimento era sumário, o que implicava: a) a inadmissão de réplica ou tréplica (apenas contestação); b) o curso do processo durante férias; c) o efeito meramente devolutivo da apelação eventualmente interposta *etc*[274].

Defesa do executado. Os embargos do executado estão disciplinados no título 87 e deveriam ser opostos seis dias após a penhora, não suspendendo a execução, a não ser que os autos estivessem trasladando. Os embargos poderiam ser processados em apartado a pedido da parte. Com o seu recebimento, não se entregava a coisa pedida ou o preço da arrematação dos bens penhorados sem fiança idônea[275].

Os embargos poderiam ser ofensivos ou modificativos[276].

O executado poderia arguir em sede de embargos a nulidade de sentença por ter sido proferida sem a realização da citação. Poderia ainda atacar a sentença em razão de peita (suborno), incompetência do juiz ou falsa prova. Outras situações também estavam previstas, como o caso da execução sobre bens de raiz realizada sem a procuração ou citação da mulher. Nesse título, as hipóteses previstas eram exemplificativas, pois o executado poderia alegar outros fatos que viessem a ensejar a nulidade da sentença. Era também possível ao executado alegar compensação, transação, novação *etc.*, por meio de embargos[277].

Ação decendiária. Para dívidas contraídas mediante escritura pública, alvarás, dotes ou sentenças (o texto legal não discrimina quais se-

274 Pereira e Souza, **Primeiras linhas**..., § 445, p. 83, nota 878.

275 Alexandre Caetano Gomes, **Manual pratico, judicial, civil, e criminal**, pp. 97 e ss.; Pereira e Sousa, **Primeiras linhas sobre o processo civil**, pp. 85 e ss. José Homem Corrêa Telles entende que os embargos suspendem a execução. É o que se depreende de suas palavras: "as acções executivas intentam-se por petição ao juiz, requerendo que o réo seja citado para em 24 horas pagar, ou nomear bens à penhora; e que no termo de seis dias opponha os embargos que tiver, aliás a penhora se julgue por sentença condemnatoria, e a execução prossiga até final" (**Doutrina das acções**, § 20, pp. 52-53). Sousa Pinto, ao anotar a obra de Corrêa Telles, também tem esse entendimento e observa que os embargos à execução de sentenças definitivas não serão autuados em apartado.

276 Lobão, **Segundas linhas sobre o processo civil**, vol. 2, p. 8. Para esse autor, o embargante é réu, pois "os embargos não são meio legítimo de pedir, mas só de impedir" (Segundas linhas sobre o processo civil, vol. 2, p. 11).

277 Lobão, **Segundas linhas sobre o processo civil**, vol. 2, p. 14.

riam essas sentenças), o credor dispunha da ação decendiária ou ação de *assinação de dez dias*, já mencionada (Ordenações Manoelinas e Filipinas, Livro 3, título 25)[278], antecedente remota de nossa ação monitória.

Avaliação, pregões e arrematação. Entendido que os bens penhorados eram colocados sob a "quase tutela" do magistrado, este deveria atuar "não só como juiz, mas também como homem bom, diligente pai de família, e bom administrador"[279]. Desse modo, o procedimento para expropriação dos bens e levantamento de dinheiro era balizado por uma série de determinações respeitantes à avaliação e ao preço de venda, aos pregões em certos prazos, à publicidade da oferta, ao atendimento do maior lanço *etc.* É o que se passa a reconstruir.

A avaliação dos bens era feita por perito (Alvará de 21 de maio de 1751), obedecidos, em alguns casos, determinados critérios pré-estabelecidos[280]. Assim, por exemplo, eram chamados os contrastes e ensaiadores quando se tratasse de peças de ouro, prata ou diamantes.

Dito procedimento era realizado uma única vez, com exceção das hipóteses de lesão por ignorância ou corrupção ou se fosse descoberto um novo defeito ou ônus ignorado ao tempo da avaliação (4.8.3 e Alvará de 14 de outubro de 1773). Esta preocupação em não repetir a avaliação estava intimamente ligada ao anseio de que a execução fosse conduzida de maneira célere[281]. A avaliação de bens imóveis ("de

---

278 Alberto dos Reis, **Processo de execução**, vol. 1, nº 27, p. 77. A ação decendiária não era propriamente uma ação executiva, pois nela se realizava atividade cognitiva sumária antes de se proceder à execução. Por isso sustenta-se que o direito das Ordenações desconheceu os títulos executivos extrajudiciais. Somente no Código de Processo Civil português de 1876 é que determinados atos passaram a ter eficácia executiva por expressa disposição de lei (Dinamarco, **Execução civil**, nº 28, pp. 65-6). Em sentido contrário, Liebman sustenta que por meio da Glosa e da opinião de Bartolo, aplicadas em Portugal até o ano de 1769 (Lei da Boa Razão) como fontes subsidiárias de direito (Ordenações Filipinas, Liv. 3, tít. 64), existiam títulos executivos extrajudiciais como os créditos do fisco, os foros enfitêuticos etc. ("Execução e ação executiva", nº 11, p. 68).

279 Melo Freire, **Instituições**, livro IV, p. 122.

280 Noticia Pereira e Souza que o "valor dos prédios rusticos estima-se no que importão os seus fructos de vinte anos depois de deduzidas as despezas do fabrico (...) e o dos urbanos no que importão vinte anos de rendas, deduzidas primeiro as despezas dos concertos, com attenção á sua situação, e estado", em atenção, respectivamente, ao disposto nos Alvarás de 14 de Outurbro de 1773 e de 25 de Agosto de 1774 (**Primeiras linhas**..., § 410, p. 53, nota 830). Compreendiam-se, ademais, na avaliação da propriedade, as pertenças do bem.

281 Pereira e Souza, **Primeiras linhas**..., § 412, p. 54, nota 832.

raiz") era feita por mandado do juiz, sendo dispensada a formalidade para os bens móveis.

Seguiam-se à avaliação a afixação de editais e os pregões, ambos realizados por porteiro. Em Lisboa, tal proclamação dos bens levados à hasta pública era feita na Praça dos Leilões (em outros lugares, também as Praças ou outros lugares públicos eram preferidos), dada a publicidade do ato e o interesse em encontrarem-se lançadores[282].

Em geral, não se interrompiam ou suspendiam, ressalvadas pequenas interrupções previstas expressamente nas ordenações 3.53.2 e 3.86.29. De qualquer forma, os bens imóveis tinham pregão que corria vinte dias (e mais três dias, "que se chamão do Estilo no lugar onde os bens são sitos"[283]); os móveis, apenas nove dias.

Eventualmente, podiam ser dispensados os pregões, fundada dita dispensa no consenso das partes, lavrado termo específico nos autos (assinado pelas partes e pela mulher do devedor casado), consoante dispunham as ordenações 3.86.1, 3.86.11, 3.86.28 e 1.24.21.

Acaso nenhum lance fosse feito, seria citado o executado para remir os bens ou dar lançador, sendo controverso, entretanto, se subsistia aquela faculdade após a arrematação, ainda que antes da expedição da respectiva carta. De um lado, entendia Pereira e Souza[284] que razões de equidade impunham a possibilidade de remir; de outro, Melo Freire,[285] a quem parece assistir razão, era enfático ao preservar o arrematante, cujo direito, segundo ele, já havia sido adquirido, invocando também a leitura de 4.13.7, *a contrario sensu*.

---

282 Pereira e Souza, **Primeiras linhas**..., § 416, p. 56, nota 837.

283 Pereira e Souza, **Primeiras linhas**..., § 419, p. 58, nota 841.

284 Mas, por razões de "equidade recebida no Fôro he o Executo admittido a remir ainda depois da arrematação, e da Adjudicação da propriedade em quanto a carta de Arrematação, ou de Adjudicação não transita pela Chancellaria, pagando o Executado todas as despesas" (Pereira e Souza, **Primeiras linhas**..., § 423, p. 60, nota 846).

285 Melo Freire, **Instituições**..., livro IV, p. 123-4: "uma vez arrematada a coisa, embora ainda não entregue, imediatamente o licitante adquire um direito, tal como no contrato de venda; e, como a venda é perfeita pelo acordo entre o licitante, e o devedor, que vendeu a coisa pela interposta pessoa do juiz, não pode o devedor ser ouvido contra facto próprio, nem o licitante ser privado, contra sua vontade, do seu direito". É a interpretação, *a contrario sensu*, da ordenação 4.13.7, que admite o resgate do penhor *ainda não arrematado*. Contudo, quando se tratasse de execução movida pelo Fisco, admitia-se o resgate de bens adjudicados, tendo em vista o maior interesse da Fazenda em ter em mãos quantia (2.53.7).

Outra possibilidade era a adjudicação do bem pelo credor[286], quando não houvesse lançador, caso em que os bens seriam recebidos com algum abatimento no preço, já que o credor teria de receber coisa diversa[287].

O passo seguinte na marcha procedimental executiva – uma vez findos os pregões – era a própria arrematação dos bens (disciplinada em 3.86.27), pela qual se assinava a coisa objeto de pregão ao maior lançador. Era comum que o Porteiro, ao realizar-se a arrematação, trouxesse na mão um ramo, que entregava então ao lançador que oferecesse o maior preço.[288]

A arrematação era realizada no local da situação dos bens, de modo que se eles se encontrassem em outro território, dever-se-ia deprecar o juiz competente (por meio de carta precatória) para que assim procedesse, ainda que isso implicasse várias arrematações e deprecações a juízos diversos[289].

Eram requisitos da arrematação (veja-se, sobretudo, a ordenação 3.86.27)[290]: a) a ordem judicial; b) que se fizesse em benefício do maior lance (*"a quem por elles mais der"*), sob pena de nulidade; c) respeitado o valor da avaliação, salvo exceções expressas[291]; d) o pagamento em dinheiro à vista ou a oferta de fiança para pagamento em três dias, sem o que não era transferido o domínio, ainda que lavrada a respectiva carta. Uma vez perfectibilizada dita solenidade, não se poderia proceder à retratação, ainda que fosse oferecido maior preço (3.91.pr), de modo a garantir o maior lance efetuado ao tempo do pregão.

Evidentemente, ninguém poderia ser obrigado a arrematar os bens apregoados. Além disso, exigia-se capacidade geral para os negócios (que faltava aos dementes, pródigos etc.). Eram impedidos de adquirir

286 Para um panorama das diferenças entres o procedimento da arrematação e da adjudicação, consulte-se PEREIRA E SOUZA, **Primeiras linhas...**, § 435, pp. 69-71, nota 862.

287 MELO FREIRE, **Instituições**, livro IV, p. 122.

288 Lembra este costume, apontando certa semelhança com a antiga prática romana de afixar-se no chão uma lança nos dias de arrematação, PEREIRA E SOUZA, **Primeiras linhas...**, § 425, p. 61, nota 848. O *ramo* ou *palha* representava a autoridade do juiz e impunha-se diante do analfabetismo então reinante: na falta de pessoas habilitadas a reduzir tais formalidades a escrito, um objeto era utilizado para assinalar o ato, como ocorria com a citação e com a penhora, quando o oficial portava consigo o símbolo da justiça (cfr. CAETANO, **História do direito português**, p. 391).

289 PEREIRA E SOUZA, **Primeiras linhas...**, § 427, p. 62, nota 850.

290 Consulte-se, para um panorama: MELO FREIRE, **Instituições**, livro IV, p. 122-123.

291 Como os casos de "Provisão de dispensa" ou se o lance for feito findos os pregões sem lançador (PEREIRA E SOUZA, **Primeiras linhas...**, § 428, p. 63, nota 854).

em hasta pública os juízes e auxiliares da Justiça, o curador a respeito dos bens do curatelado etc (vejam-se: 2.53.5, 1.88.29 e 1.62.7).

Pela arrematação, à qual se reconhecia natureza contratual[292], extinguiam-se eventuais ônus acarretados pelo próprio executado que pesassem sobre a coisa, ressalvados ônus reais (3.93.3) e dívidas fiscais (2.52.5), que persistiam. Assim dispunha a ordenação 4.6.2, no sentido de que "*a cousa assim arrematada fique salva ao comprador, pois que a comprou em publico per mandado e auctoridade de Justiça*".

Tanto a arrematação quanto a adjudicação não tinham lugar, contudo, quando o valor dos bens penhorados excedesse o dobro da dívida; em tais casos, adjudicavam-se apenas os rendimentos ao credor, por período suficiente para abater o *quantum* (Lei de 20 de junho de 1774, §§ 24 e 25), dado que oriundos de diversas propriedades.

Por óbvio, quando o objeto de penhora fosse dinheiro, procedia-se diretamente à entrega da quantia ao credor, com a simples assinação de seis dias para que eventuais credores incertos comparecessem[293].

Conclusão parcial. Já no direito das Ordenações do Reino, a execução estava minuciosamente delineada (como se pode perceber a partir da sistematização das impenhorabilidades, da qual temos hoje praticamente uma reprodução no Código de Processo Civil brasileiro), atendendo sua estrutura à primordial função de dar cumprimento à sentença e à "cousa julgada".

É notável, nesse sentido, a orientação decisiva do legislador reinol em prol da efetividade do processo executivo, com medidas voltadas a obter a integral satisfação do credor em tempo razoável, escopo que até hoje perseguimos incessantemente (bastando atentar para as numerosas e recentes alterações legislativas ocorridas em sede executiva).

É mais uma prova de que o processo – enquanto instrumento de realização do direito material – deve lutar eternamente contra o tempo e em prol da máxima coincidência entre o adimplemento espontâneo e a tutela prestada.

Reafirma-se, com essa percepção, a utilidade do estudo da história, não só para compreendermos nossos institutos atuais à luz da nossa tradição (do direito português), mas também para atilarmos que nossos problemas não são exclusivos da era contemporânea.

292 Pereira e Souza, **Primeiras linhas**..., § 434, p. 68, nota 861.

293 Sobre o ponto: Pereira e Souza, **Primeiras linhas**..., § 438, p. 75, nota 868.

Como disse Pontes de Miranda: "no processo, como em tudo mais, nós somos o resultado dos vinte e cinco séculos ocidentais. Nem podemos ser outra coisa; nem nos podemos furtar ao curso da História"[294].

§ 4º Direito brasileiro anterior

27. Introdução

Tanto a execução, como os embargos à execução, originados no direito português, foram transportados das Ordenações Filipinas para o direito brasileiro. O Estado brasileiro recém-constituído não tinha condições de criar de um dia para o outro todas as leis necessárias para disciplinar as relações jurídicas públicas e privadas. Mesmo após a independência do Brasil, as Ordenações Filipinas e a legislação portuguesa continuaram regendo o direito processual brasileiro até o ano de 1850, uma vez que o Estado recém-constituído não tinha condições de criar de um dia para o outro todas as leis necessárias para disciplinar as relações jurídicas públicas e privadas[295]. No período acima delineado, havia a *ação de assignação de dez dias* ou *ação decendiária* (Ord. Manuelina, livro III, título 16, e Ord. Felipinas, livro III, título 25), que era uma forma evoluída do *processus executivus,* na medida em que permitia uma defesa e uma cognição mais ampla[296]. As ações decendiárias, entretanto, deviam ser munidas de documento público ou particular, desde que autêntico, para ter seu processamento deferido e ainda, apresentar obrigação certa e líquida (Ord. Filipinas, livro III, título 25).

A contínua necessidade de um processo executivo eficaz para disciplinar os litígios surgidos nas relações cíveis existentes no Brasil pós-independente, ensejaram, gradativamente, a derrogação do Livro III

294 **Comentários ao Código de Processo Civil**. Rio de Janeiro: Forense, 1974, t. I (do *Prólogo*).

295 Todas as leis portuguesas continuaram a vigorar no Brasil após a sua independência (lei de 20 de outubro de 1823). Sobre a evolução legislativa brasileira, cf. LOBO DA COSTA, **Breve notícia histórica do direito processual civil brasileiro e de sua literatura**, p. 1 e ss.; LUIZ CARLOS DE AZEVEDO, **O direito de ser citado**, pp. 331 e s. Especificamente sobre a aplicação das Ordenações no Brasil, cf. LEITE VELHO, **Monographia jurídica e pratica das execuções de sentenças em processo civil**, cap. 15, pp. 220-68.

296 V. PACHECO, **Tratado das execuções**, p. 91.

das Ordenações Filipinas. A evolução dos diversos diplomas legislativos que se seguiram merece maior análise, para que se possa compreender a atual estrutura da execução civil e da defesa do executado no direito processual brasileiro.

28. Disposição transitória de 1832

O Código do Processo Criminal do Império, de 29 de novembro de 1832, continha título à parte, denominado "Título único – a disposição provisória acerca da administração da justiça civil", contendo vinte e sete artigos.

Como observa Lobo da Costa, "os preceitos de natureza processual estabelecidos na Disposição Provisória, que se destinam a substituir as disposições em contrário, constantes de leis, alvarás e decretos, que ficaram revogados pelo seu art. 27, constituem o marco inicial da nacionalização do processo civil"[297].

Consoante o disposto no art. 8º da Disposição Provisória, os juízes municipais eram competentes para processar todos os feitos até a sentença, assim como a execução de suas decisões. No entanto, o art. 13 faz a ressalva de que "nas grandes povoações onde a administração da Justiça Civil puder ocupar um ou mais magistrados, haverá um ou mais juízes do cível com exclusão dos juízes municipais, cuja jurisdição nessa parte fica cessando. A designação do distrito destes juízes será feita do mesmo modo que a divisão em comarcas".

Nesse período, nota-se que o legislador buscou transformar e simplificar o processo civil, despindo-o de atos e formalidade inúteis e de recursos excessivos, a fim de possibilitar uma distribuição da justiça célere, eficaz e menos dispendiosa. Pode-se citar, por exemplo, o art. 16 das disposições provisórias, que simplificou as cartas de sentença para execução.

Nessa linha, o art. 14 vedava a oposição de embargos antes da sentença, exceção feita àqueles "que nas causas sumárias servem de contestação". Após a sentença, conforme o entendimento de Pimenta Bueno, os embargos eram utilizados como meio para "reclamar contra qualquer nulidade"[298]. No seu entendimento, os embargos de nulidade podiam ser

297 **Breve notícia histórica**, p. 5. A Disposição Provisória acerca da administração da Justiça Civil está transcrita na obra citada (pp. 6-10).

298 **Apontamentos sobre as formalidades do processo civil**, p. 6.

indiretamente infringentes ao julgado, quando opostos nas execuções de sentença[299], como nos casos de impenhorabilidade[300].

No direito brasileiro anterior, de acordo com a regra contida nas Ordenações Filipinas, no Livro 3, título 87, § 4º, nos mesmos casos em que ao executado era permitido opor embargos à execução, era possível ao vencido apresentar embargos à sentença proferida no julgamento da apelação, quando em trânsito na Chancelaria.

29. Regulamento 737

No dia 25 de novembro de 1850, foi promulgado o Regulamento 737, contendo normas sobre o processo comercial. Tal diploma foi fruto de uma grande insatisfação quanto à administração da justiça, decorrente em grande parte de um processo tão detalhista e com tantos recursos[301]. A partir de então, o livro III das Ordenações Filipinas restringiu-se apenas às ações cíveis. Mas, após o decreto nº 763, de 19 de setembro de 1890, foi determinada a observância do Regulamento 737, com algumas exceções, no processo das causas cíveis. Portanto, o mencionado decreto acabou por estender as disposições daquele primeiro diploma ao processo civil em geral[302].

O Regulamento 737 proporcionou diversas vantagens, na medida em que eliminou em muitos casos a fase cognitiva e, consequentemente, a obrigação de existir uma sentença pré-estabelecida como pressuposto para o inicio da execução. Pacificou-se, à época, o entendimento de que a execução não podia ser regida pelo contraditório, sendo, portanto, uma atividade estatal[303].

No Regulamento nº 737 havia três espécies de execução: a execução de sentença, a assinação de dez dias (transportada das Ordenações Manoelinas, Liv. 33, tít. 81) e a ação executiva. Entretanto, execução propriamente dita somente era a de sentença, único título executivo previsto no Regulamento (art. 476).

299 Pimenta Bueno, **Apontamentos sobre as formalidades do processo civil**, p. 6. O autor observa que no juízo da execução não era possível se admitir a "renovação de questões findas" (**Apontamentos sobre as formalidades do processo civil**, p. 7).

300 Pimenta Bueno, **Apontamentos sobre as formalidades do processo civil**, p. 83.

301 Mendonça Lima, **Introdução aos recursos cíveis**, p. 30.

302 Assim, v. Lobo da Costa, **Breve notícia histórica**, pp. 1 e ss., e **Confissão e reconhecimento do pedido**, nº 24, pp. 53 e ss.

303 V. Dinamarco, **Execução Civil**, p.74

A ação executiva e a ação de assinação de dez dias não eram propriamente execução, pois havia um procedimento sumário de natureza cognitiva que culminava com um pronunciamento judicial.

A ação de assinação de dez dias estava prevista nos arts. 246 e ss. do Regulamento nº 737. Somente poderiam ajuizá-la aqueles que possuíssem escrituras públicas ou instrumentos que se lhes equiparassem, instrumentos de contratos comerciais, letras de câmbio ou similares, notas promissórias ou escritos de transações comerciais, conhecimentos de frete, apólices ou letras de seguro, faturas e contas de gêneros vendidos em grosso[304].

A ação executiva fundava-se em títulos executivos extrajudiciais consubstanciados em atos do comércio, como recebimentos de fretes de navios ou de fretes e aluguéis de transporte por água ou terra, ou despesas decorrentes de comissões de corretagem (art. 308, §§ 1º a 3º)[305]. O dispositivo legal mencionado teria sido o primeiro a conceder eficácia executiva a atos extrajudiciais no direito brasileiro, já que na legislação portuguesa anterior à Independência do Brasil não existiam títulos executivos extrajudiciais[306].

O procedimento que se iniciava com a ação executiva estabelecia que o devedor seria citado para pagar imediatamente quantia certa, sob pena de penhora (art. 310). Os embargos poderiam ser opostos no prazo de seis dias após ter sido acusada a citação (art. 311) e eram, verdadeiramente, uma contestação. Vale consignar que os embargos também poderiam ser opostos depois do ato de arrematação ou adjudicação, desde

304 LUIZ CARLOS DE AZEVEDO, **Da penhora**, p. 93. JOÃO MONTEIRO tratava a execução de sentença como ação decendiária: "e porque sentenças passadas em julgado têm força de escripturas publicas, pois são decretos judiciaes, também podem ellas abrir logar a esta acção sempre que da sentença nasça algum direito judicialmente exigível. E' esta nova relação de direito, originada da sentença, que pode ser exigida por meio da assignação de dez dias" (**Direitos das acções**, nº 85, p. 135).

305 Com um grande exagero, JOÃO MONTEIRO dizia que a ação executiva, ao permitir a penhora no caso de não-pagamento em 24 horas, era mais enérgica e rigorosa que a ação *per manus injectionem* dos romanos, pois esta dependia de processo anterior com sentença transitada em julgado, e que a ação *per pignoris capionem*, pois nunca protegia créditos privados, ou se protegia, era em pouquíssimas situações (**Direitos das acções**, nº 98, pp. 148-149). O autor citado observa que a ação executiva só tinha lugar nos casos em que a lei expressamente a admitisse (**Direitos das acções**, nº 98, pp. 148-149), contrariando assim a posição de JOAQUIM RAMALHO (**Praxe brasileira**, § 304, pp. 484-487).

306 V. DINAMARCO, **Execução civil**, nº 33, p. 73.

que antes de assinada a respectiva carta. Em relação às ações que versassem sobre direito reais, os embargos deveriam ser opostos no prazo de 10 (dez) dias assinados para a entrega da coisa, mas desde que seguro o juízo com dinheiro, ouro, prata, pedras preciosas ou títulos de crédito[307]. Havendo ou não embargos, a penhora seria julgada por sentença (art. 312)[308].

O executado sujeitava-se à penhora, que se efetuava de acordo com essa ordem de preferência: dinheiro, ouro, prata, pedras preciosas, títulos da dívida pública, móveis e semoventes, bens de raiz ou imóveis, direitos ou ações[309].

Eram impenhoráveis os fundos sociais, pelas dívidas particulares do sócio (art. 529, § 10, com expressa remissão ao art. 292 do CCom). A alegação de impenhorabilidade ou de qualquer outra irregularidade do ato de penhora poderia ser feita por meio de exceção[310]. No entanto, se o ato não fosse corrigido, caberia apelação. É o que depreende do art. 513[311]. Entretanto, como se verifica nos parágrafos 1º e 2º do art. 577, eram admitidos embargos que tivessem por finalidade desconstituir a penhora, se demonstrada alguma irregularidade.

---

307 Arts. 575 e 576 do Regulamento nº 737.

308 AFFONSO FRAGA explica a natureza excepcional dos embargos do executado, opostos somente na execução de sentença, da seguinte forma: "do mesmo modo que a medicina corre em auxílio do agonizante enquanto um sopro de vida anima sua desorganização desfalecida, assim também o direito vem em socorro do vencido, ministrando-lhe remédios, que bem manejados podem em certos casos, aliás excepcionais, assegurar-lhe a vitória ou pelo menos condições de paz mais *desoprimentes* e equânimes.
Esses remédios legais, facultados pelo direito, denominam-se embargos, palavra de origem incerta, talvez oriunda do antigo Celta, sinônimo de 'oposição, embaraço, impedimento' e que encontra o seu equivalente no vocábulo latino – 'impedimenta'".
"Os embargos, pois, em matéria exeqüenda, pode-se definir: 'os meios de defesa concedidos ao executado para modificar ou tolher os efeitos da sentença'" (**Theoria** e prática da execução das sentenças, nº 96, p. 262-3). Para AFFONSO FRAGA, essa definição engloba todos os embargos que podem ser opostos às execuções: de nulidade, modificativos ou infringentes, tenham ou não efeito suspensivo (v. **Theoria** e prática da execução das sentenças, p. 263, nota 465).

309 LUIZ CARLOS DE AZEVEDO, **Da penhora**, p. 90.

310 FRANCISCO DE PAULA BAPTISTA, **Compendio de theoria e pratica do processo civil comparado com o commercial e de hermeneutica jurídica**, §§ 199-200, pp. 155-157; JOAQUIM IGNÁCIO RAMALHO, **Praxe brasileira**, § 381, p. 647. A penhora feita nessas condições era considerada inválida (Reg. nº 737, art. 518).

311 RAMALHO, **Praxe brasileira**, § 378, p. 641.

Na execução de sentença, o Regulamento nº 737 prevê os embargos do executado nos arts. 575 a 595. Poderiam ser opostos à penhora, nos seis dias seguintes à sua realização, ou à arrematação, depois dela, mas antes da assinatura da carta de arrematação ou adjudicação (art. 575, §§ 1º e 2º)[312]. Francisco de Paula Baptista observa que fora dessas hipóteses, os embargos seriam recebidos em apartado, "se contivessem matéria digna de receber-se"[313].

A competência para conhecê-los era do juiz que tivesse conduzido originariamente o processo de conhecimento ("juiz da causa principal") e o consequente processo de execução (Reg. nº 737, art. 490, § 1º)[314].

A execução das sentenças ilíquidas e líquidas estava prevista nos arts. 503 e 504. No entanto, como é claro, a execução somente se realizava se fundada em sentença líquida ou liquidada, por procedimento incidental realizado antes da execução propriamente dita[315].

A amplitude da matéria deduzível nos embargos, prevista no Regulamento nº 737, era demasiada, pois tinha, no mais das vezes, natureza de recurso ou rescisória do julgado. Por meio dos embargos poder-se-ia alegar a infringência do julgado ou a nulidade do processo ou da sentença[316].

---

312 Francisco de Paula Baptista, **Compendio de theoria e pratica do processo civil comparado com o commercial e de hermeneutica jurídica**, § 211, p. 165.

313 **Compendio de theoria e pratica do processo civil comparado com o commercial e de hermeneutica jurídica**, § 211, p. 166.

314 João Monteiro, **Programma do curso de processo civil**, § 255, pp. 780-781, texto e nota 3; Affonso Fraga, **Theoria** e prática da execução das sentenças, nº 53, pp. 151-156.

315 Affonso Fraga, **Theoria** e prática da execução das sentenças, nº 33, pp. 94-96.

316 Para se constatar tal fato, basta conferir a redação do art. 577: "são admissíveis na execução, com suspensão dela, e propostos conjuntamente nos seis dias seguintes à penhora, os embargos:
§ 1º - De nulidade do processo e sentença com prova constante dos autos, ou oferecida incontinenti.
§ 2º - De nulidade e excesso da execução até a penhora.
§ 3º - De moratória (art. 903, Código).
§ 4º - De concordata (art. 852, Código).
§ 5º - De compensação (arts. 439 e 440, Código).
§ 6º - De declaração de quebra (art. 830, Código).
§ 7º - De pagamento, novação, transação e prescrição supervenientes depois da sentença, ou não alegados e decididos na causa principal.
§ 8º - Infringentes do julgado com prova incontinenti do prejuízo, sendo opostos:
Nº 1. Pelo menor e pessoas semelhantes, às quais compete restituição.

A suspensividade da execução proporcionada pela oposição de embargos está disciplinada nos arts. 577 e 578 do Regulamento em questão. Na verdade, os dispositivos mencionados não tratavam somente da suspensividade, mas, juntamente com os arts. 579, 580 e 581, da limitação objetiva dos embargos. Aqueles que não se enquadrassem nas situações previstas nos dispositivos legais mencionados corriam "em

Nº 2. Pelo revel.
Nº 3. Pelo executado, oferecendo documentos obtidos depois da sentença".
A Lei nº 2.033, de 1871, denominada reforma judiciária, diante da autorização constante do § 14 do seu art. 29, deu causa à consolidação das leis do processo civil, realizada pelo CONSELHEIRO ANTÔNIO JOAQUIM RIBAS por determinação do Governo Imperial (LOBO DA COSTA, **Breve notícia histórica**, p. 54; RIBAS, **Consolidação das leis do processo civil**, vol. 1, p. 1). Essa compilação das normas processuais em vigor foi aprovada por Resolução Imperial, de 28 de dezembro de 1876.
Na Consolidação Ribas, os embargos do executado estavam previstos no art. 1.339: "ao executado só se admitem os seguintes embargos:
§ 1º De nulidade (Ord., L. 3, t. 87, § 1º).
§ 2º Não infringentes do julgado, como os de (Ord., L. 3, t. 87, § 1º):
N. 1. Compensação.
N. 2. Pagamento.
N. 3. Novação.
N. 4. Transação.
N. 5. Prescrição.
N. 6. Retenção por benfeitorias.
N. 7. Falsa prova.
N. 8. Divisão.
N. 9. Concordata.
N. 10. Competência.
N. 11. Pacto de *non petendo*.
N. 12. Senatusconsulto Macedoniano (Ord., L. 4, t. 50, § 2º) – mútuo dos pais aos filhos, quando estes fazem dele 'usos deshonestos'. Nesses casos o empréstimo era considerado *viciado*.
N. 13. Senatusconsulto Veleiano (Ord., L. 4, t. 61 – *a mulher que faz fiança* etc.).
N. 14. Erros de conta.
§ 3º Infringentes do julgado nos seguintes casos (Ord., L. 3, t. 87, §§ 2º e 3º):
N. 1. De jurar o executado terem eles novamente vindo à sua notícia depois da sentença.
N. 2. De gozar o executado do benefício de restituição, como o menor, o demente e os que lhes são equiparados; o soldado e o lavrador rústico, (Ord., L. 3, t. 87, § 1º) quando estes litigam em lugar em que não há letrados, com quem se possam aconselhar.
N. 3. De ter o executado deixado correr a causa à revelia, por não ter sido citado em sua pessoa; ou por ter tido justo impedimento para vir a juízo por si, ou por seu procurador" (RIBAS, **Consolidação das leis do processo civil**, vol. 2, pp. 397-399).c

apartado, sem prejuízo da execução" (art. 582)[317]. Portanto, já se via a presença dos embargos à execução não suspensivos.

Os embargos não poderiam reiterar matéria já decidida no processo condenatório ou na execução (embargos de "matéria velha", de acordo com a feliz expressão de Affonso Fraga)[318].

O Regulamento 737 já admitia a execução provisória de apenas algumas sentenças de primeiro grau, tendo em vista que recurso de apelação ensejava efeitos somente devolutivo ou devolutivo e suspensivo (art. 652). Na verdade, a apelação somente era recebida no efeito devolutivo "nas causas sumárias, quando os autores forem apelados; nas de execução de sentenças, quando os exequentes forem apelados"[319]. As causas sumárias compreendiam: a) as causas fiscais; b) as de resíduos, em consonância também com o disposto nas Ordenações Filipinas (livro 1, t. 62, § 25; livro 73, §§ 1º-3º); c) as de assinação de dez dias, quando havia condenação, seguindo igualmente o constante das Ordenações Filipinas (livro 3, t. 25, §§ 1º-4º); d) as de depósito (OF, livro 3, t. 30, §§ 2º e 3º, e livro 4, t. 96, § 22, 6º); e) as de partilha (OF, livro 4, t. 96, § 22, 7º); f) as de alimentos futuros; g) as de despejo de casa (OF, livro 3, t. 30, § 3º); h) as de soldada ou salário; i) as executivas (com algumas exceções a seguir descritas); j) as de desapropriação por utilidade pública geral ou municipal.

Relativamente às causas de execução de sentenças, a apelação era recebida tão-só no efeito devolutivo se interposta contra sentenças de liquidação, de embargos à execução e de terceiro, apenas quando não recebidos[320].

Não obstante essa orientação, a prática mostrava que em muitos mais casos a apelação tinha também efeito suspensivo. Assim ocorria com a sentença nos embargos ao arresto, nas ações de despejo de terras, nas ações de obra nova, nas ações ordinárias, nos embargos à execução, nos embargos de terceiro, sendo julgados procedentes.

---

317 Celso Neves, **Comentários ao Código de Processo Civil**, nº 99, p. 236. Sob a égide do Regulamento nº 737, Joaquim Ramalho utiliza a classificação das Ordenações, dividindo os embargos em: a) ofensivos da coisa julgada; e b) modificativos ("ou que respeitam á execução e modo della") (*Praxe brasileira*, § 398, p. 669-70). Da mesma forma, João Monteiro, **Programma do curso de processo civil**, § 204, p. 615.

318 **Theoria** e prática da execução das sentenças, nº 103, pp. 292-294.

319 Moraes de Carvalho, **Praxe forense ou directório prático do processo civil brasileiro**, §§ 767-768, pp. 208-209.

320 V. Moraes de Carvalho, **Praxe forense ou directório prático do processo civil brasileiro**, notas 516 e 517, pp. 208-209.

À época, criticava-se o efeito meramente devolutivo, pois se entendia que todo o recurso deveria ter também o efeito suspensivo. No entanto, expressivo é o posicionamento de JOÃO MONTEIRO a favor da celeridade do processo: "o efeito meramente devolutivo dos recursos repugna com a razão natural de tais remédios, além de contravir ao princípio da economia, que deve informar as fórmulas processuais"[321].

A execução de sentença, esculpida pelo Regulamento 737 nos arts. 1.197 e 1.452, manteve fielmente a possibilidade já prevista nas Ordenações Filipinas da prisão do executado que retardasse dolosamente a execução por mais de três meses (art. 1.204), que alienasse ou ocultasse bens, impedindo o andamento da execução.

Quanto ao prazo prescricional, nota-se que o art. 1.207 estabeleceu para todas as execuções o prazo de 30 (trinta) anos.

30. Consolidação das Leis do Processo (Consolidação Ribas)

Apesar de ter vigorado por pouco tempo, a Consolidação Ribas teve inegável importância em relação ao processo civil. Compilada pelo Conselheiro Antônio Joaquim Ribas, a Consolidação das Leis do Processo (lei nº 2.033, de 20 de setembro de 1871) assim dispunha: "art. 1197. Para que as sentenças possam ser dadas à execução é necessário (...): § 2º. Que hajam passado em julgado, salvo as disposições do artigo seguinte". Por sua vez, o art. 1198 admitia a execução provisória em alguns casos. Diz o aludido dispositivo: "a sentença apelada, porém, pode ser provisoriamente executada nos seguintes casos: § 1º. Quando a apelação só tem o efeito devolutivo". No próprio texto da Consolidação Ribas estão indicadas as regras já mencionadas das Ordenações Filipinas, que indicam as hipóteses de apelação sem efeito suspensivo (L. 3º, t. 25, *princ.* e §§ 1º e 2º; t. 73, § 1º).

31. Códigos estaduais

Enquanto não eram editados os Códigos Estaduais, aplicava-se o Regulamento nº 737, observadas as determinações constantes do Decreto nº 763, de 19 de setembro de 1890.

321 **Curso de processo civil**, p. 94. Com entendimento no Código de Processo Civil de 1939, *cfr.* AFONSO FRAGA, **Instituições do processo civil do Brasil**, nº 495, p. 196; COSTA CARVALHO, **Curso teórico-prático de direito judiciário civil**, p. 226.

Os Códigos Estaduais somente começaram a ser aprovados a partir de 1905, apesar de estarem os Estados-membros da Federação expressamente autorizados para tanto desde a proclamação da República.

Com a publicação dos Códigos, passou a vigorar a regra segundo a qual o processo civil somente se executa com título, e a formação deste subordinava-se ao trânsito em julgado da sentença. Entretanto, em algumas situações permitia-se desde logo a execução provisória.

Com relação à sua forma, a execução era voluntária ou coercitiva. A primeira verifica-se quando, declarado o direito por sentença ou presumido tal pela lei, o devedor, espontaneamente, cumpria a obrigação. A segunda ocorria no caso de o devedor não cumprir voluntariamente o dispositivo da sentença, nascendo para o credor a faculdade de utilizar dos meios coercitivos estabelecidos pela lei para haver o seu crédito.

No tocante à natureza, a execução pode ser real ou pessoal. Na primeira hipótese a execução tem o escopo de coagir o devedor a entregar determinada coisa. Já na segunda hipótese, o escopo da execução é haver do devedor o adimplemento de obrigações acessórias da ação. Para Affonso Fraga, a execução, embora seja um complemento da ação, não tem, necessariamente, a mesma natureza desta. No seu sentir, algumas vezes a execução real não pode ser proposta em juízo quando a coisa que constitui o objeto da ação real pereceu ou desapareceu, no todo ou em parte, por ato imputável ou não ao devedor. Nessa situação, a obrigação de entregar resolve-se em perdas e danos, as quais só podem ser satisfeitas por meio de execução por quantia[322].

Quanto ao objeto, a execução poderia ser direta quando decorria diretamente da ação cognitiva. Por outro lado, a execução era indireta quando versava sobre título extrajudicial ou prestação não advinda de um processo judicial.

A sentença era executada de dois modos: pela ação *judicati* ou mediante processo de execução. A ação *judicati* é um instituto muito parecido com a carta de sentença, sendo, tal procedimento, utilizado como regra nesse período. A carta de sentença era o título extraído do processo e revestido de solenidades prescritas na lei[323]. Já o processo de execu-

322 Affonso Fraga, **Instituições do processo civil do Brasil**, p. 58.

323 Estas solenidades estavam esculpidas no art. 131 do Decreto nº 5737, de 2 de setembro de 1874.

ção dispensava a carta de sentença, sendo os atos executivos praticados de maneira autônoma[324].

O juiz competente para apreciar a execução era o mesmo que havia apreciado o processo na fase de conhecimento[325]. Quando a execução recaía sobre bem imóvel, cabia ao juízo deprecado apreciar a execução[326].

Como regra, cabia ao vencedor da ação condenatória propor a execução do seu título. Porém, excepcionalmente, a execução poderia ser proposta por aquele que não participou da ação condenatória, substituindo o vencedor da causa no polo ativo da execução. Essa excepcionalidade ocorria na sucessão a título singular ou universal, ou ainda na sub-rogação ou cessão dos direitos.

Já o polo passivo da relação jurídica processual poderia ser substituído pelos seus herdeiros[327], fiador, e por todos aqueles que detêm os bens em nome do vencido, como, por exemplo, o depositário e o inquilino[328].

No período em que vigoraram os Códigos Estaduais processuais, já não mais existia a prisão civil, nem como sanção pelo descumprimento do dever de lealdade, nem pela recusa de colaboração com a Justiça. Contudo, permaneceu o instituto da prisão civil do depositário infiel, dentre outros previstos não só nas regras processuais, mas, também, na codificação civil e comercial da época.

Até o ano de 1905, em conformidade com o Regulamento 737, art. 715, o advogado estava sujeito à prisão civil, caso não restituísse em três dias, após o mandado de cobrança, os autos retidos em seu poder.

No Código de São Paulo, a ação de assinação de dez dias passou a se chamar ação decendiária (art. 767), a qual também estava também prevista no Código da Bahia (art. 340), não obstante os demais Estados não a contemplarem.

Relativamente ao Código do Processo Civil e Comercial do Estado de São Paulo, o título executório continuou sendo a sentença de condenação (art. 939). A execução era feita nos mesmos autos do processo condenatório anterior (art. 954).

324 No art. 1.067 do Código da Bahia e no art. 954 do Código de São Paulo restou estabelecido que a execução se faria nos mesmos autos do processo condenatório, dispensando-se, consequentemente, a carta de sentença.

325 Art. 22, inciso III, do Código de São Paulo.

326 Art. 1.056 do Código da Bahia.

327 Ord. Filipinas, livro III, título 27, § 2º.

328 Pela óbvia razão de que tais bens são da parte condenada.

Os embargos não eram considerados ação autônoma e o juiz competente para recebê-los era o do processo de conhecimento, no qual se processava a execução (art. 22, III).

Os embargos do executado eram opostos no prazo de seis dias à realização da penhora[329] e à arrematação[330].

Seguindo orientação contida nas Ordenações do Reino de Portugal, em São Paulo não eram admitidos embargos com matéria idêntica àquela já alegada e julgada no processo anterior[331].

Todos os Códigos Estaduais relacionavam as matérias suscetíveis de serem deduzidas em sede de embargos. Em alguns Códigos Estaduais, as matérias que não estivessem previstas expressamente nas leis estaduais e tivessem sido alegadas pela via de embargos não tinham o condão de suspender a execução e eram autuadas em apartado[332]. Em outros Códigos, os embargos seriam liminarmente rejeitados se não fosse deduzida a matéria legalmente prevista[333]. O certo é que, uma vez recebidos os embargos relativos às matérias relacionadas na lei, a execução seria suspensa.

---

329 Cf. Reg. nº 737, art. 575, § 1º; Código da Bahia, art. 1.189; Código do Rio Grande do Sul, art. 96; Código do Maranhão, art. 932. Cf. Espinola, **Código do Processo da Bahia anotado**, vol. 2, p. 401, nota 1.087. Essa também era a determinação contida no Código de Minas Gerais (Lagoeiro, **Commentários ao Código de Processo Civil**, p. 424). Os embargos à penhora e à arrematação estavam previstos também no Código do Espírito Santo (art. 957), Distrito Federal (art. 1.084), Pernambuco (art. 1.388), Santa Catarina (art. 1.086) e Rio de Janeiro (art. 2.235).

330 No Código de São Paulo, como observa Antônio Luiz da Câmara Leal, os embargos à penhora eram aqueles que poderiam ser alegados na *primeira fase* (art. 1.055, I a IV). Já os embargos à arrematação somente poderiam ser alegados na *segunda fase*, ou seja, após a penhora e logo depois da arrematação ou adjudicação (art. 1.055, V e VI, e art. 1.056, III, IV e V, se os fatos fossem supervenientes à penhora). Em *segunda fase*, poderia o executado alegar também erro de conta, com fundamento no art. 1.055, VII (**Código de Processo Civil do Estado de São Paulo comentado**, vol. 5, comentário MCCCXLIV, p. 283 e 998-9). Cf., também, Jorge Americano, **Processo civil e commercial no direito brasileiro**, nº 177, p. 447-9. A menção expressa às *fases* consta do art. 1.057 do Código de São Paulo (cf., no mesmo sentido, art. 959 do Código do Espírito Santo; art. 1.394 do Código de Pernambuco; art. 1.810 do Código de Santa Catarina; e art. 1.401 do Código de Minas Gerais).

331 Affonso Dionysio Gama, **Manual do advogado**, vol. 7, nº 966, p. 260.

332 Lagoeiro, **Commentários ao Código de Processo Civil**, p. 425.

333 Antônio Luiz da Câmara Leal, **Código de Processo Civil do Estado de São Paulo comentado**, p. 307. Cf. art. 1.063 do Código de São Paulo, e art. 965 do Código do Espírito Santo.

Com a sentença de improcedência dos embargos, a execução prosseguia provisoriamente. No Código de São Paulo (art. 1.067) e no Código do Espírito Santo (art. 969), o exequente poderia levantar o produto da execução se oferecesse caução (o termo utilizado pelos dispositivos legais mencionados é *fiança*).

Influenciado pela Consolidação das Leis do Processo Civil, do Conselheiro Ribas, o Código de Processo Civil e Comercial do Estado de São Paulo (Lei nº 2.421, de 15 de janeiro de 1930), nos arts. 939 a 942, previa a execução provisória da sentença de forma semelhante ao diploma seguinte, o Código de Processo Civil de 1939[334]. O efeito suspensivo do recurso de apelação era previsto em todas as ações ordinárias quando o autor fosse apelante; nos demais casos, o efeito da interposição do recurso era meramente devolutivo (art. 1108).

Admitindo também a execução provisória, no Pará, o decreto nº 1380, de 22 de junho de 1905, sem a designação de Código, previa o efeito meramente devolutivo da apelação (arts. 1075 a 1077).

O Código de Processo da Bahia (lei nº 1.121, de 21 de agosto de 1915), do mesmo modo, ao admitir situações em que o recurso de apelação era recebido apenas no efeito devolutivo (art. 1268), permitia a execução provisória das sentenças de primeiro grau em algumas hipóteses (arts. 1270 e 1271).

O Código Judiciário do Rio de Janeiro (Lei nº 1.580, de 20 de janeiro de 1919) destacava-se por atribuir, como regra, o efeito meramente devolutivo à apelação, permitindo desde logo a execução provisória da sentença de primeiro grau (art. 2311, par. ún.). Os casos em que o recurso de apelação era recebido nos dois efeitos representavam exceção ao sistema (art. 2311).

Com a mesma orientação, o Código de Processo Civil e Comercial do Paraná (lei nº 915, de 23 de fevereiro de 1920) atribuía a regra geral do efeito meramente devolutivo ao recurso de apelação. A suspensividade constituía exceção prevista nas situações indicadas de forma expressa pela lei (art. 707).

Do mesmo modo, o Código de Processo Civil e Comercial do Distrito Federal (Guanabara), consubstanciado no decreto nº 16752, de 31 de dezembro de 1924, estabelecia a regra do efeito meramente devolutivo ao recurso de apelação, permitindo desde logo a execução provisória da sentença na maior parte dos casos (art. 1122).

---

334 Cfr. Câmara Leal, **Código de Processo Civil e Comercial do Estado de São Paulo**, pp. V/3 e ss.

Ao contrário, o Código de Processo Civil e Comercial do Rio Grande do Sul (Lei nº 65, de 16 de janeiro de 1908) não conhecia recurso sem efeito suspensivo. Não existia, portanto, o instituto da execução provisória.

Como facilmente se percebe, nos Códigos estaduais não havia uma disposição uniforme em torno dos efeitos dos recursos e da execução provisória.

Por último, em razão da existência de diversas regras, caso pairasse algum conflito ou omissão normativa, a solução deveria ser favorável ao executado, tendo em vista o paradigma social-jurídico desse período.[335]

32. Código de Processo Civil de 1939

O Código de Processo Civil de 1939 foi editado por força do Decreto-Lei nº 1608, de 18 de setembro de 1939, somente entrando em vigor no território nacional em 1º de março de 1940.

O processo civil, previsto diferentemente nos Estados membros em razão dos Códigos, foi então unificado num único diploma legal. Entretanto, como alguns Estados nem chegaram a editar seus respectivos códigos, neles o Regulamento nº 737 vigorou até 1940[336].

No Código de Processo Civil de 1939 estava prevista a execução de sentença e a ação executiva, restando definitivamente banida do ordenamento jurídico brasileiro a ação de assinação de dez dias. Tanto a execução de sentença como a ação executiva (títulos executivos extrajudiciais) tinham por pressuposto a existência de título executivo[337].

Em princípio, a competência para o processo executivo era do órgão judiciário que tivesse conduzido originariamente o processo de conhecimento. Por outro lado, a competência para a ação executiva obedecia às regras ordinárias[338].

Nesse diploma legal, a ação executiva era utilizada para créditos de algumas categorias profissionais, para créditos hipotecários, consubstanciados em escritura pública ou privada, cambiais *etc.* Consoante o disposto no art. 298, existiam dezoito categorias de títulos executivos extrajudiciais.

---

335 AFFONSO FRAGA, **Theoria** e Prática na Execução das Sentenças, pp. 53-55.

336 LOBO DA COSTA, **Breve notícia histórica**, pp. 66 e ss.

337 LIEBMAN, **Processo de execução**, nº 10, p. 25, e "Execução e ação executiva", pp. 33 e ss.; BUZAID, **Do concurso de credores no processo de execução**, p. 27.

338 DINAMARCO, **Execução Civil**, pp. 81 e 82.

O processo iniciava-se com a citação do executado para pagar no prazo de vinte e quatro horas, sob pena de penhora.

O executado tinha dez dias para contestar a demanda e com ela suspender o curso do processo.

Com a contestação, iniciava-se um procedimento ordinário, com cumprimento de todas as exigências legais a ele inerentes. O juiz decidia com sentença provisoriamente executiva[339]. A cognição era plena e exauriente a fim de que, por meio de provimento jurisdicional, o juiz verificasse a existência do crédito[340].

Com a sentença, a execução, que se iniciara com a penhora e fora suspensa com a instauração de verdadeiro processo cognitivo a partir da contestação do demandado, prosseguia[341].

Na verdade, havia nos autos do processo, que se iniciava com a ação executiva, um misto de conhecimento e execução.

No Código de Processo Civil, a execução pura e simples devia ser fundada em sentença condenatória (processo executório). A resistência do executado era feita não por mera contestação, como na ação executiva, mas mediante a oposição de embargos.

Com a ação executiva e o processo executório, o legislador de 1939 optou pelo sistema dualista, consagrando a ação executiva, fundada em títulos executivos extrajudiciais (art. 298), e o processo executório, fun-

---

339 LIEBMAN considerava a ação executiva do Código de Processo Civil de 1939 como verdadeira execução, apenas precedida por uma *fase declarativa* (**Processo de execução**, nº 10, pp. 24-5). Na verdade, a extinta ação executiva dava ensejo a um processo de natureza cognitiva seguido pelo processo de execução.

340 Por isso LIEBMAN afirmava que a ação executiva era execução condicionada à verificação da existência do crédito (**Processo de execução**, nº 10, pp. 24-28, esp. p. 28).

341 DINAMARCO observa que na vigência do Código de Processo Civil anterior firmou-se jurisprudência rígida no sentido de considerar indispensável a audiência de instrução e julgamento na *ação executiva*, mesmo naqueles casos em que, ausentes os embargos e inexistentes questões de fato a solucionar, fosse ela absolutamente desnecessária (**Execução civil**, nº 36, p. 77, nota 184). Tal fato vem a comprovar ainda mais a natureza cognitiva da vetusta *ação executiva*, pois mais se assemelhava a uma ação de cobrança pelo procedimento sumário do que a uma ação propriamente executiva. Essa posição é contrária à de LIEBMAN (**Processo de execução**, nº 10, pp. 24-28) e à de PABST (**Natureza jurídica dos embargos do devedor**, nº 3.1, p. 25) que veem na ação executiva a finalidade "predominantemente executória". Por esse prisma, a finalidade da ação ordinária, de natureza condenatória, é também *prevalentemente executiva*. O demandante pretende a tutela de uma determinada situação da vida, que em todos esses casos corresponde à satisfação.

dado em sentença condenatória (art. 882, I, e art. 290) ou em outros títulos judiciais previstos em dispositivos legais esparsos ao longo do Código (arts. 882, 153, § 2º, 900 a 902, 917, 510, 785, 794 c/c art. 15 da Lei de Introdução ao Código Civil, 1.041, 1.043, parágrafo único, 55 e 206 c/c art. 1.025 do CC)[342]. O sistema dualista encontra-se presente, nos dias de hoje, em vários países, principalmente na Espanha e nos países por ela colonizados. De certa forma, o Brasil, com o advento das Leis nº 11.232/05 e 11.382/06, retornou ao sistema dualista, procurando diferenciar claramente a execução fundada em título judicial da execução lastreada em título extrajudicial. Trata-se, portanto, de opção política de agilizar a execução em algumas situações específicas. Mas a opção não é exclusivamente política, já que se sabe que, em relação à execução de título judicial, há uma maior probabilidade de existência do direito afirmado pelo exequente.

No Código de Processo Civil de 1939, os embargos do executado encontravam-se disciplinados no Livro VIII (Da execução), título VI (Dos incidentes da execução), capítulo I (Da defesa do executado), mais precisamente nos arts. 1.008 a 1.016 do Código de Processo Civil de 1939. Não eram admitidos sem que o juízo *estivesse seguro* pela "penhora ou depósito da coisa, objeto de condenação ou de seu equivalente" (art. 1.008). Depois da realização do ato constritivo, tinha o executado o prazo de cinco dias após a citação para opor embargos (art. 1.009, I). Oferecidos os embargos, ordinariamente, a execução era suspensa (art. 1.010) e os autos eram conclusos ao juiz, que designava audiência de instrução e julgamento (art. 1.016).

Com os embargos, "o executado não se *defende*, antes *ataca*, procurando inutilizar a eficácia do título executório e mais remotamente até a autoridade da coisa julgada. O juiz, no entanto, não julga a execução, mas sim os embargos, o que significa que só através dessa *ação* do executado é que pode surgir uma questão de mérito, fundada nos motivos expressos no art. 1.010 do Código"[343].

Por se tratar de obra legislativa muito mais técnica que os Diplomas Estaduais, o Código de 1939 separou definitivamente os embargos como recurso dos embargos opostos à execução, meio de defesa do executado.

342 Dinamarco, **Execução civil**, nº 36, p. 77.

343 Buzaid, **Do concurso de credores no processo de execução**, p. 27. No trecho transcrito o autor cita Amílcar de Castro (**Comentários ao Código de Processo Civil**, vol. 10, p. 378) e seu livro sobre o extinto agravo de petição (**Do agravo de petição no sistema do Código de Processo Civil**, nº 53, p. 135).

Assim, a única hipótese dos embargos à execução infringentes ao julgado, prevista no Código de 1939 (art. 1.010, I) e que até hoje permanece, é aquela relacionada com a nulidade de citação (CPC, art. 741, I). Nessas circunstâncias, em razão desse grave vício, os embargos à execução acabam por atingir o processo de conhecimento anterior ao desconstituir o título executivo judicial.

A impenhorabilidade de determinados bens permaneceu no Código de Processo Civil de 1939 (arts. 942 e 943 – impenhorabilidade absoluta e relativa respectivamente), podendo ser alegada nos próprios autos do processo de execução ou nos embargos do executado, em razão da nulidade do ato de constrição realizado sobre esses bens (art. 1.010, III).

Os embargos do executado somente eram opostos incidentalmente à execução fundada em título executivo judicial. As hipóteses de cabimento dos embargos constantes nos arts. 1.010 e 1.013 apresentam grande similitude àquelas previstas nos arts. 741 e 743 do Código de Processo Civil de 1973, na sua redação original (após a Lei nº 11.232/05 e a Lei nº 11.382/06, merecem destaque os arts. 475-L, 741 e 745).

O Código de Processo Civil de 1939 não admitia a execução sem título definitivo, mas já previa de forma expressa o instituto da execução provisória, admitida em casos excepcionais, previstos de forma clara pela lei. Assim, o art. 830 previa o rol excepcional em que a apelação era recebida apenas no efeito devolutivo[344]. O momento que fazia surgir a eficácia executiva provisória era o recebimento do recurso de apelação pelo juiz *a quo* (CPC arts. 826 e 882, II).

Por sua vez, o art. 882 do Código de Processo Civil de 1939 estabelecia: "serão exequíveis as sentenças: I - quando transitadas em julgado; II - quando recebido o recurso no efeito somente devolutivo". Sobre a apelação, o art. 829 determinava: "serão devolutivos e suspensivos, ou somente devolutivos, os efeitos da apelação. Recebida a apelação no efeito somente devolutivo, o apelado poderá promover, desde logo,

344 Confundindo a *certeza* do processo de conhecimento com aquela da execução civil, afirmava AMÍLCAR DE CASTRO nos comentários ao Código de Processo Civil de 1939: "em regra, as sentenças são exeqüíveis quando transitadas em julgado porque só então terão adquirido a imutabilidade garantidora da certeza do título executivo" (**Comentários ao Código de Processo Civil**, p. X/17).
PONTES DE MIRANDA defendia a existência de outras situações em que a apelação deveria ser recebida no efeito meramente devolutivo em razão da própria índole das ações. Estariam enquadradas nessa categoria (a) as medidas preventivas (medidas cautelares), (b) o atentado e (c) a interdição (v. **Comentários ao Código de Processo Civil** (de 1939), p. XI/pp. 173, 199 e ss.).

a execução provisória da sentença, que correrá em autos suplementares". Especificamente a respeito do recurso extraordinário, o § 1º do art. 808 dispunha: "o recurso extraordinário e a revista não suspendem a execução".

O art. 883 do aludido diploma, ao dispor sobre a execução provisória, previa:

> "A execução provisória da sentença obedecerá aos princípios seguintes:
> I - a execução provisória ficará sem efeito, desde que sobrevenha sentença pela qual se modifique ou anule a que constituir objeto da execução;
> II - a reparação de danos que, em consequência da execução, sofrer o executado se reclamará e liquidará nos próprios autos da ação;
> III - a execução provisória não abrangerá os atos que importem alienação de domínio, nem autorizará, sem caução idônea, o levantamento de depósito em dinheiro".

Sobre o modo de ser da execução provisória, o art. 890 previa: "se o recurso não tiver efeito suspensivo, a execução instaurar-se-á nos autos suplementares, e, não os havendo, por meio da carta de sentença extraída dos autos pelo escrivão e assinada pelo juiz".

Como se depreende pela redação constante do art. 883, III, a execução provisória prevista no Código de Processo Civil era incompleta ou truncada, já que não permitia atos de alienação de domínio, tendo muito mais um escopo acautelatório[345].

No entanto, parte da doutrina diferenciava a execução de sentença enquanto pendente apelação da execução de sentença (*rectius*: do acórdão) na pendência do recurso extraordinário. Nestes casos, considerava-se a execução definitiva, com a possibilidade de alienação de bens e satisfação do exequente[346]. Essa posição veio a ser confirmada pela Súmula 228 do

---

345 Esse também era o entendimento de DINAMARCO: "a execução provisória por quantia certa, como é regulada pelo Código de Processo Civil, praticamente pouco mais efeito tem do que uma medida cautelar: especifica a responsabilidade do bem penhorado para a satisfação do direito do credor diante de uma sentença condenatória que, se bem não imutável, representa notável probabilidade da existência desse direito (*fumus boni iuris*)" ("Execução provisória", nº 7, pp. 24-25).

346 Na vigência do Código de Processo Civil de 1939, sustentavam a execução definitiva da sentença (*rectius*: do acórdão) na pendência de recurso extraordinário: JOSÉ FREDERICO MARQUES, **Instituições de direito processual civil**, nº 1114, p. V/87; AMÍLCAR DE CASTRO, **Comentários ao Código de Processo Civil**, nº 11, p. X/34; Sérgio BERMUDES, **Curso de direito processual civil (recursos)**, nº 94, p. 168. Com entendimento diverso, sustentando a execução provisória: LIEBMAN, **Processo de execução**, nº 30, pp. 74-76; JORGE AMERICANO (**Código de Proces-

Supremo Tribunal Federal que sustentava a definitividade da execução, quando pendente recurso extraordinário. Os principais argumentos que fundamentaram a aludida Súmula podem ser assim sintetizados[347]:

> a) Somente a execução de sentença de primeiro grau é provisória, se pendente apelação recebida apenas no efeito devolutivo (art. 829) e desde que o caso concreto se insira em uma das hipóteses do art. 830. A execução de decisão sujeita apenas a recurso extraordinário ou revista é definitiva e não provisória e a ela não se estendem os princípios enunciados no art. 883. Na sistemática do Código de Processo Civil de 1939, os recursos admitidos em lei se distinguem em ordinários e extraordinários (recurso extraordinário e revista). Os meios de impugnação extraordinários não suspendem a execução, que é definitiva e acha-se regulada pelo inc. I do art. 882. Portanto, é somente provisória a execução de sentença sujeita a recurso ordinário, que em regra tem efeito suspensivo, sendo excepcional quando a lei nega tal efeito. A norma especial do art. 883 refere-se apenas às situações constantes do inc. II do art. 882;
> b) A probabilidade de reforma é bem menor em se tratando de decisão impugnada pela via excepcional dos recursos de revista e extraordinário[348];
> c) Diante das limitações contidas no art. 883, III, do Código de Processo Civil, a interposição de recurso extraordinário pode acarretar danos incalculáveis para o recorrido, em virtude de sua lenta tramitação, consequência imediata do volume elevado de feitos[349].

Na verdade, a execução era provisória, pois ainda não ocorrido o trânsito em julgado da decisão exequenda em razão da pendência de um recurso. Além disso, os atos executivos se realizavam a risco e perigo do exequente; a diferença é que na pendência de recurso extraordinário não se exigia caução[350]. Como se percebe, a polêmica surgiu em função

so Civil, p. IV/47; COSTA CARVALHO (**Curso teórico-prático de direito judiciário civil**, p. IV/35); PONTES DE MIRANDA (**Comentários ao Código de Processo Civil** (de 1939), p. XI/35 e pp. XIII/47 e ss.); ALFREDO BUZAID (**Da ação renovatória**, nº 296-297, p. 431); LUIS EULÁLIO DE BUENO VIDIGAL ("Execução de sentença na pendência de recurso de revista e extraordinário", p. 124); CELSO NEVES (**Contribuição ao estudo da coisa julgada civil**, pp. 454 e ss.); DINAMARCO, "Execução provisória", nº 8, pp. 26-28.

347 *Cfr.* LIEBMAN, **Processo de execução**, nº 30, pp. 73-76.

348 V. FREDERICO MARQUES, **Instituições de direito processual civil**, p. V/86.

349 *Cfr.* FREDERICO MARQUES, **Instituições de direito processual civil**, pp. V/86-87.

350 Nesse sentido, LOPES DA COSTA, **Direito processual civil brasileiro**, nº 92, p. IV/87. Segundo esse autor, três são os princípios da execução provisória: a) da restituição ao estado anterior; b) da responsabilidade do exequente; c) da caução (*op. cit.*, nº 93, pp. 89-90).

de não ser aplicada aos casos de recurso extraordinário interposto a regra da execução provisória incompleta ou truncada, de acordo com a qual não são autorizados os atos de alienação de domínio, nem é permitido, sem caução idônea, o levantamento de depósito em dinheiro (v. CPC de 1973, art. 588, II; CPC de 1939, art. 883, III). Segundo o Supremo Tribunal Federal, aplicava-se o art. 808, § 1º, do Código de Processo Civil, que negava a provisoriedade da execução enquanto pendente de apreciação o recurso extraordinário. Para Frederico Marques, nesses casos não haveria propriamente uma execução provisória, mas uma "execução quase definitiva"[351]. No entanto, como se sabe, a execução provisória não se diferencia pela extensão dos atos executivos, mas por não ter o título o atributo da definitividade.

Mais tarde, na vigência do Código de Processo Civil seguinte, a aludida Súmula foi revogada, ficando então consolidado o entendimento segundo o qual é provisória a execução enquanto pendente o recurso extraordinário.

32. Código de Processo Civil de 1973 antes das reformas

O Código de Processo Civil de 1973 foi editado por meio da Lei nº 5.869, de 11 de janeiro de 1973, somente entrando em vigor no território nacional em 1º de março de 1974. É notório o fato de que o atual código foi absolutamente influenciado por LIEBMAN, uma vez que seu projeto foi elaborado por seu aluno ALFREDO BUZAID.

A codificação de 1973 tratou o processo de execução de forma diferenciada em relação aos códigos anteriores, na medida em que unificou os procedimentos executórios, independentemente da natureza judicial ou extrajudicial. Ou seja, a mais significativa alteração à execução forçada foi a equiparação dos títulos extrajudiciais aos judiciais.

No início, o atual Código de Processo Civil teve como primeira bravura a eliminação da ação executiva, permitindo com que todos os títulos executivos fossem processados mediante uma execução pura, sem intromissão de atos cognitivos de mérito. Na realidade, não havia necessidade de discussão acerca da existência do direito no processo executivo e exatamente por isso, a partir de então, o legislador pátrio entendeu por bem equiparar os títulos executivos. Entretanto, deixou aberta a

351 V., mais uma vez, FREDERICO MARQUES, **Instituições de direito processual civil**, p. V/89.

possibilidade de eventualmente o executado opor embargos, sendo-lhe permitida a ampla discussão sobre os fatos quando a execução estivesse fundada em título extrajudicial (CPC, art. 745).

Assim, acabou por prevalecer na lei processual em vigor o sistema unitário, em que títulos judiciais e extrajudiciais relacionados na lei são dotados de executividade. Contudo, em relação aos títulos extrajudiciais, nota-se que seu rol foi reduzido, tendo em vista o disposto no art. 585.

Ainda antes da reforma do Código de Processo Civil de 1973, vislumbra-se no seu conteúdo um escopo de coibir as condutas fraudulentas e desonestas, principalmente aos atos atentatórios à dignidade da justiça (arts. 600 e 601).

Nesse período, os embargos do executado ou à execução encontram-se previstos nos arts. 736 a 747, sob a designação de embargos do devedor[352]. Os embargos, uma vez recebidos, tinham o efeito típico de suspender a execução. A suspensão dos embargos à execução decorria de expressa disposição legal e não de pronunciamento do juiz (suspensão *ope legis*). Somente com as Leis nº 11.232/05 e 11.382/06 é que as defesas do executado (impugnação na execução de título judicial e embargos na execução de título extrajudicial) passaram a suspender a execução por meio de decisão fundamentada do juiz e desde que presentes certos pressupostos legais.

No ordenamento jurídico brasileiro, os *embargos à execução* ou *embargos do executado* constituem ação cujo exercício, incidental ao processo de execução, resulta em um processo de natureza cognitiva que tem por escopo uma providência de mérito.

No que concerne à execução provisória, o Código de Processo Civil de 1973, na sua redação original, ou seja, antes das reformas legislativas que se seguiram, tem a mesma orientação do diploma anterior, admitindo apenas excepcionalmente a execução provisória. A influência do Código de 1939 fez-se sentir, bastando conferir a redação do art. 588:

> "A execução provisória da sentença far-se-á do mesmo modo que a definitiva, observados os seguintes princípios:

352 A expressão "embargos do devedor" merece ser criticada, pois a expressão "devedor" diz respeito à relação jurídica de direito material. Com a defesa do executado, a execução pode se revelar injusta e simplesmente não haver débito e portanto, devedor. Na presente obra serão designados ora por "embargos à execução", ora por "embargos do executado", expressões tecnicamente corretas.

> I - corre por conta e responsabilidade do credor, que prestará caução, obrigando-se a reparar os danos causados ao devedor;
>
> II - não abrange os atos que importem alienação do domínio, nem permite, sem caução idônea, o levantamento do depósito em dinheiro;
>
> III - fica sem efeito, sobrevindo sentença que modifique ou anule a que foi objeto da execução, restituindo-se as coisas no estado anterior".

Nos dois Códigos de Processo Civil, de 1939 e de 1973, para a execução provisória exige-se necessariamente a prestação de caução com a finalidade de possibilitar eventual reparação de danos provocados ao executado. A exigência de caução é renovada pelos dois diplomas ao estabelecerem sua prestação para o levantamento de depósito em dinheiro. Além disso, somente em situações excepcionais é admitida a execução provisória da sentença, prevalecendo a regra da suspensividade do recurso de apelação (art. 520). Do mesmo modo, nos dois diplomas, a execução provisória não permite a realização de atos que importem transferência patrimonial, tornando o instituto da execução provisória muitas vezes inútil, com um caráter meramente acautelatório.

34. Reformas do Código de 1973

Diversas reformas legislativas mudaram o conteúdo do Código de Processo Civil de 1973, a fim de dar-lhe uma feição que correspondesse aos anseios da sociedade brasileira contemporânea. Isso fez com que esse Código ficasse completamente desestruturado por força de alterações legislativas esparsas, feitas muitas vezes às pressas, sem preocupação com o todo.

As reformas legislativas melhoraram o processo civil, respondendo, até certo ponto, o desejo da sociedade de conferir maior celeridade e efetividade ao processo civil.

Em relação à execução civil, a execução forçada passou a dispensar a fase de liquidação quando o *quantum debeatur* estabelecido na sentença depende exclusivamente de cálculo aritmético (art. 604 e 614 do CPC/73).

É direito do credor o acesso à execução especifica, nos casos de obrigação de fazer e de entregar coisa (arts. 461 e 461-A do CPC/73).

Disciplinou-se o instituto da antecipação de tutela, no processo de conhecimento (arts. 273 e 461, §3, do CPC), que autoriza a execução provisória de decisões interlocutórias.

Criou-se uma modalidade mais prática para formação do título executivo judicial, conhecida como processo monitório (art. 1.102, alíneas "a" a "c", do CPC), semelhante à ação decendiária ou ação de assinação de dez dias (v. direito português, supra).

Ampliou-se o conceito de título executivo extrajudicial, a fim de abarcar, inclusive, o documento particular firmado pelo devedor e por duas testemunhas (arts. 585, inciso II, e 586 do CPC).

Liquidação por arbitramento e artigos e execução de título judicial realizam-se por meio de simples fase. O processo de conhecimento torna-se sincrético e tem por objetivo propiciar a satisfação do titular do direito.

As defesas do executado passam a ser a impugnação, em relação aos títulos judiciais, e os embargos, em relação aos títulos extrajudiciais.

Impugnação e embargos à execução não têm efeito suspensivo em relação à execução. A suspensão depende de pronunciamento do juiz por meio de decisão fundamentada e desde que presentes certos pressupostos.

Não obstante as mudanças trazidas pelas leis acima expostas, a incessante busca pela celeridade e efetividade das tramitações dos préstimos jurisdicionais e ao combate da fraude fez com que o Instituto Brasileiro de Direito Processual elaborasse vários projetos que ulteriormente se tornaram leis. Merecem especial destaque o esforço e a liderança de SÁLVIO DE FIGUEIREDO TEIXEIRA, ATHOS GUSMÃO CARNEIRO e ADA PELLEGRINI GRINOVER.

Em matéria de execução, tiveram destaque as Leis nº 10.444, de 7 de maio de 2002, 11.232, de 22 de dezembro de 2005, e as Leis nº 11.280, 11.276, 11.277 e 11.382 de 2006.

Atualmente, o processo perde as feições idealizadas por LIEBMAN, fundindo a fase de cognição, liquidação e execução, num único processo sincrético. Com a criação do instituto do "cumprimento de sentença", previsto no livro I, título VIII, capitulo X, do Código de Processo Civil, os títulos executivos judiciais tiveram seu procedimento autônomo eliminado, uma vez que a exigibilidade das sentenças passou a decorrer do próprio processo cognitivo de natureza condenatória.

Por conseguinte, o rol dos títulos executivos judiciais previstos no art. 584 do Código de Processo Civil foi derrogado ao ser incorporado ao art. 475-N do mesmo diploma legal.

A fim de se evitar a procrastinação, o manejo dos embargos à execução deixou de existir no processo sincrético, sob o fundamento de que já há uma fase cognitiva ampla para constituição da sentença. Contudo, em respeito ao princípio do contraditório, o legislador inseriu no ordenamento jurídico brasileiro o instituto da impugnação, que abre ao executado a possibilidade de resistir à pretensão do exequente durante a fase do cumprimento de sentença (art. 475-L).

Com essas últimas reformas, o processo de execução, com fonte de ação autônoma, restringe-se apenas aos títulos extrajudiciais. No entanto, importa frisar que as sentenças condenatórias contra a Fazenda Pública e o devedor de alimentos continuam sujeitas à execução em ação separada daquela em que o julgado ocorreu.

A partir de 23 de dezembro de 2005, a Lei nº 11.232 deu novo formato ao artigo 475 do Código de Processo Civil, e ao lado dos arts. 461 e 461-A, permitiu maior celeridade ao cumprimento das obrigações de pagar quantia certa, obrigações de fazer e de dar.

A Lei nº 11.382/06 criou, também, o art. 615-A que regula a possibilidade de o exequente, no ato da distribuição, obter certidão que comprove o ajuizamento da execução, com identificação das partes e do valor da causa, a fim de averbar junto ao registro de imóveis, veículos ou outros bens sujeitos à penhora.

No que concerne aos prazos, o art. 652 dispõe que o devedor passa a ter três dias para efetuar o pagamento da dívida quando a ação versar sobre títulos extrajudiciais e quinze dias quando a ação versar sobre títulos judiciais.

A ordem de preferência de bens para a penhora também sofreu alteração em decorrência da publicação da Lei nº 11.382/06. Criou-se, ainda, o art. 655-A, que prevê a penhora de dinheiro em depósito ou aplicação financeira por meio eletrônico.

Uma das mais revolucionárias modificações que a Lei nº 11.382/06 traz é a possibilidade de substituição do sistema de arrematação, previsto no art. 686 e seguintes do Código de Processo Civil, por um procedimento via *internet* de alienação judicial. A propósito, prevê o art. 689-A que será admitida a utilização de paginais virtuais, criadas pelos Tribunais ou por entidades públicas ou privadas, em sistemático de convenio.

Quanto aos embargos, o legislador foi inovador, alterando o prazo para 15 dias, contados a partir da juntada aos autos do mandado de citação (art. 738, Código de Processo Civil).

Inovadora a previsão do art. 745-A, o qual estabelece a possibilidade de o executado parcelar o débito, desde que reconhecido o crédito do exequente no prazo para embargos. Note, contudo, que o reconhecimento do crédito equivale a um reconhecimento jurídico do pedido e impede futura apresentação de defesa por parte do executado, a não ser que haja alguma circunstância superveniente a tal reconhecimento.

Assim, atualmente, a execução é, sobretudo, um instrumento de realização efetiva dos direitos subjetivos violados ou ameaçados.

Em suma, a execução é voltada para o designo da efetividade justa, tendo como novo paradigma a satisfação da obrigação. Entretanto, o processo está muito distante da meta objetivada pelas reformas processuais, pois o resultado eficiente da prestação jurisdicional não depende apenas de leis, mas de um melhor aprimoramento da estrutura do Poder Judiciário. A informatização e a melhor capacitação dos funcionários são essenciais para a boa administração da justiça. Reconhece-se o esforço legislativo e o acerto, mesmo que não definitivo e não obstante as falhas conceituais presentes, da orientação imprimida à evolução do direito processual brasileiro pelas recentes alterações. No entanto, muito há de ser feito, principalmente no que concerne à uniformização das leis processuais e à estrutura de todo o aparato judicial.

35. Código de Processo Civil de 2015 e o futuro da execução civil (o movimento de desjudicialização)

Dentro desse contexto de necessidade de uniformização da legislação processual após as diversas reformas das décadas de 1990 e 2000, foi editado o Código de Processo Civil de 2015 (Lei nº 13.105/2015). No que se refere ao processo de execução, além de consolidar as alterações legislativas, o Código de 2015 também introduziu significativas inovações a fim de tornar esse processo ainda mais célere e eficaz.

Cite-se, inicialmente, a previsão do art. 4º do Código, que inclui a atividade destinada à satisfação da obrigação como integrante do direito à razoável duração do processo. Para que isso ocorra, ou seja, para que a satisfação ocorra dentro de um prazo razoável, por um lado, atribuiu-se maiores poderes ao julgador, que pode se valer de medidas atípicas de coerção indireta inclusive nos casos em que o objeto da pretensão executiva for uma obrigação de pagar quantia (CPC, art. 139, inc. IV). Destaque-se, ademais, a possibilidade de o nome do executado ser incluído em cadastro de inadimplentes e de o título executivo judicial ser levado a protesto, medidas que também visam a estimular a satisfação da obrigação.

Mas o Código de 2015 não se limita a isso, ou seja, ele não adota uma orientação exclusiva de aumento dos poderes do julgador. Em atenção ao princípio da colaboração e do diálogo entre os sujeitos processuais que o informa e em respeito à autonomia da vontade das partes, não se pode desconsiderar que a atividade desenvolvida na execução nos dias de hoje também pode ser moldada pelas partes segundo específicos negócios jurídicos processuais.

O art. 190 do CPC de 2015 estabelece uma cláusula geral de atipicidade dos negócios jurídicos, de modo a conferir às partes, em processos que admitam autocomposição, a possibilidade de estipular mudanças no procedimento a partir de convenções sobre seus ônus, poderes, faculdades e deveres processuais. Isso significa que, antes mesmo da instauração de um litígio, as partes podem disciplinar entre elas como se desenvolverá eventual processo de execução ou fase de execução, com a definição, por exemplo, dos bens passíveis de constrição ou dos sujeitos que podem ser responsabilizados patrimonialmente. Em casos assim, a execução tende a ser mais eficaz justamente por ter origem em convenções das partes que adaptaram sua disciplina segundo suas expectativas e de acordo com as particularidades da relação estabelecidas entre elas.

Com relação ao executado, destaque-se que o Código de Processo Civil de 2015 também prevê novos institutos que visam à tutela de seus interesses. Ressalte-se, por exemplo, a equiparação da fiança e do seguro garantia judicial ao dinheiro para fins de substituição da penhora, de modo a conferir ao executado a oportunidade de indicar bens para satisfação da execução sem que ele seja excessivamente onerado. Além disso, destaque-se, também, a previsão de um incidente próprio para desconsideração da personalidade jurídica, de modo que um terceiro não seja patrimonialmente responsabilizado, sem a instauração de um contraditório prévio a respeito. Mais recentemente, em prol da tutela do executado, vale citar também as recentes mudanças promovidas pela Lei nº 14.195/2021, em especial a previsão da extinção da execução em decorrência da prescrição intercorrente, evitando-se, assim, que o executado figure indefinidamente nessa condição.

Em se tratando do processo de execução, contudo, as principais inovações não se limitam ao Código de Processo Civil. Algumas das mudanças mais paradigmáticas que visam a tornar esse processo mais efetivo ocorrem em paralelo a ele. Cite-se, por exemplo, a tendência de desjudicialização da execução civil, que já é uma realidade em países europeus e agora se avizinha do Brasil. Nesse sentido, merece destaque, por exemplo, o PL 6.204/19, de autoria da Senadora Soraya Thronicke. O objetivo desse Projeto é agilizar o trâmite dos processos de execução por meio da atribuição ao agente de execução, como é entendido o tabelião de protesto, segundo o art. 3º do PL, de poderes para adoção de medidas executivas, como por exemplo, a citação do executado, a penhora e avaliação dos bens e o pagamento do exequente, nos termos do art. 4º desse Projeto. Pode-se afirmar que esse caminho rumo à desjudicialização da execução é irreversível, especialmente diante da superlotação de processos no Poder Judiciário. Melhor seria que se criasse um verdadeiro sistema multiportas para que a execução não se desenvolvesse apenas nos cartórios de protesto tal como no projeto de lei mencionado, mas também perante o juiz estatal ou mesmo nos cartórios de registros de imóveis, tal como já ocorre com a execução extrajudicial estabelecida na Lei de Alienação Fiduciária de Bens Imóveis (Lei nº 9.514/1997).

Outra tendência irreversível a que estará sujeito o processo de execução e os processos judiciais em geral, é a utilização e influência das novas tecnologias que são úteis ao cumprimento dos escopos da jurisdição. Atualmente, a tecnologia já é uma ferramenta imprescindível ao processo de execução, especialmente para a pesquisa e bloqueio de bens em nome do executado em instituições financeiras e outros órgãos de regulação que reúnem informações a respeito do patrimônio do executado. Na medida em que houver maior consolidação e coordenação de dados entre esses órgãos, maior será o destaque e a importância das tecnologias já existentes e de outras que por ventura venham a ser desenvolvidas, ante a sua capacidade de processamento de informações em um curto espaço de tempo, o que tanto pode facilitar a localização de bens, quanto a identificação de atos do executado tendentes a frustrar a execução.

A FAVOR DO CONTRA

Renato Resende Beneduzi

SUMÁRIO: 1. Introdução. **2.** Ação *contra* o Estado. **3.** *Contra* e *em face de* no uso forense. **4.** Quando o *contra* é *contra* mesmo. **5.** Da ação à tutela: tutela se pede *contra* o réu, não *em face* dele. **6.** Uma nota de direito comparado. **7.** Conclusão: uma homenagem a Sergio Bermudes. **8.** Bibliografia

1. Introdução

Em 1992, Sergio Bermudes escreveu para a Revista de Processo um famoso artigo intitulado *"A favor do Contra"*[1-2]. Nele, Sergio criticava o uso cada vez mais frequente no Brasil da locução prepositiva *em face de* – em substituição do tradicional *contra* – quando se queria aludir ao exercício do direito de ação em relação ao Estado. *"Exagero e preciosismo"*[3], segundo ele, causados por uma *"certa mania de ser exato"*[4].

Não, obviamente, que Sergio não reconhecesse que *"segundo a concepção dominante, a ação, direito à prestação jurisdicional, se exerce contra o Estado, devedor desta"*[5], de modo que ela *"não tem por devedor o réu, obviamente sem condições de outorgar a proteção demandada"*[6]. Ocorre que, segundo explica ele, "*esse empenho de esclarecer, demasiadamente, as coisas só faz confundi-las e baralhá-las aos olhos do homem comum, destinatário da administração da justiça, que entende, perfeitamente, até por atavismo, que uma ação haja sido proposta contra ele, mas queda perplexo e nervoso, quando ouve dizer que uma ação foi proposta em face dele"*[7].

Recordando que o planeta terra não é exatamente redondo, ao con-

1 *Bermudes*, A Favor do contra, Revista de Processo 65 (1992), pp. 219-223.

2 Este artigo viria a ser incluído, com apenas algumas modificações, no primeiro volume da coletânea de seus estudos e pareceres publicado em 1994, agora com o título "Ação contra o réu, ou em face dele?: a favor do contra" (*Bermudes*, Ação contra o réu, ou em face dele?: a favor do contra, in: *Bermudes*, Direito processual civil: estudos e pareceres, 2ª série (1994), pp. 171-177).

3 *Bermudes*, A Favor do contra, Revista de Processo 65 (1992), pp. 219-223.

4 *Bermudes*, ibidem, p. 219.

5 *Bermudes*, ibidem, p. 219.

6 *Bermudes*, ibidem, p. 220.

7 *Bermudes*, ibidem, p. 220.

trário do que comumente se diz[8], conclui assim Sergio que *"não há motivos de ordem lógica, ou jurídica, para o culto da expressão em face de, incompatível com a tradição e o claro entendimento do alcance da iniciativa do autor, que vai a juízo contra o réu, que quer submeter à sua pretensão. É importante, sem dúvida, pelas conseqüências daí decorrentes, que se compreenda a ação como direito contra o Estado, como é fundamental que se conheça o verdadeiro formato da terra. Nem por isso se devem condenar à danação os que, fiéis ao costume das idades, disserem que o autor moveu ação contra o réu, ou que a terra é redonda"*[9].

Hoje, passados trinta anos da publicação deste famoso artigo, parece-me oportuno, nesta ocasião em que se homenageia Sergio Bermudes por sua enorme contribuição para a história do processo civil brasileiro, revisitar o debate em torno da conveniência do emprego das expressões *contra* e *em face de* entre nós, à luz de tudo o que a ciência processual vivenciou neste longo período.

2. Ação contra o Estado

Segundo a opinião hoje dominante na doutrina, como já o era aliás no início da década de 90, *"o direito ou poder de ação tem no polo passivo apenas o Estado, embora, uma vez apreciada pelo juiz, vá produzir efeitos sobre a esfera jurídica de outra pessoa – o réu, ou executado. Nega-se, portanto, ser ela exercida contra o adversário isoladamente, contra este e o Estado ao mesmo tempo, ou contra a pessoa física do juiz"*[10-11]. Daí por que, *"como o direito de ação é exercitável contra o Estado-juiz e não contra quem, na perspectiva de quem o exercita (o 'autor', em linguagem processual civil), lesiona ou ameaça direito seu"*[12], vê-se que *"na praxe fo-*

---

8 A rigor, nosso planeta tem o formato de um esferoide oblato.

9 *Bermudes*, A Favor do contra, Revista de Processo 65 (1992), p. 220.

10 *Dinamarco/Badaró/Lopes*, Teoria geral do processo (32ª ed. 2020) p. 316.

11 Embora também se reconheça que "o direito fundamental de ação, embora incidindo apenas contra o Estado, pode repercutir sobre o réu. Essa repercussão, no entanto, não pode ser confundida com uma eficácia horizontal – como se o direito fundamental estivesse incidindo sobre o réu, como acontece diante de um direito fundamental material afirmado pela decisão -, podendo ser vista, no máximo, como uma eficácia lateral decorrente da eficácia do direito fundamental sobre o Estado (vertical)" (*Marinoni/Arenhart/Mitidiero*, Curso de processo civil, vol. 1 (4ª ed. 2019), p. 276)

12 *Scarpinella Bueno*, Curso sistematizado de direito processual civil, vol. 1 (9ª ed. 2018), p. 274.

rense é comum falar que o direito de ação se exercita em face *do réu e não* contra *ele"*[13].

3. *Contra* e *em face de* no uso forense

Uma rápida pesquisa na jurisprudência dos tribunais brasileiros sobre a frequência com que a expressão *em face do réu* é usada poderia realmente sugerir o triunfo desta *"certa mania de ser exato"*[14] sobre o tradicional *contra*. Apenas no Tribunal de Justiça de São Paulo, por exemplo, a expressão *em face do réu* aparece em mais de 11 mil acórdãos (em dezembro de 2021), sem que nesta conta se incluam todas as demais situações em que o termo genérico *réu* é substituído por um nome próprio.

É também curioso observar que o *em face* tenha se alastrado ao longo dos anos por inúmeras outras áreas da linguagem forense, para muito além do uso específico que Sergio criticava em sua apologia do *contra*. É o que ilustra, por exemplo, a jurisprudência do Supremo Tribunal Federal, quando nela se lê que *"possui repercussão geral a controvérsia relativa à prescritibilidade da pretensão de ressarcimento ao erário,* ***em face*** *de agentes públicos, em decorrência de suposto ato de improbidade administrativa"*[15]. Embora a pretensão aqui seja mesmo *contra* o agente público, em seu sentido técnico, é o *em face* que aparece no texto[16].

Pior ainda. Em muitos casos, o *em face de* aparece em outras acepções que não guardam aparentemente qualquer relação com a preocupação em evitar o uso do *contra*. Em acórdão recente, por exemplo, o Superior Tribunal de Justiça descreveu certa ação civil pública como tendo sido ajuizada *"pelo Ministério Público Federal pleiteando providências judiciais* ***em face*** *de degradação ambiental decorrente de pesca de arrasto"*[17]. Em outro acórdão, também do Superior Tribunal de Justiça,

---

13 *Scarpinella Bueno*, ibidem, p. 274.

14 *Bermudes*, A Favor do contra, Revista de Processo 65 (1992), p. 219.

15 RE 852475 RG, Relator(a): TEORI ZAVASCKI, Tribunal Pleno, julgado em 19/05/2016

16 Não se trata aqui, obviamente, de ação ou demanda em sentido processual, mas da pretensão material, que é deduzida realmente *contra* o causador do dano ao erário.

17 REsp 1745033/RS, Rel. Ministro HERMAN BENJAMIN, SEGUNDA TURMA, julgado em 20/10/2020, DJe 17/12/2021.

lê-se que *"a cobrança de tarifas bancárias **em face de** pessoas jurídicas não foi objeto de regulamentação pelo CMN..."*[18].

No primeiro exemplo, o *em face de* parece ser empregado no sentido de "em decorrência de" ou de "com fundamento em". No segundo, o emprego do *em face de* é ainda mais peculiar, porque se cobram tarifas bancárias, obviamente, *de alguém*, não *em face de* alguém. Nestes dois casos, o *em face de* não é empregado para substituir o *contra* no contexto do exercício do direito de ação contra o réu, mas tampouco guarda qualquer relação aparente com as acepções dicionarizadas da locução *em face de* – que são, segundo o Houaiss, as seguintes: *"diante de (alguém ou algo); face a face (com), rosto a rosto (com)"*[19].

Aliás, é curioso ainda notar como a expressão *em desfavor de* é também frequentemente utilizada na linguagem forense quando se deseja evitar o *contra*, mesmo fora do contexto inicialmente denunciado por Sergio Bermudes. É o que ocorre, por exemplo, quando um acórdão do Supremo Tribunal Federal se refere a um *"recurso extraordinário interposto **em desfavor** de acórdão..."*[20] e outro do Superior Tribunal de Justiça à fixação de "*verba honorária sucumbencial **em desfavor** de cada um dos substituídos no montante em que restou arbitrada, em atenção ao princípio da razoabilidade"*[21] .

A popularidade do *em face de* na linguagem forense brasileira não quer dizer, entretanto, que o *contra* tenha deixado de ser utilizado por juízes e advogados. Apenas no Tribunal de Justiça de São Paulo, por

18 "A cobrança de tarifas bancárias em face de pessoas jurídicas não foi objeto de regulamentação pelo CMN, podendo ser livremente cobradas, desde que previstas contratualmente ou solicitado ou autorizado o serviço pelo usuário" (AgInt no REsp 1947957/SP, Rel. Ministro MOURA RIBEIRO, TERCEIRA TURMA, julgado em 16/11/2021, DJe 19/11/2021).

19 Com base em interessante pesquisa empírica, Vanessa Denardi conjectura que "no gráfico a seguir é possível ter uma melhor visualização do crescente uso de em face de ao longo do tempo, principalmente a partir dos anos 2000, quando os cursinhos preparatórios para o Exame da Ordem dos Advogados do Brasil expandiram-se em todo o país, como o Damásio Educacional e o LFG, por exemplo, e passaram a elaborar, através de uma metodologia própria, materiais de estudo para facilitar o aprendizado do candidato" (*Denardi*, O uso de *em face* de: um estudo em petições iniciais, Work. Pap. Linguísti. 21 (2020), p. 160).

20 ARE 1357059 Relator(a): Min. RICARDO LEWANDOWSKI Julgamento: 29/11/2021.

21 AgInt na ExeMS 7.871/DF, Rel. Ministro REYNALDO SOARES DA FONSECA, TERCEIRA SEÇÃO, julgado em 08/09/2021, DJe 13/09/2021.

exemplo, excluídos os feitos de natureza penal, a expressão *contra o réu* aparece em mais de 40 mil acórdãos (em dezembro de 2021), sem se incluírem na contagem as situações (presumidamente mais numerosas) em que a decisão se refere nominalmente ao réu. É o que ilustra, por exemplo, recente acórdão do Superior Tribunal de Justiça, ao descrever certa ação civil por ato de improbidade administrativa como aquela *"ajuizada pelo Ministério Público do Estado do Rio de Janeiro,* ***contra os réus****, então responsável pelo expediente e escrevente substituta do 17º Ofício de Notas..."*[22].

Mas seria esta fidelidade ao *contra*, de todo modo, devida apenas à teimosia de profissionais apegados a formas arcaicas ou arcaizantes de se expressar? Ou haveria ainda espaço no processo civil brasileiro para o tradicional *contra*, que herdamos de nossos antepassados portugueses[23]?

4. Quando o *contra* é *contra* mesmo

É preciso deixar bem claro, desde logo, que o uso específico do *contra* que se pode querer evitar - em razão da *"certa mania de ser exato"*[24] que Sergio Bermudes criticava em seu artigo - é apenas aquele que se dirige ao titular passivo do direito de ação (ou de demandar). Nos demais casos, diferentemente, nenhuma razão - jurídica ou linguística - justificaria a rigor o abandono do *contra*.

Será este o caso, por exemplo, quando o *contra* disser respeito ao exercício da pretensão *material* a que alude o art. 189 do Código Civil[25]. Ou a recursos, que não *são* nunca interpostos *em face de* uma decisão[26].

22 AgInt no AREsp 1610181/RJ, Rel. Ministro FRANCISCO FALCÃO, SEGUNDA TURMA, julgado em 19/10/2020, DJe 22/10/2020.

23 Sergio Bermudes descreve o uso generalizado do *contra* nas fontes lusitanas como "consagração dos séculos" (*Bermudes*, A Favor do contra, Revista de Processo 65 (1992), p. 220).

24 *Bermudes*, A Favor do contra, Revista de Processo 65 (1992), p. 219.

25 Como registra Caio Mário da Silva Pereira, por exemplo, inicia-se "o prazo de prescrição, como de decadência, ao mesmo tempo e que nasce para alguém uma pretensão acionável (Anspruch), ou seja, no momento em que o sujeito pode, pela ação, exercer o direito contra quem assume situação contrária..." (*Caio Mário*, Instituições de direito civil, vol. 1 (23ª ed. 2010), p. 594).

26 Por exemplo, quando se lê que "apesar do provimento dos embargos de divergência, não houve definição clara e precisa acerca da fixação dos critérios de honorários advocatícios recursais consequentes da interposição de recurso espe-

De modo similar, é também equivocado dizer que os pedidos constantes da petição inicial são formulados *em face do réu*, e não *contra ele*[27]. Ou ainda que uma execução de título extrajudicial é ajuizada *em face* de alguém[28] ou que se praticam atos de constrição patrimonial *em face* de empresa em recuperação judicial[29]. Em todos estes casos, nenhum óbice teórico serve para impedir o uso do bom e velho *contra* (ou mesmo de outras preposições, a exemplo do "de" como quando se fala da interposição de recurso *de* uma decisão ou da cobrança de uma *dívida de* alguém[30]) simplesmente porque não se trata em nenhum deles do exercício de direito de ação *contra* o Estado.

5. Da ação à tutela: tutela se pede *contra* o réu, não *em face* dele

Os exemplos debatidos no capítulo anterior mostram que, na maioria dos casos em que se tenta evitar o *contra* no uso forense, esta

cial **em face de acórdão** publicado na vigência do CPC/2015" (EDcl nos EAREsp 1402331/PE, Rel. Ministro MAURO CAMPBELL MARQUES, PRIMEIRA SEÇÃO, julgado em 24/11/2020, DJe 30/11/2020).

27 "Afinal, como se vê na petição inicial (fls. 22), todos os pedidos foram formulados integralmente **em face do recorrente**; apenas em caráter alternativo é que se pediu a condenação dos outros Entes Políticos. Não ocorreu, pois, qualquer julgamento ultra petita, pois a condenação corresponde exatamente ao que foi postulado na petição inicial, ao contrário do que argumenta a parte agravante" (AgInt no AREsp 1022059/MG, Rel. Ministro NAPOLEÃO NUNES MAIA FILHO, PRIMEIRA TURMA, julgado em 29/04/2019, DJe 10/05/2019).

28 "Trata-se, na origem, de Agravo de Instrumento, interposto pela parte agravante contra decisão do Juízo de 1º Grau, que, em execução de título extrajudicial, promovida pelo Ministério Público do Estado de São Paulo em **face dos recorrentes**, determinou a alienação do bem penhorado" (AgInt no AREsp 1171901/SP, Rel. Ministra ASSUSETE MAGALHÃES, SEGUNDA TURMA, julgado em 08/05/2018, DJe 15/05/2018).

29 "O Superior Tribunal de Justiça, consoante estatuído no artigo 1.036 e seguintes do CPC/2015, afetou a questão atinente à possibilidade da prática de atos constritivos, em face de empresa em recuperação judicial, em sede de execução fiscal" (AgInt no REsp 1840473/RS, Rel. Ministro BENEDITO GONÇALVES, PRIMEIRA TURMA, julgado em 26/10/2020, DJe 28/10/2020).

30 "É firme o entendimento desta Corte de que é ilegal **a cobrança em face de concessionária** de serviço público pelo uso de solo, subsolo ou espaço aéreo para a instalação dos equipamentos necessários à execução do serviço concedido" (AgInt no REsp 1757807/CE, Rel. Ministro MAURO CAMPBELL MARQUES, SEGUNDA TURMA, julgado em 19/02/2019, DJe 26/02/2019).

resistência nada tem a ver com preciosismo terminológico. É pura e simplesmente equivocado substituir o *contra* pelo *em face de* fora do contexto específico do exercício do direito de ação contra o Estado. De todo modo, outras mudanças por que tem passado o processo civil brasileiro poderiam também servir - em minha opinião - para contribuir para a reabilitação do *contra*. Entre elas, especialmente, o redimensionamento do papel do conceito de ação na dogmática processual.

Se já na década 80 Cândido Dinamarco defendia de modo ainda pioneiro o papel *instrumental* do processo civil[31], é hoje evidente que a atenção da doutrina deslocou-se em boa medida da *ação* para a *tutela jurisdicional*[32]. A ideia, como explica Daniel Mitidiero, *é a de que* é preciso hoje *"afirmar com todas as letras que o processo civil visa à tutela dos direitos – à viabilização de uma decisão de mérito justa, adequada, efetiva e tempestiva para um caso e à unidade do direito mediante precedentes"*[33]. Se é verdade que nem todo processualista irá concordar com esta definição em sua integralidade, poucos seguramente serão aqueles que a rejeitarão categoricamente. A *tutela dos direitos* chegou para ficar, e o conceito de ação acabou por consequência perdendo parte do protagonismo (exagerado) de que gozou por muito tempo no Brasil.

Enquanto a ação é exercida *contra o Estado*, a tutela jurisdicional é pedida *ao Estado contra o réu*. Neste novo cenário, o *em face de* revela-se supérfluo porque o *contra* dirige-se mesmo *contra* o réu, não contra o Estado, *contra quem* se exerce o direito de ação, mas *a quem* se pede tutela jurisdicional *contra* o réu. Em poucas palavras, o triunfo do conceito de tutela jurisdicional acaba inadvertidamente por incentivar a reabilitação do *contra* ao marginalizar o argumento teórico que servia de fundamento para os seus detratores.

---

31 Sugestivamente, ensina ele que "insistir na autonomia do direito processual constitui, hoje, como preocupar-se o físico com a demonstração da divisibilidade do átomo. Nem se justifica, nessa quadra da ciência processual, pôr ao centro das investigações a polêmica em torno da natureza privada, concerta ou abstrata da ação..." (*Dinamarco*, A instrumentalidade do processo (1987), p. 20).

32 A doutrina vale-se hoje do próprio conceito de tutela jurisdicional para explicar a natureza da ação. Neste sentido, por exemplo: "o direito à tutela jurisdicional, o direito a um procedimento adequado, direito a técnicas processuais adequadas para efetivar o direito afirmado, o direito à prova e o direito de recorrer são corolários do exercício do direito de ação" (*Didier Jr.*, Curso de direito processual civil, vol. 1 (23ª ed. 2021), p. 393).

33 *Mitidiero*, Processo civil (2021), p. 25

6. Uma nota de direito comparado

Ao final de seu artigo, Sergio Bermudes alude, sem querer embora estender-me muito neste aspecto, à *"pureza vernacular duvidosa"* da locução *em face de*[34]. A observação é interessantíssima. Por que afinal os processualistas brasileiros adotaram o *em face de* em substituição do *contra*, e não outra preposição ou locução prepositiva? De onde ele veio exatamente?

Arrisco-me a conjecturar que se trata de um galicismo. Nós brasileiros adotamos com muito gosto modismos estrangeiros, e a locução *en face de* tem mais sentidos em francês do que sua congênere em português. Um deles é o de *vis-à-vis*, como no nosso *diante de*. Mas ***« se mettre, se placer en face de qnn »*** pode significar *« s'opposer à lui »*, como esclarece o *Grand Robert*. Eis aí o sentido de oposição que talvez tenha inspirado o uso do *em face de* no direito brasileiro como alternativa eufemística ao tradicional *contra*.

De todo modo, convém lembrar que nós talvez tenhamos sido mais realistas do que o rei ao abraçarmos o *em face de* com tanto entusiasmo. A verdade amarga é que a proscrição do *contra*, no contexto do exercício do direito de ação ou de demanda, parece mesmo uma invencionice brasileira. Na França, de onde suponho que nós tenhamos importado o *en face de*, a *action* continua sendo deduzida *contre* o réu, embora lá também se reconheça que o destinatário deste direito[35] seja o Estado-juiz[36]. E o mundo não acabou por causa disso. Sergio Bermudes tem muita razão ainda hoje ao dizer que *"num país em que tanto se deve reformar, da estrutura de várias instituições, ao caráter de muitos homens, convém deixar quieto, no seu canto, o que não precisa ser mudado"*[37].

7. Conclusão: uma homenagem a Sergio Bermudes

A geração do Código de 1973 deu ao Brasil grandes processualistas, e entre eles Sergio Bermudes foi o maior. Não apenas pela importância de

34 *Bermudes*, A Favor do contra, Revista de Processo 65 (1992), p. 223.

35 Com a ressalva de que a definição de *action* no processo francês não coincide integralmente com aquela da *ação* brasileira. Para mais detalhes, por exemplo: *Beneduzi*, Actio und Klagrecht bei Theodor Muther (2016), p. 114.

36 «Un droit dont le destinataire est le juge et qui l'oblige en sa qualité d'organe du service public de la justice » (*Cadiet/Normand/Mekki*, Théorie générale du procès (2010), p. 315).

37 *Bermudes*, ibidem, p. 223.

suas ideias para o desenvolvimento do processo civil brasileiro enquanto ciência, mas também por sua atuação – como advogado ou parecerista – nas grandes causas que marcaram a história da advocacia contenciosa no país ao longo dos últimos 50 anos. Sergio não é apenas uma testemunha qualificada da história do direito brasileiro. Ele foi e ainda é um de seus protagonistas mais destacados. Parafraseando Horácio, *militavit non sine gloria.*

8. Referência bibliográfica

BENEDUZI, Renato. Actio und Klagrecht bei Theodor Muther (2016).

BERMUDES, Sergio. A Favor do contra, Revista de Processo 65 (1992).

BERMUDES, Sergio. Ação contra o réu, ou em face dele?: a favor do contra, in: Bermudes, Direito processual civil: estudos e pareceres, 2ª série (1994).

Cadiet/Normand/Mekki, Théorie générale du procès (2010).

CAIO MÁRIO. Instituições de direito civil, vol. 1 (23ª ed. 2010).

DENARDI, Vanessa. O uso de em face de: um estudo em petições iniciais, Work. Pap. Linguísti. 21 (2020)

DIDIER JR., Fredie. Curso de direito processual civil, vol. 1 (23ª ed. 2021).

DINAMARCO, Cândido. A instrumentalidade do processo (1987).

DINAMARCO/Badaró/Lopes. Teoria geral do processo (32ª ed. 2020)

MARINONI/Arenhart/Mitidiero. Curso de processo civil, vol. 1 (4ª ed. 2019).

MITIDIERO, Daniel. Processo civil (2021).

SCARPINELLA BUENO, Cássio. Curso sistematizado de direito processual civil, vol. 1 (9ª ed. 2018).

TUTELA PROVISÓRIA NA FIXAÇÃO DE TESES EM IRDR: O COMBATE À DEMORA NO JULGAMENTO DE CASOS REPETITIVOS[1]

Rogéria Dotti

> *"O instituto da antecipação da tutela não constitui nenhum bicho-de-sete-cabeças. Trata-se de inovação salutar, que haverá de ser recebida com ânimo favorável porque torna possível a rápida prevenção ou composição da lide, sem sujeitar a prestação jurisdicional às prejudiciais delongas impostas pela natureza do processo e pelas notórias deficiências da administração da justiça"*[2].
>
> *(Sergio Bermudes)*

SUMÁRIO: 1. Sergio Bermudes, o direito processual civil e a advocacia. **2.** A tutela provisória e sua ampliação no Código de Processo Civil de 2015. **3.** Os valores comuns à tutela provisória e ao incidente de resolução de demandas repetitivas. **4.** O problema do tempo no julgamento dos incidentes de resolução de demandas repetitivas (IRDRs). **5.** A possibilidade de tutela provisória no controle concentrado da constitucionalidade e a aplicação desse entendimento aos IRDRS. **6.** A técnica do *second look* no exame da constitucionalidade e a criação de diálogo institucional mediante a fixação provisória da tese no IRDR. **7.** A natureza do provimento liminar e a necessária manifestação do órgão colegiado. **8.** Conclusões.

1. Sergio Bermudes, o direito processual civil e a advocacia

A possibilidade de *mudar o curso das estrelas*[3], caracteriza a fé que o advogado deve ter na justiça, para se dedicar totalmente ao trabalho, após aceitar uma boa causa.

---

1 Este artigo é também dedicado às professoras Sofia Temer e Fernanda Pantoja, talentosas processualistas que despertaram em mim o interesse de pesquisar e refletir sobre esse tema tão inovador.

2 BERMUDES, Sergio. A reforma do Código de Processo Civil; observações às Leis 8.950, 8.951, 8.952 e 8.953, de 13-12-1994, 9.079, de 14-7-1995, 9.139, de 30-11-1995 e 9.245, de 26-12-1995, que alteraram o CPC, 2 ed, São Paulo: Saraiva, 1996, pp. 27 e 28.

3 *"... e quando hai accettato una causa che ti par buona, mettiti fervidamente al lavoro colla sicurezza che chi ha fede nella giustizia riesce in ogni caso, anche a dispetto degli astrologi, a far cambiarei l corso delle stelle".* (CALAMANDREI, Piero. Elogio dei giudici scritto da un avvocato, Milano: Ponte Alle Grazie, 2016, p. 03).

Esse conselho de Calamandrei parece ter servido de inspiração a Sergio Bermudes, ao patrocinar a causa da viúva do jornalista Vladimir Herzog e obter o reconhecimento pelo Poder Judiciário de que o Estado brasileiro torturou e assassinou uma pessoa que se encontrava sob a custódia do Exército.

Uma vitória como essa tem uma importância extraordinária, não apenas para a família do torturado, mas para toda a sociedade. Afinal, ela demonstra o momento violento e conturbado vivido pelo Brasil nos anos da ditadura militar. Nas palavras de Bermudes, *a importância da sentença está justamente no fato de ter sido a primeira vez que o Estado brasileiro, por meio de um de seus poderes, proclamou que o próprio Estado usava a tortura como instrumento de investigação de crimes políticos*[4].

Utilizo esse fato histórico, bem como as primeiras linhas deste artigo, para prestar uma justa homenagem a quem sempre soube bem utilizar a força e o poder da advocacia.

Advogado destacado e de grande prestígio, fundador de uma das maiores bancas de advocacia contenciosa do país, Sergio Bermudes também contribui muito para a academia e o ensino do direito processual civil.

Ele iniciou sua carreira de professor universitário ainda em 1970, como assistente de Teoria Geral do Estado da Faculdade de Direito da Universidade do Estado da Guanabara e como regente de Direito Processual Civil da Faculdade Brasileira de Ciências Jurídicas do Rio de Janeiro. Em 1978, assumiu a cadeira de Direito Processual Civil da Faculdade de Direito da PUC-Rio, passando a integrar também o Conselho de Desenvolvimento da Universidade.

Por nomeação do Governo da República, em 1985, integrou a comissão de cinco processualistas designada para proceder à revisão do Código de Processo Civil, em conjunto com Luís Antônio de Andrade, José Joaquim Calmon de Passos, Kazuo Watanabe e Joaquim Correia de Carvalho Junior. Deste trabalho resultou o Anteprojeto de modificação do Código de Processo Civil de 1985, publicado no suplemento ao nº 246 do Diário Oficial da União, em 24 de dezembro de 1985.

Como esclareceu o próprio homenageado, tal trabalho teve grande importância para o aprimoramento do sistema processual brasileiro: *o cotejo entre nosso anteprojeto e as leis agora editadas mostra que muitos*

4 BERMUDES, Sergio. Entrevista concedida à TV Conjur, em 2018. https://www.conjur.com.br/2020-fev-25/imprensa-tornar-orgao-acusacao-reflexo-momento--bermudes?imprimir=1. Acesso em 27.02.2022.

dispositivos sugeridos naquele foram fielmente adotados nestas, enquanto outros inspiraram várias das normas, finalmente integradas ao direito positivo brasileiro[5].

De fato, apenas para dar um exemplo, em relação à tutela da evidência (art. 273, II do CPC/73 e art. 311, I do CPC/2015), o anteprojeto propunha, no art. 889, II, a concessão da antecipação da tutela quando *a contestação oferecida pelo réu careça de consistência nos pontos fundamentais do litígio, evidenciando-se como injusto prejuízo para o autor a dilação, para final, da tutela pretendida*[6]. Exatamente a mesma ideia que foi implementada pela Lei nº 8.952/94 e, mais recentemente, ampliada pela Lei nº 13.105/2015 (CPC/2015).

Em setembro de 2021, a Ordem dos Advogados do Brasil Seccional do Rio de Janeiro concedeu a Sergio Bermudes a medalha Raymundo Faoro, a mais alta honraria da entidade. Foi o justo reconhecimento por mais de cinquenta anos no exercício da advocacia e na luta pelo aprimoramento do processo civil brasileiro.

Por todas essas razões, sinto-me honrada em contribuir para essa coletânea em homenagem ao grande advogado e professor Sergio Bermudes.

2. A tutela provisória e sua ampliação no Código de Processo Civil de 2015

A tutela provisória foi significativamente ampliada no Código de Processo Civil de 2015. Ainda que não tenha sido obtida a simplificação tão almejada pelo legislador (permanecendo distinções nos procedimentos das tutelas cautelar e antecipatória), não há como negar que os novos institutos aumentaram as possibilidades da cognição sumária. São exemplos disso a estabilização da tutela antecipada antecedente e o alargamento da tutela da evidência, a qual passou a abranger outras situações, distintas da defesa abusiva.

Mas além daquilo que foi almejado e expressamente previsto pelo legislador, surgem mais hipóteses de incidência da tutela provisória decorrentes das inovações da doutrina e da aplicação prática dos tribunais.

---

5 BERMUDES, Sergio. A reforma do Código de Processo Civil; observações às Leis nº 8.950, 8.951, 8.952 e 8.953, de 13-12-1994, 9.079, de 14-7-1995, 9.139, de 30-11-1995 e 9.245, de 26-12-1995, que alteraram o CPC, 2 ed, São Paulo: Saraiva, 1996, p. XI.

6 MARINONI, Luiz Guilherme. Novas linhas do processo civil: o acesso à justiça e os institutos fundamentais do direito processual civil. São Paulo: Editora Revista dos Tribunais, 1993, p. 87.

Uma delas é a concessão de tutela da evidência na sentença, com o intuito de se obter a eficácia imediata do provimento. Como se sabe, o capítulo da sentença que confirma, concede ou revoga a tutela provisória produz efeitos imediatamente, caracterizando-se como exceção ao efeito suspensivo automático da apelação (CPC, art. 1.012, § 1º, V). Logo, a concessão da antecipação baseada no art. 311, na própria sentença, gera a eficácia imediata da decisão. Isso é extremamente positivo em termos de efetividade e duração razoável do processo.

Trata-se de uma construção sistêmica, baseada nos princípios constitucionais e admitida pelas Cortes, ainda que sem previsão expressa na lei processual.

Tal admissão de utilização ampla da tutela provisória gera uma espécie de autorização para novas hipóteses de sua aplicação, sempre com o intuito de oferecer uma maior efetividade ao sistema processual. E é exatamente nesse momento que surge a indagação sobre a admissão da tutela provisória nos incidentes de resolução de demandas repetitivas (IRDR).

3. Os valores comuns à tutela provisória de urgência e ao incidente de resolução de demandas repetitivas

A tutela provisória de urgência permite simplesmente assegurar ou ainda antecipar a realização do direito, sempre que houver *periculum in mora* e probabilidade do direito. Ela se subdivide, como se sabe, em duas espécies de provimentos de urgência: o provimento cautelar e o provimento antecipatório. O Código de Processo Civil de 2015 manteve a tutela cautelar e ampliou as possibilidades de antecipação.

Inserida no Código de Processo Civil de 1973 por força das alterações da Lei nº 8.952/1994 (art. 273, I), a antecipação da tutela revolucionou o sistema processual brasileiro. Ela permitiu, desde logo, a realização dos direitos prováveis, trazendo uma solução para os problemas da demora fisiológica ou patológica do processo.

O que se verifica, em sua essência, é a ideia da distribuição razoável do tempo no processo[7]. A técnica antecipatória está profundamente vinculada ao valor celeridade, visto sob o prisma da exigência de um

---

7 A distribuição do ônus do tempo no processo vem sendo defendida no Brasil há muitos anos por Luiz Guilherme Marinoni. Cite-se, apenas a título de exemplo, a seguinte passagem da obra A Antecipação da Tutela, cuja primeira edição foi lançada em 1995: "A tutela antecipatória fundada em abuso de direito de defesa somente é possível, em princípio, quando a defesa ou o recurso do réu deixam entrever a grande probabilidade de o autor resultar vitorioso e, consequentemente, a injusta

período de tempo tão somente dentro do limite necessário para o convencimento judicial.

Mas ela também se baseia na isonomia, ou em outras palavras, no seu corolário lógico, que consiste em tratar de forma igual os iguais e de forma desigual os desiguais. Com efeito, os direitos prováveis não podem ser tratados da mesma forma que aqueles direitos que ainda dependem de comprovação. Nesse sentido, desde os anos 90, já se defendia no Brasil que o procedimento ordinário deveria se limitar àquelas situações em que houvesse equivalência na probabilidade das alegações das partes[8]. Consequentemente, sempre que um dos litigantes demonstrar ter um direito mais provável que o outro, tal direito deverá ser desde logo antecipado.

Conforme prevê a Constituição Federal (art. 5º, *caput*), o sistema jurídico assegura tratamento igualitário, inclusive no âmbito dos processos judiciais. Em outras palavras, só pode haver tratamento diferenciado diante de algum fator legítimo de *discrímen*, isto é, algum elemento ou circunstância que torne justa a distinção.

Por sua vez, as normas fundamentais do Código de Processo Civil de 2015 (arts. 1º a 12) procuram ressaltar a importância da aplicação das regras processuais, sob a luz das garantias constitucionais. O reflexo da isonomia no âmbito processual faz com que se exija um tratamento paritário não apenas entre as partes (CPC, art. 139, I), mas também em

espera para a realização do direito". (MARINONI, Luiz Guilherme. A Antecipação da Tutela, (1995) 3ª ed, rev. e ampl., São Paulo: Malheiros Editores, 1997, p. 138). Antes mesmo disso, em obra de 1992, Luiz Guilherme Marinoni já se valia da doutrina de Ovídio Baptista da Silva para sustentar que o procedimento ordinário deveria ser utilizado apenas para os casos em que o índice de probabilidade da existência ou não existência do direito de cada parte fosse equivalente. (MARINONI, Luiz Guilherme. Tutela cautelar e tutela antecipatória, (1992), São Paulo: Editora Revista dos Tribunais, 1994, p. 116). E, em obra de 1997, voltava a destacar a importância dessa repartição do tempo no curso do procedimento de acordo com o índice de probabilidade do autor em relação ao bem disputado em juízo. Tal probabilidade era ligada à evidência do direito do autor e à fragilidade da defesa do réu. (MARINONI, Luiz Guilherme. Tutela antecipatória, julgamento antecipado e execução imediata da sentença, São Paulo: Editora Revista dos Tribunais, 1997, pp. 29 e 30).

8 "Uma construção racional dos procedimentos deveria reservar a ordinariedade apenas para aqueles casos em que o índice de probabilidade da existência ou não existência do direito que cada uma das partes alega possuir, seja praticamente equivalente, de modo que o juiz somente depois da instrução ultimada poderia decidir-se". (BAPTISTA DA SILVA, Ovídio. Curso de Processo Civil, vol. II, (1990), 2ª edição corrigida, Porto Alegre: Sergio Antonio Fabris Editor, 1993, p. 194).

relação aos direitos que são objeto da disputa judicial. Como exposto, um direito provável merece um tratamento processual diferenciado.

Percebe-se, então, que a igualdade no processo pressupõe uma distribuição isonômica do tempo entre os litigantes. Deve-se considerar o índice de probabilidade de que o autor tenha direito ao bem disputado, o que está associado à evidência do direito alegado pelo requerente e à fragilidade da defesa do réu[9].

Tratando da denominada *defesa inconsistente*, a doutrina no Código de 1973 já destacava que a tutela antecipatória fundada no art. 273, II e *despregada da condição da urgência* visava *promover a igualdade substancial entre as partes*, pois tinha como objetivo distribuir o peso do tempo no processo *de acordo com a maior ou menor probabilidade de a posição jurídica afirmada pela parte ser fundada ou não*[10].

De fato, a razão que autoriza a imediata realização de direitos, antes do trânsito em julgado ou antes mesmo da cognição exauriente, reside no princípio da igualdade e na sua consequência imediata: a exigência de tratamento desigual para situações desiguais. Isso porque *o princípio da igualdade leva não mais em direção à uniformidade, mas em direção à diferenciação*[11].

Obviamente, isso não afasta a necessidade de uma aplicação coerente e harmônica da lei em todas as situações iguais. A norma aplicada ao caso concreto deve ser sempre a mesma, independentemente da convicção pessoal da autoridade judiciária e da conduta das partes litigantes. Em outras palavras, uma mesma regra legal, em um mesmo momento, deve gerar os mesmos efeitos jurídicos[12].

---

9 MARINONI, Luiz Guilherme. *Tutela de urgência e tutela da evidência*. 1ª ed. São Paulo: Editora Revista dos Tribunais, 2017, pp. 278 e 279.

10 MITIDIERO, Daniel. Tutela antecipatória e defesa inconsistente. In: ARMELIN, Donaldo (coord). Tutelas de urgência e cautelares: estudos em homenagem a Ovídio A. Baptista da Silva, São Paulo: Saraiva, 2010, p. 337.

11 IRTI, Natalino. L'Età della decodificazione, quarta edizione, Milano: Dott. A. Giuffrè Editore, 1999, p. 95.

12 Como bem esclarecem Teresa Arruda Alvim e Bruno Dantas: "A concretização da isonomia no processo de realização do direito no caso concreto importa assumir como verdadeiro que a mesma regra jurídica, incidente sobre suportes fáticos suficientemente idênticos, no mesmo momento histórico, devem ensejar a produção dos mesmos efeitos jurídicos". (ARRUDA ALVIM, Teresa. Recurso especial, recurso extraordinário e a nova função dos tribunais superiores: precedentes no direito brasileiro/Teresa Arruda Alvim e Bruno Dantas. 5ª ed. rev. atual. e ampl. São Paulo: Thomson Reuters, 2018, p. 564.

Justamente por isso, o Código de Processo Civil assegura a instauração do incidente de resolução de demandas repetitivas sempre que houver, além da efetiva repetição de processos sobre a mesma questão de direito (art. 976, I), o risco de ofensa à isonomia e à segurança jurídica (art. 976, II).

Esse ideal em preservar a igualdade na aplicação do regras jurídicas faz com que o incidente seja *vocacionado a desempenhar, na tutela daqueles princípios, da isonomia e da segurança jurídica, papel próximo (e complementar) a dos recursos extraordinários e especiais repetitivos (art. 928, II)*[13].

O mais interessante é que o IRDR permite uma coerência nas decisões judiciais, antes mesmo da atuação dos tribunais superiores nos recursos repetitivos. O cerne desse instituto consiste justamente em sua capacidade de criar estabilidade, confiança e padrões que influenciem comportamentos futuros no âmbito dos próprios tribunais estaduais e regionais federais. Isto é, perante os tribunais locais. Tais cortes também devem dizer o direito e pautar condutas futuras.

Ainda que não se possa equiparar os tribunais estaduais ou regionais com as Cortes Superiores, no que tange a uniformização da interpretação legal e constitucional, *é possível extrair do desenho em 'níveis' um papel de uniformização e coesão também para aqueles tribunais*[14].

De igual forma, o anseio de celeridade processual está presente no incidente de resolução de demandas repetitivas. O que ele propõe é justamente uma maior agilidade no julgamento, na medida em que a questão de direito, que se repete em vários processos, será decidida uma única vez e aplicada a todos eles, dentro da mesma área de jurisdição do respectivo tribunal. Com isso, busca-se ganhar tempo, evitando-se que o Poder Judiciário tenha que analise inúmeras vezes uma mesma e única questão controvertida.

O IRDR atua com o *fracionamento na cognição e no julgamento da causa*[15]. Isso porque o tribunal analisa e fixa a tese jurídica em abstrato, ao passo que o juízo de origem promove a sua aplicação ao caso concreto. São estes dois momentos distintos e complementares.

13 SCARPINELLA BUENO, Cássio. Manual de direito processual civil: volume único, 5ª ed., São Paulo: Saraiva Educação, 2019, p. 766.

14 TEMER, Sofia. Incidente de resolução de demandas repetitivas. Salvador: Editora Jus Podivm, 2016, p. 108.

15 ARRUDA ALVIM, Teresa. Recurso especial, recurso extraordinário e a nova função dos tribunais superiores: precedentes no direito brasileiro/Teresa Arruda Alvim e Bruno Dantas. 5ª ed. rev. atual. e ampl. São Paulo: Thomson Reuters, 2018, p. 562.

Mas, muito além da celeridade, o foco do IRDR é a isonomia no tratamento jurisdicional. Ele constitui, assim, uma parte relevante do ideário do Código de Processo Civil de 2015, visando a igualdade na aplicação da lei. O incidente não pretende tão somente julgar rapidamente, mas, principalmente, julgar de forma isonômica, ou seja, dar tratamento igual às situações iguais. E, como se sabe, a isonomia não pode ser obtida apenas com a previsão abstrata da lei. É necessário que ela ocorra no momento de concretização da norma, no momento de sua aplicação à realidade dos fatos. Seu objetivo consiste, portanto, em assegurar tratamento igual tanto *perante a norma legislada, como em face da norma judicada*[16].

Percebe-se, então, que ambas as técnicas processuais (antecipação da tutela e IRDR) decorrem da busca por isonomia e celeridade.

4. O problema do tempo no julgamento dos incidentes de resolução de demandas repetitivas (IRDRs)

Certeza e celeridade constituem dois valores fundamentais ao direito processual civil. Contudo, ao invés de se autoexcluírem (como seria natural), eles precisam ser equacionados a fim de conviverem de forma harmônica e equilibrada.

Como bem destacou José Rogério Cruz e Tucci: *é certo que no processo, como vaticinara Couture, o tempo é algo mais do que ouro: é Justiça!*[17]

---

16 A expressão é de Rodolfo de Camargo Mancuso, o qual explica muito bem em que consiste a verdadeira igualdade: "Para que as premissas da *preponderância da lei* e da *igualdade de todos* perante ela, operem de modo consistente, harmônico e efetivo (e não apenas retórico ou principiológico) impende que tal impositividade e isonomia não se restrinjam à norma enquanto posta *abstratamente* no ordenamento, mas *também* remanesça quando de sua *passagem judiciária*, porque, do contrário, se ao ser aplicada num processo judicial ela vem consentir as mais diversas inteligências – até mesmo antagônicas – sem alcançar um estágio de *unidade exegética*, então o que se tem é a formação de ambiente paradoxal, propício a situações de injustiça, que induzem perplexidade e desorientação aos jurisdicionados, a par de desacreditar a função judicial do Estado, implicando em desprestígio aos seus agentes. Numa palavra, o tratamento isonômico deve ser assegurado assim perante a norma *legislada* como em face da norma *judicada*". (MANCUSO, Rodolfo de Camargo. Incidente de resolução de demandas repetitivas: a luta contra a dispersão jurisprudencial excessiva. São Paulo: Editora Revista dos Tribunais, 2016, pp. 180 e 181.

17 CRUZ E TUCCI, José Rogério. Tempo e processo: uma análise empírica das repercussões do tempo na fenomenologia processual (civil e penal). São Paulo: Editora Revista dos Tribunais, 1997, p. 146.

Conforme a previsão do art. 982, I do CPC/2015, uma vez admitido o IRDR o relator poderá, conforme o caso, determinar a suspensão dos processos pendentes que tramitam na área de circunscrição do tribunal e que tenham por objeto a mesma questão de direito.

Por outro lado, nos termos do art. 980 do CPC/2015, o IRDR deverá ser julgado no prazo de 1 (um) ano e terá preferência sobre os demais feitos, com exceção dos casos de réu preso e *habeas corpus*. Logo, a ideia do legislador foi a de prever um tempo relativamente curto para a suspensão dos processos, no qual deveria ocorrer o debate, o amadurecimento da questão jurídica e a sua decisão. Tanto é assim que o parágrafo único do mesmo dispositivo prevê que, superado o período de um ano, cessa a suspensão dos processos, salvo decisão fundamentada do relator em sentido contrário.

Ocorre que a simples admissão do incidente pode exigir um tempo excessivo, incompatível com a urgência de determinadas situações da vida prática. Além disso, o próprio julgamento do mérito do incidente também pode demorar mais do que o previsto em lei – levando o relator a prorrogar a suspensão para mais de um ano. Pode-se imaginar ainda a ocorrência de significativos prejuízos, tanto no período anterior à admissibilidade, como durante a suspensão.

5. A possibilidade de tutela provisória no controle concentrado da constitucionalidade e a aplicação desse entendimento aos IRDRs

Pensando nos problemas decorrentes do tempo para o julgamento dos IRDRs[18], parte da doutrina sustenta a adoção de outras alternativas. Segundo Fredie Didier Junior e Sofia Temer, uma das alternativas seria a possibilidade de concessão, pelo colegiado, *de uma espécie de tutela provisória, conferindo uma 'interpretação provisória da questão de direito processual', que valerá enquanto não resolvido definitivamente o incidente*[19].

---

18 "Não obstante, a suspensão total dos processos pode ser muito gravosa, especialmente nos casos de incidente que tenha por objeto questão de direito processual, já que será bem mais frequente a hipótese de a questão de direito repetitiva dizer respeito a processos bastante heterogêneos, sob a perspectiva das demandas formuladas". (DIDIER JUNIOR, Fredie; TEMER, Sofia. Decisão de organização do incidente de resolução de demandas repetitivas: importância, conteúdo e o papel do regimento interno do tribunal, *in* Revista de Processo, vol. 258, Ago/2016, pp. 257-278).

19 DIDIER JUNIOR, Fredie; TEMER, Sofia. Decisão de organização do incidente de re-

Tal orientação provisória seria aplicada a todos os processos que tivessem a mesma questão de direito. Caso, ao final, a interpretação viesse a ser confirmada, não haveria nenhuma consequência danosa. Por outro lado, caso a orientação inicial fosse alterada no julgamento do mérito do incidente, poderia haver uma modulação dos efeitos da decisão, de forma a não prejudicar os atos já praticados. Sustentam ainda os mesmos autores que a lógica é bastante semelhante à da tutela de urgência concedida nos processos de controle de constitucionalidade.

Agregando-se a esse entendimento, Fernanda Pantoja, em artigo conjunto com Sofia Temer, defende a adoção de uma intepretação provisória sobre a questão de direito controvertida, dando como exemplo a necessidade de uma orientação célere do Tribunal em centenas de ações judiciais que discutem a possibilidade de descontos nas mensalidades escolares durante a pandemia da Covid-19[20]. Elas citam como exemplo o Tema 33 IRDR, quando o Tribunal de Justiça de Minas Gerias, ao invés de suspender a tramitação de processos, concedeu tutela de urgência para impedir o não conhecimento de agravo de instrumento interposto em face de decisões proferidas em recuperação judicial, até que o Tribunal apreciasse a possível taxatividade do rol do art. 1.015 do CPC[21].

Nesse texto, admitem a possibilidade da fixação de uma tese provisória, por decisão monocrática do próprio relator, *ad referendum* do colegiado. Sustentam ainda a possibilidade de concessão de tutela de urgência de forma cumulativa à suspensão dos processos (ou seja, não apenas como uma alternativa para evitar a suspensão) quando a mera suspensão não bastar para evitar o risco de dano à isonomia e à segurança jurídica.

Em contraponto a esse entendimento, Julio Cesar Rossi e Luís Gustavo Reis Mundim entendem não ser possível a concessão de tute-

solução de demandas repetitivas: importância, conteúdo e o papel do regimento interno do tribunal, *in* Revista de Processo, vol. 258, Ago/2016, pp. 257-278.

20 PANTOJA, Fernanda Medina; TEMER, Sofia. A excepcionalidade (e a necessidade) da tutela de urgência no incidente de resolução de demandas repetitivas, *in* Migalhas de Peso, 16.10.2020. https://www.migalhas.com.br/depeso/334937/a-excepcionalidade--e-a-necessidade--da-tutela-de-urgencia-no-incidente-de-resolucao-de-demandas-repetitivas. Acesso em 28.02.2022.

21 TJMG - IRDR nº 0417620-30.2017.8.13.0000, Rel. Des. Albergaria Costa, Seção Cível, DJe 6.12.2017.

la provisória no IRDR, diante da inexistência de chancela legislativa[22]. Segundo eles, os poderes do relator estariam limitados à suspensão dos processos em trâmite, não havendo autorização legal para uma tutela de urgência vinculante. Essa seria a distinção entre a tutela de urgência no IRDR e nos processos de controle de constitucionalidade, onde a lei expressamente autoriza o deferimento de tutelas provisórias com efeito *erga omnes* e eficácia vinculante.

Parece, contudo, que a crítica não merece prosperar. A ausência de previsão legal expressa no IRDR não parece ser um impeditivo para a concessão da tutela provisória. Isso porque, se o colegiado tem poderes para fixar a tese definitiva (CPC art. 984), obviamente tem poderes para antecipar provisoriamente os efeitos da provável tese que virá a ser fixada. Vige aqui a mesma lógica existente em relação ao julgamento do mérito nos processos individuais. Por força da lei, o magistrado que está autorizado a julgar o mérito em caráter definitivo pode também analisar a causa sob o âmbito da tutela sumária. É o que vem ocorrendo, por exemplo, na concessão de tutela da evidência por ocasião da prolação da sentença, justamente para se afastar o efeito suspensivo automático da apelação. Se o magistrado pode decidir a causa com base em cognição exauriente, pode também conceder a tutela provisória, amparado em cognição sumária. Afinal, quem pode o mais, pode o menos, conforme o antigo brocardo jurídico.

Além disso, a previsão de tutela provisória no art. 300 do Código serve para a aplicação da técnica também em ações onde não há tal especificação. É o que ocorre, por exemplo, nas ações rescisórias. Embora o art. 969 admita tal possibilidade mediante a ressalva de que ela não impede o cumprimento da decisão rescindenda, não há uma autorização expressa e típica do legislador. Mesmo assim não se questiona o cabimento da tutela de urgência nas rescisórias.

O mesmo se diga em relação à Ação Declaratória de Constitucionalidade e a discussão sobre a cabimento ou não de tutela cautelar, ocorrida no julgamento da ADC 4/DF. Naquela ocasião, o Supremo Tribunal Federal entendeu ser possível a concessão de medida cautelar em sede de ação declaratória de constitucionalidade diante da inerência do poder geral de cautela na atividade jurisdicional. Em seu

22 ROSSI, Julio Cesar; MUNDIM, Luís Gustavo Reis. https://emporiododireito.com.br/leitura/86-irdr-a-decisao-de-suspensao-dos-processos-nao-comporta-a-concessao-oficiosa-de-tutelas-de-urgencia-pelo-relator. Acesso em 28.02.2022.

voto[23], o Ministro Celso de Mello, fez menção à doutrina de Nagib Slaibi Filho, para quem "*o poder cautelar do órgão judicial decorre do seu próprio poder de julgamento, pois não teria sentido que viesse tal poder esvaziado pela impossibilidade jurídica de garantir a autoridade de suas decisões, ainda que futuras*". E prossegue, citando o mesmo autor: "*Na esteira da jurisprudência do Pretório Excelso, conclui-se que a ação declaratória de constitucionalidade admite a concessão de cautelar no sentido de adiantar o provimento definitivo. Tal como este, o provimento cautelar também terá efeito erga omnes, vinculantes para os órgãos administrativos e judiciários*[24].

Portanto, no referido julgamento, o STF entendeu ser possível a concessão de tutela provisória com eficácia vinculante, mesmo sem expressa previsão no texto constitucional[25]. É bem verdade que existe a autorização na legislação infraconstitucional (art. 21 da Lei nº 9.868/99). Mas a conclusão não adveio disso. Ela decorreu do entendimento de ser possível a tutela cautelar no controle abstrato de normas, mesmo na ausência de norma autorizativa, uma vez que o poder de cautela seria inerente à própria atividade jurisdicional.

Em suma, da mesma forma como se deu em relação à ação declaratória de constitucionalidade, a ausência de disposição expressa, não constitui um impeditivo para a concessão de tutela provisória no IRDR. Isso decorre naturalmente da previsão genérica da tutela provisória no art. 300 do CPC/2015 e da aplicação dos princípios constitucionais da isonomia, da eficiência e da duração razoável do processo.

De igual forma entende José Roberto Sotero de Mello Porto, admitindo haver aqui uma *possibilidade velada*: *a concessão de tutela provisória de urgência no incidente, de natureza antecipada, com a fixação de tese provisória, a vincular, nos moldes da decisão final, os órgãos julgadores subordinados ao tribunal. Note-se que, no regramento codificado, há previsão de decisão cautelar, consistente na suspensão dos processos em trâmite. O que ora se advogada é coisa outra. Com efeito, parece inexistir impedimento para a definição provisória de uma tese jurídica, se as circunstâncias assim recomendarem*"[26].

---

23 STF, ADC nº 04/DF, Plenário, Rel. Min. Sydney Sanches, Redator do Acórdão Min. Celso de Mello, j. 01.10.2008.

24 SLAIBI FILHO, NAGIB. Ação declaratória de constitucionalidade, Rio de Janeiro: Forense, 1994, p. 131.

25 O art. 102, I, "p" da CF/1088 prevê o pedido de medida cautelar apenas nas ações diretas de inconstitucionalidade.

26 PORTO, José Roberto Sotero de Mello. Teoria geral dos casos repetitivos, 1ª ed. Rio de Janeiro: LMJ Mundo Jurídico, 2018, p. 180.

Tal possibilidade é reiterada por Sofia Temer na última edição de sua obra sobre IRDR[27]. Para ela, quando houver uma urgência excepcional, incompatível com a espera pela análise da admissibilidade do IRDR, desde que satisfeitos os requisitos do art. 300 do CPC, será possível a concessão de tutela provisória pelo relator, *ad referendum* do colegiado competente, tal como ocorre em processos de controle de constitucionalidade.

6. A técnica do *second look* no exame da constitucionalidade e a criação de diálogo institucional mediante a fixação provisória da tese no IRDR

Para quem possa estranhar a fixação provisória de tese em IRDR, bastará lembrar que o próprio exame da constitucionalidade das leis também admite uma análise provisória, com eficácia vinculante. É exatamente o que prevê o art. 11, § 1º da Lei 9.698/99[28].

Ademais, Luiz Guilherme Marinoni destaca a importância da chamada técnica do *"second look"* para permitir um diálogo entre a Corte Constitucional, a população e o Parlamento[29]. Exemplifica lembrando do caso em que se discutiu a constitucionalidade da lei do estado de Nova Iorque que criminalizava o suicídio assistido. O Judge Guido Calabresi, na Corte do Segundo Circuito, em Quill v. Vacco, vislumbrando a dificuldade de declarar a inconstitucionalidade diante da necessidade de mais esclarecimentos, reconheceu o problema presente na lei e chamou o Parlamento a reapreciar a questão, reservando-se a voltar a decidir depois que isso ocorresse. Conforme expõe Marinoni, a visão de Calabresi foi a de que, *em certas situações, sem um "second look" do Parlamento com os olhos da população, a Corte pode errar decidindo tanto pela constitucionalidade quanto pela inconstitucionalidade*[30].

27 TEMER, Sofia. Incidente de resolução de demandas repetitivas, 5 ed., rev. ampl. e atual. Salvador: Editora JusPodivm, 2022, p. 147.

28 Art. 11 § 1º A medida cautelar, dotada de eficácia contra todos, será concedida com efeito *ex nunc*, salvo se o Tribunal entender que deva conceder-lhe eficácia retroativa.

29 MARINONI, Luiz Guilherme. Fatos constitucionais e prova, *in* Coletivização e Unidade do Direito – Estudos em homenagem ao Professor Sérgio Cruz Arenhart, vol. III. Organizadores: Edilson Venturelli, Gustavo Osna, Hermes Zaneti Jr, Luis Alberto Reichelt, Marco Félix Jobim, Rogéria Dotti. Londrina: Thoth, 2022, p. 260.

30 CALABRESI, Guido. Foreword: Antidiscrimination and Constitutional Accountability (What the Bork-Brennan Debate Ignores), Harvard Law Review, v. 105, 1991, p. 104 e p. 135.

Complementa Marinoni ao dizer que, para Calabresi, a decisão de inconstitucionalidade deve ser vista como uma "decisão provisória", incumbindo aos magistrados apresentar *"provisional definitions of fundamental rights"*[31]. O mais relevante é que essa possibilidade da Corte proferir decisões provisórias permite o pronunciamento do parlamento. Segundo Marinoni, *os efeitos benéficos das decisões provisórias são proporcionais à oportunidade de diálogo entre as instituições*[32].

Em outras palavras, a concessão de tutela provisória no exame da constitucionalidade das leis é extremamente positiva pois gera espaço para a reflexão e o diálogo com pessoas ou entidades que possam contribuir para a decisão definitiva da Corte.

A técnica do *"second look"*[33] permite justamente esse diálogo institucional e um maior amadurecimento do debate, assegurando uma decisão judicial mais adequada.

Se isso é possível e importante para a análise da constitucionalidade, o mesmo raciocínio pode ser aplicado à concessão da tutela provisória antes do julgamento do IRDR. Tanto lá como aqui, a fixação provisória de uma interpretação pode propiciar o diálogo e o amadurecimento da decisão futura. É bem verdade que o diálogo institucional também pode ocorrer mediante a participação de *amici curiae* (conforme já prevê a lei), mas é inegável que a antecipação dos efeitos da futura decisão permite, desde logo, uma aplicação mais isonômica e coerente do direito. A celeridade e a isonomia são asseguradas, portanto, mediante a fixação provisória de uma tese vinculante no IRDR.

7. A natureza do provimento liminar e a necessária manifestação do órgão colegiado

Assim como ocorre no controle concentrado de constitucionalidade, o provimento liminar em IRDR tem natureza antecipatória. Isso por-

31 CALABRESI, Guido. Foreword: Antidiscrimination and Constitutional Accountability (What the Bork-Brennan Debate Ignores), Harvard Law Review, vol. 105, 1991, p. 104.

32 MARINONI, Luiz Guilherme. Fatos constitucionais e prova, *in* Coletivização e Unidade do Direito – Estudos em homenagem ao Professor Sérgio Cruz Arenhart, vol. III. Organizadores: Edilson Venturelli, Gustavo Osna, Hermes Zaneti Jr, Luis Alberto Reichelt, Marco Félix Jobim, Rogéria Dotti. Londrina: Thoth, 2022, p. 260.

33 Vide MARINONI, Luiz Guilherme. Controle de constitucionalidade e diálogo institucional. São Paulo: Thomson Reuters, 2022.

que ele antecipa os efeitos da provável orientação que será formulada no futuro, no momento da fixação da tese.

Observe-se que tanto a Constituição Federal[34] como a Lei nº 9.868/99[35], ao tratarem da tutela provisória no controle concentrado da constitucionalidade, mencionam a concessão de provimentos *cautelares*. Mas, parece claro que essa nomenclatura constitucional guarda relação com um determinado momento histórico. Isso porque, ao tempo da promulgação da Constituição de 1988, sequer havia a previsão genérica da antecipação da tutela, introduzida no CPC /73 (art. 273, I) por meio da Lei nº 8.952/94.

Para demonstrar o caráter antecipatório dos provimentos liminares no controle concentrado, Teori Zavascki[36] vale-se de decisões da própria Corte constitucional: *Acentuou-se na jurisprudência do Supremo que, na ação direta, "a concessão de medida cautelar importa um adiantamento provisório da prestação jurisdicional definitiva, cujos limites são os desta"[37]; ela "antecipa os efeitos da futura declaração de uma inconstitucionalidade aparente ao primeiro exame"[38].*

Outro aspecto de extrema relevância é a necessidade de que a tese provisória seja fixada diretamente pelo órgão colegiado do tribunal (que detém a competência para o julgamento do IRDR) ou pelo relator em casos de extrema urgência, mas sempre *ad referendum* e mediante a confirmação pelo colegiado. Com efeito, se nos termos do CPC/2015, a atribuição para a fixação definitiva da tese é do colegiado, obviamente é dele também a competência para a concessão de tutela provisória.

Nesse aspecto, vale lembrar que as medidas cautelares no controle concentrado de constitucionalidade são normalmente de atribuição do colegiado, nos termos do art. 10 da Lei 9.698/99. Por idêntica razão, no IRDR, a concessão de tutela provisória é atribuição do órgão colegiado competente para a decisão final.

---

34 CF, art. art. 102, I, "p".

35 Lei nº 9.868/99, arts. 10 e 12-F.

36 ZAVASCKI, Teori Albino. Eficácia das liminares nas ações de controle concentrado de constitucionalidade, *in* Revista de Processo, vol. 98, Abr-Jun 2000, pp. 275-294.

37 STF, ADI 491, Rel. Min. Moreira Alves, RTJ 137/100.

38 STF, Representação 1.391, Rel. Min. Célio Borja, RTJ 124/81.

8. Conclusões

O incidente de resolução das demandas repetitivas advém do ideal de preservar a igualdade na aplicação das normas legais, propiciando isonomia e segurança jurídica.

Ocorre que a admissão e o julgamento do incidente podem exigir um tempo excessivo, incompatível com a urgência de determinadas situações da vida prática.

Parte da doutrina[39] já vem admitindo a concessão de tutela provisória no IRDR, com a fixação de uma tese provisória e vinculante, à semelhança do que ocorre no controle concentrado de constitucionalidade, justamente para afastar os prejuízos decorrentes do decurso do tempo.

A ausência de previsão legal no IRDR não parece ser um impeditivo para a concessão da tutela provisória. Isso porque, se o colegiado tem poderes para fixar a tese definitiva (CPC art. 981 e 984), obviamente tem poderes para antecipar provisoriamente os efeitos da provável tese que virá a ser fixada.

Além disso, a fixação provisória da tese propicia um diálogo e o amadurecimento da futura decisão a ser proferida, exatamente como ocorre com a técnica do *"second look"* no exame da constitucionalidade.

Como bem destaca Sergio Bermudes, *a tarefa magna dos processualistas de todo o mundo é dar efetividade ao processo, transformando-o num instrumento de rápida composição da lide, sem, contudo, comprometer o exercício do direito de defesa dos contendores*[40].

A tutela provisória em IRDR, em virtude de seu caráter vinculante, contribui justamente para conciliar esses dois valores de grande importância no processo civil: celeridade e segurança jurídica.

---

39 DIDIER JUNIOR, Fredie; TEMER, Sofia. Decisão de organização do incidente de resolução de demandas repetitivas: importância, conteúdo e o papel do regimento interno do tribunal, *in* Revista de Processo, vol. 258, Ago/2016, pp. 257-278; PORTO, José Roberto Sotero de Mello. Teoria geral dos casos repetitivos, 1ª ed. Rio de Janeiro: LMJ Mundo Jurídico, 2018, p. 180; TEMER, Sofia. Incidente de resolução de demandas repetitivas, 5 ed., rev. ampl. e atual. Salvador: Editora JusPodivm, 2022, p. 147. De igual forma: PANTOJA, Fernanda Medina; TEMER, Sofia. A excepcionalidade (e a necessidade) da tutela de urgência no incidente de resolução de demandas repetitivas, *in* Migalhas de Peso, 16.10.2020. https://www.migalhas.com.br/depeso/334937/a-excepcionalidade--e-a-necessidade--da-tutela-de-urgencia--no-incidente-de-resolucao-de-demandas-repetitivas. Acesso em 28.02.2022.

40 BERMUDES, Sergio. CPC de 2015: inovações. 1ª ed. Rio de Janeiro: LMJ Mundo Jurídico, 2016, p. 199.

Referências bibliográficas

ARRUDA ALVIM, Teresa. Recurso especial, recurso extraordinário e a nova função dos tribunais superiores: precedentes no direito brasileiro/Teresa Arruda Alvim e Bruno Dantas. 5ª ed. rev. atual. e ampl. São Paulo: Thomson Reuters, 2018.

BAPTISTA DA SILVA, Ovídio. Curso de Processo Civil, vol. II, (1990), 2ª edição corrigida, Porto Alegre: Sergio Antonio Fabris Editor, 1993.

BERMUDES, Sergio. A reforma do Código de Processo Civil; observações às Leis 8.950, 8.951, 8.952 e 8.953, de 13-12-1994, 9.079, de 14-7-1995, 9.139, de 30-11-1995 e 9.245, de 26-12-1995, que alteraram o CPC, 2 ed, São Paulo: Saraiva, 1996.

_________. CPC de 2015: inovações. 1ª ed. Rio de Janeiro: LMJ Mundo Jurídico, 2016.

_________. Entrevista concedida à TV Conjur, em 2018. https://www.conjur.com.br/2020-fev-25/imprensa-tornar-orgao-acusacao-reflexo-momento-bermudes?imprimir=1. Acesso em 27.02.2022.

CALABRESI, Guido. Foreword: Antidiscrimination and Constitutional Accountability (What the Bork-Brennan Debate Ignores), Harvard Law Review, vol. 105, 1991.

CALAMANDREI, Piero. Elogio dei giudici scritto da un avvocato, Milano: Ponte Alle Grazie, 2016.

CRUZ E TUCCI, José Rogério. Tempo e processo: uma análise empírica das repercussões do tempo na fenomenologia processual (civil e penal). São Paulo: Editora Revista dos Tribunais, 1997.

DIDIER JUNIOR, Fredie; TEMER, Sofia. Decisão de organização do incidente de resolução de demandas repetitivas: importância, conteúdo e o papel do regimento interno do tribunal, *in* Revista de Processo, vol. 258, Ago/2016.

IRTI, Natalino. L'Età della decodificazione, quarta edizione, Milano: Dott. A. Giuffrè Editore, 1999.

MANCUSO, Rodolfo de Camargo. Incidente de resolução de demandas repetitivas: a luta contra a dispersão jurisprudencial excessiva. São Paulo: Editora Revista dos Tribunais, 2016.

MARINONI, Luiz Guilherme. A Antecipação da Tutela, (1995) 3ª ed, rev. e ampl., São Paulo: Malheiros Editores, 1997.

_________. Controle de constitucionalidade e diálogo institucional. São Paulo: Thomson Reuters, 2022.

________. Fatos constitucionais e prova, *in* Coletivização e Unidade do Direito – Estudos em homenagem ao Professor Sérgio Cruz Arenhart, vol. III. Organizadores: Edilson Venturelli, Gustavo Osna, Hermes Zaneti Jr, Luis Alberto Reichelt, Marco Félix Jobim, Rogéria Dotti. Londrina: Thoth, 2022.

________. Novas linhas do processo civil: o acesso à justiça e os institutos fundamentais do direito processual civil. São Paulo: Editora Revista dos Tribunais, 1993.

________. Tutela antecipatória, julgamento antecipado e execução imediata da sentença, São Paulo: Editora Revista dos Tribunais, 1997.

________. Tutela cautelar e tutela antecipatória, (1992), São Paulo: Editora Revista dos Tribunais, 1994.

________. *Tutela de urgência e tutela da evidência.* 1ª ed. São Paulo: Editora Revista dos Tribunais, 2017.

MITIDIERO, Daniel. Tutela antecipatória e defesa inconsistente. In: ARMELIN, Donaldo (coord). Tutelas de urgência e cautelares: estudos em homenagem a Ovídio A. Baptista da Silva, São Paulo: Saraiva, 2010.

PANTOJA, Fernanda Medina; TEMER, Sofia. A excepcionalidade (e a necessidade) da tutela de urgência no incidente de resolução de demandas repetitivas, *in* Migalhas de Peso, 16.10.2020.https://www.migalhas.com.br/depeso/334937/a-excepcionalidade--e-a-necessidade--da-tutela-de-urgencia-no-incidente-de-resolucao-de-demandas-repetitivas. Acesso em 28.02.2022.

PORTO, José Roberto Sotero de Mello. Teoria geral dos casos repetitivos, 1ª ed. Rio de Janeiro: LMJ Mundo Jurídico, 2018.

SCARPINELLA BUENO, Cássio. Manual de direito processual civil: volume único, 5ª ed., São Paulo: Saraiva Educação, 2019.

SLAIBI FILHO, NAGIB. Ação declaratória de constitucionalidade, Rio de Janeiro: Forense, 1994.

TEMER, Sofia. Incidente de resolução de demandas repetitivas, 5 ed., rev. ampl. e atual. Salvador: Editora JusPodivm, 2022.

________. Incidente de resolução de demandas repetitivas. Salvador: Editora Jus Podivm, 2016.

ZAVASCKI, Teori Albino. Eficácia das liminares nas ações de controle concentrado de constitucionalidade, *in* Revista de Processo, vol. 98, Abr-Jun 2000.

SUPERPRECEDENTE

Ronaldo Cramer

Este artigo[1] refere-se a um tema muito pouco estudado no Brasil. Trata do superprecedente, que, como o nome sugere, constitui aquele precedente judicial que se considera mais qualificado do que os demais e, por isso, recebe maior proteção do ordenamento jurídico.

No entanto, antes de se entrar no assunto, convém ressaltar algumas premissas sobre os precedentes, a fim de que os argumentos apresentados neste trabalho sejam mais bem compreendidos e tenham coerência com as proposições que serão abaixo traçadas.

1. Premissas

Não há dúvida de que o Código de Processo Civil valorizou os precedentes, como demonstram alguns de seus artigos, como o art. 932, incisos IV e V, o qual prevê que o relator pode julgar monocraticamente o recurso com base não só em enunciados de súmula[2], como também em precedentes[3].

Ocorre que o Código fez mais do que valorizar os precedentes, porque se compreende, a partir de suas normas, que houve a instituição de um sistema de precedentes[4]. Esse sistema pode ser visto a partir de um

---

1 Este artigo é escrito em homenagem ao Prof. Sergio Bermudes, um dos maiores processualistas brasileiros, assim como um dos maiores advogados do país. Bermudes é grande referência da escola processual da PUC-Rio e uma fonte de inspiração para todo estudioso do Processo Civil.

2 Apesar de se saber que súmula é o conjunto de enunciados da jurisprudência do tribunal, este artigo, por força da praxe, usará enunciado de súmula e súmula como sinônimos.

3 Evidentemente, súmula não se confunde com precedente. Súmula constitui a síntese da tese jurídica criada pelo precedente que a originou. No entanto, a súmula deve ser integrada ao sistema de precedentes não para se fazer a aplicação de seu texto, como se ela mesma fosse o precedente, mas para se promover o emprego do precedente originário, notadamente da tese jurídica nele forjada. A súmula compõe o sistema de precedentes para constituir mero instrumento de aplicação do precedente originário. Para mais detalhes, vide "A súmula e o sistema de precedentes do novo CPC". *Revista da EMERJ*, vol. 20, nº 2. Rio de Janeiro: EMERJ, 2018, pp. 312-324.

4 Há autores que discordam da existência desse sistema. Cf., entre outros, STRECK, Lenio Luiz; ABBOUD, Georges. Comentário ao art. 927. In: STRECK, Lenio Luiz; NUNES, Dierle; CUNHA, Leonardo Carneiro da; e FREIRE, Alexandre (coord). *Co-*

arco normativo, composto por regras que regulam a criação (*v.g.*, *caput* do art. 927 do CPC), a aplicação (*v.g.*, art. 489, §1º, inciso V, do CPC) e a superação do precedente (*v.g.*, §§2º, 3º e 4º do art. 927 do CPC).

Diferentemente do que se imagina, o sistema de precedentes do Código de Processo Civil não quer significar que o nosso sistema jurídico esteja migrando para o Common Law[5]. A despeito de se valer, inevitavelmente, de algumas noções do Common Law, o nosso sistema de precedentes tem características muito peculiares que o distinguem do sistema adotado no Direito anglo-saxão, como, por exemplo, o fato de que o nosso precedente decorre de previsão legal, encontra seus limites na lei e colabora, principalmente, com a interpretação do texto legal.

Além disso, precedente, no sistema implementado pelo CPC, não é qualquer julgado de tribunal, mas somente aquele que, por força de sua condição originária[6] ou de reconhecimento posterior[7], cria a tese jurídica (norma jurídica) a ser seguida, obrigatoriamente ou não, em casos semelhantes[8].

---

mentários ao Código de Processo Civil. São Paulo: Saraiva, 2016, pp. 1195-1196. Outros autores, como Aurélio Viana e Dierle Nunes, sustentam, com certa cautela, a existência do sistema de precedentes (*Precedentes*: a mutação no ônus argumentativo. Rio de Janeiro, 2018, pp. 196-203).

---

5 Cf. CÂMARA, Alexandre Freitas. *Levando os padrões decisórios a sério*: formação e aplicação de precedentes e enunciados de súmula. São Paulo: Atlas, 2018, pp. 56-62.

6 Por *condição originária* se entenda a condição de criação do precedente. Nesse caso, o julgado já nasce como precedente, como, por exemplo, as decisões que criam teses jurídicas em incidente de assunção de competência ou em julgamento de casos repetitivos. Essas decisões são consideradas precedentes desde a sua prolação e não precisam que julgados posteriores as reconheçam como tais.

7 O *reconhecimento posterior* é a forma mais comum de consideração do precedente e se dá quando julgados posteriores distinguem um julgado anterior como precedente, compreendendo que esse julgado é a decisão que criou determinada tese jurídica.

8 Mais ou menos, essa é a definição encontrada na maioria da doutrina brasileira. Cf., por todos, DIDIER JR., Fredie; BRAGA, Paula Sarno; OLIVEIRA, Rafael Alexandria de. *Curso de direito processual civil*, vol. 2. 10ª ed. Salvador: Juspodivm, 2015, p. 441. Ressalte-se que há autores, como Daniel Mitidiero, que entendem que a definição é mais complexa. Mitidiero considera que o conceito de precedente é, ao mesmo tempo, qualitativo, material e funcional. O conceito qualitativo diz respeito à qualidade das razões dadas pela decisão para solucionar o caso concreto. Apenas as razões necessárias e adequadas (*ratio decidendi*) podem ser qualificadas como precedentes. O conceito material refere-se à delimitação do precedente sobre os fatos do caso submetido a julgamento. E o conceito funcional relaciona-se com a função do órgão jurisdicional que profere os precedentes. Deve ser um órgão jurisdicional

A partir da definição acima, entende-se que, no nosso sistema de precedentes, existem precedentes vinculantes e persuasivos. Como se sabe, os precedentes vinculantes são aqueles que devem ser obrigatoriamente aplicados pelo julgador, ao passo que os precedentes persuasivos são usados como reforço de argumentação, para convencer o julgador ou a parte de que determinado argumento está correto. Em outra distinção importante, os precedentes somente são vinculantes por força de previsão legal. Essa previsão encontra-se no art. 927 do CPC e é repetida em algumas normas específicas, dispostas no regime jurídico de determinados precedentes, como é a hipótese, por exemplo, do §3º do art. 947 do CPC, o qual confere eficácia vinculante ao julgado proferido no incidente de assunção de competência[9].

Como conhecido, os precedentes podem ser superados, se houver perda de aderência social, que significa a ausência de respaldo na sociedade civil, ou de aderência sistêmica, que quer dizer a falta de harmonia com o ordenamento jurídico. Nesse caso, entenda-se essa falta de harmonia como a revogação da norma legal que ampara o precedente ou o fato de a tese do precedente ser considerada ultrapassada pela comunidade jurídica[10].

---

que tenha a função de dar a última palavra na interpretação da norma, como o Supremo Tribunal Federal, para as normas constitucionais, e o Superior Tribunal de Justiça, para as normas federais (*Precedentes*: da persuasão à vinculação. 3ª ed. rev., atual. e ampl. São Paulo: Thompson Reuters Brasil, 2018, pp. 99-100).

9 Ressalte-se que há grande polêmica em torno da interpretação do art. 927 do CPC. Sobre o assunto, confira-se CRAMER, Ronaldo; CAMARGO, Luiz Henrique Volpe. "Os precedentes vinculantes no CPC/2015: a interpretação do art. 927 do CPC". In: DANTAS, Bruno; BUENO, Cassio Scarpinella *et al.* (org.). *Questões relevantes sobre recursos, ações de impugnação e mecanismos de uniformização da jurisprudência após o primeiro ano de vigência do novo CPC*: em homenagem à professora Teresa Arruda Alvim. São Paulo: Editora Revista dos Tribunais, 2017.

10 Em certa medida, é o que preceitua o Enunciado 322 do FPPC: "A modificação de precedente vinculante poderá fundar-se, entre outros motivos, na revogação ou modificação da lei em que ele se baseou, ou em alteração econômica, política, cultural ou social referente à matéria decidida".
Veja-se, ainda, a lição de Luiz Guilherme Marinoni: "O precedente deve ser revogado quando não mais corresponde aos padrões de congruência social e/ou de consistência sistêmica. O precedente deixa de corresponder aos padrões de congruência social quando passa a negar proposições morais, políticas e de experiência. Não tem consistência sistêmica quando não guarda coerência com as decisões da própria Corte Suprema. Isso ocorre especialmente quando a Corte passa a decidir com base em proposições incompatíveis com as que sustentaram o precedente. O

A depender do precedente, se vinculante ou persuasivo, o regime de superação é distinto. Há superação do precedente persuasivo, se outro julgado do mesmo tribunal ou de tribunal superior, proferido posteriormente, adota tese contrária. O precedente vinculante, por sua vez, somente é superado, quando outro julgado do mesmo tribunal ou de tribunal superior, emitido posteriormente, cria tese contrária e expressamente decide superar o precedente anterior. Essa necessidade de referência específica à superação do precedente anterior, prevista para os precedentes vinculantes, encontra-se no art. §3º do art. 927 do CPC.

Vistas essas premissas, chega-se ao tema objeto deste artigo. Existem precedentes que nunca podem ser superados, e esses são chamados de superprecedentes.

2. O surgimento do superprecedente

O tema do superprecedente surgiu no Common Law, especificamente no Direito norte-americano.

Os primeiros autores a se referirem a esse assunto foram William M. Landes e Richard A. Posner, no artigo acadêmico "Legal precedent: a theoretical and empirical analysis", publicado no Journal of Law and Economics, em 1976[11].

Nesse estudo, Landes e Posner se referem ao superprecedente como um precedente abrangente, no sentido de não ser específico sobre determinado assunto, que, de tão conhecido, nem precisa ser citado em decisões judiciais para impedir o surgimento de novas disputas judiciais ou solucionar os casos submetidos ao tribunal. Leia-se o que disseram os referidos autores:

> "In some instances, counting citations may result in underestimating the true number of precedents by excluding the precedent that is so effective in defining the requirements of the law that it prevents legal disputes from arising in the first place or, if they do arise, induces them to be settled without litigation. In the limit, such a 'superprecedent' might never be cited in an

precedente ainda deve ser revogado quando há alteração da concepção geral sobre o direito, revelada em artigos, livros e decisões, bem como quando o precedente tem em sua base um equívoco" (*Precedentes obrigatórios*. 4ª ed. rev., atual e ampl. São Paulo: Revista dos Tribunais, 2016, pp. 358-359).

11 POSNER, Richard A; LANDES, William M. "Legal precedent: a theoretical and empirical analysis". Journal of Law and Economics, nº 19, 1976, pp.249-307.

> appellate opinion yet have greater precedential significance than the most frequently cited cases. But such cases are probably rare. If a case is highly specific, it will hardly qualify as a 'superprecedent'; by definition it will control only those infrequent cases that present virtually identical facts to those of the case in which it was originally announced. If it is highly general, and therefore more likely to be an important precedent, it is unlikely to decide – so clearly as to prevent disputes or litigation from arising – the specific form of the question presented in subsequent cases"[12].

Em seguida, o tema voltou a surgir, com mais ênfase, por ocasião das sabatinas, no Senado dos Estados Unidos, de Samuel Alito, indicado para Justice da Corte Suprema norte-americana, e de John Roberts, indicado para Chief Justice do mesmo tribunal[13]. O foco do debate se deu em torno do caso *Roe v. Wade*, que reconheceu o direito ao aborto. Os senadores queriam saber se os candidatos compreendiam o caso *Roe v. Wade* como um superprecedente, que não poderia ser nunca superado. Os candidatos acabaram não dando a sua opinião, apesar de terem reconhecido, em tese, a existência de superprecedentes na Corte Suprema dos EUA.

O assunto incorporou-se, de fato, à cultura judicial norte-americana com os estudos de Michael Sinclair, "Precedent, Super-precedent" (2007), Bruce Ackerman, "The living constitution" (2007), e de Michael J. Gerhardt, "The power of precedent" (2008).

Em linhas gerais, esses autores defendem que o superprecedente é o precedente constitucional, que se enraizou a tal ponto na cultura judicial norte-americana que a sua superação significaria a descaracterização dessa cultura ou a perda de sua identidade. Não se trata, assim, de qualquer precedente, mas de precedente da Corte Suprema norte-americana, que ganhou, ao longo do tempo, o respeito, a confiança e a proteção de vários segmentos do poder público e da sociedade civil.

Nas palavras de Michael J. Gerhardt, veja-se o significado de superprecedente:

> "Super precedents are not unique to the courts, but rather are constitutional decisions in which public institutions have heavily invested, repeatedly relied, and consistently approved over significant periods of time. These are decisions which have been so repeatedly and widely cited for so long their

12 POSNER, Richard A; LANDES, William M. "Legal precedent: a theoretical and empirical analysis". Journal of Law and Economics, nº 19, 1976, p. 251.

13 Cf. SINCLAIR, Michael. "Precedent, Super-precedent". George Mason Law Review, nº 14, 2007, pp. 363-364. Não é preciso dizer os dois indicados se tornaram juízes da Corte Suprema dos EUA, sendo que John Roberts é ainda o atual Chief Justice.

> meaning and value have increased to the point of being secured by enduring networks. They are deeply and irrevocably embedded into our culture and national consciousness, so much so that it seems un-American to attack, much less to formally reconsider them. These decisions are the clearest instances in which the institutional values promoted by fidelity to precedent - consistency, stability, predictability, and social reliance - are compelling"[14].

O melhor exemplo de superprecedente, citado por autores norte-americanos, é o caso *Marbury v. Madison*, que consagrou o *judicial review* no ordenamento jurídico dos EUA. Esse é considerado o precedente mais famoso da cultura judicial norte-americana e um dos mais conhecidos do mundo, tendo, inclusive, influenciado ordenamentos de outros países a adotarem o controle difuso de constitucionalidade, como é o caso do Brasil. Por força dessas características, é impensável se cogitar a superação do caso *Marbury v. Madison*, o que o torna um superprecedente.

Todavia, adverte a doutrina norte-americana que o fato de ser famoso, por si só, não confere o status de superprecedente, porque, como dito, se faz necessário que o precedente seja aceito por segmentos do poder público e da sociedade civil e conte com redes, nesses mesmos segmentos, que o amparem. Por exemplo, o caso *Dred Scott v. Stanford*, no qual a Corte Suprema dos EUA considerou que pessoas de ascendência africana, escravas ou não, não poderiam ser consideradas cidadãos norte-americanos, apesar de bastante conhecido, não pode ser qualificado, por motivos óbvios, como superprecedente[15]. Trata-se de uma das decisões mais infames da Corte Suprema dos EUA, que, nem ao seu tempo, foi considerada, verdadeiramente, um precedente.

Portanto, para o Direito norte-americano, superprecedente é o precedente constitucional, emitido pela Corte Suprema, que, ao longo do tempo, foi aceito e respeitado por segmentos do poder público e da sociedade civil, incorporando-se à cultura judicial e, por esse motivo, não mais podendo ser superado.

Compreendido o superprecedente para o Direito norte-americano, e considerado que o nosso sistema de precedentes, apesar de distinto, se inspirou no *stare decisis* daquele país, surge a questão: existem superprecedentes no Direito brasileiro?

---

14 *The power of precedent*. New York: Oxford University Press, 2008, p. 178.

15 Cf. GERHARDT, Michael. *The power of precedent*. New York: Oxford University Press, 2008, pp.185-186.

3. Superprecedentes no Direito brasileiro

O tema do superprecedente é novo e muito pouco discutido no Brasil. Se a compreensão da existência do sistema de precedentes somente veio com o Código de Processo Civil de 2015, evidentemente que as questões relevantes em torno desse sistema ainda estão sendo assimiladas por nossa comunidade jurídica.

De destaque, só há um estudo sobre o assunto, escrito por Siddharta Legale, intitulado "Superprecedentes" (2016). Nesse artigo, Legale apresenta, de forma didática, o tema ao leitor brasileiro[16]. Na jurisprudência, a matéria sequer é cogitada.

Apesar de ser um tema novo para o sistema de precedentes instaurado pelo Código de Processo Civil, será possível acomodá-lo ao nosso ordenamento jurídico? Em outras palavras, como já indagado acima: existem superprecedentes no Direito brasileiro?

À primeira vista, a resposta parece simples. Se o principal pressuposto para a existência de superprecedente é o enraizamento cultural, não haveria, no nosso embrionário sistema de precedentes, esse fenômeno, uma vez que ainda não houve tempo para se formar uma cultura de precedentes no país. O nosso sistema de precedentes, instituído pelo Código de 2015, ainda não foi capaz, seja pelo tempo, seja pelo pouco conhecimento que ainda se tem dele, de produzir algum precedente que já tenha se incorporado à nossa cultura jurídica.

Entretanto, a questão merece reflexão um pouco mais cuidadosa. Como se sabe, existem, no nosso ordenamento, as chamadas cláusulas pétreas, que são, fundamentalmente, normas constitucionais que preveem direitos fundamentais, conforme disposto no art. 60, §4º, da Constituição. Essas normas têm status diferenciado em relação às demais normas legais e não podem ser revogadas por nenhuma reforma constitucional.

Diante dessa previsão, não faz sentido a possibilidade de superação de um precedente do Supremo Tribunal Federal que, ao interpretar a Constituição, crie ou incremente um direito fundamental. A dedução parece evidente: se a norma constitucional que prevê direito fundamental não pode ser revogada, o precedente do Supremo que cria ou incrementa direito fundamental não deve, igualmente, ser superado[17].

---

16 "Superprecedentes". *Revista Direito FGV*, vol. 12, nº 3. São Paulo: FGV, set/dez 2016.

17 Por direitos fundamentais entendam-se aqueles sem os quais "a pessoa humana não se realiza, não convive e, às vezes, nem mesmo sobrevive", conforme feliz síntese de José Afonso da Silva (*Curso de direito constitucional*. 9ª ed. rev. e ampl. São Paulo: Malheiros, 1993, pp. 163-164).

A proteção de irrevogabilidade conferida pelo art. 60, §4º, da Constituição é ao objeto da norma, ou seja, ao direito fundamental. Por evidente, não foi prevista, no mencionado §4º do art. 60, a proteção ao precedente de direito fundamental, justamente porque, à época da Constituição, não existia, em nosso ordenamento, um sistema de precedentes. Logo, se a *ratio* da referida norma constitucional é a proteção do direito fundamental, pouco importa o veículo normativo que o preveja, se norma legal ou precedente, a mesma proteção tem que ser assegurada. Observe-se o esquema abaixo:

DIREITO FUNDAMENTAL	DIREITO FUNDAMENTAL
↓	↓
NORMA CONSTITUCIONAL (VEÍCULO NORMATIVO)	PRECEDENTE CONSTITUCIONAL (VEÍCULO NORMATIVO)
↓	↓
NÃO PODE SER REVOGADO	TAMBÉM NÃO PODE SER REVOGADO

Insista-se ser uma grave incoerência sistêmica se proteger o direito fundamental criado por norma constitucional, como fez expressamente a Constituição, e se deixar desprotegido, sujeito a ser excluído do ordenamento jurídico, o direito fundamental criado ou incrementado por precedente do Supremo.

Além do mais, direito fundamental não pode ser algo que entra e sai do ordenamento jurídico, porque esse tipo de direito, em virtude da relevância dos bens jurídicos que tutela, sempre edifica o sistema jurídico e é promotor de diversos outros direitos.

Assim, o precedente do Supremo que cria ou incrementa direito fundamental não pode ser (ou não deve poder ser) superado, devendo ser considerado, por força dessa característica, um superprecedente.

Realce-se que, além de criar, o superprecedente pode incrementar um direito fundamental já existente, fortalecendo-o perante o ordenamento jurídico. Numa Constituição dirigente como a nossa, com amplo rol de direitos fundamentais, é mais fácil o Supremo proferir precedentes para fortalecer esses direitos do que para criar um novo direito fundamental, não previsto pelo texto constitucional.

Os precedentes que o Supremo pode proferir com esse objeto são, especialmente, os julgados de controle concentrado de constitucionalidade ou de controle difuso de constitucionalidade, como, por exemplo, a decisão de recurso extraordinário.

Ressalte-se que, por coerência à sua condição de ser insuperável, o superprecedente será sempre vinculante, independentemente de previsão legal. Afinal, de nada adiantaria a irrevogabilidade do direito fundamental previsto no superprecedente, se este pudesse ser afastado por simples vontade do julgador.

Com efeito, os pressupostos do superprecedente no ordenamento brasileiro são distintos do mesmo fenômeno no ordenamento dos Estados Unidos. Se, nos EUA, o pressuposto principal constitui o enraizamento cultural, no Brasil, os pressupostos são a previsão constitucional da cláusula pétrea e, por consequência, a irrevogabilidade do direito fundamental.

Considerado que, por esses motivos, superprecedentes existem em nosso Direito, não é difícil encontrá-los na jurisprudência do Supremo Tribunal Federal. Um exemplo categórico é a ADI 4.277 (que encampou a ADPF 1.352), na qual o Supremo reconheceu o direito de casais homoafetivos constituírem união estável e serem considerados uma família. Sinceramente, não é aceitável admitir que um precedente tão importante como esse possa ser superado pelo Supremo.

A existência de superprecedente no Direito brasileiro possibilita que se depreenda que há uma gradação de precedentes em nosso sistema: têm-se precedentes persuasivos, que constituem mero reforço de argumentação; precedentes vinculantes, que devem ser, obrigatoriamente, aplicados; e superprecedentes, que devem ser, necessariamente, aplicados e nunca podem ser superados.

Em conclusão, a resposta à pergunta feita no início desse item é positiva: sim, existem superprecedentes no Direito brasileiro, mas por razões diversas do superprecedente norte-americano. O nosso superprecedente é o precedente do Supremo Tribunal Federal que cria ou incrementa direito fundamental.

Referências bibliográficas

ACKERMAN, Bruce. The Living Constitution. Harvard Law Review, vol. 120, nº 7, mai/2007.

CÂMARA, Alexandre Freitas. *Levando os padrões decisórios a sério*: formação e aplicação de precedentes e enunciados de súmula. São Paulo: Atlas, 2018.

CRAMER, Ronaldo. "A súmula e o sistema de precedentes do novo CPC". *Revista da EMERJ*, vol. 20, nº 2. Rio de Janeiro: EMERJ, 2018.

_____. Precedentes judiciais: teoria e dinâmica. Rio de Janeiro: Forense, 2016.

CRAMER, Ronaldo; CAMARGO, Luiz Henrique Volpe. Os precedentes vinculantes no CPC/2015: a interpretação do art. 927 do CPC". In: DANTAS, Bruno; BUENO, Cassio Scarpinella *et al.* (org.). *Questões relevantes sobre recursos, ações de impugnação e mecanismos de uniformização da jurisprudência após o primeiro ano de vigência do novo CPC*: em homenagem à professora Teresa Arruda Alvim. São Paulo: Editora Revista dos Tribunais, 2017.

DIDIER JR., Fredie; BRAGA, Paula Sarno; OLIVEIRA, Rafael Alexandria de. Curso de direito processual civil, vol. 2. 10ª ed. Salvador: Juspodivm, 2015.

GERHARDT, Michael. The power of precedent. New York: Oxford University Press, 2008.

LEGALE, Siddharta. "Superprecedentes". *Revista Direito FGV*, vol. 12, nº 3. São Paulo: FGV, set/dez 2016.

MARINONI, Luiz Guilherme. *Precedentes obrigatórios*. 4ª ed. rev., atual e ampl. São Paulo: Revista dos Tribunais, 2016.

MITIDIERO, Daniel. *Precedentes*: da persuasão à vinculação. 3ª ed. rev., atual. e ampl. São Paulo: Thompson Reuters Brasil, 2018.

POSNER, Richard A; LANDES, William M. "Legal precedent: a theoretical and empirical analysis". Journal of Law and Economics, nº 19, 1976.

SILVA, José Afonso da. *Curso de direito constitucional*. 9ª ed. rev. e ampl. São Paulo: Malheiros, 1993.

SINCLAIR, Michael. "Precedent, Super-precedent". George Mason Law Review, nº 14, 2007.

STRECK, Lenio Luiz; ABBOUD, Georges. Comentário ao art. 927. In: STRECK, Lenio Luiz; NUNES, Dierle; CUNHA, Leonardo Carneiro da; e FREIRE, Alexandre (coord). *Comentários ao Código de Processo Civil*. São Paulo: Saraiva, 2016.

VIANA, Aurélio; NUNES, Dierle. *Precedentes*: a mutação no ônus argumentativo. Rio de Janeiro, 2018.

A SÚMULA 150, DO SUPREMO TRIBUNAL FEDERAL E A PRESCRIÇÃO EXECUTIVA

Sérgio Cruz Arenhart

1. Considerações iniciais

Ninguém duvida da importância do instituto da prescrição para o modelo jurídico nacional. De um lado, ele impõe ao titular de um direito que não o deixe inerte por muito tempo. De outro, a medida preserva a segurança jurídica, preservando situações consolidadas ao longo do tempo.

Ainda que se pudesse imaginar um ordenamento jurídico sem esse instituto, ou seja, um ordenamento que preservasse a exigibilidade dos direitos indefinidamente, parece que esse tipo de aposta não se coaduna com as exigências atuais e com os valores defendidos pelas sociedades modernas. Permitir que direitos sejam exigidos *ad aeternum*, sem nenhuma limitação temporal, implica não apenas sujeitar pessoas a um dever indefinidamente, mas também a uma série de imposições acessórias cujo cumprimento é, na prática, impossível. Por exemplo, a permissão de exigir prestações para sempre traz como consequência acessória a necessidade de se guardar a prova da obrigação – ou do seu adimplemento – pelo mesmo período de tempo. Também isso repercutiria no regime de transmissibilidade de obrigações e de prestações, com perniciosos efeitos em termos de estabilidade das relações jurídicas. Ademais, esse tipo de lógica exigiria muito mais esforço do Poder Judiciário, que poderia ser chamado a resolver controvérsias de séculos passados, com toda a problemática que isso pode importar em termos de gestão do acervo processual.

É claro que situações extraordinárias recomendarão esse modelo de imprescritibilidade.[1] Tais casos, porém, devem ser encarados como exceções ao regime padrão, aplicáveis apenas em casos nos quais não haja razões para a preservação da segurança jurídica ou para a sanção da inércia do titular do direito. Vale ressaltar que, na ótica da jurisprudência nacional, todos os casos de imprescritibilidade têm assento cons-

---

1 No campo penal, por exemplo, a Constituição considera como imprescritíveis os crimes de racismo e de ação de grupos armados contra a ordem constitucional e o Estado Democrático (art. 5º, incs. XLII e XLIV). Na esfera cível, já se assentou a imprescritibilidade da reparação ao dano causado ao erário por ato doloso de improbidade administrativa (Tema 9897, do Supremo Tribunal Federal) e da reparação de dano ambiental (Tema 999, do Supremo Tribunal Federal).

titucional, que seria o campo adequado para a ponderação de valores tão essenciais.

Tirante a existência de situações excepcionais assim, parece razoável e desejável, dentro da ordem, que as pretensões sejam sujeitas a um prazo para seu exercício, na medida em que ela se insere na essência dos valores fundantes do Estado atual.

2. A prescrição no direito brasileiro

Antes de aprofundar o tema objeto deste breve estudo, convém examinar brevemente o que é a prescrição e de que forma incide sobre os direitos.

Já houve quem entendesse que a prescrição correspondia à perda do direito de ação (processual).[2] Certamente, o Código Civil de 1916 contribuiu para alimentar essa confusão, pois em vários momentos se referia à "prescrição da ação". Também incidiu no mesmo erro a legislação de direito público, a exemplo do Código Tributário Nacional, ao prever, em seu art. 174, que "a ação para a cobrança do crédito tributário prescreve em 5 (cinco) anos, contados da data da sua constituição definitiva".

Era, de todo modo, corriqueira a ideia de que a prescrição implicava um prazo para a tutela (judicial) de direitos subjetivos, o que traduzia a noção de que o que, de fato, prescrevia não era o direito (ou um de seus aspectos no plano material), mas a ação (judicial) que estava predisposta à sua proteção.

Ponderava parte da doutrina que a fonte eficiente da prescrição era a inércia do titular em ir a juízo reclamar o que lhe era devido. Ora, sendo assim, o direito não poderia estar sujeito à prescrição, porque não estava submetido a qualquer inércia ou necessidade de atuação – o direito simplesmente ingressava no patrimônio jurídico do titular. Já a ação, que demandava iniciativa do titular, poderia estar sujeita a inércia, de onde resulta a ligação feita pela doutrina clássica entre prescrição e ação.[3]

---

2 Assim, por exemplo, dizia o art. 177 daquela lei: "as ações pessoais prescrevem, ordinariamente, em 20 (vinte) anos, as reais em 10 (dez), entre presentes, e entre ausentes, em 15 (quinze), contados da data em que poderiam ter sido propostas". Do mesmo modo, o art. 178 é repleto de referências similares, o que gerava a amplificação da dúvida mencionada.

3 Antonio Luiz da Câmara Leal esclarecia, nesse sentido, que "se a inércia é a causa eficiente da prescrição, esta não pode ter por objeto imediato o direito, porque o direito, em si, não sofre extinção pela inércia de seu titular. O direito, uma vez

Essa forma de pensar a prescrição, a par de confundir o direito material (e suas expressões) com a técnica de tutela predisposta para ele (a ação judicial), algo que restitui a ciência jurídica ao período sincretista do processo, esbarra em um sério óbice constitucional. Como se sabe, a garantia da ação não tem assento apenas na legislação ordinária. Ao contrário, ela está alojada no texto constitucional, no seu art. 5º, inc. XXXV. De fato, quando a Lei Maior prevê que nenhuma lesão ou ameaça a direito pode ser excluída da apreciação do Poder Judiciário, está inserida aí a necessária garantia de que qualquer pessoa pode sempre buscar, junto à jurisdição, a proteção de seus interesses. E, como notório, esse direito, público, subjetivo e abstrato, de requerer a tutela jurisdicional do Estado é o que se chama de ação.

Ora, se a ação é uma garantia constitucional, arrolada dentre as garantias fundamentais constitucionais, é certo que não se pode ter uma norma infraconstitucional que lhe venha a diminuir a extensão ou lhe tolher a eficácia. Por isso, se fosse verdade que a prescrição se refere às ações (processuais), então seria forçoso concluir que todas as normas que tratam da prescrição seriam inconstitucionais, por violarem expressa garantia constitucional fundamental – afinal, a lei não pode excluir da apreciação do Poder Judiciário lesão ou ameaça a direito.

Acreditar, portanto, que a prescrição se refira à ação processual é tornar completamente inútil o instituto, por lançá-lo à inconstitucionalidade. Ademais, é incidir em crassa confusão, que sequer é admitida pelo direito positivo.

Com efeito, a legislação processual civil, ao tratar da prescrição, há muito tempo a enumera dentre as causas de extinção do processo com

adquirido, entra, como faculdade de agir (*facultas agendi*), para o domínio da vontade de seu titular, de modo que o seu não-uso, ou não-exercício, é apenas uma modalidade externa dessa vontade, perfeitamente compatível com sua conservação. E essa potencialidade, em que se mantém pela falta de exercício, só poderá sofrer algum risco e vir a atrofiar-se se, contra a possibilidade de seu exercício a todo momento, se opuser alguém, procurando embaraçá-la, ou impedi-la, por meio de ameaça ou violação. É então que surge uma situação antijurídica, perturbadora da estabilidade do direito, para cuja remoção foi instituída a ação, como custódia tutelar. É contra essa inércia do titular, diante da perturbação sofrida pelo seu direito, deixando de protegê-lo, ante a ameaça ou violação, por meio da ação, que a prescrição se dirige, porque há um interesse social de ordem pública em que essa situação de incerteza e instabilidade não se prolongue indefinidamente" (LEAL, Antonio Luiz da Câmara. *Da prescrição e da decadência.* 3ª ed., Rio de Janeiro: Forense, 1978, p. 10).

resolução de mérito (art. 269, inc. IV, do CPC/73 e art. 487, inc. II, do CPC). Ora, se o reconhecimento da prescrição implica a resolução do mérito, então é evidente que o tema em questão não alude à ação judicial, mas sim a algum elemento do direito material em discussão.

Na realidade, o código de processo civil de 1973 corrigiu o equívoco que permeava a maior parte da legislação processual de então. A confusão entre ação (processual) e os elementos do direito material (em especial a sua pretensão e a ação "de direito material" dele decorrente) estavam tão incrustadas na mentalidade jurídica que era praticamente natural incidir no equívoco, ainda sem perceber as graves consequências dessa implicação.

No Brasil, deve-se a Pontes de Miranda o esclarecimento do assunto, com a exata indicação adequada dos elementos atingidos pela prescrição. Conforme sua lição, impõe-se a necessidade de distinguir o direito subjetivo (figura estática, correspondente, apenas, a uma situação juridicamente valorada) de seus possíveis estados dinâmicos (a pretensão e a ação[4]). Fundado no pensamento alemão, Pontes de Miranda esclarece que "pretensão é, pois, a *tensão* para algum ato ou omissão dirigida a alguém. O *pre-* está, aí, por 'diante de si'. O direito é dentro de si-mesmo, tem *extensão* e *intensidade*; a *pretensão* lança-se. Não é o direito, nem a ação, nem, *a fortiori*, a 'ação' (sentido processual); há direitos que perderam, ou não têm pretensão; há ações, sem que o autor delas seja o titular da pretensão; e pretensão, sem a 'ação' ou sem a ação e a 'ação'. Na pretensão, o direito *tende* para diante de si, dirigindo-se para que alguém cumpra o dever jurídico. (...) Certamente, a pretensão dirige-se a pessoa determinada, a sujeito único ou total, que é o sujeito passivo da relação jurídica; mas, se ela é a direção, a atividade do direito diante de si, não se identifica com ele".[5]

Vê-se, então, que a pretensão não se equipara ao direito subjetivo. Antes, é um estado dinâmico daquele interesse, consistente na sua exigibilidade. A seu turno, a ação[6] corresponde à ideia de imposição

4 Diz Pontes de Miranda que "a regra jurídica é *objetiva* e incide nos fatos; o suporte fáctico torna-se fato jurídico. O que, para alguém, determinadamente, dessa ocorrência emana, de vantajoso, é direito, já aqui *subjetivo*, porque se observa do lado desse alguém, que é o titular dele" (PONTES DE MIRANDA, Francisco Cavalcanti. *Tratado de direito privado*. 3ª ed., Rio de Janeiro: Borsoi, 1970, tomo V, p. 225).

5 PONTES DE MIRANDA, Francisco Cavalcanti. *Tratado*, ob. cit., p. 452.

6 Quando Pontes de Miranda alude à *ação* em questão (e também é neste sentido que o vocábulo consta do texto), não está ele tratando da ação processual – entendida como o poder de invocar a prestação jurisdicional do Estado – mas sim de outro estado do direito material, a chamada ação de direito material (sobre a questão, v.

do direito sobre alguém. É, na lição de Pontes de Miranda, a coerção jurídica (não necessariamente judicial) resultante do direito.[7] A ação, nesse sentido, corresponde ao ato de satisfação do direito assegurado. Obviamente, essa ação não se confunde com a ação processual, que tem por destinatário o Estado e por objeto a prestação jurisdicional (seja ela favorável ou não ao requerente).

Identificados esses elementos, pode-se estabelecer com maior precisão aquilo sobre o que incide a prescrição.

A prescrição não atinge o direito (subjetivo), já que este, como anteriormente visto, é estático e sequer poderia ser impulsionado. Também ela não pode atingir o direito de ação processual, já que essa é uma garantia constitucional (art. 5º, inc. XXXV, da CR), que não é passível de limitação por regra infraconstitucional.[8]

Na realidade, a prescrição atinge, como reconhece, hoje, o art. 189 do Código Civil brasileiro, a pretensão (material). É a exigibilidade do direito que se vê mutilada pela prescrição. Aliás, parece que mesmo na vigência do CPC/73, a modificação sofrida pelo art. 219, § 5º, do CPC, tinha por finalidade alinhar-se à ideia de que a prescrição estava ligada à perda da pretensão.[9] Se o juiz pode desde então (e ainda hoje, como expressamente consigna o art. 487, inc. II, do CPC), de ofício, verificar

além da obra de Pontes de Miranda, MACHADO, Fábio Cardoso. AMARAL, Guilherme Rizzo (coord.). *Polêmica sobre a ação – a tutela jurisdicional na perspectiva das relações entre direito e processo.* Porto Alegre: Livraria do Advogado. 2006).

7 "A coerção jurídica nem sempre é judicial. Há, por exemplo, a compensação, que é jurídica, e não é, de regra, judicial: nela, é evidente o fato de auto-satisfação do credor" (PONTES DE MIRANDA, Francisco Cavalcanti. *Tratado*, ob. cit., p. 478).

8 Aliás, seria absurdo imaginar que a prescrição atinge a ação processual, na medida em que eliminado esse direito, estaria o juiz liberado de responder ao pedido de tutela formulado pelo autor de uma demanda. Vale dizer que, se realmente a prescrição atingisse a ação processual, o juiz poderia simplesmente inutilizar os autos, sem pronunciar-se neles – já que o autor não teria mais esse direito à resposta à sua pretensão à tutela jurisdicional. Não é, porém, obviamente, isso o que ocorre.

9 Superada, nesse ponto, a arguta crítica feita por Barbosa Moreira à tese de que a prescrição extingue a pretensão (v. BARBOSA MOREIRA, José Carlos. "O novo código civil e o direito processual". *Revista Forense*, v. 364, esp. p. 186). De fato, como bem lembrava o processualista, a ideia de que a prescrição eliminava a pretensão encontrava obstáculo no fato de que a legislação anterior condicionava o efeito da prescrição à provocação do interessado – já que, em certos casos ao menos, não se permitia ao juiz conhecer dessa matéria de ofício. Porém, com a inovação legislativa, a crítica perdeu sua força, já que agora sempre é dado ao magistrado examinar de ofício a existência ou não de prescrição.

a prescrição da pretensão e, com isso, negar-se a atender ao pleito da parte – independentemente de provocação do requerido – é ainda mais evidente que a questão envolve a exigibilidade do direito e não o direito em si considerado.

Isso explica o fato de que, prescrita a pretensão, o direito permanece hígido, de modo que o pagamento (espontâneo) feito é considerado válido – já que o direito ao crédito permanece existindo, tendo desaparecido apenas a sua exigibilidade.[10]

3. A prescrição e o processo executivo

Particularmente, no campo da execução, a medida tem relevo ímpar, pois assegura que atos que evidentemente se dirigem a agredir o patrimônio – e, eventualmente, até a liberdade e os direitos do devedor – só possam ser exercidos dentro de certo período de tempo, evitando assim a guarda de espada que penda indefinidamente sobre a cabeça de alguém.

É sabido que a regra referente à prescrição, no campo da execução, vem regulada por duas ordens de regras diferentes. Com relação às execuções de títulos extrajudiciais, o prazo prescricional é aquele próprio de cada título, observada a legislação material de regência. Já no campo dos títulos judiciais, em razão da falta de previsão específica, há muito tempo a jurisprudência acabou por se posicional em aplicar para cá o mesmo prazo prescricional existente para "a propositura da ação".

A posição ficou concretizada na Súmula 150, do Supremo Tribunal Federal, que afirma que "prescreve a execução no mesmo prazo de prescrição da ação". A alusão à execução (e não ao cumprimento de sentença), obviamente, liga-se ao fato de que a súmula foi editada em 1963, quando a legislação brasileira se referia ao processo de execução (autônomo) tanto para títulos extrajudiciais, como para títulos judiciais.

Antes de seguir na análise do tema, é interessante recordar o que justificaram os precedentes que deram origem à dita súmula, porque essa fundamentação é essencial para apreciar a atualidade do conteúdo do enunciado e sua aplicabilidade no sistema atual.[11]

---

10 Assim tb., entre outros, v. THEODORO JR., Humberto. *Comentários ao novo código civil*. 2ª ed. Coord. Sálvio de Figueiredo Teixeira. Rio de Janeiro: Forense, 2003, vol. III, tomo II, p. 161.

11 É fato que a jurisprudência brasileira, inclusive do próprio Supremo Tribunal Federal, já reafirmou a aplicação da lógica que deu ensejo à súmula em momentos atuais (v.g., STF, 2ª Turma. AgR no ARE 732.027. Rel. Min. Cármen Lúcia. DJe 10.06.13). No entan-

Ainda na vigência do Código de Processo Civil de 1939, alguns acórdãos proferidos pelo Supremo Tribunal Federal já sinalizavam pela aplicação à execução do mesmo prazo prescricional previsto para a ação de conhecimento.[12]

A fim de sintetizar os argumentos empregados, calha mencionar decisão que subsidiou a edição da súmula. Em abril de 1962, a 2ª Turma do Supremo Tribunal Federal, ao apreciar o Recurso Extraordinário 49.434, por meio do voto do Min. Victor Nunes, consignava, reportando-se à lição de Amílcar de Castro, que "a sentença não opera novação, nem cria direitos: é ato judicial meramente interruptor da prescrição. E, assim sendo, desde sua data recomeça a correr a prescrição do direito e, demorando a execução, ou suspensa em qualquer ponto a instância da execução, por tanto tempo quanto tenha a lei fixado para a prescrição do direito declarado na sentença, prescrito ficará esse direito".[13]

O raciocínio estava alinhado ao teor dos arts. 172 e 173, do Código Civil de 1916, que regulavam a prescrição na época. Segundo o art. 172, ocorreria a prescrição (dentre outras causas) em razão da "citação pessoal feita pelo devedor, ainda que ordenada por juiz incompetente".[14] E, nos termos do artigo seguinte, "A prescrição interrompida recomeça a correr da data do ato que a interrompeu, ou do último do processo para a interromper".

to, nunca é demais vigiar a atualidade dos argumentos empregados e, consequentemente, avaliar a sua subsistência frente ao ordenamento em vigor.

12 Assim, STF, 1ª Turma. RE 34.944/DF. Rel. Min. Luiz Gallotti, DJU 19.09.57, p. 11.935; STF, 2ª Turma. RE 52.902. Rel. Min. Victor Nunes. DJU 19.07.63, p. 2.229.

13 Acórdão publicado no DJU de 24.05.62, p. 1.119.

14 Eis o conteúdo integral da regra: "Art. 172. A prescrição interrompe-se: I. Pela citação pessoal feita ao devedor, ainda que ordenada por juiz incompetente. II. Pelo protesto, nas condições do número anterior. III. Pela apresentação do título de crédito em juízo de inventário, ou em concurso de credores. IV. Por qualquer ato judicial que constitua em mora o devedor. V. Por qualquer ato inequívoco, ainda que extra-judicial, que importe reconhecimento do direito pelo devedor." Reafirmando a regra mencionada (art. 172, inc. I, do CC/16), dizia o art. 219, do Código de Processo Civil de 1973, que "Art. 219. A citação válida torna prevento o juízo, induz litispendência e faz litigiosa a coisa; e, ainda quando ordenada por juiz incompetente, constitui em mora o devedor e interrompe a prescrição". E, nos termos do seu parágrafo 1º, "A prescrição considerar-se-á interrompida na data do despacho que ordenar a citação". Posteriormente, esse comando veio a ser alterado, por força da Lei nº 8.952/94, passando a ter a seguinte redação: "A interrupção da prescrição retroagirá à data da propositura da ação".

Portanto, à luz dessas regras, ajuizada a demanda de conhecimento estaria interrompido o prazo prescricional até a sua conclusão. Findo o trâmite processual, recomeçaria o curso do prazo, ao menos até que se ajuizasse a execução do título formado no processo de conhecimento.

Desse modo, o raciocínio que embasa a edição da Súmula 150, do Supremo Tribunal Federal, é a direta aplicação dos comandos contidos no código civil em relação aos fatos que geram a interrupção da prescrição e que autorizam a retomada de seu cômputo. E, nesse ponto, impecável foi o raciocínio que subsidia o enunciado em questão.

4. a inaplicabilidade da lógica da súmula 150 ao cumprimento de sentença

A questão que importa, porém, é saber se esse mesmo raciocínio se aplica no momento atual.

Quem consultar a disciplina da prescrição no Código Civil atual (ao menos no que se refere ao tema aqui estudado) verá que não houve alteração significativa nesse regime. Segundo prevê o art. 202, do CC, a interrupção da prescrição – a ocorrer uma única vez – ocorrerá, dentre outras causas, em razão do "despacho do juiz, mesmo incompetente, que ordenar a citação, se o interessado a promover no prazo e na forma da lei processual". Por sua vez, nos termos do parágrafo único do mesmo preceito, "a prescrição interrompida recomeça a correr da data do ato que a interrompeu, ou do último ato do processo para a interromper".

Ou seja, mantém-se a lógica de que a citação do réu (ou melhor, a decisão que a determina) interrompe a prescrição e de que essa interrupção dura até a conclusão do processo.

Há, no entanto, um elemento que implica radical alteração no pensamento anté então existente.

É que, se na época da edição da súmula, a legislação processual previa a formação de *dois processos distintos*, um para o conhecimento e outro para a execução, atualmente a situação é radicalmente distinta. De fato, o Código de Processo Civil de 1939 estabelecia, em seu Livro VIII (art. 882 e ss.), o regime da execução de títulos judiciais como um processo próprio. De outro lado, estabeleciam os arts. 298 e ss. o regime da "ação executiva" de títulos extrajudiciais, com ligeiras modificações em relação ao procedimento adotado para a execução. Sistemática parecida foi a adotada pelo Código de Processo Civil de 1973. O seu Livro II regulava a execução dos títulos judiciais e extrajudiciais, *sempre como um processo autônomo* em relação a eventual processo de conhecimento.[15]

Ou seja, quando da edição da mencionada súmula – e por muito tempo depois – a execução era tratada *como um novo processo*, normalmente instaurado após o trânsito em julgado da sentença no processo de conhecimento e, portanto, *após finda a relação processual instaurada para a análise do conflito.*

A situação só veio a modificar-se em 2005, quando, por meio da reforma introduzida pela Lei nº 11.232/05, fez-se ainda no código de processo civil anterior a separação entre o processo de execução e a "fase" do cumprimento de sentença (arts. 475-I e ss.). A partir de então, para os títulos judiciais – ao menos para aqueles oriundos de sentenças judiciais cíveis – a efetivação dos comandos judiciais passou a ocorrer *dentro da mesma relação processual em que julgada a controvérsia.* Até mesmo a defesa do executado foi inserida na mesma relação processual, abolindo-se a figura do processo autônomo (ao menos como regra, para os títulos judiciais).

Essa mesma lógica foi absorvida pelo código de processo civil atual, que persiste no tratamento do cumprimento como uma fase de um processo integral, por meio do qual se decide o litígio e se implementa a decisão tomada, dando-lhe concretude.

Toda essa modificação, se pode parecer meramente acadêmica para muitos, traz significativos reflexos no campo da atuação da súmula em análise.

É que, no regime anterior, fazia toda lógica a aplicação dos arts. 172 e 173 (do Código Civil de 1916) e do art. 202, do Código Civil atual, como causa para a interrupção e para o recomeço do cômputo do prazo prescricional. Concluído o processo de conhecimento, com o trânsito em julgado da sentença de procedência, o prazo prescricional, que havia sido interrompido com o ajuizamento da demanda, na forma do art. 173, do CC/16 (ou do art. 202, parágrafo único, do CC em vigor), *voltaria a ter seu seguimento.* Ajuizada a nova ação (agora a de execução) ocorreria nova interrupção, até o fim deste segundo processo.

Todavia, no sistema atual, como já observado, *não há mais dois processos*, mas apenas *duas fases de um só processo.*

Portanto, aplicado o sistema existente (atualmente) no art. 202, do CC, vê-se que o raciocínio que dá base à súmula examinada não fecha

15 Autônomo, inclusive, em relação a eventual outro processo que pudesse ser empregado para veicular a defesa do executado (os chamados embargos à execução).

mais. Afinal, interrompido o prazo prescricional pelo ajuizamento da ação condenatória, o prazo prescricional só voltará a correr, nos termos do art. 202, parágrafo único, do CC, "da data do ato que a interrompeu, ou do último ato do processo para a interromper". Ou seja, o prazo prescricional, interrompido com o ajuizamento da demanda condenatória, só pode retomar seu curso após o último ato praticado nesse processo, que corresponde ao último ato praticado na fase de cumprimento (e não na fase de conhecimento, como é evidente).

E, por isso, o fundamento que ensejou a Súmula 150, do Supremo Tribunal Federal, não tem mais validade.

Para agravar a situação, tenha-se que o atual art. 202, *caput*, do CC, adotando solução já prevista para o âmbito público (art. 8º do Decreto 20.910/32) é expresso em afirmar que a interrupção da prescrição "somente poderá ocorrer uma vez". Por outras palavras, ocorrida a interrupção da prescrição pelo ajuizamento da demanda de conhecimento (ou, apenas para usar a expressão indicada no inc. I, do mesmo dispositivo, e em que pese o regime mais amplo posteriormente dado pelo CPC ao tema, pelo "despacho do juiz" que ordena a citação nesse processo), não é possível que outro ato futuro opere novamente a interrupção do prazo prescricional. Se isso é verdade, e se o raciocínio que fez surgir a Súmula 150 ainda devesse ser aplicado, então retomado o curso do prazo prescricional com a coisa julgada formada sobre a sentença condenatória, *não seria possível a ocorrência de nova interrupção da prescrição*, mesmo em razão da intimação (ou da citação, conforme o caso) para o início da fase de cumprimento de sentença.

É evidente que esta última hipótese geraria manifesta injustiça e não se acomodaria à *ratio* que dá guarida ao instituto da prescrição. Afinal, alguém que não ficou inerte, poderia ser penalizado com a prescrição de sua pretensão apenas porque teve início a fase do cumprimento de sentença. Haveria aí um paradoxo inexplicável: enquanto não definida a existência da pretensão, o prazo prescricional estaria interrompido; no momento em que se torna inequívoca a sua existência, então o prazo prescricional voltaria a agir (sem poder interromper-se) podendo fulminar – em razão, por exemplo, da demora não imputável à parte na fase de cumprimento – tal pretensão mesmo diante da inequívoca intenção da parte em exercê-la para realizar seu interesse. Tampouco se explicaria esse raciocínio sob a ótica da segurança jurídica. Qual o sentido de fazer com que o prazo prescricional voltasse a correr na fase executiva apenas porque encerrada a fase de conhecimento de um processo? E em que medida isso beneficiaria a segurança jurídica e a estabilidade das relações sociais?

É verdade que o assim chamado princípio da unidade da prescrição tem sido enaltecido como importante medida para evitar o abuso no emprego de instrumentos que interrompam seu prazo.[16] Parece evidente, no entanto, que negar a interrupção do prazo prescricional com o início da fase executiva é algo totalmente sem sentido.

Em verdade, bem interpretado o sistema atual do processo civil brasileiro, sequer seria difícil demonstrar que, no interregno entre a conclusão da fase de conhecimento e o início da fase de cumprimento não pode correr o prazo prescricional, independentemente da previsão contida no art. 202, parágrafo único, do CC, apenas porque ainda não ocorreu o "último ato do processo para a interromper". Este último ato só ocorrerá com a prolação de sentença na fase de cumprimento (arts. 924 e 925, c/c art. 513, do CPC), momento em que, então, recomeçará o cômputo de eventual prazo prescricional.

Antes desse momento, o prazo prescricional interrompido com o início do processo (de conhecimento) ficará sobrestado até a conclusão do processo "total", aí incluída a fase de cumprimento. Isso significa dizer que a Súmula 150, do Supremo Tribunal Federal, não tem mais o fundamento que autorizava a sua incidência. Se seu raciocínio se baseava nos marcos interruptivos prescricionais (existentes no Código Civil de 1916 e, de forma idêntica, no atual Código Civil) e se desapareceu o marco interruptivo existente entre os momentos processuais do "conhecimento" e da "execução", então não tem mais cabimento sua aplicação. Nem há razão para a aplicação dos marcos interruptivos prescricionais – pressupostos por aquela súmula – nem para a incidência do prazo prescricional por ela preconizada. É imprescindível encontrar outra solução para o problema, simplesmente porque o raciocínio empregado por aquele enunciado não é mais adequado.

Pode-se defender, é claro, que a eliminação de um prazo para dar início à fase do cumprimento é algo pernicioso, na medida em que sujeita o réu (agora devedor) indefinidamente à ameaça dos atos executivos.

---

16 V. sobre isso, FACHIN, Luiz Edson. FRANK, Felipe. "Problematizações sobre a unicidade da interrupção prescricional do artigo 202 do Código Civil Brasileiro". *10 anos do Código Civil.* Org. Sílvio de Salvo Venosa et. Alli. São Paulo: Atlas, 2012; GONÇALVES, Carlos Roberto. "Prescrição: questões relevantes e polêmicas". *Novo código civil: questões controvertidas.* São Paulo: Método, 2003.

Não se nega que isso seja ruim, nem se pretende diminuir as consequências decorrentes dessa percepção. Todavia, também não parece correto persistir na invocação de entendimento jurisprudencial – mesmo que consolidado – quando suas premissas estão claramente desatualizadas. Sobretudo em um momento em que se dá grande importância aos precedentes no sistema nacional, a prática de investigar as razões de decidir e o raciocínio que dá base a certa conclusão parece indispensável.

E o objetivo deste breve estudo é apenas o de demonstrar que, neste caso, é patente a falta de atualidade.

Talvez seja o caso de recorrer a outros institutos (a exemplo da preclusão, da perempção ou mesmo da impropriamente chamada prescrição intercorrente) para abreviar o tempo de "inércia" entre a conclusão da fase de conhecimento e o início da fase executiva. Talvez se possa utilizar, até mesmo, institutos mais abertos, a exemplo da boa-fé objetiva ou da proporcionalidade pan-processual.[17] Possibilidades para compelir o agora credor a dar início à fase executiva não faltam, sendo até mesmo de se desejar a criação de disciplina legal específica para a questão. O que não se tolera é a manutenção – irrefletida – de orientação jurisprudencial criada em base a ambiente totalmente diverso do agora existente.

17 Sobre essa ideia, v. o que escrevemos em *A tutela coletiva de interesses individuais*. 2ª ed., São Paulo: RT, 2015, pp. 48 e ss.

A COMPETÊNCIA NA LEI DE RECUPERAÇÕES JUDICIAIS

Sérgio Shimura

1. Noções introdutórias

O presente ensaio aborda alguns aspectos sobre a *"competência"* regulada pela Lei nº 11.101/2005, normativa que aglutina princípios e regras de variados matizes, tanto de natureza material, como processual. Nessa linha, o art. 189 da Lei nº 11.101/2005, com a redação dada pela Lei nº 14.112/2020, diz expressamente que o Código de Processo Civil é aplicável aos procedimentos previstos na lei recuperacional.

No tocante à *"competência"*, em se tratando de recuperação judicial e falência, a própria Constituição Federal já cuida de separar o juízo falimentar dos demais feitos, conforme art. 109, I, CF ("Aos juízes federais compete processar e julgar (I) as causas em que a União, entidade autárquica ou empresa pública federal forem interessadas na condição de autoras, rés, assistentes ou oponentes, exceto as de falência, as de acidentes de trabalho e as sujeitas à Justiça Eleitoral e à Justiça do Trabalho").

E o Código de Processo Civil, na mesma linha, enuncia no art. 45, que, "Tramitando o processo perante outro juízo, os autos serão remetidos ao juízo federal competente se nele intervier a União, suas empresas públicas, entidades autárquicas e fundações, ou conselho de fiscalização de atividade profissional, na qualidade de parte ou de terceiro interveniente, exceto as ações: (I) de recuperação judicial, falência, insolvência civil e acidente de trabalho".

A Organização Judiciária do Estado de São Paulo prevê para comarca de São Paulo, três Varas de Falências e Recuperações Judiciais da Comarca da Capital, com competência para julgar ações de falência, recuperação judicial e extrajudicial e ações por crime falimentar.

Também criou duas Varas Empresariais e de Conflitos Relacionados à Arbitragem da Comarca da Capital, com competência para as ações principais, acessórias e conexas, relativas à matéria prevista no Livro II, Parte Especial, do Código Civil (artigos 966 a 1.195), e na Lei nº 6.404/76 (sociedades anônimas), bem como propriedade industrial e concorrência desleal, tratadas especialmente na Lei nº 9.279/96, franquia (Lei nº 8.955/1994) e ações decorrentes da Lei de Arbitragem (Lei nº 9.307/1996), criadas pela Resolução nº 763/2016 do TJSP.

No âmbito territorial da 1ª Região Administrativa Judiciária (1ª RAJ), excluindo a Comarca da Capital, existem duas Varas Regionais Empresariais, Falências, Recuperações Judiciais e de Conflitos relacionados à Arbitragem, criadas pela Resolução nº 824/2019 do TJSP.

Em 2ª Instância, há duas Câmaras Reservadas de Direito Empresarial, com competência para julgar as ações principais, acessórias e conexas, relativas à matéria prevista no Livro II, Parte Especial, do Código Civil (artigos 966 a 1.195), e na Lei nº 6.404/1976, bem como propriedade industrial e concorrência desleal, tratadas especialmente na Lei nº 9.279/1996, franquia (Lei nº 8.955/94), e na Lei de Recuperação de Empresas.

2. Principal estabelecimento

O art. 3º, LRE, regulamenta a competência do juízo do principal estabelecimento, em três situações: homologar o plano de recuperação extrajudicial, deferir a recuperação judicial ou decretar a falência ("É competente para homologar o plano de recuperação extrajudicial, deferir a recuperação judicial ou decretar a falência o juízo do local do *principal estabelecimento* do devedor ou da filial de empresa que tenha sede fora do Brasil") (g/n).

E o art. 76, LRE, dispõe que "O juízo da falência é indivisível e competente para conhecer todas as ações sobre bens, interesses e negócios do falido, ressalvadas as causas trabalhistas, fiscais e aquelas não reguladas nesta Lei em que o falido figurar como autor ou litisconsorte ativo".

O principal estabelecimento é a sede em que o devedor centraliza a sua administração e as suas atividades, é o local em que maior volume dos negócios é gerido. Não se confunde, pois, com o domicílio formal constante dos atos constitutivos da sociedade.

Apesar da discussão doutrinária sobre se a competência fixada legalmente obedece ao critério territorial, funcional ou à matéria discutida, o que se tem, pacificamente, é que a competência é *absoluta*, não sendo derrogável pelas partes nem pelo juízo.

PREVENÇÃO. Para evitar decisões conflitantes, bem como para melhoria e efetividade dos trabalhos judiciais, a distribuição do pedido de falência ou de recuperação judicial ou a homologação de recuperação extrajudicial previne a jurisdição para qualquer outro pedido de falência, de recuperação judicial ou de homologação de recuperação extrajudicial relativo ao mesmo devedor (art. 6º, § 8º, LRE).

Nesse passo, ainda que o plano de recuperação judicial preveja *mudança* do principal estabelecimento, tal circunstância não altera a competência, justamente em razão da prevenção gerada pela distribuição do pedido de recuperação judicial (art. 94, III, "d", LRE).

CONSTATAÇÃO PRÉVIA. O art. 51-A, LRE, acrescido pela Lei nº 14.112/2020, dispõe que o juiz, quando necessário, pode determinar a constatação prévia das condições atuais de funcionamento do devedor e da regularidade documental, independentemente da oitiva da parte ou do devedor. E se ficar constatado que o principal estabelecimento não estiver na área de competência do juízo, cabe-lhe remeter os autos ao respectivo juízo competente (art. 51-A, § 7º, LRE).

CONSOLIDAÇÃO PROCESSUAL E SUBSTANCIAL. Há hipóteses em que várias sociedades formam um grupo econômico, sob controle societário comum. Daí ser possível que várias sociedades postulem a recuperação judicial, situação chamada de "consolidação processual", reunindo-se como se fossem litisconsortes (litisconsórcio facultativo), nos termos do disposto no art. 113, CPC.

Além disso, pode ocorrer, excepcionalmente, que, além da consolidação processual, as várias sociedades em crise, estejam interligadas por vínculo de controle ou subordinação, que haja garantias cruzadas entre elas, ou ainda identidade do quadro societário, hipótese em que a lei autoriza ao juízo (a competência é do juiz por encerrar questão jurisdicional, e não da Assembleia Geral de Credores) a deferir o pedido de *consolidação substancial*, mesmo que as sociedades tenham sede em locais (e, portanto, comarcas) distintos.

Mas seja qual for a modalidade de consolidação (processual ou substancial), a competência é do juízo do local do principal estabelecimento (art. 69-G, § 2º, LRE).

INSOLVÊNCIA TRANSNACIONAL. Além das situações previstas no art. 3º, LRE, o art. 167-D da Lei nº 11.101/2005 edita que "O juízo do local do principal estabelecimento do devedor no Brasil é o competente para o reconhecimento de processo estrangeiro e para a cooperação com a autoridade estrangeira nos termos deste Capítulo. § 1º A distribuição do pedido de reconhecimento do processo estrangeiro previne a jurisdição para qualquer pedido de recuperação judicial, de recuperação extrajudicial ou de falência relativo ao devedor. § 2º A distribuição do pedido de recuperação judicial, de recuperação extrajudicial ou de falência previne a jurisdição para qualquer pedido de reconhecimento de processo estrangeiro relativo ao devedor."

A insolvência transnacional veio a ser positivada pela Lei nº 14.112/2020, regulamentando a cooperação jurisdicional entre juízes brasileiros e estrangeiros em processos de insolvência transfronteiriça, decorrente de um mundo negocial cada vez mais globalizado.

A cooperação jurídica internacional, conquanto não se equipare a convenções ou tratados internacionais, visa uniformizar e agilizar os procedimentos e atos em processos de insolvência a serem praticados em outros país e, com isso, aumentar a segurança jurídica, a proteção dos ativos do devedor, dentre outros objetivos. E para tanto, o juízo do local do estabelecimento no Brasil é o competente para reconhecer o processo estrangeiro e adotar os protocolos da cooperação internacional.

3. Competência para suspender as execuções

Pelo art. 6º, *caput*, LRE, a decretação da falência ou o deferimento do processamento da recuperação implica: I – suspensão do curso da prescrição das obrigações do devedor sujeitas ao regime da Lei nº 11.101/2005; II – suspensão das execuções ajuizadas contra o devedor, inclusive daquelas dos credores particulares do sócio solidário, relativas a créditos ou obrigações sujeitos à recuperação judicial ou à falência; III – proibição de qualquer forma de retenção, arresto, penhora, sequestro, busca e apreensão e constrição judicial ou extrajudicial sobre os bens do devedor, oriunda de demandas judiciais ou extrajudiciais cujos créditos ou obrigações sujeitem-se à recuperação judicial ou à falência.

Malgrado o art. 6º, *caput*, LRE, dê a entender que tais efeitos são "ope legis", em verdade compete ao juiz, ao deferir o processamento da recuperação judicial, ordenar "a suspensão de todas as ações ou execuções contra o devedor, na forma do art. 6º desta Lei, permanecendo os respectivos autos no juízo onde se processam, ressalvadas as ações previstas nos §§ 1º , 2º e 7º do art. 6º desta Lei e as relativas a créditos excetuados na forma dos §§ 3º e 4º do art. 49 desta Lei" (art. 52, III, LRE).

Todavia, em algumas hipóteses o juízo recuperacional não tem competência para deliberar sobre outros feitos.

3.1. Incerteza e iliquidez da obrigação

Nas ações em que ainda não há certeza nem liquidez da obrigação, o feito prossegue normalmente até que se apure o respectivo valor devido pelo devedor. Fixado o montante devido, então caberá ao credor proceder à sua habilitação nos autos da falência ou recuperação judicial. Noutras palavras, compete ao respectivo juízo em que tramitam tais ações apurar o respectivo valor.

Também não há suspensão das ações que não tenham por objeto obrigação de pagar quantia, como ocorre nas ações envolvendo obrigação de *fazer ou de entregar coisa*, vez que esses tipos de obrigação não se sujeitam a concurso de credores, estando, pois, fora da recuperação judicial ou falência.

O mesmo tanto sucede com as *ações trabalhistas*, que se processam regularmente pela justiça especializada até a apuração do respectivo crédito (art. 6º, § 2º, LRE).

Ainda, o processamento da recuperação judicial ou a decretação da falência não impedem a instauração do *procedimento arbitral*, que segue até a declaração do valor devido (art. 6º, § 9º, LRE).

3. 2. Créditos extraconcursais

Os créditos extraconcursais previstos nos §§ 3º e 4º do art. 49, LRE, como regra, não são afetados pela recuperação judicial. Isso porque o juízo recuperacional tem competência limitada e temporária para decidir sobre alguns bens do devedor.

A competência do juízo recuperacional limita-se a suspender os atos de constrição que recaiam sobre *bens de capital essenciais* à manutenção da atividade empresarial, e mesmo assim, durante o período de suspensão ("stay period"), mediante *cooperação jurisdicional* entre os juízes cooperantes, com vistas à efetivação de medidas e providências para recuperação e preservação de empresas (art. 6º. § 7º-A, LRE; art. 69, § 2º, IV, CPC).

Quer dizer, quando se tratar de crédito *extraconcursal* (ex.: credor proprietário fiduciário de bem imóveis), o juízo recuperacional tem competência apenas para determinar a *suspensão* (não para impedir) de medidas constritivas sobre bens de capital essenciais, somente durante o período de suspensão de 180 dias (prorrogável uma única vez) e condicionada à cooperação jurisdicional, prevista no art. 69, CPC.

Não envolvendo bens de capital essenciais à preservação da empresa, se já escoado o "stay period" ou se não houver ato concertado entre os respectivos juízos (recuperacional e executivo), o juízo recuperacional não tem competência para deliberar sobre tais bens (art. 6º, § 7º-A, art. 49, § 3º, e art. 52, III, LRE).

Sobre a cooperação jurisdicional, a Resolução nº 350/2020 do CNJ, prevê dentre outras medidas, que os atos de cooperação poderão consistir na efetivação de medidas e providências para recuperação e preservação de empresas, bem como na facilitação de habilitação de créditos na falência e na recuperação judicial.

3. 3. Execuções fiscais

A separação da competência do juízo da recuperação e o da execução fiscal ganhou novos contornos com a Lei nº 14.122/2020.

Antes da reforma de 2020 (introduzida pela Lei nº 14.112/2020), já havia a previsão legal de que a execução fiscal não se sujeitava a concurso de credores (art. 187, CTN; art. 29, LEF; antiga redação do art. 6º, § 7º, LRE).

Porém, o que ocorria é que, quando a execução fiscal (de crédito tributário ou não tributário) chegava na fase constritiva (penhora, bloqueio etc.), o juízo da execução ficava na dependência da análise do juízo da recuperação judicial, sobre se o ato executivo iria afetar as atividades do devedor e obstar o seu soerguimento. O juízo da execução fiscal tinha competência para dar seguimento ao processo, mas quando da constrição ou expropriação dos bens, tinha de se sujeitar à análise do juízo recuperacional.

Em verdade, a Fazenda Pública encontrava-se num limbo. Podia executar, mas não podia expropriar bens. Tanto assim, que o STJ, em 2018, havia afetado o Tema 987 (possibilidade da prática de atos constritivos em face de empresa em recuperação judicial, em sede de execução de dívida tributária e não tributária). E diante dessa afetação, as execuções fiscais ficaram suspensas. E mais. A jurisprudência dispensava o devedor de apresentar a Certidão Negativa de Débitos Tributários (CND, art. 57).

No entanto, com o advento da Lei nº 14.112/2020, a posição da Fazenda Pública foi revigorada, com as alterações introduzidas pelos seguintes dispositivos: 1) art. 6º, § 7º-B; 2) art. 7º-A; e 3) Lei nº 10.522/2002.

De conseguinte, considerando tais alterações, o STJ, em junho de 2021, cancelou a afetação do tema 987, destravando as execuções fiscais que se encontravam suspensas. Agora, diante dessas modificações, delimitou-se com mais nitidez a competência de cada juízo.

A execução fiscal não se sujeita a concurso de credores nem à habilitação de crédito na falência ou na recuperação judicial, aliás, como já enunciavam o art. 29, Lei nº 6.830/1980 e o art. 187, CTN ("A cobrança judicial do crédito tributário não é sujeita a concurso de credores ou habilitação em falência, recuperação judicial, concordata, inventário ou arrolamento").

Ademais, a concessão da recuperação judicial fica na dependência de o devedor apresentar a prova de *quitação* dos tributos ou de *suspensão* do crédito tributário (arts. 151, 191-A, 205 e 206, CTN).

Em harmonia, o art. 57, LRE, reforça a exigência da certidão negativa de débito tributário (CND). Nesse ponto, vale relembrar que, apesar da dicção legal, exigindo a apresentação da CND, o posicionamento do

STJ, ao menos até o advento da Lei nº 14.112/2020, estava sedimentado no sentido de ser dispensável a juntada da certidão negativa, seja em razão do princípio da preservação da empresa (art. 47, LRE), seja pela autorização legal (art. 52, II, LRE).

Porém, como se vê, a Lei nº 14.112/2020 reposicionou a Fazenda Pública, notadamente quando o devedor obtém o deferimento do pedido de *recuperação judicial*. Primeiro, porque regulamentou o *parcelamento* da dívida da Fazenda Nacional, cujo inadimplemento autoriza o pedido de convolação da recuperação judicial em falência (art. 10-A, V, c.c. § 4º-A, IV, da Lei nº 10.522/2002). Segundo, porque o art. 6º, § 7º-B, LRE, deixa claro que as execuções fluem normalmente, não se suspendendo com o deferimento da recuperação judicial; nesse passo, a competência do juízo recuperacional limita-se à "*substituição* dos atos de constrição que recaiam sobre bens de capital essenciais à manutenção da atividade empresarial até o encerramento da recuperação judicial, a qual será implementada mediante a cooperação jurisdicional" na forma do art. 69, CPC.

Mais. Se o devedor, ao aderir ao parcelamento, oferecer garantia idônea e suficiente aceita pela Fazenda Nacional, não poderá incluir tal garantia no plano de recuperação judicial (art. 10-A, § 1º-C, II, Lei nº 10.522/2002).

Por fim, afastando a competência do juízo recuperacional sobre as execuções fiscais, seja para o crédito tributário, seja para o não tributário, o STJ já se posicionou: "O crédito fiscal não tributário não se submete aos efeitos do plano de recuperação judicial. Nos termos do art. 49, *caput*, da Lei nº 11.101/2005, estão sujeitos à recuperação judicial do devedor todos os créditos existentes na data do pedido (ainda que não vencidos), sendo certo que a aferição da existência ou não do crédito deve levar em consideração a data da ocorrência de seu fato gerador (fonte da obrigação). O art. 187, *caput*, do Código Tributário Nacional exclui os créditos de natureza tributária dos efeitos da recuperação judicial do devedor, nada dispondo, contudo, acerca dos créditos de natureza não tributária. A Lei nº 11.101/2005, ao se referir a "execuções fiscais" (art. 6º, § 7º-B), está tratando do instrumento processual que o ordenamento jurídico disponibiliza aos respectivos titulares para cobrança dos créditos públicos, *independentemente de sua natureza*, conforme disposto no art. 2º, §§ 1º e 2º, da Lei nº 6.830/1980. Desse modo, se, por um lado, o art. 187 do CTN estabelece que os créditos tributários não se sujeitam ao processo de soerguimento – silenciando quanto aqueles de natureza não tributária -, por outro lado verifica-se que o próprio diploma recuperacional e falimentar não estabeleceu distinção entre a natureza dos créditos que deram ensejo ao ajuizamento do executivo fiscal para afastá-los dos efeitos do processo de soerguimento. Ademais, a própria Lei nº 10.522/2002 – que trata do parcelamento especial previsto no art. 68, *caput*, da LFRE – prevê, em seu art. 10-A, que tanto os créditos de natureza tributária quanto não tributária poderão ser liquidados de acordo com uma das modalidades ali estabelecidas, de modo que admitir a submissão destes ao plano de soerguimento equivaleria a chancelar a possibilidade de eventual cobrança em duplicidade. Tampouco a Lei nº 6.830/1980, em seus artigos 5º e 29, faz distinção entre créditos tributários e não tributários, estabelecendo apenas, em sentido amplo, que a "cobrança judicial da Dívida Ativa da Fazenda Pública não é sujeita a concurso de credores ou habilitação em falência, concordata, liquidação, inventário ou arrolamento". Esta Corte Superior, ao tratar de questões envolvendo a possibilidade ou não de continuidade da prática, em execuções fiscais, de atos expropriatórios em face da recuperanda, também não se preocupou em diferenciar a natureza do crédito em cobrança, denotando que tal distinção não apresenta relevância para fins de submissão (ou não) da dívida aos efeitos do processo de soerguimento. Assim, em que pese a dicção aparentemente restritiva da norma do *capu*t do art. 187 do CTN, a interpretação conjugada das demais disposições que regem a cobrança dos créditos da Fazenda Pública insertas na Lei de Execução Fiscal, bem como daquelas integrantes da própria Lei nº 11.101/2005 e da Lei nº 10.522/2002, autorizam a conclusão de que, para fins de não sujeição aos efeitos do plano de recuperação judicial, a natureza tributária ou não tributária do valor devido é irrelevante. (REsp. 1.828.248, rel. Min. LUIS FELIPE SALOMÃO, j. 05/08/2021).

4. Crédito fiscal em caso de falência

Se a empresa devedora tiver a sua quebra decretada, a execução fiscal se suspende, cujo crédito é de ser habilitado junto à falência, quando então a competência passa a ser do juízo universal falimentar. Quer dizer, durante o procedimento falimentar a execução fiscal fica suspensa, sem prejuízo de prosseguir contra os corresponsáveis (art. 7º-A, § 4º, V, LRE).

Decretada a quebra, caberá ao juízo falimentar instaurar, de ofício e independentemente das demais habilitações, um incidente próprio e específico para cada Fazenda Pública denominado de "incidente de classificação de crédito público", nos termos do art. 7º-A, LRE ("*Na falência, após realizadas as intimações e publicado o edital, conforme previsto, respectivamente, no inciso XIII do caput e no § 1º do art. 99 desta Lei, o juiz instaurará, de ofício, para cada Fazenda Pública credora, incidente de classificação de crédito público e deter-*

minará a sua intimação eletrônica para que, no prazo de 30 (trinta) dias, apresente diretamente ao administrador judicial ou em juízo, a depender do momento processual, a relação completa de seus créditos inscritos em dívida ativa, acompanhada dos cálculos, da classificação e das informações sobre a situação atual").

Entretanto, pelo regime introduzido pela Lei nº 14.112/2020, houve repartição de competências. Compete ao juízo da *execução fiscal* decidir sobre a existência do crédito, exigibilidade e valor (prescrição, pagamento etc.), bem como o prosseguimento contra eventuais coobrigados. E compete ao *juízo da falência* a verificação da correção do cálculo e respectiva classificação (art. 7º-A, § 4º, LRE).

5. Competência para as ações contra coobrigados

O juízo falimentar não tem competência para interferir nas execuções propostas contra os coobrigados, fiadores e obrigados de regresso (arts. art. 7º-A, § 4º, V, 49, § 1º, LRE).

Dessa forma, se a execução individual segue normalmente contra os garantidores, independentemente da recuperação judicial do devedor principal, eventual penhora ou mesmo expropriação devem ser consideradas plenamente válidas e eficazes, conferindo aos exequentes o direito de obter a satisfação de seu crédito, não tendo o juízo recuperacional ou falimentar competência para interferir sobre o destino do respectivo feito executivo.

A propósito, a Súmula 581-STJ edita que: "A recuperação judicial do devedor principal não impede o prosseguimento das ações e execuções ajuizadas contra terceiros devedores solidários ou coobrigados em geral, por garantia cambial, real ou fidejussória".

Nesse sentido: "Incidente de desconsideração da personalidade jurídica, nos autos da falência do Grupo Albertina – Decisão que avocou a competência para processamento de execução de título judicial, em face de sociedade alcançada pelo decreto de quebra e dos devedores solidários – Inconformismo do credor – Acolhimento – Viabilidade do prosseguimento da execução de título judicial contra os devedores solidários e não sócios da devedora, atualmente falida por extensão – A *vis attractiva* de que trata o art. 76, da Lei nº 11.101/2005, impõe o juízo universal para execuções em face do falido, sem alcançar os devedores solidários ou coobrigados não atingidos pelo decreto de quebra ou extensão da falência – Decisão reformada – Recurso provido, com determinação" (TJSP, AI 2189440-49.2021.8.26.0000, rel. GRAVA BRAZIL, j. 05/10/2021).

"Falência. O decreto da quebra implica em suspensão de ações e execuções dirigidas ao devedor principal, mas não abrange os seus coobrigados. Inteligência do 'caput' do art. 6º e inciso V do art. 99 da Lei nº 11.101/2005. Execução dirigida contra a falida e os codevedores. Decisão recorrida que cuidou de ressalvar expressamente a suspensão da execução em face daquela e o prosseguimento destes. Imóvel cuja penhora se reclama que não pertence à falida, mas à codevedora Jurema. Decisão mantida. Recurso desprovido." (TJSP, AI nº 2244282-13.2020.8.26.0000, Rel. ARALDO TELLES, j. 18.01.2021).

6. Incidente de desconsideração da personalidade jurídica

O juízo falimentar tem competência para deferir e processar o pedido de "incidente de desconsideração da personalidade jurídica" contra o sócio de responsabilidade limitada, controladores ou administradores da sociedade falida (art. 82-A, LRE).

Mas tal competência não significa que possa interferir direta e automaticamente nas execuções individuais em trâmite contra tais pessoas, quando figurem na qualidade de garantidores ou responsáveis. Não há repercussão automática, considerando que é preciso verificar em que estágio em que a execução individual se encontra.

Além disso, impõe-se averiguar em que termos o juízo falimentar acolhe o pedido de desconsideração da personalidade jurídica para atingir os bens pessoais do responsável ou do sócio falido, isto é, qual a extensão dos efeitos da decisão, considerando o benefício auferido pelo abuso ou pela confusão patrimonial (art. 50, Código Civil).

A propósito, vale observar que o Incidente de Desconsideração da Personalidade Jurídica não constitui "extensão da falência" aos sócios, não gerando, portanto, concurso de credores. Não se equipara nem se confunde com a *"extensão da falência"*, a gerar concurso universal de credores, como se depreende do art. 82-A, LRJ (*"É vedada a extensão da falência ou de seus efeitos, no todo ou em parte, aos sócios de responsabilidade limitada, aos controladores e aos administradores da sociedade falida, admitida, contudo, a desconsideração da personalidade jurídica"*).

Diferenciando a "desconsideração da personalidade jurídica" da "extensão da falência", PAULO ROBERTO GRAVA BRAZIL leciona que *"No caso de pessoa física, sócio ou administrador, a situação é diversa. Não há que se falar em estado falimentar, extensão da falência ou dos efeitos dela. A desconsideração se limita a obrigá-la a responder na medida do benefício experimentado em decorrência do desvio de finalidade. Em ca-*

sos extremos, em que se verifique a prática reiterada de atos de confusão patrimonial ou desvio de finalidade tal que impliquem a impossibilidade de separar os respectivos patrimônios ou delimitar o benefício experimentado, o patrimônio do sócio ou administrador deverá ser arrecadado e responder subsidiariamente pelo passivo da falida" ("A DESCONSIDERAÇÃO DA PERSONALIDADE JURÍDICA NA FALÊNCIA", in "Transformações no Direito de Insolvência" – Coordenação: IVO WAISBERG e MANOEL JUSTINO B. FILHO, Quartier Latin, 2021, p. 367) (g/n).

OTÁVIO JOAQUIM RODRIGUES FILHO elucida que "*A atual Lei de Falências e Recuperações judiciais, Lei 11.101/2005, é restritiva quanto à hipótese de extensão da falência, já que menciona que ela pode ser estendida aos sócios de responsabilidade ilimitada, o que equivale, a nosso ver, à possibilidade restrita àqueles tipos societários para os quais já é prevista a responsa ilimitada de seus sócios, para as sociedades de fato e para as poucas hipóteses remanescentes nas quis o legislador instituiu a responsabilidade objetiva do sócio controlador por todo o passivo a descoberto, que é o caso das sociedades sujeitas à liquidação extrajudicial. (...) No mais, restringindo a atual lei de Quebras brasileira a extensão da falência aos sócios de responsabilidade ilimitada, não há suporte legal para a extensão em outras hipóteses. (...). A extensão da falência leva ao regime de uma execução concursal, que incide sobre todos os bens daquele atingido por sua declaração; retira aos seus membros a possibilidade de administração da sociedade; sujeita-os a eventual responsabilização penal, principalmente daquelas condutas que têm como pressuposto a decretação da falência; obriga-os ao cumprimento de deveres previstos na Lei Falimentar; produz o vencimento o antecipado de suas obrigações*" ("*Desconsideração da Personalidade Jurídica e Processo*", Ed. Malheiros, 2016, p. 127/128) (g/n).

7. Cumprimento de sentença arbitral

Como referido, o juízo da falência é indivisível e competente para conhecer todas as ações sobre bens, interesses e negócios do falido, *ressalvadas as causas trabalhistas, fiscais e aquelas não reguladas nesta Lei em que o falido figurar como autor ou litisconsorte ativo* (art. 76, LRE).

Vale dizer, nas demandas previstas na Lei nº 11.101/2005 quando a massa falida for *autora* (ex.: ação para exclusão, classificação ou simples retificação de créditos, art. 19; ação de responsabilidade solidária dos administradores, art. 82; incidente de desconsideração da personalidade jurídica contra ex-administradores, art. 82-A; ação para integração de cotas ou ações, art. 82; ação para apuração de haveres contra a sociedade da qual o falido for sócio, art. 123; ação para a extinção de comunhão, para apuração da parte do falido, em condomínio, art. 129, parágrafo único; ação declaratória de ineficácia de ato praticado pelo devedor antes da falência; art. 129, parágrafo único; ação revocatória, art. 134), prevalece a competência do juízo universal.

Não estando prevista na Lei nº 11.101/2005, as ações ajuizadas pela massa falida devem ser distribuídas livremente, segundo as normas do Código de Processo Civil (art. 46 e ss., CPC).

Também foi lembrado que processamento da recuperação judicial ou a decretação da falência não prejudica nem afeta a convenção de *arbitragem*, não impedindo ou suspendendo a instauração de procedimento arbitral (art. 6º, § 9º, LRE).

Dentro desse contexto, uma questão que nos parece interessante diz respeito à ação ajuizada pela Massa Falida, distribuída perante juízo distinto do falimentar, quando o devedor invoca matéria de defesa relativamente a "*bens, interesses e negócios*" do falido (ou melhor, da massa falida) (art. 76, LRE).

Por hipótese, se a massa falida, como credora, instaurar cumprimento de sentença proferida pelo juízo arbitral contra a sua devedora, e esta apresentar impugnação envolvendo pagamento, compensação, novação etc., haveria mudança da competência para o juízo universal falimentar?

Parece-nos que não. Se a ação de cumprimento de sentença foi proposta pela massa falida (autora), a competência é fixada de modo livre, sem prevenção ou atração do juízo universal. Isso porque a ação proposta pela massa falida não está prevista na Lei nº 11.101/2005 como sendo da competência do juízo falimentar.

A discussão ganha maior relevo no âmbito da comarca de São Paulo, em que há juízos especializados (Varas Empresariais e de Conflitos Relacionados à Arbitragem da Comarca da Capital), com competência, dentre outras causas, para as ações principais, acessórias e conexas, relativas às ações decorrentes da Lei de Arbitragem (Lei nº 9.307/1996), nos termos da Resolução nº 763/2016 do TJSP.

Nesse passo, se a ação instaurada pela massa falida contra a sua devedora perante a Vara Empresarial, com competência absoluta pelo critério funcional, e o devedor deduz questão atinente a crédito ou bens da massa falida, cremos que o tipo de defesa não serve critério para fixação ou alteração da competência. O mero fato de a demandada (devedora da massa falida) arguir novação, compensação ou qualquer outra matéria de interesse da massa falida, não transforma o juízo que era competente (absolutamente) em *incompetente*, não havendo, pois, deslocamento da competência originária para o juízo falimentar.

A se entender de outra forma, todas as matérias de defesa relacionadas a *crédito e bens da falida* (ex.: inexigibilidade da obrigação, penhora incorreta, pagamento, novação, transação, prescrição, compensação etc.) teriam de ser discutidas no juízo falimentar, refugindo à principiologia prevista no art. 76, LRE. Em outros termos, a competência do juízo é fixada no momento da distribuição (art. 43, CPC), não podendo ser alterada pelo conteúdo da matéria invocada pelo devedor da massa falida.

8. Habilitações e impugnações retardatárias

O juiz, ao deferir o processamento da recuperação judicial, determina a expedição de edital para publicação no órgão oficial, contendo a relação nominal dos credores arrolados pela recuperanda (art. 52, § 1º, LRE).

Tais credores têm o prazo de 15 dias para apresentar ao administrador judicial suas habilitações ou divergências quanto ao valor dos créditos relacionados no edital (art. 7º, § 1º, LRE). Após este prazo, as habilitações ou impugnações serão recebidas como *retardatárias* (art. 10, LRE).

A dúvida que se punha era saber se o juiz poderia encerrar a recuperação judicial, com habilitações ou impugnações retardatárias pendentes de julgamento, ou seja, antes da consolidação do quadro-geral de credores.

Agora a lei autoriza o encerramento da recuperação judicial, independentemente da consolidação do quadro-geral de credores, à luz do art. art. 63, LRE. Com isso, por uma questão de celeridade, permite-se o pagamento parcial aos credores cujos créditos já foram incluídos, e em relação aos pendentes, procede-se à reserva do respectivo valor (art. 10, § 7º, LRE).

Mas outra discussão que se travava dizia respeito à competência para as habilitações ou impugnações retardatárias pendentes ou distribuídas após a sentença de encerramento da recuperação judicial.

Com o advento do § 9º do art. 10, LRE (incluído pela Lei nº 14.112/2020), "A recuperação judicial poderá ser encerrada ainda que não tenha havido a consolidação definitiva do quadro-geral de credores, hipótese em que as ações incidentais de habilitação e de impugnação retardatárias serão *redistribuídas* ao juízo da recuperação judicial como ações autônomas e observarão o rito comum".

Na lição de MARCELO SACRAMONE, "encerrado o processo de recuperação judicial, referidos incidentes ainda pendentes devem ser convertidos em processos autônomos, por mera decisão judicial, e tramitarão pelo rito comum até o sentenciamento no juízo da recuperação judicial. Não se justifica o encaminhamento dos incidentes à Justiça Trabalhista Especializada ou ao Juízo Cível. A competência para sua apreciação já se perpetuou no juízo da recuperação judicia, mesmo após o encerramento do processo principal" ("Comentários à Lei de Recuperação Judicial e falências", pp. 97/98).

Não se aplica, no caso, o disposto no art. 55, § 1º, CPC, que preconiza que "Os processos de ações conexas serão reunidos para decisão conjunta, salvo se um deles já houver sido sentenciado".

9. Referências bibliográficas

BEZERRA FILHO, Manoel Justino. Lei de recuperação judicial e Falências. RT, São Paulo, 2021.

COSTA, Daniel Carnio; MELO, Alexandre Nasser de. *Comentários à Lei de recuperação judicial de empresas e Falência.* Editora Juruá, Curitiba. 2021.

GRAVA BRAZIL, Paulo Roberto. "A DESCONSIDERAÇÃO DA PERSONALIDADE JURÍDICA NA FALÊNCIA", in "Transformações no Direito de Insolvência" - Coordenação: IVO WAISBERG e MANOEL JUSTINO B. FILHO, Quartier Latin, São Paulo. 2021.

MAIA DA CUNHA, Fernando Antonio; LAZZARESCHI NETO, Alfredo Sergio. *Direito Empresarial Aplicado.* Quartier Latin. São Paulo. 2021

RODRIGUES FILHO, Otávio Joaquim. "*Desconsideração da Personalidade Jurídica e Processo*", Ed. Malheiros, São Paulo. 2016

SACRAMONE, Marcelo Barbosa. "Comentários à Lei de Recuperação Judicial e Falências", Ed. SaraivaJur, São Paulo. 2021

SALOMÃO, Luis Felipe; SANTOS, Paulo Penalva. *Recuperação judicial, extrajudicial e Falência.* Editora Forense. Rio de Janeiro, 2021

A TEORIA GERAL DOS RECURSOS NÃO É MAIS A MESMA

Teresa Arruda Alvim

SUMÁRIO: 1. Introdução e delimitação do tema. **2.** Recursos repetitivos - Tese - Embargos de Declaração. **3.** Tribunais de rejulgamento? **4.** Interesse de agir pressupõe sucumbência? **5.** Fatos e recursos excepcionais. **6.** Conclusões: dores do crescimento. **7.** Referências bibliográficas.

1. Introdução e delimitação do tema

Foi com indizível alegria que recebi o convite para participar de obra em homenagem ao meu querido amigo, por quem eu tenho infinito carinho e imensa admiração, Sérgio Bermudes.

Um grande processualista e um advogado modelar, ético, combativo e brilhante. Companhia agradável, extremamente culto, um homem de bom gosto. Que prazer é tomar parte desta homenagem!!!

Escolhi escrever sobre um tema que é de sua predileção: recursos.

Na verdade, é um tema que me atrai desde os bancos de graduação, e sobre o qual, ao longo da vida, escrevi alguns trabalhos.

Tenho me perguntado até que ponto o sistema recursal que existe hoje no Brasil permite que se façam muitas das afirmações que se encontram nos livros a respeito de recursos e que abordam, ainda hoje, a teoria geral dos recursos, em sua concepção tradicional.

Neste artigo tratarei de alguns pontos que me fazem pensar que muitas das "verdades" em que acreditávamos não podem ser mais consideradas como tais.

A primeira, é de que os recursos são expedientes de que se podem valer as partes para atacar **decisões judiciais**.

A segunda delas é a de que os nossos Tribunais Superiores são Tribunais de **rejulgamento** e não de cassação.

A terceira é a de que, com exceção dos Embargos de Declaração, seria necessária **sucumbência** para que se pudesse lançar mão de um recurso. Não que na noção de sucumbência se esgote o interesse em recorrer, mas com certeza esta noção parte daquela. Completa-se, interesse em recorrer, quando, além da sucumbência, abre-se para o recorrente a perspectiva de a sua situação melhorar com o provimento do recurso.

A quarta é a de que não se examinam **fatos** nos **Tribunais Superiores**.

É a respeito desses três temas que versa este artigo, embora haja outros cuja análise pode também levar à conclusão de que a teoria geral dos recursos *não é mais a mesma*.

2. Recursos repetitivos – Tese – Embargos de Declaração

O Código de Processo Civil de 2015 trouxe uma sistemática diferenciada de precedentes, com o objetivo precípuo, embora não único, de gerenciar a litigância de massa. Uma das ferramentas que não foi criada pelo Código em vigor, mas consideravelmente aprimorada, foram os recursos repetitivos.

Trata-se de um procedimento especial de julgamento, em que, verificada a existência de um número excessivo de processos em torno da *mesma questão jurídica* tramitando no país, um ou mais de um Recurso Especial ou Extraordinário são afetados, o que gera, via de regra, a suspensão dos demais processos em que se discute a mesma questão. Esses recursos afetados, são, então, julgados pelo Tribunal Superior, STJ ou STF.

Os demais processos que estejam em curso no país e que girem torno da mesma questão jurídica devem ser decididos de acordo com a orientação adotada no recurso afetado, que é considerado um **precedente vinculante** no sentido forte, ou precedente qualificado.[1]

1 Esta é a expressão usada pelos Tribunais Superiores. Nesse sentido, vejam-se os seguintes trechos extraídos de acórdãos do STF e do STJ: "a pendência de formação de precedente qualificado sobre o tema debatido nos presentes autos, tendo em vista que a Ministra Cármem Lúcia determinou, no curso do IRDR nº 01, a suspensão nacional dos demais processos sobre a matéria (PET 7.001) (...) Remarco estarem suspensas, no aguardo da definição desses mecanismos de formação de precedentes qualificados, as ACO 2.881 e ACO 2.847, Rel. Min. Dias Toffoli". STF, TP na Ação Cível Originária 2.854/DF, dec. mono., j. 30.06.2021, rel. Min. Rosa Weber; "(...) esta Suprema Corte já assentou a existência de repercussão geral, pois, nessas situações, eventuais recursos extraordinários interpostos pela parte prejudicada fatalmente esbarrariam no óbice contido no Tema 181 (descabimento do recurso extraordinário para questionar pressupostos de admissibilidade de recursos de competência de outros tribunais), o que redundaria na manutenção de decisões trabalhistas contrárias ao entendimento firmado em precedentes qualificados deste Tribunal". STF, Reclamação 46.997/MG, dec. mono., j. 09.06.2021, rel. Min. Nunes Marques (g.n.).
"A única via processual de insurgência quanto à determinação de devolução do feito à origem para juízo de adequação a precedentes qualificados é o requerimen-

É que se podem conceber, principalmente à luz do atual CPC, *três graus de obrigatoriedade*.

Esta classificação da obrigatoriedade dos precedentes, em *três graus de intensidade*, a partir de critério ligado, fundamentalmente, à *consequência* que decorre do seu *descumprimento*, parece-nos adaptada à nossa cultura.

A obrigatoriedade será tida como *forte* quando o respeito a um precedente é exigido, sob pena do manejo de medida ou ação *especialmente concebida para esse fim, a reclamação*. São *precedentes obrigatórios*, no sentido *forte, à luz do* CPC/2015, por exemplo, as decisões proferidas em recursos repetitivos, no regime dos arts. 1.036 e ss. do CPC/2015. No regime dos arts. 543-B e 543-C do CPC/1973.

Entretanto, é conveniente observar que, formalmente, precedentes vinculantes criados pelo novo Código – julgados produzidos em repercussão geral, nos casos repetitivos e em incidente de assunção de competência –, os efeitos vinculantes não obrigam a Administração Pública, diferentemente do que ocorre com as súmulas vinculantes e com as decisões proferidas em controle concentrado. A Constituição Federal prevê que também a Administração Pública está obrigada a seu cumprimento, sob pena de ter seu ato cassado por reclamação proposta diretamente no STF (CF/1988, art. 102, § 2º, e art. 103-A).

Todavia, a meu ver, embora não haja vinculação forte/formal, *é evidente que tais precedentes devem ser observados pela Administração Pública*: são direito, são *pauta de conduta*.

Média é a obrigatoriedade de um precedente quando ocorre pelo menos uma das duas hipóteses: (i) o seu desrespeito pode gerar a correção por meios não concebidos, necessariamente, para esse fim, como, por exemplo, recursos. Assim, se o juiz, ao decidir o caso entre A e B,

to de distinção do art. 1.037, § 9º, do CPC/2015". (STJ, AgInt no REsp 1792211/SP, 2ª T., j. 10.05.2021, rel. Min. Og Fernandes, *DJe* 18.05.2021); "Assim, estando o acórdão recorrido em dissonância com a jurisprudência sedimentada nesta Corte, merece ser mantida a decisão ora agravada, que, revalorando o conjunto fático-probatório delineado no acórdão recorrido, aplicou ao caso o entendimento firmado pelo STJ, nos dois mencionados precedentes qualificados, determinando o retorno dos autos à origem, para que se prossiga no julgamento da demanda". (STJ, AgInt no AREsp 1701906/RJ, 2ª T., j. 01.03.2021, rel. Min. Assusete Magalhães, *DJe* 08.03.2021); "Prejudicadas a análise do mérito recursal; a eventual incidência de óbices sumulares; e a aplicação de precedentes qualificados ao caso concreto". (STJ, AgInt no AREsp 1097602/SP, 4ª T., j. 17.12.2019, rel. Min. Marco Buzzi, *DJe* 03.02.2020) (g.n.).

o faz em desconformidade com o que o STJ tenha decidido em recurso especial, julgados pela Corte Especial, interposto em processo que corre entre C e D, em caso idêntico, a via apropriada para a parte prejudicada corrigir a decisão do juiz, adequando-a àquilo que o STJ havia decidido antes, é a recursal; (ii) quando a lei utiliza a existência daquele precedente (ou daquele elemento oriundo do labor dos tribunais) para gerar abreviação do procedimento, permitindo à parte gozar de certos 'benefícios', como, por exemplo, a dispensa do duplo grau ou da prestação de caução na execução.

No entanto, como já observei há pouco, o critério que sempre me pareceu adequado para que se considere efetivamente vinculante um precedente é a perspectiva de o seu desrespeito gerar a possibilidade do manejo da reclamação.

Os casos em que cabe reclamação estão elencados no art. 988 do CPC e são: (a) recurso extraordinário, (b) recursos repetitivos (extraordinário e especial), (c) IAC e (d) IRDR. O art. 988, em redação que pode levar a uma incorreta interpretação, por que é desnecessariamente "negativa", talvez com o objetivo específico de diminuir a carga de trabalho dos Tribunais Superiores, estabeleceu a regra de que a reclamação só caberá nos casos (a) e (b) depois de esgotadas as vias ordinárias...

Acredito que a perspectiva do cabimento da reclamação é um bom critério para delimitar precedentes obrigatórios no sentido forte da expressão, porque no Brasil sempre se liga à ideia de obrigatoriedade ou à possibilidade de controle imediato ou à ocorrência de uma consequência indesejada.[2]

Infelizmente, os Tribunais Superiores não têm sido receptivos à reclamação quando esta ação é manejada para controlar o respeito aos precedentes emanados daqueles Tribunais.

O STJ, por exemplo, por meio de sua Corte Especial, decidiu em 05.02.2020, que não são impugnáveis pela via da reclamação decisões

2 A respeito, confira-se o artigo de Eduardo Talamini: Objetivação do controle incidental de constitucionalidade e força vinculante (ou 'devagar com o andor que o santo é de barro'). *In:* NERY JR., Nelson; ARRUDA ALVIM WAMBIER, Teresa (coords.). *Aspectos polêmicos e atuais dos recursos cíveis.* São Paulo: Revista dos Tribunais, 2011. vol. 12, pp. 144-147, especialmente, item 3.3. Veja-se, também, mais recentemente, do mesmo autor: O que são os 'precedentes vinculantes' no CPC/15. Publicado, originalmente, no site Migalhas, em 23.03.2016 e disponível em: https://www.migalhas.com.br/depeso/236392/o-que-sao-os--precedentes--vinculantes--no-cpc-15.

judiciais que desrespeitam precedentes vinculantes gerados no contexto dos recursos especiais repetitivos. No julgamento da Reclamação 36.476/SP (2018/0233708-8), entendeu-se, equivocadamente, a meu ver, que a Lei 13.256/2016 excluiu o desrespeito a precedentes vinculantes formados em recurso especial repetitivo das hipóteses de cabimento da reclamação. A conclusão, *data venia*, se choca com a literalidade do texto do art. 988, § 5º, II, que apenas cria uma *condição* para que a reclamação possa ser proposta: o esgotamento dos recursos ordinários. No STF há decisões em ambos os sentidos: STF, Recl. 35.572 AgR/RS, rel. Min. Luiz Fux, j. em: 07.04.2020, admitindo a reclamação e STF, Recl. 23.300 AgR/SP, rel. Min. Luiz Fux, j em: 21.10.2016, não admitindo.

Voltemos às teses: quando do julgamento de recursos ou de incidentes que geram precedentes vinculantes, fixa-se uma **tese**, que normalmente se consubstancia em **enunciado** que terá sido a base da decisão tomada pelo tribunal superior, e que deve ser usada como base das decisões de todos os processos que girem em torno da mesma questão, tanto os que estavam em curso quanto os que ainda nem existem.

Como são essas teses?

Com admirável precisão, explica Taís Schilling Ferraz: "A tese, extrato da decisão que se origina do precedente brasileiro, não é o motivo determinante para a solução de casos subsequentes análogos, mas sim a própria solução, encartada em preceito de caráter normativo".[3]

Em tom crítico, acrescenta: "A formulação de uma tese, que se pretende seja capaz de oferecer solução a muitos outros casos, em verdade limita o espectro de aplicação do precedente e sua própria legitimidade intrínseca, indicando que sua aplicação ocorrerá desde que o suporte fático exato nela previsto se implemente".[4]

Em outras palavras, a autora citada critica o fato de, normalmente, a tese não conter a *ratio*. Entretanto, me parece que este modo de se redigirem as teses está correto. Já sustentei, em texto escrito em coautoria com Rodrigo Barioni, que: "A tese jurídica descreve a situação fática e a regra jurídica a ela correspondente. Com isso, por causa do enquadramento da situação concreta na hipótese fática descrita na tese jurídica, o precedente terá aplicabilidade para regular a solução jurídica a ser oferecida pelo Poder Judiciário. Nesse ponto, verifica-se que a tese jurídica

3 FERRAZ, Taís Schilling. *O precedente na jurisdição constitucional: construção e eficácia do julgamento da questão com repercussão geral*. São Paulo: Saraiva, 2017. p. 265.

4 FERRAZ, Taís Schilling. *Idem*. p. 266.

é verdadeiro mecanismo de facilitação para o uso do precedente, porque preestabelece a tipologia fática dos casos a serem regulados de forma idêntica".[5]

Em meu sentir, a tese jurídica não pode consistir em regra jurídica genérica, que tenha potencial para abranger inúmeras situações fáticas, *que não foram objeto de contraditório e, portanto, de consideração pelo tribunal.* A atividade do Poder Judiciário está circunscrita à tarefa de julgar *casos concretos*, de maneira que a tese jurídica produzida no julgamento de casos repetitivos *não pode ultrapassar os limites* do *caso concreto*: deve dizer respeito a fatos e questões jurídicas do caso. Se das teses constasse a *ratio decidendi*, elas seriam capazes de abranger, por analogia, casos diferentes.

É imprescindível para a adequada compreensão e operativização do sistema de precedentes brasileiro distinguir-se *ratio decidendi* de *obiter dictum*, num primeiro momento. Depois, voltaremos às teses.

A doutrina nacional e estrangeira, costuma afirmar que a parte da decisão que realmente vincula é a *ratio decidendi*. Mas isto, como já afirmamos, não é exatamente o que ocorre sempre no Brasil.

Com base na doutrina produzida nos países de *common law*, normalmente se faz uma primeira abordagem das figuras: *ratio decidendi* e *obter dictum*. A relevância da doutrina produzida nestes países se deve, naturalmente, a que as regras jurídicas que compõem o *common law* se constroem justamente no bojo das decisões judiciais: é o *case law*. Portanto, a importância de que haja precisão no que concerne a estas definições é visivelmente sentida por muitos autores.

Os americanos usam a expressão *holding*. "A *holding* é a essência da regra (expressa ou implícita na decisão) necessária para explicar o resultado do julgamento".[6]

Trata-se da *proposition of law* (= proposição de direito), explícita ou implícita, considerada necessária para a decisão. É o *core* da decisão.

---

5 ARRUDA ALVIM, Teresa; BARIONI, Rodrigo. Recursos Repetitivos: tese jurídica e *ratio decidendi*. *In*: BIANCHI, José Flávio; MENDONÇA PINHEIRO. Rodrigo Gomes de; ARRUDA ALVIM, Teresa (Coords.). *Jurisdição e Direito Privado: estudos em homenagem aos 20 anos da Ministra Nancy Andrighi no STJ*. São Paulo: Thomson Reuters Brasil, 2020. p. 621 (g.n.).

6 No original: *A holding is the minimum rule (whether or not expressly articulated) necessary to explain the outcome of the case*. (LANDES, William M.; POSNER, Richard A. *Legal Precedent: a Theoretical and Empirical Analysis*, The Journal of Law and Economics, 19, 249, 1976, p. 250).

Há, na decisão, também os *obiter dicta* ou os *gratis dicta*, termos que significam, literalmente, o que foi dito para morrer (= para perder a importância). *Obiter dicta* têm função meramente persuasiva.[7]

A *ratio decidendi* equivale à *rule*, à razão determinante.

Uma *rule* é criada para futuros casos, quando ocorre de chegar ao Judiciário um *case of first impression*, ou seja, um caso que deve ser decidido sem que se lhe aplique precedente algum: um caso novo. O que será a *ratio decidendi* neste caso (= *rule*) pode ser determinado expressamente na decisão. Mas o que usualmente ocorre é que a *rule* é definida na decisão subsequente.[8]

A *ratio decidendi* e os *obter dicta*, às vezes não são identificáveis no caso concreto, à primeira vista.

Muitos dizem, como já observei, e parece ser o que predomina, que "a *rule* que se torna vinculante para os casos subsequentes não é a que consta, expressa ou implicitamente da decisão, mas a que é construída por juízes que posteriormente atuam nos casos análogos".[9]

No contexto de todas estas discussões, merece menção a tão conhecida definição de Goodhart: "A *ratio decidendi* de um caso pode ser definida como os fatos relevantes da causa somados à decisão que foi proferida a respeito deles", Goodhart[10] também se refere à teoria dita clássica, segundo a qual a *ratio* seria "o princípio de direito que o juiz considerou necessário para sua decisão".[11] Ambas deixam a desejar, porque não contêm indicações de como resolver os problemas consistentes em se saber como identificar os *fatos* que seriam relevantes ou *qual seria*

7 "É uma verdade, sobre a qual não há necessidade de se insistir, que os *dicta* têm diferentes graus de persuasão". No original: *It is a truism upon which there is no need to enlarge that* dicta *are of varying degrees of persuasiveness.* (CROSS, Rupert; HARRIS, J. W. *Precedent in English Law.* 4ª ed. Oxford: Clarendon Press, Oxford, 1991, p. 76).

8 DWORKIN, Ronald. *Taking rights seriously*. Cambridge, Massachussets: Harvard University Press, 1978, p. 111.

9 No original: *The rule of law for which a case is of binding authority is not one which is pronounced, explicitly or implicitly, by the judge in the precedent case, but which is constructed by later judges.* (GOODHART, A. L. Precedent in English and Continental Law, *The Law Quartely Review*, vol. L, 1934, pp. 40-65, especialmente p. 47).

10 No original: *the ratio decidendi of a case can be defined as the material facts of the case plus the decision thereon.* Idem, ibidem.

11 No original: *the principle of law which the judge considered necessary to his decision.* Idem ibidem.

o princípio usado como base da decisão, porque isto pode não estar claro na decisão e ensejar muitas discussões.

Autores, em geral, costumam ligar os *dicta* à ideia de que seriam elementos *desnecessários* para se chegar à conclusão (proposição jurídica), embora, como já se viu, esta afirmação, que satisfaz à primeira vista, realmente é insuficiente.

De fato, é uma maneira cômoda de se definirem os *obter dicta*: dizer que tudo o que não é *ratio decidendi* ou *holding*, como preferem dizer os americanos, é *obter dicta*. Mas é claro que esta definição pela negativa esconde uma série de nuances que podem ter a sua relevância, e, sobretudo, supõem que se saiba como encontrar a *ratio*.[12]

Mas a simplicidade da definição pela negativa a torna quase imprestável. Isto porque, saber o que é a *ratio*, numa decisão, nem sempre é fácil. Afinal, precisa-se INTERPRETAR A DECISÃO.

Como é sabido e como já observado acima, a construção do direito com base nas decisões dos Tribunais, é fenômeno típico do *common law*. Entretanto, precedentes vêm tornando-se paulatinamente relevantes também em países de *civil law*.

Todavia, é tão interessante quanto imprescindível se observar que a *forma mentis* de um *civil lawyer* é fundamentalmente diferente de um *common lawyer*.

Com isso, pretende-se sublinhar haver uma diferença substancial entre o "modo de raciocinar" de um jurista (no sentido lato) de um país de *common law* e de outro, de um país de *civil law*.

No *common law*, o precedente tem uma dimensão "factual" muito mais relevante do que a que têm os precedentes nas jurisdições de *civil law*. Nos países de *civil law*, considera-se central no precedente o aspecto teórico, jurídico, no sentido estrito. Evidentemente, ambas as dimensões não podem ser dissociadas, mas estas aparecem, em ambos os sistemas, com graus de relevância diferentes.

A cultura que gira em torno dos precedentes nos países de *common law* nada tem de "mecanicista". O caso concreto está no centro do precedente, que leva à criação da *rule*, que dos fatos decorrem.

12 MARSHALL, Geoffrey. What is Binding in a Precedent. *In*: BANKOWSKI, Zenon; MACCORMICK, Neil (eds.). *Interpreting Precedents*. England: Dartmouth Publishing Company Limited, 1997, pp. 503-518, especialmente p. 515).

Para se distinguir a *ratio* dos *obter dicta*, usam-se, como se viu, técnicas refinadas, sobre a qual a doutrina desde sempre discute. Também são complexos os métodos que levam ao *distinguishing*, i.e., à justificação para a não aplicação de um precedente a um caso posterior, por existir neste uma diferença, talvez não visível à primeira vista, mas que impeça faça-se a analogia adequada e necessária.

No entanto, nos países de *civil law*, existe uma tendência marcante a se identificar o precedente com um enunciado normativo, de caráter geral e abstrato, excessivamente desligado dos fatos que lhe deram origem.[13] Às vezes, fatos são referidos, mas sempre (ou quase sempre) já sob forma de fato típico, qualificado juridicamente.[14] Por isso é que existem as teses no Brasil.

Há outros interessantes exemplos de fenômenos jurídicos que representam esta tendência. Na Itália, as *massime*. Na França, há os *sommaires* dos acórdãos publicados da Corte de Cassação francesa; na Espanha os *resúmenes* das sentenças de Tribunal Supremo.

No Brasil, vêm-se tornando cada vez mais frequentes as tais *teses jurídicas*, que devem conter o que de essencial há no precedente. Antes, já existiam as sumulas vinculantes.

---

13 MARINELLI, Marino. I precedenti giudiziari tra "obbligatorietà" e "persuasività": note comparatistiche e riflessioni sparse a margine del nuovo c.p.c. brasiliano e della sua "súmula vinculante". Revista de Processo, São Paulo, vol. 45, nº 304, pp. 317-336, jun./2020.

14 "No sistema de precedentes, a súmula não deve ser aplicada de forma autônoma em relação ao precedente originário, como se ela mesma fosse o precedente ou, ainda, um texto normativo. É isso o que se tem feito até hoje, seja na teoria, seja na prática. Pega-se o texto da Súmula e se faz a sua interpretação e aplicação de forma indiferente ao precedente originário.
Esse uso incorreto da súmula decorre do nosso costume, próprio da tradição do Civil Law, de fazer a subsunção entre a norma do dispositivo legal e o fato gerador. Crê-se que a tese jurídica está retratada no texto da súmula e, por isso, se promove apenas a sua interpretação e aplicação ao caso concreto. Não se tem o hábito de ir ao precedente, para identificar a tese jurídica e aplicá-la ao caso concreto.
Esse hábito tem que mudar. Como constitui mera síntese da tese jurídica do precedente originário, a súmula deve ser empregada nos termos de seu precedente, que constitui, obviamente, a primeira edição da cadeia de julgados que ensejaram o enunciado.
O texto da súmula não é adequado para compreender a tese jurídica do precedente originário, porque constitui sua mera síntese e, como toda síntese, não reúne todos os elementos necessários para o entendimento do objeto sintetizado. Deve apenas servir como indicativo da existência do precedente originário, a fim de se buscar nele a aplicação da tese jurídica criada". (CRAMER, Ronaldo. *Precedentes vinculantes: teoria e dinâmica*. Rio de Janeiro: Ed. GEN/Forense, 2016, p. 81).

Em que circunstâncias são, estas teses, redigidas no sistema em vigor?

As teses, via de regra, vêm sendo redigidas pelos Tribunais Superiores, pelo STF quando julga recursos extraordinários (avulsos ou repetitivos); pelo STJ, quando julga recursos especiais repetitivos e pelos Tribunais de 2º grau, quando decidem IRDRs ou IACs.

Não há uniformidade absoluta no que diz respeito ao conteúdo que estas teses abrangem.

Exemplo de tese de que não consta a *ratio* é a resultante do RE 795.467, julgado em 2014, cujo relator foi o Min. Teori Zavascki: é incompatível com a Constituição a exigência de inscrição na Ordem dos Músicos do Brasil, bem como o pagamento de anuidade para o exercício da profissão.[15]

Esta tese equivale a um enunciado normativo, a um dispositivo de lei. Não contém, como se percebe com facilidade, a *ratio decidendi.* Muito menos, qualquer *obter dictum.* A tese afasta a obrigatoriedade da inscrição na Ordem dos Músicos do Brasil, bem como, é evidente, do pagamento de anuidade, para que alguém possa ser músico, exercer a profissão.

Trabalha-se com esta tese como se ela fosse um texto de lei, ou seja, a "premissa" maior do silogismo dedutivo que leva à solução de *casos idênticos,* já que se trata de precedente vinculante (à luz do CPC de 2015).

A *ratio* do acórdão é a de que a atividade do músico é manifestação artística protegida pela garantia constitucional da liberdade de expressão. A identificação da *ratio* leva a que se entenda a vinculatividade do precedente a casos não *idênticos*, mas *análogos.*[16]

---

15 Este exemplo é lembrado por Taís Schilling Ferraz, em "*ratio decidendi* x tese jurídica: a busca pelo elemento vinculante do precedente brasileiro", Revista de Processo, São Paulo, vol. 42, nº 265, pp. 419-441, mar./2017, nota de rodapé nº 1.

16 Já trabalhamos com estes conceitos em: Precedentes e evolução do direito. *In:* ARRUDA ALVIM, Teresa (Coord.) *Direito Jurisprudencial.* São Paulo: Revista dos Tribunais, 2012, pp. 11-95, especialmente pp. 57-58. "Há técnicas de uniformização decisória que têm como pressuposto a *identidade integral* das situações: os fatos e a questão jurídica, *stricto sensu*, são absolutamente iguais. Não necessariamente o quadro fático subjacente integralmente considerado: mas, dentre os fatos, aqueles tidos como relevantes pelo direito para a incidência (ou não) da consequência sobre a qual se discute. Seriam, então, idênticos, os traços eleitos pelo legislador como essenciais à hipótese de incidência da consequência.
Entretanto, há maneiras de uniformizar o entendimento dos Tribunais muito mais sutis, em que o que há de comum nos casos nada mais é do que um núcleo pequeno, mas *fortemente significativo*, em torno dos quais podem estar *fatos completa-*

A mesma *ratio decidendi* pode estar presente em casos não idênticos e o espectro de vinculação de um Recurso Extraordinário, que é precedente vinculante, deve abrangê-los também.

Entretanto, não parece recomendável que o próprio Tribunal de que emana o precedente tente "resumir" a *ratio*, inserindo-a na tese porque (a) nem sempre estas razões determinantes são passíveis de serem sintetizadas em fórmulas simples;[17] (b) sob pena de realmente se entender estariam os Tribunais legislando, deve-se resguardar ao órgão jurisdicional que julgará um caso posterior a liberdade para analisar o acórdão que gerou o precedente e "descobrir – construir" a sua *ratio*.

Assim, se é verdade também no direito brasileiro que precedentes vinculam pela *ratio*, como se viu no exemplo antes dado, também é verdade que, *quando a técnica de vinculação tem em vista o gerenciamento de casos de massa, o elemento vinculativo a casos idênticos é a* ***tese***.

Muitos, como é o meu caso, têm feito questão de afirmar que o que vincula, quando um recurso é julgado no regime dos repetitivos, é a tese e não a *ratio*. Até porque muito frequentemente, como dissemos, a *ratio* não integra a tese.

É extremamente relevante o modo como as teses são redigidas, pois estas devem necessariamente refletir o cerne da decisão. Afinal, vão resolver o caso concreto e milhares de outros, idênticos.

Por isso é que, a meu ver, deve-se admitir que a própria tese seja objeto de Embargos de Declaração, interposto pelas partes ou por *amici curiae*.

Veja-se que essa possibilidade foge completamente da verdade que aprendíamos quando estudávamos a teoria geral dos recursos, nos moldes tradicionais: dizíamos que só decisões poderiam ser objeto de recurso.

A tendência de se admitir o manejo dos embargos de declaração "contra" uma tese, com o objetivo de torná-la mais rente ao caso concreto, faz-se ver nos Embargos de Declaração em Recurso Especial 1.777.553/SP (2018/0291360-0), rel. Min. Paulo de Tarso Sanseverino – tema 1.000, em que se rejeitaram (no mérito) embargos de declaração, que, todavia, forma admitidos.

---

mente diferentes. Dando um exemplo extremo, poderíamos considerar contraditórias decisões em que se tivesse concedido indenização de dez mil reais pela perda de uma perna e de cinquenta mil reais por um dedo decepado".

17 FERRAZ, Taís Schilling. *Ratio decidendi* x tese jurídica: a busca pelo elemento vinculante do precedente brasileiro... cit., *passim*.

Há uma outra situação em que o próprio Código permite, a nosso ver, se impugnem, por meio de recurso (no caso, REsp e RE), teses jurídicas. O CPC de 2015, no art. 987, diz expressamente caber da decisão do IRDR (que, em nossa opinião, é a decisão sobre uma TESE) tanto recurso especial quanto recurso extraordinário, sendo, neste último caso, a repercussão geral **presumida, *ex lege***.

Sabe-se que, no plano da doutrina se discute sobre haver a necessidade de recurso já no Tribunal, para que seja suscitado o incidente. A nosso ver, esse requisito não existe. A própria lei, de certo modo, sugere que assim seja. O art. 987, § 2º diz, textualmente, que quando o STJ ou o STF julgam o recurso, adotam uma **tese**, que será aplicada em todo território nacional.

É oportuno fazer menção aqui à divergência que há nos Tribunais Superiores sobre o cabimento de recurso excepcional nesta hipótese, justamente por se tratar de uma decisão sobre **tese** e não sobre um caso.

Essa polêmica, no entanto, representa um exemplo da jurisprudência dita "defensiva". É evidente que, se cabe ao STJ e ao STF dar a última palavra sobre a lei federal e sobre a Constituição Federal nos casos concretos, entre A e B. Salta aos olhos, com clareza solar, a imprescindibilidade de sua manifestação em caso de IRDR, até porque, só depois do julgamento de recursos excepcionais, a **tese** será vinculante para todo o país. Isto é desejável e está de acordo com o espírito do CPC/2015.

3. Tribunais de rejulgamento?

A reflexão a respeito de como se opera o julgamento dos recursos repetitivos nos fez também chegar à conclusão de que, se de um lado, pode-se realmente dizer que para julgar recursos avulsos nossos Tribunais Superiores não agem como se fossem tribunais de cassação, porque **rejulgam** a causa, por outro lado, no regime dos repetitivos, julga se apenas um, ou julgam-se dois dos recursos afetados... os outros nem chegam a subir, porque a *adaptação* àquilo que terá sido decidido pelos Tribunais Superiores no julgamento do recurso afetado (paradigma) deverá se fazer no próprio tribunal de origem, bem como em primeiro grau de jurisdição. (arts. 1.030, II e 1.040, III, CPC).

Será que neste caso o tribunal superior não estaria agindo praticamente como um tribunal de cassação? A resposta, a meu ver, é positiva.

Em obra escrita em coautoria com Bruno Dantas, já sustentamos que: "Parece-nos, portanto, que o legislador brasileiro faz inserir no sistema uma técnica de tutela recursal pluri-individual na qual o juízo emitido pelo STJ e pelo STF no recurso-piloto é em linhas gerais um misto entre 'revisão' e 'cassação e reenvio', com algumas adaptações necessárias para conformar a técnica importada de outros países ao acúmulo de experiência que o nosso sistema tem proporcionado. (...) O julgamento da questão de direito realizado sob a técnica de tutela recursal pluri-individual (arts. 543-B e 543-C do CPC/1973 e 1.036 a 1.041 do CPC/2015), por ser realizado também no bojo de um juízo de cassação e reenvio, faz emitir comando normativo abstrato que possui eficácia vinculante horizontal".[18]

4. Interesse de agir pressupõe sucumbência?

A doutrina clássica, magistralmente sintetizada por Barbosa Moreira, diz que o interesse em recorrer é noção que se baseia no binômio necessidade-utilidade.

Diz o professor que: "A noção de interesse, no processo, repousa sempre, ao nosso ver, no binômio utilidade + necessidade: utilidade da providência judicial pleiteada, necessidade da via que se escolhe para obter essa providência. O interesse de recorrer, assim, resulta da conjugação de dois fatores: de um lado é preciso que o recorrente possa esperar, da interposição do recurso, a consecução de um resultado a que corresponde situação mais vantajosa, do ponto de vista prático, do que a emergente da decisão recorrida: de outro lado, que lhe seja necessário usar o recurso para alcançar tal vantagem".[19]

Há, portanto, uma ótica voltada para o passado, em que se deve encontrar a *sucumbência*; e outra, voltada para o futuro em que se antevê a *perspectiva de melhora* da situação do recorrente, do ponto de vista prático.

Foi assim que todos nós aprendemos a conceituar interesse em recorrer.

Entretanto, criou-se uma situação inusitada no contexto de um procedimento capaz de gerar precedente vinculante, previsto pelo Código de Processo Civil de 2015. Trata-se do IRDR.

---

18 ARRUDA ALVIM, Teresa; DANTAS, Bruno. *Recurso especial, recurso extraordinário e a nova função dos tribunais superiores: precedentes no direito brasileiro*. 6ª ed. São Paulo: Thomson Reuters Brasil, 2019. p. 553.

19 BARBOSA MOREIRA, José Carlos. *Comentários ao código de processo civil (Lei nº 5.869, de 11 de janeiro de 1973)*. 17ª ed. Rio de Janeiro: Forense, 2013. vol. V, p. 298 (g.n.).

O IRDR é um mecanismo de produção de precedentes vinculantes também usado para resolver ou pelo menos minimizar o problema da litigância de massa, e isso significa que só pode ser empregado em face da situação de haver muitos processos pendentes em torno da *mesma questão jurídica*, em casos absolutamente idênticos, mas que produz efeitos limitados ao Estado ou à região, na dependência de se tratar de incidente decidido por Tribunal de Justiça ou por Tribunal Regional Federal.

Ensina Sofia Temer: "O incidente de resolução de demandas repetitivas não julga "causa", mas apenas fixa tese, porque seu objeto está restrito às questões de direito – material ou processual – que se repetem em diversos processos".[20]

Ainda: "Apenas o tribunal que apreciou o IRDR e os juízos inferiores a ele ficam vinculados à tese jurídica fixada".[21]

Só a superveniência de Recurso Especial ou de Recurso Extraordinário é que faz nascer a possibilidade de o precedente produzir feitos para todo o país.

Em face dessa circunstância, é evidente o problema que se coloca: aquele que foi beneficiado pelo teor da decisão do IRDR, pelos padrões tradicionais, considera-se não ter interesse em recorrer, pois a decisão o favorece. Deseja, exclusivamente, alargar a eficácia do precedente que o favorece, já que não é sucumbente.

Entretanto, já há vozes na doutrina apontando a necessidade de se redimensionar o conceito de interesse de agir, para resolver este problema.

É o caso da jovem processualista Carolina Uzeda: "Ocorre que é possível que a parte vencedora do IAC ou IRDR obtenha proveito prático, caso a decisão seja levada à apreciação pelo STJ (...)".[22] "No ponto, tem-se, verdadeiramente, um recurso do vencedor, tido como aquele que obteve da decisão tudo o que dela era possível esperar. A este sujeito é admitido recorrer para que possa receber, não da decisão, mas da tutela jurisdicional, todo o proveito prático possível de ser obtido através dela. Especificamente neste caso, há uma dissintonia entre o possível proveito de ser obtido com a decisão impugnada e aquele possível de ser alcançado mediante o julgamento do recurso. Tal anomalia, presente no sis-

---

20 TEMER, Sofia. *Incidente de resolução de demandas repetitivas*. 4ª ed. Salvador: Juspodivm, 2020, p. 72.

21 TEMER, Sofia. *Idem*. p. 245.

22 UZEDA, Carolina. *Interesse recursal*. Salvador: Juspodivm, 2018. p. 244.

tema brasileiro, permite-nos dar ampla aplicação à ótica prospectiva do interesse recursal e autoriza a interposição do recurso por aquele que, em que pese concordando com o conteúdo da decisão, pretende alterar seus efeitos".[23]

Tal questão surgiu no ARE 1.307.386/RS, onde o recurso foi interposto, de maneira inédita, pela parte vencedora na instância de origem.

O Ministro Luiz Fux, relator do recurso, destacou que o recurso é prolongamento do direito de ação e o interesse recursal é desdobramento do interesse de agir. Outrossim, esclareceu que "no sistema de precedentes, a impugnação pela via recursal merece leitura própria e contemporânea, divorciada da leitura clássica do interesse recursal que denota a perspectiva individualista do Direito Processual Civil, indicando uma noção restritiva e simplista da sucumbência".[24]

5. Fatos e recursos excepcionais

Outra das afirmações que, habitualmente, se faz no âmbito da doutrina e da jurisprudência, e que deve ser questionada à luz daquilo que efetivamente muitas vezes ocorre, é a de que nos recursos especial e extraordinário, não se examinam fatos. Duas súmulas existem, em que esta regra está estampada: uma do STJ e outra do STF.[25]

Mas, será que as coisas ainda acontecem dessa forma nos Tribunais Superiores?

Um fenômeno que vem chamando a atenção nos últimos tempos é o aumento exponencial da quantidade de casos levados ao Judiciário, incluindo questões relevantíssimas para a sociedade. Correlatamente, vem-se percebendo, no mundo todo, que a função dos Tribunais Superiores vem, inegavelmente, se alterando nos últimos tempos. Está-se tornando cada vez mais "criativa".

Hoje se reconhece que o direito é fruto da atuação conjunta do Poder Legislativo e do Poder Judiciário. Entende-se ser simplista a afirmação de que "temos todos que agir de acordo com a lei". De fato, os indivíduos e as empresas pautam suas condutas a partir da norma po-

23 UZEDA, Carolina. *Idem*. pp. 244-245 (g.n.).

24 P. 12 do Acórdão.

25 Súmula 279, STF: "Para simples reexame de prova não cabe recurso extraordinário"; Súmula 7, STJ: "A pretensão de simples reexame de prova não enseja recurso especial".

sitivada **interpretada pelos Tribunais**, notadamente por aqueles cuja função é justamente a de dar a última palavra a respeito do sentido das normas que emanam do Poder Legislativo: o STJ e o STF.

É por isso que se atribui, atualmente, um sentido um pouco diferente daquele que tradicionalmente se atribuía à função conhecida como *nomofilatica ou nomofilacica* dos Tribunais Superiores.[26] Se, antes, esta função era concebida como o apego à norma escrita, devendo os Tribunais Superiores controlar as decisões proferidas por outros órgãos, verificando se estas estariam ou não de acordo com a lei,[27] atualmente,

---

26 "O primeiro problema, decorrente da crise do positivismo jurídico, consiste em questionar o objeto da tutela nomofilática. Se a concepção de *lei* e de sua *interpretação* sofreu profundas alterações, deixando de lado a noção clássica de que ao juiz caberia tão somente ser *la bouche de la loi* e assumindo uma ideia de realização da ordem jurídica tomada holisticamente, perdeu o sentido a tutela incondicional da *lei*, concebida em sua literalidade.
Isso, pensamos, é o pressuposto teórico das modernas correntes que falam em *nomofilaquia dialética* ou *tendencial*, de modo a significarem essas expressões a persecução da unidade do direito, e não mais da *lei*, mediante a utilização de processos hermenêuticos que auxiliem na investigação da solução mais racional e afinada com preceitos constitucionais. Em outras palavras: utiliza-se um processo dialético para possibilitar ao juiz aferir, entre as múltiplas interpretações possíveis, aquela que melhor equacione a lide". (ARRUDA ALVIM, Teresa; DANTAS, Bruno. *Recurso especial, recurso extraordinário e a nova função dos Tribunais Superiores: precedentes no direito brasileiro.* 6ª ed. São Paulo: Thomson Reuters Brasil, 2019, p. 321).

27 "Oggi e universalmente diffusa la consapevolezza che l'attività interpretativa della giurisprudenza racchiude in se ineliminabili momenti di creazione del diritto. Il giudice non è più vissuto come la mitica *bouche de la loi*, formula storicamente condizionata nata Oltralpe, in un periodo in cui la dottrina della divisione dei poteri costituiva il segno che il potere era concretamente diviso tra la borghesia rivoluzionaria che aveva conquistato il potere legislativo e i residui feudali dello stato assoluto ancora incombenti sul potere giudiziario.
Le espressioni *diritto vivente* e *diritto giurisprudenziale*, moneta spicciola del discorso giuridico, ci rammentano ad ogni passo una semplice e banale verità: il giudice non solo crea il diritto del caso concreto attraverso l'attività di sussunzione dei fatti accertati nelle singole fattispecie legali (creando insieme cosi, nel tempo, un diritto dei casi identici o analoghi che non potrebbe essere appannaggio del legislatore, a meno di immaginarlo capace di abbandonarsi ad un impossibile furore analitico); il giudice crea anche regole nuove derivandole dai principi, aumentando l'estensione di clausole generali, dando rilievo all'equità, legittimando regole emergenti dalla prassi, secondo una tassonomia che prendo a prestito da Guido Alpa (cf. La creatività della giurisprudenza. La giurisprudenza e le fonti del diritto, *Diritto giurisprudenziale,* a cura di Bessone, Torino, 1996, p. 105)". (CHIARLONI, Sergio. Funzione nomofilattica e valore del precedente. *In:* ARRUDA ALVIM WAMBIER, Teresa (Coord.). *Direito jurisprudencial.* São Paulo: Ed. RT, 2012, pp. 225-243, especialmente p. 226).

a visão que predomina é a de que os Tribunais Superiores ***constroem*** o sentido da norma, de forma muitas vezes bastante criativa. Este controle das decisões dos outros órgãos do Poder Judiciário, no julgamento do recurso especial - principalmente do recurso especial repetitivo - e nos recursos extraordinários, acontece a partir do sentido da norma pelo qual terá antes optado o Tribunal Superior. Usa-se aqui o verbo **optar** propositadamente porque, via de regra, as normas comportam mais de uma interpretação.

Justamente em função da complexidade e da relevância dos casos que hoje são submetidos à apreciação judicial, somada à função criativa que vem sendo exercida abertamente pelo Poder Judiciário, é que os Tribunais Superiores não podem se furtar a examinar fatos.

Por isso é que já não se pode dizer que há uma regra absoluta no sentido de que aos Tribunais Superiores não importam fatos.

A necessidade de que se levem fatos em consideração se revela marcadamente relevante quando se pensa que ambos os Tribunais Superiores brasileiros têm o poder de proferir decisões que consistem em ***precedentes vinculantes***: o STJ o faz quando julga recursos repetitivos, e o STF quando julga tanto recursos avulsos, entre A e B, realizando o controle difuso, no regime da repercussão geral.

A doutrina é praticamente unânime em reconhecer que aqui se está diante de três espécies de precedentes vinculantes, que, se desrespeitados, geram a possibilidade do manejo da reclamação com o objetivo de que a decisão que se afasta do precedente qualificado ou vinculante seja cassada e corrigida.

Na verdade, o que há de peculiar nesta análise de fatos que deve muitas vezes ser feita pelo STJ e pelo STF é que estes têm importância para o **resultado da interpretação** e não podem ser afastados ou excluídos do iter do raciocínio interpretativo.[28]

Só a possibilidade de intervenção de *amici curiae* no julgamento dos recursos nos Tribunais Superiores, somada à possibilidade de que determine a realização de audiências públicas já é um indício bastante veemente de que fatos devem ser levados ao Tribunal, devem ser explicados e esclarecidos, **para que o direito seja adequadamente interpretado**, e a decisão seja proferida de acordo com as reais necessidades da sociedade naquele momento.

28 MARINONI, Luiz Guilherme. *Processo Constitucional e Democracia*. São Paulo: Thomson Reuters Brasil, 2021, capítulo VIII, p. 686.

Muito frequentemente, nos dias que ora correm, o direito não é mais interpretado apenas com base nos métodos tradicionais de interpretação: literal, sistemático, histórico etc.

O esclarecimento a respeito de fatos, cada vez mais frequentemente, são relevantes para se dar um sentido ao texto normativo.

Um bom exemplo de caso em que a descrição de fatos foi crucial para que a decisão do STJ pudesse ser proferida, foi aquele em que se discutiu a validade da cláusula contratual que transfere ao promitente comprador, a obrigação de pagar a comissão de corretagem nos contratos de promessa de compra e venda de unidade autônoma em regime de incorporação imobiliária. O cerne da discussão, portanto, consistia na licitude da transferência da comissão ao comprador, desde que observado o dever de informação e transparência por parte do fornecedor.

Neste caso, julgado em 06/09/2016, cujo relator foi o Min. Paulo de Tarso Sanseverino, houve audiências públicas e vários *amici curiae* se manifestaram. A decisão foi no sentido da licitude da transferência da comissão de corretagem ao comprador, desde que previamente informado o consumidor sobre o preço total da aquisição da unidade autônoma, com destaque do valor da comissão de corretagem no contrato. E o argumento que sensibilizou o Tribunal foi o de que a comissão, por remunerar o corretor imobiliário, tem papel fundamental no mercado, porque atua para diminuir a assimetria de informação entre os contratantes. Portanto, sua remuneração deve compor o preço do imóvel e, dessa forma, seria legítima sua cobrança, não havendo abusividade na cláusula que a estabeleça, desde que devidamente destacada no contrato.

Os *amici curiae*, a nosso ver, podem ter a função de levar ao Tribunal a **sua versão dos valores sociais**, que podem ser, em alguns casos, tão relevantes quanto os fatos.

É comum, por exemplo, que cada um dos *amicus curiae* leve à corte a visão de um segmento. Foi o que aconteceu, por exemplo, na ADPF nº 324-DF em que se decidiu sobre a inconstitucionalidade da súmula 331 do TST. Foram ouvidos vários segmentos da sociedade, como, por exemplo, a própria autora, a Confederação Nacional do Agronegócio – ABAG; a Confederação Nacional de Serviços – CNS; a Confederação Nacional da Indústria – CNI; a Associação Nacional dos Procuradores do Trabalho – ANPT e a Central Única dos Trabalhadores - CUT.

A decisão foi no sentido de que a Constituição Federal não impõe a adoção de um modelo de produção específico; não impede o desenvolvimento de estratégias empresariais flexíveis; tampouco veda a terceirização das atividades meio ou atividades fim de uma empresa. A terceirização tem amparo nos princípios constitucionais da livre iniciativa e livre concorrência, que asseguram aos agentes econômicos a liberdade de formular estratégias negociais indutoras de maior eficiência econômica e competitividade. A corte se sensibilizou majoritariamente pelo argumento de que os avanços em tecnologia da informação, transporte e logística, que possibilitam a conexão de agentes situados em locais distintos, conduzem à consolidação de um modelo novo por meio do qual as empresas optam por manter sob sua condução apenas o núcleo da atividade fim e terceirizam não apenas as atividades meio, mas parte das atividades fim. Passam a atuar por meio de uma cadeia produtiva organizada em rede, em um mundo globalizado e cada vez mais integrado tecnologicamente. Os países que resistem a tal "lógica" e estrutura de produção e rejeitam a terceirização, encontram-se em indiscutível desvantagem econômica, porque a terceirização tornou-se um fenômeno global.

Impossível deixar de citar, como exemplo significativo da necessidade de se levarem em conta fatos para interpretação do direito, a ADPF nº 54. Neste veículo de controle concentrado de constitucionalidade se discutiu sobre ser ou não constitucional criminalizar o aborto de feto anencéfalo.

Salta aos olhos serem imprescindíveis informações a respeito da perspectiva de vida extrauterina do feto anencéfalo, sendo este, talvez, o principal problema cuja solução era imprescindível para a decisão. Da audiência pública participaram entidades representativas de diversos segmentos sociais, religiosos e científicos. Decidiu-se que seria conveniente ouvir não só os *amici curiae*, mas também pessoas com experiência e autoridade na matéria. Sensibilizou a corte a afirmação de um dos especialistas ouvidos no sentido que um feto anencéfalo não tem potencialidade de vida, para embasar a decisão, por maioria, no sentido de não se tratar de conduta criminosa.[29]

Nota-se portanto que a necessidade de que os Tribunais Superiores se inteirem de fatos, muitas vezes devem ser esclarecidos por cientistas, técnicos, médicos ou economistas, e escutem o relato de segmentos sociais a respeito de valores, principalmente quando se trata de um caso que envolve segmentos da sociedade que cultuam valores até certo pon-

29 Este exemplo é lembrado por Marinoni (MARINONI, Luiz Guilherme. *Processo Constitucional e Democracia*. São Paulo: Thomson Reuters Brasil, 2021, p. 705). O autor afirma que esta decisão significa uma nítida interpretação constitucional construída com base nos fatos.

to contraditórios, existe tanto no julgamento de recursos que produzem precedentes vinculantes, quanto nas decisões proferidas no controle concentrado de constitucionalidade.[30]

Essa discussão obviamente tangencia o problema do consequencialismo, já que numa medida considerável devem os fatos ser levados em consideração não só para que se atribua o adequado sentido à norma, mas também para que se levem em conta numa certa medida os reflexos que uma decisão no sentido x ou no sentido y possam ter no mundo real.

6. Conclusões: dores do crescimento

Nós, do direito, somos extremamente apegados a palavras, a fórmulas bonitas e a concepções confortáveis. Às vezes nos recusamos a desorganizar nossas ideias "antigas" preconcebidas a respeito do que seja o direito, o processo, os recursos etc. Na verdade, por um pouco de comodidade. Mas o fato é que o direito muda, e tem que mudar mesmo, pois, já que o direito serve à sociedade e a sociedade está em permanente processo de mudança, nada mais natural que essa mudança seja acompanhada também pela alteração do próprio direito. Portanto, este artigo nada mais é do que um alerta para uma atitude mental que devemos ter em relação ao estudo dos recursos, do processo e do direito em geral.

Se a realidade muda, a ponto de criar novas necessidades sociais, e isso gera a correlata necessidade de alteração do direito, devemos nos propor deixar de lado os nossos "apontamentos de graduação" e *olhar o novo, com novos olhos*.

7. Referências bibliográficas

ARRUDA ALVIM, Teresa. Precedentes e evolução do direito. *In:* ARRUDA ALVIM, Teresa (Coord.) *Direito Jurisprudencial*. São Paulo: Revista dos Tribunais, 2012.

ARRUDA ALVIM, Teresa; BARIONI, Rodrigo. Recursos Repetitivos: tese jurídica e *ratio decidendi*. *In*: BIANCHI, José Flávio; PINHEIRO. Rodrigo

30 Parte da doutrina chega a afirmar que além destas manifestações genéricas a respeito de fatos, seria absurdo não consentir que o Tribunal examinasse os fatos da própria causa, consubstanciados nas provas dos autos. (MARINONI, Luiz Guilherme. *Processo Constitucional e Democracia*. São Paulo: Thomson Reuters Brasil, 2021, capítulo VIII, p. 696).

Gomes de Mendonça; ARRUDA ALVIM, Teresa (Coords.). *Jurisdição e Direito Privado: estudos em homenagem aos 20 anos da Ministra Nancy Andrighi no STJ*. São Paulo: Thomson Reuters Brasil, 2020.

ARRUDA ALVIM, Teresa; DANTAS, Bruno. *Recurso especial, recurso extraordinário e a nova função dos tribunais superiores: precedentes no direito brasileiro*. 6ª ed. São Paulo: Thomson Reuters Brasil, 2019.

BARBOSA MOREIRA, José Carlos. *Comentários ao código de processo civil (Lei nº 5.869, de 11 de janeiro de 1973)*. 17ª ed. Rio de Janeiro: Forense, 2006. vol. V.

CHIARLONI, Sergio. Funzione nomofilattica e valore del precedente. *In:* ARRUDA ALVIM WAMBIER, Teresa (Coord.). *Direito jurisprudencial*. São Paulo: Ed. RT, 2012, pp. 225-243.

CRAMER, Ronaldo. *Precedentes vinculantes: teoria e dinâmica*. Rio de Janeiro: Ed. GEN/Forense, 2016.

CROSS, Rupert; HARRIS, J. W. *Precedent in English Law*. 4ª ed. Oxford: Clarendon Press, Oxford, 1991.

DWORKIN, Ronald. *Taking rights seriously*. Cambridge, Massachussets: Harvard University Press, 1978.

FERRAZ, Taís Schilling. *O precedente na jurisdição constitucional: construção e eficácia do julgamento da questão com repercussão geral*. São Paulo: Saraiva, 2017.

FERRAZ, Taís Schilling. *Ratio decidendi* x tese jurídica: a busca pelo elemento vinculante do precedente brasileiro. Revista de Processo, São Paulo, vol. 42, nº 265, mar./2017.

GOODHART, A. L. Precedent in English and Continental Law, *The Law Quartely Review*, vol. L, 1934.

LANDES, William M.; POSNER, Richard A. *Legal Precedent: a Theoretical and Empirical Analysis*, The Journal of Law and Economics, 19, 249, 1976.

MARINELLI, Marino. I precedenti giudiziari tra "obbligatorietà" e "persuasività": note comparatistiche e riflessioni sparse a margine del nuovo c.p.c. brasiliano e della sua "súmula vinculante". Revista de Processo, São Paulo, vol. 45, nº 304, jun./2020.

MARINONI, Luiz Guilherme. *Processo Constitucional e Democracia*. São Paulo: Thomson Reuters Brasil, 2021.

MARSHALL, Geoffrey. What is Binding in a Precedent. *In*: BANKOWSKI, Zenon; MACCORMICK, Neil (eds.). *Interpreting Precedents*. England: Dartmouth Publishing Company Limited, 1997.

TALAMINI, Eduardo. Objetivação do controle incidental de constitucionalidade e força vinculante (ou 'devagar com o andor que o santo é de barro'). *In:* NERY JR., Nelson; ARRUDA ALVIM WAMBIER, Teresa (coords.). *Aspectos polêmicos e atuais dos recursos cíveis*. São Paulo: Revista dos Tribunais, 2011. vol. 12.

TALAMINI, Eduardo. O que são os 'precedentes vinculantes' no CPC/15. *Migalhas*. Disponível em: https://www.migalhas.com.br/depeso/236392/o-que-sao-os--precedentes-vinculantes--no--cpc-15. Acesso em: 17 jan. 2022.

TEMER, Sofia. *Incidente de resolução de demandas repetitivas*. 4ª ed. Salvador: Juspodivm, 2020.

UZEDA, Carolina. *Interesse recursal*. Salvador: Juspodivm, 2018.

INCIDENTE DE DESCONSIDERAÇÃO DA PERSONALIDADE JURÍDICA EM SEDE DE EXECUÇÃO FISCAL

Theophilo Antonio Miguel Filho

I. Introdução

O presente artigo tem por objeto a análise da divergência jurisprudencial acerca da aplicabilidade do Incidente de Desconsideração da Personalidade Jurídica (IDPJ), previsto nos artigos 133 a 137 do Código de Processo Civil de 2015 (Lei nº 13.105/2015), ao rito da cobrança dos créditos tributários disciplinados pela Lei de Execução Fiscal (LEF - Lei nº 6.830/80).

A autonomia patrimonial das pessoas jurídicas sempre foi um mecanismo relevante para fomentar o crescimento da economia e da atividade empresarial. A referida autonomia estimulou que as pessoas físicas praticassem atividades mercantis, pois ao criarem entes jurídicos, dotados de personalidade própria, os indivíduos sabiam que tão somente o patrimônio da sociedade empresária arcaria pelos débitos em caso de revés. Contudo, alguns sujeitos passaram a cometer abusos em relação à autonomia patrimonial da pessoa jurídica, utilizando-a como um instrumento para a prática de fraudes. A pessoa jurídica, depois de contrair várias dívidas, realocava o lucro e os bens da sociedade para o nome dos sócios e, consequentemente, não tinha como adimplir os compromissos assumidos, não restando patrimônio da sociedade que pudesse ser perquirido e eventualmente executado pelos credores, inclusive os Fazendários. Ao constatar essa atitude por parte dos sócios e administradores, a jurisprudência começou a admitir a desconsideração da personalidade jurídica nessas circunstâncias. Posteriormente, foram editadas leis prevendo expressamente a possibilidade de superação da personalidade jurídica das sociedades.

O Incidente de Desconsideração da Personalidade Jurídica (IDPJ) foi uma inovação trazida pela nova lei adjetiva civil a fim de instrumentalizar a aplicação da teoria da superação da personalidade jurídica (também conhecida como *disregard of legal entity*).

O debate acerca da possibilidade de adotar o IDPJ em sede de execução fiscal é relevante, pois contrapõe as demandas da Fazenda Pública em face dos anseios dos contribuintes. O Fisco tem por objetivo a adoção de um procedimento mais célere na busca pela efetivação do direito posto em juízo, com a obtenção de meios que lhe permitam ver o crédito público quitado. Nesse cenário, especialmente diante da corrida contra o prazo prescricional, a instauração do IDPJ vai de encontro aos interesses Fazendários. Em contrapartida, os contribuintes desejam ver o seu direito ao contraditório e à ampla defesa contemplados a fim de que possam influenciar o convencimento judicial a respeito do tema e, eventualmente, evitar que a desconsideração da personalidade jurídica da sociedade seja decretada e os bens do administrador sejam atingidos a fim de garantir a satisfação do crédito público.

A controvérsia, até o presente momento, não se encontra pacificada no Superior Tribunal de Justiça, havendo divergência de entendimentos entre a 1ª e 2ª Turmas da Corte da Cidadania, conforme será demonstrado ao longo do presente artigo.

II. Desconsideração da personalidade jurídica

A desconsideração da personalidade jurídica, no âmbito das relações civis gerais, encontra-se disciplinada no artigo 50 do CC:

> *"Art. 50. Em caso de abuso da personalidade jurídica, caracterizado pelo desvio de finalidade, ou pela confusão patrimonial, pode o juiz decidir, a requerimento da parte, ou do Ministério Público quando lhe couber intervir no processo, que os efeitos de certas e determinadas relações de obrigações sejam estendidos aos bens particulares dos administradores ou sócios da pessoa jurídica".*

A desconsideração da personalidade da pessoa jurídica, também chamada de *disregard of legal entity* ou teoria da superação da personalidade jurídica, é uma exceção à regra de que o patrimônio da pessoa jurídica responde pelos atos praticados em seu nome. Desconsiderar a personalidade jurídica significa, portanto, descortinar o ente jurídico, retirando sua autonomia, para alcançar determinados atos praticados com abusos ou desvios.

O ordenamento jurídico prevê, portanto, hipóteses em que a autonomia patrimonial das pessoas jurídicas deve ser afastada. Assim, quando se aplica a desconsideração da personalidade jurídica, em regra, os bens particulares dos administradores ou sócios são utilizados para pagar dívidas assumidas em nome da pessoa jurídica.

Importante destacar que a desconsideração e despersonalização são institutos jurídicos diversos. A despersonalização versa sobre a anulação ou extinção da pessoa jurídica, ao passo que a desconsideração não gera extinção, mas apenas suspensão episódica da eficácia do ato constitutivo da pessoa jurídica e exige o contraditório/processo justo (artigo 5º, incisos LIV e LV, CF/1988).

A doutrina reconhece a existência de duas teorias da desconsideração, quais sejam: a teoria maior (adotada pelo Código Civil, artigo 50), segundo a qual deve existir comprovação da insolvência e do abuso por parte dos sócios, e a teoria menor (adotada pelo Direito do Consumidor, artigo 28, §5º, do CDC e pelo Direito Ambiental, artigo 4º da Lei nº 9.605/98), que considera o simples prejuízo do credor motivo suficiente para que ocorra a desconsideração da personalidade jurídica do fornecedor.

Nas relações jurídicas regidas pelo Código Civil, a desconsideração da personalidade jurídica somente poderá ser decretada caso fique demonstrada a ocorrência de abuso da personalidade jurídica, que pode ocorrer em duas situações: desvio de finalidade, que é o ato intencional dos sócios em fraudar terceiros utilizando a autonomia da pessoa jurídica como um escudo; e confusão patrimonial, que ocorre quando, na situação fática, não há separação entre o que seja patrimônio da pessoa jurídica e dos sócios.

A desconsideração inversa da personalidade jurídica, por sua vez, se caracteriza pelo afastamento da autonomia patrimonial da sociedade, para alvejar o ente coletivo e seu patrimônio social, por obrigações contraídas por seus sócios e administradores.

O Enunciado nº 283 da IV Jornada de Direito Civil, CJF/STJ, esclarece o seguinte:

> *"É cabível a desconsideração da personalidade jurídica denominada "'inversa" para alcançar bens de sócio que se valeu da pessoa jurídica para ocultar ou desviar bens pessoais, com prejuízo a terceiros".*

A possibilidade de desconsideração inversa da personalidade jurídica foi acolhida textualmente pelo novo Código de Processo Civil, em seu artigo 133, § 2º:

> *"Art. 133. O incidente de desconsideração da personalidade jurídica será instaurado a pedido da parte ou do Ministério Público, quando lhe couber intervir no processo.*
> *(...)*
> *§ 2º Aplica-se o disposto neste Capítulo à hipótese de desconsideração inversa da personalidade jurídica".*

O referido código de ritos também inovou ao contemplar o incidente de desconsideração de personalidade jurídica (IDPJ), o qual será instaurado mediante requerimento da parte ou do Ministério Público, quando for hipótese de intervenção ministerial, sendo que desse requerimento a parte deverá demonstrar os pressupostos fáticos e legais para a adoção da medida. Importante salientar que o incidente não poderá ser instaurado de ofício pelo magistrado por ausência de legitimidade.

O incidente de desconsideração da personalidade jurídica está regulamentado nos artigos 133 a 137 do Código de Processo Civil (CPC/2015). Essa forma de intervenção é uma inovação no CPC/2015, uma vez que o instituto não estava positivado no CPC/1973, apesar de já estar previsto no direito material (Código Civil, artigo 50, e Código de Defesa do Consumidor, artigo 28) e de estar amplamente presente na jurisprudência do Superior Tribunal de Justiça (STJ).

Como dito alhures, a teoria da superação da personalidade jurídica visa coibir o abuso de direito, relativamente à autonomia da pessoa jurídica frente às suas obrigações, sendo certo que os pressupostos materiais para a sua concessão devem ser observados pela legislação específica. A lei adjetiva regula, tão somente, o procedimento para que se concretize dentro da realidade processual.

Em um momento anterior à entrada em vigor do Código de Processo Civil de 2015, a desconsideração da personalidade jurídica já era adotada, contudo não havia um procedimento claro e preciso a ser observado em razão da ausência de regramento. Assim, qualquer forma poderia ser adotada desde que observados os princípios constitucionais.

Os juízes, via de regra, desconsideravam a personalidade jurídica de maneira provisória e determinavam a citação do sócio para que comparecesse ao processo. Neste momento, o patrimônio do sócio já estava exposto para alguma constrição judicial e o sócio teria direito ao contraditório postergado. Uma vez demonstrado que ele não havia cometido qualquer ato fraudulento, o nome do sócio era excluído e o processo continuaria em face da pessoa jurídica.

O artigo 134 do CPC/2015[1], ratificando mais uma vez o posicionamento consolidado no Superior Tribunal de Justiça quando ainda não existia qualquer previsão legal sobre o tema, estabeleceu que é possível que o incidente de desconsideração da personalidade jurídica (IDPJ)

1 Art. 134. O incidente de desconsideração é cabível em todas as fases do processo de conhecimento, no cumprimento de sentença e na execução fundada em título executivo extrajudicial.

seja instaurado a qualquer momento no processo, seja na fase de conhecimento ou na fase de cumprimento de sentença.

Consoante se extrai da dicção do mencionado dispositivo legal, também é possível pleitear a instauração do incidente de desconsideração da personalidade jurídica (IDPJ) em sede de execução fundada em título executivo extrajudicial.

A desconsideração da personalidade jurídica pode ser postulada em caráter principal, quando o pedido é realizado no bojo da petição inicial, uma vez constatados os pressupostos materiais para a desconsideração da personalidade jurídica já no instante da propositura da ação. Assim, requerida a desconsideração na exordial, não há que se falar na instauração de um incidente processual, em conformidade com o previsto no artigo 134, §2º[2], do CPC/15.

A desconsideração em caráter incidental, por sua vez, é considerada intervenção de terceiros, e, por consequência, demanda a instauração de incidente caso seja requerida durante o curso da relação processual.

Após a instauração do incidente, o terceiro (via de regra, o sócio ou administrador) será citado para apresentar contestação ao pedido, no prazo de 15 dias, em atenção ao previsto no artigo 135 do CPC/2015[3]. Na peça de bloqueio, o requerido deverá solicitar a produção de provas que reputar necessárias ao esclarecimento dos fatos, além dos demais pontos da causa[4].

Quando a desconsideração da personalidade jurídica é requerida no curso do processo, ou seja, quando for incidental, ocorre a suspensão do feito para a citação dos demandados e instrução do incidente. Importante frisar que essa suspensão processual possui natureza imprópria, pois só se dá quanto às questões que, para serem solucionadas, dependam do julgamento do incidente.

2 Art. 134, § 2º Dispensa-se a instauração do incidente se a desconsideração da personalidade jurídica for requerida na petição inicial, hipótese em que será citado o sócio ou a pessoa jurídica.

3 Art. 135. Instaurado o incidente, o sócio ou a pessoa jurídica será citado para manifestar-se e requerer as provas cabíveis no prazo de 15 (quinze) dias.

4 Enunciado 248-FPPC: Quando a desconsideração da personalidade jurídica for requerida na petição inicial, incumbe ao sócio ou à pessoa jurídica, na contestação, impugnar não somente a própria desconsideração, mas também os demais pontos da causa.

Um a vez concluída a instrução, o magistrado julgará o incidente por meio de decisão interlocutória (artigo 136 do CPC/2015[5]). A decisão que resolve o incidente é desafiada mediante agravo de instrumento, nos termos do artigo 1.015, IV, do CPC/15.

O CPC/2015, em relação à eficácia processual da desconsideração, trouxe um dispositivo legal relevante em relação aos desconsiderados. O artigo 137 do CPC dispõe que *"acolhido o pedido de desconsideração, a alienação ou a oneração de bens, havida em fraude de execução, será ineficaz em relação ao requerente"*.

A interpretação literal do artigo 137 do CPC/15 leva a crer que apenas após o julgamento do incidente de desconsideração da personalidade jurídica (IDPJ) os atos deverão ser considerados fraudulentos em face do credor. Se essa via interpretativa fosse adotada, entre a citação do devedor e o julgamento do incidente, os bens poderiam ser alienados, prejudicando sobremaneira os interesses do credor.

Na mesma esteira, Humberto Theodoro Júnior (THEODORO JÚNIOR, 2016) leciona que o termo "acolhido" deve ser entendido como "instaurado". Portanto, após a instauração do incidente de desconsideração da personalidade jurídica (IDPJ), todas as onerações e alienações de bens, feitas pelos sócios, serão consideradas como fraude à execução.

No que tange à legitimidade para a intervenção, o artigo 138 do CPC[6] determina que poderá intervir como *amicus curiae pessoa física ou* pessoa jurídica (empresas, associações, entes públicos, bem como organizações sem personalidade jurídica). No caso concreto, como o or-

5 Art. 136. Concluída a instrução, se necessária, o incidente será resolvido por decisão interlocutória.
Parágrafo único. Se a decisão for proferida pelo relator, cabe agravo interno.

6 Art. 138. O juiz ou o relator, considerando a relevância da matéria, a especificidade do tema objeto da demanda ou a repercussão social da controvérsia, poderá, por decisão irrecorrível, de ofício ou a requerimento das partes ou de quem pretenda manifestar-se, solicitar ou admitir a participação de pessoa natural ou jurídica, órgão ou entidade especializada, com representatividade adequada, no prazo de 15 (quinze) dias de sua intimação.
§ 1º A intervenção de que trata o caput não implica alteração de competência nem autoriza a interposição de recursos, ressalvadas a oposição de embargos de declaração e a hipótese do § 3º.
§ 2º Caberá ao juiz ou ao relator, na decisão que solicitar ou admitir a intervenção, definir os poderes do amicus curiae.
§ 3º O amicus curiae pode recorrer da decisão que julgar o incidente de resolução de demandas repetitivas.

denamento pátrio adotou o controle judicial para intervenção a título de *amicus curiae,* compete ao juiz analisar se determinado sujeito possui a adequada representação acerca dos interesses que foram postos em juízo.

III. A desconsideração da personalidade jurídica na seara tributária

O Código Tributário Nacional (Lei nº 5.172/66), após da Consolidação das Leis do Trabalho (Decreto-lei nº 5.452/43, artigo 2º, §2º), foi o segundo diploma a versar sobre um mecanismo de desconsideração da personalidade jurídica no direito brasileiro. Na seara tributária, a temática foi tratada por intermédio da instituição da responsabilidade de terceiros, com relação a pessoas jurídicas, nos seus artigos 134 e 135.

Inicialmente, imperioso definir o que seja "grupo econômico" e em que medida se relaciona a sua existência com o redirecionamento da execução fiscal, para que, posteriormente, proceda-se à verificação de sua ocorrência e do correto processamento do redirecionamento.

Nesse sentido, alguns têm adotado a alteração do parágrafo 2° do artigo 2°, da CLT, pela Lei n° 13.467/2017, como definição de grupo econômico. Ocorre que a redação de tal dispositivo não se revela como mais apropriada, tendo-se em vista que, em verdade, fixa os limites da *responsabilidade trabalhista*, e utiliza a própria expressão *grupo econômico* como uma de suas hipóteses, sem propriamente defini-lo. Observe:

> *"Art. 2º - Considera-se empregador a empresa, individual ou coletiva, que, assumindo os riscos da atividade econômica, admite, assalaria e dirige a prestação pessoal de serviço.*
> *[...]*
> § 2º *Sempre que uma ou mais empresas, tendo, embora, cada uma delas, personalidade jurídica própria, estiverem sob a direção, controle ou administração de outra, ou ainda quando, mesmo guardando cada uma sua autonomia, integrem grupo econômico, serão responsáveis solidariamente pelas obrigações decorrentes da relação de emprego".*

Diante de tal consideração, a definição de "grupo econômico" encontra-se ainda na Lei das Sociedades por Ações (Lei n° 6.404/76), em seu artigo 265, parágrafos e artigo 266. Veja-se:

> *"Art. 265. A sociedade controladora e suas controladas podem constituir, nos termos deste Capítulo, grupo de sociedades, mediante convenção pela qual se obriguem a combinar recursos ou esforços para a realização dos respectivos objetos, ou a participar de atividades ou empreendimentos comuns.*

> *§ 1º A sociedade controladora, ou de comando do grupo, deve ser brasileira, e exercer, direta ou indiretamente, e de modo permanente, o controle das sociedades filiadas, como titular de direitos de sócio ou acionista, ou mediante acordo com outros sócios ou acionistas.*
> *§ 2º A participação recíproca das sociedades do grupo obedecerá ao disposto no artigo 244.*
> *Art. 266. As relações entre as sociedades, a estrutura administrativa do grupo e a coordenação ou subordinação dos administradores das sociedades filiadas serão estabelecidas na convenção do grupo, mas cada sociedade conservará personalidade e patrimônios distintos".*

Percebe-se que a configuração de grupo econômico exige dois fatores essenciais, quais sejam, (i) a combinação de recursos ou esforços para a realização dos respectivos objetos e (ii) o elemento organizacional de controle, que é a **influência dominante**. Dessa feita, não é suficiente que haja similitude no quadro societário ou, ainda, que haja identidade no objeto social. Em questão afeta à identidade de sócios, a própria previsão da CLT já assevera não se perfazer em fator suficiente à constatação de grupo econômico. Veja-se o parágrafo terceiro do artigo 2° da Consolidação em comento:

> *"§ 3º Não caracteriza grupo econômico a mera identidade de sócios, sendo necessárias, para a configuração do grupo, a demonstração do interesse integrado, a efetiva comunhão de interesses e a atuação conjunta das empresas dele integrantes".*

Visto que já definido o que seja grupo econômico, passa-se ao contexto que o insere no redirecionamento da execução fiscal, com a inclusão das pessoas jurídicas que o conformam no polo passivo do feito executivo.

Em que pese o redirecionamento da execução ter como fundamento a responsabilidade tributária, especificamente, aquela decorrente de ato ilícito, tal embasamento se demonstra inadequado aos casos de grupo econômico. Observe a prescrição do artigo 135, CTN:

> *"Art. 135. São pessoalmente responsáveis pelos créditos correspondentes a obrigações tributárias resultantes de atos praticados com excesso de poderes ou infração de lei, contrato social ou estatutos:*
> *I - as pessoas referidas no artigo anterior;*
> *II - os mandatários, prepostos e empregados;*
> *III - os diretores, gerentes ou representantes de pessoas jurídicas de direito privado".*

Ora, percebe-se que o referido dispositivo versa a respeito de responsabilidade tributária decorrente de ato ilícito. Primordialmente, há de se estabelecer que, de acordo com a inteligência de tal dispositivo, a obrigação tributária deverá ser consequência da prática ilícita de uma das pessoas elencadas nos incisos do artigo. Dessa forma, a mera prática de ato ilícito não é suficiente à concretização do fato jurídico da responsabilidade, vez que necessária a relação de causalidade entre o ato ilícito e o fato jurídico tributário.

Em continuidade, o ato ilícito a que faz referência o caput do artigo 135, CTN, é aquele imputado às pessoas constantes do rol, e não à pessoa jurídica (empresária, sociedade). Tal constatação é fulcral porquanto, ainda que não se utilize da interpretação antecedente, é suficiente a afastar a incidência da responsabilidade tributária por ato ilícito nos casos de mero inadimplemento, vez que a pessoa inadimplente é a pessoa jurídica – a sociedade –, e o artigo 135, CTN, não se aplica aos ilícitos da sociedade, mas a de pessoas físicas que com ela tenham uma relação especial e necessariamente estejam previstas em seus incisos.

Por fim, é salutar que se frise a responsabilidade de somente pessoas físicas pelo artigo 135, CTN, não sendo possível que configure fundamento à responsabilidade de ato ilícito de pessoas jurídicas.

Aproveitando o ensejo de digressão a respeito do tema "responsabilidade tributária", algumas palavras fazem-se essenciais a respeito do que seja a responsabilidade solidária. A solidariedade diz respeito não precisamente ao objeto da prestação, mas à relação jurídica obrigacional. Assim, são solidários os sujeitos que participem da mesma relação jurídica, em um mesmo polo (ativo ou passivo).

No caso da relação jurídico-tributária tem-se como sujeito passivo o contribuinte e, como sujeito ativo, aquele que detém a capacidade ativa tributária, não necessariamente coincidindo com o ente político detentor da competência tributária. Todavia, é sabido existir outra modalidade de "sujeito passivo", qual seja, o responsável tributário. Rememore-se o artigo 121, parágrafo único, CTN:

> *"Art. 121. Sujeito passivo da obrigação principal é a pessoa obrigada ao pagamento de tributo ou penalidade pecuniária.*
> *Parágrafo único. O sujeito passivo da obrigação principal diz-se:*
> *I -contribuinte, quando tenha relação pessoal e direta com a situação que constitua o respectivo fato gerador;*
> *II – responsável, quando, sem revestir a condição de contribuinte, sua obrigação decorra de disposição expressa de lei".*

Evidentemente que chamado de "sujeito passivo" porque ocupante da posição sintática de demandado em uma relação jurídica. Entretanto, não é o responsável tributário aquele que pratica o fato jurídico tributário, ou seja, não é aquele a que se imputa o antecedente da norma individual e concreta de lançamento tributário (constituição do crédito), nem aquele previsto na norma geral e abstrata de incidência tributária (Regra Matriz de Incidência Tributária).

Diferentemente do contribuinte, o responsável tributário é sujeito constante da norma secundária sancionatória da inobservância de algum dever geral ou, no caso dos artigos 135 e seguintes do CTN, de prática atos ilícitos e infrações tributárias.

Nesse sentido, destaca-se a lição do artigo 3°, CTN, a respeito da definição de tributo e de seu distanciamento quanto à sanção:

> "Art. 3º Tributo é toda prestação pecuniária compulsória, em moeda ou cujo valor nela se possa exprimir, que não constitua sanção de ato ilícito, instituída em lei e cobrada mediante atividade administrativa plenamente vinculada".

Assim que, se não é a norma de responsabilidade a mesma da RMIT (norma de incidência) – visto que norma secundária sancionatória –, tampouco será o fato jurídico da responsabilidade de mesma natureza do fato jurídico tributário, o que por sua vez implica afirmar que a obrigação tributária (decorrente da prática do fato jurídico tributário) é diversa da relação jurídica imposta ao responsável tributário (relação sancionatória).

Ora, se responsável tributário e contribuinte são sujeitos demandados de relações jurídicas diferentes, não se pode afirmar existir solidariedade entre eles. Tais esclarecimentos são extremamente fundamentais à leitura do artigo 124, CTN, em especial ao inciso I. Vejamos:

> "Art. 124. São solidariamente obrigadas:
> I – as pessoas que tenham interesse comum na situação que constitua o fato gerador da obrigação principal;
> II – as pessoas expressamente designadas por lei.
> Parágrafo único. A solidariedade referida neste artigo não comporta benefício de ordem".

Como já esposado não haver possibilidade lógica de solidariedade entre responsável tributário e contribuinte e sendo a norma jurídica uma estrutura lógica, de certo que o artigo 124, I, CTN, ao dispor sobre a solidariedade entre *pessoas que tenham interesse comum na situação que constitua o fato gerador da obrigação principal* não está a falar sobre contribuinte e responsável, mas sobre contribuintes.

Posto isso, a responsabilidade prevista no artigo 135, CTN, não é solidária, mas pessoal e integral. Observe que a dicção do dispositivo é literal ao salientar que são "*pessoalmente responsáveis*" as pessoas encartadas em seus incisos.

O equívoco ao se associar o instituto da responsabilidade tributária ao da desconsideração da personalidade jurídica prevista no artigo 50 do CC se dá, justamente, por adotar o Código Civil a "teoria maior" da desconsideração de personalidade, a qual exige a prática de um ato ilícito como fundamento de sua aplicação, ao passo que prevê o artigo 135, CTN, também a prática de um ato ilícito.

Diante de todo o exposto, sabido não ser cabível a paridade entre os institutos. Ademais, perceba-se que o artigo 50, CC, prevê como atos ilícitos que ensejam a desconsideração da personalidade aqueles referentes ao abuso da personalidade jurídica, quais sejam, o desvio de finalidade e a confusão patrimonial.

IV. Divergência Jurisprudencial a respeito da adoção do Incidente de Desconsideração da Personalidade Jurídica (IDPJ) em sede de Execução Fiscal.

A jurisprudência do Superior Tribunal de Justiça encontra-se dividida em relação ao cabimento do procedimento de desconsideração da personalidade jurídica no âmbito das execuções fiscais.

A tese esposada pela 1ª Turma do Tribunal da Cidadania defende ser necessária a instauração do incidente de desconsideração da personalidade da pessoa jurídica devedora para o redirecionamento de execução fiscal a pessoa jurídica que integra o mesmo grupo econômico, mas que não foi identificada no ato de lançamento (Certidão de Dívida Ativa) ou que não se enquadra nas hipóteses dos artigos 134 e 135 do CTN. STJ. 1ª Turma. REsp 1.775.269-PR, Rel. Min. Gurgel de Faria, julgado em 21/02/2019 (Info 643).

Segundo a 1ª Turma, não se mostra imperiosa a instauração do incidente de desconsideração da personalidade jurídica no processo de execução fiscal no caso em que a Fazenda Pública exequente pretende alcançar pessoa distinta daquela contra a qual, originalmente, foi ajuizada a execução, mas cujo nome consta na Certidão de Dívida Ativa, após regular procedimento administrativo, ou, mesmo o nome não estando no título executivo, o Fisco demonstre a responsabilidade, na qualidade de terceiro, em consonância com os artigos. 134 e 135 do CTN. Em contrapartida, a referida turma reputa necessária a instauração do incidente de desconsideração da personalidade da pessoa jurídica devedora para o redirecionamento de execução fiscal a pessoa jurídica que integra o mesmo grupo econômico, mas que não foi identificada no ato de lançamento (Certidão de Dívida Ativa) ou que não se enquadra nas hipóteses dos artigos 134 e 135 do CTN. Nesse sentido:

> *TRIBUTÁRIO. PROCESSUAL CIVIL. INCIDENTE DE DESCONSIDERAÇÃO DA PERSONALIDADE JURÍDICA – IDPJ. ARTS. 133 A 137 DO CPC/2015. EXECUÇÃO FISCAL. CABIMENTO. NECESSIDADE DE OBSERVÂNCIA DAS NORMAS DO CÓDIGO TRIBUTÁRIO NACIONAL.*
> *I – Consoante o decidido pelo Plenário desta Corte na sessão realizada em 09.03.2016, o regime recursal será determinado pela data da publicação do provimento jurisdicional impugnado. Aplica-se, in casu, o Código de Processo Civil de 2015.*
> *II – A instauração do incidente de desconsideração da personalidade jurídica – IDPJ, em sede de execução fiscal, para a cobrança de crédito tributário, revela-se excepcionalmente cabível diante da:(i) relação de complementariedade entre a LEF e o CPC/2015, e não de especialidade excludente; e (ii) previsão expressa do art. 134 do CPC quanto ao cabimento do incidente nas execuções fundadas em títulos executivos extrajudiciais.*
> *III – O IDPJ mostra-se viável quando uma das partes na ação executiva pretende que o crédito seja cobrado de quem não figure na CDA e não exista demonstração efetiva da responsabilidade tributária em sentido estrito, assim entendida aquela fundada nos arts. 134 e 135 do CTN. Precedentes.*
> *IV – Equivocado o entendimento fixado no acórdão recorrido, que reconheceu a incompatibilidade total do IDPJ com a execução fiscal.*
> *V – Recurso Especial conhecido e parcialmente provido para determinar o retorno dos autos ao tribunal a quo para o reexame do agravo de instrumento com base na fundamentação ora adotada. (REsp 1804913 / RJ, Relatora: Regina Helena Costa, Primeira Turma, DJe:02/10/2020)*

Já a 2ª Turma do Superior Tribunal de Justiça entende ser prescindível o incidente de desconsideração da personalidade jurídica para o redirecionamento da execução fiscal na sucessão de empresas com a configuração de grupo econômico de fato e em confusão patrimonial.

Para a referida Turma, o procedimento de desconsideração (IDPJ) se mostra incompatível com o rito da execução fiscal previsto na Lei nº 6.830/80, conforme se extrai do seguinte excerto do voto proferido quando do julgamento do REsp 1.786.311-PR (2ª Turma, Rel. Min. Francisco Falcão, julgado em 09/05/2019 – Informativo nº 648).

> *"A previsão constante no art. 134, caput, do CPC/2015, sobre o cabimento do incidente de desconsideração da personalidade jurídica, na execução funda-*

da em título executivo extrajudicial, não implica a incidência do incidente na execução fiscal regida pela Lei nº 6.830/1980, verificando-se verdadeira incompatibilidade entre o regime geral do Código de Processo Civil e a Lei de Execuções, que diversamente da Lei geral, não comporta a apresentação de defesa sem prévia garantia do juízo, nem a automática suspensão do processo, conforme a previsão do art. 134, § 3º, do CPC/2015. Na execução fiscal a aplicação do CPC é subsidiária, ou seja, fica reservada para as situações em que as referidas leis são silentes e no que com elas compatível (...)" "Evidenciadas as situações previstas nos arts. 124, 133 e 135, todos do CTN, não se apresenta impositiva a instauração do incidente de desconsideração da personalidade jurídica, podendo o julgador determinar diretamente o redirecionamento da execução fiscal para responsabilizar a sociedade na sucessão empresarial."

V. Conclusão

O Código de Processo Civil de 2015 trouxe inúmeras alterações e inovações normativas, sendo indubitável que o incidente de desconsideração da personalidade jurídica é uma das matérias que mais gera controvérsia no âmbito jurídico.

A problemática envolvendo a necessidade de instauração do incidente de desconsideração da personalidade jurídica em sede de execução fiscal, em razão do princípio do contraditório e da ampla defesa, não nos traz qualquer espanto, pois quanto maior for a eficácia irradiante dos direitos fundamentais, maior será a tendência de colisões com outras normas jurídicas.

Nos termos do art. 1º da Lei nº 6.830/1980, a Lei adjetiva em vigor é subsidiariamente aplicável às execuções fiscais apenas quando não houver conflito com a lei especial. Contudo, no caso de aplicação do incidente de desconsideração previsto no novo CPC ao rito da execução fiscal é possível constatar a dita incompatibilidade das normas.

A dissonância se mostra presente pelo fato da Lei de Execuções Fiscais exigir prévia garantia do juízo, seja pelo depósito integral em dinheiro, realização de penhora, ou oferecimento de seguro garantia ou fiança bancária (art. 9º e art. 16, §1; e no art. 16, §3º). A defesa do executado fica adstrita aos embargos à execução, mandado de segurança, ação de repetição de indébito, ação anulatória (art. 38 da LEF), assim como pela via excepcional da exceção de pré-executividade, por construção jurisprudencial e doutrinária.

É possível concluir que o incidente de desconsideração cria mais uma hipótese de suspensão do executivo fiscal, além da prevista no art. 40 da LEF, figurando como um obstáculo à recuperação do crédito exequendo.

O crédito público de natureza tributária goza de proteção especial, de forma que a aplicação do incidente de desconsideração da personalidade jurídica, previsto nos artigos 133 a 137 do CPC/2015, aparenta não ser compatível com o rito das execuções fiscais, ao possibilitar de forma inédita a suspensão do processo e dilação probatória sem prévia e integral garantia do juízo.

VI. Referências bibliográficas

THEODORO JÚNIOR, Humberto. Curso de Direito Processual Civil – Teoria geral do direito processual civil, processo de conhecimento e procedimento comum – vol. I. 56ª ed. rev., atual. e ampl. – Rio de Janeiro: Forense, 2016.

NEVES, Daniel Amorim Assumpção, "Novo código de processo civil comentado artigo por artigo", 2ª ed. rev. e atual, Salvador, Editora JusPodivm, 2017.

DINAMARCO, Cândido Rangel. Teoria geral do novo processo civil/ Cândido Rangel Dinamarco, Bruno Vasconcelos Carrilho Lopes. – São Paulo: Malheiros, 2016.

CUNHA, Leonardo Carneiro da. "A Fazenda Pública em juízo". 13ª ed., Rio de Janeiro, Forense, 2016.

SABBAG, Eduardo. "Manual de direito tributário". 8ª ed., São Paulo, Saraiva, 2016.

COISA JULGADA COLETIVA: UM PANORAMA DOUTRINÁRIO, JURISPRUDENCIAL E AS TENDÊNCIAS ATUAIS

Thereza Alvim
Eduardo Arruda Alvim
Ígor Martins da Cunha

SUMÁRIO: **1.** Introdução; **2.** Aspectos Gerais das Ações Coletivas; **3.** Aspectos Gerais da Coisa Julgada Nas Ações Coletivas; **4.** A Abrangência Territorial da Decisão Proferida no Âmbito Coletivo – Origem da Controvérsia e Compreensão atual do Supremo Tribunal Federal e do Superior Tribunal de Justiça. **5.** A Ação Coletiva Sob o Rito Comum (art. 5º, XXI, da Constituição Federal) e os REs 573.232/SC e 612.043/PR; Referência bibliográfica

Introdução[1]

No âmbito de estudo do direito coletivo há um tema que há muito gera controvérsia. Trata-se da abrangência subjetiva da decisão proferida no âmbito coletivo e, consequentemente, da coisa julgada que sobre ela recai. Em relação a alguns pontos, a controvérsia pode ser analogicamente comparada a uma fênix. O principal deles diz respeito à abrangência "territorial" da coisa julgada no âmbito coletivo. Em diversos momentos, quando tudo indicava que as controvérsias que cercavam a questão restariam absolutamente mortas e enterradas, estas ressurgiam das cinzas, reavivando as mais variadas e complexas discussões

1 Para dois dos três co-autores deste artigo (Thereza e Eduardo), a oportunidade de prestar homenagem ao advogado Sérgio Bermudes tem um significado muito especial. Certamente, Arruda Alvim, marido e pai dos dois mencionados co-autores, compartilharia do mesmo sentimento. Há pouco mais de uma década, Arruda Alvim e Thereza Alvim precisaram contratar um advogado. Discutimos muito entre nós e chegamos à (sempre sábia) conclusão de que o advogado inteligente não deve atuar em causa própria. Então, questionamo-nos qual seria o advogado mais combativo e capaz que enfrentamos em nossas carreiras, e a resposta foi rápida e unânime: Sérgio Bermudes. Procurado, Sérgio, amigo dileto, predispôs-se de plano a aceitar a delicada causa, veio ao nosso escritório e atuou, como sempre, com a tenacidade que lhe é própria. Por isso, esta homenagem, para Thereza e Eduardo, tem um quê de pessoal, e, apesar da profícua carreira docente do homenageado e da sua vasta produção bibliográfica, é especialmente dedicada ao advogado Sérgio Bermudes.

acadêmicas. Recentemente o Supremo Tribunal Federal parece ter dado uma decisão final a respeito do tema, ao declarar inconstitucional o art. 16 da Lei de Ação Civil Publica, quase 24 anos depois da alteração promovida pela Lei nº 9.494/1997 (que ensejou grande parte da controvérsia) e da primeira decisão do Supremo no sentido de que o dispositivo era constitucional.[2]

Cumpre responder: será que realmente o Supremo logrou êxito em finalmente por um fim à controvérsia? Ainda existem controvérsias não resolvidas? No presente artigo visaremos apresentar uma perspectiva geral das principais questões relacionadas à chamada coisa julgada coletiva e de suas soluções.

2. Aspectos gerais das ações coletivas

Antes de adentrarmos no cerne da controvérsia, pensamos ser relevante uma breve e sucinta contextualização a respeito do que está abrangido pelo termo "ação coletiva", bem como as disposições legais aplicáveis. Isto porque é um termo que acaba abrangendo alguns institutos distintos que possuem regramento próprio no direito positivo, regramento este que influirá, em alguma medida, na resposta às perguntas formuladas.

Em geral, a doutrina costuma apontar alguns elementos distintivos, presentes em determinadas ações, em razão dos quais se justifica a atribuição da qualificação "coletiva". Expressa-se, essencialmente, que são três os elementos: a) o objeto do processo (coletivo, lato sensu)[3]; b) a legitimação ativa (legitimação extraordinária – substituição processual – ou legitimação autônoma para a condução do processo, a depender da hipótese[4]; c) a extensão subjetiva da eficácia da decisão (maior espectro subjetivo) e, consequentemente, da coisa julgada, podendo a ocorrência

---

2 STF, ADI 1.576-1, Tribunal Pleno, j. 16.04.1997, rel. Min. Marco Aurélio, *DJU* 24.04.1997.

3 Que pode ser identificado pela pretensão apresentada, ou seja, o pedido (Nelson Nery Jr. e Rosa Maria de Andrade Nery. *Leis Processuais Civis: comentadas e anotadas.* 5ª ed. São Paulo: Thonson Reuters Brasil, 2019. p. 33.

4 Segundo defendem Nelson Nery Jr. e Rosa Maria de Andrade Nery, na hipótese dos direitos difusos e coletivos haveria efetiva legitimação autônoma para a condução do processo e na hipótese dos direitos individuais homogêneos, a legitimação será extraordinária, mais especificamente, na modalidade substituição processual (*Leis Processuais Civis: comentadas e anotadas.* 5ª ed. São Paulo: Thomson Reuters Brasil, 2019. p. 53).

desta última variar de acordo com o fundamento que levou ao resultado da demanda, conforme melhor expressaremos sequência.[5]

O processo coletivo, em que pese a existência de projetos legislativos visando a criação de um único código que venha a regular todo o tema ou de leis que tenham uma maior abrangência[6], atualmente é regulado por uma série de diplomas que são intercomunicáveis, cuja aplicação se dá de forma conjunta ou, em algumas circunstâncias, subsidiária. Os principais diplomas são a Lei de Ação Popular (Lei nº 4.717/1965), a Lei da Ação Civil Pública (Lei nº 7.347/1985), Código de Defesa do Consumidor (Lei nº 8.078/1990), Lei do Mandado de Segurança (Lei nº 12.016/2009) e a Lei do Mandado de Injunção (Lei nº 13.300/2016). Há, contudo, uma série de disposições em leis esparsas, como se dá, exemplificativamente, com a Lei nº 7.853/1989 (arts. 3º a 7º – na redação atribuída pelo Estatuto da Pessoa Com Deficiência – Lei nº 13.146/2015), a respeito dos direitos ou interesses das pessoas com deficiência.

Por conter um tratamento mais completo e criterioso, a doutrina e a jurisprudência têm reconhecido, com absoluta tranquilidade, que o regramento resultante da "simbiose" entre o Código de Proteção e Defesa do Consumidor e a Lei de Ação Civil Pública[7], é aplicável, em grande medida, às demais ações coletivas, como o é caso da *ação populare* do *mandado de segurança coletivo*. A estas, por exemplo, se aplicam as definições relativas às espécies de direitos ou interesses que são tratados dentro do que se tem nominado de processo coletivo, bem como o regime da abrangência subjetiva (e, consequentemente, da coisa julgada), salvo, eventualmente algumas disposições específicas e pontuais.

---

5 Arruda Alvim. *Manual de Direito Processual Civil: teoria geral do processo, processo de conhecimento, recursos e precedentes.* 20ª ed. São Paulo: Thomson Reuters Brasil, 2021. p. 1.199. V. também: Arruda Alvim. Soluções práticas de Direito: pareceres. São Paulo: Revista dos Tribunais, 2011, vol. 1, pp. 204-208; Arruda Alvim. "Coisa julgada nas ações coletivas e identidade entre ação civil pública e ação popular". In: Édis Milaré. (Coord.). Ação Civil Pública após 30 anos. São Paulo: Revista dos Tribunais, 2015, pp. 105-108.

6 A este respeito podemos apontar, dentre outros, o Projeto de Lei nº 4778/20 da Câmara dos Deputados (Proposta apresentada pelo CNJ), os Projetos de Lei nº 4441/2020 e 1641/2021 da Câmara dos Deputados (propostos pelo Deputado Paulo Teixeira), o Projeto 5.139/2009 da Câmara dos Deputados (Cujo trâmite já se encerrou).

7 Decorre esta relação do que preveem os arts. 90 do Código de Proteção e Defesa do Consumidor e 21 da Lei de Ação Civil Pública.

Formam, portanto, um efetivo *microssistema* de processo coletivo[8], que é complementado, por fim, pelas disposições do Código de Processo Civil[9].

Em relação aos direitos ou interesses tutelados no âmbito coletivo, o Código de Proteção e Defesa do Consumidor contém em suas disposições as definições dos direitos ou interesses coletivos (*latos sensu*), dividindo-os em difusos, coletivos (*stricto sensu*) e individuais homogêneos. Estas definições aplicam-se, em geral, ao processo coletivo como um todo.

Mais especificamente em seu art. 81, parágrafo único, traz a ideia do que, para o direito positivo, é considerado direito ou interesse difuso. O referido diploma define o direito ou interesse difuso como sendo o de natureza *transindividual, indivisível*, de que sejam titulares pessoas *indeterminadas* e ligadas *por circunstâncias de fato*.

O primeiro elemento distintivo do conceito de direitos difusos é o de que eles não dizem respeito a uma só pessoa ou a um grupo determinado, mas, em verdade, a uma efetiva coletividade (indeterminada e que não pode ser determinada). Esta coletividade está ligada por circunstâncias de fato, mas não necessariamente está submetida às mesmas e idênticas circunstâncias, pois a ocorrência do mundo empírico, sobre a qual se pode vislumbrar a incidência do ordenamento jurídico, pode atingi-las de forma distintas. Há, contudo, um elemento único – circunstância fática – que atinge toda a coletividade.

Um exemplo recente diz respeito à coletividade atingida pelos danos causados pelo desastre da barragem de Fundão, em Mariana. O rompimento é o fato único que causou a violação aos interesses difusos. A poluição da bacia hidrográfica do Rio Doce, que abrangeu inicialmente dois estados (Minas Gerais e Espírito Santo) e posteriormente o Oceano Atlântico, atinge a coletividade de uma forma indivisível, se observada a questão a partir da perspectiva ambiental (e não dos danos individuais causados àqueles que foram mais diretamente foram atingidos pelo rompimento).

A coletividade atingida é absolutamente indeterminada, pois os danos ao meio ambiente, especialmente à bacia hidrográfica, são absolutamente amplos e perdurarão por várias décadas, influindo faticamente na realidade da população em geral. E, reitere-se, observando-se

8 Kazuo Watanabe. Associação e Substituição Processual na Tutela dos Interesses Individuais Homogêneos. In: Édis Milaré. *Ação Civil Pública – Após 35 anos*. São Paulo: Thomson Reuters Brasil, 2020. (Livro Digital – Proview – p. RB-22.1)

9 Conforme expressa o art. 19 da Lei de Ação Civil Pública e o art. 90 do Código de Proteção e Defesa do Consumidor.

a questão a partir da perspectiva do meio ambiente, sequer é possível cogitar a divisibilidade, pois o atingimento se dá de forma ampla e não individualizada.

Um dano ao meio ambiente possui reflexos diretos e indiretos para a comunidade, como um todo. Basta dizer que foram afetados mais de 680 km de rios, lagoas e nascentes, a vegetação ripária e aquática, estuários e manguezais na foz do rio doce, dentre outros.[10]

A ação coletiva que, porventura, objetivasse a recuperação do meio ambiente da área abrangida pelo evento, teria por objeto, no fundo, um direito difuso. No caso concreto, é relevante mencionar, foi celebrado um Termo de Ajustamento de Conduta, que pôs fim ao conflito no âmbito coletivo e, dentre as obrigações, estava a de recuperação ambiental.[11]

Há também os chamados direitos ou interesses coletivos (*stricto sensu*). Como os direitos ou interesses difusos, aqueles são transindividuais e de natureza indivisível. A principal diferença consiste no fato de que os direitos coletivos (*stricto sensu*) dizem respeito a um número determinável de pessoas (grupo, categoria ou classe), ligadas entre si ou com a parte contrária por uma relação jurídica base (art. 81, parágrafo único, inciso II).

Exemplo clássico indicado no âmbito doutrinário diz respeito ao direito dos alunos de uma determinada escola em lhes ser assegurada determinada qualidade de ensino. As pessoas são determináveis e têm uma relação jurídica com a parte contrária (que é a escola) e o bem jurídico (qualidade de ensino) é indivisível, na acepção de que não é fruível individualmente. Afinal, exemplificativamente, o conteúdo programático há de ser um só a todos os alunos, portanto, eventual questão que diga respeito à uma necessidade de adequação daquele irá influir em todos os estudantes.

Há um exemplo recente, muito semelhante ao referido acima, que claramente envolve direitos coletivos *stricto sensu*. Determinadas instituições de ensino superior, após o fim das restrições sanitárias impostas

---

10 Um resumo dos danos pode ser encontrado no Termo de Ajustamento de Conduta relativo ao evento, disponível em: https://www.fundacaorenova.org/wp-content/uploads/2016/07/ttac-final-assinado-para-encaminhamento-e-uso-geral.pdf Acesso em 12.04.2022.

11 Um resumo dos danos pode ser encontrado no Termo de Ajustamento de Conduta relativo ao evento, disponível em: https://www.fundacaorenova.org/wp-content/uploads/2016/07/ttac-final-assinado-para-encaminhamento-e-uso-geral.pdf Acesso em 12.04.2022.

em razão da Pandemia de COVID-19, passaram a adotar o sistema *híbrido* nos cursos de graduação, mesmo que, originalmente, referidos cursos fossem integralmente presenciais. A medida gerou o questionamento de alguns estudantes[12] e ensejou atuação da União Nacional dos Estudantes (Une), bem como questionamentos perante os órgãos públicos (em especial a Assembleia Legislativa do Estado de São Paulo), que realizaram audiência pública para discutir o assunto. A questão, atualmente, quando da elaboração do presente artigo, ainda não havia sido judicializada.

Nos parece claro que controvérsia a respeito da possibilidade, ou não, de determinada instituição de ensino adotar o sistema híbrido de ensino, no fundo, diz respeito à influência deste sistema na qualidade de ensino e, consequentemente, diz respeito a um potencial direito coletivo (*stricto sensu*). Trata-se claramente de um direito indivisível (pois diz respeito à qualidade de ensino dos cursos de graduação das instituições) e a uma questão que, no caso concreto, atinge a todos os estudantes de forma idêntica), de que é titular uma coletividade (estudantes) que possui com a parte contrária uma relação jurídica básica (contrato de prestação de serviços educacionais). Sem adentrar no mérito da questão, pois foge ao objeto do presente trabalho, eventual ação proposta por legitimados e que busque beneficiar a todos os estudantes universitários (grupo) vinculados à instituição ou instituições, versará um direito coletivo *stricto sensu*, independentemente do resultado.

Poderia se cogitar em outro exemplo partindo da mesma situação relacionada à mineração acima referida. Basta pensar no direito à segurança de trabalho, que poderia ser protegido, por exemplo, a partir de regramentos preventivos de eventos danosos e protocolos direcionados aos funcionários, para que, caso ocorram, os eventos tenham menor impacto sobre eles.

O direito à segurança do trabalho, por se tratar de um direito extremamente amplo e engloba questões que dizem respeito a todos os funcionários (que suplantam, por exemplo, o fornecimento de EPIs). Em geral, não pode ser fruído individualmente, pois diz respeito a todo ambiente de trabalho e à relação com todos os trabalhadores. Portanto, trata-se de um direito em que as pessoas são determinadas ou determináveis (funcionários) que tem uma relação jurídica com a parte contrária (contrato de trabalho) e o bem jurídico (segurança no trabalho) é indivisível – diz respeito a todo ambiente de trabalho e a todos os trabalhadores.

12 https://g1.globo.com/sp/sao-paulo/noticia/2022/04/11/alunos-reclamam-de--faculdades-particulares-de-sp-que-cobram-mensalidade-de-aulas-presenciais--mas-continuam-em-ensino-hibrido.ghtml Acesso em 18.04.2022.

Por fim o Código de Proteção e Defesa do Consumidor trata dos chamados de direitos individuais homogêneos (art. 81, parágrafo único, III). Estes últimos, segundo o direito positivo, são aqueles de "origem comum". Embora o direito positivo não seja absolutamente claro, é evidente que os direitos individuais homogêneos são aqueles que não possuem as mesmas características presentes nos direitos anteriormente referidos. Isto é, não são de natureza indivisível e os titulares são identificados ou identificáveis. Podem ser fruídos e tutelados individualmente. São direitos que possuem caráter, a princípio, individualizado e são perfeitamente divisíveis.

Há ordenamento de relação de titularidade com o bem da vida violado ou disputado e, este, também, por sua vez, é perfeitamente distribuído e individualizado entre os titulares; no entanto, diante de algumas peculiaridades, pode-se postular a proteção jurisdicional coletivamente em face da origem comum do direito afirmado e de sua dimensão social. Neste caso, o pedido, isto é, aquilo que se objetiva é divisível, mas a origem é comum, ou seja, há, em certa medida, uma *individibilidade* no que diz respeito à causa de pedir.[13]

Diante da definição legal que, ao que parece não indicar de forma abrangente o conceito de direito individual homogêneo (do art. 81, parágrafo único, III, do CDC) os diversos Projetos de Lei que tratam do tema do direito coletivo visam a atribuir contornos mais claros aos direitos individuais homogêneos.

A título de exemplo, podemos referir o Projeto de Lei nº 1641/2021 da Câmara dos Deputados, que parece conter a uma interessante definição, referindo que são "direitos individuais que recomendem ou exijam proteção conjunta em razão das características tais como a predominância das questões comuns sobre as particulares, a necessidade de preservar a isonomia e a restituição integral, a facilitação do acesso à prova, a garantia de acesso à justiça, a melhor gestão do serviço judiciário ou a repercussão de cada pretensão individual sobre as demais." (art. 3, § 1º, III).[14]

13 Arruda Alvim. *Manual de Direito Processual Civil: teoria geral do processo, processo de conhecimento, recursos e precedentes.* 20ª ed. São Paulo: Thomson Reuters Brasil, 2021. p. 1.202.

14 Por sua vez, o Projeto de Lei nº 4441/2020, da Câmara dos Deputados, refere os direitos individuais homog6eneos com sendo "os decorrentes de origem comum e que tenham um núcleo de homogeneidade que justifique o tratamento em conjunto" (art. 2º, inciso III).

Exemplo comum é o direito à troca de determinada peça de automóvel, garantido pelo Código de Proteção e Defesa do Consumidor e que diz respeito, individualmente, a todos aqueles que tenham adquirido o carro. Trata-se de uma situação que, a princípio, diria respeito apenas aos consumidores afetados. No entanto, tendo em vista que a situação se repete com diversos consumidores adquirentes, isto é, atinge individualmente diversas pessoas, justifica-se a possibilidade da tutela destes direitos individuais de forma coletiva.

Ainda nos utilizando do exemplo de Mariana, é o caso dos danos individuais causados diretamente aos moradores que residiam na rota pela qual os rejeitos passaram. O direito à indenização relativa às casas destruídas, ao período em que os moradores ficaram fora da sua residência, aos automóveis arrastados, às plantações destruídas, dentre outros, são, em tese, individuais e divisíveis e poderiam ser tutelados individualmente por cada um dos prejudicados. Porém, tendo em vista origem comum, a dimensão social, a predominância das questões comuns sobre as particulares, a facilitação ao acesso à prova e à justiça, e a melhor gestão do serviço judiciário, recomenda-se o tratamento conjunto (coletivo).

A partir destas características é possível constatar que a expressão ação coletiva é utilizada para expressar a tutela jurisdicional que diga respeito a direitos ou interesses que suplantem a esfera individual, ou melhor dizendo, que tenham uma perspectiva meta individual[15] ou transindividual. Esta natureza transindividual pode ser dar em razão de diversos elementos, que podem ser resumidos da seguinte forma: i) a impossibilidade de se individualizar o seu titular (direitos ou interesses difusos); ii) pela impossibilidade de se dividir o seu objeto (direitos ou interesses difusos e coletivos); e, ainda, iii) em virtude da sua dimensão social e da dificuldade de tutelá-los de maneira individual ou isolada ou uma maior efetividade na sua tutela conjunta.[16][15]

Levando em consideração a *pluralidade de situações*, direitos e interesses que são tutelados dentro do que se tem nomeado de processo coletivo, há na doutrina quem divida os direitos ou interesses entre essencialmente coletivos (aqueles cujo objeto é indivisível, isto é, direitos

15 Rodolfo de Camargo Mancuso. *Ação Civil Pública*. São Paulo: Thomson Reuters Brasil, 2019. Livro Digital – Proview, item 6.2, p. RB-6.2.

16 Arruda Alvim. *Manual de Direito Processual Civil: teoria geral do processo, processo de conhecimento, recursos e precedentes*. 20ª ed. São Paulo: Thomson Reuters Brasil, 2021. p. 1.199.

difusos e coletivos) e aqueles que são acidentalmente coletivos (direitos individuais homogêneos)[17]. Os dois primeiros são tidos por Teori Zavascki como transindividuais, sendo certo que neste caso haveria uma efetiva *tutela de direitos coletivos*, sendo que os últimos, não seriam na sua essência transindividuais, e nesta hipótese, em verdade, estar-se-ia diante de uma tutela coletiva de direitos.[18]

Podem ser enquadradas no conceito de ações coletivas, todos os instrumentos destinados a tutelar os direitos ou interesses acima referidos, dentre os quais podemos citar, a Ação Popular (Lei nº 4.177/1967), a Ação Civil Pública (Lei nº 7.347/1985), a Ação coletiva prevista no Código de Proteção e Defesa do Consumidor (cuja disciplina se dá pelo regramento resultante da simbiose entre a Lei de Ação Civil Pública e o Código de Proteção e Defesa do Consumidor), do Mandado de Segurança Coletivo (Lei nº 12.016/2009, em especial, art. 21), do mandado de injunção coletivo (Lei nº 13.300/2016, em especial, art. 12) e, ainda, da chamada ação coletiva pelo rito comum (art. 5º, XXI, CF/1988)[19]. Esta última, contudo, será analisada de forma mais pormenorizada oportunamente, pois possui características diversas.

3. Aspectos Gerais da Coisa Julgada Nas Ações Coletivas

As regras nucleares da coisa julgada nas ações coletivas, tendo em vista o microssistema acima referido, podem ser encontradas, essencialmente, no art. 103 do *Código de Proteção e Defesa do Consumidor*[20]. Os incisos I a III do referido dispositivo legal tratam separadamente da

17 Barbosa Moreira. Ações Coletivas na Constituição Federal de 1988. *Revista de Processo*. São Paulo, nº 61, pp. 187-190 – Jan./mar. 1991. Em sentido parecido: Claudia Lima Marques, Antonio Herman V. Benjamim e Bruno Miragem. *Comentários ao Código de Defesa do Consumidor*. São Paulo: Thomson Reuters Brasil, 2022. Comentários ao art. 81. Item I (Livro Digital – Proview – p. RL 1.22).

18 Teori Albino Zavascki. *Processo Coletivo: tutela de direitos coletivos e tutela coletiva de direitos*. São Paulo: Revista dos Tribunais, 2017. p. 43.

19 Barbosa Moreira nominava referida ação como "ação coletiva em termos genéricos" (Barbosa Moreira. Ações Coletivas na Constituição Federal de 1988. *Revista de Processo*. São Paulo, nº 61, pp. 190-191. Por sua vez, o STF, no julgamento dos RE 612.043/PR, a referiu como sendo ação coletiva sob o rito ordinário.

20 Segundo Nelson Nery Jr. e Rosa Maria de Andrade Nery o art. 103 aplica-se a todas as ações coletivas que versem sobre direitos difusos, coletivos e individuais homogêneos (*Leis Processuais Civis: comentadas e anotadas*. 5ª ed. São Paulo: Thomson Reuters Brasil, 2019. p. 590).

coisa julgada a depender do objeto da ação coletiva, isto é, direito difuso, coletivo e individual homogêneo. Existem, é bom ressalvar, regras específicas constates de leis específicas, que serão oportunamente referidas, mas, essencialmente, o regramento geral da coisa julgada é aquele constate da legislação consumerista.

Há um ponto preliminar a ser considerado. Em verdade, o problema, tratado sob a perspectiva da coisa julgada, a antecede. Isto porque a abrangência subjetiva da coisa julgada decorre da abrangência da decisão proferida no âmbito da ação coletiva, que, por sua vez, decorre da abrangência do atuar do legitimado e do pedido formulado. Isto é, como o atuar diz respeito a um pedido que extrapola a esfera individual, consequentemente, a decisão a respeito do pedido também o extrapolará e, por fim, a qualidade de *imutabilidade* e *indiscutibilidade* que recai sobre a decisão também terá, reflexamente, uma abrangência subjetiva que supera a esfera individual daqueles que atuaram na relação jurídica processual. A questão, contudo, usualmente é tratada apenas sob a perspectiva da coisa julgada, razão pela qual trataremos tema sob esta, levando em consideração a ressalva já realizada.

Segundo o art. 103, I, a coisa julgada, em ação que tenha por objeto interesses difusos será *erga omnes*, exceto se o pedido for julgado improcedente por insuficiência de provas, hipótese em que qualquer legitimado poderá intentar outra ação com idêntico fundamento, valendo-se de prova nova. Caracteriza-se, portanto, por atingir a todos indistintamente, característica que decorre da natureza do direito tutelado e do pedido que a ele diz respeito, que como já referimos, atinge amplamente a coletividade. O alcance subjetivo, contudo, depende do resultado da demanda, tendo em vista a exceção relativa à improcedência por falta de provas, incluída na parte final do inciso.

A circunstância de a coisa julgada coletiva ter os seus contornos delimitados pelo *fundamento* que levou ao resultado da demanda, que no âmbito da doutrina tem se referido como coisa julgada *secundum eventum litis*, foi introduzido no ordenamento jurídico brasileiro em conjunto com a primeira lei que dispôs efetivamente a respeito da tutela coletiva, a Lei de Ação Popular (Lei nº 4.717/1965). O art. 18 possui redação relativamente próxima ao art. 103, I, do Código de Proteção e Defesa do Consumidor, tendo em vista que este foi inspirado naquele. Segundo o art. 18, "A sentença terá eficácia de coisa julgada oponível 'erga omnes', exceto no caso de haver sido a ação julgada improcedente por deficiência de prova; neste caso, qualquer cidadão poderá intentar outra ação com idêntico fundamento, valendo-se de nova prova"[21] A Lei de Ação Popular também inspirou a Lei de Ação Civil Pública, que em seu art. 16 (desde sua redação originária) prevê a coisa julgada *secundum eventum litis*.

No caso de direitos coletivos (*stricto sensu*) a coisa julgada opera os chamados efeitos *ultra partes*, limitadamente ao grupo, categoria ou classe, salvo improcedência por insuficiência de provas, hipótese em que qualquer legitimado, no âmbito coletivo, pode intentar outra ação com idêntico fundamento (em verdade, ação com mesma causa de pedir e pedido) valendo-se de nova prova (art. 103, II do CDC). No caso de improcedência, é importante repisar, a coisa julgada se dá apenas no âmbito coletivo, não impedindo a propositura de ações individuais (art. 103, § 1º).

Lembre-se que, na hipótese dos direitos coletivos (*stricto sensu*), os titulares estão ligados entre si ou com a parte contrária por uma relação jurídica base. Por essa razão há a limitação da lei. Afigura-se-nos que a significação da expressão *ultra partes* é a de que a eficácia da sentença (e, com esta a autoridade com a qual o resultado do processo possa ficar revestido – coisa julgada material), transcende ou exorbita os que são partes processuais, isto é, os legitimados, atingindo os que constituem o grupo, a categoria ou a classe.[22] Em verdade, é uma decorrência que, para nós, está intimamente ligada à natureza do direito ou interesse.

A coisa julgada coletiva, em se tratando de direitos difusos e coletivos, quando improcedente a demanda, somente atingirá os *legitimados* a atuar *coletivamente*. O novo atuar, no âmbito coletivo, com o mesmo objeto, apenas será viável caso a primeira ação tenha sido improcedente por falta de provas e, ainda, indicando o autor a existência de uma prova que não foi originalmente considerada e que, em tese, pode levar a um resultado diverso. As ações individuais, contudo, não são prejudicadas, tendo em vista o que prevê o § 1º, do art. 103, do CDC "Os efeitos da coisa julgada previstos nos incisos I a II não prejudicarão interesses e direitos individuais dos integrantes da coletividade, do grupo, categoria ou classe".

Há, ademais, uma questão relevante que diz respeito aos julgamentos relativos aos direitos ou interesses difusos ou coletivos. Isto porque,

---

21 Sobre uma perspectiva histórica do tema vide: José Afonso da Silva. *Ação Popular Constitucional*. São Paulo: Revista dos Tribunais, 1968. pp. 261-278.

22 José dos Santos Carvalho Filho. *Ação Civil Pública: Comentários por Artigo*. Rio de Janeiro: Freitas Bastos, 1995. p. 348.

se por um lado o § 3º do art. 103 evidencia que os efeitos da coisa julgada não prejudicarão as ações individuais, por outro lado prevê que "se procedente o pedido, beneficiarão as vítimas e seus sucessores, que poderão proceder à liquidação e à execução, nos termos dos arts. 96 e 99."

Isto é, segundo o referido dispositivo, a decisão terá maior abrangência, pois, mesmo que o pedido tenha sido relativo tão somente aos interesses difusos ou coletivos, o resultado beneficiará os titulares dos direitos individuais que tenham como fundamento a mesma situação jurídica. É o que tem sido nominado no âmbito doutrinário de *transporte in utilibus* da coisa julgada.[23]

Caso fique decidido, por exemplo, em *ação civil pública*, que determinada pessoa jurídica polui um rio (direito difuso), e, por isso, tiver sido condenada a cessar a atividade poluidora, promover atos para reduzir os danos e pagar indenização ao FDDD (arts. 13 e 16 da Lei nº 7.347/1985), o indivíduo cuja situação específica seja afetada *por este mesmo evento* (v.g. pescador que ficou impedido de pescar em razão da poluição) poderá, diretamente, promover a liquidação do seu dano. Neste caso, no âmbito da liquidação deverá demonstrar a *existência do dano individual* (v.g. perda de renda por não poder pescar) e a relação de *nexo de causalidade com o evento danoso*. Contudo, não poderá a parte causadora discutir mais questões como: se o evento (poluição) efetivamente ocorreu; quem causou o evento danoso; se houve culpa ou dolo e se há, em decorrência do evento, responsabilidade civil, pois estas últimas, foram objeto de decisão no âmbito coletivo (*lato sensu*).

Veja-se que o benefício acima se dá em razão do aproveitamento do que foi decidido a respeito da causa de pedir do processo coletivo – que diz respeito aos direitos ou interesses difusos e coletivos *lato sensu* – à *situação individual* (é possível vislumbrar a existência de pretensão individual, mas calcada na mesma causa de pedir remota, que é a responsabilidade da pessoa jurídica pela poluição do rio).

Por isso, é irrelevante que os arts. 95 e ss do Código de Proteção e Defesa do Consumidor, que disciplinam a liquidação dos danos individualmente sofridos, estejam inseridos no Capítulo II do Título II, que trata "Das ações coletivas para a defesa dos interesses individuais homogêneos", eis que a disciplina ali prevista se aplica, feitas as necessárias adaptações, também à liquidação dos danos individuais em caso de

23 Patrícia Miranda Pizzol. *Tutela coletiva: processo coletivo e técnicas de padronização das decisões*. São Paulo: Thomson Reuters Brasil, 2020. item 4.8.5, pp. 432-433.

procedência de ação versando interesses difusos ou coletivos. Por isso mesmo é que o § 3º do art. 103, já referido, é expresso ao prever que a procedência da ação civil permite com que a vítima e seus sucessores objetivem a liquidação e a execução.

Finalmente, há a hipótese da ação que tenha por objeto os direitos individuais homogêneos. Como já repisamos, são interesses que, sob uma perspectiva, são individuais, mas pela dimensão que alcançam e pela relevância, podem ser tutelados coletivamente.

Segundo expressa o Código de Proteção e Defesa do Consumidor, a coisa julgada nas ações coletivas que tenham por objeto os direitos ou interesses individuais homogêneos será *erga omnes* no caso de procedência do pedido, para beneficiar todas as vítimas e seus sucessores. Nesta hipótese, a condenação será genérica, fixando a responsabilidade do réu pelos danos causados (art. 95) hipótese em que as vítimas deverão realizar a liquidação nos termos dos arts. 97 e 100, do Código de Proteção e Defesa do Consumidor. A decisão genérica deverá conter os elementos essenciais que permitam a posterior liquidação dos danos.

Relembramos, porém, da regra prevista no art. 104, segundo a qual, em que pese a ação coletiva não induza litispendência em relação às ações individuais, havendo ação individual pendente, calcada na mesma causa de pedir, o autor deve pedir a sua suspensão, no prazo de 30 dias contados da ciência, *nos autos da ação individual*, de que houve a propositura de ação coletiva. Caso não o faça, não poderá se beneficiar dos seus resultados. É importante ressaltar que esta ciência, segundo o texto legal, para que possa produzir os efeitos indicados, deve ser nos próprios autos da ação individual.

Poderá o indivíduo, inclusive, ingressar no feito, na qualidade de litisconsorte, sendo certo que, para viabilizar tal ingresso, deverá haver publicações de editais com informações a respeito da distribuição da ação (art. 94, do Código de Proteção e Defesa do Consumidor), sem prejuízo da própria comunicação nos autos. O ingresso, contudo, não traz grande vantagem. Isto porque o § 2º, do art. 102, expressa que na hipótese da ação versando direitos individuais homogêneos, em caso de improcedência do pedido, "os interessados que não tiverem intervindo no processo como litisconsortes poderão propor ação a título individual". Lido a contrário *sensu*, o parágrafo revela que aqueles indivíduos que ingressaram como litisconsortes, não podem propor a ação a título individual.

O § 2º, acaba por revelar, que a interpretação isolada do inciso III, do art. 103, leva a uma percepção equivocada de que a decisão de improcedência não resta atingida pela coisa julgada material. A doutrina tem interpretado referido dispositivo no sentido de que a coisa julgada, em verdade, opera-se no âmbito coletivo, independentemente do resultado (procedência ou improcedência).[24]

Importante referir que a Lei de Mandado de Segurança possui um dispositivo específico que regula a coisa julgada no âmbito do Mandado de Segurança Coletivo. Seguro seu art. 22, "No mandado de segurança coletivo, a sentença fará coisa julgada limitadamente aos membros do grupo ou categoria substituídos pelo impetrante." O artigo, em verdade, se aplica aos direitos coletivos e individuais homogêneos, pois estes são os referidos no parágrafo único do art. 21.[25] Apesar do artigo 21 não referir os direitos difusos, compreendemos que estes podem ser tutelados coletivamente por meio de Mandado de Segurança, razão pela qual, em relação a estes, ante a omissão da Lei de Mandado de Segurança, há de se aplicar o microssistema coletivo, em especial, em relação à coisa julgada, o art. 103, inciso I, do Código de Proteção e Defesa do Consumidor.[26]

O fato de a Lei de Mandado de Segurança não excepcionar a improcedência por falta de provas em nada interfere na questão da formação da coisa julgada. Isto porque o Mandado de Segurança Coletivo exige a presença de direito líquido e certo, que, para nós, pressupõe a existência de prova pré-constituída. A falta de provas no mandado de segurança tem como consequência a carência da ação. Havendo carência, a repropositura da ação, no âmbito coletivo, não fica obstada.[27]

Referimos, por fim, que a Lei de Mandado de Injunção, ao tratar do mandado de injunção coletivo, estabelece que "a sentença fará coisa julgada limitadamente às pessoas integrantes da coletividade, grupo, da classe ou da categoria substituídos pelo impetrante" (art. 13). Contudo, o art. 9º, permite a concessão de eficácia *ultra partes* ou *erga omnes* a decisão do mandado de injunção individual, "quando isso foi inerente ou indispensável ao exercício do direito, da liberdade ou da prerrogativa objeto da impetração." (§ 1º) e que uma vez transitada em julgado,

---

24 Arruda Alvim. *Manual de Direito Processual Civil: teoria geral do processo, processo de conhecimento, recursos e precedentes.* 20ª ed. São Paulo: Thomson Reuters Brasil, 2021. p. 1.209; Ada Pellegrini Grinover et. all. *Código Brasileiro de Defesa do Consumidor*: comentado pelos autores do anteprojeto. 12ª ed., Rio de Janerio: Forense, 2019. p. 1.014.

25 Eduardo Arruda Alvim. *Mandado de Segurança.* 4ª ed. Rio de Janeiro: GZ, 202. p. 488.

26 Eduardo Arruda Alvim. *Mandado de Segurança.* 4ª ed. Rio de Janeiro: GZ, 2021.p. 488.

27 Eduardo Arruda Alvim. *Mandado de Segurança.* 4ª ed. Rio de Janeiro: GZ, 2021.p. 488.

"poderão ser estendidos a casos análogos por decisão monocrática do relator." (§ 2º).

O dispositivo relativo à coisa julgada no mandado de injunção coletivo não excepciona a improcedência por falta de provas, pois a regra geral, no mandado de injunção, é a de que "o indeferimento do pedido por insuficiência de prova não impede a renovação da impetração fundada em outros elementos probatórios" (art. 9º, § 3, da Lei de Mandado de Injunção).

Importante referir, por fim, que a coisa julgada no âmbito coletivo não fica circunscrita à espécie de ação utilizada. Assim, uma vez julgada uma ação civil pública, e havendo coisa julgada no âmbito coletivo (v.g. direitos coletivos e a sentença não foi fundada na falta de provas e sim na ausência de direito material por o direito positivo não albergar a pretensão), a coisa julgada obsta o manejo de outras ações coletivas, mesmo que de natureza diversa, como, por exemplo, o mandado de segurança coletivo.[28] Em verdade, diz respeito ao âmbito coletivo como um todo.[29]

Aliás, não é a apenas a coisa julgada que se opera tendo em vista o âmbito abrangido por todo o sistema coletivo. Compreendemos que o mesmo raciocínio deve se aplicar para fins de litispendência e continência.[30] A questão da litispendência, cumpre referir, é objeto dos projetos de lei que visam a regular o projeto coletivo, valendo apontar, exemplificativamente, que o Projeto de Lei nº 1641/2021, da Câmara dos Deputados, expressa que "a primeira ação coletiva distribuída induzirá litispendência para qualquer outra ação coletiva que tenha o mesmo pedido, causa de pedir e grupo protegido, ainda que diferentes os autores ou o tipo de procedimento" (art. 9º).[31]

---

28 Neste sentido, analisando a relação entre os sistemas do CDC e da Lei de Ação Civil Pública: Arruda Alvim. *Manual de Direito Processual Civil: teoria geral do processo, processo de conhecimento, recursos e precedentes.* 20ª ed. São Paulo: Thomson Reuters Brasil. p. 1.207.

29 Arruda Alvim. "Coisa julgada nas ações coletivas e identidade de causas entre ação civil pública e ação popular". In: Édis Milaré. (Coord.). Ação civil pública após 30 anos. São Paulo: Revista dos Tribunais, 2015, p. 108.

30 Arruda Alvim. "Coisa julgada nas ações coletivas e identidade de causas entre ação civil pública e ação popular". In: Édis Milaré. (Coord.). Ação civil pública após 30 anos. São Paulo: Revista dos Tribunais, 2015, p. 108.

31 A questão também é, exemplificativamente, objeto do projeto de Lei nº 4441/2020, que expressa que: "Art. 8. Uma ação civil pública induzirá litispendência para outra ação civil pública ou ação coletiva que tenham o mesmo pedido, causa de pedir e grupo protegido, ainda que diferentes os autores ou o tipo de procedimento."

A solução da litispendência, contudo, é diversa daquela empregada para a litispendência no CPC/2015 (que é a extinção pura e simples da segunda ação), pois, pelo projeto, os autos da segunda ação vão ser remetidos ao juízo prevento, passando a integral o primeiro processo "o acervo probatório e a argumentação contida no segundo, para todos os fins, assegurado o contraditório."[32] A solução parece ser interessante na medida em que visa evitar a dualidade de ações idênticas (pois rigorosamente apenas o pedido da primeira vai ser julgado), por um lado, e, por outro, garante com que a solução da controvérsia leve em consideração todo acervo probatório e argumentação resultantes das soma das duas ações coletivas. Vale repisar, contudo, que se a causa de pedir for diversa, mas relativa ao mesmo conjunto de fatos, haverá tão somente a união das ações.[33]

4. A Abrangência Territorial da Decisão Proferida no Âmbito Coletivo – Origem da Controvérsia e Compreensão atual do Supremo Tribunal Federal e do Superior Tribunal de Justiça

As primeiras disposições legais a respeito da tutela coletiva não continham nenhuma limitação a respeito da eventual abrangência territorial da coisa julgada (em verdade, do atuar coletivo e da respectiva abrangência subjetiva da decisão proferida neste âmbito). Veja-se que o direito positivo referia apenas que a coisa julgada se dava *erga omnes* (Art. 18 da Lei de Ação Popular, art. 16 da Lei de Ação Civil Pública, e art. 103, I e III do Código de Proteção e Defesa do Consumidor) ou *ultra partes* (art. 103, II, do Código de Proteção e Defesa do Consumidor), sem qualquer limitação aparente.

Contudo, no âmbito jurisprudencial, começou a surgir o entendimento de que a decisão proferida em ação coletiva teria seus efeitos restritos ao âmbito territorial de competência do órgão que prolatou a decisão. A este respeito, cumpre referir que já no início da década de 1990 o Superior Tribunal de Justiça enfrentou a questão ao julgar o

32 O § 1º expressa, em complemente, que "§ 1º. Configurada a litispendência, o segundo processo deve ser remetido ao juízo prevento, integrando-se ao primeiro processo o acervo probatório e a argumentação contida no segundo, para todos os fins, assegurado novo contraditório."

33 Segundo o art. 10 do referido projeto, ademais, "Art. 10. As ações coletivas decorrentes do mesmo conjunto de fatos ou que possam gerar decisões conflitantes ou contraditórias devem ser reunidas no juízo adequado, nos termos do art. 8º desta Lei."

Conflito de Competência 971/DF. A questão versou sobre a existência de duas *ações civis públicas* que possuíam o mesmo objeto (possibilidade de mistura de metano ao álcool combustível para uso da frota nacional de veículos automotivos) e tramitavam em tribunais diferentes – TRF da 1ª Região (3ª Vara do Distrito Federal) e TRF 2ª Região (18ª Vara Federal do Rio de Janeiro).

A 1ª Seção do Superior Tribunal de Justiça compreendeu, por maioria de votos, que inexistiria "conflito de competência", na medida em que as decisões deveriam ser cumpridas no limite de jurisdição dos respectivos juízos prolatores das decisões. Compreendeu, o órgão, que eventuais conflitos entre as decisões deveriam ser resolvidos, oportunamente, por meio dos recursos próprios ao Superior Tribunal de Justiça.[34] A premissa, contudo, limitava substancialmente o objeto de resolução da controvérsia (conflitos entre decisões) a ser resolvida, na medida, além de permitir a multiplicação de ações coletivas a respeito da mesma questão, dificultaria substancialmente a uniformização do resultado, pois além de depender de recurso voluntário, este recurso é de fundamentação vinculada (violação à lei federal), em que se reanalisa a questão prequestionada, não se admitindo que seja voltado à reanálise de fatos e provas (Súmulas 5[35] e 7[36] do Superior Tribunal de Justiça).

Após alguns anos a Lei nº 9.494/1997 (art. 2º), que resultou da conversão da Medida Provisória 1570-5/1997, conferiu nova redação ao art. 16 da Lei de Ação Civil Pública. A partir da alteração (em verdade, implementada da MP 1.570/1997, e nas MPs subsequentes até a con-

34 Segundo o Voto do Min. Carlos Veloso: "No caso sob julgamento, tanto a decisão proferida no âmbito do Distrito Federal, quanto a decisão tomada pela Justiça Federal do Rio, foram dadas por Juízos competentes e deverão ser cumpridas nos limites da jurisdição desses Juízos. Oportunamente, repito, através de recursos próprios, este Superior Tribunal de Justiça haverá de uniformizar essas decisões. Quer dizer: no Rio de Janeiro, nos limites da jurisdição do Juízo que deferiu a liminar e que não foi suspensa pelo Juiz Presidente do Tribunal Regional Federal da 2ª Região, não será possível a distribuição de álcool misturado ao metanol. Fora dos limites dessa jurisdição, todavia, nada impede a distribuição do álcool misturado ao metanol, mesmo porque, nos limites da jurisdição do Juízo Federal do Distrito Federal, a liminar foi suspensa pelo Juiz Presidente do Tribunal Regional Federal da 1ª Região" (STJ, CC 971/DF, 1ª Seção, j. 13.02.1990, rel. Min. para o Acórdão Min. Vicente Cernichiaro, *DJU*23.04.1990).

35 STJ – Súmula 5 "A simples interpretação de Cláusula Contratual não enseja recurso especial."

36 STJ – Súmula 7 "A pretensão de simples reexame de prova não enseja recurso especial."

firmação pela Lei nº 9.494/1997), o dispositivo passou a ter a seguinte redação: "A sentença civil fará coisa julgada *erga omnes,* nos limites da competência territorial do órgão prolator; exceto se o pedido for julgado improcedente por insuficiência de provas, hipótese em que qualquer legitimado poderá intentar outra ação com idêntico fundamento, valendo-se de prova nova."

Referida alteração gerou considerável controvérsia, sendo que diversos autores de renome, como os Professores Nelson Nery Jr. e Rosa Maria de Andrade Nery a consideraram inconstitucional, por ofender os princípios constitucionais do direito de ação, razoabilidade e proporcionalidade.[37] Ademais, parte da doutrina considerou que a modificação implementada no art. 16 seria ineficaz em relação aos direitos individuais homogêneos, pois prevaleceria, a este respeito, o art. 103, III, do Código de Proteção e Defesa do Consumidor, tendo a nova redação da Lei de Ação Civil Pública apenas influído nas disposições relativas aos direitos difusos e coletivos (stricto sensu).[38][37]

Em um primeiro momento o Supremo Tribunal Federal chegou a enfrentar a questão relativa à constitucionalidade do art. 16 da Lei de Ação Civil Pública, na redação atribuída pela Medida Provisória 1570 de 23 de março de 1997, quando da análise do pedido liminar na Ação Direta de Inconstitucionalidade nº 1576-1. Conforme se mostrava possível depreender do voto do Ministro Marco Aurélio, o Supremo Tribunal Federal, na esteira do que havia decidido o Superior Tribunal de Justiça, compreendeu que de fato, o dispositivo (na redação atribuída pela MP 1.570/1997) era constitucional e, consequentemente, prevalecia a limitação territorial.

> "A alteração do art. 16 ocorreu à conta da necessidade de explicitar-se a eficácia *erga omnes* da sentença proferida na ação civil pública. Entendo que o artigo 16 da Lei nº 7.347, de 25 de julho de 1985, harmônico com o sis-

---

37 Neste sentido: Nelson Nery Jr.; Rosa Maria de Andrade Nery. Código de Processo Civil comentado e legislação processual civil extravagante em vigor. 6ª ed. rev. e atual. São Paulo: Revista dos Tribunais, 2002, p. 1.366 e, mais recentemente, *Leis Processuais Civis: comentadas e anotadas.* 5ª ed. São Paulo: Thonson Reuters Brasil, 2019. p. 590. No mesmo sentido, mais recentemente: Patrícia Miranda Pizzol. *Tutela coletiva: processo coletivo e técnicas de padronização das decisões.* São Paulo: Thomson Reuters Brasil, 2020, pp. 440-447

38 Ada Pellegrini Grinover. *Código de Proteção e Defesa do Consumidor comentado pelos autores do anteprojeto.* pp. 919-923. A autora defende que em relação aos direitos difusos e coletivo a norma seria inoperante, pois, em verdade, a abrangência territorial deveria ser definida pelo pedido.

tema Judiciário pátrio, jungia, mesmo na redação primitiva, a coisa julgada *erga omnes* à área de atuação do órgão que viesse a prolatá-la. A alusão à eficácia *erga omnes* sempre esteve ligada à ultrapassagem dos limites subjetivos da ação, tendo em conta até mesmo o interesse em jogo – difuso ou coletivo – não alcançando, portanto, situações concretas, quer sob o ângulo objetivo, quer subjetivo, notadas além das fronteiras fixadores do juízo. Por isso, tenho a mudança da redação como pedagógica, a revelar o surgimento de efeitos *erga omnes* na área de atuação do Juízo e, portanto, o respeito à competência geográfica delineada pelas leis de regência. Isso não implica esvaziamento da ação civil pública, nem, tampouco, ingerência indevida do Poder Executivo no Judiciário. Indefiro a liminar."[39]

Cumpre referir, contudo, que o mérito da ADI 1576-1 não chegou a ser analisado, pois a parte autora (Partido Liberal) não atendeu ao aditamento da petição inicial após a edição de nova regra (com o mesmo conteúdo) pelo órgão competente, tendo a ação sido julgada extinta (prejudicada), conforme decisão proferida em 17 de julho de 1997. Logo após a extinção, sobrevieram algumas decisões dos tribunais no sentido de que o referido dispositivo seria constitucional.[40]

A 4ª Turma do Superior Tribunal de Justiça chegou a compreender, em 2001, que o art. 16 deveria ser aplicado levando em consideração a competência territorial do órgão julgador competente para julgar eventual recurso ordinário (*lato sensu*) interposto contra a decisão que julgar a ação civil pública.[41] Ou seja, estaria limitada ao Estado ou eventualmente, à Região, do Tribunal. Logo em sequência, em 2003, a 4ª Turma do Superior Tribunal de Justiça compreendeu que seria inadmissível que a sentença com trânsito em julgado de uma pequena comarca do interior desse imenso Brasil possa produzir efeito sobre todo território nacional.[42] Neste último julgado, o Superior Tribunal de Justiça reformou uma decisão do Tribunal de Justiça de São Paulo que havia reconhecido que a eficácia não ficava circunscrita ao limite territorial.

39 STF, ADI nº 1576-1, Trib. Pleno, j. 16.04.1997, Rel. Min. Marco Aurélio.

40 A título de exemplo: TRF-1, AP 1998.010.00.52688-6, j. 25.06.1999, rel. Mário César Ribeiro.

41 STJ, REsp 253.589/SP, 4ª T. j. 16.08.2001, rel. Min. Ruy Rosado Aguiar, *DJu* 18.03.2002. Tendo constado da ementa o seguinte: "A eficácia erga omnes circunscreve-se aos limites da jurisdição do tribunal competente para julgar o recurso ordinário." Houve a interposição de recursos extraordinários e, antes do trânsito em julgado, as partes celebraram acordo.

42 STJ, REsp 293.407, 4ª T. rel. para o acórdão Min. Ruy Rosado de Aguiar, vencidos os ministros Barros Monteiro e Cesar Asfor Rocha, que haviam aplicado o entendimento de Ada Pellegrini Grinover.

A última decisão foi mantida, em 2006, pela Corte Especial do Superior Tribunal de Justiça compreendeu, em Embargos de Divergência, que "nos termos do art. 16 da Lei nº 7.347/1985, alterado pela Lei nº 9.494/1997, a sentença fará coisa julgada *erga omnes* nos limites da competência territorial do órgão prolator."[43] Em que pese o trecho acima tenha sido indicado no julgado, em verdade os Embargos de Divergência não tiveram o seu mérito julgado, por ter compreendido o órgão que "além de não caracterizado o dissídio jurisprudencial, a tese esposada pelo aresto embargado está em consonância com a Jurisprudência desta Corte".

Tendo em vista a grande relevância do tema e a permanência da existência de controvérsia no âmbito doutrinário e a multiplicidade de recursos especiais versando a controvérsia, o Superior Tribunal de Justiça afetou a questão para julgamento nos termos do art. 543-C do CPC/1973. A Corte Especial, em 2011, ao julgar o Recurso Especial 1.243.887/PR (Recurso Especial Representativo da Controvérsia – Temas Repetitivos 480, 481), decidiu que "os efeitos e a eficácia da sentença não estão circunscritos a lindes geográficos, mas aos limites objetivos e subjetivos do que foi decidido, levando-se em consideração, para tanto, sempre a extensão do dano e a quantidade dos interesses metaindividuais postos em juízo."[44]

Constou expressamente do voto do relator Min. Salomão que:

> "a antiga jurisprudência do STJ, segundo a qual 'a eficácia erga omnes circunscreve-se aos limites da jurisdição do tribunal para julgar o recurso ordinário' (REsp 293.407/SP, 4º. Turma, conformado nos EREsp n. 293.407/SP, Corte Especial), em hora mais que ansiada pela sociedade e pela comunidade jurídica, deve ser revista para atender ao real e legítimo propósito das ações coletivas, que é viabilizar um comando judicial célere e uniforme – em atenção à extensão do interesse metaindividual objetivado na lide"[45]

---

43 STJ, EREsp 293.407/SP, Corte Especial, j. 07.06.2006, rel. Min. João Otávio de Noronha, *DJe* 01.08.2006. São citados outros julgados, como: STJ, REsp 665.947/SC, 1ª T. Rel. Min. José Delgado, *DJe* 12.12.2005. Há referência a julgado no sentido de que, antes da implementação da modificação do art. 16, deveria se aplicar o entendimento de que a coisa julgada não está sujeita a limites territoriais: STJ, REsp 175.288/SP, 3ª T., rel. Min. Carlos Alberto Menezes de Direito, *DJe* 18.11.2002

44 STJ, REsp 1.243.887/PR, Corte Especial, j. 19.10.2011, rel. Min. Luis Felipe Salomão, *DJe* 12.12.2011. A decisão transitou em julgado após o não conhecimento do recurso extraordinário.

45 STJ, REsp 1.243.887/PR, Corte Especial, j. 19.10.2011, rel. Min. Luis Felipe Salomão, *DJe* 12.12.2011.

Apesar da aparente resolução da controvérsia, permaneceram sendo proferidas decisões por órgãos fracionários do Superior Tribunal de Justiça, no sentido de aplicar a limitação do art. 16 da Lei de Ação Civil Pública como elemento limitador da abrangência subjetiva das decisões proferidas em ações coletivas. Diante desta divergência, a Corte Especial admitiu os Embargos de Divergência nº 1.134.957 e, ao julgá-los, em 2016, por maioria de votos, reafirmou, o que havia sido decidido no Recurso Especial nº 1.243.887/PR, ou seja, que inexistiria limitação territorial.[46]

Contra a decisão proferida pela Corte Especial do Superior Tribunal de Justiça foi interposto o Recurso Extraordinário 1.101.937/SP, recurso este que teve sua repercussão geral reconhecida. Quase 24 anos após a primeira decisão, o Supremo Tribunal Federal voltou a analisar a constitucionalidade do art. 16 da Lei de Ação Civil Pública, na redação dada pela Lei nº 9.494/1997.

Em sequência, o plenário do Supremo Tribunal Federal, no primeiro semestre de 2021, por maioria de votos, vencido o Min. Marco Aurélio, declarou a inconstitucionalidade do art. 16 da Lei nº 7.347/1985 e, com isso, fixou a seguinte tese: é inconstitucional a redação do art. 16 da Lei nº 7.347/1985, alterada pela Lei nº 9.494/1997, sendo repristinada sua redação original.[47]

Conforme é possível depreender do acórdão proferido pelo Plenário, o órgão compreendeu que

> "o sistema processual coletivo brasileiro, direcionado a pacificação social no que tocante a litígios meta individuais, atingiu status constitucional em 1988, quando houve importante fortalecimento na defesa dos direitos difusos e coletivos, decorrentes de uma natural necessidade de efetiva proteção a uma nova gama de direitos resultante do reconhecimento dos denominados *direitos humanos de terceira geração ou dimensão*, também conhecidos como d*ireitos da solidariedade ou fraterinidade*.
> Necessidade de absoluto respeito e observância aos princípios da igualdade, da eficiência, da segurança jurídica e da efetiva tutela jurisdicional.
> Inconstitucionalidade do art. 16 da LACP, com a redação da Lei nº 9.494/1997, cuja finalidade foi ostensivamente restringir os efeitos condenatórios de demandas coletivas, limitando o rol de beneficiários da decisão por meio de um critério territorial de competência, acarretando grave prejuízo ao necessário tratamento isonômico de todos perante a Justiça, bem

46 STJ, EREsp 1.134.957/SP, Corte Especial. J. 24.10.2016, rel. Min. Laurita Vaz, *DJe* 30.11.2016.

47 STF, RE 1.101.937/SP, Tribunal Pleno, j. 26.03.2021, rel. Min. Alexandre de Moraes. Tema nº 1075 da Repercussão Geral.

como a total incidência do Princípio da Eficiência Jurídica na prestação da atividade jurisdicional."

Atualmente, portanto, tendo em vista a decisão proferida pelo Supremo Tribunal Federal em recurso extraordinário, a redação do art. 16 da Lei de Ação Civil Pública é a seguinte: "art. 16. A sentença fará coisa julgada *erga omnes*, exceto se a ação foi julgada improcedente por deficiência de provas, hipótese em que qualquer legitimado poderá intentar outra ação com fundamento idêntico, valendo-se de prova nova." Contemporaneamente, portanto, o microssistema formado pela Lei de Ação Civil Pública e o Código de Proteção e Defesa do Consumidor possuem regramentos consonantes em relação à abrangência territorial da decisão proferida no âmbito coletivo.[48]

5. A Ação Coletiva Sob o Rito Comum (art. 5°, XXI, da Constituição Federal) e os REs 573.232/SC e 612.043/PR

Uma questão que merece especial atenção diz respeito ao que a doutrina e a jurisprudência têm nominado de ação coletiva pelo rito comum (art. 5º, XXI, CF/1988)[49]. A referência à mencionada ação no presente trabalho é relevante, tendo em vista que, ao analisar a abrangência subjetiva da coisa julgada coletiva, alguns julgados, indevidamente, aplicaram o regramento desta à Ação Civil Pública, o que significou uma considerável limitação subjetiva da decisão.

O fundamento da ação ordinária coletiva é constitucional. Encontrase prevista no art. 5º, inciso XXI, da Constituição Federal. O referido inciso prevê que "as entidades associativas, quando expressamente autorizadas, têm legitimidade para representar seus filiados judicial ou extrajudicialmente." O dispositivo diz respeito ao atuar das associações, em proveito dos referidos associados.

---

48 A jurisprudência do Superior Tribunal de Justiça tem aplicado referido entendimento: STJ, REsp 1.788.451/SC, 2ª T. 10.08.2022, rel. Ministro Hermar Benjamin, *DJe* 18.02.2022; STJ, EAREsp 746.846/RJ, Corte Especial, j. 15.12.2021, rel. Ministro Francisco Falcão, *DJe* 01.02.2022

49 Como já mencionamos, Barbosa Moreira nominava referida ação como "ação coletiva em termos genéricos" (Barbosa Moreira. Ações Coletivas na Constituição Federal de 1988. *Revista de Processo*. São Paulo, n. 61, pp. 190-191. O STF, por sua vez, no julgamento dos RE 612.043/PR, a referiu como sendo ação coletiva sob o rito ordinário. Tendo em vista inexistir o rito ordinário, compreendemos que, para fins de adaptação, o termo adequado deveria ser o "rito comum", pois este sucedeu aquele.

Em que pese a referida legitimidade indicada no inciso XXI se aproxime, em alguma medida, à legitimidade atribuída pelo ordenamento jurídico às entidades associativas no atuar que se dá no âmbito coletivo, não há efetiva equivalência. Em primeiro lugar, a legitimidade prevista no inciso XXI, exige expressa autorização para "representar" os filiados judicial ou extrajudicialmente[50]. O atuar, portanto, é precedido de uma manifestação de vontade (autorizativa).

Por sua vez, a legitimação existente no âmbito das ações coletivas em geral (inciso I a V da Lei de Ação Civil Pública, incisos I a IV, do art. 82 do Código de Proteção e defesa do consumidor, bem como art. 21 da Lei de Mandado de Segurança), não demanda autorização expressa dos possíveis beneficiados pela sua propositura da ação coletiva pela entidade associativa. Em verdade, a legitimidade, neste último caso, decorre da própria lei – isto é, presente autorização legal para atuação, dispensa-se autorização específica. Esta circunstância faz com que o atuar tenha contornos diversos.[51] O que se exige é que o atuar esteja de acordo com as finalidades estabelecidas pelo estatuto social.

Se por um lado a ação ordinária pelo rito comum possui uma limitação no que diz respeito à legitimidade, não possui limitações relativas ao seu objeto. Isto porque as restrições existentes no direito positivo a respeito do objeto que por ela pode ser tutelado (art. 1º da Lei de Ação Civil Pública[52]), não se aplicam à ação coletiva pelo rito comum.[53]

Segundo têm decidido nossos tribunais, a autorização do atuar nos termos do art. 5º, XXI, da CF/1988, pode se dar em assembleia[54], sendo

---

50 José Carlos Barbosa Moreira. Ações Coletivas na Constituição Federal de 1988. *Revista de Processo.* São Paulo, n. 61, jan/mar 1991, p. 191.

51 Ainda assim a doutrina acaba referindo esta legitimidade como hipótese de legitimação extraordinária (substituição processual): Nelson Nery Júnior e Rosa Maria de Andrade Nery. *Constituição Federal Comentada.* São Paulo: Thonson Reuters Brasil, 2019. p. 290.

52 "Parágrafo único. Não será cabível ação civil pública para veicular pretensões que envolvam tributos, contribuições previdenciárias, o Fundo de Garantia de Tempo de Serviço – FGTS ou outros fundos de natureza institucional cujos beneficiários podem ser individualmente determinados."

53 Arruda Alvim. *Manual de Direito Processual Civil: teoria geral do processo, processo de conhecimento, recursos e precedentes.* 20ª ed. São Paulo: Thomson Reuters Brasil, 2021. p. 1.116.

54 STF, AO 152-8/RS, Pleno, j. 15.09.1999, rel. Min. Carlos Veloso, DJU 03.03.2000. O relator restou vencido, e havia votado pela necessidade e de autorização expressa de cada um dos associados.

dispensável a autorização individual, mas não pode decorrer de autorização genérica conferida no âmbito do Estatuto Social[55].

A proximidade dos institutos, contudo, trouxe certa confusão no âmbito doutrinário e jurisprudencial, especialmente após a implementação de uma modificação realizada na Lei nº 9.494/1997. Isto porque a Medida Provisória nº 2.180-35/2001 incluiu na Lei nº 9.494/1997 um dispositivo imitando substancialmente a sentença proferida no âmbito coletivo. O artigo é o seguinte:

> Art. 2-A. A sentença civil prolatada em ação de caráter coletivo proposta por entidade associativa, na defesa dos interesses e direitos dos seus associados, abrangerá apenas os substituídos que tenham, na data da propositura da ação, domicílio no âmbito da competência territorial do órgão prolator. (Incluído pela Medida provisória nº 2.180-35, de 2001)
>
> Parágrafo único. Nas ações coletivas propostas contra a União, os Estados, o Distrito Federal, os Municípios e suas autarquias e fundações, a petição inicial deverá obrigatoriamente estar instruída com a ata da assembléia da entidade associativa que a autorizou, acompanhada da relação nominal dos seus associados e indicação dos respectivos endereços. (Incluído pela Medida provisória nº 2.180-35, de 2001)

O dispositivo legal limita claramente o atuar no âmbito coletivo. Limita a decisão àqueles que, na data da propositura da ação, estavam domiciliados no âmbito de competência territorial do órgão prolator da decisão. Veja-se, ademais, que o referido dispositivo é coerente com o que previa a redação tida por inconstitucional do art. 16 da Lei de Ação Civil Pública. Aparentemente o art. 2-A tinha um caráter complementar ao art. 16. Cumpre responder se esta aparência corresponde à realidade.

Um primeiro ponto que deve ser considerado é o de que o legislador não foi suficiente claro, pois expressou genericamente o termo "ação de caráter coletivo proposta por entidade associativa". O termo empregado poderia, em tese, se referir a todo microssistema coletivo.

A questão ganhou especial relevância quando o Supremo Tribunal Federal, ao julgar o RE 573.232/SC, concluiu que a previsão do art. 5º,

55 STF, AgR na RCL 5.1215/SP, Pleno, j. 15.04.2009, rel. Min Carlos Ayres Britto, Die 22.05.2009; STF, RE 223.297/DF, 1ª T. rel. Min Carlos Velloso, *DJu* 04.06.1999. Mais recentemente: STF, STF, RE 573.232/SP, Pleno, j. 14.05.2014, redator do acórdão Min. Marco Aurélio, DJe 19.09.2014. Restou vencido o Min. Ricardo Lewandowski, que votou no sentido de que seria suficiente a autorização assemblear ou a previsão genérica estatutária.

XXI, exige autorização específica e, especialmente que "as balizas subjetivas do título judicial, formalizado em ação proposta por associação, é definida pela representação no processo de conhecimento, presente a autorização expressa dos associados e a lista deste juntada à inicial.". E diante desta decisão, surgiram decisões aplicando o mesmo entendimento para outras ações coletivas, como o mandado de segurança coletivo, quando propostas por associações.[56]

A questão voltou logo à pauta do Supremo Tribunal Federal no julgamento do RE 612.043/PR, em que o órgão voltou a enfrentar a questão da abrangência da coisa julgada no âmbito coletivo e, para tanto, debateu a respeito da constitucionalidade do art. 2-A da Lei nº 9.494/1997. Acabou o Plenário fixando a seguinte tese: "A eficácia subjetiva da coisa julgada formada a partir da ação coletiva, de rito ordinário, ajuizada por associação civil na defesa de interesses dos associados, somente alcança os filiados, residentes no âmbito de jurisdição do órgão prolator, que fossem em momento anterior ou até a data da propositura da demanda, constantes da relação juntada à inicial do processo de conhecimento."

Neste último julgado restou claro nos votos que a referida tese não se aplica às demais ações coletivas.[57] A partir dos votos é possível constatar a que o órgão compreendeu que nas ações coletivas há efetiva legitimação extraordinária, na modalidade substituição processual[58]. Por sua vez, na ação coletiva pelo rito ordinário, em verdade, também haveria legitimação processual extraordinária, mas na modalidade representação. Este último atuar, por ter natureza diversa, deveria ser compreendido de forma limitada, incidindo à hipótese o que prevê o art. 2-A da Lei nº 9.494/1997. A jurisprudência do Supremo Tribunal Federal parece estar caminhando para concluir que o art. 2-A da Lei nº 9.494/1997 teria sua incidência restrita a ação coletiva pelo rito comum, embora seja

---

56 STJ, EDcl no AgRg no ARESP (EAREsp) 135.054/DF, j. 16.05.2017, rel. Min. Napoleão Maia Filho, *DJe*. 23.05.2017.

57 Os votos dos Ministros Marco Aurélio, Ricardo Lewandowski, Rosa Weber, Gilmar Mendes e Luiz Fux foram expressos ao limitar o decidido à Ação Coletiva pelo Rito Ordinário.

58 Interpretando que a decisão do Supremo Tribunal Federal não obsta a atuação das associações na qualidade de substitutas processuais, hipótese em que não cogitaria da restrição; Kazuo Watanabe. Código de Defesa do Consumidor e Ação Coletiva – Legitimação das Associações e Inúmeros Problemas por elas Enfrentados. *Revista de Direito do Consumidor*. Vol. 138/2021. Nov-Dez/2021. pp. 307-321.

importante afirmar que não houve decisão expressa a respeito da incidência ou não às demais ações.[59]

A partir do julgado do RE 612.043/PR já seria possível constar que a tese não se aplica às ações coletivas regidas pelo microssistema da Lei de Ação Civil Pública e do Código de Defesa do Consumidor. Contudo o julgamento do Recurso Extraordinário 1.101.937/SP deixou ainda mais evidente esta conclusão, pois restou represtinada a redação originária do art. 16, que além de não conter qualquer limitação territorial, não vincula a decisão a qualquer lista ou ao domicílio dos beneficiários. Mais recentemente, ademais, o próprio Supremo Tribunal Federal expressou que a tese não seria aplicável ao Mandado de Segurança Coletivo.[60]

---

59 Há de se referir que o Supremo Tribunal Federal já deixou de enfrentar a questão por entender que sua natureza seria infraconstitucional: STF, ARE 901.963/SC, Plenário. j. 10.09.2015, rel. Min. Teori Zavaski, DJe 10.09.2015. É possível se extrair os seguintes fundamentos da ementa "1. A presente demanda consiste em execução individual de sentença proferida em ação civil pública. O recurso extraordinário suscita a ilegitimidade ativa dos exequentes, ao argumento de que não deram autorização individual e específica à associação autora da demanda coletiva para os representarem no processo de conhecimento, tampouco demonstraram sua condição de associados. Alega-se ofensa ao art. 5º, XXI e XXXVI, da Constituição, bem como ao precedente do Plenário do Supremo Tribunal Federal formado no julgamento do RE 573.232/SC. 2. Ocorre que, conforme atestaram as instâncias ordinárias, no dispositivo da sentença condenatória genérica proferida no processo de conhecimento desta ação civil pública, constou expressamente sua aplicabilidade a todos os poupadores do Estado de Santa Catarina. Assim, o fundamento da legitimidade ativa para a execução, no caso, dispensa exame sobre a necessidade de autorização das associações para a representação de seus associados. Em verdade, o que está em jogo é questão sobre limites da coisa julgada, matéria de natureza infraconstitucional cuja repercussão geral, inclusive, já foi rejeitada por esta Corte em outra oportunidade (ARE 748.371-RG, Rel. Min. GILMAR MENDES, DJe de 1º/8/2013). 3. Outrossim, ao tratar dos limites subjetivos de sentença condenatória genérica proferida nos autos de ação civil pública ajuizada por associação, o Tribunal de origem valeu-se de disposições da Lei nº 7.347/85 e do Código de Defesa do Consumidor, cujo exame é inviável em recurso extraordinário. 4. É cabível a atribuição dos efeitos da declaração de ausência de repercussão geral quando não há matéria constitucional a ser apreciada ou quando eventual ofensa à Carta Magna ocorra de forma indireta ou reflexa (RE 584.608-RG, Rel. Min. ELLEN GRACIE, DJe de 13/3/2009). 5. Ausência de repercussão geral da questão suscitada, nos termos do art. 543-A do CPC." (STF, ARE 901.963/SC, Plenário. j. 10.09.2015, rel. Min. Teori Zavaski, DJe 10.09.2015). Em sentido aplicando referido precedente: STF, ARE 904.147 AgR, 2ª T. j. 15.09.2015, rel. Min. Celso de Mello, *DJe* 07.10.2015.

60 STF. RG no ARE 1.293.130/SP, Plenário, j. 17.12.2020, rel. Min. Luiz Fux, *DJe* 07.01.2021.

Mais recentemente, ademais, a Segunda Seção[61] do Superior Tribunal de Justiça enfrentou a questão a respeito das repercussões dos REs 573.232/SC e 612.043/PR para as ações coletivas em geral. O tema foi afetado para julgamento na sistemática dos recursos repetitivos (REsp 1.438.263/SP. 1.362.022/SP e 1.361.872/SP), tendo em vista que, após as decisões dos REs acima referidos, "a celeuma acerca do tema destacado ainda persiste nas instâncias ordinárias, fazendo-se imperiosa nova manifestação desta Corte." Considerou ademais, a necessidade de se realizar uma distinção na hipótese versada no recurso daquela que foi apreciada pelo Supremo Tribunal Federal.

Considerou o órgão fracionário do Superior Tribunal de Justiça que a decisão do Supremo Tribunal teria sua aplicabilidade restrita às sentenças proferidas em ação coletiva "ordinária" proposta por associação autorizada por "legitimação ordinária (ação coletiva representativa), agindo a associação por representação prevista no art. 5º, XXI, da Constituição Federal, e não à legitimidade ativa de consumidor para executar ação coletiva substitutiva proposta por associação." A questão da diferenciação entre as legitimações (representação e substituição) foi objeto de diversos dos votos.

A este respeito o Min. Luis Felipe Salomão pontuou que a conclusão definiu duas premissas: "a) os *substituídos* numa ação civil pública, com o escopo de tutelar direito individual homogêneo, possuem legitimidade para liquidação e execução de sentença; *b)* esses *substituídos* são todos aqueles que, independentemente de serem filiados à *substituta processual* que promoveu a ação, são interessados por que se relacionam por protagonizarem a mesma situação de fato"

Julgando a questão na sistemática dos recursos especiais repetitivos, a Segunda Seção do Superior Tribunal de Justiça fixou a seguinte tese: "*Em ação civil pública proposta por Associação, na condição de substituta processual dos consumidores, possuem legitimidade para a liquidação e execução da sentença todos os beneficiados pela procedência do pedido, independentemente de serem filiados à associação promovente.*"[62]

---

61 Considerou o órgão que, por se tratar de matéria afeta à proteção do Consumidor, diria respeito essencialmente às controvérsias de competência da Segunda Seção, razão pela qual o recurso não foi julgado pela Corte Especial.

62 STJ, REsp 1.438.264/SP, 2ª Seção, j. 28.04.2021, rel. Min. Raul Araújo, *Dje* 24.05.2021; STJ, REsp 1.362.022/SP, 2ª Seção, j. 28.04.2021, rel. Min. Raul Araújo, *Dje* 24.05.2021.

A questão, em que pese resolvida no âmbito do Superior Tribunal de Justiça, ainda pende, tendo em vista houve a interposição de recursos extraordinários contra a decisão do REsp 1.438.263/SP, que têm por objeto a interpretação do 5º, XXI, já que na visão do recorrente a legitimação teria natureza de substituição processual e não de representação, bem como a suposta violação aos art. 2º, 22, I e 97 da Constituição Federal. Em relação a este último dispositivo, evoca também a Súmula Vinculante 10, tendo em vista que na visão do recorrente, a Segunda Sessão do Superior Tribunal de Justiça, embora não tenha declarado expressamente a inconstitucionalidade do art. 2-A, teria afastado indevidamente sua incidência, o que equivaleria a reputá-lo inconstitucional. Após a negativa de seguimento dos recursos extraordinários, foram interpostos agravos em recurso extraordinário, tendo os autos recentemente sido remetidos ao Supremo Tribunal Federal[63].

A fênix, portanto, ainda pode renascer das cinzas.

Conclusão

Conforme foi possível, no âmbito de estudo do direito coletivo a abrangência subjetiva da decisão e, consequentemente, da coisa julgada que sobre ela recai, foi objeto uma controvérsia que tem durado praticamente trinta anos. Recentemente o Supremo Tribunal Federal parece ter dado uma decisão final a respeito do tema, ao declarar inconstitucional o art. 16 da Lei de Ação Civil Pública. A questão, finalmente parece caminhar para uma efetiva definição no âmbito jurisprudencial, no sentido de que o art. 103, do Código de Proteção e Defesa do Consumidor e o art. 16 da Lei de Ação Civil Pública, atualmente, são plenamente compatíveis, não havendo mais como se cogitar da limitação territorial da decisão e, consequentemente, da coisa julgada coletiva.

Ademais, a partir do julgamento do RE 612.043/PR e do julgamento do Recurso Extraordinário 1.101.937/SP, bem como dos REsp 1.438.263/SP. 1.362.022/SP e 1.361.872/SP, é possível concluir que o Supremo Tribunal Federal e o Superior Tribunal de Justiça têm caminhado no sentido de restringir a aplicação do art. 2-A da Lei nº 9.494/1997 à ação coletiva pelo rito ordinário, pois nesta haveria legitimação proces-

63 Conforme é possível verificar, em 18.04.2022, foi determinada a remessa ao Supremo Tribunal Federal: https://processo.stj.jus.br/processo/pesquisa/?tipoPesquisa=tipoPesquisaNumeroRegistro&termo=201400427790&totalRegistrosPorPagina=40&aplicacao=processos.ea Acesso em 18.04.2022.

sual, na modalidade representação. Este último atuar, por ter natureza diversa, deve ser compreendido de forma limitada, incidindo à hipótese o que prevê o art. 2-A da Lei nº 9.494/1997.

Referência bibliográfica

ADA PELLEGRINI GRINOVER et. all. *Código Brasileiro de Defesa do Consumidor*: comentado pelos autores do anteprojeto. 12ª ed., Rio de Janerio: Forense, 2019.

ARRUDA ALVIM. "Coisa julgada nas ações coletivas e identidade entre ação civil pública e ação popular". In: Édis Milaré. (Coord.). *Ação Civil Pública após 30 anos.* São Paulo: Revista dos Tribunais, 2015.

ARRUDA ALVIM. *Manual de Direito Processual Civil: teoria geral do processo, processo de conhecimento, recursos e precedentes.* 20ª ed. São Paulo: Thomson Reuters Brasil, 2021.

BARBOSA MOREIRA. Ações Coletivas na Constituição Federal de 1988. *Revista de Processo.* São Paulo, n 61, pp. 187-190 – Jan./mar. 1991.

CLAUDIA LIMA MARQUES, Antonio Herman V. Benjamim e Bruno Miragem. *Comentários ao Código de Defesa do Consumidor.* São Paulo: Thomson Reuters Brasil, 2022.

EDUARDO ARRUDA ALVIM. *Mandado de Segurança.* 4ª ed. Rio de Janeiro: GZ, 2021

JOSÉ AFONSO DA SILVA. *Ação Popular Constitucional.* São Paulo: Revista dos Tribunais, 1968.

JOSÉ DOS SANTOS CARVALHO FILHO. *Ação Civil Pública: Comentários por Artigo.* Rio de Janeiro: Freitas Bastos, 1995.

NELSON NERY JR.; Rosa Maria de Andrade Nery. *Código de Processo Civil comentado e legislação processual civil extravagante em vigor.* 6ª ed. rev. e atual. São Paulo: Revista dos Tribunais, 2002.

NELSON NERY JÚNIOR e ROSA MARIA DE ANDRADE NERY. *Constituição Federal Comentada.* São Paulo: Thonson Reuters Brasil, 2019.

NELSON NERY JR. E ROSA MARIA DE ANDRADE NERY. *Leis Processuais Civis: comentadas e anotadas.* 5ª ed. São Paulo: Thonson Reuters Brasil, 2019.

KAZUO WATANABE. Associação e Substituição Processual na Tutela dos Interesses Individuais Homogêneos. In: Édis Milaré. *Ação Civil Pública – Após 35 anos*. São Paulo: Thomson Reuters Brasil, 2020.

KAZUO WATANABE. Código de Defesa do Consumidor e Ação Coletiva – Legitimação das Associações e Inúmeros Problemas por elas Enfrentados. *Revista de Direito do Consumidor*. Vol. 138/2021. Nov-Dez/2021.

PATRÍCIA MIRANDA PIZZOL. T*utela coletiva: processo coletivo e técnicas de padronização das decisões*. São Paulo: Thomson Reuters Brasil, 2020.

RODOLFO DE CAMARGO MANCUSO. *Ação Civil Pública*. São Paulo: Thomson Reuters Brasil, 2019.

TEORI ALBINO ZAVASCKI. *Processo Coletivo: tutela de direitos coletivos e tutela coletiva de direitos*. São Paulo: Revista dos Tribunais, 2017.